永乐宫
迁建工程档案初编
（上）

中国文化遗产研究院　查　群　编著

文物出版社

图书在版编目（CIP）数据

永乐宫迁建工程档案初编 / 查群编著 . -- 北京：
文物出版社 , 2020.12
ISBN 978-7-5010-6711-4

Ⅰ . ① 永… Ⅱ . ① 查… Ⅲ . ① 寺庙－整体搬迁－工程
档案－芮城县 Ⅳ . ① K878.64 ② G275.3

中国版本图书馆 CIP 数据核字（2020）第 099139 号

永乐宫迁建工程档案初编

封面题字：宿　白

编　著：查　群

责任编辑：宋　丹　李　睿

责任印制：苏　林

装帧设计：谭德毅

出版发行：文物出版社

社　　址：北京市东直门内北小街 2 号楼

邮政编码：100007

网　　址：http://www.wenwu.com

邮　　箱：web@wenwu.com

经　　销：新华书店

制版印刷：北京荣宝艺品印刷有限公司

开　　本：787毫米×1092毫米　1/8

印　　张：139

版　　次：2020年12月第1版

印　　次：2020年12月第1次印刷

书　　号：ISBN 978-7-5010-6711-4

定　　价：1800.00元（全二册）

《永乐宫迁建工程档案初编》序

刘曙光

查群同志的《永乐宫迁建工程档案初编》终于要出版发行了，嘱我为序，推脱不掉，勉强应承下来，但也迟迟没有动笔。疫情汹汹之下，我把这份报告的"粗稿"反复看了几次，收获颇多，心潮涌动，也想发表一些感言。

关于这批历史档案在工程技术上的价值和意义，查群已经基本说清楚了。朱光亚先生的序言说得更加清楚，我很赞同他的意见。对于我来说，在查群整理的这本报告中看到了什么呢？

第一，看到了我国文物保护事业发展史上一段特别奇特的岁月的光辉。

从第一个五年计划到"文化大革命"开始的这一段，中国文物保护事业的起步和发展是令人惊叹的，其成就之辉煌丰富，领先于当时整个的文化领域。除去政治和行政制度的引领和保障之外，我以为，以郑振铎先生为代表的第一代国家文物管理机构与其他中央国家机关良好的互动关系，与中国科学院、北京大学等科研、教育机构直接的互通关系，以及郭沫若、郑振铎、王冶秋、夏鼐等先生，与国内一流文学家、史学家、考古学家之间深厚的个人关系，还有他们自身在文学、史学、文物、考古和博物馆专业方面的国际视野、深厚造诣等等，都是造就中国文物考古博物馆事业这个高起步、快发展时期的重要因素。这个时期的重要标志之一，就是文物考古博物馆行政和执行机构的视野和话语权似乎突破了那个百废待兴时代的局限，创造了许多令人感到不可思议的惊喜与惊奇。永乐宫的迁建，就是这样一个至今还让人赞叹不已的、不可复制的惊喜与惊奇。

永乐宫的搬迁，是直接由三门峡水利工程（又称黄河水库）的兴建而导致的。但为了配合工程建设，除了搬迁永乐宫这项当时的超大工程之外，中国科学院和文化部还联合组成了黄河水库考古工作队，从 1955 年 10 月开始在三门峡库区的几个县市开展考古调查与发掘。发现了包括黄河栈道在内的大批古代遗址、遗迹，发掘了包括庙底沟遗址在内的一批重要遗址。此外，从 1958 年起，在黄河上游甘青交界的刘家峡，也开展了配合水库建设的考古工作。今天看来，这些配合黄河水库建设开展的古建保护和考古工作，对于当时还处在起步阶段的中国文物事业来说，起到了事实上的、实际工作层面的奠基作用，其重要性丝毫不亚于建立文物行政管理和专业机构，颁布文物保护法令文件等工作。这些古建保护和考古调查发掘，不仅极大深化了我们对于黄河文明的认识，有力促进了我国考古和古建筑保护工作的成长与进步，锻炼了队伍，扩大了文物考古工作在社会和群众中的影响，而且开创了大型基本建设之前首先进行文物古迹调查并开展考古和文物保护工作的先河，为此后中国的考古和文物保护创下了最重要的基本范式。尤其值得一提的是，黄河水库考古工作队是由中央机构直接指挥而不受水库建设方节制；当时专门成立的"山西永乐宫迁建委员会"则是由山西省政府主导、文化部文物局实际掌控、吸收水库建设方参加的组织结构，这对于确保有关考古工作和永乐宫迁建工程在资金、物资、劳力、安全和学术、研究、保护工作质量等方面的保障，发挥了根本性作用；而永乐宫迁建整个工程实施过程中，央地双方配合之默契、关系之融洽，也凸显出当时的时代特点，是很令后人羡慕的。

某种意义上，我们现在其实还不能说完全了解了这个配合基本建设的文物考古行动的决策细节。毫无疑问，这个决策是有其国际背景的，但在多大程度上是来自苏联专家的建议？在多大程度上来自国家文化文物主管部门的主动策划？联想到 1955 年在洛阳中州路和烧沟的考古发掘、1956 年北京十三陵的定陵发掘以及第一次全国性的文物普查等等，似乎可以说，在 20 世纪 50 年代的后半段，新中国文物考古事业迎来了第一个百花盛开的春天，而永乐宫迁建工程，则是百花之中的牡丹。在这个温暖的季节里，有多少春光来自大自然的恩赐？又有多少来自上述那一批富有魅力和影响力的学者领导（而不是学者型领导）群体？这是一个令人遐想无穷的有趣猜想。

60 多年过去了，当年那些先行者们相继离开了我们，留给我们的是一个已经有点模糊不清的历史了。通过查群这个报告里揭示的诸多细节，让我们回首这段历史的视线清晰了许多，而且也让我们的心与这个经典时代贴得更近，感到了它的亲切与温暖。

第二，看到中国文化遗产研究院单位建设、发展的历史动力。

中国文化遗产研究院的前身，可以追溯到 1935 年成立的旧都文物整理委员会，这是一个以调查、整修古都北京历史建筑为己任的专业机构，集中了一大批当时的学界、业界精英和能工巧匠。我对它曾有一个不太严谨但也基本无误的说法，认为它是和故宫博物院、中央博物院、国立敦煌艺术研究所并称的民国时期四大文物机构之一。

从 1935 年到 1966 年"文化大革命"爆发前，这个单位名称变了几次，但始终没有离开过北京，而且一直保持着一个无人可比的优势，就是在古代建筑勘察、设计、修缮方面深厚的业务积淀和无与争锋的领导力，突出表现在完备的资料储备和人才优势之上，这是它独步天下数十年的根本所在。且不说 20 世纪 40 年代中期在北平城开展的中轴线历史建筑测绘，新中国成立之后，文研院的这批先辈们先后完成了 120 多个古建修缮保护工程，除了永乐宫的迁建，还包括北京北海天王殿、柏林寺、东岳庙、恭王府、广济寺、五塔寺、护国寺、天坛、孔庙、天安门、正阳门、安定门箭楼、故宫建筑群（端门、午门、东西雁翅楼、武英殿，乾隆花园、大高殿），太原晋祠献殿、五台山南禅寺大殿、佛光寺、大同南门楼、河北赵县安济桥（赵州桥）、正定隆兴寺转轮藏殿、承德普宁寺大乘殿、山东曲阜孔庙等一大批国家级的重点文物保护修缮或复原工程，成为其后全国各地古建维修的样板，逐渐形成了以祁英涛、余鸣谦、杜仙洲、陈继宗等为代表的一批先生，是当时古建保护修缮领域名副其实的国家队。他们兼有学者和专家的气质与才干，非常了解中国古代木构建筑保护的实际，且有着当时先进、至今仍然先进的文物保护理念：例如祁英涛、杜仙洲先生等对古代建筑"整旧如旧"（不是修旧如旧）的论述，杨烈先生关于"彩画本身应被理解为文物保护对象"的主张，祁英涛先生建议将永乐宫的琉璃、泥塑做复制品复原，真品存放博物馆展示的意见等等。这些前辈们个个身怀绝技，能写理论文章，会写科普读物，能亲自动手干勘察、测绘的活儿，画各种工程图纸，会发明各种施工工具，能策划、组织、管理并参与施工，还能传道授业解惑带学生。他们的成就，得益于自旧都文物整理委员会以来的文脉传承，但他们能成为天下之师，更得益于自己长期的、丰富的实践和学术、技术方面的总结。我特别注意到，在永乐宫迁建工程期间，有关领导和专家发表了多篇具有工作报告和学术讨论性质的文章，永乐宫壁画还到日本举办了展览，1963 年第 8 期的《文物》杂志是永乐宫迁建工程的专刊。凡此种种，都说明永乐宫迁建在当时并非仅仅是一组古建筑的拆迁与重建工程，同时也是一个涉及广泛的学术研究项目。

通过查群的这本报告，我们可以看出：拥有一群职业道德高、专业素质高的优秀专家，实施一批具有学术性、示范性的重点工程，积累建设一套好的资料系统，是当时的"北京古代建筑修整所"在古建保护修缮领域保持先进并带动全国古建保护队伍成长壮大的基本动力。时势造英雄，这样一批被朱光亚先生称之为"儒匠沟通、道器相融、兼收并蓄"的文武全才，是那个时代的特殊产物。他们对中国文物事业做出的特殊贡献，今天已经不可复制，但英雄的品格和精神要弘扬传承，前辈们留给文研院人的光荣梦想并不是难以企及的。今天的文研院人，理应比其他人更加自觉地学习老一辈的敬业精神，带头传承、弘扬老一辈的优良作风，做出不负时代、无愧先贤的新的业绩。

第三，看到了查群对历史的敬畏、对先贤的敬重、对事业的热爱。

我知道查群在整理院藏永乐宫迁建工程的资料，是在 2010 年的 4 月，当时我们正在日本的奈良参加平城京遗址大极殿复建工程完工纪念仪式。回国之后，查群带我去了档案室，看到老一辈留下来的永乐宫工程档案的原件，特别是那些手写稿，我的内心异样激动。记得我好好把查群勉励了一番，希望她抓紧再抓紧，尽快将这批珍贵的历史档案整理出来。

没想到她居然一下子"拖"了十年！当然，"拖"有拖的道理。首先是原先的计划或设想有点简单化。这批工程资料、档案的全面性、复杂性和后期扰乱的程度，使得对其整理的难度远远超出了一般人的预料，非亲历者难以想象。所以查群在第一期整理结束后，又再次在院内立项，继续工作。其次，查群本人随着整理工作的开展越陷越深，目标越来越高，层层叠加，最后的资料收集范围大大超出了文研院的院藏，而是扩大到了上至文化和旅游部以及国家文物局的档案室，下到崇文门街道办事处。这种追求完美、不舍枝蔓的干法儿，一度让我担心是否还有终期。所以，近一两年查群跟我说起关于这批档案的整理进展时，我差不多以催促她抓主抓重、尽快收工为主了。

我们相信，依着老一辈深厚、综合的学养和高尚的职业精神，如果不是"文化大革命"的爆发，如果不是单位的数次搬迁造成了可怕的资料混乱等等原因，前辈们自己一定会编写出一本高质量的、传之后世的《永乐宫迁建工程报告》。我们今天的整理工作，目标主要是最大限度地恢复档案资料的历史面貌，为人们研究永乐宫及其迁建工程提供参考，所以查群和我反复商量后，决定最终成果的名称叫《永乐宫迁建工程档案初编》，以更好地表达敬畏历史、尊崇先贤之意。现在终于见到了期盼已久的成果，我为她高兴。

作为查群曾经的同事，我感谢她的十年的辛苦与努力。能把那些已经失去了原有秩序的工程档案基本恢复如初，也显示出她过人的敬业精神和专业能力。朱光亚先生夸她是述而不作，其实这又何尝不是一种创新？我还想特别指出的是，当前正是国家高度传承弘扬黄河文化的新时期，推进黄河文化遗产的系统性保护与科学利用，是全国文物工作者新的历史使命。查群这本报告的出版，也可以说是正逢其时。

前几年，文研院联合故宫博物院对院藏 20 世纪 40 年代北京中轴线建筑测绘的图纸进行整理，出版了《北京城中轴线古建筑实测图集》，在业界和社会上引起广泛好评。最近，文研院所藏 20 世纪 30 年代北平研究院的《北平庙宇调查》也告全部整理出版。查群的这个报告，是文研院院藏文献、档案整理方面的最新成果。我知道，文研院还收藏着一批在中国现代文物保护历史上占有重要地位的历史资料和工程档案，希望查群和她的同事们能够再接再厉，继续将它们整理出版，服务学术，贡献社会和大众。

是为序。

《永乐宫迁建工程档案初编》序

东南大学建筑学院 朱光亚

　　永乐宫迁建工程是中华人民共和国建立后，"文化大革命"爆发之前的一项最为重要的国家性的文化遗产保护工程，工程是因修建三门峡水库而对位于峨嵋岭的永乐宫做出迁移决策引起的，它由中央政府决策，山西省政府和文化、文物部门组织，全国文物界、文化界的精英和大量的传统工匠都热诚地投入其中。那个时期全国到处遭遇经济困难却又到处充满了艰苦奋斗和民族自信、自立和自强的精神，从决策算起，历时十年，终底于成。转眼 60 年过去，迁建后的芮城永乐宫不仅作为中国文物保护界的骄傲，也作为世界建筑遗产保护史中的东方典范得到后代的尊崇。只是当我们希望更多了解如此重要的一个工程的详情和资料之时，能够找到的已发表的相关资料却凤毛麟角。

　　因而看到中国文化遗产研究院的《永乐宫迁建工程档案初编》书稿终于脱稿，我自然万分喜悦。这是一份迟到的报告，因为它是在工程完成后几乎一个甲子的轮回之后才终于问世。但它又是一份适逢其时的报告，因为今日的文化遗产保护运动已经席卷神州大地，了解当年立足中国沟通世界的前辈的保护经验和他们那种在艰难困苦条件下的奋斗精神和充满智慧的技术路线对于当代的建筑遗产保护工作者不啻是久旱后的甘霖。

　　感谢中国文化遗产研究院，经历种种变故之后仍然保存了工程的全部档案并决定整理出版，也感谢负责整理和编著此书的查群同志，她的整理研究工作一如当年永乐宫工程项目的经历，从立项到完成也经历了十年努力，搜索档案，梳理资料，分门别类，条分缕析，述而不作，从原始底稿到脉络清晰的书稿，完成了这本几乎就是当年的半部中国文物修缮史的鸿篇巨制。

　　本书为我们呈现了一个巨大的宝藏，宝贵的史料清晰地记载了那十年当中中国建筑史学界的三代元老们如何对永乐宫修缮方案保持谨慎研讨的态度，他们反复讨论又不断调整最后才形成实施的保护工程方案；同时也记述了五六十年代保护工作的鲜活场景，记录了工程技术人员如何借鉴仅有的外部世界的信息加上自己的摸索和试验，将西方的思路和东方的经验智慧结合起来，解决了迁建过程中的保护遗产的种种难题。而在这一过程中，中国管理阶层和工程技术人员以及工匠的八方动员、集思广益、关注应用、不重言谈的工作作风和营造学社传承下来的儒匠沟通、道器相融、兼收并蓄的学风也都展现无遗。无疑，这些无形的作风和学风本身已经成为我国文化遗产保护中的值得传承的精神遗产。

　　"江山代有才人出，各领风骚数百年"，如今的 21 世纪的信息和材料等技术手段丰富多了，但是建筑遗产保护的决定性的核心问题依然是对不可再生的遗产的全方位研究和应对处置的能力。永乐宫修缮史料在 60 年后愈发宝贵这件事本身就说明了文化遗产的伟大之处。面对此书，愿前辈的精神永远激励我们继续前行。

前　言

永乐宫是我国一组著名的元代道教建筑群，原址位于山西省永济县城东南一百二十里的永乐镇峨嵋岭下。1951 年下半年，永乐宫在山西省文物管理委员会组织的山西省古迹勘查工作中被发现，因其保存规模宏大、格局完整的元代道教建筑及大面积精美的元代壁画而轰动一时。

1956 年，三门峡水库建设，永乐宫位于淹没区内。鉴于永乐宫在美术史、建筑史、宗教史上的重大价值，为了保护这一弥足珍贵的文化瑰宝，当即决定将其整体搬迁保护。经大量的前期研究、现场勘察和比选，于 1959 年 3 月确定将永乐宫由原址搬迁至位于原址东北方向、距原址 20 公里左右的芮城县北侧 3 公里的龙泉村附近。

文物异地搬迁保护是不得已而为之的保护类型，是极少采取的一种保护方式。永乐宫迁建工程发生在 20 世纪 50 年代百废待兴的中华人民共和国成立初期，该工程集全国之力，涉及多部门、多学科，无论从组织形式、保护理念、工程技术、工程管理诸方面均具有开创性，为我国文物保护事业的发展奠定了基础，为文物保护工程技术的发展提供了宝贵的经验和教训，尤其是壁画搬迁保护方面，在 20 世纪 50 年代没有任何壁画保护工作经验可以借鉴的情况下，集思广益、自力更生，创新研发出一套完整的壁画揭取、包装、运输、加固、修复、安装的技术路线和方法，成功揭取了约 1000 平方米的壁画及栱眼壁，并完整安装在新址，是我国文物保护历史上的一次壮举。

永乐宫迁建工程受当时中华人民共和国文化部文物管理局的直接领导，于 1956 年启动，1958 年底完成迁建工程开工前的准备工作，1959 年 2 月工程正式开工，至 1965 年底基本竣工，历时整整十年。

永乐宫迁建工程竣工时，正值"文化大革命"如火如荼，1966 年，北京古代建筑修整所（今中国文化遗产研究院）的所有干部下放"五七干校"直至 1973 年，一切业务工作停滞，永乐宫迁建工程资料被尘封在北京古代建筑修整所的资料室里，一躺就是几十年。

2008 年，一部中央电视台拍摄的《重访——神宫搬迁记》节目，掀起了一段风波：因永乐宫迁建工程完成后的大量资料未被公开而导致节目中的一些信息偏差和误解，引起了当时尚在世的永乐宫迁建工程亲历者们的强烈反响。

为客观地还原历史、梳理脉络，同时也是为了让当时轰动一时的永乐宫迁建工程资料公之于世，永乐宫迁建工程的设计方，同时也是工程资料的主要保存者——中国文化遗产研究院（即当时的北京古代建筑修整所），于 2009 年组织人员、设立课题，专门整理这份庞大而散乱的工程档案。至此，落在永乐宫迁建工程这份沉重的档案上厚厚的尘土终于被吹开。

该课题于 2009 年立项、2012 年结项，但对于浩大、庞杂的上万页（包括相关出版物）的相关档案资料的整理和内容的消化，岂是一蹴而就，故编者对当时的课题结项成果一直不满意，致力于进一步修改完善后再呈现。由于之后工作岗位的变动导致异常繁忙，一直腾不出相对集中的时间进行修改和完善，使这份工程档案又搁置了多年。在编写报告的这些年里，送走了梁超、杜仙洲、王真、孟繁兴、崔淑贞、宿白、张智等好几位参加该工程的先生们，内心愧疚，难以言表。

因宿白先生是永乐宫迁建工程的参与者，2016年笔者随徐光冀先生去看望宿先生时，恳请95岁高龄的宿先生为永乐宫迁建工程报告题写书名，先生欣然答应。按当时与国家文物局刘曙光副局长（同时兼任中国文化遗产研究院的院长）商讨意见，书名定为"永乐宫迁建工程档案初编"，宿先生题写了横、竖两个版本的书名。不想，2018年2月1日，宿白先生驾鹤西去，他为本书题写的书名成为永恒。

时至今日，永乐宫迁建工程项目的亲历者大部分作古，最年轻的现在也已是暮年，出于对历史的尊重、对文物保护事业发展的责任，以及对参与永乐宫迁建工程所有机构和人员的缅怀，整理出版永乐宫迁建工程报告成为中国文化遗产研究院不可推卸的历史责任。

经档案整理，目前藏于中国文化遗产研究院的关于永乐宫档案总数为8610份，其中文字档案2300页（含来往文件、会议记录、工作总结、残损记录、协议、设计说明、工程技术总结等），图纸671张（其中建筑237张、彩画236张、壁画搬迁工程图198张），照片前前后后发现了4742张（其中含正、负片1468张，照片有重复现象）。其他还有205张壁画临摹线描图，81张拆卸编号草图，611张草测图稿。

对于永乐宫迁建工程档案整理和研究工作，最重要的是通过档案，客观地还原历史的真实。为了达到这个目的，本书编辑的基本逻辑如下（按篇幅要求分为上、下两册，将原始档案单独编入下册）：

上册：

序

前言

第一部分　概述。从永乐宫的发现、建造和维修历史、永乐宫搬迁前后、永乐宫壁画、永乐宫价值认定，以及永乐宫迁建工程概述等几个方面，对永乐宫做一个简要概述。

第二部分　永乐宫迁建工程始末。按时序呈现了从1951年发现永乐宫到1966年关于永乐宫迁建工程的最后一份档案的大事记，可以对永乐宫从发现到迁建工程基本完成所发生的事件有一个大致的了解，这也是了解永乐宫迁建工程的基础，所以把大事记放在了第二部分，并配以部分历史照片和档案原件。

第三部分　永乐宫迁建工程解析。根据档案保存内容，这部分由永乐宫迁建工程缘起及时间表、工程管理、保护理念与原则、迁建工程（包括选址、总体格局、五座主体建筑迁建、彩画复原研究、四座元代建筑模型制作、壁画迁移保护、附属工程、附属建筑迁建工程、永乐宫迁建前后碑碣位置的变化）等几个部分组成。

第四部分　图版。包括图纸和照片两部分。图纸为影印的原始图纸；照片按专题编排，以1953~1965年的老照片为主。

第五部分　永乐宫迁建工程人物志。内容包括参与永乐宫迁建工程及相关人物导图，以及部分人员生平简介。

第六部分　回忆录。包括永乐宫迁建工程亲历者王真、贾瑞广、姜怀英、李惠岩等四位先生的回忆录，以及梁超、王仲杰两位先生的访谈录。

后记

下册：

第七部分　永乐宫迁建工程专题原始档案。这部分主要是按照调查研究（现场调研、梁架题记、
　　　　　碑碣、彩画复原研究）、工程管理、迁建工程设计方案、阶段性试验及研究报告（分
　　　　　为建筑和壁画两部分）、壁画迁移保护技术总结（壁画揭取、壁画运输、壁画修复安装、
　　　　　壁画修复）、迁建工程技术总结等六个专题组成。

第八部分　永乐宫迁建工程原始档案。作为"第二部分 永乐宫迁建工程始末"大事记的原始档
　　　　　案索引，不包含"第七部分 永乐宫迁建工程专题原始档案"中已有内容。

　　需要说明的是：一、文中部分章节摘取了当时永乐宫迁建工程技术人员编写的技术文本和工程
报告，这些文稿中的语言带有一定的时代特征，比较真实、客观地反映 60 年前的语言风格和社会
环境。二、本工程报告资料，除了已出版的文献及个别必须说明的部分摘录了国家文物局档案、永
乐宫壁画研究院展陈及《永乐宫文物保护规划》总图外，均来源于中国文化遗产研究院。

　　永乐宫迁建工程是中华人民共和国成立以后第一个大型的综合性文物保护工程项目，直至今日
仍然不愧是一个重要的、具有典型代表性、里程碑式的文物保护工程案例，是中国文物保护史上不
能不提的成功案例。它的成功不仅因为迁建后的永乐宫得以完好地保存至今，而且就技术本身而言，
将壁画地仗减薄至 0.2~0.6 厘米，并在此基础上附着加固材料后，经半个多世纪的考验，壁画本身不
变形、不变色，就冲这一点，不得不说是个奇迹，值得今天的我们认真的学习和推敲。

　　永乐宫迁建工程中有很多这样的奇迹，这也是整理这个已经过去半个多世纪的保护工程档案的
意义所在，奇迹期待探索。

目 录

第三部分　永乐宫迁建工程解析..109

第四部分 图 版 305

第五部分　永乐宫迁建工程人物志 641

第六部分　回忆录 669

第一部分

概　述

1. 发现永乐宫

　　1952 年 8 月 31 日出版的 1952 年第 1 期《文物参考资料》上，由山西省人民政府文教厅组织编写的《山西省一九五一年文物古迹工作总结》中写道："我省文物古迹工作，今年加强了调查、蒐集、研究，……" "八月间，综合两年来进行情况，作了总结。嗣即根据中央指示，由本厅会同民政厅成立了省文物管理委员会，并遴选干部，组成文物勘查组。在中央及省府正确指示与崔副厅长亲自领导下，……在此短短数月中，崔副厅长即亲自下乡三次，……了解到晋南各地汉代陶片，随处皆是；元代建筑，尚甚普遍；明代建筑，为数更多。所历地区，计临汾、运城、忻县、榆次、兴县五专所属临汾、曲沃、闻喜、永济、稷山、新绛、万泉、汾城、灵石、太谷、榆次、汾阳、文水、交城、五台、离石等十六县……" "……并发现临汾县尧庙、永济县永乐宫古代名建筑。"

　　由此可以确定，永乐宫于 1951 年下半年在山西省文物管理委员会组织的山西省古迹勘查中被发现。

　　1954 年，山西省文物管理委员会编写了《二年来新发现古建简目册》，中央文化部文物局为了对这批新发现的古建筑进行专业的鉴定[1]，特委托北京文物整理委员会[2]（以下简称"文整会"）组织专家组赴现场进行考察鉴定。由"文整会"工程组的祁英涛、陈继宗、李良娇、律鸿年、李竹君以及文化部文物局的陈明达等先生组成的专家组，经过历时两个月的现场考察和鉴定，编写了其中 21 处古建筑的勘察报告，形成《两年来山西省新发现的古建筑》，发表在 1954 年第 11 期《文物参考资料》上，由陈明达先生执笔的"陆永济县：永乐宫"列入其中。

　　永乐宫是我国一组著名的元代道教建筑群，原址位于山西省永济县永乐镇（图 1–1~4、图版 Z–3~15）。宫址坐北向南，松柏掩映。宫宇规模雄伟，布局疏朗，内外宫墙环峙，大殿布列中央，颇似宫廷布局之制。中轴线上有五座建筑，从南向北依次为宫门、龙虎殿（无极门）、三清殿（无极殿）、纯阳殿（混成殿）、重阳殿（七真殿、袭明殿）（图 1–5）。除宫门为清代建筑之外，其余四座均为元代建筑。四座元代建筑内，四壁满绘精美的元代壁画，壁画总面积（连同栱眼壁画）达 1005.68 平方米（栱眼壁画以单面计算），其中龙虎、三清两殿为大型人物画，纯阳、重阳两殿为连环故事画。

图 1–1　永乐宫原址区位图 [3]

---

[1]《文物参考资料》1954 年第 11 期《山西省新发现古建筑的年代鉴定》。

[2] 中国文化遗产研究院前身。关于中国文化遗产研究院各时段名称详见"第二部分　永乐宫
　　迁建工程始末"尾注 [4]。

[3] 底图来源于网络。

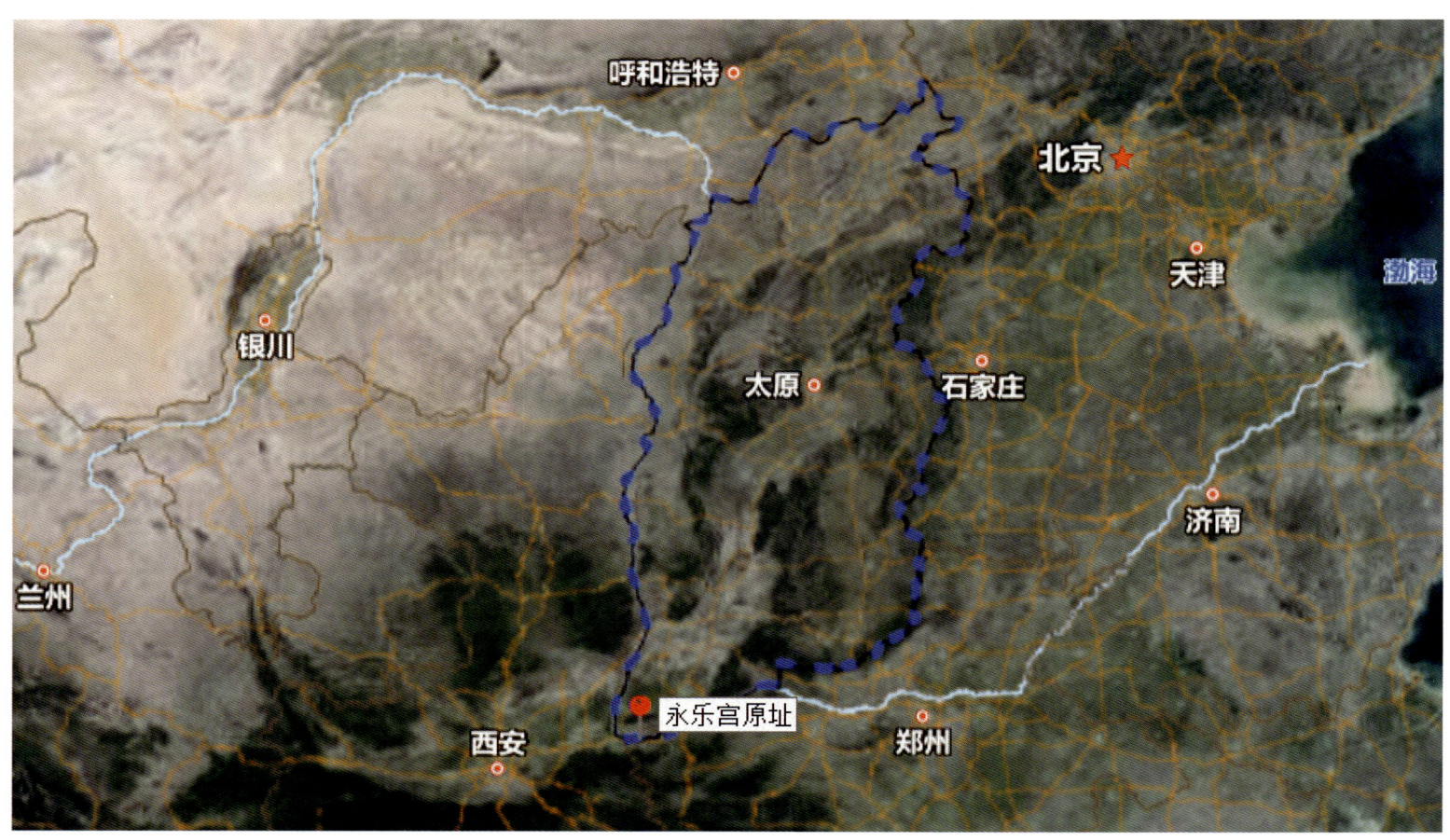

图 1-2　永乐宫原址山西省的区位及与黄河的关系图[1]

图 1-3　1958 年永乐宫原址在芮城县的区位

---

[1] 底图来源于百度地图。

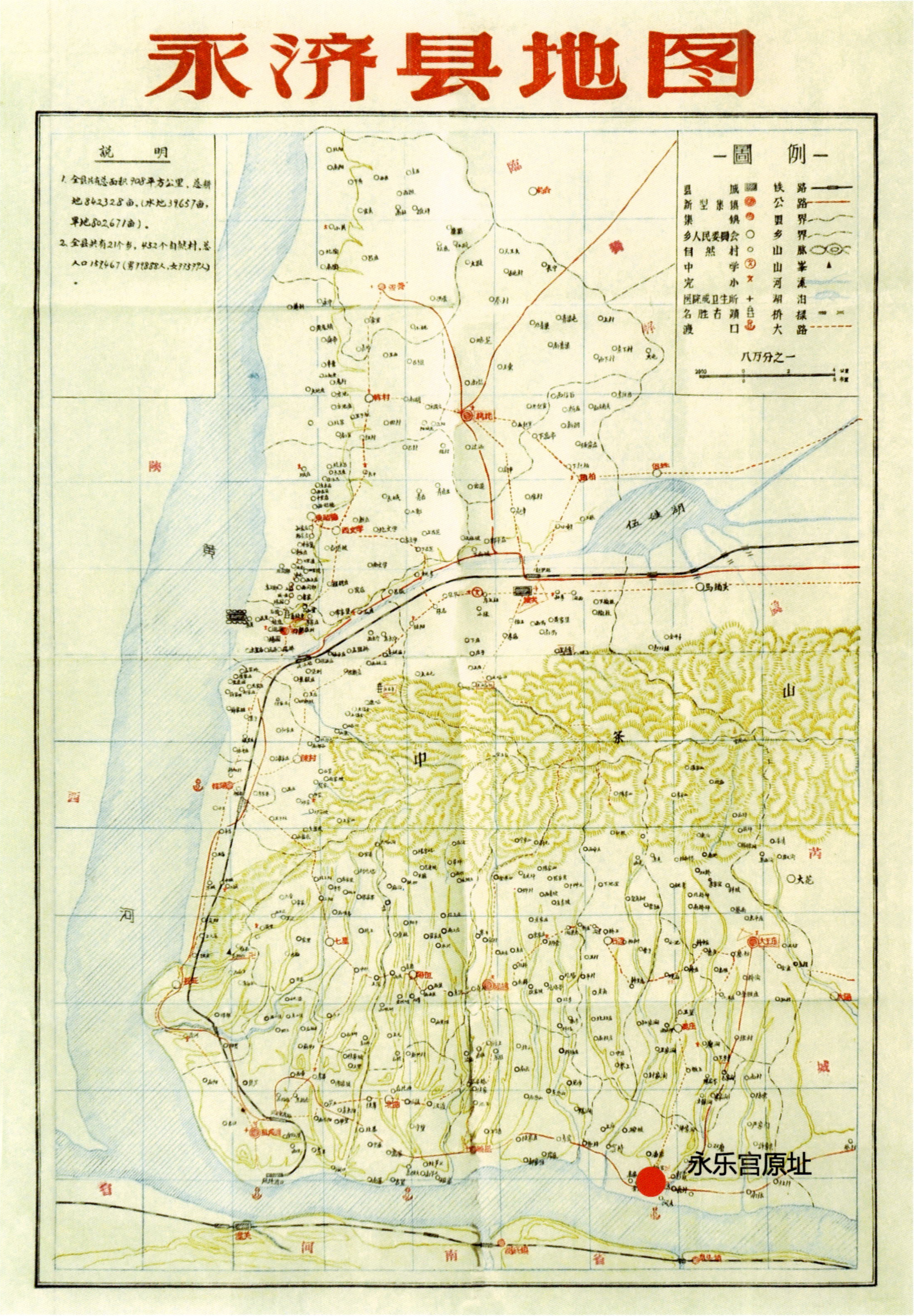

图 1-4 1956 年永乐宫原址在永济县的区位

图 1-5　峨嵋岭上向西南方向看永乐宫原址全景（1953 年或 1956 年拍摄）

2. 永乐宫建造及维修历史

2.1 修建永乐宫缘起

永乐宫的修建与道教全真派的兴盛密不可分。

道教是中国传统的宗教，有着悠久的发展历史，汉代后期由"神仙术"发展成为道教，唐代将道教尊为国教，北宋的皇帝仁宗和徽宗尤其提倡道教，到了南宋和金，道教分为南北两派，称为南北二宗，南宗以刘海蟾为首，北宗以王重阳为首。这一时期由于战争连年，民不聊生，因不甘心受外族的统治，一部分人起来抗敌斗争，另一部分人则向宗教寻求希望。这时，王重阳所创的以"含耻忍垢，苦己利人"为宗旨的全真派道教应时而生。王重阳死后，其弟子丘处机被元太祖成吉思汗封为"国师"，从此全真派成为当时重要的教派。丘处机奉成吉思汗之诏，驻太极宫掌管全国道教，遂将始建于唐、金代重修的北京太极宫更名为长春宫（今北京白云观），成为中国北方道教中心。之后，丘处机的弟子又在王重阳的家乡——终南山刘蒋村（今陕西省鄠县祖庵镇，该镇原属盩厔县）修建了规模宏大的"重阳万寿宫"，称"西祖庭"。不久，又以吕洞宾是王重阳的老师为名，在吕洞宾的家乡永乐镇，将已有的吕公祠，仿照重阳万寿宫，扩建成为"纯阳万寿宫"，称"东祖庭"（图1-6）。[1]

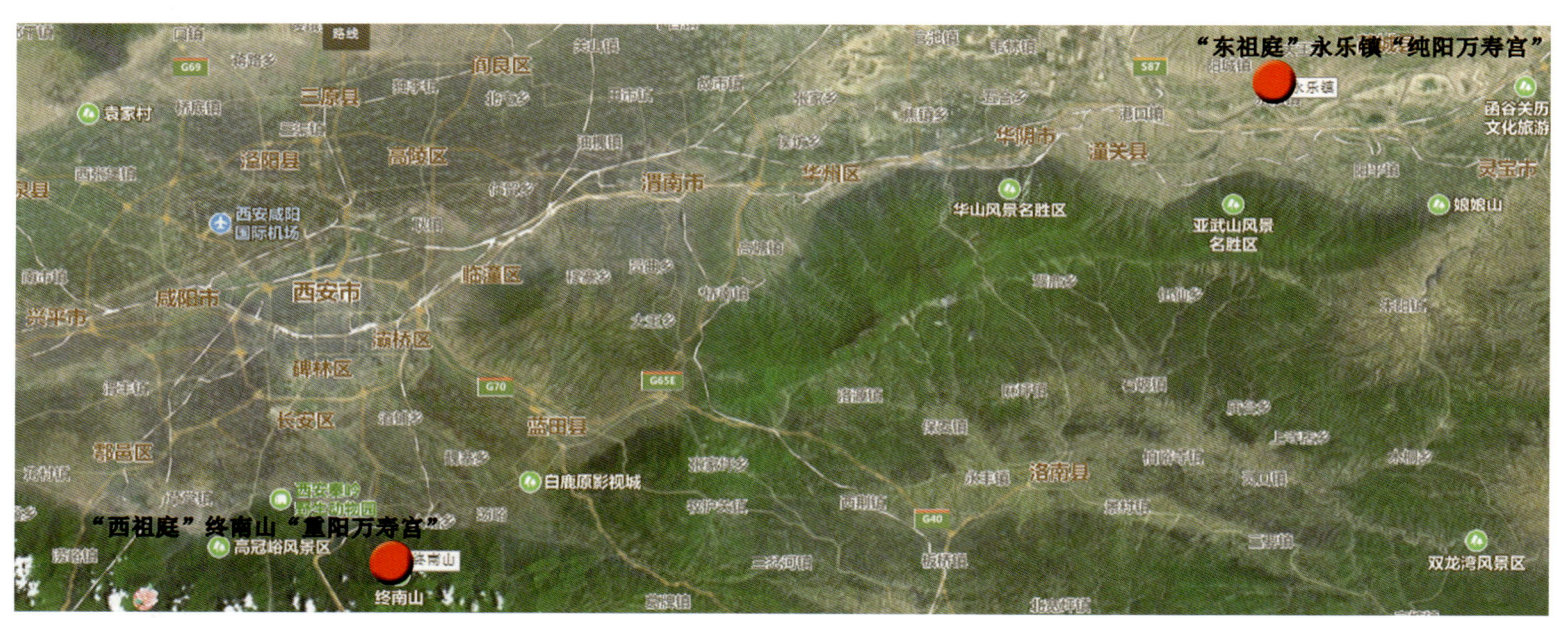

图1-6 东、西祖庭的相对位置 [2]

---

[1] 参考资料来源于《祁英涛文集》中的"永乐宫介绍"。

[2] 底图来源于百度地图。

2.2 修建历史

蒙元一代全真教盛，永乐纯阳万寿宫为全真根本宫观之一，1275 年（乙亥 元世祖至元十二年）道藏尊经历代纲目谓之"东祖庭"，盖与终南山刘蒋村重阳万寿宫相对而言也。祖庭创建为全真之大事，故有关永乐宫之营造，见录于全真石刻、传记者颇多，兹哀辑著有明确纪年之文毕，得知"是宫之成，非一朝夕、一手足所能集"，自创议迄绘塑妆銮了，先后亘百余年。其中三清（无极）、纯阳（混成）、重阳（七真、袭明）三殿等建筑物之土木巨工，虽尽先完成，但自兴建始，亦历十三——十五年之久。[1]

全真派道教首领们扩建永乐宫的工作，是从元太宗十二年（1240 年）开始筹备的，到中统三年（1260年），主体工程竣工，当时完成的有三清、纯阳、重阳三座大殿和一些道士的居住房屋，又经过了三十多年，到至元三十一年（1294 年）建成了龙虎殿。在整体布局上构成了一座较完整的建筑群，这时也仅仅是完成土木工程。此后又逐步的增加了殿内的附属艺术品，泰定二年（1325 年）由"河南府洛京句山"的马七待诏等人绘制三清殿的彩画和壁画中云气，三清殿和龙虎殿的整体壁画也应是约略同时绘制的。元代末期至正十八年（1358 年）由"禽昌朱好古门人"张遵礼、李弘宜等人绘制纯阳殿的壁画和彩画，重阳殿的壁画大约也是同时或稍晚几年的作品。丘祖殿约为元中叶以后新建，如上所述永乐宫的修建，从开始筹备到全部建成，前后经历了将近一百二十年。

在永乐宫修建过程中，全真派道教的门徒还在永乐镇附近经营了一些规模较小的"据点"，著名的有"纯阳上宫""潘公祠"和"披云道院"等处。[2]

2.3 维修历史

永乐宫建成之后，历经兵火、地震及风雨飘摇之劫，亦进行过大小规模不等的维修和补绘，今见于碑刻及题记者有 12 次之多。

1365 年（元至正二十五年），拆换三清殿个别殿柱。时在正月元宵节，由本宫提点杜德椿领道众聘关中西祖庭（重阳宫）木匠王提常换东侧前金柱。

1388 年（明太祖洪武二十一年），蒲州判官李彦文见"纯阳宫系神仙洞府，殿柱门窗年深枯损，幸得智人换之一新，未曾装饰。发心自备己俸，收买颜料，命工从新装完。"此次系作三清殿及个别殿柱之油饰。

1558 年~1559 年（明嘉靖三十七年至三十八年），油饰三清殿格门等。

1561 年~1562 年（明嘉靖四十年至四十一年）三清殿后壁于此前之地震摇损，有张登室等出资，请匠人于嘉靖四十年三月十五日补修泥饰，又在次年请"待诏"（画匠）谷守道、赵玄泥饰完成，推测曾补壁画。按：此前 1555 年（明嘉靖三十四年）12 月 12 日，陕西华县发生八级地震，震中烈度 11 级，波及 200 多州县，庐舍尽倾，死人无数，余震三年不止。据此可知三清殿之抗震能力确属非凡。（参见新编《芮城县志·自然灾害》1995 版）

1636 年（明崇祯九年），据《纯阳万寿宫修墙垣记》记载，当时"殿宇虽存而院基颓圮，几如一荒坂矣"，因重建墙垣。

1636 年~1644 年（明崇祯九年十七年），据碑载：由本镇寨下村（按：即今芮城县永乐镇彩霞村）杨继增，托本宫道官张和气及徒德印化缘集资，始建玉皇阁，继之又补修神牌 500 余座，贡桌数十张；

---

[1] 引自 1962 年第 4、5 期《文物》，宿白著《永乐宫创建史料编年》。

[2] 引自"第七部分 永乐宫迁建工程专题原始档案"的附录四十九图 7-830。

并重修七真殿、潘公祠堂、丘祖钵堂、三门甬道，栽柏树 50 余株。前台、后台、东西便门焕然一新。

1656 年（清顺治十三年），对龙虎殿进行重修。由重修碑记始知无极门又称龙虎殿。

1675 年（清康熙十四年），据纯阳殿壁题记：郡士左逢源等费油会及柏树价 200 余金，补葺修理妆画神像、斗栱、墙壁，上下内外焕然一新。

1687 年~1689 年（清康熙二十六年~二十八年），此次重修规模较大。碑载：资金"募于六府"，历时一年又五个月。修殿阁，饰午门，"楣櫜甓瓿之有损者易之，丹腰髹漆之，有墁者涂之，千楹耀目，万栱凝烟"。

清康熙年间修补纯阳殿壁画，翻修三清殿。

1773 年（清乾隆三十八年），"阶圮为驰道""缭垣荡然"，因重修之。此次系修台阶，补围墙。

1830 年（清道光十年），此次镇社六朵，重修无极门。

1890 年（清光绪十六年），据碑载："混成殿后檐将近倾圮"，蒲州驻镇分府官员李云轩等各解囊余，"所有混成殿、真武阁后檐、三清殿、龙虎殿室壁，不日焕然一新焉"。[1]

1959~1965 年，因永乐宫原址位于三门峡水库淹没区，为整体保护永乐宫文化遗产，由中央文化部文物局和山西省人民政府组织实施的"永乐宫迁建工程"——将永乐宫从永乐镇原址搬迁至芮城新址，是永乐宫最近也是最彻底的一次维修。

---

[1] 资料来源：2006 年 5 月山西人民出版社出版的《永乐宫志》。

3．永乐宫搬迁前后

3.1　永乐宫原址

3.1.1 区位与格局

永乐宫原址位于山西省永济县东南 120 里的永乐镇（图 1-1~4）。

据清光绪续修《永济县志》记载，永乐宫原来的建筑规模很大，建筑占地面积在 9 万平方米以上，有两重围墙，主要建筑在内围墙内。内围墙以外的其他附属建筑还有吕祖祠、披云道院、书院等（图 1-7）。

1951 年永乐宫被发现之时，主轴线上建筑尚存宫门、龙虎殿（无极之门）、三清殿（无极之殿）、纯阳殿（混成殿）、重阳殿（七真殿、袭明殿）五座大殿，位于重阳殿北侧的丘祖殿已坍塌成为废墟（图版 Z-16~19）。按光绪续修《永济县志》所载永乐宫图（图 1-7）中所示，永乐宫主轴线西侧建筑仅存吕祖祠（吕公祠），其他建筑除了披云道院遗址上仅存四通碑碣（图 1-8）外，均已无存。永乐宫东南方向百余步有巨冢，相传是吕洞宾墓（图 1-28）。

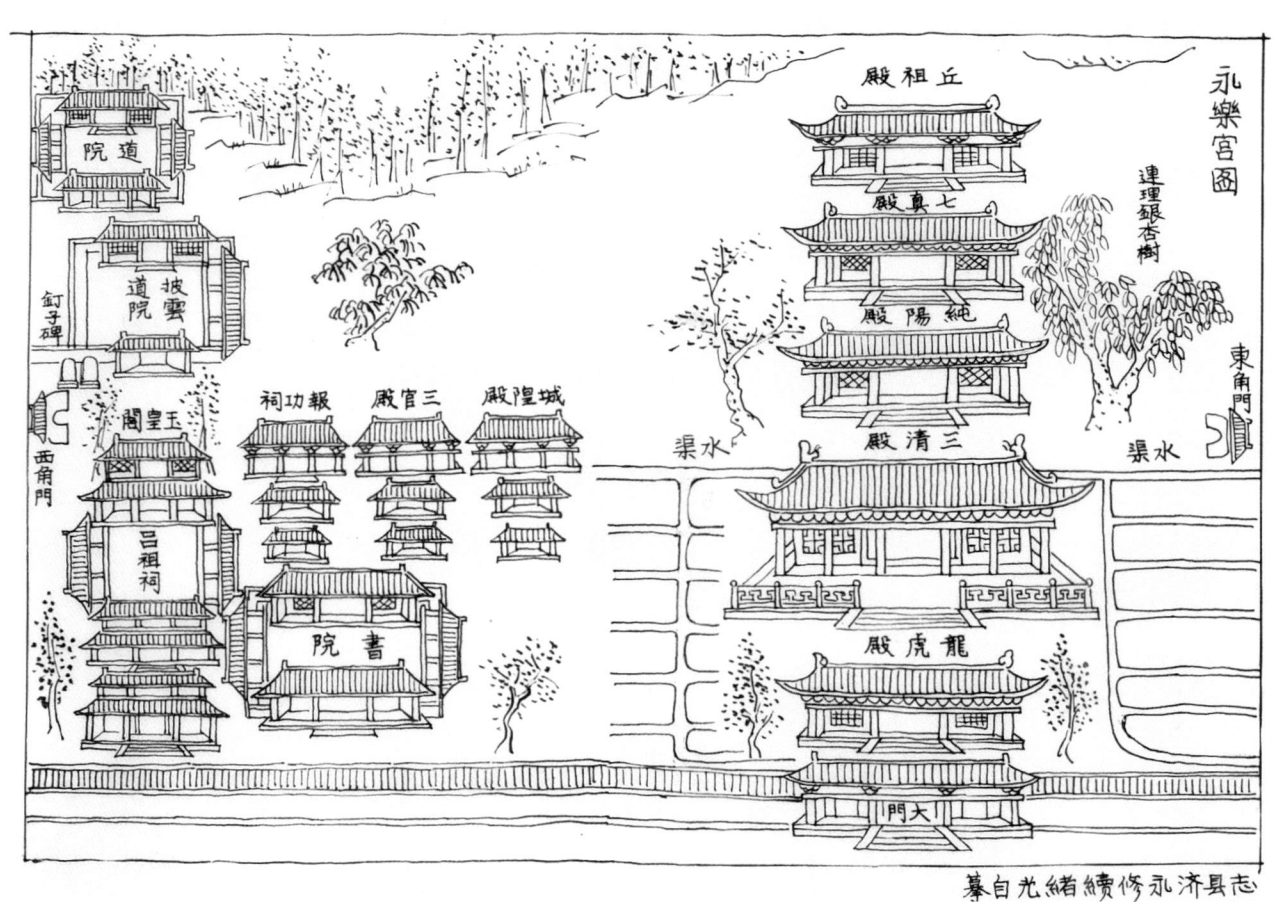

图 1-7　清光绪续修《永济县志》所载永乐宫图的临摹图（1956 年绘制）

图1-8　峨嵋岭上向南看永乐宫原址全景（1958年拍摄）

3.1.2 建筑概况 [1]

宫门：面阔五间，进深两间，两椽悬山顶。梁架用一架两椽栿（平梁），有叉手、大斗、株儒柱、角背。柱头无斗栱，补间有两朵一斗二升交蚂蚱头。中有一间大门，两梢间有两个小门。按其形制为清代重建。（图1-9，图版 Z-24~32）

图1-9　原址宫门（1958年拍摄）

图1-10　新址宫门（1962年拍摄）[2]

---

[1] 主要资料来源：1.本书下册"第七部分　永乐宫迁建工程专题原始档案"的"附录一"图7-10；2.1954年第11期《文物参考资料》陈明达执笔的"永乐宫"。

[2] 为便于迁建前后对比，将建筑迁建后照片放于此，下同。

龙虎殿（无极之门）：面阔五间，进深两间，六椽单檐庑殿顶，有中柱四根，大门三槽。平梁上有叉手，株儒柱上大斗栱子散斗，柱下有角背，太平梁上有驼峰，角梁后尾有小八方垂柱。中柱高同檐柱。六椽栿（中断）上是平梁，小八方瓜柱特别高。斗栱为五铺作单抄单下昂，补间铺作用真昂，昂尾压在下平槫之下，后尾像溜金斗栱有菊花头，转角铺作后尾也似溜金斗栱，有十字三伏云。每间施补间铺作一朵。两梢间上有天花支条各一间12井。后檐次间有两面八字墙做戏楼之用。斗栱形制极近于宋《营造法式》的作法，为元代创建的原物。大门门枕石雕刻石狮和栱眼壁所画彩画都很精美，也是元代所作。殿内仅东北壁残存模糊不清的部分壁画，其余壁皮全部脱落。（图1-11，图版Z-34~44）

图1-11 原址龙虎殿（1958年拍摄）

图1-12 新址龙虎殿（1962年拍摄）

三清殿：面阔七间，进深四间，八椽单檐庑殿顶。内有柱八根，用顺爬梁，四角大抹角梁，梁架上用瓜柱角背。斗栱六铺作单抄双下昂，制作极精，与宋《营造法式》规定作法几乎没有分别。殿内仅北半部用金柱，两梢间及前檐第二槫缝下金柱均减去不用。外檐栱眼壁、次梢间阑额和撩檐槫上枋心彩画均用泥雕，明间阑额彩画是镂刻木雕，都很精致。殿内斗栱彩画多用如意头角叶，斗底画莲荷花，和明清彩画不同。以此断定三清殿自天花以下部分是元代创建原物。天花以上梁架比较杂乱，很多添加的构件显然是后代修理时支撑所用。殿内四壁满画神像，据殿前檐两侧、明天启甲子（1624年）《永乐宫重修诸神牌位纪》："……殿绘诸神像三百有六十，计牌有四百余座……"，当地群众也称之为三百六十值日神。壁画画面结构庄严宏阔，线条刚劲。在扇面墙内侧东面有题记一方尚可辨"泰定二年六月"等字，扇面墙西侧金柱旁又有洪武六年游人题记一行，可推断壁画绘成至少是在泰定二年（1325年）。仅南墙东西侧两小块及东墙南端约1米宽的一段壁画色泽鲜艳，与其他部分显然不同，应该是光绪十六年修补时补绘。（图1-13，图版Z-46~79）

图1-13 原址三清殿（1958年拍摄）

图1-14 新址三清殿（1962年拍摄）

纯阳殿：面阔五间，进深三间，单檐歇山顶。进深三间，自南至北深度逐渐减小，为首次发现的平面布置形式。纯阳殿也是减柱造，仅用明间四根金柱。斗栱六铺作单抄双下昂，明间柱头铺作自第一昂以上均加宽，斗栱后尾用菊花头六分头并绘出上昂形态，足以证明清式六分头系由上昂演变而成。天花藻井已部分损坏，彩画部分为后代重绘。天花以上梁架全为清代形式。殿内四壁绘制吕洞宾故事画五十二幅，据殿后檐明间大门右侧题记：十方大纯阳万寿宫彩画，纯阳帝君□游显化之图……时大元至正十八年岁次戊戌季秋重阳□□□□□……及前檐东梢间南墙题记，会昌朱好古门人……古新違□男富居绛阳侍诏张遵礼……门人古新田德新田……□县曹德敏……至正十八年戊戌季秋重阳日工毕谨志，可以肯定该殿壁画完工于至正十八年（1358 年），作画的是朱好古和他的门人。这五十二幅连环故事画把整个画面构成了巨大的场面，其中有不同类型的建筑物和当时人们的各种生活场景，是非常宝贵的历史艺术作品。在整个构图上，虽然是五十二个故事，却是整体构图，一气呵成，每一个故事都有题记加以简略说明。现存壁画略有脱落。其中东壁极小部分、西壁南半、东北壁中部约四分之一，以及西北壁之上部均为清代重绘。（图 1-15，图版 Z-109~129）

图 1-15　原址纯阳殿（1958 年拍摄）

图 1-16　新址纯阳殿（1962 年拍摄）

重阳殿：面阔五间，进深四间，六椽单檐歇山顶，平面减去明间前檐两金柱。斗栱五铺作单抄单下昂，后尾起秤杆，略似清代溜金斗栱，但栱、昂、耍头等仍保有宋代作法。平梁上用大驼峰，承托大斗襻间及脊枋，梁架简洁。殿内壁画绘重阳祖师王嚞故事画四十九幅，其构图、用笔和纯阳殿如出一辙，足以证明为同一时期所绘制，遗憾的是损坏严重，后代重修较多，壁面下部已经模糊不清。（图 1-17，图版 Z-131~142）

永乐宫总计全部自大门至纯阳殿五座建筑中，大门为清建，三清殿，七真殿[1] 天花以上梁架为清代改建，其余全为元代所建。现存三清殿壁画亦为元代所绘，部分为清代修补，但修补部分尚能与其四周原画完全结合。据当地群众传说，宫中道士藏有壁画卷神底本，遇有损坏，则按底本补绘，故能新旧吻合，惜抗日战争时此项底本遗失，今已无从寻觅。在建筑设计上亦为极可宝贵之资料：它的现存部分总平面仅在中轴线上排列主要建筑，与习见的有东西配殿或周围廊屋的平面截然不同。按县志所载全部平面则在现存部分之西尚有横列的建筑物甚多，其配置亦与寻常平面不同。三清殿

---

[1] 此处"七真殿"应为"纯阳殿"。本段引自 1954 年第 11 期《文物参考资料》陈明达先生执笔的"永乐宫"，从对混成殿的描述："混成殿（七真殿）……进深三间，自南向北深度逐渐减小"来看，文中的"混成殿"（七真殿）应为纯阳殿。

图 1-17 原址重阳殿（1958 年拍摄）

图 1-18 新址重阳殿（1962 年拍摄）

前并有整齐的水渠，当亦为有识之配置。据崇祯九年"纯阳万寿永乐宫重修墙垣碑记"所述："……当其时名挂天府，奉敕建宫，鲁班匠手，道子画工，殿阁巍峨，按天上之九重而罗列，道院森森，照地下之八卦而排成……"因此这个总的平面布置是按照宗教的象征意义而设计的。又自大门以内各殿座平面柱子排列，各自不同，各殿梢间极窄，正面除两梢间外全部为隔扇门，背面仅明间用板门，全部不用窗子，这样的安排正是为了殿内安置塑像的方便（塑像已全部损毁，仅存残座）和有足够的墙面以供绘制壁画，同时前面的隔扇门又可以供给足够的光线，足证其设计的周到，和圆满达到各种要求。[1]

3.2 永乐宫新址

3.2.1 区位及格局 [2]

1959~1965 年搬迁后的永乐宫新址：

位于山西省最南端芮城县北郊龙泉附近。该处居于春秋时代的古魏城内，背倚中条山的百廿盘，南望黄河和秦岭，西北一里有一座唐代建筑龙泉五龙庙，南面四里在县城附近有一座宋代建筑的寿圣寺砖塔，高十三层。附近竹林丛翠，古柏青青，老柿成林，麦田肥沃，是一处风景优美，物产丰富的好地方。

从芮城县北门，向北顺着一条笔直的大道，经过菱花村、城南村，一路上白杨对舞、菜花送香，绕过一座称为"南湖"的水库，约行五里多路就到达永乐宫，门前新栽的柏林已是一片浓绿，映衬着红墙、碧瓦，景色宜人。这座"神宫"坐北向南，偏西一度。永乐宫有两道围墙，习惯称之为内宫墙和外宫墙，南北长，东西狭，呈"回"形。占地总面积 8 万平方米以上，约合 120 多亩。主要的建筑物都集中在内宫墙正中的一条线上，自南向北排列着五座大殿，没有常见的东西配殿，应是永乐宫建筑上的一个明显特征。最前边的大门叫做"宫门"，一进宫门只见院内古木参天，林荫遮道，龙柳飞舞，中间是一条用石子堆花砌成的"甬道"通往第二座建筑物，就是龙虎殿。道旁的柏树每边十四棵，合称"二十八宿"。紧靠东西内宫墙，每边新建了碑廊二十一间，将原来宫内散存的碑刻，集中安置在内，以免再受雨淋。龙虎殿的两边各有一段墙，把内宫墙分成前后两个院落，墙上开小门，做为平时出入前后院的通道。后院是一座狭长形的大院，有一条长甬道自龙虎殿通往永乐宫的主殿，

---

[1] 引自 1954 年第 11 期《文物参考资料》中陈明达执笔的"永乐宫"。

[2] 引自《祁英涛文集》中的"永乐宫介绍"。

三清殿。殿前一对石雕，瘦而高的石狮子迎接着来游的客人。院内疏朗的布置了一些翠柏、古柏，突出了三清殿华丽的外貌。院内东西对峙的树立了两座大石碑，东边是元中统三年"大朝重建大纯阳万寿宫之碑"，西边的是清康熙廿八年"重修万寿宫无极殿碑记"。三清殿后边不远就是纯阳殿和重阳殿，三座殿都建在高离地面的砖台上，中间相连成"王"字形。这种式样是元代以前很少见到的。纯阳殿前原来有一棵枝叶茂密的大柏树，直径二米多，树干空处生出一棵槐树，槐树的老干内又生出一棵桐树，这就是以前附近著名的"柏抱槐、槐抱桐"，相传是吕洞宾亲自栽植的，迁建中因为这棵树太大了，不能移栽，只好在此新栽一棵来点缀风景。三清殿前的一棵称为"站殿将军"的柏树也是同样情况，补栽了一棵。这些树的枝干虽细，但其容貌则是经过在周围几十里以内选择后移栽的，大体上还都与原貌相似。宫内原有水渠也按原来线路，从龙泉引来一股清泉，潺潺的流水每天不断的穿宫而过，浇灌着宫内的花草树木。

龙虎殿前东西向的石子路，是通往外宫墙东西两院的通道，墙上开随墙门，门上砖匾，东为"赛瀛洲"，西为"仿蓬莱"。东院原来是菜圃和果园，迁建前早已空空荡荡变成耕地。现在的两座古建筑，明代建筑的祖师行祠大殿和礼教镇清代建筑的石牌坊，都是处于水库淹没区的古迹，迁建于此保存的。东院原有两株高大的银杏树，据说是吕洞宾夫妇合栽的，称为"连理银杏树"，也和柏抱槐一样，树太大搬不动，只好在原位上重新栽培，为了让更多的游客了解、欣赏这些大树的原来丰姿，画家陆鸿年特为此画了"柏抱槐"和"连理银杏树"的原来面貌，刻在碑上立于新栽树的旁边。西院原有的一些建筑物早已无从查考，迁建前存在的都是清代建筑的，而且许多都是与永乐宫无关，因而迁建中仅将一组造型比较优美，称为"吕公祠"的建筑物搬来，利用其旧料，仿照其形式，在西院内建成一处"文物陈列室"供参观游览。外宫墙以里，正对重阳殿的地方，原来有一座"丘祖殿"，建筑已毁，在此仅留它的遗址以供参考。根据实际需要，在外宫墙以里的南端各建一个四合院，供保管人员办公、住宿和接待远方游客使用。现在宫内的许多树木已是枝粗叶茂，初步恢复了原来郁郁葱葱的清幽景象，移植、栽培的花草，在当地已是小有名声，每当牡丹盛开，榴花似火，或是柿老菊黄的季节，附近群众争先来游。迁建后的永乐宫不仅是保存和欣赏元代艺术的"博物馆"。也必将成为游览的胜地。（图1~20、21，图版T-10~14）

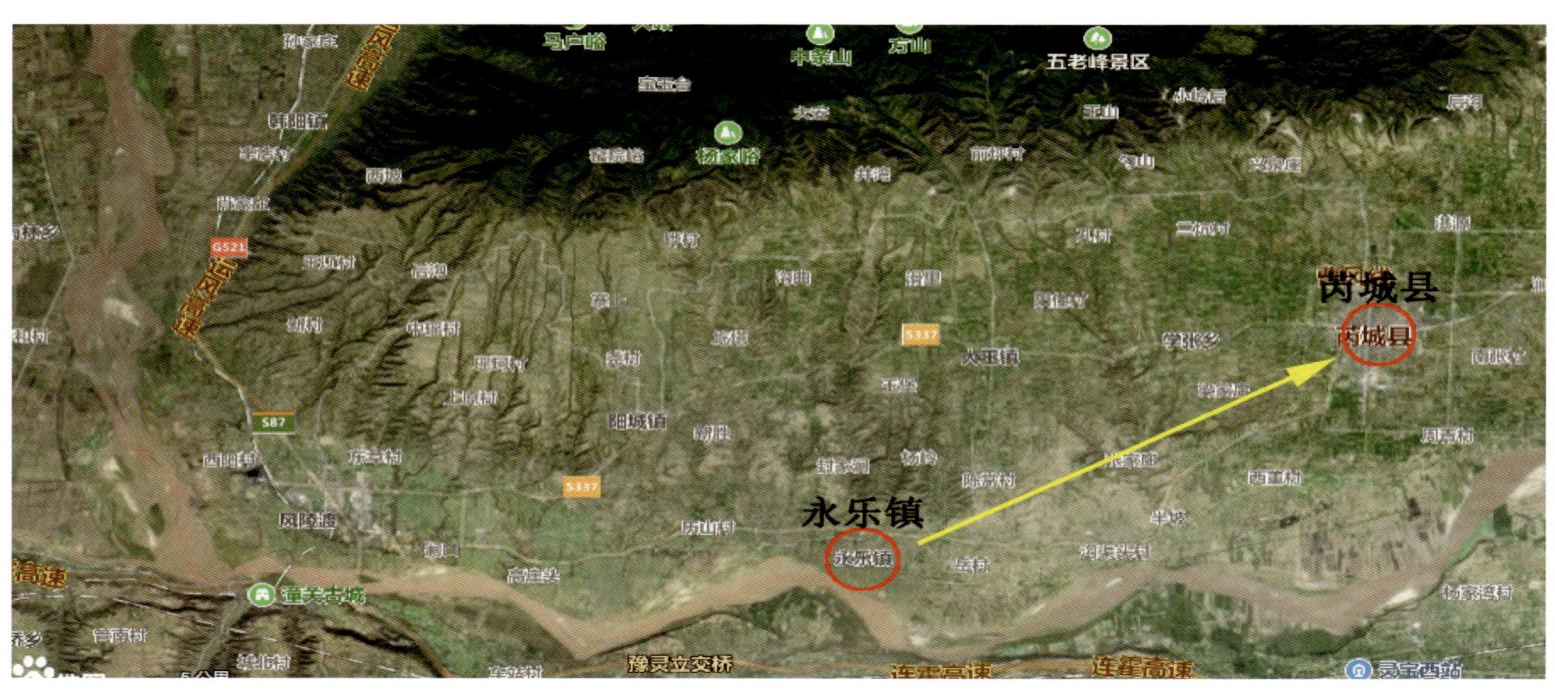

图1-19　永乐宫原址和新址相对位置（永乐镇是永乐宫原址所在地，芮城县是永乐宫现址所在地）

图 1-20 永乐宫
新址航拍正投影
图（2019 年 9 月
拍摄）

图 1-21　永乐宫新址航拍鸟瞰（2019 年 9 月拍摄）

3.2.2 建筑概况 [1]

（1）**宫门**：现存永乐宫的大门，五间，两坡悬山顶。梁架结构与当地住宅相似，下用一根大梁，正中立短柱，两边用斜撑，与近代建筑的"人字枘架"相近。正中一间称为正门，两梢间开旁门，正门上的大匾早已遗失，现在所悬的横匾上写"永乐宫"三字，是迁建后由山西省著名的书法家郑林同志所书。旁门为砖匾，东为"众妙之门"西为"道义之门"。墙上用砖雕出花纹，六角形称"龟背锦"，八角形的称"灯笼锦"，花砖上镶着许多铁制的小仙鹤，都是为防止花砖脱落而加的铁钉。这些小仙鹤都是并翅而卧，神态颇佳。（图 1-10 及图版 T-15~27）

（2）**龙虎殿**：这是永乐宫最初建筑物的大门，五开间，四坡屋顶，原名"无极门"。因殿内原有青龙、白虎两个塑像，虽然塑像早已毁坏，但仍称它为龙虎殿。殿内梁枋仰首可见，不用顶棚，建筑学上

---

[1] 引自《祁英涛文集》中的"永乐宫介绍"。

称这种做法叫"彻上明造"。梁架的四角各有一根不着地的小柱子，俗称"悬梁吊柱"，屋檐下面有许多小木块堆起来的"斗栱"，其中一根特别长，而且是斜放在上面，后尾托在檩子底下，这是支撑出檐的构件，称为"真昂"，是元代和元代以前建筑上常见的式样。正中三间安木板门，正中门上悬木匾，上写"无极之门"四个字，是元代书法家商挺所书。匾上还有"大元国至元三十一年岁次甲午九月重阳日建，少府监梓匠（木工）翼城县朱宝并男朱玉造"的题字，证明这座大殿的建筑年代，而且是由当时官府的木工负责设计建造的。殿的前后部有台阶，前面是用砖立砌的，叫作"蹉蹉踏道"，后面的缩进房子以里，这是为了在必要时，上面铺上木板就可以作为临时的舞台来演戏酬神。此种做法与距此不远的解州关帝庙内的"雉门"是一样的。台基四角都安着一块"角石"，上面雕刻着各种姿态的大小狮子，各个神态自若，是元代建筑上常见的装饰品。殿内大门的后边，东西两梢间的墙上画着"保卫"这座神宫的"守卫神"。（图1-12及图版T-28~51）

（3）**三清殿**：原名"无极殿"，内供三清，故称三清殿，是永乐宫的主殿，比其他建筑物都较高大，七开间，和龙虎殿一样也是四坡顶，上有五条屋脊，这种式样称为"庑殿顶"或"五脊顶"，是最高等级的屋顶形式。屋顶四边用绿色琉璃瓦镶边，中心用灰瓦。五条脊都用三色雕花的琉璃砖砌成。正脊两端的"吻兽"用孔雀蓝色的琉璃，高达三米以上，全身为一巨龙，盘绕曲折，姿态绮丽。四角安琉璃雕刻的力士，神态威猛。大殿的屋檐以下的许多处都装饰着各式各样的泥雕龙，或行或止，或降，或升，变化多端，龙身上都满贴金箔，金光闪闪，光彩夺目。还有一些泥雕的仙人、飞禽等也都非常精巧。后面屋檐下正中一间的横梁上，雕刻着两条龙，游戏在牡丹花丛之内，全部透雕，技法超群，是中国古代记载中"雕梁画栋"的实物例证。正面五间和后面正中一间安隔扇门，每间四扇，菱花式样是在十字方格内加入万字，图案疏朗大方。这座殿和永乐宫内其他四座建筑物都是只设门，不开窗，可能是为了增加壁画所画的墙面。是这里的建筑特点。殿前面有两层砖台，中间的较高大，两边的较矮小，整个建筑屹立在高大砖砌台基之上，外观端壮伟丽。殿内正中有三间长的神台，上面原有三清（上清、玉清、太清）塑像，惜神台及塑像早已毁坏。神台三面砌墙呈"门"字形，称为"扇面墙"。殿内各面墙上都画着高大的神像，整体是一幅大画称作"朝元图"。神台后面有"救苦天尊"的塑像，全身都用木架自墙上挑出，故称"悬塑"，是永乐宫仅存的比较完整的元代塑像。三清殿的梁架都被顶棚遮住，顶棚是一个个方格组成，方格内的木板称为天花板。这些天花板和露在顶棚以下的梁、枋和斗栱上都画着各种花纹和彩画，有龙、有凤、有牡丹花、荷花，还有一种花瓣是由一个个圆圈所组成的"旋（音学）花"，这种花在明、清两代的彩画中是常见的式样，但是这里所存的都是元代彩画，而且是我国已经发现的、年代最早的"旋花"。是值得特别珍视的。（图1-14及图版T-52~94）

（4）**纯阳殿**：走过三清殿不远，经过一段与大殿同样高度的砖砌甬道，就到达纯阳殿。殿内奉吕洞宾，因他曾著《混成集》，故此殿又称"混成殿"；号纯阳，所以也称纯阳殿；又呼之为吕祖，故此殿又俗称"吕祖殿"。纯阳殿正面五间，侧面三间，屋顶上琉璃瓦镶边，但有九条脊，与前面两座殿不同，此种式样称为"歇山顶"，是仅次于"庑殿顶"的一种形式。正面三间为槅扇门，后面正中为木板门，这座殿内也用天花板将梁架全部遮住，天花板和露明的梁枋都画"旋子彩画"，也是元代的艺术品。殿内给人印象最深的是比其他殿内显得格外宽敞。这种现象主要是建造时候采用了两种方法所造成的。一种方法是：建筑物侧面的三间开间尺寸，不是按一般习见的方法，中间大两边小，而是自南而北，一间比一间缩小，南边的一间最大，所以一进门就看到殿内的柱子距离很远，显得比其他殿内宽敞。这种做法是其他各处所没见过的特例。当地群众称它为"一、二、三"的做法，是指它各间的尺寸比例而谈的，实际上也并不是恰好如此。另外的一种建造手法是将殿内次间梁架结构稍加改变，取消了大梁下面的柱子，这样全殿内应有八根柱子，现在只要四根就够了。这四根柱子都集中在中间一间，使得殿内两边也很空敞，这种方法在建筑学上称为"减柱造"。是元代建筑在平面上最常应用的一种方法。建造者采取了上述两种方法造成了殿内格外空敞的印象，这些方法能够"化小空间为大空间"是中国古代建筑设计中成功的做法之一。殿内正中神台上原有吕洞宾塑像，已早毁，现存的吕洞宾和两童子的雕像，连同它们前面的称为"吕仙翁百字碑"的小石碑都是用汉白玉石雕成的。神台后边砌扇面墙，四周墙上所绘壁画为"纯阳帝君仙游显化之图"。（图1-16及图版T-95~132）

（5）重阳殿：又名"袭明殿"，殿内供奉王重阳和他的六个弟子，马丹阳、谭处端、刘处玄、丘处机、王处一和郝大通。这七个人在元代初年，道教中称为"七真"，所以这座殿也称"七真殿"。（元正大三年封王重阳为五祖之一，称为"重阳全真开化辅极帝君"，七真中的缺额由马丹阳的老婆孙不二来补充，他也是王重阳的弟子。所以后来道教中所称的七真是与元代初年稍有不同）重阳殿五开间，侧面四间，屋顶为歇山式，总体形式与纯阳殿相似，只是长、宽、高各方面的尺寸都小一些。正面三间装槅扇门，背面一间安木板门，殿前有与大殿台基等高的砖甬道与纯阳殿相连。殿内正中三间设神台，上面原有七真塑像，连同神台早已残毁，神台后砌扇面墙。全部梁架和龙虎殿一样，都是露明不用顶棚，上面的彩绘以灰色为主，是经过清代重绘的，几根大梁上的花纹还保留着元代彩画的式样。四面墙和扇面墙后壁绘壁画，形式与纯阳殿一致，是王重阳一生的故事画。（图1-18及图版T-133~163）

重阳殿两边的东西垛殿，是迁建中由土堆中发掘出来的，只剩台基，正面一间，据传说也是歇山式屋顶。东边的称为"玄帝殿"，西边的还没有查到它的正式名称，故暂称"西垛殿"。（图版T-405~410）

3.2.3 其他附属建筑

3.2.3.1 吕公祠

吕公祠为一组清代建筑，是研究永乐宫历史和全真派道教的重要参考资料。原址位于永乐宫原址西院北部，搬迁时按与永乐宫原区位关系搬迁至新址，作为永乐宫的陈列室。（图1-22、23，图版T-427~430）

图1-22 原址吕公祠（1959年拍摄）　　　　　　　　　图1-23 新址吕公祠（2019年拍摄）

3.2.3.2 祖师行祠大殿

祖师行祠又名玄帝庙，原位于芮城县永乐镇西。据碑文记载，祖师行祠创建于明嘉靖四十二年（1563年）。祖师行祠搬迁前，除大殿外，其他建筑尽毁。其大殿面阔三间，进深三间，单檐歇山屋顶。大殿最具特色的是其精美的琉璃脊饰、瓦兽件，以及造型优美、色泽鲜艳的山花雕饰，具有一定的艺术价值。因所处区域亦属三门峡水库淹没区，故决定与永乐宫一起迁建至永乐宫新址，现位于永乐宫新址东路。（图1-24、25，图版 T-431~450）

图 1-24　原址祖师行祠大殿（1959 年拍摄）　　　　图 1-25　新址祖师行祠大殿（玄帝庙）新址（2019 年）

3.2.3.3 礼教村石牌坊

石坊为"四柱三楼"，是芮城县雕刻较好的一座石坊。它原是礼教村李家祠堂门前的牌坊，大约建于清乾隆年间（1736~1795 年），因该村也处于水库淹没区，此石坊随永乐宫一起迁建，现位于永乐宫新址东路。（图 1-26、27，图版 T-451~454）

图 1-26　原址礼教村石牌坊（1959 年拍摄）　　　　图 1-27　新址礼教村石牌坊（2019 年拍摄）

3.2.3.4 三仙坟

三仙坟是吕祖墓、潘公墓和披云子墓的总称。三座墓的原址与永乐宫的关系如图 1-28 所示。因这三人与永乐宫的密切关系，永乐宫迁建时，将三座墓一起搬迁到新址，并集中安置在永乐宫东北角。（图1-29~33）

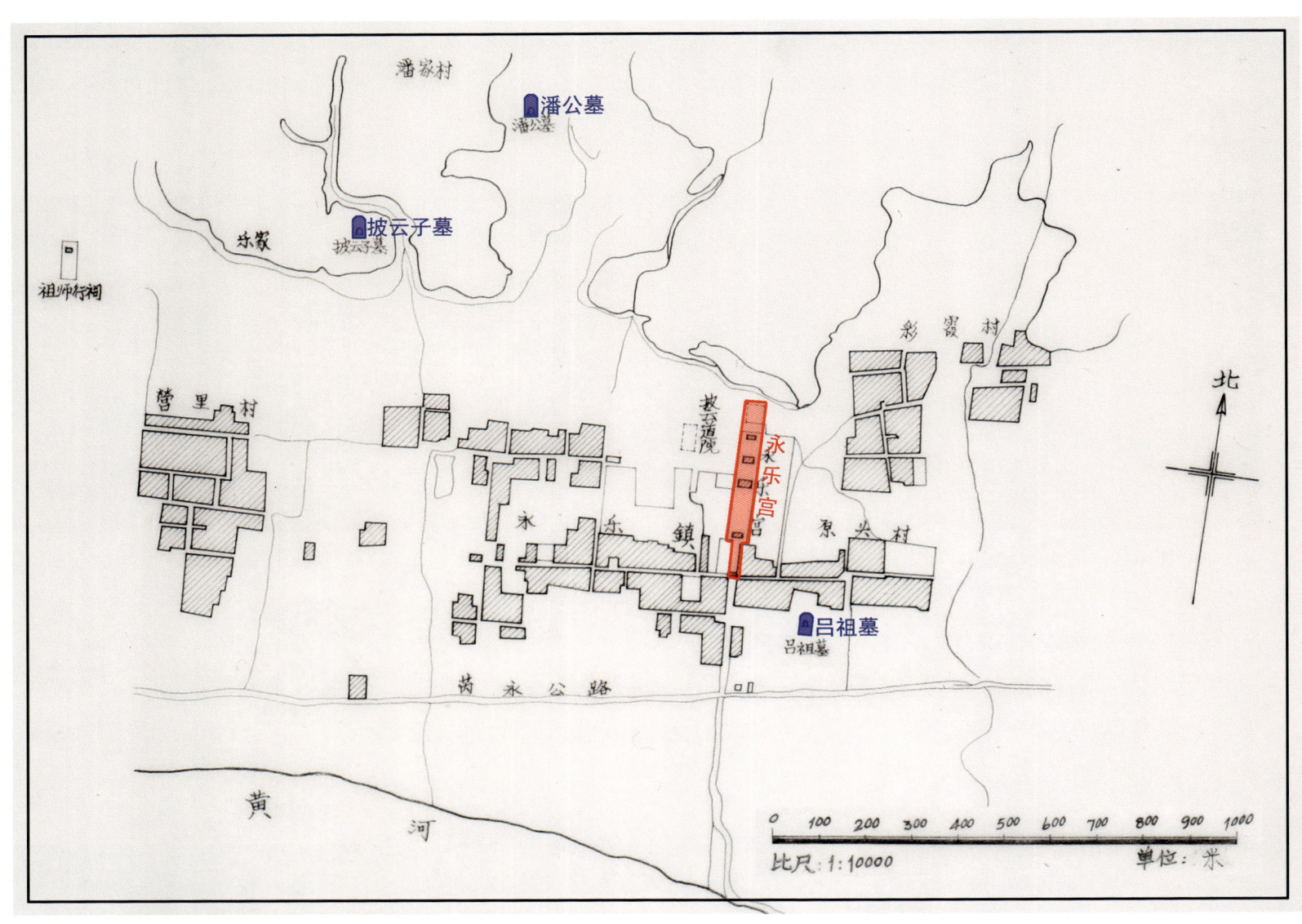

图 1-28　搬迁前吕祖墓、潘公墓、披云子墓与永乐宫的关系图

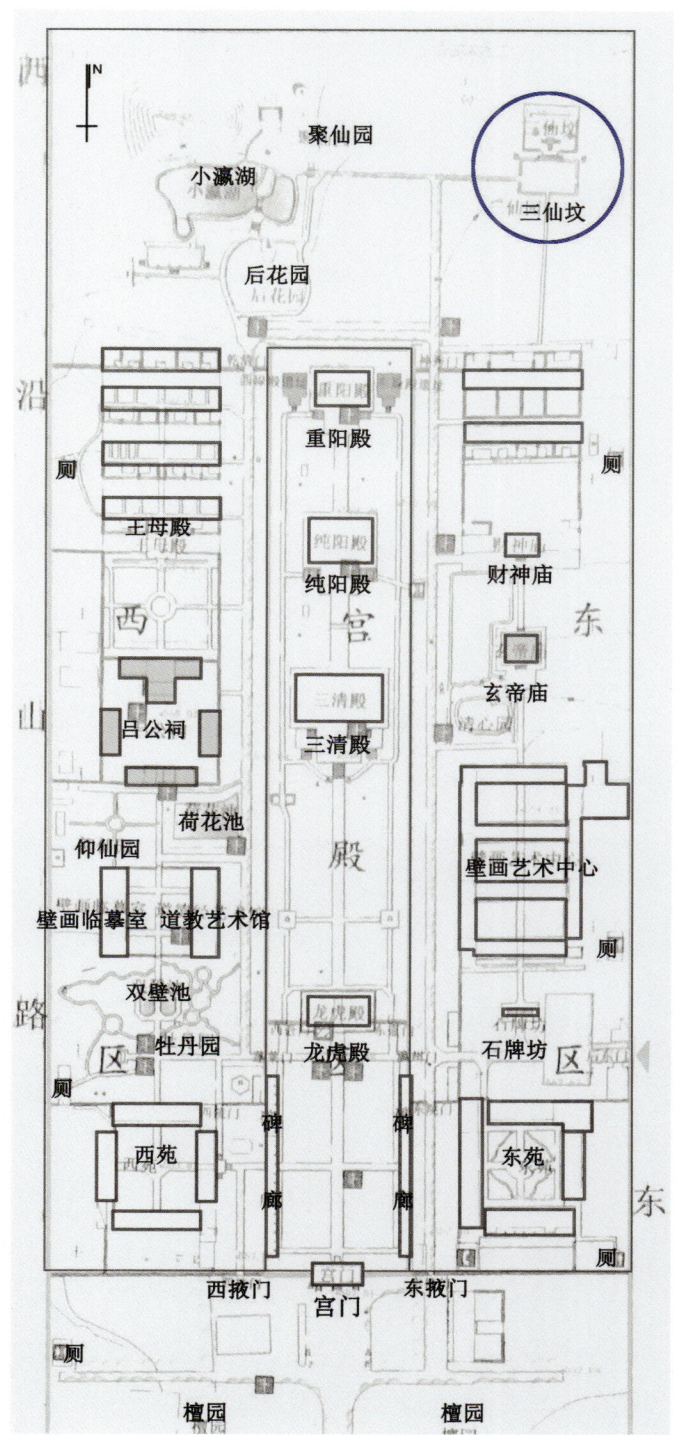

图 1-29　三仙坟在永乐宫新址的位置[1]

图 1-30　新址三仙坟（2016 年拍摄）

图 1-31　新址吕纯阳墓（2016 年拍摄）

图 1-32　新址宋德方墓
（2016 年拍摄）

图 1-33　新址潘德冲墓
（2016 年拍摄）

[1] 资料来源于永乐宫壁画研究院提供的《永乐宫文物保护规划》（2018~2035）。

4. 永乐宫的元代壁画 [1]

　　永乐宫内四座元代大殿内的壁画，题材上是各成一幅，复原后的总面积为 880 平方米，除去一少部分为清代补绘的以外，绝大多数仍是元代作品。四幅画分为两种风格，第一种是龙虎殿和三清殿的壁画，各墙满绘高大的神像，宽袍大袖，色彩浓重。第二种是纯阳殿和重阳殿的壁画，各由若干小幅画组成一套连环故事画，在山水、云树之间穿插人物，表达故事内容。这些富有生活气息的画面的壁画内容比较现实的反映了十三～十四世纪的社会生活面貌，是研究当时社会生活、服饰、建筑、家具等各方面的参考资料，绘画技巧熟练，无论是用笔或是着色都有许多值得借鉴的地方。

　　（1）守卫神：龙虎殿大门后边，东西梢间的各面墙上都画着所谓"保卫"这座神宫的"守卫神"。墙面高都在 3.38 米以上，全殿共有壁画 81 平方米。两梢间南北墙上各画一位高三米左右，身披铠甲的神将，个个神情威猛，衣带飘逸。东间北墙的白脸长须，手执宝剑的是"神荼"；西间北墙的为红脸、怒相，应是"郁垒"；南墙上东间为红脸，手执长矛；西间者为白脸，这两个神将应是地方的守卫神将。每个神将的身后也还画有 2~3 个使者，执旗拿剑，护卫着各自的神将；东墙上画五位"神吏"，北墙画一个"小鬼"模样的使者，仅露出半个身子，探头向外张望；西墙上画着四个文官，两个武将，这两面墙上的神仙可能是城隍、土地和当地的山川之神。（图 1-34）

图 1-34　龙虎殿东梢间北壁"天将"壁画[2]

---

[1] 引自《祁英涛文集》中的"永乐宫介绍"。
[2] 图片来源于 1958 年文物出版社出版的《永乐宫壁画全集》。

这幅画是永乐宫内最残破的壁画，经过后代几次修补，从保留最早的壁画观察，无论从人物的画法，或是绘画的内容都与三清殿的壁画有密切的关系，应是与之约略同时的元代作品。

（2）**朝元图**：三清殿内周围墙及扇面墙内外墙面上都画壁画，内容是群仙朝见三清的伟大场面。三清是道教中地位最高的神，代表着以前所崇拜的最高的"元始天尊"，朝见三清，也就是朝见元始天尊，所以这幅画应称为"朝元图"。明代称为"三百六十值日神一"。实际画中只有286人。整个画面上配置了八个主神，他们周围高低错落的绘画着身高二米以上的群仙，每面墙上都是3~4排，绝大部分是元代作品，是永乐宫内最高、最大、最精美的壁画。（图1-35、36）

神龛内面的三面墙上满绘云气，随风飘荡的云卷，婀娜的云雾，动人的飞天，翱翔的白鹤，与巧于幻化的云雾组成有条不紊的画面。正面墙的东北角有"河南洛勾山马君祥长男马七待诏"等人于"泰定二年六月工毕"的题迹，当是云气图和殿内东半部彩画作者的题词、留名。

朝元图分画在殿内的其余墙面上，自中间向左右展开，离三清最近的扇面墙东西两侧的"南极大帝"和"东极天尊"都是帝王装束的立像。扇面墙后墙正中为"救苦天尊"悬塑。北墙上画的都是各种星宿（廿八宿、南斗、北斗等）。东段的主神为"紫微大帝"；北墙西段的主神"勾陈大帝"。东墙上有两个主神，北为"玉皇"，南为"后土"，分别作帝王和王后装束。他们周围画有五岳大帝，元蓬大元帅和玉女、天丁、力士等。西墙上也画着两个主神为"木公""金母"。群仙中有"天猷副元帅""雷师""雨师""电母"等。南墙上的壁画是整幅朝元图的最后一部分，也是群仙的班末。东西段分绘青龙君与白虎君，身后各有"功曹"与使者。这些人物都是由于古代人们对于自然界的许多现象不能理解，认为风、雨、雷、电等各有神仙掌管，并且想象出许多人的形象来作为崇拜的对象。这些神仙虽然根本是不存在的，假想的，但是由于画家们的丰富想象力和高度的绘画技巧，按神话人物的不同身份和地位，赋予不同的表情、动作。主像雍容华贵，庄严肃穆；群仙们的神态

图1-35　三清殿东壁壁画

图1-36　三清殿西壁壁画

则活跃、传神，天将们须眉飞动；功曹等敬谨侍立；玉女们凝眸含笑。有的在彼此对话，有的好像在独立沉思，有的正躬身奏事，有的似乎在全神倾听。男女老幼具全，文武百官毕至。群仙中特别引人注目的是天蓬大元帅，双眸炯炯，须发猬立，勇猛倔强的性格毕露。东墙北端的太极仙侯（？），头戴风帽，上下唇相对向里凹进，刻画出一位脱掉牙齿的老人姿态，惟妙惟肖。青龙君身后的功曹们的脸都画成扁圆形，一望而知他们是身在云端俯首下望。最为大家称道的是西墙上穿蓝袍的人物，态度恭谨，手护笏板向金母奏事，他的两手齐眉，将笏板平举，低首敬候的神态，像是听候指示，所以人们都理解成他在向金母辞职。壁画中的各种人物都比较强烈的表现了人物性格与特征。绘画技巧主要表现在线条与色彩的运用上，给人印象最深的是人物的宽袍大袖和飞舞的飘带，全凭刚劲的线条的勾画来表达他们繁复的衣着，但是一根挨一根，丝毫不乱，给宁静的场面增加了无限动态，是直接继承唐吴道子"吴带当风"的艺术风格。线条圆浑沉着有力，难能的是如此高大的人物，修长的衣纹，看去似一笔画成，用上边稍细，下边稍粗的手法充分地表现出衣服下垂的形象。着色方面也有独到之处：总体色彩多用青、绿，因此色调趋于沉重，但择重点部分却加意描写，如主像的衣边有的贴金，有的"拨金"[1]，处理得金碧辉煌。朝元图中人物的处理，线、色的运用都显示了绘画人的高度水平。

三清殿后墙原有三个悬塑，正中为救苦天尊（俗称九湖天尊）。东边为童子，西边为力士（已早毁）。天尊作道装，金脸、长髯，面带微笑，身穿道袍、云履，迎风而立，须眉、衣带随风飘动。身后背景是蓝蓝的天空，朵朵的白云，东北角上浮雕出一组天空楼阁，从这里飞出一缕祥云回绕在天尊、童子和力士的脚下，使这三人都站在云端，并借此将面分开，云卷以上是蓝天白云，以下为碧波滚滚的海水。蓝天碧水，配以金脸大袍的天尊，给人以完美的艺术享受。这是一组由壁画、浮雕、塑像三种艺术结合的元代杰出的艺术作品。

（3）纯阳帝君仙游显化之图：纯阳殿内东、西、北三面墙上画着吕洞宾的各种故事，共52幅，组成一幅连环故事画，称为"纯阳帝君仙游显化之图"。东西墙各18幅，北墙东西两段各8幅，画面高度一般都在3.64米以上，每面墙画两排，每幅大小也差不多，上边画一块故事说明牌，简要的介绍各幅绘画内容。各幅之间用山石，或用云树相隔，配景都组织在画面以内，结合的十分巧妙，自然合理。这种"分幅通景"的办法是相当成功的。全殿壁画除一部分为清代后补以外都是在元代末叶至正十八年（1358年）由当时名画家"禽昌（今襄陵）朱好古"的徒弟李弘宜、张遵礼等人所绘。全殿壁画共212平方米。（图1-37、38）

整幅壁画是由东墙南端开始的，到北墙东段以后绕到西墙南端再向北直到北墙西段的东头为止。从吕洞宾降生、悟道，以及他云游四方所显的"仙迹"都包括在内。绘画主题都是宣扬迷信思想，就以画中所绘各种故事的时代而论更是十分荒唐的。吕洞宾按画上所述，是生于唐代贞元十四年（798年），但他的事迹却经过了唐、北宋、南宋、金各代直到元大德年间（1297~1307年）中间经历了五百年。一个人活这么多年是谁也不能相信的。其荒唐吹牛的本领也是可观的。

通过这些画展示给我们这一时期社会生活的面貌，这里可以看到达官显贵们外表豪华内心空虚的生活，也看到贫富不均的强烈对比。壁画里有历史名迹黄鹤楼，也有街头巷尾的商店、酒楼、栈房以及楼、台、殿、阁、亭、池、庙宇、花园、地主住宅、茅屋、厨房等各式建筑，以及活动在各建筑之间的各社会阶层的人物，是研究当时社会生活很好的参考资料。

---

[1] "拨金"是一种装銮佛像的做法。先在像上贴金，再罩颜色，再用竹针精细地按画稿拨掉颜色层，露出金的花纹来。

图 1-37 纯阳殿东壁壁画[1]

图 1-38 纯阳殿西壁壁画[2]

各幅画的用笔、用色也都很见功力，尤其是那些称为"界画"的殿阁，技法相当高超。

绘画中有一些富有生活气息的图画是值得介绍的：第一幅描写吕洞宾降生时，母亲静坐床上，胖胖一个婴儿坐在水盆中，正在由两个人为他洗澡。反映了当时人们产子以后的情景。北墙东头下边后一幅是一个大花园，有一座"遇仙之桥"，殿、阁、凉亭参差其中，池中荷花盛开，鸳鸯戏水，鹭兔飞翔，花园背面有高山峻岭，瀑布飞溅，景色宜人。西墙上第三十九幅标题为"神化赵相公"。画的是一显宦式的殷实人家，赵家门楼一旁有一处书房，老师坐在桌后注视着书本，桌前一个小学生，正在躬身施礼，像是要开始背书。书房内还有几个顽童，有的在专心攻读，有的在窃窃私语，把旧社会的私塾情景描画得惟妙惟肖。

南墙东西两段各画一幅"斋图"，描写的是斋供前的繁忙情况，各画都附说明牌一块，就是前面介绍的那些画家的题名。神龛后边和扇面墙上，前边画云气，后边画"钟离权渡吕洞宾图"。据传说钟离权是吕洞宾的老师，这一幅正是描写老师在向学生说教的场面。画面正中画着两个和真人大小差不多的人物，对坐在磐石上，西边袒胸露腹，足蹬芒鞋的是汉钟离，身体微向前倾，双目炯炯正在向徒弟讲说什么大道理。吕洞宾则拱手危尘，目光凝视，陷于沉思，左手轻捻衣角，表示在踌躇不决。二人身后是巉岩巨石，老松、古柏，山间流水如匹练，满地都是繁花细草，是一幅暮春景色。这是永乐宫最好的一幅人物画。这幅画的对面，北墙正中一间的门后和门顶的墙上还有三幅画，门东边画"柳仙"，西边画"松精"，据说他们俩都是大树成精害人，被吕洞宾收为徒弟。门顶一幅称为"八仙过海图"画面上是一望无际的海水，两岸各画山石、树木，八个仙人漂浮在海面上，从东岸即将走过来，不过这里所画的八仙和现在流传的八仙稍有不同，他们之间没有何仙姑，代替的人

---

[1] 图片来源于 1958 年文物出版社出版的《永乐官壁画全集》。

[2] 图片来源于 1958 年文物出版社出版的《永乐官壁画全集》。

物是徐仙翁，直到明中叶以后才比较普遍的将徐仙翁换成何仙姑。

扇面墙后面的这四幅画，任务的刻画都非常细致入微，用笔奔放有力，是元代不可多得的任务画，这画可能是出自一人手笔，看来好像和小幅连环画的风格不同，但仍是出自题名的那几位朱好古的门徒的手笔。

（4）**重阳生平故事图**：重阳殿内的壁画，绘王重阳一生事迹，因当时的画家没有留下这幅画的名称，故暂称"王重阳故事图"。这幅画的形式、风格都与纯阳殿一致，也是由52幅画组成的一套连环画，东西墙各15幅，北墙东西两段分画9幅、10幅，扇面墙画3幅，正中增加一段三清像。南墙画几个仙人，笔法拙劣，为清代后补。全套画的顺序与纯阳殿不同，自东墙南端开始后，顺着墙转过去，先是东墙，然后北墙东段、西段，到西墙南头以后，再绕到岛面墙后边，自西向东而止。每面墙的壁画高度都在3.21米以上，全殿共有壁画158平方米。此殿壁画除南墙和一小部分为清代补修以外，其余各画的绘画风格，壁画泥层的制作等都与纯阳殿近似，也应是元代作品。

绘画内容是以王重阳降生、悟道、弃妻女出家以及后来他如何传教、立会，教化其弟子，直到死后如何埋葬为止。故事中虽然没有说他活了几百岁，但也是像变魔术一样的显示成仙的本领，如"指鱼为蟹"等，同时比纯阳殿增添一些描写地狱的场面来迷惑人。内容与纯阳殿一样的荒诞。但是一些描写生活景象的片段也很有趣：第三幅"传授秘语"中画着一座酒店，酒保当门而立，一妇人迎面走来，旁边一个小贩，头上顶着一盘包子跑过兜揽生意，口中似在吆喝着什么，这些细节的描绘，将真实生活中的刹那情景重现在我们的眼前。有许多画的绘画技巧是相当高超，如西墙第四十四幅"却介官人"，门前的那匹骏马，用笔转折有力，马童正坐在地上绑鞋带，神态极为自然。扇面墙后面三清像两旁的玉女，衣带当风，姿容俱佳，不失为元代壁画中的佳作。（图1-39、40）

图1-39　重阳殿西壁壁画

图1-40　重阳殿东壁壁画

5. 永乐宫的价值

　　永乐宫自 1951 年被发现之后，不论其在道教宫观中的地位，还是其完整的寺庙格局、宏大的建筑规模，以及更为珍贵的绘制于四座元代建筑内保存完好的约 1000 平方米同时期的元代壁画，均引起了社会广泛关注和高度重视。

　　永乐宫是元代全真教盛行时期的全真根本宫观之一，与终南山刘蒋村重阳万寿宫相对，被 1275 年（乙亥 元世祖至元十二年）的《道藏尊经历代纲目》谓之"东祖庭"[1]。

　　从其建造艺术来看，永乐宫作为重要的全真教派宫观，在其选址、宫观格局、建筑形制以及壁画内容等方面，均按照全真教相关规制进行。根据宿白先生对永乐宫建造编年史的研究可知，1284 年（至元二十一年）以前，全真宫观尚无丘处机专殿之设，永乐宫作为祖庭之一，按规制在中轴线的最后建造了丘祖殿。另外，永乐宫正门南笔直的大街两侧，各有小庙一处，东为东岳岱山庙，西为护国西齐王庙，两庙是永乐全真之规划的附属建筑。此外三清殿前有七条并列的水渠，与《重阳全具集》中"八渠琼水"的说法不无关系，显然也是一种有意识的配置。据崇祯九年《纯阳万寿永乐宫重修墙垣碑记》上说："……当共其时名挂天府，奉敕建宫，鲁班匠手，道子画工，殿阁巍巍，按天上之九星而罗列，道院森森，照地下之八卦而排成……"可见永乐宫的总体平面布局，并非沿袭一般的传统习惯，而是按照道教的象征意义设计的。

　　从永乐宫四座元代建筑的结构工程以及对中国建筑史方面的成就，归纳为：

　　其一，总平面布局是根据宗教建筑的功能要求而设计的，每座殿的平面布置，则根据具体情况采用了多样化的"减柱造"，以扩大殿内的活动范围；其二，在处理建筑结构方面有着丰富的施工经验，例如加粗角柱直径，加深角柱的基础，四角广泛使用"抹角栿"承托角梁后尾，以及转角斗栱采用"连栱交隐"的做法等等，从各方面设法加强了建筑物四角的刚度。各殿俱用碎砖瓦、黄上夯筑基础，深厚坚实，对于抗压和防止地震有较大的优越性。其三，台基、柱子和墙壁都有显著的"侧脚"与"收分"，以及角柱和脊槫等都做出"生起"，在当时技术条件下，这些措施不仅有效地稳定了建筑物的重心，以防止倾斜，而且在外观上增加了建筑物的安定感；其四，这四座元代木构虽然都属于殿阁类的建筑，但大木构件却采用了"厅堂"一类的用材标准，例如柱、额、斗栱等用五等材或六等材，比例显得瘦弱一些。特别是斗栱用材已有逐渐变小的趋势，斗栱在结构上的作用也已开始退化，变成了半装饰品，这些技术因素对于当时建筑结构的发展变化都有着相当深远的影响；其五，根据拆迁时所发现的若干题记来看，这座道观是集资修建起来的，木料质量良莠不等，有些梁柱是用杨榆木制作的，由于材料湿和应力强度不够，有压折、扭曲、变形等现象。梁架上所出现的某些新兴的结构方法，由于还处在试验阶段，规范不够成熟，一般技术水平的工匠很难掌握，因此这些创造和技术革新成就，

---

[1] 宿白先生著《永乐宫创建史料编年》，1962 年第 4、5 期《文物》。

竟未能继续发展下去，只是昙花一现，但不论如何都不能抹杀元代匠师写下的一页光辉建筑史[1]。

至于绘制于永乐宫四座元代建筑内壁、大部分保存完好的元代精美壁画，在当时的美术界更是轰动一时。1958年，文物出版社出版了《永乐宫壁画选集》，时任中央文化部文物局局长的郑振铎先生亲自为该书写序，并对永乐宫壁画给予高度评价：

山西永济县的永乐宫壁画是最近几年里发现的最好的古代壁画之一，其风格的高超生动，人物的传统达意，千变万化，题材的丰富多彩，无所不有，值得我们美术史家们、画家们、历史学家们加以深入细致的研究。这是一个有绝对年代可考的壁画，而且壁画作者们也自署其名于其作品上。在中国美术史或绘画史上平添这么璀璨光明的几页或几十页的记载，不是一件小事！

20世纪50年代，由于三门峡水库修建的需要，永乐宫于1959~1965年从山西永济县东南120里的永乐镇原址，迁建至其原址东北约20公里的山西芮城县北龙泉村东侧、古魏城遗址内。

永乐宫迁建工程是中华人民共和国成立后最大规模的文物保护迁建工程，而且由于壁画揭取迁移保护在我国文化遗产保护史上尚属首次，因此，永乐宫迁建工程于1956年启动之后，受到党中央高度重视，由中央文化部文物局牵头，吸纳了当时国内相关领域的权威机构和著名学者参与该项工作。1956~1959年，永乐宫迁建工程进行了将近3年的各个相关领域的前期研究、科学试验和现场勘测工作，从价值研究到迁建工程技术，均是有计划地系统进行。由于前期研究广泛而深入，故从新址选址、建设格局、空间尺度、建筑技艺、壁画揭取迁移等各个方面均最大程度地保持了其原有的真实性和完整性，是文物保护工作的成功案例。

永乐宫迁建工程集全国之力，涉及多部门、多学科，无论从组织形式、保护理念、工程技术、工程管理诸方面均具有开创性，为我国文物保护事业的发展奠定了基础，为文物保护工程技术的发展提供了宝贵的经验和教训，是我国文物保护历史上的一次壮举。

搬迁之后的永乐宫依然散发着其深厚浓郁的文化价值，是与慎重、科学、周密、几近完美的迁建工程密不可分的，迁建后的永乐宫仍然可称为"我国现存元代建筑中保存最完整的一组"。迁建工程在永乐宫文物保护工作中的价值不可或缺。

1961年，永乐宫被国务院公布为我国第一批全国重点文物保护单位，国保单位的简介是这样描述的：

永乐宫原位于山西省芮城县永乐镇龙泉村。因修建三门峡水利工程，原所在地为淹没区，故于1959年将永乐宫迁移到芮城县北龙泉村东侧。永乐镇为道教吕纯阳的故居，原有祠堂。元中统三年（1262年）依祠堂旧址建宫。现宫内主体建筑有宫门、龙虎殿、三清殿、纯阳殿、重阳殿。除宫门为清代建筑外，其余皆为元代建筑，建筑面积1005平方米。各殿均有元代精美的壁画，总面积达960平方米。三清殿为主殿，阔七间，深四间，单檐五脊顶，殿顶黄、绿、蓝三彩琉璃剪边，殿内藻井镂刻精细，各个构件上的彩绘保存完好，有彩有塑。殿内壁画满布，画面高4.26米，全长94.68米，内容为《朝元图》，即诸神朝拜道教始祖元始天尊图像。永乐宫为我国现存元代建筑中保存最完整的一组古建筑。

总之，永乐宫在宗教历史、选址环境、宫观格局、建造艺术及技艺、壁画艺术等方面，共同构成了永乐宫熠熠生辉的文化价值，永乐宫迁建工程使永乐宫在特定的条件下，以最小的损失获得了异地的再生，使得永乐宫持续彰显着其不可或缺的当代意义。

---

[1] 选自杜仙洲先生的《永乐宫的建筑》，发表于1963年第8期《文物》。

6. 永乐宫迁建工程概述

1951 年，永乐宫被发现后，引起社会广泛关注。

1954 年，三门峡水库坝址选定，永乐宫位于三门峡水库淹没区（图 1-41），如何保护这座刚刚被发现的元代瑰宝成为永乐宫面临的一次严峻的抉择。

图 1-41　永乐宫原址、新址和三门峡水库的关系[1]

1957 年由于永乐镇附近兴建水库，该地正处于水库淹没区以内，为了更好的保存这座元代的艺术宝库，中央文化部和山西省人民委员会会议决定将永乐宫的建筑和壁画全部搬迁建于芮城县城北五里的龙泉附近，随即开始了迁建的准备工作：组织了中央美术学院和当时的华东美术学院临摹全部壁画；古代建筑修整所和山西省文物管理委员会的工程技术人员临摹了彩画，测绘了全部建筑，制定了迁建方案，并对揭取壁画做了必要的试验研究工作。迁建前的准备工作于 1958 年底基本完成。

1959 年春，迁建工程正式开始，山西省人民委员会从五台、晋城、长治、洪洞、永济和当地抽调了全省著名的修理古建筑的老匠师和各工种的工人，投入这次的迁建工作，工程开始首先揭取了全部壁画，这是一项在国内从来没有搞过的工程，在党的支持与工程技术人员、工人的共同努力下，研究出一套比较完整地揭取方法，不到半年时间，按照领导的意图和要求完成了这一艰巨的任务。然后就开始拆除建筑物。为了保存完整的元代艺术品，一砖一瓦、一木都须要仔仔细细的进行拆落。梁上的彩画、泥塑都要经过妥善的包装。成千上万的木构件要按次序一个个编号，以防将来修建时安错位置，又经过了七个月的时间，在水库蓄水以前全部拆除完毕，并安全的运往新址。

---

[1] 底图来源于百度地图。

重建这些建筑之前，工作人员从遥远的北方运来了上好的松木，从湖南运来了笔直的杉木橼子和搭架的杉杆，在附件采伐的榆、槐、柏等硬木，在中条山开采了石条，并在北京、太原、西安等地采购了洋灰、钢板等其他建筑材料。砖和琉璃的用量大，在工地上自己动手修建了窑厂进行烧制。各种材料准备齐全后，紧张的复建工作开始了，全部建筑物都按原来的位置、式样一座座的建造起来，更换了糟朽的梁、柱，添配了残缺的门和瓦件，那些精美的元代琉璃吻兽和拱眼壁，经过修复，为了更好的保存它，放在陈列室内专供参观和研究了。现在建筑物上的琉璃瓦都是按原样重新烧制的。建筑物建成以后，就将各殿的壁画用化学方法进行加固，每块画都要经过一百多道手续，然后按原来位置一块块的挂到殿内墙面上。原来残毁的要进行修补，缺欠的要重新补抹，最后由美术家们将揭取时所割的画缝进行补色，恢复了迁建前应有的健康面貌。

　　永乐宫的发现是文物工作的一件值得庆幸的喜事。其建筑、彩画、壁画都是我国建筑史和美术史中很有价值的实物例证，是研究元代建筑和绘画发展的重要参考资料。永乐宫的迁建是党的保护文物政策的具体体现。迁建工程是解放后最大的一项古建筑修理工程，更是在旧中国里所未见未闻的。揭取这样大面积的壁画，还要将它们全部复原安装在迁建后的建筑物以内的工作，是我国历史上的创举，在世界上也是不多见的。[1]

---

[1]《祁英涛古建论文集》中的"永乐宫介绍"。

附：1952~1966 年有关永乐宫及迁建工程出版物目录

书籍：

（1）《永乐宫壁画选集》，1958 年文物出版社出版。

（2）《永乐宫》，山西省文物管理委员会编，1964 年人民美术出版社出版。

期刊：

（1）"山西省一九五一年文物古迹工作总结"，山西省人民政府文教厅，1952 年第一期《文物参考资料》。

（2）《两年来山西省新发现的古建筑》中"陆 永乐宫"，执笔：陈明达，1954 年 11 期《文物参考资料》。

（3）《"永乐宫"的元代建筑和壁画》，作者：王世仁，1956 年 9 期《文物参考资料》。

（4）《永乐宫壁画》，作者：傅熹年，1957 年 3 期《文物参考资料》。

（5）《记修整壁画的"脱胎换骨"》，作者：王世襄，1957 年 3 期《文物参考资料》。

（6）《山西芮城永乐宫新址墓葬清理简报》，执笔：山西省考古所解希恭，1960 年 8 期《考古》。

（7）《山西芮城永乐宫旧址宋德方、潘德冲和"吕祖"墓发掘简报》，执笔：山西省考古所李奉山，1960 年 8 期《考古》。

（8）《关于宋德方和潘德冲墓的几个问题》，作者：徐苹芳，1960 年 8 期《考古》。

（9）《永乐宫壁画的揭取方法》，作者：祁英涛，1960 年第 8、9 期《文物》。

（10）《晋南访古记》，作者：王冶秋，1962 年 2 期《文物》。

（11）《永乐宫创建史料编年》，作者：宿白，1962 年 4、5 期《文物》。

（12）《永乐宫的建筑》，作者：杜仙洲，1963 年 8 期《文物》。

（13）《永乐宫三清殿壁画题材初探》，作者：王逊，1963 年 8 期《文物》。

（14）《纯阳殿、重阳殿的壁画》，作者：王畅安（王世襄），1963 年 8 期《文物》。

（15）《摹绘永乐宫元代壁画的一些体会》，作者：陆鸿年，1963 年 8 期《文物》。

（16）《永乐宫元代建筑彩画》，作者：朱希元，1963 年 8 期《文物》。

（17）《永乐宫调查日记——附永乐宫大事年表》，作者：宿白，1963 年 8 期《文物》。

（18）《永乐宫壁画题记录文》，作者：朱希元、梁超、刘炳森、叶赫民，1963 年 8 期《文物》。

第二部分
永乐宫迁建工程始末
（1952~1966 年）

1.1952~1953 年

1.1　永乐宫现场调查笔记（63）[1]——附录一[2]

永乐宫于 1951 年被发现[3]后，由北京文物整理委员会[4]（以下简称"文整会"）的祁英涛、陈继宗、律鸿年、周俊贤（第一期古建班[5]山西学员）、李竹君[6]，以及山西大学历史系的康秋泉一行六人组成了永乐宫现场调查组，于 1952 年 11 月至 1953 年 11 月期间，对永乐宫进行了第一次现场调研工作，认定了其年代和价值，并对总体格局、建筑法式、残损情况，以及题记、碑碣进行了相对系统的调查。这份 1952~1953 年完成的"永乐宫现场调查笔记"是目前为止关于永乐宫的第一份档案资料。

图 2-1　祁英涛　　　图 2-2　陈继宗　　　图 2-3　律鸿年　　　图 2-4　周俊贤　　　图 2-5　李竹君

图 2-6　永乐宫原址鸟瞰（远处是黄河）

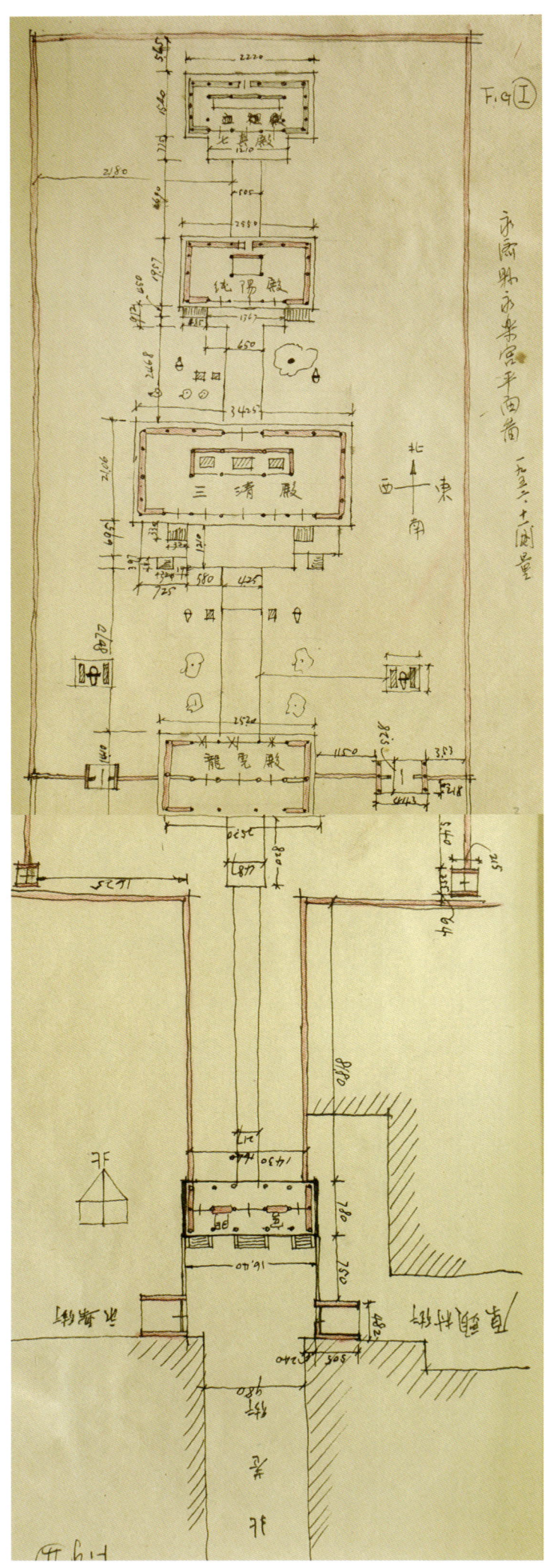

图 2-7　总平面测稿（1952 年 11 月绘）

这份资料主要包含五部分内容：（一）残破情况、（二）法式描述、（三）纯阳殿和七真殿（重阳殿）壁画题字记录、（四）碑刻记录、（五）总平面和主要梁架草图。

图 2-8　重阳殿内

2.1954 年

2.1　1954 年 6 月，确定三门峡水库坝址，永乐宫位于水库淹没区

1954 年 6 月，三门峡水库坝址确定，水库蓄水设计水位 360 米，永乐宫原址海拔最低处约 330 米，正好处于三门峡水库的淹没区，为了整体保护永乐宫，决定将其迁建至安全之地。

2.2　1954 年第 11 期《文物参考资料》发表陈明达先生执笔的《永乐宫》

1954 年，陈明达[7]先生根据"文整会"1952 年 11 月至 1953 年 11 月的现场调查资料，写成《永乐宫》，作为《两年来山西省新发现的古建筑》的其中之一，发表在 1954 年第 11 期《文物参考资料》上。

图 2-9　陈明达

3.1956 年

3.1　1956 年 7 月，赵正之和宿白先生前往永乐宫考察，梁思成先生派王世仁和杨鸿勋先生前往协助测绘

1956 年 7 月，文化部文物局聘请清华（大学）的赵正之先生，与北大（北京大学）的宿白先生去山西考察永乐宫，梁思成先生就派王（世仁）、杨（鸿勋）二位随之前往协助测绘。当时陪同前往的还有山西文物局（应为国家文物局）文物处处长陈滋德先生与一位工作人员。他们在永乐宫工作半个多月即返回北京，回京后王、杨二人立即开始绘制永乐宫图。但图未画完，王、杨二人又被调往山东调查曲阜孔庙。次年文化部决定将永乐宫迁至芮城，由古建修整所的祁英涛等人负责永乐宫的搬迁工作，并做了详细的测绘图。[8]

图 2-10　赵正之　　　　图 2-11　宿白　　　　图 2-12　王世仁　　　　图 2-13　杨鸿勋　　　　图 2-14　陈滋德

3.2　1956 年 9 月，《文物参考资料》发表王世仁先生《"永乐宫"的元代建筑和壁画》

王世仁先生根据 1956 年 7 月的考察写成《"永乐宫"的元代建筑和壁画》，发表在 1956 年 9 月的《文物参考资料》上。

3.3　1956 年 9 月 28 日，古代建筑修整所拟定"呈请建议提早成立山西永济永乐宫迁建委员会及召开专家讨论会"文件呈报中央文化部文物管理局（2）

1956 年 9 月 28 日，一份由古代建筑修整所[4]拟定的"呈请建议提早成立山西永济永乐宫迁建委员会及召开专家讨论会"文件呈报中央文化部文物管理局，这是关于永乐宫迁建工程的第一份文件，也是永乐宫迁建工程的启动信号。[9]（图 2-15、16）

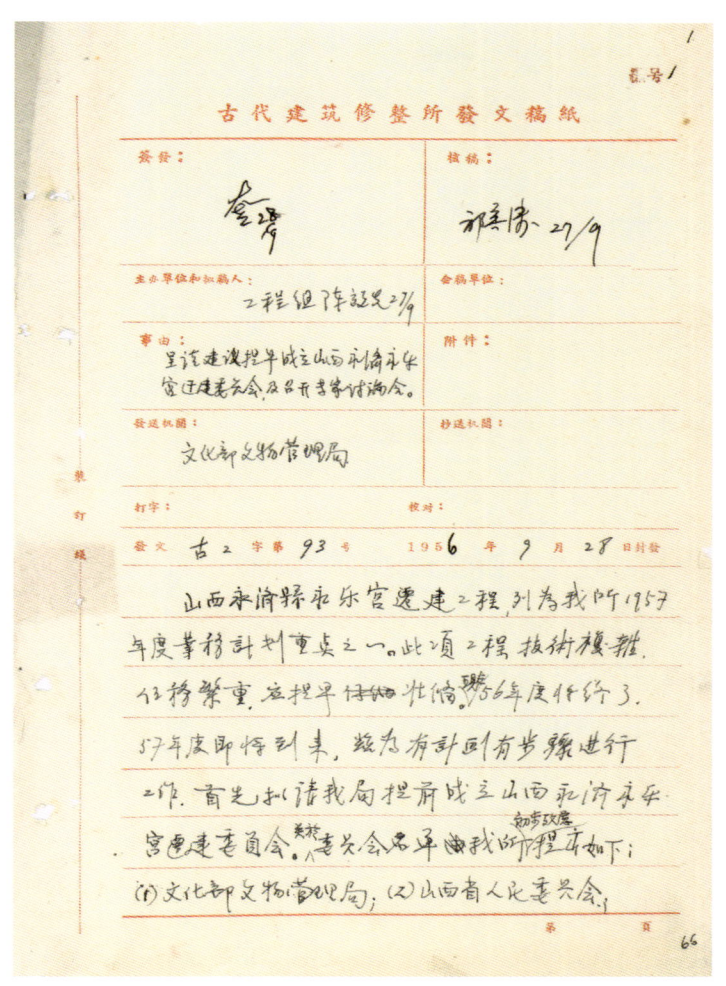

图 2-15 "呈请建议提早成立山西永济永乐宫迁建委员会及
召开专家讨论会"档案原件 1

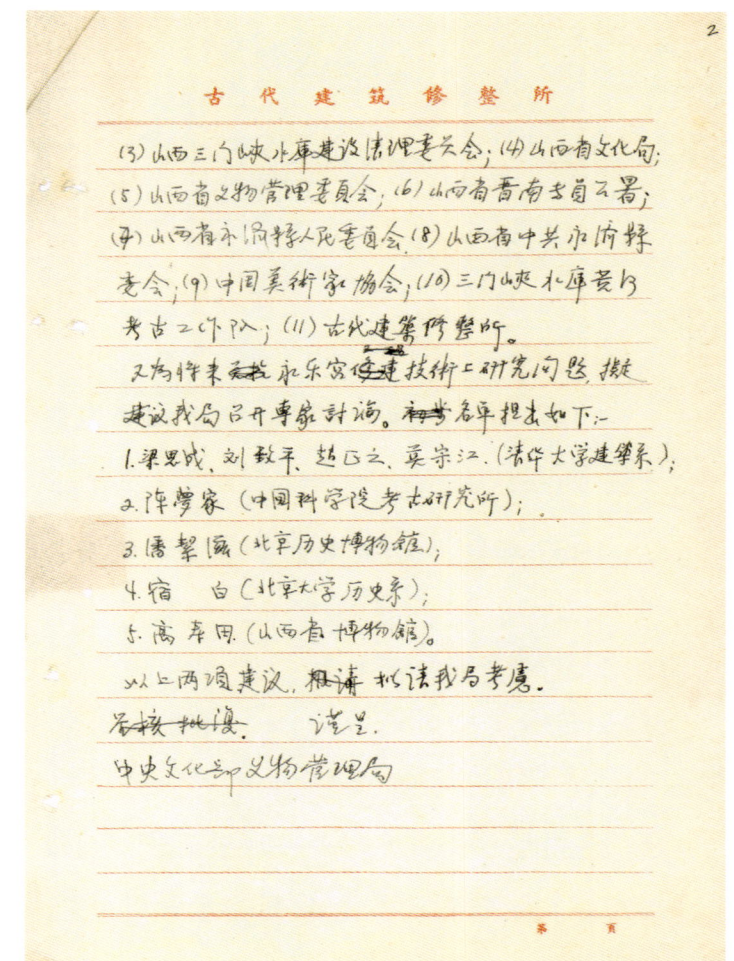

图 2-16 "呈请建议提早成立山西永济永乐宫迁建委员会及
召开专家讨论会"档案原件 2

3.4 1956 年 11 月 16 日，杜仙洲先生起草了"永济永乐宫移建工程初步方案"（21）——附录十八

1956 年 11 月 16 日，杜仙洲先生起草了"永济永乐宫移建工程初步方案"。这份"初步方案"虽然篇幅不大，但却涵盖了永乐宫迁建工程的方方面面：（一）移建永乐宫的重要意义，（二）迁建工程方案（两套方案），（三）迁移地点，（四）组织机构。关于迁建工程方案所包含的内容有：（1）建筑，（2）壁画，（3）建筑彩画，（4）碑碣，（5）吕纯阳墓。

图 2-17 杜仙洲

4.1957 年

4.1 1957 年第 3 期《文物参考资料》发表傅熹年先生的《永乐宫壁画》

这是一篇系统介绍永乐宫遗存的元代壁画的内容和画法工艺的文章。

4.2 1957 年第 3 期《文物参考资料》发表王世襄先生的《记修整壁画的"脱胎换骨"》

这篇文章中，王世襄先生详细介绍了他于 1948 年 9 月在加拿大托朗多博物馆，向修整部的负责人陶德学习的壁画贴布托裱技术和方法。文章中所介绍的揭取前贴布、贴纸，加固前泥层打薄，修复工具翻转台等壁画修复方法，都在永乐宫壁画保护中得以运用，应该对永乐宫壁画揭取和修复有重要的参考作用。

4.3 壁画临摹（205）——附录五十

1957 年 4 月至 8 月，由中央美术学院的陆鸿年、王定理两位先生带领中央美术学院和华东分院[10]（今中国美术学院）的师生前往永乐宫进行壁画临摹工作图 2-22、23，该工作于 1958 年 12 月基本完成[11]，包括用玻璃纸临摹的线描草稿图 2-25 及壁画正式临摹品[12]。

图 2-18　傅熹年　　　图 2-19　王世襄　　　图 2-20　陆鸿年　　　图 2-21　王定理

图 2-22　1957 年壁画临摹现场　　　　图 2-23　1957 年壁画临摹现场
（右为陆鸿年）

图 2-24　纯阳殿东壁壁画局部

图 2-25　纯阳殿东壁壁画局部线描图

4.4 彩画和栱眼壁临摹（64）

　　在中央美院组织临摹壁画的同时，以古建所金荣为负责人，带领彩画室成员王仲杰、李惠岩、吕俊岭、陈长龄、刘世厚，对永乐宫彩画和栱眼壁进行了临摹。至1958年12月，共临摹彩画和栱眼壁52张，后又陆续补充绘制，共计64张。（图版T-164~219）

图2-26　1958年9月永乐宫纯阳殿前和柏抱槐合影（前排左起：陈继宗、祁英涛、李惠岩、王真、秦秀云、汪德庆，后排右起：赵仲华、崔淑贞、王仲杰、金荣）

图2-27　李惠岩在临摹的彩画前

图2-28　吕俊岭

图2-29　陈长龄

图2-30　刘世厚

　　1958年春节，古代建筑修整所永乐宫项目组在永乐宫度过他们在现场的第一个春节。

5.1958 年

1958 年大事记

（1）1958 年 5 月，《永乐宫壁画选集》出版。

（2）完成壁画临摹工作。

（3）完成彩画临摹工作。

（4）完成建筑勘察工作。

（5）完成壁画揭取试验，并成功揭取第一块壁画。

（6）自主创造发明了一系列壁画揭取工具。

（7）成立"永乐宫迁建工程临时委员会"。

（8）其他还有新址的初步勘察、重阳殿东西垛殿的发掘和测绘永乐镇镇内零散的古代碑碣等工作。

具体工作：

5.1　1958 年 5 月，《永乐宫壁画选集》出版

1958 年 5 月，《永乐宫壁画选集》出版，时任文化部文物局局长的郑振铎（图 2-31）先生编写的"序"定位了永乐宫壁画的重要价值："在中国美术史或绘画史上平添这么璀璨光明的几页或几十页的记载，不是一件小事！"

图 2-31　郑振铎

5.2　4 月 28 日，请勘永乐宫迁建地址（1）

1958 年 4 月 28 日的一份文化部文物管理局发来的"请勘永乐宫迁建地址"的文件，如果说 1956~1957 年是永乐宫迁建工程酝酿和准备阶段的话，那么这份文件是永乐宫迁建工程进入实质性阶段的标志。（图 2-32）

5.3　6 月 10 日，请求技术支持报告（1）

1958 年 6 月 10 日，山西省文物管理委员会发来文件，请求古代建筑修整所大力支持永乐宫迁建工程。

在这份文件上，祁英涛作为工程组组长，安排分工："请陈继宗同志负责勘察设计。"（图 2-33）

5.4　8 月至 1959 年 1 月，永乐宫建筑测稿（615）——附录五十一

永乐宫建筑勘察和测绘工作，占据了永乐宫迁建工程 1958 年大部分工作量。1958 年 8 月至 1959 年 1 月，完成永乐宫总平面抄平和测量，以及主体建筑现场测绘及勘察工作（测稿 615 页），其中包括测绘工具及仪器（15 页）、小平板测绘（27 页）、总体及甬道测绘（22 页），宫门、龙虎殿、三清殿、纯阳殿、重阳殿等五座建筑的测稿（543 页），发掘重阳殿东西垛殿遗址，以及祖师行祠残破情况检查（8 页）等。

图 2-32　1958 年 4 月 28 日 "请勘永乐宫迁建地址" 的原件　　　　图 2-33　1958 年 6 月 10 日 "请求技术支持报告" 原件

1958 年 8 月 11 日至 1959 年 1 月 30 日的工作日记（25 页档案），一天不落地记录了将近五个月的工作安排，还有 8 月至 12 月支搭脚手架的施工日志（43 页档案），以及从 1958 年 8 月 20 日至 12 月 20 日的业务会议记录（10 次会议，51 页档案），从中不仅能看到工作的分工、进度和技术讨论，还可以从参会人员看出，1958 年古代建筑修整所投入到永乐宫迁建工程中的技术力量：

党支部书记张思信、项目总负责人及壁画搬迁工程负责人祁英涛、建筑勘察设计负责人陈继宗、办公室主任黎辉、技术人员赵仲华、王真、汪德庆、金荣、王仲杰、秦秀云、崔淑贞、李惠岩、井庆生、何云祥、梁超、贾瑞广等 16 人，还有第一期古建班山西学员酒冠伍也在会议记录名单中。

图 2-34　1958 年 11 月古建所永乐宫项目组成员在纯阳殿前合影
（前排左起：梁超、何云祥、汪德庆、祁英涛、陈继宗，
后排左起：贾瑞广、姜怀英、张智、赵仲华）

图 2-35　张思信　　图 2-36　井庆升　　图 2-37　酒冠伍

5.5　9月15日，永乐宫壁画揭取实验报告（8）——附录三十四

经过1958年8月9日至20日的反复试验和研究，决定选取纯阳殿北壁靠门东侧的一幅高3.2米、宽0.94米，画题为"柳树精"（图2-38、39）的独立壁画作为第一块壁画揭取试验对象，并于1958年8月21~27日，进行揭取试验，取得基本成功。根据这次试验经验，于9月15日编写出《永乐宫壁画揭取试验工作报告》。

这是一次历史性的突破：它不仅为永乐宫迁建工程之后的第二期、第三期壁画揭取试验，以及大面积壁画揭取工作奠定了坚实的基础，而且成为我国文物保护事业中，自主创新的壁画揭取技术的第一个成功案例。

之后，围绕这次壁画揭取的试验，自主发明创造了一系列永乐宫壁画揭取的工具。（图2-40、图版T-359~377）

图2-38　揭取前的"柳树精"壁画

图2-39　揭取后的"柳树精"壁画

图2-40　揭取壁画工具——手摇锯

5.6 10月21日，成立"永乐宫迁建临时委员会"——附录十九

为了便于开展工作，中央文化部文物局王书庄副局长和山西省文化局社文处王孚副处长在1958年10月到永乐宫指导工作时，经研究，于1958年10月21日，成立"永乐宫迁建临时委员会"，由省文化局、省文管会、永济县、永乐乡、北京（中央）美术学院和古代建筑修整所六个单位、七个委员组成，由永济县副县长张仲伯担任主任委员，工作人员有：省文管会3人、永乐宫古迹保养所3人、运城县调来干部6人、北京古建所16人，共计28人。具体分工是：总务由付子安、罗辛高负责，事务由王汉文负责，会计由张兆谋负责，材料购置由耿天义、阎见信负责，施工由柴泽俊、李春江负责，技术指导由祁英涛和陈继宗负责。

图 2-41　王书庄

图 2-42　1959年秋，永乐宫迁建委员会办公地点前合影
（左起：陈继宗、付子安、王孚、攀秀山、王真、李焕良、姜怀英、柴泽俊）

5.7 10月，永乐宫碑刻记录草稿（104）——附录三

1958年10月，永乐宫迁建工程项目组对永乐宫内27通碑碣进行了统计、草测，尤其对碑文进行了详细记录。

5.8 11月10日收到北京市文化局转来山西省文化局"关于商谈北京市文化局大力支援永乐宫迁建工作的公函"（2）

山西省文化局于11月5日发给北京市文化局，文号为（58）省文社字第48号函的公函，商请北京市文化局抽调北京古代建筑修整所和中央美术学院两处专业技术力量，支援即将在1959年"七一"、三门峡水库建设中淹没的永乐宫元代建筑群。（图2-43、44）这是档案中第一次明确水库蓄水时间。

北京古建所于1958年11月13日对此函回应发文，主要内容是："本所已经考虑将该处古建筑的拆卸、运输到修复工程，列为所的五八、五九年中心任务。……以期明年六月份以前把迁移工作完成。总的来说，我所对永乐宫的期望和山西省文化局是一致的。"

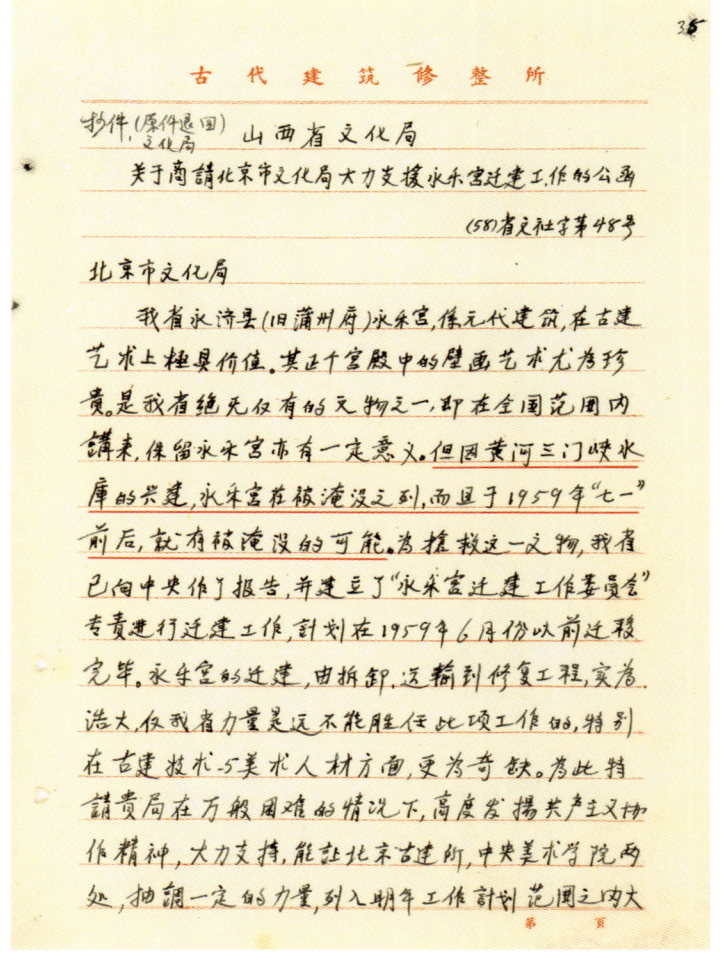

图 2-43　"关于商谈北京市文化局大力支持永乐宫迁建工作的公函"抄件原件 1

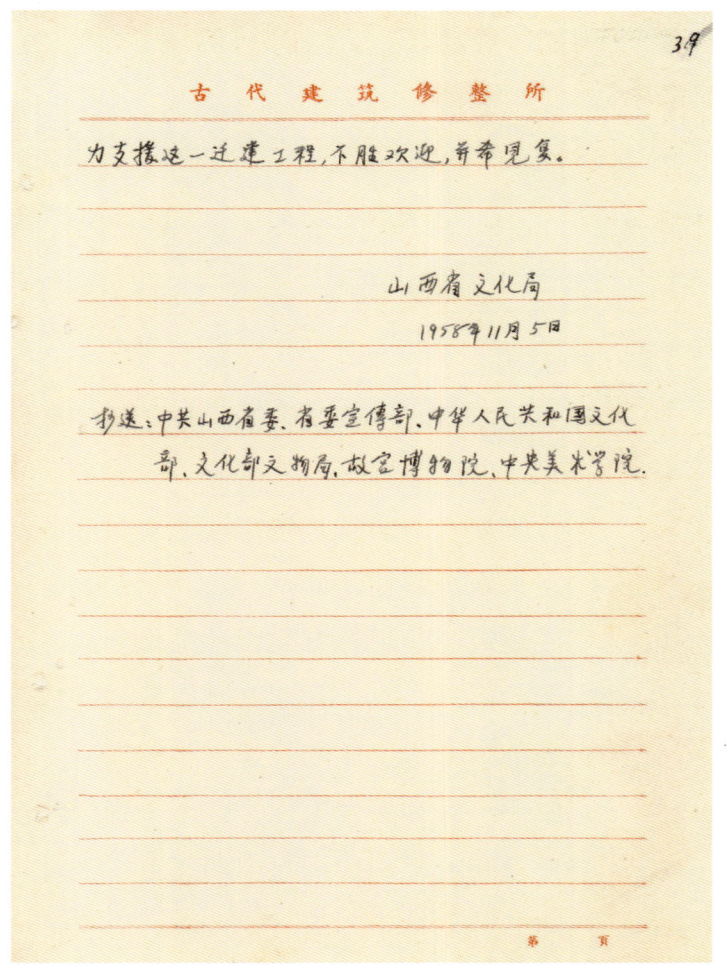

图 2-44　"关于商谈北京市文化局大力支持永乐宫迁建工作的公函"抄件原件 2

5.9　11 月 10 日，永乐宫预算表（9）

揭迁壁画 63751.48 元，建筑拆迁 222032.09 元，建筑复建 667440 元，船车运输 181087.13 元，人材机 244838.61 元，材料、人工、工具、运费、工棚、包装、管理费总计 285783.57 元。

5.10　12 月 20 日，永乐宫 1959 年工程计划及预算表（7）

建筑复建预算总金额 435000 元（其中重阳殿 55300 元，纯阳殿 75000 元，三清殿 118500 元，龙虎殿 60000 元，宫门 18500 元，包括甬道、围墙、水渠及新建碑廊 54 间等附属工程 76500 元，基础工程 31200 元）。

5.11　12 月 23 日，永乐宫工程 1958 年工作总结（5）以及永乐宫工程 1959 年工作计划（3）——附录五十二

根据永乐宫迁建工程小组 1958 年年终总结，自 1958 年 8 月 9 日永乐宫迁建工程组到达永乐宫后，即开始进行测量、绘图、试验、揭取壁画等项工作。将近五个月的时间里，由于任务不断增多，曾三次改变计划，按最后的一次计划（10 月 21 日讨论研究的计划）；除揭取壁画施工任务外，其他如测量、绘图、初步设计、壁画研究、壁画揭取施工说明等均已按计划完成任务。

1959 年春节，古代建筑修整所永乐宫项目组集体在永乐宫度过了进入现场工作后的第二个春节。

6.1959 年

1959 年大事记：

1959 年是永乐宫迁建工程全面展开的一年，也是永乐宫迁建工程最关键的一年，这一年的主要大事有：

（1）正式成立"山西省永乐宫迁建委员会"。

（2）确定永乐宫搬迁新址。

（3）完成建筑迁建工程方案设计工作。

（4）重阳殿第一、二、三期壁画揭取试验成功，完成重阳殿、纯阳殿、三清殿全部壁画的揭取工作。

（5）完成壁画库房工棚的修建。

（6）完成建筑拆卸编号工作，并于 1959 年底完成重阳殿的拆卸，开始了纯阳殿拆卸工作。

（7）中央新闻电影制片厂与山西省电影制片厂联合拍摄永乐宫迁建工程影片。

具体工作：

6.1 2 月 16 日，业务会议（2）

1959 年 2 月 16 日，永乐宫迁建工程春节后的第一次业务会议，会议对 1959 年接下来的工作进行了分工，从参会人员看，人员较 1958 年有所增加，而参加这次业务会议的人员，是 1959 年投入到永乐宫迁建工程的骨干力量：黎辉、祁英涛、陈继宗、金荣、杨烈、律鸿年、梁超、何云祥、赵仲华、贾瑞广、张智、姜怀英、王仲杰、李惠岩、王真、孟繁兴等。[13]

图 2-45 1959 年 4 月古建所永乐宫项目组拍摄于峨嵋岭上
（第一排左起：陈继宗、姜怀英、梁超、黎辉、王真、李惠岩；第二排中间左起：杨烈、祁英涛、金荣、何云祥；
后排左起：贾瑞广、王仲杰、赵仲华、张智）

6.2　2 月 20 日，永乐宫 1959 年年度计划及预算（9）——附录五十三

计划 1959 年完成壁画揭取、壁画搬运、在旧址搭建临时工棚等设备性工程，以保护揭取下来的壁画。其他还有清理吕祖墓、披云子墓、潘德冲墓，并运至新址等工作。

6.3　2 月 24 日，制定永乐宫 1959~1963 年工程计划（2）

为有计划地完成永乐宫迁建任务，1959 年 2 月 24 日，迁建委员会制定了 1959~1963 年永乐宫迁建工程工作计划，计划到 1963 年永乐宫迁建工程基本结束。但实际上是 1965 年底基本结束，直到 1966 年还有一些扫尾工作。（图 2-46、47）

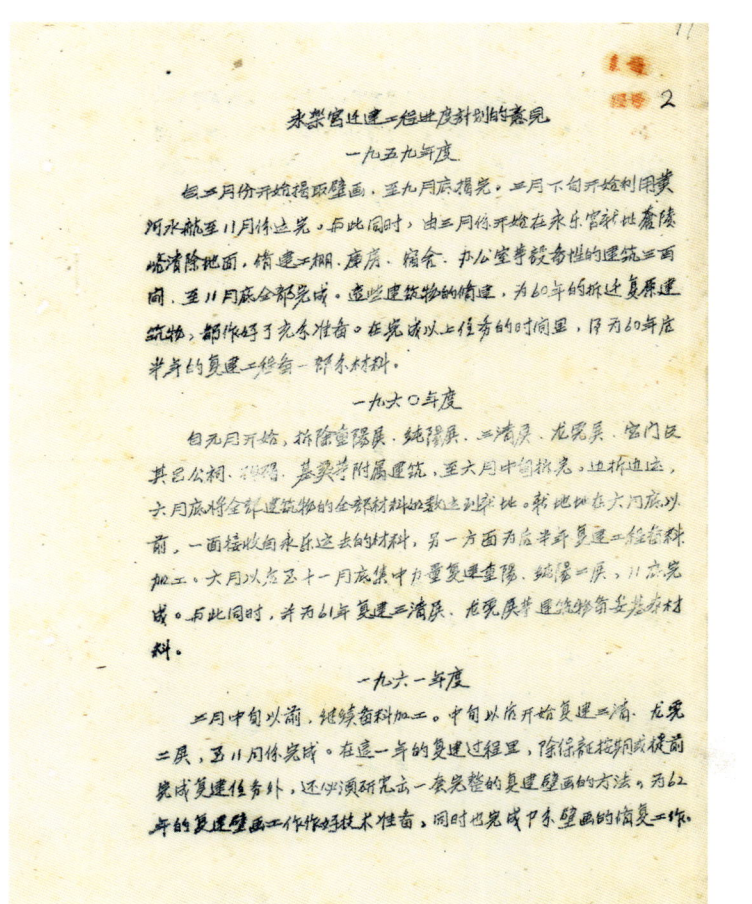

图 2-46　"1959 年至 1963 年永乐宫迁建工程　　　　　图 2-47　"1959 年至 1963 年永乐宫迁建工程
工作计划"档案原件 1　　　　　　　　　　　　　　　工作计划"档案原件 2

6.4　3 月 4 日，业务会议（壁画）记录（2）

3 月 5 日起开始第二期试验，地点是重阳殿壁画 3-16 号、37-51 号，栱眼壁 9 块（前檐）。施工现场由郎（凤岐）、白（焕采）负责。（图 2-48、49）

期间孟繁兴先生利用火筷子，在上面凿出锯齿，发明了专门用于揭取栱眼壁的专用锯子。这种锯子可以方便地插入栱眼壁和斗栱间的细小缝隙，随形慢锯，使栱眼壁与斗栱分离，以揭取栱眼壁，大家亲切地称之为"孟氏锯"（附录五十四，图 8-59）。

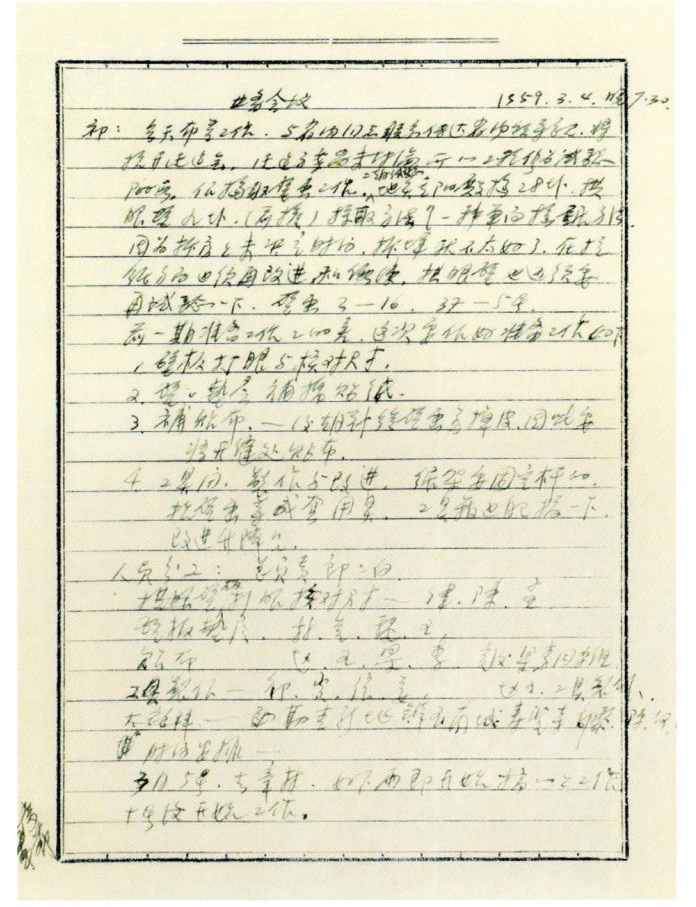

图 2-48 "业务会议"记录原件1

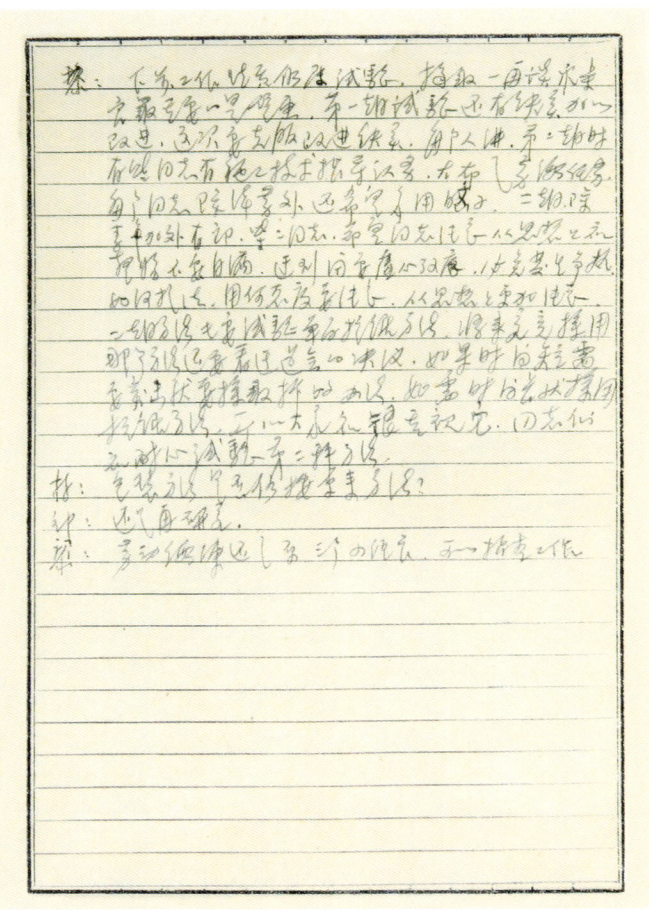

图 2-49 "业务会议"记录原件2

6.5 3月12日，永乐宫壁画栱眼壁揭取第一期工作总结（7）——附录三十五

根据"永乐宫迁建工程作法说明之一——壁画、栱眼壁揭取步骤与施工说明"的操作方法，在2月20日~3月2日十天时间里，用一方拉锯、两方拉锯和拆墙揭取三种方式，对重阳殿壁画、栱眼壁进行了第一期揭取试验工程，取得成功。（图2-51）

图 2-50 郎凤岐

图 2-51 揭取栱眼壁

6.6 3月13日，关于召开永乐宫迁建委员会第一次会议通知（1）

通知祁英涛先生于3月20日去太原开会。（图2-52）

6.7 3月15日，工作会议（壁画揭取工作安排）记录（2）

会议决定黎辉、郎凤岐和柴泽俊随祁英涛一起出席在太原举行的"永乐宫迁建委员会第一次会议"。

会议同时安排了在祁英涛等人去开会期间的工作：

总负责：陈继宗

揭壁画一小组：贾瑞广（组长）、张智、赵仲华、王真、何云祥

栱眼壁：姜怀英（组长）、孟繁兴、律鸿年

包装组：杨烈（组长）、王仲杰、梁超、金荣、李惠岩（图2-53、54）

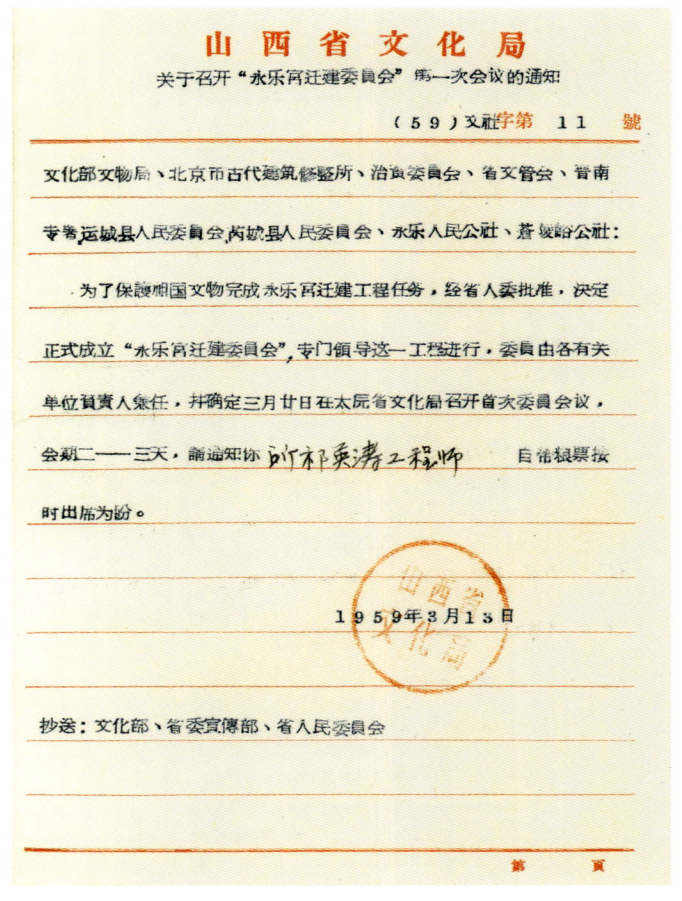

图2-52 1959年3月13日"关于召开永乐宫迁建委员会第一次会议通知"原件

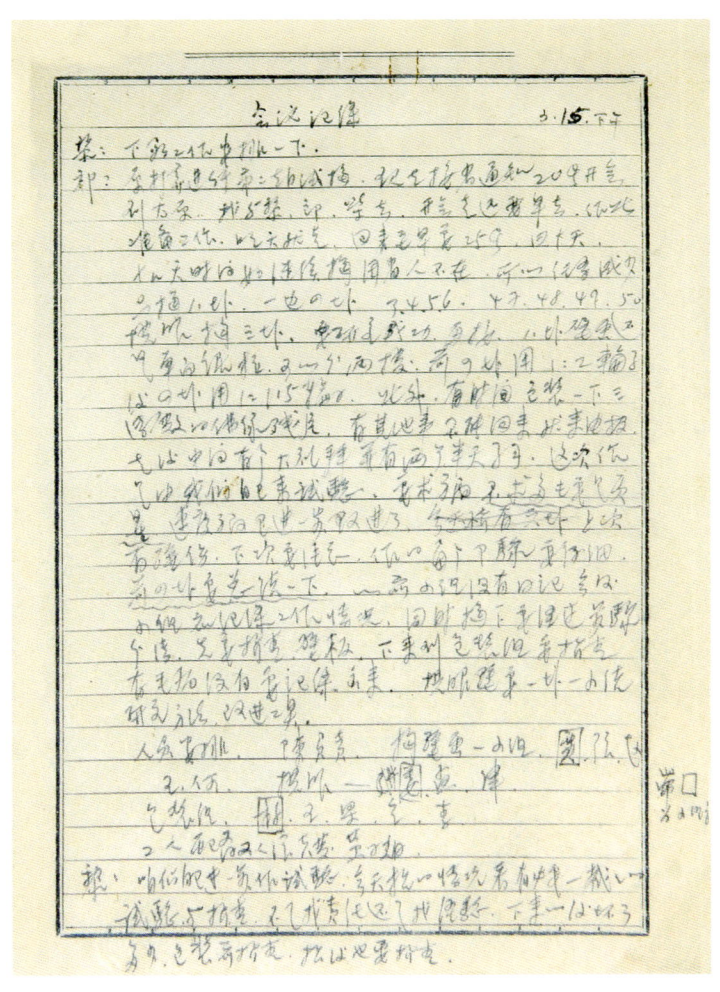

图2-53 1959年3月15日"工作会议记录"原件1

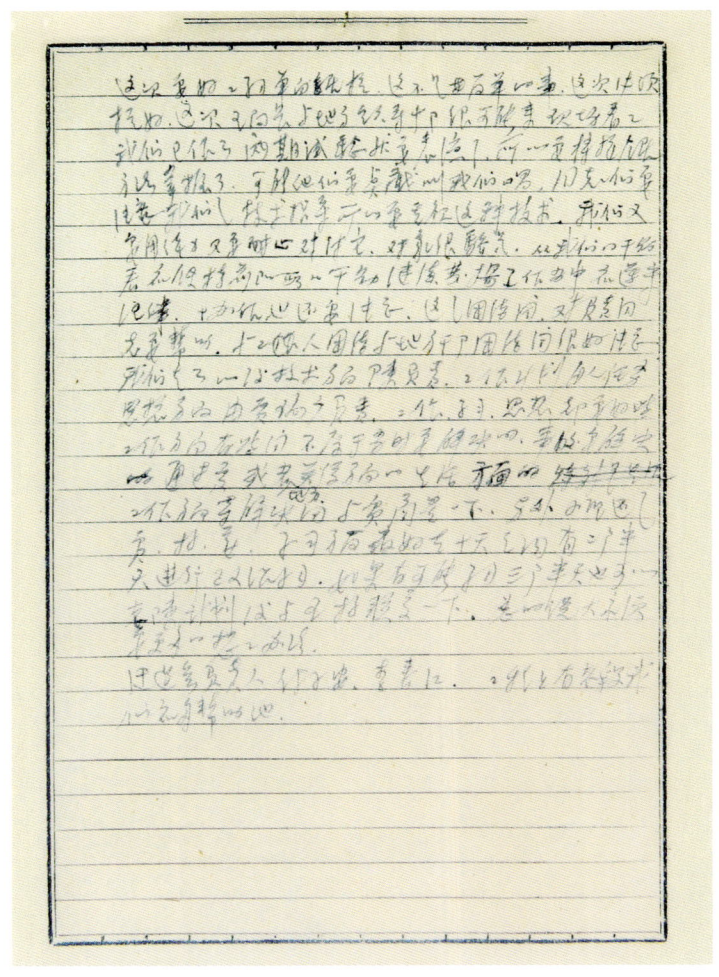

图2-54 1959年3月15日"工作会议记录"原件2

6.8　3月21~24日，"永乐宫迁建委员会"第一次全体委员会议——附录十九

会议宣布"永乐宫迁建委员会"于1959年3月24日正式成立。

永乐宫的迁建工程浩大，牵扯面很广，仅靠某一单位的力量是不易完成的。为此，省人民委员会研究决定报请省委批准，由中央文化部文物管理局、文化局、山西省文物管理工作委员会、晋南专员公署、运城、芮城县人民委员会、芮城县永乐宫镇卫星人民公社、黄河三门峡工程局、北京古代建筑修整所等九个单位组成"山西省永乐宫迁建委员会"，负责领导整个永乐宫的迁建工程。

会议宣布并通过了委员会组织机构和人员名单。

6.9　3月25日，永乐宫1959年工程协议书（2）

协议书甲方是山西省文化局，乙方是古代建筑修整所，甲方委托乙方担负"永乐宫迁建工程中的技术设计与施工技术指导"工作。（图2-55、56）

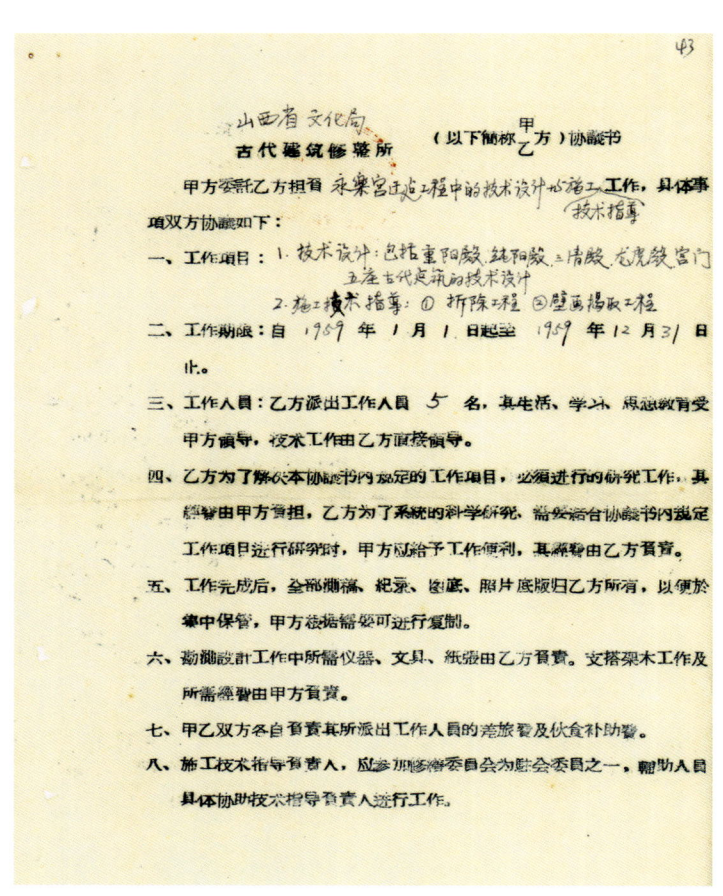

图2-55　1959年3月25日签订的工程协议书原件1　　　　图2-56　1959年3月25日签订的工程协议书原件2

6.10　4月12日，工作会议（3）

工作分工情况：

包装：王真、黎辉

贴布：赵仲华、杨烈、梁超、贾瑞广

壁画：张智、祁英涛、陈继宗、郎凤岐

铁活：何云祥

栱眼壁：姜怀英

6.11 4月29日，工作会议（2）

督促工作进度，安排人员分工：

技术设计：陈继宗、王真、梁超

新址：郎凤岐和姜怀英，或柴泽俊和何云祥

壁画：祁英涛

6.12 5月19日，永乐宫迁建工程5月份上半月工作报告（2）

重阳殿壁画作为壁画揭取的试验对象，从2月20日~3月2日第一期试验成功揭取下10块壁画、栱眼壁，3月5日至3月中旬进行了第二期揭取试验，4月下旬至5月15日，取得第三次揭取试验成功，完成了重阳殿全部壁画、栱眼壁的揭取工作。开始临时工棚的设计工作。（图2-57、58）

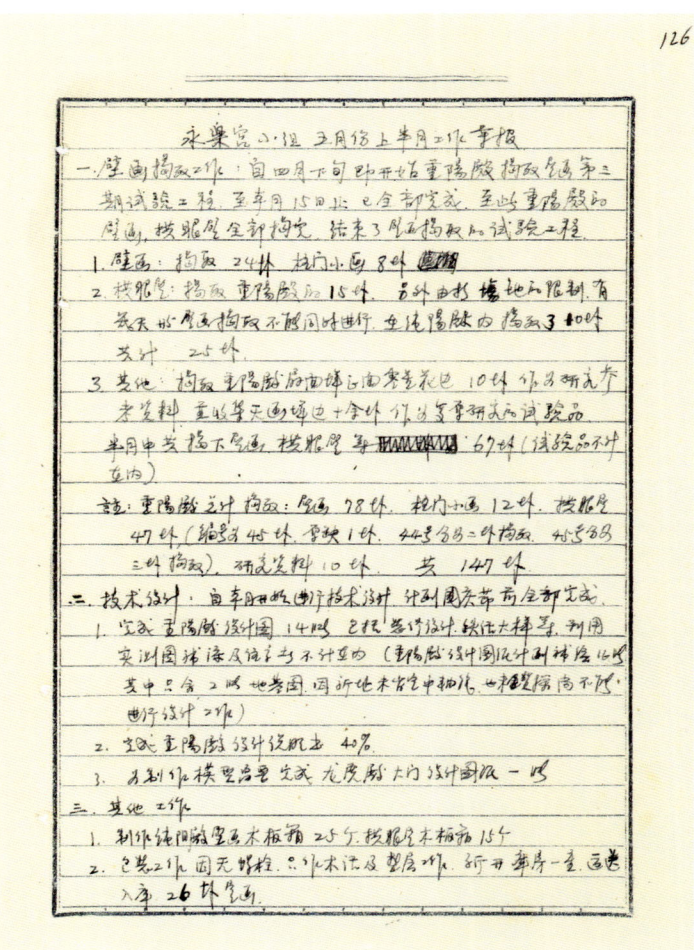

图2-57 1959年5月19日"永乐宫迁建工程
五月份上半月工作报告"档案原件1

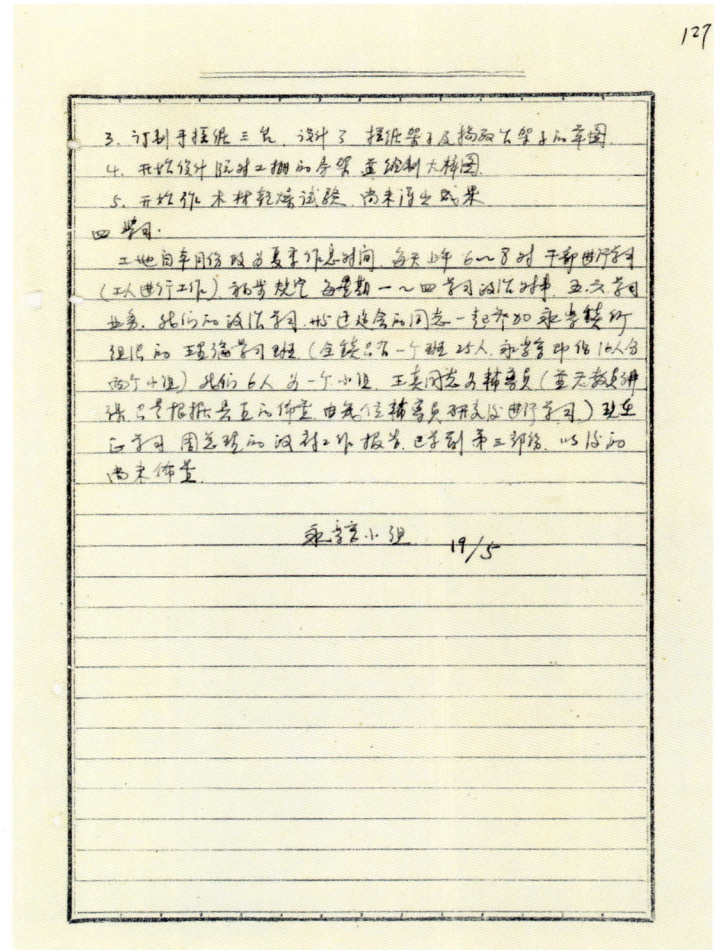

图2-58 1959年5月19日"永乐宫迁建工程
五月份上半月工作报告"档案原件2

6.13　6月5日，永乐宫迁建工程关于启用印章的通知（1）

1959年6月5日，永乐宫迁建委员会发出"关于启用印章的通知"。（图2-59）

6.14　7月15日，选定新址的报告（6）——附录二十

3月21~24日在太原召开的第一次迁委会上"决定永乐宫迁往芮城县北五龙庙附近"，但并未确定具体位置和范围。根据会议精神，6月10日（端阳节）至18日，由12个单位17位同志（图2-60）组成的考察组，在新址进行了实地观察、测量、钻探，通过认真讨论后取得一致意见，确定永乐宫新址在芮城县北门5里，五龙庙的东南方、古魏城故址中。（图3-4）

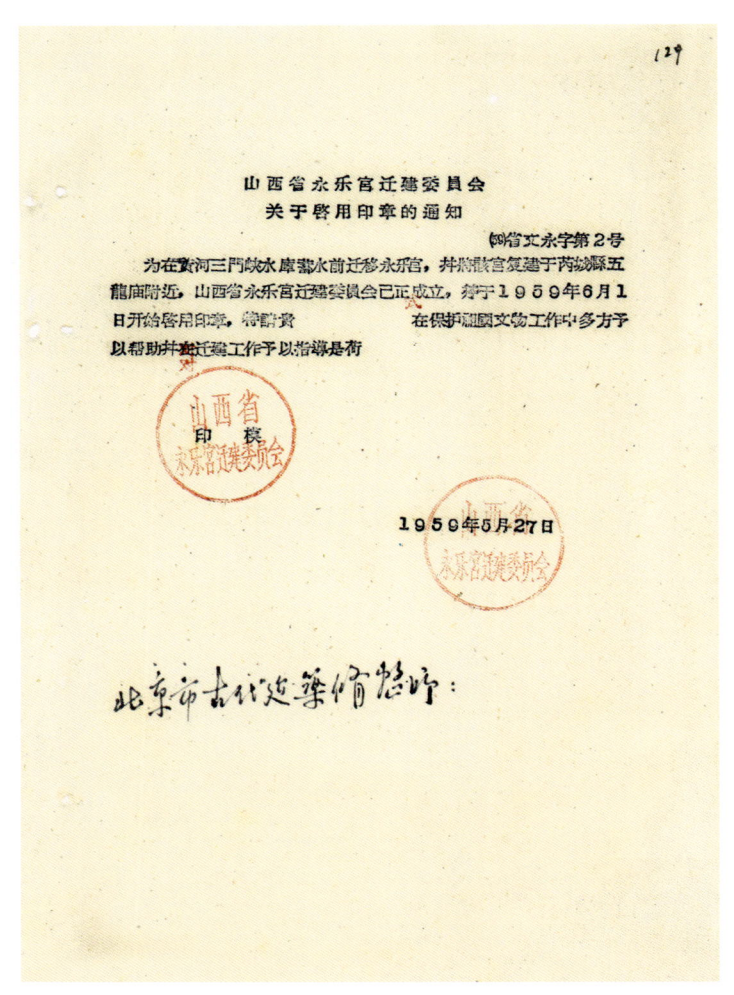

图2-59　1959年6月5日，"永乐宫迁建工程关于启用印章的通知"档案原件

图2-60　选定新址后在永乐宫新址宫门位置合影（前排蹲坐者：左起第4人姜怀英、第6人祁英涛、第7人王㐂、第10人李正云、第11人周俊贤，后排站立者：左起第2人付子安、第3人柴泽俊、第4人陈继宗、第6人何云祥、第7人郎凤岐）

图 2-61 用自制辘轳吊下揭取的栱眼壁（左起贾瑞广、王仲杰，最右侧是张智）

图 2-62 抬出揭取的壁画（前排左为姜怀英、右为孟繁兴）

图 2-63 揭取悬塑成功装入木箱后合影（前排左起付子安、何云祥、王孚、祁英涛、王真）

6.15 7月27日，关于永乐宫壁画正式揭取的报告（39）——附录三十六

永乐宫壁画的试揭工作是从重阳殿开始的。经过2月20日~5月15日的三期揭取试验取得经验后，全部揭取完成，效果良好。

经研究确定揭取壁画的进度是：6月28日~7月25日完成纯阳殿壁画的揭取。8月1日~9月25日，完成三清殿壁画揭取工作。

6.16 8月13日，关于永乐宫迁建工作报告（10）——附录二十一

这是一份向永乐宫迁建委员会主任委员、副主任委员及委员汇报永乐宫迁建工作情况的文件。包括壁画揭取、选定新址、测绘工作、物资供应、劳动力、施工、经费等内容。

文件表明："永乐宫迁建经费的拨款和报销，均由三门峡工程局管理，第一期拨款58万元已于六月份完成。"

6.17 8月20日，关于永乐宫迁建所需物资及运输工具的报告（2）

急需1070方木料，6辆汽车。（图2-64、65）

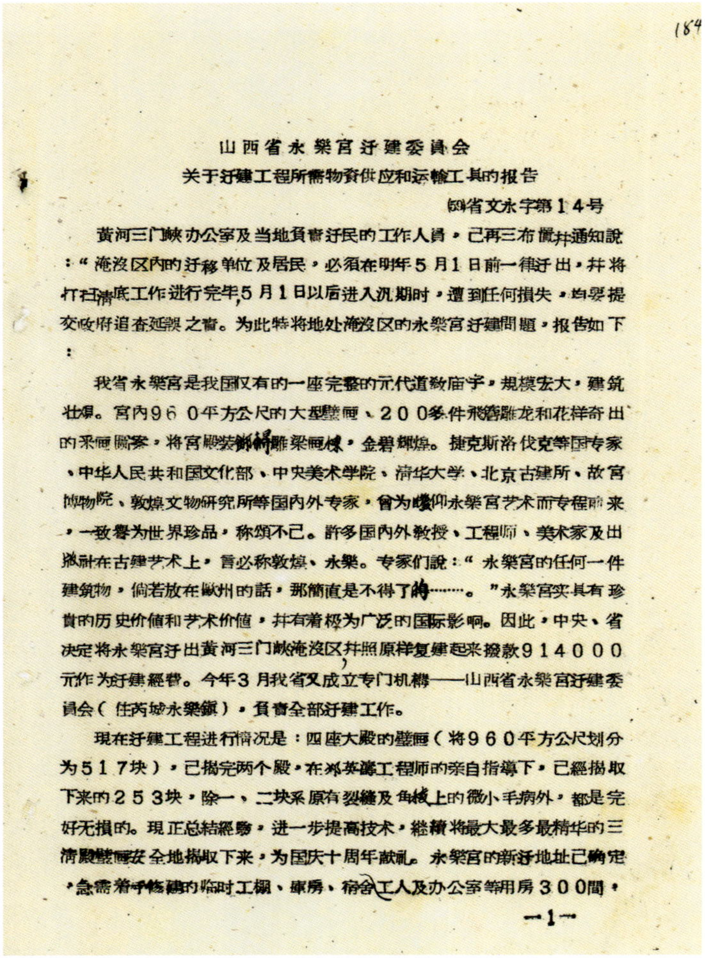

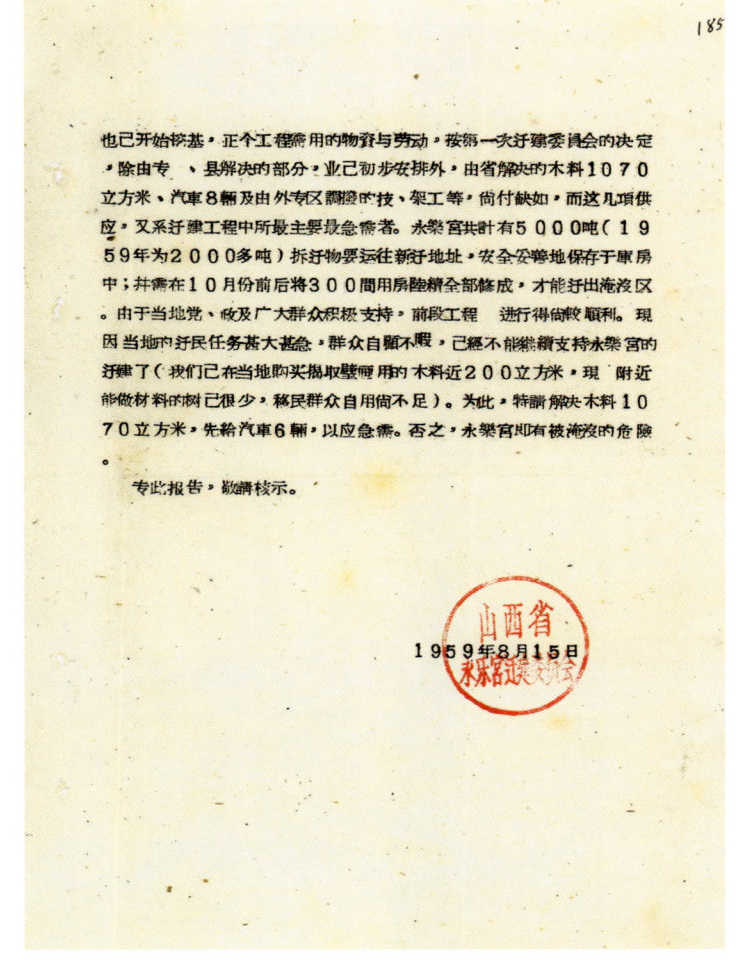

图2-64 1959年8月20日
"关于永乐宫迁建所需物资及运输工具的报告"档案原件1

图2-65 1959年8月20日
"关于永乐宫迁建所需物资及运输工具的报告"档案原件2

6.18 9月，设计说明书及预算书（394）——附录二十五

包括：

（1）永乐宫壁画揭取说明书及预算书。

（2）古代建筑碑碣等文物拆卸步骤与施工说明及预算书。

（3）古代建筑复建工程初步设计说明书及预算书。

（4）古代建筑复建工程技术设计总体说明书及预算书。

（5）宫门复建工程设计说明书及预算书。

（6）龙虎殿复建工程设计说明书及预算书。

（7）三清殿复建工程设计说明书及预算书。

（8）纯阳殿复建工程设计说明书及预算书。

（9）重阳殿复建工程设计说明书及预算书。

（10）附属工程（东西垛殿复建工程、甬道复建工程、大碑石狮安装工程、围墙复建及增建工程、水渠复建工程、新建碑廊）设计说明书及预算书。

（11）附属建筑（礼教村石牌坊、吕公祠、祖师行祠迁建）工程设计说明书及预算书。

6.19 10月10日，工作会议

制订1959年10月~1960年4月30日第二阶段工程7个月的工作计划及人员分工。（图2-66~69）

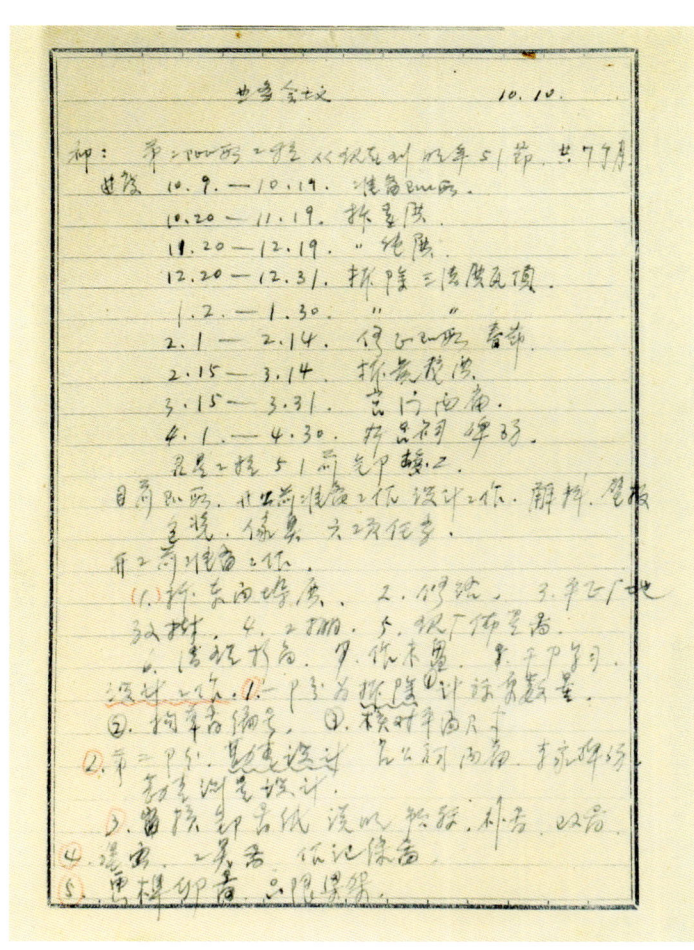 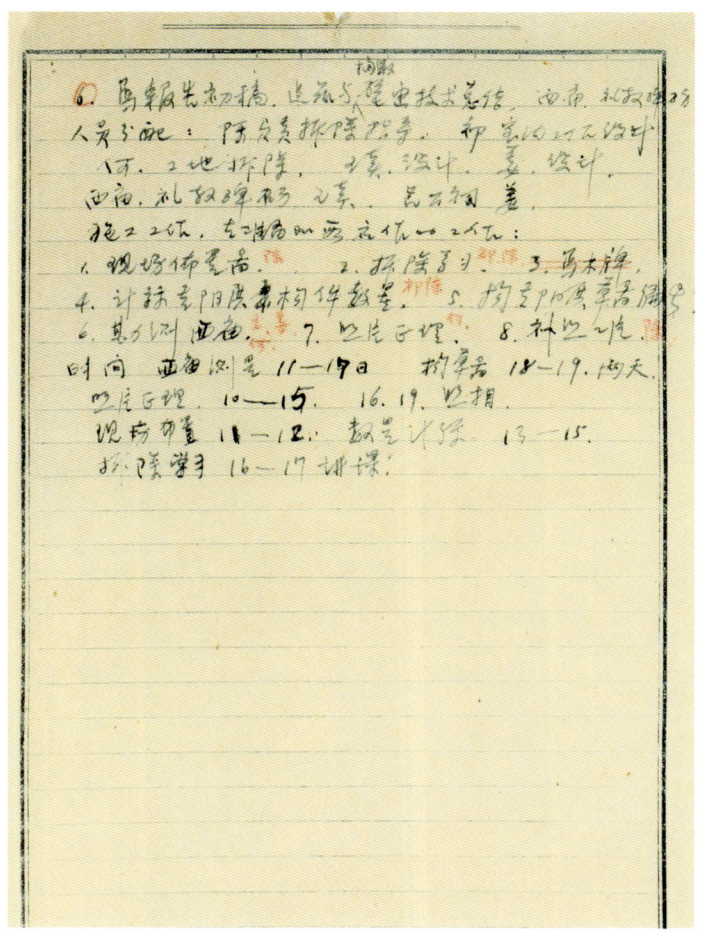

图 2-66　1959 年 10 月 10 日工作会议记录原件 1　　　　图 2-67　1959 年 10 月 10 日工作会议记录原件 2

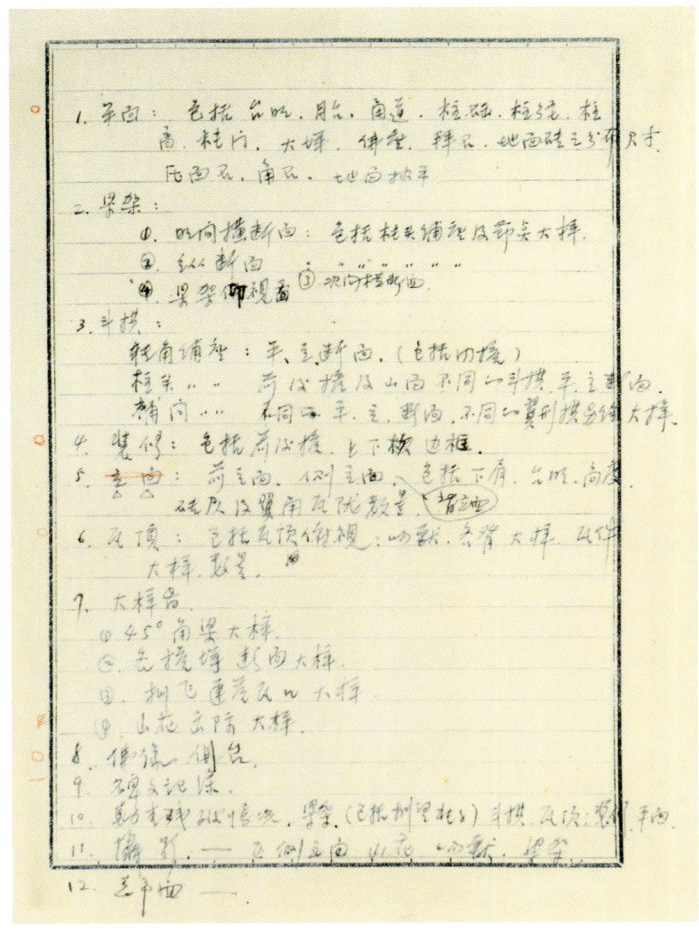

图 2-68　1959 年 10 月 10 日工作会议记录原件 3　　　　　　　图 2-69　1959 年 10 月 10 日工作会议记录原件 4

6.20　1959 年 11 月，附属文物测绘（98）

祖师行祠大殿、礼教村石牌坊、吕公祠等附属文物测稿。

图 2-70　中央美院滑田友教授于 1959 年夏天去永乐宫时与项目组成员在
祖师行祠大殿原址前合影（左起：陈继宗、梁超、王真、滑田友、王孚、祁英涛）

6.21　11 月 22 日，永乐宫壁画运输试验方案简要说明（5）——附录三十七

这个试验方案主要利用汽车车厢本身的构件，将包装好的壁画木板箱平置于车厢内，下部垫以略带弹性的垫层，然后用上下带将壁画木板箱夹住，将壁画与车厢固定在一起，避免运输途中因车身震动导致壁画与车厢底板离开而发生壁画震裂情况。（图 2-71、图版 T-374~375）

图 2-71　壁画装车情景

6.22　11 月，永乐宫重阳殿拆卸记录草图（25）

重阳殿是永乐宫拆卸的第一座建筑，绘制拆卸编号草图 18 张，制表 3 页。拆卸记录草图（图 2-72、73）是永乐宫建筑迁建重要的一环，对建筑所有构件分层、分类型进行记录、编号。

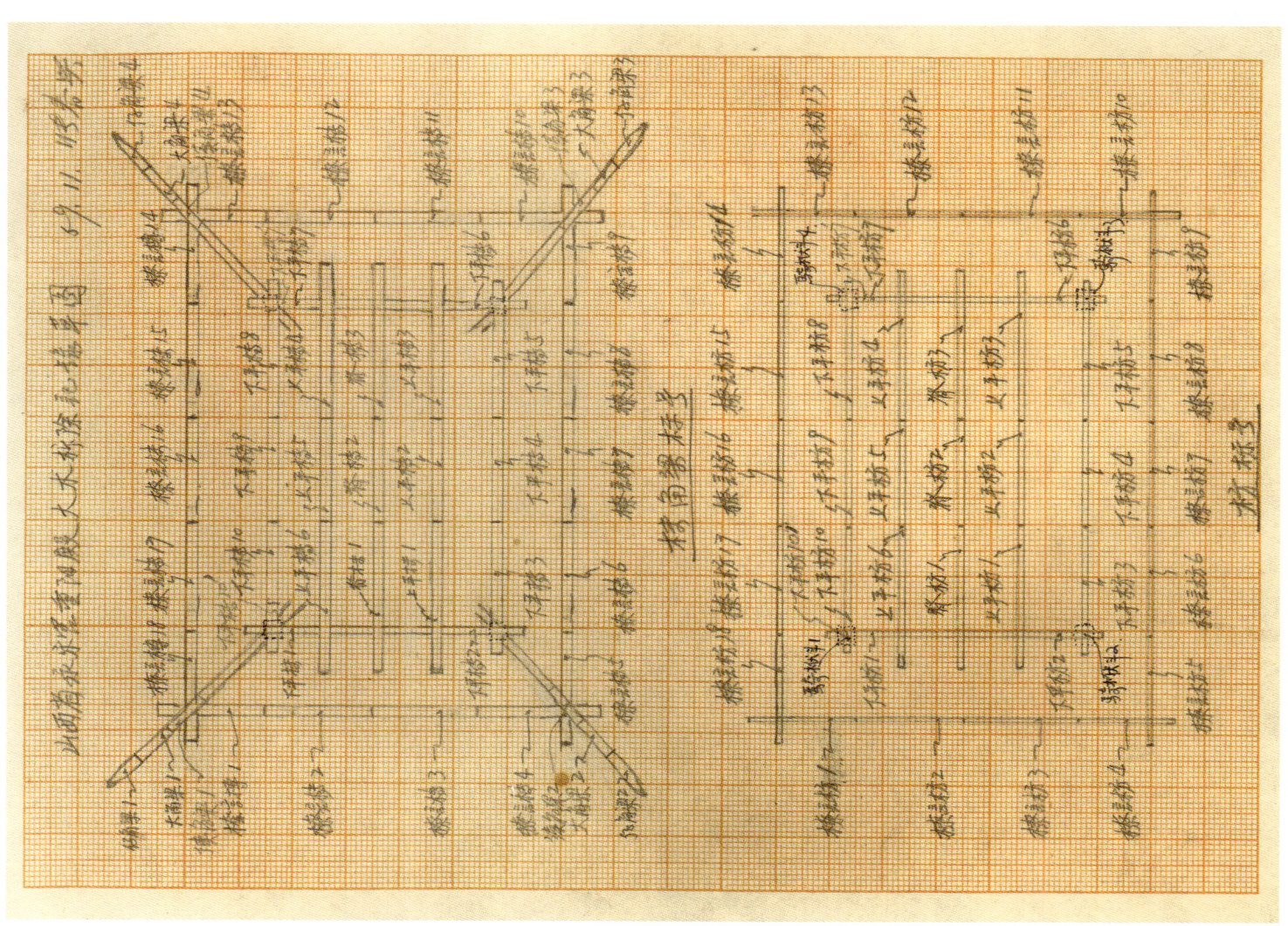

图 2-72　重阳殿大木拆卸编号草图

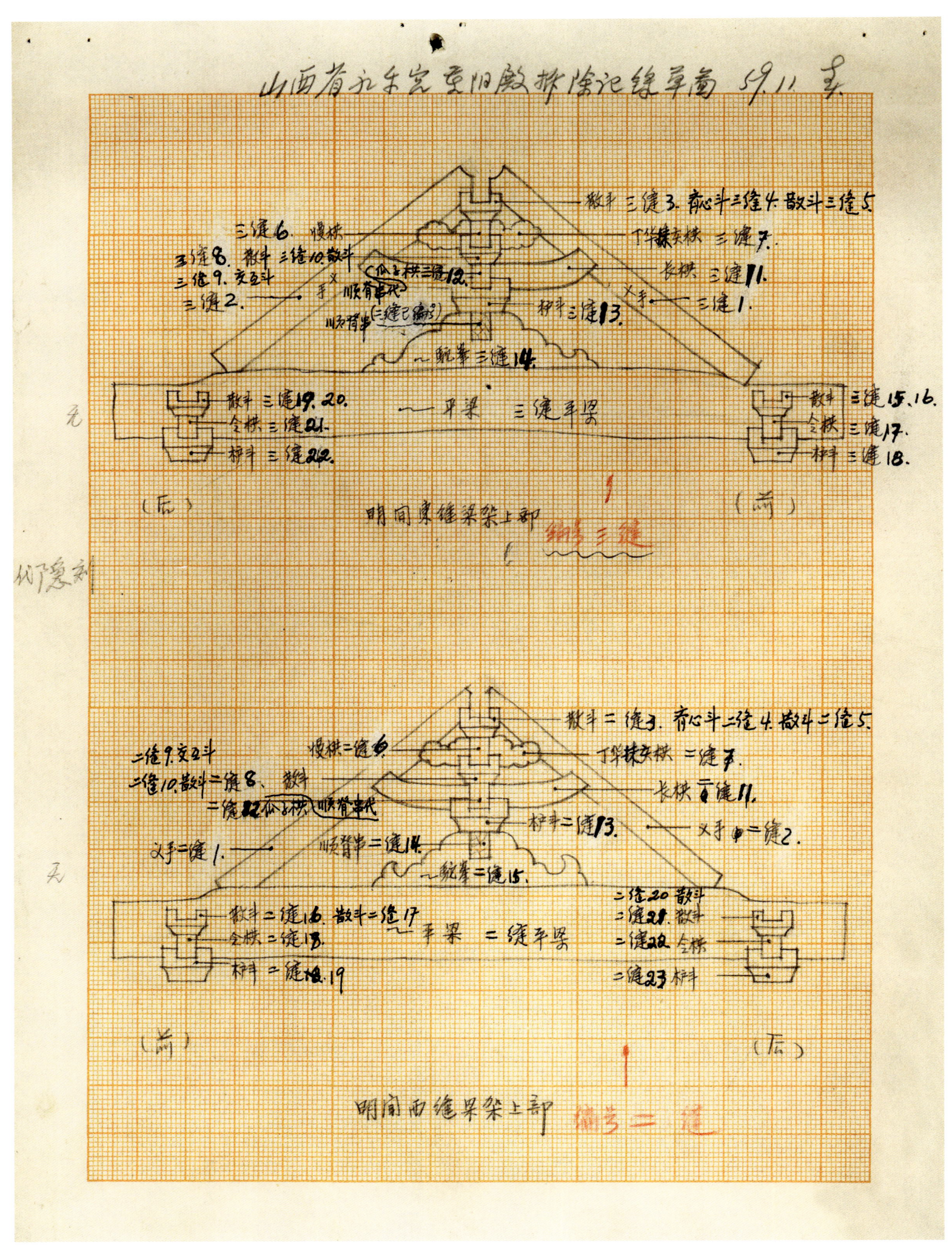

图 2-73　重阳殿梁架拆卸编号草图

6.23　11 月 30 日 ~12 月 16 日，施工日志草稿（8）

记录了 11 月 30 日 ~12 月 16 日，重阳殿拆卸以及纯阳殿搭架子的施工情况。

6.24　12 月 7 日，关于 1960 年度工程所需物资的报告（3）

1960 年度计划所需物资：木料 464 方，钢材 3216 公斤。（图 2-74~76）

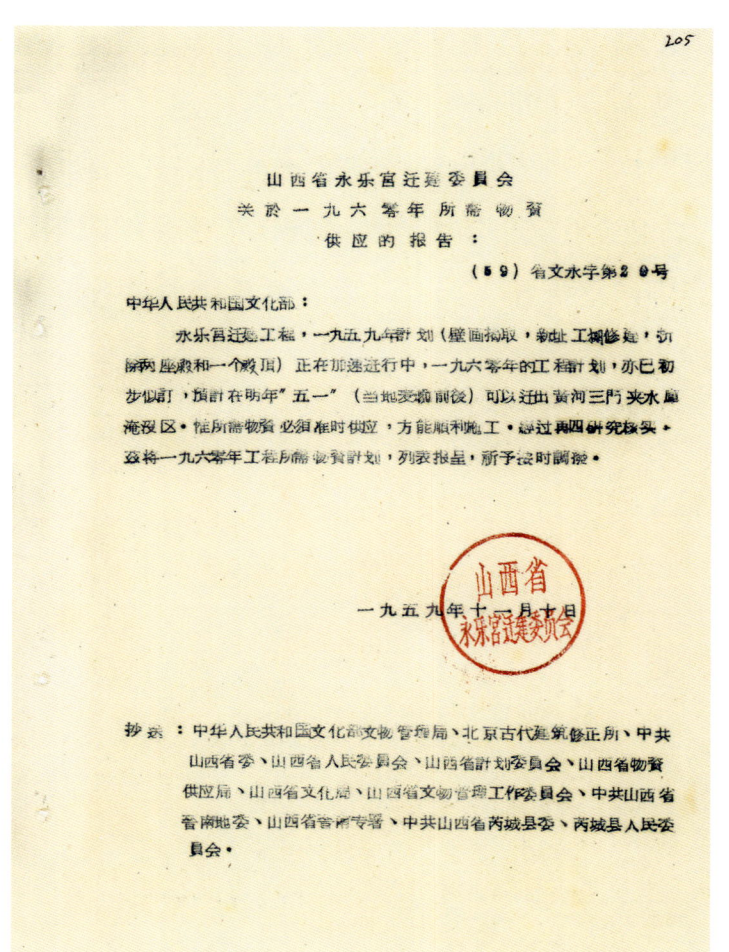

图 2-74　1960 年度工程所需物资报告 1

图 2-75　1960 年度工程所需物资报告 2

图 2-76　1960 年度工程所需物资报告 3

6.25　12 月 15 日，关于 1960 年度工程投资的报告（6）——附录二十二

从 8 月 13 日的"关于永乐宫迁建工作报告"中可知，第一期工程款 58 万元已经于 1959 年 6 月拨付到位，到 1959 年底已全部完成，计划 1960 年需投资 34 万元。

6.26　1959 年 12 月 ~1960 年 1 月纯阳殿拆卸记录草图（36）

重阳殿拆卸完后，开始着手纯阳殿拆卸前的准备工作。（图 2~77）

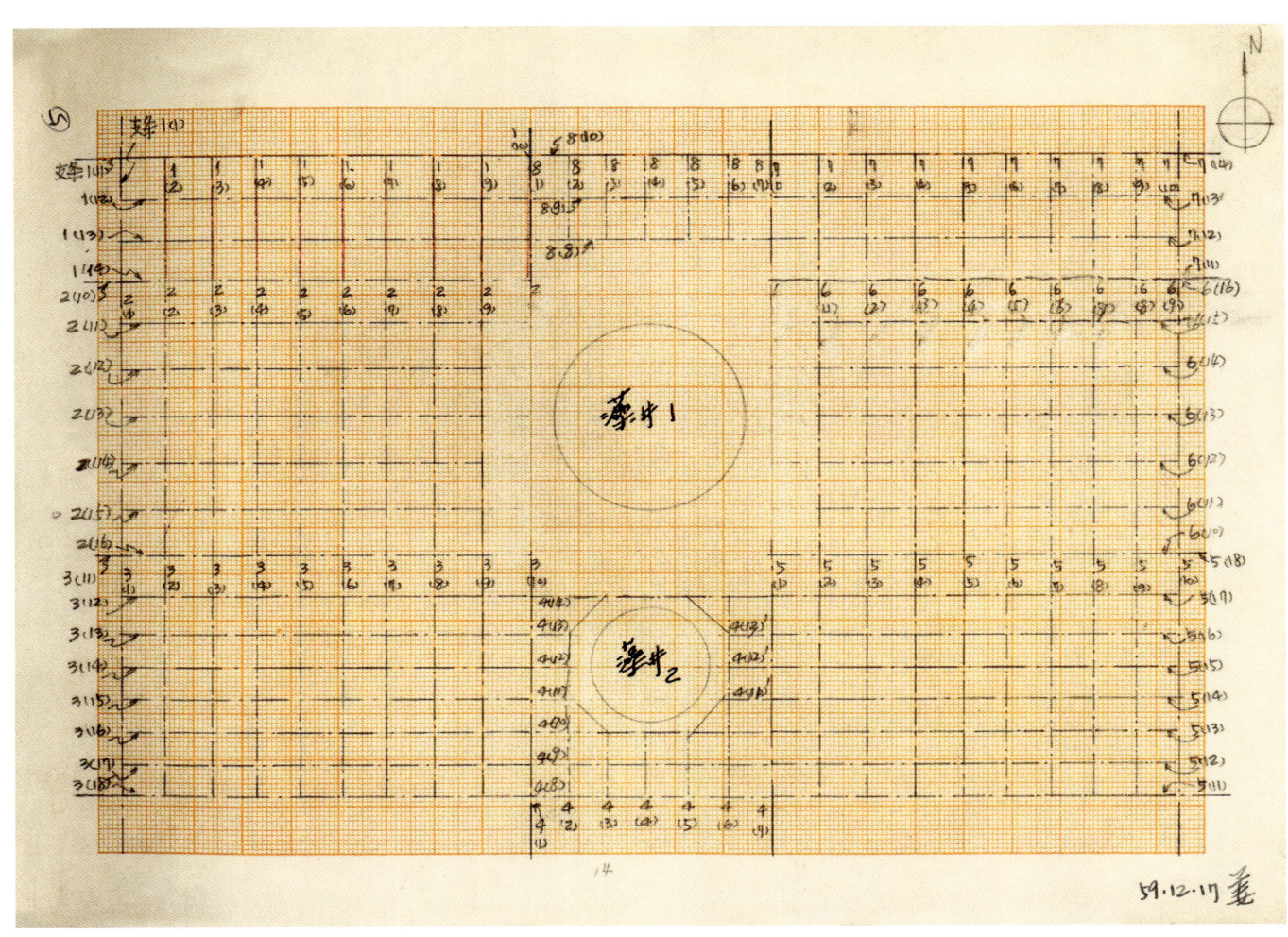

图 2-77　纯阳殿天花藻井拆卸编号草图

6.27　1959 年，工作总结（5）——附录五十四

这份总结比较潦草，不像正式稿件，但对照其他档案，里面的数据基本反映了永乐宫迁建工程项目组 1959 年的工作内容，可以比较集中和全面地掌握 1959 年永乐宫迁建工程的工作内容和进展情况。

6.28　1959 年的会议记录（124）

1959 年的业务会议和工作会议记录基本完整地保存下来。从 2 月 16 日召开年后的第一个业务会议起，之后 2 月 19 日，3 月 2、3、4、11、15、28、31 日，4 月 12、29 日，5 月 30 日，6 月 20 日，7 月 15、18、29 日，8 月 2、8、18、28 日，9 月 16、18、25 日，10 月 10、16、25 日，共计开工作汇报会、业务会等 26 次，会议记录 124 页，记录了 1959 年从 2 月至 10 月的思想交流和技术讨论，仔细研读，可以非常详细地了解永乐宫迁建工程进展过程中技术难题的解决过程，是一份难得的工程现场技术讨论记录。

7.1960 年

1960 年大事记：

（1）完成古建筑拆卸工作。

（2）完成四座大殿原址建筑基础发掘工作（宫门除外）。

（3）完成龙虎殿壁画揭取工作。

（4）2 月 18 日~4 月 5 日，完成壁画和栱眼壁（552 块，包括壁画 341 块、栱眼壁 211 块和悬塑 2 件）从原址至新址的全部运输工作。

（5）1960 年 4 月 15 日~6 月 10 日，"永乐宫迁建工程"在故宫文华殿展出。

（6）4 月 1 日开始复建工程，完成宫门、龙虎殿、重阳殿除装修和壁画之外的复建工程，完成三清殿、纯阳殿的基础工程。

（7）完成碑廊基础工作，吕公祠东西配房、台基、大木装修、瓦顶、地面全部完成。

（8）开始了壁画的画面加固、泥层加固和壁画装框等加固修复的第一阶段研究工作。

（9）1960 年 8、9 期《文物》发表祁英涛先生的《永乐宫壁画揭取方法》一文。

（10）1960 年 8 期《考古》上发表了《山西芮城永乐宫新址墓葬清理简报》《山西芮城永乐宫旧址宋德方、潘德冲和"吕祖"墓发掘简报》《关于宋德方和潘德冲墓的几个问题》等三篇关于永乐宫的文章。

具体工作：

7.1　1 月 26 日，讨论永乐宫展览事宜（2）

计划 1960 年 4 月 14 日（实际是 15 日）~6 月 10 日，在故宫文华殿举办"永乐宫迁建工程"展览，筹备工作从 1 月份开始。（图 2-78、79）

7.2　1 月 27 日，壁画修复研究会议报告（2）

根据王书庄副局长的指示，由中央美术学院国画系、古代建筑修整所建筑组、故宫博物院保管部修整组共同组成永乐宫壁画修复研究小组，于 1960 年 1 月 22 日下午在中央美术学院开会研究壁画保护工作事宜。会议决定参加永乐宫壁画修复研究小组的人员有：中央美术学院国画系：陆鸿年、王定理、刘伯舒；古代建筑修整所建筑组：祁英涛、赵仲华；故宫博物院保管部修正组：赵茂林[14]。（图 2-80）

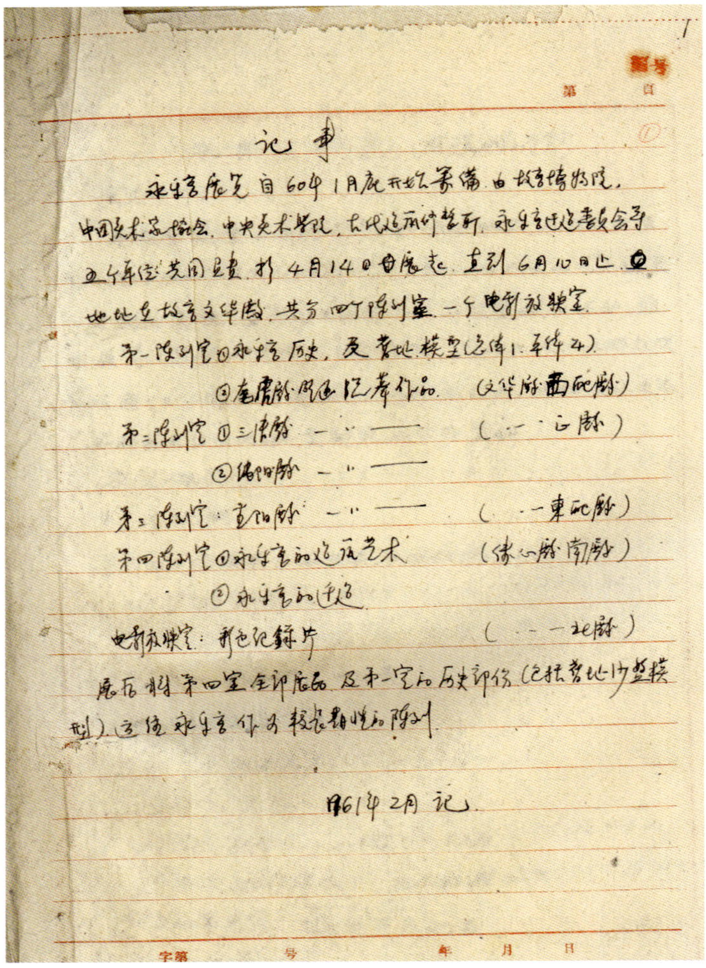

图 2-78　永乐宫展览事宜档案原件

图 2-79　永乐宫展览事宜档案原件

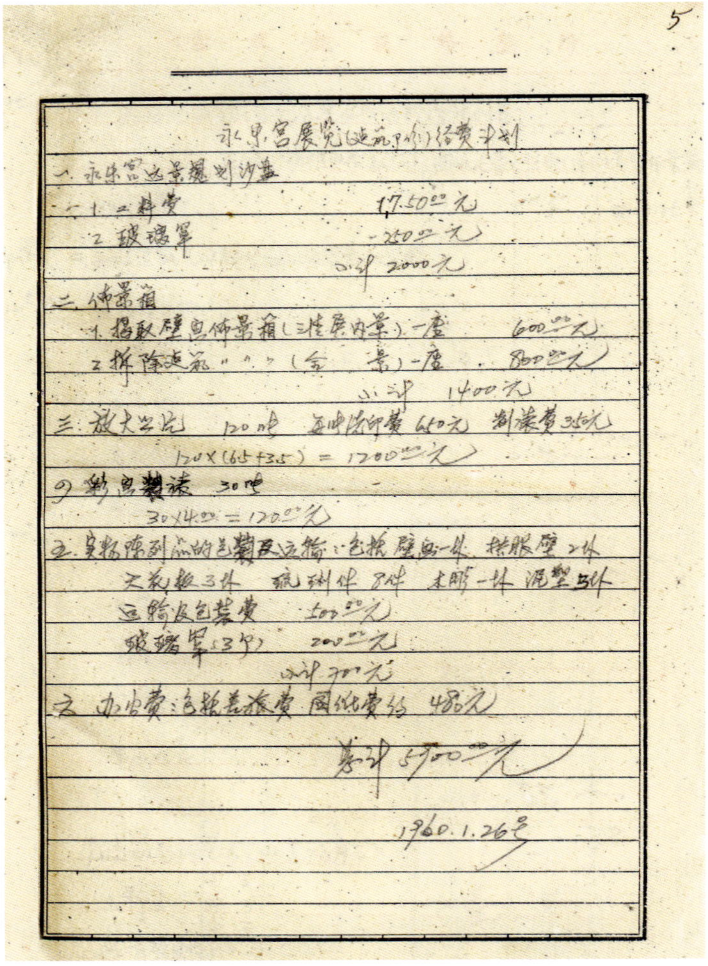

图 2-80　1960 年 1 月 27 日壁画修复研究会议报告原件

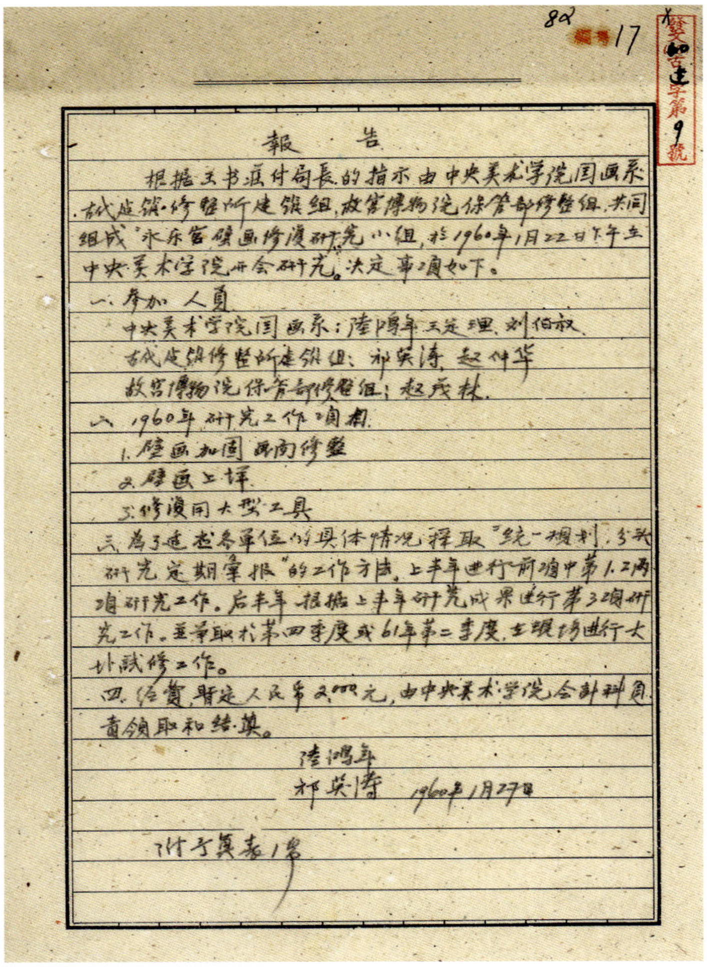

7.3　1月，祖师行祠梁架拆卸记录草图（18）

继重阳殿、纯阳殿编号草图之后的一处附属建筑拆卸编号草图记录。（图2-81、82）

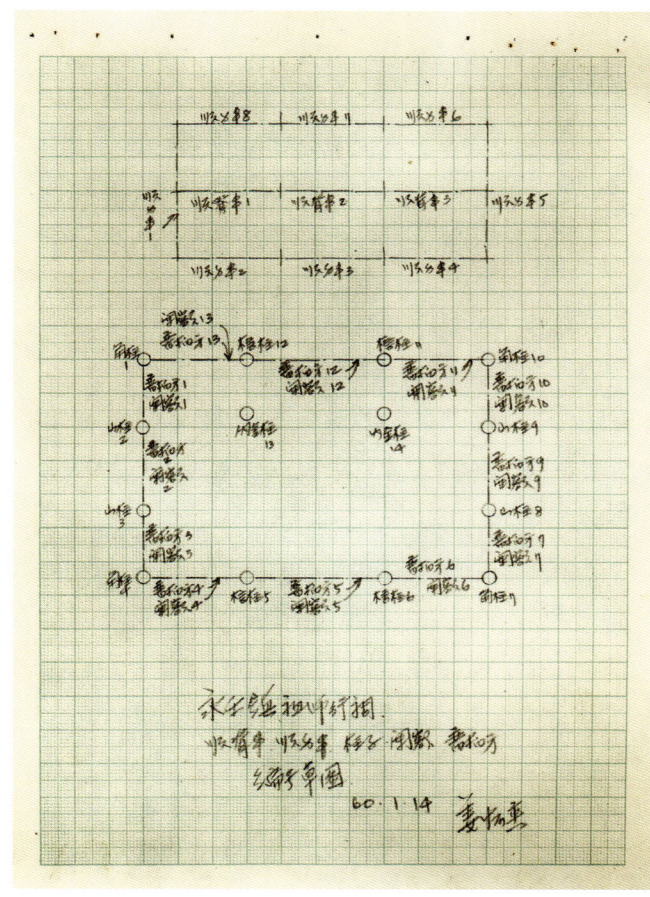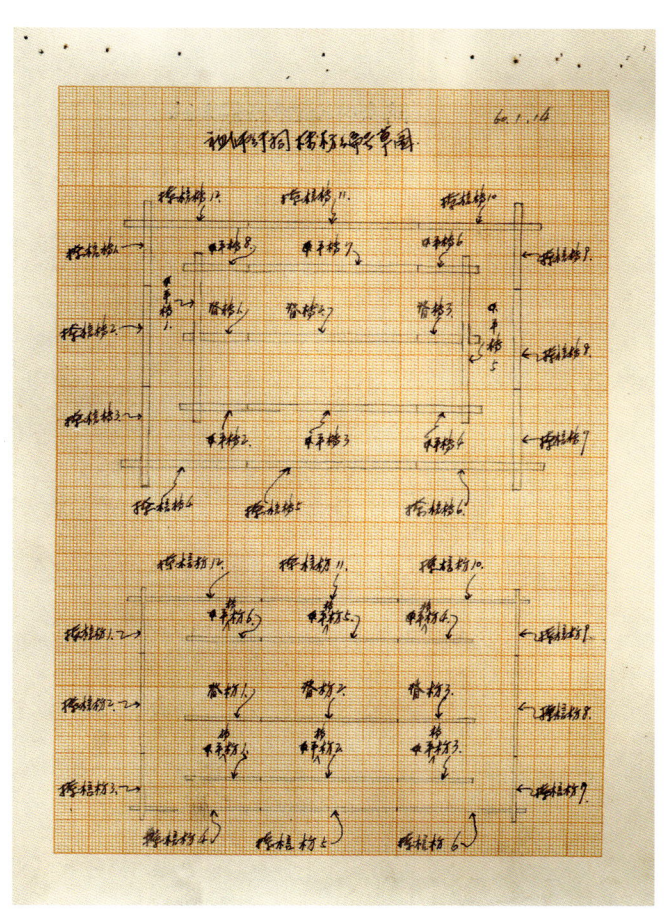

图2-81　祖师行祠拆卸编号草图　　　　　　　　图2-82　祖师行祠拆卸编号草图

7.4　1~2月，永乐宫龙虎殿拆卸记录草图（26）

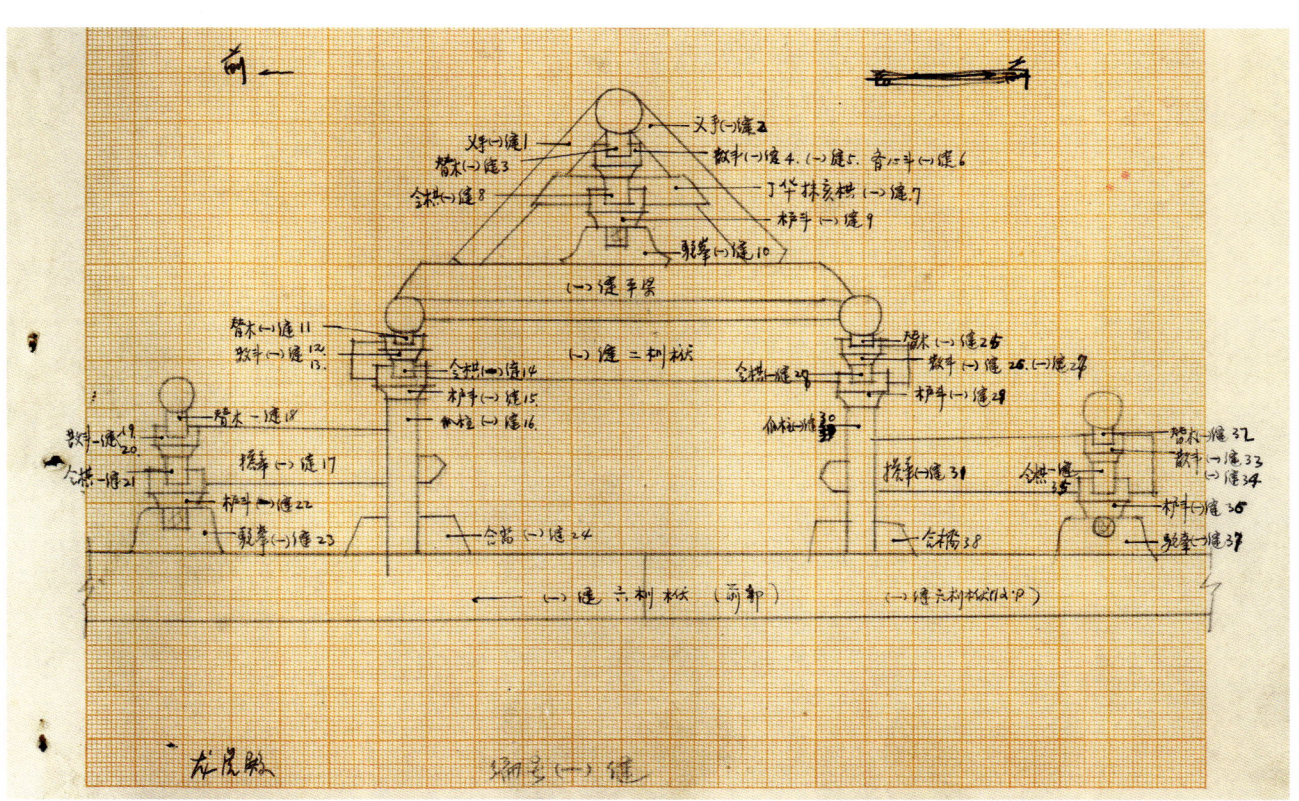

图2-83　龙虎殿拆卸编号草图

7.5 1~2月，永乐宫龙虎殿壁画揭取和建筑拆卸同时进行

龙虎殿：此殿须在建筑物、梁架斗栱拆除后再进行壁画的揭取工作，但在拆除建筑物之前应将栱眼壁先进行揭取，壁画画面用木板及席遮护以防拆除建筑物时损伤画面，全殿壁画分为东西梢间两个区，揭取方法以拆墙揭取为主，视情况亦可同时采用平铲撬离泥层的办法揭取。（附录三十六）。在永乐宫四座元代建筑内壁画摘取工作中，只有龙虎殿壁画揭取是与建筑拆卸同时进行的，其他三座建筑内壁画均是先揭取壁画，再拆卸建筑。（图2-84）

图 2-84　龙虎殿壁画揭取和建筑拆卸同时进行

7.6 1960年1月开始建筑全面拆卸工作

图 2-86　三清殿正脊拆卸现场

图 2-85　三清殿建筑拆卸现场

7.7　2月17日~5月1日，完成壁画运输工作

为了安全、无损地将壁画运至20公里以外的新址，集思广益，提出"汽车运输法"和"平车运输法"两种运输方法，（图2-88~90）在两种方法都获取成功之后，开展了"552运动"，即安全地将揭取下来的552块壁画安全运至新址。（详见附录四十六）

图2-87　壁画运输前永乐宫迁建工程四位工地现场主要负责人与包装好的壁画合影（左起第二人陈继宗、祁英涛、王孚）

图2-88　"汽车运输法"

图2-89　"平车运输法"

图2-90　祁英涛在拉运输壁画的平板车

7.8 2月24日，各殿琉璃瓦数据统计（1）

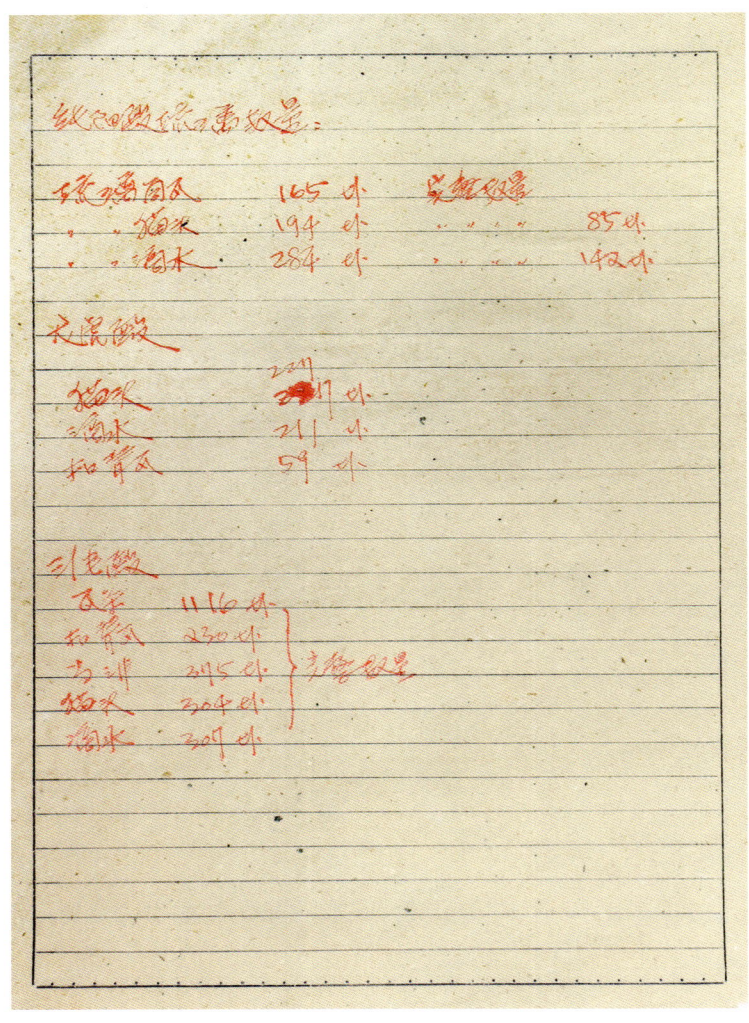

图 2-91　琉璃瓦数据统计

7.9 2月24日，各殿砖数据统计（1）

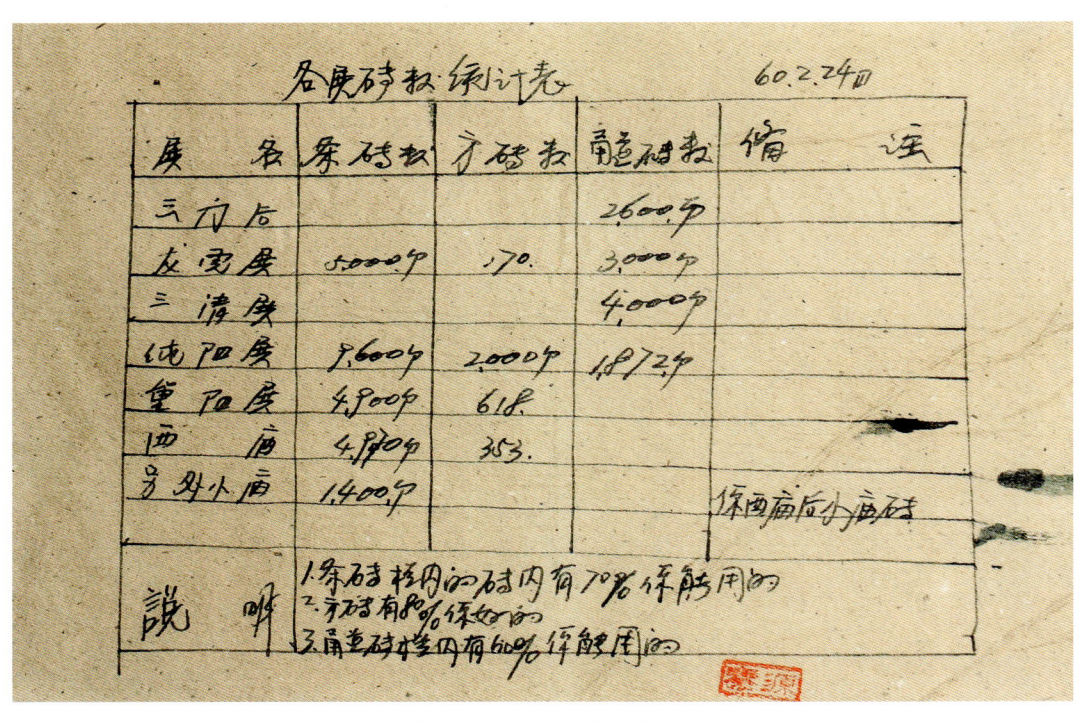

图 2-92　砖数据统计

7.10　2 月 28 日，三清殿雕龙残破情况（11）

档案中含 58 个雕龙及斗栱空内 21 个泥塑的残破情况描述，但没有给出编号图及编号规律，按永乐宫对建筑编号规定，从西北角开始是 1 号，按逆时针方向顺序编号，雕龙和泥塑也应是此规律。

图 2-93　三清殿泥雕残损状态

7.11　2~3 月，三清殿拆卸记录草图（27）

记录了三清殿吻桩脊桩、瓦顶、柱子柱础（图 2-94）、升头木、椽子、梁架、蜀柱、瓜柱、平梁、四椽栿、槫角梁、抹角梁、替木、脊枋、下手槫、天花、藻井、丁栿、斗栱、撩檐枋、罗汉枋、柱头枋（图 2-95）、叉手、托脚、劄牵、天花拉杆、平梁支柱及附加构件襻间、普拍枋、阑额、装修压面坎栏石等编号草图，以及柱础抄平、台明作法、脊部构造等共计 27 张拆卸编号记录草图。

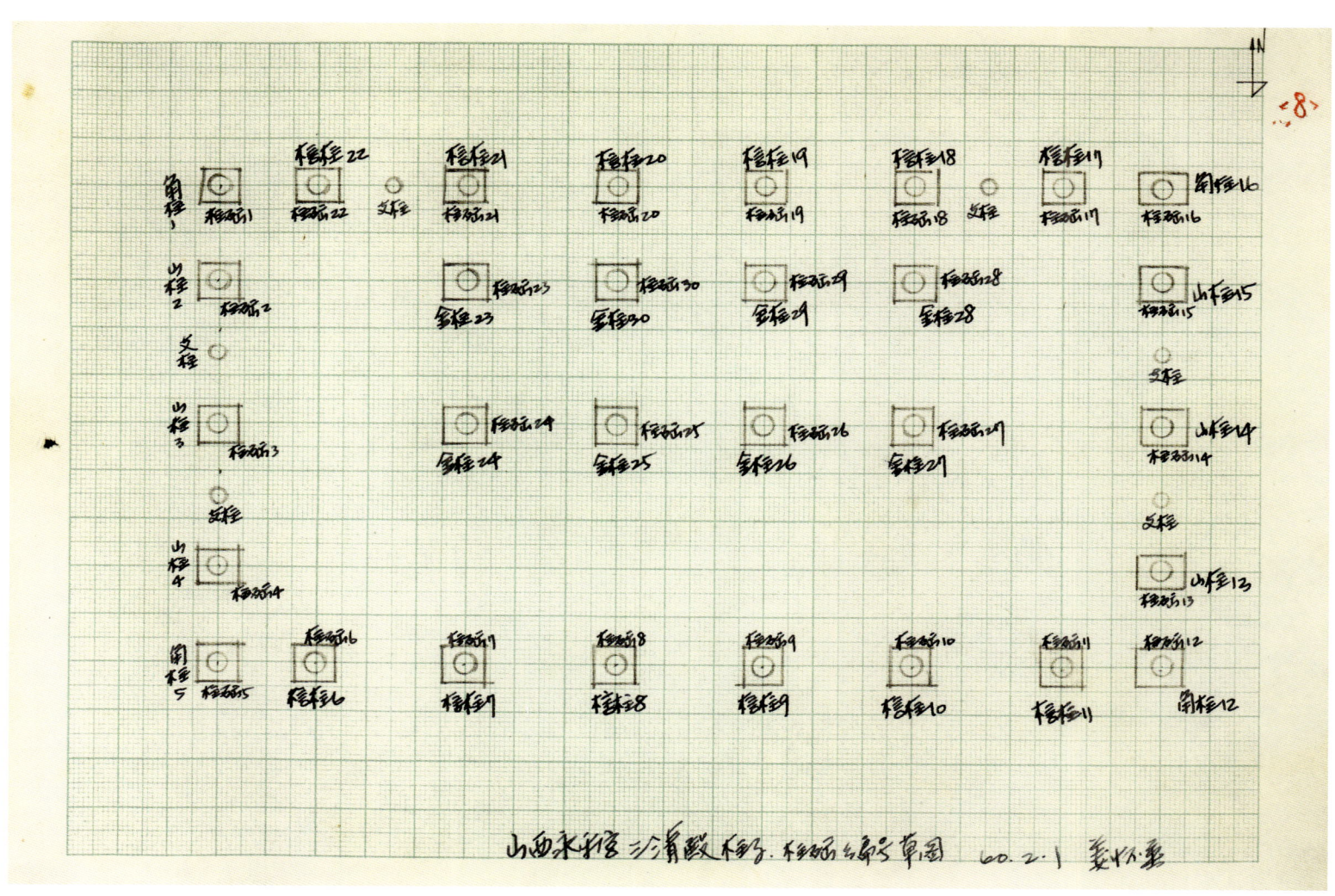

图 2-94　三清殿拆卸编号草图

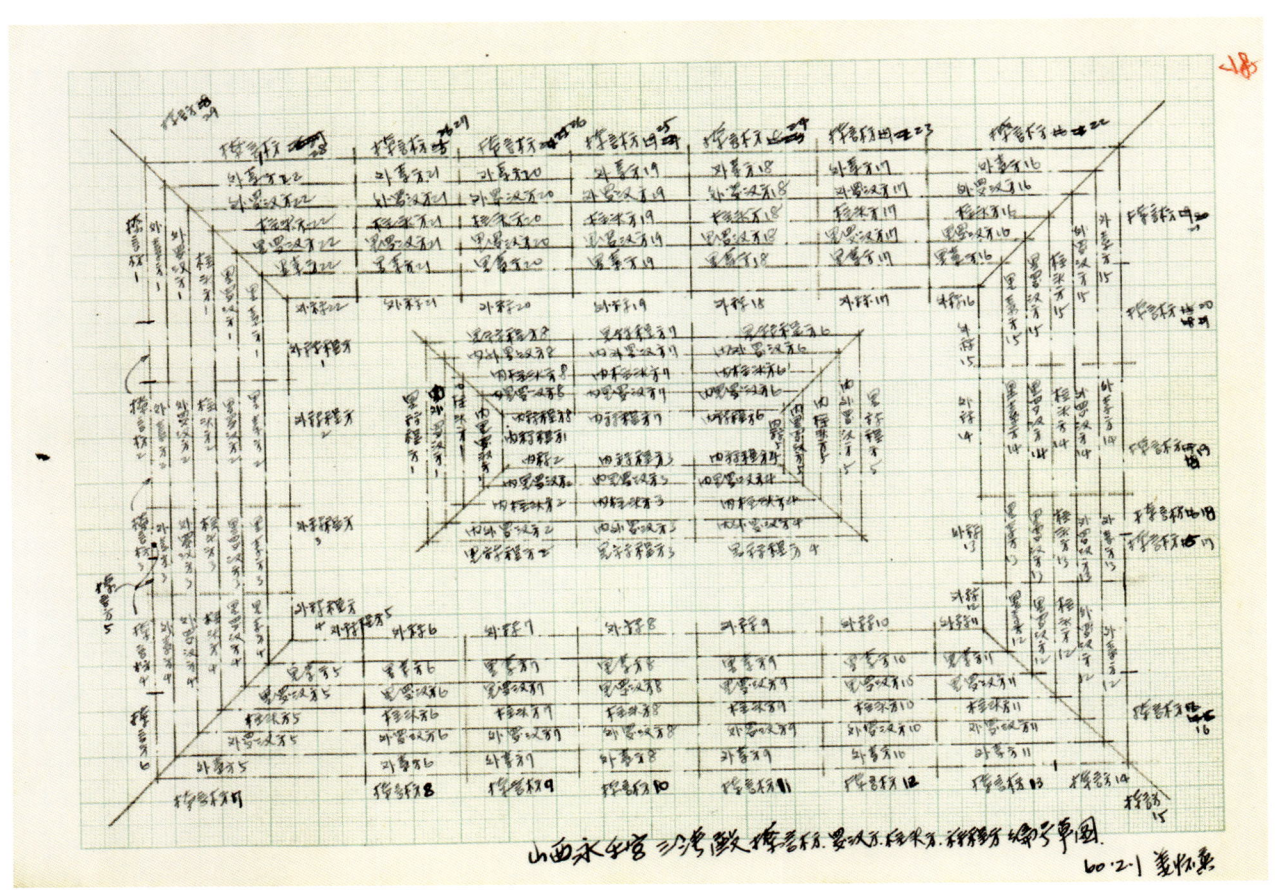

图 2-95　三清殿橑檐枋、罗汉枋等拆卸编号草图

7.12　3月，宫门拆卸记录草图（7）

包含宫门的柱础（图 2-96）、梁枋（图 2-97）、斗栱、叉手蜀柱、檩、脊、墙等拆卸记录编号草图。

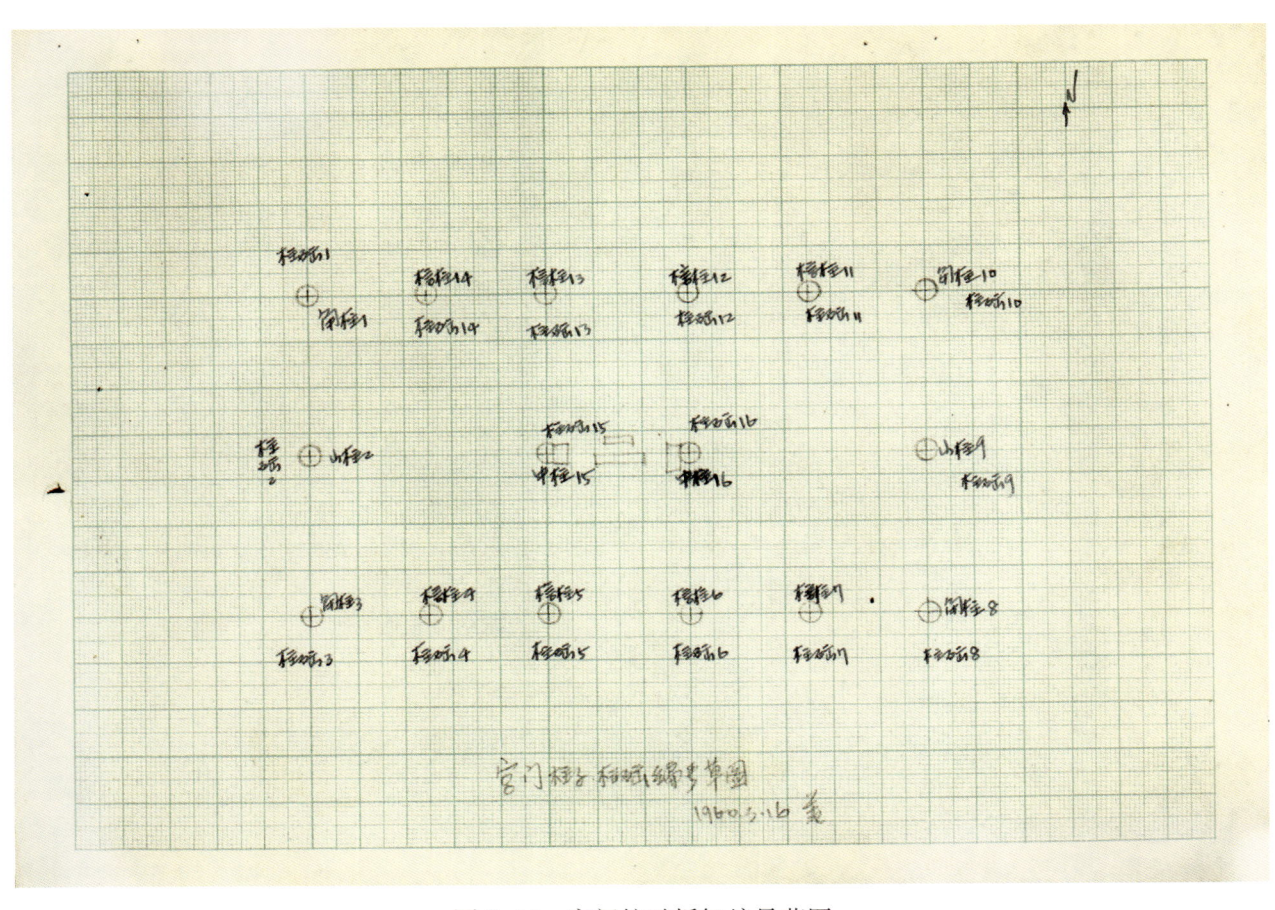

图 2-96　宫门柱础拆卸编号草图

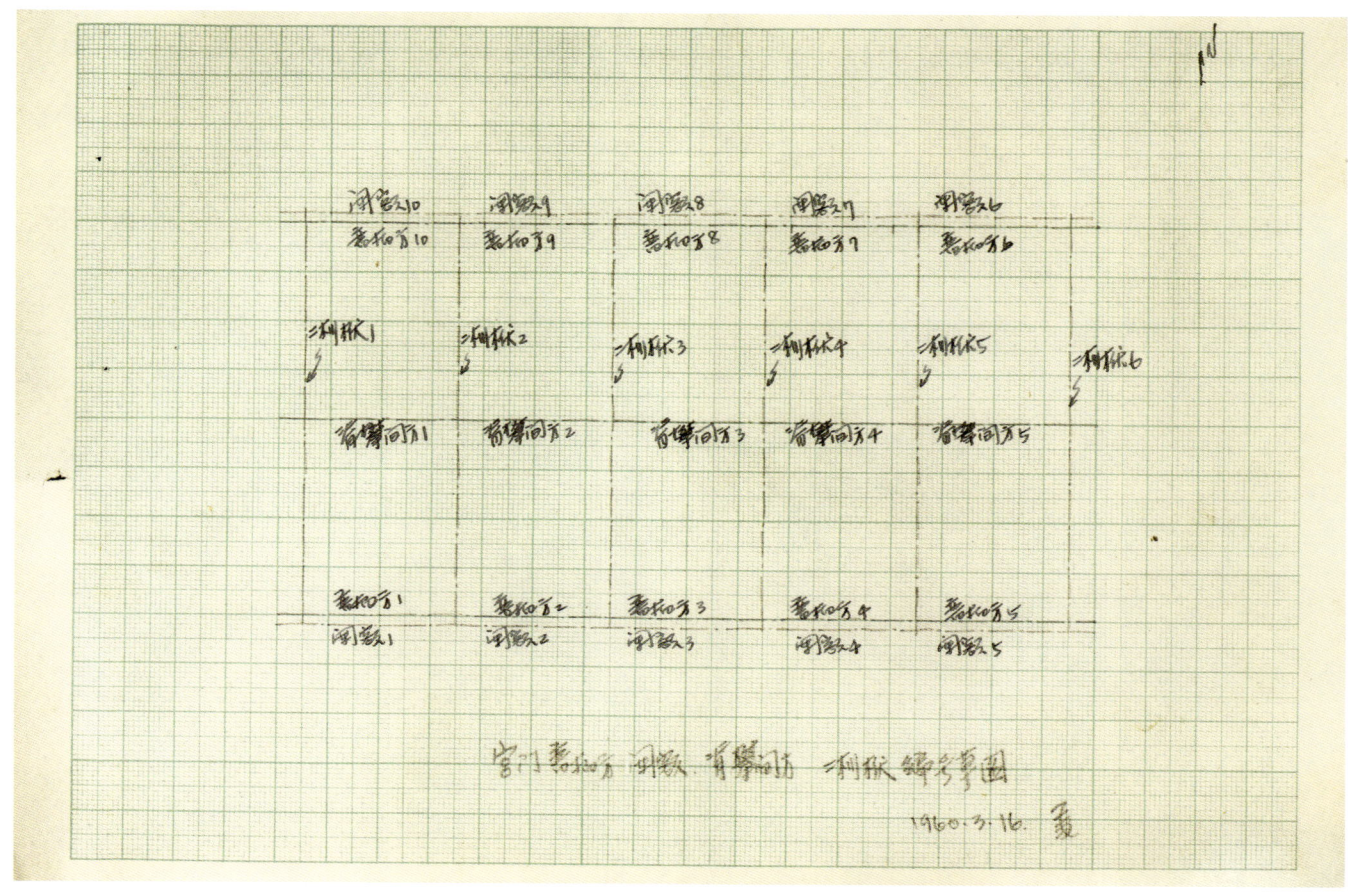

图 2-97　宫门普拍枋、阑额、襻间等拆卸编号草图

7.13　4 月 15 日，"永乐宫展览"在故宫文华殿举行——附录五十五

1960 年 4 月 15 日~6 月 10 日，"永乐宫展览"在故宫文华殿正式展出。（图 2-98~102）

图 2-98　1960 年 4 月 15 日~6 月 10 日故宫门外展览海报

图 2-99　文华殿举行的"永乐宫展览"

图 2-100　文华殿内的布展情况

图 2-101　展出的四座元代建筑模型

图 2-102　参观展览的人们

7.14　5月24日，祁英涛关于复建工程及附属艺术品复制问题的建议（4）——附录二十六

祁英涛先生提出对琉璃、泥塑等做复制件复原，真品另存放在博物馆展示的建议。

7.15　7月1日，关于石窟壁画研究保护座谈会（1）

1960年7月1日，在文物局召开壁画、石窟等研究保护工作座谈会。会议由王书庄副局长主持，参加会议的有陆鸿年、陈滋德、陈明达、祁英涛、姜佩文等。会议内容主要是：壁画保护研究工作今后要面向全国，以永乐宫壁画为研究重点，在研究保护工作上采取统一规划，分头试验的原则。永乐宫壁画复原工作，在两个月内（9月1日前）拿出样品，年内做出成绩。（图2-103）

7.16　7月6日，保护壁画研究工作（2）

为落实7月1日会议精神，1960年7月6日，古代建筑修整所制订了永乐宫壁画修复工作计划，并建议在研究修复永乐宫壁画的同时，逐渐开展其他各处壁画的画面加固、防风化、修复制作等保护技术研究工作，以永乐宫为基地，吸收如中央美术学院、敦煌文物研究所等各有关单位参加。

同时提出两个急需解决的问题：

一是希望请有关化学、美术、修复专家对壁画加固方法提出意见并协助做一些必要的鉴定工作，以利于下一步的研究。二是壁画年久在表面自然形成一层所谓的"保护层"，对防止壁画表面风化

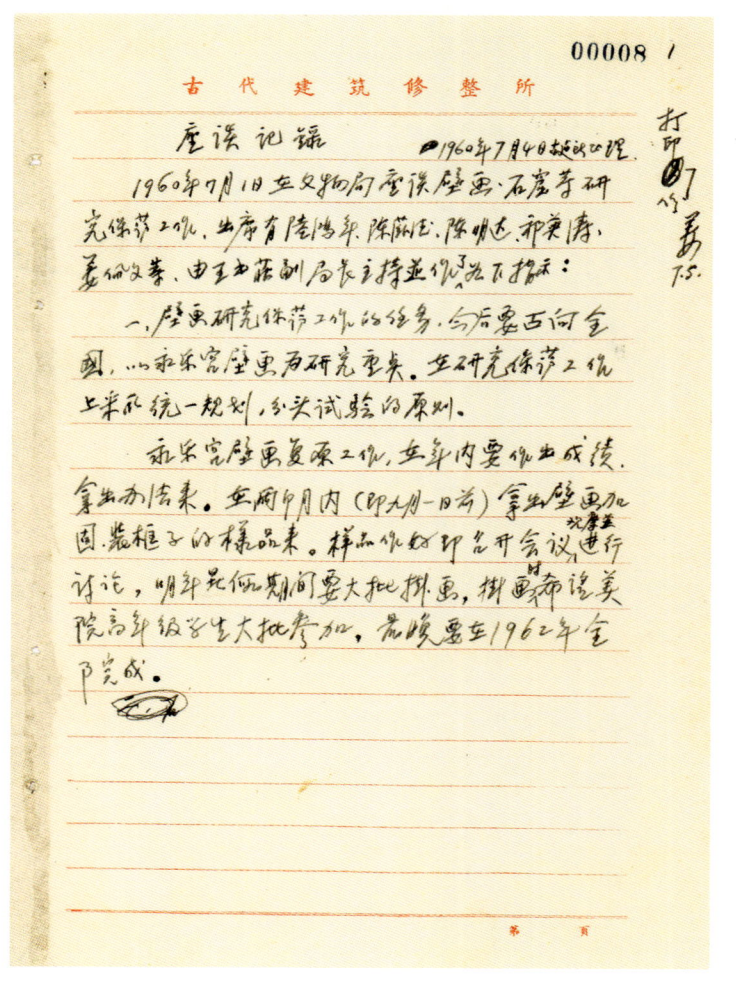

图 2-103　1960 年 7 月 1 日关于石窟壁画研究
保护工作座谈会记录

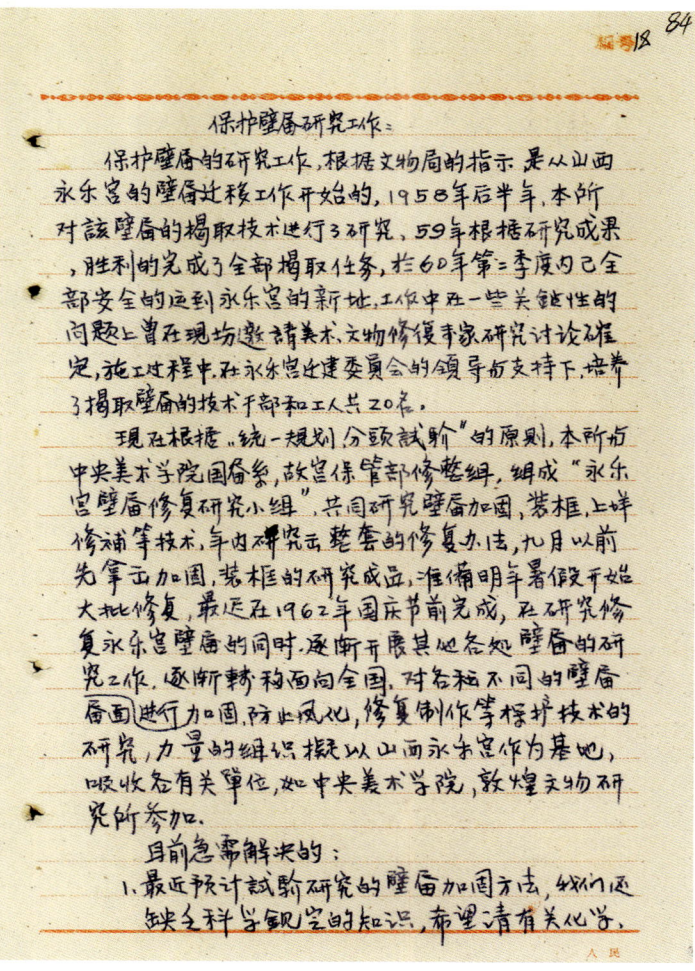

图 2-104　1960 年 7 月 6 日保护壁画研究工作安排 1

有益，但对其成因、性质都不了解，在修复中
如何保护它？加固的药剂会不会产生不良的影响
和变化，是研究壁画保护先要解决的问题。（图
2-104、105）

7.17　7 月 15 日，关于向 1961 年"七一"献礼计划（5）——附录五十六

以实现"完成中轴线五座大殿全部建成，并
挂起一座大殿的壁画"作为向 1961 年"七一"
献礼的目标。

7.18　8 月 1 日~11 月 13 日，三清殿复建工程日记（18）

8 月 1 日，吊起西二缝四椽栿一根，八椽栿
前后二根，西一缝八椽栿前半段一根。8 月 2 日，
因雨未调大梁，……

看起来潦草的档案，却详细清晰地记录了三
清殿拆卸的构件顺序及过程。（图 2-106、107）

图 2-105　1960 年 7 月 6 日保护壁画研究工作安排 2

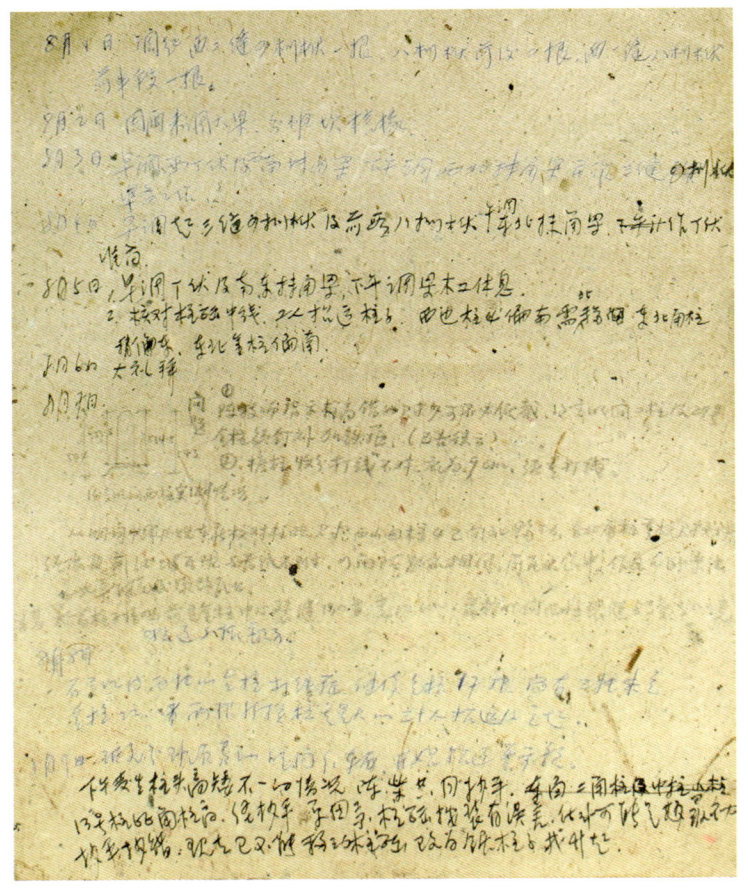

图 2-106　三清殿复建工程日记原件

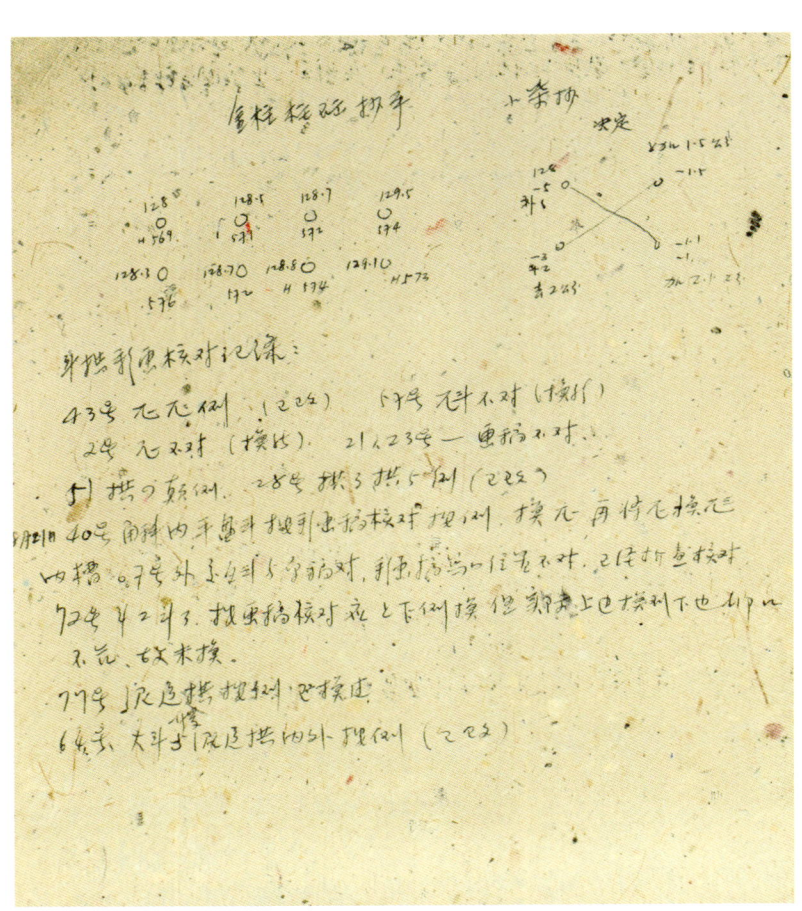

图 2-107　三清殿复建工程日记原件

7.19　1960年第8期《考古》杂志发表山西省考古所等编写的《山西芮城永乐宫新址墓葬清理简报》

1959年春天，山西省考古所在新址要复建的五大建筑基础下面做了全面的文物钻探，探出古墓、古井、灰坑等17处。1959年11~12月，根据钻探结果先后在重阳殿、纯阳殿、三清殿三座建筑的下面清理了春秋中、晚期墓10座，明代墓1座，古井3眼，灰坑3处。（图2-108）

7.20　1960年第8期《考古》杂志发表山西省考古所等编写的《山西芮城永乐宫旧址宋德方、潘德冲和"吕祖"墓发掘简报》

永乐宫迁建工程包括吕纯阳墓、宋德方、潘德冲三座墓的搬迁，因此，1959年12月7日~1960年1月15日，山西省考古所配合三墓迁建工作，进行了文物清理。（图2-109~111）

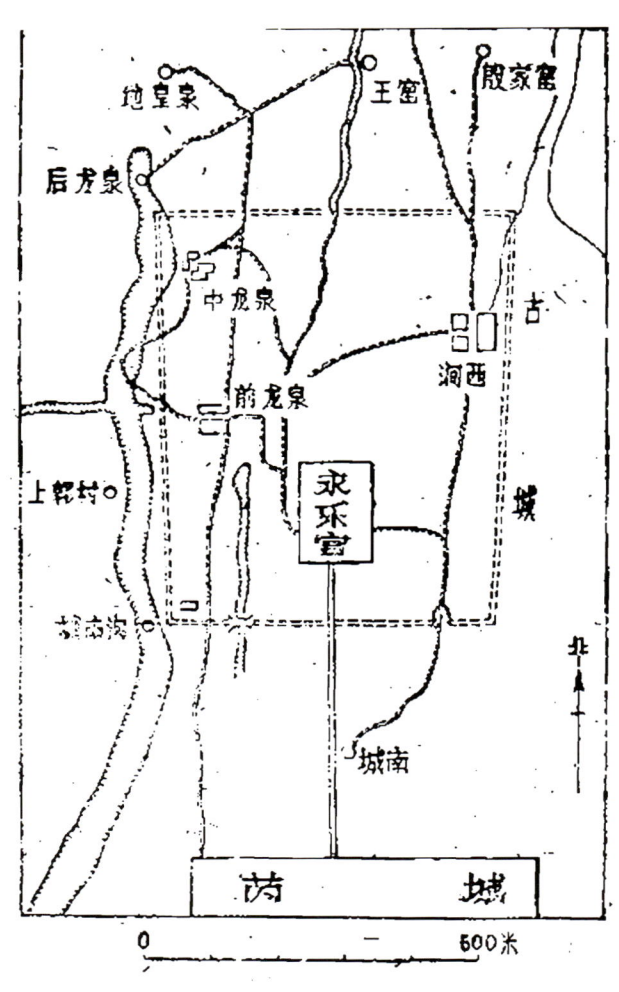

图 2-108　永乐宫新址墓葬考古清理分布草图

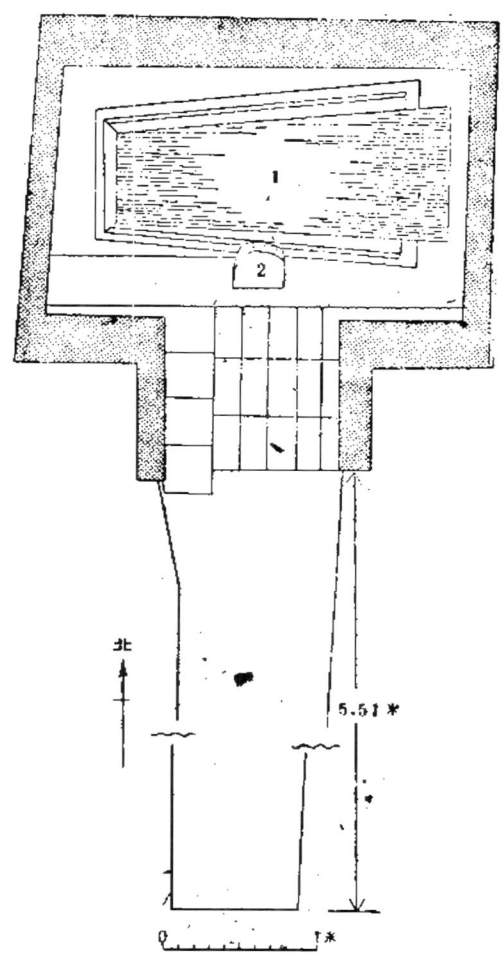

图 2-109　宋德方墓平面图

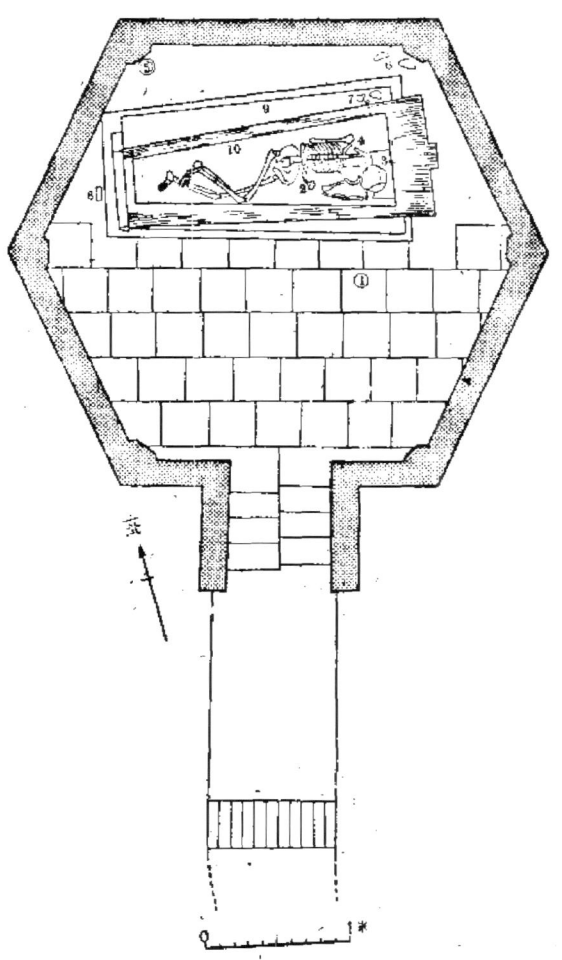

图 2-110　潘德冲墓平面图

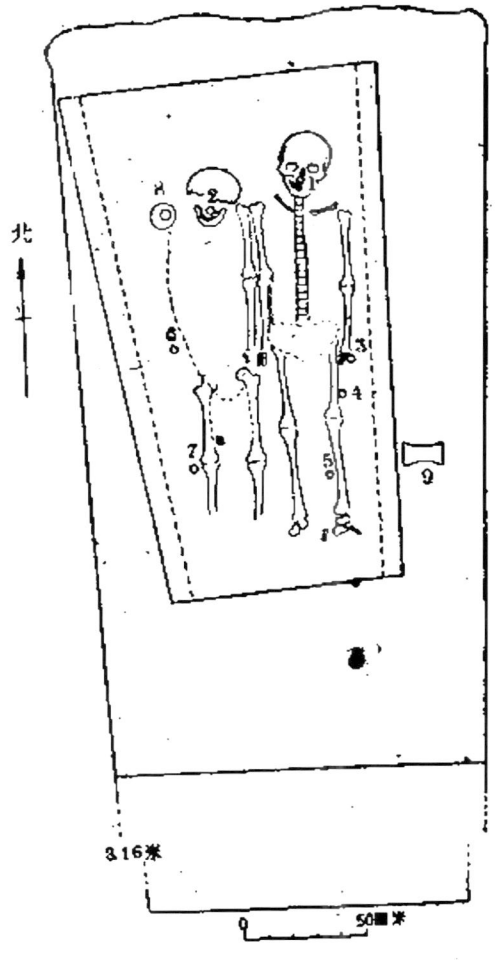

图 2-111　吕祖墓平面图

7.21 1960 年第 8 期《考古》杂志发表徐苹芳先生著《关于宋德方和潘冲墓的几个问题》

主要是对这两座墓葬石椁上的雕刻画的题材内容和画工的研究。

7.22 1960 年第 8、9 期《文物》发表祁英涛先生著《永乐宫壁画的揭取方法》

图 2-112 徐苹芳

这是祁英涛先生发表的第一篇关于壁画迁移保护技术的文章。文章从壁画及栱眼壁的保存情况、揭取方法的研究与确定、包装与运输几个方面比较全面地介绍了永乐宫壁画揭取技术。

7.23 9月3日，关于按期拨付年度钢材的请示（1）

向文化部请示拨付 1960 年度钢材计划。（图 2-113）

7.24 9月3日，关于解决运输问题的报告（2）

请求将调用给永乐宫迁建工程使用的四辆汽车拨给永乐宫迁建委员会所有，以解决日益繁重的运输任务。文中最后再次提到建立艺术建筑工程队事宜。（图 2-114、115）

7.25 9月5日，关于解决金箔问题的报告（1）

1960 年9月5日，永乐宫迁建委员会向山西省文化局发出"关于复原壁画彩画所需金箔的报告。"（图 2-116）

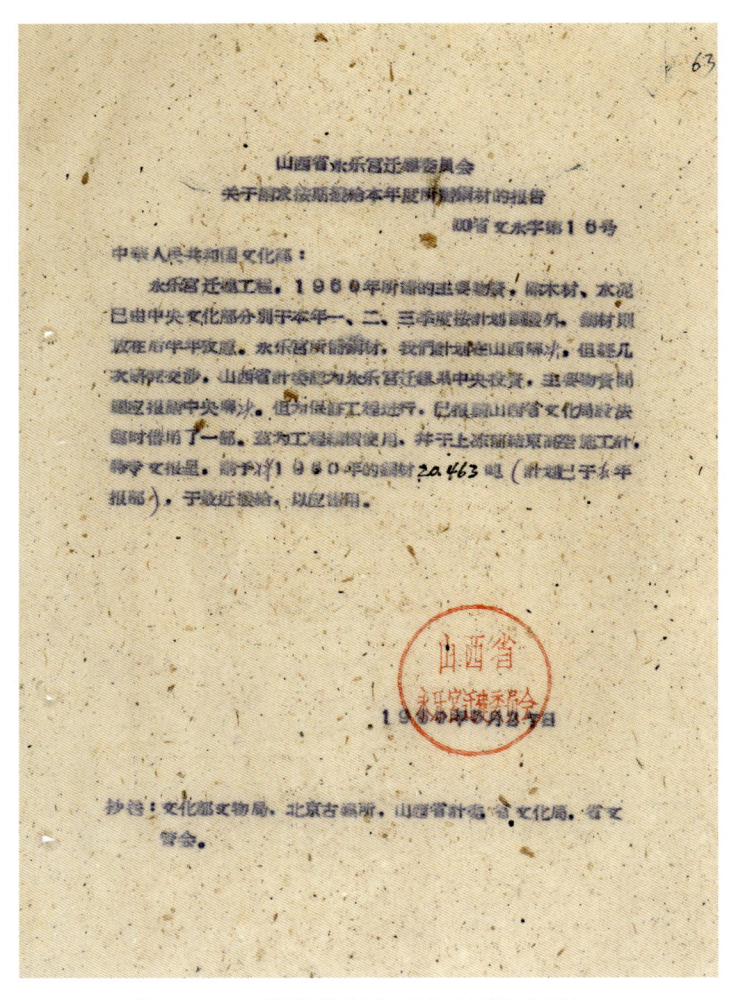

图 2-113 按期拨付年度钢材请示原件

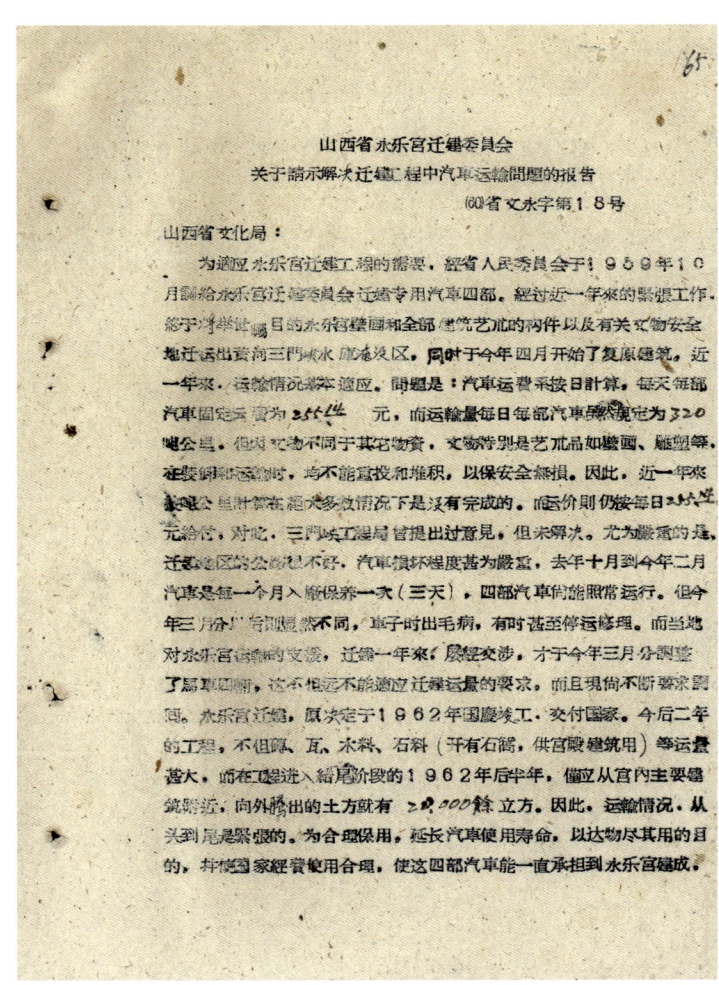

图 2-114 关于解决运输问题请示原件 1

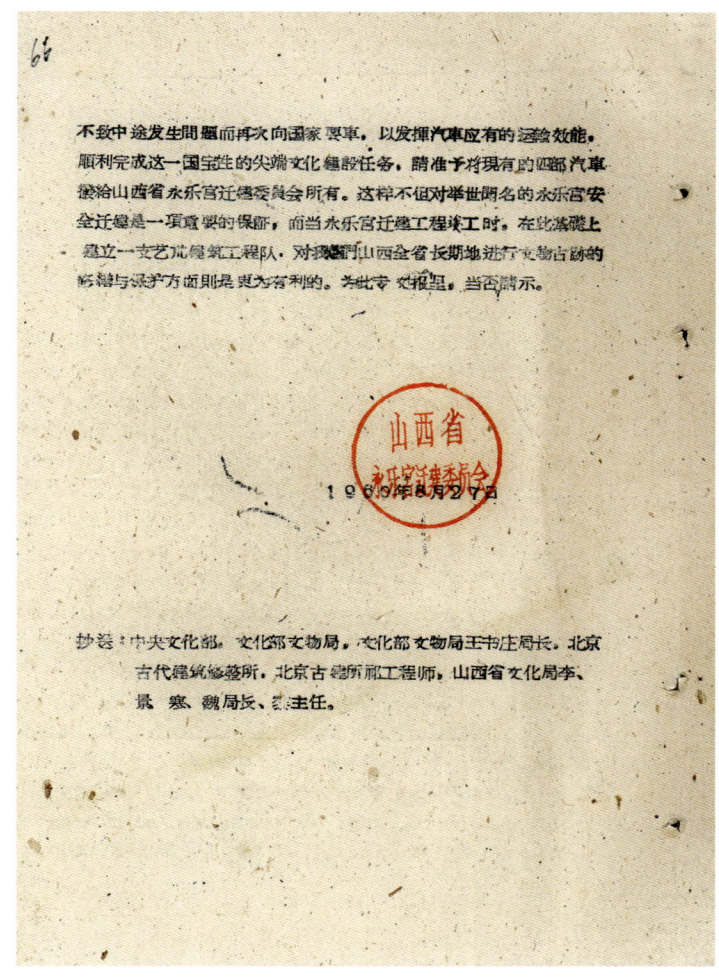

图 2-115　关于解决运输问题请示原件 2

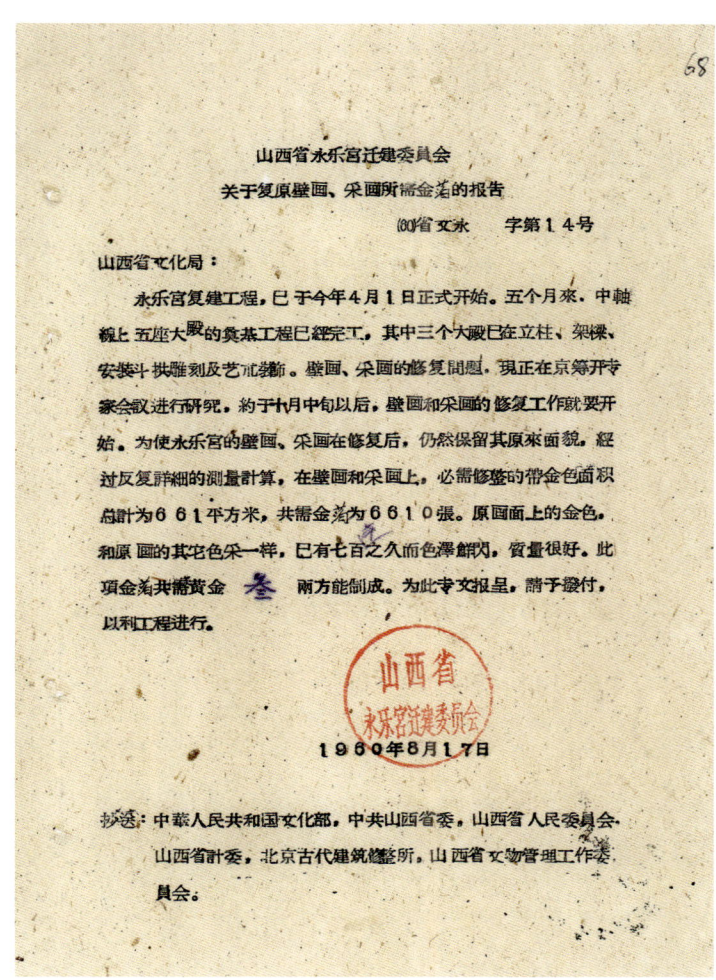

图 2-116　关于解决金箔问题的报告原件

7.26　9月6日，关于解决琉璃品复制问题的报告（1）

永乐宫全部琉璃制品中，需要精工捏制而艺术性又较高的吻兽、脊筒及仙人等约计 150 件。这些艺术装饰品，都要在永乐宫的建筑物上全部复制安装。我会已于太原市基建处琉璃厂商妥，该厂愿意承担永乐宫的琉璃复制工作……但因现有力量不足，需要与有关部门进行协作。我会又与我省艺术馆、美术加工厂的几位负责同志商量协作，据说美术加工厂正在烧制的人大会堂的琉璃制品，国庆节可完成，国庆之后可以投入永乐宫的工作。（图 2-117）

7.27　9月6日，关于永乐宫旧址宫墙复查的报告（1）

考古专家宿白先生，于最近向永乐宫迁建委员会工程部门提称："……据考证，原永乐宫故址现存的内围墙，系后来为保护殿宇建筑艺术而临时修筑的一般土坯围墙，不是原来面貌。其原

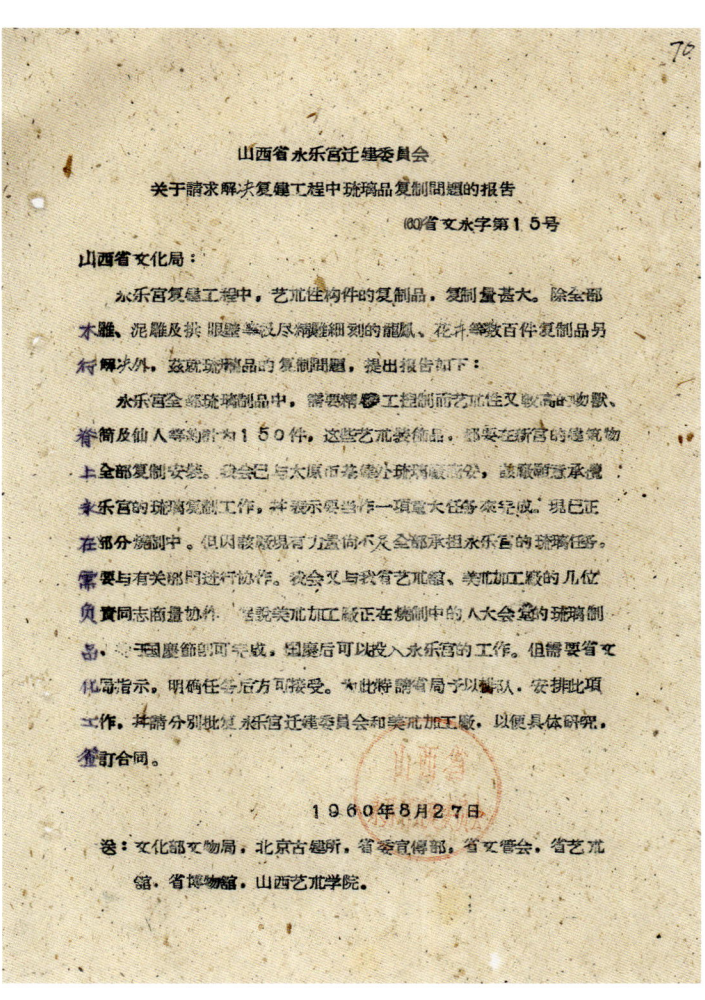

图 2-117　关于解决琉璃品复制问题的报告

貌为长廊，因此建议在复建时，考虑修建为长廊……"（图2-118）

7.28　9月12日，关于开展以粮、钢为中心的增产节约运动（3）

永乐宫迁建委员会作为一个临时机构，既要保证完成迁建工程的任务，又要贯彻"开展以粮、钢为中心的增产节约运动的精神"，节约劳力大力支援农业战线。（图2-119、120）

7.29　10月6日，壁画修复试验保护第一阶段壁画加固工作初步总结报告（10）——附录三十八

主要包括画面加固、泥层加固和壁画装框三个试验。同时配合这些试验，开展对壁画泥层的结构、材料、成分及配比等必要的研究工作。（图2-121）

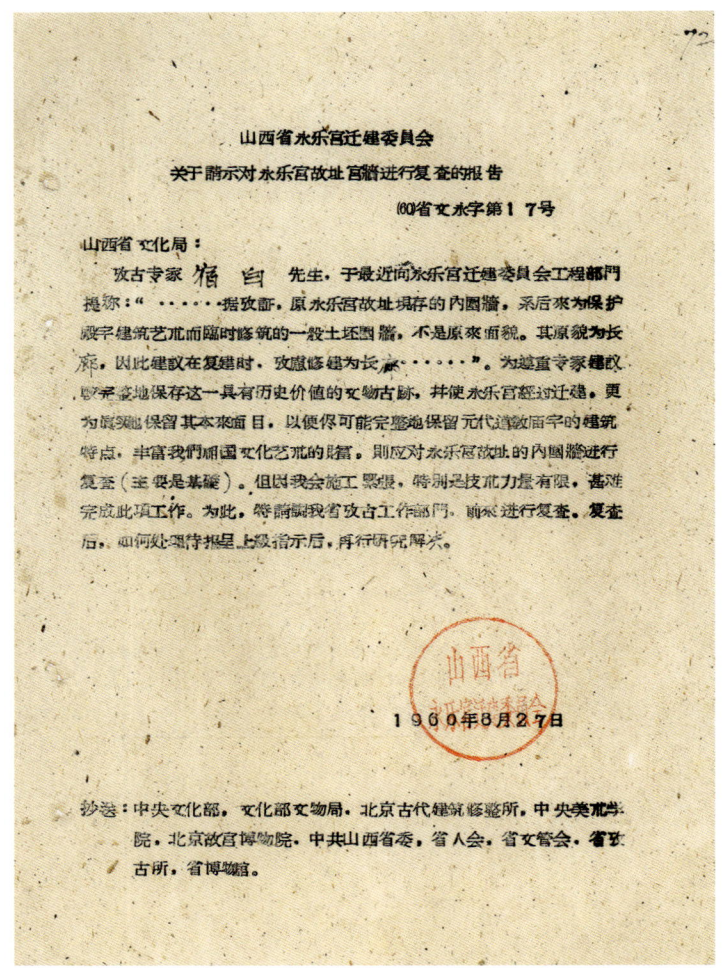

图2-118　宿白先生提出宫墙复制问题原件

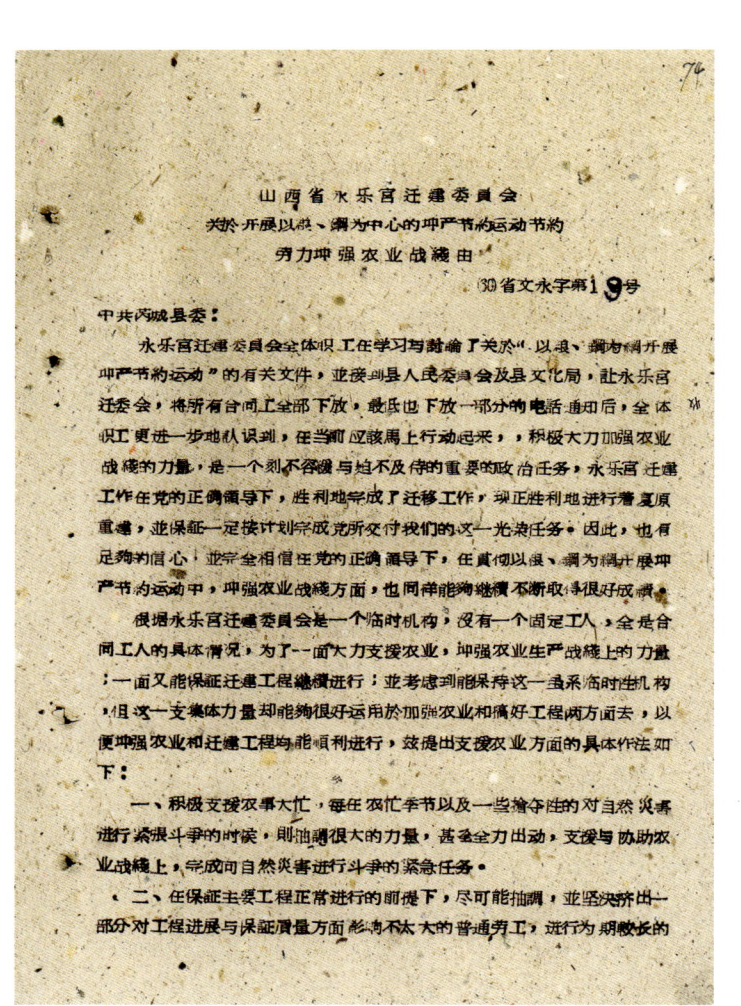

图2-119　开展以粮、钢为中心的增产节约运动文件1

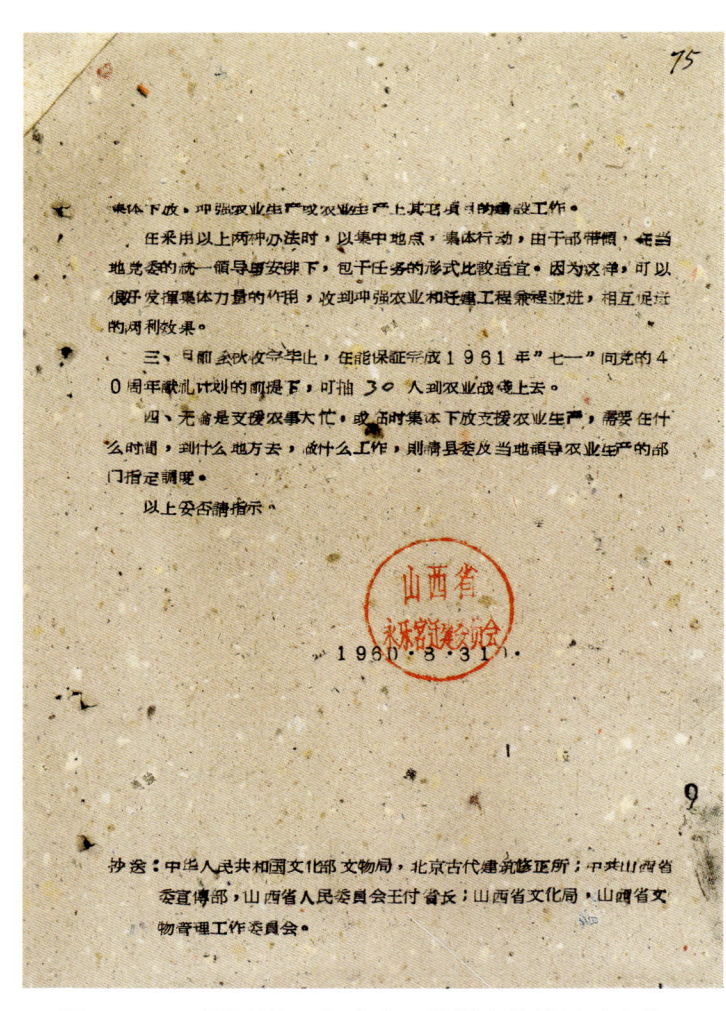

图2-120　开展以粮、钢为中心的增产节约运动文件2

图 2-121 壁画修复现场研究（左起：杜仙洲、王孚、第四人姜佩文、祁英涛、陈继宗）

7.30 10 月 13 日，关于永乐宫合同工人的紧急报告（2）

永乐宫工地工人严重缺乏，需要尽快解决。（图 2-122、123）

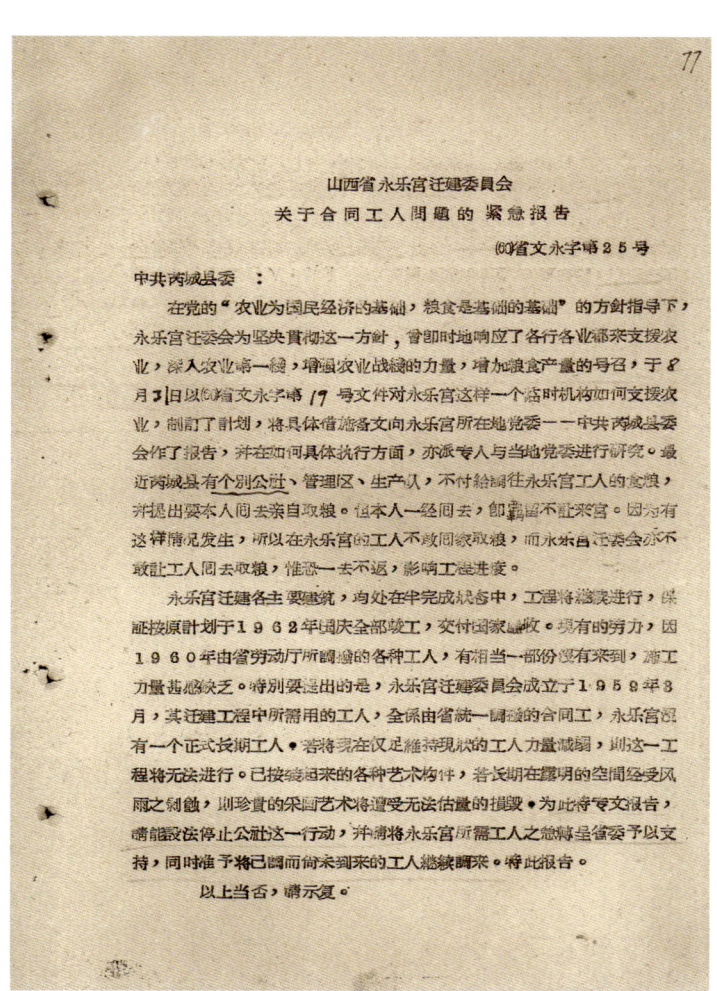

图 2-122 尽快解决合同工人问题的紧急报告 1

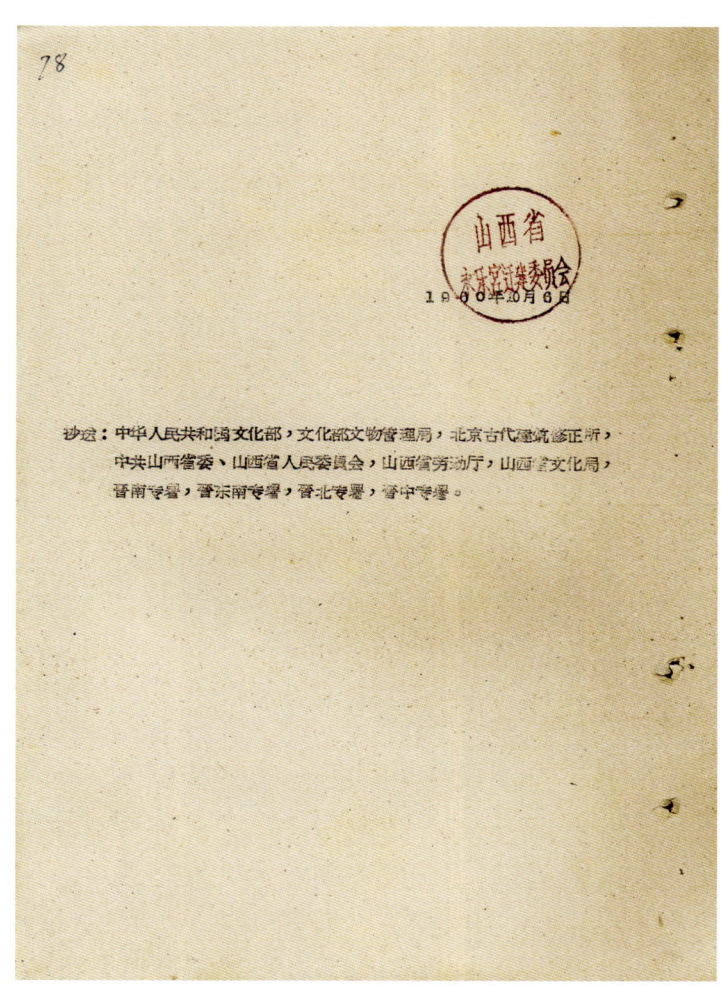

图 2-123 尽快解决合同工人问题的紧急报告 2

7.31　11月3日，呈报永乐宫工程方案的请示（3）

1959年十年国庆前完成了壁画揭取工程的相关图纸和设计说明工作，而建筑迁建工程的图纸和设计说明尚不完整。本次呈报的是完整的迁建工程设计成果（包含图6册164张，说明书和预算书各9册）（附录二十五）。（图2-124~126）

7.32　11月，永乐宫用漆皮泥加固壁画的试验简报（2）——附录三十九

永乐宫壁画的修复工作中，拟采用漆皮泥（漆片用酒精溶解后，加适量的快干剂和填充剂）作为加固壁画泥层及粘接承托壁画木框的材料，为此在施工前进行了所需数据的测定。

在北京市房管局材料试验室的协助下，做了抗热、抗冻、冻融、抗压、抗拉及抗折等七种试验，项目组自己又进行了木框粘结力（土拉力）的试验。试验结果符合预期要求。

7.33　12月30日，永乐宫小组1960年工作总结（9）——附录五十七

1960年1~4月，拆卸原址古建筑（不含附属建筑），放倒宫外大小碑6座。

按计划于1月16~20日揭取龙虎殿壁画。

2月25日~4月5日，完成壁画从原址至新址的运输任务。

4月1日，古建筑的复建工程开工动土，至1960年底，完成宫门、龙虎殿、重阳殿的复建工作，并提前完成所有殿座的基础工程，三清殿、纯阳殿的基础经过几次降雨后的自然沉降，建筑基础更加稳定。

附属工程完成了碑廊的基础工作，吕公祠的复建等。

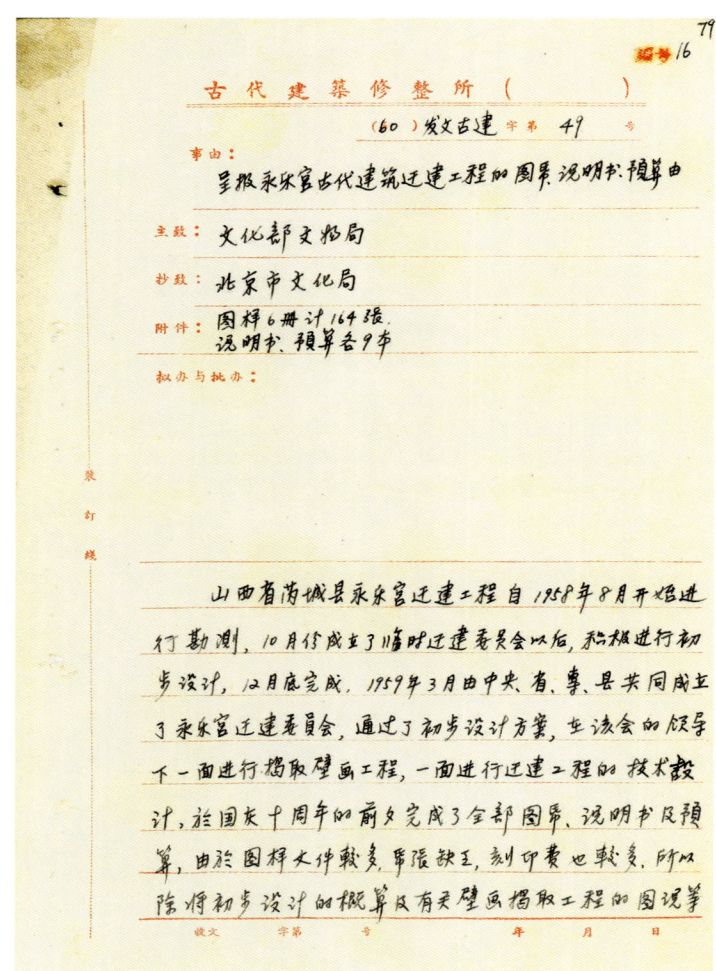
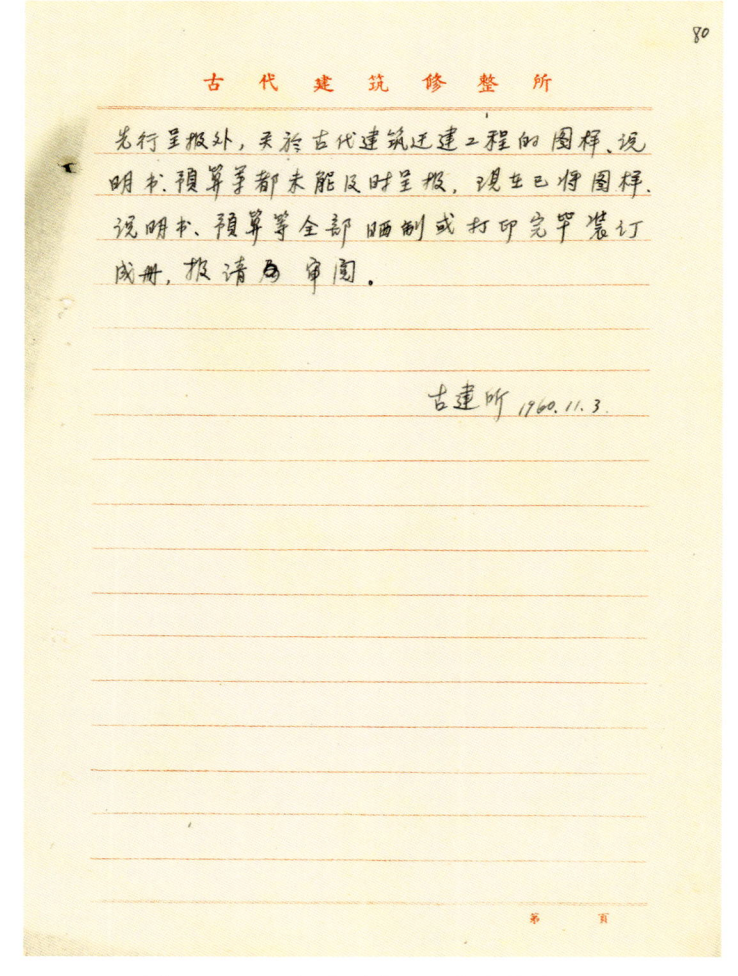

图2-124　呈报永乐宫工程方案的请示1　　　　　图2-125　呈报永乐宫工程方案的请示2

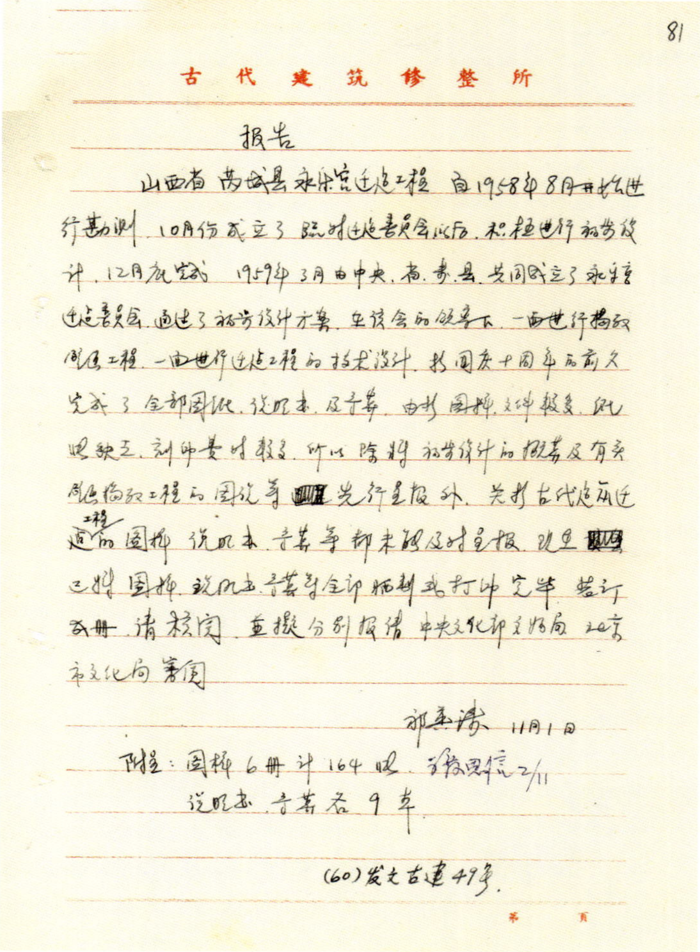

81

古代建筑修整所

报告

山西省芮城县永乐宫迁建工程自1958年8月开始进行勘测，10月份成立了临时迁建委员会以后，积极进行初步设计，12月底完成。1959年3月由中央、省、专、县共同成立了永乐宫迁建委员会，通过了初步设计方案，在该会的领导下，一面进行揭取壁画工程，一面进行迁建工程的技术设计，于国庆十周年前夕完成了全部图纸、说明书及预算。由于图样、文件较多，纸晒缺乏，印刷费时较多，所以除将初步设计的概算及有关壁画揭取工程的图说等先行呈报外，关于古代建筑迁建工程的图样、说明书、预算等都未能及时呈报，现在已将图样、说明书、预算等全部晒制或打印完毕，装订成册，请核阅，并拟分别报请中央文化部文物局、山西省文化局审阅。

祁英涛　11月1日

附呈：图样6册计164张，[illegible] 2/11

说明书、预算各9本。

（60）发文古建49号。

第　页

图 2–126　呈报永乐宫工程方案的请示 3

8. 1961 年

1961 年大事记：

（1）基本完成建筑复原工作。

（2）壁画加固修复试验及安装。

（3）壁画揭取、壁画运输工作总结。

（4）彩画复原设计工作启动。

具体工作：

8.1　1月24日，壁画试块检验报告（13）——附录四十

1960 年 9 月做了第一阶段试验后，"第二阶段的主要工作内容，是在第一阶段工作的基础上进行的。目的在于对黏合材料的漆皮泥、大漆、壁画背面的补泥材料，黏合力的大小，能否耐热、抗冻、冻融、抗压，拉折力等方面的效果，物理性能，机械性能等进行了解。因为这些对今后壁画的修复安全复原，确保质量等方面起着重要的作用"。

8.2　2月1日，关于与央美协商的问题（3）

1961 年，永乐宫壁画修复已经进入实质性阶段，除了保护性修复外，对残缺壁画的修补、填缝、补绘等工作，以及三清殿雕饰的修复和复制工作都提到了日程上来[13]。（图 2-127~129）

8.3　3月6日，关于新影厂片子（2）

永乐宫迁建工程在故宫文华殿展出期间，曾借中央新闻电影制片厂的样片一本，这个文件是归还凭据。（图 2-130）

8.4　3月23日，化学试剂清单（1）

壁画修复试验所需化学试剂。（图 2-131）

8.5　3月24日，永乐宫壁画修复试验第二阶段报告（7）——附录四十一

这一阶段的工作主要有三项，即木框处理、试块检验，和龙虎殿壁画复原安装的研究工作，另外还对第一阶段遗留的几个问题，继续进行试验研究。

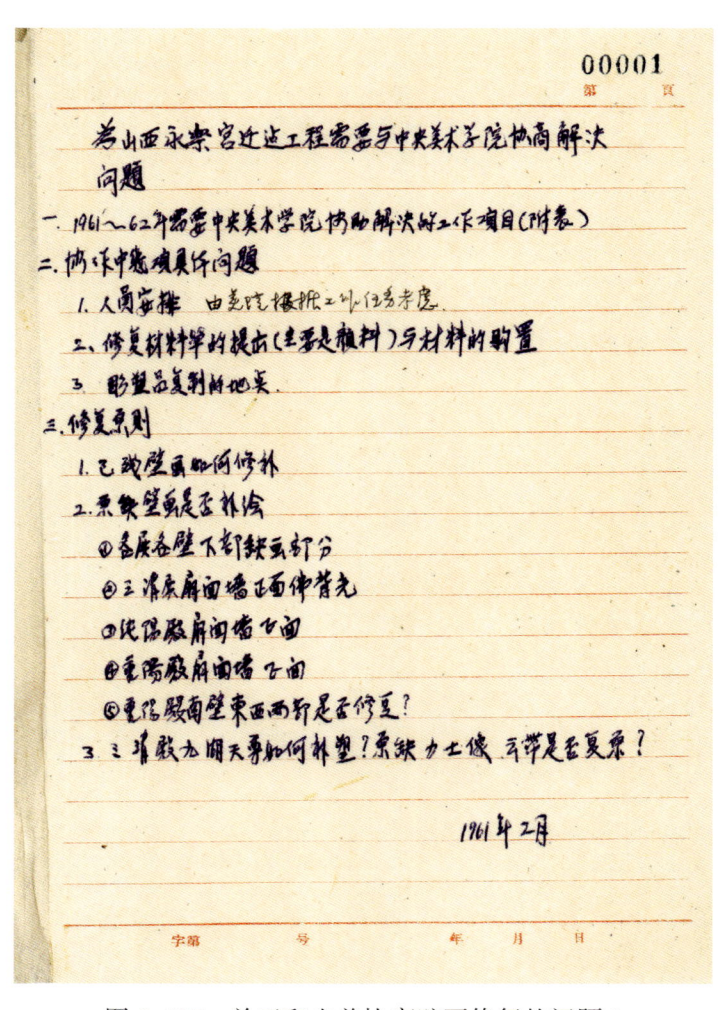

图 2-127　关于和央美协商壁画修复的问题 1

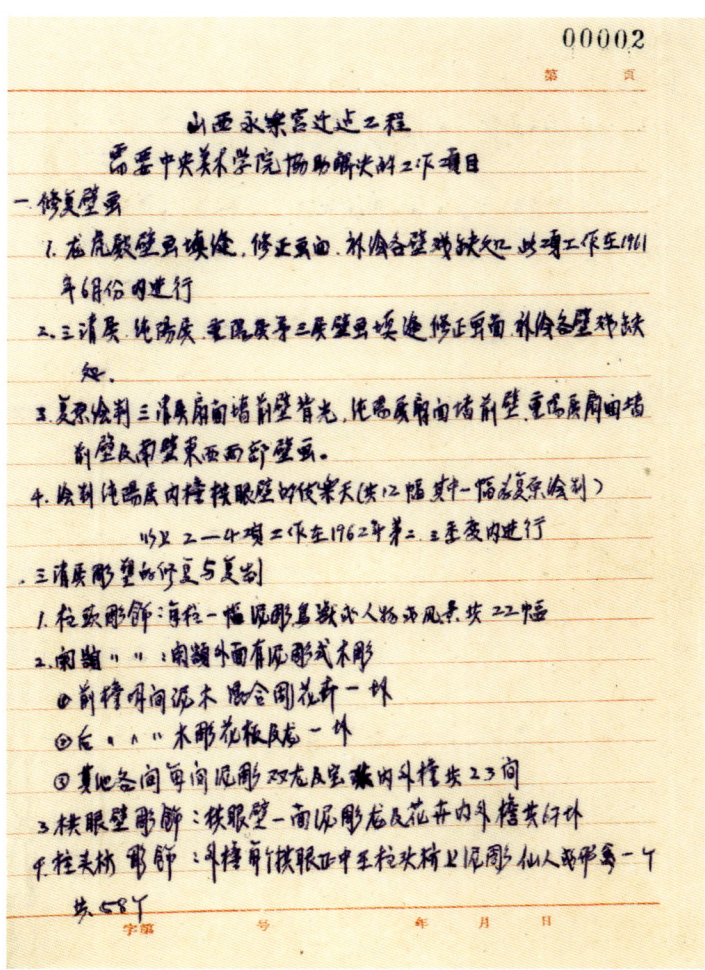

图 2-128　关于和央美协商壁画修复的问题 2

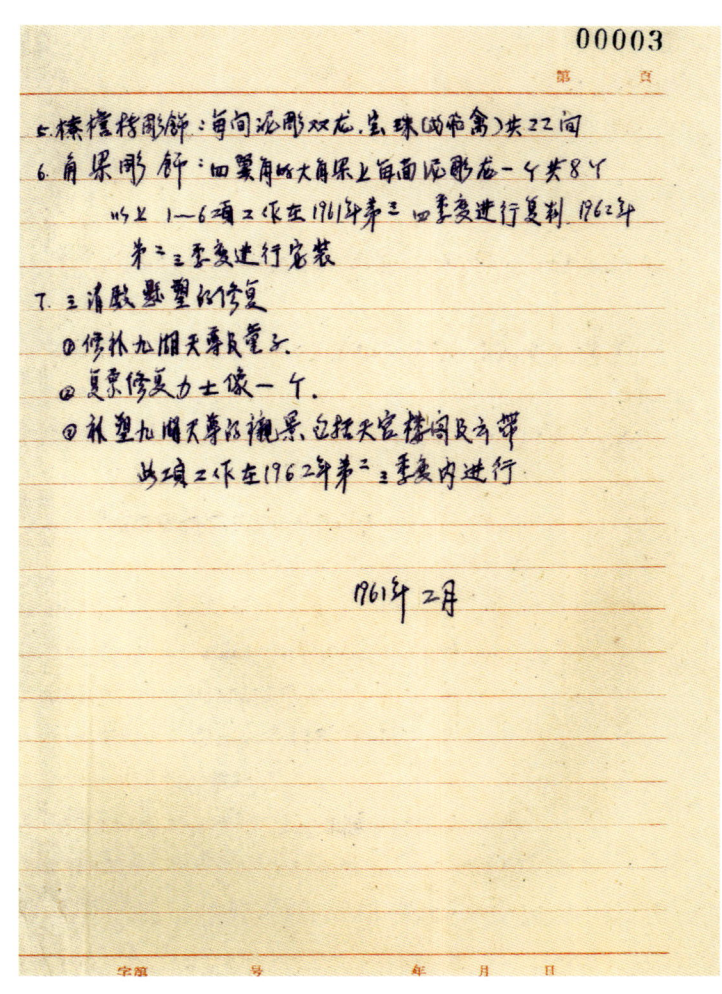

图 2-129　关于和央美协商壁画修复的问题 3

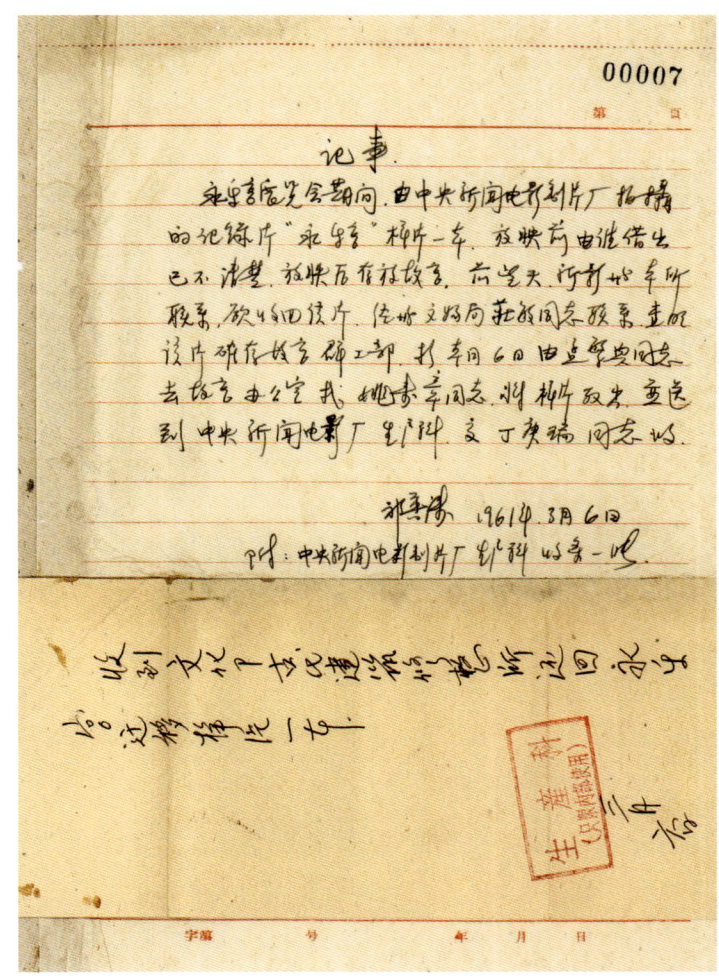

图 2-130　关于在故宫展览期间借用新影厂纪录片事宜

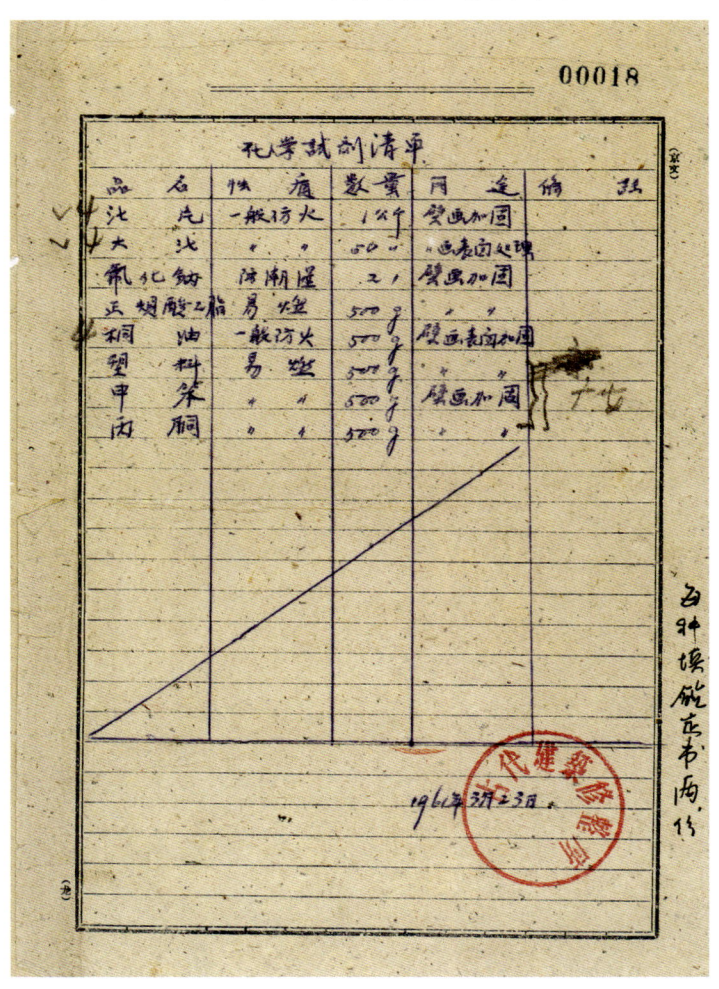

图 2-131　化学试剂清单

8.6 4月1日，永乐宫图纸目录（35）

包括宫门、龙虎殿、三清殿、纯阳殿、重阳殿、总图、祖师行祠大殿、实测图、各殿副图、参考图、碑廊、东西垛殿、甬道大墙石狮子、礼教村石牌坊、吕公祠复建设计图、壁画工具图、壁画分块及编号图等17类275张的图纸目录（其中五个殿计148张图）。（详见第四部分图版中的"图纸"）

8.7 4月4日，永乐宫拆卸人工定额（25）

拆卸建筑所用详细的人工情况及定额。

8.8 4月11日，永乐宫新旧基础介绍（10）——附录二十九

对永乐宫原址建筑旧基础的介绍和分析，为迁建至新址的建筑基础的类型选择和设计做参考。

8.9 4月11日，永乐宫新址基础介绍（3）——附录三十

介绍永乐宫新址的地质情况，作为新址地基的基础数据。

8.10 4月，迁建工程施工纪要（6）——附录五十八

记录建筑拆卸的步骤和方法。

8.11 5月1日，加固铁活计算说明（11）——附录三十一

用于柱子、斗栱、天花、椽栿等木构件连接处的加固构件，并以详细的结构受力测算为依据。

8.12 5月1日，永乐宫壁画结构分析报告（10）——附录四十二

对土坯墙、壁画表层、壁画泥层结构、泥壁制作方法等进行了详细的分析和研究工作的报告。

8.13 5月2日，三清殿明间八椽栿及银杏树抗弯计算（4）——附录三十二

通过对银杏木的材性分析和结构测算，不建议用银杏木作为三清殿八椽栿的材料。

8.14 5月，更换重阳殿额枋方法（4）——附录三十三

重阳殿明间阑额在前期勘察时，未能及时发现其残损状况，故在复建时，未对此构件做必要的更换或加固。因此，当其上斗栱、梁架安装完毕后，发现由于荷载过大，明间阑额出现了弯折、断裂的危险。而上部结构牵连过多，影响面较大，因此采用了"偷梁换柱法"更换了新的阑额。

8.15 5月15日，永乐宫壁画运输总结报告（30）——附录四十六

壁画运输过程和技术的总结报告。

8.16 5月19日，关于永乐宫工程问题（3）——附录五十九

古建所提交给文物局王书庄副局长的报告。提出因王孚主任的离开，工地缺乏有力的组织和管理，物资不到位、工人情绪不稳定等问题，导致迁建工程进展缓慢，甚至因工程尚未完成而对文物造成极大的安全隐患，建议请回王孚主任，扭转混乱局面。

8.17 6月1日，永乐宫揭取壁画技术报告（13）——附录四十五

这是对1958~1959年期间壁画揭取的技术总结。由壁画与栱眼壁的现存情况、揭取方法的研究与确定、主要工具的制作与改进、揭取壁画、揭取栱眼壁、揭取悬塑、包装方法等七部分组成。

8.18　10 月 30 日，三清殿木架安装实录（8）——附录六十

从立杆搭架、吊梁、立柱上阑额普拍枋、归安斗栱、放梁、归安扒梁老角梁及橑檐槫枋、归安上下平槫驼峰瓜柱合楂劄牵、上由戗续角梁、铺钉椽望等几个方面记录了三清殿大木归安施工方法。

8.19　1961 年永乐宫彩画复原设计的工作方法介绍（1）——附录五

这是继彩画临摹后，关于永乐宫彩画复原设计研究的第一份文件[15]。内容是选择以彩画保存相对重阳殿较好的纯阳殿入手，针对①彩画花纹部分断续存在；②新换构件彩画需由旧构件上经添补再进行彩画；③新换构件或旧构件无彩画，需要重新进行彩画设计等三种彩画保存情况，采取应对措施。

8.20　11 月，永乐宫油饰彩画工料预算草稿（58）

根据永乐宫彩画复原设计思路，形成油饰彩画工料预算。（图 2-132、133）

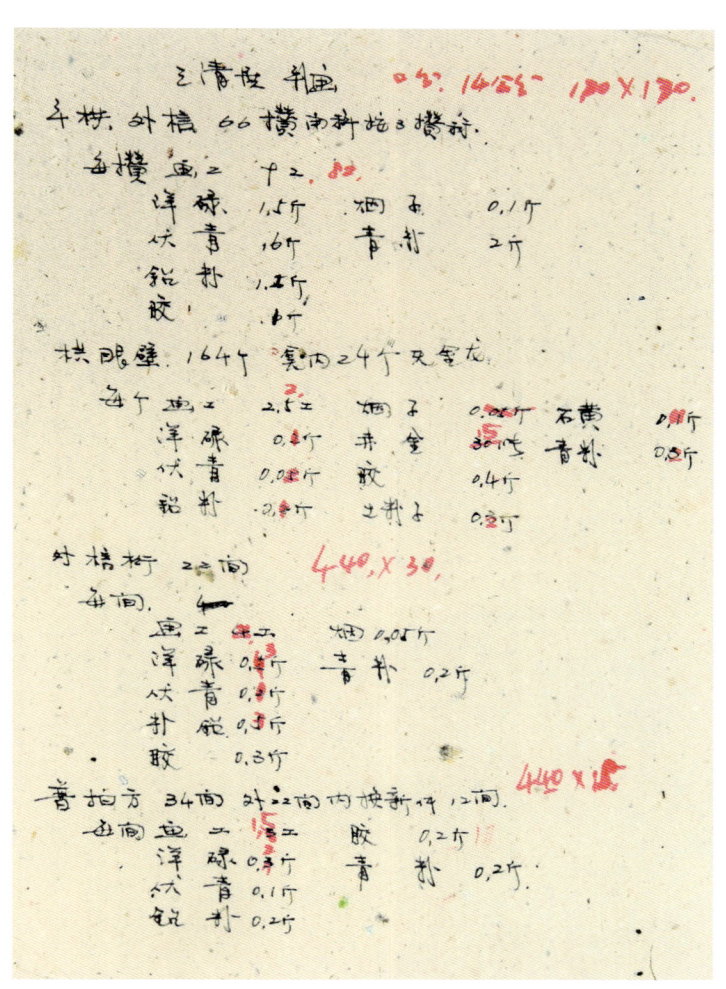

图 2-132　永乐宫油饰彩画所需工具采购清单　　　　图 2-133　三清殿彩画所需画工及颜料数量

8.21 12月8日，永乐宫项目组受到文化部表扬（3）

古代建筑修整所永乐宫项目组获得文化部的表扬。（图 2-134、135）

8.22 12月26日，1961年彩画设计完成情况（1）

是一份 1961 年永乐宫彩画设计工作完成情况小结。（图 2-136）

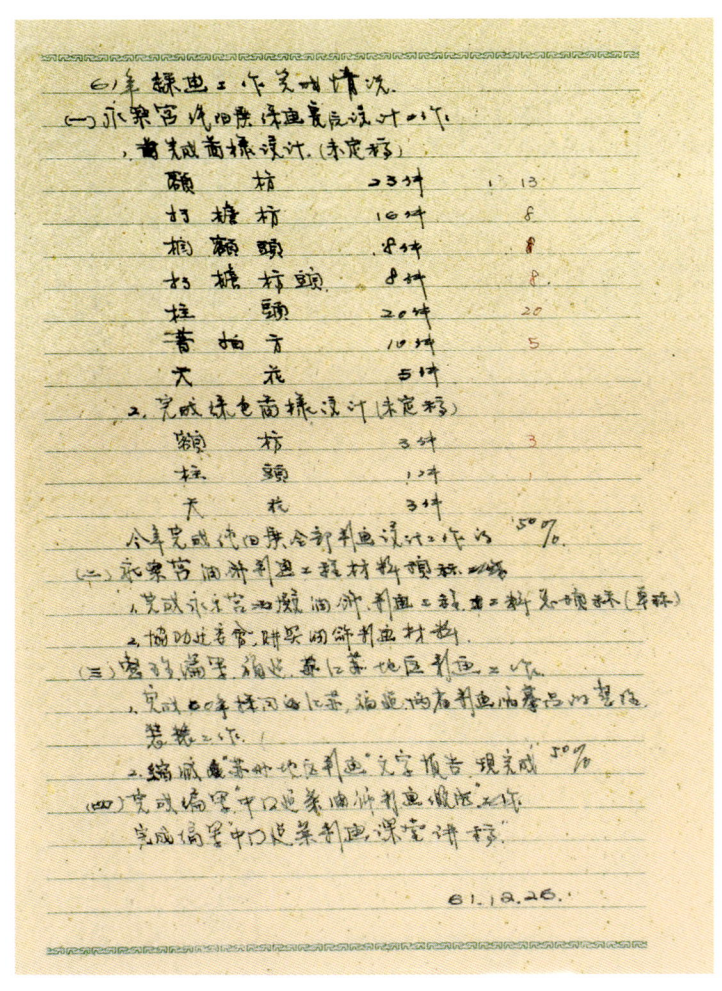

图 2-134　永乐宫项目组获得文化部的表彰文件 1

图 2-135　永乐宫项目组获得文化部的表彰文件 2

图 2-136　1961年12月26日彩画设计完成情况

9.1962 年

1962 年大事记：

（1）王冶秋先生撰写的包括永乐宫访记（1961 年 11 月 9 日）的《晋南访古记》发表在 1962 年第 2 期《文物》上。

（2）宿白先生的《永乐宫创建史料编年》发表在 1962 年第 4、5 期《文物》上。

（3）建筑复原工程收尾。

（4）完成龙虎殿的壁画复原工作（1962 年 5~11 月底）。

（5）彩画复原方案设计。

（6）山西省文化局古代建筑工程队正式成立（附录二十三）。

具体工作：

图 2-137 王冶秋

9.1 1962 年第 2 期《文物》王冶秋先生发表《晋南访古记》

该篇文章是时任文化部文物局局长的王冶秋先生于 1961 年 11 月 3~11 日在晋南考察的日记，其中包括永乐宫。王冶秋先生是 1961 年 11 月 9 日考察永乐宫新址的，通过当时拍摄的照片可以看出，永乐宫的主体建筑已经复建起来。（图 2-138）

图 2-138 三清殿建筑复建现场（王冶秋拍摄于 1962 年 11 月）

9.2 3 月 10 日，永乐宫彩画复原设计方案（3）——附录六

这是 1962 年 3 月 10 日完成的"永乐宫彩画复原设计方案"草稿，包含工作内容、花纹的复原设计、色彩设计等几个方面内容。提出"内檐外翻"的永乐宫彩画复原设计思路。

9.3 3月14日，永乐宫彩画讨论（7）——附录七

围绕彩画纹样由内檐翻出的方法是否恰当、内檐没有的构件彩画参考其他殿的相应构件、永乐宫内没有的构件彩画参考古墓等几个问题，展开对永乐宫彩画复原设计原则和方法的讨论。

参加讨论的人员有祁、余、杜、朱、烈、竹、王、金、纪、姜、信（即祁英涛、余鸣谦、杜仙洲、朱希元、杨烈、李竹君、王仲杰、金荣、纪思、姜佩文、张思信）。

图 2-139　余鸣谦　　　图 2-140　朱希元　　　图 2-141　纪思　　　图 2-142　张中义

9.4 3月27日~11月3日，工作日志（17）

记录了王仲杰和张中义两位先生从 3 月 29 日 ~11 月 13 日，在永乐宫进行彩画复原设计的工作情况。其中 5 月 16、17 两日有一次关于纯阳殿彩画设计的座谈会（图 2-143）；7 月 1 日古建所姜佩文所长到宫，7 月 7 日在现场召开纯阳殿外檐彩画设计审查会，与会人员有姜（佩文）所长、王（孚）处长、祁（英涛）组长、杜（仙洲）工、朱希元等。（图 2-144）

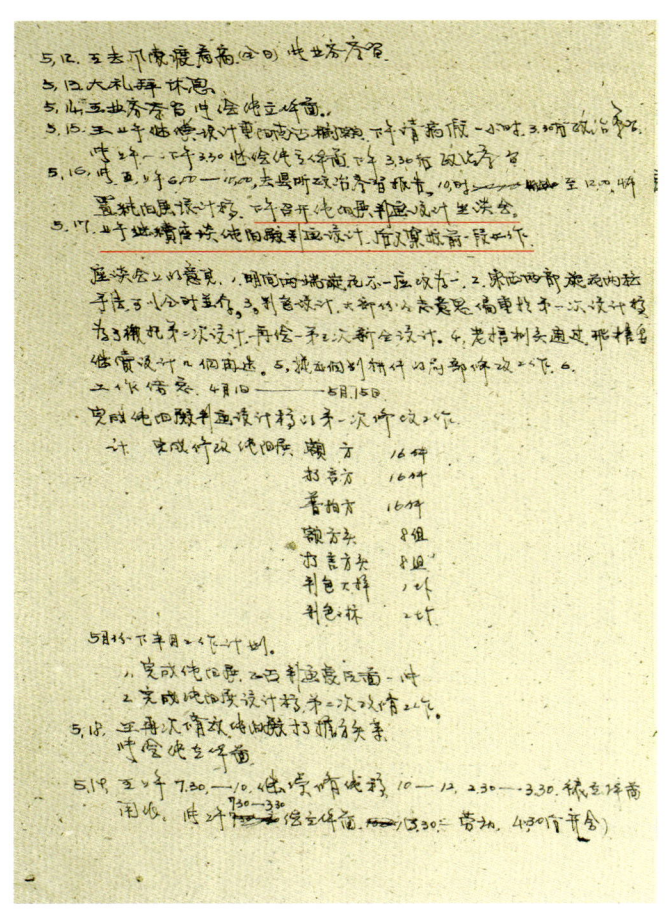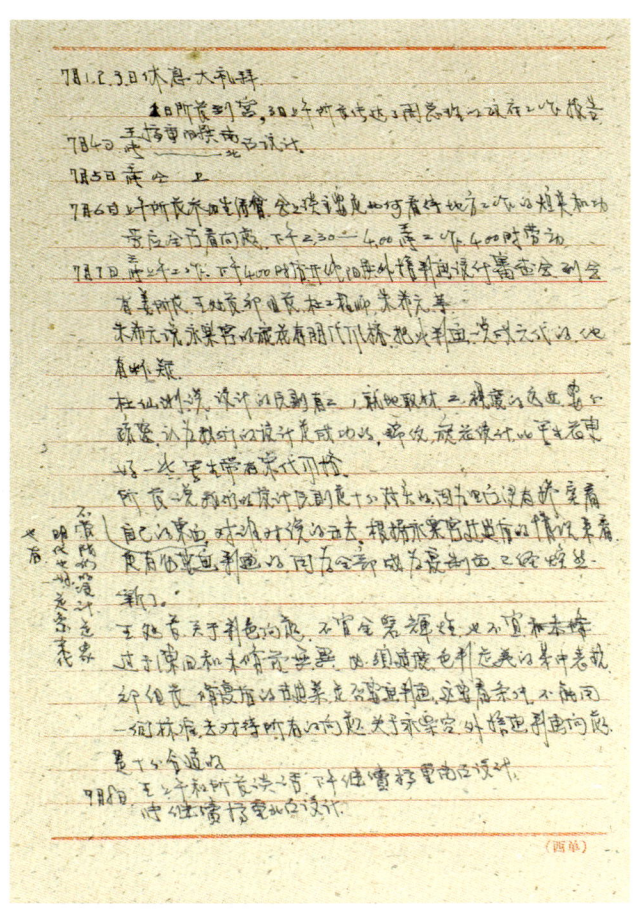

图 2-143　1962 年 5 月 16、17 日纯阳殿　　　　图 2-144　1962 年 7 月 7 日纯阳殿外檐
　　　　彩画设计座谈会记录　　　　　　　　　　　　　彩画设计审查会记录

9.5　1962年第4、5期《文物》宿白先生发表《永乐宫创建史料编年》

这是首篇关于永乐宫创建历史的重要史论文章，宿白先生根据永乐宫现存碑碣、北大图书馆藏碑刻拓片以及相关史料文献，详细地论证了永乐宫一个多世纪的建造历史。

9.6　8月8日测旧址补测总体尺寸草稿（1）

主要补测大尺寸，建筑群之间及与小峨嵋岭的关系尺寸。（图2-145）

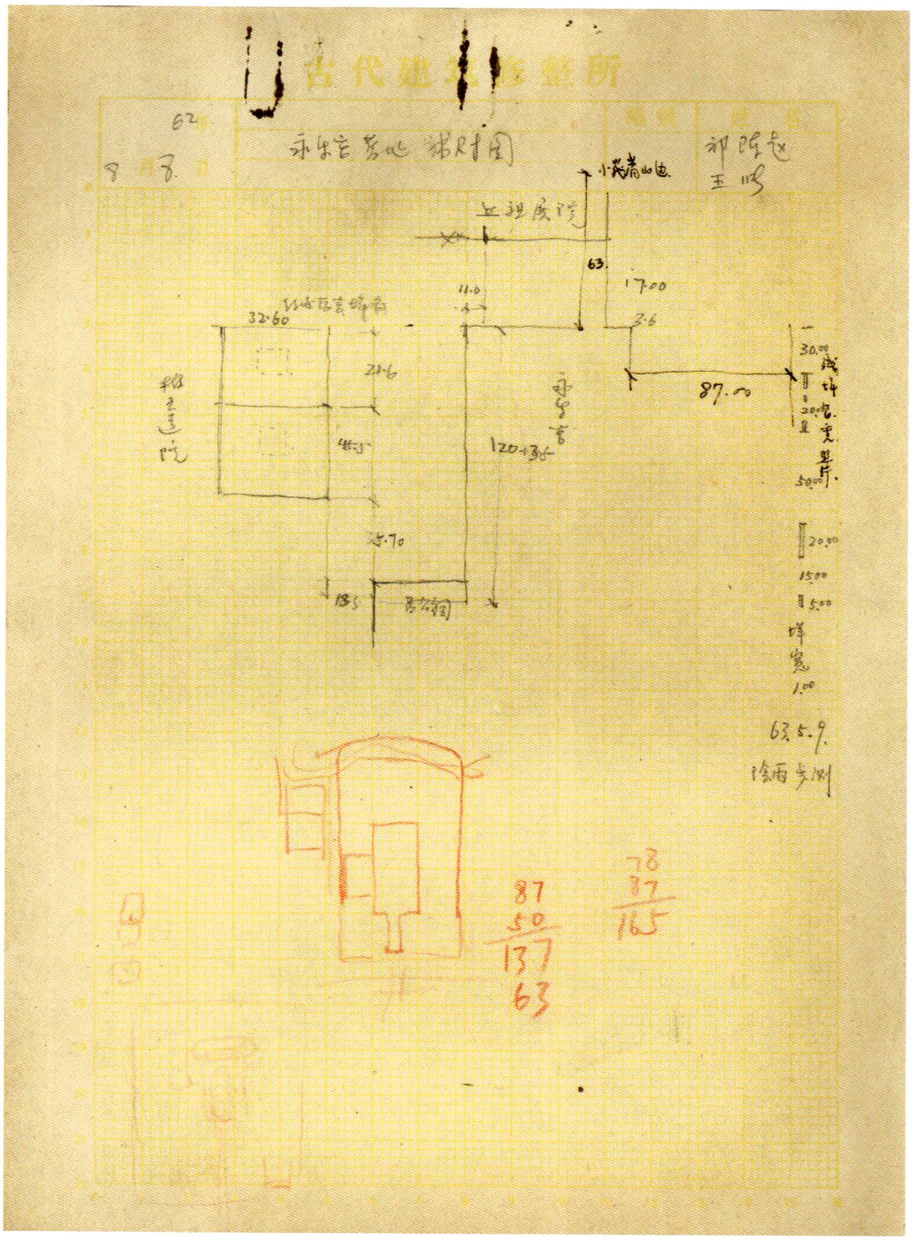

图2-145　1962年补测旧址总体尺寸草稿

9.7　彩画地仗试验记录（2）——附录八

1962年8月21日，用漆皮泥做彩画地仗试验；1962年10月16日，用大漆泥做彩画地仗试验。

9.8　11月3日，姜佩文写给祁英涛的信（2）——附录二十七

这封信是姜佩文所长写给当时还在永乐宫工地的祁英涛先生的信，内容包含了那段时间的工作安排，以及胡继高、邱百明两位研究文物科技保护的新同志对永乐宫壁画修复的意见。胡继高提出：泥皮是否要铲得那么薄？漆片的后果如何？木框受潮要涨，布受潮要缩，壁画会不会因此变形等问题。

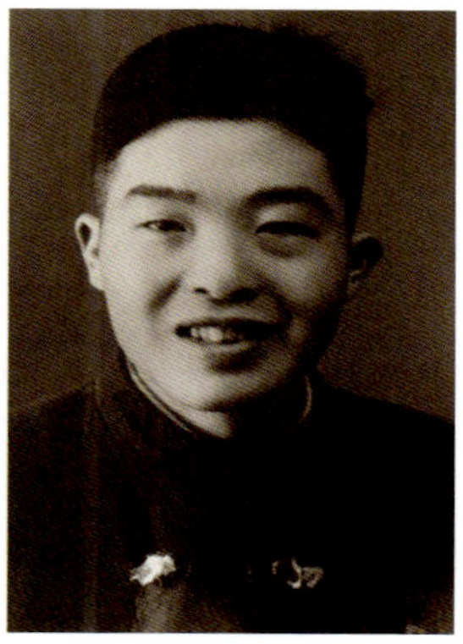

图2-146　胡继高

9.9　11月16日，龙虎殿清代彩画考证（9）——附录九

从龙虎殿梁枋上彩画有花箍头、东山阑额上出现盒子以及在近似勾丝咬的旋花周围加入牡丹花瓣等方面，论证龙虎殿梁枋上彩画有显著的地方清代晚期特征。

9.10　11月26日，三清殿、纯阳殿藻头分析（26）——附录十

对三清殿、纯阳殿元代原作彩画进行了详细的分析和研究，作为缺失彩画的复原设计依据。

9.11　11月26日，新碑廊安置碑碣的位置（12）——附录四

永乐宫搬迁后，除了三清殿前两通大碑及吕公祠内的碑碣按原位安置外，其他碑碣则被集中保存在宫门至龙虎殿之间甬道东西两侧新建碑廊中。东西碑廊各有21间，存放了31通立碑、9块嵌

碑，其中除了西碑廊最北侧 1 通立碑为 1996 年
"台湾高忠信先生重塑道祖圣像功德碑"外，其
他均为永乐宫迁建时搬迁至此的宫墙内及周边的
碑碣。

这份档案是碑碣安置在新碑廊相应位置的说
明及图示。（图 2-147）

对应现存碑廊中碑碣位置，较图纸稍有错
位。[16]

9.12　12 月 30 日，山西永乐宫迁建委员会 1962 年工作报告（9）——附录二十三

写得比较详细的年终总结。列举了 1962 年
迁建工程工作完成情况以及存在的问题：

完成情况：

（1）复原一个殿（龙虎殿）的壁画。

（2）除了三清殿的琉璃瓦顶外，其他殿座
全部做好了壁画安装前的准备工作。

（3）完成彩画复原设计方案工作。

（4）成立山西省文化局古代建筑工程队。

存在的问题：

① 经费缺口 39.37 万元。

② 酒精缺口 3000 公斤。

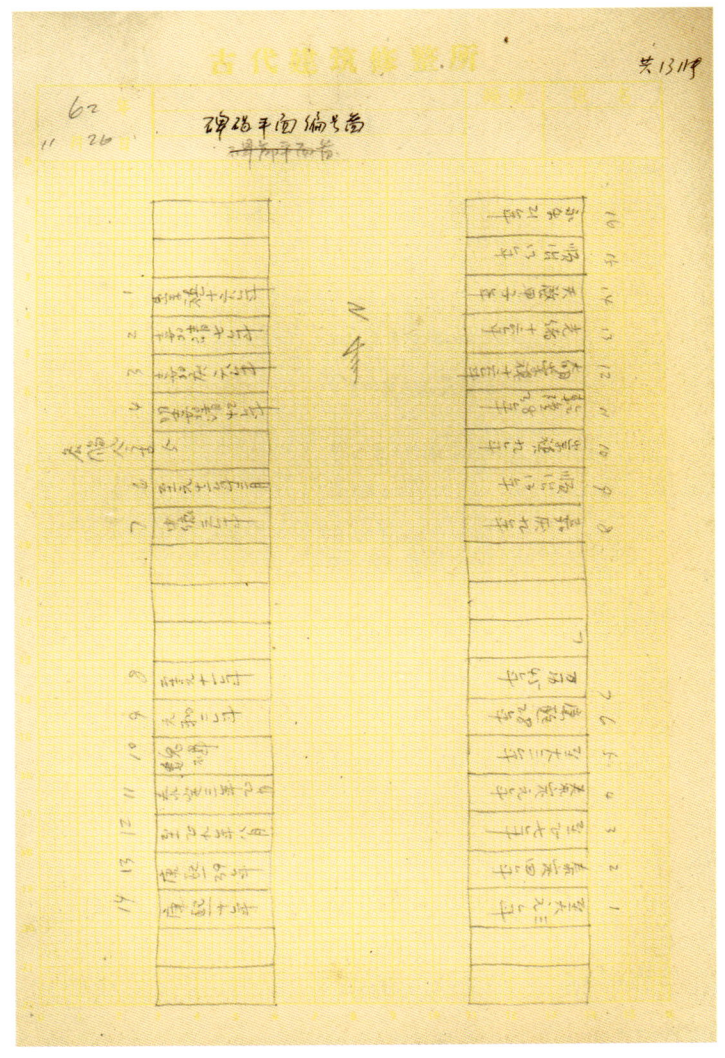

图 2-147　新碑廊安置碑碣位置草图

③ 永乐宫原址露出水面，虽然建筑已搬迁，但遗址也是重要的研究对象，现已被老百姓开垦为
自留地，必须马上制止。

④ 太原琉璃厂承做的永乐宫三清殿琉璃，色彩不正，釉皮脱落，极不合乎规格，拟予重烧。

⑤ 新址附近的五龙庙是珍贵的唐代遗构，因发现时残破严重，于 1958 年重修，但由于重修时技
术条件不成熟，规格尺寸形体体制上掌握不严，部分改变了唐代建筑的风格和法式。几年来连续受
到前来永乐宫参观的专家、学者、领导同志和当地群众的批评和指责。趁永乐宫修建之际，把五龙
庙正殿重新拆卸复原。中央专家愿意亲临技术指导，条件完全成熟，仅请拨给经费 7000 元，其他
方面，就地设法解决。

10.1963年

1963年大事记：

（1）充分讨论永乐宫彩画复原方案。

（2）1963年4月，永乐宫壁画修复安装鉴定通过后，5月开始大面积进行壁画加固、修复、安装工作。

（3）1963年第8期《文物》是永乐宫专刊，刊登了关于永乐宫及迁建工程的部分学术成果。

（4）1963年9月1日，永乐宫壁画摹本及永乐宫建筑模型在日本东京展出。

具体工作：

10.1　1月9日，永乐宫彩画复原设计座谈会（9）——附录十一

1月9日，古代建筑修整所在所内进行了永乐宫彩画复原设计座谈会。参加座谈会的人员有：烈、竹、孔、信、陈、纪、井、姜所长、杜（即杨烈、李竹君、孔祥珍、张思信、陈继宗、纪思、井庆升、姜佩文、杜仙洲）。

杨烈先生在这次座谈会上提出："彩画本身应被理解成为文物保护对象，因此重阳殿外檐彩画既已无存，不能称为"复原"，实际包含有创作成分在内。"杨烈先生的这句话，打破了但凡古建筑维修就会重做彩画的中国传统古建筑修缮观念，是重视彩画研究和保护的重要论点。

图2-148　孔祥珍　　　图2-149　王汝蕙　　　图2-150　夏维寿

10.2　1月21日，永乐宫彩画复原设计座谈会（6）——附录十二

1月21日，古建所内部进行了关于永乐宫彩画的第三次所内座谈会。主要讨论：内檐彩画做不做？如何处理？外檐三殿彩画都不存在了，色调仿旧还是做新？仿旧做新的要求？外檐彩画纹样？由内檐找素材？创作？龙虎殿内外檐都需要重画，如何处理等问题展开讨论。

参加会议的有：杰、竹、祁、朱、孔、姜所长、杜、金、王局长、烈、纪、超（即王仲杰、李竹君、祁英涛、朱希元、孔祥珍、姜佩文、杜仙洲、金荣、王书庄、杨烈、纪思、梁超）。

最后拿出三个思路：

第一方案：五殿外檐下架油饰，上架认色断白。

第二方案：山门、龙虎殿的内外檐彩画重新彩画油饰，其余三殿外檐断白，内檐原画修补。

第三方案：五殿外檐全部油饰彩画，纯阳、三清皆取材于本身内檐。

10.3　4月2日，永乐宫龙虎殿彩画复原设计方法问题讨论（7）——附录十三

4月2日，古建所内部再次就永乐宫彩画问题展开第四次讨论，出席人：姜所长、祁老师、张组长、李、王、张、金、汝、维、梁、烈（即姜佩文、祁英涛、张思信、李惠岩、王仲杰、张中义、金荣、王汝蕙、夏维寿、梁超、杨烈）。

讨论其他元代彩画可作为永乐宫彩画复原设计参考问题，祁英涛先生提出广胜寺、杨烈先生提出潞安东岳庙、壶关、新绛、稷山、长子等县都有元代彩画遗存。这次讨论会推动了1963年4月底进行的晋东南及芮城附近地区的彩画考察工作。

最后制定出永乐宫外檐彩画复原设计原则。

10.4　4月3日，请潘絜兹、陆鸿年、顾铁符三位专家赴现场鉴定壁画修复安装试验请示（2）

1962年5~11月底完成永乐宫龙虎殿壁画加固、修复、安装试验工作。因该项工作为初创，故邀请美协潘絜兹、美院陆鸿年、故宫顾铁符及化学研究所专家赴永乐宫现场进行鉴定和指导。（图2-153、154）

图 2-151　潘絜兹　　图 2-152　顾铁符

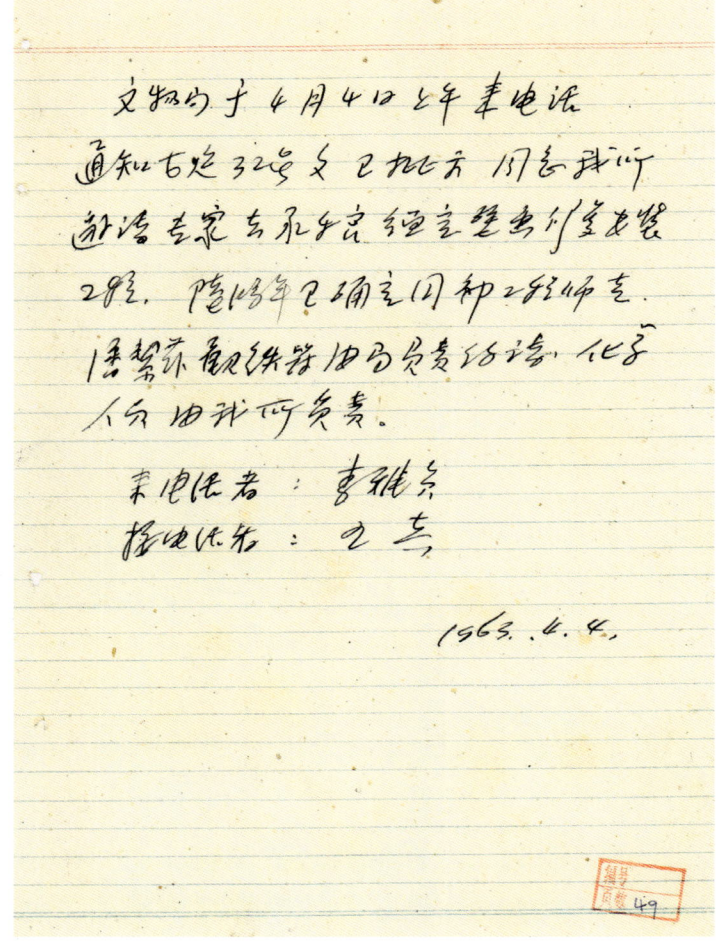

图 2-153　请专家赴永乐宫鉴定壁画修复安装试验工程的文件　　　　图 2-154　文物局的批示及专家行程电话记录

10.5　4月6日，永乐宫壁画修复安装试验工程技术总结报告（45）——附录四十七

永乐宫壁画修复安装试验工程是从1962年5月开始、同年11月底结束，总结报告由祁英涛先生执笔完成。

壁画修复安装试验工作，是从木框木架的设计，到壁画修复加固安装技术处理、工具的创造、材料的选择，以及修复后的保护措施等一整套的工作，都是在没有任何经验的前提下自主研发的，为永乐宫壁画修复加固安装工作的全面展开提供科学基础。

虽然永乐宫壁画在修复加固过程中，地仗被减薄到0.5~0.7厘米，有些地方甚至只有0.3厘米，但可以看到经历了近60年（1962年至2019年）到今天，永乐宫的壁画依然保持着原有的色彩，这充分证明当时使用的加固材料和工艺是科学的、可靠的，足以证明永乐宫壁画保护工作成为我国壁画保护的第一个成功案例。

10.6　4月，永乐宫年代考及芮城附近彩画调查草稿（9）

考察了关帝庙、城隍庙、石门西庙等芮城附近、有确切年代的彩画，为研究该地区彩画的纹样和年代做基础调查工作。

10.7　4月21日，晋东南及晋南彩画考察（22）——附录十四

考察了山西省十个县市（长治、长子、高平、晋城、平顺、稷山、长治市等）彩画遗存，计16处（宋代2处，元代3处，明清两代11处），主要人员是王仲杰和张中义。（图2-155、156）

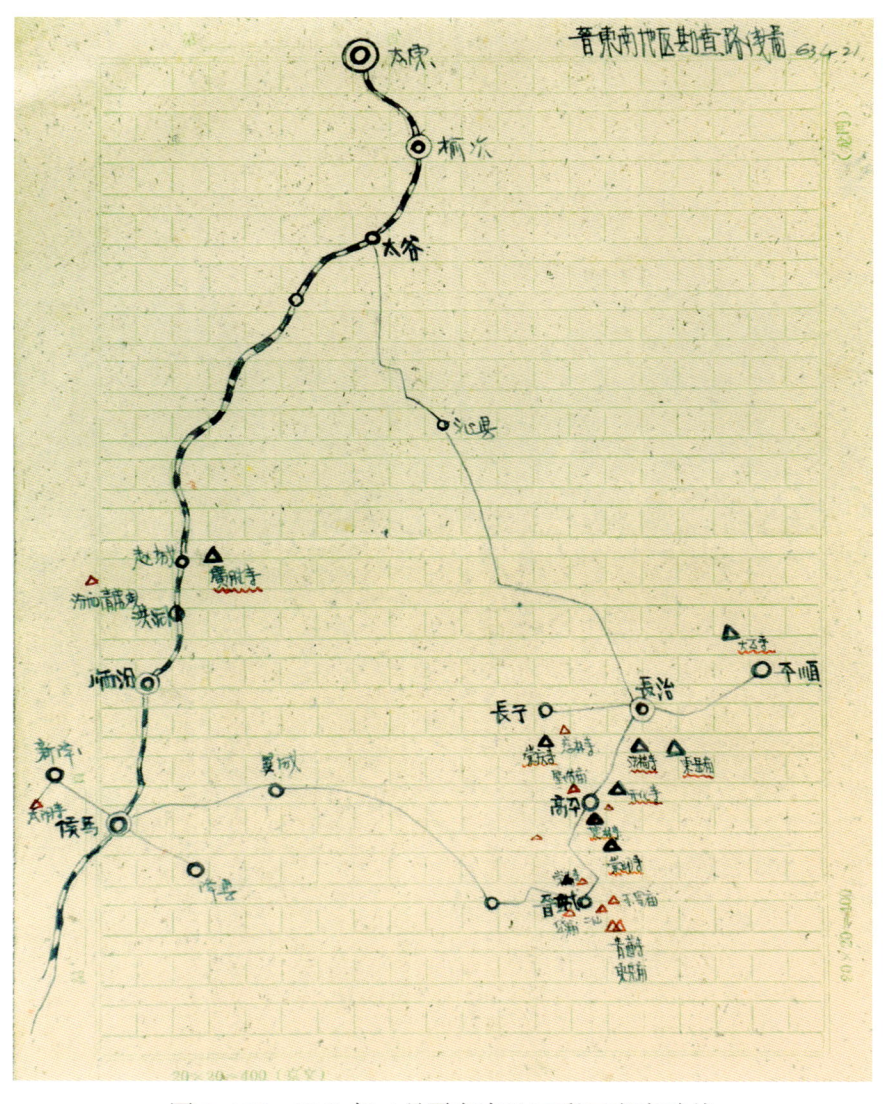

图2-155　1961年4月晋东南地区彩画考察路线

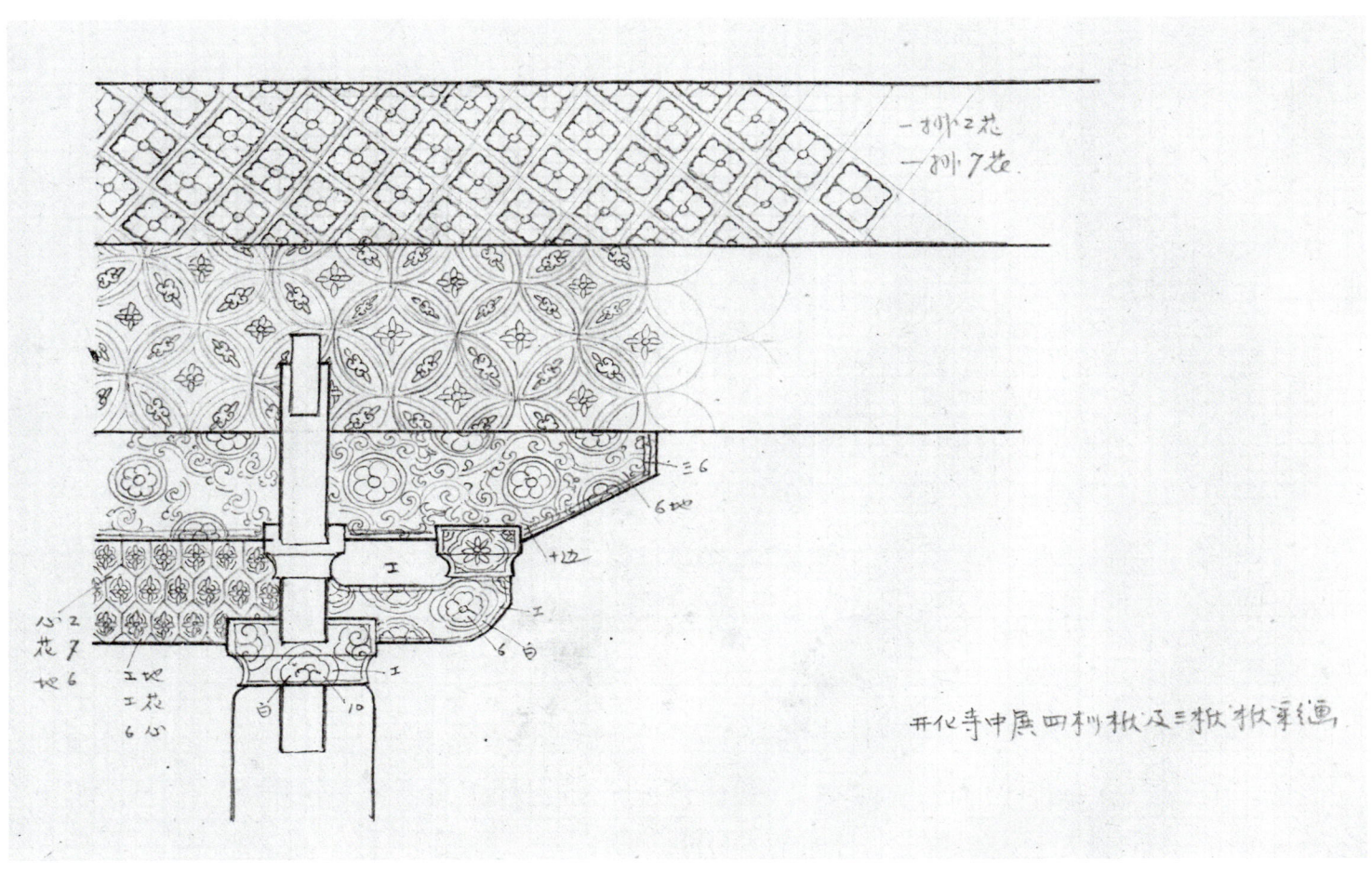

图 2-156　高平开化寺中殿四椽栿彩画纹样

10.8　4 月 23 日，永乐宫壁画修复安装说明书（11）——附录四十三

在龙虎殿壁画加固、修复、安装试验工作的基础上，由祁英涛执笔编写了"永乐宫壁画修复安装说明书"。

10.9　4 月 25 日，永乐宫壁画修复开工报告（1）

永乐宫壁画复原工作经过两年的研究设计，于六二年试验性复原了龙虎殿 81 平方米，效果良好，方案算是得到了肯定。拟于今年五月五日正式开工修复。（图 2-157）

10.10　5 月 20 日，永乐宫壁画修复鉴定报告（4）——附录四十四

根据 5 月 6 日现场对龙虎殿壁画加固、修复、安装鉴定结果，形成鉴定报告。

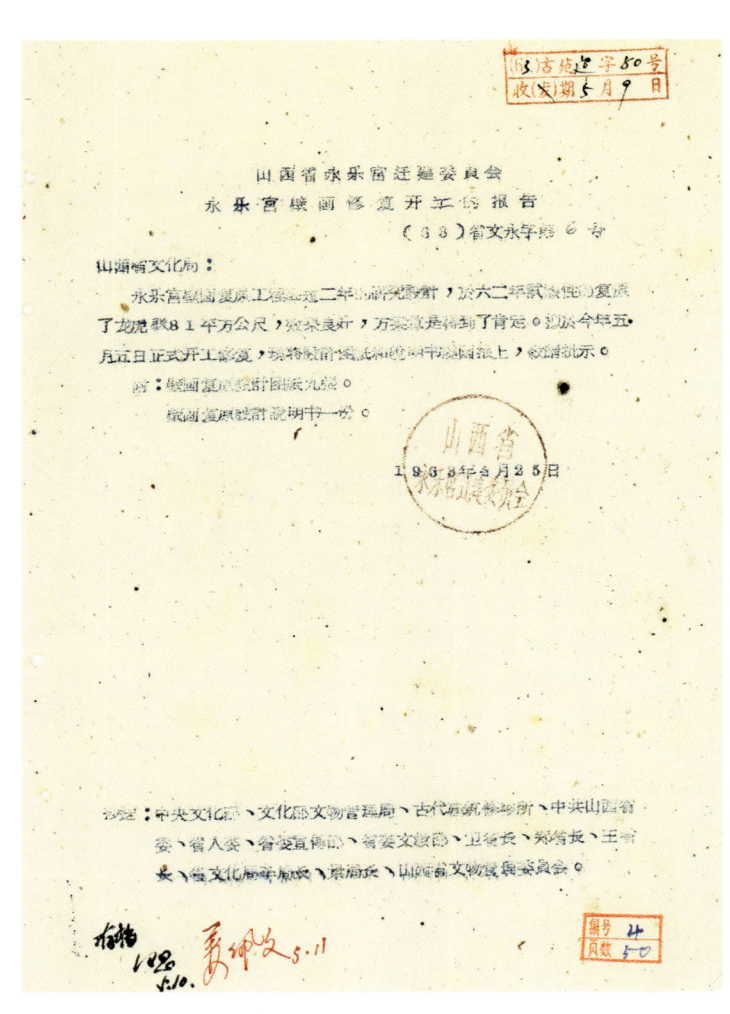

图 2-157　1962 年 4 月 25 日永乐宫壁画修复开工报告

10.11　8月9日，永乐宫彩画复原设计草案（3）——附录十五

提出三个彩画复原设计方案：

第一方案：五殿外檐全部不做彩画，下架油饰，上架认色断白。

第二方案：只画山门、龙虎殿，其余各殿断白。

第三方案：五殿全部油饰彩画，山门按第二方案，纯阳、三清殿皆取材于本身内檐。

三个方案比较详细地介绍了第三方案，通过保存的彩画复原设计图纸来看，最终确定采用第三方案作为实施方案。

但因附录二十八"永乐宫迁建工程收尾工程意见"中所述原因，最终并未按第三方案实施。

10.12　1963年第8期《文物》，永乐宫专刊

1963年第8期《文物》是永乐宫专刊：

（1）《祝贺永乐宫壁画在日本展出》。

（2）《永乐宫的建筑》——作者：杜仙洲。

（3）《永乐宫三清殿壁画题材试探》[17]——作者：王逊（图2-158）。

（4）《纯阳殿、重阳殿的壁画》——作者：王畅安（即王世襄）。

（5）《摹绘永乐宫元代壁画的一些体会》——作者：陆鸿年。

（6）《永乐宫元代建筑彩画》——作者：朱希元。

（7）《永乐宫调查日记》——作者：宿白。

（8）《永乐宫壁画题记录》——作者：朱希元；梁超、刘炳森、叶喆民录，王畅安校。

图2-158　王逊

10.13　12月，永乐宫梁架题记（25）——附录二

龙虎殿、三清殿、纯阳殿、重阳殿梁架上题记以及壁画题记补录。（图2-159~161）

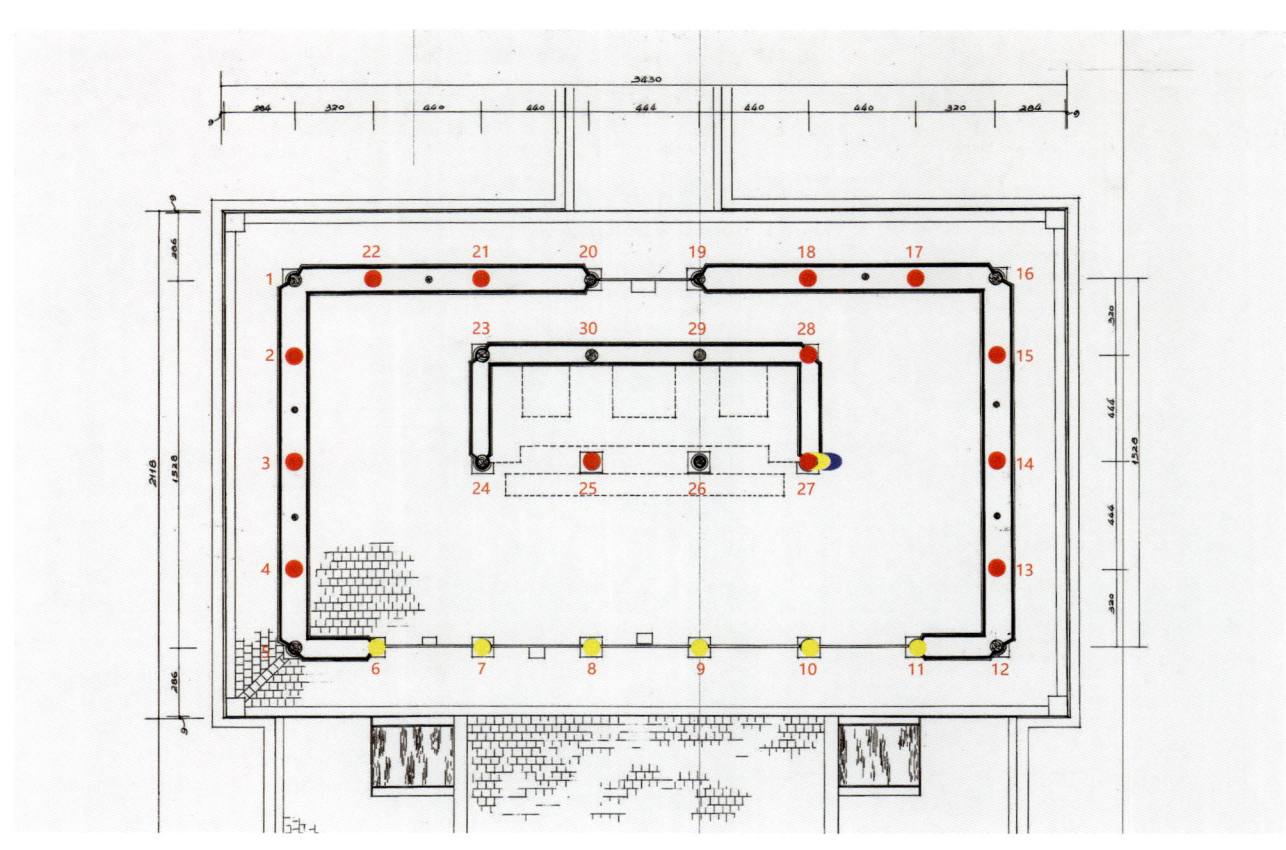

图2-159　1963年12月"永乐宫梁架题记"中记录的三清殿有题记的柱子位置图

（红色是元代题记；黄色是明代题记；蓝色是清代题记）

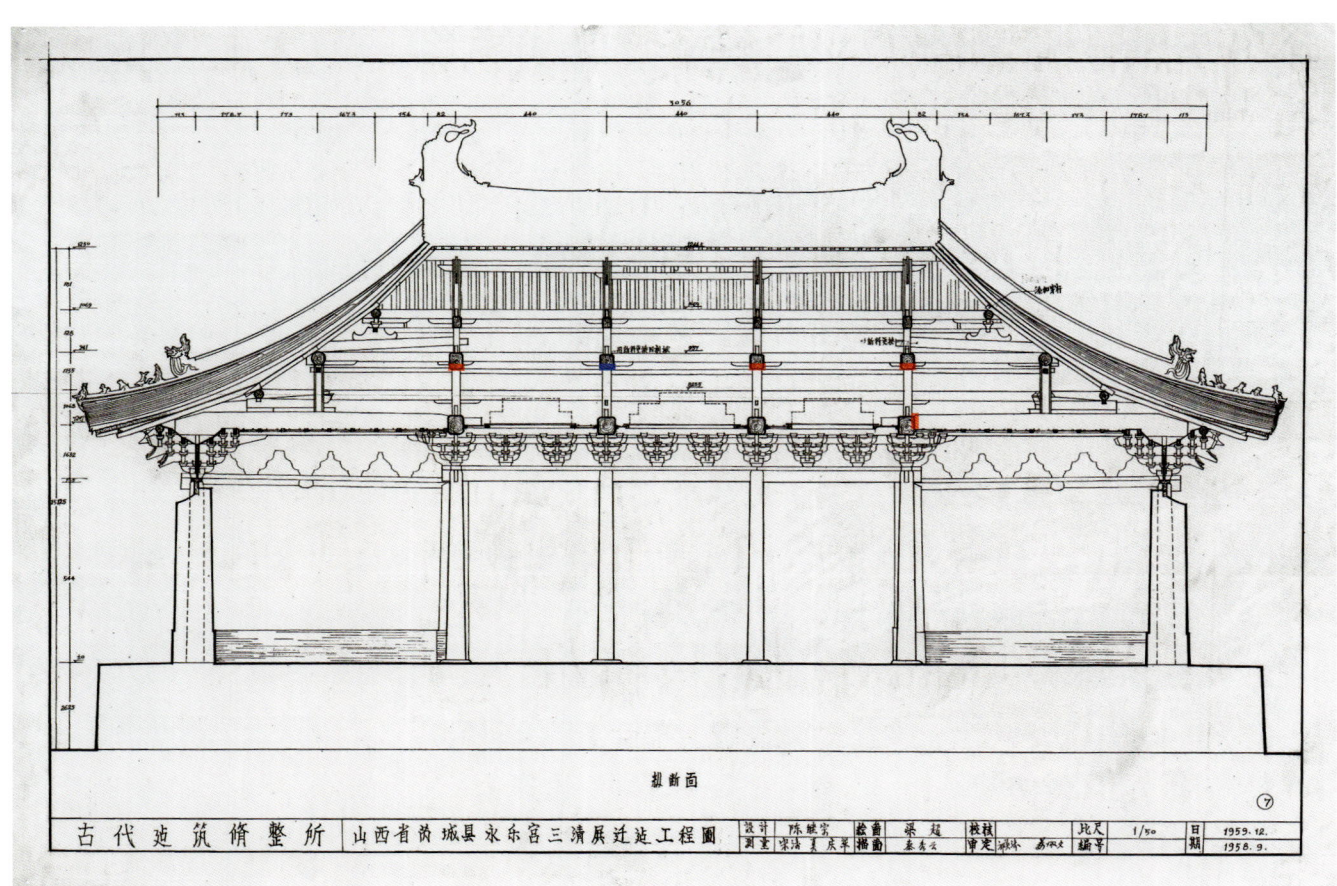

图 2-160　1963 年 12 月"永乐宫梁架题记"中记录的三清殿有题记的梁架位置图

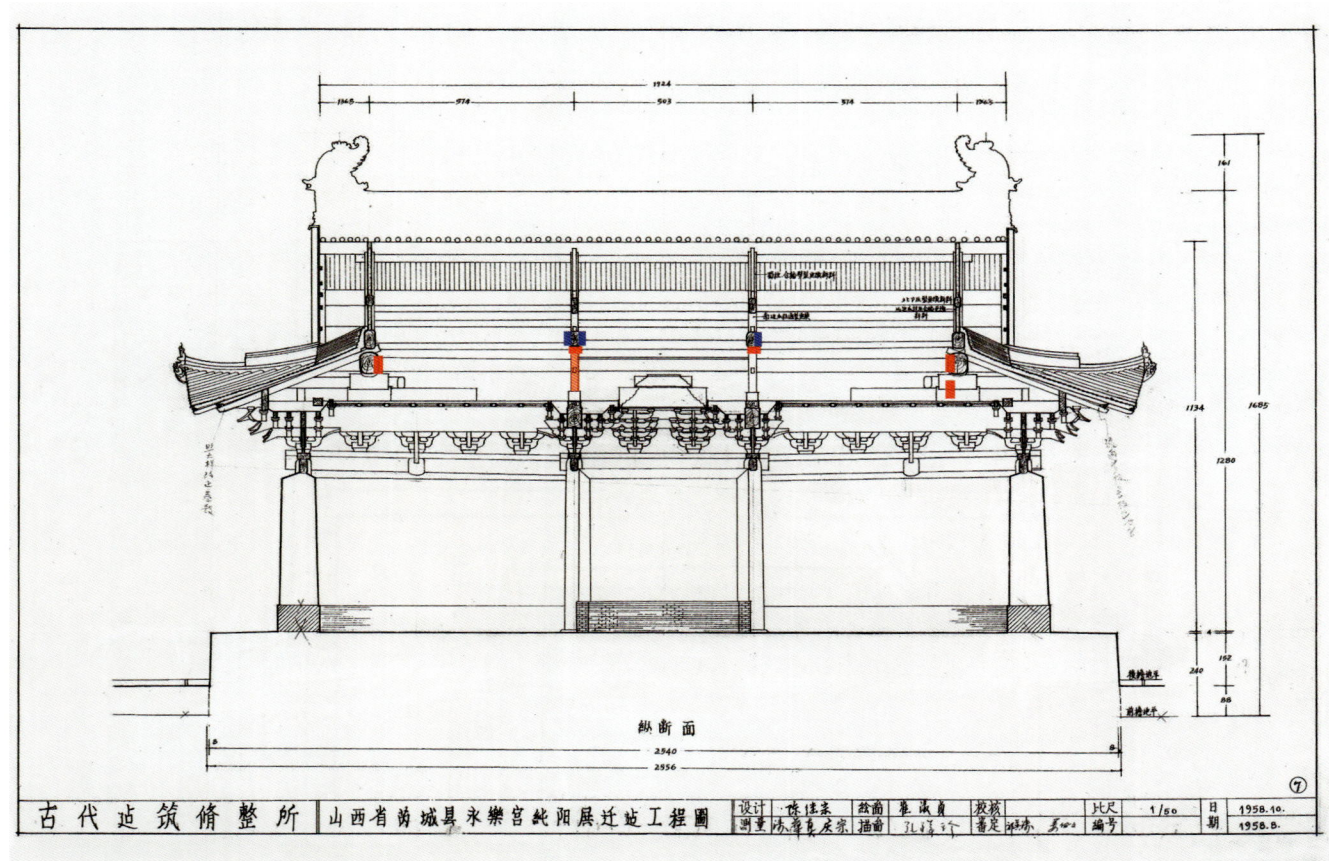

图 2-161　1963 年 12 月"永乐宫梁架题记"中记录的纯阳殿有题记的梁架位置图

10.14　1963 年彩画工作总结（2）——附录十六

关于 1963 年永乐宫彩画的工作完成情况，以及经验教训和体会。

11.1964 年

1964 年主要工作内容是建筑装修设计，壁画加固、修复、安装，以及收尾工作。

11.1　4 月 24 日，永乐宫迁建工程所需经费的报告（2）——附录二十四

山西省文化局向中央文化部提交"关于永乐宫复建工程所需经费的请示报告"。

文件中体现："从 1959 年到 1963 年底总共投资 1839906.75 元。其中，三门峡水库投资 1195886 元，中央文化部投资 77347.75 元（木料款），省投资 566673 元。"

到 1964 年 4 月为止，除了已完工工程外，还有三清殿壁画的加固、安装和全部壁画的修复、土木工程收尾、彩画复原、安装避雷针等项工作，需经费 490000 余元。如果彩画不复原而是断白，大殿台明的方砖不用砍磨，而是毛砖铺墁，则可节约 160000 余元，这样，收尾工程尚需 330000 余元。

根据 1964 年的工作计划测算，年度所需经费为 213900 元。

11.2　5 月 6 日，永乐宫彩画复原设计方案（40）——附录十七

按"五殿外檐全部油饰彩画，山门、龙虎殿内檐全部油饰彩画"的思路进行编制。这部分里的"永乐宫彩画设计草案"内容可以和 1963 年 8 月 9 日制定的"永乐宫彩画复原设计草案"（附录十五）结合起来看。

彩画设计工作六三年才走向正确的道路。过去的设计工作对彩画的现有资料的利用是简单的翻放。……通过王局长的文物工作报告，和祁组长说："设计要有根据""设计成果的任何一点都要有说服力"的几点启发下改变了工作方法：设计就是研究工作。必须脚踏实地地对现有资料进行深入研究，摸清时代特征，在脑子里形成一套完整的资料，大处着眼小处入手，才能将彩画的时代精神贯穿到设计中来。

11.3　6 月 14 日，永乐宫迁建工程 1964 年 5 月 14 日~6 月 14 日月报（4）

亲自动手，深入现场，调查研究，发现问题及时解决，这一点是近一个月来较为突出的工作方法。工地的施工指导工作中，如何贯彻科学试验？又如何将其成果贯穿到施工的工艺过程中去，也展开了一场保守与革新思想上的斗争。（图 2-159~162）

11.4　7 月碑碣测绘（25）

永乐宫宫墙内碑碣测绘。

11.5　8 月 20 日，永乐宫迁建工程收尾工程意见（4）——附录二十八

这是一份祁英涛先生根据永乐宫迁建工程的工作进展及当时的现实情况，提交的关于永乐宫迁建工程收尾工程的意见。文中提出：尽快请中央美术学院师生修复壁画；彩画不复原改为断白；由于彩画方案的改变，栱眼壁和三清殿的泥塑复制的必要性不大；尽快制定悬塑修复方案（中央美院滑田友先生 1959 年前往永乐宫现场并表示愿意接受悬塑复原方案的任务 [18]）。迁建工程碑等应早日设计并报审；拆除壁画库房；吕公祠和玄帝庙可以做陈列用；绿化工作等等。

这个意见给永乐宫迁建工程后期收尾工作定了位，解决了当时很多鉴于各种因素很难实现而犹豫不决的问题。

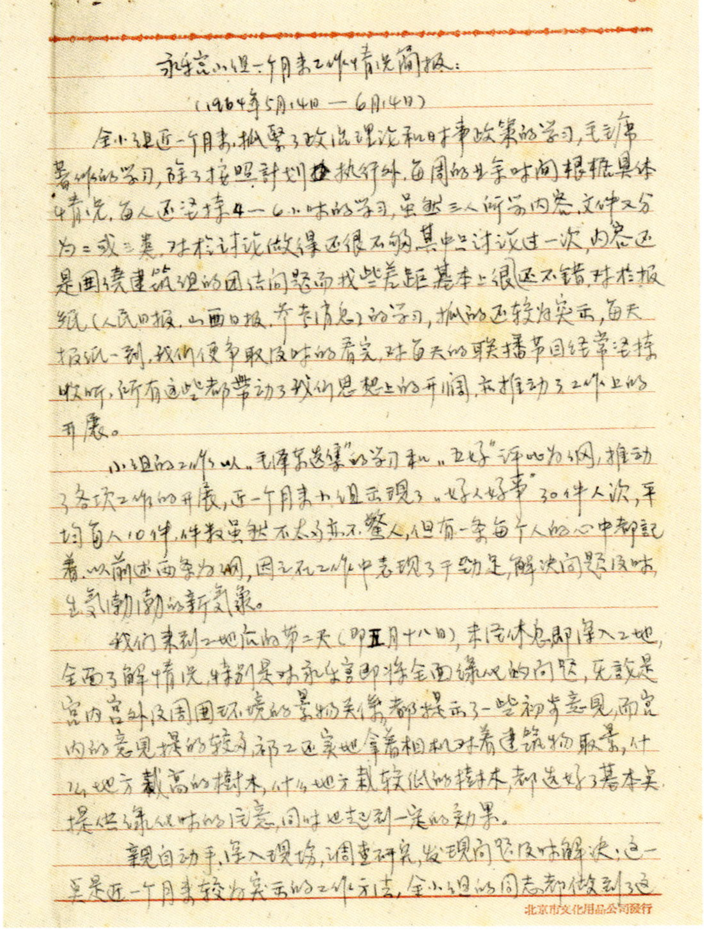

永乐宫迁建一月来工作情况简报：

（1964年5月14日—6月14日）

　　全小组近一月来，抓紧了政治理论和时事政策的学习，毛主席著作的学习，都是按照计划去执行外，当向的时事问题根据具体情况。当人还进行4—6小时的学习，虽然三人所学内容文件又分为一或二类，但在讨论做得还很够，其他讨论过一次，内容还是围绕建筑组的团结问题而这些差距基本上很坚不错，还有报纸（人民日报、山西日报），杂志信息的学习，抓的也较为突出，每天的报纸一到，我们便争取阅读的看发，对每天的联播军团经常注意收听，所有这些都带动了我们思想上的开阔，来推动了工作上的开展。

　　小组的工作以"毛选著选集"的学习和"五好"评比为纲，推动了各项工作的开展，近一个月来小组出现了"好人好事"30件件人次，平均每人10件件虽然不太多不集中显著，但有一李在个人心中都记着，以前迸面努力同，因之工作中表现了手动地解决问题的时意与勃勃的新气象。

　　我们来到工地的第二天（四月五月十八日），本同休克即深入工地，全面了解情况，特别是对永乐宫即将全面绿化的问题，无论是宫内宫外及周围环境的景物关系都提出了一些积极意见，而宫内的意见提的较具体地，每普相机对着建筑物取景，什么地方栽高的树木，什么地方栽较低的树木都这样了基本美提出，经此的同意，同时也起到一致的效果。

　　亲自动手，深入现场，调查研究，发现问题及时解决，这一点是近一个月来较为突出的工作，全小组的同志都做到了这。

图2-159　1964年5月14日~6月14日
永乐宫迁建工程月报1

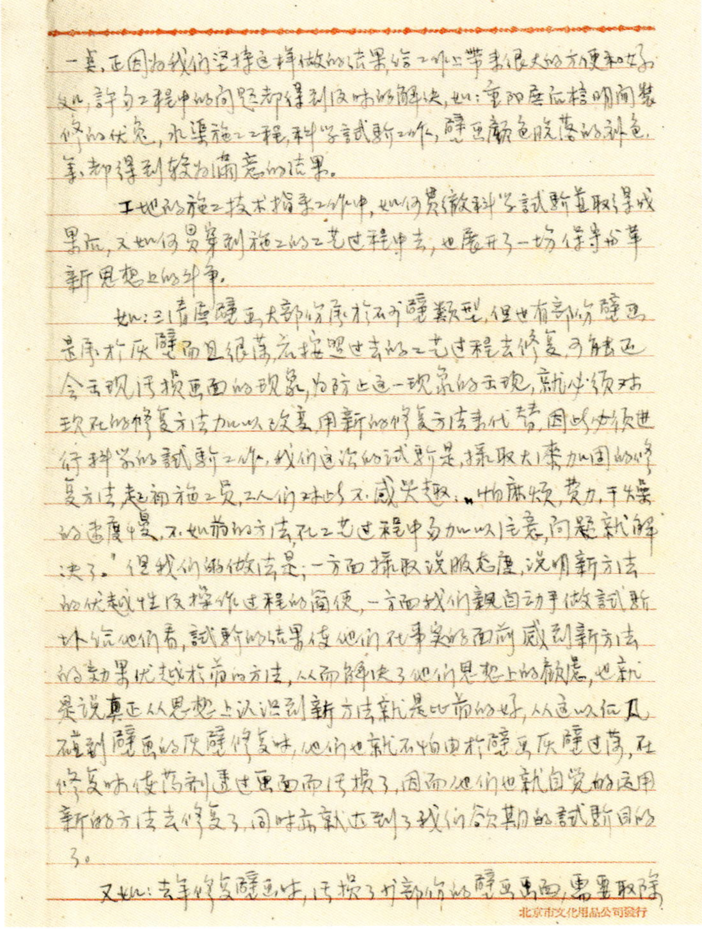

　　一点，正因为我们这样做的结果使后面工作上带来很大的方便和好处，许多工程中的问题都得到积极味的解决，如：覃都座应按明间装修的状态，水渠施工程，科学试断的工作，醇都得到较为圆满的结果。

　　工地的施工技术指导工作中，也们是激重科学试断直取的成果后，又如何是争取福之的工艺过程中去，也展开了一场保争故革新思想上的斗争。

　　如：三青座硬五大部存店于不暨歉型，但也有些恢慢且去库于反壁面而且很高，按型也去好之工艺过程去修复习能还含金现往披画面的现象，为防止这一现象的云观，就必须找玖在修复方法加以改变用新的修复店去代替，因以如此进行科学的试断工作，我们这次的试断是，揉取大采加固的修复法去捕捉习员，工人的对这不感失趣。"物庶烦，费力，干燥的速度慢，不也前的方法在工艺过程中加以试意，问题就解决了。"但我们的做法是，一方面揉取说服态度，说明新方法的优越性及操作过程的简便，一方面我们亲自动手做试断坏给他们看，试断的结果使他们在事实的面前感到新方法的效果优越术前方法，从而转变了他们思想上的顾虑，也就是说真正从思想上认识到新方法就是比前的好，从这以后具确实壁面的反壁得美处，他们也就不怕由村醒更反壁改造，在修复味使药剂进更面而往披了，因而他们也就自觉的运用新的方法去修复了，同时高就达到了我们预期的试断目的了。

　　又如：去年修复醒直味，下揉了计部分修的醒直马面，惠里取除

图2-160　1964年5月14日~6月14日
永乐宫迁建工程月报2

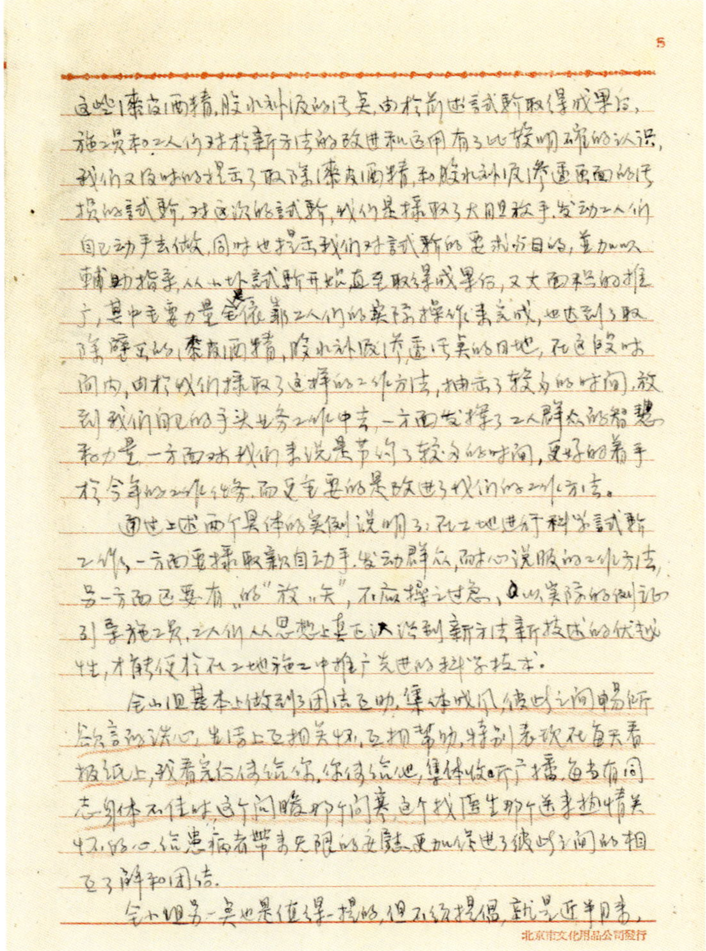

　　这些1柬店面精，胶水补反度的污失，由于前述试断的得成果后，施之员和工人们在对新店的改世和运用有了也较明确的认识，我们的又对味如弄了取除1柬店面精，和胶水补反1酒温度面的处损的试断，对这次的试断，我们是揉取了大里初手，发动工人们的自动手去做，同味也揉了我们对试断的更地的目的，着力以辅助指素，从以外试断开处直到成果最后，又大面科的推广，其中主要力量是蛋依靠最工人们的素滚操作真实成，也达到了较厚大质，柬取面精，胶水补反1性重污美处的目地，在这股味间内，因村我们的揉取这样的工作方店，抽去了新多的味间，故到我们的自的手段业务工作中，一方面支撑了工人群众的新智慧和力量，一方面我们的来说是节约了较多的味间，更好的着手于今年的工作任务，而更更地的改世了我们的工作方店。

　　通过工地两个具体的实例说明了，在工地进行科学试断工作，一方面重揉取新自动手，发动群众，从心说服的工作方店，另一方面还要有的"故"、"失"，不麻痹大过意，从实际的测动引导施工，以们从思想上更无大认到新店新技店的优越性，才能使在工地施工中推广发世的科学根本。

　　含小组基本上做到了团结互助，军体味风，使地习间畅所谷谈言的错误，生话上互相关怀，互相帮助，特别喜欢在每天看报纸上，我看完后传给你，你传给他，具体收听广播益去有同志身体不佳味这问暇都都问真点找医生邓子送去捧情关切的，以信患病者带无限的味度更加信了彼均习间的相亲互了解和团结。

　　含小组另一点是值得一提的，但又没提倡，就是近半月去，

图2-161　1964年5月14日~6月14日
永乐宫迁建工程月报3

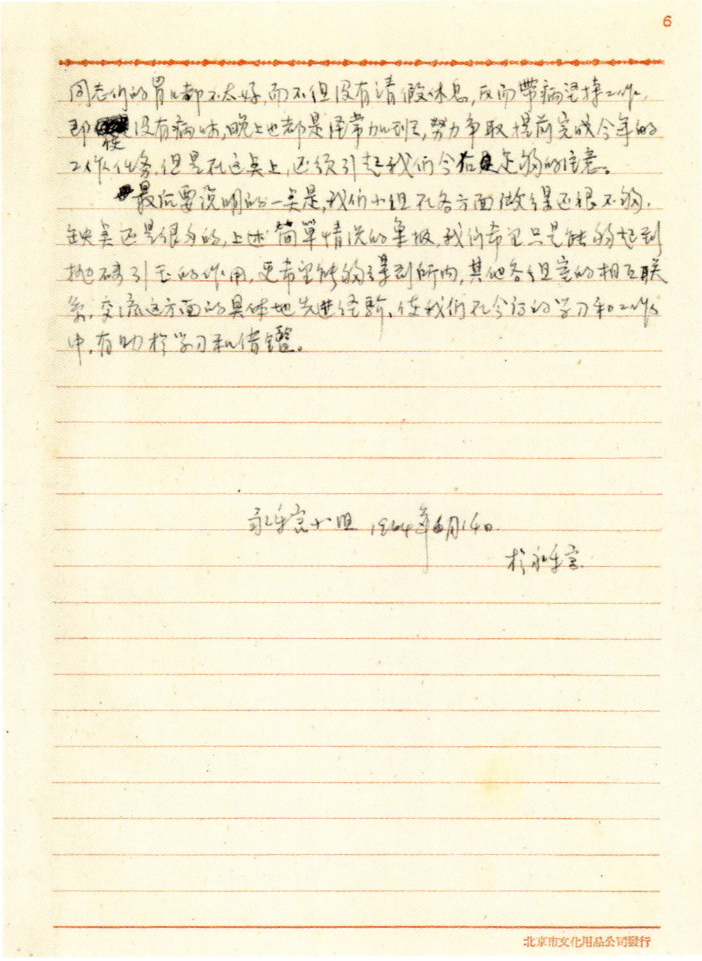

　　同志们的身体都不太好，而不但没有请假味息，反而带病坚持工作，都过程没有病味，晚上也都是用车加到，努力争取提前完成今年的工作任务，但是在这点上，还须引起我的合有足够的注意。

　　最后要说明一点是，我们小组不各方面做得还很不够，缺失还是很多的，上述简单情况的单报，我们不过只是地到地的引了个的作用，更希望望的得到所向，其地各但意的相互联系，交流运方面的具体地改世结断，在我们的今后的学习和工作中，有助于经学习和借鑒。

　　　　　　　　　永乐宫工地 1964年6月14日
　　　　　　　　　　　　　　　　　杨永宽

图2-162　1964年5月14日~6月14日
永乐宫迁建工程月报4

11.6　11月16日，陈继宗给祁英涛的信中汇报永乐宫工程情况（2）——附录六十一

从此信中可以了解永乐宫迁建工程在1964年11月16日时的进展情况，信中附有1964年11月上半月工作汇报。

11.7　11月22日，测永乐宫旧址小峨嵋山情况与宫关系图（1）（图2-163）

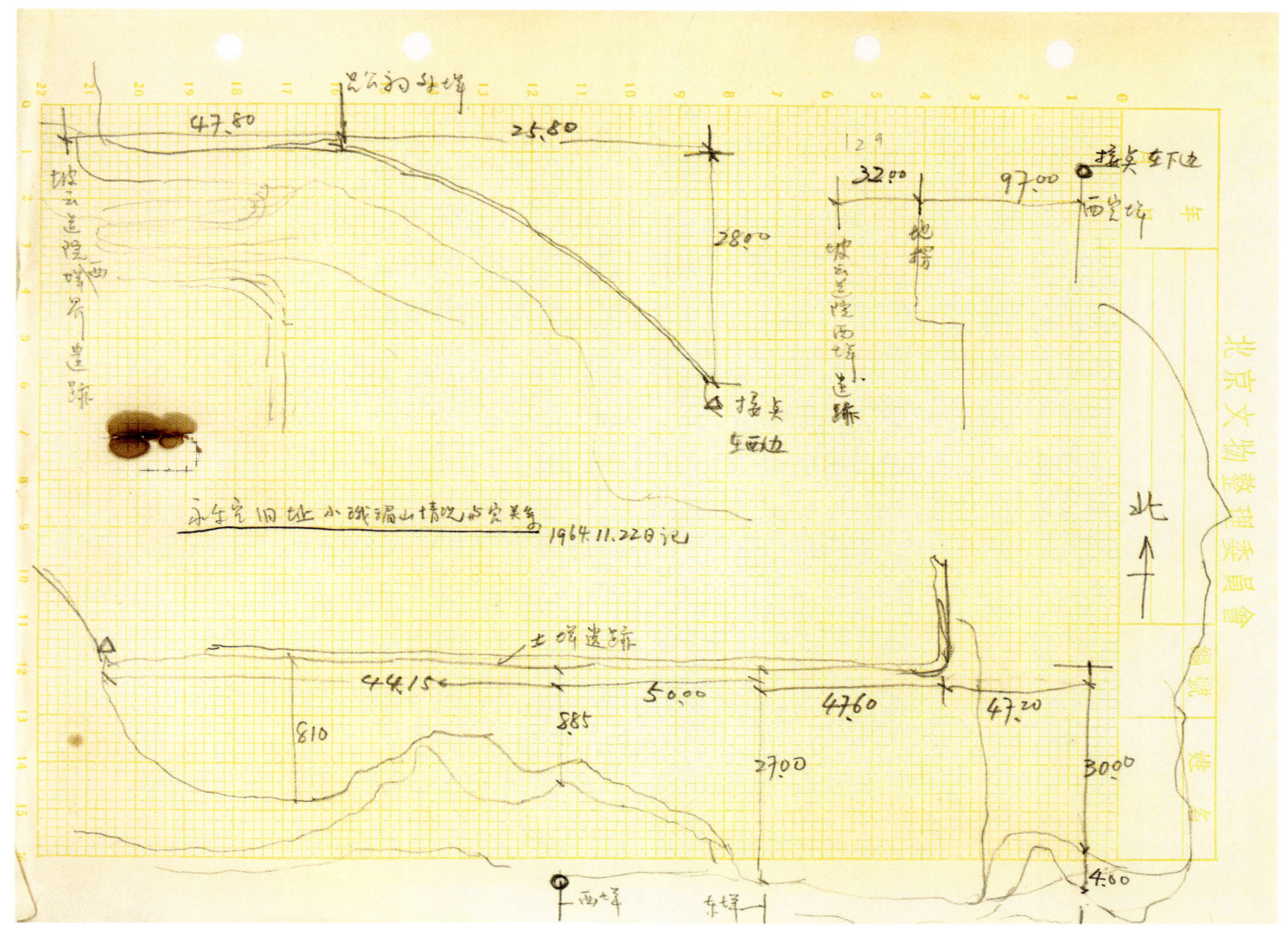

图2-163　永乐宫原址峨嵋岭与永乐宫关系草图

11.8　11月24日永乐宫总体绿化图（3）

这三张图是永乐宫新址总体绿化草图。

从绿化草图上可以看出，之前总平面设计方案中分别放置在永乐宫北侧东、西的三座墓（潘公墓和披云子墓在西北角，吕祖墓在东北角，图3-16），已经被集中安置在永乐宫东北角。（图2-164~166）

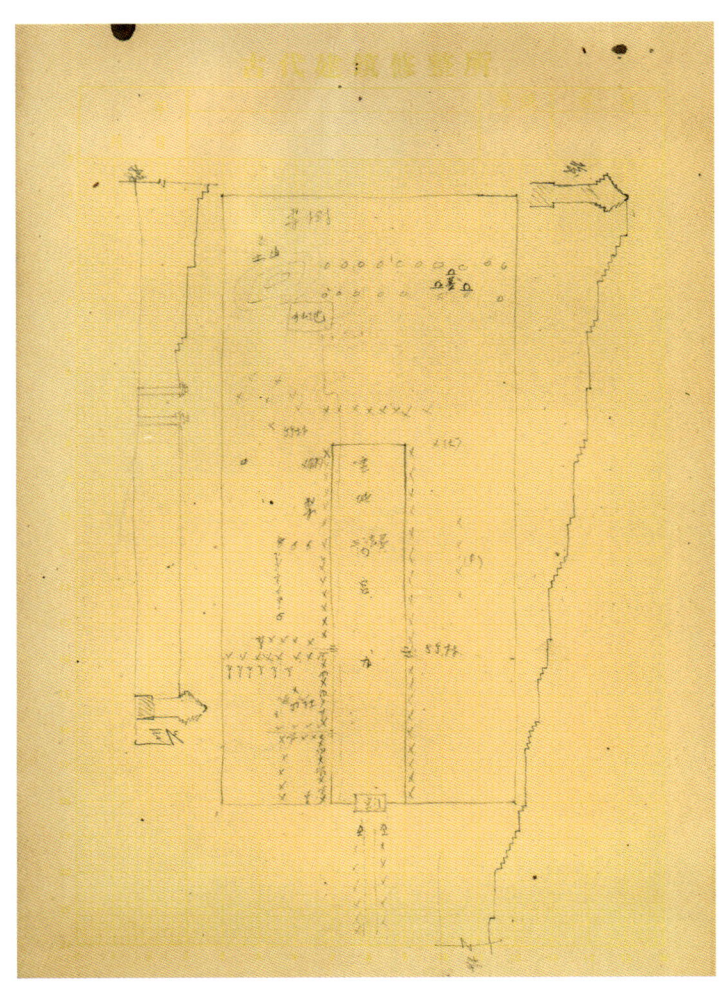

图 2-164　永乐宫新址总体绿化草图

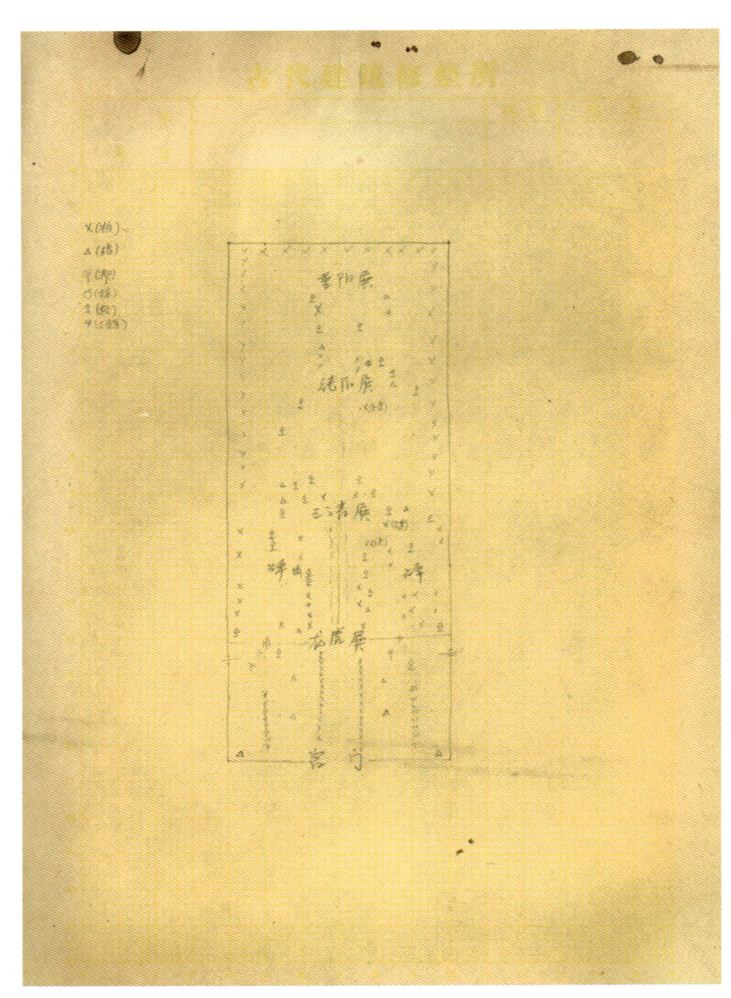

图 2-165　永乐宫新址总体绿化草图

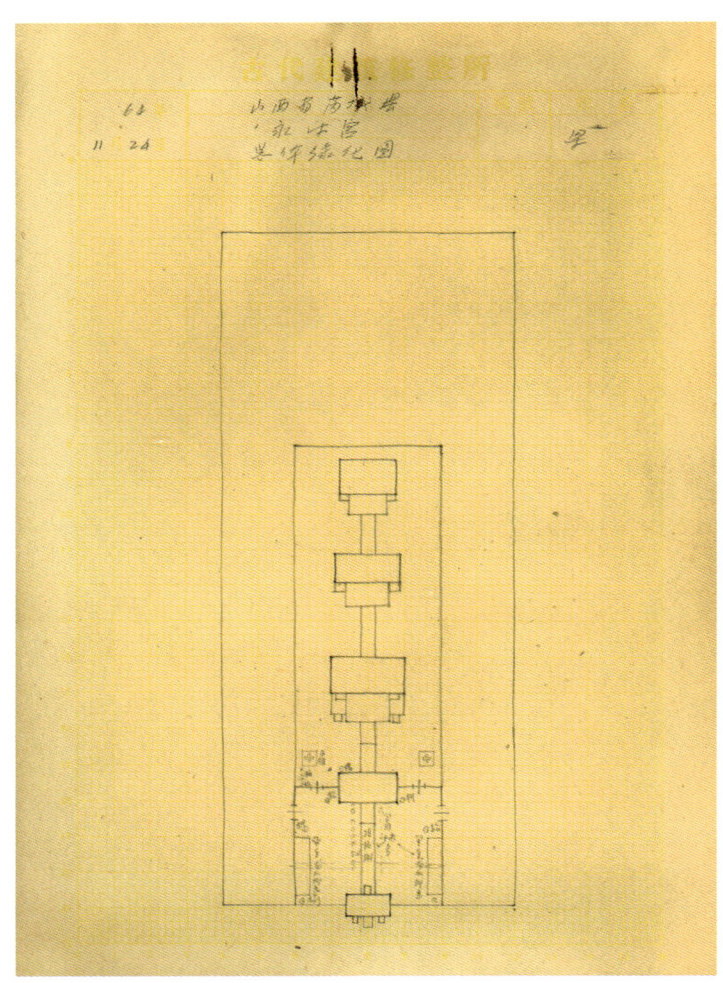

图 2-166　永乐宫新址总体绿化草图

12.1965 年

1965 年的工作主要是彩画收尾工程，以及两个重要的工作总结——"永乐宫壁画修复工作总结"和"永乐宫迁建工程技术总结"的编写工作。

12.1　2月24日，就油饰断白项目的来函(1)

1965 年 2 月 24 日，永乐宫迁建委员会给古代建筑修整所的来信道："永乐宫 65 年的工程项目中，中轴线断白又是一个重要的项目。"因王仲杰和张中义参加四清工作，故请金荣老师赴现场指导。（图 2-167）

12.2　3月23日，就是否复原四殿大角梁平盘斗的宝瓶的来往信件（4）

迁建委员会来信咨询龙虎、三清、纯阳、重阳四殿大角梁平盘斗上的宝瓶复原问题，并附图纸。古建所回复依据不足，暂不复原。

12.3　5月6日，关于油饰断白工程的做法讨论的来往信件（4）

迁建委员会来信希望将隔扇、柱子改为披麻做法。古建所回复，披麻做法在元代可能尚未出现，因此不同意改披麻。

12.4　11月8日，电报（2）

电报内容可以看出油饰做法：

根据 1963 年我所拟发的永乐宫各殿油饰彩画断白简明做法的规定，中轴线建筑物的断白工程，主要是为了保护木构件，要求做到色调协调，在质感和色感上体现修旧如旧的艺术效果。据此，凡新换的内檐柱子，应一律油饰断白，作旧红色，旧柱子的油皮，为了保存题记，暂时不动。——杜仙洲 8/11（图 2-168）

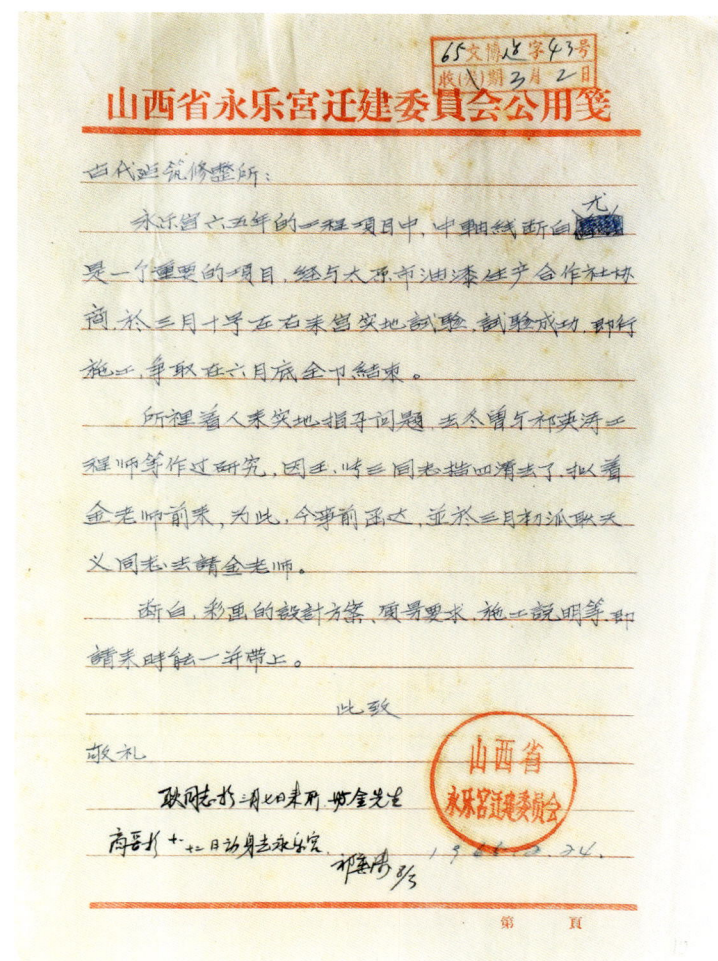

图 2-167　油饰断白项目的来函

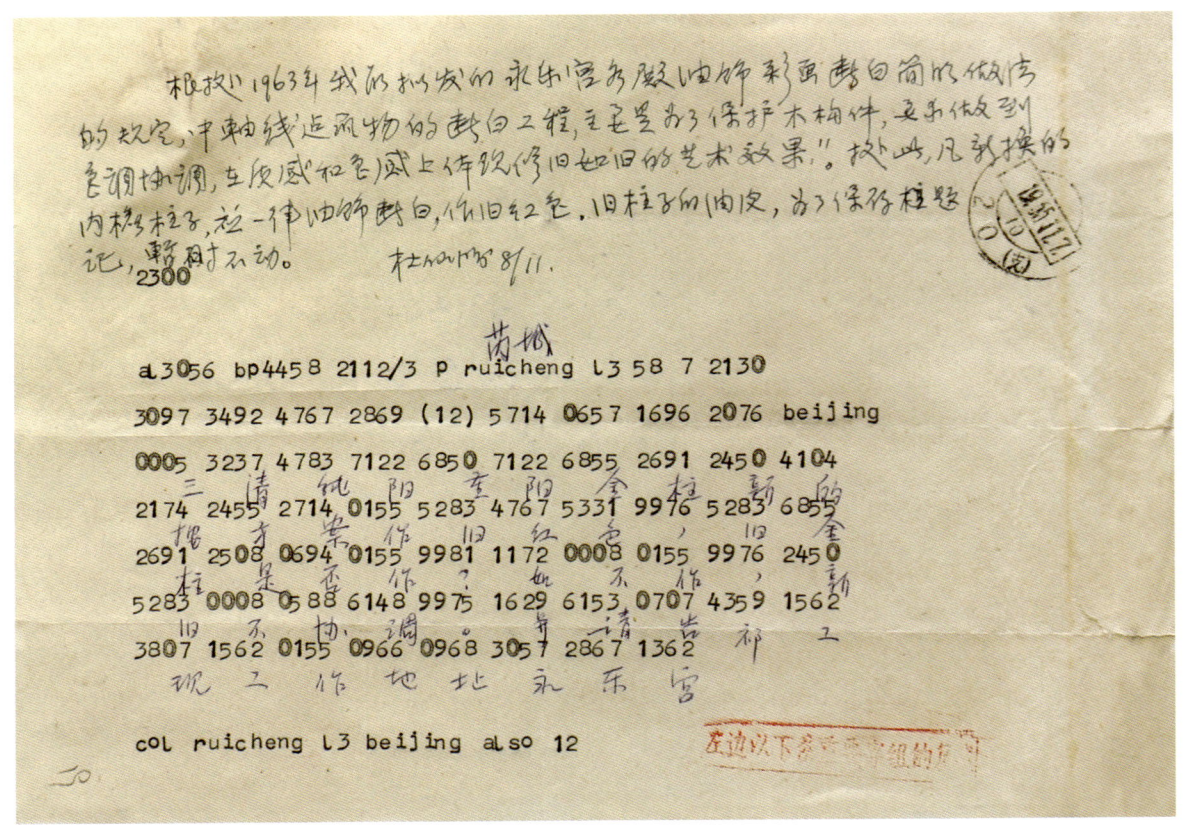

图 2-168　彩画项目往来电报

12.5　11月25日，永乐宫壁画修复工作总结（27）——附录四十八

由潘絜兹先生执笔，对壁画上墙后的勾缝、随色等修复工作的技术总结。

12.6　12月，永乐宫迁建工程技术总结（168）——附录四十九

这是一份关于永乐宫迁建工程综合性技术总结，共计 168 页，内容由迁建工作概况、建筑的拆迁、壁画的揭取修复安装三大部分组成，是永乐宫迁建工程全面、综合性的技术总结。从 1964 年 11 月 16 日作为陈继宗先生写给祁英涛先生信的附件"永乐宫小组 11 月份上半月工作汇报"里最后一条"永乐宫迁建工程技术总结初稿完成总计 40%"来看，该报告执笔应是陈继宗先生[1]。

---

[1]　"永乐宫迁建工程技术总结"原始档案的封面上有"存资料完保存，杜仙洲，66.3.24"的字样，曾一度认为该报告是杜仙洲先生执笔。

13.1966 年

13.1　5 月 4 日，古建所发给迁建委员会的电报

该电报告知，永乐宫殿内柱子不要做新，"一律油饰做旧保留题记"。（图 2-169）

这是我院藏关于永乐宫迁建工程的最后一份档案。

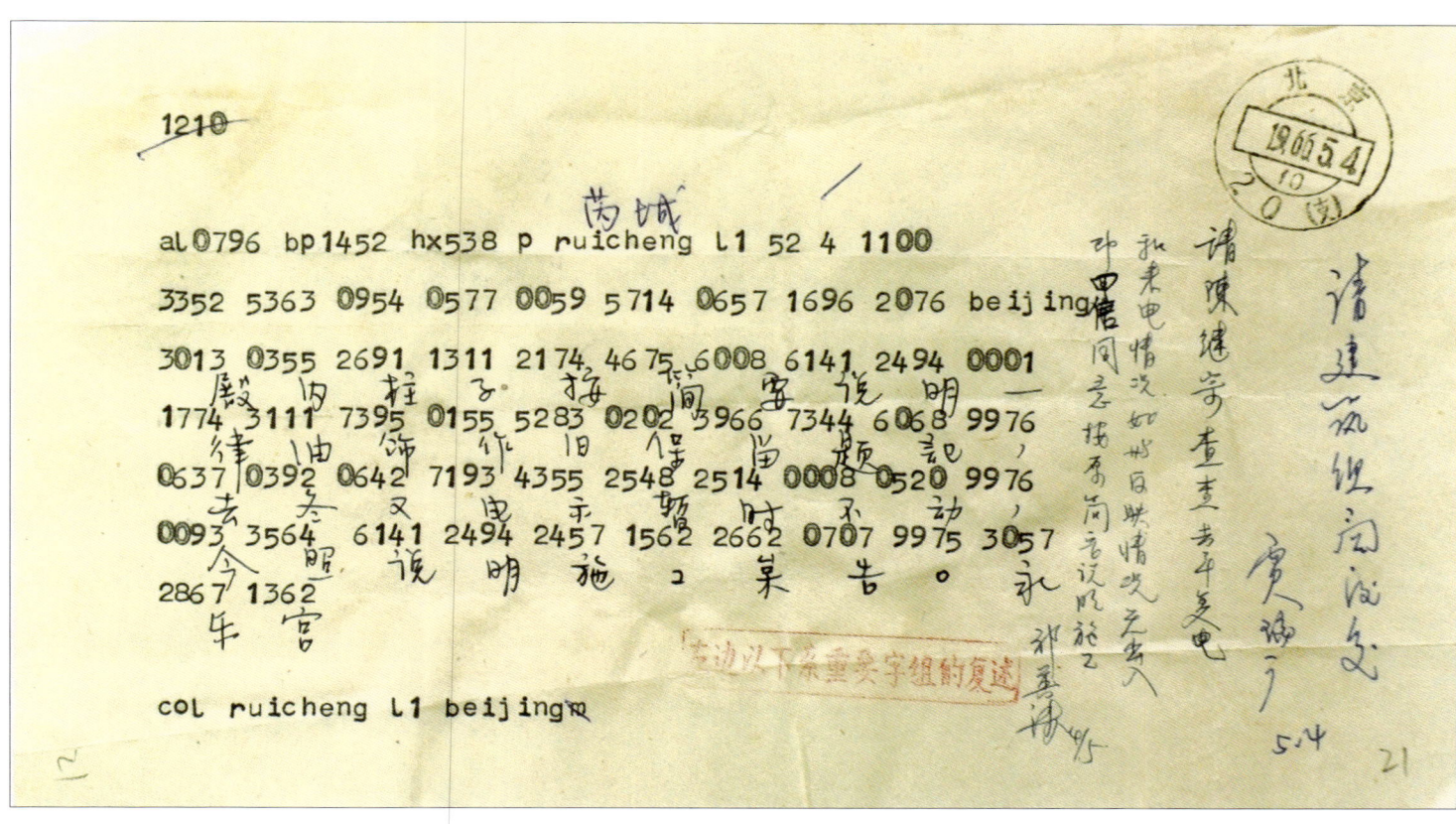

图 2-169　油饰施工请示电报

注释：

[1] 括号内数字为此份档案所含页数。

[2] 原始档案查阅方法："第二部分 永乐宫迁建工程始末"中，按时序罗列了从1952年永乐宫第一份现场调查笔记开始，至1966年关于永乐宫迁建工程的最后一份档案为止，永乐宫迁建工程整个过程中的主要档案内容名称及简要说明。如果涉及的档案只有1~3页，会根据情况，将档案原件直接附上。数量超过2~3页的档案，则将档案原件按专题或非专题分别放在下册的"第七部分 永乐宫迁建工程专题原始档案"和"第八部分 永乐宫迁建工程原始档案"中。其中附录一～附录四十九为专题原始档案，可在"第七部分 永乐宫迁建工程专题原始档案"中对应查找，附录五十～附录六十一为非专题原始档案，可按"第二部分 永乐宫迁建工程始末"中附录编号顺序，在"第八部分永乐宫迁建工程原始档案"中查找。

[3] 关于永乐宫被发现的年份，在以下出版物中提及并描述：

（1）1952年第1期《文物参考资料》中，由山西省人民政府文教厅组织编写的《山西省一九五一年文物古迹工作总结》中："我省文物古迹工作，今年加强了调查、蒐集、研究……并发现临汾县尧县，永济县永乐宫古代建筑。"

（2）1954年第11期《文物参考资料》中北京文物整理委员会工程组编写的《山西省新发现古建筑的年代鉴定》一文中"山西省文物管理委员会在成立两年当中，曾调查了古建筑数百处，……"其中包括永乐宫。

（3）王世仁先生在《文物参考资料》1956年9期永乐宫的元代建筑和壁画中："永乐宫是新中国成立以后才发现的。在这以前它一直湮没无闻。1954年文化部曾派人作了一番勘察，据建筑史学家和考古学家们的初步意见，认为永乐宫的建筑物本身（包括建筑装饰）是以表现宋、金、元时代的为统治者服务的建筑风格。"

（4）王冶秋先生在1962年第3期《文物》上发表的《晋南访古记》中写道："约在1954年，山西文教厅崔斗辰同志在普查山西各地文物时，发现了这座永乐宫。"

（5）发表在1963年第8期《文物》上的《祝贺永乐宫壁画（摹本）在日本展出》一文中："永乐宫元代建筑和壁画，自1952年为中国古代建筑修整所研究人员和山西省文物工作者调查发现后，……"

（6）发表在《祁英涛文集》1964年7月成稿的"永乐宫介绍"中："六、永乐宫的新生—发现与迁建"："新中国成立后，当合人民政府为了保护祖国的文化遗产，开展了全国文物普查工作。1952年永乐宫被发现后，立即得到人民政府和社会上有关人士的重视，同年成立了"永乐宫文物保管所"，委派专职干部，逐年拨出一定数量的经费进行维修，医治旧社会给它带来的多处创伤。结束了它若干年来荒芜无人过问的日子，永乐宫获得了新生。"

（7）1982年第2期《山西文物》中沈之瑜作《谈永乐宫壁画》开篇："一九五二年，在大规模的全国文物勘察调查工作中，北京中国古代建筑修整所研究人员和山西省文物工作者在山西芮城永乐镇发现了一座十三世纪的道教建筑，名叫永乐宫。"

（8）保存于中国文化遗产研究院的关于永乐宫第一份调查报告中的测绘草图上日期标明为"1952年11月"。

以上八种关于永乐宫发现的年份的记载中，1952年第1期《文物参考资料》中是最早记载永乐宫发现的时间，且非常明确地指出是1951年的工作范畴，所以，永乐宫建筑群发现于

1951 年。但永乐宫的年代与价值认定，则是 1952~1953 年经国家文物局组织专家认证后，确定为元代最完整的一组古代建筑群。

[4]　北京文物整理委员会是今中国文化遗产研究院在 1949~1956 年 1 月的称谓。中国文化遗产研究院自 1935 年成立至今，大概分为十一个阶段：

（1）1935~1937 年：行政院旧都文物整理委员会。

（2）1938~1945 年 10 月：伪建设总署及工务总署文物整理工程处。

（3）1945 年 11 月~1947 年 9 月：北平市工务局文物整理工程处。

（4）1947 年 10 月~1949 年 2 月：行政院北平文物整理委员会。

（5）1949 年 2 月~1956 年 1 月：北京文物整理委员会。

（6）1956 年 2 月~1962 年：古代建筑修整所。

（7）1962~1966 年 5 月：古代建筑修整所、文物博物馆研究所。

（8）1966~1973 年：集体下放湖北咸宁文化部"五七"干校。

（9）1973 年 6 月~1990 年 8 月：文化部文物保护科学技术研究所与古文献研究室（1978 年 2 月古文献研究室与文物保护科学技术研究所合并）。

（10）1990 年 8 月~2008 年 1 月：中国文物研究所。

（11）2008 年 2 月~ 今：中国文化遗产研究院。

[5]　1952 年 10 月，文化部社会文化事业管理局责成委托北京整理委员会举办第一期全国古建筑培训班（简称"古建班"），学员来自五个省市，共计 11 人。其后在 1954 年 2 月、1964 年 4 月、1980 年 9 月又举办了二、三、四期。四期培训学员共计 127 人。结业学员大部分回到原部门从事文物保护研究工作，构成了中国文物及古建筑保护工作的骨干力量。

[6]　永乐宫迁建工程相关人物简介参见"第五部分永乐宫迁建工程人物志"的"第一章永乐宫迁建工程相关人物"。

[7]　本部分所涉及 1952~1966 年发表永乐宫相关学术成果的作者简介参见"第五部分永乐宫迁建工程人物志"的"第二章 1952~1966 年永乐宫迁建工程相关学术成果作者"。

[8]　引自清华大学出版社出版的《未完成的测绘图》。

[9]　经后查阅中央档案馆档案：1956 年 9 月 13 日中华人民共和国文化部发给山西省文物管理委员会"请协助永乐宫勘查研究工作"的发文："9 月 4 日（56）晋文物建字第 118 号函收到，你省永乐宫壁画临摹及摄影工作，已由我局约请中央美院副院长王曼硕先生等四人前往勘查研究，约本月 16 日自京出发，直接赴永乐镇，以希你会派人协助为荷。"是永乐宫迁建工程启动的第一份文件。

[10]　1950 年为中央美术学院华东分院，1958 年更名为浙江美术学院，1993 年，更名为中国美术学院。

[11]　详见"第七部分 永乐宫迁建工程专题原始档案"附录十九"永乐宫迁建临时委员会四个月工作汇报"。

[12]　永乐宫壁画用玻璃纸临摹的部分线描草稿保存于中国文化遗产研究院。经查阅国家文物局相关档案，永乐宫壁画正式临摹品原始稿件在 1973 年前由中央美术学院临时保管，1973 年后移交故宫博物院保存。

[13]　王仲杰先生提供的参加永乐宫迁建工程人员名单是（先后顺序）：杜仙洲、祁英涛、陈继宗、

金荣、汪德庆、陈长龄、王仲杰、吕峻岭、刘世厚、李惠岩、孟繁兴、贾瑞广、何凤兰、律鸿年、赵伸华、姜怀英、杨烈、梁超、王真、孔祥珍、宋森才、张中义、何云祥、崔淑贞、秦秀云、张智、朱希元、姜佩文、黎辉、张思信。

[14] 根据 1965 年由潘絜兹先生编写的《永乐宫壁画修复工作总结》来看，永乐宫壁画修复工作，最终是由潘絜兹先生作为工作指导，带领山西大学艺术系当年毕业的陈巨锁、孟宪治、李增产、张玉安、程冈义、杨建国、王朝瑞、武尚功等 8 位同学，以及永乐宫迁建委员会的杨庆堂技工等十人组成的永乐宫壁画修复组完成的。

[15] 永乐宫迁建工程中彩画复原研究是这次档案整理的意外之喜。课题之初，就发现了绘制精美的彩画小样和临摹品，后来在整理文字档案时，又发现了从 1961 年至 1964 年 5 月 6 日的关于彩画复原设计研究的分析文件、讨论会议记录、彩画复原设计方案等 17 份（附录五至附录十七）重要资料，详细地记录了永乐宫彩画复原研究过程。虽然受工程进度影响，彩画实施工作由原有：在三清殿和纯阳殿外檐彩画基本没有的情况下采取"内檐外翻"以及将龙虎殿的清代彩画还原为元代彩画的思路，改为"三清、纯阳两殿内新配木构件，凡原有彩画的，都按原样补绘，其他殿内和各殿外檐都做简单的油饰或刷色断白。凡属旧构件，原则上一律不动"的作法（详见附录四十九 永乐宫迁建工程技术总结），但从工程实施至今的保存效果来看，在更换的构件上补绘的彩画剥落的程度远大于没有更换的旧有构件的彩画（三清殿内新配东次间缝八椽栿前段，对比图像详见"第三部分 永乐宫迁建工程解析"4.4"彩画复原研究"）。而对已缺失彩画，以及后期更改风格的彩画（龙虎殿为清代重绘彩画），采取不复原、保持原状来看，符合文物保护的"最小干预"原则，符合"真实性""延续性""可识别性"的效果，达到了文物保护的最佳"度"的把握。留下的这些档案，正如祁英涛先生在 1964 年 8 月 20 日"永乐宫收尾工程的意见"中所述："正在进行的复原设计仍可进行，因为此项研究工作，它的成果，在学术上还有相当的价值。"

[16] 碑碣安置位置情况详见"第三部分 永乐宫迁建工程解析"中"4.9 永乐宫迁移前后碑碣位置的变化"。

[17] 李惠岩和宋森才为这篇文章绘制了永乐宫朝元图中的神仙图（信息来源：王仲杰回忆录和李惠岩回忆录）

[18] 根据 1965 年潘絜兹先生执笔的《永乐宫壁画修复工作总结》所述，永乐宫壁画修复工作最终是由中国美术家协会潘絜兹先生做技术指导，带领山西大学艺术系当年毕业的 8 位同学，以及永乐宫迁建委员会的杨庆堂、韩仰贤等十一人组成的壁画修复队伍，于 1966 年完成了永乐宫壁画修复工作。

第三部分
永乐宫迁建工程解析

1. 永乐宫迁建工程缘起及时间表

　　1953 年是我国由经济恢复阶段走向第一个五年计划建设的第一年。在水利部长和黄河水利委员会的要求下，在周恩来具体负责下，经过与苏联政府商谈，决定将根治黄河列入苏联援助的 156 个工程项目。1954 年，国家计委正式成立黄河规划委员会。1 月，以苏联电站部列宁格勒水电设计院副总工程师柯洛略夫为组长的苏联专家组来华。2 月至 6 月，中苏专家 120 余人，行程 12000 余公里，进行黄河现场大查勘。苏联专家在查勘中确定了三门峡坝址。柯洛略夫说："任何其他坝址都不能代替三门峡为下游获得那样大的效益，都不能像三门峡那样能综合地解决防洪、灌溉、发电等各方面的问题。"[1]

　　根据以上资料显示，1954 年 6 月，三门峡水库坝址确定，水库蓄水设计水位 360 米，永乐宫原址海拔最低处约 330 米左右，永乐宫位于水库淹没区，国务院决定整体搬迁永乐宫[2]，1956 年永乐宫迁建工程正式启动。

　　永乐宫迁建工程日程表，是根据三门峡水库建设时间表来安排的。首先出现在档案中的三门峡蓄水日期是 1958 年 11 月 5 日，山西省文化局报送北京市文化局"关于商请北京市文化局大力支援永乐宫迁建工作的公函"上："因黄河三门峡水库的兴建，永乐宫在被淹没区之列，而且于 1959 年'七一'前后，就有被淹没的可能。"[3]预示永乐宫的拆迁必须在 1959 年 7 月 1 日之前完成。第二份三门峡水库蓄水时间的档案出现在 1959 年 3 月 29 日"永乐宫迁建委员会第一次全体会议的'永乐宫迁建工程报告'"中："因三门峡水库工程提前竣工，决定于 1960 年 6 月 31 日以前揽洪放水，永乐宫也必然提前迁出，否则将有被淹掉的危险。"[4]

　　根据 1959 年 3 月召开的永乐宫迁建委员会第一次全体会议上明确的三门峡水库建成时间表，永乐宫迁建工程的时间表分成了以下三个阶段：

　　筹备阶段：1957 年 8 月~1959 年 3 月。主要工作有：临摹壁画、彩画，勘测全部建筑物，绘制图纸并规定迁建方案，研究和试验揭取壁画的方法，组织施工力量及选择新址等。

　　拆卸阶段：1959 年 3 月~1960 年 4 月。包括揭取壁画和栱眼壁、拆卸建筑物、包装运输等三个部分。

　　复建阶段：1959 年 6 月开始新址钻探、考古发掘工作，1960 年 4 月完成将近 4000 平方米的附属建筑物建设，1961 年底完成主体建筑的结构工程，之后与壁画修复安装工作交叉进行，直至 1965 年底全部完成。复建阶段工作包括复建的施工准备、建筑物的复建、壁画修复与安装。

---

[1] 信息来源自网络"三门峡水库"的百度词条。

[2] 根据"永乐宫迁建工程报告"："永乐宫的位置，正在三门峡水库的淹没区，三门峡工程兴建后，国务院就决定将这份珍贵的民族文化遗产，迁出水库以外复原保存。"（原始档案见"第七部分　永乐宫迁建工程专题原始档案"附录十九，图 7-298）

[3] 原始档案见"第二部分　永乐宫迁建工程始末"图 2-43~44。

[4] 原始档案见"第七部分　永乐宫迁建工程专题原始档案"附录十九（图 7-304）。

2. 永乐宫迁建工程管理

2.1 管理机构

管理机构是工程管理的核心。永乐宫迁建委员会在 1959 年 3 月正式成立前，"古建所"曾分别于 1956 年 9 和 11 月两次提出迁建委员会的机构设置建议，1958 年 10 月因工程进展需要首先成立的"永乐宫迁建临时委员会"，这些都为永乐宫迁建委员会的成立奠定了基础。

2.1.1 永乐宫迁建委员会的筹备

(1)"呈请建议提早成立山西永济永乐宫迁建委员会及召开专家讨论会"[1]

首先是 1956 年 9 月 28 日，由陈效先拟稿、祁英涛先生核稿、时任"古建所"所长的俞同奎先生签发、呈送文化部文物管理局的"呈请建议提早成立山西永济永乐宫迁建委员会及召开专家讨论会"的文件，是提出建立永乐宫迁建工程管理机构的第一份文件。

文件内容：

山西永济县永乐宫迁建工程，列为我所 1957 年度业务计划重点之一。此项工程技术复杂、任务繁重，应提早准备。现在 56 年度将终了，57 年度即将到来，兹为有计划有步骤进行工作。首先拟请我局提前成立山西永济永乐宫迁建委员会。关于委员会名单，我所初步考虑提出如下：①文化部文物管理局；②山西省人民委员会；③山西三门峡水库建设清理委员会；④山西省文化局；⑤山西省文物管理委员会；⑥山西省晋南专员公署；⑦山西省永济县人民委员会；⑧山西省中共永济县委；⑨中国美术家协会；⑩三门峡水库黄河考古工作队；⑪古代建筑修整所。

又为将来永乐宫技术上研究问题，拟建议我局召开专家讨论。名单提出如下：①梁思成、刘致平、赵正之、莫宗江（清华大学建筑系）；②陈梦家（中国科学院考古研究所）；③潘絜兹（北京历史博物馆）；④宿白（北京大学历史系）；⑤高寿田（山西省博物院）

以上两项建议，拟请我局考虑

谨呈

中央文化部文物管理局

---

[1] 原始档案见"第二部分　永乐宫迁建工程始末"，"3.3"图版 2-15~16。

（2）"永济永乐宫移建工程初步方案"[1]

关于管理机构的第二份文件是1956年11月16日，杜仙洲先生编写的"永济永乐宫移建工程初步方案"中的"四、组织机构"：

为了保证移建工程顺利完成任务，应成立"永乐宫移建工程委员会"，负责执行任务。成员包括：文化部文物局、中国科学院考古所、山西省文管会、晋南专员公署、永济县人民委员会、山西三门峡水库清理建设委员会、古代建筑修整所、中国美术家协会及建筑界的专家和教授。

2.1.2 永乐宫迁建临时委员会

1957年，永乐宫迁建工程的前期工作已经开始，中央美术学院及华东分院、古代建筑修整所三个单位的相关人员已经奔赴永乐宫现场进行壁画临摹、彩画临摹等迁建前的相关工作。这时候还没有开展大规模的工程，尚不牵扯相关的工程经费，此时的工作经费来源和工作人员的派送，都由各单位自行解决。

到了1958年8月之后，随着测绘、勘察、壁画揭取试验等工作的全面展开，经费、材料、运输工具及相关工作人员都需要进行统一的调配和组织管理，管理机构的成立迫在眉睫。

但建立工程管理机构并非一蹴而就，为了保障永乐宫迁建工程前期筹备工作的顺利推进，1958年10月21日，首先成立了"永乐宫迁建临时委员会"[2]：

在永乐宫迁建委员会成立之前，为了便于领导工作，中央文化部文物局王书庄副局长和山西省文化局社文处王孚副处长在去年[3]十月份到永乐宫指导工作时，经过研究，成立了永乐宫迁建临时委员会，由省文化局、省文物管理委员会、当时的永济县、永乐乡、北京古代建筑修整所、中央美术学院等六个单位组成；原永济县张仲伯副县长（现归运城）为主任委员，省文物管理委员会负责施工管理，技术指导（由）修整所（古代建筑修整所）担任；具体工作人员，由省文物管理委员会、北京古代建筑修整所、永济县人委会、永乐宫文物管理所等单位抽出十七名干部，从事永乐宫迁建准备工作。所需工人33人，除六名技术工人是从洪洞、五台、沁县三处调去的以外，其余29名均有当地解决，于十二月底调到工地。

可以看出，"永乐宫迁建临时委员会"是由省级政府主导、相关技术部门组成的管理机构，对省内的物资调拨和人员调配有一定的控制力，但还不能满足更大范围的物资调拨和人员调配，以及与相关部门的沟通协调工作的需求。

2.1.3 永乐宫迁建委员会

为了能圆满顺利地完成永乐宫迁建工程，1959年3月20~24日，在山西太原召开了"永乐宫迁建委员会"第一次会议，会上宣布"永乐宫迁建委员会"正式成立。

这次会议形成"永乐宫迁建工程报告"以及五个附件：一、永乐宫迁建工程方案；二、永乐宫1959年迁建工程计划；三、永乐宫的建筑与壁画简要介绍；四、永乐宫迁建临时委员会四个月工作汇报；五、关于选择永乐宫复原新址的发言。[4]

---

[1] 原始档案见"第七部分　永乐宫迁建工程专题原始档案"附录十八。

[2] 原始档案见"第七部分　永乐宫迁建工程专题原始档案"附录十九，图7-299。

[3] 该报告是1959年3月召开的"永乐宫迁建委员会第一次会议"上的工作报告，故此处"去年"是1958年。

[4] 原始档案见"第七部分　永乐宫迁建工程专题原始档案"附录十九。

"永乐宫迁建工作报告"是一份非常重要的文件，它不仅对已经开展的工作进行了总结，最重要的是确定了永乐宫迁建委员会的组织机构、人员配置和管理模式。永乐宫迁建委员会的成立确保了永乐宫迁建工程的顺利进行，永乐宫迁建工程在永乐宫迁建委员会的领导下，各项工作全面展开。

　　"永乐宫迁建报告"中"（三）永乐宫迁建委员会正式成立和第一次会议"对"永乐宫迁建委员会"的组织结构做了详细说明：

　　永乐宫的迁建工程浩大，牵扯面很广，仅靠某一单位的力量是不易完成的；为此，省人民委员会研究决定报请省委批准：<u>由中央文化部文物管理局、山西省文化局、山西省文物管理工作委员会、晋南专员公署、运城、芮城县人民委员会、芮城县永乐宫镇卫星人民公社、黄河三门峡工程局、北京古代建筑修整所等九个单位组成"山西省永乐宫迁建委员会"</u>负责领导整个永乐宫的迁建工程。

　　1959 年在太原召开了"永乐宫迁建委员会"第一次全体委员会议：除各单位委员或代理委员者出席了会议外，特邀请山西省人民委员会王中青副省长与会指导。黄委会西北局黄德印科长和陈锡铨技术员，北京古代建筑修整所办公室黎辉主任、山西省文化局社会文化处王孚副处长、山西省计划委员会韩君正、山西省劳动厅劳力调配处李明处长、山西省文物管理工作委员会罗家年副主任及参加永乐宫工作的郎凤岐、柴泽俊等有关人员都列席了这次会议。

　　会议首先宣布并通过了委员会组织机构和人员名单：

　　主 任 委 员：景炎（山西省文化局副局长）

　　副主任委员：李辉（晋南专署副专员）

　　　　　　　　刘静山（山西省文物管理工作委员会主任）

　　委　　　　员：按姓氏笔画排列

　　　　　　　　王书庄（文化部文物局副局长）

　　　　　　　　祁英涛（北京古代建筑修整所工程师）

　　　　　　　　汪福先（三门峡工程局计划处副处长）

　　　　　　　　张仲伯（运城县副县长）

　　　　　　　　韩俊哲（芮城县副县长）

　　　　　　　　杨子亭（芮城永乐镇卫星人民公社副主任）

　　以上委员在这第一次会议上李辉委员由晋南专署文化局崔浩辰局长代理出席，汪福先委员由高文治同志代理出席，韩俊哲委员由县文教局林青局长代理出席，负责向委员传达会议的全部精神。

　　委员会以下设有办公室，根据委员会决议，具体承担永乐宫迁建工程任务。办公室设有工程、行政两股；工程股分设计、施工、劳力组织管理三个小组，负责全部工程的设计、施工技术、劳力的调配、工人的组织管理等工作。行政股分材料供应、财务管理、总务三组负责全部工程的材料、工具购买管理和领用，负责经济核算，掌握财政开支，安置全体职工的食堂及其他生活问题。

　　办公室主任：王孚

　　副主任：（二人）由专署和芮城县各派一副县长级和科局长的领导干部专职担任。

　　办公室干事、文书收发二人：（现缺两人）

　　工程股股长：郎凤岐（全股编制十一人）

　　设计组组长：祁英涛（全组四人现有四人）

　　施工组组长：　　　（全组五人现有五人）

　　劳动组织组组长：　　　（全组二人现缺二人）

　　行政股股长：由办公室副主任兼任（全股编制十四人）

材料供应组组长：耿天义（全组六人现缺三人）

财务组组长：　　　　　（全组三人现缺三人）

总务组组长：　　　　　（全组五人现缺五人）

以上是永乐宫迁建委员组织机构的全部情况。所缺干部（除副主任以外）十二名，除专县负责解决九名外，其余三名由省考虑解决。

同时讨论并安排了经费、材料和人员以及亟待解决的问题：

永乐宫迁建工程方案：永乐宫内建筑、壁画、碑碣以及宫内外与永乐宫历史艺术价值直接有关的附属文物，全部迁到新址复原保存（与永乐宫无关而有历史艺术价值的文物，应让随着永乐镇的迁民而移至新的永乐镇）。工期计为三年半竣工，全部工程造价九十一万二千元。除将工程详细方案附报告后外，现将有关劳力、运输力的调配、器材供应等几项问题的决议说明如下：

劳力调配：除 60、61 年的劳力，另作计划，本年度共需工人 198 名，12 名优良泥木技工由晋南专署报省劳动厅从沁县、五台统一调配，其余 186 名按壮工均由晋南专区解决。

器材供应：木材、钢筋、水泥、铅丝、洋钉、铁丝绳、铁链绳等器材，由永乐宫迁建委员会责成专人编制预算报请省计划委员会审核批准供应。青砖 48 万、瓦 45 万、白灰 10 万公斤、土坯 2500 立方、麦糖 10 万斤，均由芮城县分给各公社包制，所需炭及其他小型材料、工具由晋南专署和芮城县共同研究解决。

（四）当前亟待解决的问题：

（1）器材供应问题：关于永乐宫迁建工程所需钢筋、木材、水泥、铅丝、洋钉、铁丝绳、铁链绳等供应物资，去年省文化局曾编造供应计划报上，但未批准。因三门峡水库工程提前竣工，决定于 1960 年 6 月 31 日以前拦洪放水，永乐宫也必然提前迁出，否则将有被淹掉的危险。因此，永乐宫所需物资必须纳入今年供应计划之内，并请优先批准供应。

（2）汽车是迁建永乐宫和准备建筑物资的主要运输力量，请省级领导批准，与交通部门联系，速予调拨。

从文件中可以看出，永乐宫迁建工程管理是一个由"中央文化部文物局"直接领导、地方各级政府配合、专业技术部门提供技术指导的自上而下严密的组织形式，"永乐宫迁建委员会"的内部又有一套完整的机构管理配置，为永乐宫迁建工程的组织管理、资源配置、财政支持、技术指导等方面提供保障，为永乐宫迁建工程的顺利进行、最终圆满完成提供了完整的、强有力的管理机制。

从 1956 年 9 月开始讨论永乐宫迁建委员会的机构构成，至 1959 年 3 月正式成立永乐宫迁建委员会的机构组成，可以看出几个阶段的变化：

1956 年 9 月 28 日 "呈请建议提早成立山西永济永乐宫迁建委员会及召开专家讨论会"对永乐宫迁建委员会组成机构的建议：

①文化部文物管理局、②山西省人民委员会、③山西三门峡水库建设清理委员会、④山西省文化局、⑤山西省文物管理委员会、⑥山西省晋南专员公署、⑦山西省永济县人民委员会、⑧山西省中共永济县委、⑨中国美术家协会、⑩三门峡水库黄河考古工作队、⑪古代建筑修整所。

1956 年 11 月 16 日，"永济永乐宫移建工程初步方案"中对组织机构的设想：

①文化部文物局、②中国科学院考古所、③山西省文管会、④晋南专员公署、⑤永济县人民委员会、⑥山西三门峡水库清理建设委员会、⑦古代建筑修整所、⑧中国美术家协会及建筑界的专家和教授。

1958 年 10 月 21 日，永乐宫临时迁建委员会的组成：

经研究成立了永乐宫迁建临时委员会，由①山西省文化局、②山西省文物管理委员会、③永济县、④永乐乡、⑤北京古代建筑修整所、⑥中央美术学院等六个单位。

1959 年 3 月 24 日，正式成立永乐宫迁建委员会。

省人民委员会研究决定报请省委批准：由①中央文化部文物管理局、②山西省文化局、③山西省文物管理工作委员会、④晋南专员公署、⑤运城（人民委员会）、⑥芮城县人民委员会、⑦芮城县永乐宫镇卫星人民公社、⑧黄河三门峡工程局、⑨北京古代建筑修整所等九个单位组成"山西省永乐宫迁建委员会"负责领导整个永乐宫的迁建工程。

2.2 经费来源

1959 年 3 月 21 日，"永乐宫迁建临时委员会四个月工作报告"[1] 中："我们共领到 51300 元，各项开支用去 19931.26 元，现在结存 31368.74 元"，这笔款项是中央文化部文物管理局拨付给永乐宫迁建工程项目的，这是永乐宫迁建工程收到的第一笔款项。

根据 1959 年 8 月 13 日的档案"关于永乐宫迁建工作报告"[2] 中关于经费问题："永乐宫迁建经费的拨款和报销，均由三门峡工程局管理，第一期拨款 58 万元已于六月份完成。"

比较系统的说明经费来源情况的是 1964 年 4 月 24 日的档案"永乐宫迁建工程所需经费的报告"[3]：

从 1959 年到 1963 年底，共投资 1839906.75 元，其中三门峡水库 1195886 元，中央文化部 77347.75 元（木料款），省投资 566673 元。现状除已完工程外，还有三清殿壁画的加固、安装和全部壁画的修复、土木工程收尾、彩画复原、安装避雷针等项工作，需要继续进行，约需经费 490000 余元做。如果彩画复原不搞，全部进行断白。所有大殿台明的方砖不用砍磨，可减为 330000 余元。

1964 年我们计划进行三清殿壁画加固修复，制作安装三清殿琉璃，修饰拘捩各殿瓦顶，碑碣粘缝和碑廊瓦顶墙壁地面的收尾，以及其他按□□装修、修理水渠、堆砌墓葬、制作方砖、整理工程资料等工程，所需经费 136300 元。还有五座大殿和碑廊的断白工程，所需经费 47600 元。以上两宗共需经费 213900 元。

以上数个未完工程，特别是 1964 年工程所需经费，经我局在三研究，并请示省人委，实难解决。为此，请文化部大力支持，对未完工程的所需经费 490000 余元，能予全部解决。并请先拨给今年所需经费 213900 元。

永乐宫迁建工程款总额："使用工款数总计 2151019.10 元，以上工款总数至 1964 年 10 月底止。"[4]

经现存档案分析，永乐宫迁建工程主要经费来源情况是：

三门峡工程管理局：1195886 元

中央文化部：388460.10 元

山西省：566673 元

---

[1] 原始档案见"第七部分　永乐宫迁建工程专题原始档案"附录十九。

[2] 原始档案见"第七部分　永乐宫迁建工程专题原始档案"附录二十一。

[3] 原始档案见"第七部分　永乐宫迁建工程专题原始档案"附录二十四。

[4] 原始档案见"第七部分　永乐宫迁建工程专题原始档案"附录四十九，图 7-922。另外，经查阅国家文物局档案，1979 年山西省文物局向国家文物局提交的《永乐宫迁建工程决算报告》显示：永乐宫迁建工程资金来源 2114816.64 元（其中上级拨款 2094840.16 元，永乐宫文管所投资 18975.16 元，暂存款 1001.32 元。上级拨款中，三门峡工程局 1195046 元，山西省文化局 251229.78 元，中央文化部 77347.75 元，三门峡芮城办公室 840 元，北京古建所 9910 元，山西省文物工作委员会 560466.63 元），资金运用为 2084252.48 元，资金结余（库存材料）30564.16 元。1983 年国家文物局拨付永乐宫棋眼壁修复款 20000 元。故，永乐宫迁建工程一共耗资 2134816.64 元。这个数据与工程档案中所示数据有一定出入。

2.3　工程协议

1959年3月25日，山西省文化局和古代建筑修整所作为甲乙双方签订了"永乐宫迁建工程协议书"。[1]

工程协议书内容：

甲方：山西省文化局

乙方：古代建筑修整所

甲方委托乙方担负"永乐宫迁建工程中的技术设计与施工技术指导"工作，具体事项双方协议如下：

一、工作项目

1. 技术设计：包括重阳殿、纯阳殿、三清殿、龙虎殿、宫门五座古代建筑的技术设计。

2. 施工技术指导：

（1）拆除工程。

（2）壁画揭取工程。

二、工作期限：自1959年1月1日起至1959年12月31日。

三、工作人员：乙方派出工作人员5名，其生活、学习、思想教育受甲方领导，技术工作由乙方直接领导。

四、乙方为了解决本协议书内规定的工作项目，必须进行的研究工作，其经费由甲方负担，乙方为了系统的科学研究，需要结合协议书内规定工作项目进行研究时，甲方应给予工作便利，其经费由乙方负责。

五、工作完成后，全部测稿、记录、图底、照片底板归乙方所有，以便于集中保管，甲方根据需要可进行复制。

六、勘测设计工作中所需仪器、文具、纸张由乙方负责，支搭架木工作及所需经费由甲方负责。

七、甲乙双方各自负责其所派出工作人员的差旅费及伙食补助费。

八、施工技术指导负责人，应参加修缮委员会为驻会委员之一，辅助人员具体协助技术指导负责人进行工作。

九、本协议书，经双方同意，各执正副本各一份。

甲方：山西省文化局
乙方：古代建筑修整所

这份协议是计划经济时代背景下签署的协议，项目相关人员的费用由各自单位负担，协议约束内容主要是工作内容和期限。

协议中的第五条规定"全部测稿、记录、图底、照片底板归乙方所有，以便于集中保管"，使得今天永乐宫迁建工程档案整理工作成为可能。

总之，从永乐宫迁建工程管理机构、经费来源以及协议，都体现了在那个时代背景下，国家重点工程管理的独特性。

---

[1] 原始档案见"第二部分　永乐宫迁建工程始末"图2-55~56。

3. 保护理念和原则

关于永乐宫迁建工程的迁移保护的理念和原则，从 1956 年 11 月杜仙洲先生编写的"永济永乐宫移建工程初步方案"[1]，1959 年永乐宫迁建工程项目组编写的"永乐宫迁建工程说明书之三——古代建筑复建工程初步设计说明书"[2]"永乐宫迁建工程说明书之四——古代建筑复建工程技术设计总体说明书"[3]，1960 年 5 月祁英涛先生提出的"永乐宫迁建工程的建议"[4]，以及 1964 年 8 月 20 日，祁英涛先生提交的"永乐宫收尾工程的意见"[5] 五个不同阶段的档案中，可以大概梳理出一条迁移保护理念和原则的脉络。

另外，永乐宫迁建工程不论是选址还是迁建后的总体格局的安排，均充分考虑到了文物保护基础上的再利用问题。

3.1 迁移保护理念和原则

3.1.1 永济永乐宫移建工程初步方案（1956 年 11 月）

1956 年 11 月 16 日，杜仙洲起草的"永济永乐宫移建工程初步方案"中，对于迁建工程有两个思路：

第一方案

（1）建筑：组织建筑专家和技术人员进行全面勘测研究后，将现存的建筑物（宫门、龙虎殿、三清殿、纯阳殿及七真殿）全部迁移，照原式重建，其设计问题由古建所配合所外专家共同研究，提出设计方案，送文化部文物局审批。

（2）壁画：委托美术家进行临摹研究，完成全部粉本后，即将壁画全部揭下，运至北京故宫博物院收藏或展览。待建筑复原工作完成后，再于各殿门的墙面上照原样复制齐全。

（3）建筑彩画：委托富有经验的彩画匠师，将各殿门的建筑彩画全部摹绘下来，并要系统地进行研究，以作复原的根据。

（4）碑碣：将现存的各时代的碑碣，随同建筑全部迁移，在新址内另建碑廊，集中陈列，以利保护和观赏。

（5）吕纯阳墓：进行发掘清理，并要取得完备的实测图样和照片，以供研究。

第二方案

（1）建筑：重点迁移，只将三清殿移建到适当地点，其他各建筑则进行详细勘测、拍照，留取全部科学记录后，即行拆除。

（2）壁画：只将三清殿的壁画复原，照原来规模复制齐全，其他各殿的壁画临摹后全部揭下，交山西省博物馆收藏，或在新地址内另建专室陈列。

（3）4、5 项处理办法同第一方案。

---

[1] 原始档案见"第七部分 永乐宫迁建工程专题原始档案"附录十八。

[2] 原始档案见"第七部分 永乐宫迁建工程专题原始档案"附录二十五。

[3] 原始档案见"第七部分 永乐宫迁建工程专题原始档案"附录二十五。

[4] 原始档案见"第七部分 永乐宫迁建工程专题原始档案"附录二十六。

[5] 原始档案见"第七部分 永乐宫迁建工程专题原始档案"附录二十八。

3.1.2　永乐宫迁建工程说明书（1959 年 9 月）

1959 年 9 月完成的"永乐宫迁建工程说明书之三——古代建筑复建工程初步设计说明书"中对复建的要求是：

复建要求：

（1）中轴线上各殿建筑物按原距离次序复建，除三清殿前两座大石碑及石狮按原位置复建外，其他碑碣一律集中安置。

（2）各殿结构一律按原样复建，在露明部分尽可能取消后代增添的支撑构件，隐蔽部分者，视原构件情况可以适当保留。

（3）糟朽残缺各构件，应尽量考虑在隐避地方加固，以少换原构件为原则，更换时须按原样，但与旧构件又应有所区别。

（4）内檐油饰彩画按现存式样作旧修补，外檐油饰彩画按现存式样研究复原，各种浮雕依现存实物补配安装。

（5）结合复建后的使用要求，凡已残毁无恢复条件的佛台、佛像等暂不恢复。

1959 年 9 月"永和宫迁建工程说明书之四—古代建筑复建工程技术设计总体说明书"中对工程范围的界定是：

工程范围：

（1）主体工程：包括重阳殿、纯阳殿、三清殿、龙虎殿、宫门五座主要建筑的复建工程及前四座大殿的壁画、栱眼壁复原安装工程。

（2）附属工程：包括重阳殿的东西垛殿、基座建筑工程、甬道建筑工程、碑碣石狮安装工程、垒砌围墙、修筑水道、新建碑廊工程、吕公祠建筑工程及设施于永乐宫内的唐吕纯阳祖墓、披云真人墓、潘德冲墓的复建。

（3）其他：避雷针安装工程、绿化工程（包括柏抱槐、连理银杏树的培植），此外移建于永乐宫的永乐镇玄帝大殿，礼教镇石碑坊及古代碑碣。

3.1.3　祁英涛关于永乐宫迁建工程的建议（1960 年 5 月）

1960 年 5 月 23 日，祁英涛关于永乐宫迁建工程的建议：

永乐宫迁建工程是解放十年来比较大的一次古代建筑修整工程。除了全部木构建筑的复建外，还包括这些建筑物的全部木雕、泥雕、栱眼壁等，这些建筑附属艺术的复原工作，在我们来说是一个新的课题，如何复原才能达到最好的效果，是需要慎重研究的。既利于文物保护，又利于参观欣赏，而又不损伤其原来的风格面貌。

以前大家多主张"存真"的做法，修时将原来拆下完整的附属艺术物，仍按原位安装，缺欠或是残毁不能修整的，按原来式样重新制作更换，这样做的结果，有以下两个缺点：

（1）在一座建筑物，各种对称或同一类型的附属艺术物，更换一部分时，外观上成为"新旧兼备"的局面，很难达到原建时的风格面貌，影响参观效果。

（2）比较精致的艺术物装在建筑上已存在很多，饱受自然灾害侵蚀和人为的破坏，现在复原安装后人为的破坏虽然已完全不会发生，但自然灾害、风雨侵蚀仍不可免，虽能采取一些防护措施，但终有一定限度，从文物保护来看，还不够妥当。

由于以上的认识，在这次永乐宫的迁建工程中，关于附属艺术的复建，拟改变以前的习惯做法，采用复制品安装，将原件在当地修建条件较好的库房陈列保存。本所 1956 年曾在河北赵州桥复建工程中做过试验，群众反映很好。它的优点是：

（1）真品存在库房内，可以用科学的措施，保存安全，长久不易损坏，并便于专门研究人员参观学习。

（2）建筑物的复制品，外观上的风格容易统一，没有"新旧对比"的不完整的形象。

3.1.4 永乐宫收尾工程的意见（1964年8月）

1964年，永乐宫迁建工程接近尾声，但还有一些计划完成但却尚未完成的任务（比如彩画），以及遗留的问题，就这些问题的解决思路，祁英涛先生在8月20日提交了一份关于"永乐宫收尾工程的意见"的报告。

报告主要对壁画修复、中轴线上的建筑的地面铺设、建筑彩画、栱眼壁和泥雕的安排、悬塑的修补以及其他相关问题，提供了解决思路。

这些问题中，关于建筑彩画、栱眼壁和泥雕的安排这两方面，与之前的思路有比较大的变化：

3、彩画工作：可分两部分考虑

① 三清、纯阳两殿内檐彩画，系元代彩画，新换露明梁枋，原有彩画应照旧有式样和色彩补绘，新配的天花板、支条，因无原样可查，只宜刷色断白。重阳、龙虎两殿内檐彩画，已经后代多次重画，为保留研究资料，可暂时不动。

② 各殿外檐彩画：原计划复原元代彩画，已作出两座殿（纯阳、龙虎）的复原设计，但这个计划，由于近年来工料价格的上涨，全部造价已由原预算的5万元增到20万元，共需油漆彩画人工1万工，以此工数计算，若在一年内完成，每天需彩画工50名，这样多的工人，目前也不易解决，考虑到经费、材料、人工等各方面情况，现在施工都不适宜，因此，建议改为刷色断白，尚可在大约半年的时间内完成。正在进行的复原设计仍可进行，因为此项研究工作，它的成果，在学术上还有相当的价值。

4、由于外檐彩画的改变，原计划栱眼壁和三清殿泥雕的复制，必要性也就不大，可以暂缓，但原有栱眼壁和泥雕应进行修复以便于保护或陈列。瓦顶上换下的旧琉璃构件应粘接完整。

由此可见，彩画工作由原设计的"彩画缺失部分按元代彩画复原"的思路，转变为：

内檐彩画：三清、纯阳两殿内檐彩画，……，新换露明梁枋，原有彩画应照旧有式样和色彩补绘，新配的天花板、支条、因无原样可查，只宜刷色断白。重阳、龙虎两殿内檐彩画，已经后代多次重画，为保留研究资料，可暂时不动。

外檐彩画：各殿外檐彩画：……建议改为刷色断白。

关于栱眼壁和泥雕，在上面所述，1960年5月祁英涛先生提出的"关于永乐宫迁建工程的建议"中提出要"改变以前的习惯做法，采取复制品安装"，在此因外檐彩画工作思路的改变，也随之改变。也正是因为这个意见，栱眼壁和泥雕在当时最终没有回到原位。

值得庆幸的是，1983年，山西省文物局申请国家文物局的专款，组织修复了永乐宫的栱眼壁和泥雕，并按原位安装复位，至此，永乐宫迁建工程终于圆满完成。

3.1.5 小结

从以上这几份档案可以初步梳理出各类文物迁建保护的总体思路，从而提炼出永乐宫迁建工程的保护理念和原则：

在新址选址方面，要求地形地貌、方位朝向与原址相似，气候条件有利于壁画保存，交通便利，与周边其他文化遗存相对集中，方便人民群众参观，便于管理。

中轴线上的五座建筑及元代壁画采取按原制整体搬迁保护的理念，严格遵照原来的格局、关系，原物原件异地复原。

1959年9月完成的"古代建筑复建工程初步设计说明书"中关于建筑构件"糟朽残缺各构件，应尽量考虑在隐蔽地方加固，以少换原构件为原则，更换时须按原样，但与旧构件又应有所区别"，反映了最小干预可识别性的保护原则。

从祁英涛先生在"关于永乐宫迁建工程的建议"里："在一座建筑物，各种对称或同一类型的附属艺术物，更换一部分时，外观上成为'新旧兼备'的局面，很难达到原建时的风格面貌，影响参观效果"，看到他在理念上还是希望追求建筑风格和色彩上的统一。

收尾工程意见中，因时间、经费、人工等客观原因不能按时完成任务，而对缺失彩画采取的"刷色断白"的补救措施，从现在来看，却恰恰符合文物保护"最小干预"的原则，同时还具备了可识别性。

还有两个隐藏在档案中，很不起眼的一两句话，但却反映了非常重要的保护理念：一是，在"山西永乐宫迁建委员会1962年工作报告"的"存在的问题"中："永乐宫原址露出水面，虽然建筑已经搬迁，但遗址也是重要的保护对象，现在被老百姓开垦为自留地，必须马上制止"；二是，在1963年1月9日古建所内部关于"永乐宫彩画复原设计座谈会"会议记录中，杨烈先生提出："彩画本身应被理解成为文物保护对象。"这两处明确提出了建筑遗址和彩画应作为文物保护对象进行保护的观念，在当时极具前瞻性。

3.2　再利用的考虑

1956年11月，"永济永乐宫迁建工程初步方案"中：

一、移建永乐宫的重要意义：今天为了配合三门峡水库区的清理建设工程。我们建议文化部要及时地来抢救这份文化遗产，设法将它妥善地移建在适当的地点，使它更好地为广大群众的文化生活服务。

1959年3月，"永乐宫迁建工程报告"：

从新永乐宫址前行二里，是一条新开通的标准公路，南连陇海，北接同蒲，永乐宫迁到这条马路的附近，将要送往迎来成千上万的宾客。永乐宫迁建新地址问题：永乐宫迁建新地址是个应该首先确定的重要问题，新地址确定得是否适当，直接关系着建筑的壁画的寿命和便利于广大群众参观与否的问题。

1959年3月，"关于新址问题"：

总之，这一片地方，风景幽雅，果林满目，就现在着眼，亦大有可观，如果把永乐宫移至这里，周围的布局和环境，和现在的永乐宫极为相似。五龙庙附近，土质很好，高差适当，海拔在540米以上，比三门峡最高水位超出一百八十米。在交通上，自宫址前行三里，是个南连陇海北接同蒲的标准马路。参观也算方便，同时靠近县城，便于管理。

1959年9月，"永乐宫迁建工程说明书之三——古代建筑复建工程初步设计说明书"：

重建后的永乐宫不但保留原来的建筑与附属艺术品，并须将已经残破缺损的尽量按其原来式样予以恢复。同时适当的考虑结合使用等问题，以更加完美妥善的保护它，成为广大群众所喜好的游览胜地之一，也是学习与研究元代壁画、建筑、雕塑等等宝贵遗产的园地。复建要求：（5）结合复建后的使用要求，凡已残毁无恢复条件的佛台、佛像等暂不恢复。

1959年9月，"永乐宫迁建工程说明书之四——古代建筑复建工程技术设计总体说明书"中：

迁建后的永乐宫，根据现存情况及原来建筑的规模，在宫内分成中、东、西三个院落，中院基本与现状相同，东西两院除增添移建的古代建筑及古代墓葬以外，并结合使用要求修建一些供群众文化活动的展览陈列房室及保管所的办公室宿舍等。

1960年5月，"祁英涛关于永乐宫迁建工程的建议"中：

真品存在库房内，可以用科学的措施，保存安全，长久不易损坏，并便于专门研究人员参观学习。

以上可见，从1956年的初步方案开始，永乐宫新址的选择的关键因素除了地形地貌、方位朝向、气候条件（有利于壁画保存）之外，"交通便利""方便人民群众参观""便于管理"也是永乐宫新址选择的重要参考因素。

另外，琉璃瓦兽件、栱眼壁、泥雕等珍贵的艺术附属品，选择博物馆或陈列馆展示，也是为了便于研究者能有条件近距离研究而采取的方法。

虽然有些目标尚未达到预期的效果，但初衷都是为其迁建后更广泛的再利用的考虑。

4. 迁建工程

4.1 新址选址

关于永乐宫新址选址，经历了两个阶段，一是 1956 年 11 月的"永济永乐宫移建工程初步方案"中提供了 5 处备选新址；二是 1959 年 3 月在永乐宫迁建委员会第一次会议上提出 7 处备选新址，经讨论，确定芮城五龙庙附近作为永乐宫迁建新址。同年 6 月，经 17 人组成的组，对五龙庙附近进行了详细的和认真的讨论，最终明确了永乐宫迁建新址的位置和范围。相关档案如下：

4.1.1 1956 年 11 月，"永济永乐宫移建工程初步方案"[1] 选址初步设想

迁移地点：初步意见有下列几处（图 3-1）

（1）大王庄：在中条山南麓，距永乐镇约三十里，是一个新兴集镇，但地势偏僻，交通不便，同时水源不够充实，兴建工程有困难。

（2）栲栳镇：在同蒲线以北，处于峨嵋岭的台地上，距永济县约三十里，是一个新兴集镇，交通尚称便利。

（3）太峪口：在中条山北路，地势高爽，距赵伊镇车站十余里，交通便利，水源充足。

（4）五姓湖畔：小朝湖北寺旧址，在五姓湖的西岸，南距同蒲线三里，地势平坦，交通便利。

（5）榆林：在中条山北麓，距同蒲线一里，背山面湖（五姓湖），地势开敞，交通便利。

以上五处皆在永济县境内，其中以太峪口、榆林两处的建筑条件为最优越。

4.1.2 1959 年 3 月 24 日，"永乐宫迁建委员会第一次会议"[2] 新址选址方案

永乐宫迁建的新地址，是应该首先确定的一个重要问题：五七年省文化局寒副局长等曾到永济一带进行过勘察。近几个月来，我们在永乐宫工作的同志，随同修整所祁英涛、陈继宗两位工程师又在原永济和芮城一带进行了几次的选择和勘察，现将勘察过的七处的情况，介绍如下：……

这七处是：苍陵峪、水峪口、龙王庙附近、芮城塔寺、五龙庙附近、张村附近、大平地。（图 3-2）

4.1.3 1959 年 3 月 29 日，"永乐宫迁建委员会第一次会议"确定新址

永乐宫的位置，正在三门峡水库的淹没区，三门峡工程兴建后，国务院就决定将这份珍贵的民族文化遗产，迁出水库以外复原保存。根据当地群众的要求和县级领导上的意见，经过几次选择新地址，最后确定在芮城县城北五里五龙庙附近；这里是原春秋时魏城的遗址，背依中条山，面临黄河；东南四华里是一座宋建佛塔，高达四十余米，西北紧邻唐代建筑五龙庙，左边是一片宽阔的平原，右侧是汹涌的五龙泉水在荡漾；前面是一片村庄连在一起，林木非常茂盛，后边紧靠着古魏城的土城墙，墙上的柏树已成长为林，真是山明水秀，风景幽雅。

---

[1] 原始档案见"第七部分 永乐宫迁建工程专题原始档案"附录十八。

[2] 原始档案见"第七部分 永乐宫迁建工程专题原始档案"附录十九，"关于新址问题"。

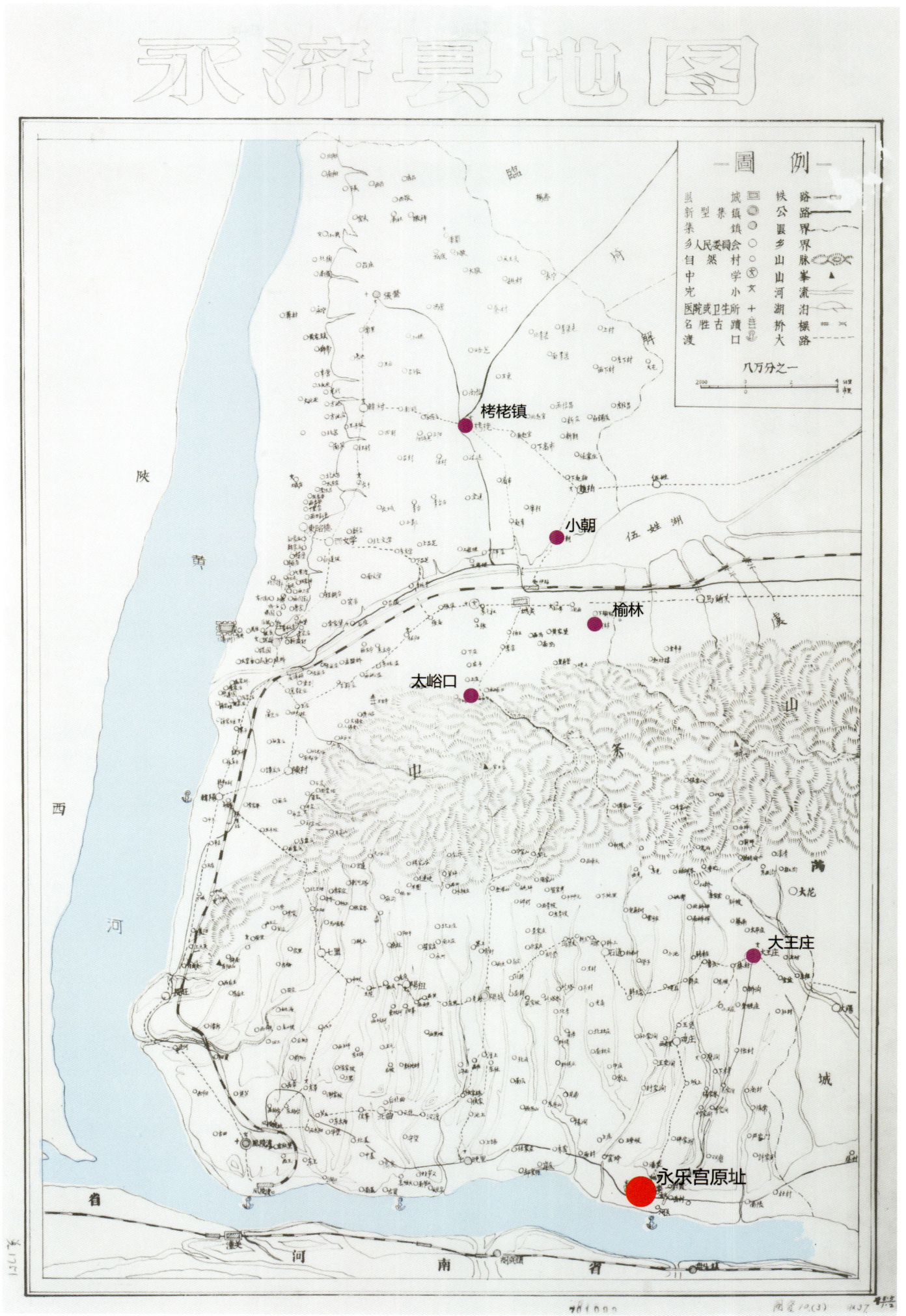

图 3-1 1956 年 11 月 "永济永乐宫移建工程初步方案" 中的 5 个新址备选地点位置图（1956 年 11 月临摹）

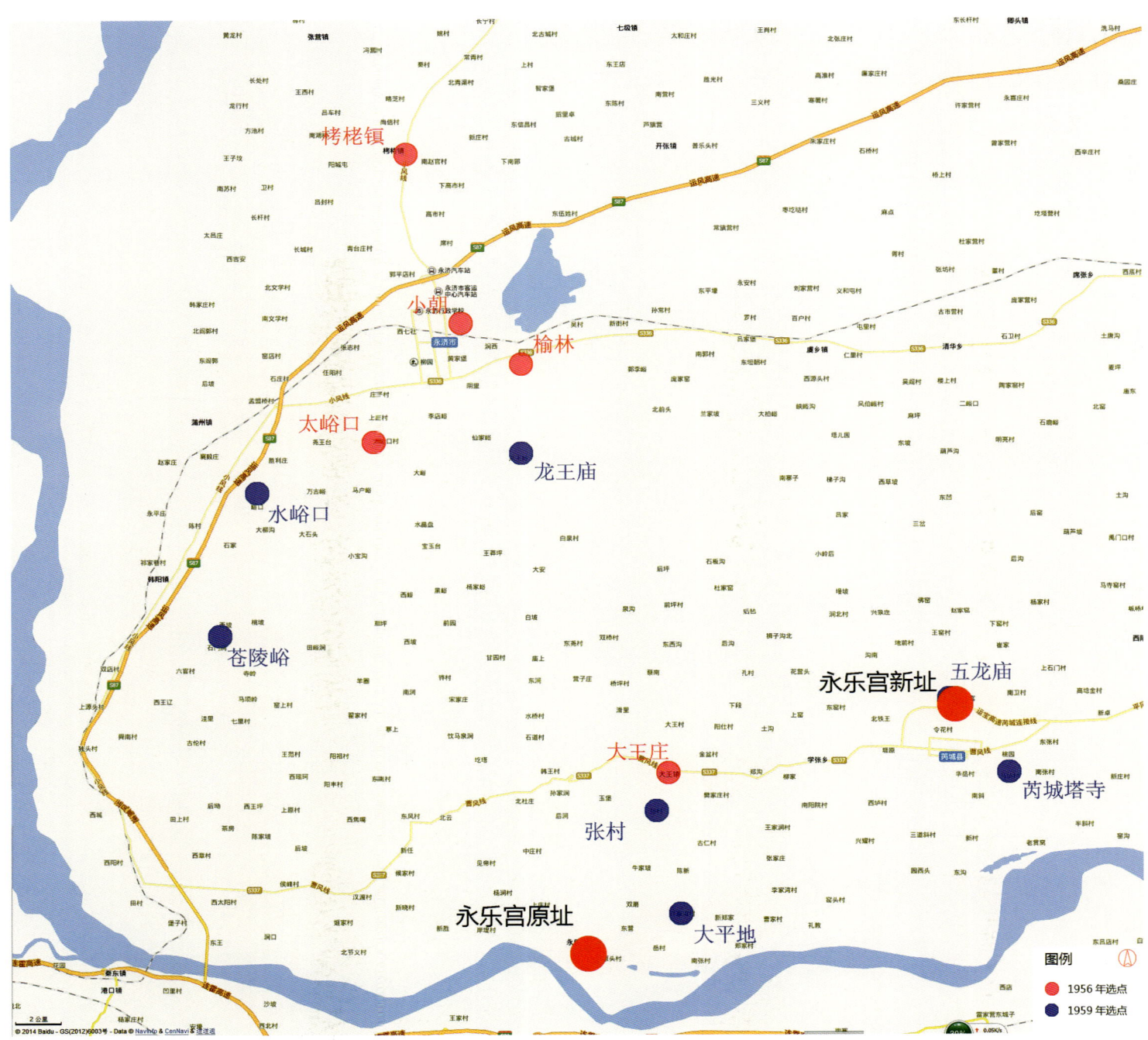

图 3-2　永乐宫迁建新址备选地点位置图（淡红色为 1956 年 11 月"永济永乐宫移建工程初步方案"中备选地点，蓝色为 1959 年 3 月"永乐宫迁建委员会第一次会议"的备选地点。底图为 2019 年百度地图截取）

4.1.4 1959年7月15日，山西省永乐宫迁建委员会关于选定永乐宫迁建新址的报告[1]

根据山西省永乐宫迁建委员会第一次会议，关于永乐宫新迁地址"既能够保护珍贵的民族文化遗产，又能够古为今用，便利更多的人亲临参观的精神，决定芮城县五龙庙（按系广仁王庙）附近为永乐宫迁建新址"的决定，1959年6月10日（端阳节）至6月18日，由山西省永乐宫迁建委员会办公室、北京古代建筑修整所、山西省文化局、山西省文物管理工作委员会、山西省晋南专署、中共芮城县委会、芮城县人民委员会、芮城县人民委员会交通科、芮城县人民文化馆、芮城县城关人民公社、城南管理区、前龙泉生产队等单位的负责同志、代表和工作人员共17人，前往五龙庙附近观察、测量、钻探，经过几天的认真选择和研究讨论，共同确定了永乐宫的迁建新址。

永乐宫迁建新址，距芮城县北门为五华里，位于古魏城故址中间。其座落形式：北面远依中条山，近靠古魏城北廓遗址，和现在的永乐宫背靠峨嵋岭相近似，大体上保留了永乐宫的原来面貌，向南则面临一池约50亩的碧清湖水，前景甚为开朗；出宫门绕行湖滨，在南畔于宫门端正处，则有笔直的林荫大道，畅通县城北门，游览甚为方便。东系拟建中的芮城中学。西邻乃为丛林繁树的前龙泉村。四至左近，茂林修竹。西北五龙庙前，有四道碧泻的清泉，纵流新址西北侧，可以引入宫院，培养花草于点缀风景；东南遥望宋代塔寺，西北绕道竹林幽径，夸几处清流，可以遨游五龙名胜，并攀登百二盘与叠水崖；西南则与圪塔庙相对峙。永乐宫迁建竣工后，这一个约计五华里的地带，即形成了唐、宋、元、明、清历代建筑一气相连的文化古迹区。在复建竣工前所修建的临时工棚、办公室、职工宿舍、仓库等，于竣工后稍加修缮，即可变为文物管理机关、展览等，以便举办各种展览及其他各项文化活动，向广大人民群众进行社会主义、共产主义教育。三门峡水库建成修筑起漫长平坦的环湖标准公路后，永乐宫即位处于大湖之北阳，水色山光于雄伟的建筑交相辉映，堪称三门峡水库中部的一大胜景，又为广大劳动人民群众增加了一处文化休憩场所。

这一块总计八万平方米的地面，地质坚硬，宽敞利落，建筑障碍及拆迁物极少；而土壤质量又不甚肥沃，和农业增产无甚矛盾。因此，当地广大社员群众及县、社、生产队的干部都一致赞同，并积极支持永乐宫的迁建工程，且誉为千古美事。

最后又于6月18日，经过一次复议，各方面意见完全一致，毫无分歧，中共芮城县委第一书记李琏同志并当场对这里的远景规划进行了指导，下午5时，全体工作人员在新址宫前合影定案。（图2-60）

以上当否请示。

山西省永乐宫迁建委员会

1959年7月15日

至此，永乐宫迁建的新址确定下来——山西省芮城县龙泉村，古魏城内，附近还有唐代建筑广仁王庙及宋塔，距永乐宫原址约25公里。

---

[1] 原始档案见"第七部分 永乐宫迁建工程专题原始档案"附录二十。

4.1.5 新旧选址对比

永乐宫原址北侧紧靠峨嵋岭，南距黄河北岸约 500 米，宫门前十字街是永乐镇最热闹的地方，也是构成永乐宫和永乐镇相互关系的交合点，永乐镇在宫门前沿东西南方向展开。（图 3-3）

图 3-3 可以清晰地看到其他相关遗迹的分布情况：吕公祠位于永乐宫西侧，紧邻永乐宫；披云道院仅存遗址，位于吕公祠的西北侧；再往西北山脚下分布着披云子墓和潘公墓；祖师行祠则在营里村的西北方向；吕祖墓在永乐宫的东南、原头村南侧。以上几处遗存都进行了搬迁保护，和永乐宫一起迁入新址集中保护。

永乐宫新址如前页"山西省永乐宫迁建委员会关于选定永乐宫迁建新址的报告"中所述，虽然整体地势北高南低，"北靠中条山、南有一池清水"，但与原址"北侧紧邻峨嵋岭、南侧距黄河约500 米"的直观环境上的差别还是比较大的。

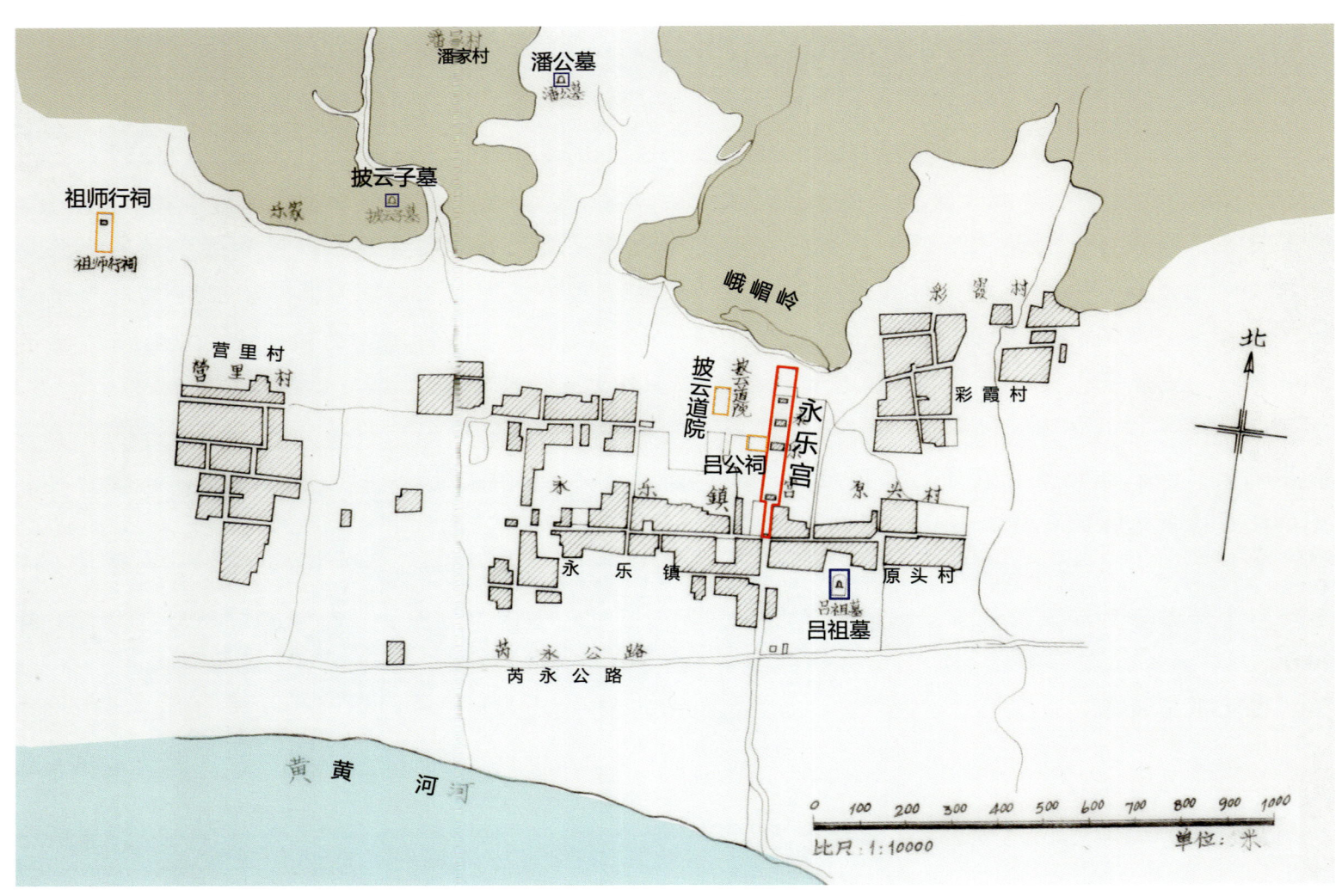

图 3-3　永乐宫原址与永乐镇及周边遗址和村庄的关系（1959 年绘制）

但新址的特点在于其位于古魏城遗址内，西北有五龙庙距永乐宫新址不到 2 公里，东南方向 2 公里有宋代的巷口村寿圣寺砖塔，是一处文化遗存比较丰富的区域。而且由于新址紧邻芮城县城，不仅交通便利，也有利于参观和管理。（图 3-4）

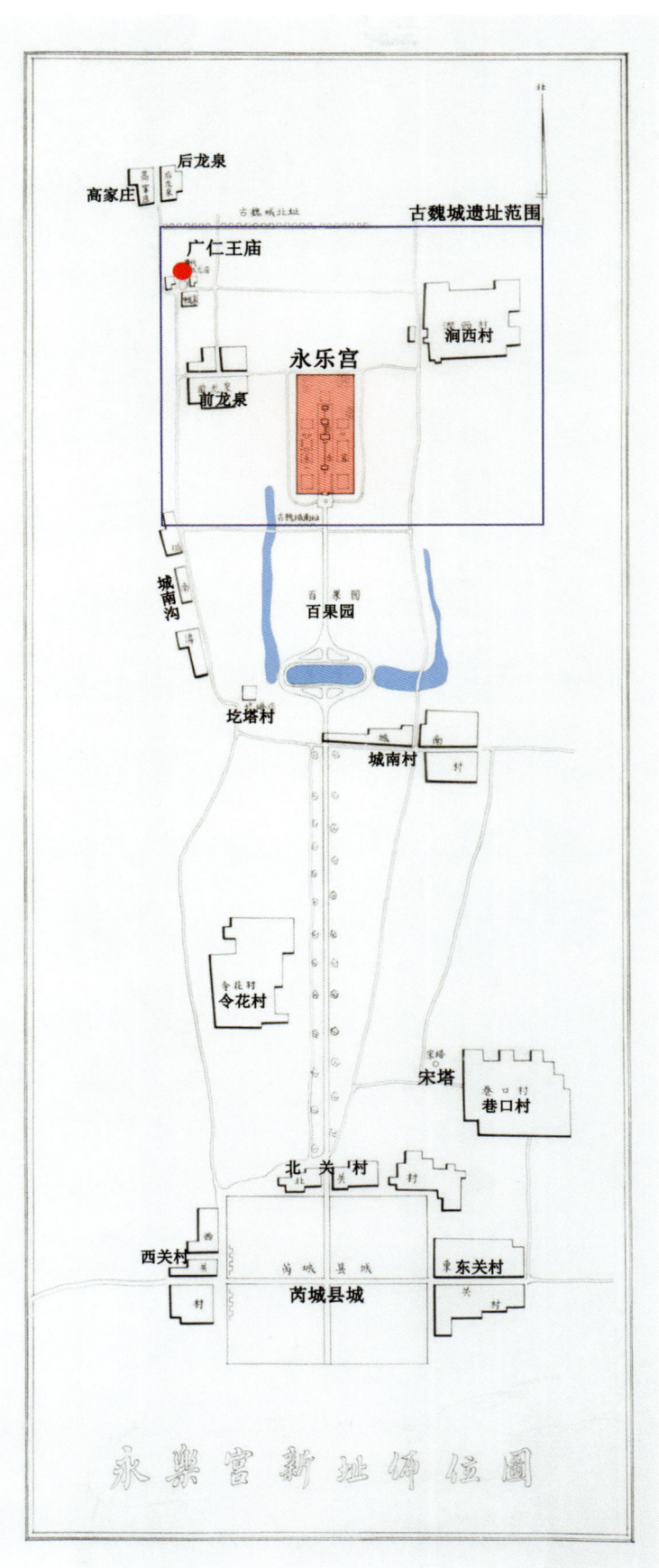

图3-4 永乐宫新址布置图（1959年绘制）

4.2 总体格局

4.2.1 清光绪《永乐县志》中的永乐宫

按光绪续修永济县志所载永乐宫图（图版T-1），永乐宫主轴线由南向北依次排列大门、龙虎殿、三清殿、纯阳殿、重阳殿、丘祖殿。按图中所示，永乐宫主轴线西部还有披云道院、玉皇阁、吕祖祠、报功祠、书院、三官殿、城隍殿等建筑。

4.2.2 1951年发现永乐宫时的永乐宫原址建筑格局

"古建筑复建工程初步设计说明书"[1]对总体布置现状描述：

据文献记载，永乐宫的建筑范围相当大，外围墙东西约宽200米、南北长约450余米，北墙一直到宫后称为小峨嵋山的土岗上，现在东边尚有一段外围墙的遗迹。墙内有一株连理银杏树，相传为吕洞宾手植，西边尚有清代修建的吕公祠、文昌阁书院等建筑物。披云道院只有几座石碑，其他建筑物早已不存在。中轴线上的六座主要建筑物，除最后丘祖殿以外都保留下来。现存永乐宫的建筑范围是：南北长327米，东西宽49米狭窄形的院落四周用夯土墙围起，五座建筑物——宫门、龙虎殿（无极之门）、三清殿（无极殿）、纯阳殿（混成殿）、重阳殿（七真殿）自南向北依次排列。除宫门为清代建筑外，其余四座全系元代建筑，屹立在高达2米余的砖砌基台上。后三殿更用与殿基台几乎等高的砖砌甬道相连。显出的特点是全院内仅有一座座的正殿，无东西配殿或廊庑之类的附属建筑。经初步勘探发掘的结果证明，除在重阳殿两旁各有一座三间垛殿以外，并无其他建筑遗迹。这两座垛殿与重阳殿并列，正面向南，亦非东西配殿。宫后丘祖殿的围墙以内勘探结果，除一座大殿外亦别无附属建筑。此种总平面布置的方法在我国古代建筑遗存中尚是少见的例证。

---

[1] 原始档案见"第七部分 永乐宫迁建工程专题原始档案"附录二十五 1.3。

此外宫内还保留有元明清三代的碑碣二十余座，其中元代的白话圣旨碑、中统三年的"大朝重建大纯阳万寿宫之碑"，都是研究永乐宫建筑历史的宝贵资料。宫内古柏很多，最著名的为相传吕洞宾手植柏抱槐、槐抱桐的一株大树，桐树虽枯，柏槐依然茂盛。宫内自东墙有一股泉水流入，顺西宫墙穿山门而出，沿小河更有两片竹林，使整个平面布局带有园林趣味。（图 3-5~14）

从 1951 年永乐宫被发现时的格局（图 3-5）与清光绪《永乐县志》的永乐宫图（图版 T-1）对比可知，在永乐宫迁建前，能确认的建筑组群有永乐宫、吕祖祠、书院、披云道院，其他组群已无存。从尚存的建筑组群的保存情况来看，永乐宫主体建筑中的丘祖殿仅存遗址，披云道院除了四通碑碣之外，其他也是遗址。柏抱槐和连理银杏树尚在，东、西角门已无存，水渠痕迹模糊，在永乐宫主体建筑群组四周的围墙为后代增建 [1]。

宿白先生在其"永乐宫创建史料编年"中所述："永乐宫正门南，笔直大街之左右，各有小庙废墟一处，东者为东岳岱山庙，西为护国西齐王庙。"在现存档纸档案中已无法确认其准确位置，但宿先生在文中提到的分别存于两座小庙废墟上的"张玄德书之重修东岳岱山庙碑"和"玄正大师徐道安书之重修护国西齐三庙记"两通碑碣现存于永乐宫新址西碑廊内。

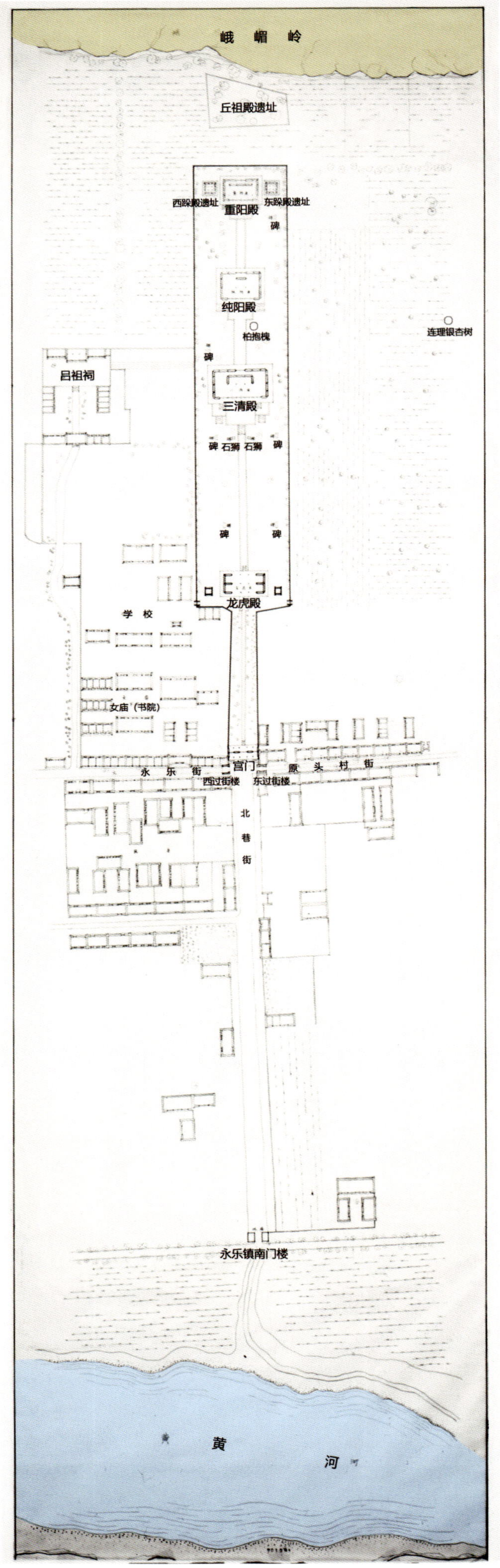

[1] 关于围墙是否为原制，在迁建方案制定过程中，宿白先生于 1960 年 8 月曾经向永乐宫迁建委员会提出"对永乐宫故址宫墙进行复查"的要求。原始档案见"第二部分 永乐宫迁建工程始末"图 2-118。

图 3-5 永乐宫原址总体格局（1959 年绘制）

图 3-6　三清殿屋顶上北望峨嵋岭（1958 年拍摄）

图 3-7　峨嵋岭上南望永乐宫原址（东）

图 3-8　峨嵋岭上南望永乐宫原址（中东）

图 3-9　峨嵋岭上南望永乐宫原址西侧吕公祠（中西）

图 3-10　峨嵋岭上南望永乐宫原址西侧披云道院遗址（西）

图 3-11　北向南看丘祖殿遗址（重阳殿北侧）

图 3-12　龙虎殿向南去宫门的林萌道

图 3-13　纯阳殿前东侧柏抱槐

图 3-14　三清殿和连理银杏树（连理银杏树在
三清殿东北方向）

4.2.3 永乐宫迁建后新格局

4.2.3.1 古代建筑复建工程初步设计说明书 [1] （说明书之三）

迁建后的永乐宫，其主体部分与现状基本相同，按现存各殿的次序、距离依次复建，前后分为两部分：

（1）前部：即宫门至龙虎殿前的一段，其间距离按现存情况，横向距离按现存状况增大与后宫墙等长。宫门内两侧添建碑廊，将宫内及镇内零散碑碣分列两边安置。甬道两旁移植古柏，以保持"古木参天碧"的旧观。

（2）后部：自龙虎殿至后宫墙，包括现存元代的四座大殿、垛殿殿基、丘祖殿遗迹、元中统三年碑、清康熙二十八年两座大碑和三清殿前的石狮，除此，不再增加其他建筑以保存原建的特点。这样分区的目的是拟在永乐宫的主体部分，既保留元代的平面布局，又保持后人发展的规模。在前后两部分的交叉处，即龙虎殿前适当的改变现存的局促局面，以使两部有明显的区别，而且也利于观赏。仍按现状设东西两侧旁门通往新建的招待所与保管所。

现存情况中主体部分的中轴基本为一直线，但龙虎殿却向东偏出中轴线约一米，此种情况估计为当时施工的误差，拟在复建中将龙虎殿向西移至中轴线上。

宫内仍按现状引泉水入内，出口处改在宫门以西，并移植柏、桐、柿等树木。各种树木务求格调相衬，此外并按原位植银杏㭨及柏抱槐，恢复槐抱桐等古迹，以增添游兴。

4.2.3.2 永乐宫迁建工程总设计说明 [2] （说明书之四）

迁建后的永乐宫，根据现存情况及原来建筑的规模，在宫内分成中、东、西三个院落，中院基本与现状相同，东西两院除增添移建的古代建筑及古代墓葬以外，并结合使用要求修建一些供群众文化活动的展览陈列房室及保管所的办公室宿舍等。

（1）中院

为永乐宫的主体部分，自中轴线至两侧各宽25米，用土筑围墙与东西院隔开，中院又分为前后两部：

前部：自宫门至龙虎殿止，两殿用宽2.06米的石子砌筑的甬道相连，路两侧各建碑廊21间，东廊安置于永乐宫建筑及吕纯阳历史有关的各碑碣，西廊安置移建于此的历代碑碣，东西院的中间各殿门通往东西院的保管所和招待所（将来利用库房、工棚改建），龙虎殿前为通往东西两院的主要干道。

后部：自龙虎殿至丘祖殿选址，考虑到保管、参观、游览的便利并结合现存情况，基本仍按现状处理，在重阳殿与丘祖殿遗址中间用围墙隔开，这样自重阳殿后的一段，四周照图筑起围墙。在总平面中形成整个建筑群的中心部分，院内在中轴线上按现存次序、距离复建龙虎、三清、纯阳、重阳四座元代大殿。具体尺寸位置照图，现存情况中，龙虎殿的中心线向东偏出中轴线1.00米，经研究认为系原建时施工误差所致，故复建时将此殿的中心线向西移，与中轴线相合。各殿前甬道照原制复建，并将重阳殿东西垛殿复建以供研究。水渠仍从东墙流入穿佛骨洞南折顺西墙流出宫门，三清殿前石狮一对，大碑两座，按原位归安。为参观游览的便利，照图示位置，增添行人道路，此外不再增添其他建筑物，以维原建的平面特点。

---

[1] 原始档案见"第七部分 永乐宫迁建工程专题原始档案"附录二十五，1.3。

[2] 原始档案见"第七部分 永乐宫迁建工程专题原始档案"附录二十五，1.4。

（2）东院

移建于宫内的礼教镇石牌坊，永乐镇玄帝庙大殿，唐吕纯阳祖墓，依此照图示位置复建，各工棚、壁画库房等临时性建筑物，竣工后改建为图书阅览室，休养所、招待所等房。

（3）西院

吕公祠按现有距离位置复建，丘祖殿遗址按原位布置，移建于宫内的披云真人墓、潘德冲墓，照图示位置复建。吕公祠前后的壁画库房、壁画修复室、工棚等临时性建筑物，于竣工后改建为保管所办公室、宿舍、文物陈列室及临时展览室等房屋。

4.2.3.3 永乐宫新址格局补充

根据 2016 年现场调研，还有几处需要补充：

目前永乐宫以宫门为界，分为南北两个区域。宫门以南至文瀛湖北岸是古魏城城墙遗址公园，再往南至山门是以文瀛湖、翠锦园为主的城市公园。

中路：围墙北侧应是丘祖殿遗址，目前已基本没有遗址迹象。

东路：永乐宫新址东路从南向北分别是：东苑（办公区）、石牌坊、壁画艺术中心（部分仓库）、玄帝庙、财神庙、家属区、三仙坟。与原设计相较多了财神庙。

原设计中东路以吕祖墓结束，但现在该区域集中了吕祖墓、潘公墓、披云子墓组成的"三仙坟"。

西路：永乐宫新址西路从南向北分别是：西苑、牡丹园、双壁池、壁画临摹及道教艺术馆、吕公祠、王母殿、后花园、小瀛洲和聚仙园。其中"王母殿""后花园""小瀛洲""聚仙园"均是原设计图中没有的。

4.2.4　永乐宫迁建前后格局的主要变化

（1）原址仅永乐宫主体建筑形成的一路轴线的格局（图 3-15），变为中路、东路、西路三路的新址格局（图 3-16、17）。

（2）将宫门至龙虎殿之间的原宫墙位置向东西外移，使得东西两侧的前宫墙与后宫墙南北拉直。

（3）在宫门与龙虎殿之间拓宽的宫墙内侧增建东西碑廊，集中安置永乐宫宫内碑碣及原址周边的其他碑碣。

（4）龙虎殿向西移 1 米，拉直从宫门至重阳殿的中轴线。

（5）迁建永乐宫原址附近的南礼教村石牌坊、祖师行祠大殿（玄帝庙大殿）、吕祖墓、潘公墓、披云子墓等，形成东路主要建筑轴线。

（6）"丘祖殿遗址"在新址已基本没有痕迹。

（7）东路"玄帝庙"北侧添加财神庙。

（8）西路"吕公祠"北侧添加王母殿。

（9）北侧内宫墙外变化较大。

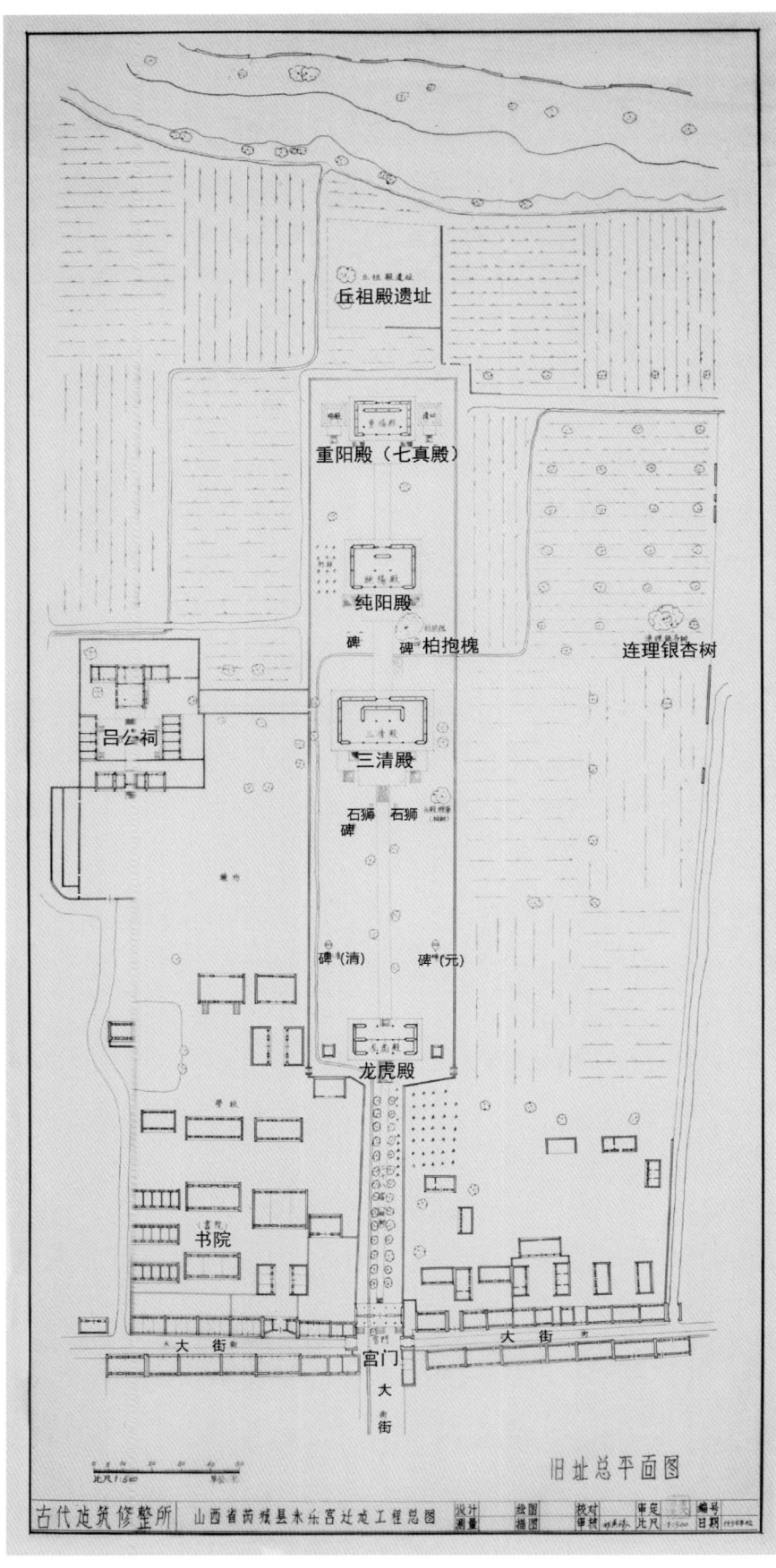

图 3-15　永乐宫原址总平面图（1959 年绘制）

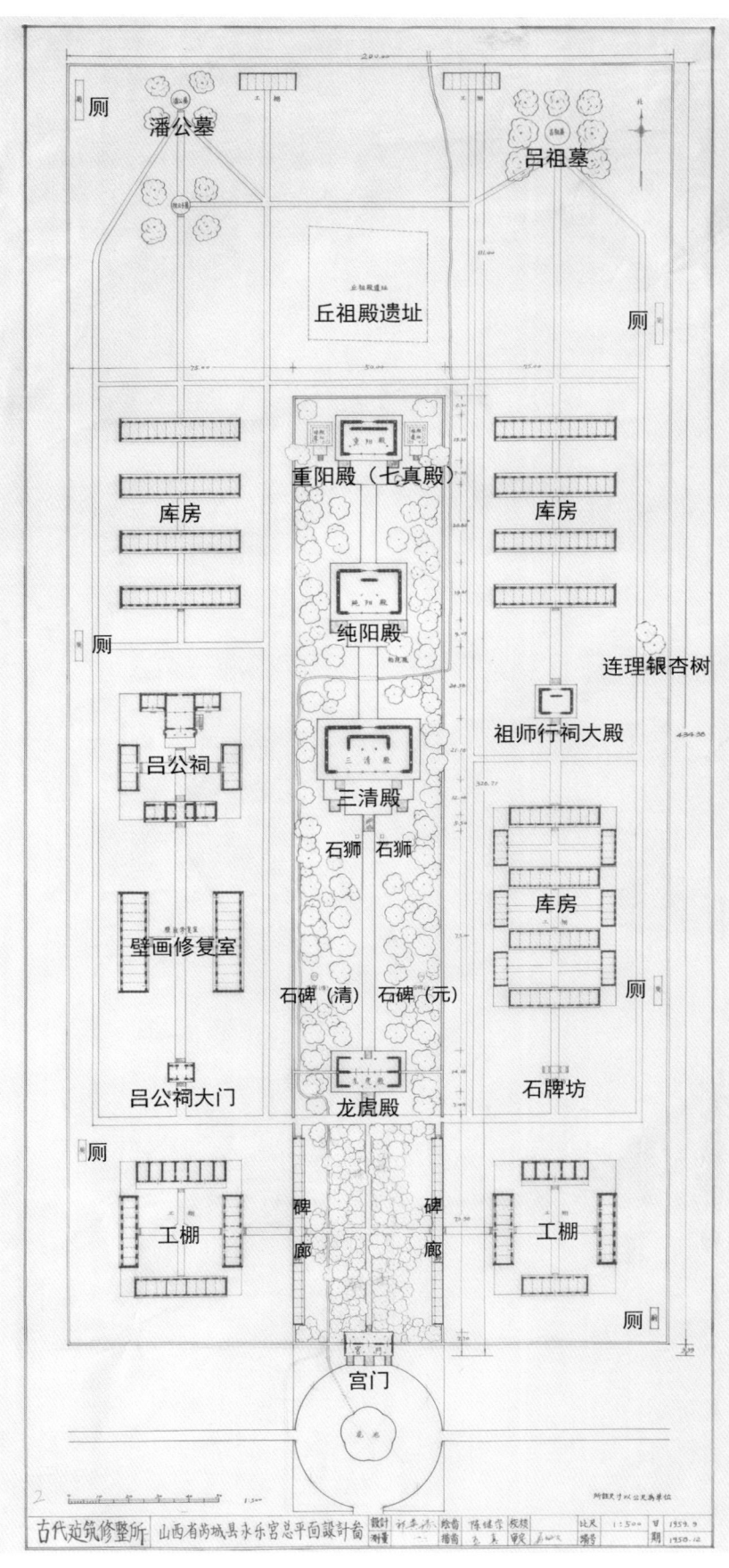

图 3-16　永乐宫新址设计总平面图（1959 年绘制）

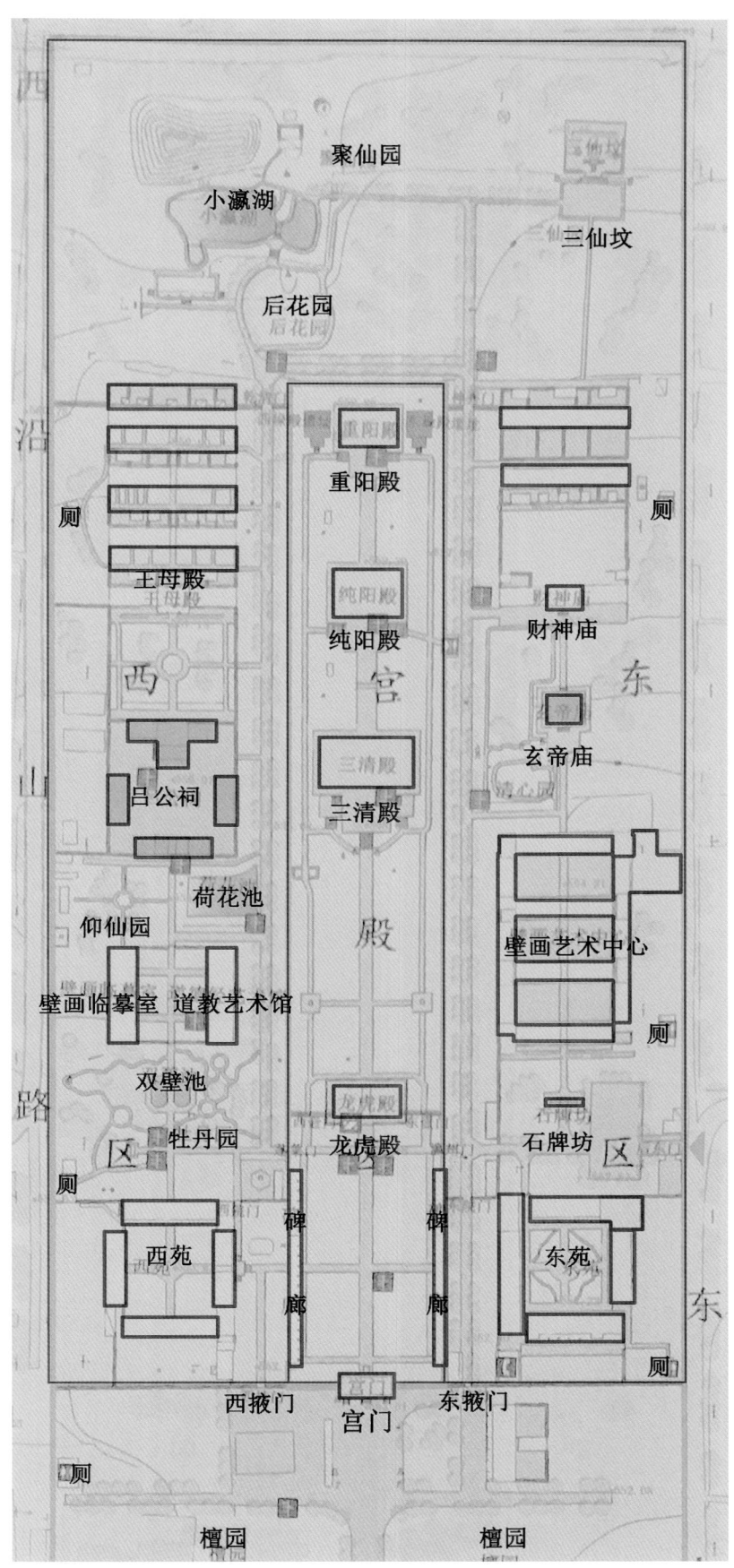

图 3-17　永乐宫新址现状总平面图 [1]

---

[1]　图纸来源为永乐宫壁画研究院提供的《永乐宫保护规划》（2015~2035 年）。

图 3-18　原址全貌（1956 年拍摄）

图 3-20　原址全貌（1956 年拍摄）

图 3-22　原址全貌（1956 年拍摄）

图 3-19　新址全貌（2019 年 9 月拍摄）

图 3-21　新址全貌（2019 年 9 月拍摄）

图 3-23　新址全貌（2019 年 9 月拍摄）

4.3 五座主体建筑的迁建

永乐宫五座主体建筑的迁建包括勘测、迁建工程设计、拆卸（拆卸前编号）、搬运和复建几个过程。

一般情况下，古建筑维修项目的常规内容主要是现状勘测和方案设计。对于迁建保护的古建筑来说，拆卸前的编号是必不可少的重要环节，工程档案中存有81张拆卸编号草图，足以说明了这一点。

另外，元代彩画复原设计也是档案中占有一定份额的内容，虽然由于时间和经费问题，最终并未按方案实施，但在复原设计过程中，对元代彩画的研究工作和成果，却有着重要的参考价值。

本节主要对五座主体建筑迁建前后的一些主要变化进行描述。只要档案中有的信息，尽可能做到全面、真实的表达。

五座主体建筑迁建后有一些统一的变化，因此把"建筑迁建过程"和"迁建后统一变化"作为单独的两小节，第三小节是建筑单体迁建的情况，鉴于彩画复原研究和四座元代建筑模型制作相对独立，便在本节后各自独立成一节。

4.3.1 建筑迁建的过程

4.3.1.1 建筑勘测

1957年8月，北京古代建筑修整所彩画组的王仲杰、李惠岩、吕俊岭、陈长龄、刘世厚在组长金荣先生的带领下开始了元代彩画的临摹工作，这是五座主体建筑勘测工作的开始。1958年8月，祁英涛、陈继宗带领北京古代建筑修整所的十余名技术干部前往永乐宫，全面展开对五座主体建筑的勘测工作，其中，祁英涛先生负责壁画迁移工作，陈继宗先生负责建筑搬迁工作。至1958年底，基本完成建筑的勘测。这期间完成全部实测草图（图3-24~33）及设计图[1]，完成了永乐宫迁建前的前期准备工作。

---

[1] 原始档案见"第八部分　永乐宫迁建工程原始档案"中附录五十一和附录五十二。

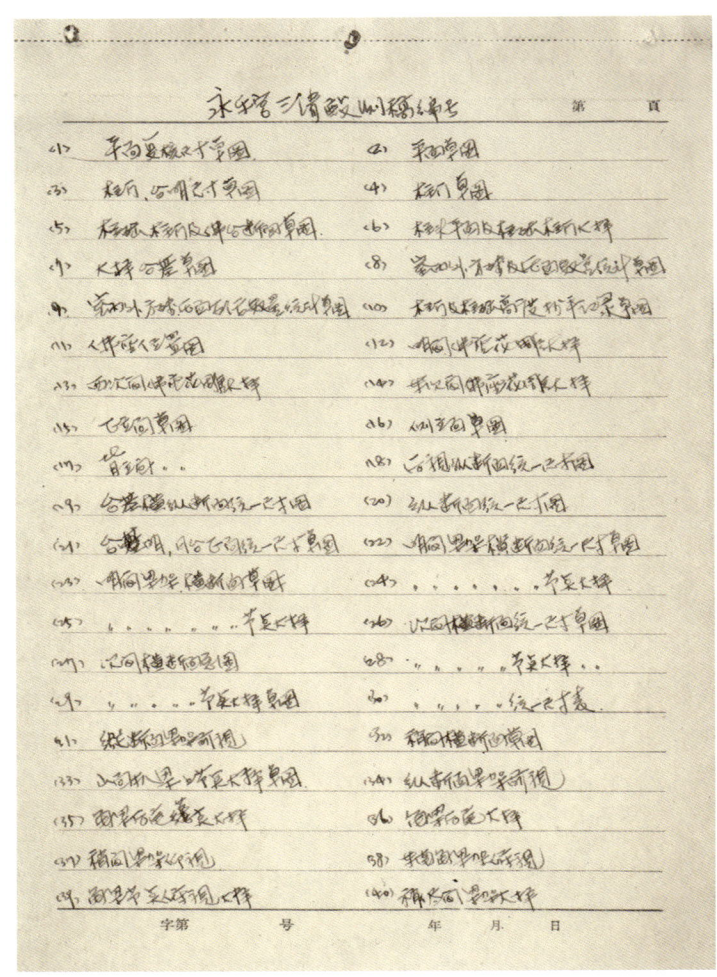

图3-24　三清殿实测草图目录

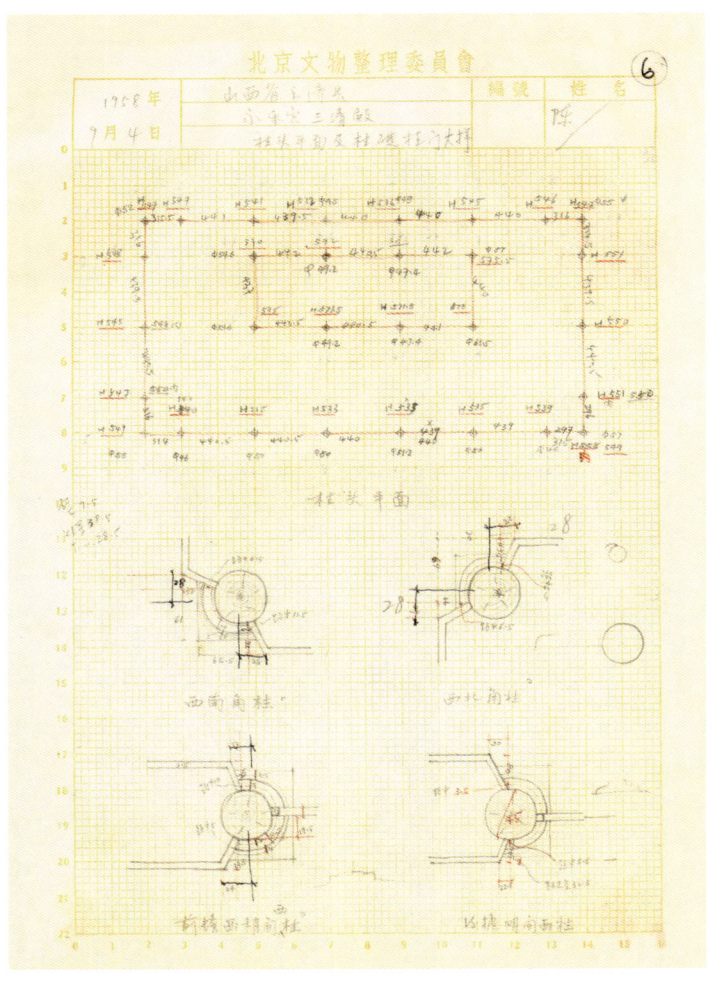

图3-25　柱头平面及柱础实测大样草图

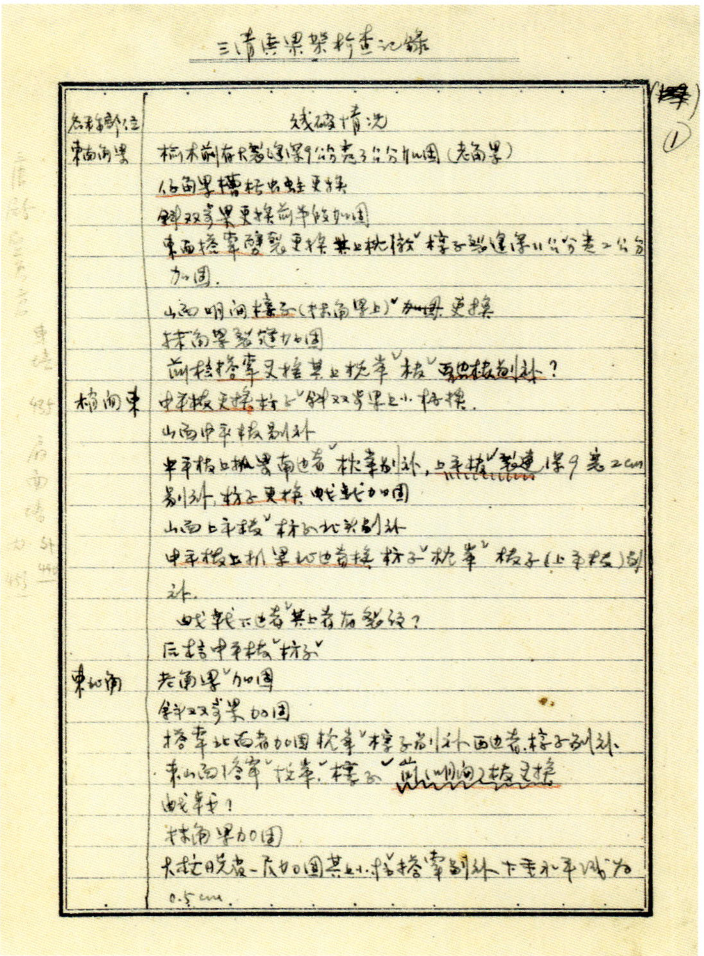

针对永乐宫为不规则的元代建筑特点，在测量上采取了坐标测量法，即将地面抄平，然后以抄平点为准，每缝梁架都做垂线，由上而下量总尺寸，使之与各部分尺寸相吻合。

建筑的各部构件，不仅进行了详细的测量，而且考虑到了运输工作的需要，算出了各构件的重量。对于保存有元代壁画的墙体进行了极为详细的测量，给之后的复建施工带来了便利。对于表现时代特征的细部做法，在画出细部大样的同时，也做了详细的了解和记录。

现场进行详细校对，统一尺寸，是永乐宫勘测工作中的重要一环，既可以方便设计，也有利于施工。

4.3.1.2 建筑迁建工程方案设计

1959年后，根据勘测结果开始编制迁建工程方案及迁建设计图纸的绘制，至1959年9月，完成全部的迁建方案设计、预算书及图纸绘制

图 3-26　三清殿残损情况说明草稿

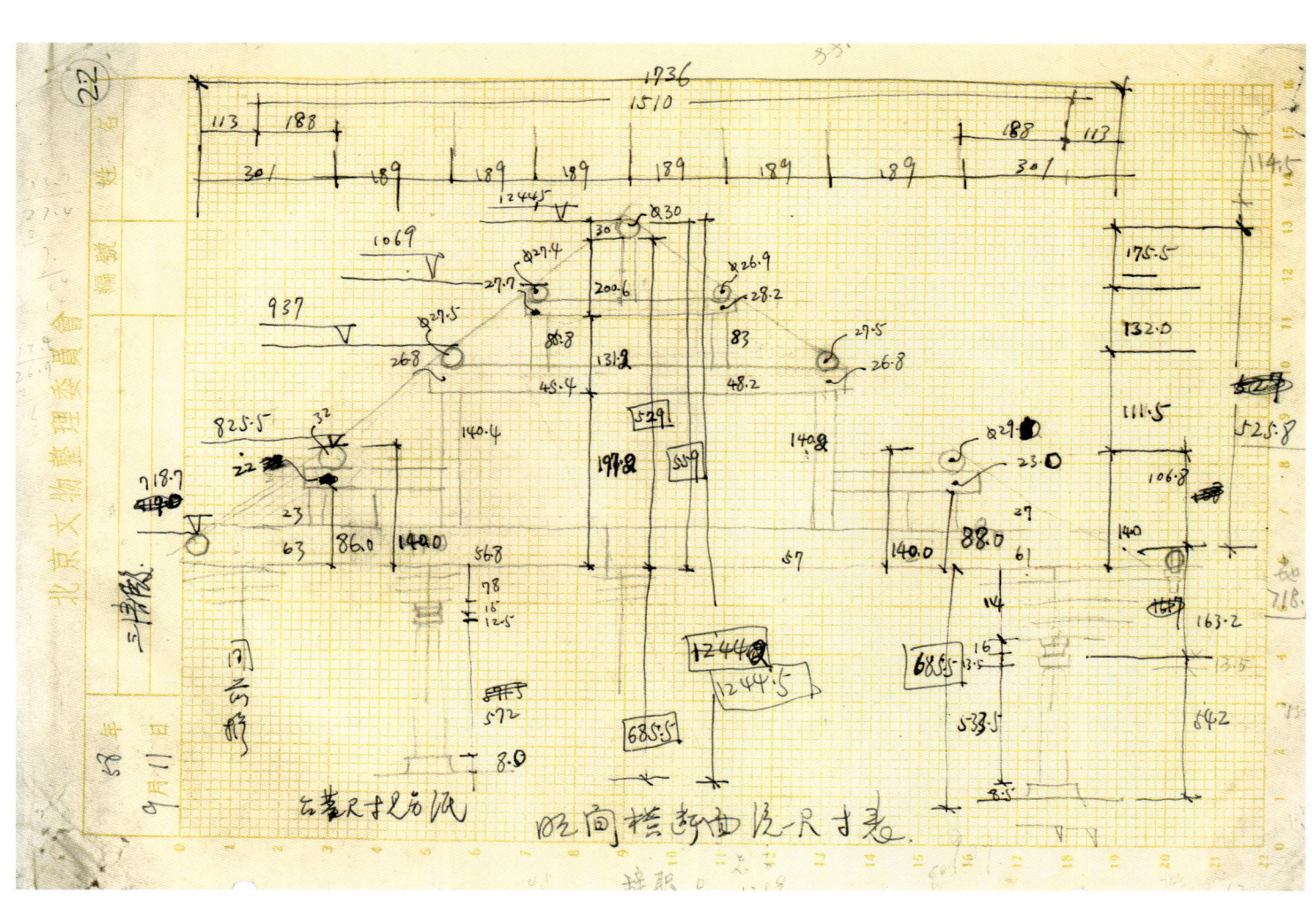

图 3-27　明间横断面统一尺寸草图

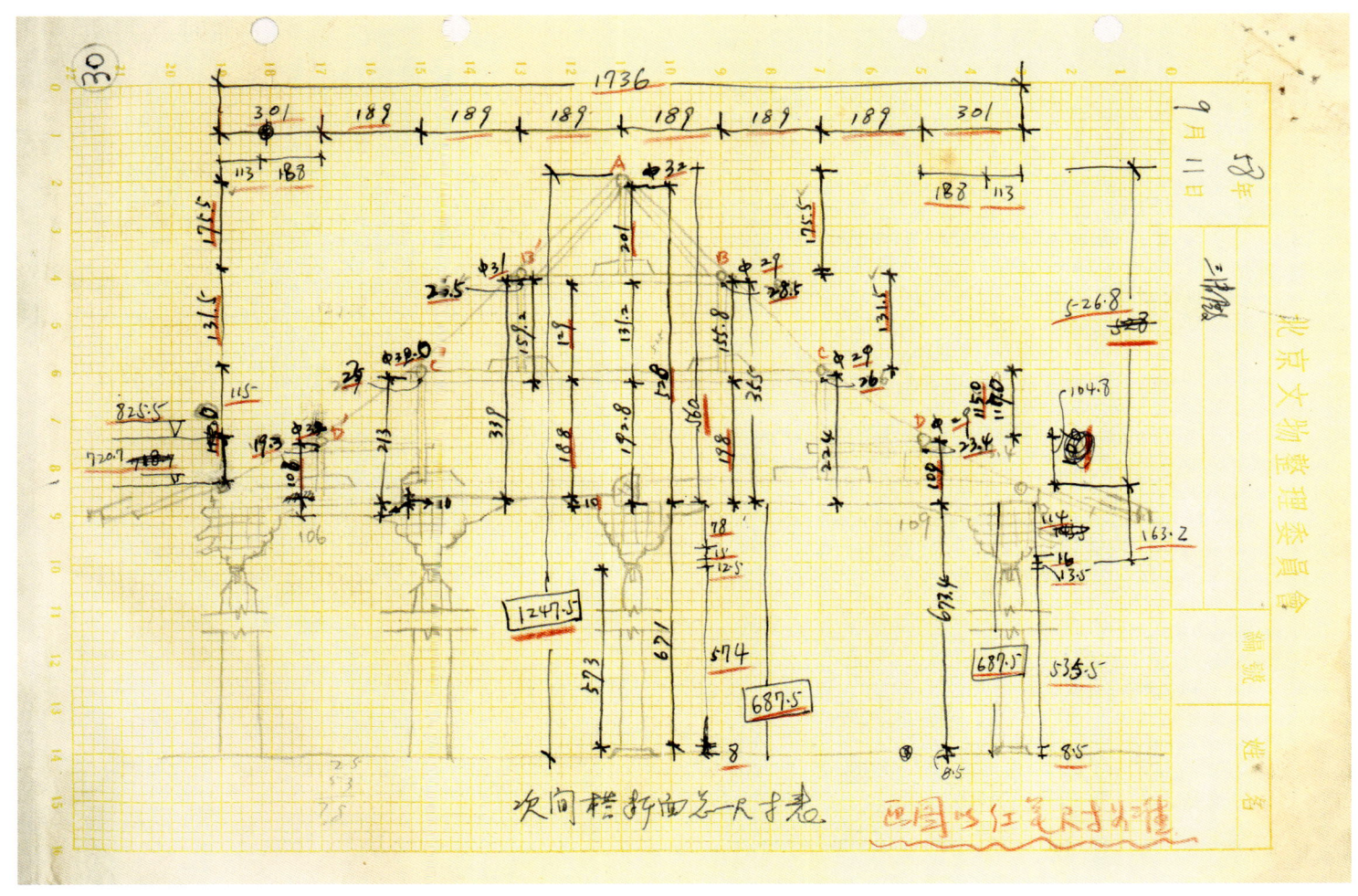

图 3-28　次间横断面统一尺寸草图

工作[1]。

　　建筑迁建工程设计工作主要包含原有建筑的残破情况、总平面规划、单体建筑的复原研究、结构加固、基础设计几个方面[2]。

　　原有建筑残破情况、单体建筑复原研究等在本章"建筑单体的迁建"内集中叙述；总平面规划已经在"总体格局"部分展开；结构加固和基础设计相关内容放在稍后的"迁建后总体变化"中描述。

4.3.1.3　建筑拆卸工程

　　1959年，随着三门峡水库蓄水日期的临近，以及1958年下半年壁画揭取试验研究和1959年上半年壁画揭取试验的成功，建筑拆卸工作也紧锣密鼓地开展起来。

　　拆卸工程分为拆卸方法和步骤、拆卸记录草图和编号、主要构件的拆卸、搬运大型构件几个方面。

　　永乐宫的主要建筑物的拆除是按：重阳殿、纯阳殿、三清殿、龙虎殿、宫门的先后次序自后向前拆除。重阳、纯阳、三清这三座殿的壁画、栱眼壁，是采取先行全部揭取完毕后，再进行建筑物的拆除。龙虎殿则是先把栱眼壁揭取完毕后，就进行拆除的，因为这个殿的壁画全部都是采取拆墙的方法揭取，拆墙时为了防止建筑物的倒坍危险，故分两个阶段进行，首先将瓦顶、梁架、斗栱拆除，然后就揭取殿内的壁画，把壁画全部揭完后，再进行拆除柱子、阑额、普拍枋及其余的檐墙等建筑构件。[3]

---

[1] 原始档案见"第七部分　永乐宫迁建工程专题原始档案"附录二十五及"第四部分图版"的"图版T-15~163"。

[2] 原始档案见"第七部分　永乐宫迁建工程专题原始档案"附录二十五、二十九~三十三。

[3] 原始档案见"第七部分　永乐宫迁建工程专题原始档案"附录四十九。

在拆卸建筑物之前做好一切准备工作是十分重要的：一、清理场地；二支搭临时工棚；三、准备拆卸使用的工具和包装用材料；四、绘制拆卸记录的草图、编号。前三项比较容易理解，以下介绍拆卸记录与编号，以及主要构件拆卸方法。

为了防止每座建筑物，在拆除时的乱拆、乱放，许多座建筑物的构件，经过搬运，可能发生错乱、丢失等现象，和避免给复建时造成困难等等情况，在每座建筑物拆除前，根据每座建筑物的结构和具体情况，分别将瓦顶、椽飞、梁架、斗栱、普拍枋、阑额、柱子、柱础、装修等各种构件分类、分层、分项的画出拆除工程记录草图。按草图将各构件顺序编写号码，并登记构件清册，制作标志小木牌钉于该构件上，砖石琉璃构件，按图编号及斗栱分号，用色油墨书写清楚。

分类编号的方法分为两种：

第一种称为"水平编号"，凡建筑物周圈都有的构件，如柱子、阑额等，都按照水平面，自建筑物西北角起，逆时针旋转逐件编号，这种方法仅适用于每号只有一个构件的情况下使用。

第二种称为"综合编号"，凡自成一组或一单元的构件，如斗栱、各缝梁架，所谓综合编号，其总号是依水平编号进行，但每一号内又另编分号，分号的编排依结构情况分别自上而下或自下而上排列。[1]（图3-29~33）

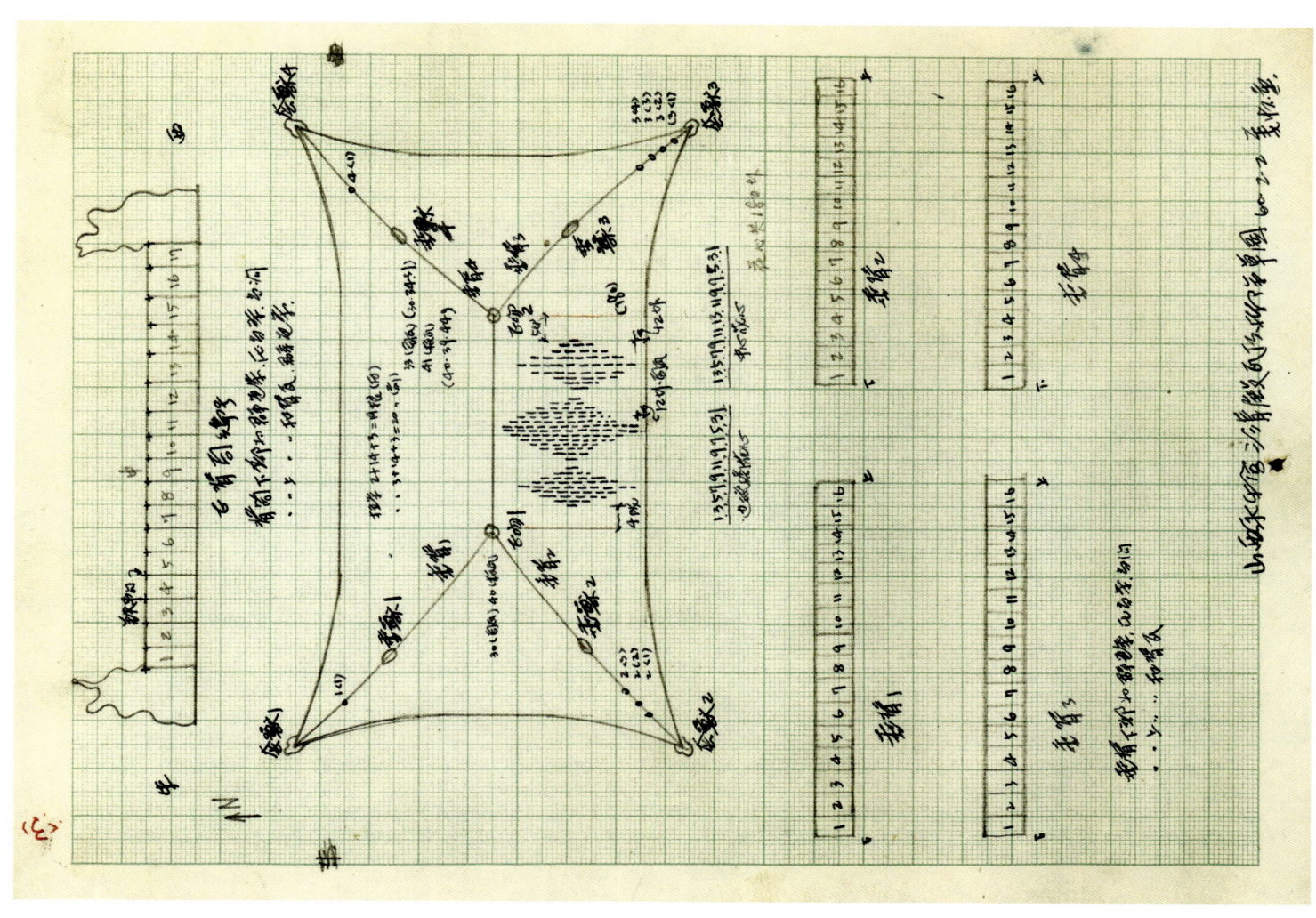

图3-29　三清殿瓦顶拆卸编号草图

---

[1] 原始档案见"第七部分　永乐宫迁建工程专题原始档案"附录四十九。

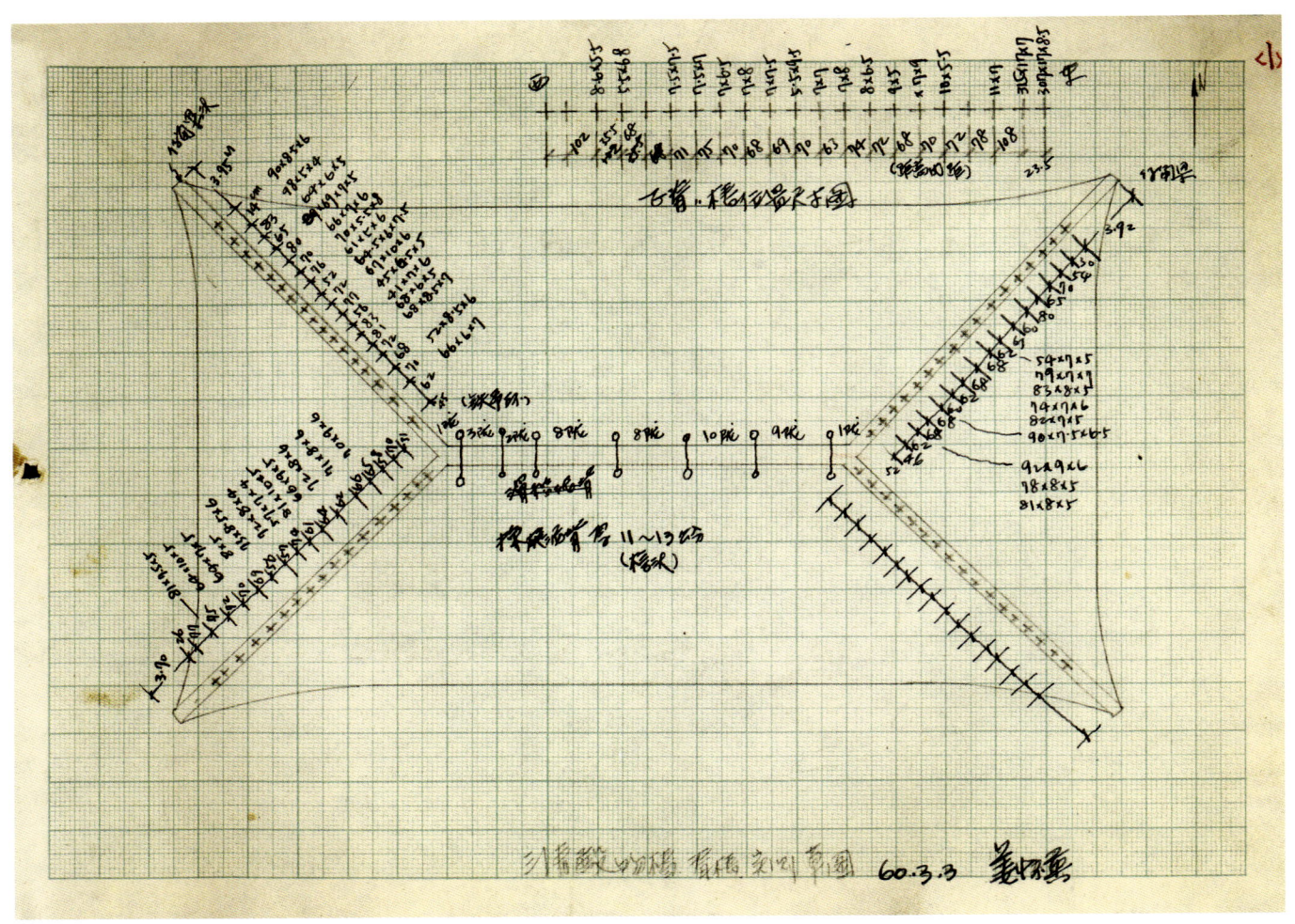

图 3-30　三清殿吻桩、脊桩实测草图

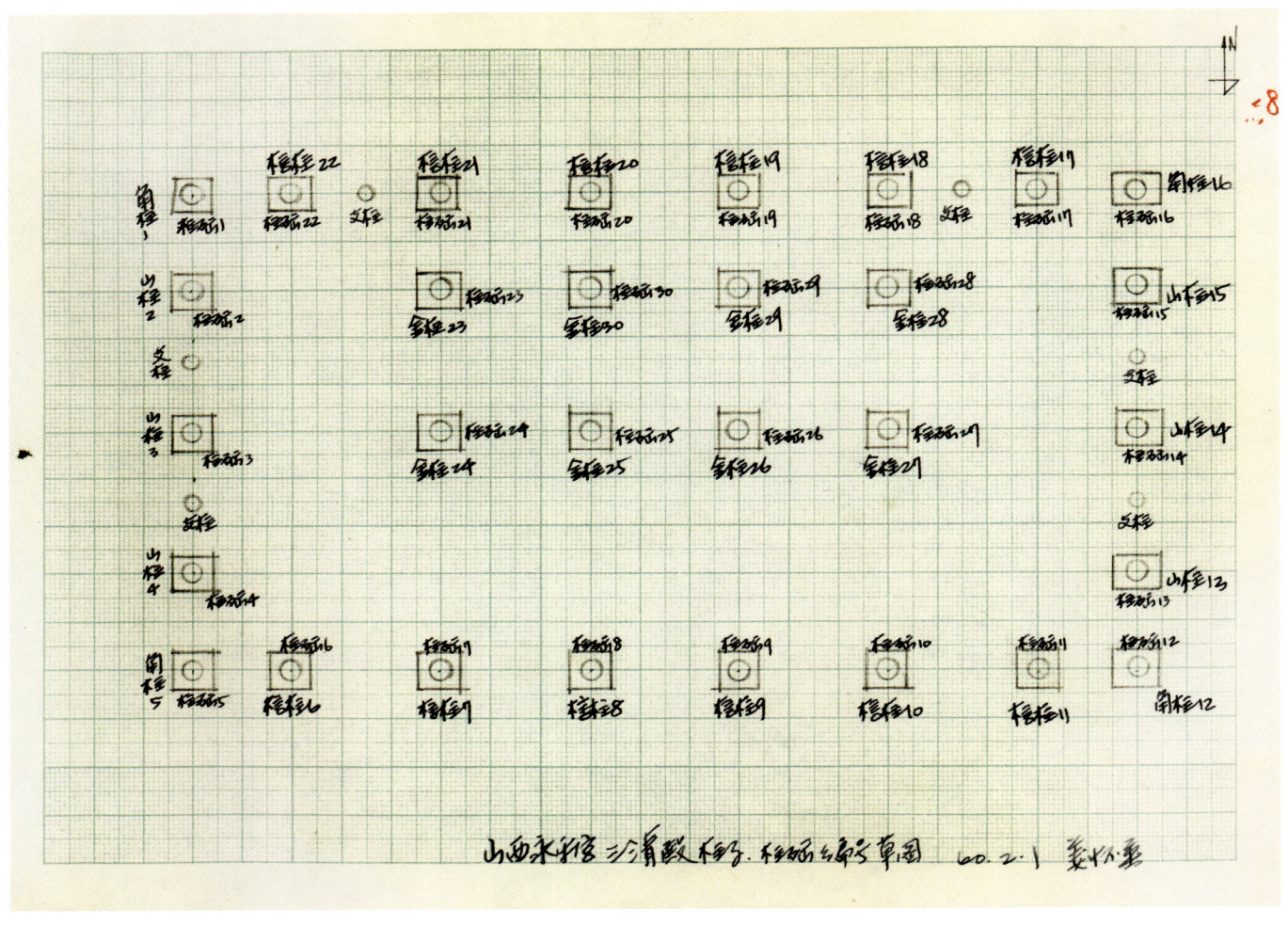

图 3-31　水平编号——三清殿柱、柱础拆卸编号草图

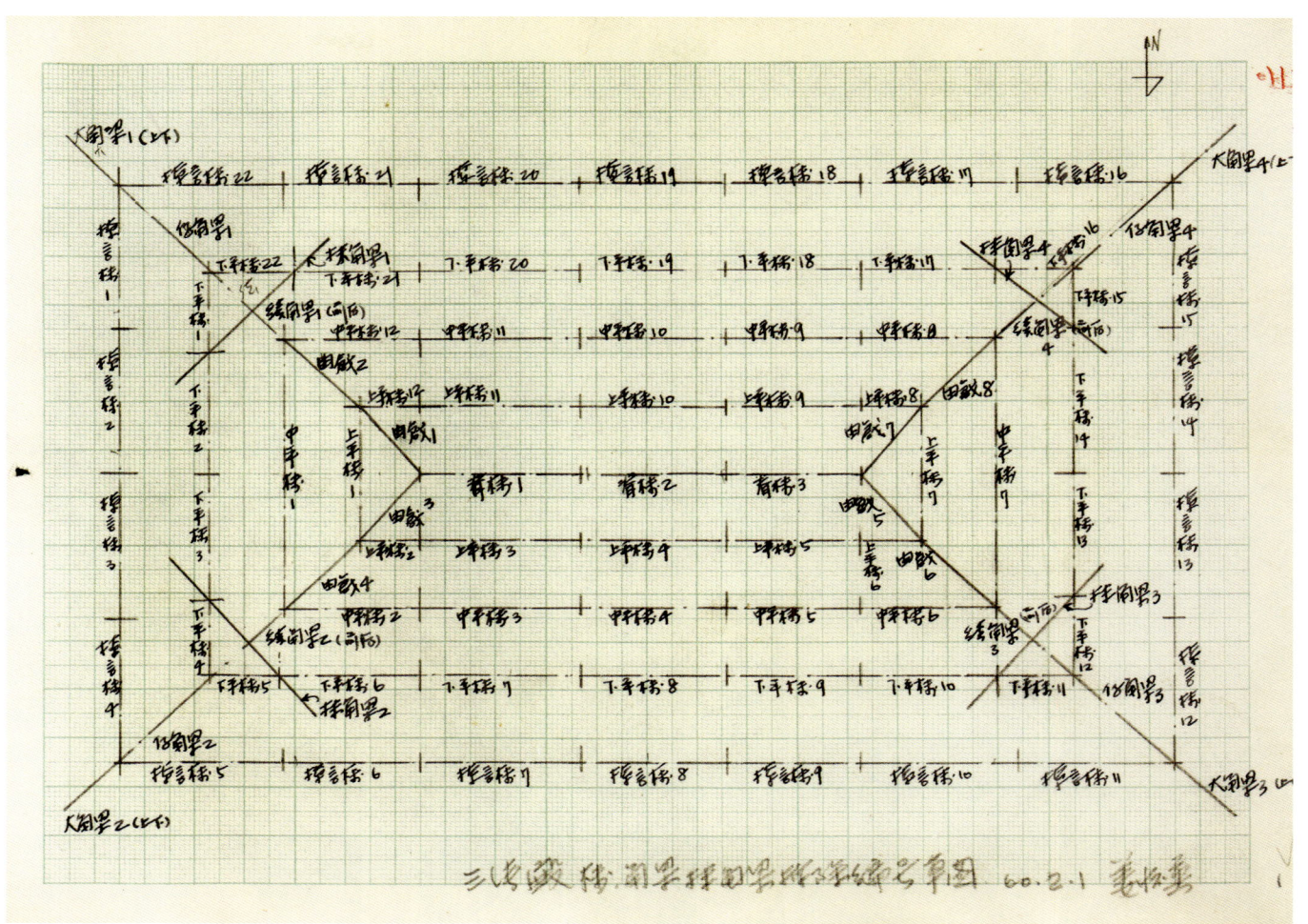

图 3-32　水平编号——槫、角梁、抹角梁拆卸编号草图

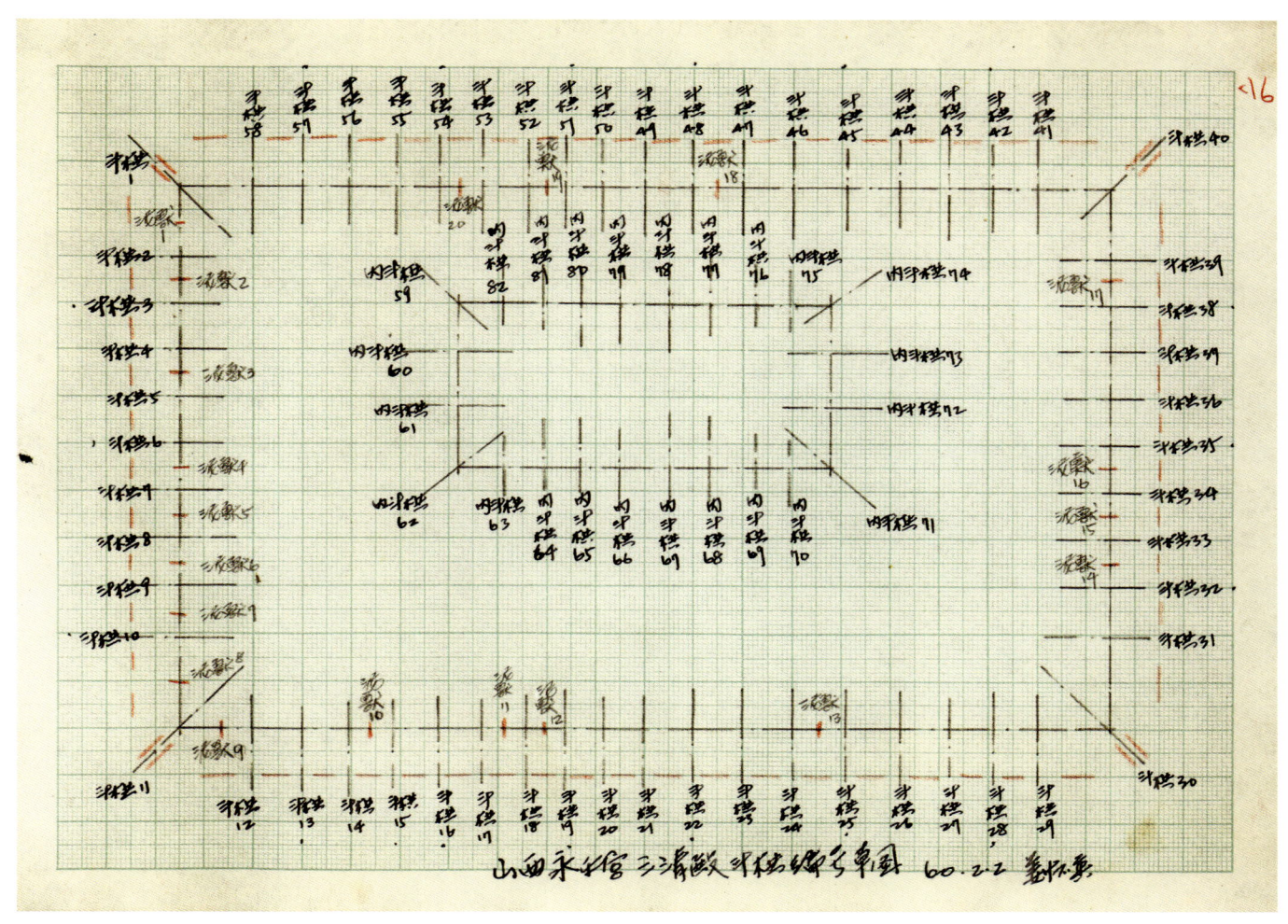

图 3-33　综合编号——斗栱拆卸编号草图

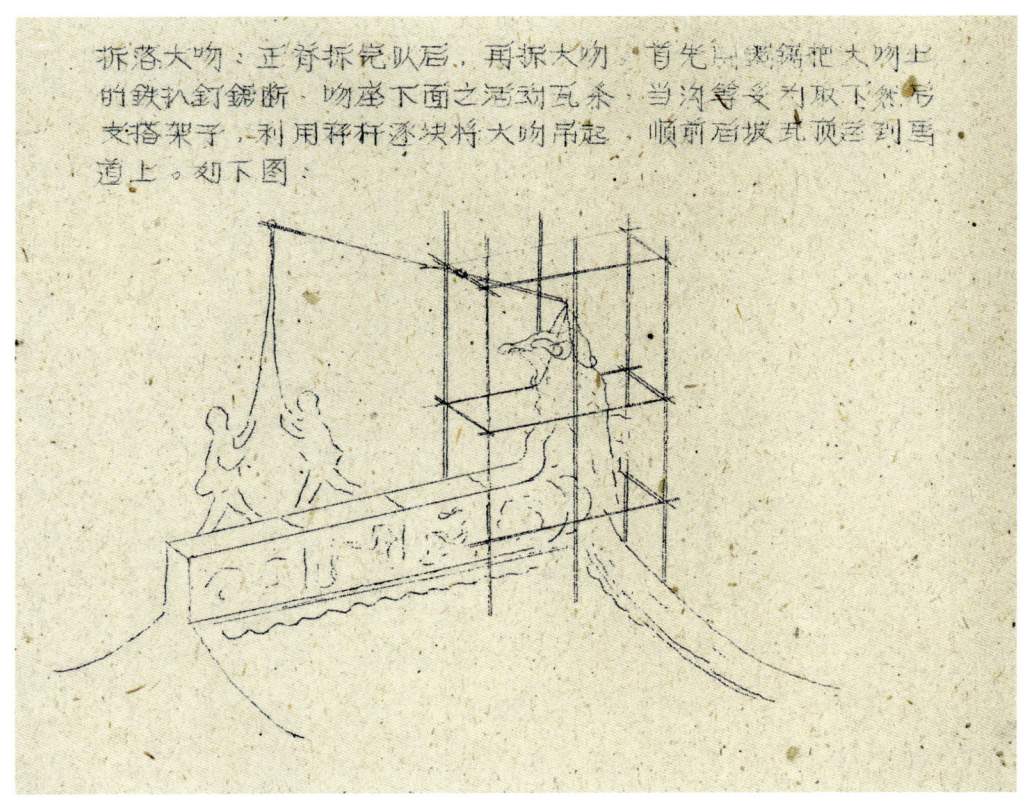

图 3-34　1961 年永乐宫施工纪要上绘制的大吻拆卸方法草图

图 3-35　大吻拆卸时的照片

主要构件的拆卸方法:[1]

拆吻兽: 瓦顶上筒板瓦和正脊拆完以后, 要在大吻四周先支搭安全架子, 一般吻四周用四根立杆、较大的吻需用六根立杆以保安全, 搭吻架的杉稿, 上端要高出吻一米, 下端应立于梁架的大柁上, 如不能立于大柁上时, 一定要绑在固定之梁架上, 或立于殿内地面上。(图 3-34、35)

图 3-36　拆卸下的大吻

图 3-37　琉璃件包装

---

[1] 原始档案见"第七部分　永乐宫迁建工程专题原始档案"附录四十九。

拆卸大梁：采取两次拆落的方法：首先检查有彩画部分是否包装好，然后将构件两端用绳索绑扎，绑在大秤杆上。过大、过重的构件，用千斤顶先把构件微微顶起，然后用大秤杆将其吊起至预定的高度（约一米），固定在承重架子上，用绳与架枋托绑牢固，并在构件上面盖严雨布等，以防雨水损坏彩画。待下边的全部斗栱、普拍枋、阑额、柱子、檐墙等拆除完毕后，没有障碍物时，再将承重架子上吊起的构件，用绳索直接落到地面上。（图3-38~40）

图3-38　拆卸三清殿梁架

图3-39　拆卸三清殿八椽串

图3-40　三清殿瓦顶落架后

拆斗栱：按照拆除记录草图位置，号数，先钉好号牌，待梁架拆落部分完成后，即可进行斗栱的拆落。拆落时须根据梁架拆落完的先后，梁架哪一间先拆完，就交叉进行哪一部分斗栱的拆落。拆落时要按照拆除构件进行分类的记录草图次序，顺榫卯用撬棍等，将内外的罗汉枋、素枋、橑檐枋、柱头枋等一类，先行拆落后，再将每朵斗栱拆落。斗栱拆落时要根据斗栱之大小，件数之多寡，分别采用分件大拆大卸和整朵抬运的办法。每朵斗栱在栌斗上除钉有总号木牌外，必须将其件上的总号与该构件分号用墨书写清楚，不得遗漏一件，以防错乱后无法查找。（图3-41、42）

图 3-41　拆卸斗栱

图 3-42　拆卸分类编号（中间站立于两人之间者是陈继宗）

拆除艺术构件：艺术构件包括三清殿前后外檐明间阑额上有精致的木雕、内外檐其他位置的阑额和榑、枋、柱头、角梁等上有泥雕盘龙、花鸟、山水、人物、走兽等。拆除方法有两种，一种是将艺术品从构件上取下，单独包装；另一种如果确实取不下来，则按艺术品的大小制作专门的木盒，钉在阑额和柱头上，盒内的空隙处，用锯末纸包填实钉牢。

拆大石碑：元代大碑是采用搭架分段拆落的方法进行的，先在大碑四周支搭方筒形承重架，在架子中间约高起碑首上皮1.5米处，东西方向（碑是南北方向）绑一道粗横杆，作为承重用的大梁，并在横杆的两端加用斜戗，然后分段拆落，先拆碑首，碑身本身已经断裂成两段，因此，碑身分两段拆落。

至于大碑的装卸，采用的是"低站台"的方式，即在大碑前挖一个汽车车厢能进入的斜坡的坑，大碑直接放倒在车厢上。这种挖坑的方法就被工人们称之为"低站台"了。（图3-43、44）

图 3-43　元碑搭架拆下

图 3-44　拆卸碑身

4.3.1.4 复建工程

永乐宫木构件上的元代彩画和部分泥、木雕饰品，都怕雨淋日晒，各殿揭取下来的约一千平方米的元代壁画和栱眼壁，更需要妥善保存。所以复建前在新址要先行修建存放这些木构件和壁画的库房、壁画修复室、工人宿舍、办公用房等临时建筑，和场地布置等一系列的准备工程完成后，才能开始复建。

总体施工是根据永乐宫新址，先进行勘察、抄平、定方向位置，再依据新址设计总平面，布置图（图3-16），按尺寸放好中、东、西三路的中线，并钉木桩做好记号。中路的五座主体建筑，按各殿距离、尺寸、位置，从宫门前台明起向后各殿前台名位置钉上木桩，并以此为放线基础，在各殿建筑基础范围内进行地基勘探。

中轴线上的主体工程复建从宫门开始，然后按龙虎殿、重阳殿、纯阳殿、三清殿的排列次序进行施工。这些主要建筑物的施工是按照以上排列次序，把各殿座的基础工程基本完成后，再按照上列次序完成各个建筑的上部结构。这样的施工程序使得基础工程完成后有一个沉淀的过程，更好地保证了工程质量。

龙虎与重阳二殿的大木检查修配木构件完了之后，在下面做了一次预安装的试验，目的是修配有不合适构件比较方便，但用工比较浪费，尤其是大型的构件更换并不多的情况下，安一次再拆下来比较困难，因此，纯阳、三清二殿就没有再做预安装的试验，只是把修配的木构件严格按规格、质量、设计的要求检查，复核实物与设计尺度，做到一次安装达到设计要求。总结修配安装大木等操作方法，证明设计施工的图纸准确程度起着决定性的作用，同时检查修配构件，保证质量要求，也是一个重要因素。

大梁的安装同拆落时一样，分两步走，在阑额、斗栱等尚未安装之前，先将大梁吊装至相应部位，固定在脚手架上，待其下部其他构件安装完成后，再安装大梁。

4.3.2 五座主体建筑迁建后统一的变化

4.3.2.1 屋顶

（1）迁建后屋顶琉璃瓦兽件为复制品

永乐宫迁建前，龙虎、三清、纯阳、重阳殿四座元代建筑中，三清、纯阳和重阳殿的瓦兽件为元代原件，龙虎殿的瓦顶瓦兽件则为清代。永乐宫迁建时，将三清、纯阳、重阳殿屋顶拆落的元代琉璃瓦兽件搬运至文物库房保管。现主体建筑屋顶的瓦兽件均为复制的。

（2）屋脊用毛毡防水

在正脊和戗脊两侧面各铺油毡防护层一层，用一毡二油作法，宽度每面1米。

（3）宫门和龙虎殿瓦顶的变化

宫门在迁建前，瓦顶为干插仰瓦，迁建后一律改成筒板瓦顶。（图3-58、59）

迁建前的龙虎殿瓦顶瓦兽件判定为清代规格和式样，尤其是正吻为典型的当地清代式样。迁建后龙虎殿瓦顶吻兽按重阳殿的式样设计、添配，正脊依照戗脊布瓦条垒砌。（图3-69、70、79、80）

4.3.2.2 墙体

永乐宫迁建前，主体建筑墙体均为土坯墙体，迁建后除了宫门外，其他有壁画的四座元代建筑的墙体均为下肩照原制，有壁画的上身改为木框架墙体结构。

由于龙虎、三清、纯阳、重阳殿等四座元代建筑檐墙及扇面墙均满绘元代壁画，壁画揭取后仅存壁画表皮固定在木框上，因此，为了能妥当地悬挂带木框的壁画，迁建时四座元代建筑的墙体均改为木框架墙体结构。（图 3-45~47）

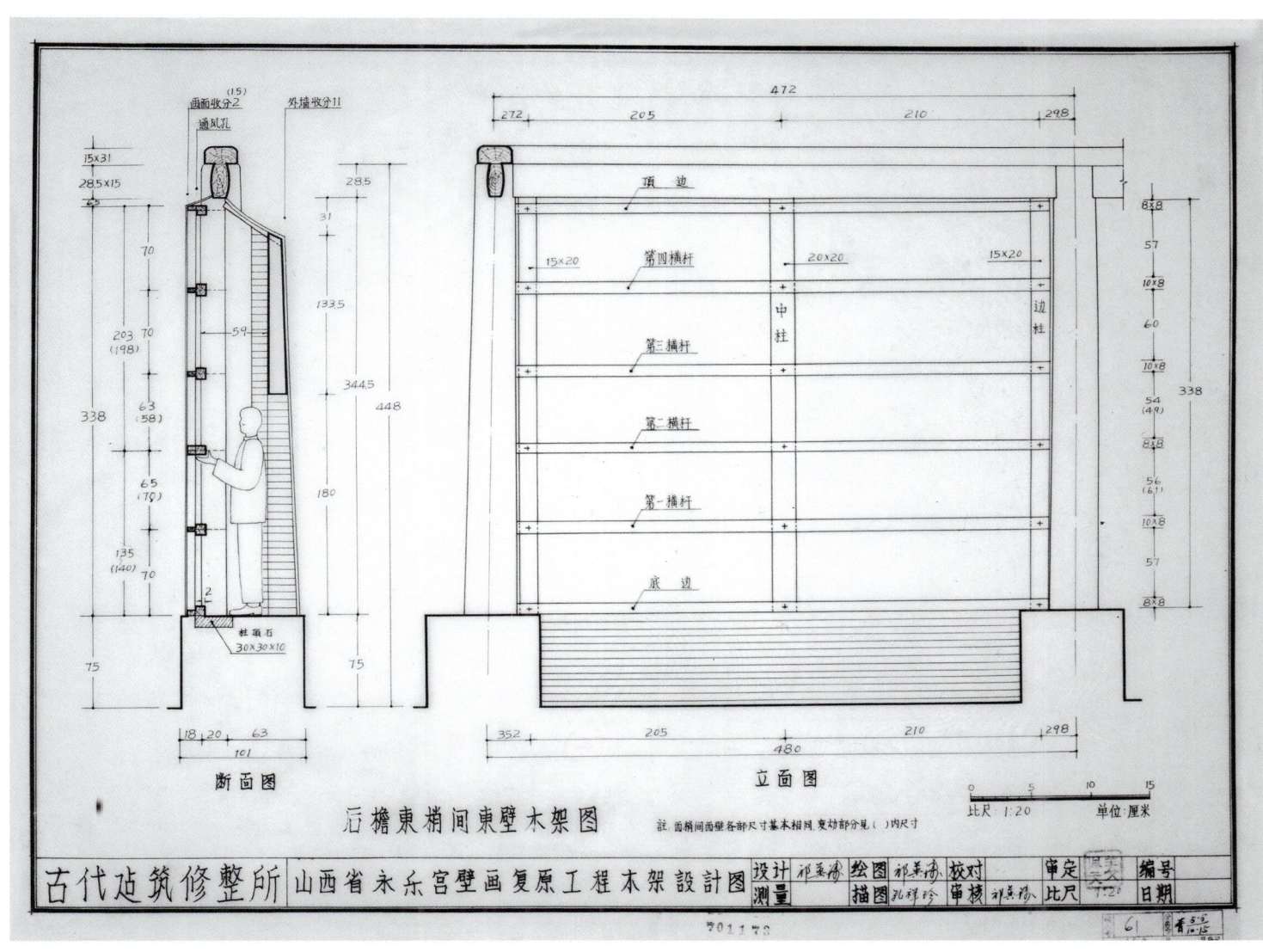

图 3-45 木架设计图

图 3-46 已安装好壁画的木架

图 3-47 完成外部砌筑的夹层墙

4.3.2.3 地基

经过详细的发掘得知，永乐宫主体建筑原来的基础为磉墩，是用碎砖瓦渣和黄土分层夯实。

复建中考虑到山墙、檐墙虽非承载结构，但其自重很大，且有精致的壁画，为了尽可能保证壁画不因地基问题遭受不良影响，在考虑主体建筑复原设计的建筑基础问题时，首先是保证壁画墙面不能走闪裂缝，因此把基础做成条形连贯基础。基础深度依据当地的最大冰冻深度和建筑物的荷载，定为70厘米。（自室外设计地平向下）（图3-48、49）

由于充分认识到地基稳固的重要性，永乐宫主体建筑地基做好后，并没有马上进行之上的其他复建工作，而是搁置了一段时间，让做好的地基充分沉降后，才再进行其他建筑复原的工作，因此，迁建后永乐宫主体建筑的地基是相当稳固的。[1]

表 3-1 原址各殿基槽深度表

单位：厘米

殿名	台基高度	基础深度（从室内地平向下）	槽深	备注
三清殿	238.5	300（角柱）	+61.5	地平以下
		246.5（一般柱）	+8	地平以下
		213（山墙、檐墙）	−25.5	地平以上
		195（前后檐明间）	−43.5	地平以上
纯阳殿	244	253（角柱）	+9	地平以下
		244（一般柱）	0	与地平齐
		190（山墙、檐墙）	−54	地平以上
重阳殿	153	191（角柱）	+38	地平以下
		183（一般柱）	+30	地平以下
		157（山墙、檐墙）	+4	地平以下
		153（前后檐明间）	0	与地平齐
龙虎殿	180	255（角柱）	+75	地平以下
		225（一般柱）	+45	地平以下
		203（山墙、檐墙）	+23	地平以下
		175（前后檐明间）	−5	地平以上

---

[1] 原始档案见"第七部分　永乐宫迁建工程专题原始档案"附录二十九、附录三十、附录四十九。

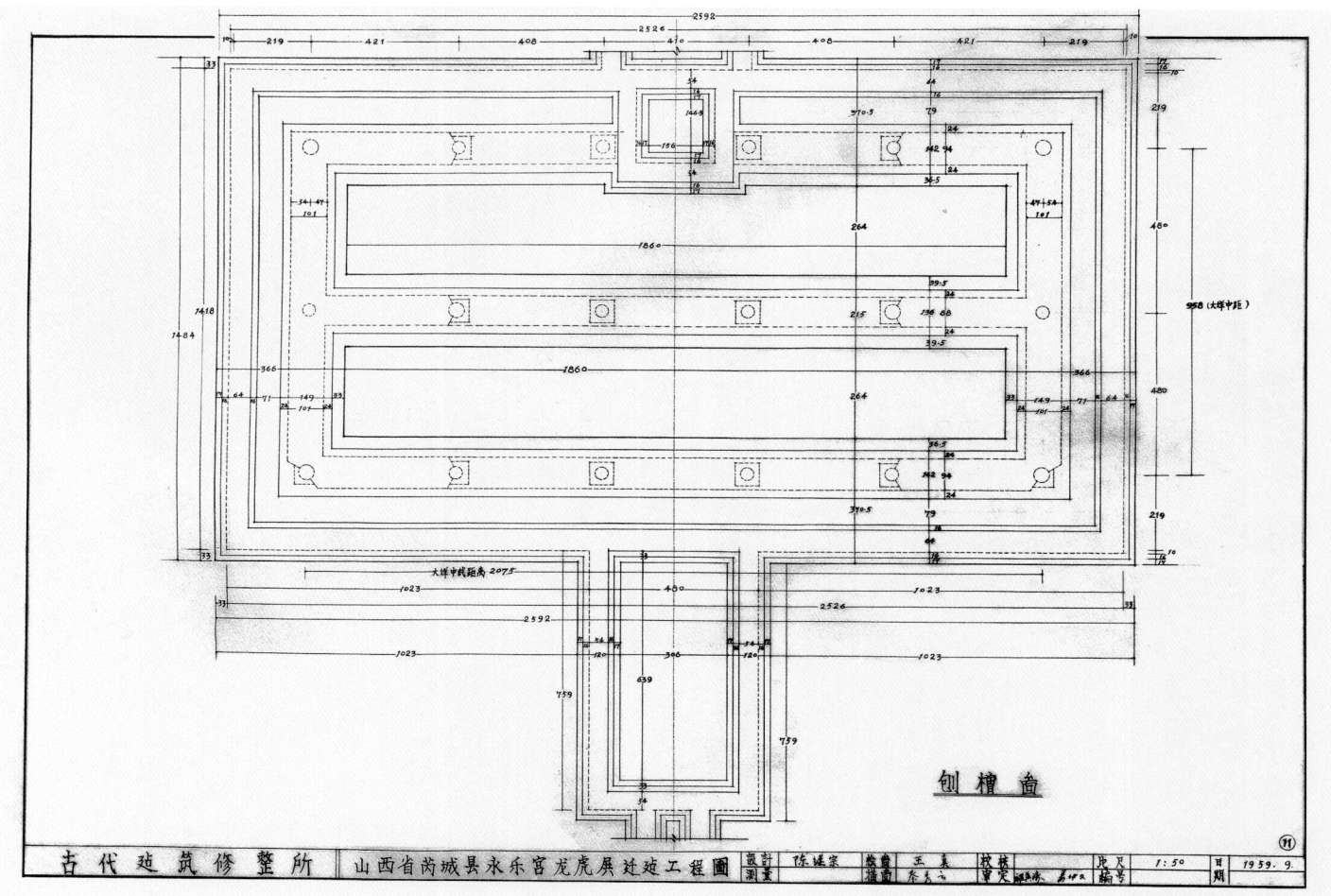

图 3-48　龙虎殿建筑基础刨槽图

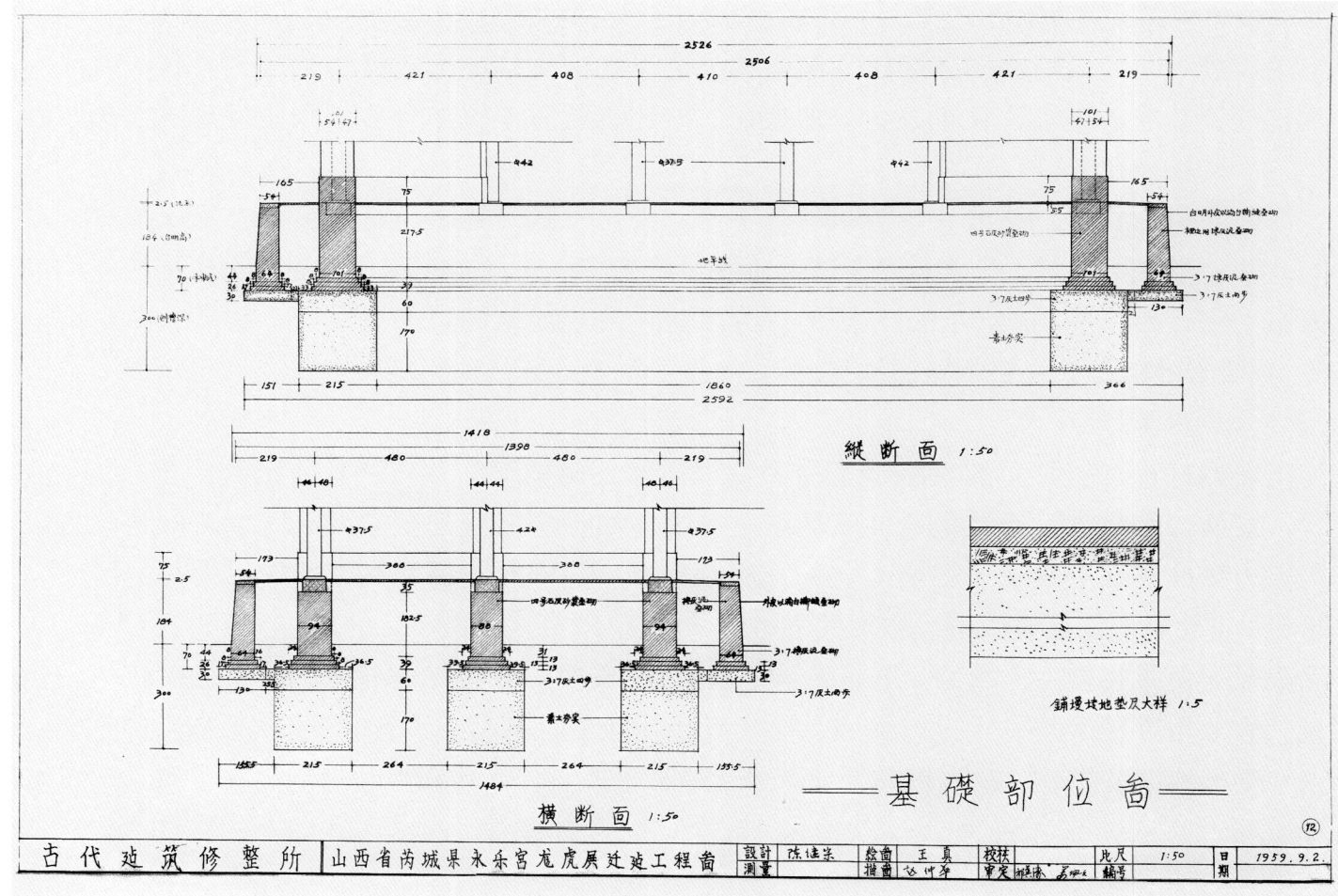

图 3-49　龙虎殿建筑基础部位图

4.3.2.4 结构加固（加铁活）

在永乐宫复建工程中对部分薄弱节点，进行了铁活加固。[1]

（1）梁架

除了柱根墩接加铁箍外，在龙虎、三清、纯阳、重阳四殿的柱头与阑额上皮，添加了拉扯铁板，以增加下部结构的刚度。（图3-50）

三清殿与纯阳殿的四椽栿均残裂，为保留栿上的元代题记，仍将原构件安装，除了保留以前的支柱外，又增加了1~2根支柱。五座主要建筑中，以纯阳殿东西次间的结构问题最大，复建设计时，在前后檐斗栱之间，通过丁栿上皮加铁拉条与清代添加的斜撑组成三角形撑架，防止柱子外闪。

（2）斗栱加螺栓

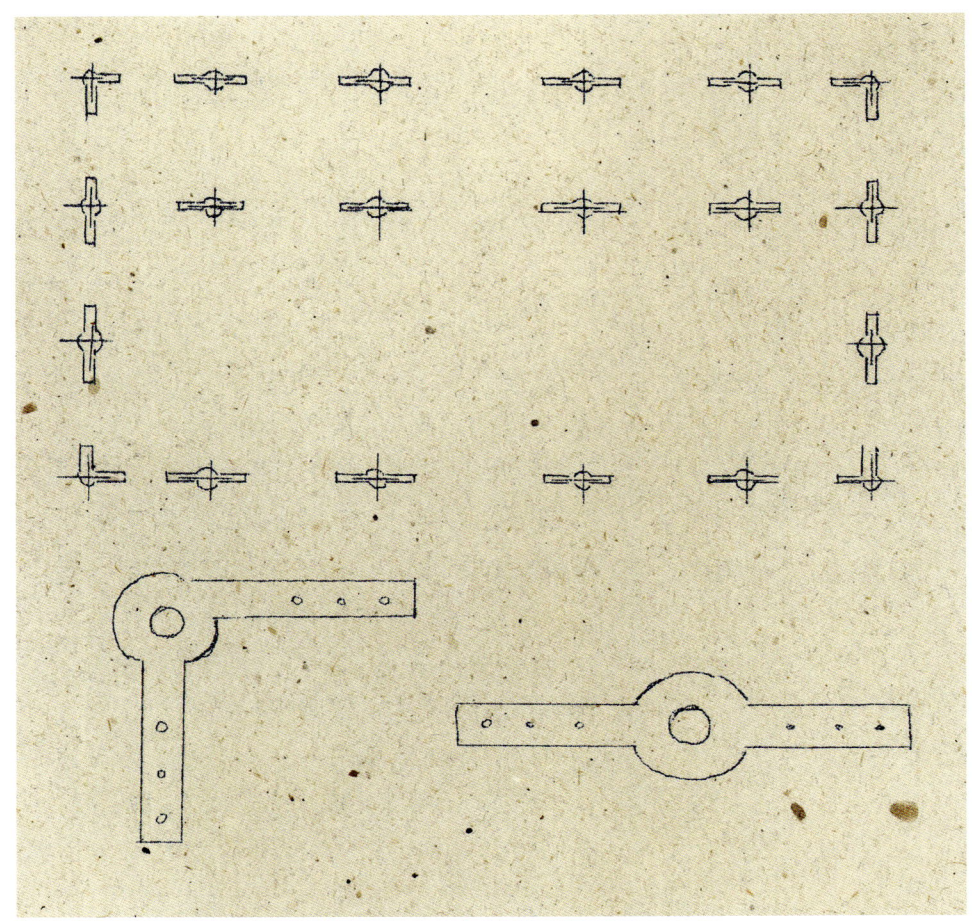

图3-50　柱头与阑额拉扯铁板分布图

重阳殿斗栱加螺栓：重阳殿斗栱为单抄单下昂，里外各出两跳，上置挑斡，以托下平槫、枋。但是这根挑斡的支点不在斗栱中心，而在里跳斗栱上，因而当其尾部受压，橑檐槫就会出现被挑斡挑出或将斗栱压成倾斜后闪的形态。为了防止这种情况的发生，在正心枋上加螺栓，拉住挑斡防止支点后移，并使挑斡与整朵斗栱连成一体。

纯阳殿斗栱加螺栓：该殿斗栱为单抄双下昂，外出三跳，里出两跳，里跳上置压槽枋。在补间铺作上，由于外跳挑出多，并承受檐头过大荷载，而在里跳斗栱上只有很轻的一根压槽枋浮搁其上，受力极不平衡，所以斗栱均向前下方倾斜。为了防止斗栱向前倾斜和里跳向上移动，在里跳斗栱距正心枋10厘米处加螺栓一根。（图3-51）

（3）大构件加固

纯阳殿四椽栿加铁箍：四椽栿承托中平槫以上结构的重量，并对称地作用到距离两端支点173厘米处，该处弯距最大，必须保证此处的强度。因四椽栿上有题记，虽大部劈裂，但还是决定保留原有构件（该栿在天花板上不露明）。仍利用四椽栿下面旧有支柱，在其两端集中荷载下面，各添加5厘米×0.5厘米铁箍共四道，增加其强度。（图3-52）

重阳殿大角梁拼接：大角梁全长6.5米，断面为36.5厘米×26.5厘米，因朽折需更换，但难有此大料，故采用拼接梁的方式进行加固，接头处采用了斜面搭接，在角梁上下两面用131厘米×24厘米×1厘米的钢板托着，在钢板外用4厘米×0.5厘米铁箍，把钢板与角梁裹在一起。为了增加抗

---

[1]原始档案见"第七部分　永乐宫迁建工程专题原始档案"附录三十一、附录四十九。

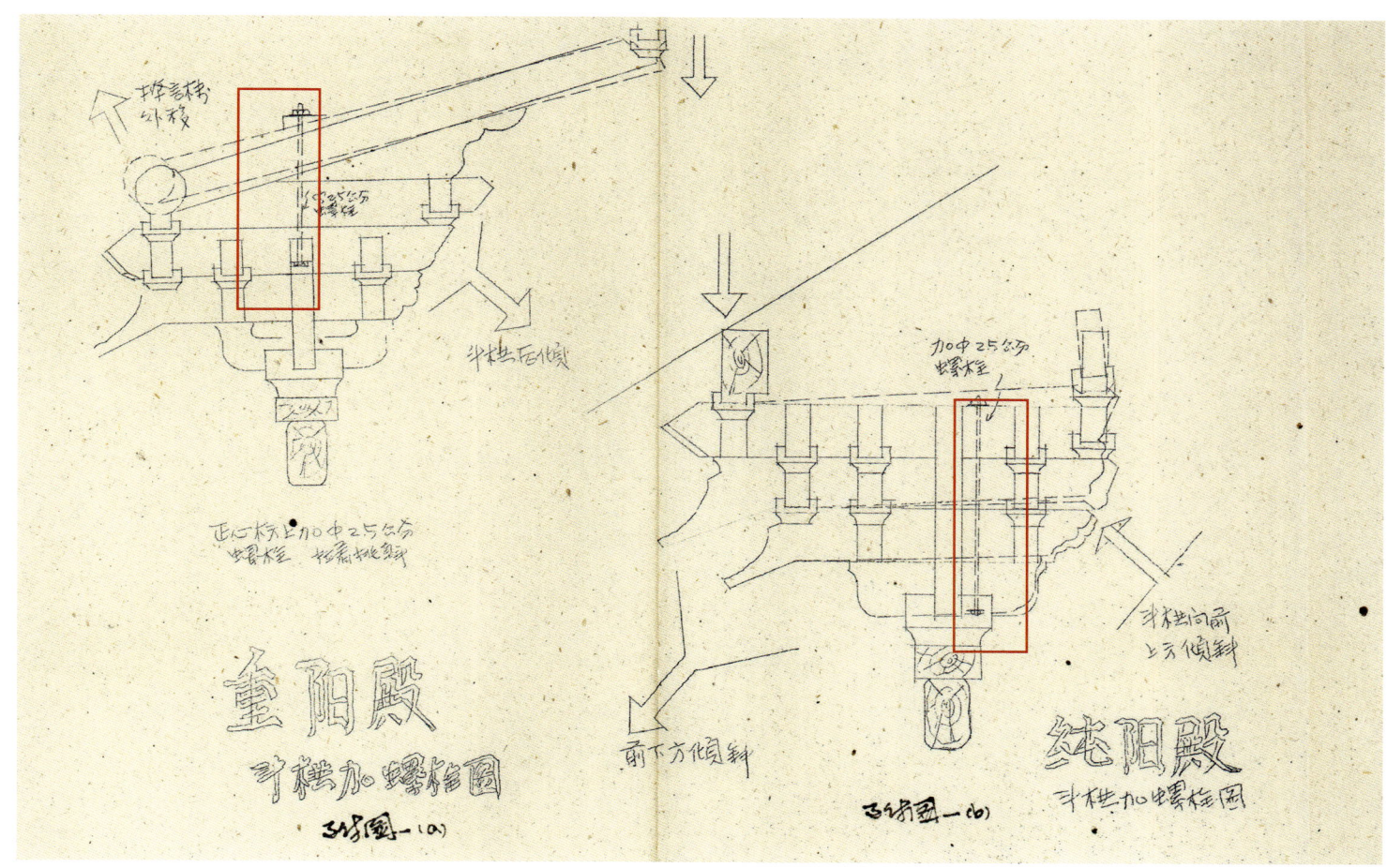

图 3-51 斗栱加固图

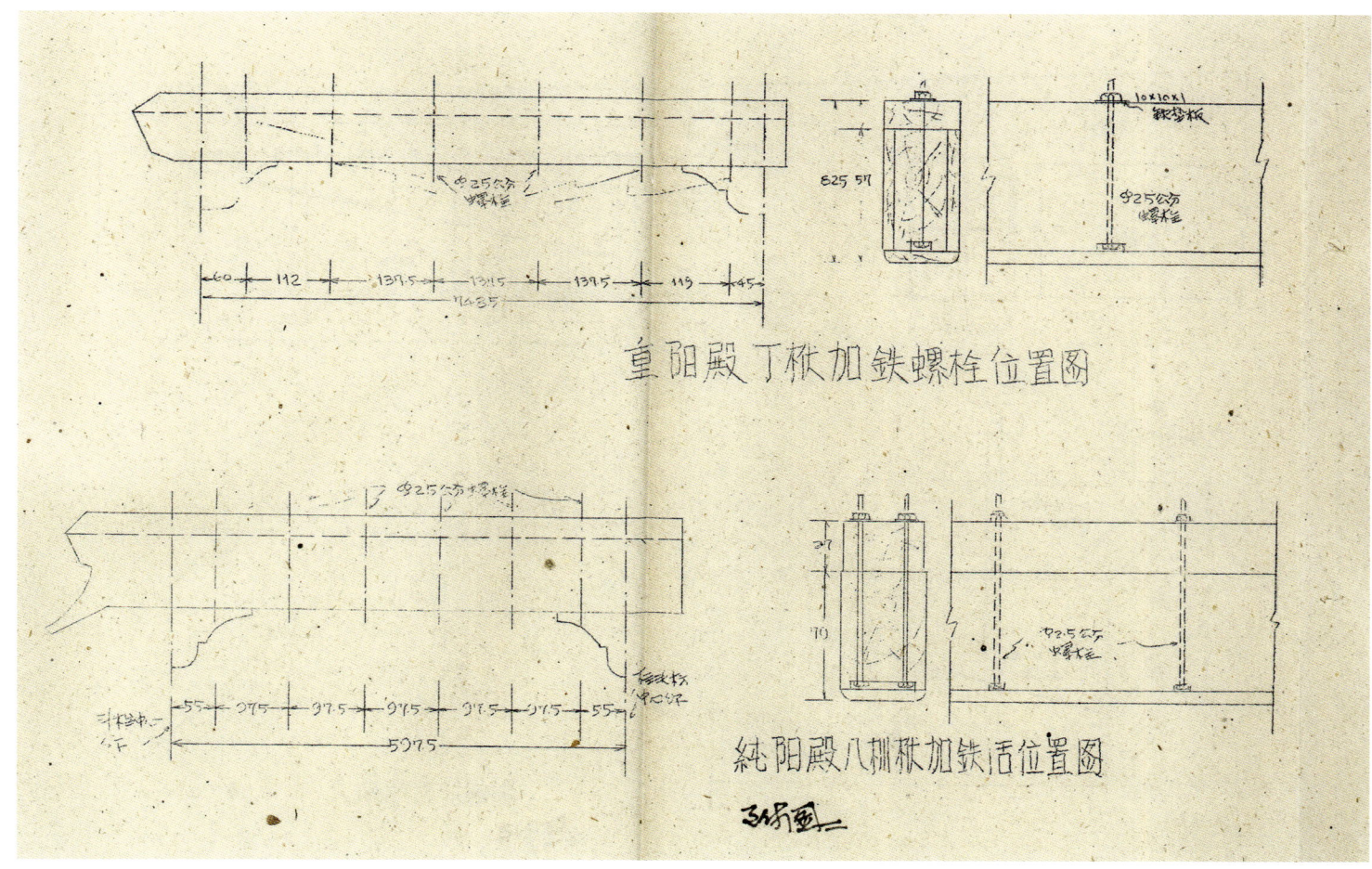

图 3-52 梁架铁活加固位置图

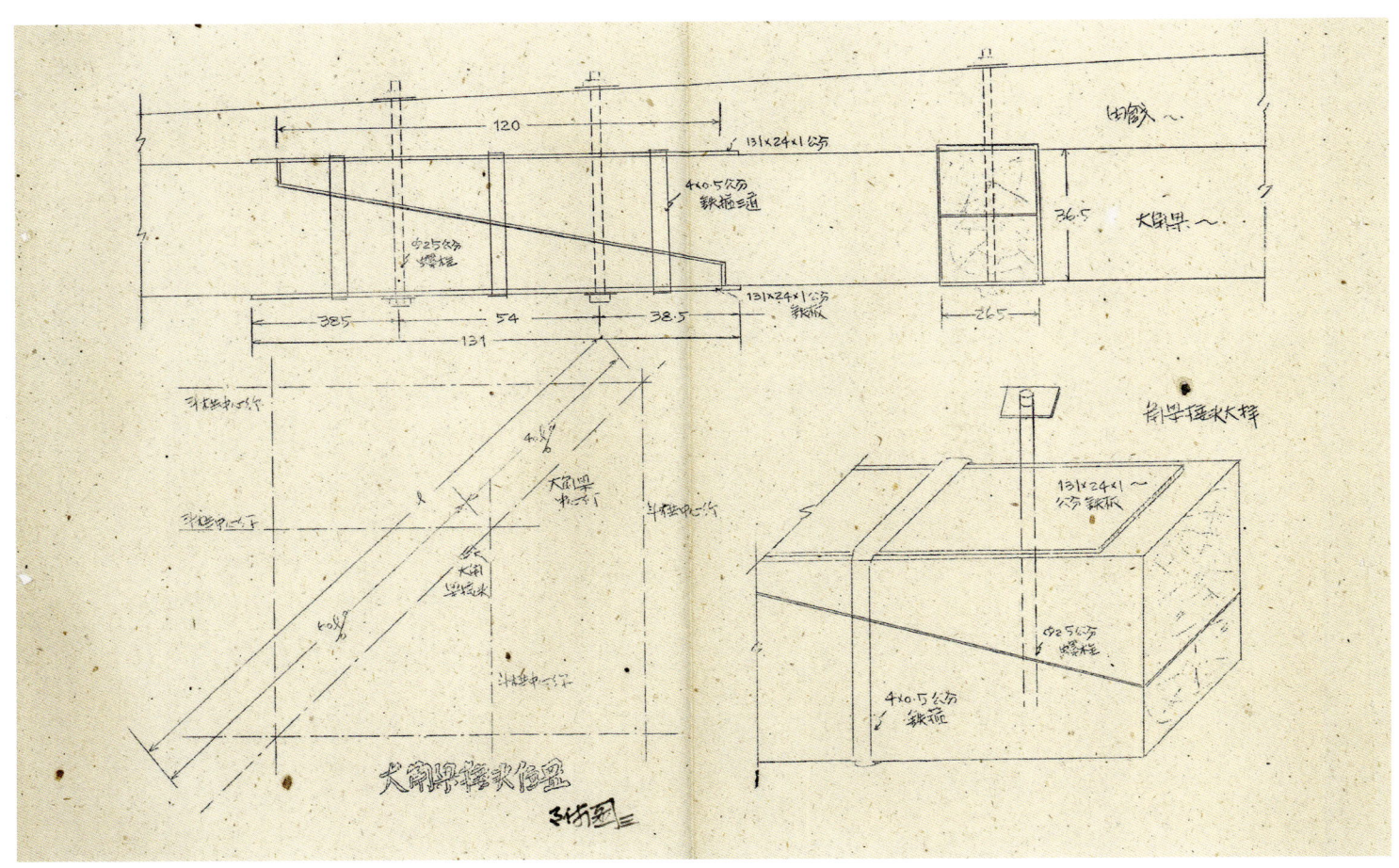

图 3-53 重阳殿西北角梁搭接设计图纸（1960 年绘制）

图 3-54 重阳殿西北角梁搭接效果（2019 年 9 月拍摄）

剪力，又用两根直径 2.5 厘米的螺栓将大角梁与其上的递角梁连在一起。（图 3-53、54）

（4）其他加固铁活

拉杆椽：为了防止各殿椽子下滑，用直径 1.5 厘米的螺栓将椽子与各槫连在一起，拉杆椽分布位置从上部脑椽到下部檐椽连成一体，每间用两根，分布于平槫两端里侧。（图 3-55）

天花吊杆：三清、纯阳两殿的天花支条跨度较大，容易弯垂。采用⊥形铁吊钩，穿过支条，其上用铁环、拉杆挂在槫、枋上。（图 3-56）

重阳殿歇山顶两山加压椽木：重阳殿两山椽子后尾钉在下平槫上。由于前部檐头荷载过大，容易造成后尾翘起，檐头下沉。在椽子尾部、平梁外皮加 20×20 厘米 [1] 断面压椽木一根，用螺栓与平梁和椽连在一起，借助平梁之力压着椽子上翘力量。

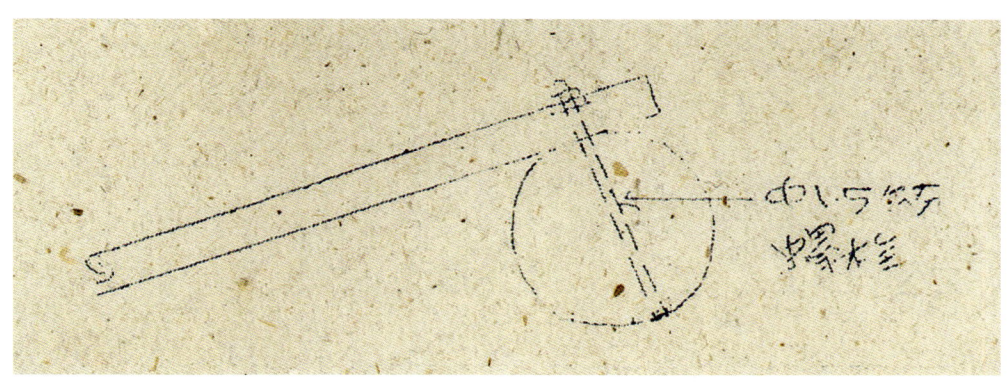

图 3-55　拉杆椽设计图

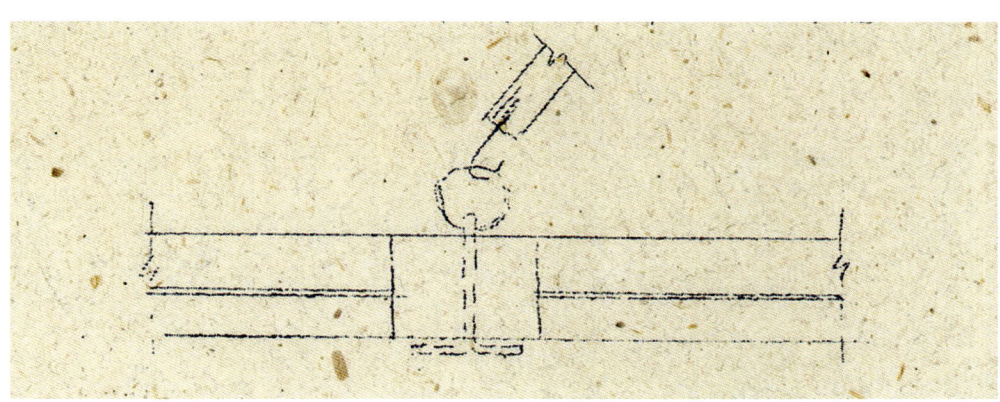

图 3-56　天花吊杆设计图

---

[1] 附录三十一"加固铁和计算说明"中是"20×10 厘米"，附录四十九"永乐宫迁建工程技术总结"中是"20×20 厘米"，数据不统一，以附录四十九为准。（原始档案见"第七部分　永乐宫迁建工程专题原始档案"）

4.3.1.5 构件材质情况 [1]

表3-2　各殿构件材质表

殿座	檐、中柱	阑额、普拍枋、角梁	斗拱	槫枋	椽飞望板连檐瓦口	装修	各种砖块	石料	各种瓦件
龙虎殿	原材料：杨木 添配：一、二等材柏木、榆木或松木槐木	添配：一等材红松木或榆木	干透的一等材榆木或槐木	添配：槫用干透的一等材黄花松，襻间上各枋用干透的一、二等透的红白松或杉松，襻间斗拱替木用干透的一等材榆木或槐木	添配：椽子用干透的二等材杉木，飞子、连檐瓦口用干透的一等材红松，望板用干透的二等材杉木板或松木板	添配：用干透的一、二等材红松木	添配：方砖条砖；烧制时需用无砂粒黏土澄浆细泥，兰四丁砖即新标准砖块，长24厘米，宽11.5厘米，厚5.3厘米	原：艾叶青 添配的要与本殿相似的石料（艾叶青）	（1）琉璃瓦：照原制复制，成品敲击后发清脆声金属响声（2）布瓦件：用无砂粒黏土澄浆细泥烧制
三清殿	原材料：杨木 添配：一、二等材柏木、榆木或松木槐木	原材料：杨木 添配：一等材红松或榆木	原材料：榆木 添配：一等材榆木或槐木	一等材黄花松，红松或榆木	添配：椽子用干透的一等材杉木，望板用干透的二等材杉木或松木，飞子连檐瓦口用干透的一等材红松木	添配：一等材红松木料，大额、立边框等大型构件可用二等材红松	同上	同上	同上
纯阳殿	同上	同上	同上	同上	同上	同上	同上	同上	同上
重阳殿	原材料：杨木 添配：一、二等材柏木、松木及榆木	同上	同上	槫用干燥的一等材黄花松，襻间用干透的一等材红白松和榆木，襻间各拱、斗用干透的一等材榆木或槐木	同上	添配：一等材红松	同上	同上	同上

[1] 原始档案见"第七部分　永乐宫迁建工程专题原始档案"附录二十五。

4.3.3 建筑单体的迁建[1]

4.3.3.1 宫门

（1）宫门形制及基本信息

宫门为永乐宫内主要建筑中时代最晚的一座建筑物，面宽五间，进深两间。两椽悬山布瓦顶，梁架为彻上明造，斗栱把头绞项造，东西次间雕花砖墙颇为精美，明间设有板门一道，两尽间各设旁门一道，西为"道义之门"，东为"泉妙之门"，从宫门的形制看来是为清代所增建。（图3-58~66偶数号）

表3-3 宫门基本信息表

单体建筑名称	年代	建筑形式	楹数	面阔（米）	进深（米）	室内地坪至脊顶高（米）
宫门	清	悬山，斗栱把头绞项造	面阔五间进深两间	15.38（柱网）16.07（台明）	5.22（柱网）7.7（台明）	6.83

（2）宫门现状勘察及修缮概要

表3-4 宫门现状勘察及修缮概要

序号	项目名称	残破现状	修缮概要
1	台明礓磋	条砖大部酥碱，部分鼓闪脱落。	照旧用条砖糙淌白垒砌，不足砖块照原尺寸添配。
2	柱础	残坏大半，多有后配不合原制。	照原制补配安装齐全
3	踏跺压面石活	前面三个踏跺东西多用砖垒砌，中间阶条过高并残缺，压面北面无存，用砖块砌，南面多走闪、破裂不全。	照旧归安，用水泥砂浆灌牢，残缺压面、垂带、阶条石料添配整齐。
4	檐柱中柱	大部分劈裂，后檐明间东柱及东山前后檐柱全部劈裂，通缝糟朽严重。	劈裂糟朽严重的更换新料，稍裂的剔补添加铁箍钉牢。
5	普拍枋阑额	大体完整，前后檐东西出头处糟朽。	将糟朽处剔补整齐安装
6	斗栱	后檐残坏较甚，散斗栱体稍有残缺。	钉补添配齐全
7	梁架	大体完整，二椽栿稍有裂缝，角背残缺大半，博缝残朽。	裂缝处钉补残缺，博缝、角背等添配完整。
8	槫枋		
9	椽望	飞子望板等全部糟朽，椽子部分弯垂糟朽。	全部飞子望板及弯垂过甚的椽子等更换新料
10	瓦顶	布瓦、大吻残缺，脊兽剑把、全部筒瓦勾滴无存，现为干插仰瓦，并有部分小瓦，大脊东边裂缝，中间脊筒稍低。	掺灰泥苫背宜瓦，苫麻刀青灰背二层，瓦顶一律改成筒板瓦顶，残缺脊兽剑把、勾滴筒瓦等添配齐全。

---

[1] 本部分信息主要来源于"第七部分 永乐宫迁建工程专题原始档案"附录二十五的设计说明书之三、五、六、七、八、九，以及附录四十九。

序号	项目名称	残破现状	修缮概要
11	装修	大门旁门各槛框多有残缺，中间大门与西旁门的板门已非原制，东旁门门扇部分残朽，上部迎风板大部无存，花罩残缺十分之八，前檐柱雕饰雀替残缺大半。	槛框板门剔补，不合原制板门照设计大样图添配，上部迎风板、花罩、雀替等照旧添配齐全。
12	山墙花墙	花墙大体完整，下部酥碱，山墙外面上部陡砖部分坍塌裂缝，下部顺砖大部酥碱脱落。	照旧花纹式样，用麻刀青灰垒砌完整。
13	地面散水	地面方砖大部破损，南半部多改用砖墁地，散水全部无存。	全部用尺七方砖地面砖细墁，散水糙墁。
14	油饰彩画	全部油饰彩画脱落褪色不明。	下架柱子、板门、槛框油饰旧木色红色油，椽子刷旧浅绿色，内檐椽望不做油饰。

（3）宫门复建情况

宫门大木更换情况：南北尽间普拍枋、阑额均更换（8根）；槫共四根、枋四根因弯垂超过2厘米更换新料（8根）；博望板因糟朽严重更换新料。在复建设计平面图上显示，除了10和16号柱（图3-57，图版T-18）没有更换之外，其他都因糟朽严重而更换新料。

木基层：椽、飞、望、连檐、瓦口等木基层全部更换新料，并添加拉杆椽。

花墙原样原砖复原，山墙补配新砖照旧砌筑。

装修：板门重做，迎风板、花罩、雀替照原制添配齐全。（图3-59~67奇数号，图版T-15~27）

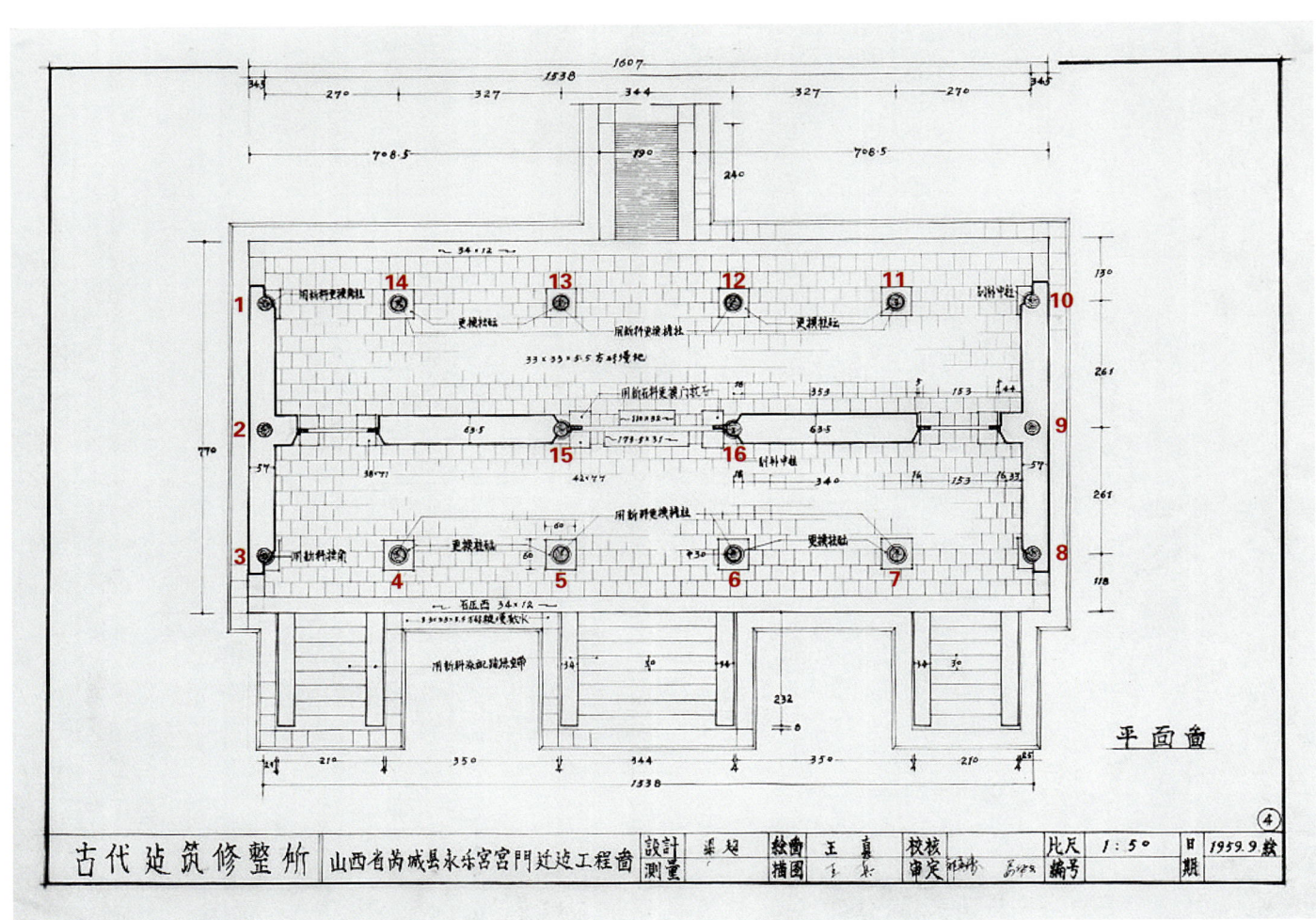

图 3-57 宫门平面图及柱编号（1959年绘制）

表 3-5 木构件更换信息表

种类	实有数	更换数	百分比 %
大木构件	118 件	38 件	32.2%
斗栱构件	90 件	36 件	40%

（4）宫门迁建前后效果对比

图 3-58 宫门迁建前干插仰瓦瓦顶（1958 年拍摄）

图 3-59 宫门迁建后筒板瓦瓦顶（2019 年拍摄）

图 3-60 宫门梁架迁建前（1958 年拍摄）

图 3-61 宫门梁架迁建后（2016 年拍摄）

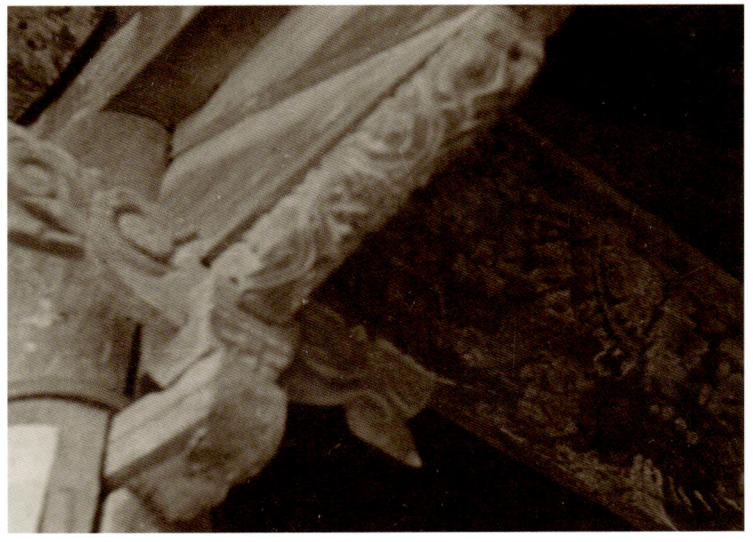

图 3-62 宫门柱头雕饰雀替迁建前（1958 年拍摄）

图 3-63 宫门柱头雕饰雀替迁建后（2019 年拍摄）

图 3-64 宫门东侧花墙迁建前（1958 年拍摄）

图 3-65 宫门东侧花墙迁建后（2016 年拍摄）

图 3-66 宫门大吻迁建前（1958 年拍摄）

图 3-67 宫门大吻迁建后（2019 年拍摄）

4.3.3.2 龙虎殿

（1）龙虎殿形制及基本信息

主要特点：彻上明造布瓦庑殿顶，不推山；斗栱单抄单下昂，用真昂；背立面踏道在基台以里。

形制及基本信息：龙虎殿称无极门，为元代永乐宫的正门，面阔五间，进深两间，六架椽，单檐布瓦庑殿顶，台明高 1.86 米，后面踏道缩在基台以内，正中三间安板门，门枕石及四角角石上均有生动的雕狮。梁架为六椽栿分心用三柱，彻上明造，全为草栿做法，与三清、纯阳、重阳等殿手法一致。柱侧脚生起显著，内外柱基本等高。平梁下用蜀柱及劄牵支在六椽栿上，六椽栿在中柱上分为两段，两山自东西次间梁缝各向内收进，以承脊槫头，这样恰好避免了正脊的推山，与三清殿作法完全相反。四角里转角在下平槫相交处用八角悬柱支撑角梁后尾，简练美观。斗栱五铺作单抄单下昂，补间一朵，用真昂，昂尾压在下平槫之下。形制与宋《营造法式》相近。梁枋残存彩画与重阳殿近似，以大朵花开为主。（图 3-69~87 奇数号）

表 3-6　龙虎殿基本信息表

单体建筑名称	年代	建筑形式	椽数	面阔（米）	进深（米）	室内地坪至脊顶高（米）	用材（厘米）
龙虎殿（无极门）	元	单檐庑殿，单抄单下昂五铺作	面阔五间进深两间	21.28（柱网）25.26（台明）	9.6（柱网）14.18（台明）	9.83	12.5×18.5

（2）龙虎殿现状勘察及修缮概要

表 3-7　龙虎殿现状勘察及修缮概要

序号	项目名称	残破现状	修缮概要
1	台明礓磋	西南、东北两角坍塌，西南中南部、南面东部鼓闪，条砖大小不一，礓磋、象眼大部酥碱，中部铺墁条砖，两旁柳叶礓磋大部磨损。	照旧尺式式样，用条砖淌白垒砌，不足砖块按原尺寸式样添配。
2	柱础压面石活	柱础大部分完整，压面西南角、东北角及东面全无，其余部分残缺破碎，垂带残缺不全。	现存柱础、压面、角石、拜石、门枕石等石活，照旧归安，用洋灰砂浆灌牢，不足石料添配齐整。
3	檐柱中柱	前檐柱全部重皮、裂缝、糟朽过甚的半数。中柱露明部分稍有重皮裂缝，一根柱根朽甚，东面山墙内柱头劈裂，后檐柱全部劈裂、糟朽过甚，后檐明间向南歪闪约 20 厘米。	糟朽长度超过 1.4 米或断面的四分之一时换用新料，稍有重皮裂缝的钉补完整，添加铁箍钉固，下部糟朽不超过 1.4 米时，用干燥木料墩接并加铁箍箍牢，取消后修槫木。
4	普拍枋阑额	大部分弯垂劈裂过甚，半数以上。	弯垂、劈裂超过 2 厘米时换新料。轻微的钉补找平。
5	斗栱	残坏过甚的一朵，散斗交互斗残缺过甚，令栱糟朽折断的过半，其他昂栱耍头等稍有残坏。	缺欠或残毁超过断面的五分之一时换新，添配齐全，稍残的用干燥榆木钉补。
6	梁架	全部向东南歪闪，明间后檐塌垂尤甚，明间西缝平梁劈裂折断，西次间六椽栿（前后两根）朽裂虫眼过甚，东山丁栿糟朽裂缝，上半部已拼接，由伐劈裂朽甚，劄牵、驼峰、蜀柱等部分朽裂。	糟朽超过断面的五分之一或折断的照旧式样换新构件。稍有劈裂的钉补加铁活钉牢。

序号	项目名称	残破现状	修缮概要
7	槫襻间	上下平槫、橑檐槫大部分朽裂，襻间枋斗栱、替木槽朽劈裂过甚。	槽朽超过断面五分之一或劈裂不能荷重的按原尺寸式样添配新构件，稍残的钉补。
8	角梁	东北、东南两角的老仔角梁全部槽朽折断，西北、西南两角稍有朽裂，各角风铎无存。	槽朽折断的旧尺寸式样用新料制作安装，稍朽的钉补加固，风铎添配齐全。
9	椽望	全部槽朽	照旧尺寸全部用新料更换
10	瓦顶	正脊过低，后檐中部塌陷较甚，大吻残坏过甚，戗兽、套兽残缺过半，琉璃勾滴全部无存，现有布瓦勾滴残缺大半，筒板等瓦件亦大部残破。	掺灰泥苫背瓦，苫麻刀青灰背二层，凡筒板瓦布瓦琉璃脊兽剪边残缺吻兽，筒瓦钉帽琉璃勾滴，筒板布瓦等件照旧添配齐全。
11	装修	三间板门，明间全部无存，两次间仅存槛框，尚不全。	全部添配齐全
12	陡匾	尚完整	稍加修整安装
13	檐墙山墙	大部酥碱，下肩稍有残坏。	无壁画部分照旧垒砌。有壁画部分垒砌至下肩，上部墙身安装壁画，另行设计，不在本工程之内。
14	砖地面	大部破碎	用尺七方砖全部细墁
15	散水	全部无存	照图尺寸用方砖糙墁
16	油饰彩画	大部无存，仅两三个构件稍有旧彩画痕迹。	檐柱、中柱照旧黑油，板门槛框油饰旧红色油，椽子刷旧浅绿色，内檐椽望不做油饰。

（3）龙虎殿复建情况

龙虎殿迁建后最大的变化是屋顶。经现状勘察，龙虎殿瓦顶为清代重修时改为清代当地样式，因此复建时，龙虎殿的瓦顶及吻兽按重阳殿的式样设计、添配。

大木更换情况：

柱：原有檐、中柱全部用杨木，大部劈裂槽朽，部分已钉有铁箍，明间全部向南歪闪约 20 厘米，用戗木支撑。照原制修配安装，取消戗木支撑，在安装前详细检查，将槽朽长度超过 1.4 米或超过断面四分之一或通长大裂缝的，按统一尺寸更换新木料，柱根槽朽和墙内柱下端槽朽不超过 1.4 米的，墩接加铁箍钉固，稍有重皮裂缝的，剔补添加铁箍。

按以上规定，木柱更换 6、7、8、11、12、13、14 等 7 根，墩接 17 号。（图 3-68）

阑额：更换西次间前檐，明间前檐，东次间前后檐，东山面前檐，共计五件。

普拍枋：更换西次间前后檐，明间前后檐，东次间前后檐，东山面中间。共计 7 件。

斗栱：更换东山面中柱上全部残坏的一朵斗栱。其他补配齐全。

梁架：更换东梢间：丁栿 1 件，由戗 3 件，驼峰 1 件。东次间：蜀柱 1 件。明间：平梁 1 件，蜀柱 3 件，驼峰 2 件。西次间：六椽栿 1 件，驼峰 1 件。西梢间：由戗 2 件。

槫襻间：更换橑檐槫：东山 2 件，东次间前后檐 2 件，明间前后檐 2 件，西次间前后檐 2 件，西梢间前后檐 2 件，西山面中间 1 件，共计 11 件。下平槫：东梢间前后檐 2 件，山面 2 件，东次间前后檐 2 件，明间前后檐 2 件，西梢间前后檐 2 件，西山面 2 件，共计 12 件。上平槫：东梢间前后檐 2 件，山面 1 件，西次间前后檐 1 件，共计 4 件。脊槫：西次间 1 件。令栱：东梢间山面下平槫下 1 件，明间前檐东西劄牵上 2 件，共计 3 件。替木：东梢间下平槫下 1 件，东次间后檐劄牵上 1 件，平梁上 1 件，前檐劄牵上 1 件，明间后檐东西劄牵上 2 件，前檐东西劄牵上 2 件，共计 8 件。散斗：

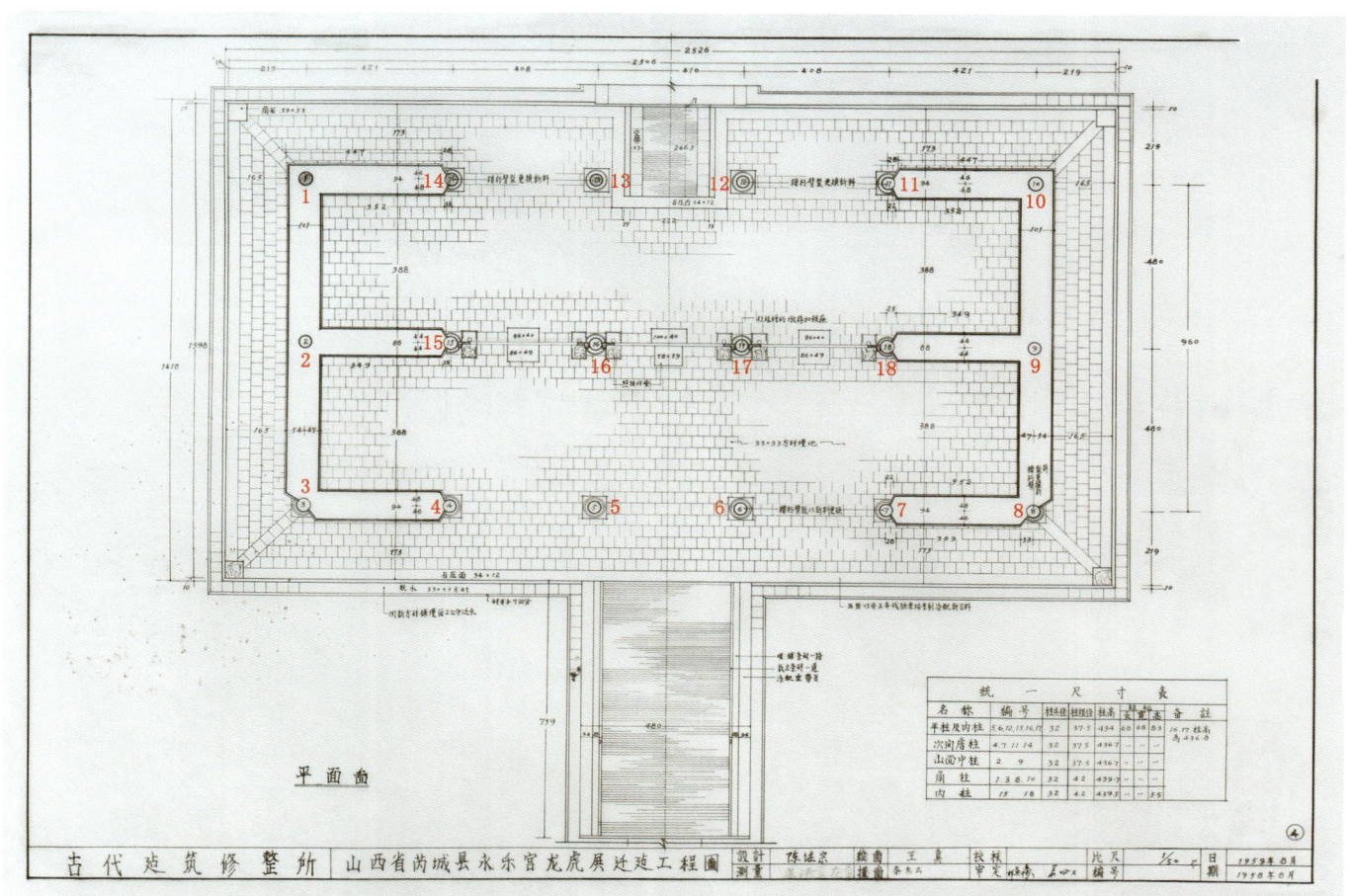

图 3-68 龙虎殿平面图及柱编号（1959 年绘制）

东梢间山面下平槫下 2 件，东次间前檐劄牵上 2 件。明檐后檐东劄牵上 2 件，明间后檐东劄牵上 1 件，前檐东西劄牵上 3 件，西次间后平梁上 1 件，后劄牵上 1 件，共计 10 件。襻间下枋：东梢间南北下平槫下 2 件，山面 2 件，东次间南上下平槫下 2 件，明间南上平槫下 1 件，北下平槫下 1 件，西次间北上平槫下 1 件，南下平槫下 1 件，共计 10 件。

角梁：东北及东南二角糟朽劈裂折断的大角梁、仔角梁、续角梁照原制更换新料。

木基层：全部更换新料，并添加拉杆椽。

瓦顶：照重阳殿瓦兽件重新制作。

装修陡匾：新作板门，陡匾照旧安装，其他补配。（图 3-70~88 偶数号）

图 3-69 龙虎殿正立面迁建前（1958 年拍摄）

图 3-70 龙虎殿正立面迁建后（1960 年拍摄）

表 3-8　龙虎殿木构件更换数量

种类	实有数	更换数	百分比
大木构件	413 件	120 件	29.05%
斗栱构件	988 件	247 件	25%

（4）龙虎殿迁建前后效果对比

图 3-71　龙虎殿外檐迁建前（1958 年拍摄）

图 3-72　龙虎殿外檐迁建后（2016 年拍摄）

图 3-73　龙虎殿梁架迁建前（1958 年拍摄）

图 3-74　龙虎殿梁架迁建后（2016 年拍摄）

图 3-75 龙虎殿梁架迁建前（1958 年拍摄）

图 3-76 龙虎殿梁架迁建后（2016 年拍摄）

图 3-77 龙虎殿斗栱迁建前（1958 年拍摄）

图 3-78 龙虎殿斗栱迁建后（2016 年拍摄）

图 3-79 龙虎殿鸱吻迁建前（1958 年拍摄）

图 3-80 龙虎殿鸱吻迁建后（2016 年拍摄）

图 3-81　龙虎殿陡匾迁建前（1958 年拍摄）

图 3-82　龙虎殿陡匾迁建后（2016 年拍摄）

图 3-83　龙虎殿东南角压阑石狮迁建前（1958 年拍摄）

图 3-84　龙虎殿东南角压阑石狮迁建后（2019 年拍摄）

图 3-85　龙虎殿门枕石迁建前（1958 年拍摄）

图 3-86　龙虎殿门枕石迁建后（2016 年拍摄）

图 3-87　龙虎殿象眼迁建前（1958 年拍摄）

图 3-88　龙虎殿象眼迁建后（2019 年拍摄）

4.3.3.3 三清殿

（1）三清殿形制及基本信息

主要特点：布瓦绿琉璃剪边、雕花琉璃脊单檐庑殿，有推山；各缝举折不同，脊槫不与柱生起相呼应；斗栱单抄双下昂，无真昂；椽飞卷杀圆和，椽头钉"椽头面子"，殿内藻井及五抹菱花隔扇制作雕刻精美，前檐西梢间隔扇不与其他间平齐，是极少见的例证；此殿最引人注意的是其附属艺术，彩画、泥雕、木雕，都是"雕梁画栋"的珍贵实物遗存。

形制及基本信息：三清殿为永乐宫的主殿，面阔七间，进深四间，八架椽，单檐庑殿顶，布瓦绿琉璃剪边，雕花琉璃脊，色彩艳丽。殿前大月台高2.18米，两侧各有小月台高1.2米，台明高2.62米，殿后甬道与台明等高，以通纯阳殿。殿身自地平至正脊虽仅高16.62米，但由于基座的衬托，整体比例给人雄伟高耸的印象。

平面为减柱造，仅明次三间用中柱及后金柱，围以扇面墙置三清佛像（佛台、佛像已毁）。梢间中柱、金柱及明次间前金柱完全减去，以增加殿内的使用空间。东西檐墙不等长，殿内地面呈不等边四边形，但墙外皮尚规整，柱中心前后基本对称。如此则墙皮距离中心的距离各间就不尽相同。

梁架为八椽，柱侧脚生起显著，各缝举折不一致，差别最大的如明间东缝前后檐在上平槫处竟相差10厘米，脊槫生起甚少，不与柱生起相应，正脊向两山推出，也是元代建筑少见的例证。梁架形制为一般式样，平梁、四椽栿、八椽栿，用蜀背、角背支架，其中八椽栿明间为两根相接，次间为两根相接，两山中柱上用大扒梁，四角用大抹角梁支撑角梁后尾，梁架中主要构件皆为当地产杨木制成，质地松软，脱皮裂缝处甚多，且皆为草栿作法，相同构件断面互不一致。

外檐斗栱六铺作单抄双下昂，内檐斗栱五铺作出双抄，形制与宋《营造法式》接近，明次间用大压槽枋，部位形制与纯阳殿同。栱昂斗皆为榆木制作，质地坚硬与梁柱用材成鲜明对比。

椽飞卷杀圆和，椽头钉"椽头面子"，殿内藻井及五抹菱花格扇制作雕刻精美，前檐西梢间隔扇不与其他间平齐，也是极少见的例证。

此殿最引人注意的是其附属艺术，梁枋斗栱彩画非常精美，且不落俗套，全部小斗两千余个，所绘花纹各不相同，可见设计者用心之巧妙。阑额、橑檐枋作泥雕龙，柱头及柱头枋泥雕飞禽、人物，最突出的是后檐明间阑额上的整块木雕，双龙对峙，形制深厚，地雕透花，制作精美生动，是古代"雕梁画栋"珍贵的实物遗存。（图3-90~106偶数号）

表3-9　三清殿建筑基本信息表

单体建筑名称	年代	建筑形式	椽数	面阔（米）	进深（米）	室内地坪至脊顶高（米）	用材（厘米）
三清殿（无极殿）	元	单檐庑殿，单抄重昂六铺作	面阔七间进深四间	28.44（柱网）34.3（台明）	15.28（柱网）21.18（台明）	14	12.5×18.8

（2）三清殿现状勘察及修缮概要

表3-10　三清殿现状勘察及修缮概要

序号	项目名称	残破现状	修缮概要
1	台明、月台、礓磜	台明条砖外面大部酥碱，部分脱落，月台西南角坍塌、鼓闪、脱落多处，礓磜大部走闪补砌、象眼已全部倒塌，礓磜铺面方砖、条砖已大部磨损。	照样用条砖淌白垒砌，铺面砖照旧式样，不足砖块按旧尺寸式样烧制。
2	柱础压面石活	柱础大体完整，压面仅存台明四块角石及前面一面尚残缺破损，其余全部无存。	照旧归安，用水泥砂浆灌牢，缺欠石活添配齐全。
3	檐柱金柱	露明部分稍有脱皮裂缝，四角柱柱根糟朽，虫洞裂缝较甚，墙内部分多有下陷糟朽。	脱皮裂缝的剔补钉铁箍加固，糟朽超过断面的四分之一的换新。下部糟朽不超过1.5米时，墩接用铁箍箍牢，超过时按统一尺寸更换。
4	普柏枋阑额	大部分中间弯垂，前檐明间、西次间、西梢间及后檐明间、西次间的弯垂较甚。	弯垂超过2厘米的更换新料，不超过的钉补找平。
5	内外檐斗栱	大体尚完整，部分散斗、要头等缺欠和残坏，由于昂嘴系拼接材料，大部从接缝处裂开，并部分残坏，其他栱体稍有残缺。	缺欠及残坏超过断面的五分之一的照旧规格添配齐全，稍残及裂缝的钉补完整。
6	梁架	大部用乱木支撑，东次间东缝八椽栿中部已下垂，其余八椽栿后部裂缝，明间东缝四椽栿劈裂下沉，西缝平梁糟朽，西次间西四椽栿糟朽，东南角抹角梁裂缝，东面及前面劄牵、明间东缝后及西次间西缝、西梢间西缝等劄牵糟朽，东梢间斜双步梁裂缝，瓜柱、柁墩、角背、替木等多有糟朽，托脚无存。	糟朽超过断面五分之一的或经计算不能荷重时，照旧用新料添换，稍残部分剔补，铁活加固，其四椽栿暂定不换，加用木柱支撑。
7	槫枋	东梢间：山面上平槫枋及前明间下平槫枋糟朽过甚。东次间，后檐中平槫，前檐中平槫枋，明间前后檐上平槫枋，西次间脊枋、后檐上平槫枋，中平槫枋均糟朽过甚。西次间：后檐中下平槫稍朽裂，西梢间前檐中平槫劈裂，中弯过甚，其余部分稍朽劈裂。	糟朽超过断面的五分之一或经计算认为糟朽不能承重的，用新料更换，稍朽劈裂不严重的剔补添加铁活钉牢。
8	角梁	西南角完整，西北角、东北脚脱皮有小裂缝，东南角前端有大裂缝，仔角梁糟朽虫蛀，风铎缺五个。	脱皮裂缝的剔补钉铁活加固，糟朽虫蛀的更换新料，风铎照旧式样添配齐全。
9	椽望	飞子全部糟朽，檐椽大部折弯部分裂朽，脑椽、花架椽糟朽劈裂大半，望板等全部糟朽。	飞子椽望全部用新料，檐椽改作脑椽、花架椽，不足添新，檐椽全部更换新料。
10	瓦顶	东西大吻稍残，正脊筒四块前面稍残，戗脊筒约十一块残坏，东南戗脊筒部分稍残，戗兽缺一，角神缺二，走兽缺十三个，琉璃勾头缺十分之六，滴水缺十分之二，筒瓦缺十分之七，其他琉璃瓦件缺约十分之四，筒板瓦残缺十分之一。	掺灰泥苫背宽瓦，苫麻刀青灰背二层，筒板、布瓦、琉璃、脊兽、剪边，照旧做绿琉璃筒瓦花心，残缺脊筒瓦兽等件，及瓦钉帽等照旧式样添配齐全。
11	天花藻井	支条大部下垂，天花板缺欠约200块，其余部分劈裂。藻井：西次间前盖板缺；中斗栱残、盖板缺；明间前盖板缺，后全缺；东次间前斗栱残，盖板缺，中全缺无存。	支条全部找平，贴梁全部更换新料，天花板修整，缺欠添配完整，残缺藻井的斗栱盖板全部补配齐全。

序号	项目名称	残破现状	修缮概要
12	装修	后檐仅存上部，下部隔扇后配并非原制，前檐隔扇全部无存，横披棂条大部残缺无存，仅有槛框，大部劈裂尚不全。陡匾无存。	全部照设计尺寸式样制作安装，四抹棂条、隔扇、陡匾照设计图样制作安装。
13	檐墙山墙扇面墙	外皮大部酥碱脱落，下肩条砖尚完整。	照旧用条砖淌白垒砌下肩，不足砖块照原尺寸式样添配。上部墙身安装壁画，另行设计，不包括在本工程内。
14	砖地面	殿内外大部分破碎，西北角部分无存，月台全部破碎。	全部用尺七方砖照旧形式细墁。
15	散水	大部分残缺无存。	照样用方砖糙墁。
16	泥雕	外檐槫枋、角梁、柱头、阑额上泥雕大部残缺不全。	取下的原位钉回。
17	油饰彩画	外面大部剥落无存，里面大部晦暗，部分剥落或被雨水冲洗。	殿内新配木构件，凡原有彩画的，都按原样补绘。其他殿内及外檐彩画做简单油饰或刷色断白。下架柱子除殿内金柱为旧木色代红色外，其余柱子一律照原制油饰旧黑色油。槛框油饰旧黑色油。陡匾随龙虎殿原有陡匾，黑蓝字、白底、黄边。

（3）三清殿复建情况

三清殿是永乐宫的主殿，保存情况也是所有殿座里最好的。

复建后的三清殿屋顶的琉璃瓦兽件全部为复制品，原件保存于永乐宫库房。

三清殿木构件更换情况：

柱：

旧有檐、金柱稍有脱皮裂缝，部分檐柱朽裂较严重，四根角柱，柱根糟朽、虫蛀、裂缝较甚，墙内柱多有劈裂下陷糟朽。糟朽和虫洞超过断面四分之一的更换新木料，柱根下端糟朽不超过 1.5 米的墩接加铁箍钉牢，脱皮裂缝不严重的剔补钉铁箍加固，下端糟朽超过 1.5 米的按统一尺寸更换新木料。

按以上规定，按图上编号的柱子更换新木料或墩接的情况如下：

① 更换：1、5、6、11、12、16 各号，计 6 根。（图 3-89）

② 墩接：13、17、18 各号，计 3 根。

阑额、普拍枋：

原有普拍枋、阑额大部弯垂，部分残缺劈裂。按原制修配安装，弯垂超过 2 厘米或劈裂不能承重的更换新木料，残缺劈裂或弯垂轻微的剔补整齐。按以上要求，

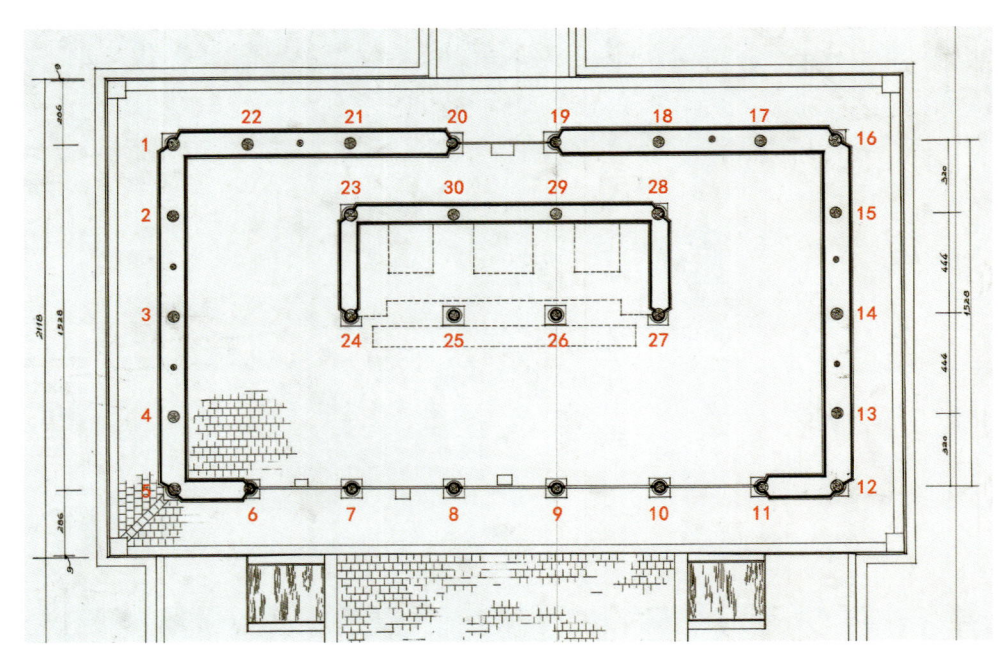

图 3-89　三清殿平面图及柱编号

按原制更换新构件有：

① 普拍枋：前檐西次间、西梢间、东次间、东梢间、东尽间，后檐明间、东次间、西次间，东山面前明间、后明间，共计 10 件。

② 阑额：前檐西次间、西梢间、东次间、东梢间，后檐明间、东次间、西次间，西山面前明间，共计 8 件。

梁架：

现存梁架，经历代修整时，在明次间平梁、四椽栿、八椽栿及西山面大扒梁上，皆加用短柱支撑，这些情况都在天花以上，不影响外观。为保留原构件的史证价值，尽量不换新料，剔补加钉铁活，然后按设计图纸重新支撑，经处理后仍不能承重的更换新料。其他各构件，凡糟朽超过断面 1/5 或经计算不能荷重的，照旧尺寸、形制更换新料，稍有残裂或糟朽在此规定以下一律钉补或用铁活加固。

① 大型构件更换：明间西缝四椽栿，东次间东缝八椽栿后段，共计 2 件。

② 中型构件更换：明间西缝平梁，东梢间后檐上金扒梁、东南角斜双步梁。借用料 2 根，共计 5 件。

③ 小型构件更换：明间东缝、东次间东缝、西次间西缝、西山大扒梁上支撑木柱及四椽栿上托脚，按设计图标尺寸位置添配新料，此外各缝梁架中的蜀柱、角背、剳牵、枪墩等糟朽残裂不能承重的一律更换，以上各小型构件的添配、更换约 50 件。

榑枋：

各缝榑枋多糟朽，或通裂、弯垂，枋子断面或圆或方，极不规整，下平榑缝无襻间枋不添配外，其余各榑枋凡缺欠、不合原制、糟朽超过地面 1/5，或扭曲弯垂超过 2 厘米，或通裂不能承重的，一律按原制更换：

① 榑：

东尽间：前檐前橑檐榑，东山面前后明间橑檐榑，计 3 件。

东梢间：前檐前橑檐榑，后檐中平榑、橑檐榑，计 3 件。

东次间：前檐前橑檐榑，下平榑、脊榑、后檐上、中平榑及橑檐榑，计 5 件。

明间：前檐上、上平榑、脊榑、后檐橑檐榑，计 4 件。

西次间：后檐橑檐榑，计 1 件。

西梢间：前檐中、上平榑，后檐橑檐榑，计 3 件。

西尽间：后檐橑檐榑，西山面中平榑，计 2 件。

借用料：计 4 件。

共计：25 件。

② 枋：

东尽间：东山面前后明间橑檐枋，计 2 件。

东梢间：前后橑檐枋，后檐上平枋，计 3 件。

东次间：前后橑檐枋，后檐上平枋、脊枋，前檐中平枋，计 5 件。

明间：脊枋、后檐上平枋、橑檐坊，计 3 件。

面次间：前檐中平枋、后檐上平枋、橑檐枋，计 3 件。

面梢间：后檐橑檐枋，计 1 件。

面尽间：后檐橑檐枋，西山面中平枋，计 2 件。

借用料：计 3 件。

共计：22 件。

角梁：

照原制修配安装，西南大角梁裂缝糟朽，西北角及东南角仔角梁虫蛀糟朽，一律照原制更换。在未拆卸前仔角梁、续角梁、由戗备用料：仔角梁1根、续角梁2根、由戗4根，共计更换：

大角梁：1件。

仔角梁：2件。

续角梁：2件。

由戗：4件。

东南角、东北角大角梁劈残添加铁活，其余各仔角梁、续角梁、由戗稍残朽处，一律钉补齐整，拆下的大铁钉应钉回原处，四角风铎残存2个，补配齐全，无存者按原样铸造，每角要安大小风铎各一个。

椽望：

原有飞子、望板、连檐、瓦口全部糟朽，部分残缺，檐椽大部弯折，部分朽裂，脑椽、花架椽糟朽劈裂大半。根据糟朽断面超过十分之一的，弯折超过2厘米的，或有通裂的，按原制更换。（图3-91~107奇数号）

表 3-11　三清殿木构件更换信息表

种类	实有数	更换数	百分比
大木构件	755 件	249 件	34.62%
斗栱构件	3520 件	337 件	9.57%

（4）三清殿迁建前后对比

4.3.3.4　纯阳殿

图 3-90　三清殿迁建前（1959 年拍摄）

图 3-91　三清殿迁建后（2019 年拍摄）

图 3-92 三清殿外檐迁建前（1958 年拍摄）

图 3-93 三清殿外檐迁建后（2016 年拍摄）

图 3-94 三清殿翼角迁建前（1958 年拍摄）

图 3-95 三清殿翼角迁建后（2019 年拍摄）

图 3-96 三清殿北侧明间迁建前（1959 年拍摄）

图 3-97 三清殿北侧明间迁建后（2019 年拍摄）

图 3-98　三清殿内景迁建前（1957~1958 年拍摄）[1]

图 3-99　三清殿内景迁建后（2019 年拍摄）

[1]　照片来源于 1958 年文物出版社出版的《永乐宫壁画选集》。

图 3-100　三清殿内天花藻井迁建前（1953 年拍摄）

图 3-101　三清殿内天花藻井迁建后（2019 年拍摄）

图 3-102　三清殿内檐转角铺作迁建前（1953 年拍摄）

图 3-103　三清殿内檐转角铺作迁建后（2019 年拍摄）

图 3-104　三清殿龛内外迁建前（1958 年拍摄）

图 3-105　三清殿龛内外迁建后（2019 年拍摄）

图 3-106　三清殿鸱尾迁建前（1958 年拍摄）

图 3-107　三清殿鸱尾迁建后（2019 年拍摄）

（1）纯阳殿形制及基本信息

主要特点：进深各间间距不同，自前向后逐渐缩小，为单体建筑平面的孤例；各间梁架举拆互不一致，外檐斗栱六铺作，单抄双下昂，无真昂，明间及山面柱头铺作的作法是斗栱演变过程的实物例证；殿的基座西端大东端小，以致基台北面成斜线，不与南边平行。

形制及基本信息：纯阳殿屹立在高达 2.43 米的砖砌基台上，前有月台，月台两侧礓磜，正中前与月台、后与台明等高的甬道连接，通往前（三清）后（重阳）两殿。纯阳殿面阔五间，进深三间，单檐歇山顶，平面减柱造，仅用明间四金柱。外檐斗栱六铺作，单抄双下昂，明间及山面柱头铺作自第一昂以上均加宽，斗栱后尾用菊花头、六分头，并绘出上昂形，足证清式六分头系由上昂演变而成。内檐斗栱六铺作出三抄，后尾同外檐斗栱。明间用八椽栿（两根对接，前段上下两拼，后三拼），前后檐搭在檐柱上，中间搭在两根金柱上。栿上安支条天花板，明间前檐用斗八藻井，后檐四金柱内用斗四藻井。天花以上梁架、四椽栿、平梁、劄牵等全为清代形式。其主要的特点是本殿的进深自前向后逐渐缩小，为单体平面布置中仅见的特例。殿的基座西端大东端小，以致基台北面成斜线，不与南边平行。西檐墙长于东檐墙，殿内地面成为不等边四边形。但柱根距离仅西山面后次间大于东山面后次间，相应西次间后檐柱根距离大于东次间后檐柱根距离，因而西后檐墙内檐柱与墙皮的距离由西端到东端的一面墙内也不尽一致。前檐除两梢间外一律为隔扇门无窗，后檐仅明间设板门两扇。柱侧脚生起显著，但正脊为平线，不与柱生起相呼应。梁架举折不仅各间互不一致，即使前后同一部位有的也不相同。主要构件绝大多数为本地所产杨木制成，制作时仅将原木略加砍凿，因而每根梁枋的断面尺寸自头至尾很少相同，相对的位置构件也有大小悬殊。斗栱大部用榆木制成，一般是泥道栱、泥道慢栱、华栱、昂的两端不用散斗和交互斗，而是就昂栱本身刻出斗形，但无斗耳。其散斗、交互斗是有此无彼，这种情形一部分可能由于历代修配不精，但大多数则为原建时的情况，斗栱中用压槽枋和《营造法式》规制相似，近枋形有的更用原木不加砍凿，但其位置却不在柱头枋上而是向后移一跳，压在里一跳的罗汉枋上。瓦顶、翼角、戗脊上不用跑兽，证明壁画中绘建筑物情况，当非后代失掉而为原制，瓦顶一律为筒板布瓦，绿琉璃剪边，但各脊颜色则黄绿兼用。各栿枋斗栱的彩画式样，不论其位置是否对称，所绘花纹则全不相同，栿枋等大面积的彩画更是如此。（图3-109~123奇数号）

表 3-12　纯阳殿基本信息表

单体建筑名称	年代	建筑形式	椽数	面阔（米）	进深（米）	室内地坪至脊顶高（米）	用材（厘米）
纯阳殿（混成殿）	元	单檐歇山，单抄重昂六铺作	面阔五间进深三间	20.35（柱网）25.56（台明）	14.35（柱网）19.66（台明）	12.8	13.5×20

（2）纯阳殿现状勘察及修缮概要

表 3-13　纯阳殿现状勘察及修缮概要

序号	项目名称	残破现状	修缮概要
1	台明、月台、礓磜	条砖外面大部酥碱，部分脱落和鼓闪，礓磜走闪，象眼上部酥碱，下部脱落，东面更严重，礓磜铺面已全部破裂。	照旧用条砖淌白垒砌，礓磜、象眼同样垒砌完整。台明前后改成等高，不足砖块照原尺寸式样烧制。
2	柱础压面石活	柱础大部分完整，唯内金柱前后两柱础不一，前古镜下的方形柱础高出地面，后为9厘米高素平柱础。压面多有走闪破裂，台明北面东边全部无存。	柱础压面照旧归安，用水泥砂浆灌牢，残缺石活添配齐全。内金柱柱础高出地面的与地面找平，素平的照旧制打凿覆盆柱础。
3	檐柱金柱	大部脱落劈裂，四根角柱唯东南角柱尚完整，其余三根朽裂过甚，西北角更多蜂洞，墙内柱子大部糟朽，东山前柱与西山后柱都已下陷，前金柱二根下部已钉补，后东金柱下部及靠墙部分都糟朽。	脱皮裂缝的剔补加铁箍钉牢，糟朽超过断面的四分之一的换用新料。下部糟朽不超过1.4米的墩接，超过此限制需更换。前面金柱重新剔补，东金柱因柱础高出地面应落平，墩接与西金柱等高。
4	普柏枋阑额	前檐明间、东次间、阑额通长裂缝糟朽已钉补。东山前次间阑额外面糟朽劈裂有空洞，西山前次间中弯垂，后檐东梢间、东次间、西梢间、明间普拍枋弯垂劈裂，后檐明间阑额糟裂，所有阑额大部拼接而成，都有裂缝，内檐东西普拍枋下垂，阑额裂通缝。	所有拼接阑额全部重新接缝，加固找平，糟朽劈裂有空洞不能承重的更换新料，弯垂超过2厘米的照统一尺寸换新。
5	内外檐斗栱	外檐斗栱大部外闪倾斜，后檐糟朽过甚，残坏栱体较多，要头大部劈裂糟朽，而昂多为拼接，故大部拔缝开裂，内外檐散斗大部残缺，内檐交互斗全部贴耳，大部分松动或残缺。	残坏栱体及残缺各斗照原制规格添配齐全。稍残及拔缝松动贴耳等钉补完整。
6	梁架	后檐大部歪闪糟朽，已用乱木支撑，不合原制，东次、梢间平梁北部压裂，瓜柱角背压裂糟朽，四椽栿南端压裂，六椽栿北端稍朽，中间有裂缝，东北抹角梁糟朽劈裂，东南抹角梁上部通裂，大扒梁东段稍朽，明间两缝八椽栿（三段）北段被雨淋糟朽，南段有通缝，四椽栿劈裂，下用木柱支撑，后檐劄牵、瓜柱、柁墩劈裂糟朽，平梁东缝南端有裂缝，角背劈裂严重，西缝下南瓜柱通裂，西次间、梢间平梁外面虫蛀严重，四椽栿通裂，六椽栿劈裂，北端朽，南端柁墩糟裂，西北角抹角梁压裂。	糟朽超过断面五分之一的构件，照原样更换新料，稍残朽及压裂构件剔补拼接，铁活加固。有题记的各构件尽量不换，如：明间两缝的四椽栿，暂不更换，加木柱支撑；东次间、梢间大扒梁更换，并将原构件彩画部分锯截后贴钉在新换的构件上。
7	槫枋	后檐大部支撑都不合原制，东次、梢间后檐下平槫枋糟朽，中平槫西端压裂，上平槫中弯垂，前檐上平槫弯垂，东头糟裂严重，下平枋为两段，不合原制。明间后檐中下平槫及枋均糟朽严重，上中平槫有通裂，下平枋头劈裂。西次间：后檐下平槫枋糟朽严重，中平枋扭曲严重，上平枋裂缝，前檐中平槫枋弯垂，橑檐枋大部劈裂糟朽。	槫枋糟朽弯垂超过2厘米的按原制更换新料，稍朽劈的剔补钉铁活加固。
8	两际	西边博缝板悬鱼惹草糟朽残缺过甚，东边悬鱼无存，博缝惹草糟朽残缺。	照旧式样用新料添配齐全。

序号	项目名称	残破现状	修缮概要
9	角梁	东北角梁后尾朽，续角梁虫蛀糟朽，西北角梁劈裂糟朽，仔角梁后尾大部糟朽，各角风铎全部无存。	东北角梁后尾钉补，续角梁更换新料，西北角梁拼补加钉铁活，风铎照重阳殿式样添配齐全。
10	椽望	望板全部糟朽，部分无存，改用苇箔，檐椽全部已弯折劈裂严重，后檐修配过不合原制，亦糟朽劈裂，脑椽、花架椽、后檐大部糟朽，前檐劈裂弯垂大半。	飞子、檐椽、望板全部照原制添配新料，檐椽改作脑椽、花架椽，不足添配新料，并加装拉杆椽。
11	瓦顶	后檐及东西山面大部分檐头翼角下垂，琉璃大吻尚完整，部分脱釉，套兽残缺，三个神全部残坏，垂兽形状不一，缺两个，戗兽残缺三个，勾滴残缺十分之七八，有一部分尚非原制。扣脊筒瓦残缺十分之三四。其他瓦条、线道部分残缺，布瓦筒板残缺约十分之三，瓦钉帽全部无存。	掺灰泥苫背宽瓦，苫麻刀青灰背二层，按原样瓦筒板瓦顶，琉璃脊兽剪边。残缺各瓦兽、钉帽等件照旧式样添配齐全。
12	天花藻井	天花支条大部下垂，部分劈裂折断。后间全部无存，天花板缺欠200余块。明间前藻井上下层残缺斗栱大半，上盖无存，后藻井斗栱稍残缺。	支条找平，天花板修整，残缺天花板支条照样添配新料，藻井残缺斗栱上盖等补配完整。
13	装修	后檐板门后配，不合原制，前檐三间隔扇全部无存，仅有槛框尚不全，上面横披棂条全无，陡匾全无。	全部照设计图样制作安装，四抹隔扇及板门、陡匾照设计图样制作安装。
14	檐墙山墙扇面墙	外面墙皮大部酥碱，部分脱落，下肩尚完整。	下肩照样用条砖淌白垒砌，上部墙身安装壁画，另行设计，不包括在本工程内。
15	砖地面	方砖大部破碎磨损。	全部用尺二方砖照旧制细墁。
16	散水	大部分残缺破碎。	照样用方砖条砖糙墁。
17	油饰彩画	内檐彩画大部剥落褪色，外檐无存。	殿内新配木构件，凡原有彩画的，都按原样补绘，其他殿内及外檐彩画做简单油饰或刷色断白。下架柱子照原制油饰旧黑色油；槛框油饰旧黑色油，博缝板、悬鱼油旧红色。

（3）纯阳殿复建情况

纯阳殿木构更换情况：

柱：

原用杨木，大部露明柱脱皮裂缝。四根角柱只有东南角柱保存完整。墙内不露明的柱子大部糟朽。东山前柱与西山后柱都已下陷。前金柱两根下部已钉补，后金柱下部及靠墙部分都糟朽，部分已钉用钉箍。糟朽超过断面1/4的换用新料，柱根糟朽不超过1.4米的墩接，加铁箍钉牢。脱皮裂缝不严重的剔补加铁箍。

按以上规定，设计图编号为1、2、4、10、12各号柱子换用新料，18、19、20各号柱子墩接。（图3-108）

阑额、普拍枋：

原阑额大部为两拼材料，多已劈裂，缝隙中间弯垂，部分糟朽空洞。普拍枋弯垂朽裂较多，将所有拼接的阑额全部重新接缝加固找平，阑额、普拍枋糟朽、劈裂、有空洞不能承重的，或弯垂超过2厘米的更换新料。按以上要求，下列阑额、普拍枋换用新料：

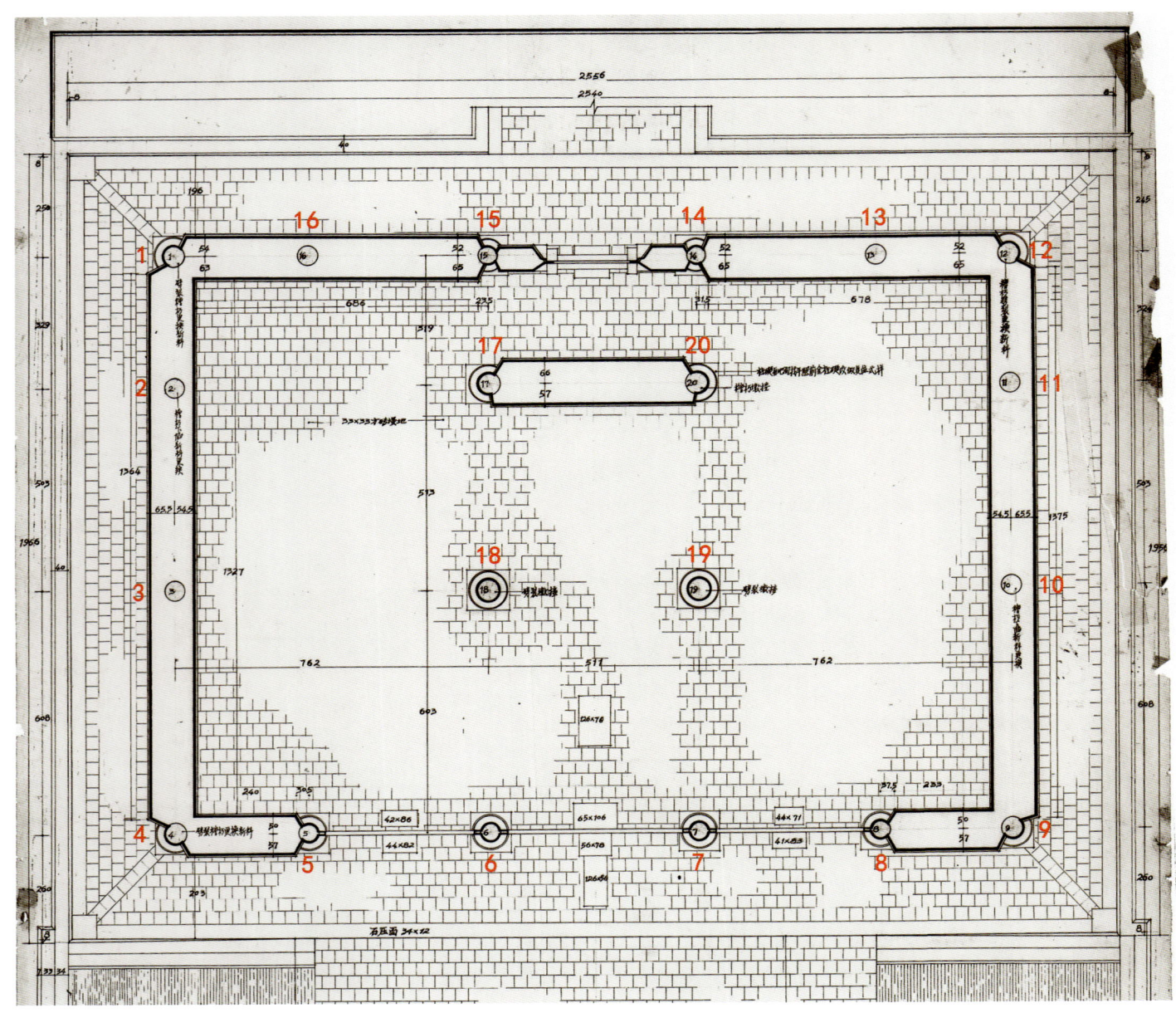

图 3-108　纯阳殿柱子编号图

阑额：前后檐明间、前檐东次间及东山面前次间。

普拍枋：前檐西次间、后檐明间、东次间、东梢间及西梢间。

斗栱：

外檐 11 朵斗栱上的泥道栱和泥道慢栱两端上的散斗，钉补完整，就其本身刻出斗形。原有压槽枋照原位安装稳妥，在两次间柱头铺作上及与相邻内一条铺作上前后丁栿上添加铁活，拉杆 12 条加固，以防外闪。

梁架：

次间柱头与丁栿支撑按原状安装。

明间两件八椽栿后段，东前丁栿、西后丁栿，东西梢间平梁，东北、西北两根抹角梁，及后檐劄牵、瓜柱、角背、柁墩等更换新料。

更换丁栿将原构件彩画部分锯截后贴钉新换构件上。

八椽栿前段将下部彩画部分锯截加好铁活后再贴钉原构件上。

槫枋：

更换：明间脊枋、明间前檐及东次间前檐的上平槫，明间后檐中平槫，明间前檐及西次间后檐中平槫，东次间前后檐及西次间后檐下平枋。

剔补：东次间后檐上平枋，东次间前后檐中平枋，明间前檐及东次间前檐中平枋，明间前檐下平槫及下平枋。

更换橑檐枋：西山面南次间，东山面南次间，后面五间，正面四间，仅东梢间不更换，其余各间钉补完整。各槫枋更换剔补完整后，按原位置安装，各槫枋搭接榫卯必须严实，并在各槫枋接头处添加扒锯加固。（图 3-110~124 偶数号）

表 3-14　纯阳殿大木构件更换信息表

种类	实有数	更换数	百分比
大木构件	325 件	110 件	33.84%
斗栱构件	1896 件	303 件	16%

（4）纯阳殿迁建前后对比

图 3-109　纯阳殿迁建前（1958 年拍摄）

图 3-110　纯阳殿迁建后（2016 年拍摄）

图 3-111　纯阳殿外檐迁建前（1958 年拍摄）

图 3-112　纯阳殿外檐迁建后（2016 年拍摄）

图 3-113　纯阳殿外檐迁建前（1958 年拍摄）

图 3-114　纯阳殿外檐迁建后（2016 年拍摄）

图 3-115　纯阳殿内景迁建前（1953 年拍摄）

图 3-116　纯阳殿内景迁建后（2019 年拍摄）

图 3-117　纯阳殿内藻井迁建前（1958 年拍摄）

图 3-118　纯阳殿内藻井迁建后（2019 年拍摄）

图 3-119　纯阳殿内景迁建前（1958 年拍摄）

图 3-120　纯阳殿内景迁建后（2019 年拍摄）

图 3-121　纯阳殿柱及柱础迁建前（1958 年拍摄）

图 3-122　纯阳殿柱及柱础迁建后（2019 年拍摄）

图 3-123　纯阳殿鸱吻迁建前（1958 年拍摄）

图 3-124　纯阳殿鸱吻迁建后（2019 年拍摄）

4.3.3.5 重阳殿

（1）重阳殿形制及基本信息

主要特点：彻上明造，单檐歇山顶；瓦顶一律为布瓦勾滴筒板瓦，绿琉璃吻、兽、盖脊瓦，瓦顶翼角戗脊上不用跑兽；斗栱五铺作，单抄单下昂，无真昂，后尾起杠杆，略似清代溜金斗栱，但栱昂、要头仍保有宋代作法；平梁上用大驼峰承托大斗襻间及脊枋。殿的基座西端大而东端小，以致基台北面成斜线，不与南边平行；各梁枋斗栱上的彩画式样各不相同；重阳殿两侧东西垛殿，仅存遗址。

形制及基本信息：重阳殿竖立在 1.51 米高的砖砌基台上，前为月台，两侧礓磜，正中通道与月台等高；连接至前殿（纯阳殿）。面阔五间，进深四间（六椽），单檐歇山顶，平面减柱造，斗栱五铺作，单抄单下昂，后尾起秤杆，略似清代溜金斗栱，但栱昂、要头仍保有宋代作法。明间用五椽栿，前檐搭在檐柱上，后檐搭在金柱上，次间四椽栿前后搭在金柱上。平梁上用大驼峰承托大斗襻间及脊枋。其主要特点是殿的基座西端大而东端小，以致基台北面成斜线，不与南边平行。西檐墙长于东檐墙，殿内地面成不等边四边形，但柱根距离则前后对称，因而墙内檐柱与墙皮的距离不仅各墙不尽相同，即便在同一面墙内，由一端到另一端也不尽一致。前檐除两梢间外一律为隔扇门，后檐明间设板门两扇。柱侧脚及正脊生起显著，室内为"彻上露明造"，梁架举折各间互不一致。主要构件绝大多数为本地所产杨木制成，制作时仅将原来木料略加砍凿，因为每根梁枋的断面尺寸自头至尾很少相同，相对位置的构件也大小悬殊，斗栱大部为榆木制成。散斗、交互斗的安装颇不规范，一般是泥道栱与华栱两端不用斗，而是就栱子本身刻出斗形，但无斗耳，其散斗更是有此无彼，这种情形一部分可能由于历代修配不精，但大多数是原建时的情况。瓦顶翼角戗脊上不用跑兽，证明壁画中绘建筑物情况当非后代失掉而为原制。瓦顶一律为布瓦勾滴筒板瓦，绿琉璃吻、兽、盖脊瓦。各梁枋斗栱上的彩画式样各不相同，不论其位置是否对称，而所绘花纹则全不相对，梁栿等大面积的彩画更是如此。（图 3-126~144 偶数号）

表 3-15　重阳殿基本信息表

单体建筑名称	年代	建筑形式	椽数	面阔（米）	进深（米）	室内地坪至脊顶高（米）	用材（厘米）
重阳殿（七真殿）	元	单檐歇山，单抄单昂五铺作	面阔五间进深四间	17.46（柱网）21.98（台明）	10.86（柱网）15.4（台明）	10.05	12.5×18.5
东垛殿遗址				8.06	8.21		
西垛殿遗址				8.26	8.26		

注：面阔、进深尺寸为台明尺寸。

（2）重阳殿现状勘察及修缮概要

表 3-16　重阳殿现状勘察及修缮概要

序号	项目名称	残破现状	修缮概要
1	台明、月台、礓磋	条砖大部分脱落和鼓闪，台明较甚，礓磋西边的残缺，东边的补砌过走闪，象眼酥碱残缺，礓磋铺面大部残破。	照旧用条砖将台明、月台、礓磋淌白垒砌，不足砖块照原尺寸式样烧制。
2	柱础压面石活	柱础部分酥裂，压面全部无存。	照样归安，用洋灰砂浆灌牢，缺欠石条添配整齐。
3	檐柱金柱	全部用杨木，大部劈裂，顺年轮脱皮，前檐柱通裂缝，明间后檐柱柱根糟朽，后金柱中间两根下陷，西次间顺年轮劈裂，前东西金柱，上部有蜂蛀空洞，墙内柱大部糟朽，后檐西次间西柱头虫蛀空洞严重。	将糟朽和虫蛀空洞超过断面的四分之一的更换新料。柱根糟朽和墙内柱糟朽下部不超过 1 米的墩接加铁箍钉牢。脱皮劈裂剔补后打铁箍，下部糟朽超过 1 米的按统一尺寸更换。
4	普柏枋阑额	前檐明间阑额中间折裂，西梢间西端劈裂，后檐明间普拍枋阑额下垂严重，西次间阑额外皮虫蛀空洞严重，西北角普拍枋出头残缺，西山前明间普拍枋南端虫蛀，前檐东梢间普拍枋稍残。	折断下垂超过 2 厘米时更换新料。劈裂残缺虫蛀轻微的钉补。虫蛀不能荷重的更换新料。
5	斗栱	大部栱体残坏，散斗、交互斗残缺，昂嘴残坏较多。西次间内檐柱头枋无存，其他各枋残坏严重。	残坏超过断面五分之一及缺欠栱、昂、都等件照旧添配，稍残的钉补完整，各枋添配齐全。
6	梁架	西梢间后丁栿虫蛀严重，西次间西缝平梁劈裂，通缝中空，四椽栿前劄牵劈裂严重，前后乳栿弯垂通裂严重，明间东后乳栿朽裂严重，东次间东四椽栿南端虫蛀，其他蜀柱、驼峰、角背等稍残。	糟朽超过断面五分之一或劈裂虫蛀不能荷重的，照旧尺寸添新构件，稍残朽的剔补，铁活加固。
7	槫襻间	东次间前上平槫西端虫蛀，东端出头糟朽严重，橑檐槫后檐明间东次间、前檐明间、西次间糟朽过甚，西南搭角 2 根朽裂甚，西次间脊襻间枋西端虫蛀，西缝令栱部分朽残，后上平枋劈裂，上平槫襻间西端令栱折断，明间脊襻间西泥道栱裂通缝，部分襻间下枋过小、裂缝弯垂。	糟朽超过断面五分之一或虫蛀不能荷重，或弯垂超过 2 厘米时，照原制更换新构件，襻间上各栱体折断糟朽的换新，稍残的钉补，过小的襻间枋，弯垂超过 2 厘米或有通长裂缝的更换新料。
8	两际	东西两际博缝板糟朽残缺过甚，悬鱼、惹草全部无存。	照设计尺寸制作安装。
9	角梁	东南角梁后尾劈裂，东北角梁全部劈裂，西南、西北两角梁稍残裂，风铎无存。	东北角梁照就尺寸更换新料，其余钉补加铁活钉固，风铎添配齐全。
10	椽望	飞子望板全部糟朽，檐椽大部弯折劈裂，脑椽、花架椽劈裂糟朽大半，连檐瓦口等大部残缺糟朽。	飞子、望板、檐椽、瓦口全部更换新料，脑椽、花架椽不足用檐椽改做，其他新做，并加装拉杆椽。
11	瓦顶	琉璃大吻东端卷尾、背兽角残缺，西端大嘴上兽角残缺，布瓦条脊残缺约十分之二三，各脊兽残缺无存，套兽一个残坏，扣脊筒瓦残缺约十分之七八，布瓦勾滴残缺约十分之五六，布瓦筒板瓦缺十分之二三。	掺灰泥苫背瓦瓦，苫麻刀青灰背二层，照原制瓦勾滴、筒板布瓦，安琉璃吻兽。麻刀青灰调脊，捉节夹陇，残缺瓦兽件、钉帽等添配齐全。
12	装修	后檐板门后配，不合原制，下槛糟朽，前檐三间隔扇全部无存，仅存槛框，尚不全，且劈裂糟朽。	全部照设计式样用新料制作，前檐安装四抹隔扇后檐安装板门补配整齐。
13	陡匾	部分残缺糟朽。	补配齐整。

序号	项目名称	残破现状	修缮概要
14	檐墙山墙扇面墙	外皮大部酥碱，脱落，扇面墙部分坍塌，下肩条砖尚完整。	下肩照原样用条砖干摆垒砌，不足砖块按原尺寸添配。上部墙身安装壁画，另行设计，不包括在本工程内。
15	砖地面	大部破碎磨损，部分无存。	用尺二方砖全部细墁。
16	散水	全部无存。	照设计尺寸用方砖铺墁。
17	油饰彩画	外部无存，内部褪色剥落大半。	下架柱子和槛框油饰用旧黑色油，上架新配构件刷旧木色。博缝板、悬鱼油旧红色。椽飞刷旧浅绿色，内檐望刷色断白。

（3）重阳殿复建情况

重阳殿木构更换情况：

柱：

原全部用杨木，大部劈裂，顺年轮脱皮，部分已钉铁箍。将糟朽和虫蛀空洞超过断面四分之一的更换新木料，柱根糟朽和墙内柱糟朽下端不超过 1 米的墩接加铁箍钉牢，脱皮裂缝不严重的剔补后钉铁箍，下部糟朽超过 1 米的，按统一尺寸更换新木料。

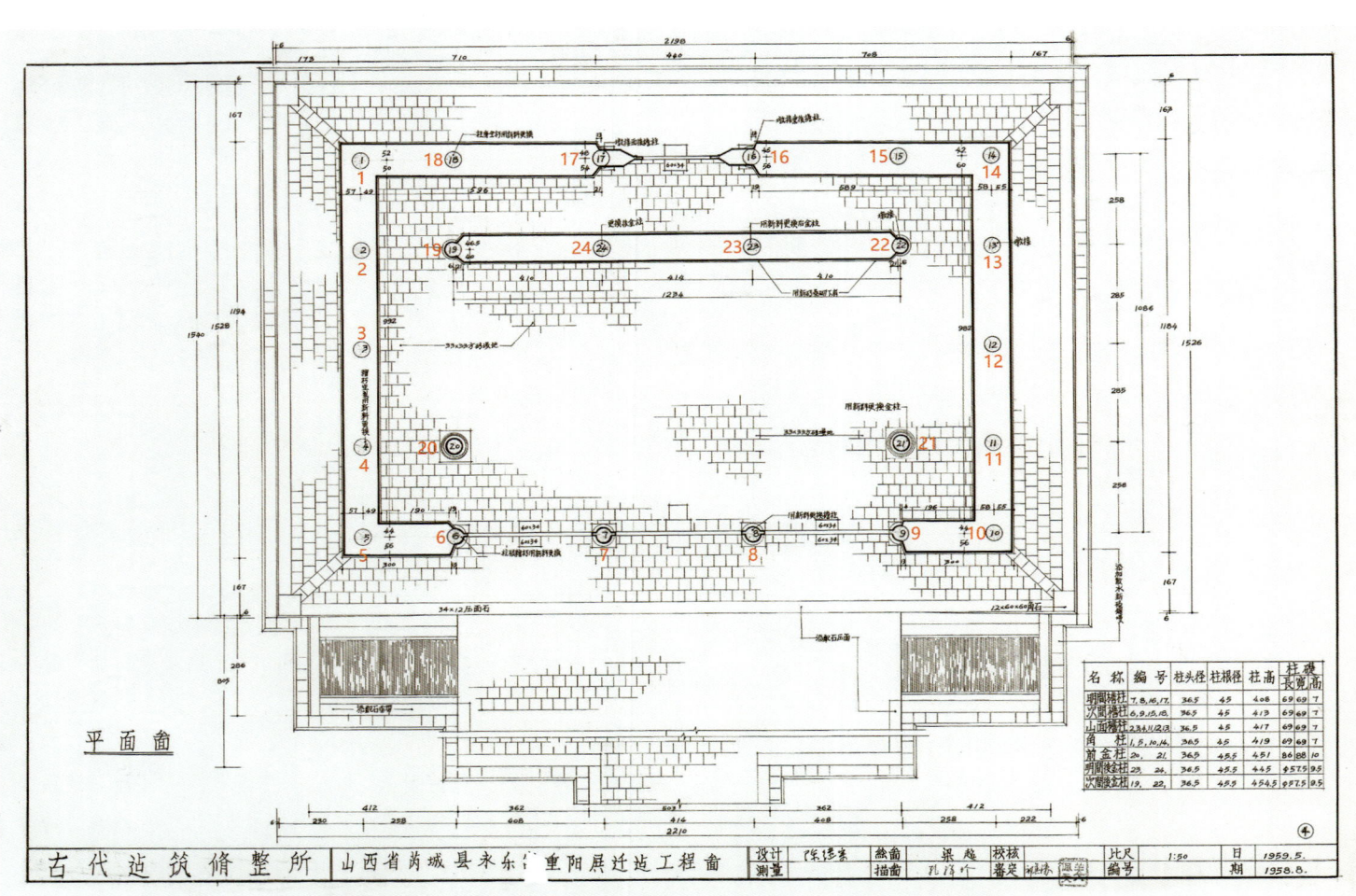

图 3-125　重阳殿平面图（1959 年绘制）

按以上规定，图上编号的柱子更换新料或墩接如下：

① 更换：4、6、8、18、21、23、24 各号柱计 7 件。（图 3-125）

② 墩接：13、16、17 各号柱计 3 根。

阑额、普拍枋：

原有大部弯垂劈裂残缺，部分虫蛀和折断，按照原制修配安装，将折断或下垂弯超过 2 厘米的及虫蛀不能承重的更换新木料，劈裂残缺或虫蛀轻微的剔补整齐。按以上要求将下列各普拍枋、阑额按原制更换新木料：

① 普拍枋：前后檐明间的 2 件。

② 阑额：前后檐明间的 2 件，后檐西次间的 1 件。

斗栱：

每朵斗栱中的泥道栱、泥道慢栱和华栱的两端上一律全不用散斗和交互斗，就其本身刻出斗形。

原有的泥道栱、泥道慢栱和华栱能用，而两端上如有散斗和交互斗的全都取消，就其本身刻出斗形。

梁架：

下列构件更换新料：

① 西梢间后檐丁栿 1 件。

② 西次间西缝平梁 1 件。

③ 西次间前后檐乳栿 2 件。

④ 西次间前檐劄牵 1 件。

⑤ 明间东缝后檐乳栿 1 件。

为了防止两山面椽子后尾悬空下垂，在两次间平梁外（不露明处）两侧添加压椽木 2 件，用螺栓与平梁固定，椽后尾再与压椽木用上下螺栓紧牢。

槫枋：

更换新构件如下：

① 东次间前檐上平槫 1 件。

② 东次间后檐橑檐槫 1 件。

③ 明间前檐橑檐槫 2 件。

④ 西次前檐橑檐槫 1 件。

⑤ 西南角搭角橑檐槫 2 件。

⑥ 明间后檐下平槫下襻间枋 1 件。

⑦ 西次间前檐下平槫下襻间枋 1 件。

⑧ 西次间后檐上平槫西端令栱 1 件。

两际：

全部用新木料更换做素悬鱼、惹草安装整齐。

角梁：

东北角后尾劈裂、前端通裂的大角梁，及朽裂的仔角梁，照原质更换新构件。

椽望：

除脑椽、花架椽部分用好的檐椽改作外，其他均为新料。并加装拉杆椽。

装修：
全部隔扇板门按照设计大样图（35、36）式样用新料制作安装。

油饰彩画
油饰彩画外面全部无存，里面大部褪色剥落。内檐彩画保持原样，外檐彩画刷色断白。（图3-127~145 奇数号）

表 3-17　重阳殿木构更换信息表

种类	实有数	更换数	百分比
大木构件	439 件	79 件	18%
斗栱构件	907 件	94 件	10.36%

（4）重阳殿迁建前后对比

图 3-126　重阳殿迁建前（1958 年拍摄）

图 3-127　重阳殿迁建后（2019 年拍摄）

图 3-128　重阳殿侧立面迁建前（1958 年拍摄）

图 3-129　重阳殿侧立面迁建后（2016 年拍摄）

图 3-130 重阳殿转角铺作迁建前（1958 年拍摄）

图 3-131 重阳殿转角铺作迁建后（2018 年拍摄）

图 3-132 重阳殿内景迁建前（1958 年拍摄）

图 3-133 重阳殿内景迁建后（2019 年拍摄）

图 3-134 重阳殿梁架迁建前（1958 年拍摄）

图 3-135 重阳殿梁架迁建后（2019 年拍摄）

图 3-136　重阳殿内檐迁建前（1958 年拍摄）

图 3-137　重阳殿内檐迁建后（2016 年拍摄）

图 3-138　重阳殿内檐转角迁建前（1958 年拍摄）

图 3-139　重阳殿内檐转角迁建后（2016 年拍摄）

图 3-140　重阳殿柱及柱础迁建前（1958 年拍摄）

图 3-141　重阳殿柱及柱础迁建后（2019 年拍摄）

图 3-142　重阳殿陡区迁建前（1958 年拍摄）

图 3-143　重阳殿陡区迁建后（2016 年拍摄）

图 3-144　重阳殿鸱吻迁建前（1958 年拍摄）

图 3-145　重阳殿鸱吻迁建后（2016 年拍摄）

4.4 彩画复原研究

彩画工作是永乐宫迁建工程最先介入、最后完成的一项工作。

永乐宫彩画复原研究工作分为两个时段：彩画临摹、复原研究和方案设计。彩画临摹是从1957年8月至1959年10月；彩画复原研究和方案设计是从1961年至1963年底。

1957年8月，古代建筑修整所彩画组在当时的组长金荣先生的带领下，进驻永乐宫现场。当时在永乐宫现场工作的还有中央美术学院及华东分院的师生们，美院师生临摹壁画，彩画师徒临摹彩画，这是永乐宫迁建工程彩画工作的开始，彩画临摹工作一直延续到1959年10月20日。之后彩画组的技术人员配合壁画搬迁、建筑迁建等工作。直到1961年，彩画复原研究和方案设计工作再次启动。

4.4.1 彩画临摹

彩画临摹工作包括绘制白描图、临摹图和彩画小样。（图3-146~148）

临摹的内容主要是梁栿、阑额、普拍枋、斗栱、天花板、栱眼壁等，栱眼壁虽属壁画，但其在此临摹的方式采用的是彩画临摹和画小样的方式，故纳入本节。

现存我院的永乐宫彩画临摹图45张，其中三清殿30张、纯阳殿14张、重阳殿1张。三清殿和纯阳殿临摹的彩画位置如图3-149和3-150所示。（彩画临摹图件见图版T-164-323）

图3-146　彩绘白描图（三清殿明间东缝八椽栿前段彩画　1957年绘制）

图3-147　彩绘临摹图（三清殿明间东缝八椽栿前段彩画　1957年绘制）

图3-148　彩绘小样（三清殿明间东缝八椽栿前段彩画　1957年绘制）

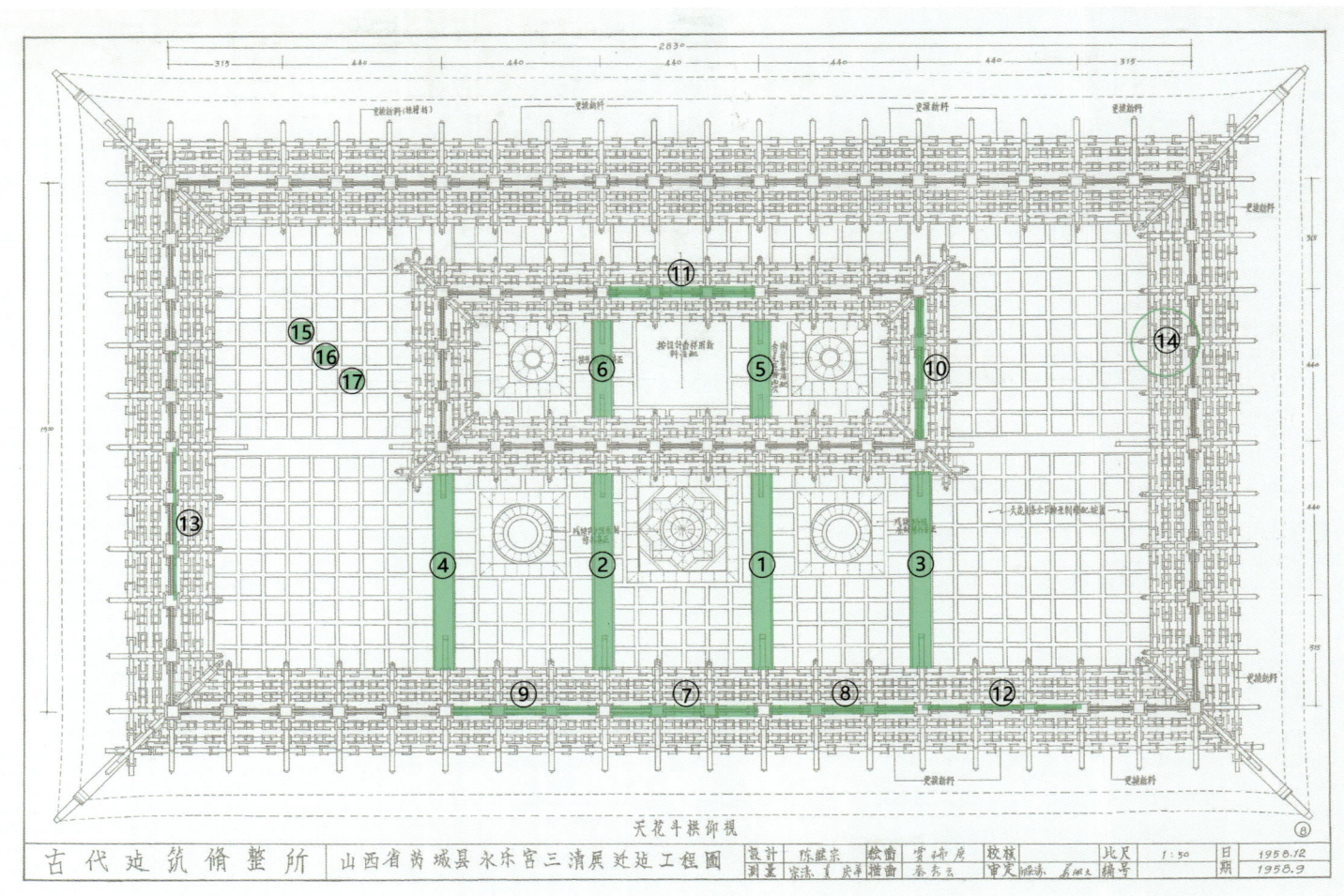

图 3-149 三清殿彩绘临摹图位置图

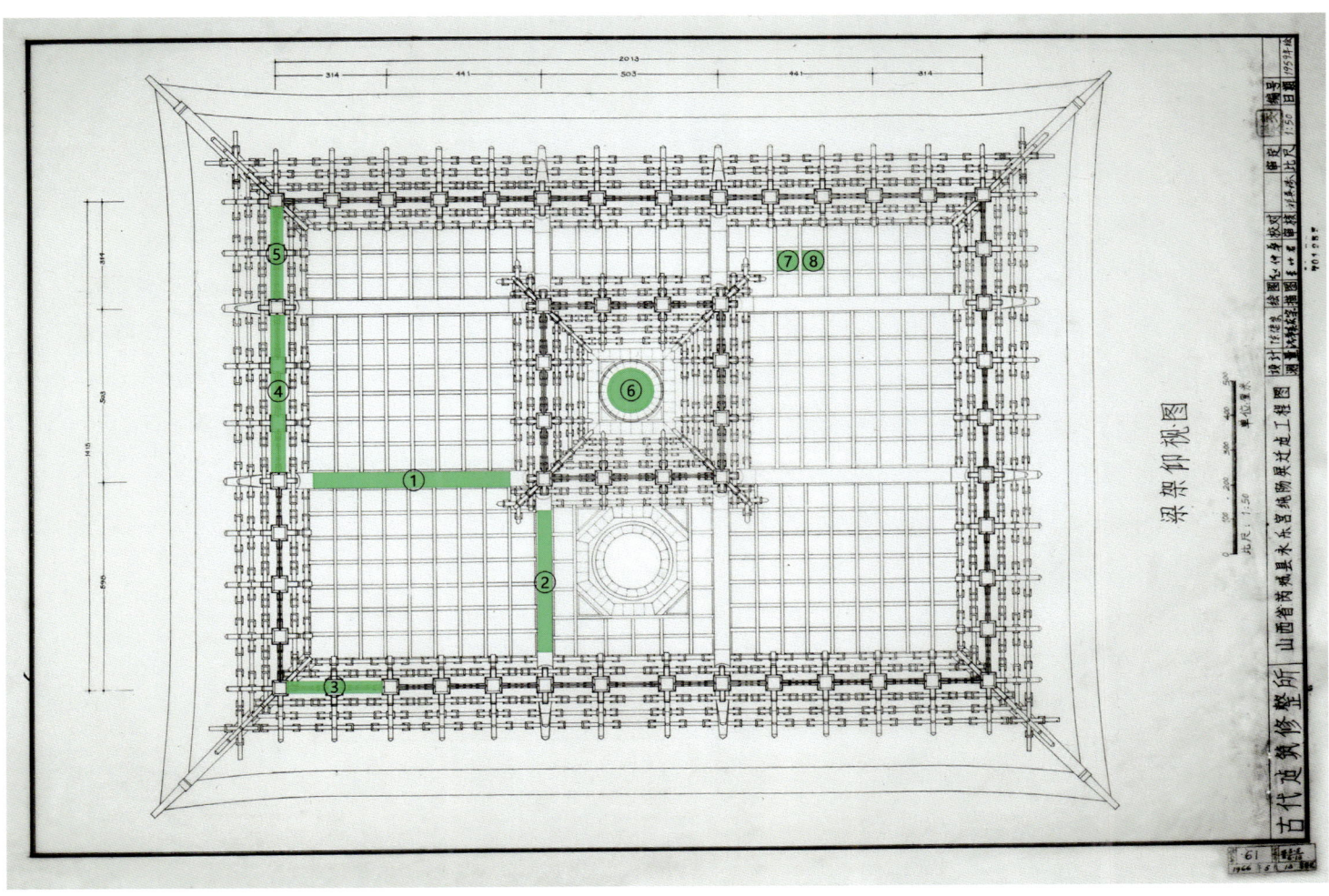

图 3-150 纯阳殿彩绘临摹图位置图

4.4.2 彩画复原研究及方案设计

彩画复原设计工作从1961年下半年开始，现存档案有：

（1）1961年的永乐宫彩画复原设计的工作方法介绍（附录五）

（2）永乐宫三清殿、重阳殿彩画油饰工料估算现场记录（图2-132、133）

（3）1962年3月10日的"永乐宫彩画复原设计方案"（附录六）

（4）1962年3月14日，永乐宫彩画复原设计第一次讨论，"彩画设计原则及方法问题"（附录七）

（5）1962年8月和10月，彩画地仗试验记录（附录八）

（6）1962年11月16日，龙虎殿遗留清代彩画证据（附录九）

（7）1962年11月，三清殿和纯阳殿藻头分析（附录十）

（8）1963年1月9日，永乐宫彩画第二次讨论（附录十一）

（9）1963年1月21日，永乐宫彩画复原设计第三次讨论记录（附录十二）

（10）1963年4月2日，永乐宫彩画复原设计第四次讨论，关于永乐宫龙虎殿彩画设计方法问题的座谈（附录十三）

（11）1963年4月，芮城附近彩画调查

（12）1963年4月，晋东南及晋南彩画考察（附录十四）

（13）1963年8月9日，永乐宫彩画复原设计草案（附录十五）

（14）1963年，永乐宫彩画工作总结（附录十六）

（15）1964年5月6日，永乐宫彩画复原设计方案（附录十七）

从以上档案可以看出，从1961年"永乐宫彩画复原设计的工作方法介绍"到1964年5月6日"永乐宫彩画复原设计方案"，关于永乐宫彩画复原研究的文件有15份之多。

从1962年初就确定缺失较多的外檐彩画采取"内檐外翻"，"新换构件彩画由原有构件上经过填补再进行彩画，新换构件或旧构件花纹全部需要设计"的彩画复原设计思路，到1962年3月10日讨论"彩画重绘仿旧的色彩容易掌握，彩画补绘色彩统一比较困难，决定不补绘"。3月14日讨论"柱子油全宫都是黑的，只三清殿四金柱是红的，但无法反证外檐都是红柱（余鸣谦）、永乐宫的老彩画线条舒朗豪放，枋心里多半采用锦和花卉，保留宋彩画的遗风，出现了藻头，又在向明过渡，彩画特点及风格（杜仙洲）"，从而确定"由内檐往外翻的方法，要求把彩画作一套彩画填补设计工作。至于橑檐枋、阑额出头等的花纹内檐没有橑檐枋，那么就采用额枋上的花纹，有的椽檐头、角梁都仍有花纹，打算由古墓葬上去找资料参考"。这样才有了1963年4月份"芮城附近彩画调查"和"晋东南及晋南彩画考察"，获取了大量第一手资料。

1962年11月16日，通过龙虎殿外檐彩画中有花箍头、盒子、旋花，确定了龙虎殿彩画风格为当地清代晚期彩画风格。

1963年1月9日的彩画讨论，是一次非常重要的关于保护理念的讨论，从以下几位的发言可见一斑：

烈：彩画本身应被理解成为文物保护对象。

信：主要是整旧如旧，设计最重要是有根据，重阳殿大枕上的彩画如有根据是晚期篡改过，可以取消重画，如无根据不能将原来的彩画取消，藻头原来是不对称的。

陈：后补彩画应该使人看出新旧区别。

纪：我体会彩画现有的东西不改原貌，外檐没有不同于内檐，现在有这样一种趋向：知道重视

壁画不知重视彩画，应该将各处调查一下，特别是元之前的，凡保存有原画的不应动，明清的也应择重点保护，早期的应该保留，今后彩画部门应该担任这工作，彩画和壁画应该同等重视起来。内檐不同意重描，应维持现状，原存加固，已缺的可以防护修补，线条要合理的与原画协调，修补到远看无区别，近看有距离，应该保存原貌。[1]

这些理念直接影响着最终永乐宫彩画保护的实施措施。

1963 年 1 月 21 日制定的初步方案：

第一方案：五殿外檐：下架油饰，上架认色断白；内檐：山门及龙虎殿内檐梁架认色断白，纯阳、三清、重阳内檐彩画原画补色。

第二方案：外檐山门、龙虎殿内外檐彩画重新彩画油饰，其余三殿外檐断白，内檐原画修补。

第三方案：五殿外檐油饰彩画，纯阳、三清皆取材于本身内檐，山门内外檐按第二方案。[2]

1963 年 1 月 21 日确定的永乐宫彩画复原设计原则。

外檐彩画复原设计原则：就地取材，里画外翻；三清、纯阳两殿彩画风格不同，不能汇集两殿素材用于一殿设计；摸清旧彩画规律，将现存花纹重新组合：要求保留原画风格，不得擅自加入个人手法。角梁、椽飞等构件彩画在本建筑上无例可循时，可参考晋南其他建筑上采集资料进行设计。

龙虎殿彩画复原设计原则：龙虎殿彩画等级以纯阳殿为蓝本，从现存痕迹推测，大概是青绿。[3]

1963 年 8 月 9 日，制定出永乐宫彩画设计草案：

第一方案：五殿外檐全部油饰彩画，山门与龙虎殿内檐全部油饰彩画，三清殿、纯阳殿、重阳殿内檐彩画做原画修补。

第二方案：只画山门、龙虎殿，其余三殿断白。

第三方案：五殿全部不做彩画，只做下架油饰色彩按上述方法，上架新换构件作靠木色断白。三清、纯阳、重阳三殿内檐彩画按原画补色修整。

1963 年底，按上述设计草案，完成永乐宫彩画复原设计方案。包括龙虎殿内、外檐彩画复原设计，三清殿、纯阳殿、重阳殿三殿外檐彩画设计。值得一提的是龙虎殿彩画复原设计图，根据 1963 年 12 月 1 日的"永乐宫龙虎殿内外檐彩画构件总表"显示有 157 张图，现存档案实有 125 张左右。（图 3-151，图版 T-201-324）

4.4.3　油饰彩画落实情况

油饰彩画经过了两年多的复原研究和设计工作，但最终落实并未按最初的设想实施。

受工程进度影响，彩画实施工作直至 1964 年 8 月尚未开展，而永乐宫迁建工程计划在 1965 年国庆前全部竣工。为了达到这个目标，祁英涛先生在 1964 年 8 月 20 日对永乐宫迁建工程各部分收尾工作提出个人建议，对彩画部分工作的建议是：

彩画工作：可分两部分考虑：

（1）三清、纯阳两殿内檐彩画，系元代彩画，新换露明梁枋，原有彩画应照旧有式样和色彩补绘，新配的天花板、支条，因无原样可查，只宜刷色断白。重阳、龙虎两殿内檐彩画，已经后代多次重画，为保留研究资料，可暂时不动。

---

[1] 原始档案见"第七部分　永乐宫迁建工程专题原始档案"附录十。文中"烈"是杨烈，"信"是张思信，"陈"是陈继宗，"纪"是纪思。

[2] 原始档案见"第七部分　永乐宫迁建工程专题原始档案"附录十二。

[3] 原始档案见"第七部分　永乐宫迁建工程专题原始档案"附录十二。

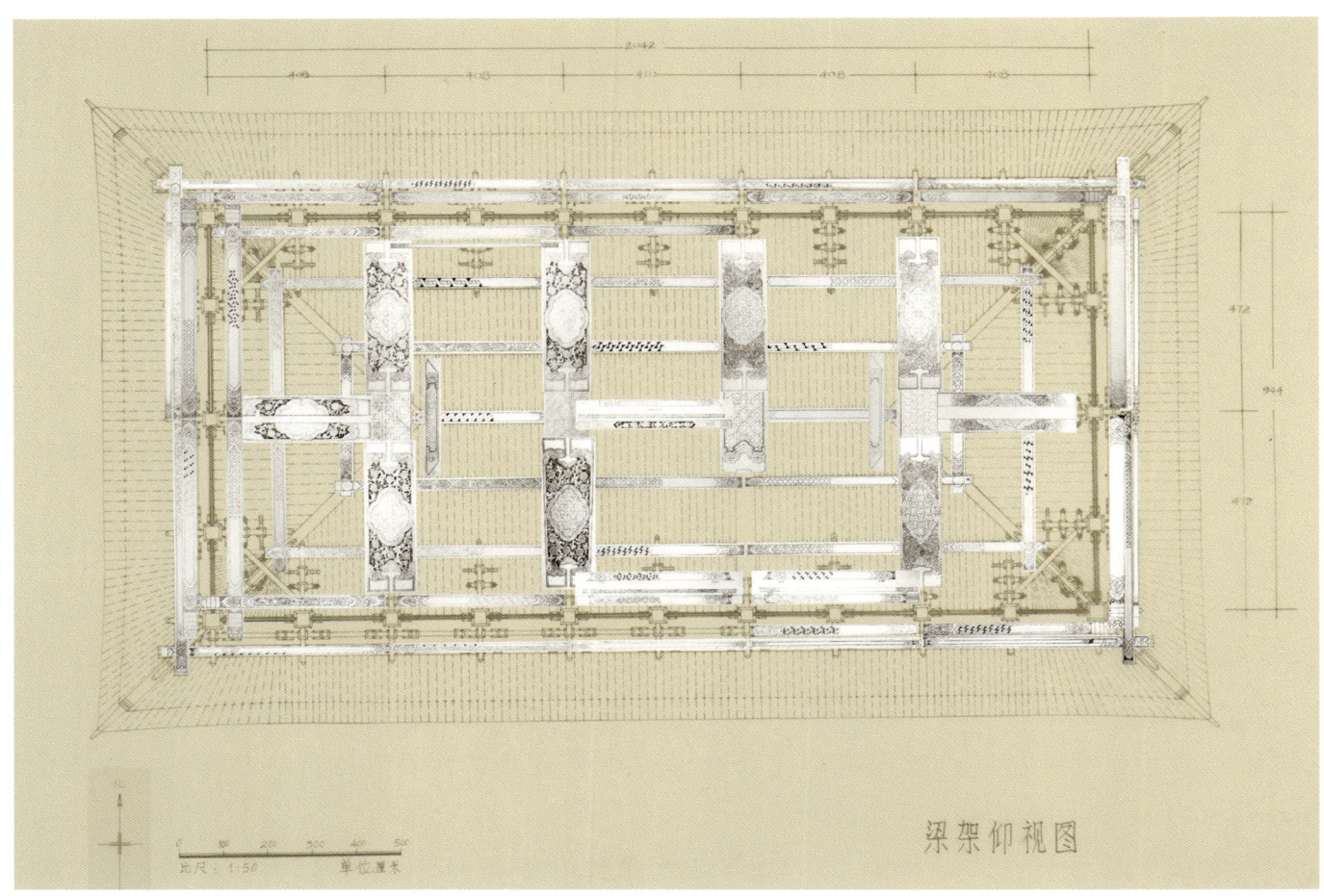

梁架仰视图

比尺：1:50　单位厘米

图 3-151　龙虎殿彩画复原设计分布总图

（2）各殿外檐彩画：原计划复原元代彩画，已做出两座殿（纯阳、龙虎）的复原设计，但这个计划，由于近年来工料价格的上涨，全部造价已由原预算的 5 万元增到 20 万元，共需油漆彩画人工 1 万工，以此工数计算，若在一年内完成，每天需彩画工 50 名，这样多的工人，目前也不易解决，考虑到经费、材料、人工等各方面情况，先在施工都不适宜，因此，建议改为刷色断白，尚可在大约半年的时间内完成。正在进行的复原设计仍可进行，因为此项研究工作，它的成果，在学术上还有相当的价值。

1965 年，陈继宗执笔的"永乐宫迁建工程技术总结"是永乐宫彩画保护最后落实的措施：

殿内找补彩画与外檐断白：三清、纯阳两殿内新配木构件，凡原有彩画的，都按原样补绘，其他殿内和各殿外檐都做简单的油饰或刷色——断白。主要目的为保护木构件免遭雨水侵蚀。要求做到色调协调，不突出，为保存复原资料。施工时，凡属旧构件，原则上一律不动。

地仗：基本照旧建筑上的做法，将裂缝处用木条钉补严实，新构件及着色构件，一律油浆一道，上抓贴骨油灰一道，干后打磨光平，然后再钻生洞油一道保护木构件。

殿内找补彩画：三清殿内新配东次间缝八椽栿前段[1]，纯阳殿内新配西次间后檐大丁栿，以及两殿内新配阑额，普拍枋，等新构件里面，均照原样彩画旧色调画，基本保持拆除前的色调。两殿新配斗栱构件里面，亦照旧彩画式样随旧色调画，天花板，支条随旧刷杂色，藻井随旧刷青绿、龙随旧金色，并要求新找补的彩画与旧彩画色调基本一致。

断白：各殿下架柱子，除宫门，三清殿内金柱及新建碑廊的柱子为旧木色稍代点红色外，其余

---

[1] 新绘制彩画保存情况见图 3-152~155 的文后有对比图像。

各殿柱子一律照原制油饰旧黑色油。三清，纯阳，重阳三殿的枋框，仍旧油饰旧黑色油。宫门、龙虎殿、大极门、枋框、卡墙小门以及后三殿格扇，后门扇亦照旧油饰旧红色油，各门扇与格扇的油饰稍红一点。

各殿上架除三清，纯阳二殿内檐外，连同碑廊内檐上架，新配构件一律刷旧木色。碑廊檩垫枋刷旧木色稍带点绿色，栀头稍带点蓝色，檐头望板，连檐、瓦口，及龙虎殿斗栱新配构件的栱眼，宫门迎风板、花罩、博缝板，纯阳、重阳二殿的博缝板、悬鱼惹草一律油旧红色，其连檐、瓦口、博缝板、悬鱼、惹草的油饰也稍红一点，亦符合一般规律的。檐头的椽飞一律刷旧浅绿色，其内檐椽望一律不做油饰断白，其上下架油饰一律做到退光、色调协调。

陡匾：宫门、龙虎、三清三殿的陡匾，随龙虎殿原有陡匾的黑蓝字，白地、黄边。重阳殿原有陡匾黄字，绿地，黄边，纯阳殿陡匾同重阳殿的颜色。全部斗匾都刷随旧色，不显突出。

三清殿旧有柱子的柱头如有题记的，一律保存没动。泥雕龙等取下的，全部钉回，连同旧有的不修补不着色，其各殿上架旧构件，均暂时不动。

在永乐宫迁建工程彩画工作中，有两处值得注意的地方；一是关于纯阳殿彩画保持状态的描述；二是三清殿东次间八椽栿更换后重绘彩画的保存情况。

第一，1965年"永乐宫迁建工程技术总结"中对彩画保存状态的描述：

外檐剥落无存，后三殿内檐大部剥落，毁暗或被雨水冲洗，前二殿内檐脱落褪色不明。龙虎殿内仅两三件构件稍有彩画痕迹。[1]

"1961年彩画复原设计的工作方法介绍"[2]中对纯阳殿彩画保存状态是这样描述的：

纯阳殿是一部青绿彩画，花纹组织婉约而生动，殿内掏空梁架除局部因漏雨有漫渍不清情况外，全部保存良好，只外槽额枋、檐檐枋、普拍枋、檐檐栿上的彩画残剥情况严重。

以上这段对纯阳殿内檐彩画保存状态的描述很重要，原因是在最终彩画保护实施方案中，永乐宫内檐彩画除了必须更换的有彩画的新构件，以及无彩画的刷色断白之外，其他内檐彩画均保持现状，因此这段描述可以证明现存搬迁后纯阳殿的内檐彩画，只要是没有更换构件的应为原来的彩画。

第二，三清殿东次间八椽栿为迁建工程中更换的构件，从其彩画重绘55年的变化来看，重绘彩画的色彩保存状态和没有重绘的彩画保存状态存在较大差别。（图3-152~155）

4.4.4 彩画复原研究小结

永乐宫迁建工程中彩画复原研究是这次档案整理的意外之喜。课题之初，就发现了绘制精美的彩画小样和临摹品，后来在整理文字档案时，又发现了从1961年至1964年5月6日的关于彩画复原设计研究的分析文件、讨论会议记录、彩画复原设计方案等17份近190页重要资料，详细地记录了永乐宫彩画复原研究过程。

虽然受工程进度影响，永乐宫彩画并没有按照原有：三清殿和纯阳殿外檐彩画基本没有的情况下采取"内檐外翻"以及将龙虎殿的清代彩画还原为元代彩画的思路进行，但从工程实施至今的保存效果：在更换的构件上补绘的彩画剥落的程度远大于没有更换的旧有构件的彩画，以及所遵循的保护原则来看，永乐宫彩画最终实施方案都是值得研究和借鉴的优秀案例，因为这种思路和方法恰恰符合了文物保护的"最小干预"原则，符合"真实性""延续性""可识别性"的效果，达到了文物保护的最佳"度"的把握。

---

[1] 原始档案见"第七部分　永乐宫迁建工程专题原始档案"附录四十九。

[2] 原始档案见"第七部分　永乐宫迁建工程专题原始档案"附录五。

图 3-152 三清殿东次间八椽栿前段彩画临摹品（1957~1958 年临摹）

图 3-153 三清殿东次间八椽栿前段彩画迁建前的状态（1958 年拍摄）

图 3-154 三清殿东次间八椽栿前段彩画迁建后重新绘制的保存状态（2019 年拍摄）

图 3-155 三清殿明间西八椽栿未经重绘的彩画保存状态（2019 年拍摄）

当然，另一方面，永乐宫彩画复原设计研究档案保存至今，作为我国最早研究元代彩画的原始资料，正如祁英涛先生在 1964 年 8 月 20 日 "永乐宫收尾工程的意见" 中所述："正在进行的复原设计仍可进行，因为此项研究工作，它的成果，在学术上还有相当的价值。"

4.5　四座元代建筑模型制作

　　自"文整会"成立，在古建筑的修缮过程中制作建筑模型是修缮工作的重要部分 。因此，伴随永乐宫迁建工程的进行，四座元代建筑模型的制作也是迁建工程的一项重要任务，在"文整会"派出的技术人员中，模型室的井庆升是永乐宫四座元代建筑模型制作的负责人。

　　井庆升在永乐宫测绘之始就进驻永乐宫现场，在迁建前的建筑勘测工作中，井庆升会根据模型制作的需要，对测绘工作提出具体的要求。比如在1958年10月6日的项目组全体会议中，祁英涛先生说：

　　"过去未注尺寸，……这次就想改变一下，每个尺寸注出来，便于做模型和施工。（图3-156）

　　井庆升发言时说：如为模型就要大尺寸就行了，一来画图要交圈，另方面角梁地方应该注意，闹不清就交不上，先把后尾交哪儿，前边那根在那根弄清，再看翼角翘飞母在哪儿，没有做不出来，新作必须有这个，没有翘飞母就要走原样子了，没翘飞母就不知道翘起多高来，一到元代以上稍有变化可也不一样，翘飞母究竟翘不翘得细细看，有的翘飞远低于仔角梁，升起靠枕头木，慈云阁就有翘了，角梁后尾要靠里由中外由中金盘线 画，有了位置才能找出椽槽来，一个殿座由正面绕椽悬在角梁里了，元代没有金盘线，可是把位置得找出来，抹角直接出来与斗栱勾结处要清楚。"（图3-158）

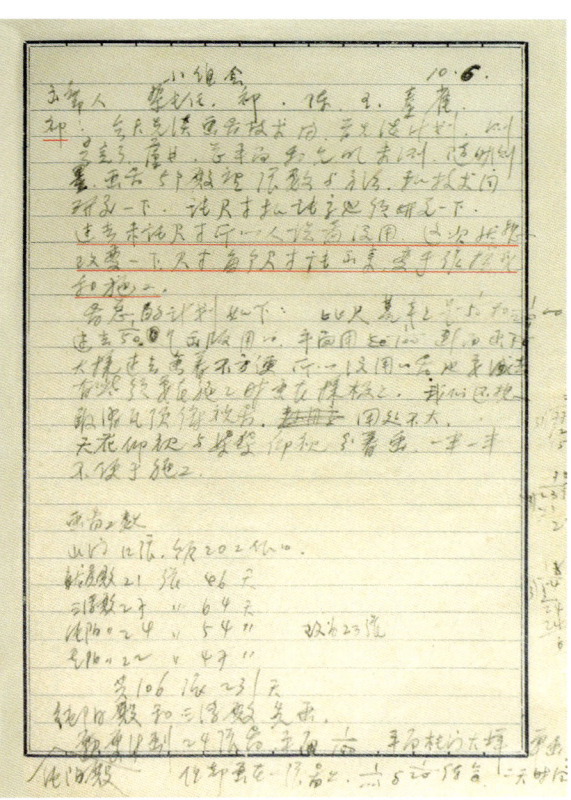

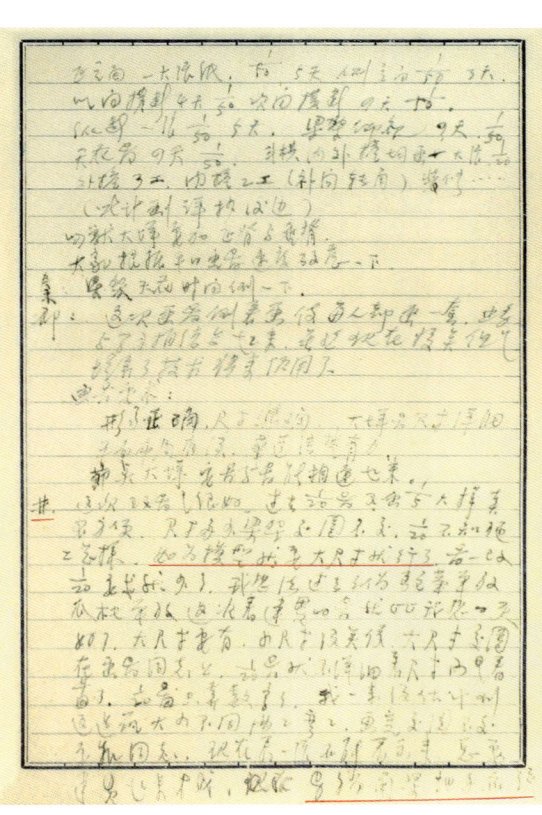

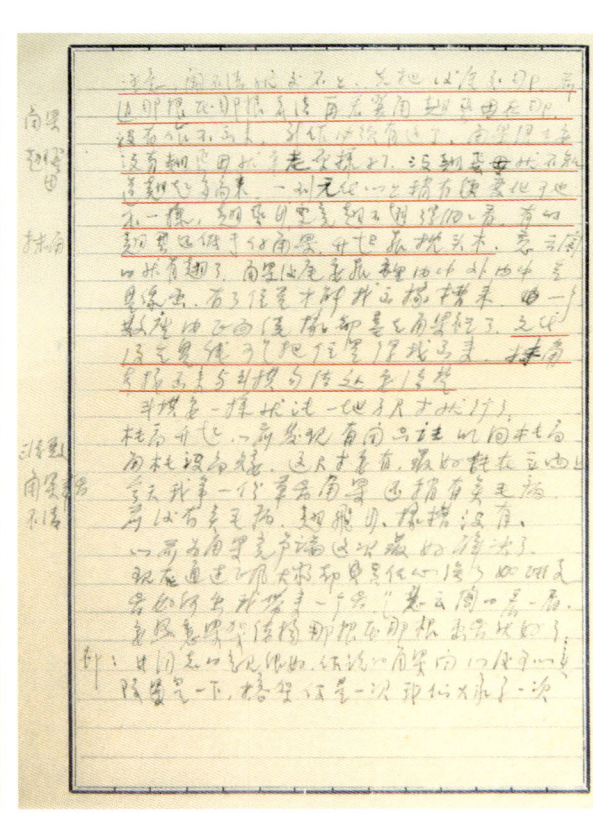

图3-156　1958年10月6日会议记录1　　　　　图3-157　1958年10月6日会议记录2　　　　　图3-158　1958年10月6日会议记录3

1960 年 4 月 15 日~6 月 10 日，永乐宫的四座元代建筑模型作为永乐宫迁建工程的展品，在故宫文华殿对外展览。（图 3-159~165）

目前，这四座模型仍保存在我院。

图 3-159　纯阳殿模型正立面

图 3-160　纯阳殿模型背立面

图 3-161　纯阳殿模型侧立面

图 3-162　重阳殿模型正立面

图 3-163　重阳殿模型背立面　　　　　　　　　　图 3-164　重阳殿模型侧立面

图 3-165　1960 年 4 月 15 日～6 月 10 日，永乐宫四座元代建筑模型在故宫文华殿展览

4.6 壁画迁移保护

1958年开展的永乐宫壁画迁移保护工程，是将全部壁画揭取下来，安全地运往新地址，再按原来的位置和样式安装在复原后的建筑内。这一类文物保护工作，在当时的我国尚属首次，即使在当时的国际上也很少有先例可循。因此壁画迁移保护的全部工作几乎是从头做起：揭取方法的试验和选择、各种工具发明和创造、包装运输的方法、加固修复技术、安装技术和方法等，都采取了边试验，边实施，边改进的工作模式，各种问题都是在实践过程中逐步得到解决。永乐宫壁画迁移保护工作过程，可以说是该类项目的一次大型科学试验，开创了我国壁画迁移保护技术的先河。

通过以下档案中保存的有关壁画迁移工作的各阶段重要的试验报告及技术总结报告名单，可以看出这项工作虽然时间紧迫，但每一个步骤都充分做好前期研究和试验，稳扎稳打，最终圆满完成这项开创性的攻坚任务：

（1）1958年9月15日，永乐宫壁画揭取实验报告。（附录三十四）

（2）1959年3月12日，永乐宫揭取壁画、栱眼壁第一期工程初步总结。（附录三十五）

（3）1959年7月27日，壁画正式揭取的报告。（附录三十六）

（4）1959年11月22日，壁画运输试验方案简要说明。（附录三十七）

（5）1960年10月6日，永乐宫壁画修复试验第一阶段（壁画加固）工作初步总结。（附录三十八）

（6）1960年11月30日，永乐宫用漆皮泥加固壁画的试验简报。（附录三十九）

（7）1961年1月24日，壁画试块的检验报告。（附录四十）

（8）1961年3月24日，永乐宫壁画修复试验第二阶段报告。（附录四十一）

（9）1961年5月1日，永乐宫壁画结构分析报告。（附录四十二）

（10）1961年5月15日，永乐宫壁画运输总结。（附录四十六）

（11）1961年6月1日，永乐宫揭取壁画技术报告。（附录四十五）

（12）1963年4月，永乐宫壁画修复安装试验工程技术总结（初稿）。（附录四十七）

（13）1963年4月23日，永乐宫壁画修复安装说明书。（附录四十三）

（14）1963年5月20日，永乐宫壁画修复鉴定报告。（附录四十四）

（15）1965年11月25日，永乐宫壁画修复工作总结。（附录四十八）

以上名单中，除了最后的"永乐宫壁画修复工作总结"是中国美协的潘絜兹先生执笔之外，其他报告均是以祁英涛先生为子项负责人的永乐宫迁建工程项目组编写完成。

从祁英涛先生到项目组的技术成员，几乎没有化学和材料背景的专业技术人员，那么怎么攻克壁画加固、修复这个专业性极强的技术难题的呢？

从档案文件中零星出现的涉及化学和材料的专业的研究机构来看，永乐宫壁画迁移保护工作过程中，得到了很多国内相关专业技术部门的大力支持：

1960年11月30日编写完成的"永乐宫用漆皮泥加固壁画的试验简报"中：

在北京市房管局材料试验室的协助下，做了抗热、抗冻、冻融、抗压、抗拉及抗折等七种试验，我们自己又进行了木框黏结力（土拉力）的试验。

1961年1月24日完成的"壁画试块检验报告"中：

上述试验若靠我们的力量，就现有条件、设备、时间均感困难。经房管局试验室的大力协助，在百忙中抽出时间，为我们全体安排实验程序，传授技术等，使实验工作顺利结束。……大漆：漆粘木框后经高温没有什么大的变化，特别是对其粘合力没有任何影响，但实验过程中，木框上呈现了几处斑点，根据<u>沈阳化工研究分院</u>的实验材料说明，大漆能耐150℃的高温，我们仅达到65℃的温度，可说明不是高温的影响……

1961年3月24日编写完成的"永乐宫壁画修复试验第二阶段工作报告"中：

大搞协作是开展科学研究的有效方法里：首先在所内向彩画老技师学习了涂生漆的操作方法；去专业研究所，<u>铁道部防腐工厂</u>学习了有关木材防腐的实际知识；请<u>房管局试验室</u>协助检验了试块的物理机械性能；<u>纺织科学研究院</u>协助鉴别壁画泥层中的棉花与纸筋，……

可见，北京市房管局材料试验室、沈阳化工研究分院、铁道部防腐工厂、纺织科学研究院，都在永乐宫迁建工程中提供了相应的技术支持。

除此之外，王世襄先生根据他1948年被故宫博物院派往美国和加拿大参观博物馆时，跟随加拿大托朗多博物馆学习的壁画粘布托裱的方法，写成的《记修整壁画的"脱胎换骨"》一文，发表于1957年第3期《文物参考资料》上，文中对这种方法的概述：

壁画年久，不仅画面会脱落，即它所依附的泥层也要松脱，所以要铲去背后的泥层重新将它托裱在麻布和木板上，主要是给壁画重新换了一个较坚固而不走动的胎骨，以这个方法来延长它的寿命。工作的步骤大体上说来，第一阶段是先用纸和棉布粘贴壁画的正面，这为的是好将它背后的泥层铲去而画面不至于破碎。第二阶段将壁画粘裱到刷了胶的麻布上去。第三阶段将粘裱在麻布上的壁画再粘裱到木板上去，壁画有了新换的而且坚硬的背层，便结实了，可以再钉到墙上去。

对照永乐宫壁画修复，这个方法应该起了很大的参考作用：

壁画加固时，先将背面麦秸泥铲去，仅留中细泥和砂泥壁面，厚约1厘米，用胶水把泥层予以加固，然后加抹用酒精溶解漆片后拌和的砂泥一层，厚至2厘米即可。两层泥之间，粘贴白色包装布一道，作为连接物，干后固化，经试验，抗压强度为6.9公斤／平方厘米，抗折强度为7.74公斤／平方厘米。加固后的画块不易和土泥墙粘接，为此将原来的土坯墙构造改制为空心加层墙，即在墙内增设木骨。——木柱和横杆，作为安装壁画的骨架，画块背面粘联方格式木框，用铁活将画块按照原来位置与骨架相连，画缝和残洞部分填补平整，由美术工作者予以补色修复。[1]这也算是借鉴了一些国外的经验吧。

但无论如何，正如1961年6月1日编写完成的"永乐宫揭取壁画技术报告"中所说：

迁建壁画在我国还是件新的工作，可以说是毫无经验。壁画总面积将近1000平方米；迁移它就要经过揭取、运输、修复安装等三个主要步骤。为了保证原复后和原状一致，要求每一个步骤、每一项措施都是不能有丝毫差错。这种复杂而又细致的大规模的壁画迁移工作，在世界上也是很少见到的。在党的领导与支持下，永乐宫迁建委员会的全体职工发挥了敢想、敢说、敢做的共产主义精神，经过五个月的研究试验取得了第一阶段工作——揭取壁画的基本办法，以七个月的时间，在边工作边研究改进的思想指导下，于国庆十周年的前夕终于将全部壁画安全完整的揭取下来，并且包装入库等候运输。在前后将近一年的时间内胜利地完成了党委交给我们的迁移壁画工作中第一阶段（揭取壁画）的光荣任务。一年的工作中对壁画的揭取工作逐渐积累了一些经验与办法，作为今后工作中的参考。

又如祁英涛先生在1982年第2期《山西文物》中《永乐宫壁画迁移修复技术报告》中所说：

对于我们来说，建筑的迁移，虽然是一项很艰巨的任务，但是经过努力，总是可以完成的。但是附属于建筑物上的壁画，绘制在砂泥涂抹的墙壁上，本身结构脆弱，又经历六百多个寒暑，黏力和刚度大减，极易损坏，如何把这些古代珍宝迁移到25公里的新址加固复原保存，确是一个难题。

---

[1] 引自1982年第2期《山西文物》中《永乐宫壁画迁移修复技术报告》。

为此，1957年曾邀请国外有名的揭取壁画的专家，到永乐宫实地勘察。对他们来说这也是一个新的课题，他们看到永乐宫这批珍贵的壁画遗产；处在急需迁移的情况下，提出了高昂的报酬，至于如何揭取，如何搬运，如何加固，怎样安装起来恢复原貌，他们还有待于研究，一时还拿不出个成熟的意见。施工期延至何时，尚不能肯定。当时正值党中央号召"自力更生，奋发图强""勤俭办一切事业"的方针。我们认为：保护历史文物，是我们文物工作者乃至每个公民义不容辞的责任，并要尽可能地节约国家资金，想方设法缩短工期，以适应治黄水利工程进展的需要。在这种思想指导下，国家文物局古代建筑修整所（即今国家文物局文物保护科技研究所[1]），在北京曾作过一些揭取壁画的研究和试验；山西省文物管理工作委员会在太原延庆寺残存的晚期壁画上亦曾作过赏（尝）试性的揭取之后，古代建筑修整所与山西省文管会以及地、县有关部门，组织当地社员和青年工人，于1958年第四季度开始，实地进行试验，边试验边总结，随即制定设计方案，付诸施工。在施工过程中，发现问题，及时研究，不断改进提高，使方案更加完善，工艺流程更加符合实际，以求达到预期效果。随着永乐宫迁建工程的进展，壁画的揭取、迁运和加固复原，大体上分三个阶段：1959年6月初开始揭取，9月下旬揭取工作全部完毕，并包装妥善，仅用了四个月的时间，开支约十万元较外国专家的计划减少了很多，工期亦大大缩短，为国家节约了大量的外汇开支。到1960年4月底，壁画全部搬运到新址工地，对治黄工程在时间上给以很大的方便。随着永乐宫迁运后各个殿宇修缮工程的进展，壁画的加固修复也进行了研究和试验。用胶、矾溶液和酒精溶解漆片后的液体加固泥壁，泥壁背面粘接木框，壁画依木框固定在墙壁原来的位置上，裂缝部分填补复原。在试验的基础上，1962年开始进行试验性的加固修复工作，到1964年底，全部加固安装完毕，1965年美术工作者修补了裂缝和画面，壁画的加固修复工作就此告竣。在整个施工过程中各级领导极为重视，当地政府和有关部门都给予积极支持。工程技术人员和广大工人同志团结一致，群策群力，克服了重重困难，如期完成了任务。在揭取、迁运和加固修复过程中，多是选用传统材料加以研究和试验的。如：胶、矾、大白、铅粉、酒精、漆片、大漆、桐油、铁活、木框以及黄土、砂子、棉花等壁质上所用的物资，却尽可能的选用与原有材料相同或接近的，因为这些传统材料都是经过历史考验的，一般情况，几百年内没有外力作用（如潮湿、雨淋等）不易变质、变色和老化，有利于保存壁画。迄今十八年有余，未发现任何变化，证明效果良好。同时选用传统材料比较节省投资，自揭取、迁运到修复完毕，全部造价仅三十二万六千多元。

罗哲文先生在1992年出的《祁英涛文集》的前言中所说道：

在搬迁之前（1956年）我曾经和彭华士先生对永乐宫进行过拍摄和简单测绘，出版过画册和图片。记得有捷克斯洛伐克有关方面想要承担壁画的搬迁，但提出的费用过高，方法也不合我国国情。这时英涛同志挺身而出，挑起了重担，克服了许多困难，终于成功了，并且取得了丰富的揭取壁画、搬迁古建筑的宝贵经验。永乐宫壁画迁移保护不愧是我国文物保护工作中的一项创举！

以下按壁画迁移保护的揭取、运输、壁画修复及安装三个主要阶段对壁画迁移保护过程进行简要概述。[2]

---

[1] 今中国文化遗产研究院。

[2] 壁画在揭取前，首先进行了临摹工作。这部分工作分为壁画临摹和栱眼壁临摹两部分。壁画临摹工作室由中央美院陆鸿年教授带领中央美院及华东分院的师生们完成。从档案保存情况来看，我院藏壁画临摹图是在玻璃纸上绘制的不完整的纯阳、重阳两殿的线描草图，存图205张（附录五十）。栱眼壁的临摹则是由我院彩画组完成的，其临摹方法与前述彩画临摹方法相同，即白描、临摹和彩图小样，但只选取了部分栱眼壁进行了临摹，现存图21张。（图版T-164-219）

4.6.1 壁画揭取

4.6.1.1 永乐宫壁画揭取前概况

永乐宫的四座元代大殿——三清殿、纯阳殿、重阳殿及龙虎殿的檐墙内壁及扇面墙上都满绘壁画。四座大殿的栱眼壁大多数也都保存完好。四座元代大殿保存的壁画总面积约960平方米（栱眼壁以单面计算），三清殿、纯阳殿较完整，其他两殿残毁较重。一部分由于檐柱柱根糟朽下沉，致使壁面开裂，另一部分是后代补绘与原绘壁画接缝处裂开，此外还有一些因墙脚潮湿脱落以及人为的毁坏，这些都给揭取工作带来了一定的困难。

各殿壁画泥层均抹三层，厚3~4厘米。自内向外第一层为麦秸泥，平均厚2.53厘米，第二层为麦糠泥，平均厚0.35厘米，第三层原建部分为砂泥，平均厚0.2厘米，后代补修部分有灰泥及纯白灰抹制的两种。泥层绝大部分与土坯结合相当牢固，只有一小部分脱离。壁画抹泥不够平均，一般是中间凹进，最大的达到3~6厘米之多。由于砌墙时留有收分，每幅墙面都是上宽下窄，左右高度也不尽相同。

表 3-19　永乐宫壁画揭取前统计数据[1]　　　　　　　　　　　　1958 年 12 月

殿名	壁画面积（平方米）		栱眼壁面积（平方米）		壁画栱眼壁面积总计（平方米）	
	原有面积	现存面积	原有面积	现存面积	原有面积	现存面积
龙虎殿	79.77	79.77	25.37	24.4	105.14	104.17
三清殿	423.75	401.93	51.62	51.62	475.37	453.55
纯阳殿	211.61	202.98	30.34	30.34	241.95	233.32
重阳殿	157.15	150.39	19.97	18.61	177.13	169.01
总　计	872.28	835.07	127.3	124.97	999.59	960.05

附注：1. 栱眼壁面积以单面计算。2. 重阳殿扇面墙前壁壁画全部无存，未计算在内。其面积为41.21平方米，若计算在内，重阳殿壁画原有面积应为198.37平方米，壁画总面积应为913.5平方米，壁画栱眼壁原有总面积应为1040.81平方米。3. 现存面积依据揭取分块尺寸计算，每块内缺残无存部分未扣除。

4.6.1.2 揭取壁画

4.6.1.2.1 揭取方法的研究与试验

确定思路：

永乐宫是整体迁建，建筑和壁画都要迁移，因此，首先要确定先拆建筑再揭取壁画，还是先揭取壁画再拆建筑。若先拆卸建筑物，在揭取技术上可能简单一些，但在拆卸建筑物时必须增加防护设施以防碰伤壁画，在揭取壁画期间又需支搭保护棚以防壁画受到日晒雨淋。若先揭壁画后拆建筑物就可以节省支搭保护棚的费用，但在施工中，既要保证壁画的安全，又要考虑建筑结构的安全，技术难度大一些。从永乐宫保护的重点（壁画）以及工程费用两方面考虑，只要技术问题能过关，当选先揭取壁画再拆卸建筑（有一个例外：龙虎殿是建筑拆卸和壁画揭取同时进行）。

摸索方法：

方法确定和第一块壁画揭取试验：在1958年8月去永乐宫现场正式开始迁建工程之前，"文整会"

---

[1] 原始档案见"第七部分　永乐宫迁建工程专题原始档案"附录四十五。

在北京作过一些揭取壁画的研究和试验；山西省文物管理工作委员会在太原延庆寺残存的晚期壁画上也作过尝试性壁画揭取工作。1958 年 8 月 21~27 日，在经过半个月的现场勘察、揭取方法讨论（确定用"锯"揭取壁画，而不是采取当时国外的经验用胶布粘取壁画的方法）、小块揭取试验、切缝、拉锯技术练习后，选定位于纯阳殿北壁靠门东边、画题为一道士俗称"柳树精"的壁画进行了揭取工作，并仿照刀锯的形式用钢板打制了一条长 1.5 米、宽 10 厘米、厚 0.2 厘米的大锯，成功地揭取了这块原高 3.39 米、宽约 1.05 米的壁画，最终完成揭取后高 3.2 米、宽 0.94 米的壁画。通过这次试验的成功，在锯取技术、托壁画的木板、揭取后壁画离墙等方面都取得了一些初步经验。这幅壁画成为永乐宫试验性成功揭取的第一幅壁画。（图 3-166~168）

图 3-166　纯阳殿北壁靠门东面，第一幅被揭取的壁画揭取前　　　　图 3-167　纯阳殿北壁靠门东面，第一幅被揭取的壁画揭取中

图 3-168　纯阳殿北壁靠门东面，第一幅被揭取的壁画揭取后

重阳殿壁画揭取试验：虽然1958年8月成功揭取了第一幅壁画，但很多工具和技术还需要在此基础上进一步改进和尝试，因此决定从重阳殿开始做大面积壁画、栱眼壁揭取试验，并在试验过程中改进已有的工具和技术。

在壁画揭取工具的创新和改进过程中，最典型的案例就是偏心锯（图3-169、170）的改进，原设计是大齿轮带动小齿轮，齿数比例是2:1，试验结果是速度快、震动大，壁画割缝内土坯易脱落，造成塞锯现象。随即研究决定，将两个齿轮倒换使用，改为小轮带动大轮，及时解决了塞

图3-170 根据设计图制作的偏心锯

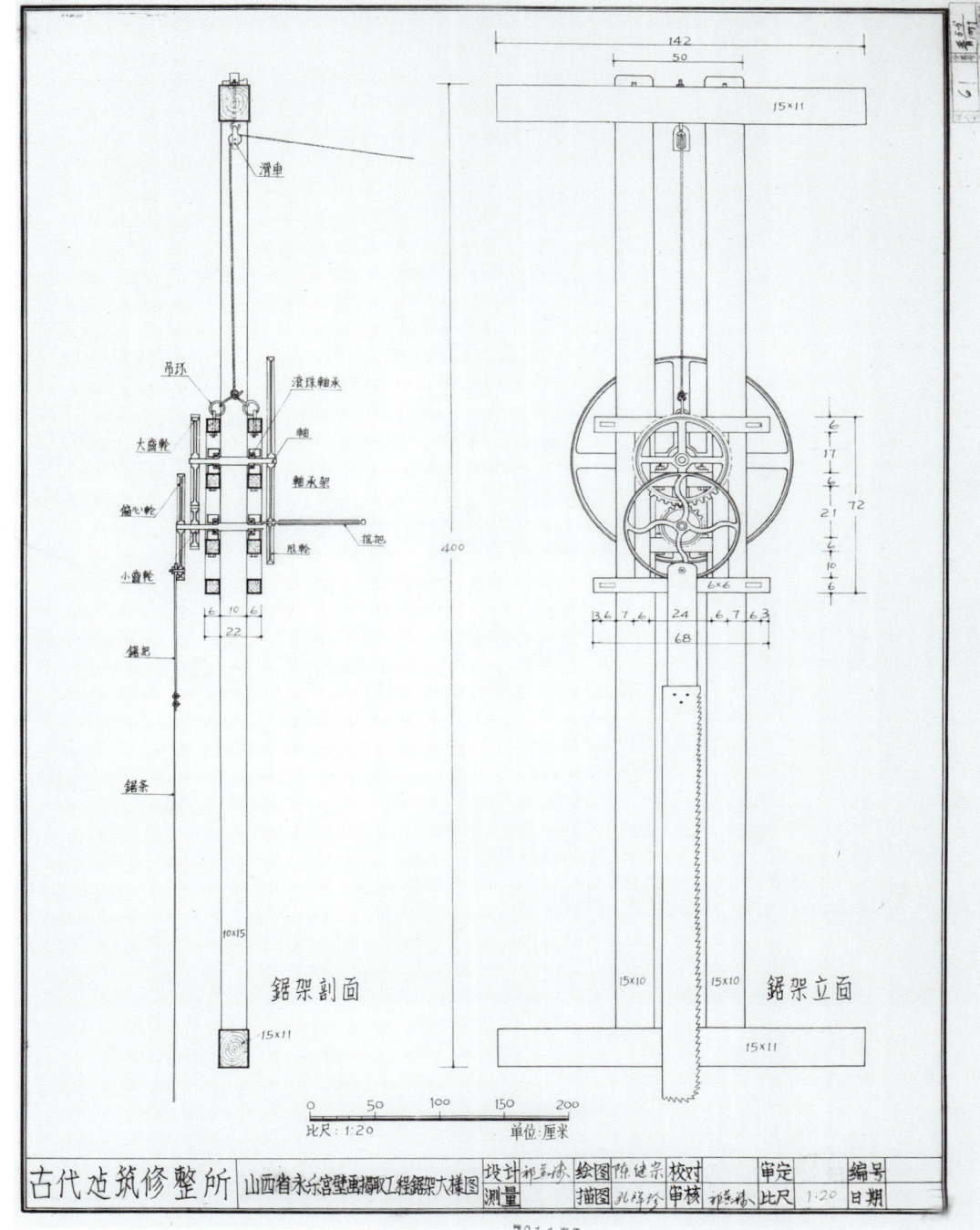

图3-169 偏心锯设计图

锯现象，同时，这样改进不仅摇轮省力，而且因运行慢造成的震动和破坏也能更好地控制操作。经过一个多月的试验，摸索出一套适合于永乐宫壁画具体情况的揭取方法，即用手摇锯锯取壁画与拆墙揭取壁画相结合的工作方法。此外还采用了平铲撬离的揭取方法，也取得了一定的成功经验。

壁画分块：每一墙面作为一整块揭取，割缝少，复原时容易保持完整，揭取技术上虽有一定困难，想办法还可以克服，但在运输上问题却很难解决。通过讨论，最终选择分块揭取的办法，分块的大小，按照可能的条件，尽量争取大块揭取，但必须注意割缝时不在绘画中人物的面部开刀，也不要割裂画面的精华所在。（图3-171）

图3-171　壁画分块画线

4.6.1.2.2 主要工具的制作

揭取壁画的主要工具就是揭取台和手摇锯，其他基本是附件。

（1）揭取台

在壁画揭取时，要将直立在墙上的壁画泥层用木托板托住，然后设法将泥层与墙身分离，使壁画依附在托板上平放于地面。在放平过程中由于画面泥层本身的自重和画面的扭转，极易产生画面向下滑动和扭闪的情况，上层的壁画在放平过程中更易压伤下层壁画的顶边。因而设计了一个由榆、槐木制成的"揭取台"（图3-172~174），尺寸依画面大小分为长1.5米和2米两种。一端装大合页

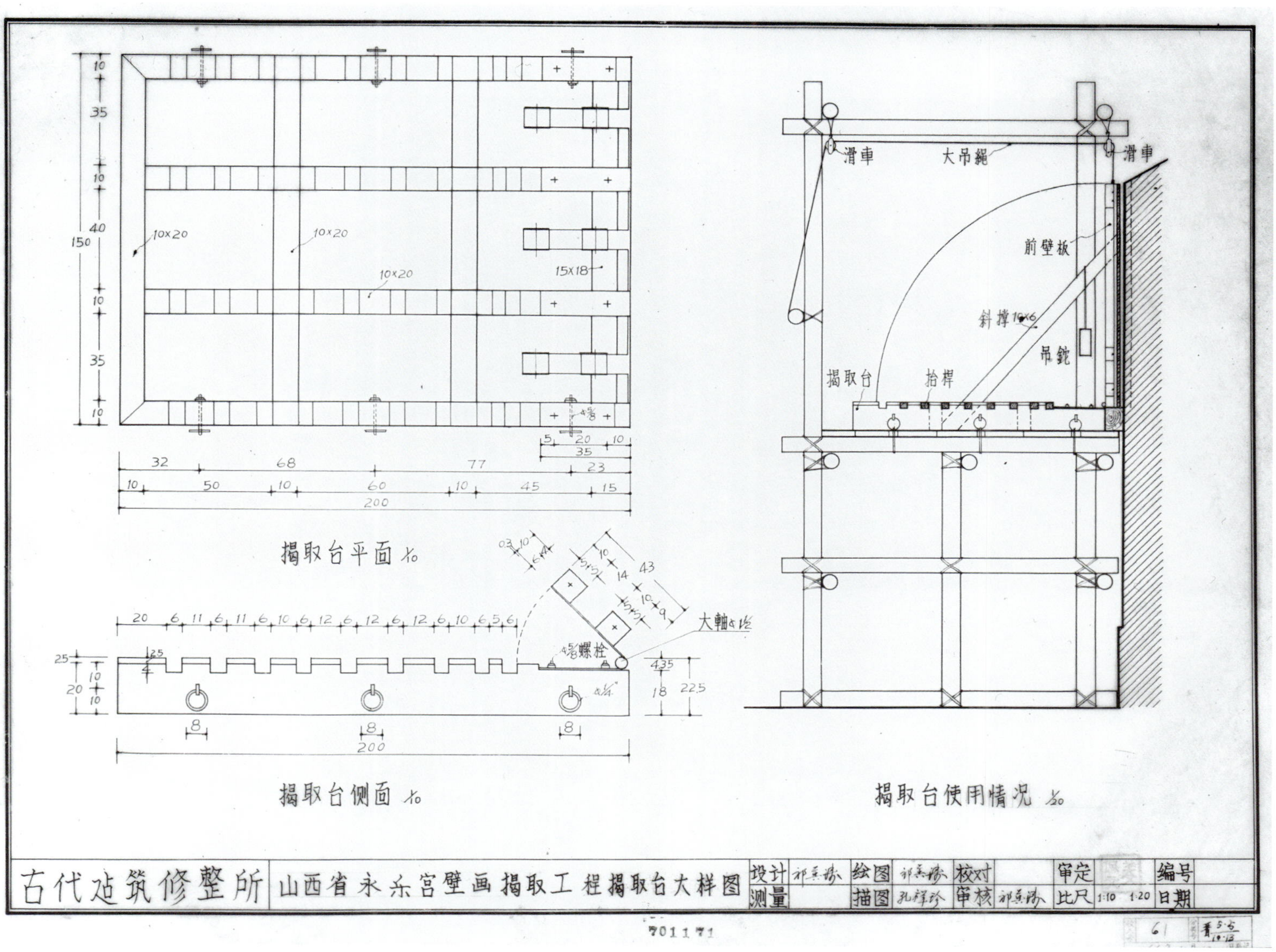

图 3-172　揭取台设计图

图 3-173　揭取台

图 3-174　揭取壁板

207

及活动轴与承托壁画的木托板（又称前壁板或壁板）连接。当壁画泥层完全离墙后就可随同壁板通过合页及活动轴放平在揭取台上，用台上的活动横杆抬走进行包装。揭取台依靠本身的自重（100+130公斤）使壁画在放平过程中不致翘起，平稳的扭转揭取台而不致使画面发生位移或滑动的危险。

揭取台在工作时，因本身很低矮，使用时需在下面支一座木架，最初利用短杉篙临时支搭，最后改进成可以根据画面不同高度，比较自由升降的固定支架。（图3-175~177）

图3-175　揭取台+揭取壁板

图3-176　最初揭取台架子

图3-177　改进的揭取台架子

（2）手摇锯

为了减轻完全靠人力直接拉锯的劳动强度，依据揭取第一块壁画时，人工直接拉锯的运动规律，制作了一台简单的手摇锯。先做了一个小Ⅱ字架，中间装一根轴，两端各装一轮，靠近画面的为偏心轮，上装锯条，另一端装大电轮和摇把。试验后又加以改进成为两根轴，在偏心轮的一面增加大小齿轮各一以减轻体力劳动。大小齿轮的直径比为2:1。锯条长依画面宽度为120~250厘米、宽15厘米、厚0.2~0.4厘米，使用时依靠锯条本身的自重，在一端拉动，另一端就可以保持大体平行的轨道向下移动。揭取时将手摇锯的小Ⅱ字架套在一个与墙面稍高的大Ⅱ字架上，这样手摇锯就可以上下滑动，由上而下地锯取壁画。手摇锯的安装，最初仅利用杉篙搭成一个方筒形架子，将大Ⅱ字架靠近墙面的一面用绳绑在筒形架上。工人站在筒形架内的横板上摇锯。（图3-178）由于摇锯时的震动，筒形架经常松动。不仅需时常修整，而且由于筒形架与墙面不能自始至终保持一定距离，以致锯下的壁画泥层薄厚不匀。为此改为用木螺栓制作，架子稳定不再发生泥层厚薄不匀的现象。（图3-179、180）

除此以外的各种零星工具，新设计制作的就有三十余种，如大平铲、开缝锯等，在揭取过程中都发挥了不小的作用。（图3-181）

图 3-178 最初的手摇锯架子

图 3-179 改进后的手摇锯架子

图 3-180 用木螺栓固定手摇锯架子

图 3-181 卡子和锯条

4.6.1.2.3 揭取壁画

（1）准备工作

揭取前首先需完成壁画分块、画线、测量、编号等工作，分块工作是与美术专业工作者合作共同确定的，这样做对于保证画面精华部分不受切割是非常必要的。画线时使用白色弹线，以免污染壁画。画线后依墙面顺序编号，并用钢卷尺仔细测量每块画面四边的尺寸，精密度为±0.1厘米。然后绘制1：50的壁画编号与尺寸图和壁画分块关系图，作为揭取与复原的依据。丈量尺寸必须是一个钢卷尺作为"标准尺"，以保证之后一系列工作中都有准确尺度，便于复原和安装。（图3-171、182~184）

图3-182　壁画画线（桌旁站立者为王真）

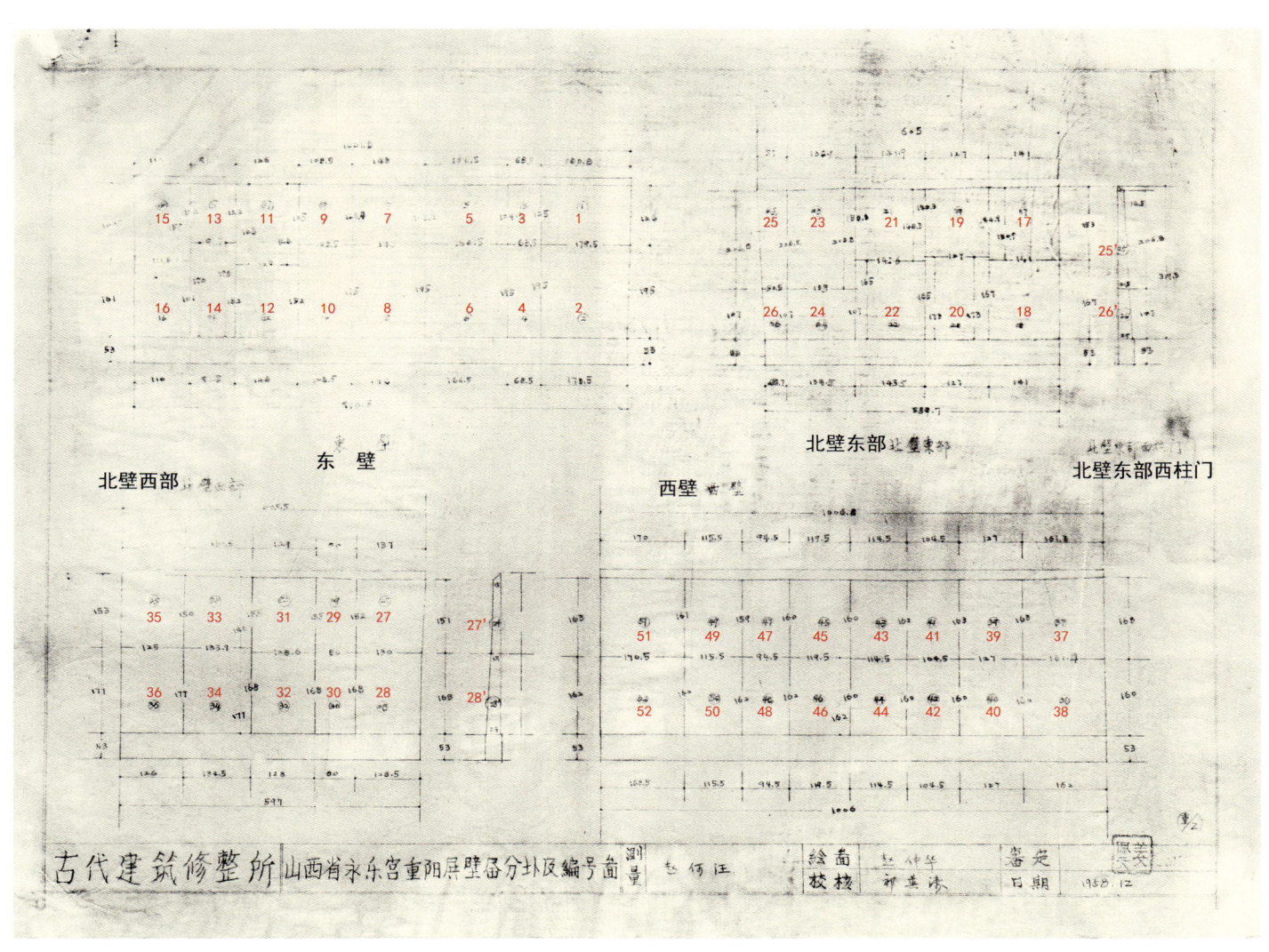

图3-183　壁画分块图

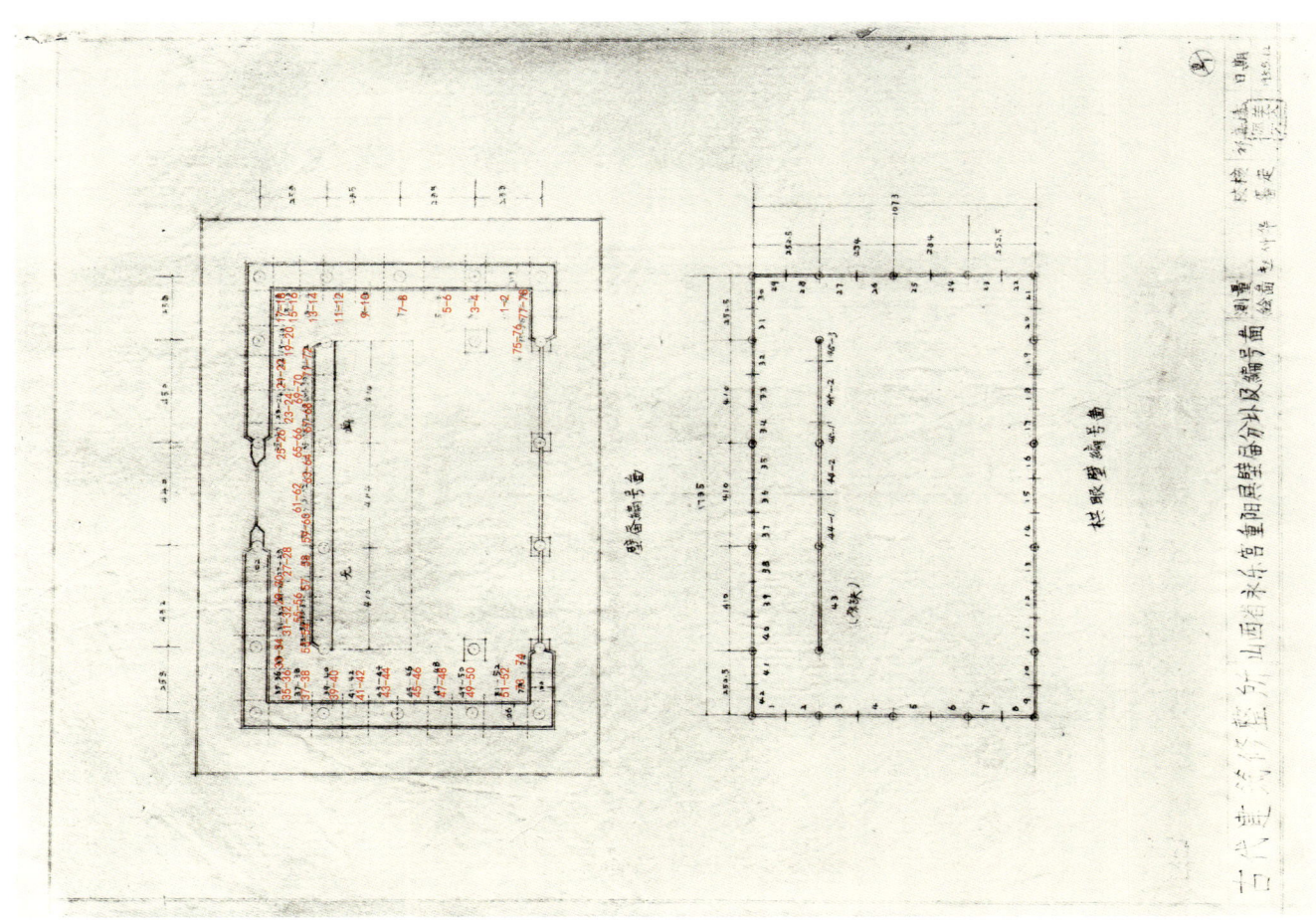

图 3-184　重阳殿壁画编号图

其次是画面临时加固：用湿毛巾进行清洗 2~3 遍（只有在画面颜色不脱落的情况下，经过试验才能这样做，一般情况不宜采用），然后喷涂 2% 胶矾水，最后在有裂缝的部位贴纸布各一层。纸用薄而韧的拷贝纸，布为普通的粗白布，须候完全干燥才能开始揭取工作。（图 3-185~187）

图 3-185　补洞

图 3-186　刷胶矾水

图 3-187　贴纸布

壁画揭取前，要依据画面尺寸制作壁板。壁板尺寸要求很严格，必须做到与每一个分块壁画的尺寸完全贴合。

无论采取任何一种揭取方法，在揭取时，第一步工作就是要安装揭取台，然后依粉线开缝，装上壁板并支牢在揭取台上，之后的工序按三种不同揭取方法（拆墙揭取、用手摇锯揭取、平铲撬离）分别进行。（图 3-188~190）

图 3-188　安装揭取台　　　　　　　图 3-189　按画线割缝　　　　　　　图 3-190　开缝

（2）拆墙揭取壁画

　　这种方法首先在墙体的外侧（无壁画的一面）铲去墙面的泥层，自上而下逐层分段用大平铲轻轻地将土坯撬下，只剩壁画的泥层，厚 4~5 厘米。每拆下 2~3 层土坯就需加挡板一道，以防画面向后倾斜。拆到底边迅速将壁画放平，这种方法速度较快，每平方米仅用 2~3 工。（图 3-191~193）

图 3-191　拆墙　　　　　　　图 3-192　放置壁板和揭取台　　　　　　　图 3-193　揭取壁画

　　（3）用手摇锯锯取壁画

　　采用这种揭取方法，为了安全起见，在锯取壁画时，需连同一部分土坯一起锯下来，厚度 6~8 厘米，揭取时将手摇锯安装在画面的右上方，自上向下锯取，每隔一定距离（5~10 厘米），将手摇锯向下移动直到锯至底边为止。锯取时由于壁画的具体位置和要求不同，有时锯条的尖端露出画面，可以两面流土，速度快一些；若锯条尖端不能露出画面，速度最慢。（图 3-194~196）

　　（4）平铲撬离壁画

　　只要条件适合是极为简单的。揭取方法主要条件是壁画的泥层与墙面基本脱离时才能采用这一方法。揭取时，安装壁板以后，用硬木槌在壁板背面自上而下，自外围向中心依次敲打，以振动泥层完全脱离墙面，当探知全部泥层确已离墙时，用平铲撬动泥层背面，同时迅速放平壁板，壁画就安稳地被揭取下来。这种方法速度最快。

图 3-194　安装揭取台

图 3-195　拆卸外部墙体

图 3-196　手摇锯揭取

另外还试用了一种人工两端拉锯的方法，费时、费力，效果不够理想。

从下表可以看出，在壁画揭取所采用的方法中，拆墙揭取是简单易行、省时省工的方法，也是永乐宫壁画揭取的主要方法。

表3-20　永乐宫揭取壁画方法分类数量表[1]

揭取方法		龙虎殿	三清殿	纯阳殿	重阳殿	总计
拆墙揭取	数量（块）	38	111	29	35	213
	百分比 %	100%	73.5%	39.2%	45%	62.5%
锯不露头	数量（±+）		8	9	15	32
	百分比 %		5.3%	12.2%	19.3%	6.25%
锯露头	数量（±+）		26	29	25	32
	百分比 %		17.2%	39.2%	32%	9.4%
平铲撬离	数量（±+）		4	6		80
	百分比 %		2.7%	8%		2.92%
人工拉锯	数量（±+）		2	1	3	6
	百分比 %		1.3%	1.4%	3.7%	1.76%
总计	数量（±+）	38	151	74	78	341

附注：（1）用手摇锯揭取数量为112块，占全数32.82%。
　　　　（2）拆墙揭取与手摇锯揭取壁画数量比为2:1。

4.6.1.2.4 揭取栱眼壁

栱眼壁在两朵斗栱之间，中间用单层土坯陡砌，两面抹泥绘花绘。泥层做法与壁画相同。在栱眼壁上端的柱头下钉麻拢，分披在内外泥层上。根据栱眼壁的制作情况，分为两种：一种是两面有画，一种是一面有画，另一面是浮雕，浮雕完全是泥制的，内以断面为方形的铁丝做龙骨。两种栱眼壁式样不同，揭取方式也略有差异。

栱眼壁两面有画时，先将栱眼壁四周与斗栱接触的地方，用小锯条开一条宽约0.5厘米的缝，顶边系麻拢的铁钉需另用钢锯锯断，然后在底边插入一块薄铁片，两边各宽出画面约10厘米，然后在两面用揭取板夹住，板为木制，形状与画面相似，但尺寸稍小，靠近画面处预先铺棉花和布作为垫层，再将底边铁片的边缘用螺钉钉在木板底部，最后由内向外推出栱眼壁，放在预先做好的木盒内进行包装。（图3-197~202）

栱眼壁一面是画，一面是浮雕时，揭取时于开缝后仅用一块揭取板放在有画的一面，然后向有浮雕的一面堆去，置于一个能活动推移的小方桌上，再以有画的一面为底，倒推入包装用的木盒内。

当栱眼壁遇有大裂缝或酥残现象时，也需做临时加固，方法与壁画相同。

---

[1] 原始档案见"第七部分　永乐宫迁建工程专题原始档案"附录四十五。

表 3-21 拱眼壁面积、编号及揭取块数表

殿名	原有面积 m²	现存面积 m²	编号数（块）	揭取数（块）
龙虎殿	25.37	24.6	28	26
三清殿	51.62	51.62	82	82
纯阳殿	30.34	30.34	56	56
重阳殿	19.97	18.61	45	47
总计	127.3	125.17	211	211

图 3-197 拱眼壁揭取过程 1

图 3-198 拱眼壁揭取过程边沿缘用"孟氏锯"随形锯开

图 3-199 拱眼壁揭取过程加壁板

图 3-200 拱眼壁揭取过程推出

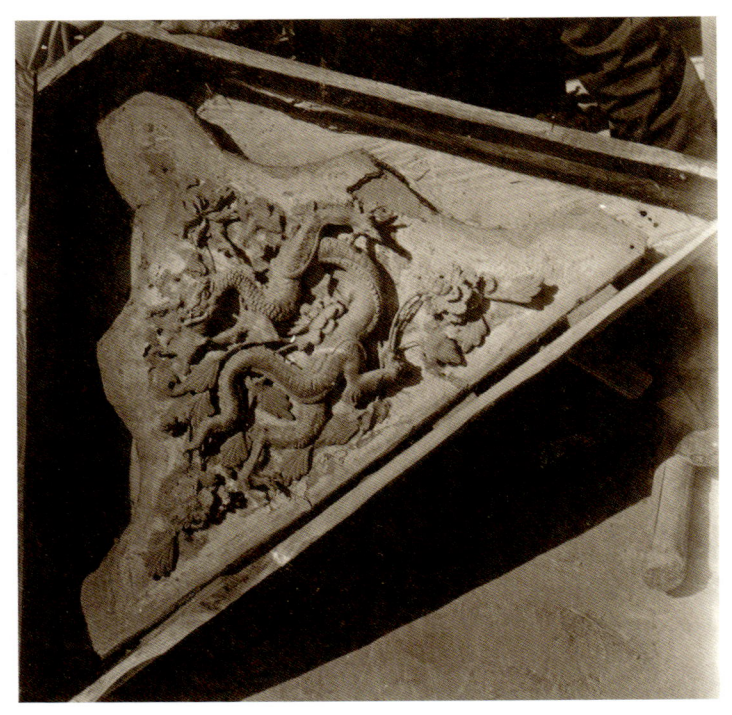

图 3-201　栱眼壁揭取过程吊下　　　　　　　　　　　图 3-202　栱眼壁揭取过程装箱

4.6.1.2.5 揭取悬塑

三清殿扇面墙后壁正中一区称为"救苦天尊"的悬塑，是永乐宫壁画揭取工作中最复杂的一个项目。（图 3-203、204）在高 435 厘米、宽 472 厘米的墙面上，突出三尊泥雕塑像，即救苦天尊、童子和力士（只剩支撑悬塑的木架）。塑像背后的墙上是画着云气、海水的壁画，左上角还有一组用泥浮雕出的天宫楼阁，这一组浮雕的下面又突出一缕"祥云"飞绕在三个悬塑的脚下。这样一幅由壁画、悬塑、浮雕三种艺术品相结合的"壁画"，如何将它们稳妥且完整地揭取下来，又是一个新的挑战。

图 3-203　"救苦天尊"揭取前正面　　　　　　　　　图 3-204　"救苦天尊"揭取前侧面

　　三清殿"救苦天尊"悬塑揭取前，首先详细测量各部结构后尺度，绘制图样，然后先将浮雕的云卷分段铲下，单独包装。再将整体背景分成 12 块，依照拆墙揭取壁画的办法处理。在揭取背景的壁画之前，每个塑像都是先用"木笼"围起，使整个塑像与支架都安稳于木笼的内外。（图 3-205）木笼的底部连接在揭取台上，顶部用绳子吊在承重架上。这样在揭取背景（天宫楼阁亦为整缝揭取）时，可以保证悬塑在原位完全不动。背景揭取完毕，悬塑背面的土坯墙已完全拆去，这时将悬塑木架的主干与建筑物相连的铁活撬起，利用揭取台的转轴，木笼就可平放在揭取台上。揭取工作就已完成。（图 3-206、207）经过检查，质量良好，泥雕的各部分都未损伤。

图 3-205　悬塑固定在木笼里

图 3-206　放倒悬塑

图 3-207　放倒悬塑木笼

图 3-208　悬塑抬出装车

4.6.2 壁画包装和搬运

质地较松软、面积大而薄的壁画揭取下来后，要经过20多公里崎岖不平的土路，运送到新址。为了保证壁画完好无损地安全抵达新址，包装与运输方法是工作中重要的环节。

4.6.2.1 包装方法

（1）壁画包装

揭取的壁画，都装入"木板箱"内。（图3-212）这是一个临时拼装的木箱，箱底即为揭取壁画的壁板（或称前壁板），上盖十字格式的木框，与壁画泥背距离约10厘米，在椽条下用锯末包垫牢（图3-211），锯末包用麻纸包木屑，分大小两种（13厘米×5厘米×3厘米及10厘米×4厘米×25厘米），这种垫层具有一定的硬度和弹性，木箱四边各安边板，高约25厘米，上下用3~5根穿带夹牢，穿带两端用螺栓拧牢。

图3-209 抬出壁画

图3-210 铺垫层

图3-211 装垫包

图3-212 包装好的壁画

（2）栱眼壁包装

每块栱眼壁在揭取前，依照画块的形状（梯形如图3-213），预先制作包装木箱，箱底垫棉花及麻纸，揭取台就在工作架上，将画块装入箱内，上面加木盖和穿带，箱内空处用锯末包垫实。有浮雕的只垫画块四边，保证木盖不接触到浮雕。（图3-214）

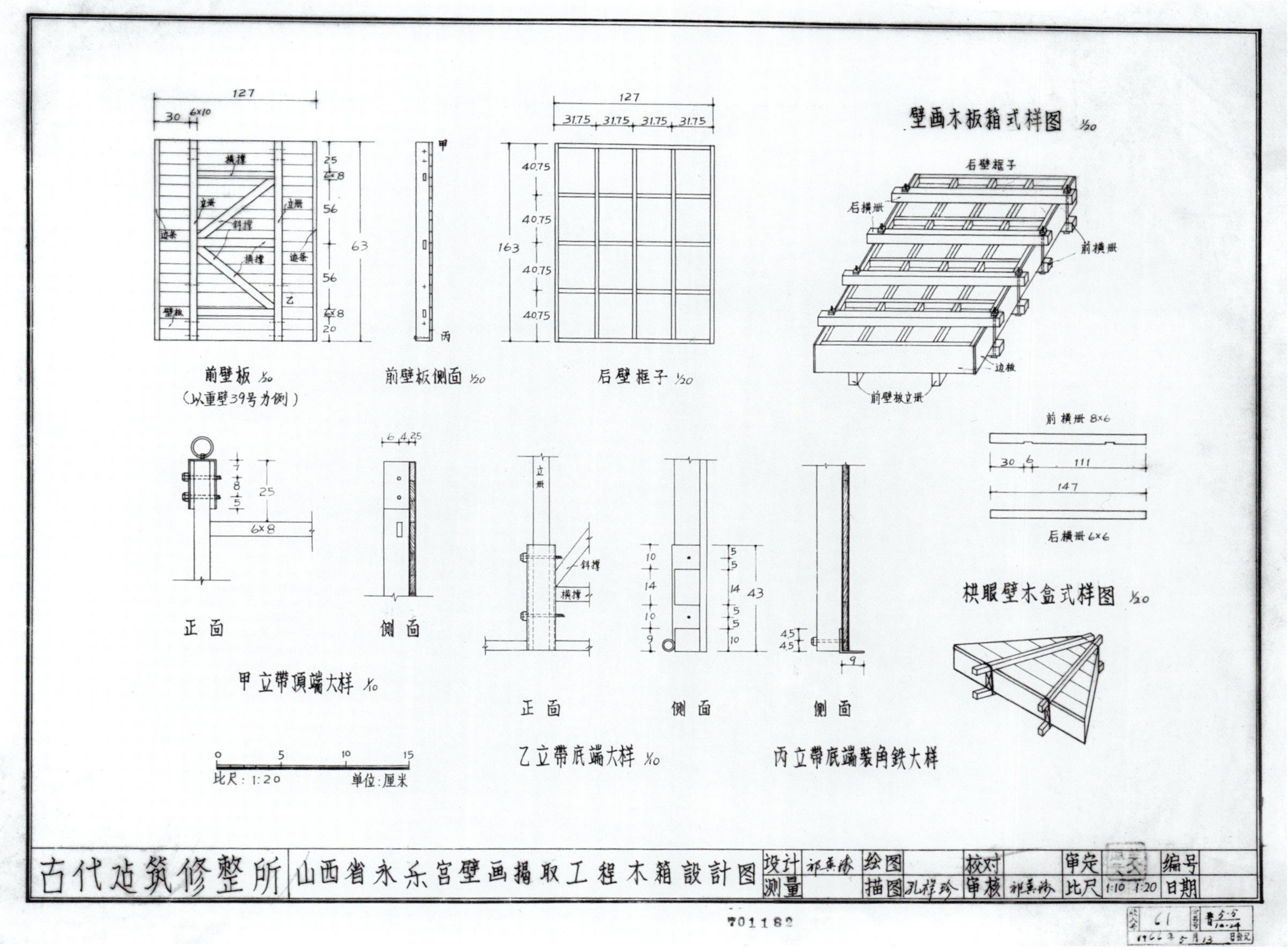

图 3-213　壁画木板箱设计图纸

图 3-214　栱眼壁包装后

4.6.2.2 运输方法

用人拉平车和汽车两种工具试运（图2-88、89），效果都很好，汽车速度快，只要采取相应的措施，是可以保证安全的。以下重点介绍汽车运输壁画的方法。

（1）防止震动

汽车运输，由于路况不好，又处于水库淹没区，不宜彻底改修，便想办法在装车和运输中采取一些减少震动的措施，来保证壁画的运输安全。主要有以下几方面，首先是降低车速，经过试验，将车速减到每

图3-215　装车后的壁画

图3-216　吊装上车

图3-217　低站台装车

小时10公里左右，震动就可基本消除。其次是在装车时，在车厢底垫上厚棉垫，将壁画抬上车厢后，于车厢上下用穿带和U形铁卡卡牢，上层穿带与壁画木板箱之间用弹簧卡接触，以免压伤壁画（图3-215、216）。这种设备使壁画与车厢联成一个整体，遇有意外的颠簸情况，壁画本身不致在车厢内上下或左右摇摆。此外在运输过程中还组织固定人员随时检修路面以保证行车安全，装车时一般情况每车装1~2块，小块的可装3~4块，栱眼壁更可多装一些，但都要求在一般情况下单层放置不得重叠。遇有车厢空余较多或重量过轻时，拆下的砖、石构件混合装车，重量大有利于行车的平稳。

（2）装卸方法的改进

壁画运输的车速很慢，对完成运输的时间有较大的影响，为此对装卸方法做了改进，提高了运输速度。因缺乏机械设备，便支搭装卸台，用人工抬上抬下，非常费力，又试验了用倒链滑轮等吊装的方法（图3-216），都不理想，每装一次约一小时左右，每部车每日运送壁画只能一或两次。最后采取"低站台"的办法，装卸速度不到半小时，每日运送壁画就可保证最少两次，一般可到三次。低站台就是在装车处挖下一个坑道，深度与车厢距地距离相等，装卸车时，将车倒退入坑内，车厢底板与地面齐平，抬画时就不必经过上下坡道或吊装手续，平出平入，省力省时，更可保证壁画的安全。（图3-217）

运输中加强了人力的组织，按工序先后指定专人负责，装前、卸后建立了检查制度。这样在很短的时间内就将全部壁画和栱眼壁共552块，安全地运到新址，置于库房内等待修复安装。

4.6.3　壁画修复及安装

4.6.3.1　壁画的修复

经反复研究和试验，分块进行修复，壁画运进修复室后，全部修复过程可分为以下八个工序。

第一，画面向下拆卸包装壁画的木板箱，将背面凹凸不平的泥层基本铲平。（图3-218、219）

图 3-218 壁画背面第一次铲薄锯截斜方格

图 3-219 平尺板找平

第二，在修复台上将壁画反转（图 3-220），画面向上，记录画面情况，核对尺寸，清洗画面时需要用胶矾水加固画面，用纯黄土泥填补残洞。（图 3-221）

图 3-220 反转台

图 3-221 清洗画面并用黄泥填补残洞

第三，清洗画面后稍干，将画面反转向下，然后铲薄泥层，砂泥壁厚 0.7 厘米，灰壁和砂泥仅余最外的灰层，厚 0.2~0.6 厘米。（图 3-222）

第四，泥层铲薄后先抹一层薄的胶水砂泥，防止漆皮酒精渗入颜色层。（图 3-223）

图 3-222 不同厚度的平板尺控制壁画泥层减薄的厚度

图 3-223 祁英涛先生在刷胶水

第五，用稀漆皮泥贴布一层，贴布前依木框格数，每格内贴布揪一枚以加强前后泥层的联系（以后将布揪穿过补泥粘在木框格内）。（图3-224、225）

第六，抹漆皮砂泥一层，连同原画泥层或灰层，共厚2厘米。（图3-226）

第七，用浓漆皮泥将木框粘牢于补抹的漆皮砂泥土，木框格眼内用纵横布条封住泥层。（图3-227~229）

第八，粘框干燥后，反转向上，铲去残洞的临时垫泥，重新以砂泥补抹。干燥后等待安装。（图3-230）

图3-224　在平整好的壁画背面前研究如何贴布
（左起陈继宗，左3起杜仙洲、姜佩文、祁英涛）

图3-225　贴布揪

图3-226　贴布揪后磨好漆皮泥

图3-227　木框贴布穿孔

图3-228　壁画背后粘木框

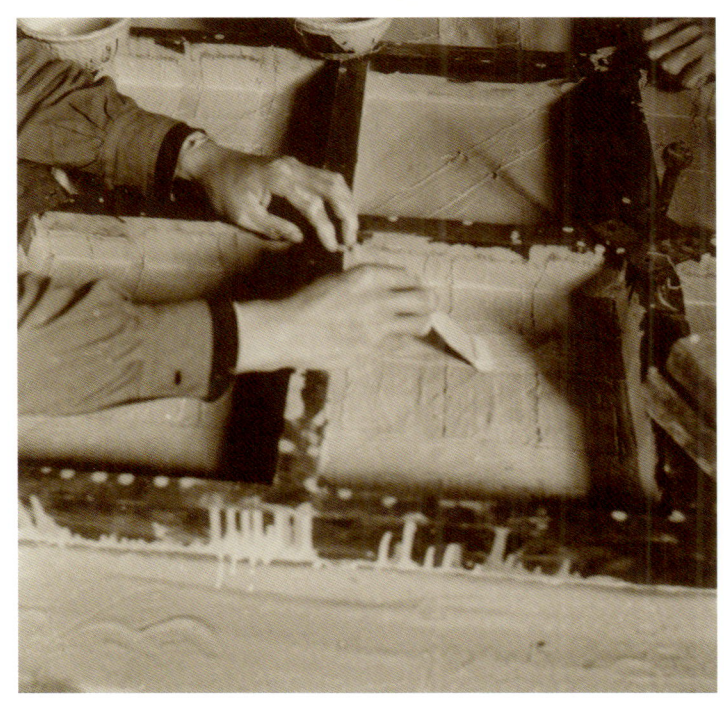

图 3-229　贴布压浆候干

图 3-230　翻转后整理画面等待安装

修复后的各种壁画，泥层厚度都是 2 厘米，木框厚度是 6 厘米，每块总厚度一律 8 厘米，厚度均匀一致，画面又在修复过程中压平，这样设计的结果，给予下一步安装工作许多便利条件。每块画全部修复过程包括补泥、粘框候干的时间在内需 25~30 天。

4.6.3.2　壁画的安装

永乐宫迁建工程中要求全部壁画都按照原来位置、式样、排列顺序安装到原来建筑的墙面上，这样的例证极为少见。这种安装方法首先要考虑悬挂壁画的支撑物如何与原来的墙体结合问题。

最终采取的方法是：单面壁画用单排木架，双面壁画（各殿扇面墙）用双排木架，均和建筑木构架部分结合成一体，不仅解决悬挂壁画的功能，而且增加了建筑结构的刚性。（图 3-231~238）

图 3-231　三清殿壁画安装 - 背面

图 3-232　三清殿壁画安装

图 3-233　三清殿壁画安装

图 3-234　三清殿壁画安装

图 3-235　三清殿壁画安装好后砌夹层墙及安装拉扯铁活

图 3-236　砌筑夹层墙

图 3-237　砌筑夹层墙

图 3-238　砌筑夹层墙

4.6.3.3　修复与安装的工具和铁活

（1）修复台

修复大块壁画要求有一个平整并能做反转动作的修复台。施工中所用的修复台是利用揭取壁画时使用过的揭取台改装而成，在揭取台下垫支架，保持一定的高度便于操作，上面装修复板，板面水平并垫油毡、纸、布各一层以避免修复过程中水分侵入木板。板下用边框斜撑保持整个板的规整。板的一端与揭取台用活动大合页连接，另一端装吊环以备反转时吊装。平时在修复台上操作，反转画面时，在壁画上再压一块修复板，将上下两块修复板的边缘用绳挂牢，利用吊在房架上的滑轮反转修复板，这样就使原来向下的画面转向上。（图3-220）

（2）运画平车

利用普通人拉车改制，它的特点是重心低，车厢面积大而平，载重700公斤，每次运画一块，使用便利，比一般手推车安全。（图3-239）

（3）安装壁画铁活

共分两类，一类是预置在木框内称为"双联铁活"。安装壁画时，先将露出的螺栓插入横杆的孔洞内，用方垫板暂时固定在木架上，这时双联铁活起一种挂钩的作用，等到各块画的关系位置按原状调整无误后再安装另一类铁活，也可称为"拉扯铁活"。这些铁活按使用的不同位置分为三种，即平板钩、带螺栓的弯钩和不带螺栓的弯钩。这些铁活安装后，壁画就被稳妥地挂在了木架上。（图3-240~245）

图3-239　壁画装上运画车

图3-240　铁活大样

图3-241　安装所用工具

图 3-242　木架与丁栿

图 3-243　壁画安装细部

图 3-244　安装木架

图 3-245　木架安装后的东视

　　此外在修复和安装中，根据工艺设计的需要，基本上都是自己动手制作，如刮除泥层中麦秸的刮刀、安装定位的活扳子等等，在施工中都起到良好的作用。

　　4.6.3.4　悬塑区的修复与安装

　　三清殿扇面墙明间后壁有悬塑，浮雕，壁画情况比较复杂，修复和安装中作为一个特殊的区域处理。

　　（1）安装悬塑

　　这一区的工作，首先将三个悬塑（实际只有两个悬塑和一个悬塑的支架）按原位装回，原来悬塑的木支架，撑杆是压在墙内，借助于墙本身重量维持悬出塑像的平衡。若按一般扇面墙的做法，即用双排木架，那么悬塑的平衡需另做考虑，按原状砌墙技术较简单，更重要的是可以保证质量，研究结果仍按原式样砌墙，但墙内仍加双排支架以便安装扇面墙前后的壁画。由于修复后的壁画连同木框比原泥层厚度增加，墙身随之减薄，为保持墙身一定强度和重量，原土坯墙改为砖墙。（图3-246~252）

图 3-246　大悬塑安装 - 木笼安好吊环

图 3-247　大悬塑安装 - 安装中

图 3-248　大悬塑安装 - 木骨上端接头处铁活螺栓

图 3-249　大悬塑安装 - 木骨上端安好铁活螺栓

图 3-250　大悬塑安装 - 安装后侧面

图 3-251　大悬塑安装 - 拆除木笼

图 3-252　大悬塑安装 – 拆除木笼后

施工时，先安装悬塑，方法是按揭取的工序倒转，先将悬塑连同木笼平放在揭取台上，然后吊起立于墙下扇，支架与墙内的双排木架位置校对无误后再垒砌墙身，待墙身干燥后取除木笼，悬塑就像揭取前一样地倚墙站立。安装后经过检验效果良好。

（2）安装两侧壁画

这一区的壁画安装在实心墙上，与前述夹层墙的安装方法不同。有夹层墙时安装一切铁活都可在壁画背面进行，这一区就需在壁画前面安装，在双排木架上预安螺栓，每块壁画上预留安装孔，两者尺寸要绝对准确。安装顺序是自中间上层开始，依次向左右或下层进行。其他如补缝、补色等与其他壁画全同。原有浮雕，在壁画安装后用漆皮泥按原位粘回，浮雕及悬塑都是将残毁松脱处略加修整，暂不复原。

4.6.3.5　栱眼壁的修复与安装

1960 年 5 月 23 日，英涛先生在提交的"关于永乐宫迁建工程的建议"中，对栱眼壁的要求是：揭取下来的栱眼壁修复后，作为陈列品，而建筑上的栱眼壁则按原样复制。

按照这个思路，到 1965 年永乐宫迁建工程基本完工的时候，栱眼壁被存放在永乐宫壁画库房里，搁置了十余年。

1978 年，山西省文化局报请国家文物局再拨专款修复永乐宫栱眼壁，1983~1985 年，修复的栱眼壁归安原位。[1]

---

[1] 信息来源于国家文物局 1978 年和 1983 年档案。

4.7　附属工程概况

永乐宫迁建工程的附属工程主要包括东西垛殿的复建工程、甬道复建工程、大碑石狮安装工程、围墙复建及增建工程、水渠复建工程、新建碑廊工程。

4.7.1　东西垛殿的复建工程

垛殿位于重阳殿东西两侧，殿身无存，残留平面基台，其进深两间，面阔一间，正面向南与重阳殿并列，当心间辟门，殿前有站台，站台正面有礓磜。东西殿座基本相同对称，其柱之分布，除角柱外，另有东西山中柱及后檐中柱，此系殿座的本身特殊之处。

两座垛殿的复原工程，其范围包括：基础工程、垒砌台明、站台、礓磜，铺墁方砖地面与散水。（图3-253、254）

4.7.2　甬道复建工程

本工程包括重阳殿与纯阳殿之间、纯阳殿与三清殿之间、三清殿与龙虎殿之间、龙虎殿与宫门之间的各段甬道。（图3-255）

4.7.3　大碑石狮安装工程

在三清殿前有元中统三年和清康熙二十八年两座大石碑，各重约有23吨，高达6米多，及明代遗留的两座大石狮，与永乐宫一并复建在新址。

4.7.4　围墙、水渠复建及增建工程（图3-256）

4.7.5　新建碑廊工程

新建碑廊建于永乐宫新址宫门与龙虎殿之间，距离正面大墙6米。东西两排各二十一间并排耸立。两排房屋最近距离为42米，建筑的面积共约500平方米，为了把4米高的大碑也陈列在碑廊内，故在碑廊的立面处理上采用了两种高度，即每排中间七间高为4.6米（室内地平到屋脊下皮），其余高度为4.2米。（室内地面至脊桁下皮）（图3-257）

图3-253　东垛殿修复后现状（2019年拍摄）

图3-254　西垛殿修复后现状（2019年拍摄）

图3-255　龙虎殿前甬道现状（2016年拍摄）

图 3-256　围墙现状（2019 年拍摄）

图 3-257　碑廊现状（2019 年拍摄）

4.8　附属建筑迁建工程

随永乐宫一起前往新址的附属建筑有吕公祠、祖师行祠大殿（玄帝庙）、南礼教村石牌坊等。（原址与永乐宫关系见图 3-3）

其中，吕公祠搬迁至新址后，与永乐宫的相对位置基本保持不变，仍在永乐宫西侧、位于三清殿正西。但其整体格局有一些小的变化：即把东西厢房的距离拉长，让其余前后两组建筑物（窑洞和展览室）平行。

祖师行祠创建于明嘉靖四十二年（1563 年），原址位于永乐宫西侧约 1.5 公里处，搬迁前仅存大殿，因大殿精美的琉璃脊饰及山花具有一定的史艺价值而决定搬迁至永乐宫新址，搬迁后位于永乐宫东侧中部，是东路轴线上建筑之一。

南礼教村石牌坊（原址位于永乐宫原址东侧约 10 公里处）创建于清乾隆四十二年（1777 年），"虽非木构建筑，但逼真地表现出中国木构建筑的一些独特形式"，而搬迁至永乐宫新址东路，也是东路轴线建筑之一，位于祖师行祠大殿南侧。（图 3-258）

4.8.1　吕公祠

（1）原址概况

吕公祠原址位于永乐宫原址主要建筑轴线的西侧，其主要建筑物有吕公祠前过楼、中过楼二房及东西厢房和玉皇阁及耳房。全组建筑总面积共有 800 平方米。前过楼至中过楼 82 米，并无其他建筑物，形成广场。从中过楼至高大的玉皇阁为 21 米，西侧厢房各五间，距离为 18 米，成为近似方形的庭院。在玉皇阁东侧开设便门直通三清殿，也是从吕公祠至永乐宫内的

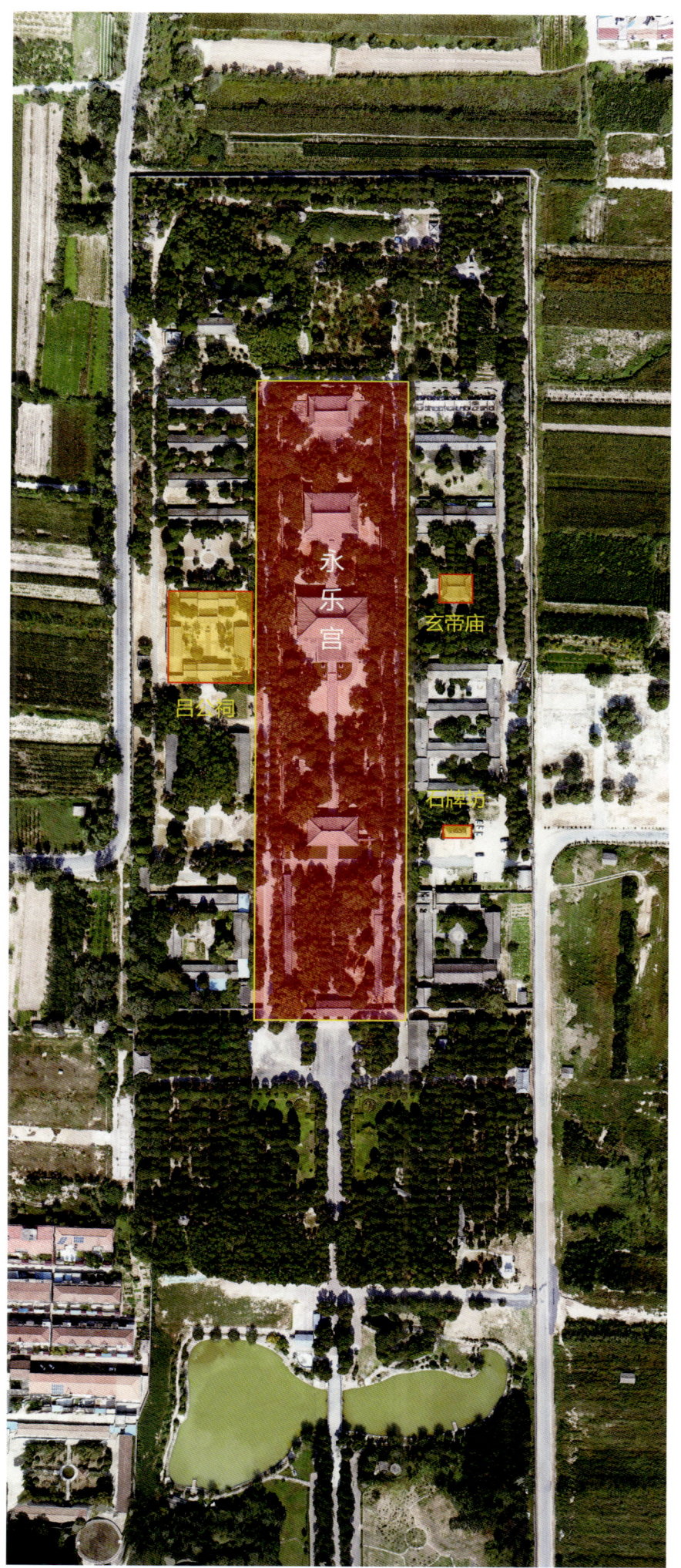

图 3-258　新址航拍（2019 年拍摄）

一条最近道路。（图3-259）

这组建筑长期以来一直作为管理永乐宫的办公场所，过去的道人和后来设立的永乐宫文物管理所均设在此处。各地来此工作、参观的客人也在此落脚，所以它不仅是永乐宫原址格局的重要组成部分，而且在管理永乐宫方面作用也很大，因此，在永乐宫迁建时，按吕公祠与永乐宫在原址的位置关系，将其迁建至永乐宫新址三清殿西侧，形成永乐宫新址西路的主要建筑群。在复建时从建筑功能上做了适当调整，以更好地满足使用要求。

（2）总体规划

按原来的布局，把整组建筑仍然放在三清殿西侧，保证玉皇阁和三清殿近似平行的相互关系，前过楼、中过楼与玉皇阁的相互距离仍按原来尺寸，只是把东西厢房的距离拉长，让其余前后两组建筑物（窑洞和展览室）平行，从而在永乐宫总体布局上，在中轴线的西侧，形成一套较规则的建筑群。根据使用上的要求，拟在中过楼前西侧，增添两座壁画修复室，供修复壁画时使用。这两栋建筑物，也填充了前过楼至中过楼的空缺地带，较原来布局更加紧凑合理，在中轴线西侧，除去这组吕公祠外，在其前有以窑洞为主的四合院，其后有四排大型展览室，但从建筑体型上和建筑艺术上仍然是吕公祠的玉皇阁最为突出。（图3-260）

4.8.2 祖师行祠

祖师行祠又名玄帝庙，原址位于芮城县永乐镇西首，向南。据碑文记载，创建于明嘉靖四十二年（1563年）。前有山门三间，中有过厅相接于正殿，两旁尚有东西配殿，其配殿俱为三间。正殿后面有小殿一座，除正殿保存完整外，其他各殿均已塌毁无存。

所留正殿虽是一般明代建筑，但其瓦顶之上有非常精美的琉璃瓦兽件与山花雕饰，具有一定的艺术价值，值得保存。因其也处于黄河三门峡水库淹没区，故与永乐宫同时迁建于芮城县永乐宫新址，位于永乐宫新址东路。

祖师行祠正殿面阔三间，进深三间，单檐布瓦歇山顶。斗栱重昂五踩，后尾起枰杆，梁架彻上明造，明间用四椽栿，栿之两端搭于前后檐柱头斗栱上。其主要特点是：基座西边大东边小，以致南北两边不平行，前檐明间、西次间的柱根直径小于柱头直径，檐柱等高，有侧脚无生起。斗栱分布东西次间与两山相同，补间各置一攒，但明间前檐补间斗栱为两攒，且耍头雕成龙头，形状也各不相同。梁架做法较粗糙。

图3-259　吕公祠全景（1958年拍摄）

图3-260　吕公祠现状（2019年拍摄）

迁建时主要更换及补配情况：明间东西椽栿上瓜柱 4 件更换，明间东西两缝梁架、合踏残缺加补 6 个，东西两缝四椽栿补裂缝，加铁活，两次间前檐平椽，明间前檐撩檐槫各换 1 件，尾顶琉璃瓦件为重新烧制的复制品。

现存祖师行祠正殿的背立面的形制与原制、设计图均不符，原设计图背立面明间开门，与原址祖师行祠的原制一致，但现存正殿背立面明间无门。

图 3-261　原址上的祖师行祠正殿（1959 年拍摄）

图 3-262　迁建后位于永乐宫新址东路的祖师行祠正殿
（2019 年拍摄）

图 3-263　原址上的祖师行祠正殿侧背面（1959 年拍摄）

图 3-264　新址祖师行祠正殿侧后面（2019 年拍摄）

图 3-265　原址祖师行祠正殿正脊（1959 年拍摄）

图 3-266　新址祖师行祠正殿正脊（2019 年拍摄）

图 3-267　原址祖师行祠正殿琉璃山花（1959 年拍摄）

图 3-268　新址祖师行祠正殿琉璃山花（2019 年拍摄）

图 3-269　原址祖师行祠正殿斗栱后尾（1959 年拍摄）

图 3-270　新址祖师行祠正殿斗栱后尾（2019 年拍摄）

图 3-271　原址祖师行祠正殿内景（1959 年拍摄）

图 3-272　新址祖师行祠正殿内景（2019 年拍摄）

4.8.3 南礼教村石牌坊

南礼教村石牌坊原址位于芮城县西南，距县城 25 里，据县志记载创建于清乾隆四十二年（1777年）。南礼教村石牌坊为四柱三楼牌坊，明间总高 10.82 米，次间总高 6.89 米，台明高 0.8 米，上面安置雕刻精美的四个大须弥座，在须弥座上立大方石柱及抱鼓石，檐部雕出椽、飞、瓦口式样，并有挂檐板、额枋、坐斗及各式花板，顶部大吻、垂兽、戗兽、大脊、垂脊、戗脊俱全。虽非木构建筑，但逼真地表现出中国木构建筑的一些独特形式。因位于三门峡水库淹没区，与永乐宫一并迁往芮城永乐宫，位于祖师行祠正殿南，共同形成永乐宫新址东路轴线。（图 3-273~276）

图 3-273　原址礼教村石牌坊（1959 年拍摄）

图 3-274　迁建至永乐宫新址东路的牌坊（2019 年拍摄）

图 3-275　原址礼教村石牌坊抱鼓（1959 年拍摄）

图 3-276　迁建至永乐宫新址东路的牌坊抱鼓（2019 年拍摄）

4.9　永乐宫迁建前后碑碣位置的变化 [1]

永乐宫新址内有碑碣46通，三清殿和龙虎殿之间甬道东西两侧各1通、三仙墓3通、吕公祠内1通，余40通均安置在宫门至龙虎殿之间的东西碑廊内。

这40通碑碣中，魏碑1通、唐碑1通、元碑12通、明碑10通、清碑14通、现代碑1通，还有1通年代不详（东碑廊10号碑）。

不在碑廊内的碑碣，在迁建时基本是按照其在原址的原位安置，不存在与建筑的关系变化问题，不属于本节讨论对象，本节主要讨论碑廊内的碑碣的原址问题。

在碑碣档案整理中，有3通碑存疑：

一是按"永乐宫内碑碣目录"（图3-277）和"永乐宫内碑碣位置编号图"（图3-278），位于原址重阳殿东垛殿遗址前的第27号碑碣，1958年拍摄的照片（附图3-70）上有此碑，但是按其"康熙41年"的记录，在碑廊中没有找到相应的碑碣。

二是在宿白先生在1962年4、5期《文物》上发表的《永乐宫创建史料编年》[2]文中提到，位于龙虎殿台明南壁东侧名为"纯阳万寿化功缘记"的嵌壁碑，按说在龙虎殿台明上，应该是有编号的碑，但在档案中的宫内碑碣编号表和图上均未将此碑编入，不知何故。在所存其他档案中，有两份

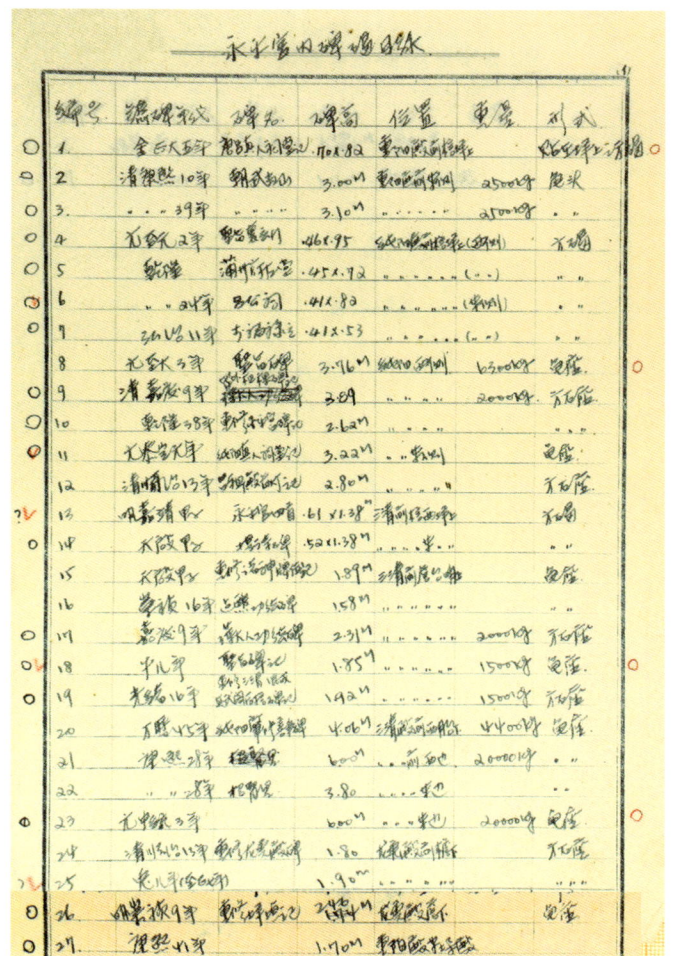
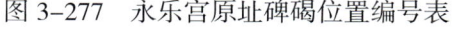

图3-277　永乐宫原址碑碣位置编号表

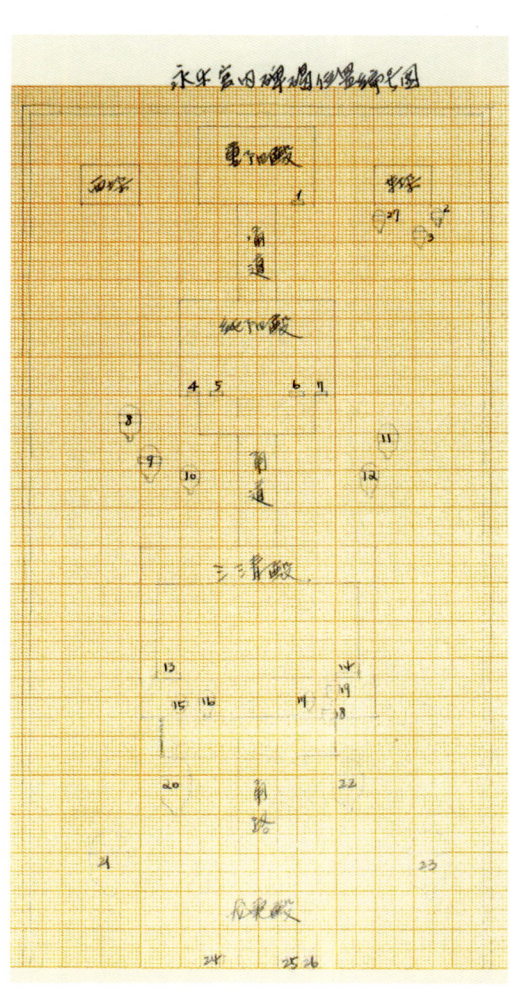

图3-278　永乐宫原址碑碣位置编号图

---

[1] 永乐宫迁建前后碑碣位置的变化详见本章末附录："永乐宫碑碣迁建前后位置对应情况、碑文及相关信息"。

[2] 宿白先生发表于1962年4、5期《文物》上的《永乐宫创建史料编年》一文所引用的部分碑碣碑文见本章附录："永乐宫碑碣迁建前后位置对应情况、碑文及相关信息"。

档案可以证明这通碑的名称和位置：一份是 1952~1953 年第一次调查资料中的碑刻记录（图 3-279、280），还有一份是龙虎殿的老照片（图 3-281）。目前在新址内没有发现此碑。

三是位于原永乐镇南城门楼内西侧的碑（图 3-282），本应与其他分布于永乐宫原址周围的碑碣一起迁至永乐宫新址集中保存，但在新址碑廊内未发现此碑。

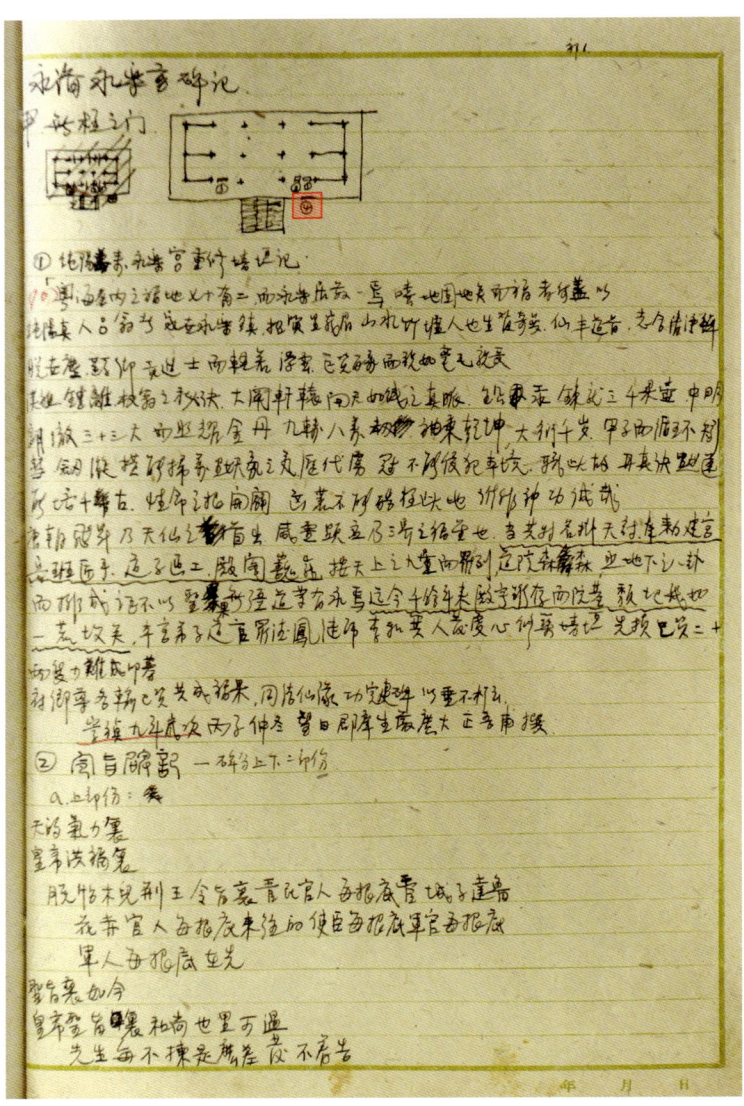

图 3-279　1952~1953 年第一次调查笔记中
"纯阳万寿化功缘记"记录 1

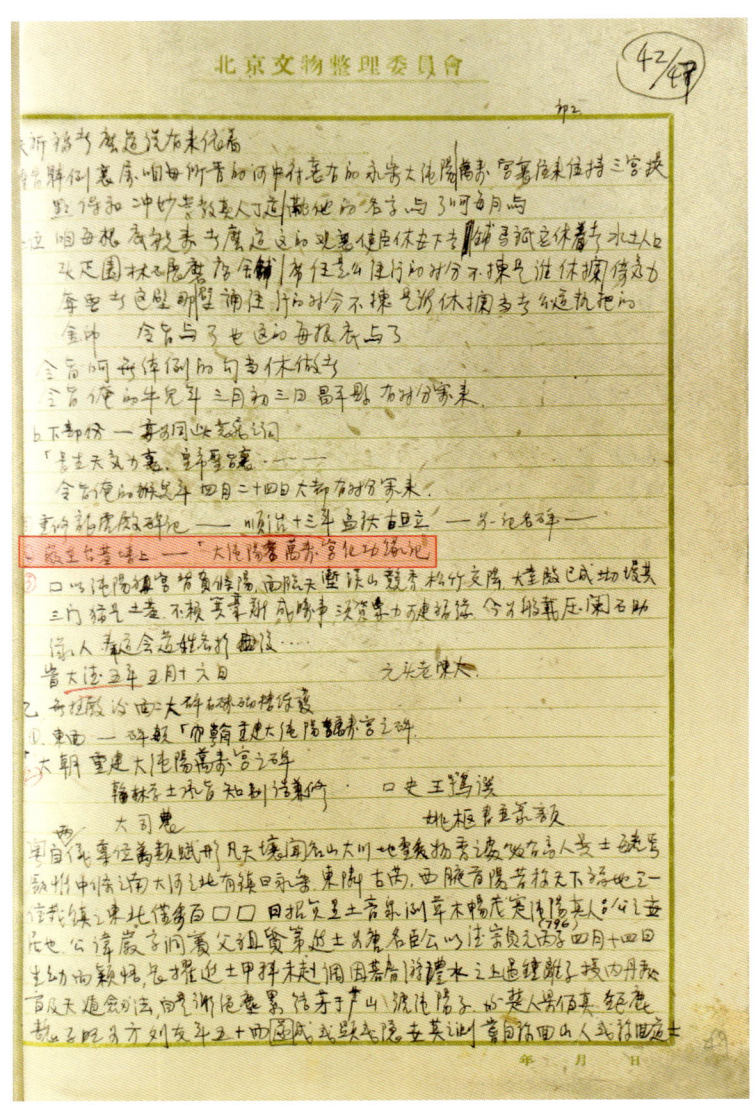

图 3-280　1952~1953 年第一次调查笔记中
"纯阳万寿化功缘记"记录 2

图 3-281　龙虎殿台明嵌壁碑"纯阳万寿化功缘记"
（1953 年拍摄）

图 3-282　永乐宫原址南永乐镇南城门楼内西侧碑
（1953~1957 年拍摄）

　　因此，东西碑廊内共存40通碑碣中，有24通（21号和23号迁建后安置在原位，27号存疑）是永乐宫原址宫墙内的碑碣（图3-278），其他1通是原址丘祖殿遗址前碑碣，4通原址位于永乐宫原址西侧披云道院遗址，还有1通是1996年新立的碑，剩余10通是从永乐宫附近被淹没区选取、迁移至此集中保存的碑碣。（图2-283~287）

　　本节主要是对照档案所存资料线索，还原现存东西碑廊内的40通碑碣原来的位置，不展开碑碣内容的讨论。（碑碣变化详细信息见本章后附表：东西碑廊内碑碣原址情况及相关信息表）

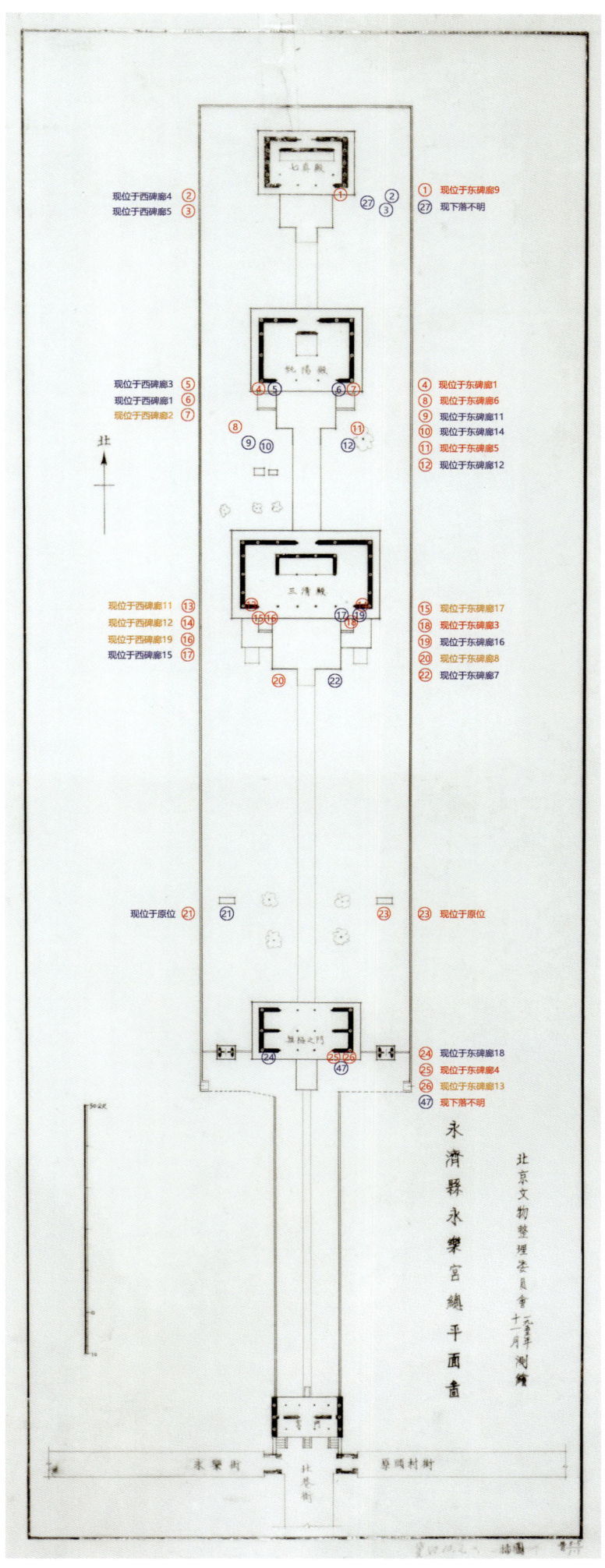

图3-283　永乐宫原址宫墙内碑碣位置与
新址碑廊位置对应图（红色为元代、橙色为明代、蓝色为清代）

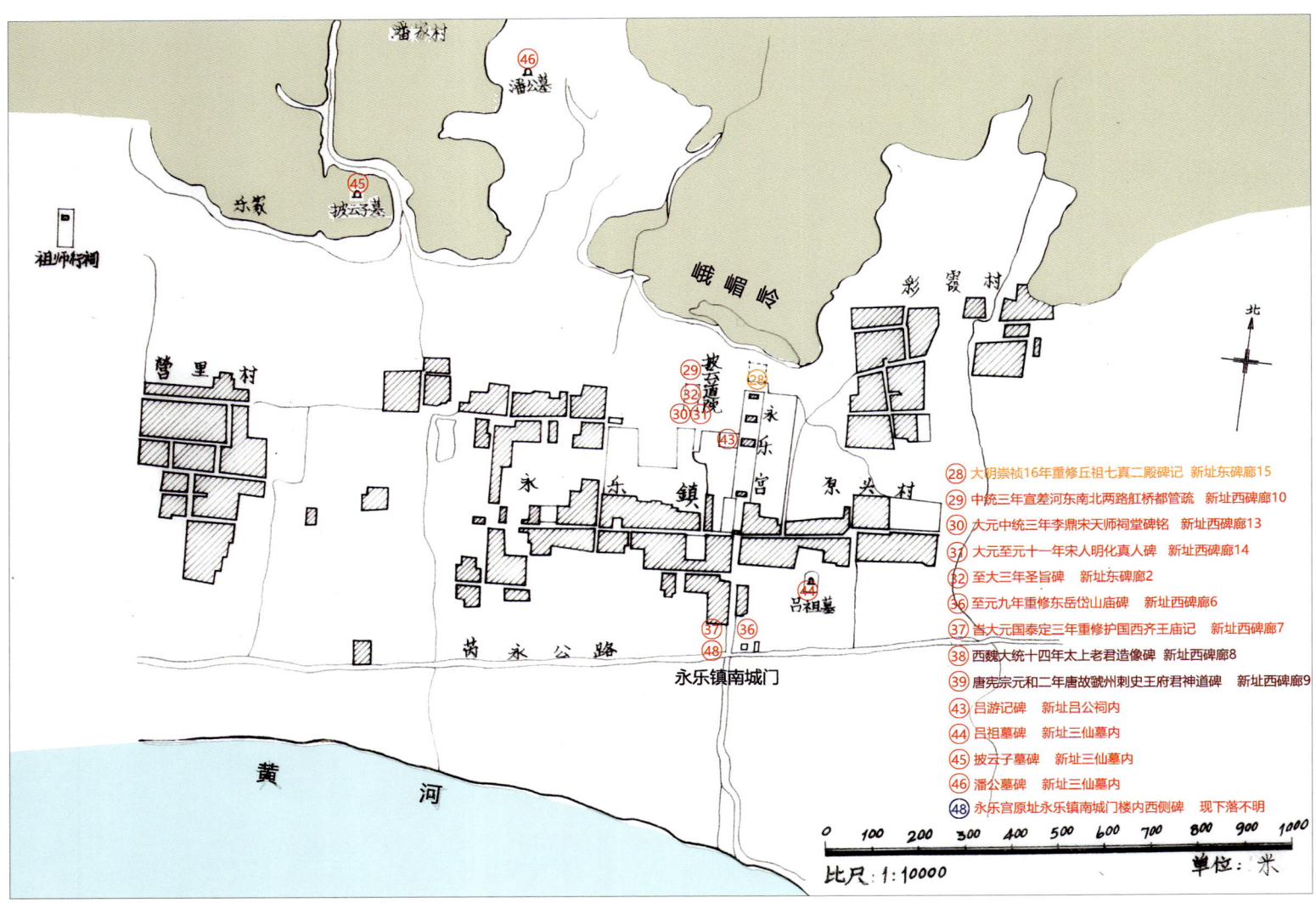

图 3-284　永乐宫原址周边碑碣位置与新址碑廊位置对应图（红色为元代、橙色为明代）

28 大明崇祯16年重修丘祖七真二殿碑记　新址东碑廊15
29 中统三年宣差河东南北两路舡桥都管疏　新址西碑廊10
30 大元中统三年李鼎宋天祠堂碑铭　新址西碑廊13
31 大元至元十一年宋人明化真人碑　新址西碑廊14
32 至大三年圣旨碑　新址东碑廊2
36 至元九年重修东岳岱山庙碑　新址西碑廊6
37 皆大元国泰定三年重修护国西齐王庙记　新址西碑廊7
38 西魏大统十四年太上老君造像碑　新址西碑廊8
39 唐宪宗元和二年唐故虢州刺史王府君神道碑　新址西碑廊9
43 吕游记碑　新址吕公祠内
44 吕祖墓碑　新址三仙墓内
45 披云子墓碑　新址三仙墓内
46 潘公墓碑　新址三仙墓内
48 永乐宫原址永乐镇南城门楼内西侧碑　现下落不明

东碑廊

碑廊内编号及位置	碑碣原编号及名称	原址	拓片及被引用情况
东19	35-明永乐二十年镇十方大纯阳万寿宫重建山门残碑	原址不详	
东18	24-清顺治13年重修龙虎殿碑	龙虎殿前檐西侧	
东17	15-天启甲子重修诸神牌位记	三清殿前檐西侧西	
东16	19-光绪16年重修三清混成真武阁后檐碑记	三清殿前檐东侧东	
东15	28-大明崇祯16年重修丘祖七真二殿碑记	丘祖殿前	"永乐宫创建史料编年"引用
东14	10-乾隆38年重修永乐宫碑记	纯阳殿台明西侧东	
东13	26-明崇祯9年重修墙垣记	龙虎殿前檐东侧东	
东12	12-清顺治13年吕祖殿长灯记	纯阳殿台明下东侧西	
东11	09-清嘉庆9年地亩租稞碑记	纯阳殿台明下西侧中	
东10	宣差河解山东等处都达鲁花赤疏	不详	
东9	01-金正大五年唐吕真人祠堂记	重阳殿外檐南壁西侧嵌壁碑	存拓片，"永乐宫创建史料编年"引用
东8	20-万历45年纯阳肇修善事碑	三清殿台明下西侧	
东7	22-康熙28年招贤里	三清殿台明下东侧	
东6	08-元至大3年圣旨碑	纯阳殿台明下西侧西	
东5	11-元泰定元年有唐纯阳真人祠堂记	纯阳殿前东侧柏抱槐树下	存拓片，"永乐宫创建史料编年"引用
东4	25-兔儿年（至正7年）圣旨碑记	龙虎殿台明上东侧西	存拓片
东3	18-牛儿年（元泰定四年）圣旨碑记	三清殿台明上东侧中	存拓片
东2	32-至大三年圣旨碑，碑阴延祐四年玄都至道崇文明化真人	披云中院	"永乐宫创建史料编年"引用
东1	04-元至元2年圣旨裹玄门	纯阳殿前檐南壁西侧西	

图 3-285　永乐宫新址东碑廊碑碣位置（红色为元代、橙色为明代、蓝色为清代）

南

西碑廊

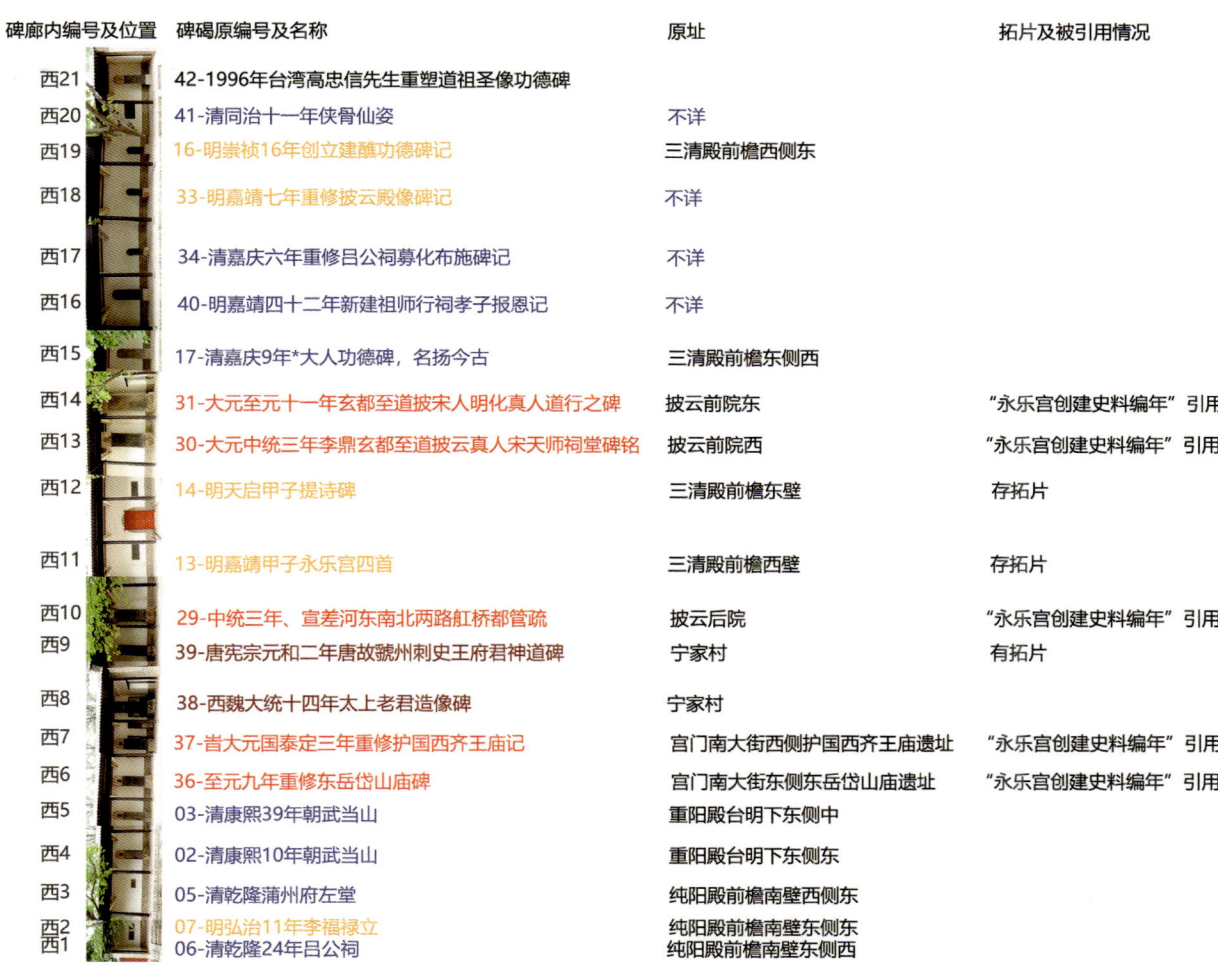

碑廊内编号及位置	碑碣原编号及名称	原址	拓片及被引用情况
西21	42-1996年台湾高忠信先生重塑道祖圣像功德碑		
西20	41-清同治十一年侠骨仙姿	不详	
西19	16-明崇祯16年创立建醮功德碑记	三清殿前檐西侧东	
西18	33-明嘉靖七年重修披云殿像碑记	不详	
西17	34-清嘉庆六年重修吕公祠募化布施碑记	不详	
西16	40-明嘉靖四十二年新建祖师行祠孝子报恩记	不详	
西15	17-清嘉庆9年*大人功德碑，名扬今古	三清殿前檐东侧西	
西14	31-大元至元十一年玄都至道披宋人明化真人道行之碑	披云前院东	"永乐宫创建史料编年"引用
西13	30-大元中统三年李鼎玄都至道披云真人宋天师祠堂碑铭	披云前院西	"永乐宫创建史料编年"引用
西12	14-明天启甲子提诗碑	三清殿前檐东壁	存拓片
西11	13-明嘉靖甲子永乐宫四首	三清殿前檐西壁	存拓片
西10	29-中统三年、宣差河东南北两路舡桥都管疏	披云后院	"永乐宫创建史料编年"引用
西9	39-唐宪宗元和二年唐故虢州刺史王府君神道碑	宁家村	有拓片
西8	38-西魏大统十四年太上老君造像碑	宁家村	
西7	37-岂大元国泰定三年重修护国西齐王庙记	宫门南大街西侧护国西齐王庙遗址	"永乐宫创建史料编年"引用
西6	36-至元九年重修东岳岱山庙碑	宫门南大街东侧东岳岱山庙遗址	"永乐宫创建史料编年"引用
西5	03-清康熙39年朝武当山	重阳殿台明下东侧中	
西4	02-清康熙10年朝武当山	重阳殿台明下东侧东	
西3	05-清乾隆蒲州府左堂	纯阳殿前檐南壁西侧东	
西2	07-明弘治11年李福禄立	纯阳殿前檐南壁东侧东	
西1	06-清乾隆24年吕公祠	纯阳殿前檐南壁东侧西	

图 3-286　永乐宫新址西碑廊碑碣位置（红色为元代、橙色为明代、蓝色为清代）

4.10 迁建工程中的经验教训

以下这段永乐宫迁建工程中的经验教训，是 1965 年"永乐宫迁建工程技术总结"里对永乐宫迁建工程经验教训的总结，放之今日，依然是需要文物保护工作中特别要引起重视的经验教训：

（1）勘测、绘图：

一组古代建筑的迁建，首先要取得这一组古代建筑的真实可靠的资料。需要时它仔细的调查研究和科学试验的工作方法，来进行勘查测绘的工作。完成这一份资料的好坏，其真实性如何，这对以后的设计施工，起着很主要的作用。

永乐宫的迁建工程，除勘查，测量必须在现场工作以外，绘图，设计也采取在现场作业的工作方法。这种方法首先符合我国社会主义建设总路线，多、快、好、省、的方针精神。进行绘图工作的人员，如果对结构和尺寸等不有搞不清楚的地方，或测稿漏记尺寸等，就可以随时到现场核对实物，这种现场作业有利于古建筑的绘图工作。

经过仔细地观察了解，整个建筑群的总体布置，每个单体建筑物的特点与相互间的关系以及残破变动的情况之后，制定出勘测工作的策略与计划。并在策略上采取了"先一般后重点""一切"通过试验的科学方法。采取"坐标法"进行测量，使测量的总尺寸与各部分的分尺寸一次就能吻合，实践证明这是测量不规则或要闪变动较大的建筑物的较好的方法。

细致的观察建筑物法式结构特征，采取了对细部构件，件件过手详细测量的措施，如详测建筑物的大墙，绘施工带来许多方便条件。

工作中非常仔细的注意建筑物的法式特征，凡能统一的就统一，凡不能统一的绝不能勉强统一的原则。为了施工和绘图的便利，在测稿前部和图纸上附有统一尺寸表，绘图时减少翻阅测稿的时间，加速绘图速度，并给施工带来了方便。

增添梁架大样图，为了适应元代建筑各个细部多变化的特点，每座建筑物中的梁架，除了按一般规定绘制 1/50 比尺图样外，还增加 1/20 比尺的结点大样图，详注各部尺寸，也就是说在结构细部比尺大，图面清楚，注的尺寸又多又全，不像过去的图画小，尺寸不全或不注尺寸，避免了过去施工时工人同志们的多次询问，给施工提供了许多便利。这种图纸结合制作 1/20 比尺的模型也是非常方便的。

永乐宫迁建工程绘制的图纸，通过复建时在施工中的验证，和实物对照，基本上是正确的。也避免了过去常犯的"图纸不交圈"毛病。所以说图纸的好坏对古建筑的修缮，尤其像永乐宫元代建筑这样大规模的迁建工程，在法式特征和工程质量等更是起着非常重要的作用。

（2）制定设计施工方案

根据工程性质，范围，建筑大小，繁简以及从属关系等种种情况，并结合施工人员的力量技术条件等，来制定设计施工方案是确实可行的。

永乐宫的施工，从拆除到复建都是采取：先一般后重点，边试验边工作边改进的科学方法，并结合拆除时的先里后外，复建时的先外后里的措施而进行的。具体制定和执行的计划，拆除时采取以重阳殿开始取得经验之后，再拆除纯阳殿，三清殿，龙虎殿最后拆除宫门的次序，这样先一般的通过试验，而后再重点，及主体工程与附属工程交叉进行施工等安排的措施，便利了工程的进行和工人的安排，从而培训了技术力量，并能吸取经验提高工程的质量和效率。

（3）土法上马

古代建筑的分布，年代比较久远的，多数却不靠近大城市，分布于较偏僻的地方,进行修缮工程时,一般都是在没有现代化机械设备的条件下来进行施工的，采取土法施工现在还比较实际的，也就更能体现自力更生的重大意义和发扬艰苦朴素的工作作风的精神。

拆吻兽在架木上利用"秤杆"将数拼大吻逐件的吊起后顺前后坡灰泥背上，抬运到地面上，是一般采用的土办法。

拆卸大梁：在承重架上的利用"秤杆"先行吊起固定在架上，待下边的斗栱等妨碍构件拆落后，没有障碍时，再将承重架上吊起的各大梁构件，用绳索直接落到地上。安装大梁时也是采取先上的两次安装法进行的，在没有机械化设备的条件下，这种分两次拆落和安装大型构件的步骤和方法，是可节省劳力和时间的，是可保证安全。

斗栱的分件拆落方法：虽然拆开后一件件的抬运到底下，再安装一起比较多费人工，但是这种方法，在古建筑施工中没有大型机械化设备的条件下，是比较实际和行之有效的办法。

拆卸大石碑法：三清殿前边两座高达 5 米以上的大石碑，拆卸时采用了两种不同的方法。西边清代大碑是采用搭架放倒的方法，东边元代大碑，是采用搭架分段拆落的方法进行的，虽然东边元代大碑分段拆落利用了倒练半机械化设备，可是比机械化设备施工的效率还差很多，也可说是土洋结合的方法，如果利用秤杆的土办法也是可行的，搭架放倒的土办法虽然在安全方面还存在着问题，对一般的碑碣拆卸还是行之有效的方法。

"低站台"的装卸法，是质较坚的地方采用挖坑有效的土办法。

七吨重大碑座的"装运"方法和过去是"縺车"的时候一样，纯系土法。

运大梁时的装卸车方法，用支架将大梁的一头用"秤杆"或倒练即起或落下，也可说是土法或土洋结合。

（4）写永乐宫建筑报告的教训

对永乐宫建筑研究的报告，应该在没有搬迁之前，就写出这一份研究报告，这样对永乐宫的迁建工程可以起很大的作用。可是这份研究报告却在旧址都已拆除搬运完，新址各殿复建已基本完成之后，才进行这一工作的。同时在写的过程中有些问题得不到解决，不得不几趟的去旧址又进行勘测和调查了四周范围等情况，这样既浪费人力，物力和时间，同时也造成不应有的困难和损失。如在旧址没有拆迁之前，进行这一工作是比较方便和有利的，应该吸取这次教训，今后应该是先写出建筑研究报告之后，再进行迁建工程或较大的修缮，修复工程。

附录
永乐宫碑碣迁建前后位置对应情况、碑文及相关信息

1. 基本情况说明

  本附录收录了永乐宫42通碑碣迁建前后位置对应情况、碑文及相关信息，它们是：东西碑廊内的古代碑碣39通（其中东碑廊19通，西碑廊20通），宿白先生在1962年4、5期《文物》的《永乐宫创建史料编年》一文中引用的原位于永乐宫原址三清殿和龙虎殿之间甬道东侧（附图3-88，附图3-89）、现存于永乐宫新址三清殿和龙虎殿之间甬道东侧（附图3-90）的元中统三年（1262年）"大朝重建大纯阳万寿宫之碑"，和原嵌于永乐宫原址龙虎殿台明南侧东壁上（附图3-91）、现存不详的元大德五年（1301年）"纯阳万寿宫化功缘记"等2通不在碑廊内的碑碣，以及1通根据档案记录原位于重阳殿前东侧（附图3-75）、但现存不详的康熙四十一年（1702年）的"虔修会同太和山回勒石永乐"碑。

  我们将宿白先生在1962年4、5期《文物》的《永乐宫创建史料编年》一文中引用的11通碑碣

的碑文集中在"2.《永乐宫创建史料编年》一文引用的碑碣碑文"里，其他碑碣的碑文按年代顺序放在"3.其他碑碣的碑文"中。为区分这些碑碣在永乐宫原址宫墙内外的位置，又在每个小节内分为"永乐宫原址宫墙内的碑碣"和"永乐宫原址宫墙外的碑碣"。每一小节按年代顺序排列。

这42通碑碣中，有7通碑碣存1959年的拓片，它们是："金正大五年（1228年）'有唐吕真人祠堂记'（东9号）""元泰定元年（1324年）'有唐纯阳真人祠堂记'（东5号）""牛儿年（元泰定四年，1327年）'圣旨碑记'（东3号）""兔儿年（元至正七年，1347年）'圣旨碑记'（东4号）""明嘉靖甲子（1564年）'永乐宫四首'（西11号）""明天启甲子（1624年）'提诗碑'（西12号）"和"唐宪宗元和二年（807年）'唐故虢州刺史王府君神道碑'（西9号）"，均附上拓片影印图。（附图3-5、附图3-8、附图3-38、附图3-41、附图3-42、附图3-48、附图3-55、附图3-87）

为对照方便，我们对永乐宫东西碑廊内的碑碣进行了编号，编号规则是：不论东碑廊还是西碑廊，其内碑碣的编号均是由南向北的顺序排列，比如"东1号"就是东碑廊南侧第一通碑，"西1号"就是西碑廊南侧第一通碑，以此类推。（附图3-1、附图3-2）

附图3-1　东碑廊内碑碣编号图

附图3-2　西碑廊内碑碣编号图

2.《永乐宫创建史料编年》一文引用的碑碣

2.1　永乐宫原址宫墙内的碑碣

2.1.1　金正大五年（1228年）"有唐吕真人祠堂记"（东9号）

原嵌于重阳殿前檐东墙上（附图3-3），现存于芮城永乐宫新址东碑廊9号（附图3-1、附图3-4）。碑长宽0.9×0.8米。

宿白先生发表于1962年4、5期《文物》的《永乐宫创建史料编年》中引用此碑相关内容：

袁从义祠堂记，永乐宫现存二石，潘刻砌入重阳殿外南壁东朵墙下，记有附记三行云："此祠堂记乃藏云先生袁用之所撰，里人选士段元亨书丹，桑原马柔刊字。金之末年为劫火所裂，幸而文意且完，恐其岁久湮没，于是复镌于石，以示来者，庶传无穷。大朝岁在壬子孟夏十四日十方大纯阳万寿宫提点冲和大师潘志冲等重立。另一石存纯阳殿前东侧……"

附图3-3　原位于永乐宫原址重阳殿的位置

附图3-4　现存于永乐宫新址东碑廊内

碑文：

雷首之阳，大河之北，山川蕴秀，土膏林郁，粹精之气钟铸于人，必生高仙大贤，古来圣迹布列条阳者居多。

永乐镇东北隅，旋行百步许，日招贤里，通道之北即有唐得道吕公之故居也。乡人慕其德因旧址而庙貌之，岁时享礼甚谨严。真人自成道以来，有重名于天下，凡谭及神仙者，必曰钟吕也。惜乎，唐书偶遗其传，所记异事，独见于图经野史而已。徧阅道藏，得吕真人诗数百篇，辞意高妙，气象豪放，非烟火食人所能拟议也。又考其得道之由，粗得大概。真人讳岩，字洞宾，道号纯阳子，世为河中永乐人，礼部侍郎渭即其祖也。当敬宗宝历元年举进士甲科，中选未及调官。时季春，出游沣水上，

附图 3-5　拓片（1959 年拓）

遇汉隐士钟离公，公见其风骨不凡，诱以仙道。真人倾心恳祷，乃口授内丹秘旨及天遁剑法。于是谢绝尘累，遂结茅于庐山，与钜鹿魏子明、楚人梁佰真为方外友，同进隐学，俱登仙位，常有诗曰："朝游北海暮苍梧，袖里青蛇胆气粗。三入岳阳人不识，朗吟飞过洞庭湖。"此言剑术有征也。

昔谒金母于龟台，回憩平凉度王生事，今有石刻存焉；游华岳，会饮陈希夷事，见载道籍。其出处，神异甚众，姑载其一二焉。

仆自幼龄卜筑王官，去真人乡曲不及百里，虽知景仰，然未伸香火之供，恒以为慊。顷岁暮秋，会条阴兵乱，因避地芮之西郊，始获展敬祠下。永乐镇道契袁公益，且以祠堂记见祝，仆虽无文，不敢固让，谨述其始末云。

兴定六年二月清明后二日，虞田布衣袁从义用之记。

大金正大五年二月初六日，里人杨士荣、张黻、郝英、杨仁、段复荣立石。

此祠堂记乃藏云先生袁用之所撰，里人进士段元亨书丹，桑泉马柔刊字。金之末年为劫火所裂，幸而文意且完，恐其岁久湮没，于是复镌于石，以示来者，庶传无穷。

大朝岁在壬子孟夏十四日十方大纯阳万寿宫提点冲和大师潘志冲等重立。[1]

---

[1] 碑文原始记录来源于"1952~1953 年永乐宫现场调查笔记"（"第七部分　永乐宫迁建工程专题档案"附录一，图 7-54~55）和 1958 年 10 月永乐宫碑文记录草稿（"第七部分　永乐宫迁建工程专题原始档案"附录三，图 7-124~125）。

2.1.2 元泰定元年（1324年）"有唐纯阳真人祠堂记"（东5号）

原位于永乐宫原址纯阳殿东侧、柏抱槐树下（附图3-6），现存于永乐宫新址东碑廊内（附图3-1、附图3-7）。碑高3.22米。

宿白先生发表于1962年4、5期《文物》的《永乐宫创建史料编年》中引用此碑相关内容：

另一石存纯阳殿前东侧，为1324年（甲子泰定元年）宫提点段通祥等重刻。段刻改题"唐有纯阳吕真人祠堂记"，未有井道泉附记云："……祠之建肇于唐金之末年，隐士袁用之始为作记，里人杨士荣辈建石于正大间，未几为劫火所裂，然文意仅可寻，圣朝尊道贵德，此之化荆棘为道林。岁在壬子，冲和大师潘德冲奉清和宗师命，提点河东，于是辟垣墉，新宫宇，四方之荐力施贿者云会。五期而续成。后命工刊于石，高才二尺许，盖草创之际，崇美未暇及也。既而冲和谢世，后积以岁年，宫事大备。议者谓是记宫源委存焉，苟无大书深刻，非所以传永久，将易之不果。延祐庚申冬，宫宰郭志进等勤恪自力，克果重建，既丰且侈，方诸异日，可谓尽善者矣……"

附图3-6　原位于永乐宫原址纯阳殿前东侧、柏抱槐树下

附图3-7　现存于永乐宫新址东碑廊内

附图3-8　拓片（1959年拓）

碑文：

有唐纯阳吕真人祠庙记

前进士虞田袁从义撰

翰林应奉同知制诰徵事郎监察御史段辅书

从侍郎国子监丞陈观篆额

雷首之阳，大河之北，山川蕴秀，土膏林郁，粹精之气，钟铸于人，必生高仙大贤古来圣旨亦布列条阳者居多。

永乐镇东北隅行百步许曰招贤里，通道之北即有唐得道吕公之故居也乡人慕其德因旧址而庙貌之，岁时享祀志谨严，真人自成道以来，有重名于天下，凡谈及神仙者，必曰钟吕也，惜乎，唐书偶遗其传，所纪异事，独见于图经野史而已。徧阅仙籍，得吕真人诗数百篇，词意高妙，气象豪放，非烟火食人所能拟议也，又考其得道之由，粗得大概，真人讳岩，字洞宾，道号纯阳子，世为河中永乐人，礼部侍郎渭即其祖也，当敬宗宝历元年举进士甲科，中选未及调官。时季春，出游沣水，遇汉隐士钟离公，公见其风骨不凡，诱以仙道。真人倾心恳祷，乃口授内丹秘旨及天遁剑法。于是谢绝尘累，遂结茅于庐山，与钜鹿魏子明、楚人梁伯真为方外友，同进隐学，俱登仙位。常有诗曰："朝游北海暮苍梧，袖里青蛇胆气麤，三入岳阳人不识，朗吟卷过洞庭湖"，此言剑术有徵也。

昔谒金母于龟台，迥愍平凉度王生事，今有石刻存焉，游华岳，会饮陈希夷事，见仙传。其出处，神异甚众，始载其一二焉。

僕因幼龄卜筑王宫，去真人须乡曲不及百里，虽加景仰，然未伸香火之供，恒以为慊。顷岁暮秋，会条阴兵乱，因避地芮之西郊，始获展敬祠下，永乐镇道契袁公益，且以祠堂记见积，僕虽无文，不敢固让，谨述其始末云。

兴定六年二月清明后二日记

全真之学倡于祖师重阳，而七真绍焉，其教大弘风靡海寓原其所自，实纯阳启之，故列乎正派为三祖。其开化之功深，及物之德厚，尸而祝之，理因然也，祠之设肇于唐，金之末年隐士袁用之始为作记，里人杨士荣辈建石于正大间，未几为劫火所裂，然文意犹可寻。

圣朝尊道贵德，比比化荆棘为道林，岁在壬子，冲和大师潘德冲奉清和宗师命提点河东，于是避垣墉，新宫宇，四方之荐力施贿者云会，五暮而续成复命，工刊于石，高才二尺许，盖草则之际，崇美未暇及也，既而冲和谢世，厥后积以岁年宫事大备，汉书谓其记宫之原委存焉，苟无大者深刻非所以传永久，将易之不果。

延祐庚申冬，宫宰郭志进等，以勤恪自力，克果重建，既丰且侈，方诸昔日，可谓尽等者矣。呜呼，祖师仙去数百年间，其高标殊望，昭辉今古，将与日月参光，元精纯气，贯充六合，将与造物者相为始终，奚必假是以光扬之，虽然抑有以也。天下慕祖师之风，裘祖师之道可□计，苟未蝉蜕泥滓，高蹈物表，神融气会于无何有之乡，若乃假家以希真，循迹以探妙，或冀有德于渐进者。况且光先启后，继志述事者之当然不得不然，门下古齐井道全百拜敬书

昔泰定元年（公元 1324）岁次甲子三月丁亥十四日庚子大纯阳万寿宫建提点段道祥、萧道遇、蔡道荣、翟道祥、赵道充、畅道怡，提举杜道忠、梁道从、左道堂，提领姬道净、杨道志、张道聪，知宫姚道春、刘道清等立石。[1]

---

[1] 碑文原始记录来源于 "1952~1953 年永乐宫现场调查笔记"（"第七部分　永乐宫迁建工程专题档案"附录一，图 7-57~59）和 1958 年 10 月永乐宫碑文记录草稿（"第七部分　永乐宫迁建工程专题原始档案"附录三，图 7-130~135）。

2.1.3 元中统三年（1261年）"大朝重建大纯阳万寿宫之碑"

原位于永乐宫原址三清殿和龙虎殿之间甬道东侧（附图3-9、附图3-10），现存于永乐宫新址三清殿和龙虎殿之间甬道东侧（附图3-11）。碑高6米，重约20000公斤。

宿白先生发表于1962年4、5期《文物》的《永乐宫创建史料编年》中引用此碑相关内容：

唐末已来，土人即其故居屋□□□曰吕公祠，每遇毓秀之辰，远近士庶毕集其下，张乐置酒终日乃罢。近世土官以隘陋故，增修门庑，以祠为观，择道流高絜主之。中统三年王鹗大朝重建大纯阳万寿宫之碑。

岁甲辰暮冬野火延之，一夕而□□□□□故鼎新之兆。明年，有敕升观为宫，进真人号曰天尊。披云真人宋德方在陕右，谓其徒曰：师陞其号号，观易以宫，苟不修崇，曷以称是。以是□□□□□□教清和（尹志平）真常（李志常）二真人乃命燕京都道录冲和大师潘德冲充河东南北路道门都提点办其事，以完颜志古、韩志元辅翼之。

碑文：

粤自两仪尊位，万类赋形，凡天壤闻（间）名山大川地灵物秀之处，必有高人异士毓焉。厥惟中条之南、大河之北有镇曰永乐，东邻古芮，西腋首阳，昔称天下福地之一，信哉。镇之东北仅余百步计曰招贤里，土膏泉洌、草木畅茂，寔纯阳真人吕公之世居也。

公讳岩，字洞宾，父祖皆第进士，为唐名臣。公以德宗贞元丙子（796）四月十四日生，幼而颖悟，长擢进士甲科，未赴调，因暮春游澧水之上，遇钟离子授内丹秘旨及天遁剑法。自是谢绝尘累，结茅于芦

附图3-9 原位于永乐宫原址三清殿和龙虎殿之间甬道东侧

附图3-10 原址碑首

附图3-11 现存于永乐宫新址三清殿和龙虎殿之间甬道东侧

山，号纯阳子，与楚人梁佰真、钜鹿魏子明为方外友。年五十而道成，或显或隐，世莫之测，尝自称回山人，或称回道士。平生所为诗二百余篇，名浑成集，辞意高妙，气象豪逸，殆非烟火食人所能，拟议近代题岳阳楼云："朝游百越暮三吴，袖里青蛇胆气粗。三入岳阳人不识，朗吟飞过洞庭湖。"游潮州沈东老庵，酒后用石榴皮书于壁云："西邻已富忧不足，东老虽贫乐有余，白酒酿来缘好客，黄金散尽为收书。"东坡和云："符离道士唐兴际，华岳先，回解余，忽见黄庭丹篆字，由传青纸小朱书。"又云："至用榴皮缘底事，中书君岂不中书。"《东轩笔谈》载腾宗亮守巴陵，有回道士来谒宗亮口占一诗为赠云："华州回道士，来到岳阳城，别我游乐处，秋空一剑横。"《刘贡父诗话》记吕老与黄觉大钱七、中钱十、小钱三曰：数止此耳。后觉果寿七十有三，顷年，王侍郎博文从事鄂州迴，语及仙翁题《汉宫春词》于黄鹤楼："横吹声沈倚危楼。□□转天斜"末云："乾水辛火归来分，煮石煎砂。回首处，幢巾梨杖，云间笑指桃花。"至今墨光可泡。其他灵踪圣迹见于书者不可概举，故世之言神仙必宗钟吕。

唐末以来，土人助其故屋□□□□曰吕公祠，每遇毓秀之辰，远近士庶毕集其下。张乐置酒终日乃罢。近世土官以隘陋故，增修门庑，以祠为观，择道流高洁者主之。

逮国朝开创，长春子应诏北还，□祖师仙迹一为发扬，自是其功日益兴，其徒日益广。岁甲辰暮冬，野火延之一夕，而□□□□□□故鼎新之兆。明年（甲辰为1244，明年应是1245年）有敕升观为宫，进真人号曰天尊。披云真人宋德方在陕右谓其徒曰："师升其号，观易以宫，苟不修，崇曷以称？"是以是□□□□□□教清和真常二，真人乃命燕京都道缘冲和大师潘德冲，充河东南北路道门都提点办其事，以完颜志古、韩志元辅翼之，远近助役源源而来，其指授任新，则潘之力。居□□□□朝命，以披云所刊《道藏》经板，委善官辇贮是宫，故宫门益崇。壬子，真常奉首祀五岳回驻于此，翌日登九峰，憩于纯阳洞，爱其峰峦秀拔，以"玉椅"名之。且命其徒刘若水辈，别营上宫。倾囊倒橐，□□□□□□□□□二曰无极，以奉三清，曰混成，以奉纯阳，曰袭明以奉七真。三师有堂，真官有祠，凡徒众之所居，宾旅之所寓，斋厨库厩园圃井湢糜□□□□□□□于燕京大长春宫，潘预高道之选事竟，荐李无尘志烈为本宫提点之副。俄，真常与潘相继谢世。辛酉，诚明真人就命韩冲虚志元，兼知河东南北路教门事，有未完□□□□□春三月初吉，诚明状前后事迹，以示慎独老人曰："窃惟道家之教？　日玄元、洞灵、通玄、冲虚、南华发挥于后，至东华君而全真之名立。东华传之正阳，正阳传之纯□□□□□□，真人始克光大之。重阳付畀玄教，其高弟曰丹阳，而长真、长生、长春、玉阳、太古次焉。长春遭际盛时，独能增浚化源，巍然另一代大宗师。嗣其教者，凡三华□□□□□□□□□□□□荷。顾是宫之成，非一朝夕、一手足所能集，不假丰碑记述以传永久，则先辈勤勚将泯灭无闻，今巨石已砻，敢以斯文为请。"予谓纯阳之显现，虽幽门闺妇女山野□□□□□儒有所著撰，往往为书其事，则先翁之瑞，世可知已。

今之学道者，尊重阳为祖师，知其源寔自纯阳启之耳，然则，纯阳于玄教有培植之功，而奕世联芳继继□□□□□□□□□□为书之一而铭其后，铭曰：

中条之阳，有福其地，惟岳降灵，亦祇以异。异人伊何？世称仙翁。种（神）变巨□□□□□□立祠以事，易观而宫，圣朝所赐，是宫之作，肇于德冲，十年于兹，告成厥功，厥功茂哉，树碑以志。□□□□□琳宫载崇，羽衣载充。祝我皇家，福来无疆。

翰林学士承旨知制诰兼修　　□史王鹗譔，大司农　　姚枢书并篆额

中统三年岁舍壬戌九月九月十五日立石功德□□□□□[1]

---

[1] 碑文原始记录来源于"1952~1953年永乐宫现场调查笔记"（"第七部分　永乐宫迁建工程专题档案"附录一，图7-50~52）和2006年5月山西人民出版社出版的《永乐宫志》。

2.1.4 元大德五年（1301年）"纯阳万寿宫化功缘记"

原嵌于永乐宫原址龙虎殿台明南侧东壁上（附图3-12），现存不详。

宿白先生发表于1962年4、5期《文物》的《永乐宫创建史料编年》中引用此碑相关内容：

大堂殿已成砌墁，其三门犹是土基，不赖英豪无成胜事，须资众力可建福源。今为般载压阑石。助缘人奉道舍百姓名于后……皆大德五年五月十六日。

碑文：

窃以纯阳祖宫背负條阳，面临天堑，汉山竞秀，松竹交阴，大堂殿已成砌墁，其三门犹是土基，不赖英豪难成胜事，须资众力可建福缘，今为船载压阑石。助缘人奉道会道姓名于后芮城县吕润之王国刚

皆大德五年五月十六日元头老陈文[1]

附图3-12 原位于永乐宫原址龙虎殿台明南侧东壁上

---

[1] 碑文原始记录来源于"1952~1953年永乐宫现场调查笔记"（"第七部分 永乐宫迁建工程专题档案"附录一，图7-50）。

2.1.5. 明崇祯十六年（1643年）"重修丘祖七真二殿碑记"（东15号）

原位于永乐宫原址丘祖殿遗址前（附图3-13、附图3-14），现存于永乐宫新址东碑廊内（附图3-1、附图3-15）。碑高约2米。

宿白先生发表于1962年4、5期《文物》的《永乐宫创建史料编年》中提及此碑。

附图3-13　原位于永乐宫原址丘祖殿遗址前

附图3-14　原位于永乐宫原址丘祖殿遗址前

附图3-15　现存于永乐宫
新址东碑廊内

碑文：

三神山越在海表，有仙则名；一簣土加于岱宗，乃成其大。□兹福地，号曰永乐，五星孕其精英，肇开文运；历代居乎仙圣，□络玄扃。爰自唐初，迄于元季，瑞气共青牛递见，雄名与黄鹤交驰，云笈志其奇踪，丰碑纪其胜概，珠宫载崇！昔瞻蕊树重华、贝阙陵陷、今睹桑田骤变，虽天运之推移在数，谅地灵之兴废系人。乃有本宫道人张和气慨然建经营之议，作是虔心，不惮千里跋涉，募化京畿商贾，幸仙灵有知，警平陆郡李都宪公子李毅历其地，阅其迹，慨施五十金，转化十方善信以共成之。繇是二殿焕然，复观浪苑之景，于本镇文风亦有赖焉！和气之功不惟是也，曾建玉皇阁、修潘真祠、创二仙楼 、立诸神牌、写黄篆像、整山门、砌甬路、栽梧树、垒便门，庙貌聿新，功德永光于钟簾，仙形依旧福祉，大介乎冈陵。故勒石以示不朽云。

大明崇祯十六年岁次癸未正月谷旦郡庠生柴奎芳沐手谨题。

原任山东德州良店驿丞宁成勋书。

化主张和气、徒道官张德印、孙张正宾、刘正喜、重孙张本位。

师祖李全周、爷李真宁、师伯尉冲贵、尉冲修、刘冲祺、曹冲祥。

弟寇和仁、曹和忠、蔡和成、李和孝。

道侄吉德食、杨德宝、宁德敬、杨德晓。

道孙李正庚。

铁笔匠部梅佺部训刊。[1]

2.2 永乐宫原址宫墙外的碑碣

2.2.1 中统三年（1261 年）"李鼎玄都至道披云真人宋天师祠堂碑铭"（西 13 号）

原位于永乐宫原址披云道院遗址南侧西（附图 3-16、附图 3-17、附图 3-18），现存于永乐宫新址西碑廊内（附图 3-2、附图 3-19）。碑高 3.5 米。

宿白先生发表于 1962 年 4、5 期《文物》的《永乐宫创建史料编年》中引用此碑相关内容：

庚子，（宋德方）自甘棠来永乐，拜谒于纯阳词（祠）下，见其荒残狭隘无人葺之，遂召诸道侣而谓之曰……予年运而往，将以其宫易祠，不惟光大纯阳之遗迹，抑亦为后来继出者张本耳。汝辈其勉之哉。寻即元帅强忠暨先住持人王志瑞、韩志冲、雷志和、杨志口等将祠堂并地基尽具状以献，都统张兴又施水地三十亩，众人又施磨窑一区，（披云）真人（宋德方）乃运智于精微之间，斟酌事势，复择其可任用者，令主持之，谋行兴建事。中统三年李鼎玄都至道披云真人宋天师祠堂碑铭。

甲辰，（披云真人宋德方）再来（永乐），天理人为鹤鸣子和，自相感召，致伊趋事劝功者若雷志养……数十人，奔奏疏附唯恐其后，乃指援节次，使之渐进。李鼎宋天师祠碑铭。

碑文：

门人前进士虚舟野人太原李鼎撰。

门下小师保安逸人用志通、周志全书丹篆额。

门人李志 男李颜次男李郁镌。

---

[1] 碑文原始记录见 1958 年 10 月永乐宫碑文记录草稿（"第七部分 永乐宫迁建工程专题原始档案"附录三，图 7-126），以及永乐宫碑廊碑文抄录说明牌。

附图 3-16　现存于永乐宫新址东碑廊内　　　　　附图 3-17　原址上的碑

附图 3-18　原址上的碑首　　　　　　附图 3-19　现存于永乐宫新址
　　　　　　　　　　　　　　　　　　　　　　　　西碑廊内

　　大车以载，积中不败也，此大有九二爻之象也：刚健笃实，辉光日新，此大畜一卦之德也。何其任之重守之确乎？盖吾所养者既正，而推之于外者塞乎天地，横乎四海为不难也。在吾玄门中克当二卦之美者惟披云真人欤。故栾城李敬齐仁卿作玄都宝藏碑文有曰：以两手匠九天之书，以一躯续千圣之业，以五载建万世之利。又曰：补缺天于坏劫，重斡璇玑；捧慧日于虞渊，再临海镜。真人事实本传具载，略观其十一、二，知其言为不妄矣。真人姓宋，讳德方，字广道，披云其号也，莱州掖城人，先世以积善见称。其出生之夕，里人见其家祥光照彻，皆疑其有火。问之，始知其生子也，遂异之。仅能言，便好读书，不为童稚嬉戏事，颖悟强记，识者谓是凤性熏习故。在年十二问其母曰："人有死否"？母曰："有"。又问："何以得免"？母曰："汝诣武官问刘师父去"。时，长生真人阐教于武官。于是明日径往，长生一见爱其骨格清秀、音吐不凡，留侍几杖，因于洒扫应对进退之间，就

255

愤悱郁积之地投以正法而启发之。真人得法，朝夕克养，修进未始少息。后，得度于玉阳，占道士籍。长生仙去，事长春国师于栖霞，儒道经□如春秋、易、中庸、大学、庄、列等尤所酷好外，虽诗、书、子、史亦罔不涉猎，于中采其性命之学尤精粹中正者，涵泳履践，潜通默识，光明洞达，动与之会，其日新之□固已不可掩矣。庚辰，大朝便宜刘公起教国师于东海之滨，选其可与北行者得一十八人，真人其一也。扈帐殿者三年，还燕，住长春宫。是时，从师之众皆躯尘劳，真人独泰然以琴书自娱。有诉之师者，师辄拒之曰："汝等勿言，斯人以后尘劳不小，去也"！尝私谓真人曰："汝缘当在西南"，□尝议□，"道经泯灭，宜为恢复之事"。师曰："兹事体甚大，我则不暇兼，冥冥中自有主之者。他日，尔当任之"。及长春之居燕也，令提点教门事，一举一动无偏私而有规制，内外道俗莫不心服。壬辰，大行台外郎嶂州王纯甫，癸巳，大丞相平阳胡公各请主醮事。甲午，游太原西山，得古昊天观故址，有二石洞皆道家像，壁间有宋仝二字。修葺三年，殿阁峥嵘，金朱丹䑽，如鳌头突出一洞天也。丁酉，复往平阳主醮事，因于长春观思及国师数年前宫中之语，乃私自念云：吾师长春以神化天运之力发而为前知之妙，凡有言之于其先，其不验之于其后。谓缘在西南之一语，我已安而践之矣，何独至于藏经而疑焉？遂与门人通真子秦志安等谋为锓木流布之计。胡相君闻而悦之，饮白金以两计一千五百。真人乃探道奥以定规模，稽天运以设方略，握真机以洞幽显，秉独断以齐众虑，审人材以叙任使，约工程 以限岁月，量费用以谨经度，权轻重以立质要，兹所素既定，即授之秦通真，令于平阳长春总其事。至事成之日曾不忝于素。若夫三洞三十六部之灵章，四辅一十二义之奥典，仁卿藏经碑文，从真人参校政和明昌目录之始至工墨装褫之毕，手其于规度旋斡靡不编录读之一过见。其间补完亡缺、搜罗遗逸，直至七千卷焉！况二十七扁之经营，百二十藏之安置，或屡奉朝旨，或借力权贵。而海内数万里皆经亲历之地，使他人处之，纵不为烦冗所困，则必厌其勤矣！真人犹假余力，建立宫观。自燕齐、及秦晋、接汉沔星分棋布凡百余驱，非萧然游□于理事无碍之地者能之乎？庖丁之刀十九年解数千牛自谓若新发于硎，北宫奢之赋歛三月而成上下之县自谓毫毛不挫，是皆得其道欤！由是论之，真人之所养可知已！复恐学者乍见玄经广大不知有一贯之实或致望洋之叹，故每藏立一知道之士主师席令，讲演经中所载圣贤之所以为圣贤之事，庶使一一就博学详说之中浔及说约之妙，浔悟同然之理，于中成有推而广之，廓圣人有教无类之妙用无问在玄门不在玄门，但虚己而来听者，以己之天印彼之天，天天相印，莫之能□，内外上下流通混合，其益于天下后世可胜计耶！庚子，自甘棠来永乐，拜谒于纯阳词下，见其荒残狭隘，无人葺之，遂召诸道侣而谓之曰："兹中条之南，洪流之北，名山大川，阳明交会之地，气盛必变，实生纯阳吕祖。是气流行曾不间断，他日亦当有继而出者！予年运而往，将以其宫易祠。不惟光大纯阳之遗迹，抑亦为后来继出者张本耳！汝辈其勉之哉！"寻即，元帅张忠暨先住持人王志瑞、韩志冲、雷志和、杨志等将祠堂并地基尽具状以献，都统张兴又施水地三十亩，众人又施磨窠一区。真人乃运智与精微之间，斟酌事势，复择其可任用者令主持之，谋行兴建事。甲辰 再来，天理人为、鹤鸣子和、自相感召致伊趋事。劝功者若雷志养、梁德用、李志瑞、白志明、郭志仪、董志宣、刘志安辈数十人奔奏疏附，唯恐其后。乃指授节次，使之渐进。遂历怀沁、达平阳、往太原。返终南重阳宫，集众于待鹤亭，沐浴易衣留颂，归于真宅。其颂收在《乐全集》中，今见行于世，不必再举。春秋六十有五，时丁未十月十一日也！越七日，葬之宫后。葬之日，彩云横覆其上，异香袭人，两者冲融纷郁，瘗毕方散。甲寅十月十六日改葬于此。其改葬之由，盖戊申秋，通玄张公奉朝命以迁之也！且真人之德在玄门如召伯之于周人。夫周人之思召伯，尚爱其甘棠，岂玄门之人思真人，不爱其灵骨乎？其洪河南北皆愿得而时祭之，非伪为也！当灵枢之北行，既道于蒲，又道于绛，抵平阳及改辕而东。其郊迎路祭之际自京兆达于河东等处数千里之内皆向已争挽，日不半舍。及别出，古万户下宣差贾侯、参谋知事杨郭辈乘骑而往逆之，长驱而南，至此莫有敢阻滞之者。非惟势力之不侔，亦无声无臭之中有运之者存焉耳！是后，万户遣使刘公往禀于清河、真常二大宗师，清河尹公乃言曰："披云宋公，人貌而天者也！凡举事必本天意，未尝敢有我于其间，故所动皆得不劳而成。然尝与我言，其所游甚爱永乐，今虽化，其不化者良在也！兹以委蜕如以道人兮！上论蝼蚁鸟鸢无有不可以人情，观今乃如此，似彼门人中有知公之深者，盖欲成其生前之本志尔！人之所欲，天必从之，天意既从之矣，我辈可不从欤？仍以藏经板归之。由是真常李公命桢幹畚锸，木植工役，百色具举。宁神有室，安措有地，吉兆有日，宣差河解都总管徐君夫人刘氏，宣差诸君总管万户扎忽觯施小麦千斛以克赡礛。解州盐大使闫公助石樟，葬地乃里人高千所施。沁州长官杜侯暨夫人王氏输已资买邻人物以备之，依以百金三伯两以周不给，并画天师殿壁。至于妆塑庙貌、禅补阙乏、卫护强梗、开寻雍塞皆出万户并宣差贾侯等尽诚而为之也。真常复委河东两路教门提点冲和大师潘公主其事。其襄事之日，四方来会葬观之者至有迂国偏陷之叹！先于辛亥岁奉旨赠披云天师之号，今年春，门人藏经提点李志烈、杨志素、太原玄都宫提点宋志勲三人不远千里而来令予作铭，将刻石以传。予谓真人之名，上至王公大人，下至山野隐逸，无不闻者。至于面其识者亦十八九。其所养又发为如彼之事业，其门人亦数千。余且不论如秦通真者，读元遗山所作墓碣铭其为人可知已请为弟子以至终身。况冲气周流，金浆玉醴，以千岁之后飞升自期者，亦或有于其间。道言：凡能安置三洞经文者，天降一十二瑞。地发二十四应。真人之玄祧洋溢，波及后世，将见斯人辈继继而出，如川之方，至则是传不朽者固不止一虚名而已，何待予铭。春秋左传，成公二年，宋文公卒，用厚葬，君子罪华元。乐举谓弃君于恶桓。十七年八月癸巳，葬蔡桓侯，春秋虽伯、子、男葬皆称公，蔡桓何独降一等而称侯？炎助谓蔡季贤知而请之也。胡文定公因极论孔曾死生处正之礼至谓人子不以非所得加之于父为孝，人臣不以非所得加之于君为忠。又谓极其尊而称之不正之大者，弟子于师实同君父，葬之厚薄非出于已，其讥既已免矣，今令予作铭，敢问何以为辞得免世讥？三人同辞而对曰，"兹方内之士束于教者之说也！予方外之人则异于是子。列子之于壶秋子，林田子方之于东郭顺子，称师之语皆载之书。其精粹古淡之味使人口知而不厌，微妙玄绝之理使人心之而有所得。方内之士如宰予、子贡、有若亦有是说，况其下者乎？苟不至阿其所好何不正之有"？予洒然有省于心曰："有是哉"！虽然予先师真人今弃予而往矣，其感而遂通天下之故者与予未始少别也。故予作祐与引皆取布在众人之耳目者而实之，庶几不累真人平昔之所养云尔！属之以铭曰：乾坤阴阳迭用，柔刚正之为用。两间主张。阿衡得之而相汤，仁杰浔之而复唐。吾师披云，应变无方，其仁然显其用则藏。补玄天于壤劫。宣慧日之重光。偏观三洞，使人激昂。期衰世之薄俗，复太古之鸿荒。至于皇极义经之奥旨，亦借力于发扬。见之于外者亦既如是，养之于内者岂易量也哉。山插空而苍苍，河接海而茫茫。树碑其间，气势欲□之颉。山有时而劫灰。海有时而成桑。惟予真人，其寿则虽死而不亡其道，则闇然耳！日彰其名又地久天长。非天下之至正，其孰能当！大朝中统三年六月初六日宣授绛州节使兼征行千户悬带御前金牌刘琮。

宣授绛州管民长官靳麟。

宣差祯州太守赤盏德安夫人刘妙善。

宣差岳渎行香使使臣特授玄应普济真人刘志真本路道判邢志举众门人等立石。

宣差陕虢长官河南府路汉军千户赵英太夫人张氏婿陕州盐大使卢夫人赵氏。

宣差河中府知府事功德主陈百福。

宣授河解山东管民总管万户功德主徐德禄夫人刘氏司氏。

宣差平阳总府次三官长男徐清权万户次男徐威。

宣差征行头千户次男徐澄。

宣差使臣次男徐泽小男徐润。

宣授河解山东都达鲁花赤悬带御前虎符都功德主忽押忽思。

宣授蒙古汉军征行万户都功德主别出古男万户扎剌女娘子字鲁罕阿黑荅赤蒙古。征行千户拔都鲁昔剌乃娘子吴积善。

宣差权营万户贾道信娘子马妙琼。

征行胡百户扎撒官人。[1]

2.2.2 元至元十一年（1274年）"玄都至道披宋人披云真人道行之碑"（西14号）

原位于永乐宫原址披云道院遗址南侧东（附图3-20、附图3-21、附图3-22），现存于永乐宫新址西碑廊内（附图3-2、附图3-23）。碑高4米。

宿白先生发表于1962年4、5期《文物》的《永乐宫创建史料编年》中引用此碑相关内容：

庚子，（披云）真人乃谒纯阳祠于永乐，叹其荒陋，谓道侣曰：祖庭若此吾辈之责也……盍易祠为宫，上光祖德，下启后人。咸稽首再拜，以主持为请，真人允之。迄今回廊邃殿真人口张本焉：至元十一年商挺玄都至道崇文明化道行之碑。

碑文：

正奉大夫参知政事同签枢密院事商挺撰。龙门石工张琢镌。

嘉议大夫河东山西道提刑按察使王博文书。

中顺大夫中书给事中田介篆额。

道无为也，无不为也。推而行之，存乎其人。昔雕戈未偃，玉宇尚摇，然而玄元之教风动万宇，兴造功业，顾皆前代之所未遑。其间主张是□□□□□□□绝俗之贤乃可以臻此，故玄通弘教披云真人即其人欤。真人姓宋氏，讳德方，字广道，披云其号也，世为莱之掖县人。始生之日，有光烛于户外，弱不好弄，颖悟过人。尝春行野外□□□□□□□□母曰□桃也，因以啖之，自尔不喜世间事。年十二，询母以不死之术。时长生真人演教武官，母因遣问之。长生异其风骨，留侍几杖，遂不复归家。居数载，一日独游蔬圃中为□□□□□真□□□去之□□□人，人笑其痴，长生呼真人戒曰："聊以此相试，慎勿以人言教之，真人益感悟。后事玉阳，始占道士籍。未几，遂事长春田师于栖霞。圣祖龙飞之十年，岁在庚辰，长春承诏赴阙，择侍行之士，得十八人，真人其一也！甲申还燕。时海众皆躬尘劳，真人燕处，每以琴书自娱。或以废事为□长春曰□人异日尘劳非若辈所及。因语真人，丧乱以来，道经泯坠。予尝有意于完复，以事体至大有所未暇，他日，如易任之。且汝缘当在西南，慎无忘也。丁亥，长春羽化，清和嗣教玄门之事，真人寔提点之。未几，出主崞山醮事，又主平阳醮事，用外郎王纯甫丞相胡公之请也。先是，真人假寐之际神游空山中，所见颓垣废址而已，既又览之，则楼阁壮丽，非人间所□。□午，历太原之西山，偶抵一道宫，荒凉极目乃向神游时所见，拂拭石刻，有"宋全"二字真人曰：宿缘无可逃者。因留居之。曾不三年，轮奂一新，遂为西州伟观。是时，风行汾晋，所至车马填咽。真人绎念长春之语道：缘其在此乎？慨然以兴复藏室为任。丞相

---

[1] 碑文原始记录来源于永乐宫碑廊碑文抄录说明牌。

附图 3-20 原位于永乐宫原址披云道院遗址南侧东

附图 3-21 原址上的碑

附图 3-22 原址上的碑首

附图 3-23 现存于永乐宫新址 西碑廊内

胡公奉白金三十笏为助。乃购求遗经首于平阳，晋绛置四局以事刊镂。东宫合西得奖其勤劬，令侍臣齐公赐真人以披云之号。继于秦中为九局，太原七潞泽二，怀洛五，总为二十七局。局置通□之士典其雠校，俾高第秦志安总督之。役功者无虑三千人，衣量日用皆取给于真人之身。首尾凡六载乃毕。又厘为六局以为印造之所，真人首制三十藏藏之名山洞府。既而诸方附印者又百余家，虽楮札自备，其工墨装题，真人仍给之。于是三洞三十六部之玄文，四辅一十二义之奥典，浩浩乎与天地流通，日星并耀矣！储宫阔端闻，阙功告成，又加以玄都至道之称。庚子，真人乃谒纯阳祠于永乐，叹其荒陋。谓道侣曰：祖庭若此，吾辈之责也。且此地明阳交会之所，当有异人辈出。盍易祠为宫，上光祖德，下启后人？咸稽首再拜，以主持为请，真人允之。迄今回廊邃殿真□□张本焉！丁未，归息乎终南之重阳宫。知世缘将尽，越十月十有一日，沐浴具衣冠，集道众于待鹤亭，接笔赋诗云：喝散迷云，驱回宿雾。万法无私，千峰独步。明月清风快意哉，一声长啸还家去！遂怡然而逝，春秋六十有四。权厝子宫之侧，寻改葬于永乐纯阳宫。会葬者余万人。真常大宗师命提点潘公司其事，仍以所镂藏经板归之祠下。真人灵异甚多，尝阐醮于重阳宫，方冬春之交，芍药□之盛开，彻醮之夕，真文不火而烬。修葺天坛，众以负汲为劳，坛东南古松一株，每云气覆其上辄滂然有水，循其枝叶而下，承之以盎庖厨壝饰，随所用多寡皆给，事毕其水亦竭。平生所学观《乐全集》有不可掩者。兴造宫观大小百余区，门徒半天下。自藏室之兴，玄门之士登真达道者有之，穷理尽性者有之，明经讲授者亦有之，皆真人作成之力。辛亥，皇太弟旭烈特遣□差唐古石赠真人以披云天师之号。至元丙寅，皇太弟国王塔察儿命宣使孙公文赐号曰：玄都教主流通至道披云天师逮乎至元七年祁公志诚状真人行事请于天朝。皇帝乃特降纶音，录功定谥追赠曰：玄通弘教披云真人。呜呼盛哉！初，祁公稠人中真人密以手札授之谕，以后事真人。既殁，不辜所托，竟能感达天聪，增崇显号。真人之前之默识又如此其明也！是年冬十月，祁公既承诚明真人之命刊李翰林敬斋所制藏经碑，又有访于予为先师道行仍将书之他石可乎不可乎？挺谓古人所谓道者，要不过以刳心治性于内，顺缘济物为外。然世无通人，治于内或胶于外，徇于外或乖乎内，有如真人灵光内哄，心与天游，发其绪余犹足以揭奕代之筌蹄，凿含灵之耳目，谥曰玄通弘教在真人为无愧，碑而传之其孰以不可？公曰唯乃属铭以赠焉。

词曰，道轮飞天浩无穷，真仙继起天西东。有来披云扇宗风，襟怀飘渺玄中龙。从师远觐明光宫，蓬山草木回春浓。西南得朋文在中，王公倒屣瞻仙容。大安劫火烧天红，琅函久逐灰烟空。一朝吐气如长虹，万指已献雕锼功。云纷霞错光横纵，湘藤墨尽南山松。金童司签玉女封，千古万古开盲龙。至元天子达四聪，紫泥缄香传九重。鸿名日月摩苍穹，后人绳绳蹑芳踪，森罗法席鸣鼓钟，前功无替丘山崇。

大元至元十一年岁次甲戌三月日。

玄门演道大宗师存神应化洞明真人祁志诚立石。都功德主前沁州长官保安居士谥沁阳公杜德康、夫人悟真散人王体善、特进神仙演道大宗师玄门掌教重玄蕴奥弘仁广义大真人完颜德明重刊。[1]

2.2.3 元中统三年（1261年）、明崇祯九年（1636年）"宣差平阳府各都达鲁花赤疏"（西10号）

原位于永乐宫原址披云道院遗址北侧（附图3-24、附图3-25），现存于永乐宫新址西碑廊内（附图3-2、附图3-26）。碑高3米。

宿白先生发表于1962年4、5期《文物》的《永乐宫创建史料编年》中引用此碑相关内容：

敦请潘公大师（德冲）住持永乐镇纯阳宫，为国焚修、祝延圣寿无疆者……河东永乐镇纯阳宫道德祖宗，玄元枝派，名著唐朝已久，教传蒙古方兴，殿宇殊无，垣墙粗立。计尔门徒则虽有度，其材木则未完，不凭有德之明师，难结全真之善果。今扎古歹等恪修短疏，悬涉长途，敬邀鹤驭以遄行，谨命銮舆而远致，天将干远，庶思四圣之乡，人若和全，必离五华之馆，愿蒙金诺，诸陟云程，谨疏。丙午年十月宣差河东南北两路舡桥都管疏

---

[1] 碑文原始记录来源于永乐宫碑廊碑文抄录说明牌。

附图 3-24 原位于永乐宫原址披云道院遗址南侧东

附图 3-25 原址上的碑

附图 3-26 现位于永乐宫新址西碑廊内

碑文：

请疏之碑（正面）

碑额文：

上头天生气力里，皇帝福荫里。

昌童大王令旨：据河东南北两路提点潘德冲，清标迈俗，雅趣不凡。万里随师，预十八 之高选；平生所志，惟五千字之秘文。重兴永乐之胜缘，兼复潍阳之旧观。能事甫毕，乘化 而仙。可赐号冲和微妙真人，尚服殊恩，以光仙籍。准此。

中统三年二月十二日

（正面）上

宣差平阳府路都达鲁花赤疏

敦请潘公大师住持永乐镇纯阳宫、平阳府长春观，为国焚修，祝延圣寿无疆者。

窃以横海鱣鲸，宁蚍蚁之能制；摩霄鸿鹄，非燕雀之所知。在灵府以长闲，于赘疣而莫问。钦维潘公大师，迹隐丛林，名高海峤。深悟解牛之妙，重研牧马之技。湛如止水，众至则形殷，若雷声物待而发时，出处而无，执事踌躇而善能。念此雄镇尧都长春一区之气象，秀含永乐纯阳千载之因缘，荒祠牢落于当年，懿德光昭于今日。虽众乃宴，繁徒曰：胶胶扰扰，使介然有知，何曾煖煖姝姝。果举事之有归，须当仁而不让。休辞茧足，用快翘情，谨疏。丙 午年十一月 日疏

宣差平阳路都达鲁花赤伴等刘汝楫印押、宣差河东南路平阳总府次二官萧天佑押、奏差平阳路镇抚军民都弹压刁翼印押 （正面）中

宣差河东南路都总管府疏

敦请潘公大师住持永乐镇纯阳宫、平阳府长春观，为国焚修，祝延圣寿无疆者。

窃以鲲鹏运化，本南溟北海之居；羽客逍遥，任东水西曦而往。既九真之开化，须万国 之流通。恭维潘公大师，离种种趣，得玄玄机，实丛林一角之麟，乃法窟九苞之凤。居之安， 卷八

资之深，逢源左右；澄不清，扰不浊，触处周旋。惟适分而是安，谅知时之莫止。好载清风而归去，特为胜地而鼎来。境内云雷常浩浩，溥接迷情；山间草木尽欣欣，不知春力。荣光增永乐，和气浃汾阳。谨疏。

丙午年十二月 日疏

宣差河东南路都总管李印押

宣差平阳总府次三官许珍押

权河东南路平阳总府事张仲良押

（正面）下

宣差平阳总府官疏

敦请潘公大师住持永乐镇纯阳宫、平阳府长春观，为国焚修，祝延圣寿无疆者。

窃以茅君初隐于常山，丹成句曲；师道三游于郁木，义问九巍。行止非人所能，因缘自时有会。恭惟潘公大师，道峰孤挺，德性纯明。颐神契刻镂之诚，读书悟研轮之妙。月皓皓以无私，容光必照；水洄洄而不竞，善利于人。随所寓以皆安，即于感而是应。念此祖宫之胜，黄水通津；东观之雄，姑山拥秀。抑惟久旷，主持只好便当承受。猿陈鹤鸣，犹嗤钝滞；溪声岚色，似笑迟疑。叩首不辞，邮驿路众。乃倾诚拂衣，来作主人翁，谁云不可。三祷嗔 颜回蓟北，一川和气满河东。谨疏。

丙午年十一月 日疏

宣差头千户平阳总府管民次三官徐德禄押

宣差平阳府次三官张杰押

河东南路平阳总府治中宋宝印押

至元十一年岁舍閼逢阁茂己巳月上章涒滩功德主

宣差河解总管万户徐德禄夫人刘志源、男万户徐征立石

中岳石匠提领高志云刊

请疏之碑（背面）上

宣差河东南北两路舡桥都总管疏

敦请潘公大师住持永乐镇纯阳宫，为国焚修，祝延圣寿无疆者。

　　窃以松柏有坚刚之节，宁栽培壊之间；蚊龙通变化之机，不隐坎洼之内。且世物也，尚临其吉地，奈天仙也，盍选其高居。恭闻潘公大师，游庄列之虚门，得丘刘之大道。千年纲纪，万代规模。不念河东永乐大纯阳宫，道德祖宗，玄元枝派。名著唐朝已久，教传蒙古方兴。殿宇殊无，垣墙粗立，计尔门徒，则虽有度其材，木则未完。不凭有德之明师，难结全真之善果。今扎古歹等恪修短疏，恳涉长途，敬邀鹤驭以遄行，谨命鸾舆而远致，天将干运，应思四圣之乡；人若和全，必离五华之馆。愿蒙金诺，请陟云程。谨疏。

　　丙午年印十月　日疏

宣差河中舡桥随路军马都总管扎古歹印押、宣差河东南北两路舡桥都总管谢　印押

宣授总管太原路舡桥使石抹秃六哥印押

（背面）中

宣差河中府长次官疏

敦请潘公大师住持永乐镇纯阳宫，为国焚修，祝延圣寿无穷者。窃以兆人所悦，兆姓所知，吕祖遗攸居之地，百代之师，百王之则，全真实自出之源。秀浃河中，光含永乐。面水背山。神仙窟宅。储风贮月，福地丛林。况特□宠光，易成无上缘；奈当头领略，必待非常士。如潘公大师者，凤禀异骨，早慕真风。栖神玄牡之门，注意黄庭之境。机虑息而左方右使，虎龙调而西倒东颠。枯桐三尺，弄彻燕山气象秋；铁笛一声，好观条岭烟霞碧。敢劳一着脚快，使众归心，幸赐允从，请无多让。谨疏。

　　丙午年十月　日疏

河中府达鲁花赤阿剌答木儿印押

河中府长官知府事陈印押

河中府次二官同知谢天吉押

河中府前镇抚都弹压郭秀哥押

宣差河中府监纳使盖字海印押

（背面）下

河中府河东县录事司长次官疏

敦请潘公大师住持永乐镇纯阳宫为国焚修，祝延圣寿无穷者

　　窃以负载三山，须假巨鳌之力；支持大厦，全资隆栋之材。纯阳宫乃纯阳师之故乡，方外事必方外人而称职。恭惟潘公大师者，丘神仙之高弟，尹尊师之正传，有补天修月之才。抱激水，搏风□，□十八人中之杰，九万里外之高标。海阔天低，□□函随鲲化；云翔雾濛，讵容隐豹斑，为胜地以一来，实玄门之万幸。在彼无恶，在此无斁，庶声誉之永终，有言可道，有请可尊，揆国人而曰可。驾言遄往，望慰勲翘。谨疏。

丙午年印十一月　日疏

河中府河东县长官李英印押

河中府录事司长官　陈世英印押

河中府河东县次二官赵安仁押

永乐镇招贤村盐司百户张忠押

河中府一带巡河官柴河安押[1]

2.2.4 元至大三年（1310年）"圣旨碑"（东2号）

原位于永乐宫原址西侧披云道院遗址（附图3-27），现存于永乐宫新址东碑廊内（附图3-1、图附3-28）。碑阴有"延祐四年玄都至道崇文明化真人"。碑高1.7米。

宿白先生发表于1962年4、5期《文物》的《永乐宫创建史料编年》中提及此碑。

附图3-27　原位于永乐宫原址西侧披云道院遗址

附图3-28　现存于永乐宫新址东碑廊内

碑文：

上天眷命

皇帝圣旨：无为之道，□上之器莫重于名。盖景范清彝为人所慕，而华轩散冕匪乐之全，迹已著于生平，礼盍申于眷渥。

通玄弘教披云真人宋德方，玄机蚤悟，秘学穷探，澡雪其心，不以纤私自浼；蒙鸿其化，不以小善自矜。德全而才不形，董廓而物无碍。侣仙君而驭真伯，咸称席上之珍；□飘而历昆仑，动应环中之数。勉□所请，庸会其元。

---

[1] 碑文原始记录来源于2006年5月山西人民出版社出版的《永乐宫志》。

於戏！岁计而功有余，畴继庚桑之伟躅；神凝而物不疬，尚傲姑射之丰年。可加赠"玄都至道崇文明化真人"。主者施行。

右付玄门演道大宗师掌教"凝和持正明素真人"苗道一收执。准此。

至大三年二月 日。

上天眷命

皇帝圣旨：贞夫！一者谓之道，有体无为，神而明之存乎人。开物成务，载惟旧德，茂阐真风，爰锡显称。式昭异眷，咨尔"凝和持正明素真人"苗道一，致虚守静，寡欲少私。于山中养素之时，得太上忘言之妙。湛心渊而先物，知神器之有归。事朕北藩，其言应而如向；逮予南面，乃功成而不居。虽至人安所事名，而国家则亦宜礼。尚翼扶于玄教，期济度于群生。

於戏！其大可名，盖合于五千言。外身之旨，能长且久，其以予万亿年，敬天之休。

特授玄门演道大宗师管领诸路道教商议集贤院道教事余如故，宜令准此。

至大元年七月 日。

皆大元国延祐四年正月吉日众门人等立石。（此延祐年号录自碑阴，其他花名从略）[1]

2.2.5 元至正九年（1349年）"重修东岳岱山庙碑"（西6号）

原位于永乐宫原址宫门外大街东侧东岳岱山庙遗址上，现存于永乐宫新址西碑廊内（附图3-2、附图3-29）。碑高2.3米。

宿白先生发表于1962年4、5期《文物》的《永乐宫创建史料编年》中引用此碑相关内容。

附图3-29 现存于永乐宫新址西碑廊内

碑文：

稷山县石工李文质。

芮城县王直刊。

大都大长春宫三洞讲经师诸路道教详议提点清远明□弘真大师西□老人周德洽撰。

敦武校尉晋宁路河东县达鲁花赤兼管本县诸军奥鲁劝农事知渠堰事拜住撰额。

大纯阳万寿宫提点凝真冲素知常大师兼本宫玄坛提点事张玄德书。

岗阜雄高，河山壮丽，宜隆神宇福庇斯民，否则魅奸鬼物凭依据有害一翻，殊无便益。兹河东县永乐镇招贤里北寨，天齐大生仁圣帝行宫所以立也。庙之创始末详肇于何代，仆断碑，字渐剥泐，犹刻曰：旧碑淹没未云宋庚寅岁。时序谬戾年谷不登，疾疫荐至，居民致祷辄蒙惠佑意者，当此际重兴明徵矣。奚惑其地□垲高平，有城数雉下。瞰纯阳故宅，

[1] 碑文原始记录来源于2006年5月山西人民出版社出版的《永乐宫志》。

今已宫廷轩豁，北近中条，山麓崛起，左控崤陕，凝眸可观潼关，太华高险，西南天堑洪波萦带中午以保堞相之坡陋缭郁宜出英雄。谚谓：国有善风水形势者，使凿为断崖深润，消泄其旺气，若秦于丰沛筑厌台、瓮朱砂、埋宝剑之类，其或然也。又必尝为前朝津渡控扼之所，壮雄如此，不托聪明直正之神编户民何以堪之？奠构帝庙有以也。夫列祠于环拥，蒿里阎罗则对峙金方，义勇诸司则行于震位，一以代岱宗为主而朝拱之，其献殿门庑巳栋梁襄题矣，方储瓦覆灰泥而将完之。呜呼，壮盛矣乎！可称岁时享赛明神之所居，他莫与等也。按祀典所载：五岳视三公，由古皆然，唐宋巳降，王而帝之，校于望秩，其礼尤尊奉高大山则为帝王居七十二君封禅之地。皇元改巡狩之礼，惟遣使代祀其下，此东岳之大概。其散布于天下者皆帝行宫。盖青帝乃东方木德，为发生之主，凡有血气之类莫不好生而恶杀，华夷遐陬屋而祀之者，甚广比他神福惠吾民尤溥，是以祷之者无禁违。兹至正丁亥不翅千有馀岁，民事之益谨，盖非淫祀之比，此又入神相依之大略尔。若夫比年之营缮弟叙，则各有梁记存焉，不烦重述。其六管社耆宿则副使张进、众维那、六管社人等及大纯阳宫提点梁道从等。就诸人内校之，舍资用功最多如手之巨擘者惟张进等数人而已，当载于文内，其各社人名则鱼贯于碑阴，亦次第之宜然。是岁玄元降日，进率社宿请余纪其重修岁月，谨拜手而铭之曰：东方木德仁居尊，乾之长男天之孙。发生万物譬厚坤，岱宗鼻祖□□根。高峰观日腾金盆，登览可把参辰□。黄流万里来昆仑，北寨千秋古庙存。木天今耸蠹阊阖，丹青幌目辉朝暾。岁时酌献六管村，肉山酒海箫鼓□。帝敷恩泽不易论，风雨顺调呵疫瘟。张也勤续忘晨昏，众推功德犹长昆。我文无味敌熊蹯，黄华下俚挟兔园。碔砆混玉欺瑶琨，姑镌始末留高原。时大元岁次己丑至正九年八月日。

维那张进、师忍、老王六、尚直、柴顺、老杨七、李八、歹失、李仲温、鲁七、畅智新、坚童、王五、鲁十、姚恩、忽都、高扁长、撒黑思不花、臧顺、张翥、赵弥、蒋荣、李主首、杨义、姚十一、小杨四等立石。[1]

2.2.6 元泰定三年（1326年）"重修护国西齐王庙记"（西7号）

原位于永乐宫原址宫门外大街西侧护国西齐王庙遗址上，现存于永乐宫新址西碑廊内（附图3-2、附图3-30）。碑高2.3米。

宿白先生发表于1962年4、5期《文物》的《永乐宫创建史料编年》中提及此碑。

碑文：

大平县石匠李世英刊。

古孝义李钦撰。玄正大师徐道安书。

解盐运司管民提领乡贡进士张仲华篆额。

惟天地万物父母，惟人万物之灵，聪明睿智作后，德行才能为官，厥后，以正直为神者也。按传记所在，而神本祁州鼓城人也，父让，年知命之乏嗣。时，祷之于恒山，梦一童之擎合有二枚之美玉，夫妻俱吞之，腹怀有娠矣。期六月六日诞神。丰彩秀异，聪敏飘奇。长竭力而事亲，勤博学而不厌，名珏，字子玉，应梦之祥也。

附图3-30　现存于永乐宫新址西碑廊内

---

[1] 碑文原始记录来源于永乐宫碑廊碑文抄录说明牌。

至唐贞观七年，以孝廉举至朝，补潞州长子令。时五月朔，省喻邑人勿得杀猎。潜出二人，获兔一只。入城门，吏执于庭下，责之曰："宥过无大，刑故无小。汝等故犯，欲县司受罪邪阴府受罚"？其人乞阴府受罚以不信为远。是夜，一黄衣唤二人至庭上，却见是府君异王者之冠服，捡诸部之罪、恶、福、善、祸、淫，遂惊而觉。由是郡知昼理阳间，夜断阴府。一日，雕黄岭有猛虎伤人。遣吏赍牒至山庙之匀，虎衔牒随吏至衙庭之触阶。虎既死矣，政乃异之。邑人立祠而祀之，声扬天下、名列朝庭，太宗嘉之。十七年，迁滏阳令，整太宗阴府事。后，迁卫州卫县令，郡西南五里有河，夏大涨溢。府君于河上设坛，词奏于上方，顷刻间，见一巨蛇横水面而死，水亦尽去，郡亦立祠焉。一日暇，与杨叟奕，府君见黄衣数人执符曰：上帝命汝。府君知己将终，呼二子取纸笔，留百字毕去世矣，享年六十有四。

玄宗值禄山乱，帝梦神曰：陛下驾不可远之，此贼不久灭矣。帝问知名而惊觉，果应其事，而免危。诏封为显圣护国嘉应侯。至唐武宗，加护国威应公。至祥符元年，加护国西齐王。大定初，封为亚岳摄行南岳事。

我国家至元十五年二月日，加齐圣广祐王。其神生利于民，死忠于君，累锡显号，久享血食宜矣。河东县永乐镇古城东，庙貌虽雄，大小异制，内外踈镈。众社人等营葺，奂然一新。师显等今见厥功之兴矣，焉知异日之废乎，砻一石而记之可乎？佥咸悦诺。张进、杨恩来谒予，曰：庙虽旧制，今复一新，欲刻之于翠琰，愿先生以文之。辞不获己，遂将始末直述其事。凡有劳于碑庙者俱刻之于阴。故作铭曰：

人之直正，与天意同。有唐崔氏，治政至公。蛇亡水去，虎死何雄。理民以德，爱君尽忠。生既享禄，死得尊崇。载于祀典，历代报功。重饰庙宇，时祭严丰。神加阴祐，遐迩俱蒙。建碑记实，传之无穷。

峕大元国泰定三年岁次丙寅正月日。

师显、师成、张进、杨恩、撒黑思不花、六社人等立石。[1]

---

[1] 碑文原始记录来源于永乐宫碑廊碑文抄录说明牌。

3．其他碑碣

3.1　永乐宫原址宫墙内的碑碣

3.1.1　元至元二年（1265 年）"圣旨裹玄门"嵌壁碑（东 1 号）

原嵌于永乐宫原址纯阳殿前檐西墙上（附图 3-31），现存于永乐宫新址东碑廊内（附图 3-1、附图 3-32）。碑长宽 0.95×0.6 米。

碑文：

本宫提点张玄德书

　　皇帝圣旨里，玄门道教所据河中府河渎源宫、九峰纯阳上宫、纯阳万寿宫制授三宫提点张道宥呈，今灼见本府在昔虽隶散府道司，由永乐纯阳上下二宫系是。纯阳帝君诞育炼真之地。自丙□年间，清和大宗师法旨，以为鼻祖根本之宫所在，宜加优恤隆重。遂径属堂下所管，不令晋宁路道司节制。后之嗣教真人仍为旧贯，遵而不革。及天阳真人退堂闲居，不揣分量，擅与纷更教所权宜，令晋宁路道司宰治。迄宰治迄今，未曾改正。

　　今来，伏惟宗师大真人，初政玄纲，凡教门所属去处，利病得失，计有所整治更新，一还前代宗师旧政，但未有能申覆者。今道宥不避僭越，敢先冒进，呈乞照详施行。照得至元十七年十月，节次据河中府道录司，申亦为此事。已经行下去，讫今据见呈，使所合下，仰照验照，依旧例施行。须议劄付者。

　　右劄付晋宁路道门提点头目。准此。

至元二年十一月　日

重玄

施石人：本宫提举张道聪、梁道从、杨道志。

大纯阳万寿宫提点：梁道从、杨道志、畅道怡、邓道清立石。[1]

附图 3-31　原嵌于永乐宫原址纯阳殿前檐西墙上

附图 3-32　现存于永乐宫新址东碑廊内

---

[1] 碑文原始记录来源于"1952~1953 年永乐宫现场调查笔记"（"第七部分　永乐宫迁建工程专题档案"附录一，图 7-55）和 2006 年 5 月山西人民出版社出版的《永乐宫志》。

3.1.2 元至大三年（1310年）"元皇褒封五祖七真全真之辞碑"（东6号）

原位于永乐宫原址纯阳殿前甬道西侧（附图3-33），现存于永乐宫新址东碑廊内（附图3-1、附图3-34）。碑高3.76米，重约6300公斤。

附图3-33　原位于永乐宫原址纯阳殿前甬道西侧　　　　附图3-34　现存于永乐宫新址
东碑廊内

碑文：

上天眷命（一）

皇帝圣旨：三玄教由天所畀，兹统摄于群灵：五百年名世者生，始恢扬于正纪。昔东华帝居太晨宫，祚绵绵而其知其始终，气混混而莫穷其涯涘，离形离兆，有自而然，为福为祥，不言而喻。传之太上，是曰"全真"。守其一，处其和，应不求，为不恃。绛格琅虬之上下，龟图麟策之周旋，法之著子，可存于浩劫；后之承者，迭出于高真。惟朕之宾师，有今之能仁能勇，至孝至贞。所守弥坚，不待岁寒而后见。所言必应，其于事会则周知，及身之渥已申，报本之诚愈切，缊纶特降，显号循加。於戏！神人和而王道平，遐不谓矣：教化行而治功立，永言保之。可赠"东华紫府辅元立极大帝君"，主者施行。

至大三年二月日

上天眷命（二）

皇帝圣旨：昔闻□上，教阐全真。法天地之常经，因阴阳之大顺；始自东华之变现，讫于开化之垂缘。由汉及唐，必旷至人出；以金继宋，际熙朝而玄统章。恢其众妙之门，镇以无名之朴。或得意忘象，涵泳于灵枢；或骖星驭龙，飞游于紫极。不可闻，不可见，虽与造物者为徒；翛然往，翛然来，亦曰随时而示应，剡载传于后裔，狥叶赞于元功，盍殊级之循加，俾宗风之永绍。除始祖东华帝君别议旌崇，馀仰主者一例施行。

正阳开悟传道钟离真君，可加赠正阳开悟传道垂教帝君。

纯阳演正警化吕真君，可加赠纯阳演正警化孚佑帝君。

海蟾明悟弘道刘真君，可加赠海蟾明悟弘道纯佑帝君。

重阳全真开化王真君，可加赠重阳全真开化辅极帝君。

右付玄门演道大宗师掌教凝和持正明素真人苗道一收执，准此。

至大三年二月日

上天眷命（三）

皇帝圣旨：天造草昧，惟君子以经纶；圣运隆昌，亦至人之扶卫。昔皇祖肇基于朔土，有真仙应现于东隅。行无畦畛，而天下之事靡不知；学有渊源，而天下之书靡不究。所急者拯民于沟阱，所先者锄道之榛荆。律身之戒惟严，及物之功则溥。逮芝纶之叠降，蹑云舄以来从。率英贤凡十八人，言宗社非一二事。心冥神契，犹轩辕之师广成；辞简义深，若汉文之礼河上。既成功于诸夏，俾主教于长春。其以肖以续者得其真，故曰：希日夷而永其寿，翊我延洪之祚。为今持正之师，再振玄门，彼此皆一时也。爰疏鸿渥，后先乞二理哉？宣进号以追崇尚，传规于不朽。其长春演道主教真人丘处机，可加赠长春全德神化明应真君。主者施行。

至大三年二月日

上天眷命（四）

皇帝圣旨：佑于一德，天惟显思，作者七人，道之行也。如辰枢之运元造，如机衡之契灵仪，谁之子，象帝先，尽老氏、关尹之妙；无不为，将自化，行东莱西陕之间。或遁迹于尘区，或栖身于环堵。

迨际皇元之兴运，亲承圣祖之眷知。嘉猷敷陈，允矣济时之具；玄机冲寂，超乎与天为徒。莫穷师友之渊源，咸诣霄晨之阃域。阐乃宗规之旧，繫予藩邸之宾。弘才伟学以相承，景贶灵祯之荐格。其加显级，以贲真风。除主教丘长春别示旌崇，余仰主者一例施行。

丹阳抱一无为真人马钰，可加赠丹阳抱一无为普化真君。

长真云水蕴德真人谭处端，可加赠长真凝神玄静蕴德真君。

长生辅化明德真人刘处玄，可加赠长生辅化宗玄明德真君。

玉阳体玄广度真人王处一，可加赠玉阳体玄广慈普度真君。

广宁通玄太古真人郝大通，可加赠广宁通玄妙极太古真君。

清静渊贞顺德真人孙不二，可加赠清静渊贞玄虚顺化元君。

右付玄门演道大宗师掌教凝和持正明素真人苗道一收执。准此。

至大三年二月日

上天眷命（五）

皇帝圣旨：昔贤有言：尽忠于君，至孝于亲，归诚于天，敷惠于下。有才以济其用，有学以格于人。秩可列于仙阶，道可弘于当世。清河妙道广化真人尹志平，襟神洞廓，风格高严。褐衣为山泽癯，非谓之悴；衮服为庙堂相，非谓之通。泛然物应以无方，捷若循机而有永，入长春之室，教仍主于长春：全灵极之真，象宛符于灵极。示真规于四远，膺礼眷于三朝。粤有嗣师，载恢宏躅，其须异数，以进嘉称。於戏！弱水蓬莱，归渡不烦于舟楫；吉云飙景，方羊或驻于旌麾。可加赠清河妙用广化崇教大真人。主者施行。

至大三年二月日

上天眷命（六）

皇帝圣旨：道德正宗，屡传于贤裔；儒玄宿学，间出于熙辰。况教典长春，冠冕登瀛之列，而躬膺睿眷，纲维宁极之规。宜进秩以宗承示，输诚于景乡。真长上德宣教真人李志常，清文暎世，高行绝人。橘述作之华于裪襐之表，廓神明之应于视听之余。璞不雕陂，行不涯异，干以淳粹，舍以虚无，绳绳乎其可名哉，皓皓乎不可尚已。号其显畀，制则持纹，以为全真奕业之光，以慰贤师累章之请。

於戏！科盛扬于宝笈，千劫而继太晨，君实粲结于春华，再传而得诚明子。可加赠真长妙应显文弘济大真人。主者施行。

至大三年二月日

上天眷命（七）

皇帝圣旨：无为之宗是谓之道，至上之器莫重于名。盖景范清彝为人所慕，而华轩黻冕匪乐之全。迹已著于生平，礼盍申于眷渥。通玄弘教披云真人朱德方，玄机夐悟，秘学穷探。澡雪其心，不以纤私自浼；蒙鸿其化，不以小善自矜。德全而才不形，董廓而物无碍。侣仙君而驭真伯，咸称席上之珍；乘飙忽而历昆仑，动应环中之数。勉从所请，庸会其元。於戏！岁计而功有余，畴继庚桑之伟躅；神凝而物不疵，尚傲姑射之丰年。可加赠玄都至道崇文明化真人。主者施行。

至大三年二月　　日

上天眷命（八）

皇帝圣旨：唐虞至治，有开奕世之规；箕颖外臣，允契登瀛之选。盖天之生材，不虚其用，而道之传叙，在得其人。

粤昔长春遭逢圣祖，芝绋远颁于东土，飙轮旋扈于西征，或后或先，在左在右，确然其志。凌冰霜而游太清；炳乎为文，挺圭璋而弘正纪。玄功叶立，师业益光，崇兹绿字之章，矧我未藩之旧。於戏！祥麟仪凤，升平能几见之，绛境丛霄，殊渥不一书止，灵斿可驻，显号其承。除尹清河、宋披云、李真常别议旌崇，余仰主者一例施行。

赵道坚，可赠中贞翊教玄应真人。宋道安，可赠元明普照崇德真人。夏志诚，可赠无为抱道素德真人。

王志明，可赠颐神资道葆光真人。孙志坚，可赠明诚体妙虚寂真人。于志可，可赠诚纯灌朴冲寂真人。

张志素，可赠应缘扶教崇道真人。郑志修，可赠通微濩静冲应真人。鞠志国，可赠保真素朴静应真人。

孟志稳，可赠重玄广德冲用真人。张志远，可赠悟真凝化纯素真人。□志远，可赠体元抱德冲悟真人。

何志清，可赠虚明渊静守一真人。杨志静，可赠洞虚得一玄□真人。潘德冲，可赠□虚妙道冲和真人。

右付玄门演道大宗师掌教凝和持正名素真人苗道一收执。准此。

至大三年二月日

翰林学士承旨知制诰资善大夫编修国史畴斋张仲寿（碑阴刻文）。

宣授诸路道教提点兼领事通玄集义资德大师茹道逸题额。

本宫道□徐道安摹字。

宣授承德郎管领奉元晋宁河南等路怯连口诸色民匠打捕鹰房达鲁花赤□富文。

助缘道人赵道充，李道雄、鲁道昌，道靖观刘德进，于德信。

嘉宁路榆次县聂村万春宫住持清真淳素保和大师武道安。

助缘会首西宅高成、男三宝奴。

本镇薛政、姚成、李成、男李英、陈顺、薛全。

招贤村薛良佐、臧顺。

冀宁路武义、后渠头王成。

寨下会首张仁处室人吕妙真、男善童。

元村老杨提领、东姚村鲁政、杨城村杨立、男杨顺。

通玄居士刘德元、男刘□。

时大元国延祐四年岁次丁巳正月吉日大纯阳万寿宫住持三宫提点郭志进、门徒徐道静并众立石。

大纯阳万寿宫提点段道祥、肖道遇、蔡道□、翟道祥、赵道充、畅道怡。

提举杜道忠、梁道□、左道安。提领姬道净、杨道志、张道聪。

知宫姚道春、刘道清。

副宫黄玄训、张道信、王道庆、沈道祥、张道茂、杨玄正、王玄祐建。[1]

3.1.3 牛儿年（元泰定四年，1327 年）"圣旨碑记"（东 3 号）

原位于永乐宫原址三清殿前檐东侧台明上（附图 3-35、附图 3-36），现存于永乐宫新址东碑廊内（附图 3-1、附图 3-37）。碑阴有"延祐四年玄都至道崇文明化真人"。碑高 1.85 米，重约 1500 公斤。

附图 3-35　原位于永乐宫原址三清殿前檐东侧台明上

附图 3-36　该碑搬迁时

附图 3-37　现存于永乐宫新址
东碑廊内

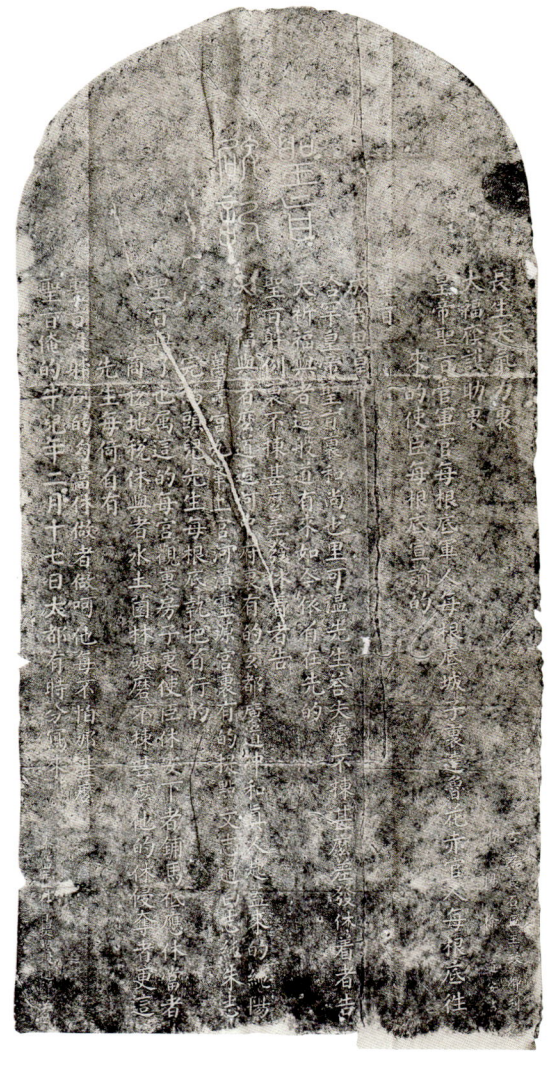

附图 3-38　拓片（1959 年拓）

---

[1] 碑文来源于 2006 年 5 月山西人民出版社出版的《永乐宫志》。

碑文：

长生天气力里、大福荫获助里、皇帝圣旨：管军官每根底，军人每根底，城子里达鲁花赤官人每根底，往来的使臣每根底。

宣谕的圣旨成吉思皇帝、哈罕皇帝圣旨里，和尚，也里可温先生，答失蛮，不拣甚么差发休着者，告天祈福与者这般道有来。如今依旨在先的圣旨体例里，不拣什么差发休着者，告天祈福与者。么道这河中府里，有的玄都广道冲和真人，起盖来的纯阳万寿宫、九峰上宫，河渎灵源宫里，有的提点文志通、白志纯、朱志完为头儿先生每根底，执把旨行的圣旨与了也。属这的每宫观里，房子里，使臣休安下者，铺马只应休当者，商税、地税休与者，水土、园林、碾磨，不拣甚么他的，休侵夺者。更这先生每倚着有圣旨，没体例的勾当休做者，做呵，他每不怕那什么。

圣旨俺的，牛儿年二月十七日太都有时分写来。

泰定四年十月　日　提点段道祥立石。[1]

3.1.4 兔儿年（元至正七年，1347年）"圣旨碑记"（东4号）

原位于永乐宫原址龙虎殿前檐东侧台明上（附图3-39），现存于永乐宫新址东碑廊内（附图3-1、附图3-40）。碑阴有"延祐四年玄都至道崇文明化真人"。碑高1.9米。

附图3-39　原位于永乐宫原址龙虎殿前檐东侧台明上

附图3-40　现存于永乐宫新址东碑廊内

碑文：

正面：

天的气力里，皇帝洪福里，脱贴木儿荆王令旨里，管民官人每根底，管城子达鲁花赤官人每根底，来往的使臣每根底，军官每根底，军人每根底：在先圣旨里，如今皇帝圣旨里，和尚、也里可温先

---

[1] 碑文原始记录来源于"1952~1953年永乐宫现场调查笔记"（"第七部分　永乐宫迁建工程专题档案"附录一，图7-56）和1958年10月永乐宫碑文记录草稿（"第七部分　永乐宫迁建工程专题原始档案"附录三，图7-118）。

附图 3-41　正面拓片（1959 年拓）　　　　　附图 3-42　阴面拓片（1959 年拓）

生每，不拣是么差发不着，告天祈福者么□说有来。依着圣旨体例里，属咱每所管的河中府里，有的永乐大纯阳万寿宫里住持三宫提点保和冲妙崇教真人丁道融，他的名字与了呵。每月与上位咱每根底，祝寿者。么道这的宫观里，使臣休安下者，铺马只应休着者。水土、人口、头匹、园林、碾磨、店舍、铺席，任是么他的，不拣是谁，休倚气力夺要者。这壁那壁，诵经行的时分，不拣是谁休拦当者。么道执把的金印，令旨与了也。这的每根底，与了令旨呵，无体例的勾当休做者。令旨俺的。

兔儿年二月初三日昌平县有时分写来。

长生天气力里，皇帝圣旨里，脱火赤荆王令旨，俺的管民官人每根底，城子里达鲁花赤官人每根底，往来使臣根底，管军官人每根底，军人每根底，在先圣旨里，如今皇帝圣旨里，和尚每，也里可温先生每，答失蛮根底，不拣什么差发休着者，告天祝寿行者道来：圣旨体例里，晋宁路河中府永乐镇，有的"十方大纯阳万寿宫"里住持的三宫提点保和崇德明义大 师萧道遇先生根底，执把的金宝令旨与了也。从今后他的宫观里、房舍里，使臣休安下者，差发铺马首思休要者，田地、水碾、人口、头匹、园林、磨店、铺席、房舍，不拣甚么他的，不拣是谁，休倚气力者休夺要者。这的每文书与了也，么道没体例的勾当休行者。令旨俺的。猴儿年四月二十四日大都有时分写来。

碑阴：

宫门提点凝真冲素大师张玄德书篆额。

宫门知宫保真明素大师前河渎灵源知宫李德义。

三宫提点保和冲妙崇教真人丁道融，门人门孙。

宫门提点清真仁和大师杜德椿充南阳府道门提点事。

弘教纯素□德真人刘志和门徒

北宫门下提点知常达妙大师王道庆

三宫提点保和崇德明义大师萧道遇

制授三宫提点默宁真玄妙崇德大师张道贵

稷山县姚村李文政刊

至正七年十一月初六日众内人立石。[1]

3.1.5　明弘治十一年（1498年）"李福禄立"（西2号）

原嵌于永乐宫原址纯阳殿前檐东墙上（附图3-43），现存于永乐宫新址西碑廊内（附图3-2，附图3-44）。碑长宽0.53×0.41米。

附图3-43　原嵌于永乐宫原址纯阳殿前檐东墙上

附图3-44　现存于永乐宫新址西碑廊内

---

[1] 碑文原始记录见1958年10月永乐宫碑文记录草稿（"第七部分　永乐宫迁建工程专题原始档案"附录三，图7-127）。

碑文：

一心理玄关，红尘心不染。

透得木金理，觉是人间仙。

进士丘县蒋昺。

弘治十一年春三月。

住持李福禄立。督工吏宁淮。镌字人王强。[1]

3.1.6 明嘉靖甲子（1564 年）"永乐宫四首"（西 11 号）

原嵌于永乐宫原址三清殿前檐西墙上（附图 3-45、附图 3-46），现存于永乐宫新址西碑廊内（附图 3-2、附图 3-47）。碑长宽 1.38×0.61 米。

附图 3-45　原嵌于永乐宫原址三清殿前檐西墙上

附图 3-46　原嵌于墙上的碑

附图 3-47　现存于永乐宫新址西碑廊内

---

[1] 碑文原始记录见 1958 年 10 月永乐宫碑文记录草稿（"第七部分　永乐宫迁建工程专题原始档案"附录三，图 7-113）。

附图 3-48　拓片（1959 年拓）

税驾南山麓，投栖永乐宫。地偏云下榻，殿古夜垂虹。
旧里真人后，浮生过客中。相约华表鹤，来往大河东。

老柏知何代？残碑不问年。斗牛行画壁，秘箓出飞泉。
玉检神霄秘，金宫绛芳悬。石坛中月夜，吾始采婵娟。

扶筇探胜迹，深为碧云停。河势周遭见，峰阴表里青。
丹湖着袅袅，函谷接冥冥。方丈蓬壶外，无如此地灵。

两年庚案牍，一日卧云林。琼草随人折，山花遗砌深。
眼前皆大药，身外是华簪。独怪遗荣者，难忘婚嫁心。
明嘉靖甲子夏六月望日铜梁张佳胤。[1]

3.1.7　明万历四十五年（1617 年）"纯阳肇修善事碑"（东 8 号）

原位于永乐宫原址三清殿前台明下西侧（附图 3-49），现存于永乐宫新址东碑廊内（附图 3-1、附图 3-50）。碑高约 4.06 米，重约 4400 公斤。

碑文：

赐进士出身，嘉议大夫前陕西按察司按察使礼部郎中华岑六十翁张泰徵撰。

世传玉皇经奥衍宏深，庄严灵秘，用以祐国庇民其来久远矣。顾卷袠浩禳检持诵未易以时计也。

岁用，寅州南永乐镇居士杨万顷、鲁一正、毛让、常登瀛、吉人李真蛟等以水旱之弗时灾祲之叠至

---

[1] 碑文原始记录来源于永乐宫碑廊碑文抄录说明牌。

附图 3-49　原位于永乐宫原址三清殿前台明下西侧　　　　附图 3-50　现存于永乐宫新址
　　　　　　　　　　　　　　　　　　　　　　　　　　　　　　　　东碑廊内

谋所以救子遗徽景贶者始倡诵经之举，阖郡及邻境诸善信男女商农人等各捐资助之共得五百八十余金，乃延关内高士葛真玉于纯阳宫。

　　无极殿斋沐捧诵阅历三载迨丙辰而竣，遂卜十二月念四日建黄箓之大会，凡五昼夜告成事也。瞻礼神天，振拔沦坠六幽三界无所不暨。执事者内外煅敕，罔敢戏豫，精诚昭格之忱可谓始终淳备矣。既藏事诸居士相与谋曰：吾侪既巳藉宠达人君子襄兹盛典矣，而纪述阙焉彰今式后之谓何谓余不佞辱在闾党则相率请记于余，余惟上帝之冲漠，虽不可以声臭测而其临下之有赫，未始不捷桴鼓而不责草木也今日者云和鳞集凛凛于威颜之咫尺矣第惧夫饬于其暂而不爽于其久工。对越之文而昧昭事之实也，诚悚然于鉴观之不爽日斋明其心被濯其躬以仰遵国宪俯励乡评变珥笔倾险之俗焉？时雍退让之风，则和气薰蒸，将旸时若氛壹不侵天岂有爱焉不然阳遵阴悖，徒取一切仪文之煜煌巳尔夫聪明正直而壹者亦奚以是附赘县疣口哉如是而冀饥馑不臻夭扎不仵画饼木骊将焉。用之书曰：皇天无亲，惟德是辅。诗曰：上帝临汝无贰尔，心诸父老及子若弟盍共勖焉，是役也同事者凡一千二百余人，用金五百三十余两，余金一百余两。恭备建玉皇阁之费云。

　　大明万历四十五年岁次丁巳仲春吉日镌石

　　傃阳居士杨惟纲书

　　陕西富平县高应诗、高自教、顾列、高自敏、高知俭镌。[1]

[1] 碑文原始记录来源于"1952~1953年永乐宫现场调查笔记"（"第七部分　永乐宫迁建工程专题档案"附录一，图7-53），和永乐宫碑廊抄录说明牌。

3.1.8 明天启甲子（1624 年）"重修诸神牌位记"（东 17 号）

原位于永乐宫原址三清殿前檐东侧台明上（附图 3-51），现存于永乐宫新址东碑廊内（附图 3-1，附图 3-52）。碑高 1.89 米。

附图 3-51　原位于永乐宫原址三清殿前檐东侧台明上　　　　附图 3-52　现存于永乐宫新址东碑廊内

碑文：

吾蒲条山以南永乐镇，有纯阳万寿宫。宫内有无极、混成、重阳三大殿，创自胜国，规模闳矩，广庑翼翼，遝靓轩豁，金碧辉煌。壁绘天神像三百六十，计牌位有四百余座，供棹有数十余张。明神赫奕，灿然昭列，裡祀岁举，聿成盛典，历至于今，越数百年。庙貌虽未改，而牌位有颓敝者，或朽以蠹，或损以缺，寥寥若晨星，且紊次失序也。

本镇寨下村杨继增，独发虔心，慨然为修复之举，全本宫住持张和气，持疏募化，得施金数十两。购木鸠工，求郢斤而为轮斲，丹青以涂之，金彩以饰之，雕刻以缘之，焕然景色一新，而焜耀煜焯，较旧制加隆也。其中有施资不完者，继增代为之补，略无艰涩态。事既竣，建醮三百六十分，告厥成功，所费悉自增出。此一举也，于以荐圭璧而昭明信，洋洋乎如在上，如在其左右矣！将镌诸坚珉，以征久远，乃属予为文以记。

余惟神者，民之主也。亨祀粢盛，答其三时不害，而民和年丰也。禴蒸精洁答其人民，皆有嘉德，而馨香无谗愿也。故竭对越之诚，必食冥漠之报。杨君以百年久缺而未备者改观，一朝生色，百禳其善与人□之美意，造福于一方，贻庆于子孙未艾也。且纯笃朴实，精白一心，谨信立身，孝友□□□以质诸神而无疑矣！余愧不文，深嘉其为，略陈固陋，以俟君子。

天启甲子孟夏吉旦郡举人孟绾祚记

岳村信士吉国家谨书

嗣法弟子刘和义书，芮城县张自洪镌[1]

---

[1] 碑文原始记录来源于"1952~1953 年永乐宫现场调查笔记"（"第七部分　永乐宫迁建工程专题档案"附录一，图 7-53）和 2006 年 5 月山西人民出版社出版的《永乐宫志》。

3.1.9 明天启甲子（1624年）"提诗碑"（西12号）

原嵌于永乐宫原址三清殿前檐东墙上（附图 3-53），现存于永乐宫新址西碑廊内（附图 3-2，附图 3-54）。碑长宽 1.38×0.52 米。

碑文：

南游勤问俗，载宿羽人宫。

白鹤灵栖近，玄麻道味冲。

雄晋甸，古杏逼秦嵩。

霁色千山秀，云随马首东。

天启甲子仲冬再歇纯阳道院京□吴淑。

总约高□□等叩刊。[1]

附图 3-53　原嵌于永乐宫原址三清殿前檐东墙上

附图 3-54　现存于永乐宫新址西碑廊内

附图 3-55　拓片（1959年拓）

---

[1] 碑文原始记录见 1958 年 10 月永乐宫碑文记录草稿（"第七部分　永乐宫迁建工程专题原始档案"附录三，图 7-115）。

3.1.10 明崇祯九年（1636 年）"重修墙垣记"（东 13 号）

原位于永乐宫原址龙虎殿前檐东侧台明上（附图 3-56），现存于永乐宫新址东碑廊内（附图 3-1，附图 3-57）。碑高 2.46 米。

附图 3-56　原位于永乐宫原址龙虎殿前檐东侧台明上　　　　附图 3-57　现存于永乐宫新址东碑廊内

碑文：

正面：

粤稽海内之福地，七十有二，而永乐居最一焉。嘻！地固地矣，而福者何？盖以纯阳真人吕翁者，家是永乐镇招贤里，峨嵋山水竹墟人也。生资奇异，仙丰道骨，志使清净，蝉脱世尘。縣乡贡进士，而轻若浮云；巨资百万，而视如毫毛。亲受汉祖钟离权翁之秘诀，大阐轩辕开天如线之真脉。铅贡炼就三千果，壶中日月朗彻，三十三天而照耀。金丹丸转八万劫，袖里乾坤大衍，千岁甲子而循环。刭彗剑纵横，能扫万里妖氛之气。历代虏寇不能侵犯本境，职此故耳。真诀默运，能培千古性命之根，开辟凶荒，不能酷极此地，誰非神功，诚哉！

唐朝飞升，乃天仙之首出；威灵显应，乃三界之福星也。当其时，名挂天府，奉敕建宫，鲁班匠手，道子画工。殿阁巍巍，按天上之九星而罗列：道院森森，照地下之八卦而排成。讵不以圣果无疆，道业有永耶。迄今千余年来，殿宇虽存，而院基颓圮，几如一荒坂矣。本宫弟子道官罗德凤，继师李和美，大发虔心，修筑墙垣，先捐己资二十两，只力难成，叩慕官府乡尊各输己资，共成福果，同结仙缘，功完建碑，以垂不朽云。

崇祯九年岁次丙子仲冬望日，郡庠生严广大正吾甫撰。

北宫道正司官李正学主持王正教、陈正、吴正义、李正春、马本良、赵本荣、吕顺、王本庆、李本善、杨本从、杨仁福、张仁才、孙仁惠、相仁慰、王仁慈、张仁清、王仁裕、杨义禛、曹义路、王义明

本宫道人、尉贵、曹冲祥、曹和忠、曹和志、张和气、蔡和成、马德义、杨德宝

本宫宗技任冲成、杨和智、王和祥、王正芳、王本祥张德印、吉德食、吉德平、宁德安同立石

本镇乡者高应魁、杨万顷、智工儒官赵尚礼、玄门弟子郭正忠书

下庄村铁笔郝梅刻

碑阴：

钦差万守河东道，王嘉实施银五两，翰林院庶吉士李绍贤施谷五石……[1]

3.1.11 明崇祯十六年（1643 年）"创立建醮功德碑记"（西 19 号）

原位于永乐宫原址三清殿前檐西侧（附图 3-58），现存于永乐宫新址西碑廊内（附图 3-2、附图 3-59）。碑高 1.58 米。

附图 3-58　原位于永乐宫原址三清殿前檐西侧

附图 3-59　现存于永乐宫新址西碑廊内

碑文：

粤稽永乐宫乃洞天福地之最著者也，瑞气共青牛迭见，雄名与黄河交驰，珠宫掩映，古杳重华况！

先圣列都而其灵应孔彰福庇一方者，士民编户无不在覆冒中焉！则崇明祀以抒报国，舆情之所协也。积功等遂相与谋日：幸生胜境，仰荷神庥，可不思骏奔，执豆以为荐馨地乎？乃各捐资效力、营运经画，每岁建醮三百六十分位，使神明永有依归。则地益以灵，人益以杰，而吾郡之勋名、科第以及财、贿、稼穑行将并臻隆盛焉尔！口一举也，盖取夙夜寅清之诚以昭事上帝，岂伊黩于祭祀者比欤！特书之以识不朽。

大明崇祯十六年岁次癸未正月初一日。姚化麟、化主张和气、孙张正宾、刘正禧重孙本位。

随醮人：崔守业、李自福、高口、姚可法、姚文芳、宁一贯、李栖鹏、杨应顺、赵自治、姚元芳、鲁金真、李经星、杨毓英、杨积猷、赵民宗、道官张德印、柴守信、部梅、姚纯玉。

以上各施银壹两。镌石匠　部梅刊。[2]

---

[1] 碑文原始记录来源于"1952~1953 年永乐宫现场调查笔记"（"第七部分　永乐宫迁建工程专题档案"附录一，图 7-49）和 1958 年 10 月永乐宫碑文记录草稿（"第七部分　永乐宫迁建工程专题原始档案"附录三，图 7-87-89）。

[2] 碑文原始记录来源于永乐宫碑廊碑文抄录说明牌。

3.1.12 清顺治十三年（1656年）"吕祖殿长灯记"（东12号）

原位于永乐宫原址纯阳殿前台明下东侧（附图3-60），现存于永乐宫新址东碑廊内（附图3-1、附图3-61）。碑高2.8米。

附图3-60　原位于永乐宫原址纯阳殿前台明下东侧

附图3-61　现存于永乐宫新址东碑廊内

碑文：

篆颈长灯碑纪

奏立吕祖殿长灯碑记

此处至元应是"到了元代"

粤稽

大纯阳万寿宫。有唐吕真人之故址也。首阳萃千峯之秀。湟河萦万水之灵。林峦丛萃星岳呈祥。诞我圣祖半骨飘逸。仙列崇班。道成

帝位。舍心救世。点引群生。玄？章夏？混沌之韵化。雨缀？始之烟。三才损人永奠。二曜赖人常明。至德神化。直有名言。莫馨者矣。成道之始里人祠之岁时祷祭。复易祠而观。迨至元。玄都至道宋真人为之奉勅建宫。琳阙崖峩。紫气连秦岭之云。苍栢葓葱。瑞霭孚豫洛之浦。鹤鸣崇级。云卧丹阶。游斯地者。尘想化于戋月。热肠？于杏风。洵天下之奇观。人世之洞天福地也。迩来兵燹屡地。毒遍寰中。而近神光者。士女安堵。农桑无恙。其蒿康？而糜穷也。譬之湟河之源。莫知纪极而流涯临渚阐有沾夫九曲之润亦其理势然尔。蒙瘁既涯。报思良切。有云游道人庄太顺朝谒

圣祖。瞻仰玄风。徘徊不能去。发处心。为长灯之未。尝体太上之言由。明从火起。火从妆丛。炷因油润。油藉卮停。四者废一。明何生焉。于是募缘于象象皆欢忻乐就。相与鸠工。凿厄敬旋。厥事宝鼎篆　于玄筵。慧灯映赤文于玉笈。光摇阎？荃分星月之余辉。彩布琼？言开？万古之长夜。而太顺之功不特此也。施斋三载。补葺两殿。后灯四树石炉三鼎。且虑斯灯之立。不克永人。为之置地取祖。相传不朽。庄？其中。丝毫不染。故人钦其德。

神享其诚。由是而企至。道渡玄津。演混元之弘教。步青牛之后尘。亦其所优为者矣。象谋刻石人记其事。愿后起者念创始之艰难。嗣嘉绩于勿替。则太顺之心将与斯灯常炳云。

钦舜督理京省钱法户部右侍郎前户科都给事中郡人杜笃胜熏沐谨撰　郡庠生窦含光熏沐谨书

计开所置地亩于后　顺治十二年二月十五日用价系银一十五两。置本宫水地一段。坐落吕祖殿正东。其地东西尔计地一亩五分。东至墙。西至渠。北至典主。南至道。又用价银一十五两。置本宫水地一段。坐落立祖殿正西。其地南北尔计地一亩五分。东至堰。西至典主。南至堰。北至渠。又用价银二十两。置本宫水地一段。坐落吕祖殿正东。其地东西尔计地二亩。东至孙仁惠。西至南北小道。南至北至堰。又用价银一十五两。置本宫水地一段。坐落静席殿□□。其地东西尔计地一亩五分。东至墙。西至渠。南至李正鲤。北至杨得主人上地亩。仍令原典主耕种。每地一亩。每一年出银稞丝银一两。付首人。如稞不齐。许首人摘地另人耕种。典地文约并簿籍及有余银两。一应付六社首人轮流经收。抬约高者配

大清顺治十三年岁在丙申六月之吉督二首人赵一芳立石募缘道人庄太顺系山东衮卅府寿章县人修造武当山

副抬左逢源　姚化麟　窦常惠　杨守干其师也谨志

乔振翔一钱

郡春元　候维翰一两

本镇巡司张仲堪施银伍钱[1]

3.1.13 清顺治十三年（1656年）"重修龙虎殿碑"（东18号）

原位于永乐宫原址龙虎殿前檐西侧台明上（附图3-62），现存于永乐宫新址东碑廊内（附图3-1，附图3-63）。碑高1.8米。

附图3-62　原位于永乐宫原址龙虎殿前檐西侧台明上

附图3-63　现存于永乐宫新址东碑廊内

碑文：

碑文以捐款人名为主，不在此赘述[2]。

---

[1] 碑文原始记录来源于1958年10月永乐宫碑文记录草稿（"第七部分　永乐宫迁建工程专题原始档案"附录三，图7-140）。

[2] 碑文原始记录来源于1958年10月永乐宫碑文记录草稿（"第七部分　永乐宫迁建工程专题原始档案"附录三，图7-144~145）。

3.1.14 清康熙十年（1671年）"朝武当山"（西4号）

原位于永乐宫原址重阳殿东侧（附图3-64），现存于永乐宫新址西碑廊内（附图3-2，附图3-65）。碑高3米，重约2500公斤。

附图3-64　原位于永乐宫原址重阳殿东侧　　　附图3-65　现存于永乐宫新址
　　　　　　　　　　　　　　　　　　　　　　　　　　　　　西碑廊内

碑文：

神者诚而已矣盈天地间莫非神则盈天地间莫非诚也故离神以言诚无神则无诚矣离诚以言神无诚则无神矣若是乎神与诚分之而来始不可合合之而未始不可分也然则人之存神者存诚而已矣存诚者存神而已矣永乐宫艮隅古迹

玄帝圣殿镇人岁时崇祀盖以

真武上帝虚危分宿称傅法之教主壬癸孕灵为治□之福神修道武当证果帝位初永乐创造金殿栋宇闪灼庙貌辉煌四海□极□航谵礼络驿弗绝岁值辛永镇之善男信女鸠众敛赀筮正月上吉设醮本宫竭诚朝谒南一四旬而还缴愿酬恩爱谋勒石以垂永久□以□人之感神不离乎诚以为感则补之应人亦不离乎诚以为应是存神者诚也存诚者神也故日神者诚而已矣　铬日

北方玄天　杳杳神君　亿千变化　玄武灵真　腾天倒地

驱雷奔云　队丈千万　扫荡妖氛　雷私侍从

玉女□□　鬼神降伏　龙虎潜奔　威镇五岳

万灵咸遵　鸣钟击皷　游行乾坤　收捕□鬼

摧斩魔群　除邪辅正　道□□□

昝

康熙十年岁次辛永三月上浣吉旦郡庠生杨毓英熏沐谨撰[1]

---

[1] 碑文原始记录来源于1958年10月永乐宫碑文记录草稿（"第七部分　永乐宫迁建工程专题原始档案"附录三，图7-92~93）。

3.1.15 清康熙二十八年（1689年）"招贤里"碑（东7号）

原位于永乐宫原址三清殿前台明下东侧（附图3-66），现存于永乐宫新址东碑廊内（附图3-1、附图3-67）。碑高约3.8米。

附图3-66　原位于永乐宫原址
三清殿前台明下东侧

附图3-67　现存于永乐宫新址
东碑廊内

碑文：

郡郡庠生杨毓英谨譔。郡庠生赵世隆铭。后学弟子杨茂珍篆额。后学弟子赵珣书。稷山县李彪刊。

粤隆道包块扎，混沦乎溟涬之始，烝绸阖辟，恍惚分象帝之先。自本自根，宰制万化，无名有名，爰毓三极，曰玉清、曰上清、曰太清。上极无上，曰道宝、曰经宝、曰师宝。天中之天，位奠大微，渺渺紫金，云梵之阙，尊居大有。蒙蒙碧汉，玉京之宫枢。阴机阳妙，化育而统御三界；天经地纬，嬗元范而总持十方。千圣赖其鼓铸，万仙资其陶成。是以钟秀发祥，仙圣递兴。至唐中叶，诞降纯阳吕仙翁于永乐镇招贤里。丰骨爽异，天姿英敏，幼肆儒业登进士第。后遇正阳祖师演授秘诀，潜修九峰山。功行圆满，道证帝位，里人立祠，享之数传后易祠为观，基□□弘。

逮至元初，□云宋真人奉敕命更为万寿宫，特建无极殿崇奉三清。栋宇嵬峨，堂帘深邃。飞檐拂碧霄之云，螭头映红日之彩。斗栱龙腾，榱题凤舞。紫陌绝尘，丹级叠翠。金容舟舟，图像俨然而垂拱；玉颜穆穆，环佩珊兮其遥临。宝鼎香浮，望之恍跻圣境。琼卮灯灿，瞻之如游洞天，洵海上之蓬瀛，人间之福地也。但岁久时更，虽云孔固，朝风夕雨，不无摽摇。合镇乡耆佥议重修，敢云执事之不遑，以须异日。乃相与共计，所司咸勤厥事。或募粟帛于六社，奔走通衢；或祈金资于十方，跋涉异地。于是鸠集群役，筮吉兴作。乃新殿阁，乃饰午门，楣楶甓瓷之有损者易之，丹臒髹漆之有堙者涂之。千楹耀目，万拱凝烟，既霉垣而霓墉，爰爵栱而电甍。琉璃参差，掩映乎朱扉绿树；梁恩周匝，缭绕乎白鹤青鸾。因而轮奂增贲，神灵攸妥。上以翊赞皇图，衍宗社灵长之庆；下以乂安黔黎，遗闾阎击壤之休。斯功之所及者，广而德之，所庇者弘矣。是役也，经始于康熙二十六年丁卯春三月，落成于二十八年己巳秋七月，厥功告竣，方谋勒石。

本宫旧有仆碑，命匠竖立，复古昔之伟绩，载今时之盛举，不成为舆情之所大快也哉！惟予小子谨拜手稽首，既㩁词以昭宣其微，复系铭以扬㧑其盛云。铭曰：

大始之先，氤氲洪蒙。真精凝合，妙育三清。玉清天帝，柄握日星。显藏秘运，品物流形。灵宝上清，奠位八纮。厚德载物，光大含弘。太清道德，经纶大经。五千垂训，人纪昭明。宰制劫运，统司生成。贞元交会，仙圣迭生。扶持世教，启迪群蒙。惟我吕祖，有唐降灵。丰骨秀逸，赋姿颖聪。幼肄儒业，掇第成名。黄粱一梦，酣醉忽醒。弃尘修真，道岸诞登。救世觉迷，苦心耿耿。神化多方，大德难称。至元建宫，创殿四楹。殿尊无极，规模孔闳。栋宇峻丽，檼桷霞凝。螭尾连霄，崇阶鹤鸣。仿佛萧台，依稀玉京。岁久颓敝，赖众修营。伟绩复新，辉煌光莹。神祇歆止，祀享大恫。人心豫悦，乐竭恪诚。以妥以侑，胙釐屡征。雨旸时若，山川攸宁。彝伦敦叙，姻睦成风。和气覃被，百昌敷荣。家庆乐利，人歌太平。斯功斯德，昭格苍穹。摅情述事，敬系以铭。

康熙二十八年岁次己巳孟秋下浣之吉。[1]

3.1.16　清康熙三十九年（1700年）"朝武当山"（西5号）

原位于永乐宫原址重阳殿东侧（附图3-68），现存于永乐宫新址西碑廊内（附图3-2、附图3-69）。碑高3.1米，重约2500公斤。

附图3-68　原位于永乐宫原址重阳殿东侧

附图3-69　现存于永乐宫新址西碑廊内

碑文：

武当奇秀甲天下

玄天上帝居焉自　永乐中奉

勅赐兼金十三万庄严

神像修葺殿宇一持瑵桅宝楯星月相攒金户已玉墀云霓为御金碧檐灿粉藻草鲜蜗础千蟠翚楹前舞其雄伟磊落之规模遂为天下巨观一时深山穷谷之中即妇人为子无不思游览而瞻礼

---

[1] 碑文原始记录来源于2006年5月山西人民出版社出版的《永乐宫志》。

之康熙三十三年春杨复英尚仕辅等亦各输锟纳会共有朝谒之举于三十八年春正月爰挈男妇而往焉及登其峰但见结空为天凝梵为城混合三营以为楼台变化北霞以为宫室而且有大和诸宫中照供举左右羽仪森舆卫于彤霸之嶂莘千羽于紫扉之陛而且山之苍水之碧松之青竹之翠草之绿鸟之和又得所未曾有也复英仕辅等顾而乐之乃留连十余日而归焉于其归也尚余数金无所施诸爰于

纯阳前寿宫敦请匠氏镌名刻字以垂不朽属予为记予日至高之天能隆自求之福鳝能谒斗獭能祭天况人也乎人诚能恭礼名山瞻奉

玉真则天之降祥有如烛照数计而龟卜矣是为记

旹

太清康熙三十九年岁次庚辰六月上浣之吉郡庠生杨溢熏沐谨撰　庠生杨茂珍篆额　庠生杨大年书丹　郡人赵镆冈书[1]

3.1.17 康熙四十一年（1702 年）"虔修会同太和山回勒石永乐"

原位于永乐宫原址重阳殿外东侧（附图 3-70），现存不详，碑高 1.7 米。

碑文：

北帝行宫前以为志

环瀛中山水居其七平壤居其三其阁凡可以产物者载生民其峻绝幽之区多为古仙真道修炼之地载在舆图不可枚举大都无如荆域之太和山其名胜为洞福最笔自唐盛于明先民述之备矣要志于瞻仰。

圣迹己卯岁端月永乐诸修士齐心设诚于中而立为会凡三阅岁而同朝金顶修醮倾诚而还至乡既而谋为志且群相期日书有云凡人未见圣若不克见圣今者幸瞻。

圣容幸观圣迹可无思圣修克念诸爰名其会曰虔修诸同人省旃诸同人勉旃。

旹康熙四十一年四月十三日，郡人杨义运书丹

寨下等合会信士，杨茂玺、张光棠……等[2]

附图 3-70　原位于永乐宫原址重阳殿外东侧

---

[1] 碑文原始记录见 1958 年 10 月永乐宫碑文记录草稿（"第七部分　永乐宫迁建工程专题原始档案"附录三，图 7-94~95）。
[2] 碑文原始记录见 1958 年 10 月永乐宫碑文记录草稿（"第七部分　永乐宫迁建工程专题原始档案"附录三，图 7-116~117）。

3.1.18 清乾隆二十四年（1759 年）"吕公祠"（西 1 号）

原嵌于永乐宫原址纯阳殿前檐东墙上（附图 3-71），现存于永乐宫新址西碑廊内（附图 3-2、附图 3-72）。碑长宽 0.82×0.41 米。

碑文：

古寺仙祠迹未荒，士人传是吕公乡，黄粱乍梦犹仪服，丹竈初成换衢装，鹤去瑶台空渺渺，鸾迴松殿月苍苍，分符喜接珠宫匠，好气刀圭刮俗肠。

永济县永乐宫

永乐宫高紫气浮　当初得衢任云游清风明月三千界，

玉管金箫十二楼　白酒时同山逸饮榴青何待野人求

只今到处君仙迹　烟树苍苍碧水流

附图 3-71　原嵌于永乐宫原址纯阳殿前檐东墙上

诗既作一日邀吕仙默祝请政，乩笔即书是诗，挥翰如飞，其中年改初偕改同不拒改何待　余目视日　下句有何字犯重乩笔迟疑不动，余曰岂仙人亦构思耶。乩笔遂改何为到字再问乩笔批云结语，得之前首妙妙事颇奇，今勒诸石即用乩华所改定者，并附注其颠末云。

（公元 1759）

乾隆廿四年岁次己卯　徂暑朔旦日

东鲁孙谔敬题[1]

附图 3-72　现存于永乐宫新址西碑廊内

---

[1] 碑文原始记录来源于"1952~1953 年永乐宫现场调查笔记"（"第七部分　永乐宫迁建工程专题档案"附录一，图 7-59~60）和 1958 年 10 月永乐宫碑文记录草稿（"第七部分　永乐宫迁建工程专题原始档案"附录三，图 7-113）。

3.1.19 清乾隆三十八年（1773年）"重修永乐宫碑记"（东14号）

原位于永乐宫原址纯阳殿前甬道西侧（附图3-73），现存于永乐宫新址东碑廊内（附图3-1、附图3-74）。碑高2.62米。

附图3-73　原位于永乐宫原址纯阳殿前甬道西侧　　　　附图3-74　现存于永乐宫新址
东碑廊内

碑文：

世传吕祖纯阳遗事多矣。予考吕祖生于唐贞元间，唐以前祖之本末不可得而详，或曰古皇覃氏也。仙圣异迹，传闻异词，而家于永乐，则丁令威之辽东也。

永乐距今蒲州府治东南一百二十里，在唐为县，先隶虢州宏农郡，神龙后复隶河东。即祖宅为祠肇于唐，至金宣宗兴定末年表从义作记。元武宗至大三年加赠"孚佑帝君"，而纯阳万寿宫实建。背中条面黄河，华岳诸峰环列，绵亘于□□真洞天、雷首福地，喝灵吐炁，迄今四百六十年，宫其颓矣。予生有兆，言南海侍者转世，又云自海外香山来，每善病梦寐惝恍中，时若与吕祖接。丁丑年十月初六日中风痰，手之不举、舌僵，惟心洞然，如是者一昼夜，投药罔效。夜三鼓，觑一道人持青丸食余，余固却之，不觉已入口。香气直透心脾，即出声而愈。其祖之神佑乎！予官于晋十有二年，于太原之唐叔祠、崇善寺以次举之，莫敢废也。癸巳春，蒲州司马刘君木言：永乐宫之阶圮为驰道矣，缭垣荡然。谋所以渐饬之者，余欣然颔之。守官冀宁，去蒲千里，凡鸠工庀材，属之署司马高君宫玺俾与永济令陈君宣董厥役，适河东观察叶公佩荪、蒲太守沈公元振至，并言之，诸君皆乐襄其事。于乾隆三十八年三月初十日经始，五月二十日蒇事。而予得志其成，抑何幸也。嗟乎！祖神游三元，洞照八极，谷神不死，桑梓如故，其鉴士大夫之诚而福佑此邦。风雨时欤，民人皆康乐，无疢疾欤，是所祷也.谨记。

赐进士出身诰授中宪大夫分守山西冀宁道、管理通省驿传兼管水利事务、军功加五级、纪录九次徐浩谨撰

邑庠生刘邦彦薰沐书丹。

大清乾隆三十八年岁次癸巳仲夏谷旦[1]

---

[1] 碑文原始记录来源于"1952~1953年永乐宫现场调查笔记"（"第七部分　永乐宫迁建工程专题档案"附录一，图7-54）和1958年10月永乐宫碑文记录草稿（"第七部分　永乐宫迁建工程专题原始档案"附录三，图7-90~91）。

3.1.20 清乾隆癸巳（1773 年）"蒲州府左堂"（西 3 号）

原嵌于永乐宫原址纯阳殿前檐西墙上（附图 3-75），现存于永乐宫新址西碑廊内（附图 3-2、附图 3-76）。碑长宽 0.72 × 0.45 米。

附图 3-75　原嵌于永乐宫原址纯阳殿前檐西墙上

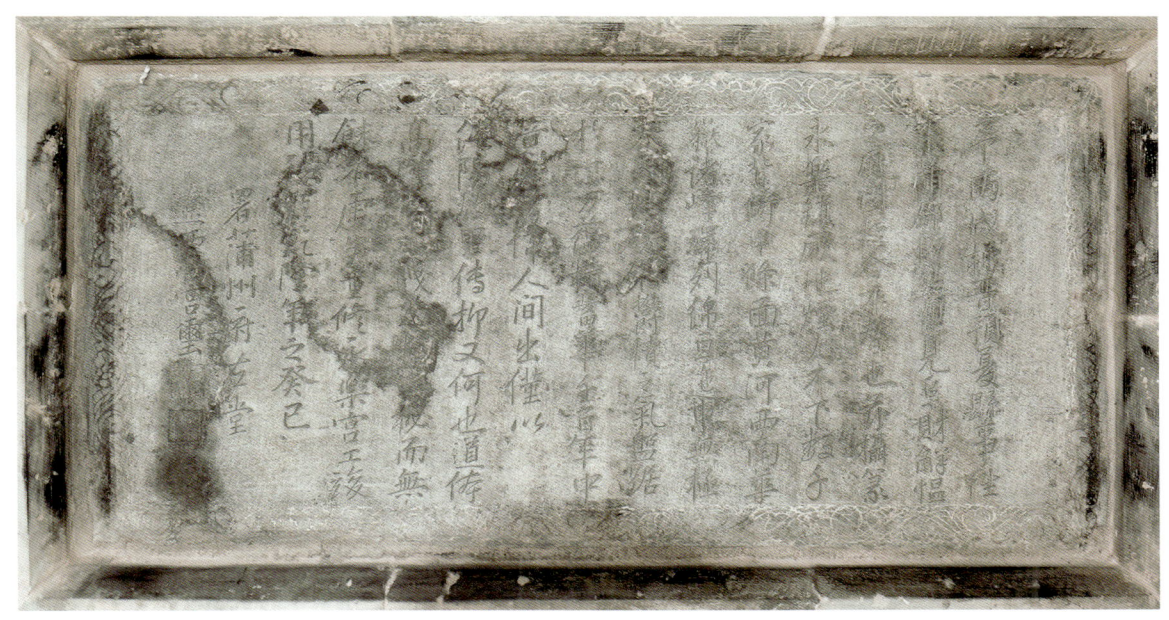

附图 3-76　现存于永乐宫新址西碑廊内

碑文：

予丙戌抵晋预夏县往事来蒲郡，既然想见阜财解愠之风，故于今不替也。兹摄篆永乐镇厥地烟火不数千家，背倚中条面黄河，西南华岳诸峰环列，绵亘迤东无极天，天地磅礴，筹积之国气盘踞于一方，蕴精蓄华于百年中意，必育伟人间出仅以纯阳故里传抑又何也，道体高深曾以泄，造物之秘而无余，不虚矣！重修永乐宫，工竣用志于乾隆年之癸巳，署蒲州府左堂，辽西高宫玺[1]

---

[1] 碑文原始记录来源于 1958 年 10 月永乐宫碑文记录草稿（"第七部分永乐宫迁建工程专题原始档案"附录三，图 7-114）。

3.1.21 清嘉庆九年（1804 年）"永乐宫地亩租稞碑记"（东 11 号）

原位于永乐宫原址纯阳殿前甬道西侧（附图 3-77），现存于永乐宫新址东碑廊内（附图 3-1、附图 3-78）。碑高 3.89 米，重约 2000 公斤。

附图 3-77　原位于永乐宫原址纯阳殿前甬道西侧　　　　　　附图 3-78　现存于永乐宫
新址东碑廊内

碑文：

粤稽永乐镇在唐为县，先隶虢州宏农郡，神龙后复隶河东，距今蒲州府治一百二十里，"孚佑帝君"之故宅在焉。成仙后里人因其居为观，岁时禴祭。元中统三年奉敕改建纯阳万寿宫，修无极、混成、纯阳三大殿，前曰龙虎殿，后增邱真人阁，崇阶丹壁，琳宫巍峨。殿旁有帝君手植连理银杏树，实叶葰楙，高冠群木。去宫南里许，帝君先人坟墓仍在，老柏七株，望之郁然菁葱，洄河东之胜迹仙踪也。

乾隆五十一年秋，昌初筮仕，知灵石县事。五十四年冬，量移永济，每因公至永乐镇入庙展拜惟谨。越三载晋秩霍州牧，今复典守蒲郡，再莅仙邦。敬伸瞻拜之诚，喜遂景行之愿，斋宿祠内。有道士牛本诚，言及宫墙内外旧多膏腴之田，向被住持匪徒典卖一空。今贫道一人住此□口无资，且恐将来殿宇渐就倾圮。昌闻之踧踖悚惶，因念十八年来宦游三晋，黾勉供职，其所以不致陨越者，皆默托帝君灵佑鸿庇，敢不急为筹画仰答神庥于万一乎？既传六社绅耆查询。凡庙中旧有水地若干亩，柿树若干株，全数赎还，统计价银一千二百余两。昌一人捐廉独任之，出示晓谕，凡有典买庙内地树者，免其盗买之愆，发给典买之价，示期赴署缴契领银。不数日，地与树皆全赎焉。因与六社绅耆妥议，计亩收租，比照民间租价减去十分之二，稞轻则租易交，为经久计也。每年收租，六社首人挨次经管，新旧帐目造具清册，轮流交代。庙内再添道士一名，每年衣食之费九亩，香烟灯油修醮之费一亩五分，皆在所赎地内支给。其租地存余麦谷，照市价粜银，通年以一分息出借，不许重利放收。经手亦不许侵使拖欠，有侵拖者，以监守自盗论，众人禀官究追。

章程既定，日久蓄积渐多，遇有庙中修理工程及仙坟内茸补墙垣栽植松柏，六社首人秉公估计，皆于生息银内取用，勿得浮开冒销。自兹以往，庶几庙貌可以常新，香烟可以永继。

帝君神游三兀，洞照八极；眷顾桑梓，福佑此邦。风雨时旸，民皆康乐无疢疾欤，是则，昌之所祷祀而求者也。凡有地工段落亩数，每年收租麦谷石数，柿树、柏树总数，详刻碑阴，以志永久。是为记。

授朝议大夫蒲州府知府中州弟子蒋荣昌薰沐谨撰。

邑庠增广生员王冲霄薰沐敬书。

嘉庆九年岁次甲子季春谷旦[1]

3.1.22　清嘉庆九年（1804 年）"名扬今古"功德碑（西 15 号）

原位于永乐宫原址三清殿前檐东侧（附图 3-79），现存于永乐宫新址西碑廊内（附图 3-2、附图 3-80）。碑高 2.31 米，重约 2000 公斤。

附图 3-79　原位于永乐宫原址三清殿前檐东侧

附图 3-80　现存于永乐宫新址西碑廊内

碑文均为助缘人名[2]，略。

---

[1] 碑文原始记录来源于"1952~1953 年永乐宫现场调查笔记"（"第七部分　永乐宫迁建工程专题档案"附录一，图 7-54）和 1958 年 10 月永乐宫碑文记录草稿（"第七部分　永乐宫迁建工程专题原始档案"附录三，图 7-136~137）。

[2] 碑文原始记录见 1958 年 10 月永乐宫碑文记录草稿"第七部分　永乐宫迁建工程专题档案"见附录三，图 7-96~106。

3.1.23 清光绪十六年（1890年）"重修混成殿三清殿真武阁后檐碑记"（东16号）

原位于永乐宫原址永乐宫原址三清殿前檐东侧台明上（附图3-81），现存于永乐宫新址东碑廊内（附图3-1、附图3-82）。碑高1.92米，重约1500公斤。

附图3-81　原位于永乐宫原址三清殿前檐东侧台明上

附图3-82　现存于永乐宫新址东碑廊内

碑文：

碑首：皇清

盖闻玉宇琼楼，台阁焕烟霞之彩；瀛洲蓬岛，穴阙极日月之观。况永乐久称名区，左玉簪，右峨媚，北枕条岭，南俯大河。在大唐有纯阳吕祖□其间，至古迹形胜，前人之记叙详矣，兹不再赘。考之碑碣，万寿宫创于元至大三年，重修于皇朝乾隆三十八年。画栋重檐，规模丕焕，虹梁鸳瓦，金碧辉煌，诚足以栖仙灵介福祉，庇佑一方者也。奈历年日久，雨剥风蚀，混成殿后檐将近倾圮。首事人触目恻然，意欲重修。惟是宏规大起，一木难支，鸠工庀材，点金无术，因禀于本镇分府云轩李公，欣然乐从，即捐廉俸以为之倡。于是蒲属新旧邑 宰来郡者遇之，遂劝输将，暨绅士之急公好义者，各解囊馀，共襄斯举。间粉壁以涂泥，断雕为朴；杂丹垩以沙砾，小就粗安。从新黝垩，再施丹膜。所有混成殿、真武阁后檐，三清殿、龙虎殿室壁，不日而焕然一新焉。工程虽不及前人，而人心庶无憾矣。所谓仍旧贯者，其在斯欤？抑予更有说焉。天道每三十年而一变。后之视今，犹今之视昔，勿使斯宫之倾圮，是所望于将来者。并将布施职衔花名开列于左。

例授文林郎壬午科举人芮邑张清宣薰沐　敬撰

邑庠生 王福年沐手书丹

光绪十六年三月　立[1]

---

[1] 碑文原始记录来源于1958年10月永乐宫碑文记录草稿（"第七部分　永乐宫迁建工程专题原始档案"附录三，图7-129）。

3.2 永乐宫原址宫墙外的碑碣

3.2.1 西魏大统十四年（548年）"太上老君造像碑"（西8号）

原位于宁家村，现存于永乐宫新址西碑廊内（附图3-2、附图3-83）。碑高2.8米。

碑文：

龛左，上捧共七行：紧靠立柱为"都邑主假威远将军别将汝南太守蔡□□"，其左向外依次为"都□□□□□□□、都邑正、都但官蔡□□、都典録、□□□□□、惟那蔡遵业"。下排共七行，龛左从内向外分别为："立待光明主蔡□□、□□□□□□□□□（以下两行字数不清）、但官□□□、金刚主（最后一行字数不清）。"

龛右，上捧共七行，由龛内向外方向依次为"开光明主蔡□仁、天宫主、都斋主蔡凤仁、斋主蔡寄兴（以下一行字数不清）、邑正蔡□猥、钟主"。下排共七行，从内向外分别为，"立待光明主□□□、堪主当斫太已殿材都军长史假小黄县令蔡定兴、香炉主蔡安世、金刚主蔡延和（以下两行字数不清）、□□□太学生蔡通悦□□□□。"

另外，在龛右上侧悬钟旁有"飞仙主防乡都盟主大都宗主蔡当川"。龛下横列一捧像主名："刘耀光初五年冠军将军关内侯平阳太守豫州刺史太尉公蔡洪像碑一区。"以下为长篇发愿文：

夫灵猷玄寂，妙理超于想外；冲宗洪廓，神□□在□思。至道二□，□□□□□，大德不□，兹靡□沾，故万像含晖以挺荣，众形皎洁以被饰，是以真轨仰玄门而敷训，圣范□□邈以演义，然后长迷□□，□法□求。或悟照于灵液。有汉献□四年，故使持节、镇北大将军、冀州刺史、陈留侯蔡伯皆孙等，启原承胄，胤自周姬分□辟地命爵，武王封弟蔡叔汝南君，号曰蔡国，即筑上蔡城，因国字姓也。远祖讳元，傅文所美，声被州邦，魏□帝宁朔将军，勃海太守。次祖讳谋，识亮渊窹，出于自然，晋太初元年，征东将军、六州诸军事、陈留太守、兖州刺史、司徒公。次祖讳定，蕴业衡街，

附图3-83 现存于永乐宫新址西碑廊内

器显当时，刘聪麟嘉元年，征东将军、平阳太守、河北县侯。七世祖讳洪，才佑世须，文继前英，刘耀光初五年，冠军将军、关内侯、平阳太守、豫州刺史、太尉公。

曾祖瑛，名□简素，望冠海华。家于因窖，流居魏邑。□□迁初，寓家河北，未几厥□，□时以□寞运超轮，即于河阳衙侧，置庙修行。又蔡洪陛世孙，合邑□因庆□于□夏，□□□新，冠冕卒世，知真□异趣，理无别金，□□心，造太上老君像，锈饰并成，镂彩供就。愿先背□亡永升长乐，居游神土。又愿在生眷属，与时招祜，恒□而和，法界有生，普沾灵液。上追过去，府寻未来，各□家资，良□尽顽，穷形□□，表真像于□□，妙图若一，耀不二于神躯，翔虬腾跃，景□□焉。玄绝背□，渊形□□。经云：大巧若拙，自然成矣。故建太上老君石碑像，以资皇家回施，庙□□□刊记□藉□形积□之重，归功太祖，庶欲追远，顺□不随。其词曰：恢恢大道，寂廖匪思，湛然摩寻，廓矣虚凝，荣□若岁，饰生维时，至教□□，□然□□，灵□丙融，玄化渐形，□空演义，

神范颐□。求或晓途，沉迷启诚，真宗未遐，若乡随声。阐胄□姬，远祖□汉，德高响振，□□朝野，咸遵令□。教□岁远，万古流训。□部垂风，异境归人。陈留□□，□感以□。镇远扬威，奸回自宾，献可替否，淑□丕融，□引□能，爵号徽祟，历任□誉左司风。建碑庙庭，以显顺终，章德朗仪，永传无穷。

大魏大统十四年岁次戊辰四月壬戌朔八日己巳□。

以下供养人姓名，无图像，姓名上下列三排，第一捧为：

蔡大将军大丞相蔡翟、故太常卿汝南太守陈留侯蔡顺、故使持节镇北将冀州刺史陈留侯司徒公瞎伯皆、魏宁朔将军豫州太守蔡元字明德、晋征东将军六州诸军事陈留太守兖州刺史司徒公蔡谟字□□。

第二排为：

誓刘征东将军平阳太守河北县侯蔡定、镇远将军陈留太守蔡仲骞、龙骧将军汝南太守蔡孟骞、冠军将军关内侯平阳太守豫州刺史太尉公蔡洪、威远将军平阳太守蔡和骞、绥远将军冯翊太守蔡□骞、太常卿宣城太守蔡□□、假南阳太守蔡□□。

第三排为：

蔡□、蔡□、蔡欣、蔡信、蔡□、蔡□、蔡苟、蔡玄庆、河北令蔡韦祖、河北令蔡件祖、蔡道□、蔡翼息、蔡原思、□□北太守蔡景进息、蔡□，蔡吟、蔡□、蔡玄、蔡陵、蔡道毛、蔡欢、蔡生、顿丘令蔡刘祖欢、征北将军北地太守蔡训、蔡简息、假赠河北太守蔡文畅□息、蔡谦、蔡□、蔡重、河北郡功曹蔡国、蔡范、蔡业、蔡买、蔡□、蔡鉴、蔡□、蔡□、蔡安生、征洛谷军将蔡文超、蔡坛□、河北令赠洛州刺史蔡□□、蔡元成息、蔡都、□州功曹从事□□□大府长史□□□镇蒲城大都□移安定□假蒲州刺史蔡□、明威将军二代□□太守蔡黑□、蔡雅、侄□令蔡大、蔡辨、蔡朗、蔡监、蔡则息、蔡□、蔡硕息、行河县令蔡晃、华山郡中正蔡金、临江将军□乳□□龙门镇□□□□□□太守蔡良息、蔡续、蔡□。[1]

3.2.2 唐宪宗元和二年（807年）"唐故虔州刺史王府君神道碑"（西9号）

原位于宁家村（附图3-84、附图3-85），现存于永乐宫新址西碑廊内（附图3-2、附图3-86）。碑高2.8米。

碑文：

正议大夫行尚书刑部侍郎上柱国原武县开国男赐紫金鱼袋郑云逵撰。上都太清宫道士卢光卿书。抚州司□□□□□□篆额。

阴阳曰道，仁智之途永流，略称家德艺之门。杂子□先，进迷礼乐时中之旨。参称直养，匪忠孝先后之情，是以修己永臻乎？公□道不知其□，其有不惑文字□得心师，忧违乐行，卓尔于世者得之于王君矣。君讳颜，字复元，其先太原人也，因十八代祖车晋司空，封狷氏侯，葬桑泉，今为河东人也。君

附图3-84　原位于宁家村

---

[1] 碑文原始记录来源于永乐宫碑廊碑文抄录说明牌。

附图 3-85　原址上的碑首

附图 3-86　现存于永乐宫新址西碑廊内

附图 3-87　碑身、碑首拓片（1959 年拓）

曾祖恽，高尚不仕；祖景□，慈州文城令；父简贞，郴州郴县丞，续莫大焉。传道性于累叶，可名非道袭隐德于仍世。故自恽及贞俱含辉隐耀，上善畜而云雨，发一阳潜而光，景融克胤，□嗣协休。

　　明代君率性知道，学成无师，白志于屡空之室，咬行于垢氛之俗，量矩而步叩，诚而言忠孝之性必在于久大之方，冥冥之心常栖于□□□木。年甫弱冠，射策礼闱，登进士第，调补左春坊司经局校书，换猗氏同官河南□县尉，改同州邰阳令，迁监察御史殿中侍御史，转工部员外郎□洛阳令，擢杭州刺史入□大理少卿御史中丞，出为虢州刺史。其典校春坊、尉三县也，可职称理，稽实无赊，云鹤其仪，霄汉在足。其宰邰阳也，馁食寒衣，恩移父母。其掌□□也，正色立朝，奸凶□谋。其□□□也，史绝舞文，法无纤□。其牧杭虢也，行以情诚，辅之法化，远归迩辑，老安少怀。自释褐登仙洎梦奠吉期，凡更一十四职皆着美迹。呜呼！圣人不得而见之，得见君子者斯可矣。斯君子欤？道儒释者，代谓三教，公皆讨论深趣，拟议损益，俱臻妙极。三而一之心归□空，体服儒有□而冥道独守，常名尘垢，荣利秕糠，冠冕遐襟，□瞩如觌玄风。著道志、道翼五十卷，制黄帝铸鼎原碑，盖导达心术，发明幽绩，补作者之缺，钩灵深之情并著闻于代。又自卜一居于永乐县之北，目之，曰：靖院，院之背，又营一地曰：寿宫，盖欲为藏魄游神之所。呜呼！易称：知终，终之可与存义。究公□□其有义焉。夫中条首自井络属于参墟谓之天，维黄河发于昆山进于底柱谓之地，络□聃喜之所会函关其□焉。天下之福地，永乐其一焉。盖靖院终制得此四异，维终所交神明所集、圣贤所会、俊哲所育。公所以磬其素俸葺彼清宇，仍翠崖而启堂皇，跨云壑而开洞府，五老居左，三峰在右，洪河开关敞其前，壁岑注云报其后，三光素彩于昼夜，四气换景于寒暑，王君之存也栖神其殁也。委真其道不昧，想□如在，公虑精思冲不雷同于俗事，必穷本物皆讨源。自序本宗云：凡称太原王者，皆言周灵王太子，晋之后咸失其宗。盖周平王之孙赤，其父注未立而卒。平王崩，赤当嗣，为叔父桓王林废而自立，用赤为大夫。庄王不明，赤遂奔晋，晋用为并州牧。自赤至龟八代，代牧并州，龟后廿四代，代袭晋阳。廿七代卓，字主盛，历魏晋为河东太守，迁司空封猗氏侯，薨于河东属，刘石之乱不克归葬，遂葬河东之猗氏县，随析猗氏为桑泉，司空坟墓在县东南，至今子孙族焉。凡称太原王者，皆赤之后也。君之所志，掇而录之，盖与前载不同，非敢定其疑信。君以贞元十八年二月十二日终于虢州之官署，享年七十有五，以其年十月廿日归葬于靖院之先卜。悲夫！余庆之家，生于积善，福善之道，今何昧乎？公以族盛河东，望孤缇□，媾彼秦晋，宜其室家，将履德门，以□胤嗣。初婚陇西李氏，苕华不实，摇落先凋；后婚琅琊惠氏，琴瑟始谐，哀光永幕。李氏惠氏俱无子焉，蔡伯喈之琴书，人将安放？邓伯道之绪业，天也如何？云逵与君接武州行道□相，可勒铭贞石，固无惭词。铭曰：三古之后，六籍纫编，百行并惊，孰知其仁。伊尹格天，仲尼无人，道则无二，时屈时伸。猗欤王君，发虑遵圣，薄己爱人，体时立政，主道相□。□□不竞，苟违诚明，□畏天命，台阁流芳。出宰洛阳，洛阳既理，□牧于杭，所莅之地，人称乐康。棘寺持刑，梧台掌宪，帝曰畴庸，金归邦彦，君履二职，刑清风变。移政于虢，虢人□□，柽梧冠冕，烟霞性枢。刻情关令，勒颂鼎湖，生立终制，乡山永乐。结构靖宇，归魂是话！苍苍陵树，寂寂云壑，哲人逝兮何之？独有青松兮，唳鹤！

　　元和二年十月廿五日建。

　　天水强繢刻字。[1]

---

[1] 碑文原始记录来源于永乐宫碑廊碑文抄录说明牌。

3.3　原位置不详的碑碣

3.3.1　乙酉年"清河演道玄德真人住持永乐宫祝延圣寿碑"（东10号）

原位不详，现存于永乐宫新址东碑廊内（附图3-1、附图3-88）。碑长宽1.1×0.7米。

附图3-88　现存于永乐宫新址东碑廊内

碑文：

宣差河解山东等处都达鲁花赤疏

谨请

清河演道玄德真人住持永乐十方大纯阳万寿富祝延圣寿者。

窃以老聃□□□三千里，当行即行；御寇居郑圃四十年，时止则止。盖大道贵不滞物，而至人初无常心。我真人饱腹中书，为林下侣，洗心饮残月，露注颜食尽朝霞，妙舞胎仙，时腾神雀口钟，白酒醉墨寓归石榴皮，一粒丹砂仙风唤回杨柳树，达婴儿之娅姹，去妇姑之勃溪。有物混成，与时消息，玄风孤振，神化难名，止则乾口，待风动则孤云出岫，应时通脱与道周旋。所有永乐宫一派飞湍流尽古今闲日月，千章秀木吟残宇宙好风烟，非了达人，孰维持是。朝钟暮鼓，不妨斋粥随缘，秋月春花，好与溪山主颐，若北顾冀其南辕。谨疏。

乙酉（1285年？）年十月　日疏

宣差河解山东等路都达鲁花赤忽押忽思

宣差河解山东等处都达鲁花赤第疏

谨请

清河演道玄德真人住持永乐十方大纯阳万寿宫祝延圣寿者。

窃以必有至人，乃可弘玄元之道；若无胜境，殆难居陆地之仙。夫永乐宫者，条华列于东西，山河界于南北，茂林修竹，乃纯阳游息之乡，白石清泉，实蒲阪秀明之地。仰惟玄门大宗师清河真人开辟宗门之教，主张柱史之风，称帝者至尊师，为天下之教父，伏望暂离仙阙，便乘鹤驾而来，俯顺舆情，庶慰霓旌之望。幸无多让，早赐光临。谨疏。

乙酉年七月日疏。

宣差河解山东等处都达鲁花赤弟　苫厘思班

权河解山东等处都达鲁花赤怯石都忽思[1]

3.3.2 明永乐二十年（1422年）"永乐镇十方大纯阳万寿宫重建山门"（东19号）

原位置不明，现存于永乐宫新址东碑廊内（附图3-1、附图3-89）。碑残高1.3米。

碑文：

伏闻悟悟邯道上，游华胥梦中，此时轻富贵于浮云，寄形骸于阒寂。委顺自化，与造物游。兴来时，剑挂月角头；长啸兮，身坐半柄下。明明乎，壶中日月；茫茫然，就里乾坤。一声鸣笛，呼黄鹤于搂前；三毒解根，逭青蛇于袖底。榴皮写壁，树老成仙，此非隐显之一端，可节略之大概耳。

我祖师纯阳帝君，源乃在兹，化乃在彼。青山白石，紫馆黄房，知道几岁华，无非多风雨。祖师虽在九万仞鹏飞之上，逍逍遥遥；弟子不过数十尺鹪息之区，兢兢业业。故宫颇如旧，山峦依然。

人遵永乐之风，化洽希夷之道。王洞真等，忝在亲民，敢忘祖教，依光久矣。每怀无德以无修，经始营之，幸获美轮而美奂。开辟乾坤子午户，仿佛蓬莱第一□。玄裳缟衣，听履上步虚之曲；晨钟暮鼓，挹山前蹑景之云。倘或有倏尔之去来，必获冀卓然之壮观。子孙永显，道德光扬，洞真等稽首再拜，斋沐谨书。

永乐二十年岁次壬寅二月旦日道禄任一□撰。[2]

附图3-89　现存于永乐宫新址东碑廊内

3.3.3 明嘉靖四十二年（1563年）"新建祖师行祠孝子报恩记"（西16号）

原位不详，现存于永乐宫新址西碑廊内（附图3-2、附图3-90）。碑高2.1米。

碑文：

嘉靖四十二年秋八月十六日，祖师行祠落成。其祠地东西阔一十二步，南北长四十四步，周围墙垣列栅，环堵之森严。其中正殿三楹，东廊三楹，西廊亦如之。崇阶门楼，规制宏厂，屹然巍峨，丹涂炳蔚，金壁辉煌。其祖师之肖像金两列十帅绘彩分位，黎明使人齐明盛服凛如也。其中贡儿、神器、钟、鼓沓如也。夫祖师乃真武圣神，开皇元年甲辰岁三月吉诞生，大阴化生，水位之精无祟不察，无怨不成，阐扬正法，协赞中兴。于永乐八年房寇触中，神显威灵助阵扫荡，保佑国家。我成祖文皇帝差官褒封崇典以报其功拎武当山，今建于此何也？孝子姓扬，名昆，永乐大族也。拎嘉

---

[1] 碑文原始记录来源于永乐宫碑廊碑文抄录说明牌。

[2] 碑文原始记录来源于2006年5月山西人民出版社出版的《永乐宫志》。

靖辛卯岁，以母病，屡请医药弗效，百计愈亲不能遂志，乃自筹曰：药可以愈疾而不可以感神，况不获效乎？诚可以格神而不可以动神，必佑况至诚乎？遂洗心涤虑、斋戒寅清，许赴武当山祖师进香，求安祈愈。至其巅，拜诸金殿默祷，即周公代死之心，人不知之。出而就其舍身崖，则见叠峰峻岭嵯峨苍茫，其下悬壁绝蹬长壑远堑，其深不可窥诸底蕴也。昆于是落身于谷。当是时也，见者心骇，闻者色变，莫不以昆为谷底之腐泥耳。发衣虽乱而支体无伤，曾无纤毫痛刺。跐蹡顿曲旁坡，两力由自杆而上，祝祠拜谢归家。亲不踰年而病瘳，人皆知为孝心之所感也。其乡宾李魁、省祭李凤岐、伴人姚强、薛准同、柴明枝、李良佐、赵堂皆称异孝，举于州主、四陵陈公、陕西李公、吏宁凤瀛、鲁仲、臣里长、宁直，邻佑乡宾、宁辅、胡营州众口一言具供于洲，结查是实，嘉其孝行，旌门牌二座，仍赐衣冠以彰其异孝也。嘉靖乙卯十二月地震，孝子不遇其害。昆感神之佑建祠，庸报生成之恩。其寿官杨勉、杨相为首助，缘舍地施财而无吝色，俱争先也。同男杨松、孙男杨守坟在内焚修香火，祝愿皇图巩固，国祚延长。一方时遇水旱虫蝗，寒暑乖候疾崇患难则祷无不应也。其后母享耋年坐化，庐墓三年，朝夕抱土哀绕泣不已，群兽异鸟聚宿于墓侧无所惊怖。可见神明在拎咫尺，灵感无不应耶！于是奢请记砡，扬神享兹樵，与日月同其光，与天地同其悠久也！表彰施财舍地之姓名俾善德不没传芳名于万世矣！呜呼！永乐盛郎，峨眉毓秀，大河汪洋，川孕灵神栖以安厥后灵有已乎？使严修造者知所考焉，是则建祠昆之心助工农之志，其使人指而议之哉，遂以为存。

　　大明嘉靖四十二年岁次癸亥季秋九月吉日。恩赐儒官郡人宁鲲书孝子杨昆同男杨松立石。芮城县铁笔姚经刊。[1]

附图 3-90　现存于永乐宫新址西碑廊内

3.3.4 清嘉庆六年（1801年）"重修吕公祠募化布施碑记"（西17号）

原位不详，现存于永乐宫新址西碑廊内（附图3-2、附图3-91）。碑高1.3米。

碑文：

额"太清碑记"

重修吕公祠募化布施碑记

尝观世之敬神者。岂画望神之呵护而然乎。抑亦各伸其敬。欲致如在之诚焉耳。故学儒者尊儒。修仙者重道。此理之大较也。独念

纯阳道祖。元妙克臻于仙派。风流寔统乎儒宗。尤为儒与道之不可不敬者也。永乐万寿宫西侧吕公祠。创自至元。历乎大明。迄今太清数百年矣。庙貌虽存。剥蚀日甚。即有一二主持斯祠者。

---

[1] 碑文原始记录来源于1958年10月永乐宫碑文记录草稿（"第七部分　永乐宫迁建工程专题原始档案"附录三，图7-107~112）和永乐宫碑廊抄录说明牌。

不过徒为口体之供奉。谁知 神宇当补茸。是以宫之前后。道院
画属倾塌。见者徒增嗟叹已耳。乾隆伍拾肆年。忽有道人自南方
来者。问之王其姓。复魁其法名也。本出家于河南沔池。因访仙
宫而托居焉。居数月见祠中之神宇□房。画皆损伤。欲为修茸。
孤力难成。于是不惮风霜之苦。□河之阻。慕化数载。计得柒拾
余金。嘉庆肆年八月起土。十一月落成。而 神宇道舍殊觉焕然
一新。工既告竣。谨将诸绅士布施载于碑阴。永传不朽云。是为记。

署河东兵备道额　施银贰两　邑庠生李鸣鸾经手谨撰
署蒲卅协镇府满　施银贰两　后学　刘朝桂熏术敬书
署蒲卅府正堂郭　施银贰两　慕化主持道人王后魁 德 敬立
署永济县正堂金　施银贰两
旹嘉庆六年岁次辛酉七月　吉日谷旦

阴碑额

"同攸福万"

下为花名

布施人共约 180 人

最多者 8 两

最少者 1 分

共捐银 70 多两[1]

附图 3-91　现存于永乐宫新址西碑廊内

3.3.5 明嘉靖七年（1528 年）"重修披云殿像碑记"（西 18 号）

原位不详，现存于永乐宫新址西碑廊内（附图 3-2、附图
3-92）。碑高 1.3 米。

碑文：

永乐镇北峨眉山下有披云真人殿，日披云者，乃宋真人号也。
此真人极有道德，功满天下焉！自陕游至而设心修于万寿宫，徒
众数百人皆赖真人而供之，不日功成，真人升化，葬于此地，故
有祠堂存之。近来住持者皆暂而不久，不能弘大其业，名虽存而
实废焉！有桥西姓杨，名勉，号养丹居士，慨福地之漂没，叹殿
宇之倾颓，无日而不侧然。起发善心、斋戒沐浴请求十方信士。
郡中仕大夫闻举，莫不悦而助。又推道士吉演玄一生清净，多
守玄风，辞田地于众人，养性情于一心，同兴圣事也！至嘉靖七年，
众财不足，勉又捐己资复修碧瓦，绘以五彩！殿宇高厰，内像俨
新，建立门庑，寝、壁、云气一一莫不备具。知今日废者兴而旧
者新矣！虽养丹居士皆有功于一己，实仰载于众姓，苟无一言之

附图 3-92　现存于永乐宫新址西碑廊内

---

[1] 碑文原始记录见 1958 年 10 月永乐宫碑文记录草稿（"第七部分　永乐宫迁建工程专题原始档案"附录三，图 7-147）。

记则前功尽灭矣！故请镌石以记其颠末，俾知其所自焉。呜呼！物之新旧，事之兴废故有定数莫逊。然神像殿宇日口复日、岁复岁，或风雨之飘摇，或鸟鼠之齿蚀，岂知新而不旧兴而不废者哉！尚翼后之好道君子、嗣教之道人务皆留心修葺，继继承承奠香火于百祀，祝国釐万藕。是勉等立记之本意，岂直述岁月云乎哉！赵子济民、李子魁亦有助功。真人者，流芳万载、昌及后人。史、张嵩同为之记。

　　□题任全存心慈善多，功德若江河。子孙富贵远，寿永姓不磨。

　　□题杨勉养就丹砂期上天，工著披云殿碑间。再加勤俭修炼守，万古乾坤赞尔贤。

　　□题吉演玄玄门清雅有谁同，阴德高昭工又成。好守披真焚香火，养就轻身望上腾。

　　□史鼎、张嵩炼达道理济群生，阴骘昭明永吉清。工完愈加勤葺理，千载悠悠厥后兴。

　　□题李李彩壁油门俱有工，道德经言炼精通。苦志修行完道日，寿享绵远永遐清。

　　□题李文宰铁笔好良工，阴德利最轻。子孙昌代远，富寿永吉清。

　　嘉靖柒年菊月重阳后吉日。杨勉、赵济民、李魁、李备、李琚、史鼎、高岐、宁鲲、张淮、李荣、李儒、王信、张嵩仝立。

　　芮城县蔡村石匠李文宰刊石。[1]

3.3.6 清同治十一年（1872年）"侠骨仙姿"（西20号）

原位不详，现存于永乐宫新址西碑廊内（附图3-2、附图3-93）。碑长宽1.3×1米。

附图3-93　现存于永乐宫新址西碑廊内

---

[1] 碑文原始记录见1958年10月永乐宫碑文记录草稿（"第七部分　永乐宫迁建工程专题原始档案"附录三，图7-148）和永乐宫碑廊抄录说明牌。

第四部分

图 版

图　纸

1. 总 图

1.1 文献

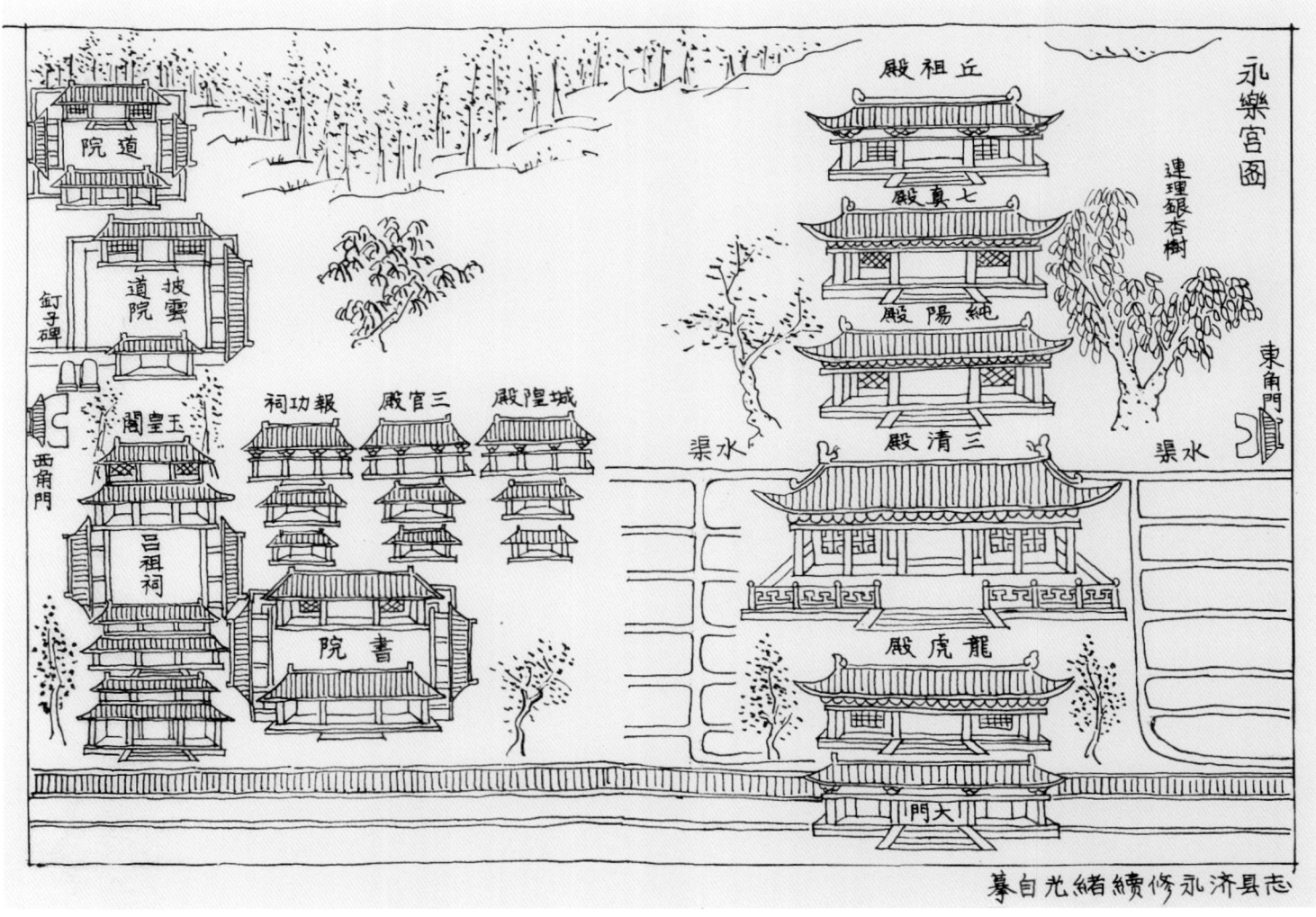

图版 T-1 清光绪续修《永济县志》附图

1.2 区位图

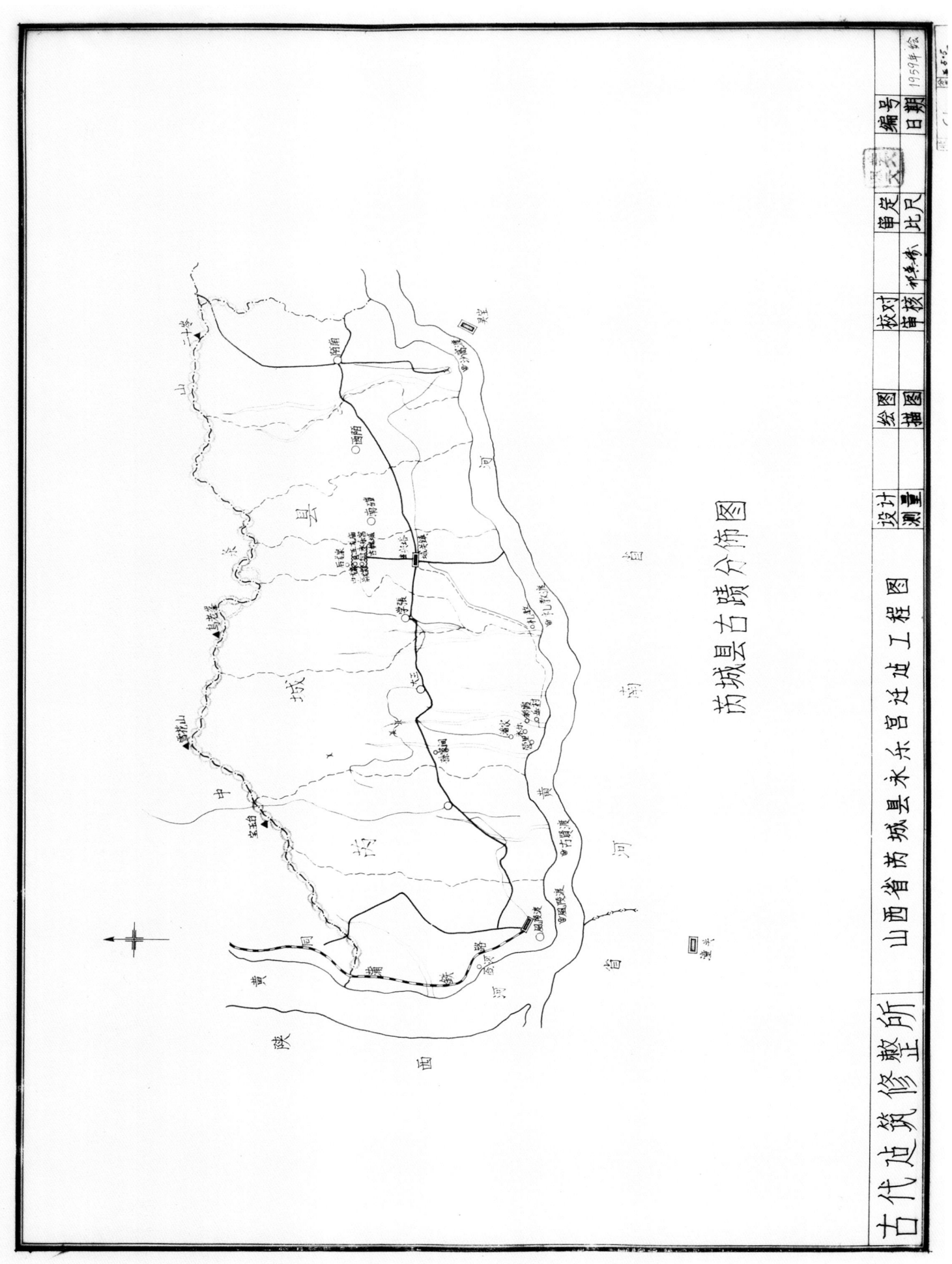

图版 T-2　芮城县古迹分布图（1959 年绘制）

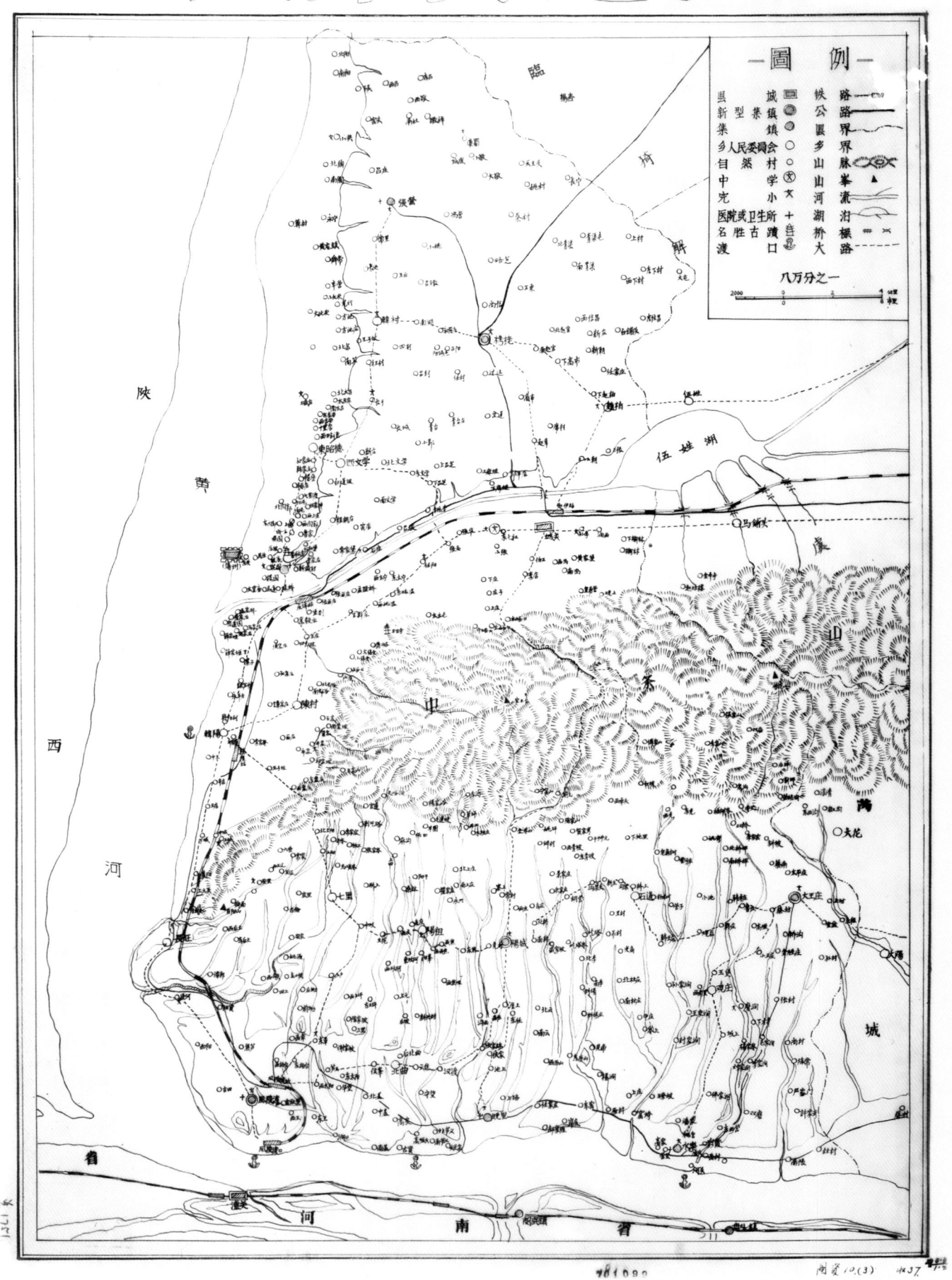

图版 T-3　描摹永济县地图（1959 年绘制）

1.3 永乐宫旧址总图

图版 T-4　永乐宫旧址布位图（1959 年绘制）

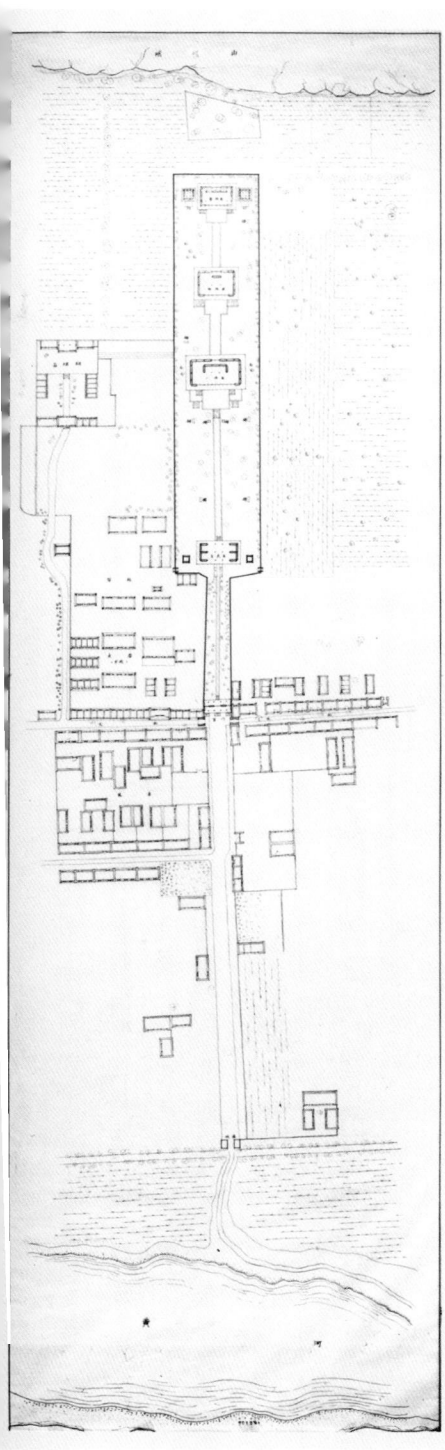

图版 T-5　永乐宫旧址总平面图
（1959 年绘制）

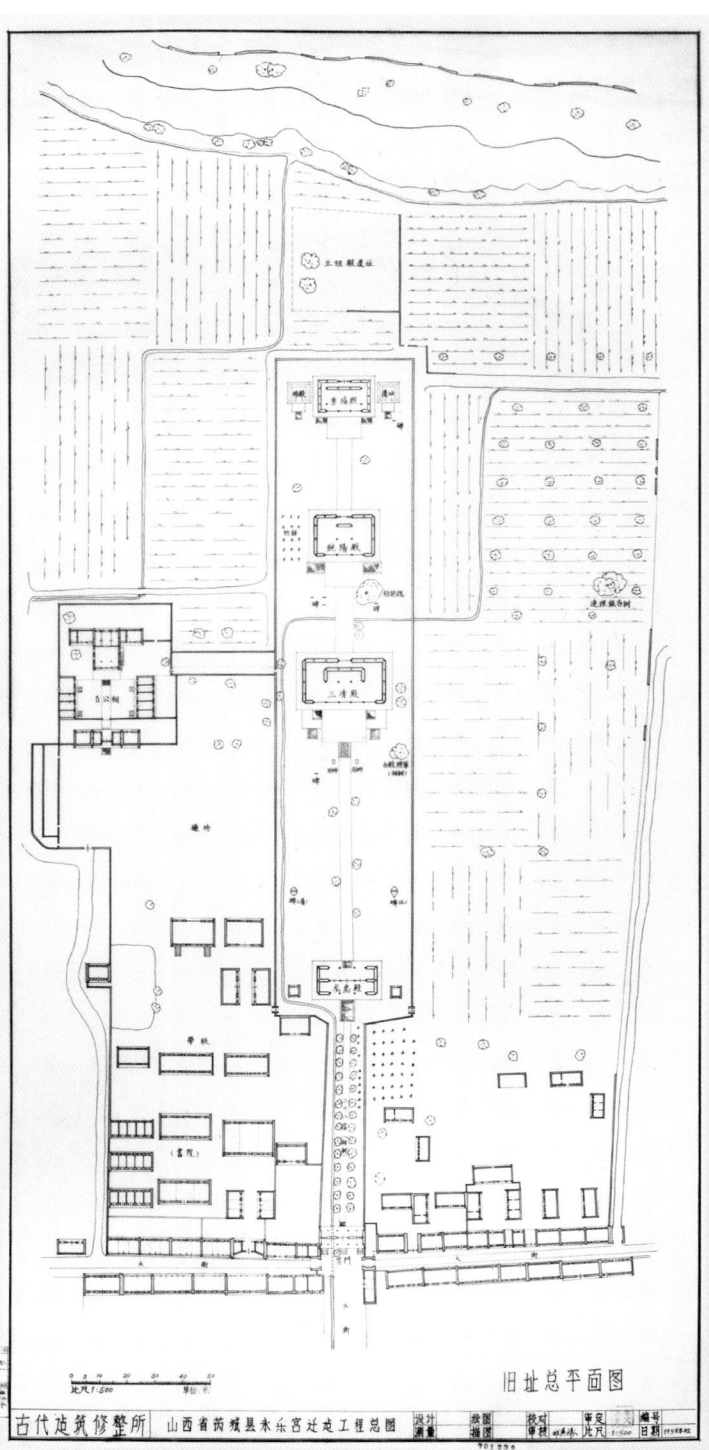

图版 T-6　永乐宫旧址总平面图
（1959 年绘制）

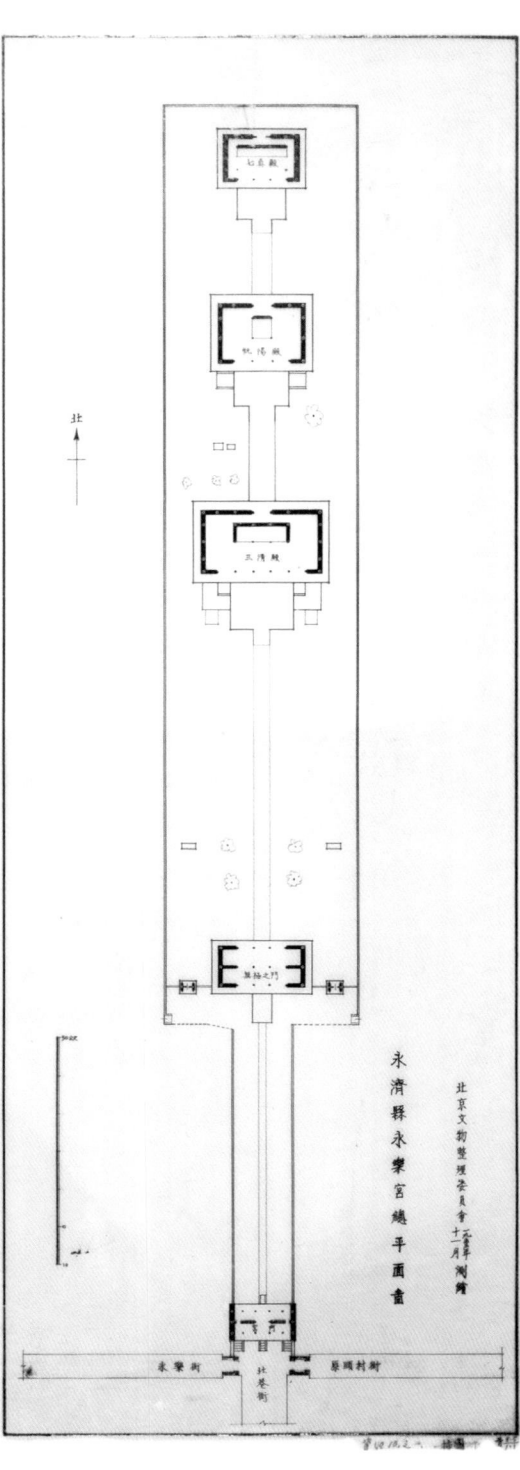

图版 T-7　永乐宫旧址五座大殿总平面图
（1953 年 11 月绘制）

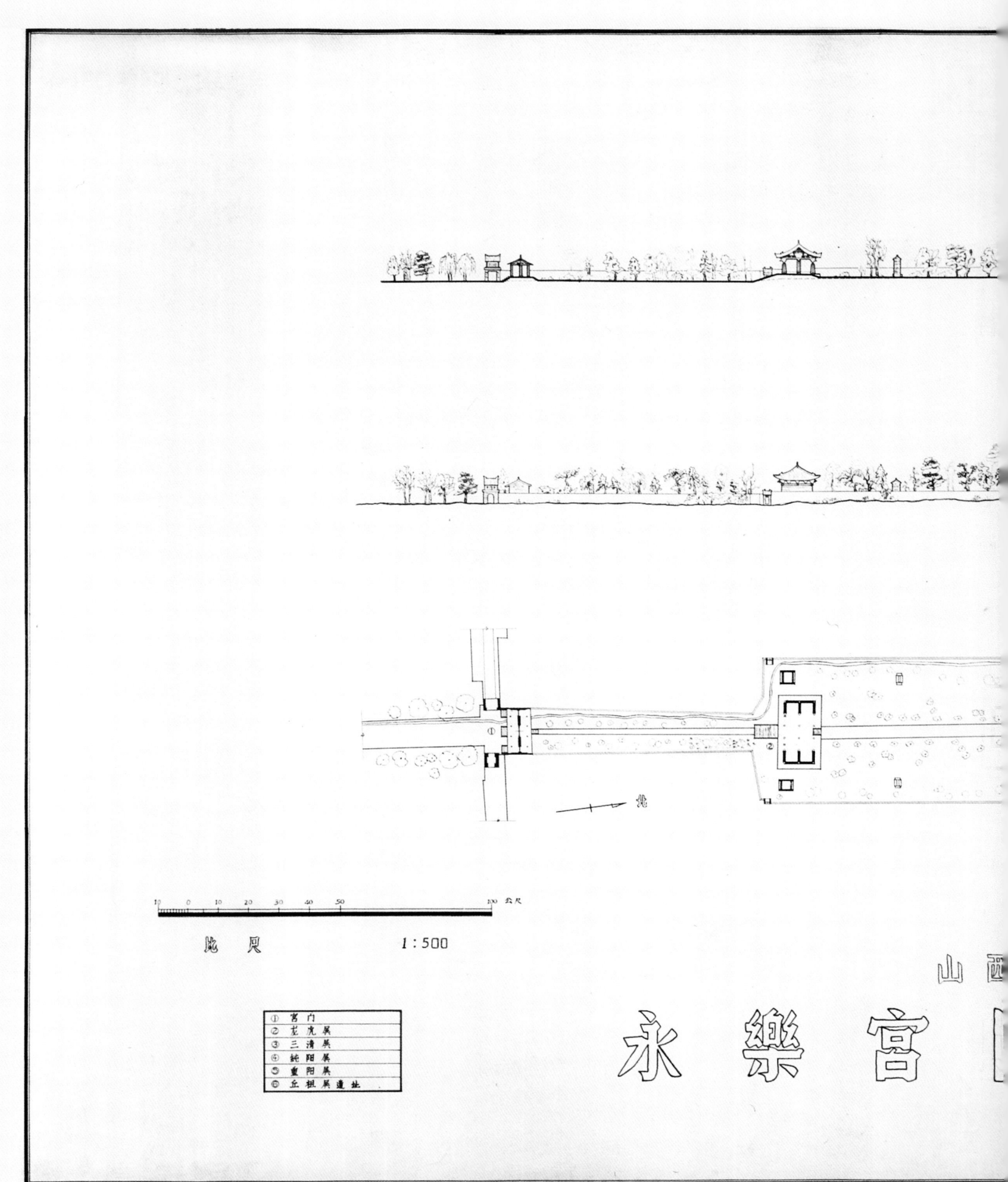

比例   1 : 500

①	宮 門
②	龍虎殿
③	三清殿
④	純陽殿
⑤	重陽殿
⑥	丘祖殿遺址

永 樂 宮

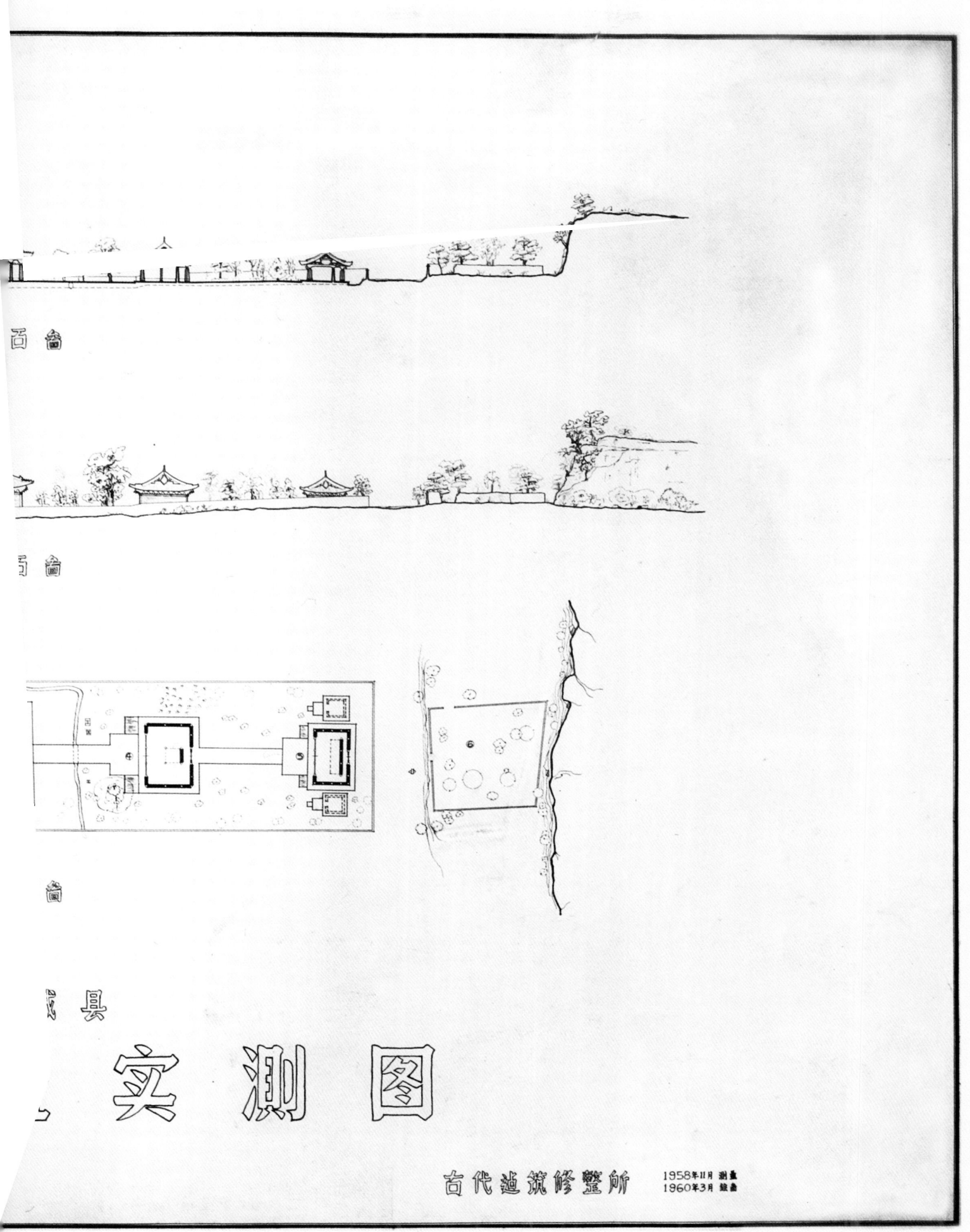

图版 T-8 永乐宫旧址实测图（1958 年测量，1960 年绘图）

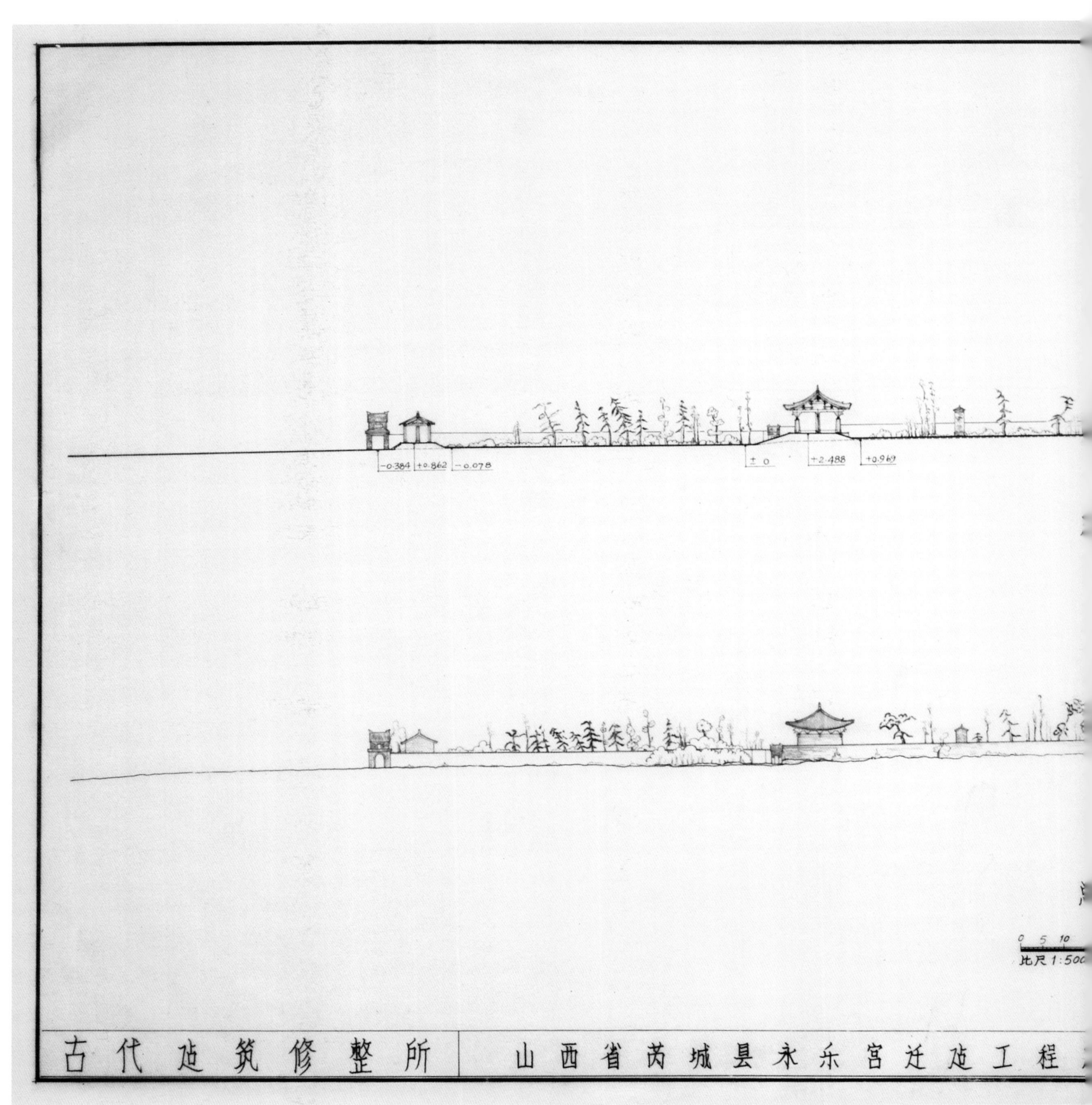

−0.384　+0.862　−0.078

±0　+2.488　+0.969

0　5　10
比尺 1:500

古代建筑修整所　　山西省芮城县永乐宫迁建工程

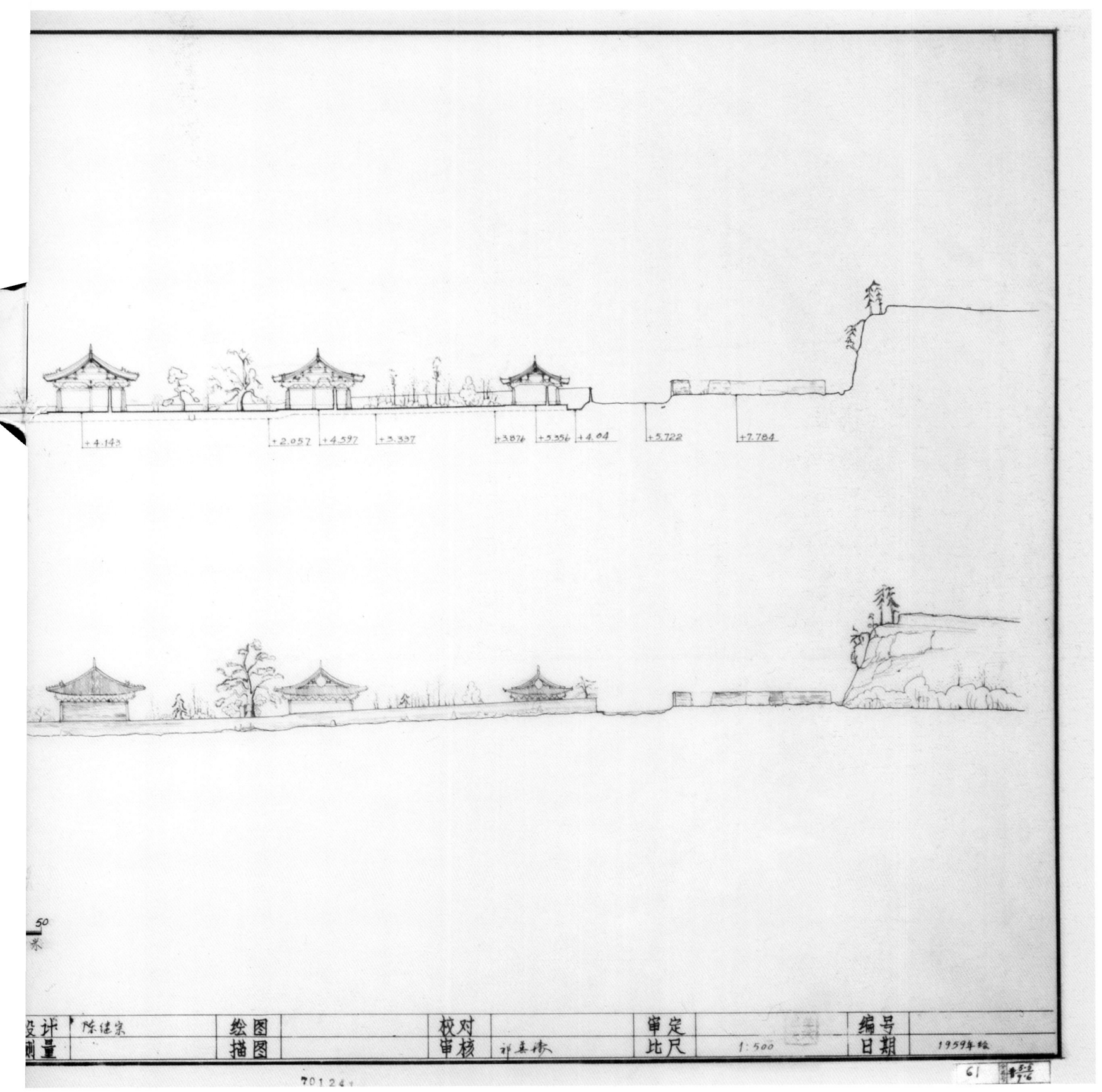

| +4.143 | | +2.057 | +4.597 | +3.337 | +3.876 | +5.356 | +4.04 | +5.722 | +7.784 |

设计	陈德宗	绘图		校对		审定			编号	
测量		描图		审核	祁英楼	比尺		1：500	日期	1959年绘

图版 T-9　永乐宫旧址总侧立面及总剖面图（1959 年绘制）

1.4 永乐宫新址总图

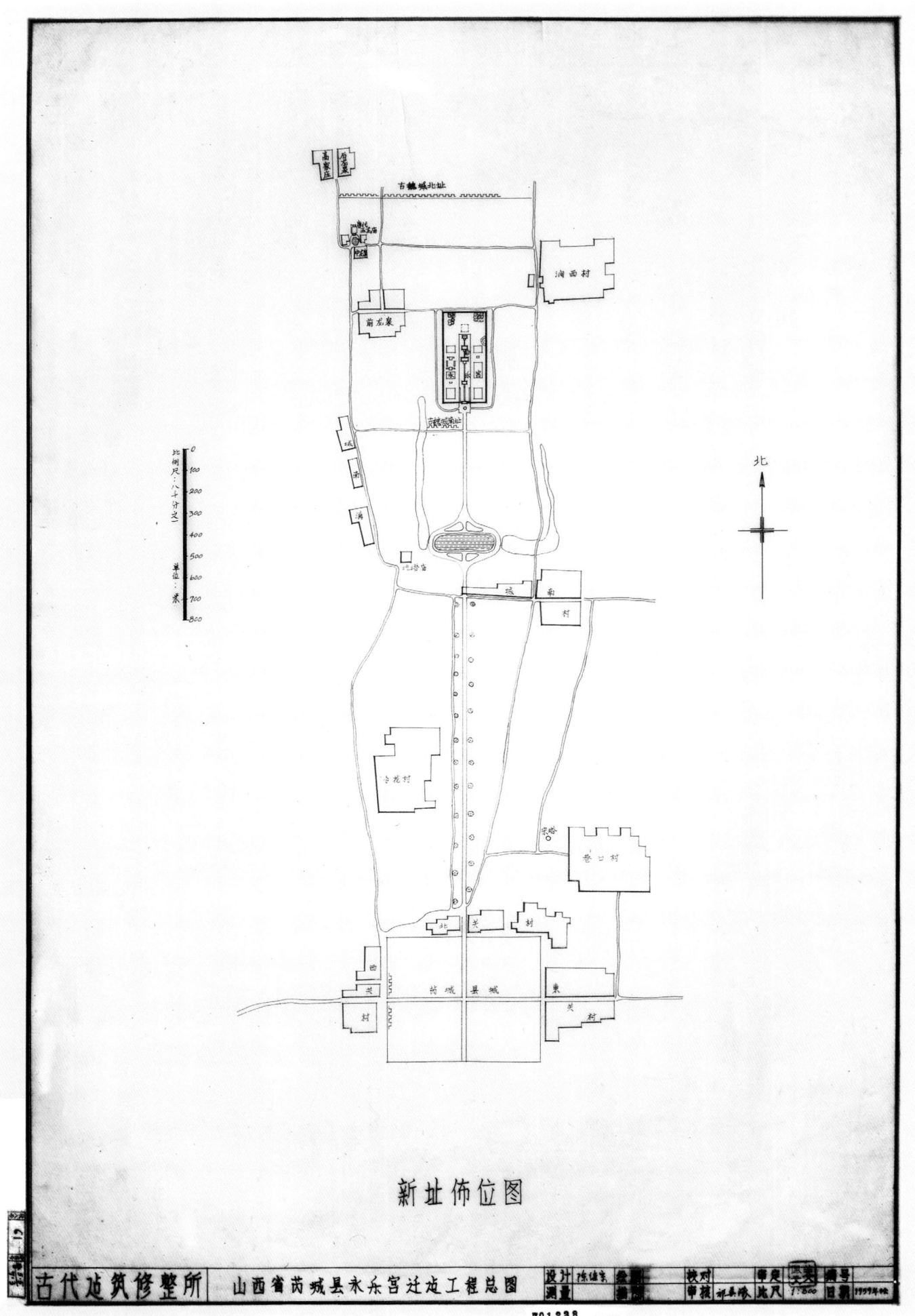

图版 T-10　永乐宫新址布位图（1959 年绘制）

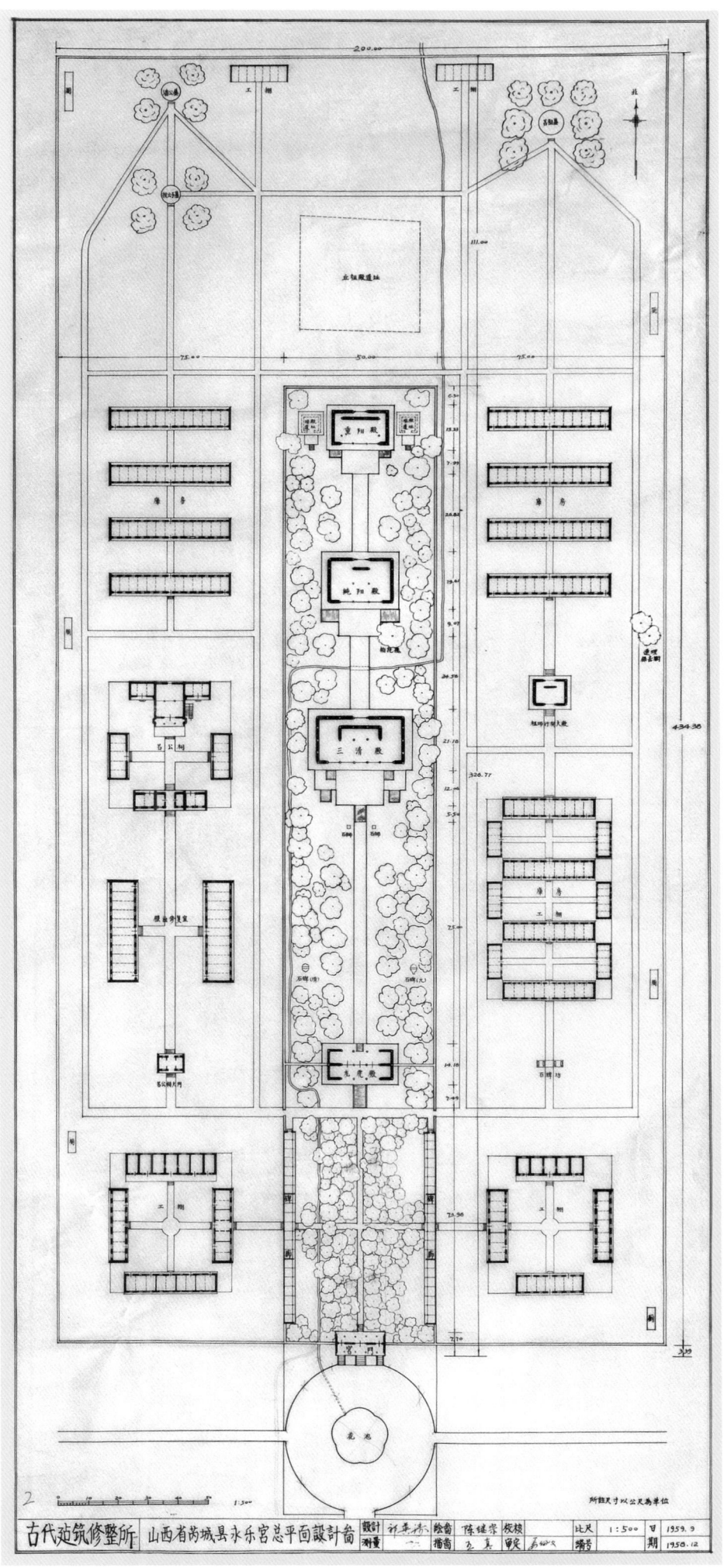

图版 T-11 永乐宫新址总平面设计图（1958 年绘制）

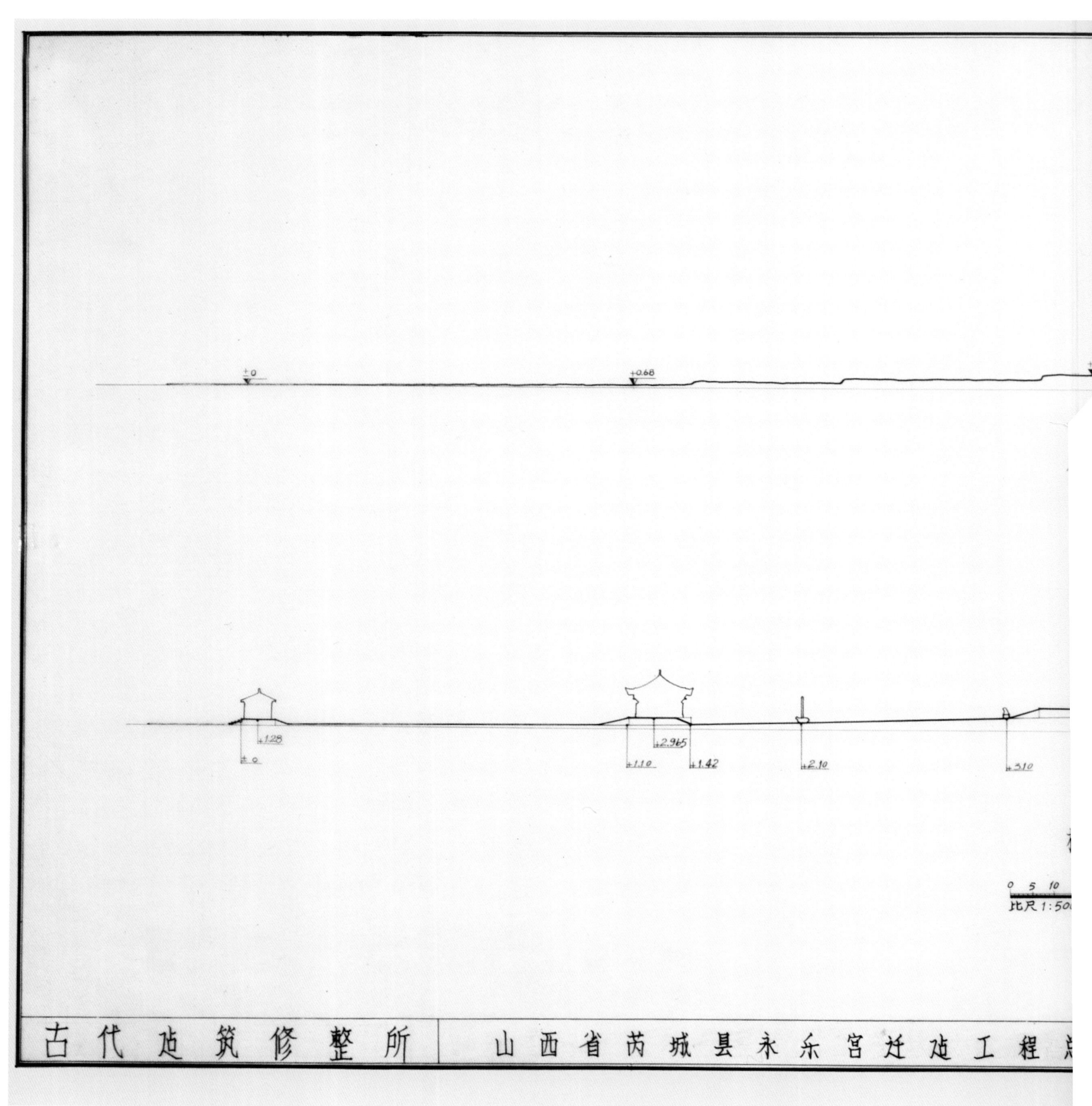

+0   +0.68   +3.5

+1.28
±0
+2.965
+1.10   +1.42   +2.10   +3.10

0 5 10
比尺 1:500

古代建筑修整所 ｜ 山西省芮城县永乐宫迁建工程总

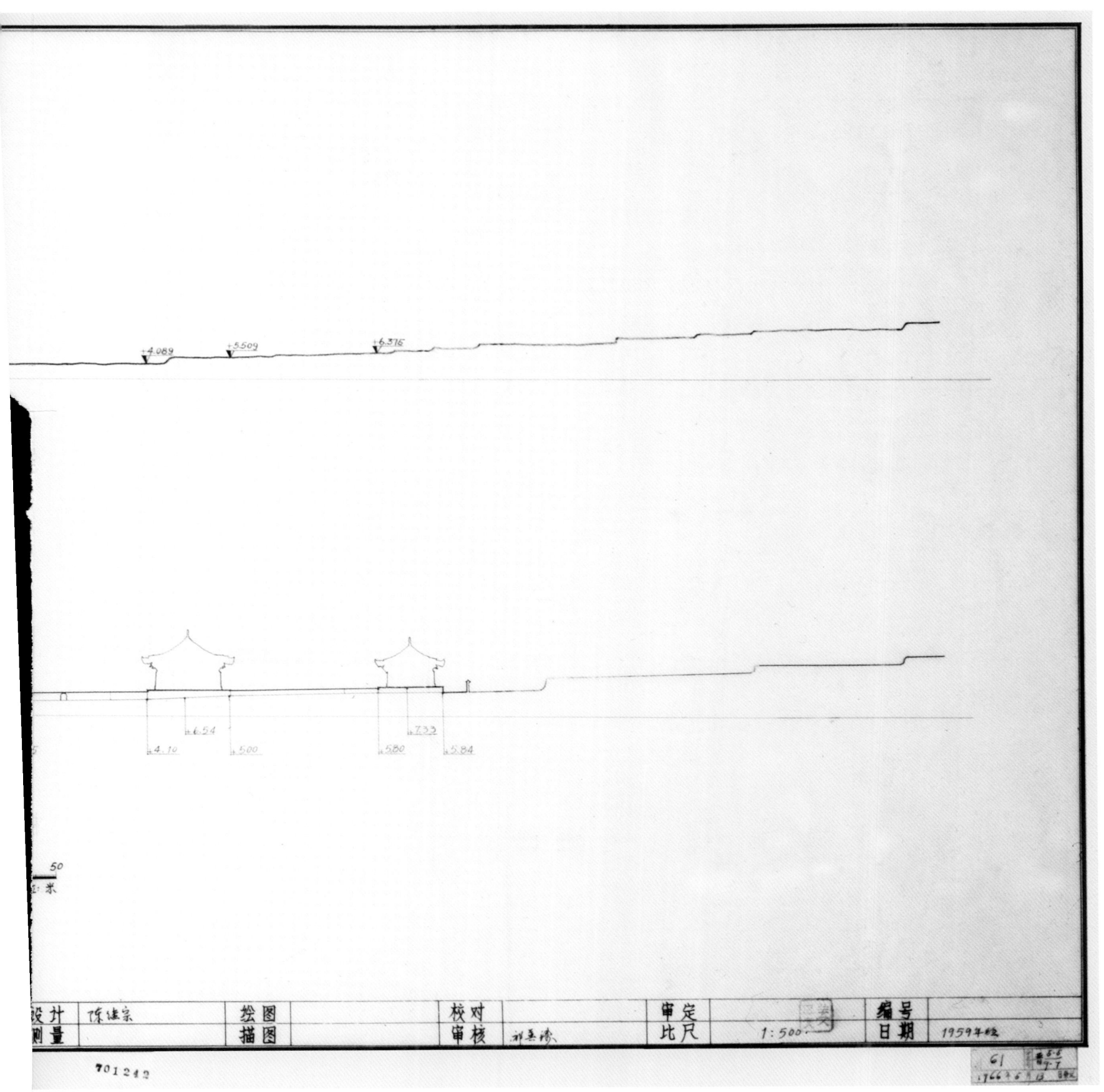

图版 T-12　永乐宫新址标高设计图（1959 年绘制）

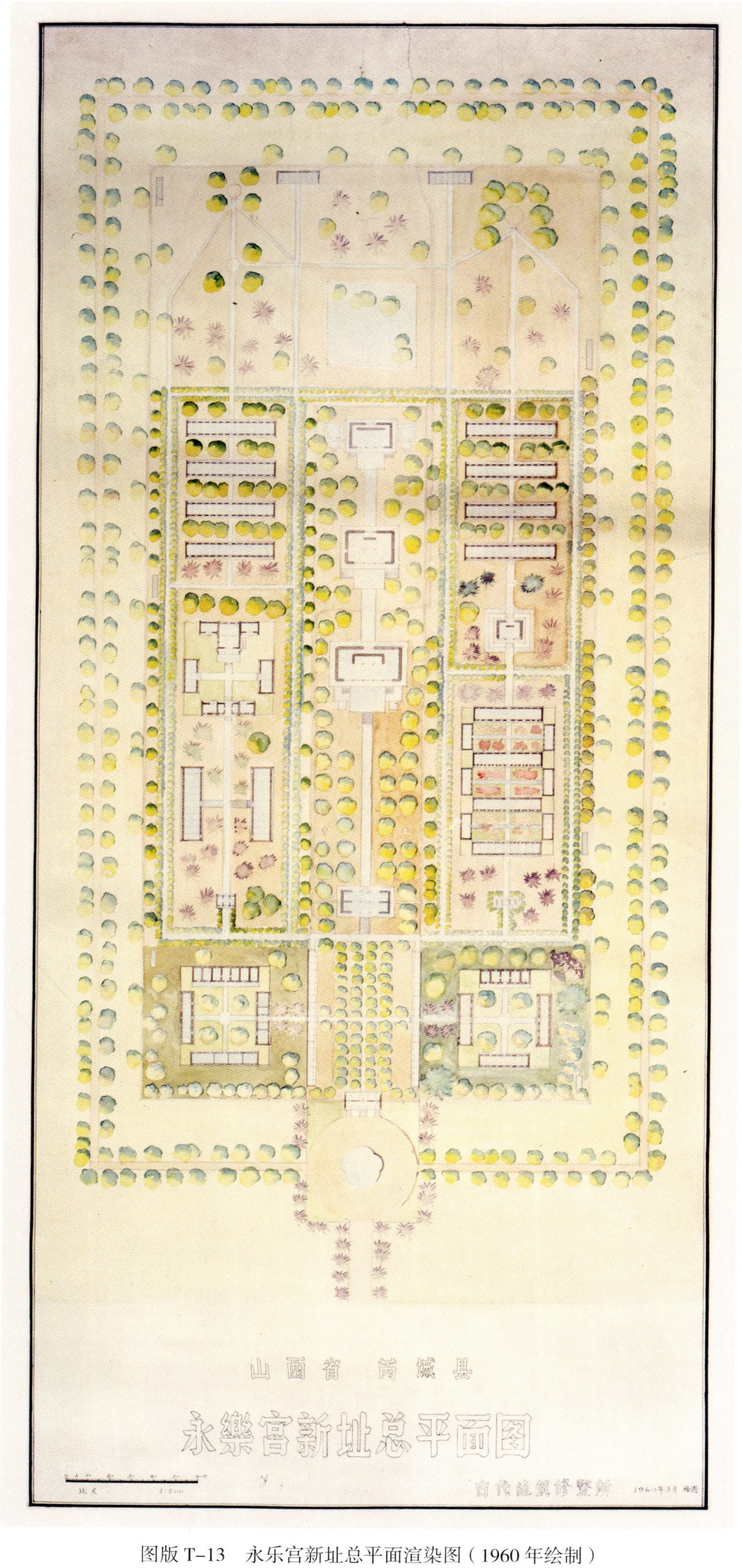

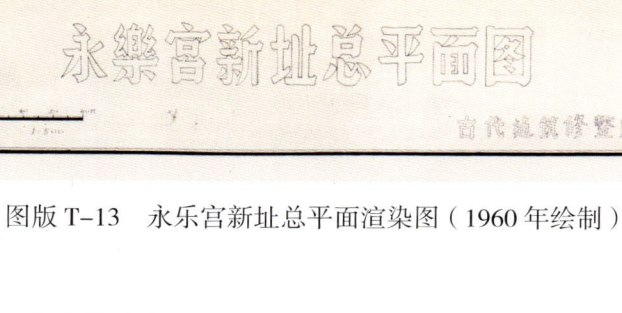

图版 T-13　永乐宫新址总平面渲染图（1960 年绘制）

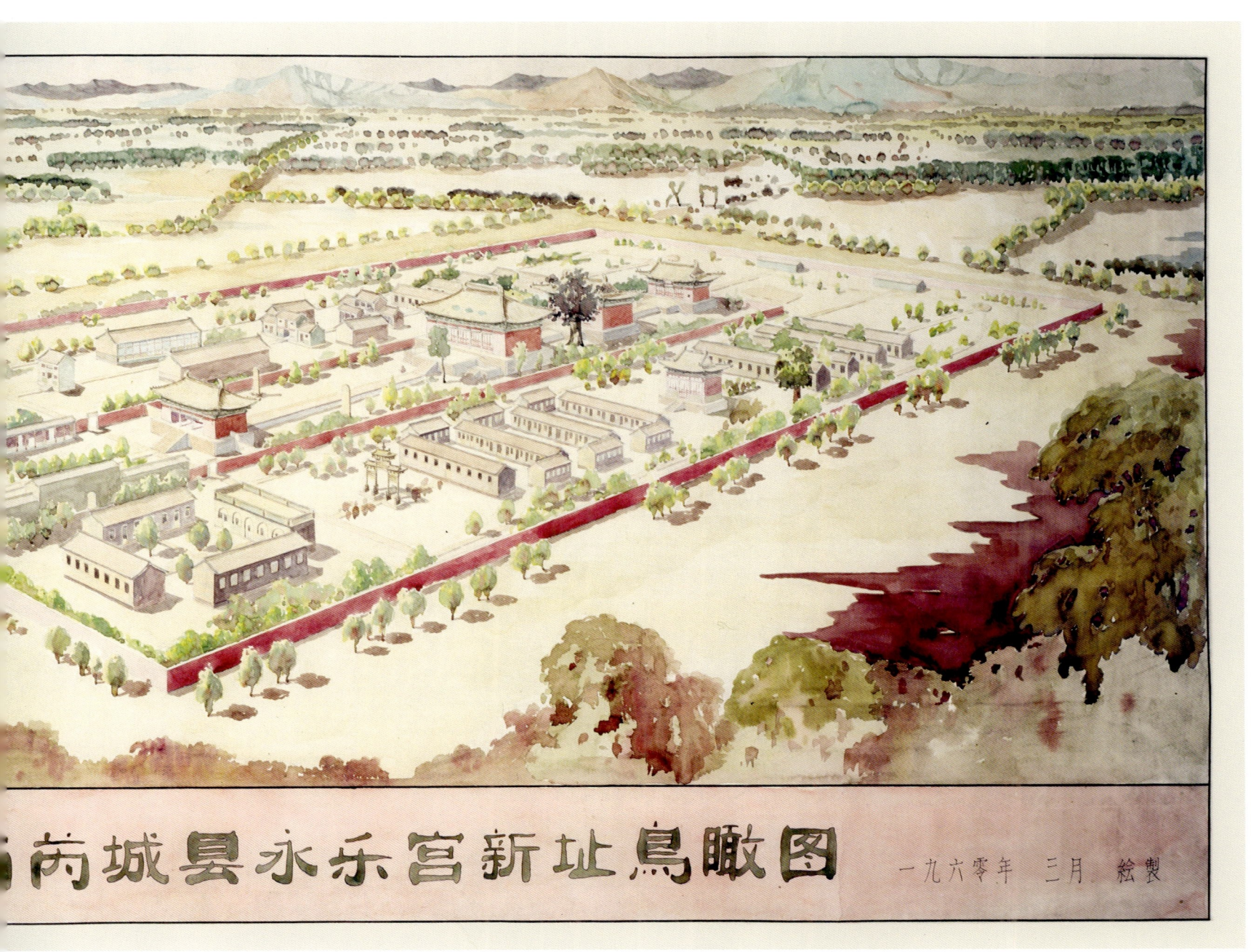

图版 T-14　永乐宫新址鸟瞰图（1960 年绘制）

2. 建筑迁建工程设计图

2.1 宫门

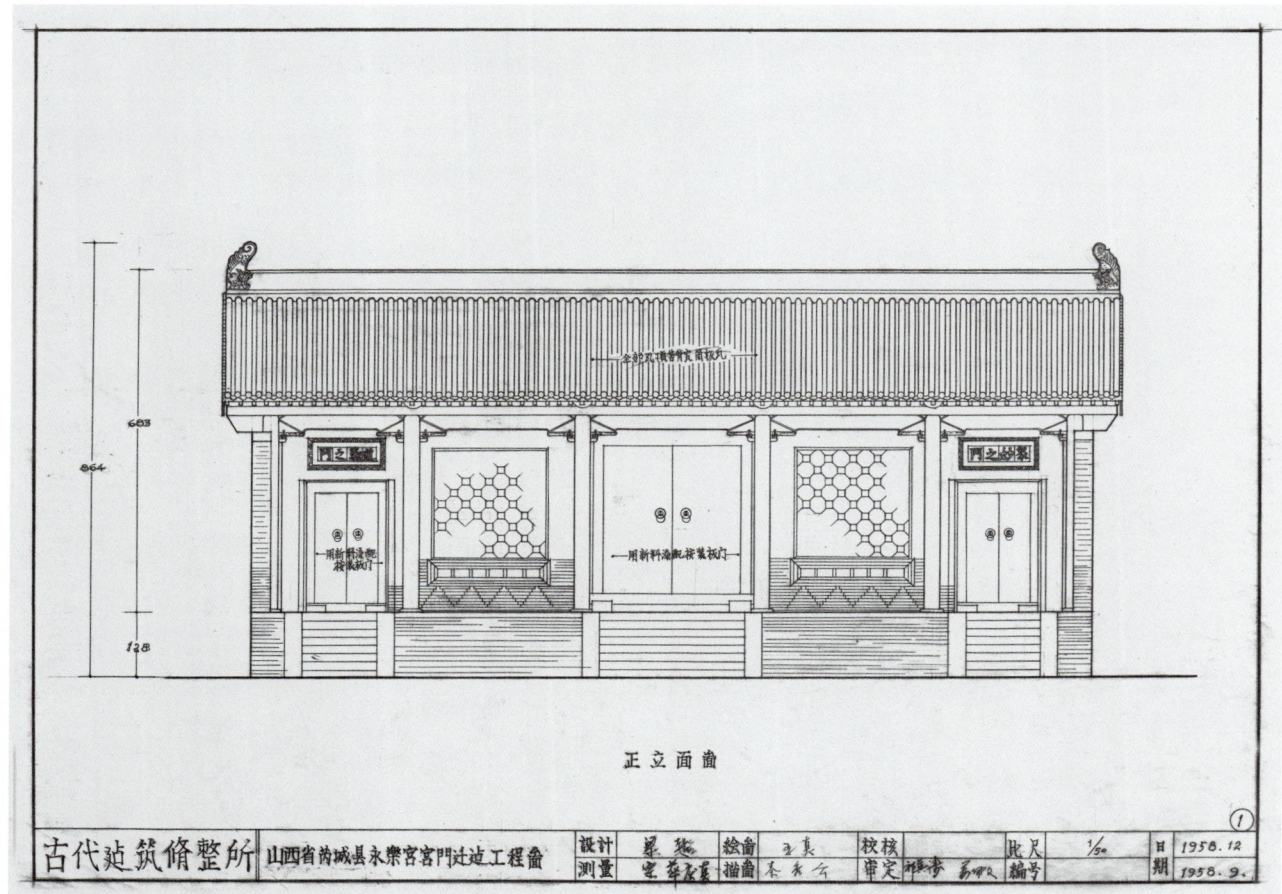

图版 T-15　宫门正立面图

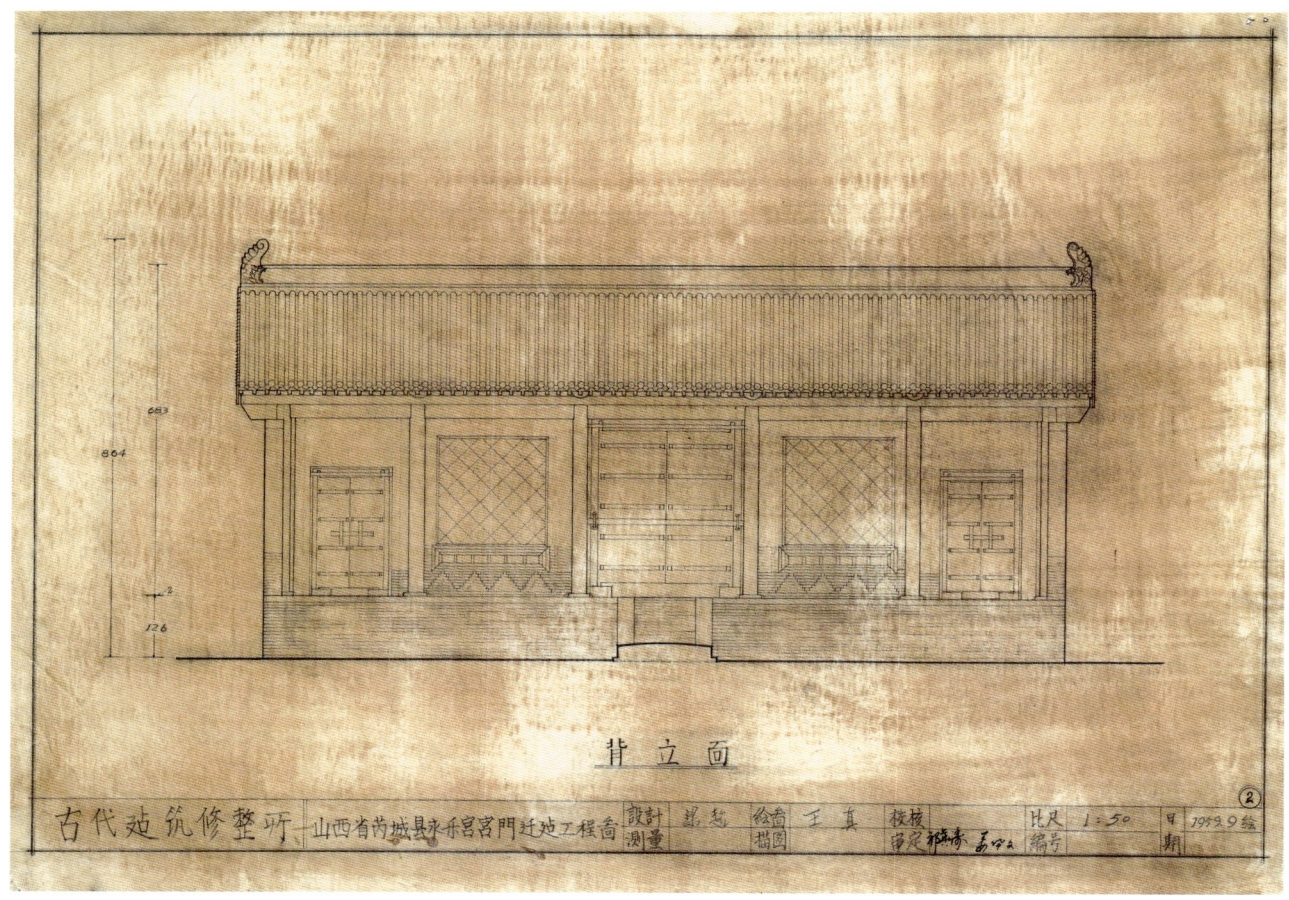

图版 T-16　宫门背立面图

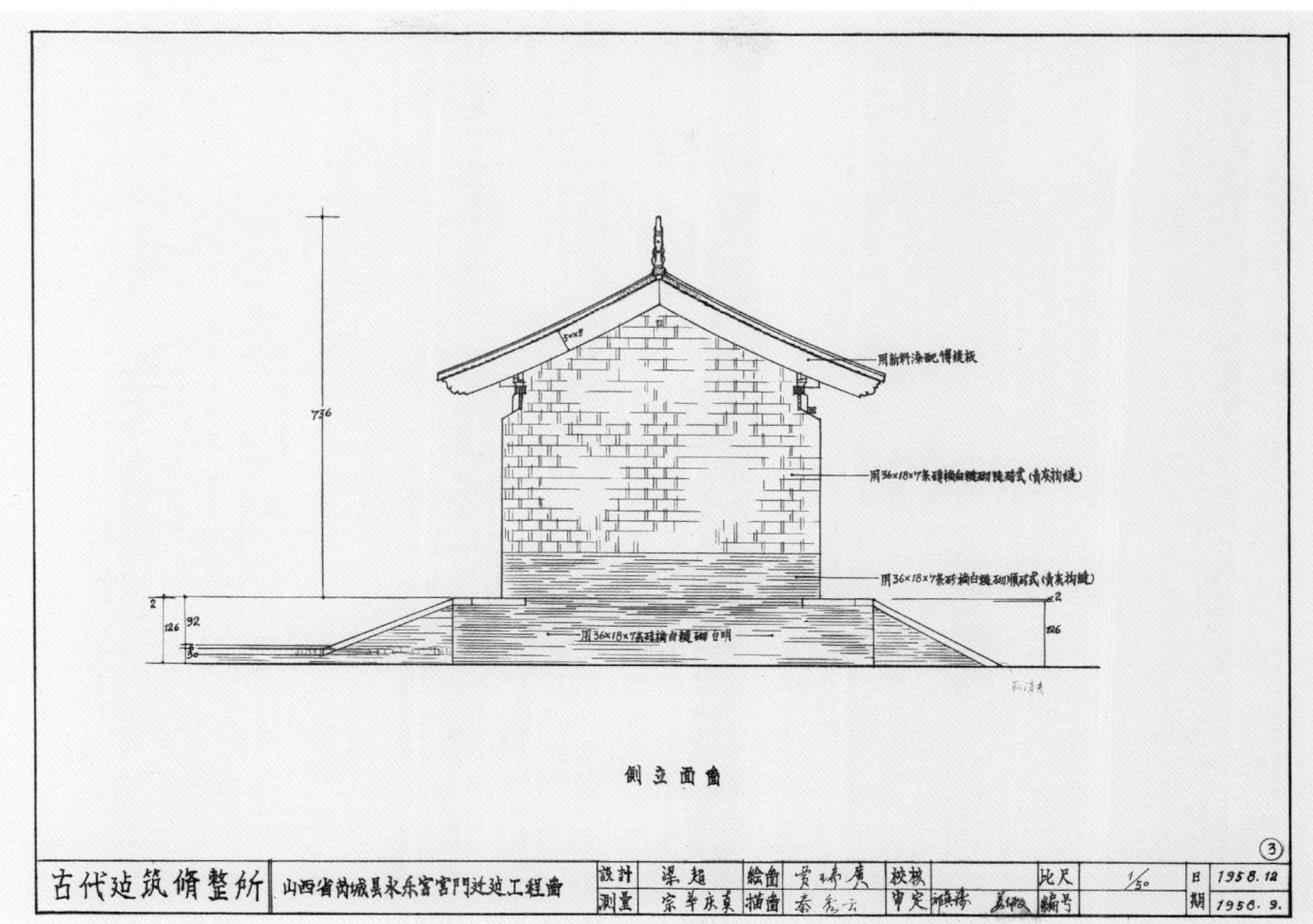

图版 T-17　宫门侧立面图

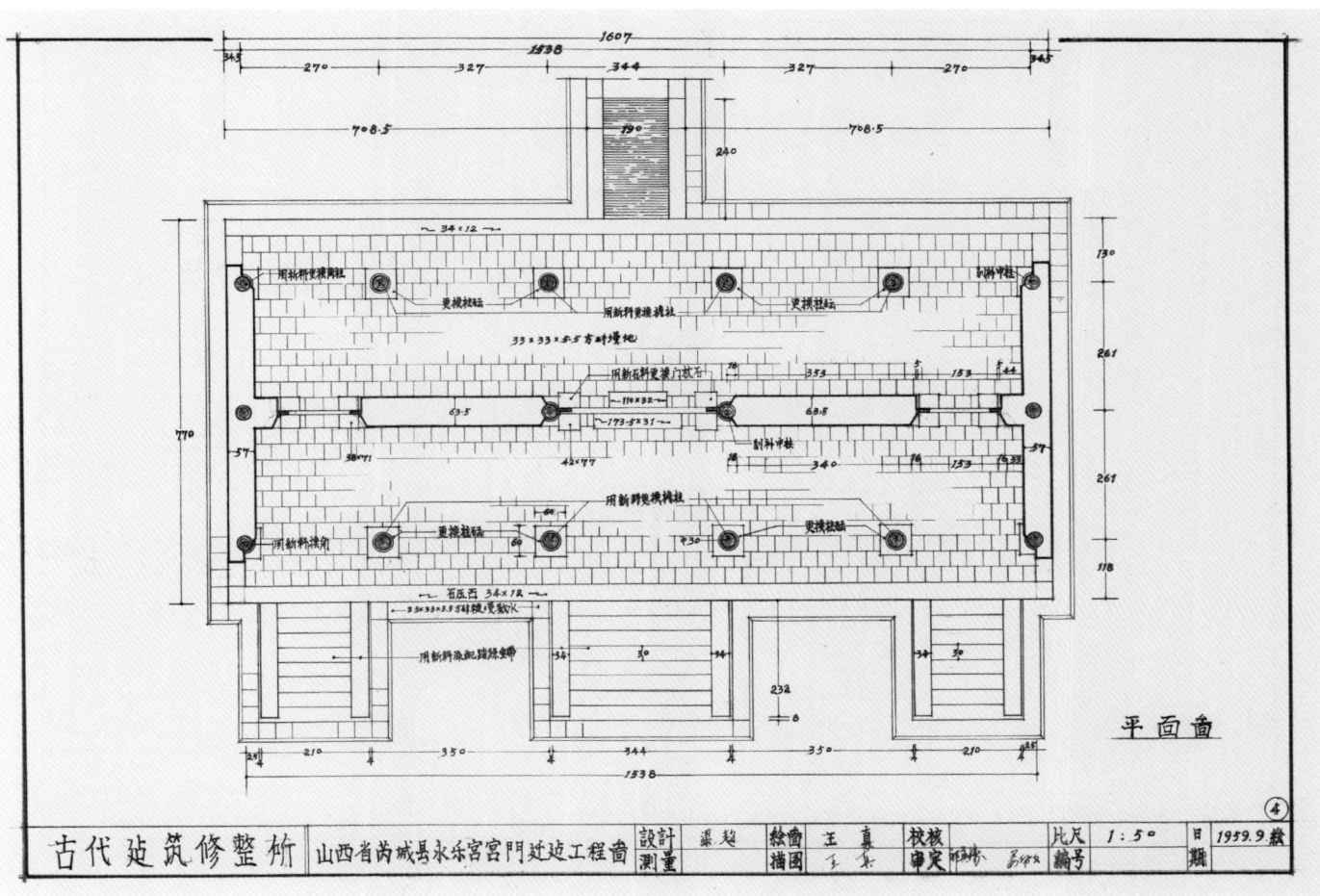

图版 T-18　宫门平面图

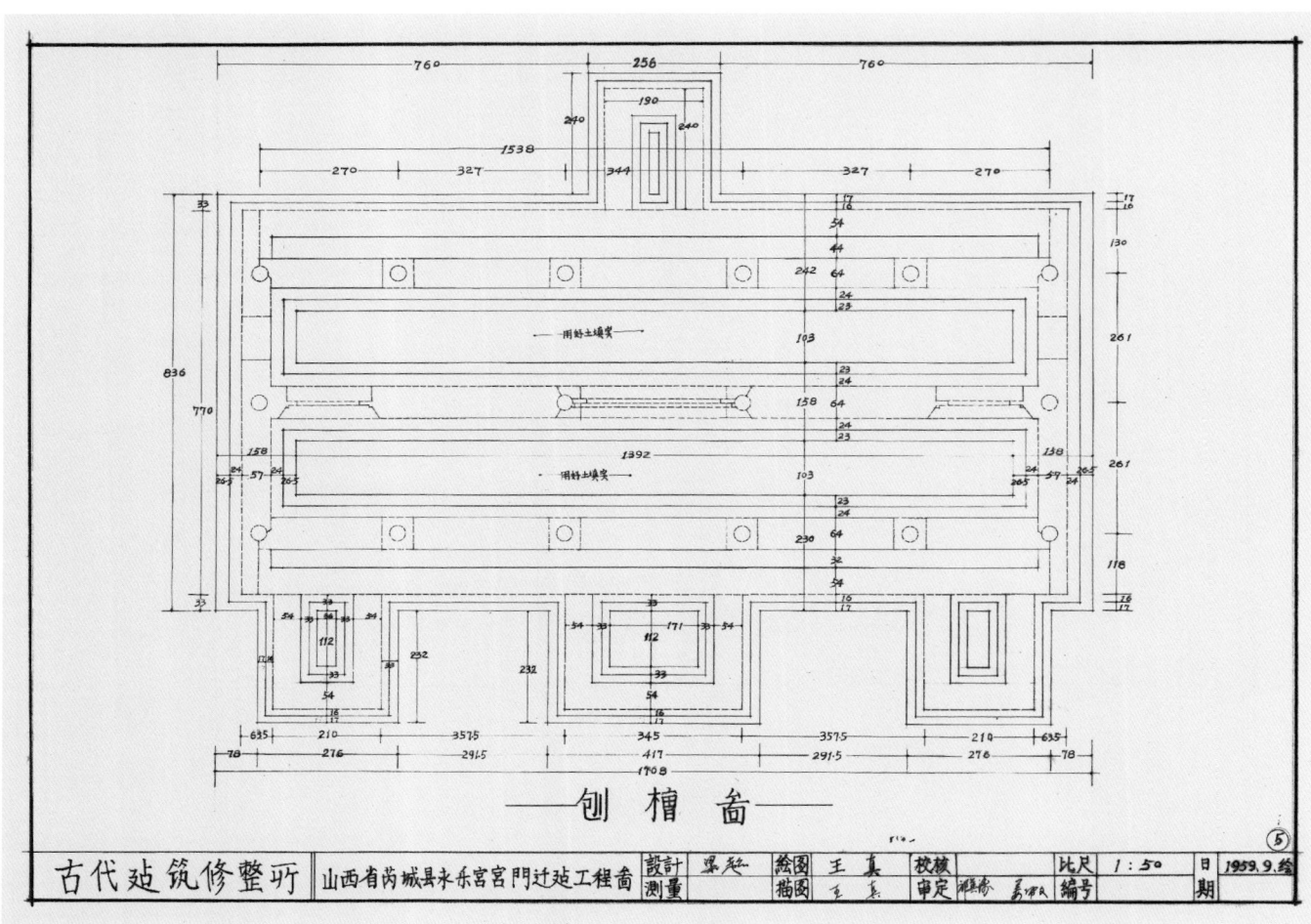

图版 T-19　宫门基础刨槽图

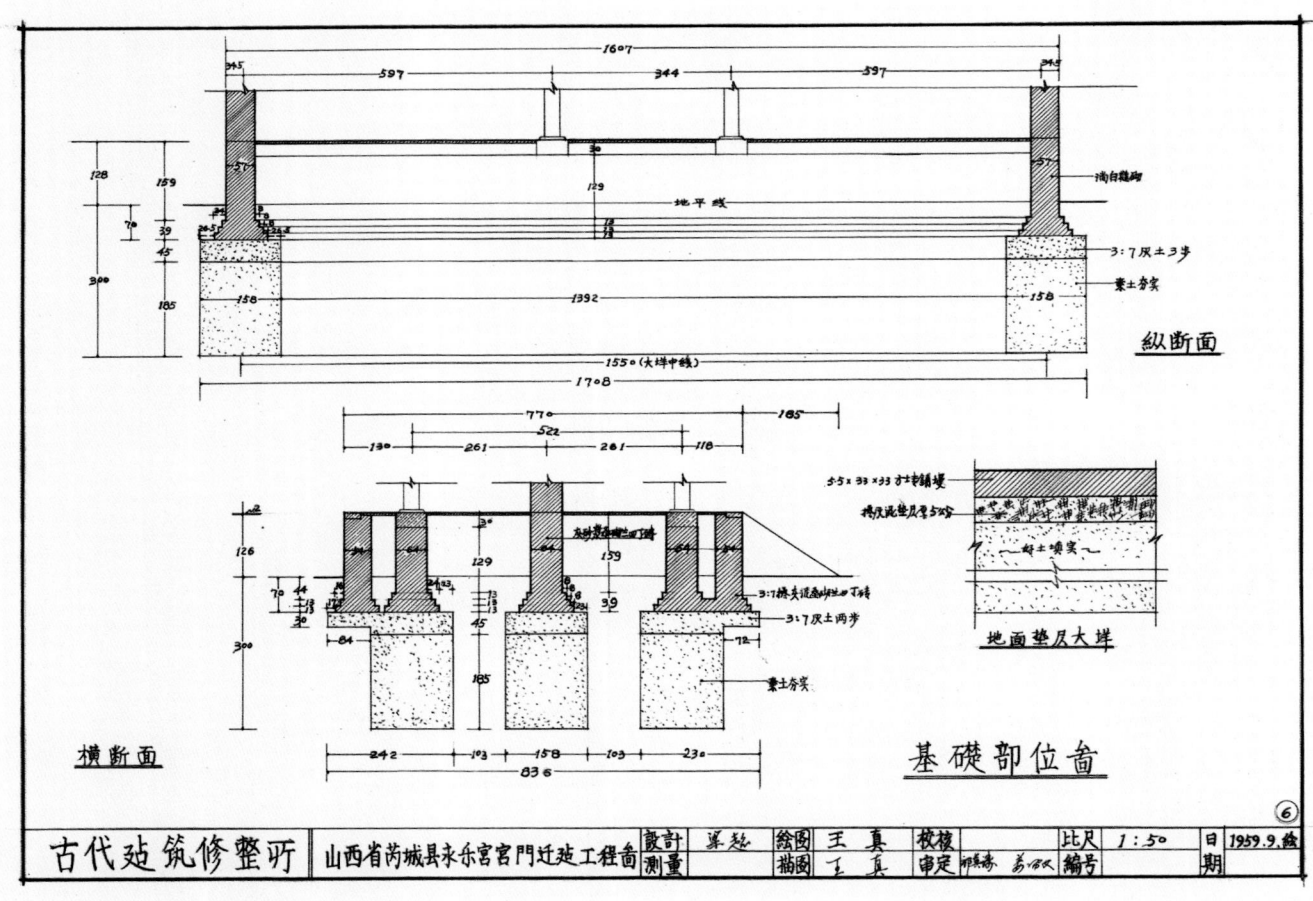

图版 T-20　宫门基础部位图

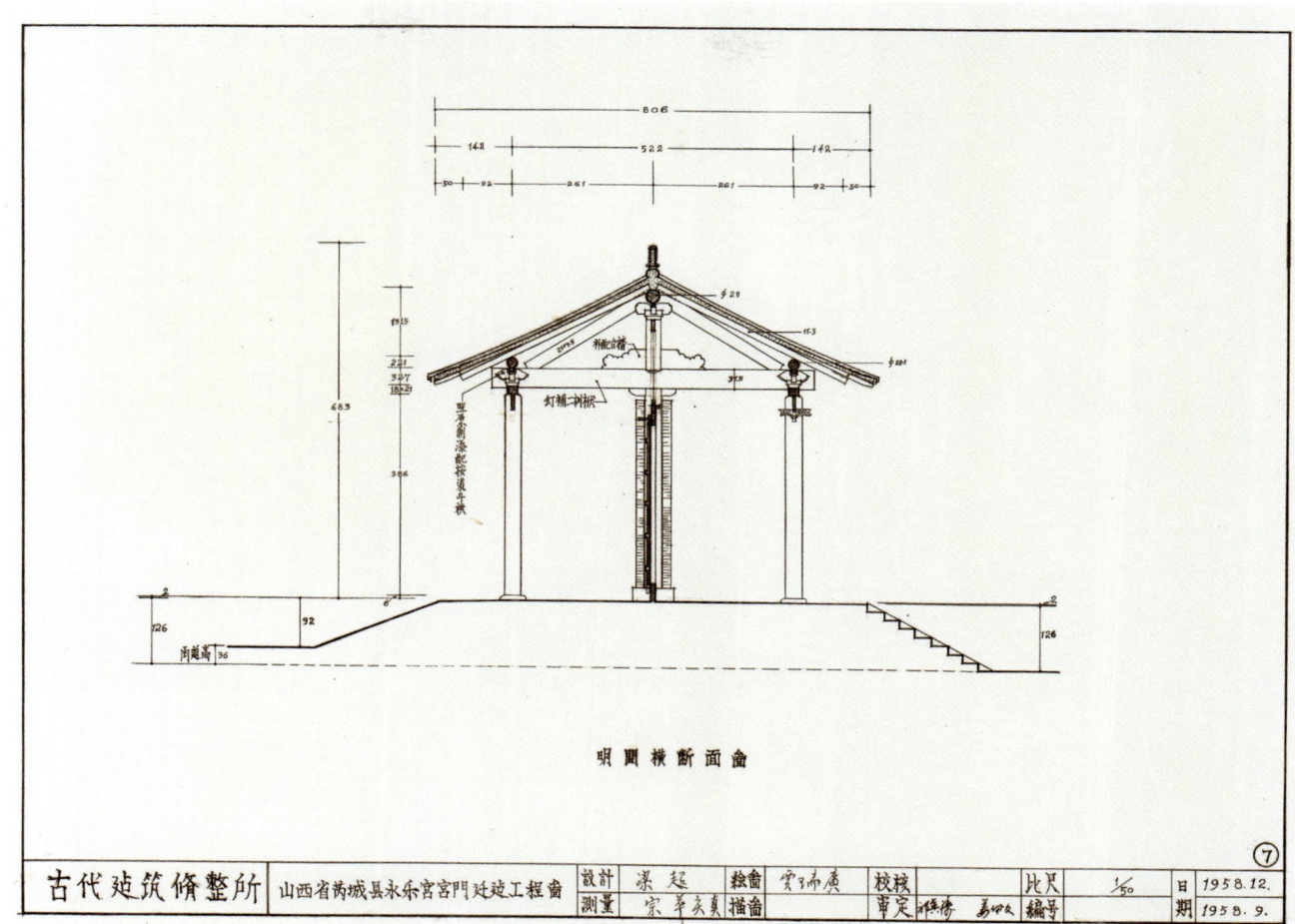

图版 T-21　宫门明间横断面图

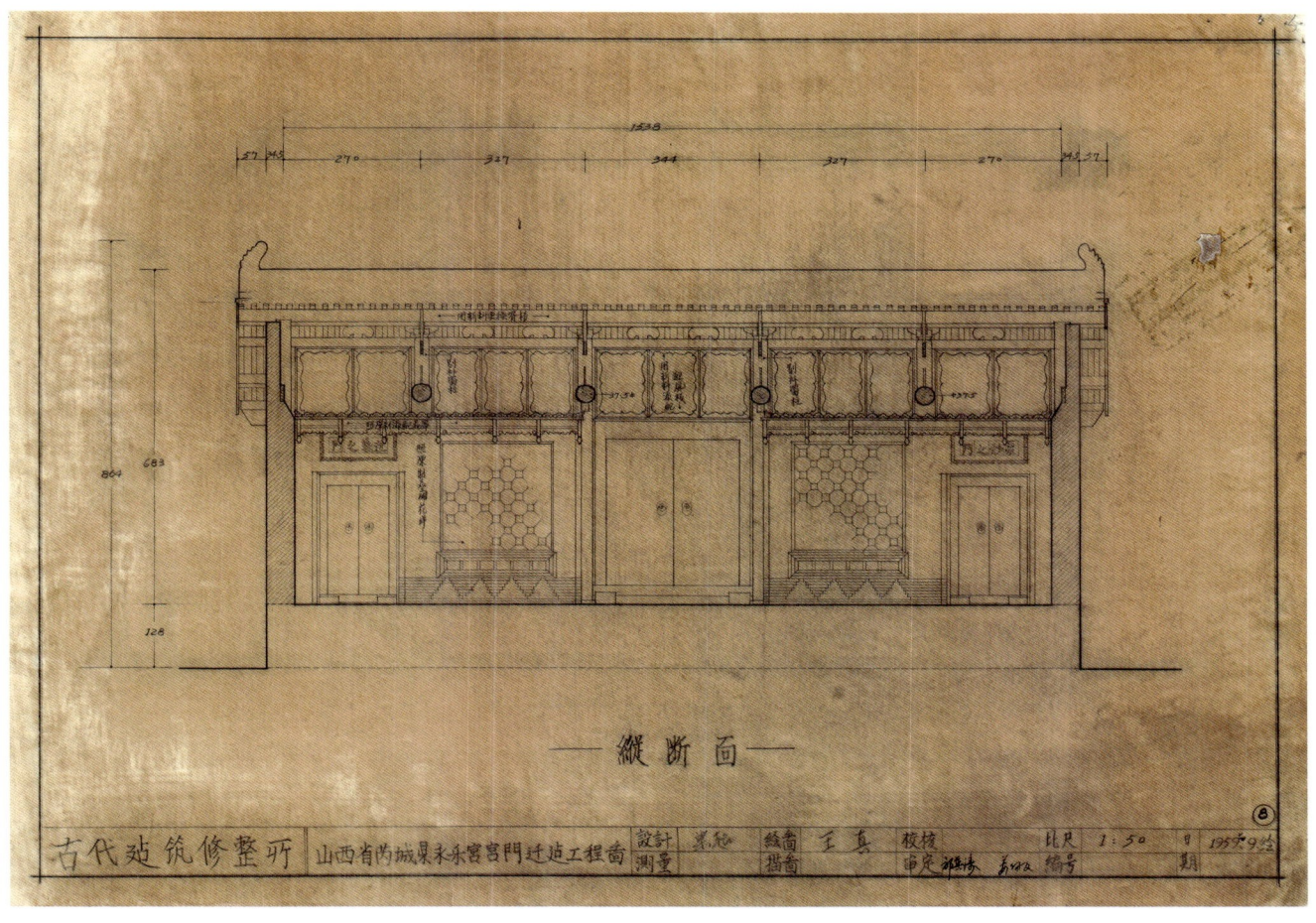

图版 T-22　宫门纵断面图

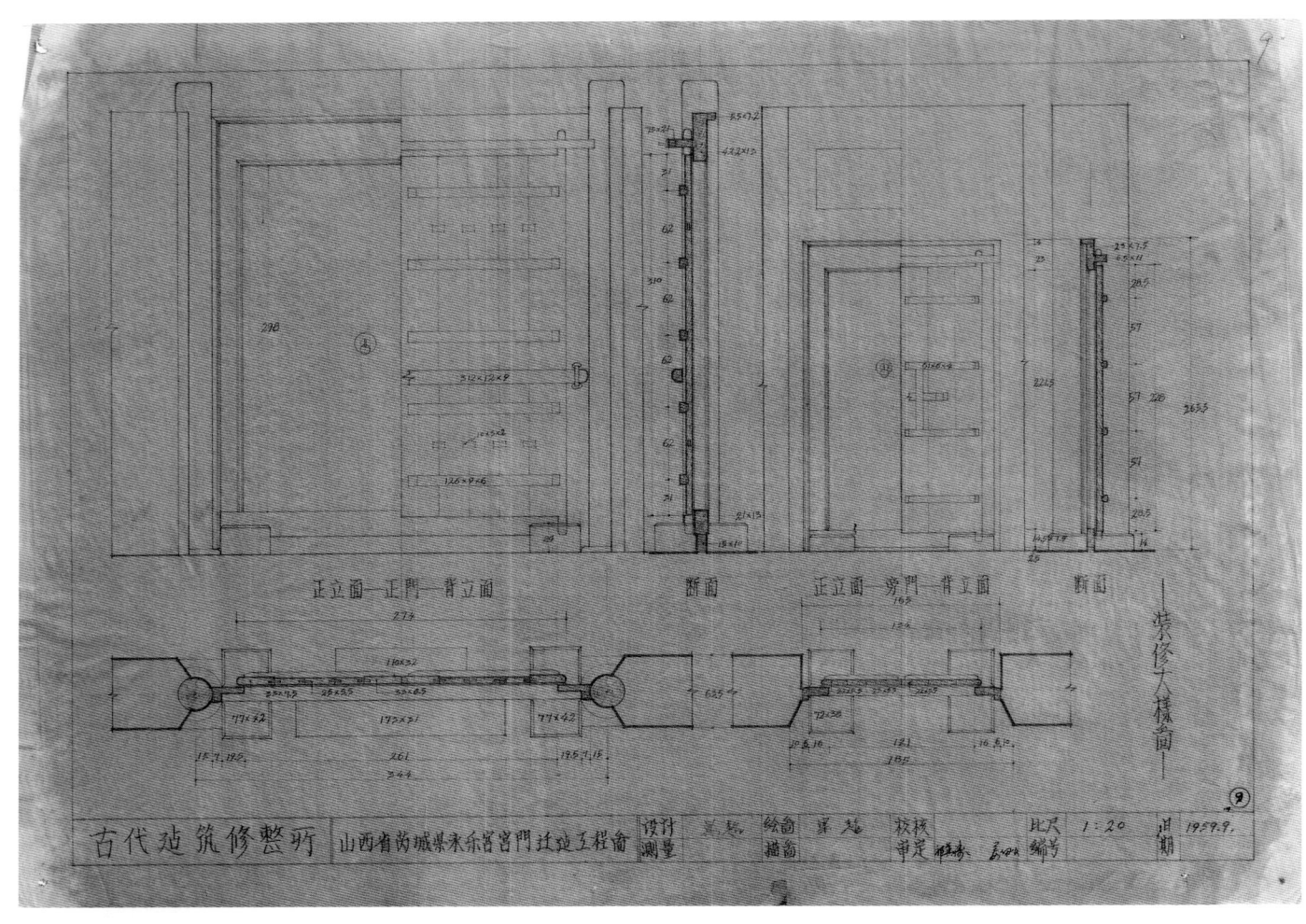

图版 T-23 宫门装修大样图

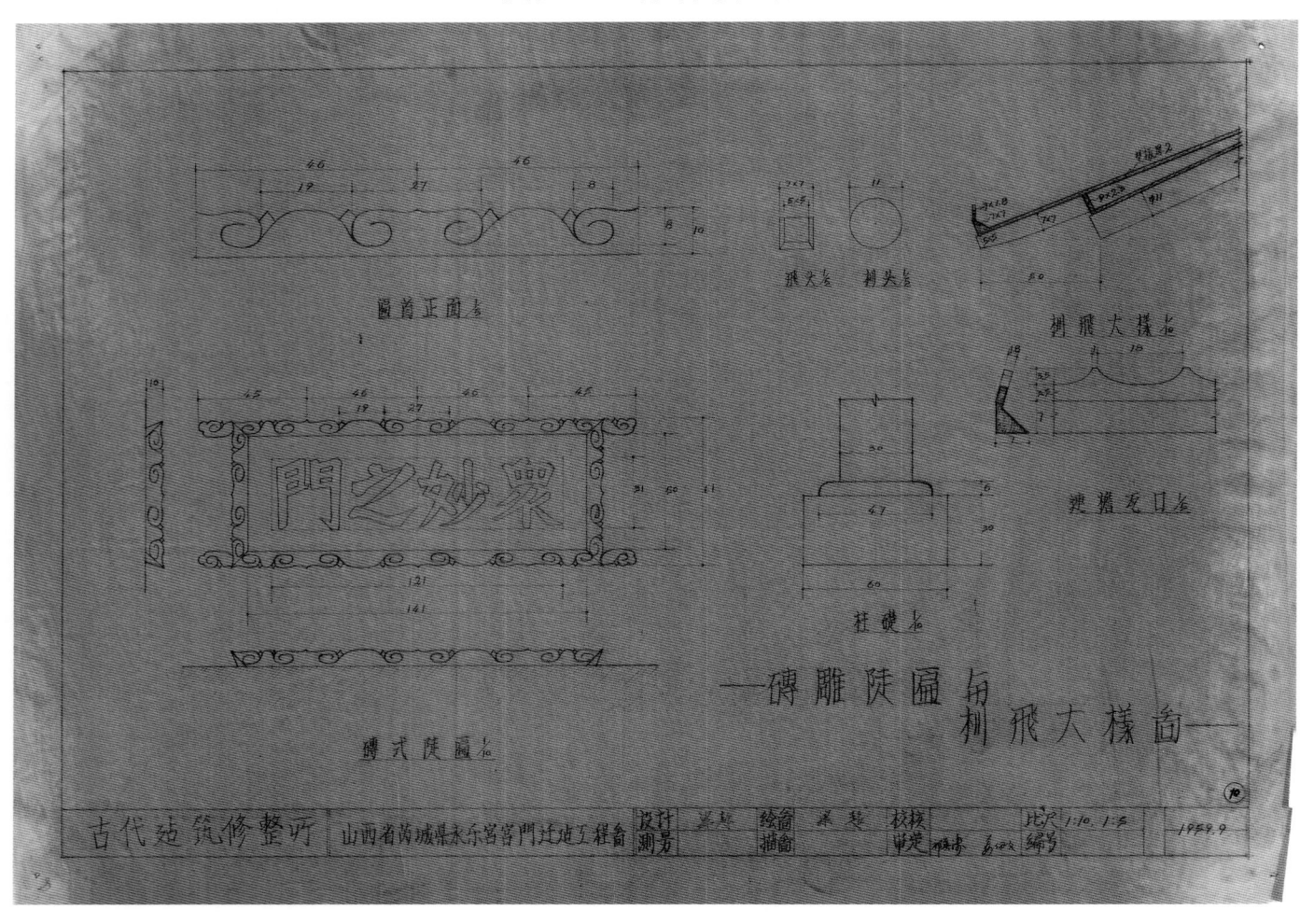

图版 T-24 宫门砖雕陡匾与椽飞大样图

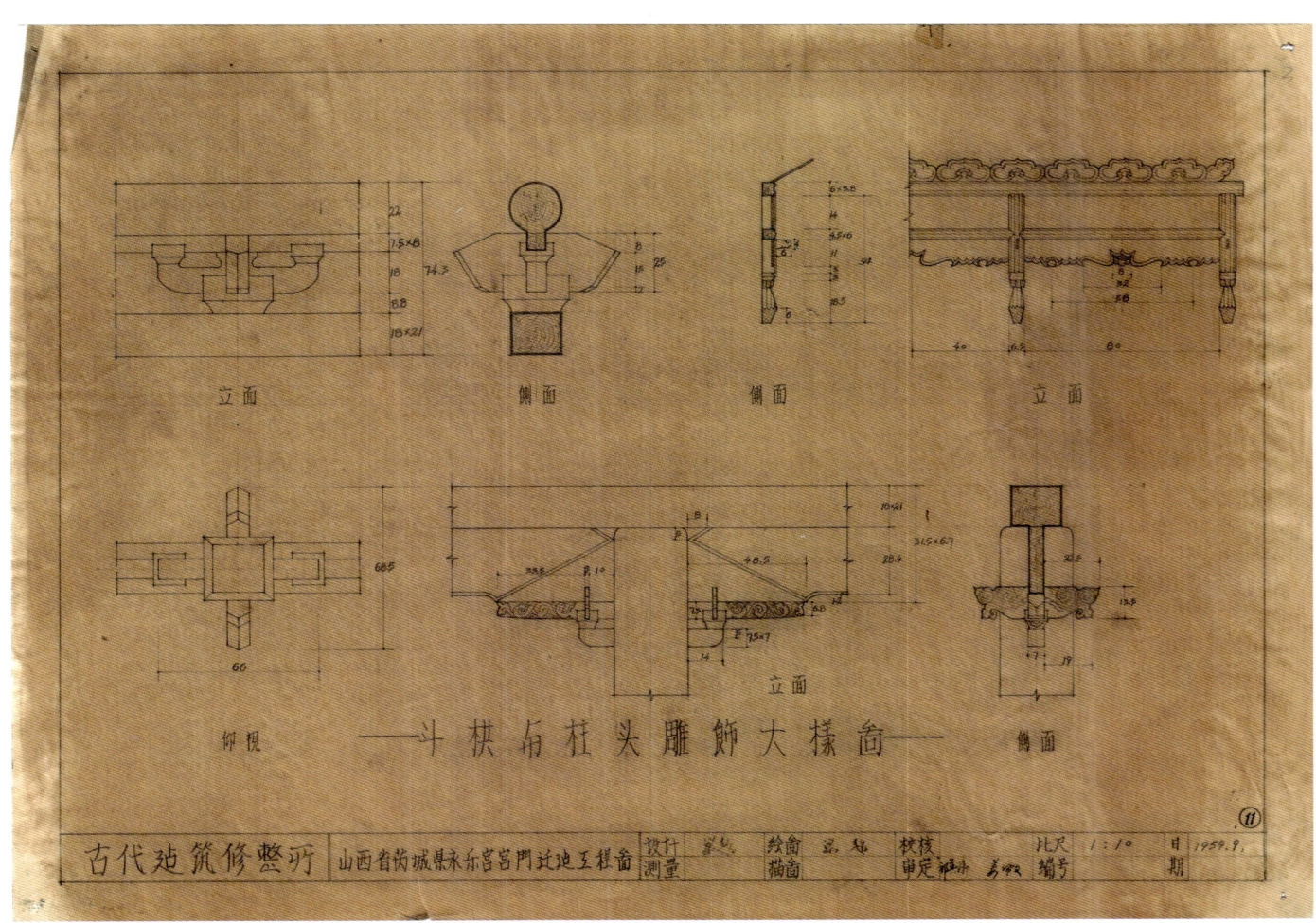

图版 T–25 宫门斗栱与柱头雕饰大样图

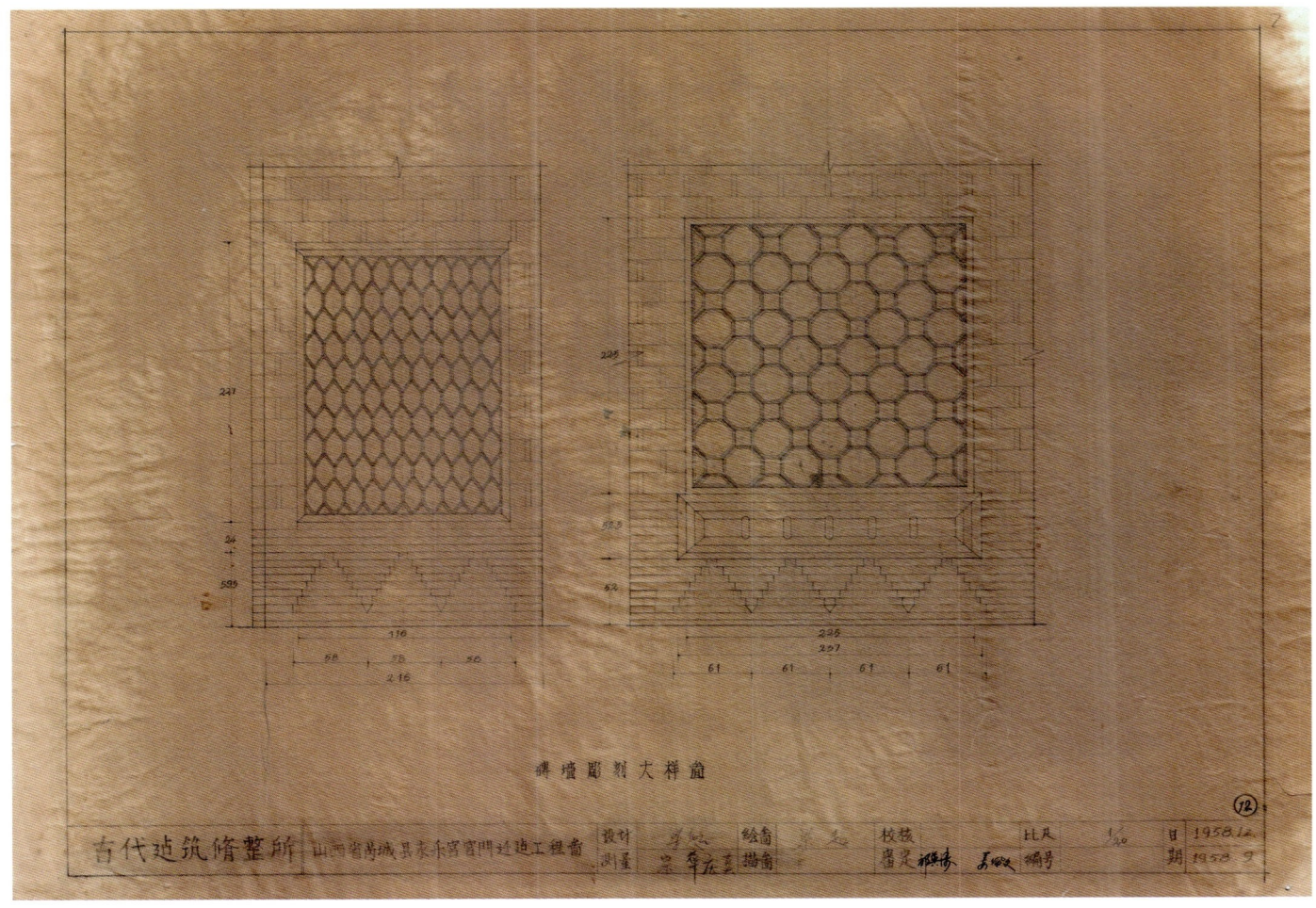

图版 T–26 宫门砖墙雕刻大样图

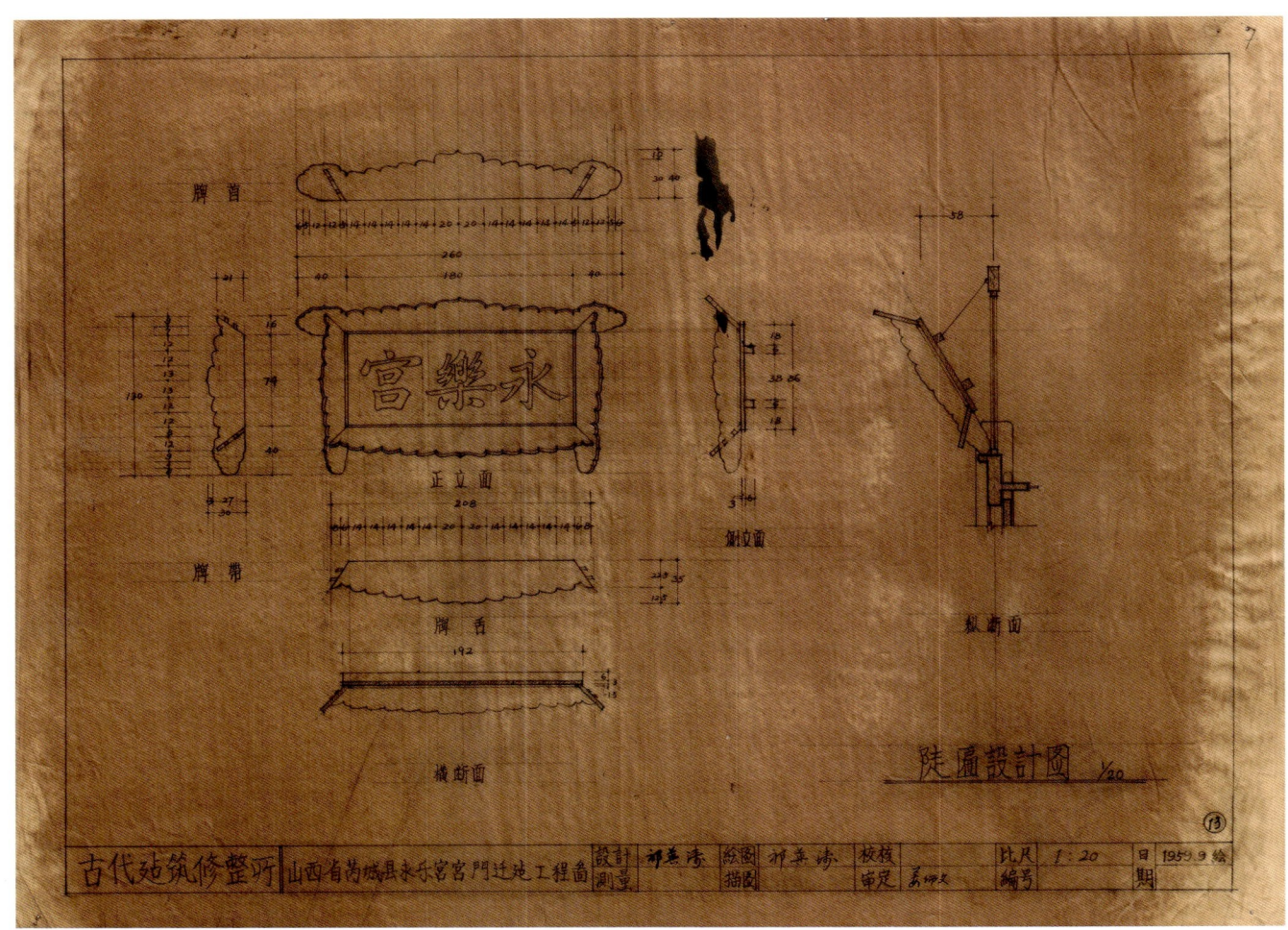

图版 T-27　宫门陛匾大样图

2.2 龙虎殿

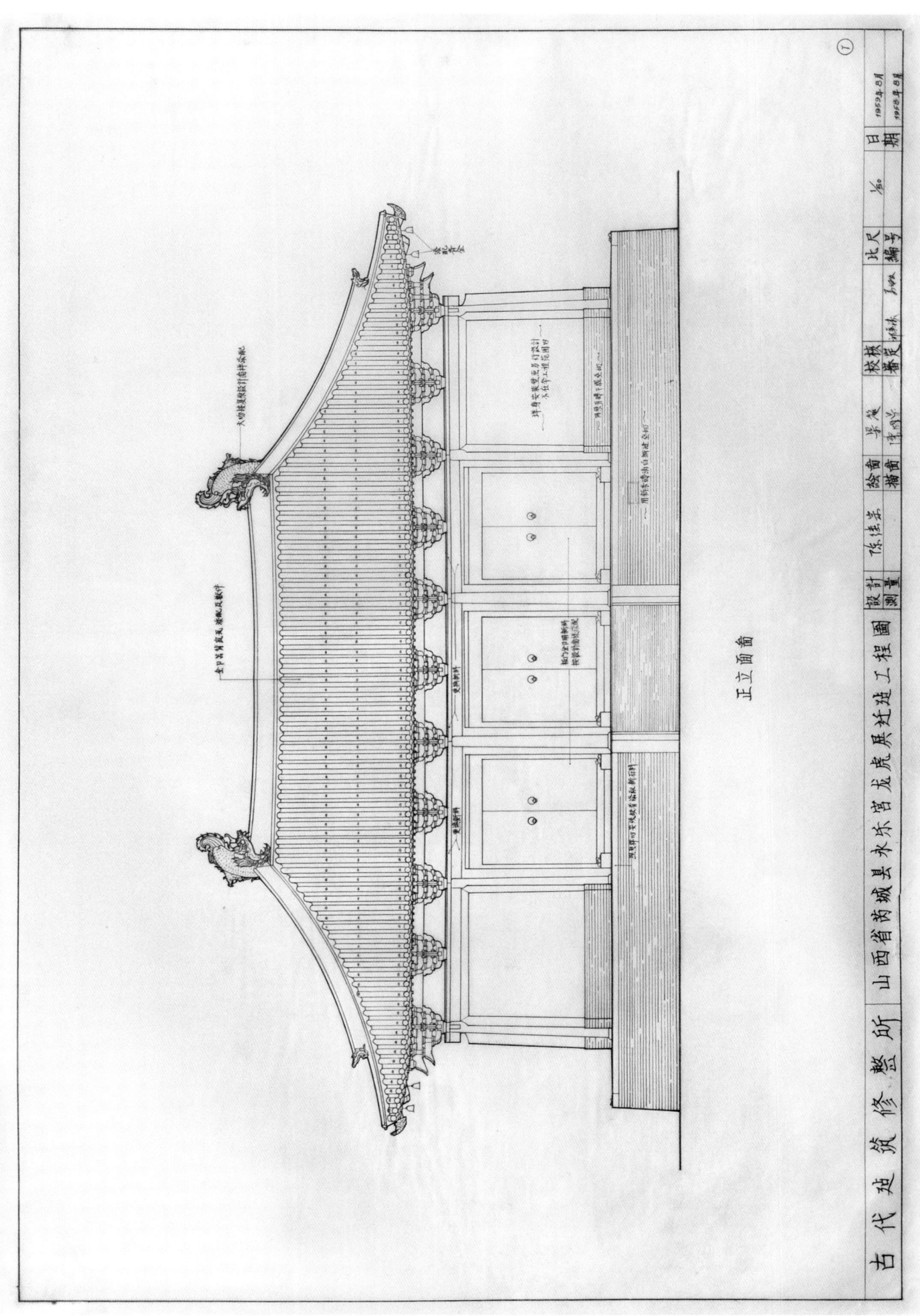

图版 T-28 龙虎殿正立面图

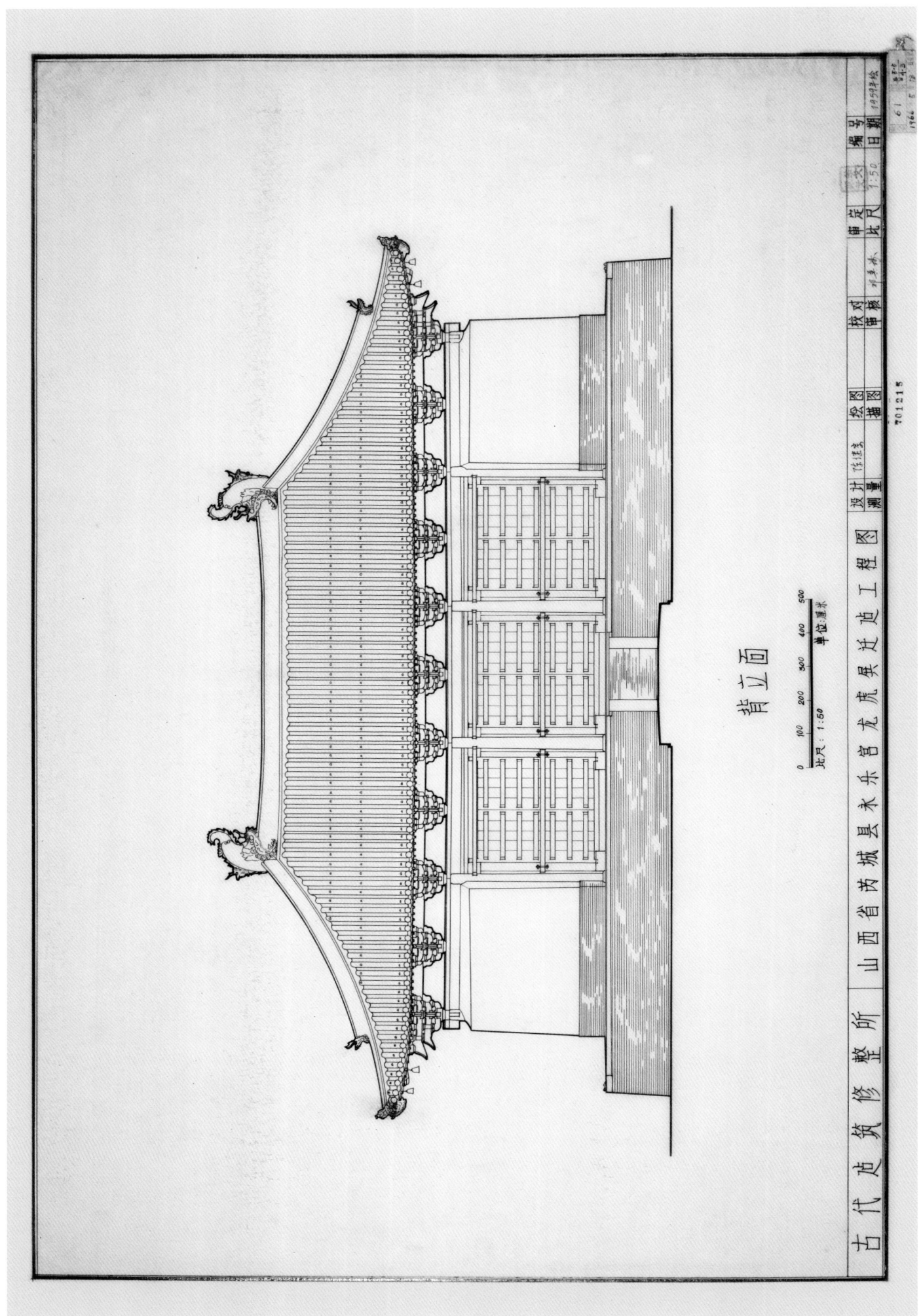

背立面

0 100 200 300 400 500
比尺 1:50   单位厘米

图版 T-29　龙虎殿背立面图

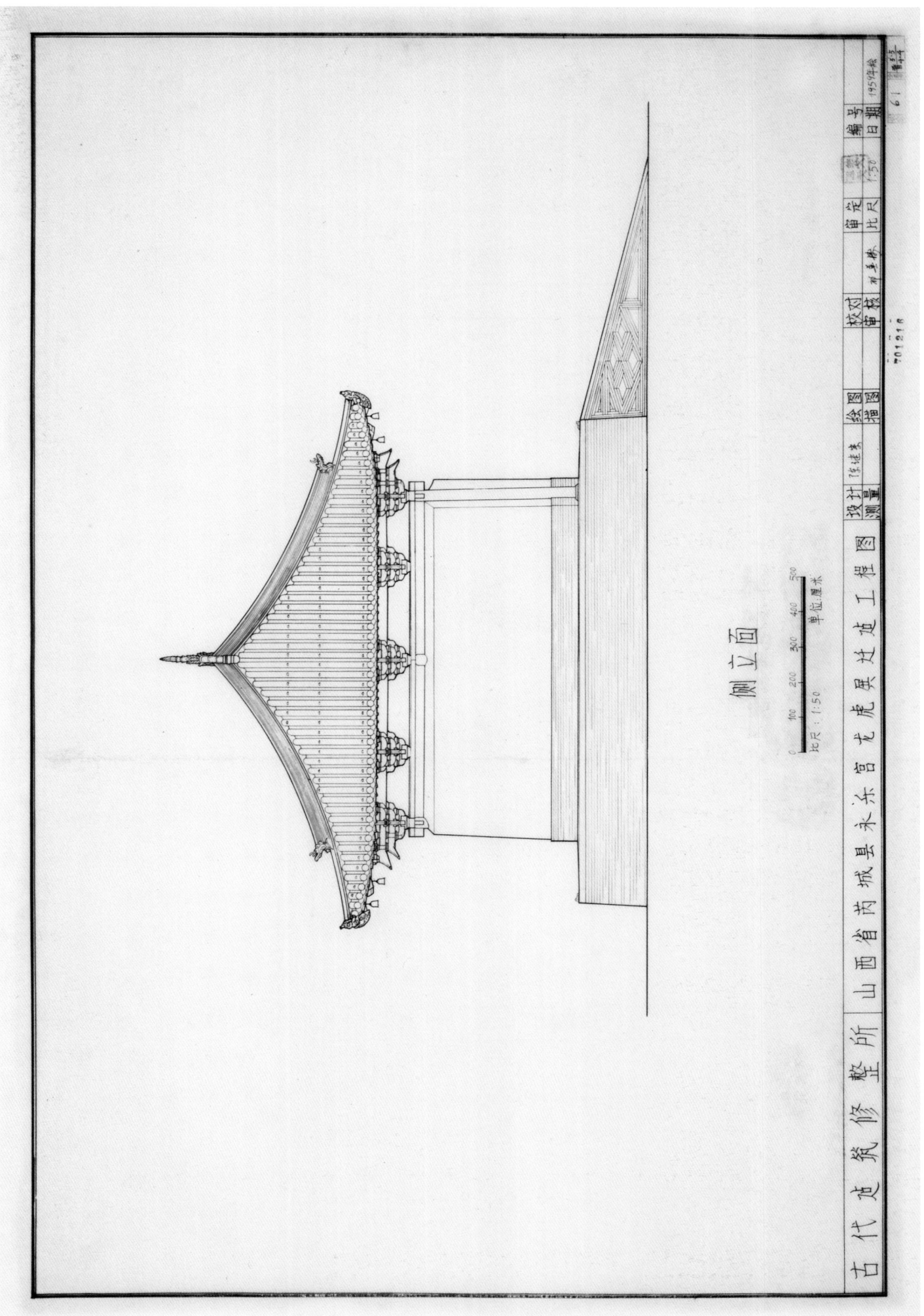

図版 T-30 龙虎殿侧立面图

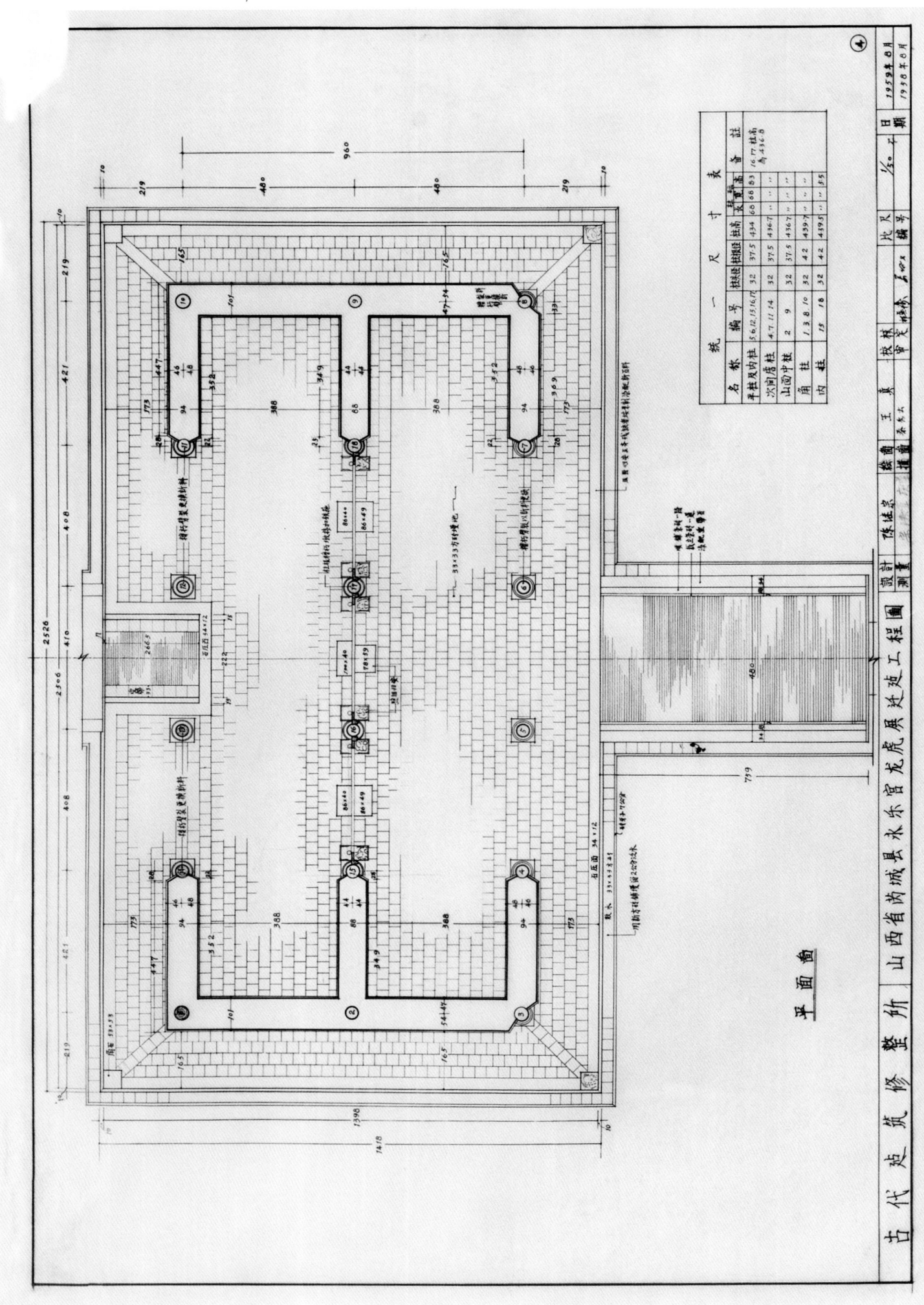

图版 T-31　龙虎殿平面图

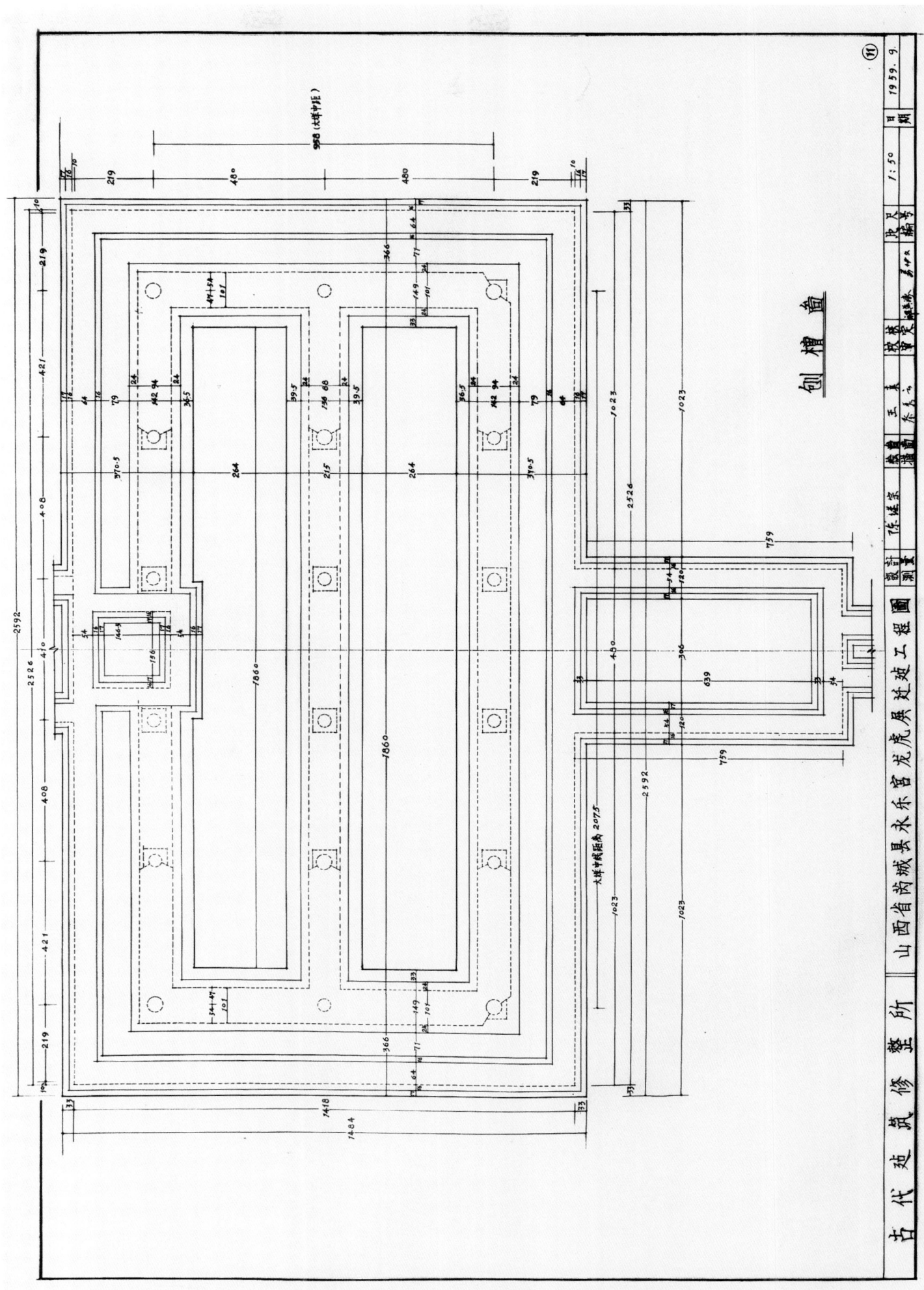

图版 T-32　龙虎殿基础刨槽图

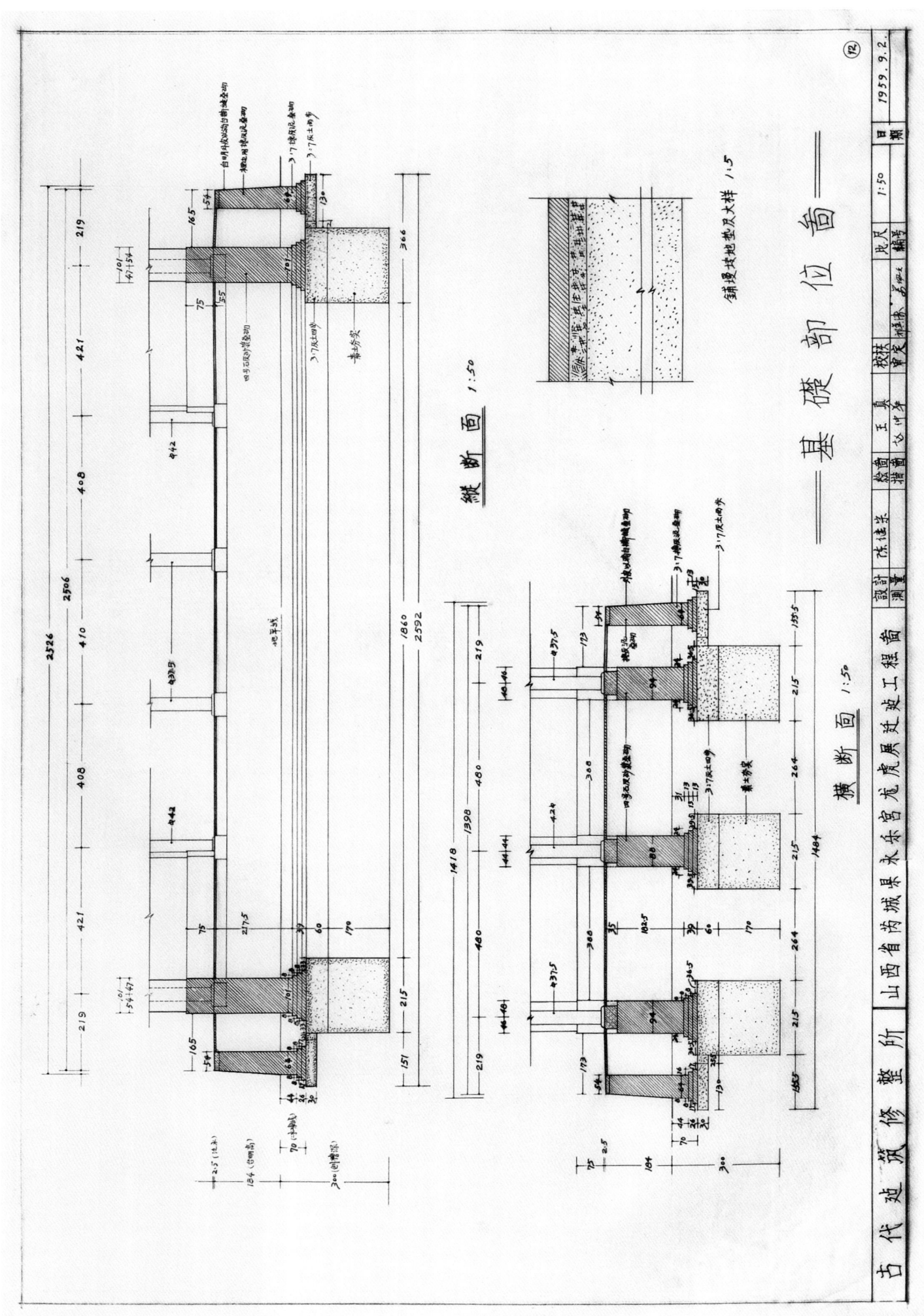

图版 T-33　龙虎殿基础部位图

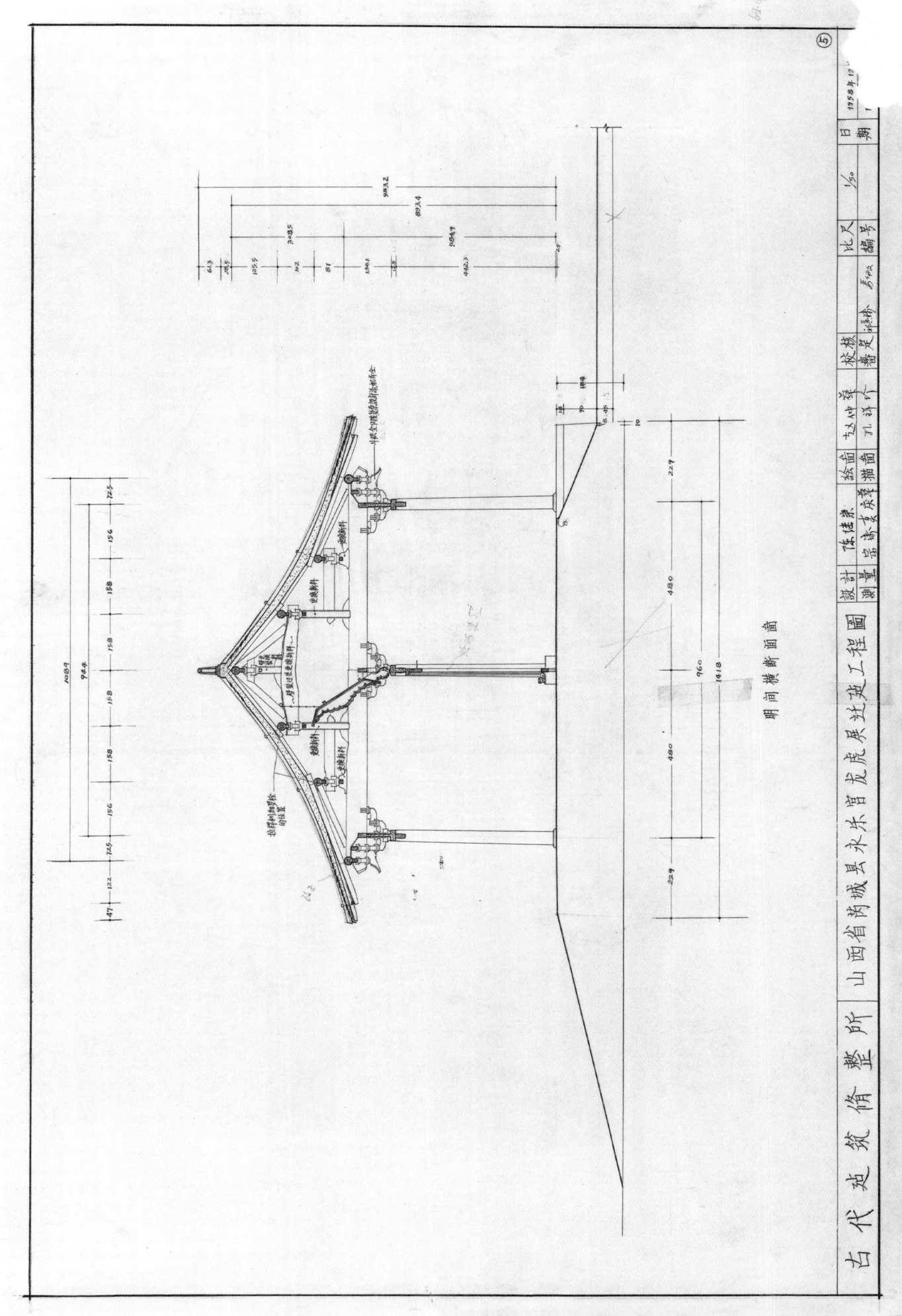

图版 T-34 龙虎殿明间横断面图

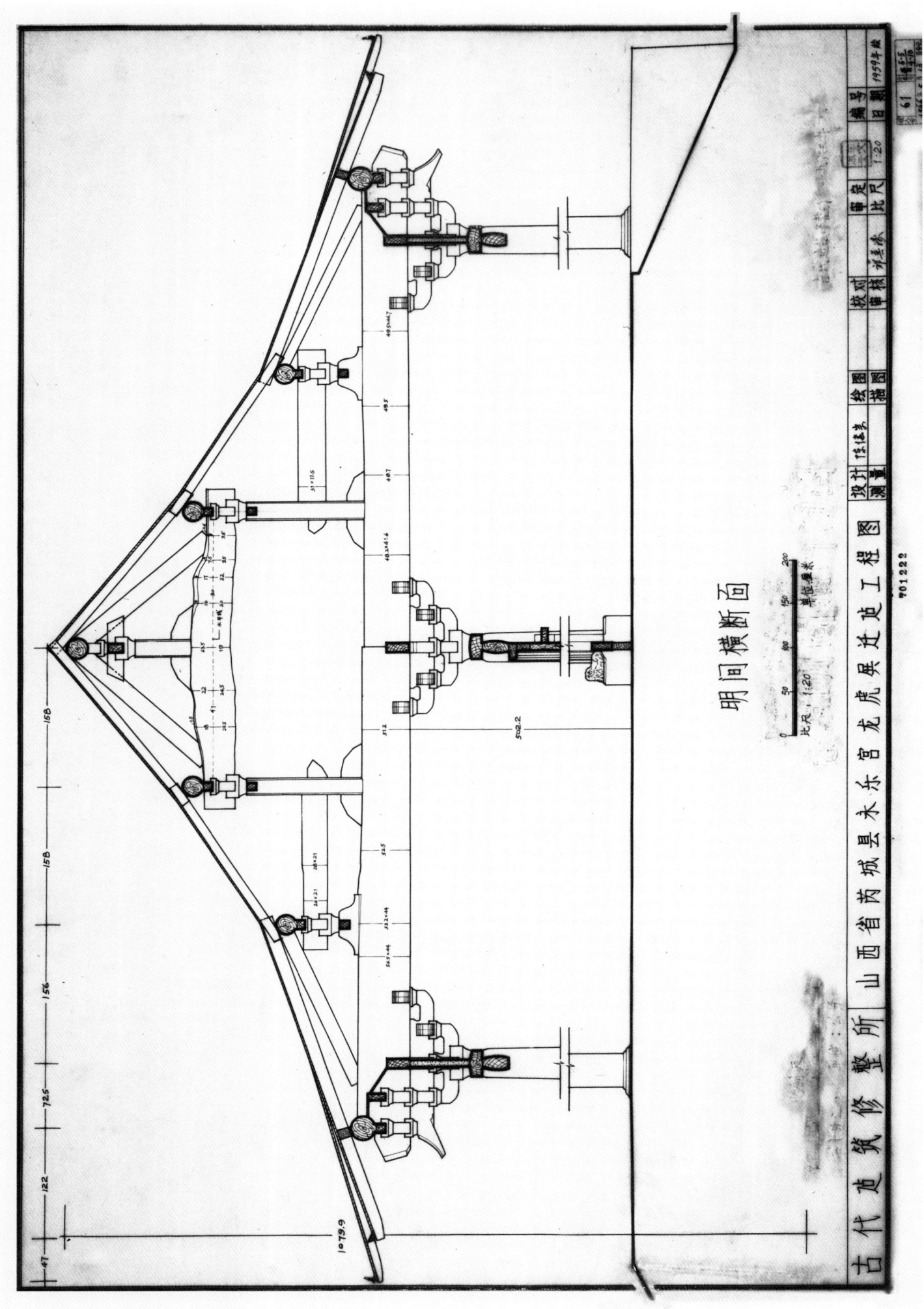

图版 T-35　龙虎殿明间梁架横断面图

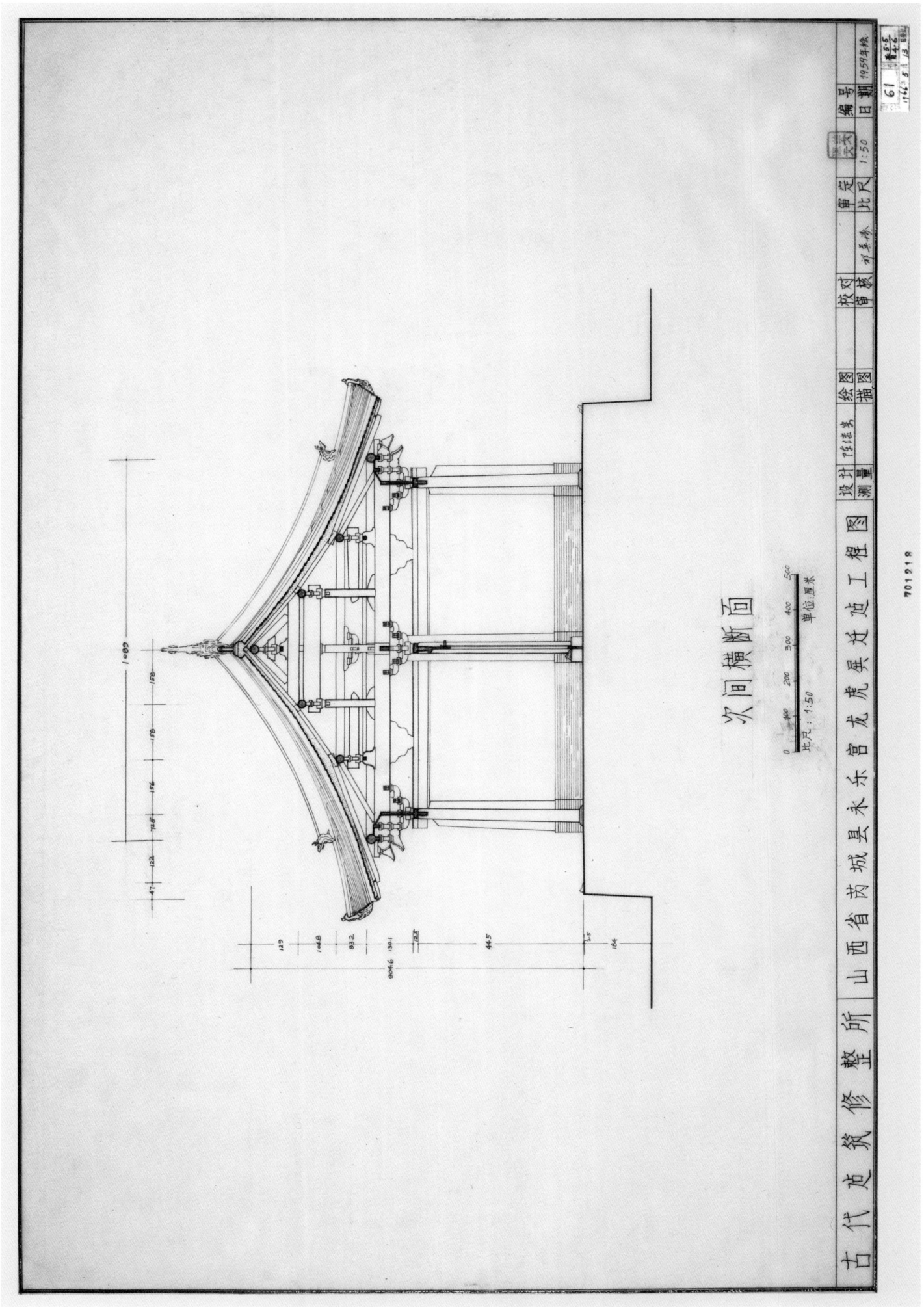

图版 T-36　龙虎殿次间横断面图

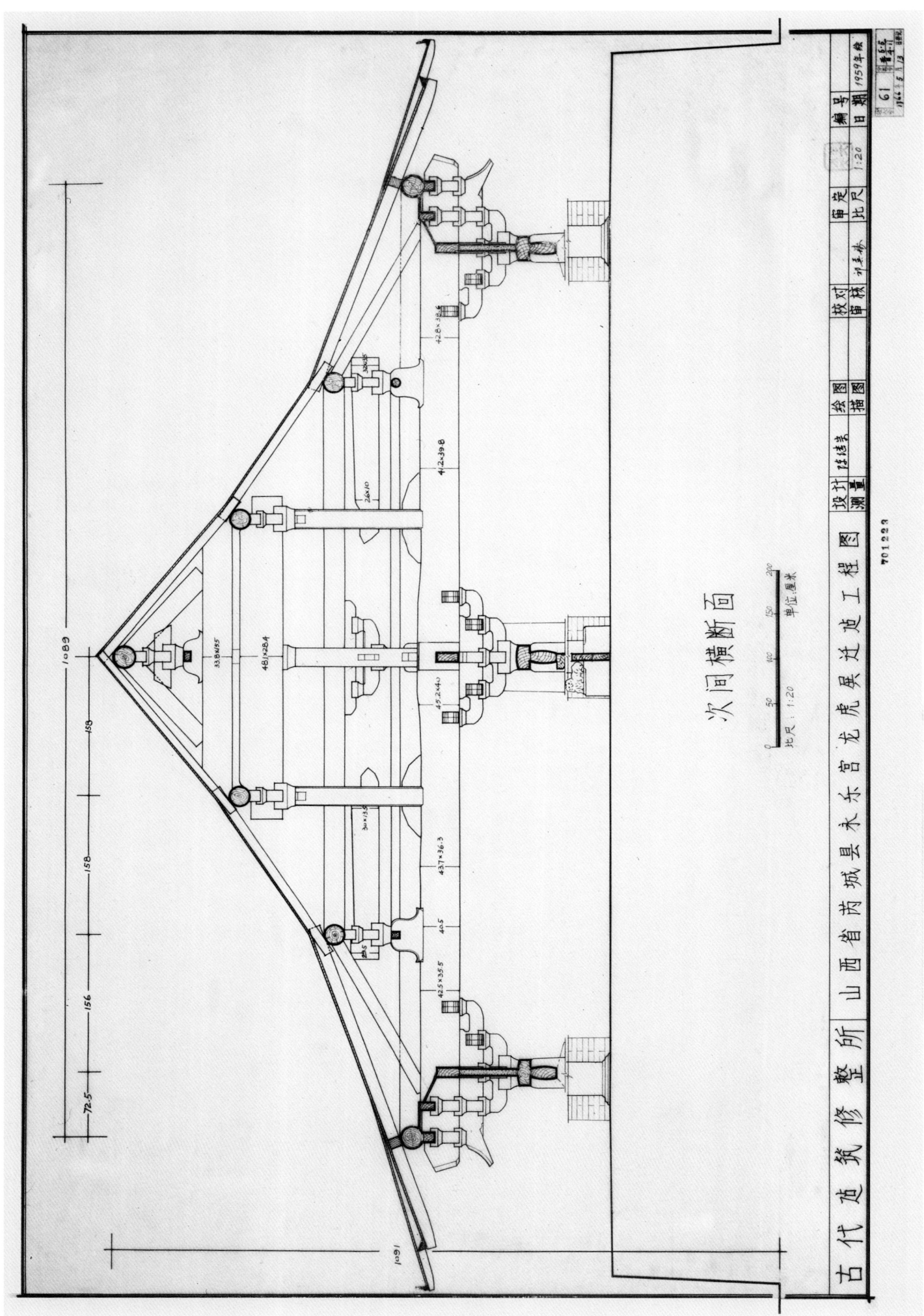

图版 T-37　龙虎殿次间梁架横断面图

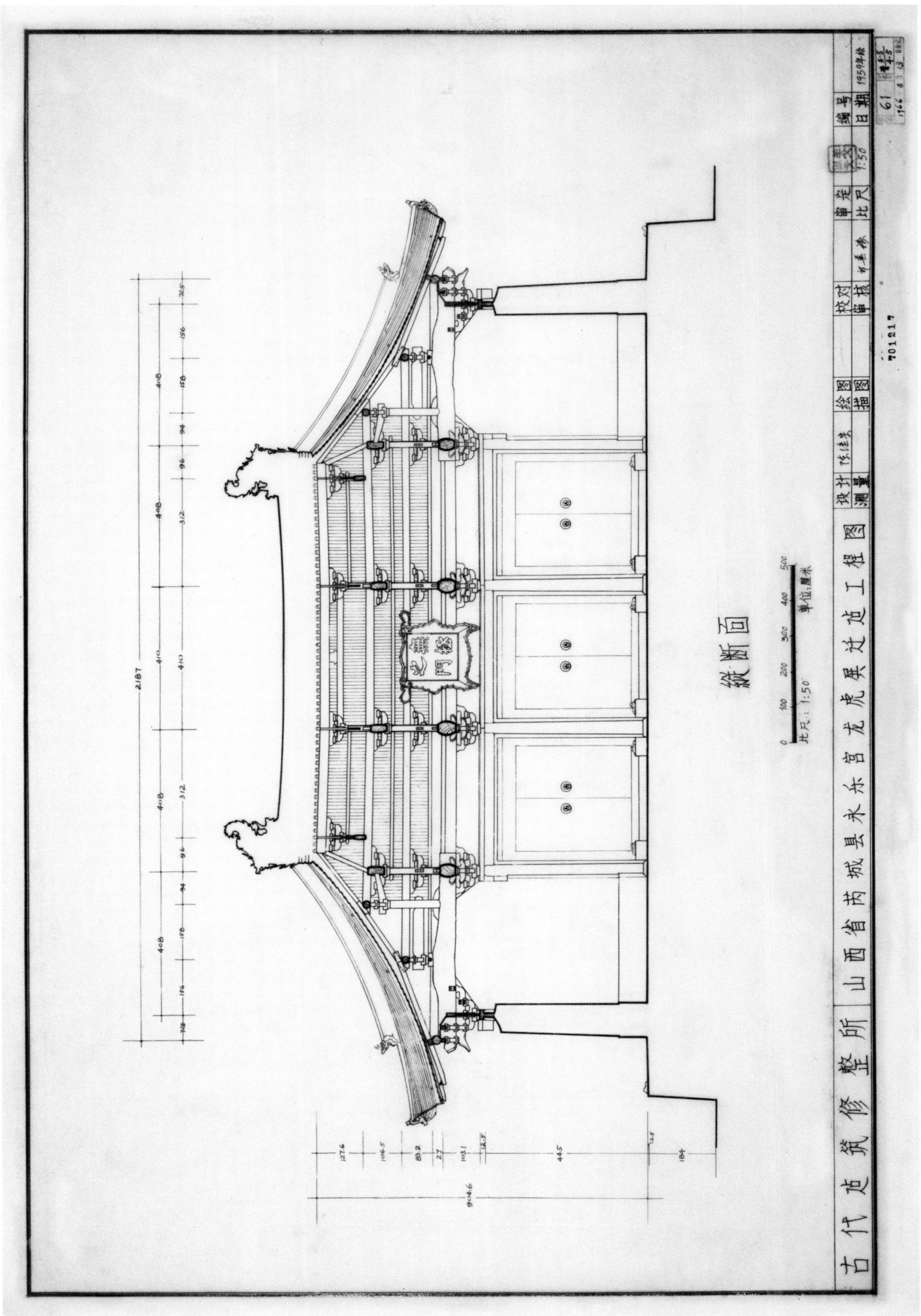

图版 T-38　龙虎殿纵断面图

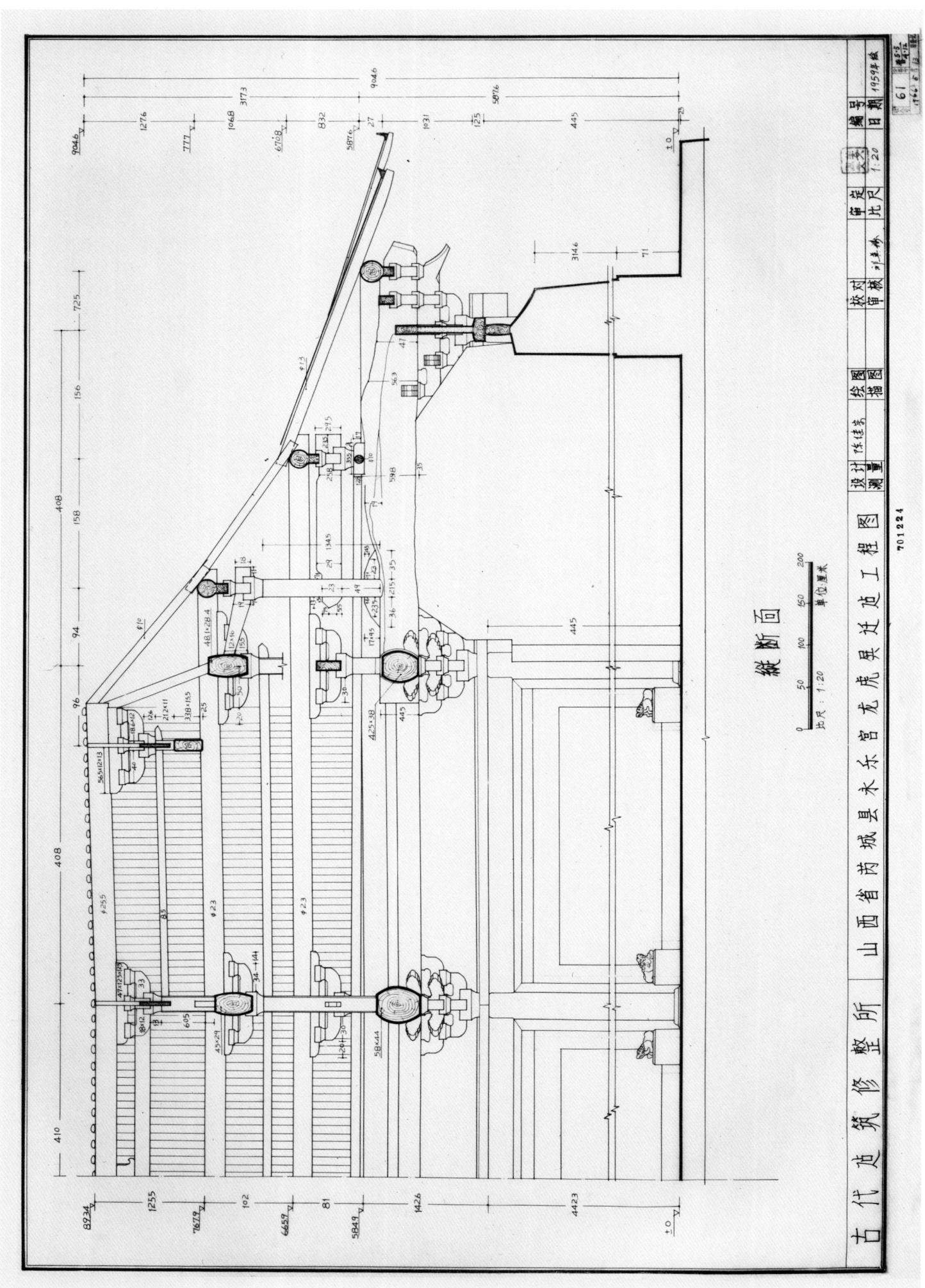

縦 断 面

比尺：1:20

单位厘米

图版 T-39　龙虎殿局部梁架纵断面图

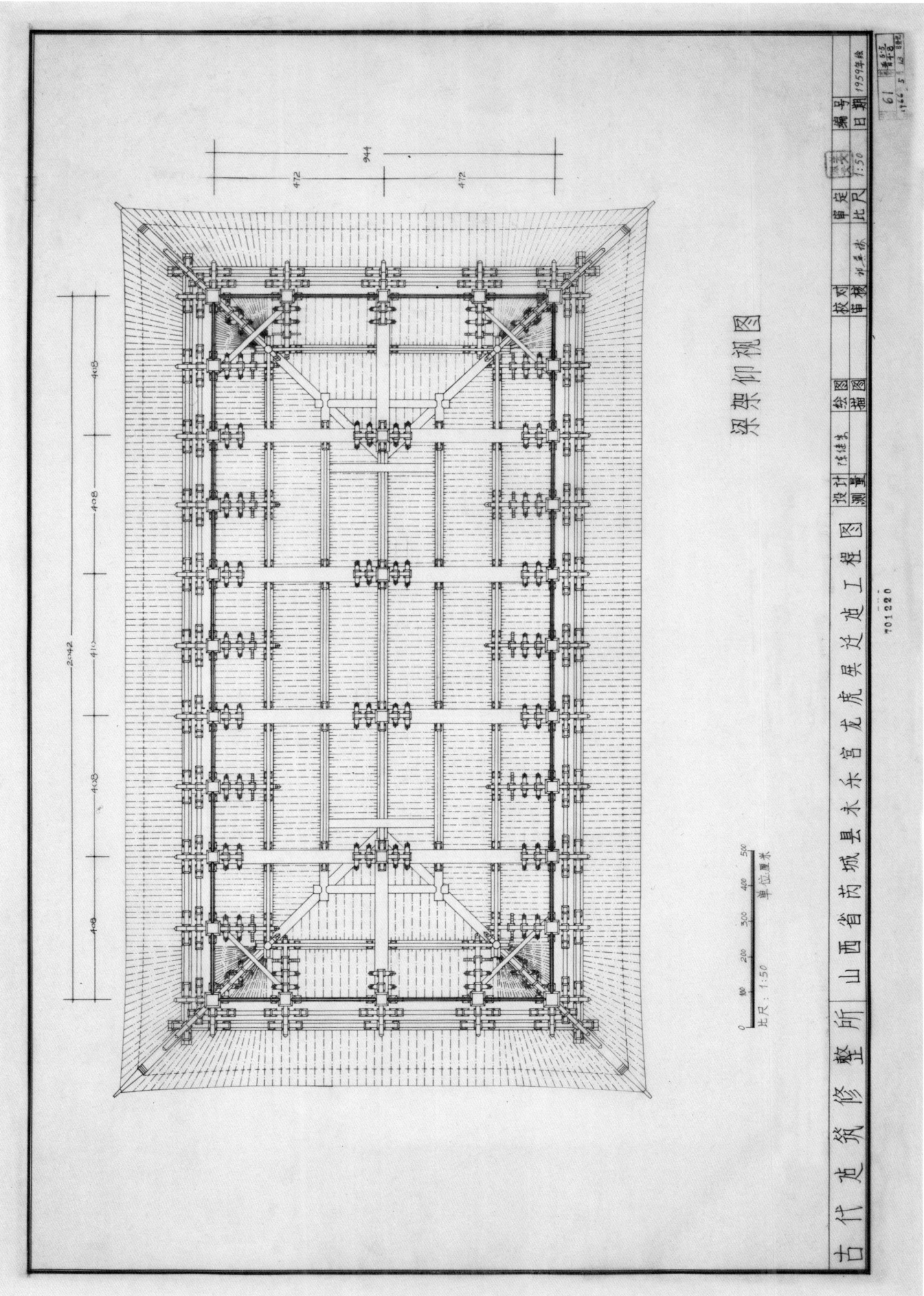

图版 T-40 龙虎殿梁架仰视图

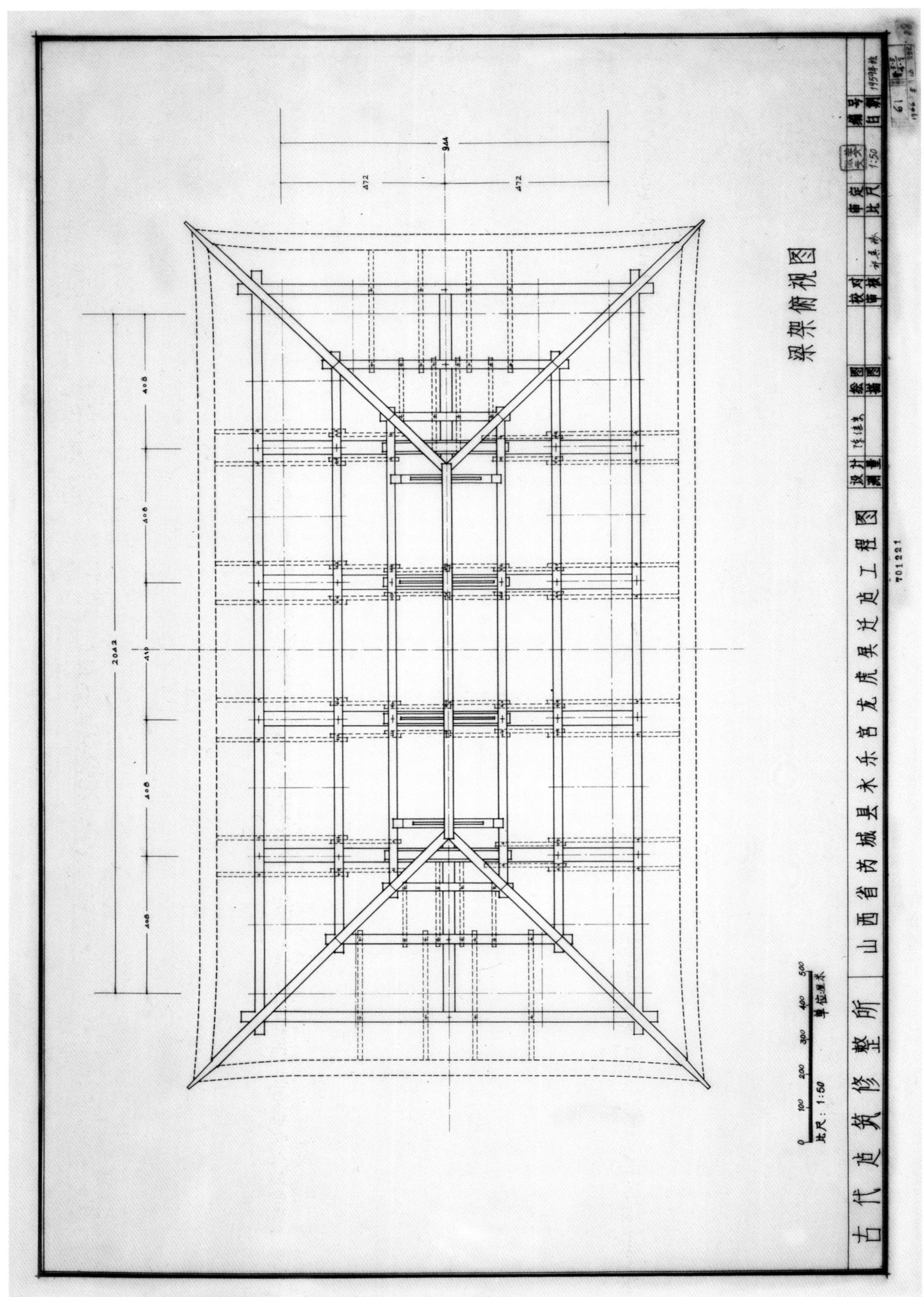

图版 T-41　龙虎殿梁架俯视图

图版 T-42 龙虎殿柱头与阑额处加铁活位置图

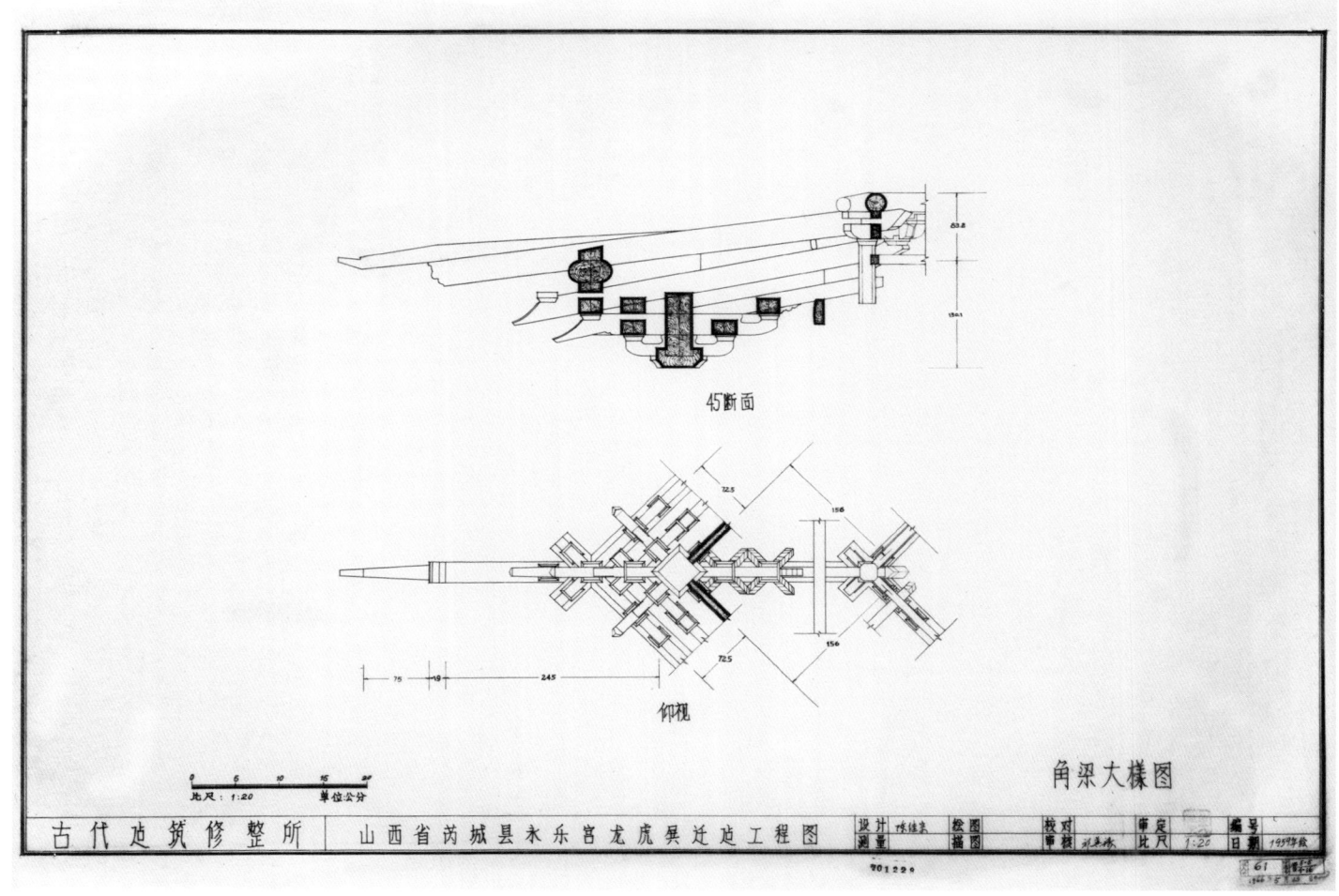

图版 T-43 龙虎殿角梁大样图

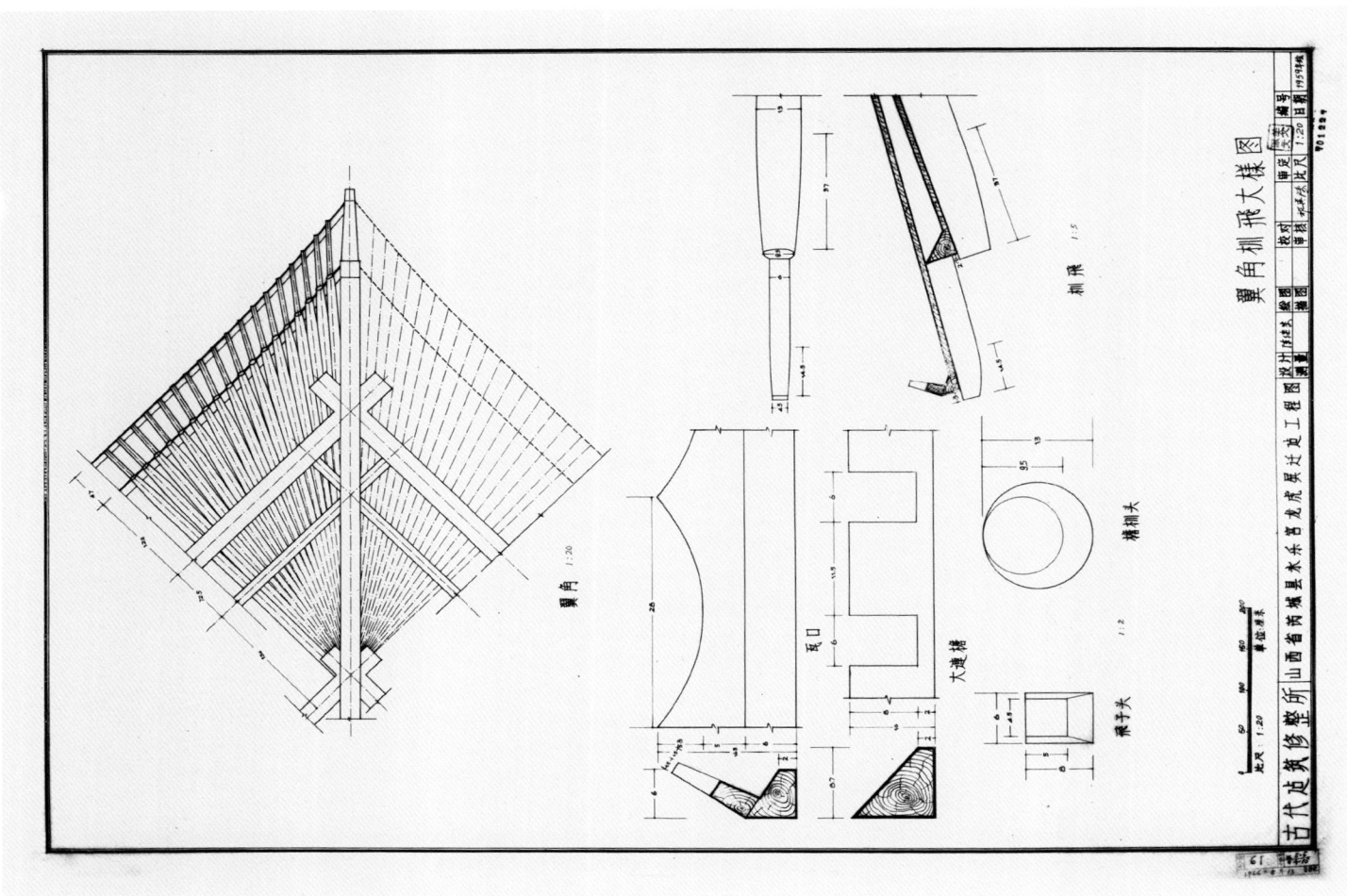

图版 T-44　龙虎殿翼角橡飞大样图

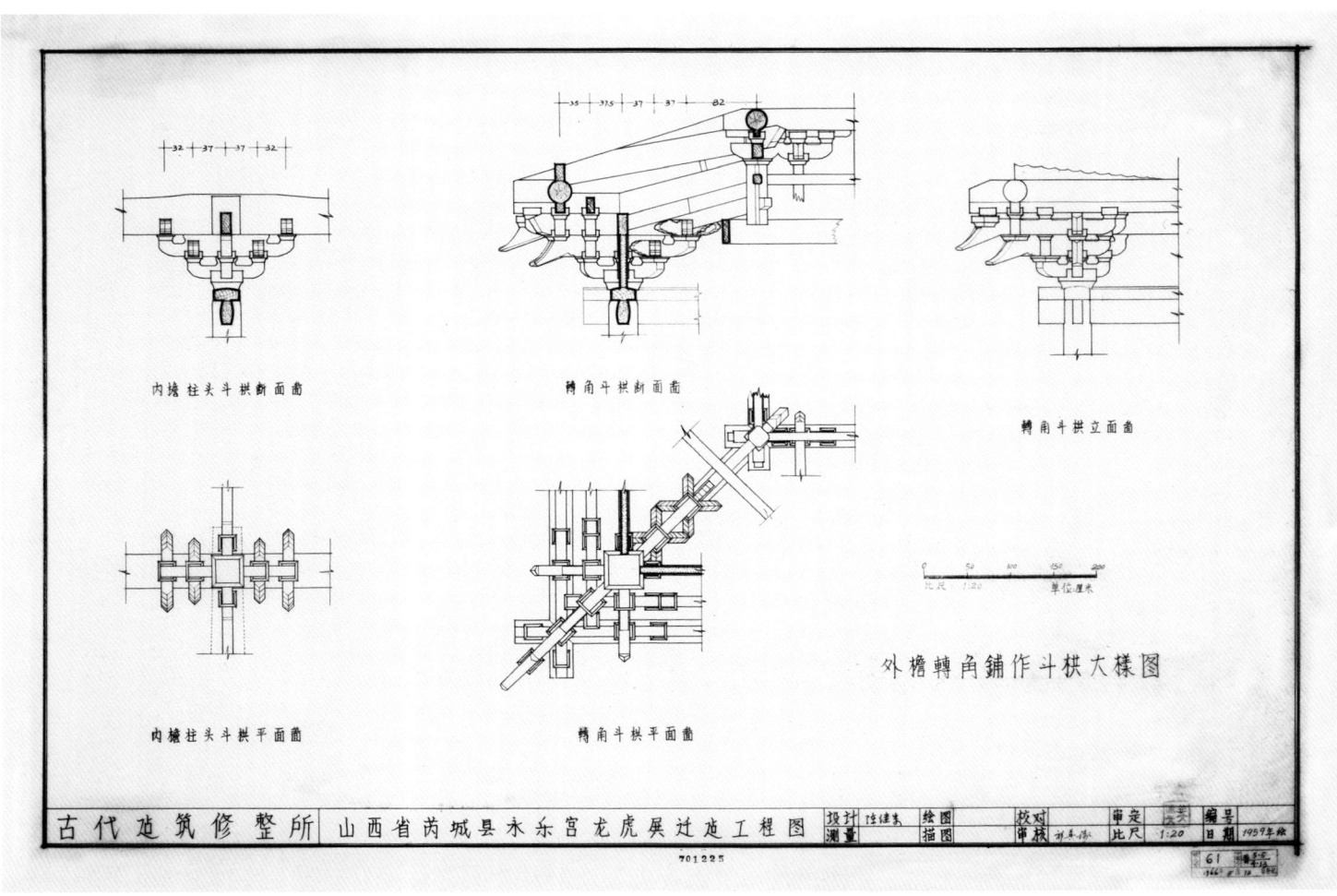

图版 T-45　龙虎殿外檐转角铺作斗栱大样图

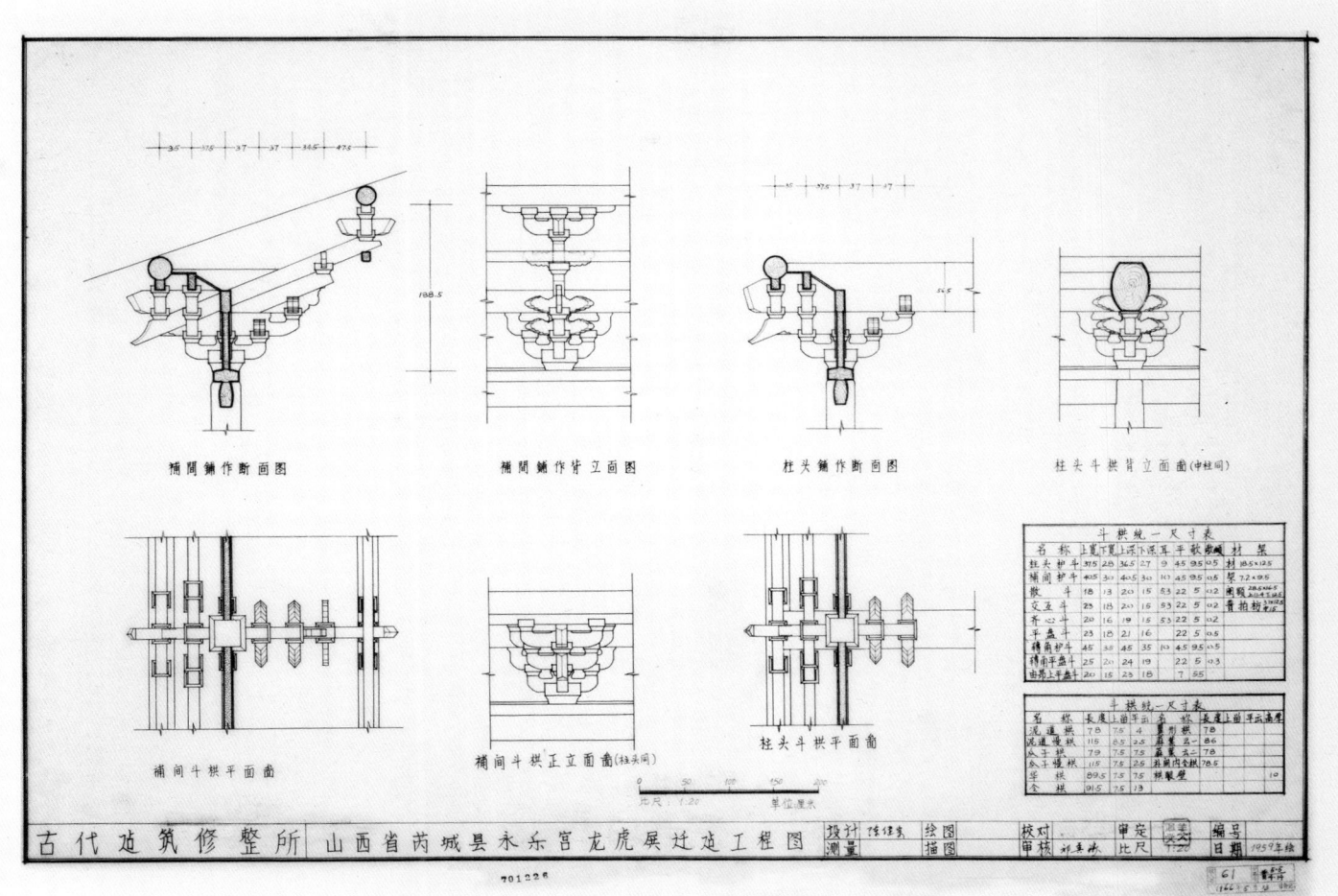

图版 T-46 龙虎殿柱头与补间铺作斗栱大样图

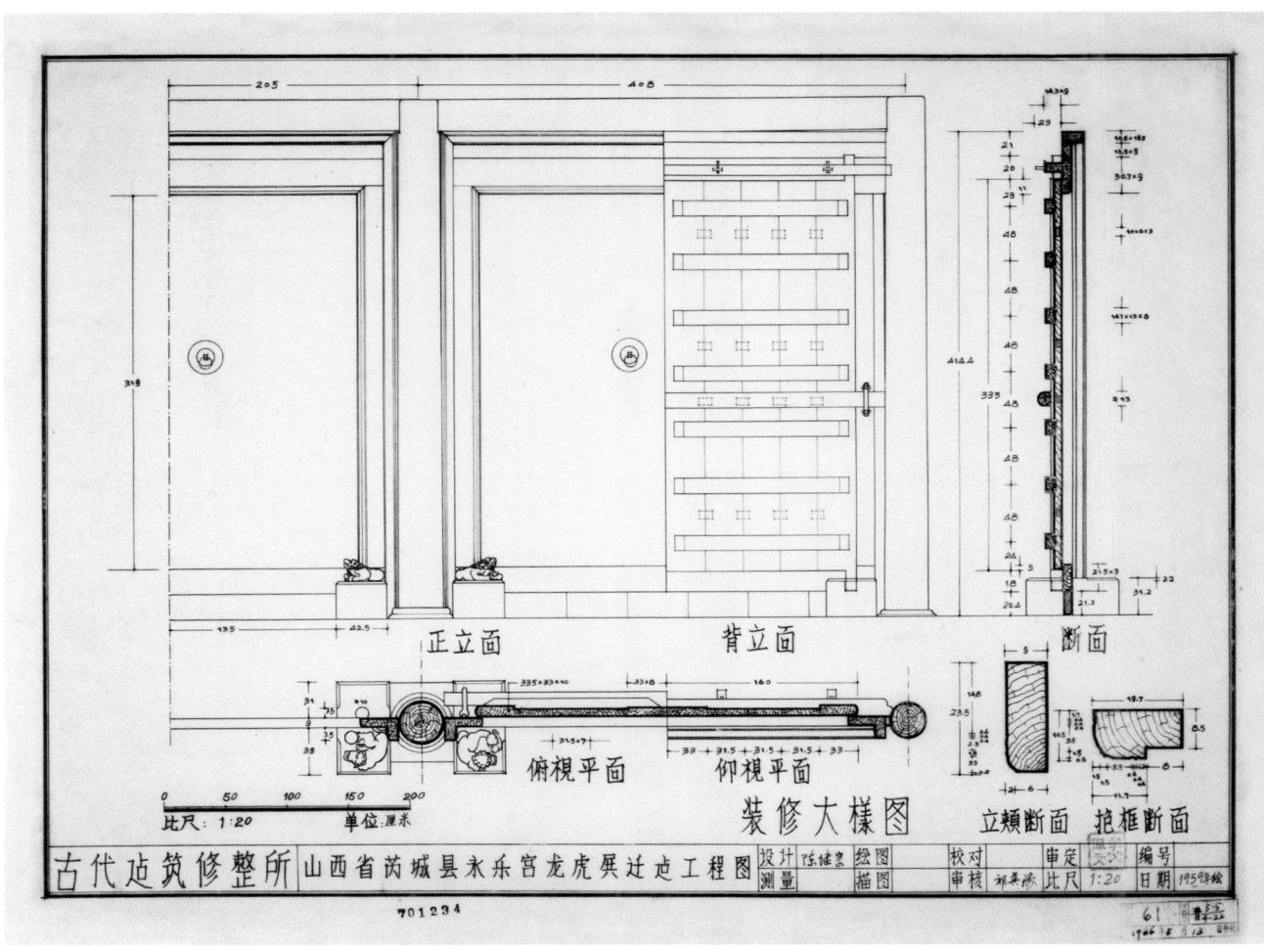

图版 T-47 龙虎殿装修大样图

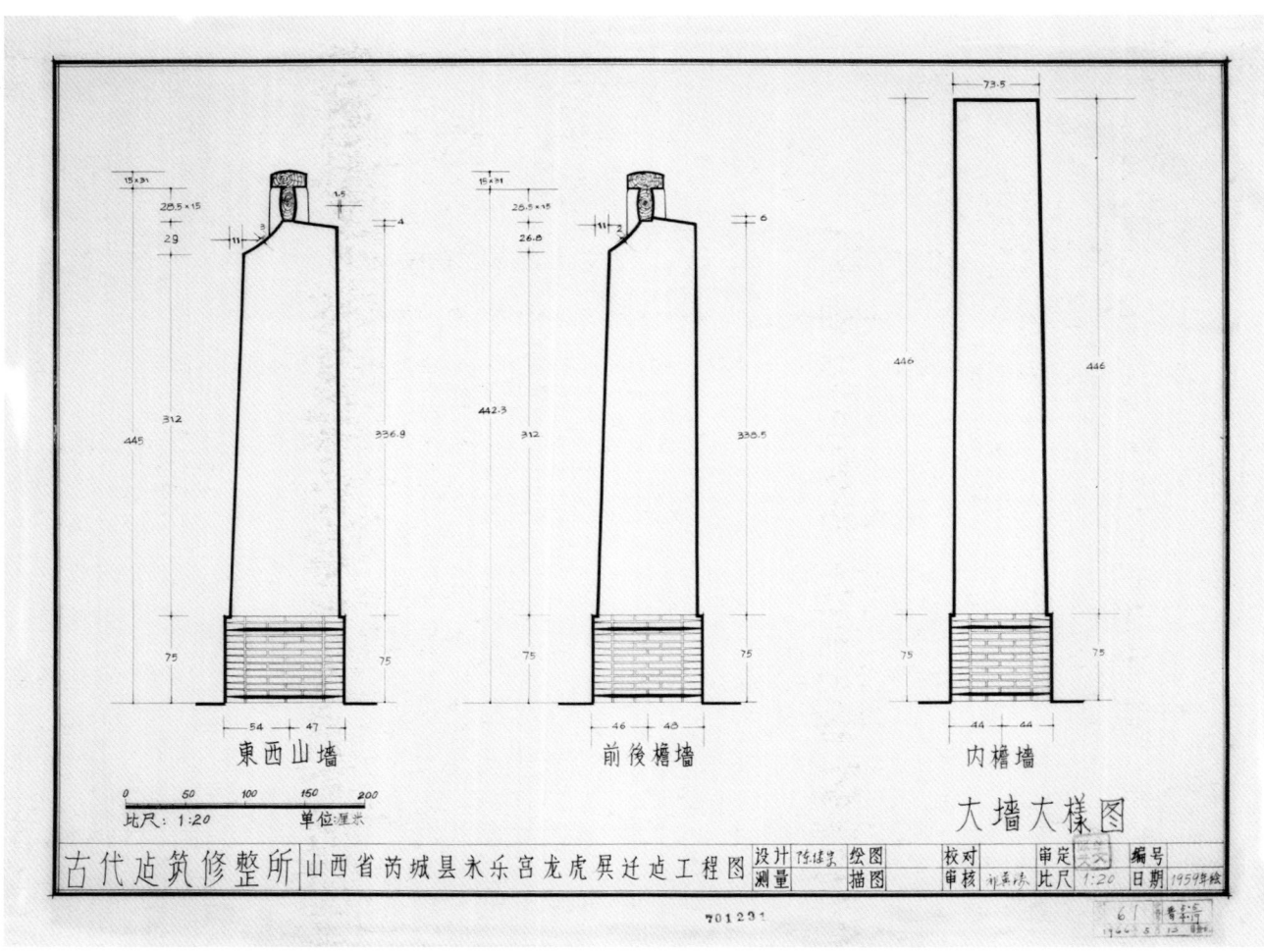

图版 T-48　龙虎殿大墙大样图

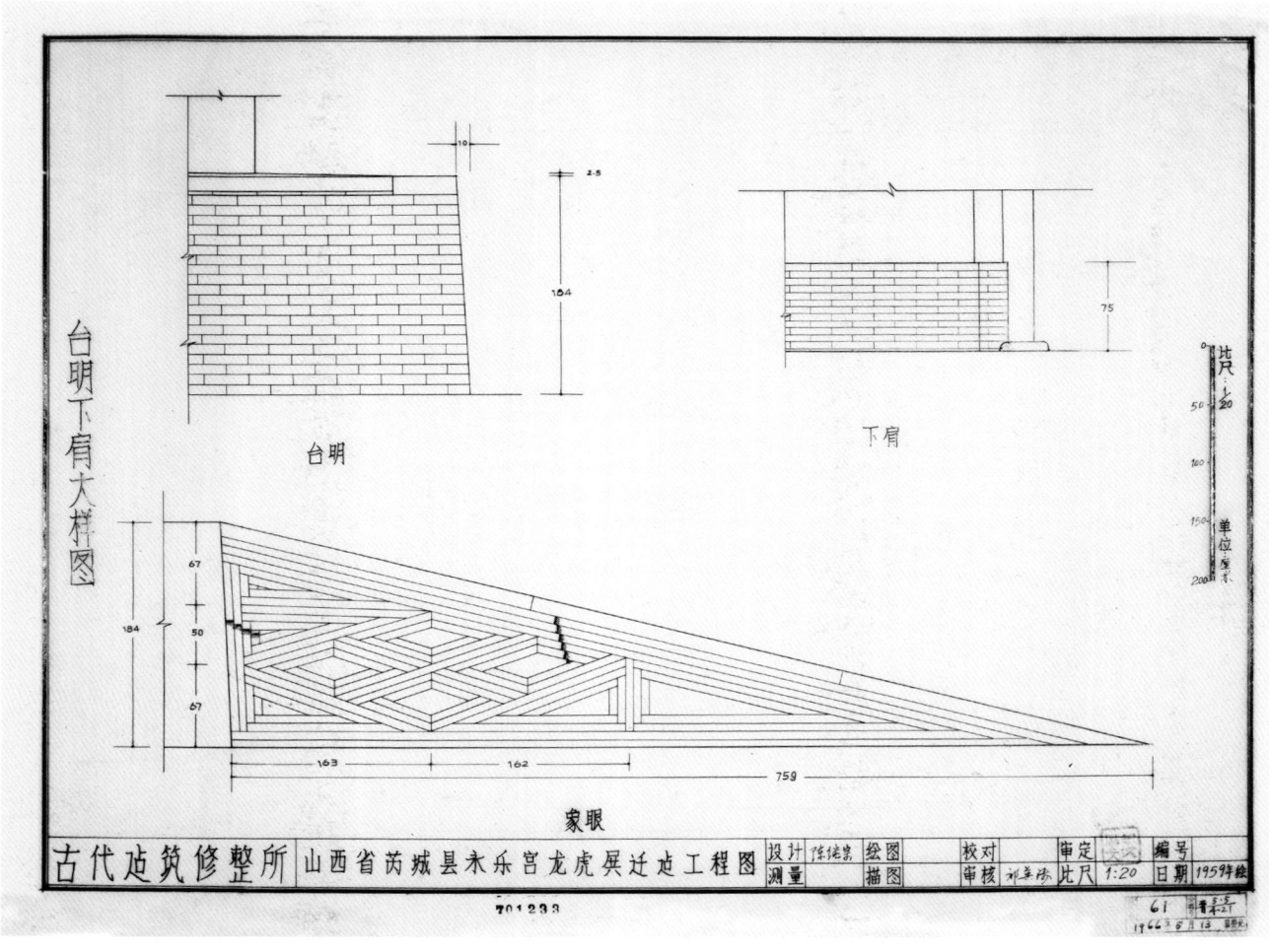

图版 T-49　龙虎殿台明、下肩、象眼大样图

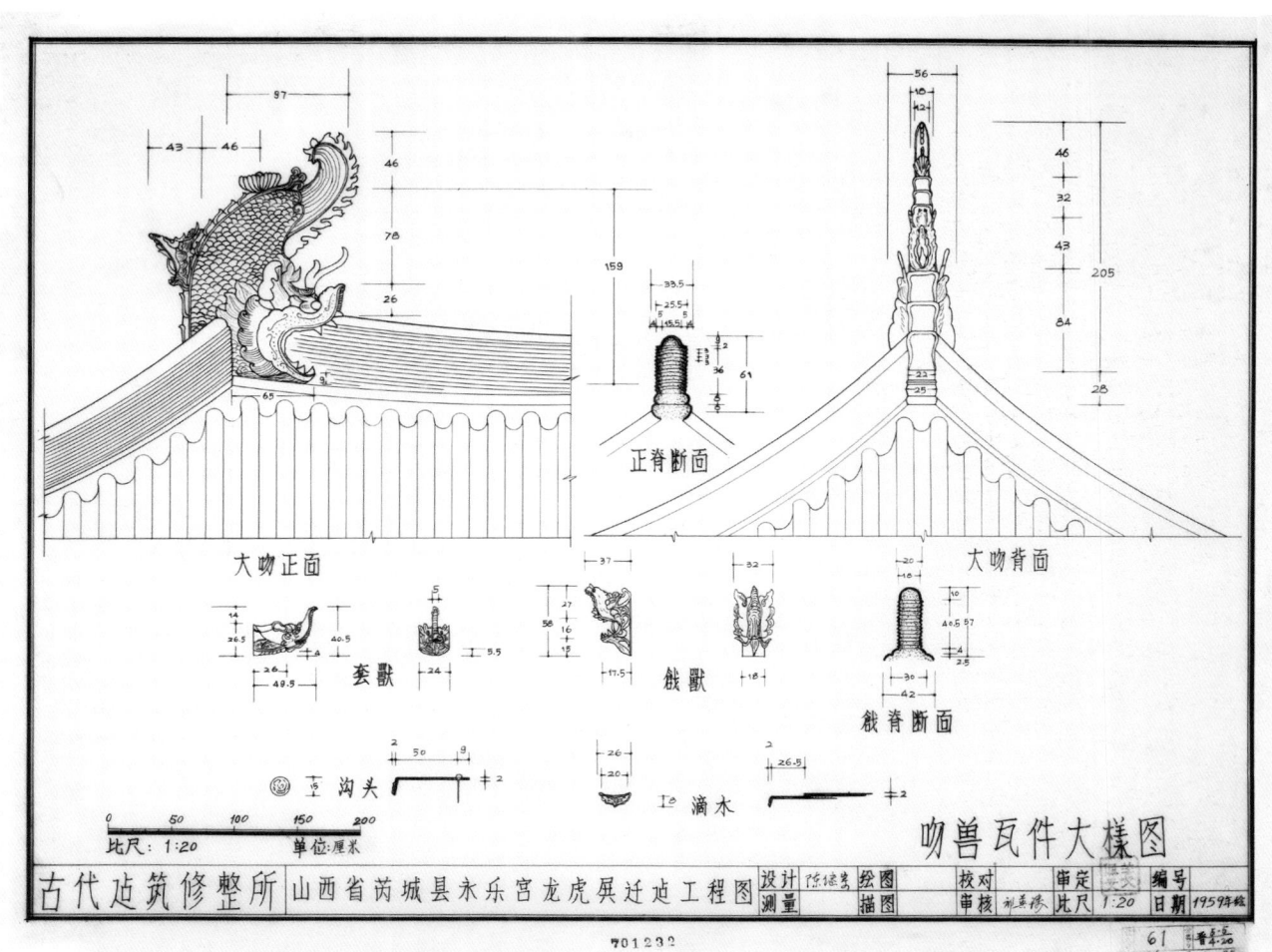

图版 T-50　龙虎殿吻兽瓦件大样图

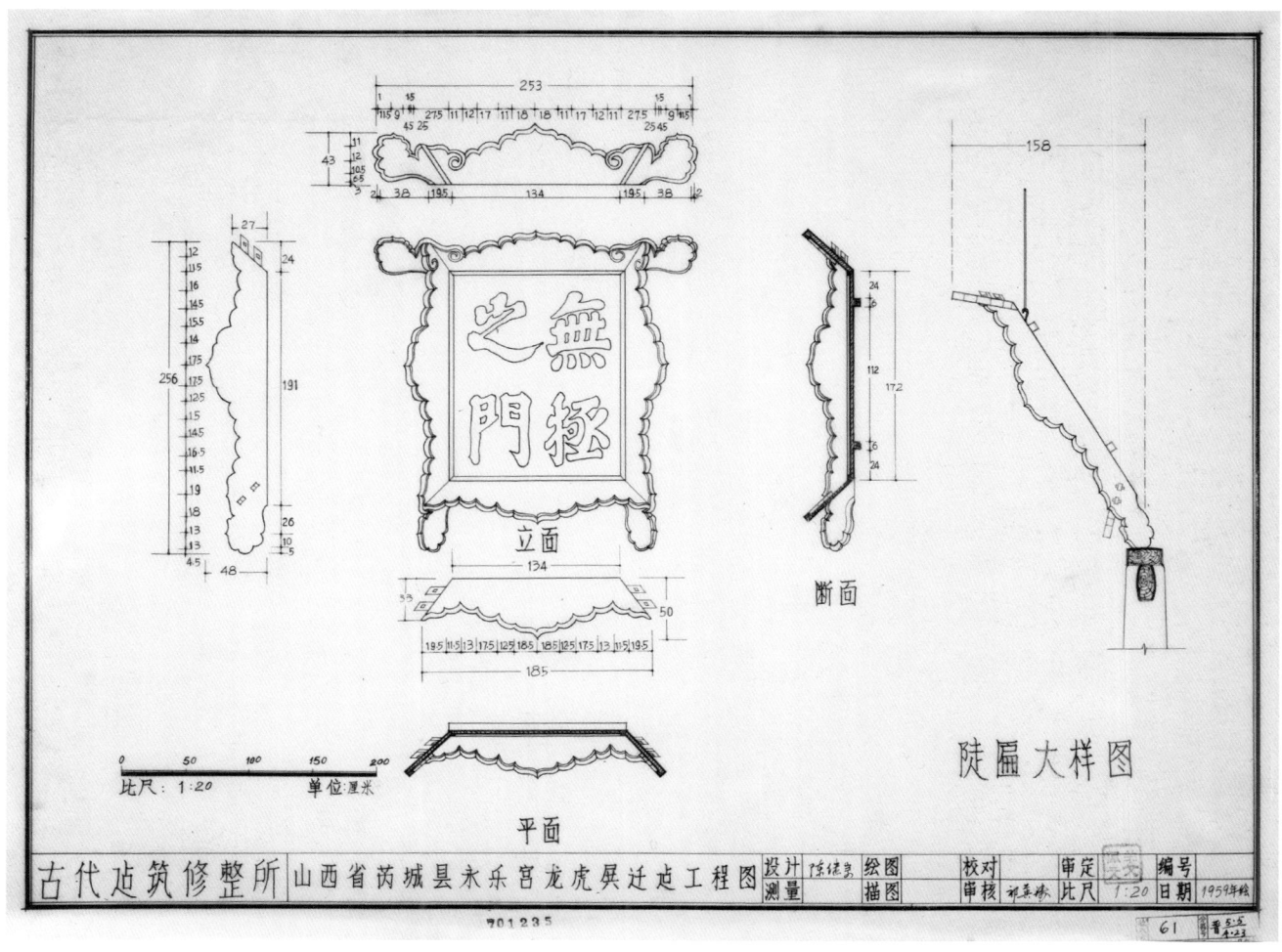

图版 T-51　龙虎殿陡匾大样图

2.3 三清殿

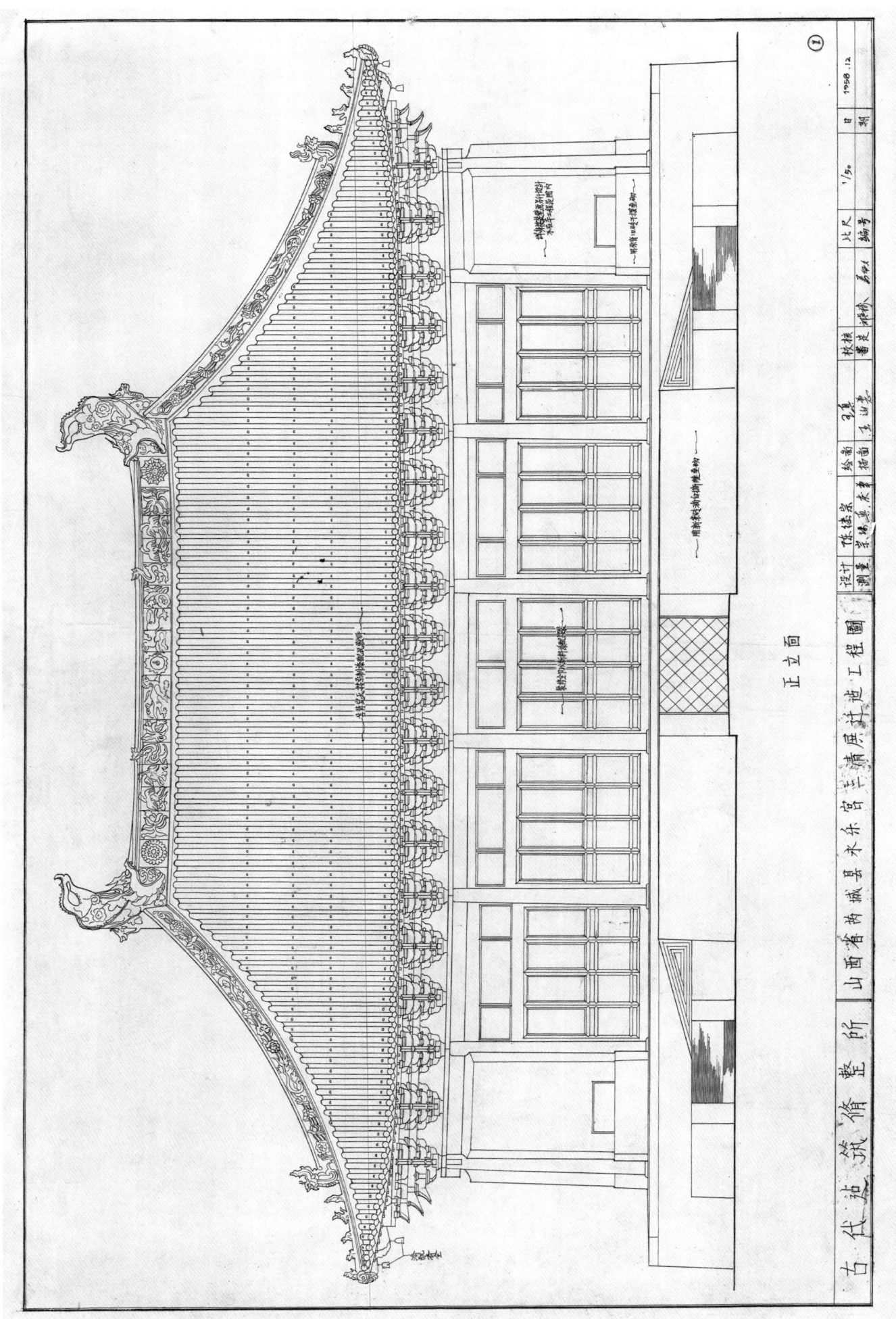

图版 T-52　三清殿正立面图

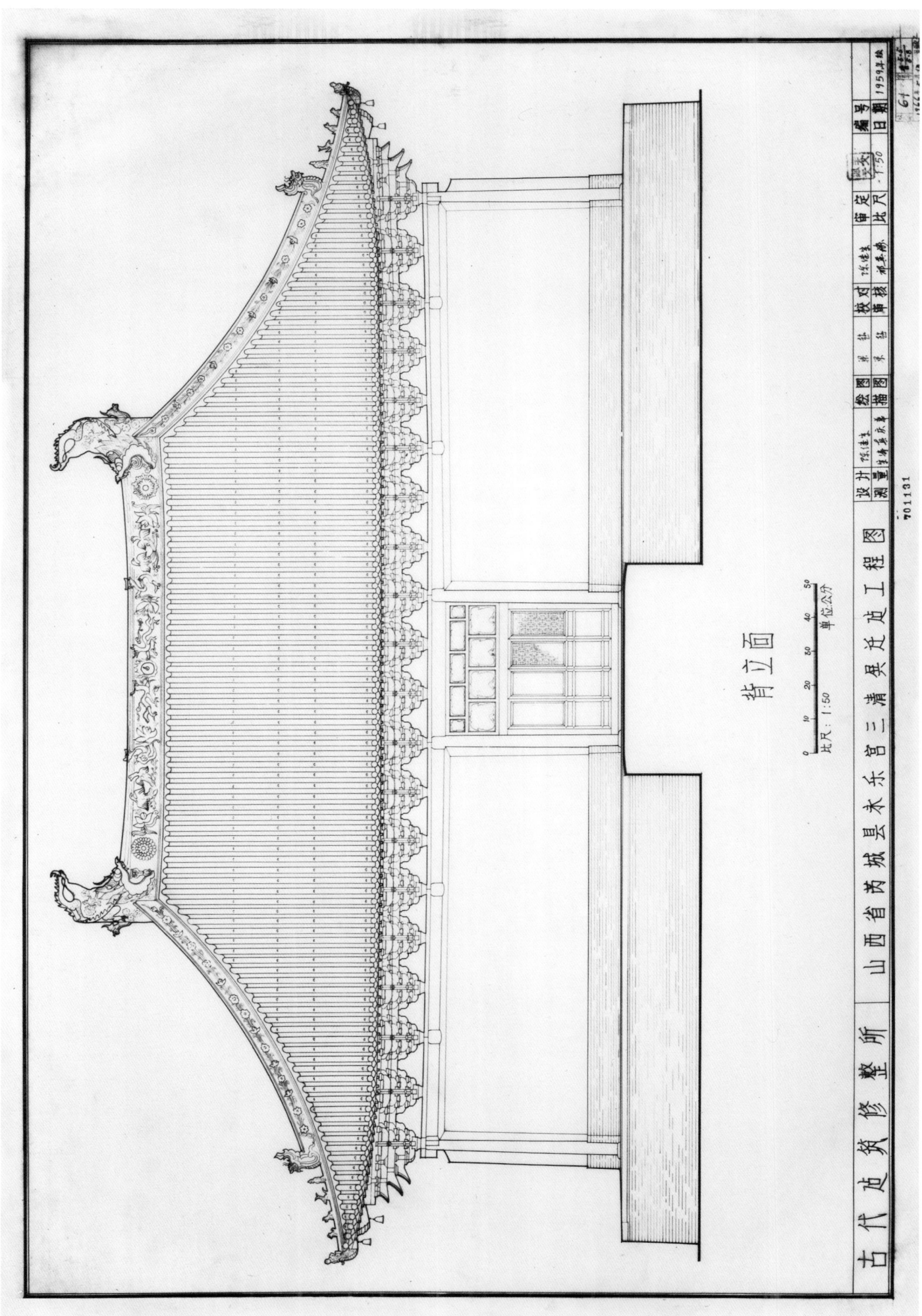

背立面

比尺：1:50

单位公分

古代建筑修整所　山西省芮城县永乐宫三清殿及施工程图

图版 T-53　三清殿背立面图

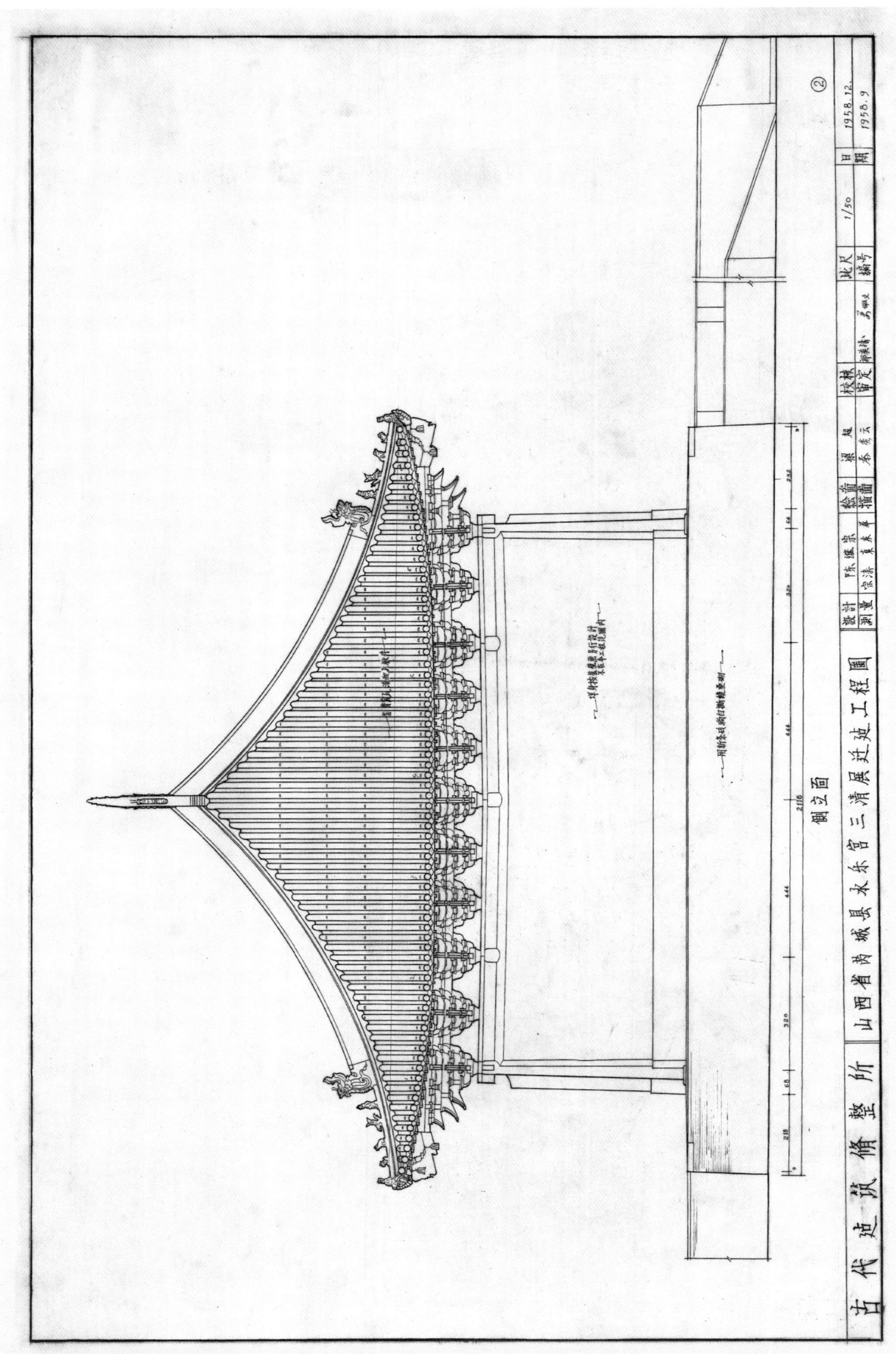

图版 T-54　三清殿侧立面图

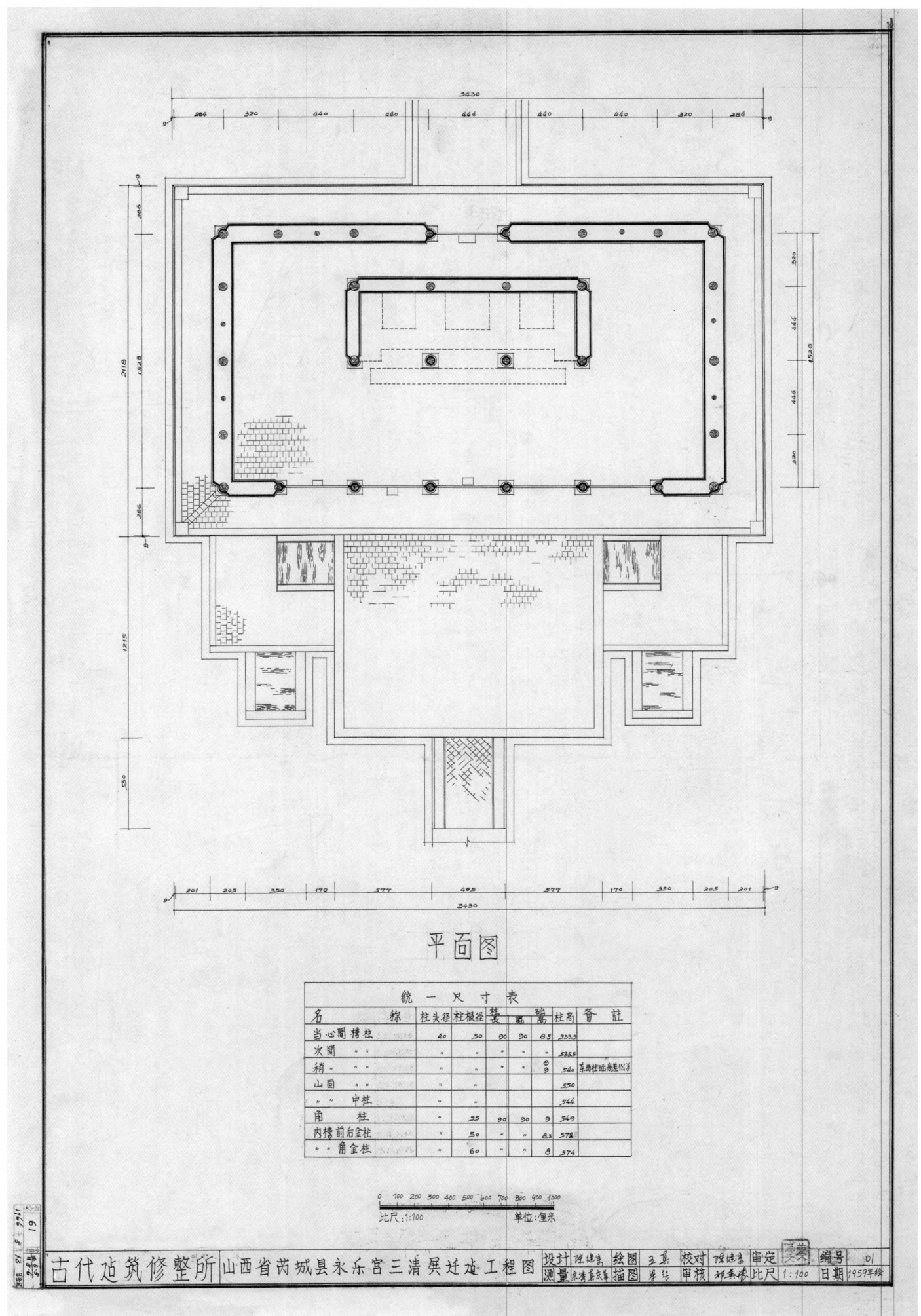

平面图

统一尺寸表							
名 称	柱头径	柱根径	上径	中径	下径	柱高	备 註
当心间槽柱		40	50	90	90	85	5333	
次间 ″ ″	″	″	″	″	″	5355	
梢 ″ ″	″	″	″	″	″	540	东梢柱础高悬似矛
山面 ″ ″	″	″	″	″	″	550	
″ 中柱	″	″	″	″	″	544	
角 柱	″	55	90	90	9	549	
内槽前后金柱	″	50	″	″	83	572	
″ ″ 角金柱	″	60	″	″	8	574	

0 100 200 300 400 500 600 700 800 900 1000

比尺 1:100   单位:厘米

古代建筑修整所 山西省芮城县永乐宫三清殿迁建工程图

设计 陈继古 绘图 王景 校对 陈继古 审定 编号 01
测量 段清泉等 描图 华仁 审核 祁英青 比尺 1:100 日期 1959年绘

图版 T-55　三清殿平面图

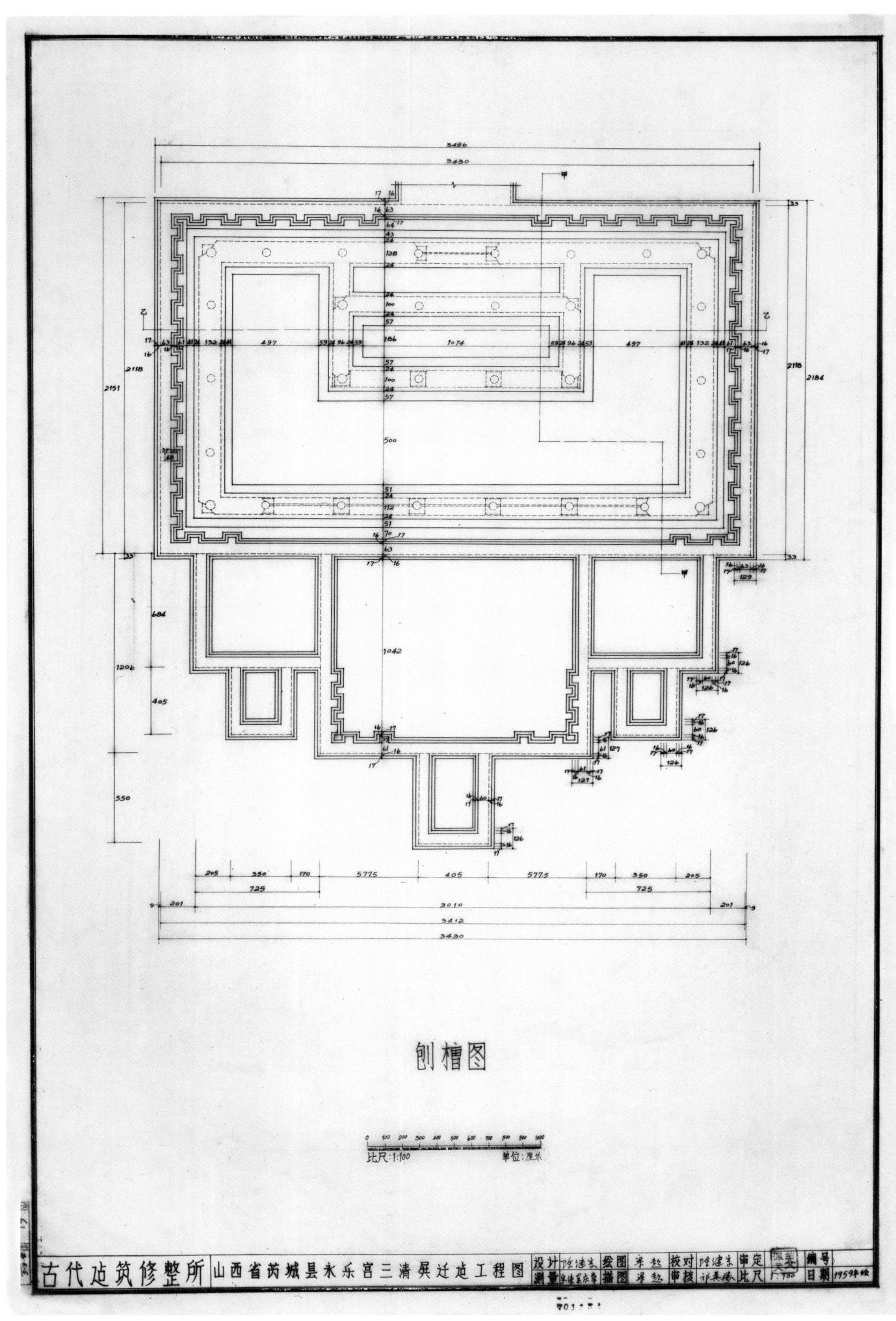

刨槽图

比尺 1:100   单位:厘米

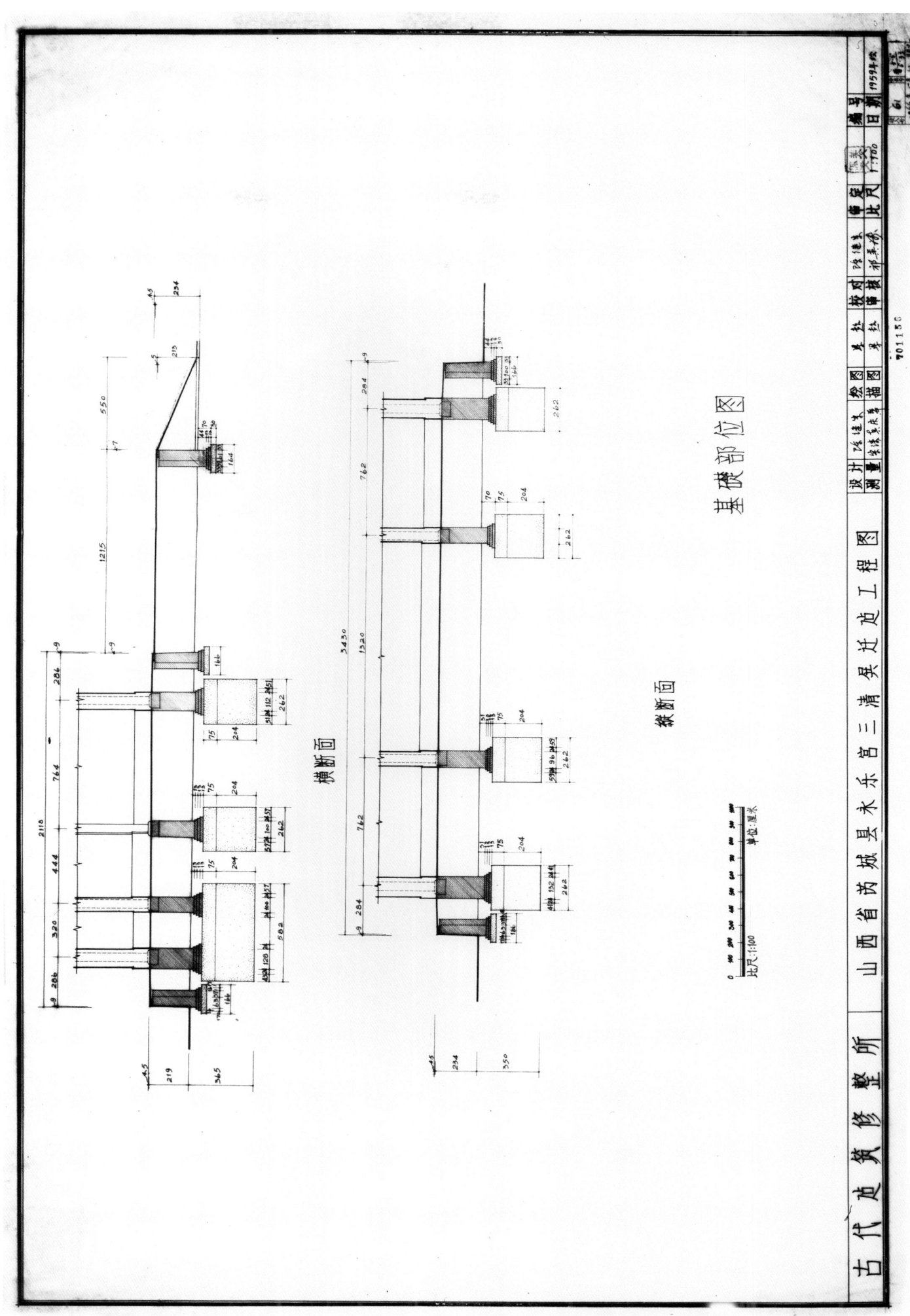

图版 T-57　三清殿基础部位图

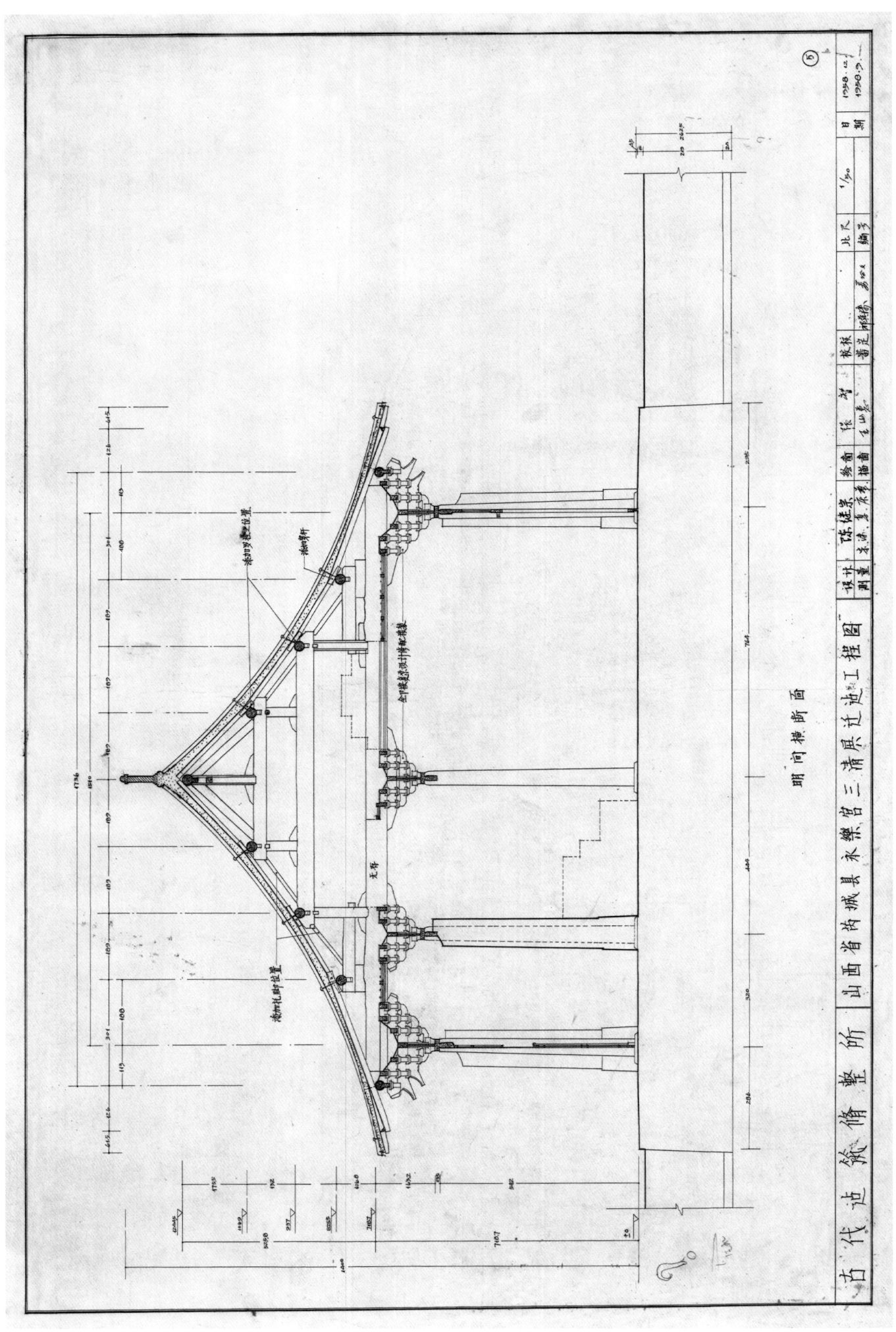

图版 T-58　三清殿明间横断面图

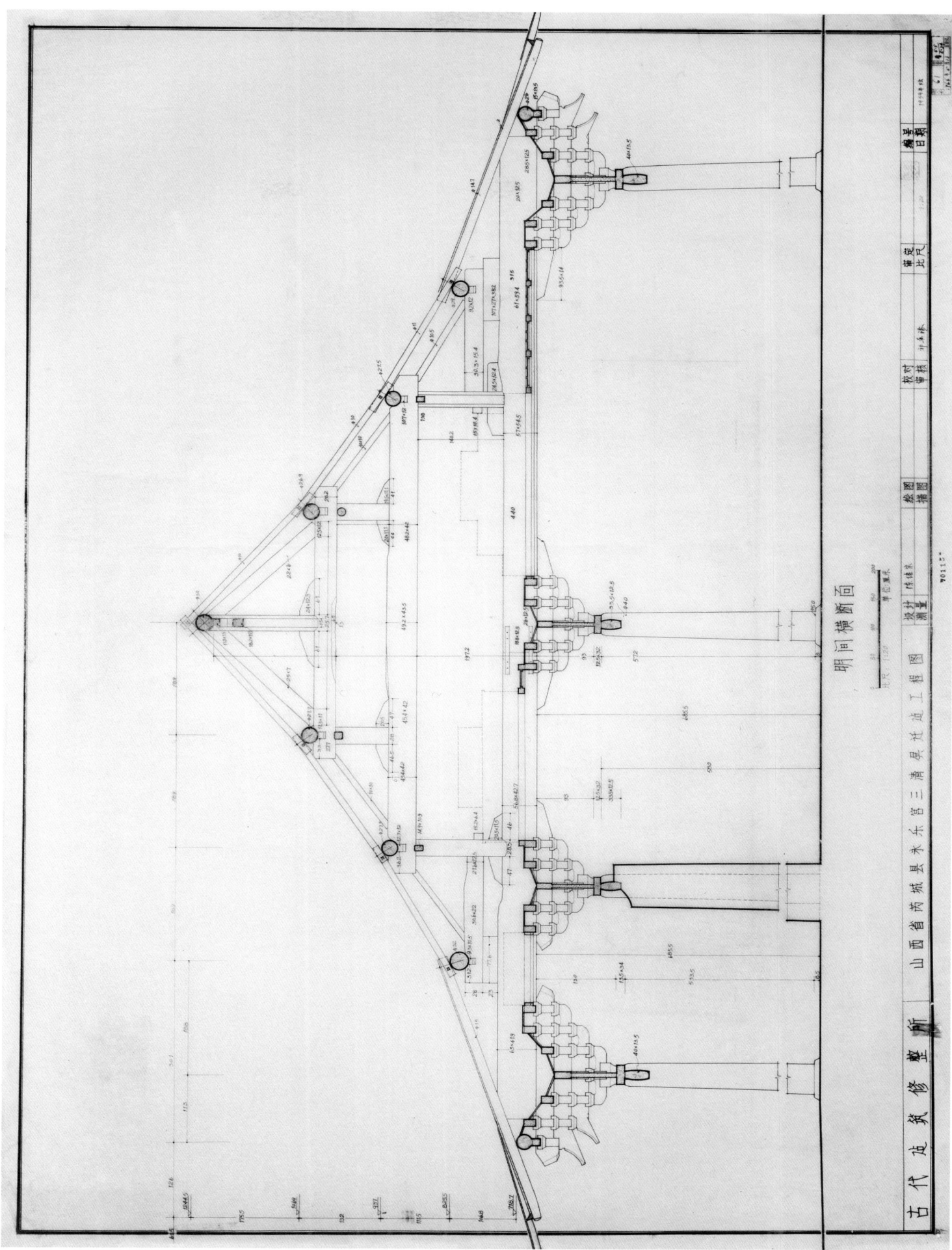

图版 T-59　三清殿明间梁架横断面图

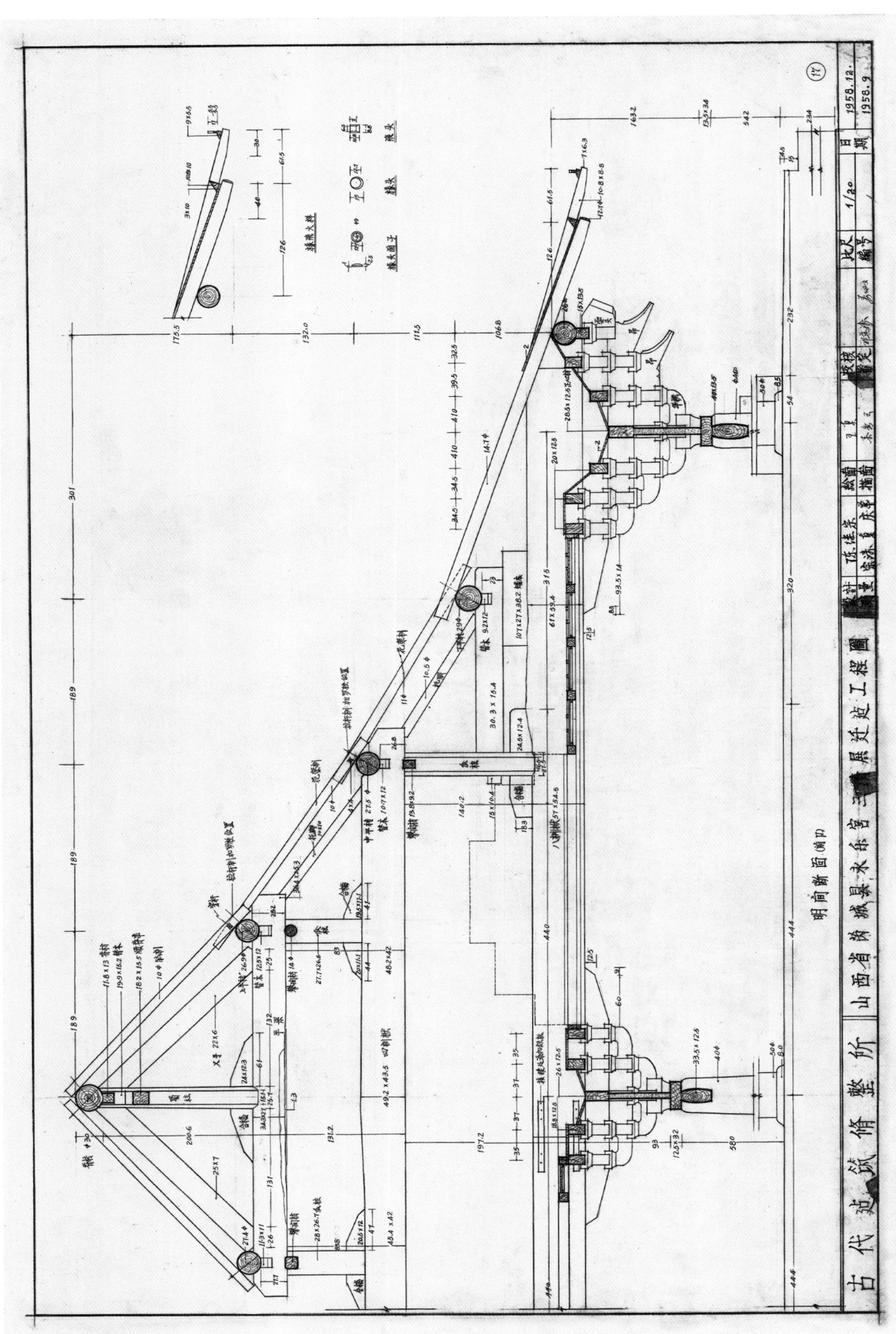

图版 T-60　三清殿明间梁架断面图（前部）

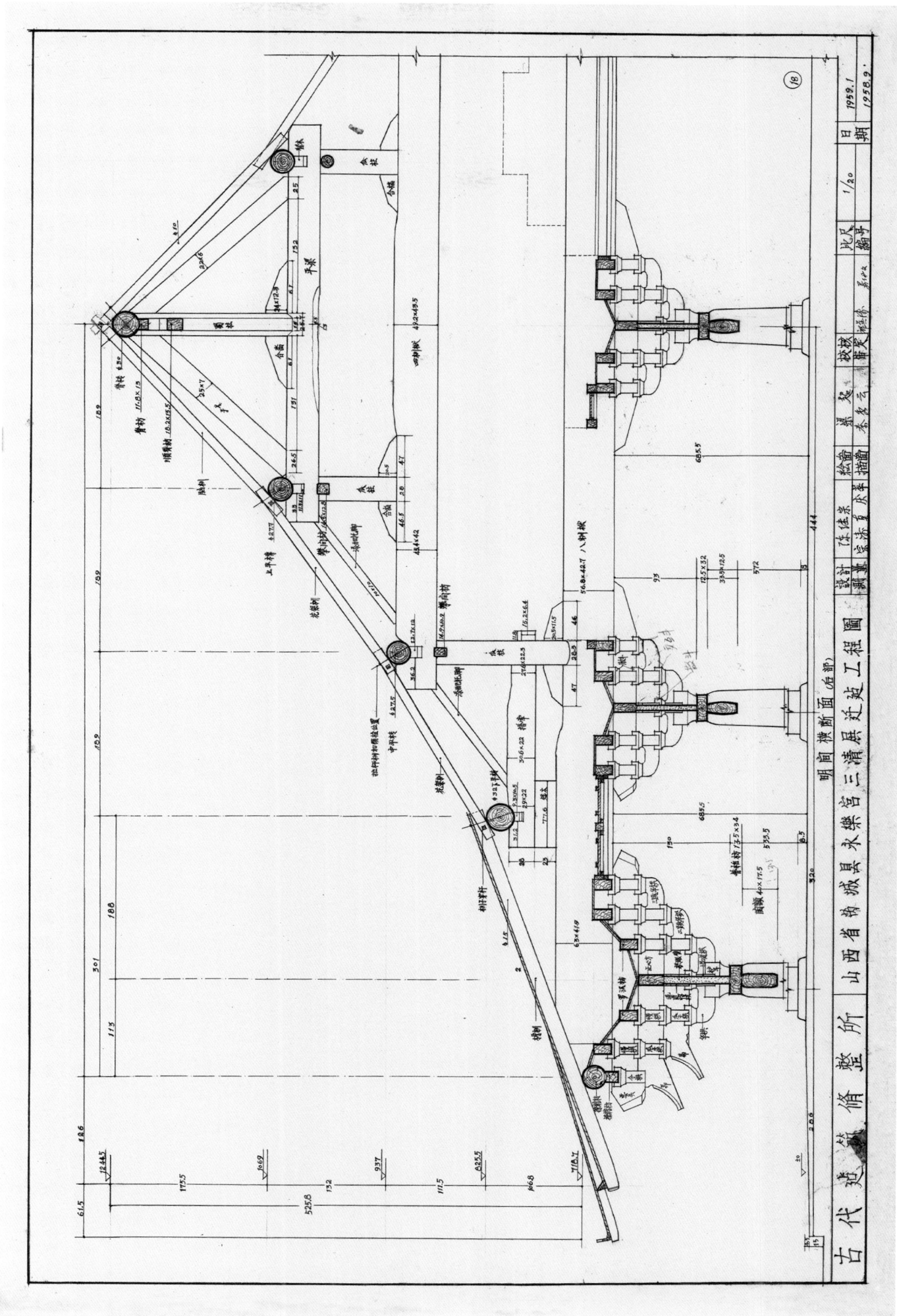

图版 T-61　三清殿明间梁架断面图（后部）

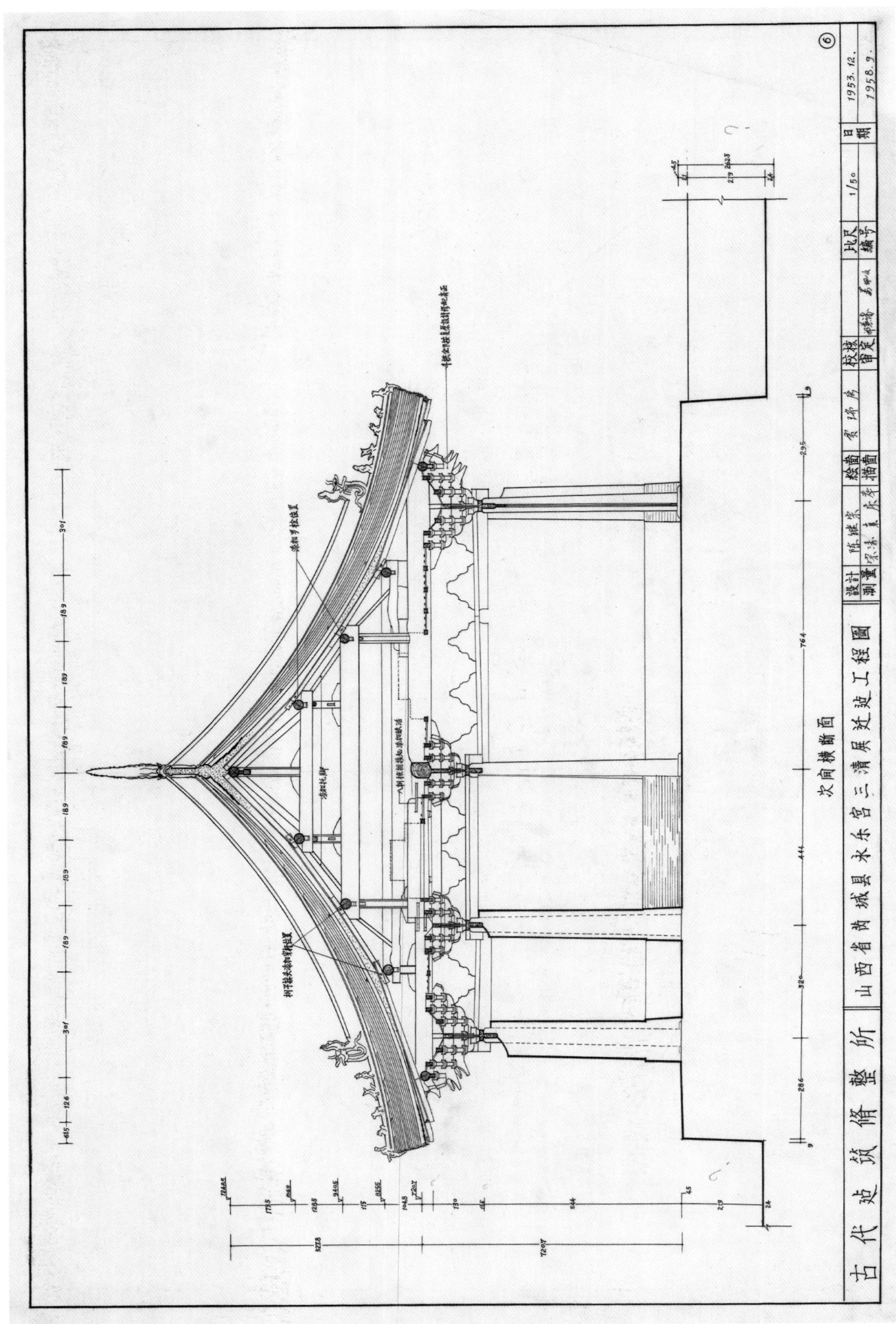

图版 T-62　三清殿次间横断面图

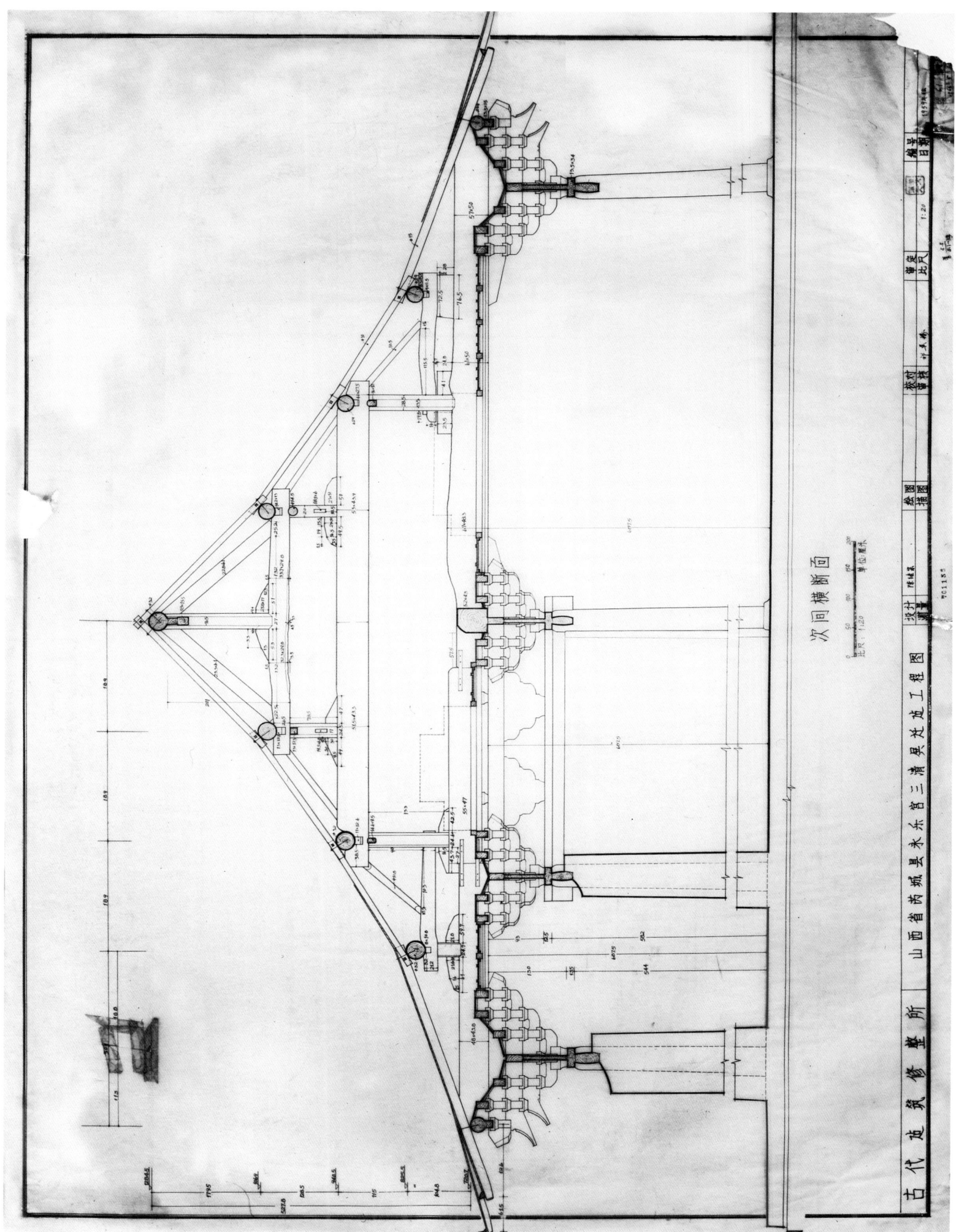

图版 T-63 三清殿次间梁架横断面图

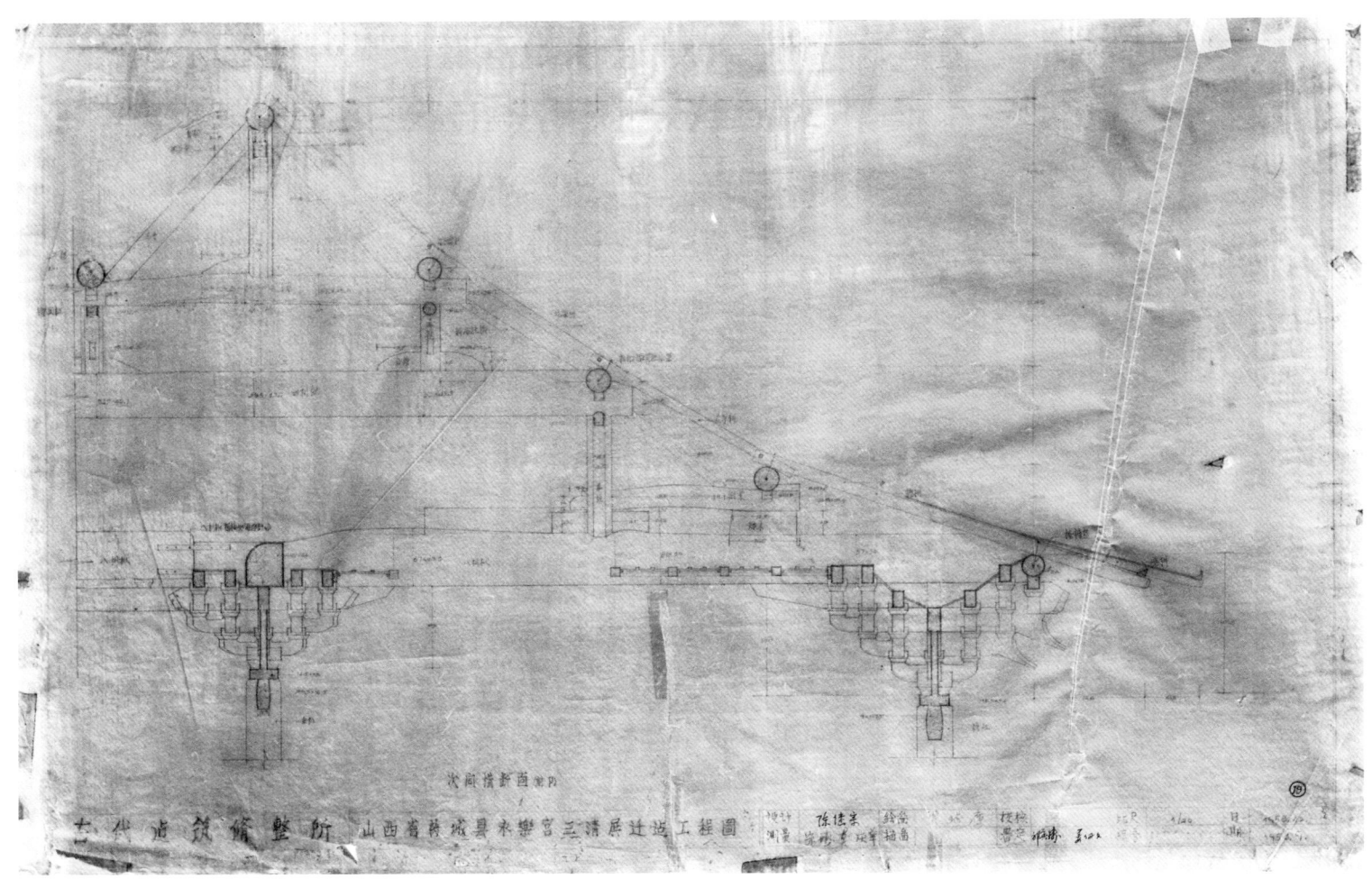

图版 T-64　三清殿次间梁架横断面图（前部）

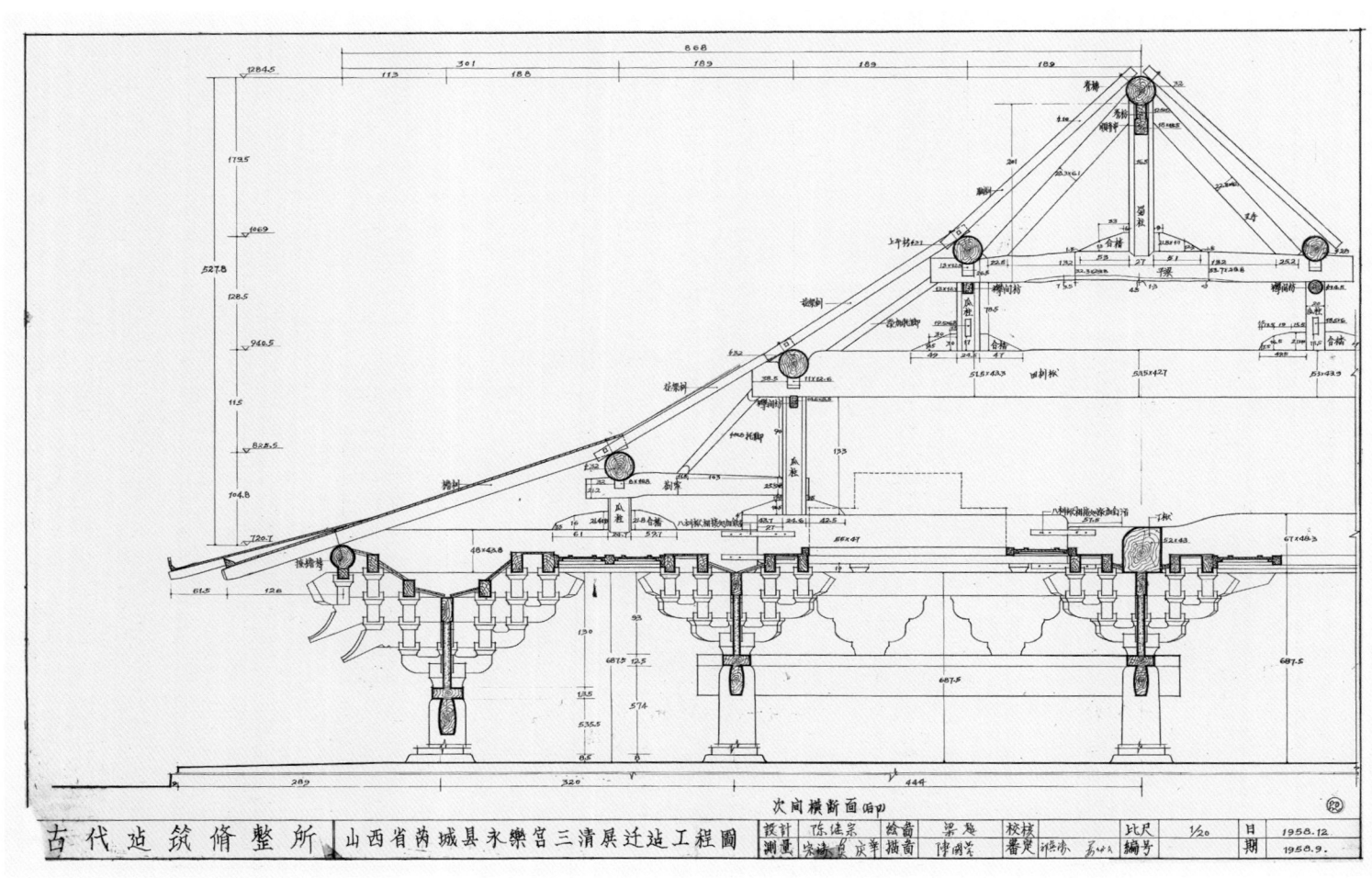

图版 T-65　三清殿次间梁架横断面图（后部）

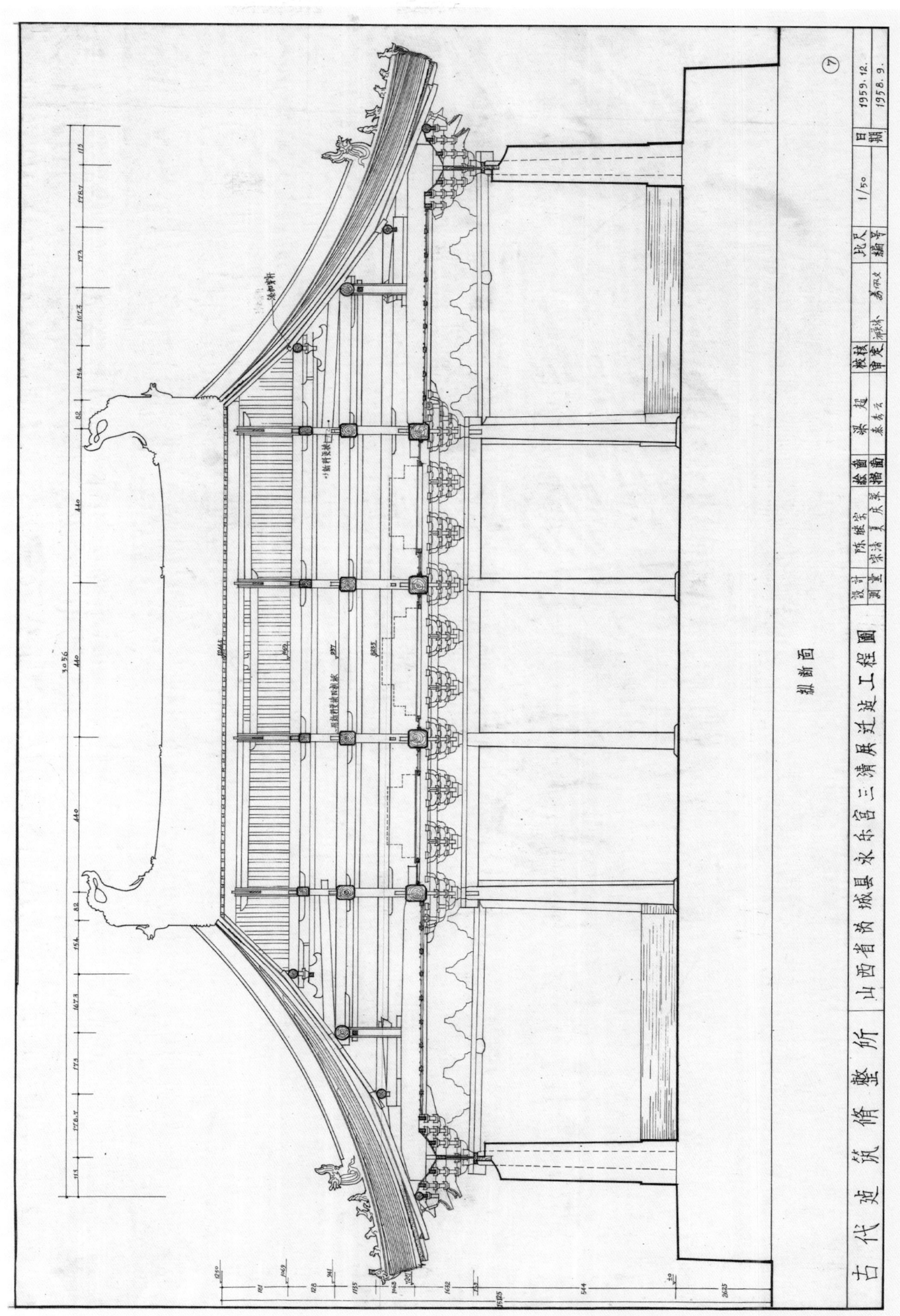

图版 T-66　三清殿纵断面图

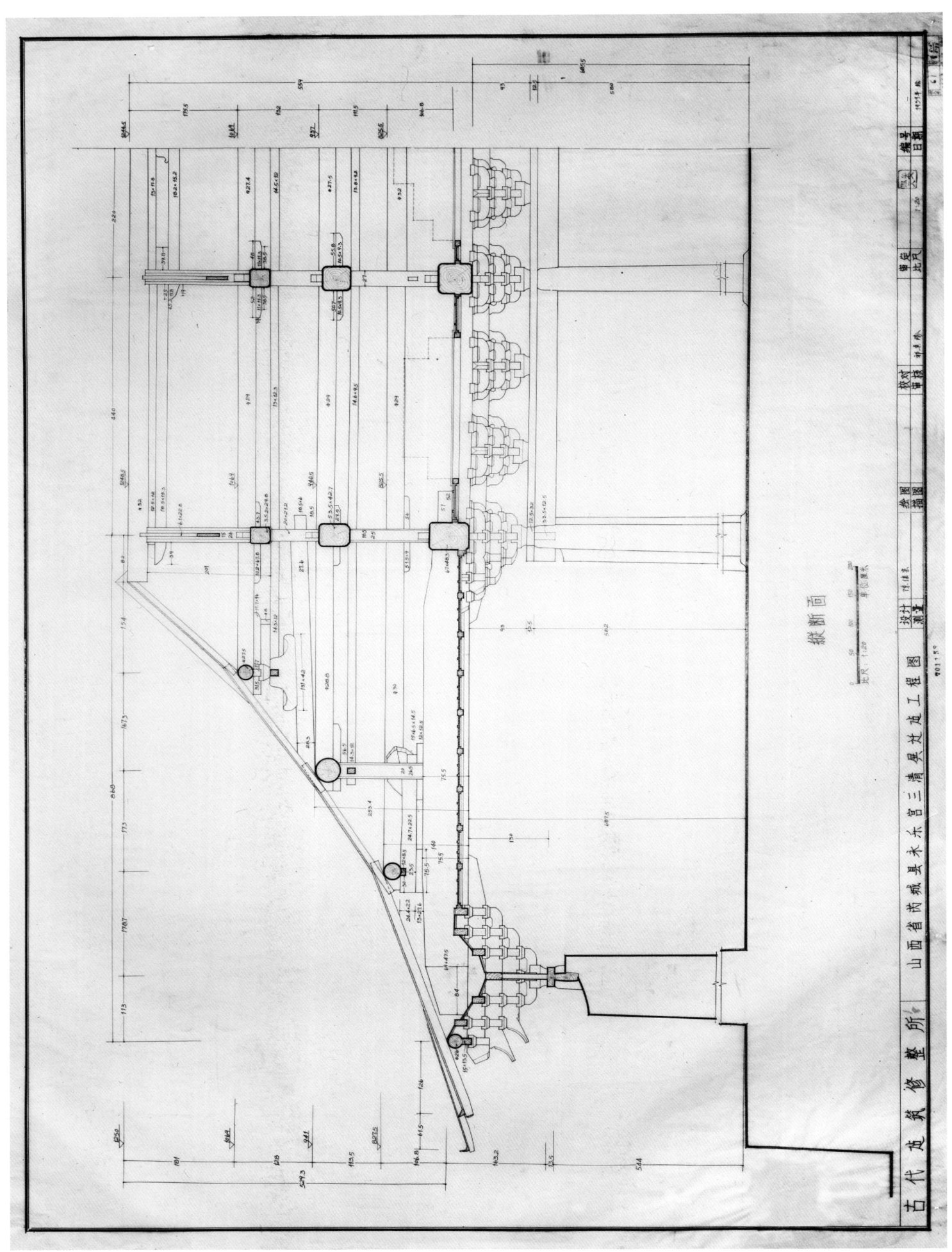

图版 T-67　三清殿局部梁架纵断面图

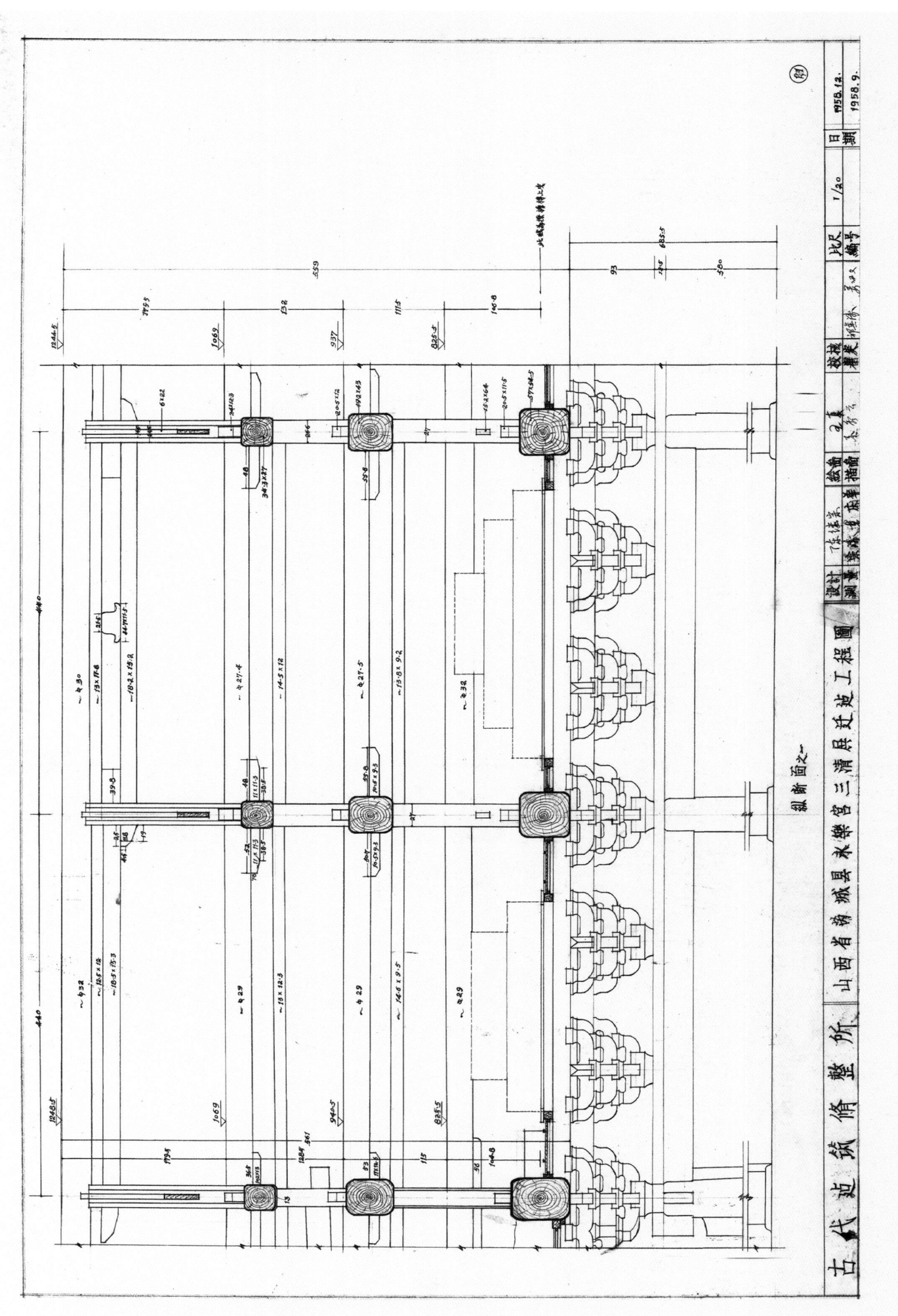

图版 T-68　三清殿局部梁架纵断面图（之一）

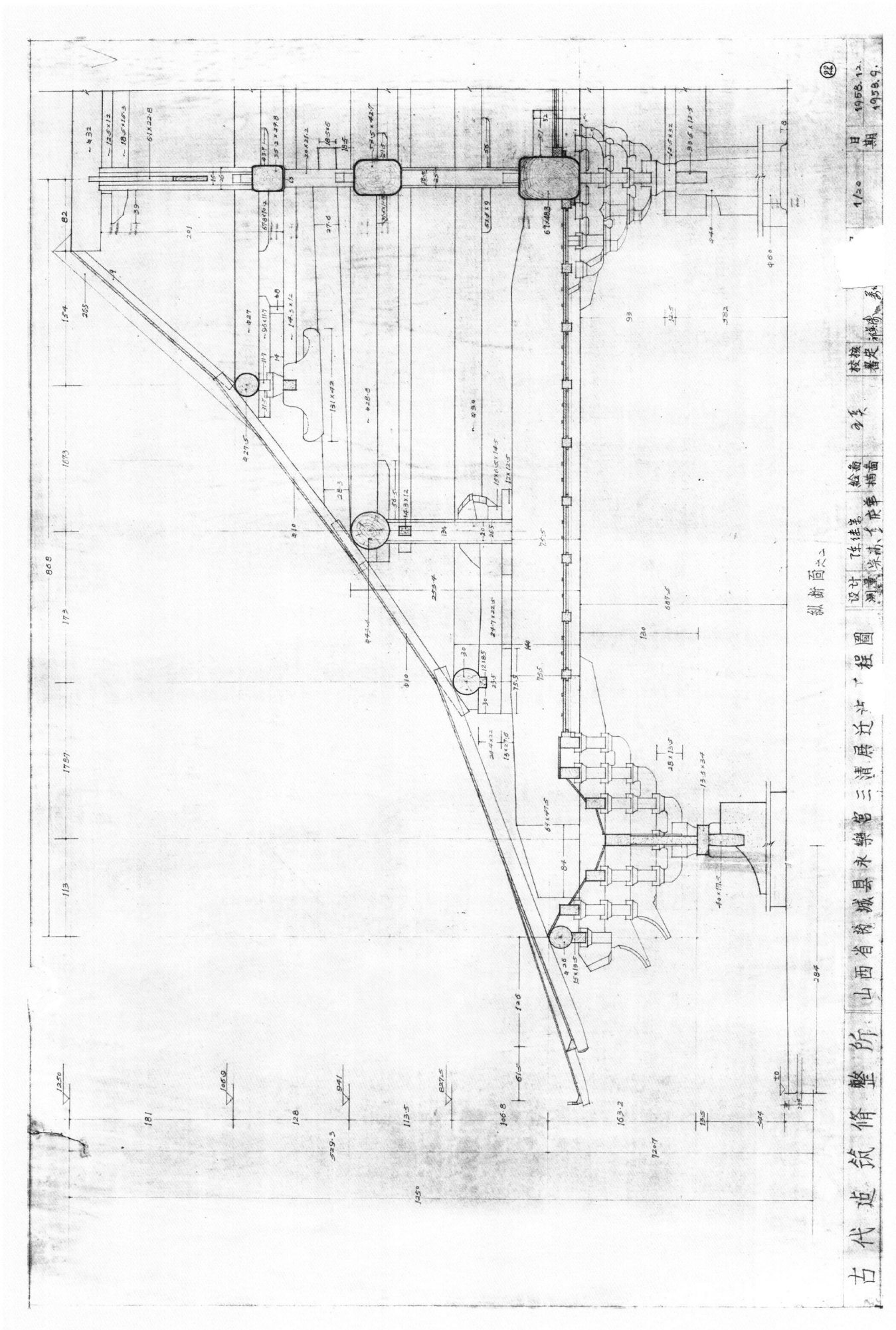

图版 T-69　三清殿局部梁架纵断面图（之二）

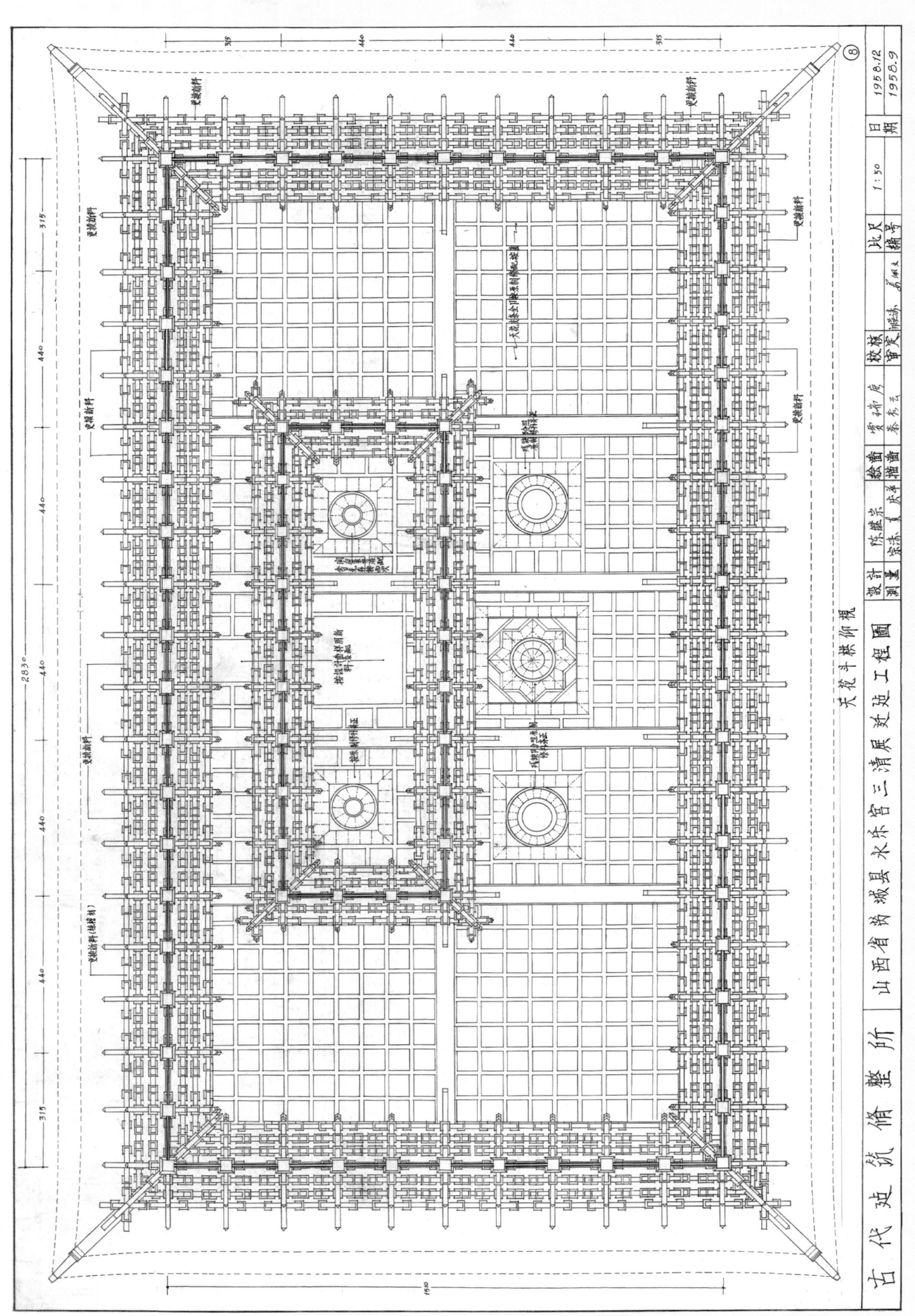

图版 T-70　三清殿天花斗栱仰视图

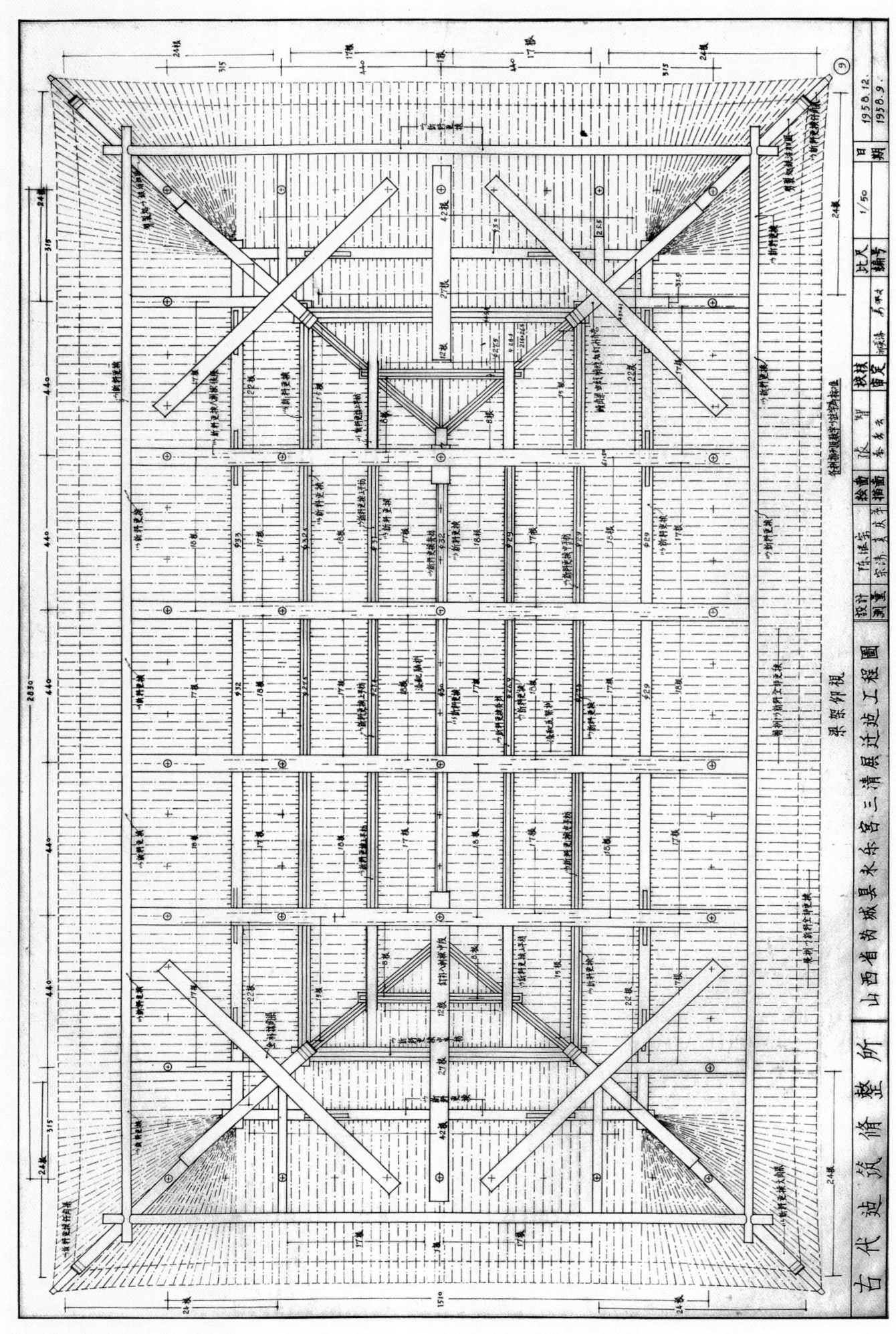

图版 T-71　三清殿梁架仰视图

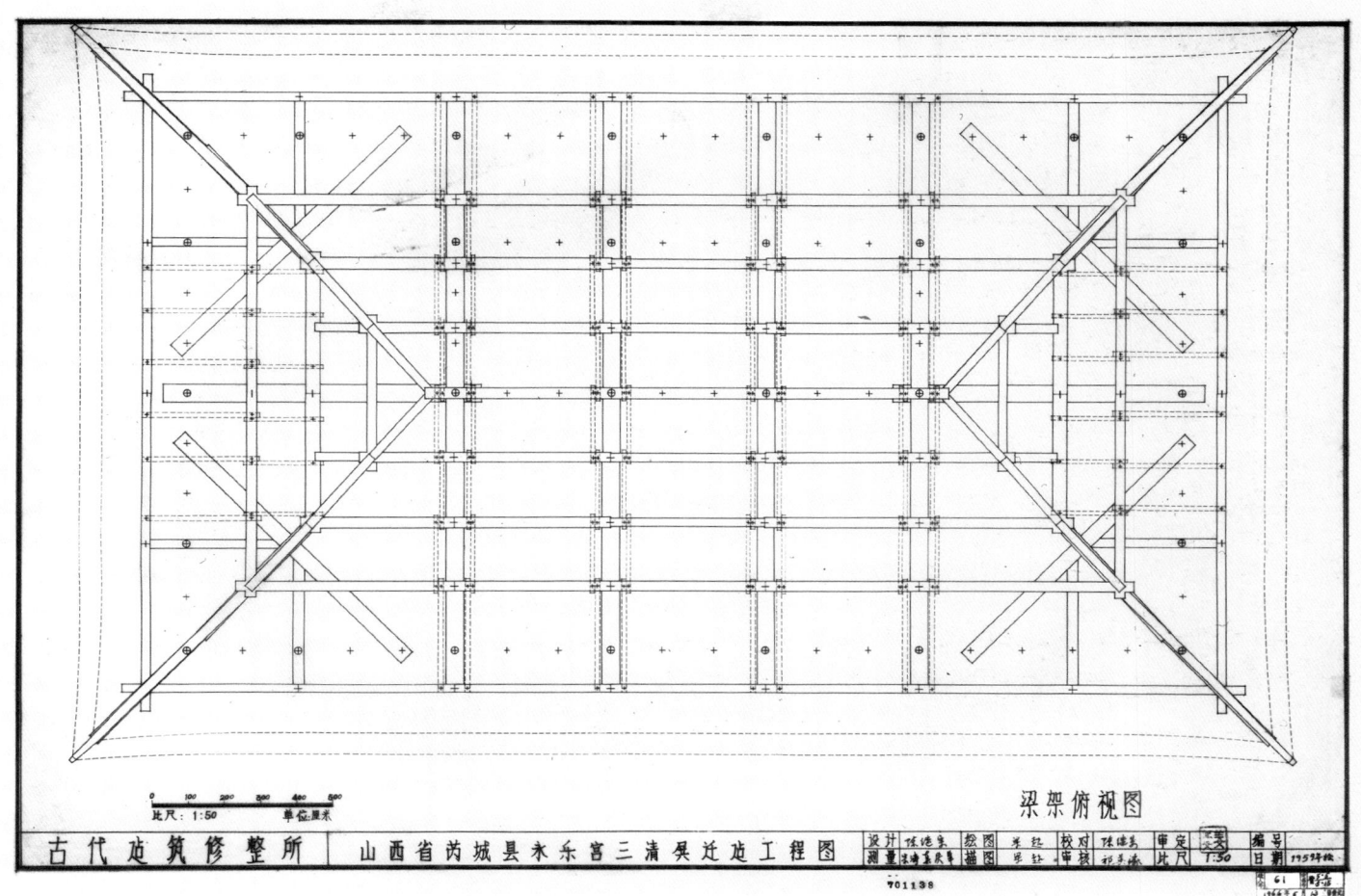

图版 T-72 三清殿梁架俯视图

图版 T-73 三清殿柱头与阑额接头处加铁活位置图

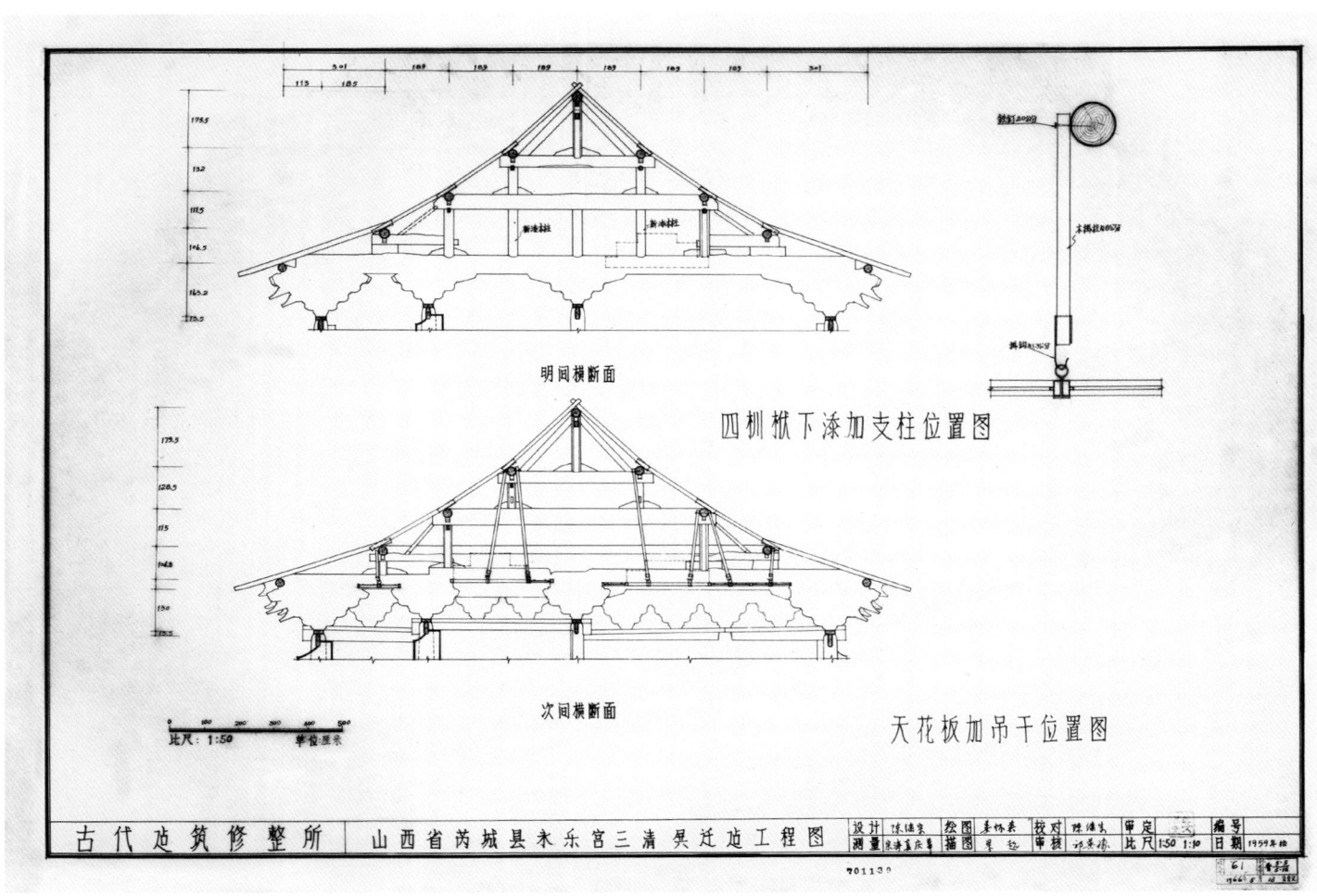

图版 T-74　三清殿天花板加吊杆位置图

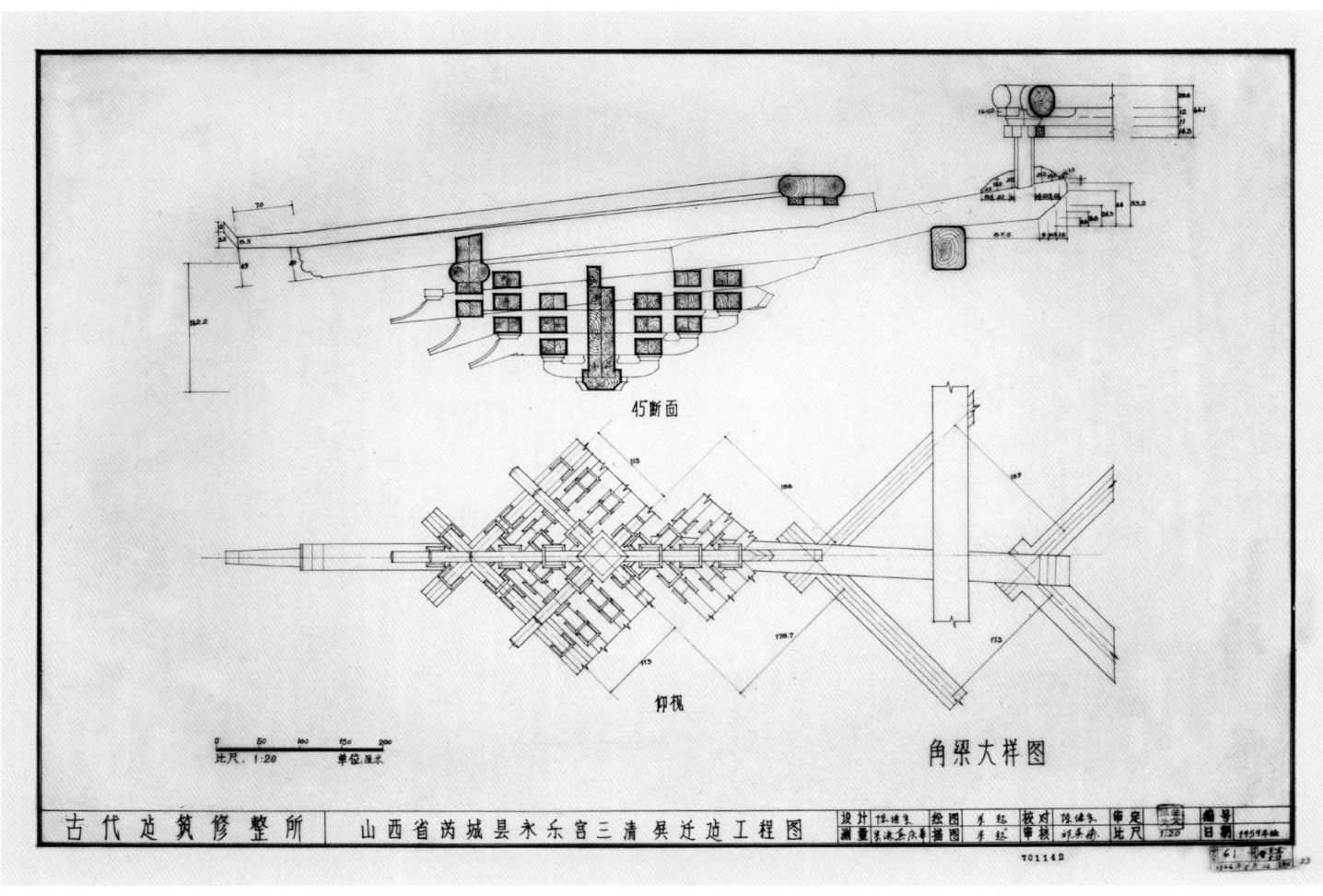

图版 T-75　三清殿角梁大样图

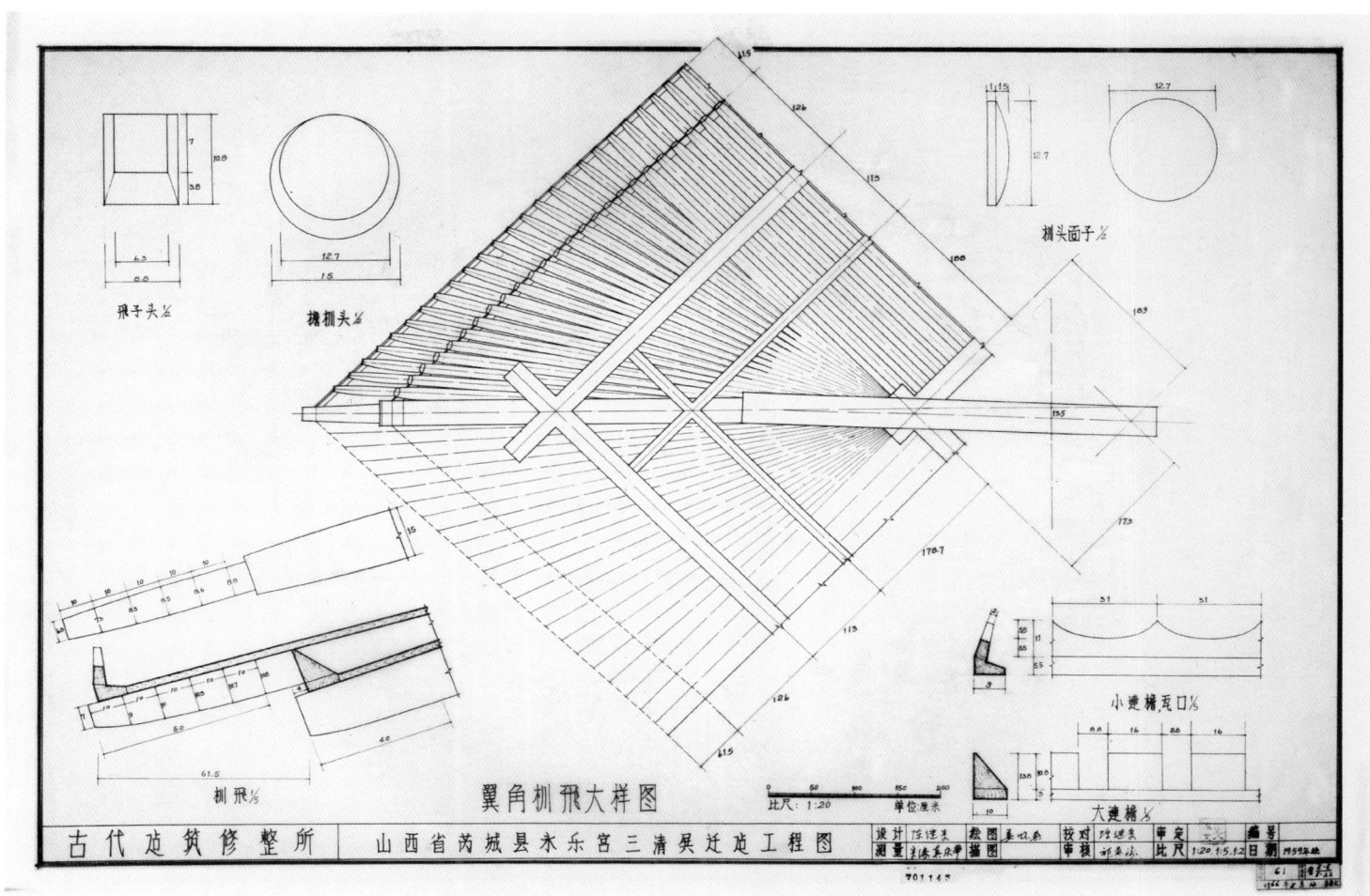

图版 T-76 三清殿翼角椽飞大样图

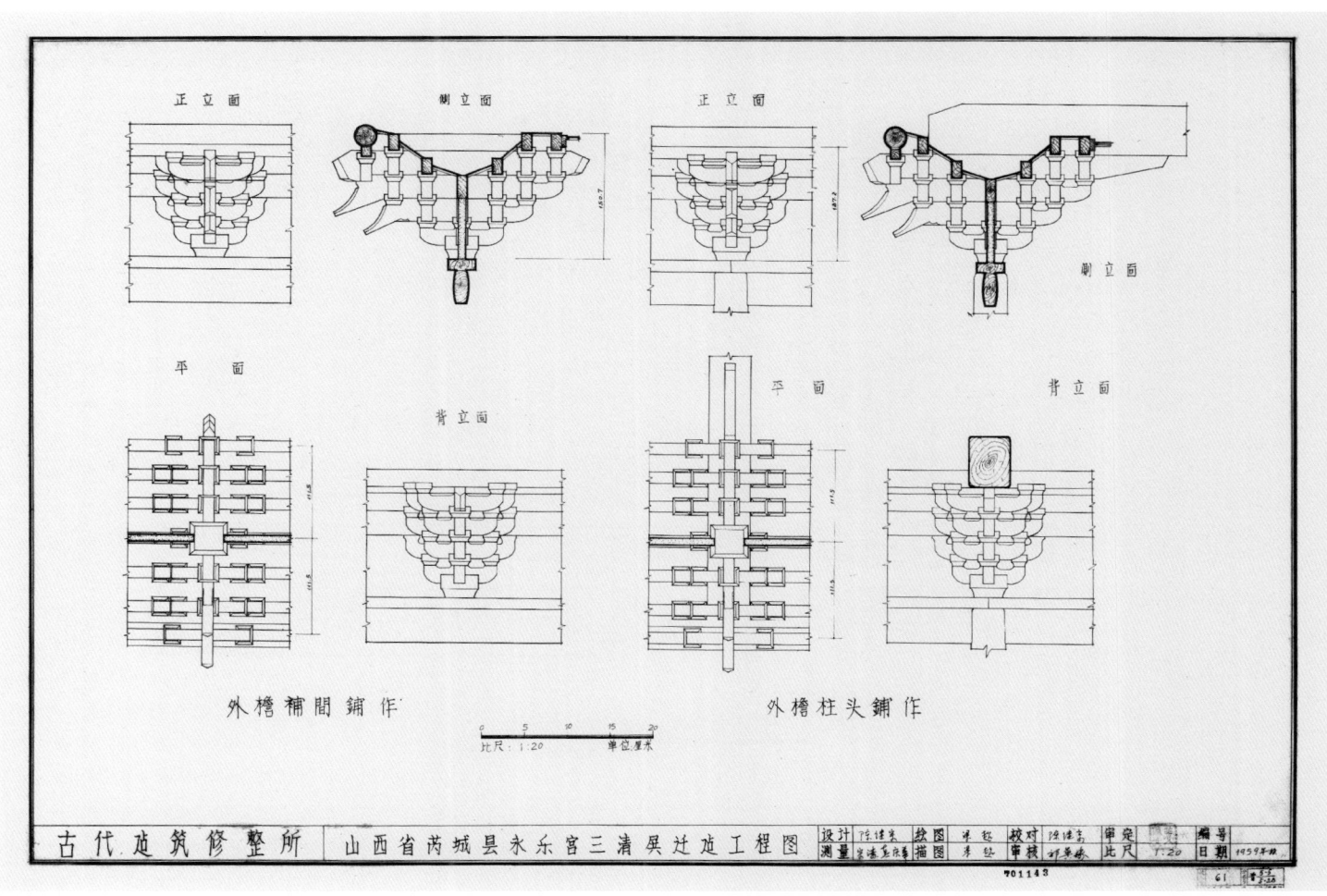

图版 T-77 三清殿外檐铺作

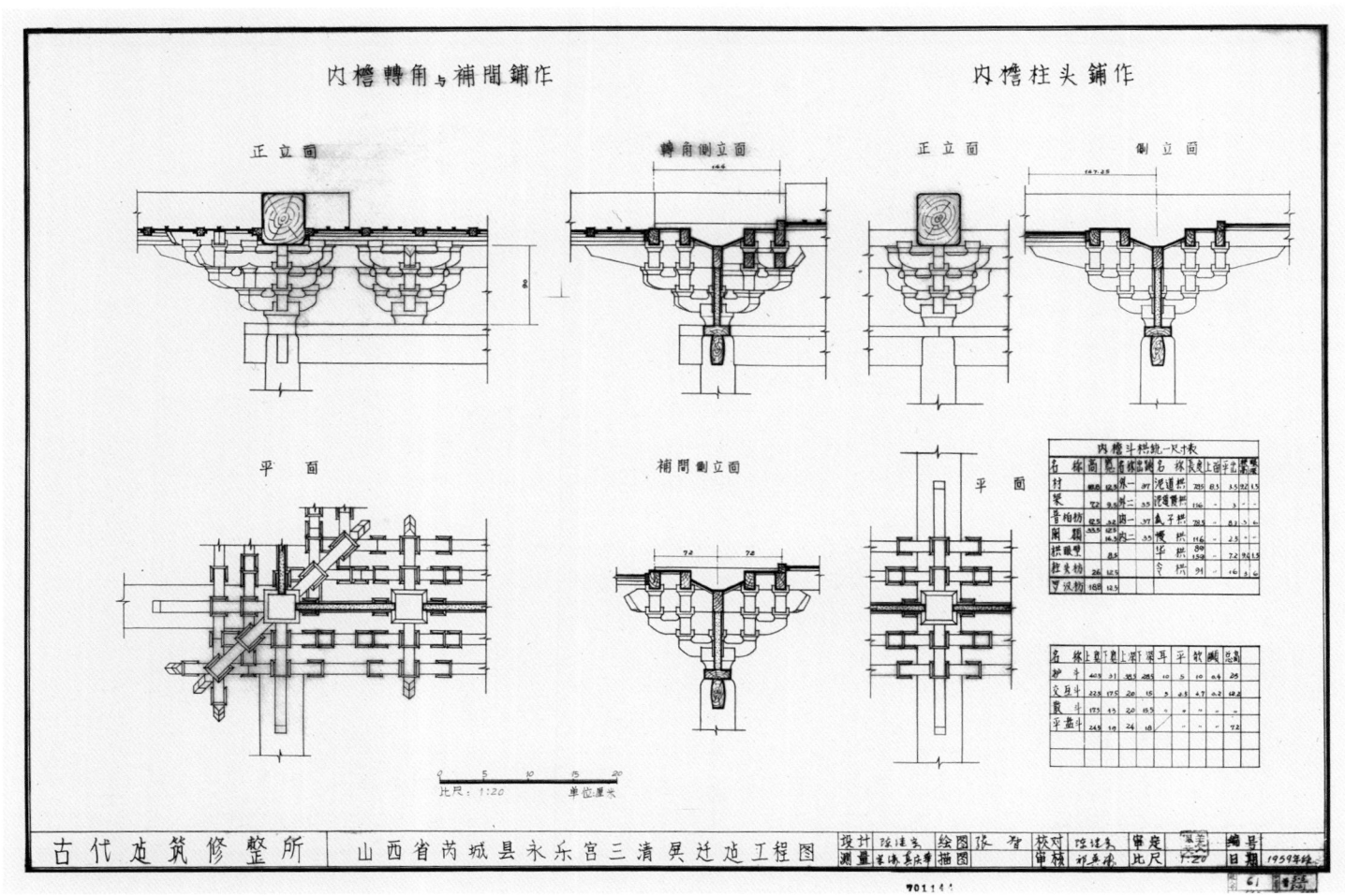

图版 T-78　三清殿内檐铺作

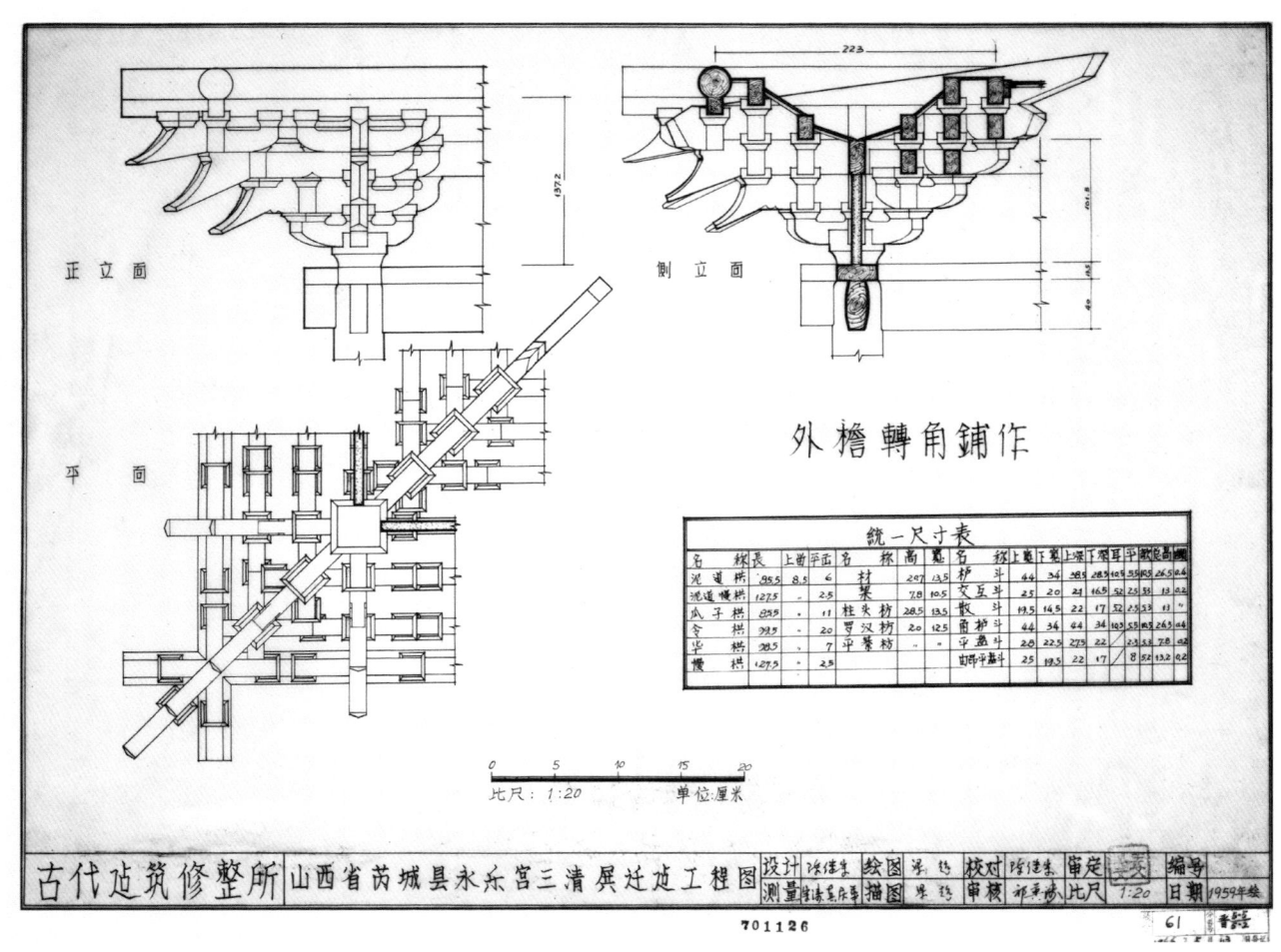

图版 T-79　三清殿外檐转角铺作大样图

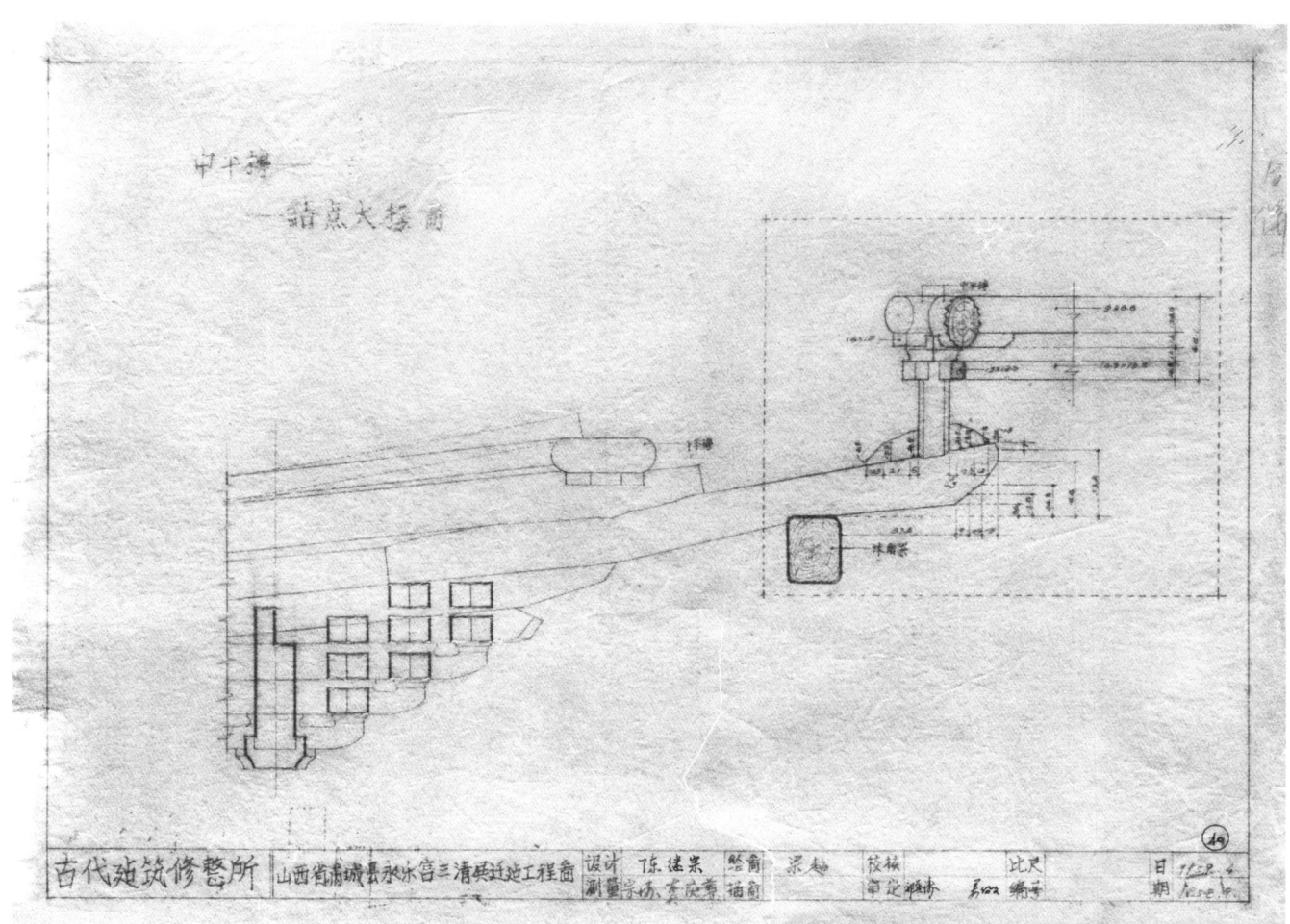

图版 T-80　三清殿中平槫节点大样图

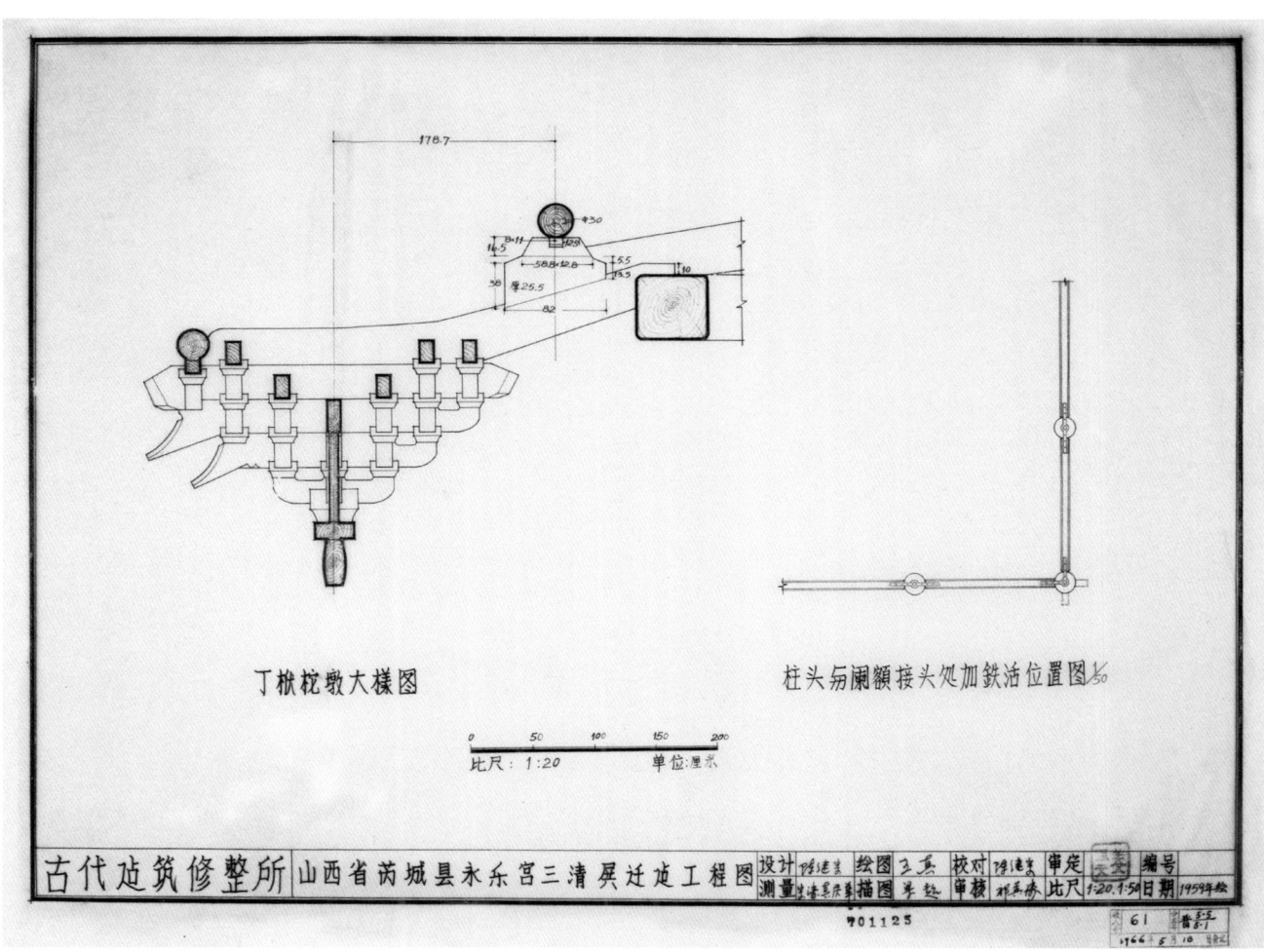

图版 T-81　三清殿丁栿栌墩大样及柱头与阑额接头处加铁活位置图

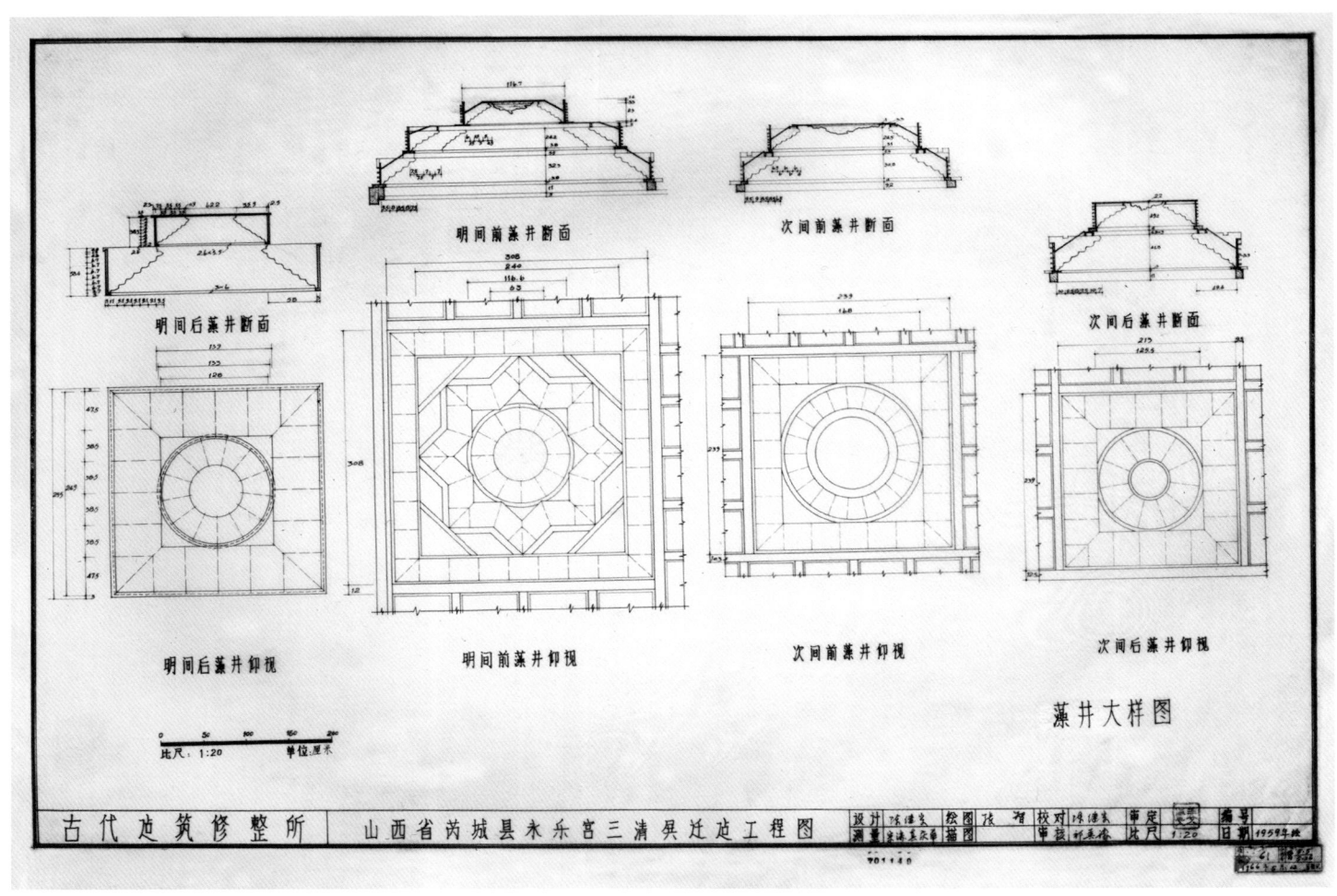

图版 T-82　三清殿藻井大样图

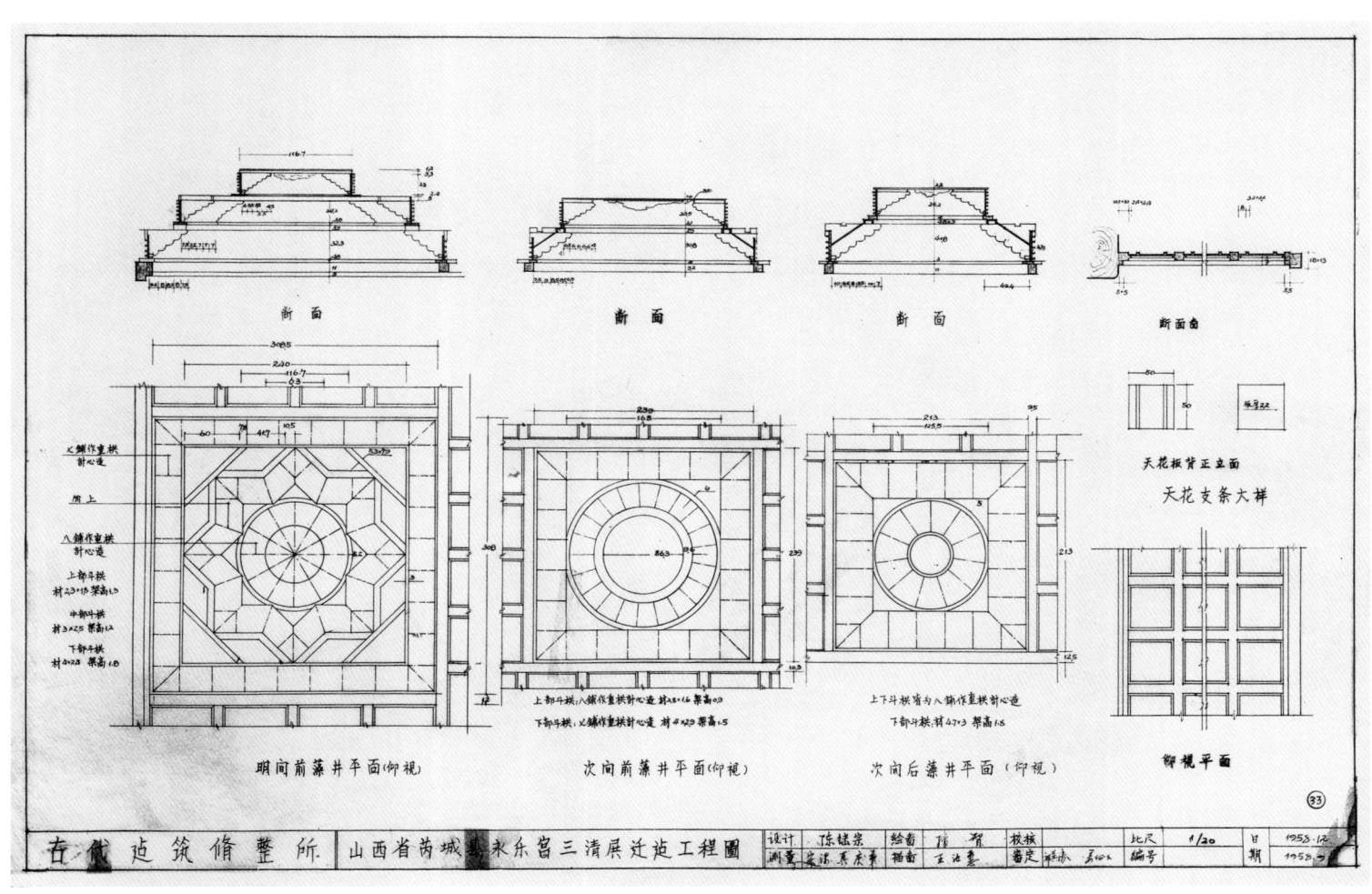

图版 T-83　三清殿藻井及天花支条大样图

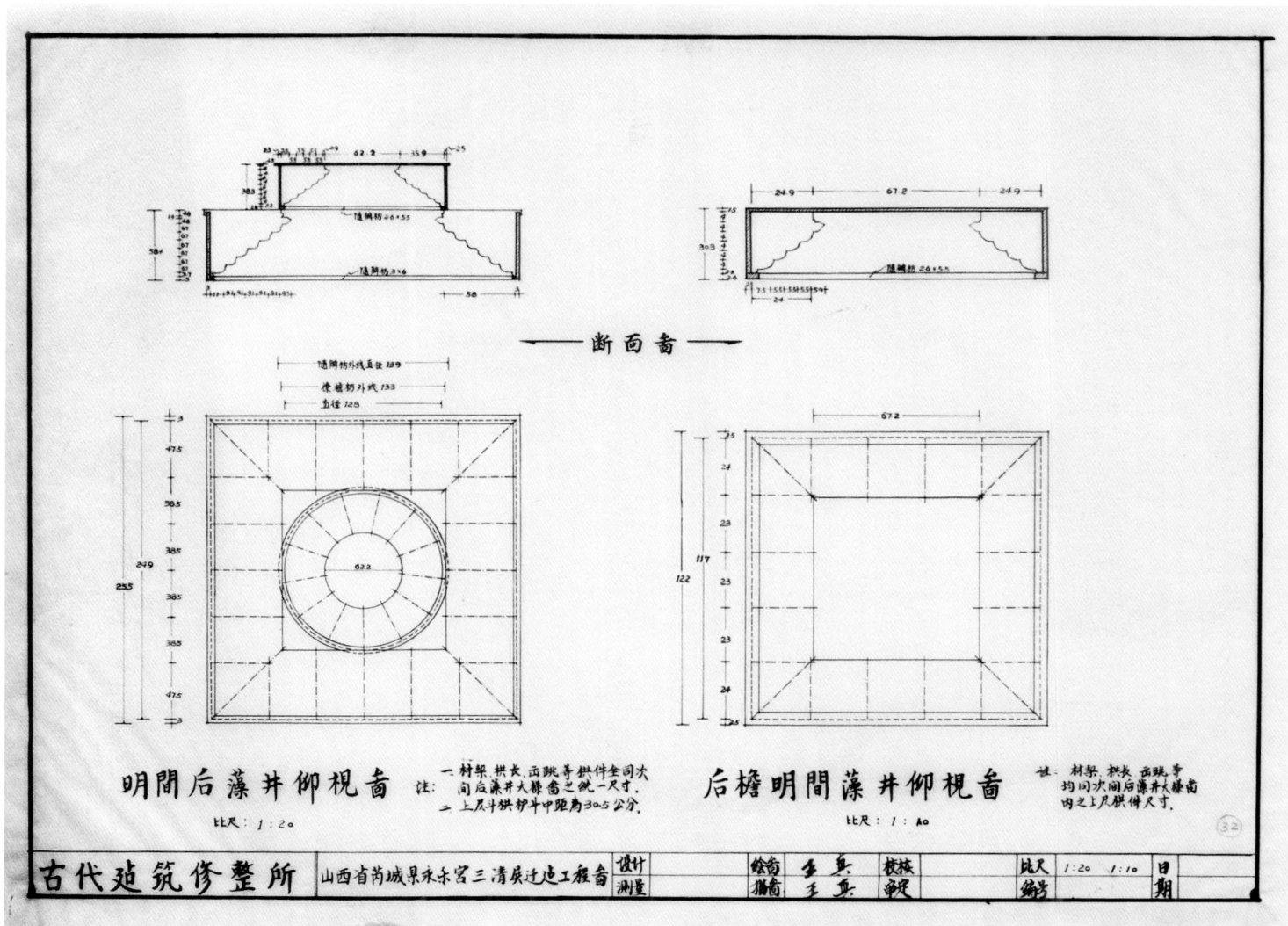

图版 T-84　三清殿明间后及后檐明间藻井大样图

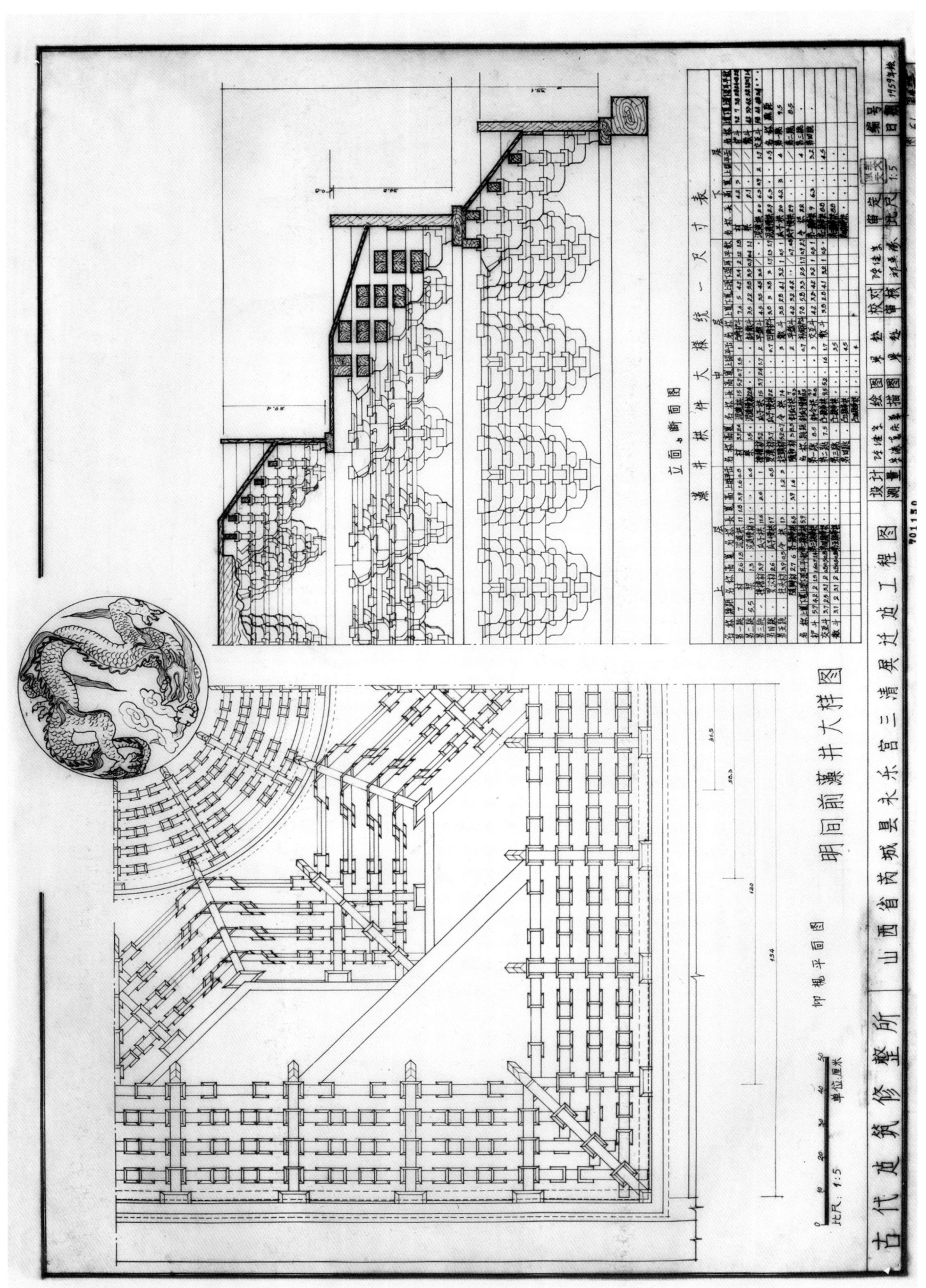

图版 T-85　三清殿明间前藻井大样图

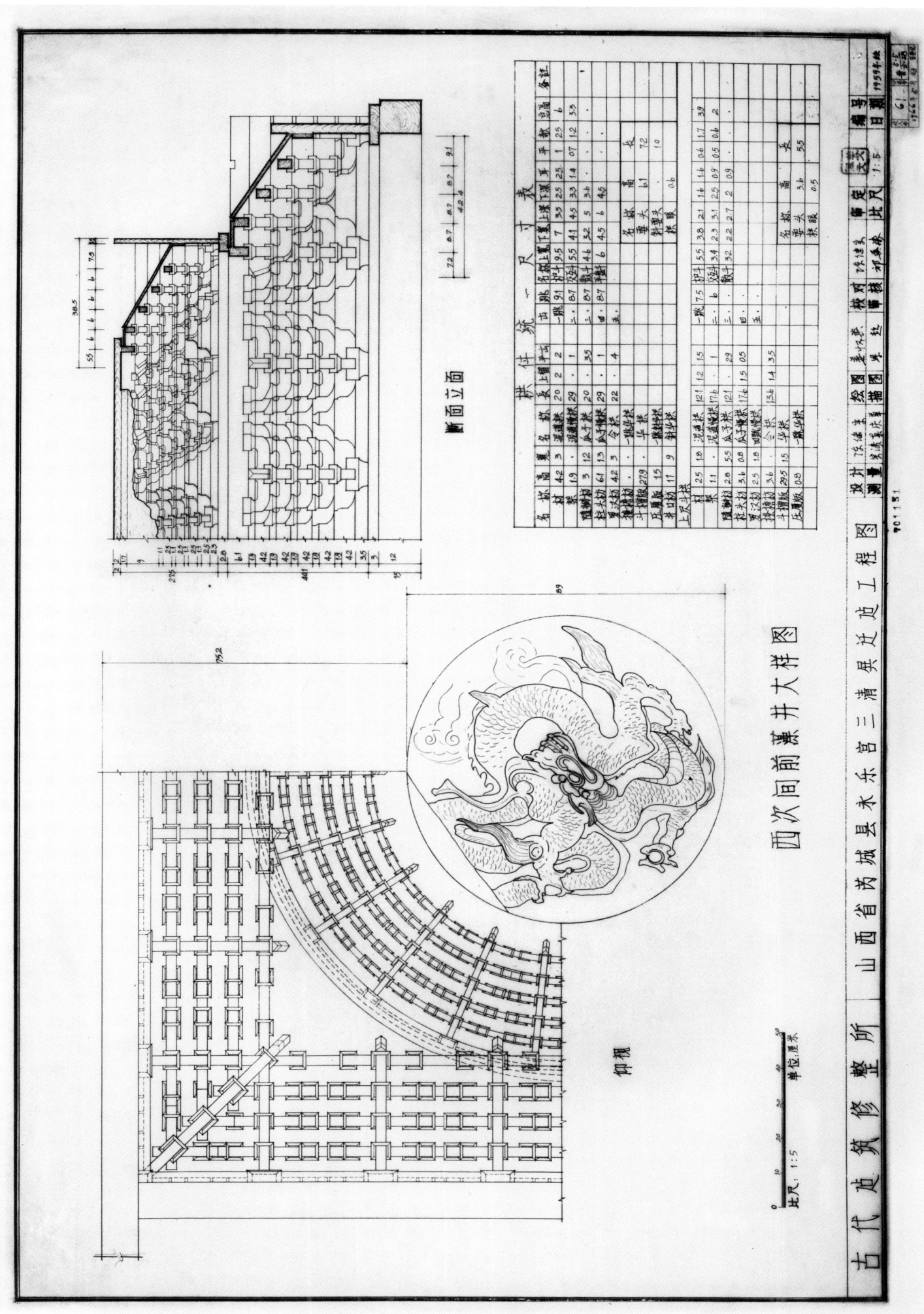

图版 T-86 三清殿西次间前藻井大样图

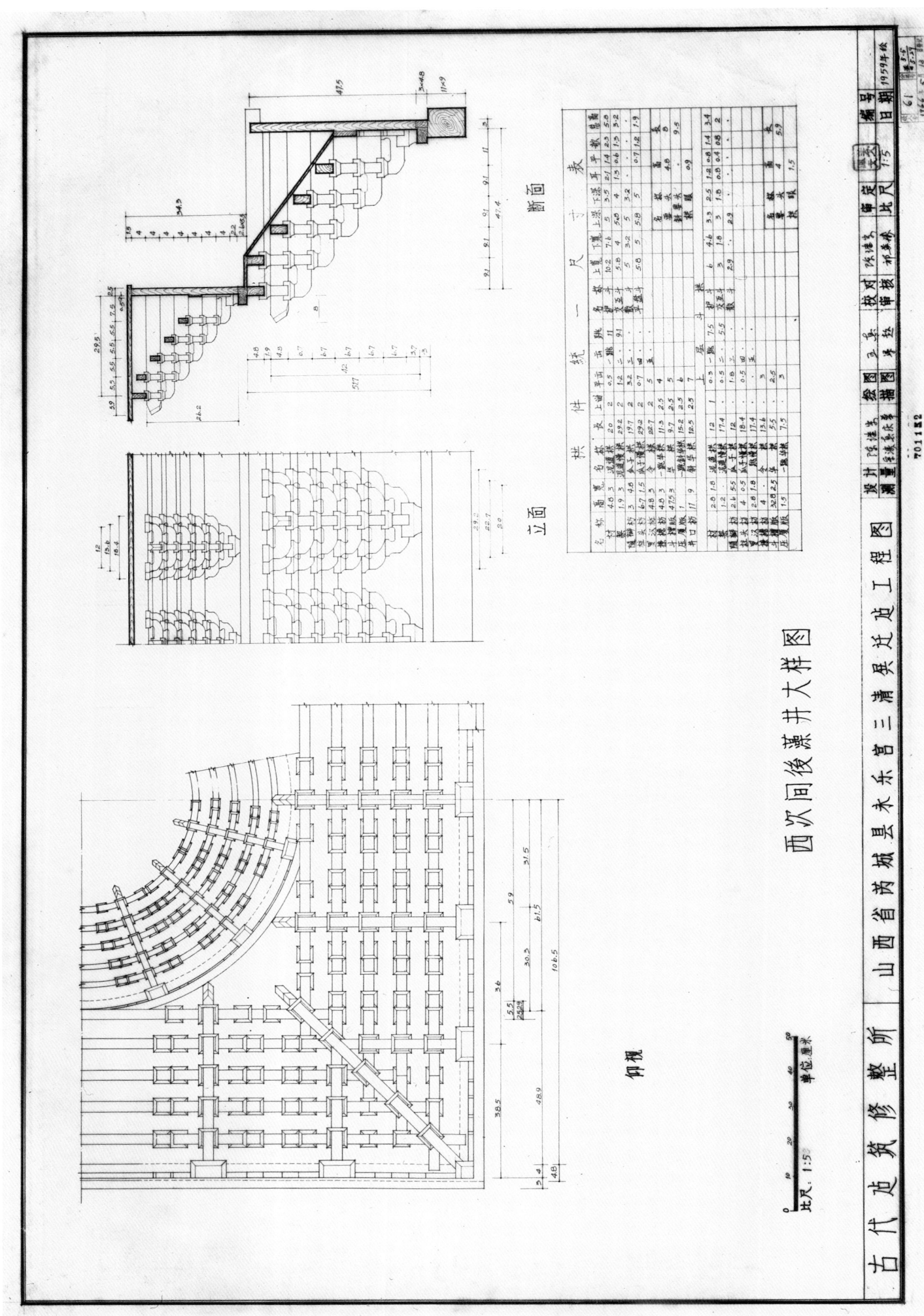

图版 T-87　三清殿西次间后藻井大样图

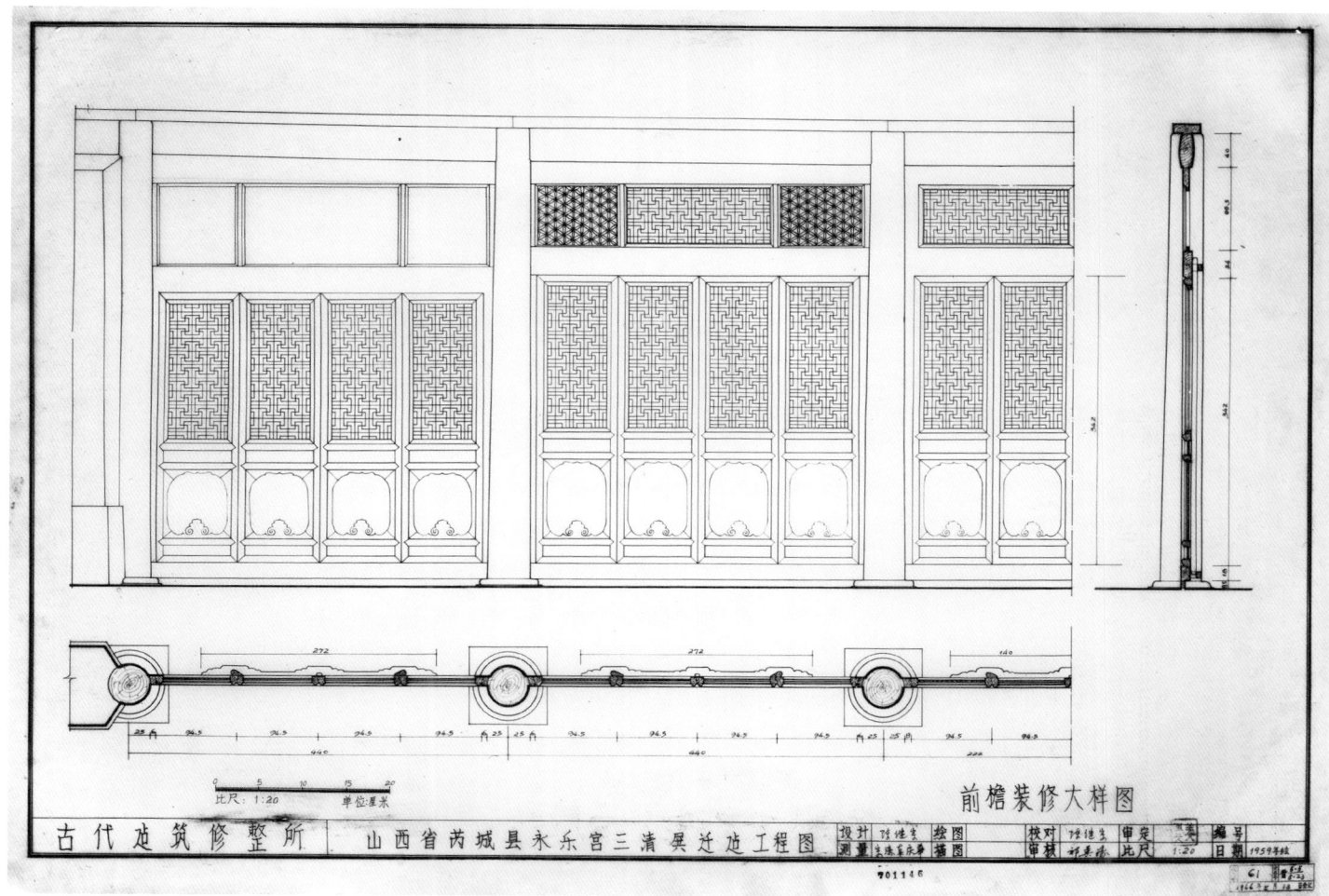

图版 T-88　三清殿前檐装修

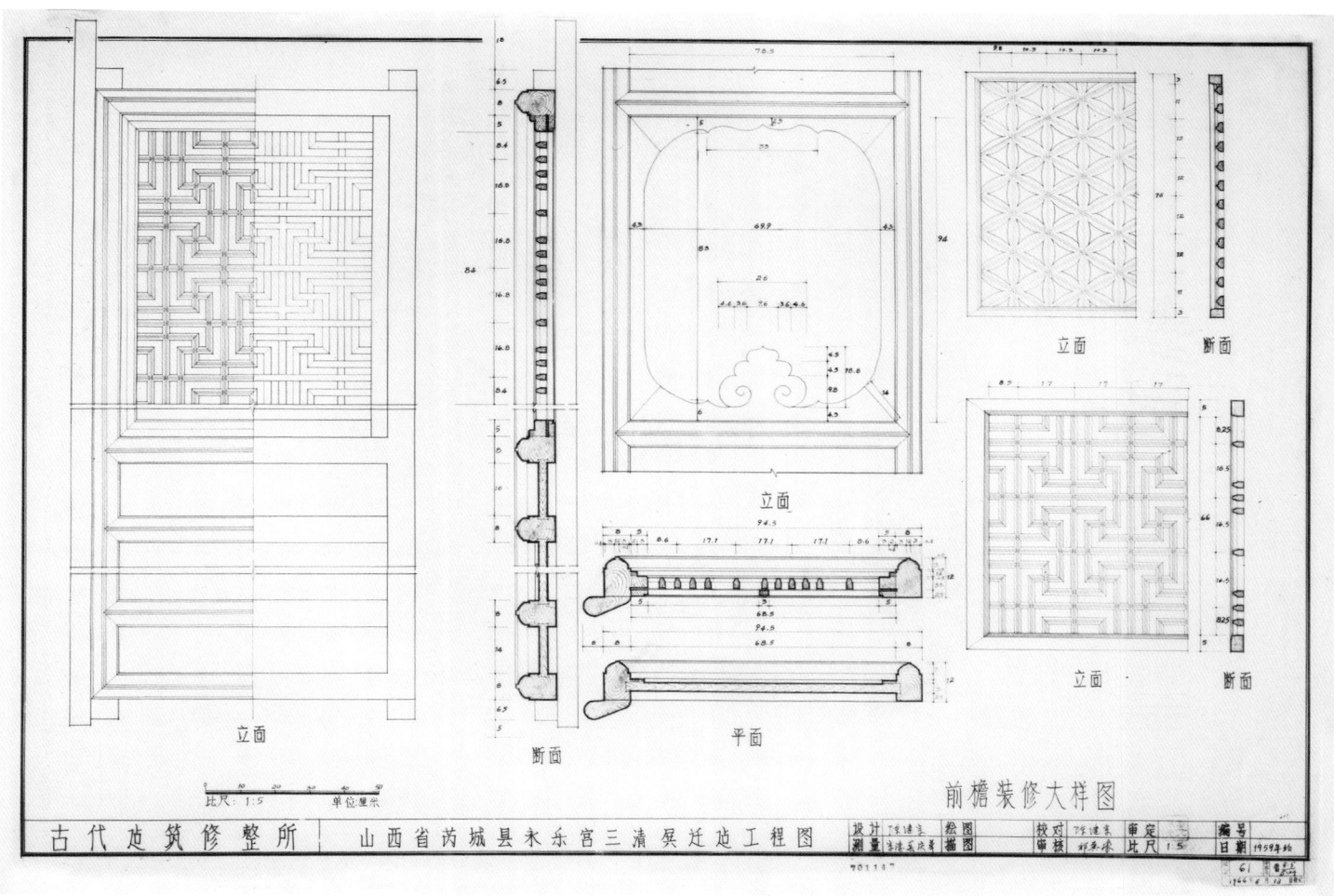

图版 T-89　三清殿前檐装修大样图

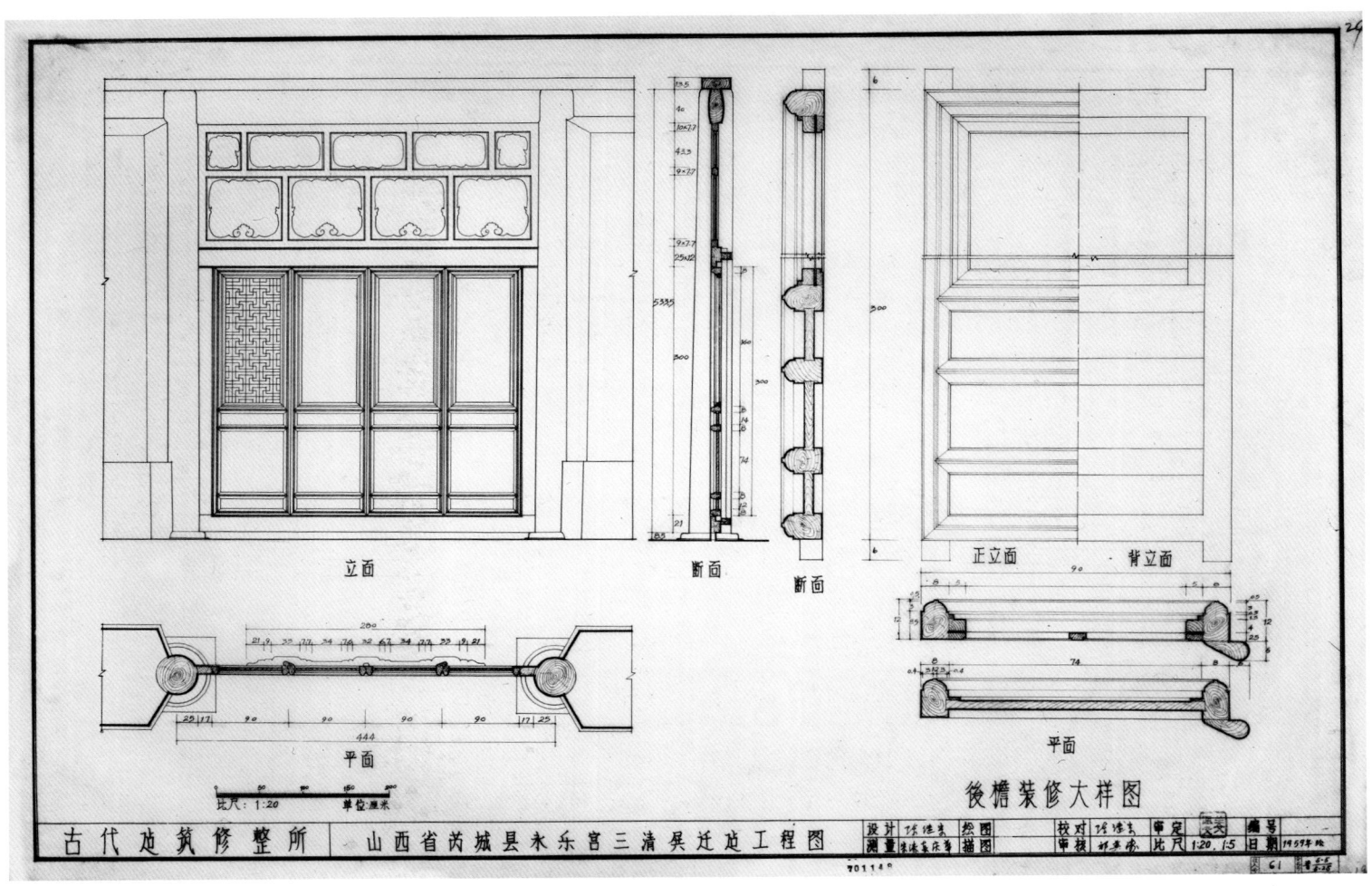

图版 T-90　三清殿后檐装修大样图

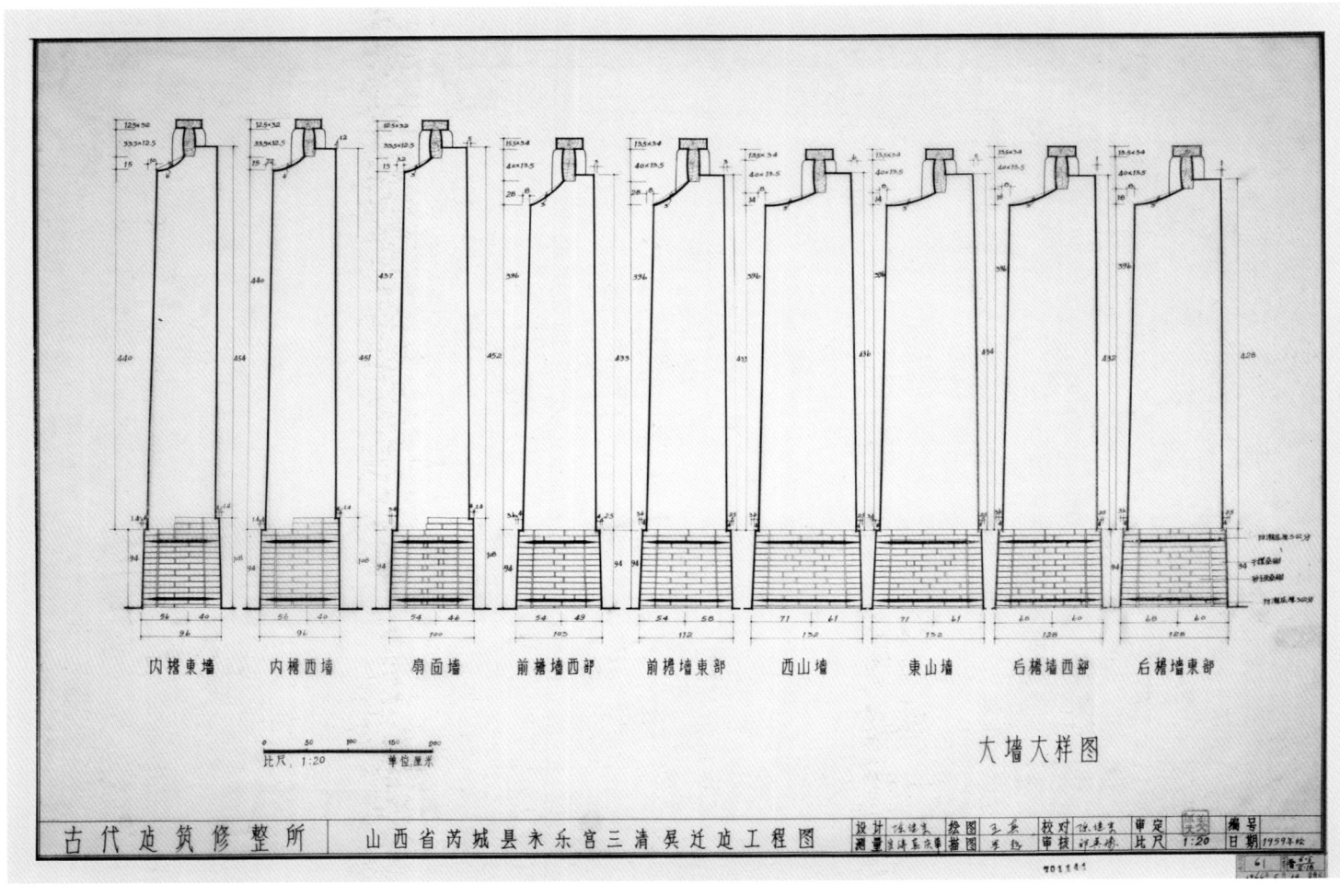

图版 T-91　三清殿大墙大样图

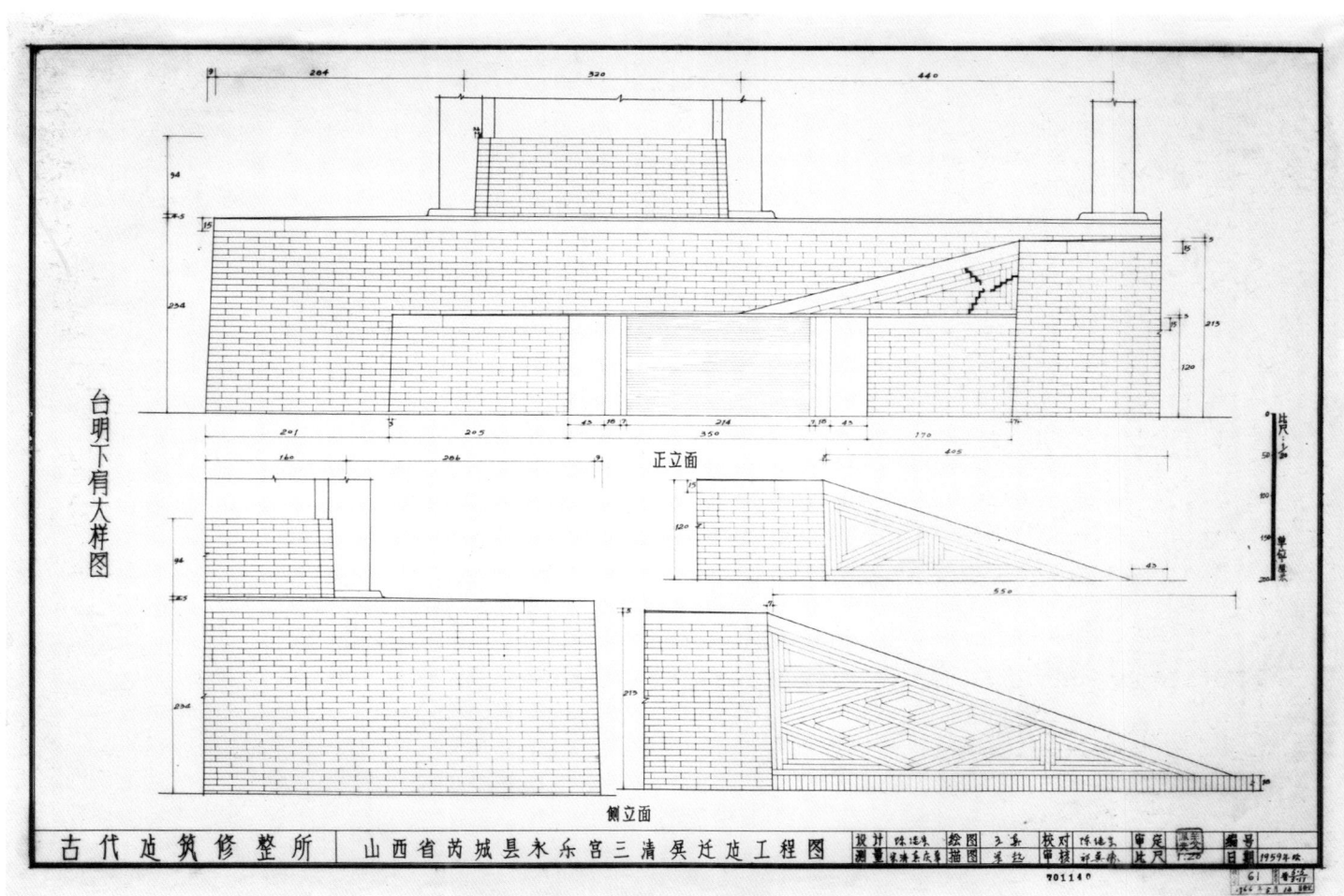

图版 T-92　三清殿台明下肩大样图

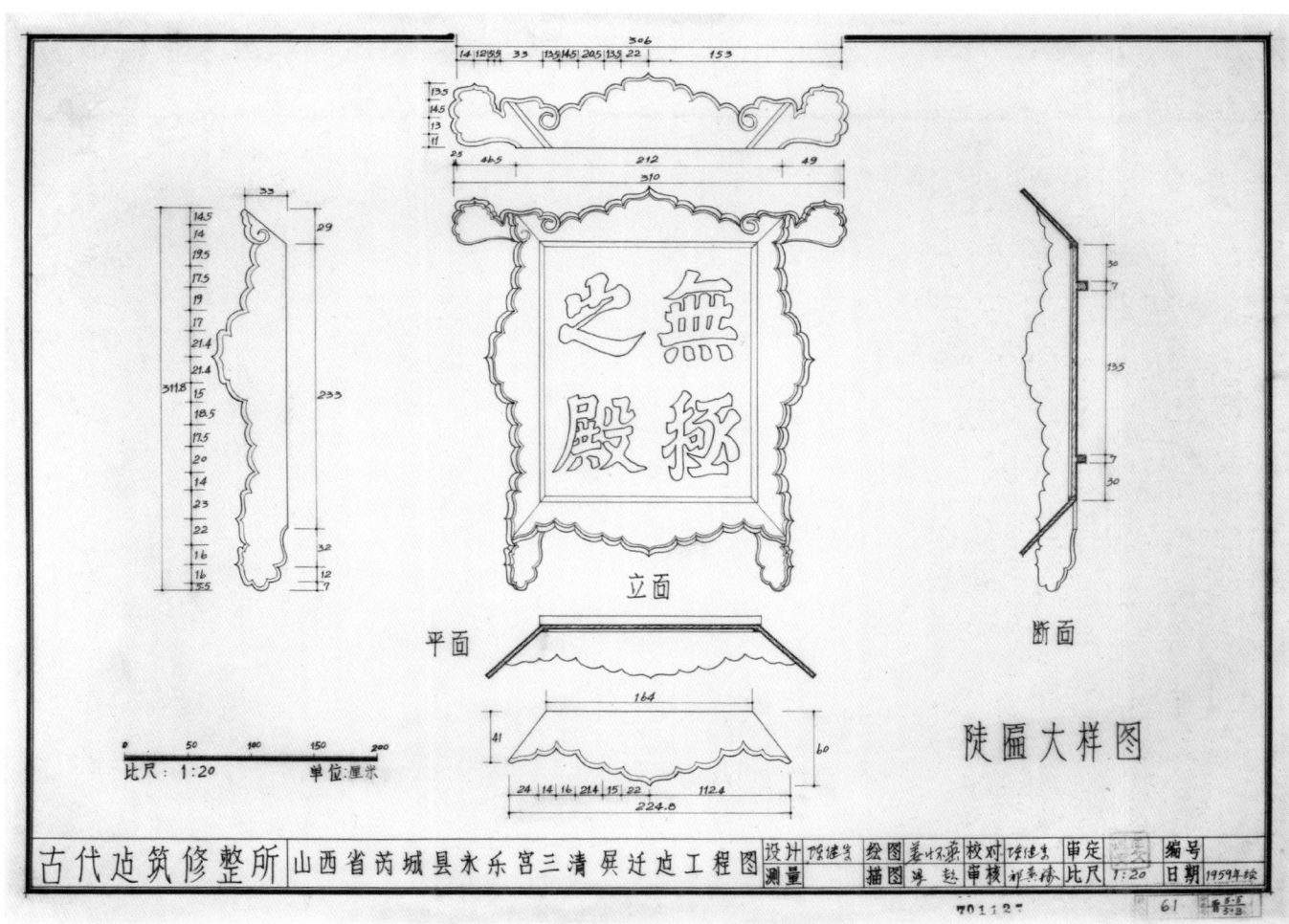

图版 T-93　三清殿陛匾大样图

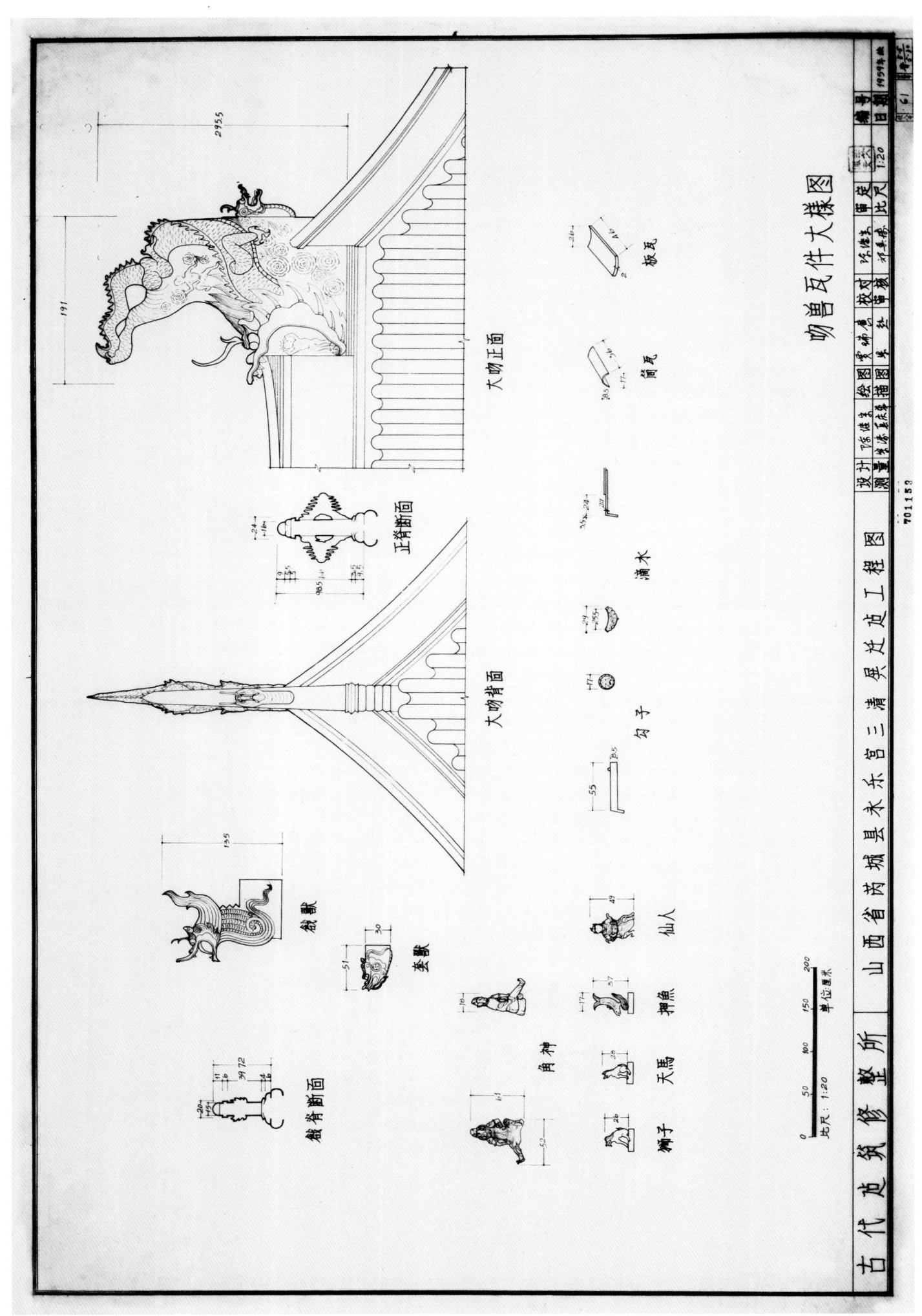

图版 T-94　三清殿吻兽瓦件大样图

2.4　纯阳殿

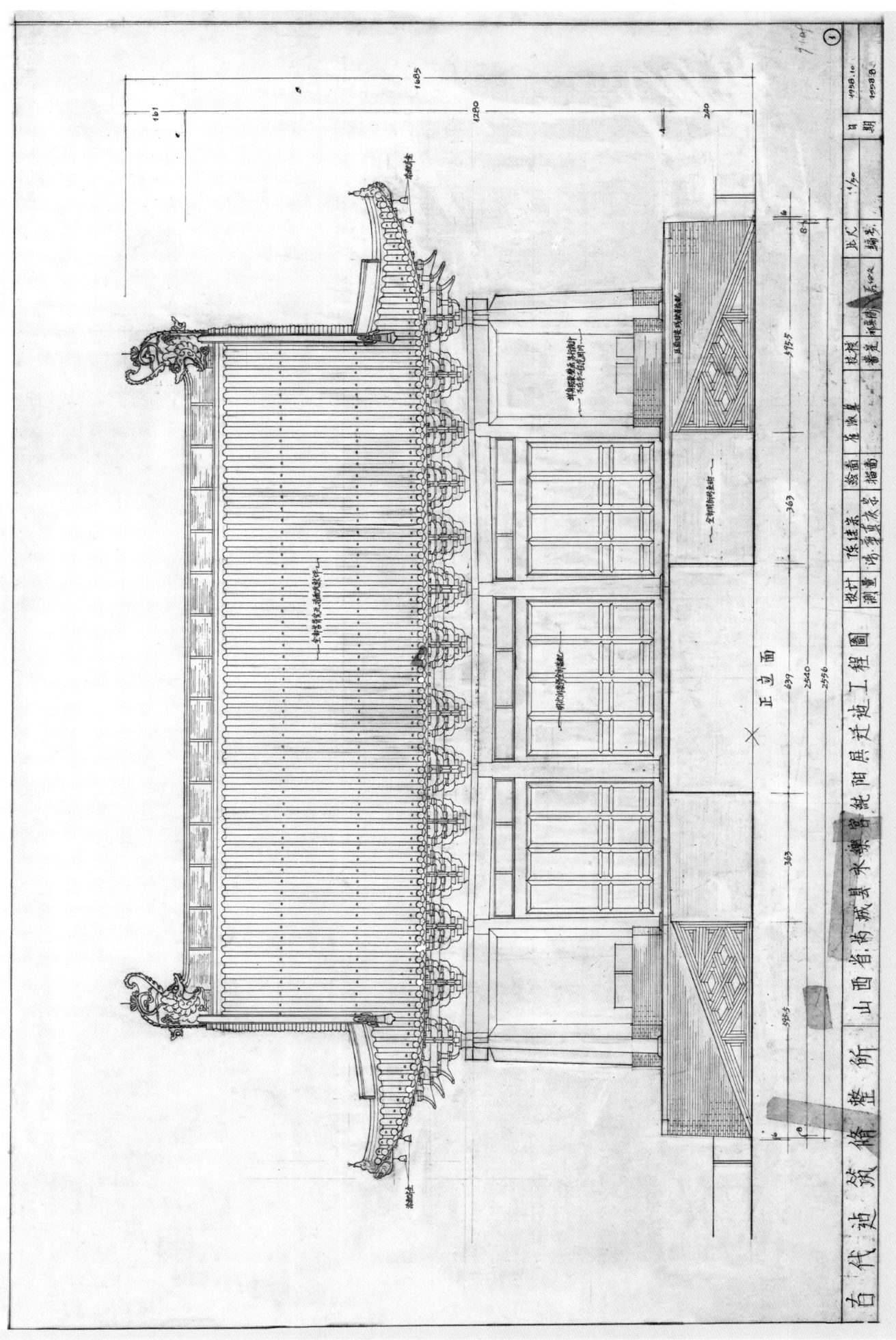

图版 T-95　纯阳殿正立面图

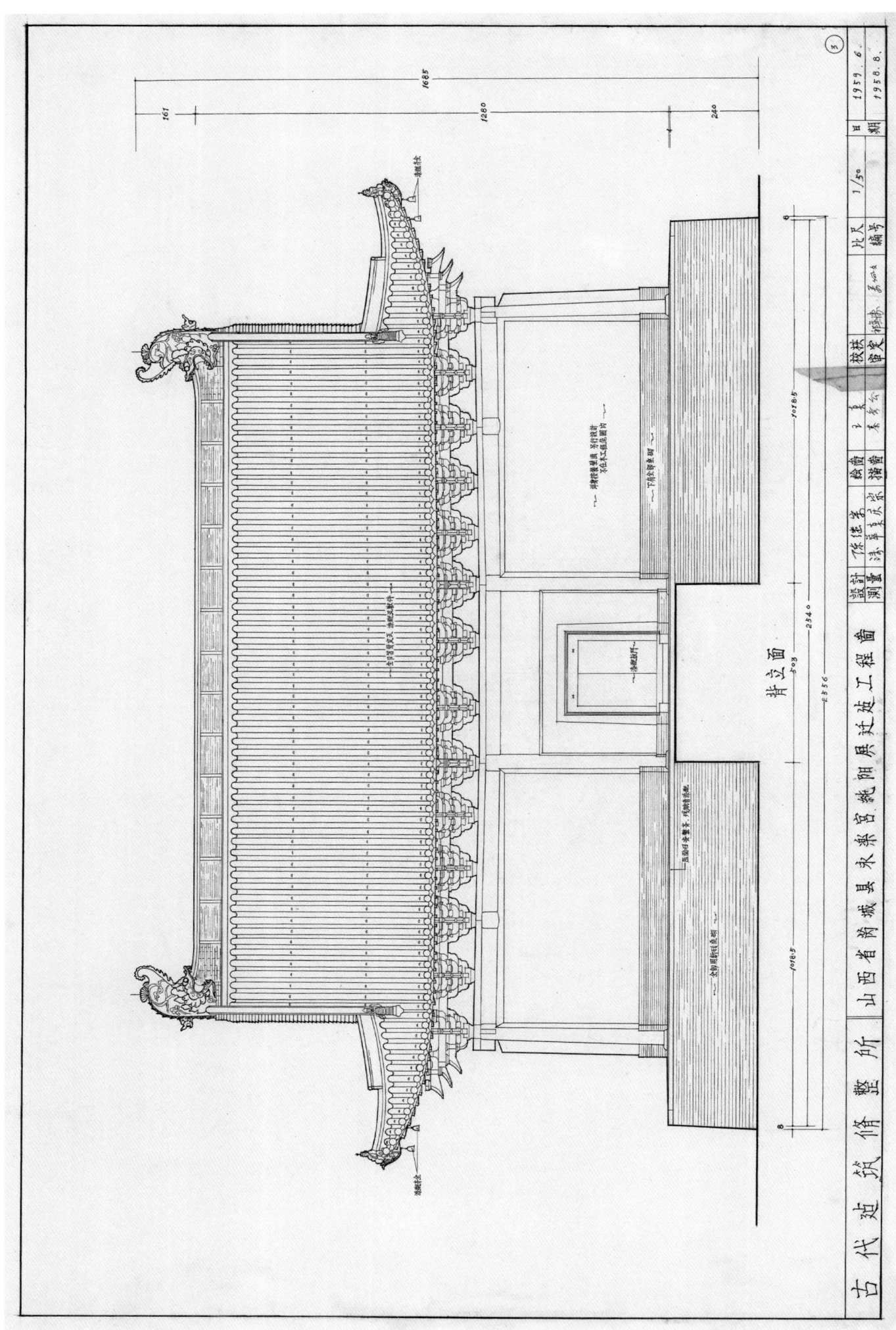

图版 T-96　纯阳殿背立面图

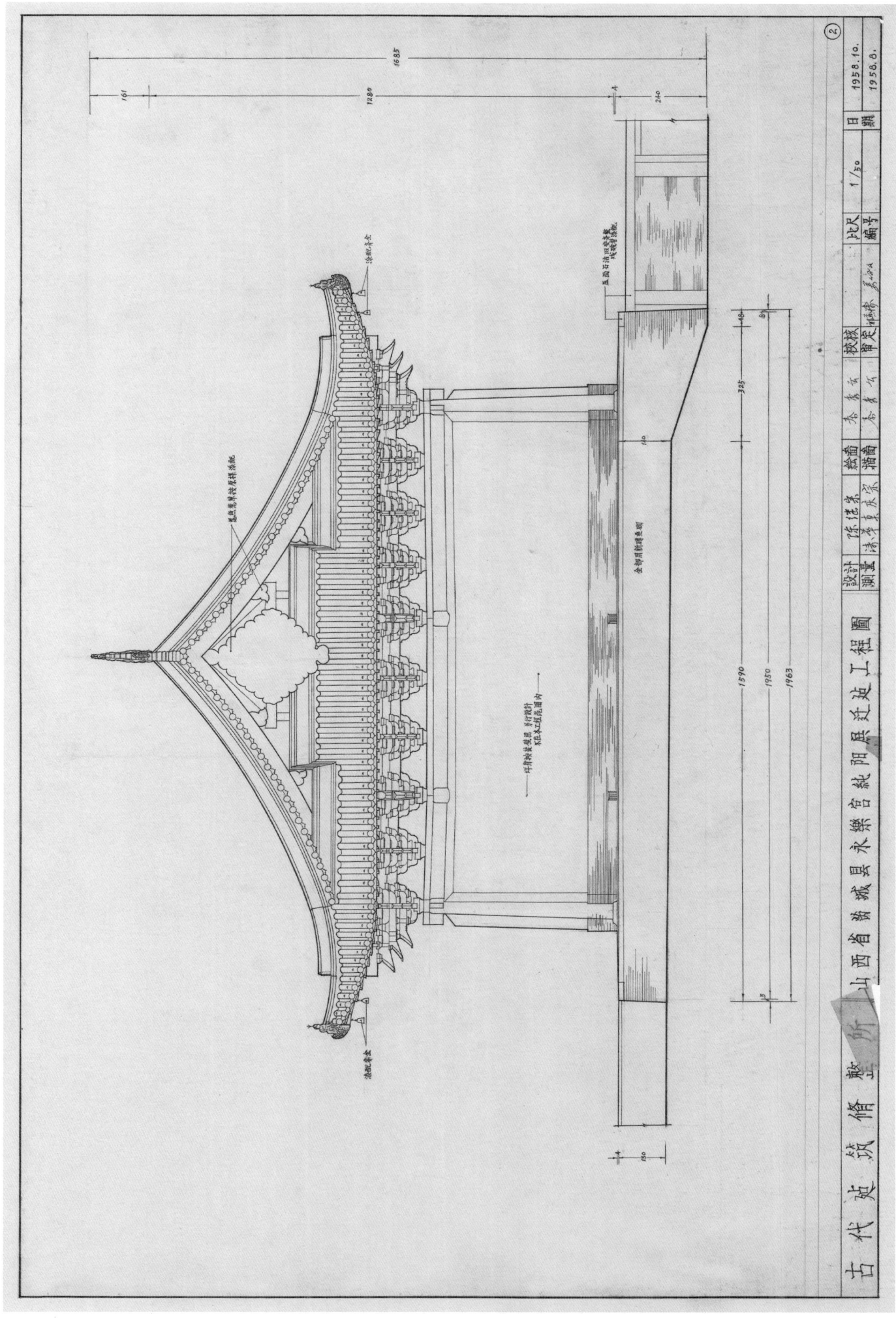

图版 T-97　纯阳殿侧立面图

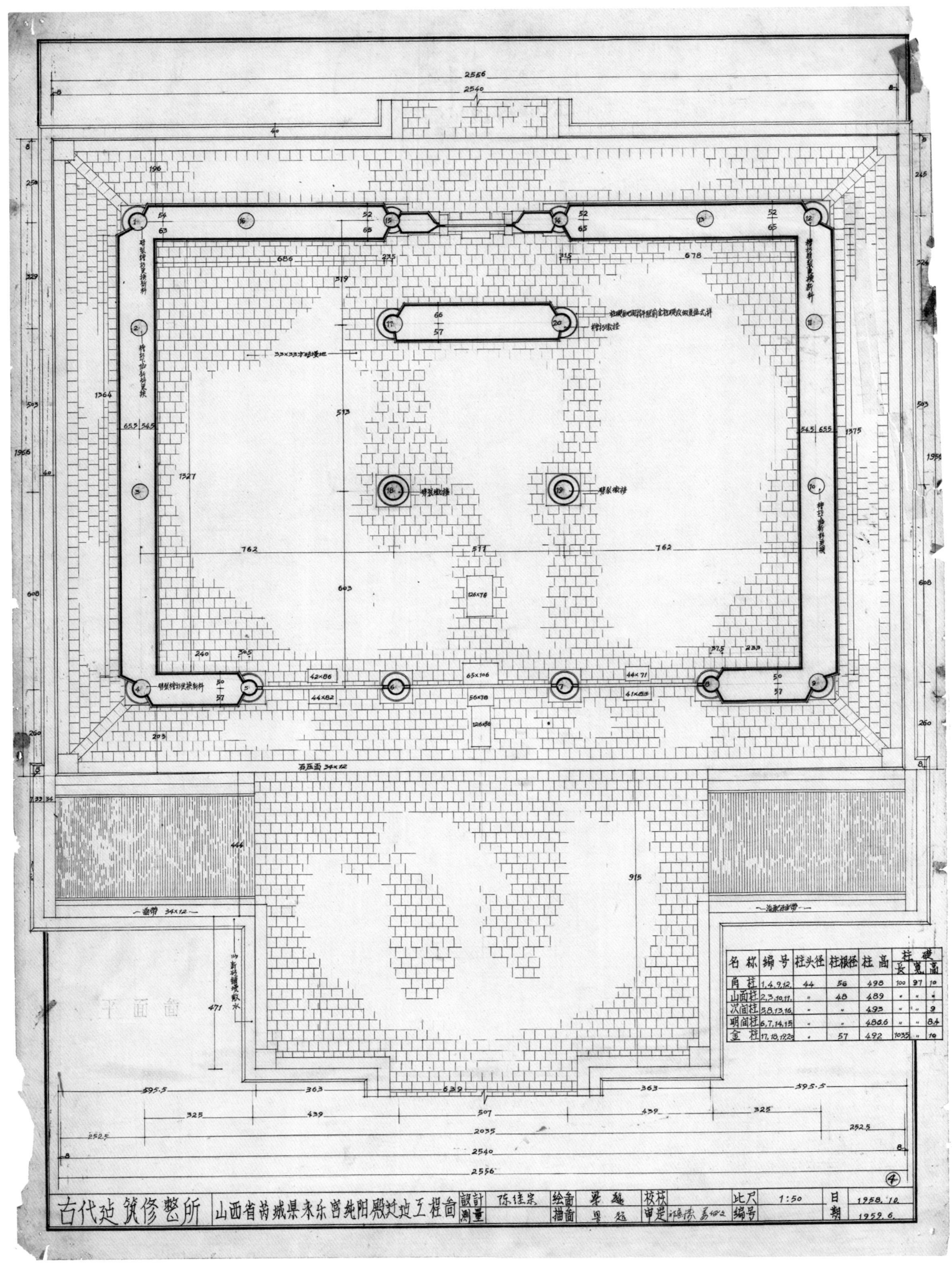

图版 T-98　纯阳殿平面图

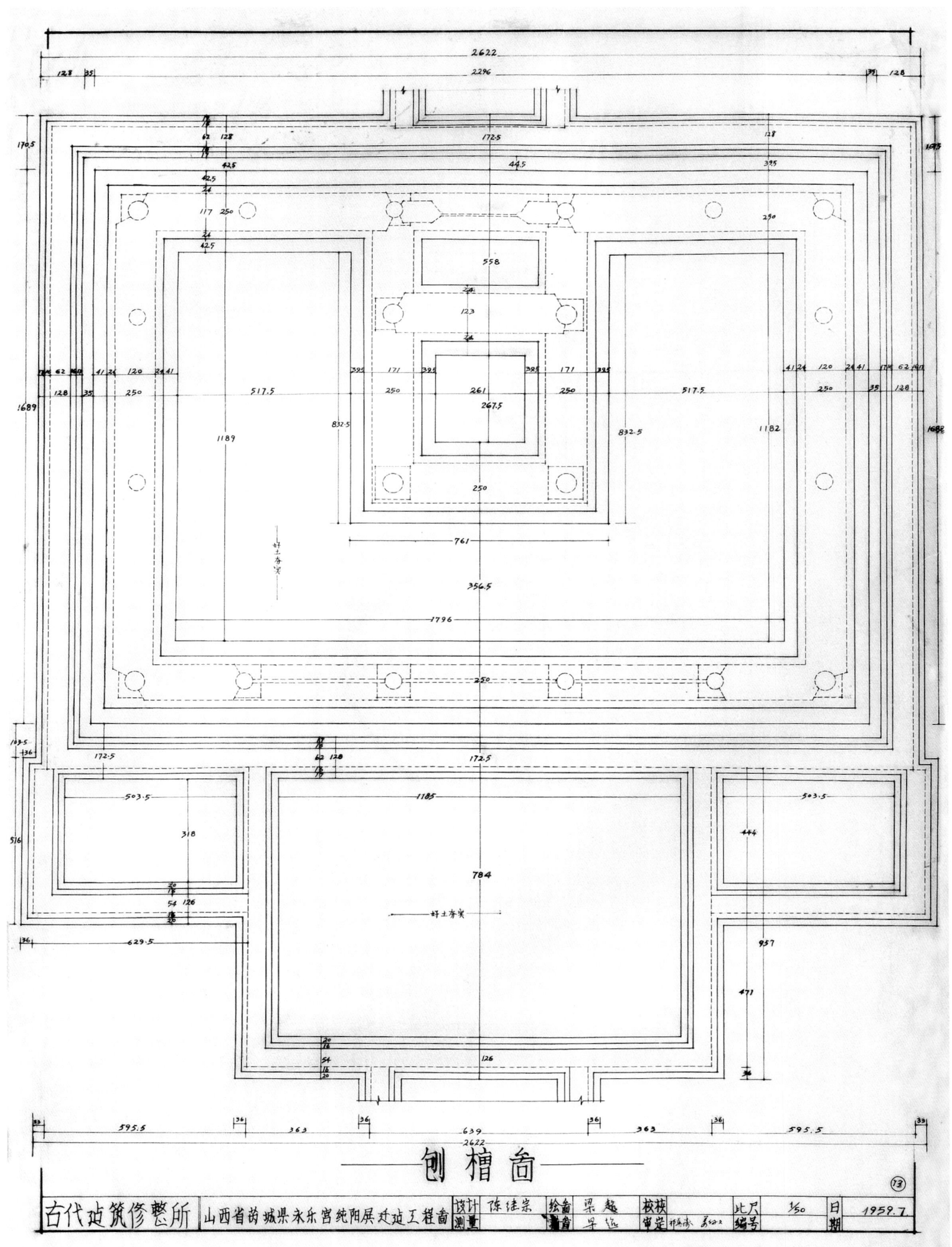

图版 T-99 纯阳殿基础刨槽图

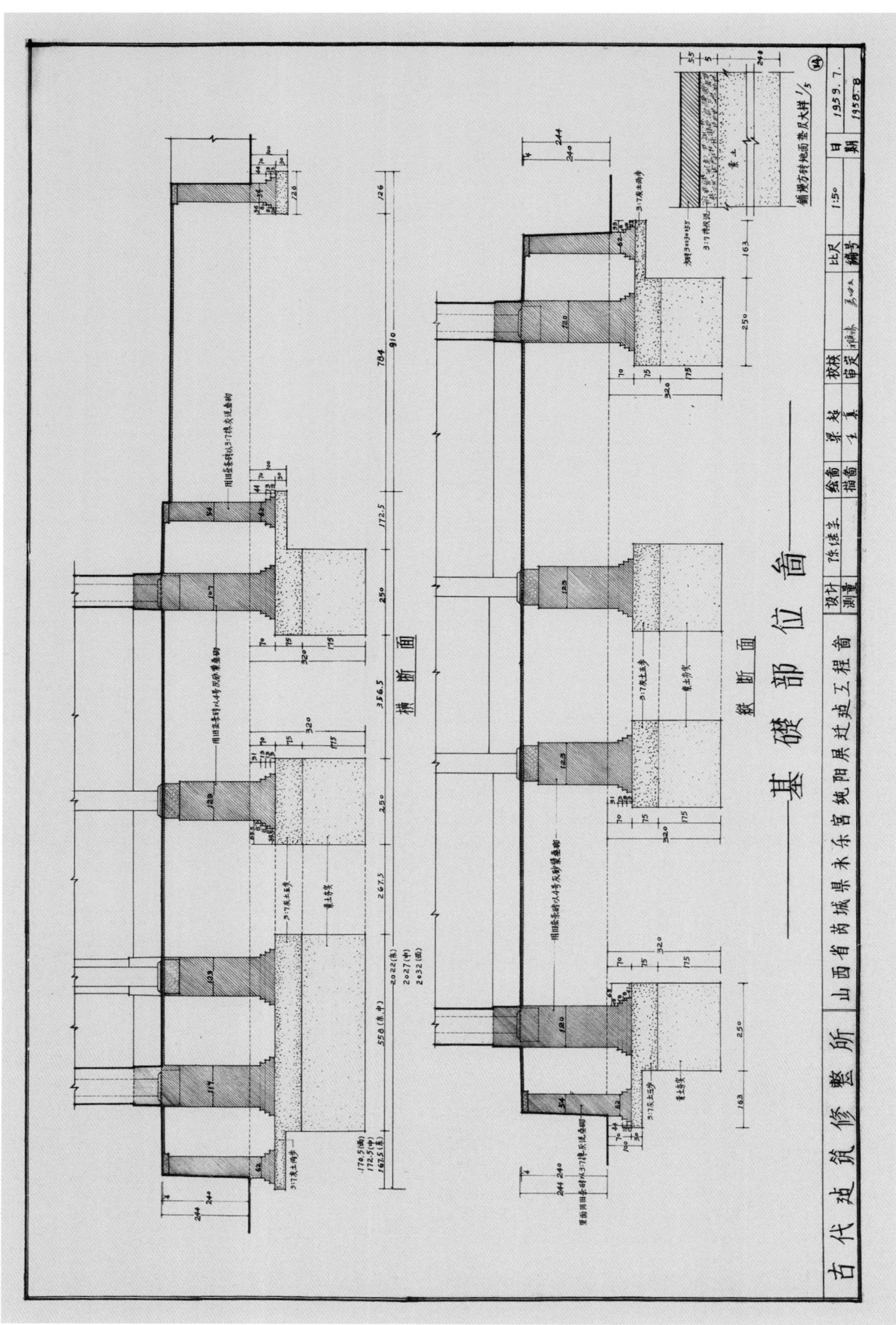

图版 T-100　纯阳殿基础部位图

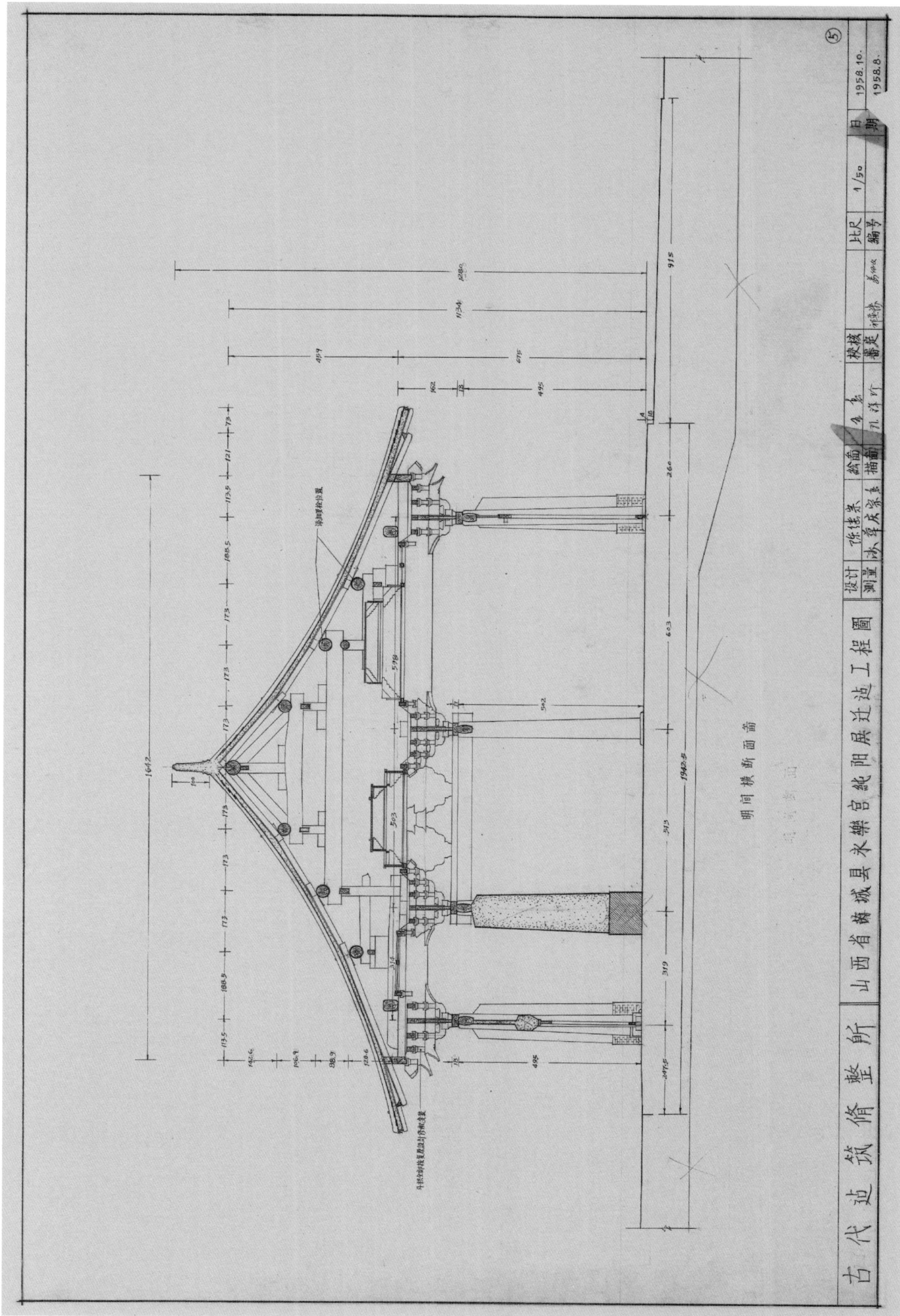

图版 T-101 纯阳殿明间横断面图

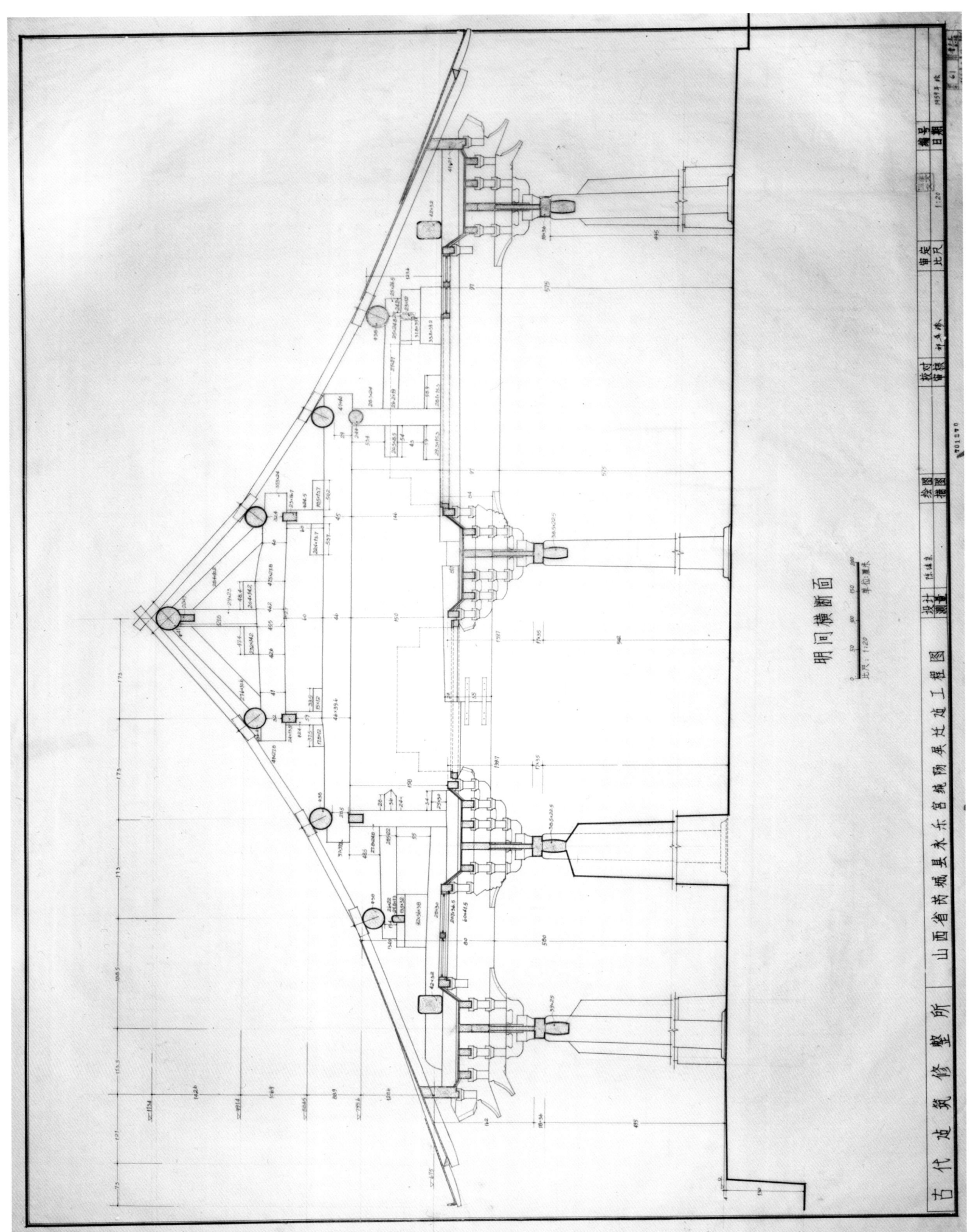

图版 T-102　纯阳殿明间梁架横断面图

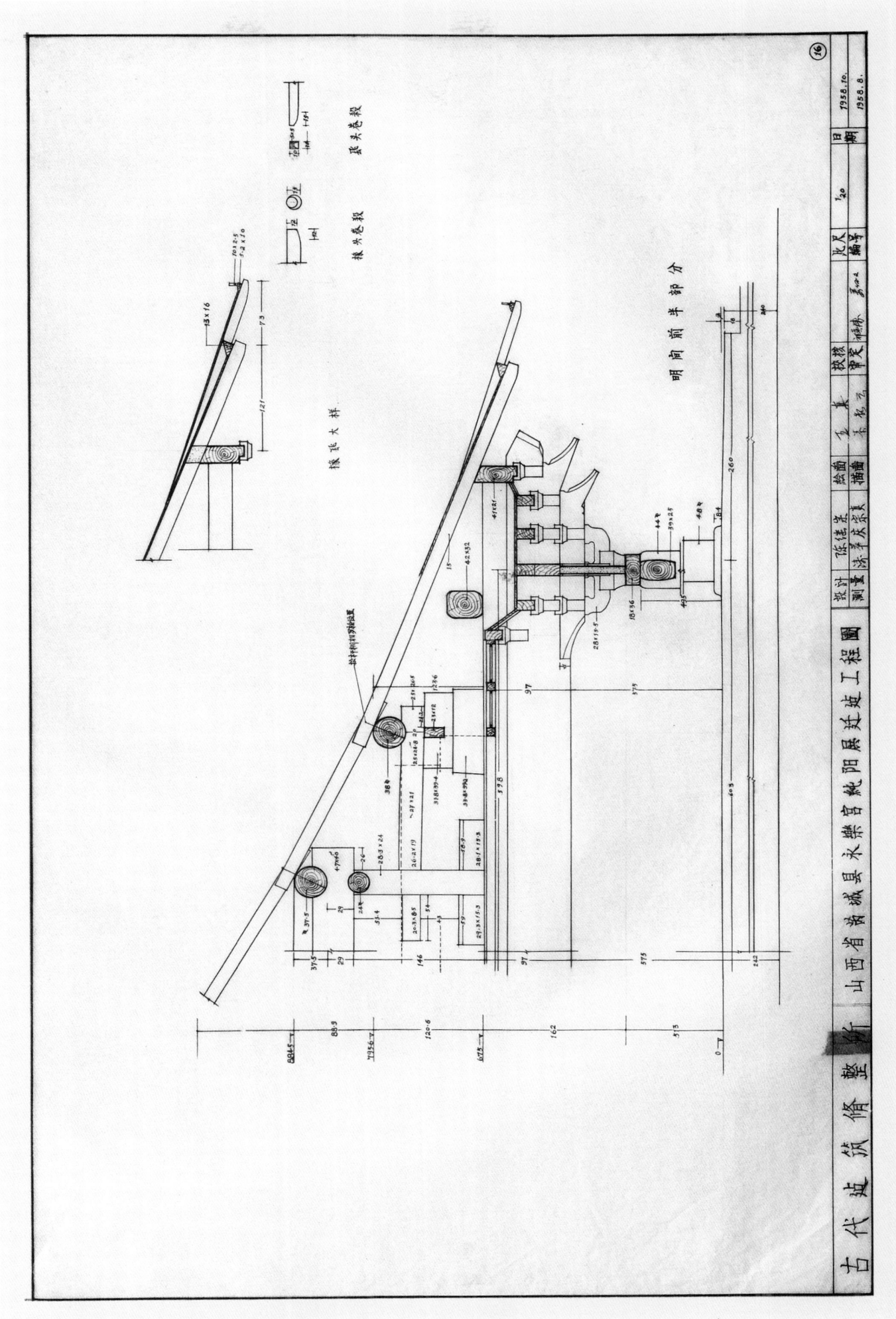

图版 T-103　纯阳殿明间局部梁架横断面图（前部）

第四部分　图版

391

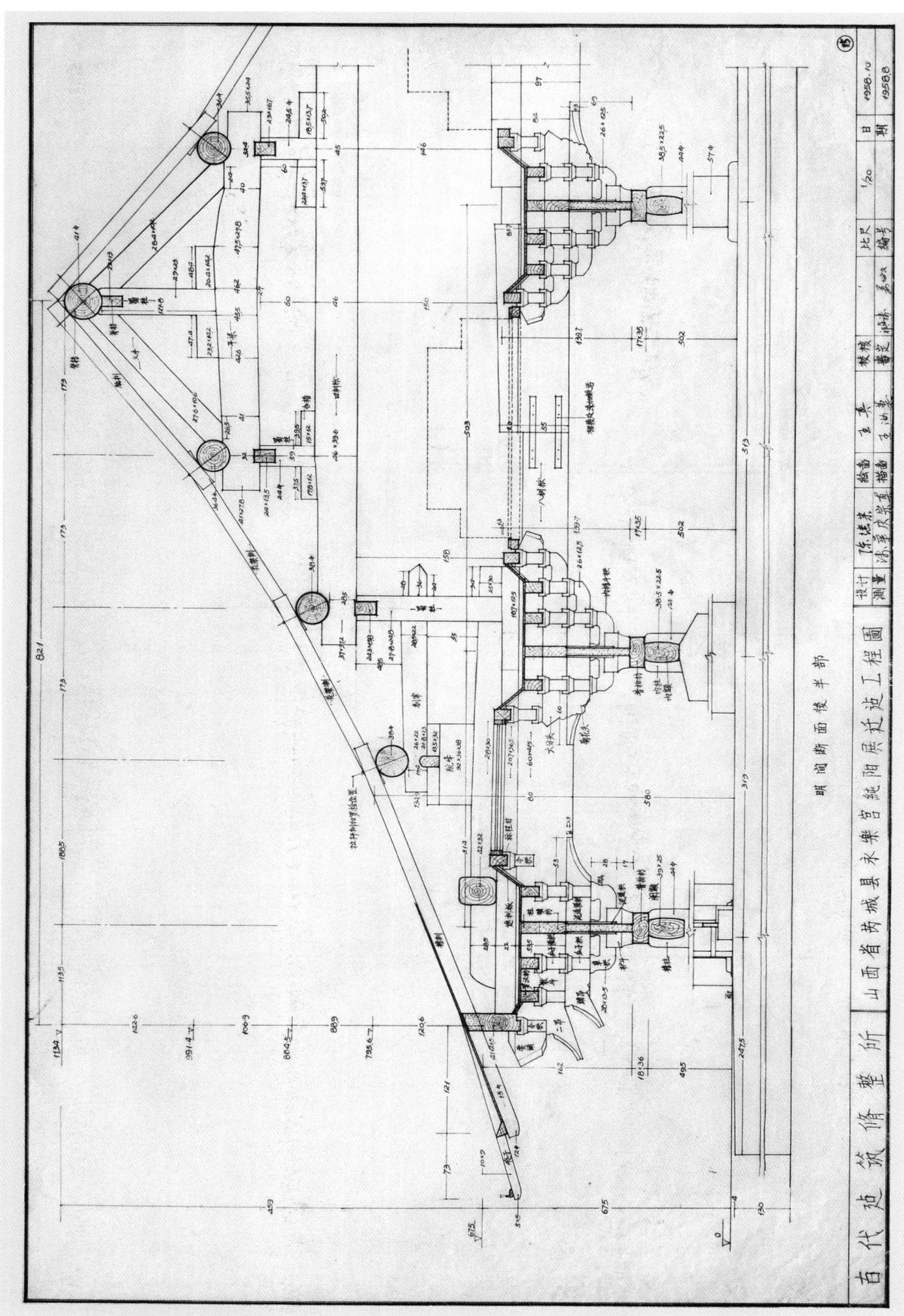

图版 T-104　纯阳殿明间局部梁架横断面图（后部）

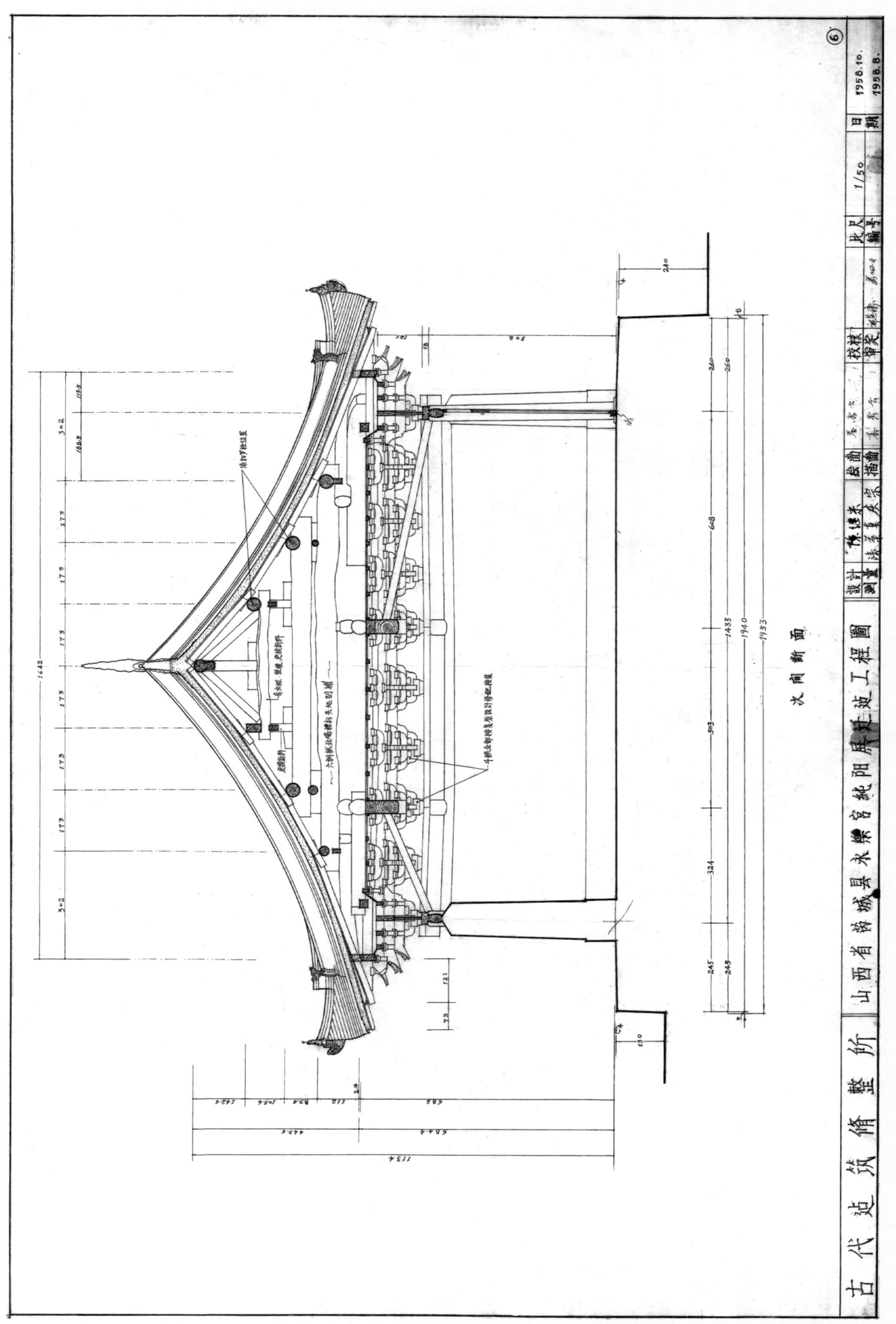

图版 T-105　纯阳殿次间横断面图

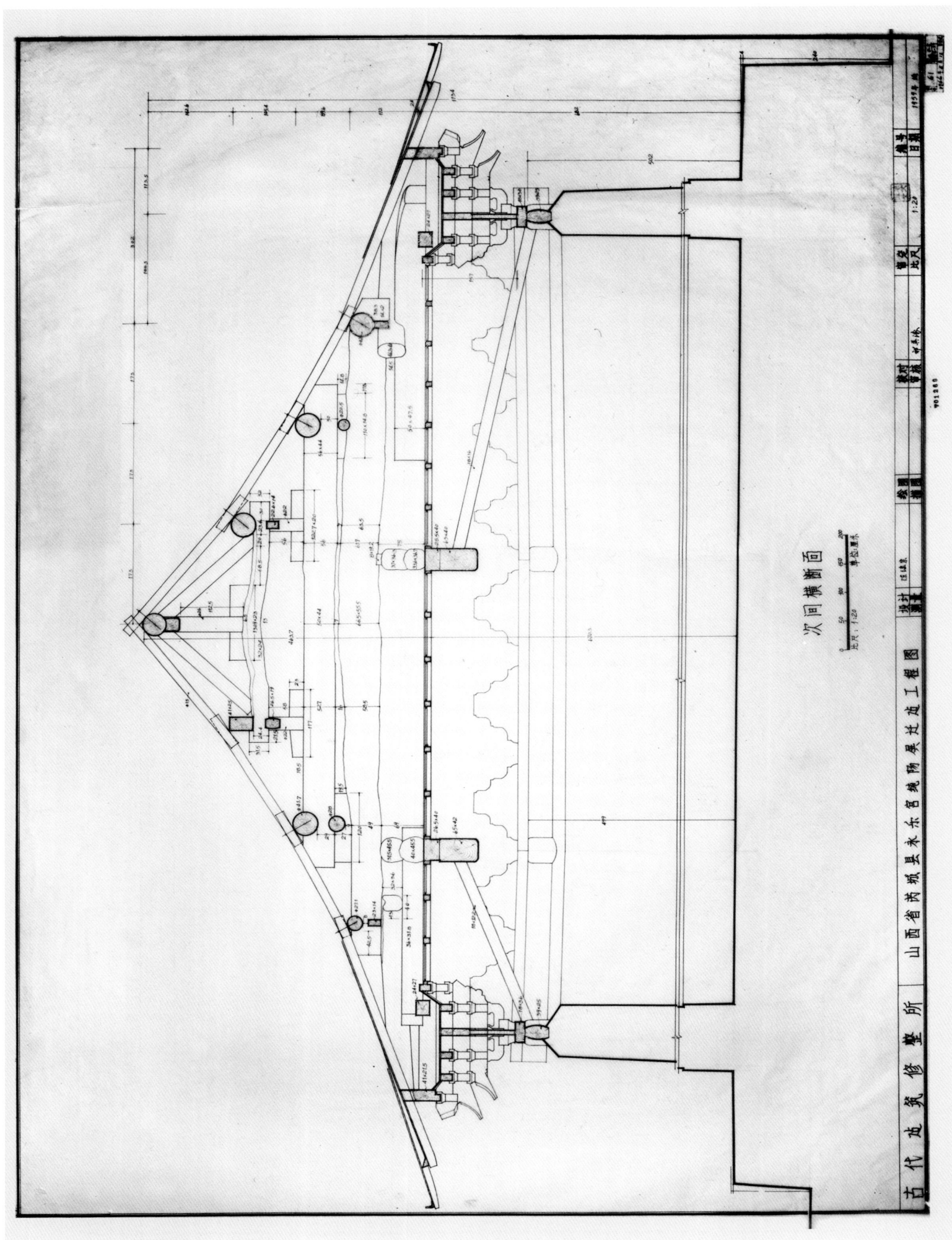

图版 T-106　纯阳殿次间梁架横断面图

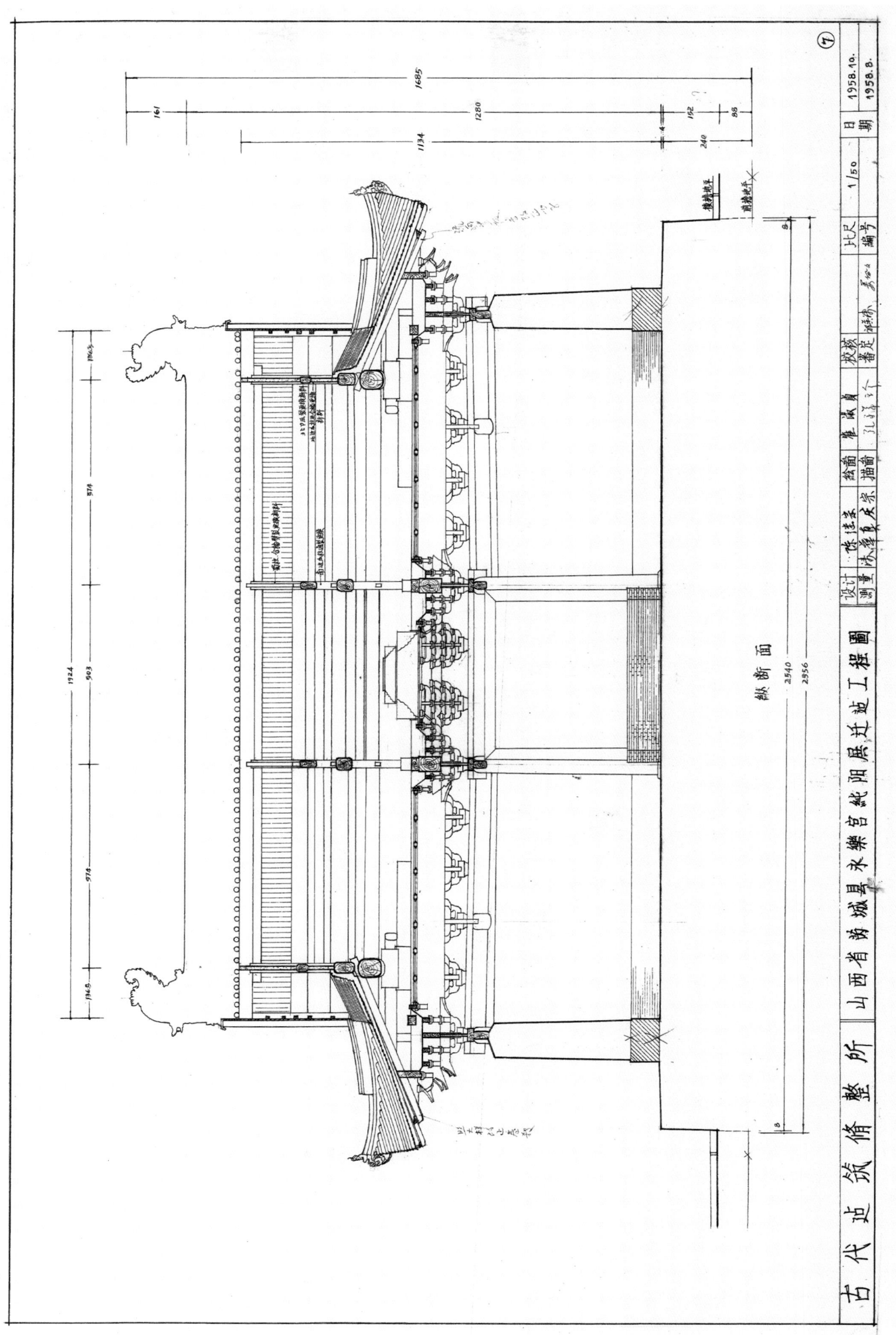

图版 T-107　纯阳殿纵断面图

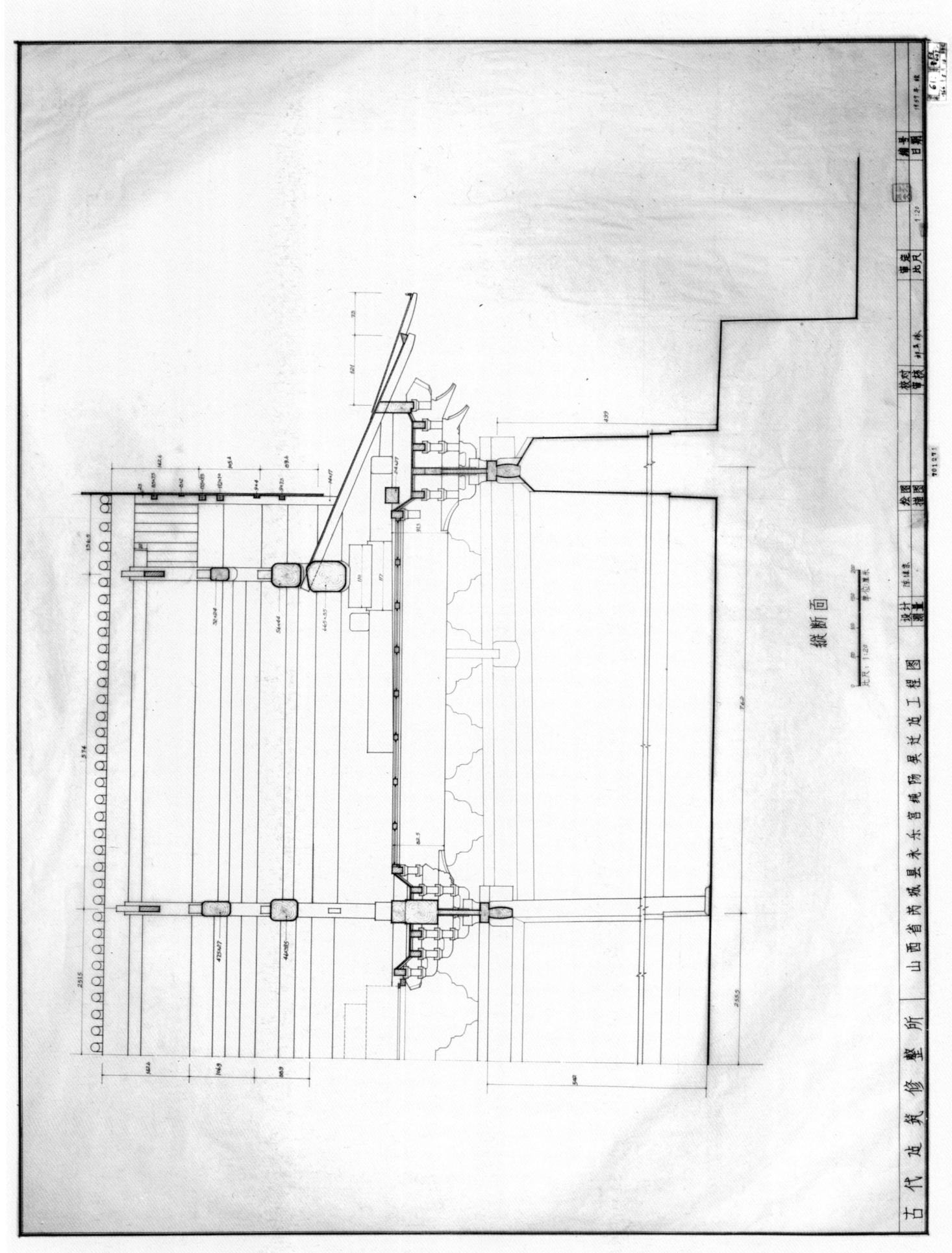

纵断面

图版 T-108　纯阳殿局部梁架纵断面图

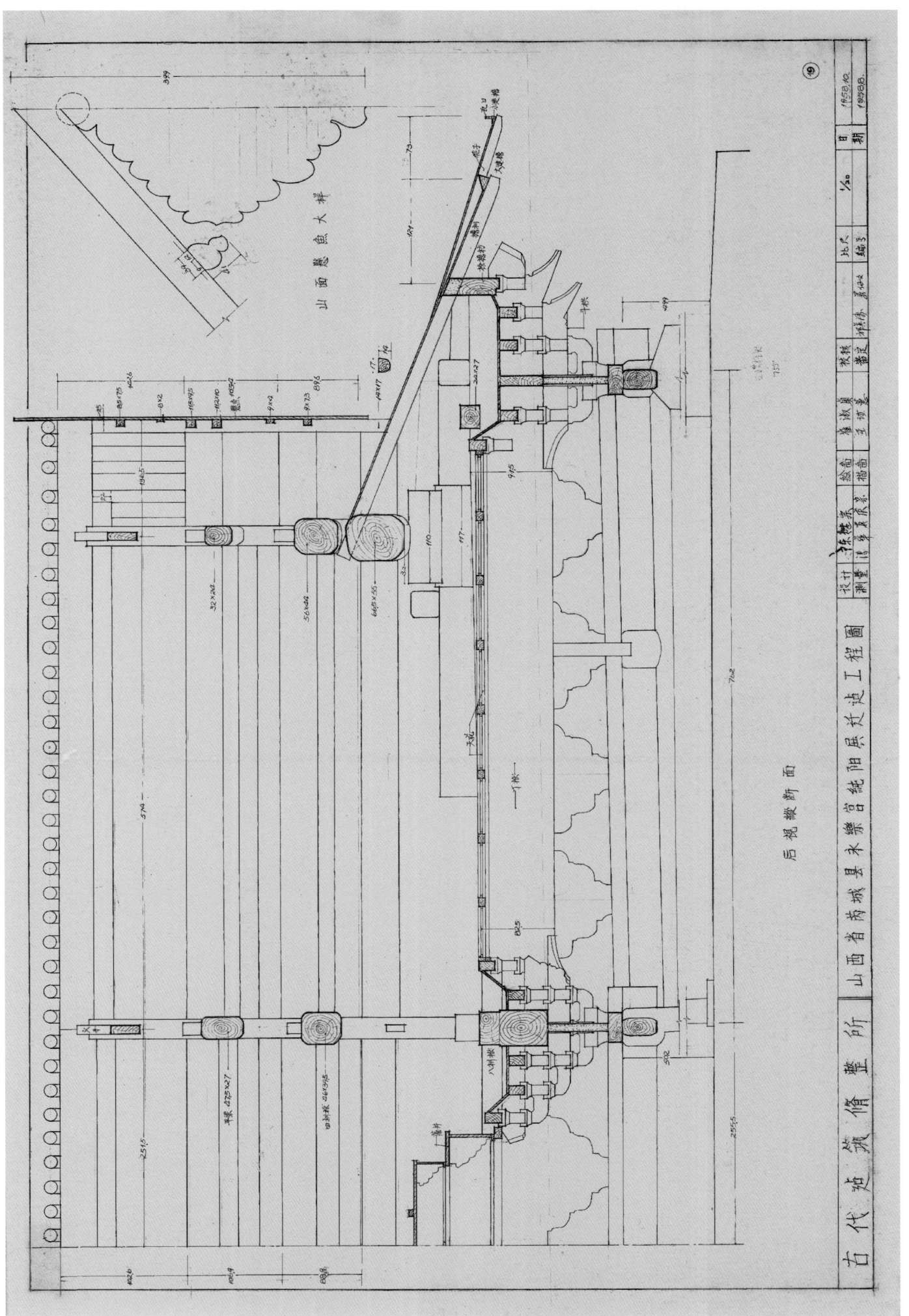

图版 T-109　纯阳殿局部梁架断面图及尾悬鱼大样图

梁架仰视图

比尺 1:50　　　单位厘米

图版 T-110　纯阳殿天花斗栱仰视图

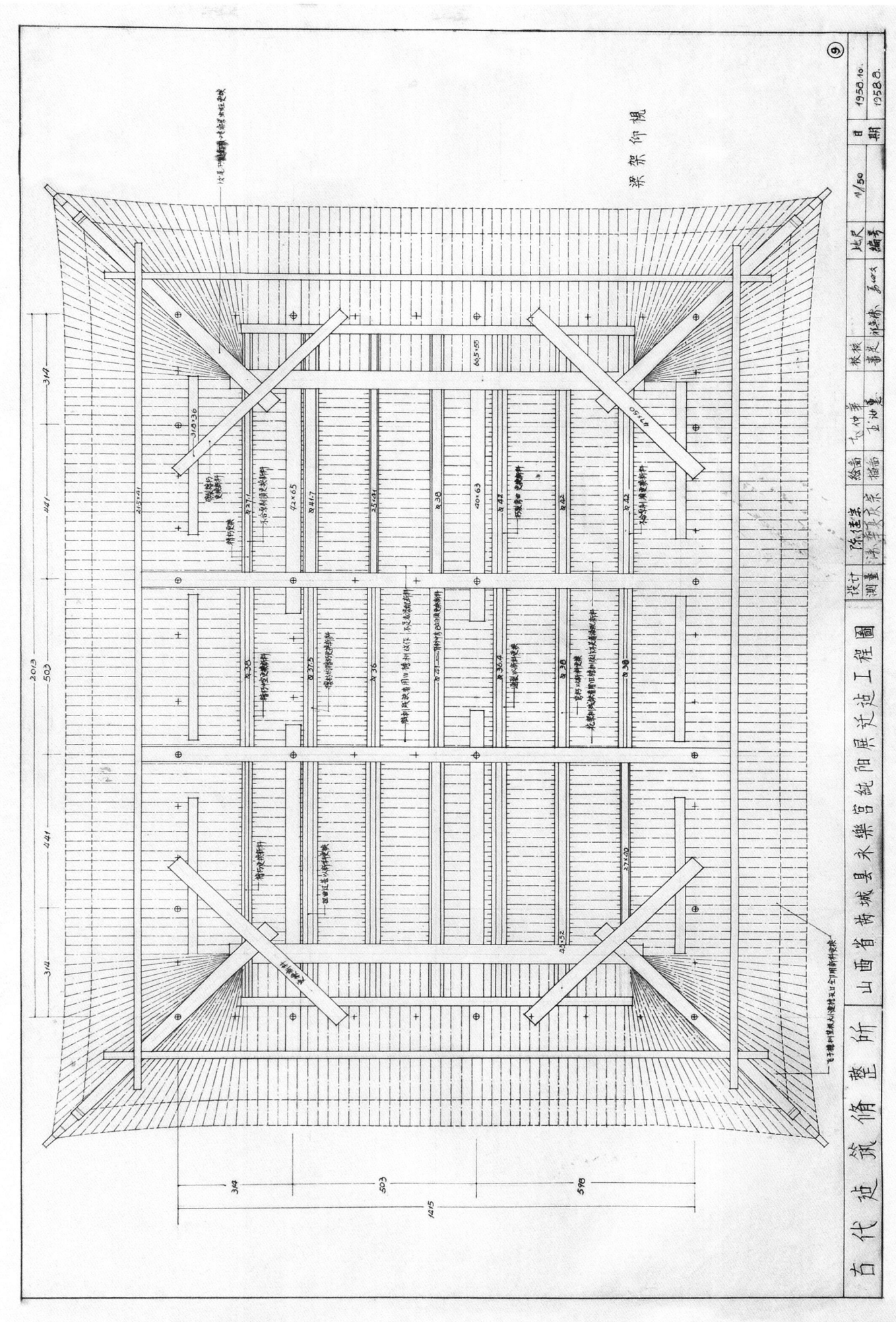

图版 T-111　纯阳殿梁架仰视图

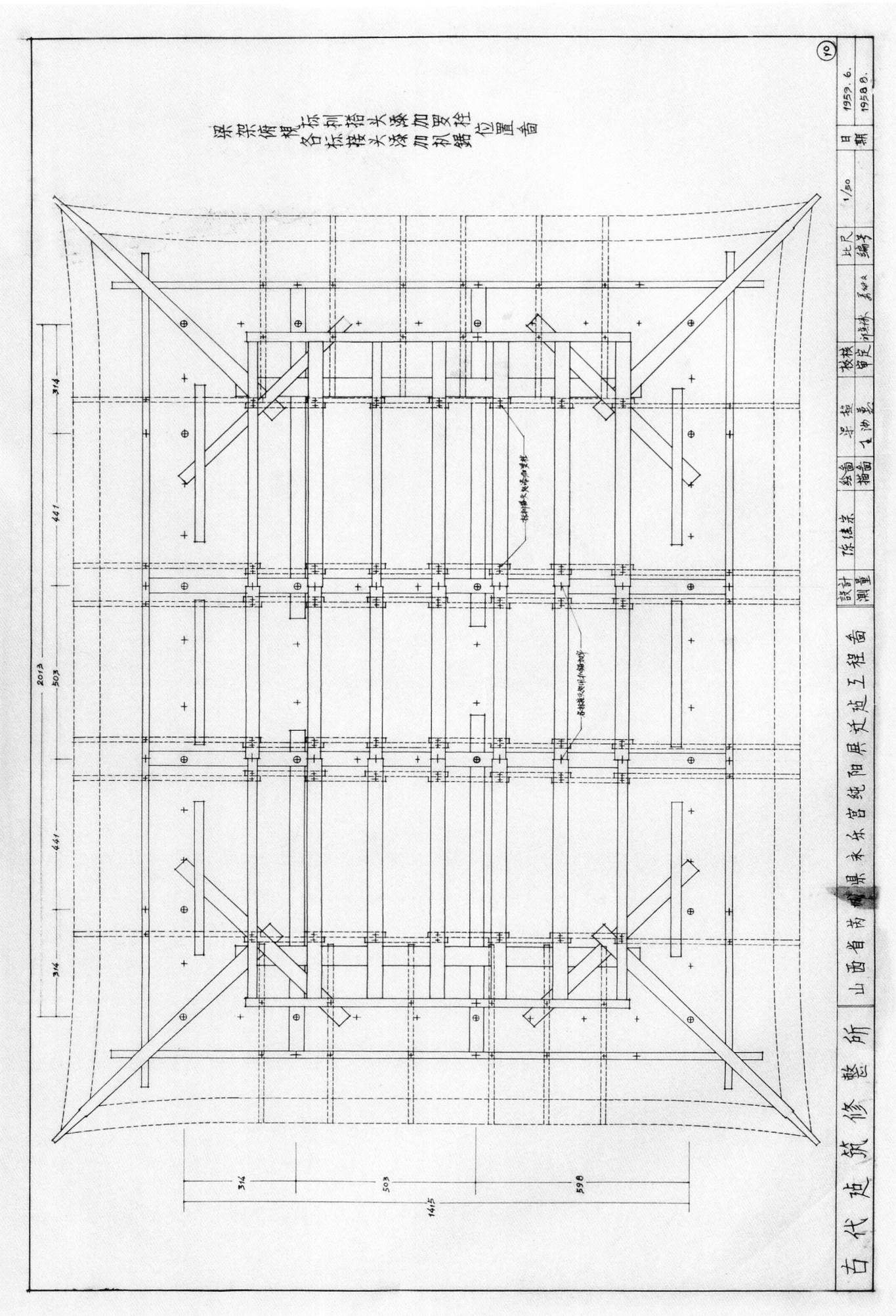

梁架俯视
各标准接头添加扒锯
搭头加罗栓位置图

日期	1959.6. 1958 8.8.
比尺	1/50
编号	
校核	赵炳时
绘图	飞海尧
描图	
设计	张德荣
测量	

山西省芮城县永乐宫纯阳殿文物展览工程会

古 代 建 筑 修 整 所

图版 T–112　纯阳殿梁架俯视及檩橼接头加扒锯，搭头加罗栓位置图

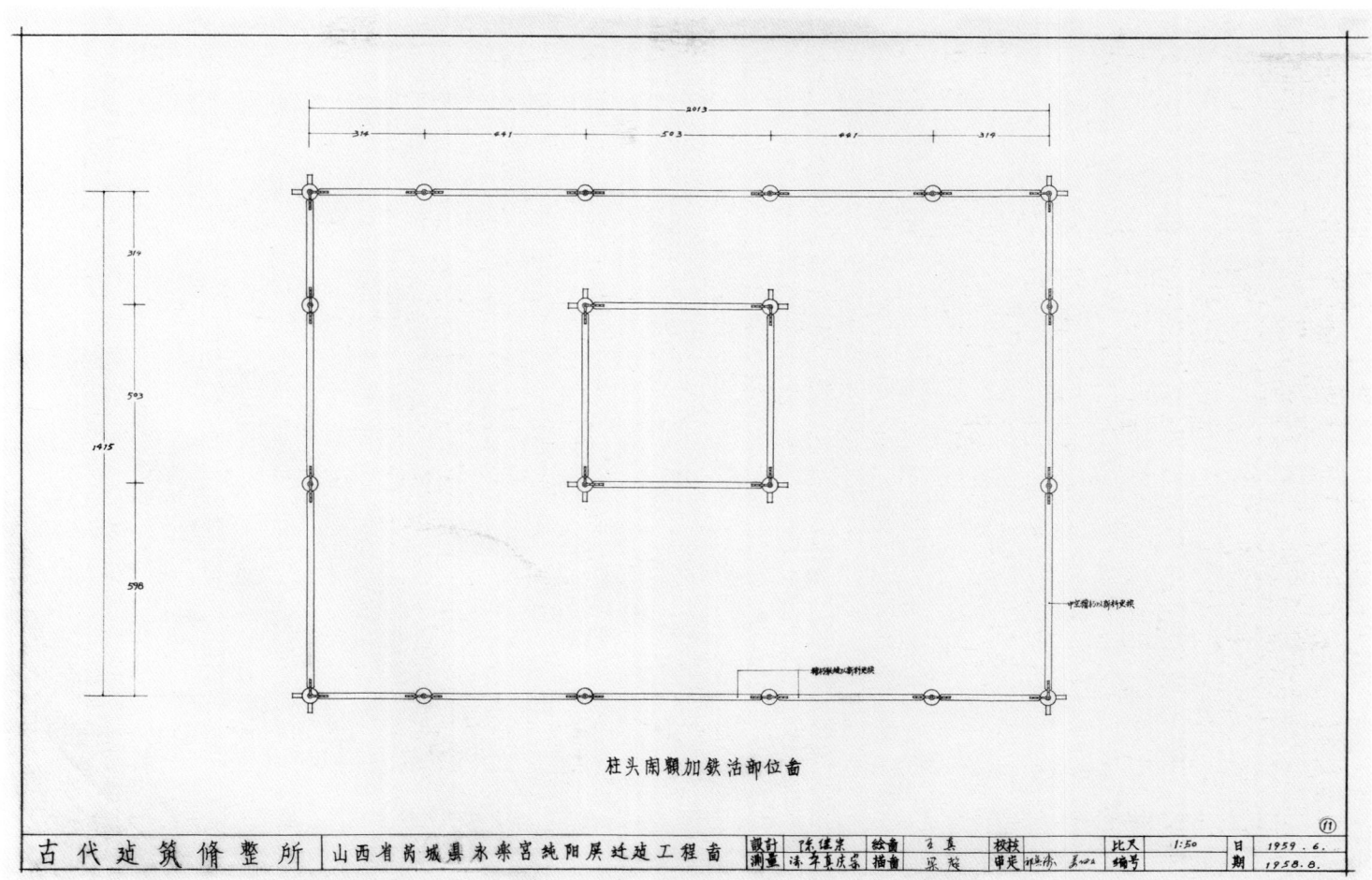

图版 T-113 纯阳殿柱头与阑额处加铁活位置图

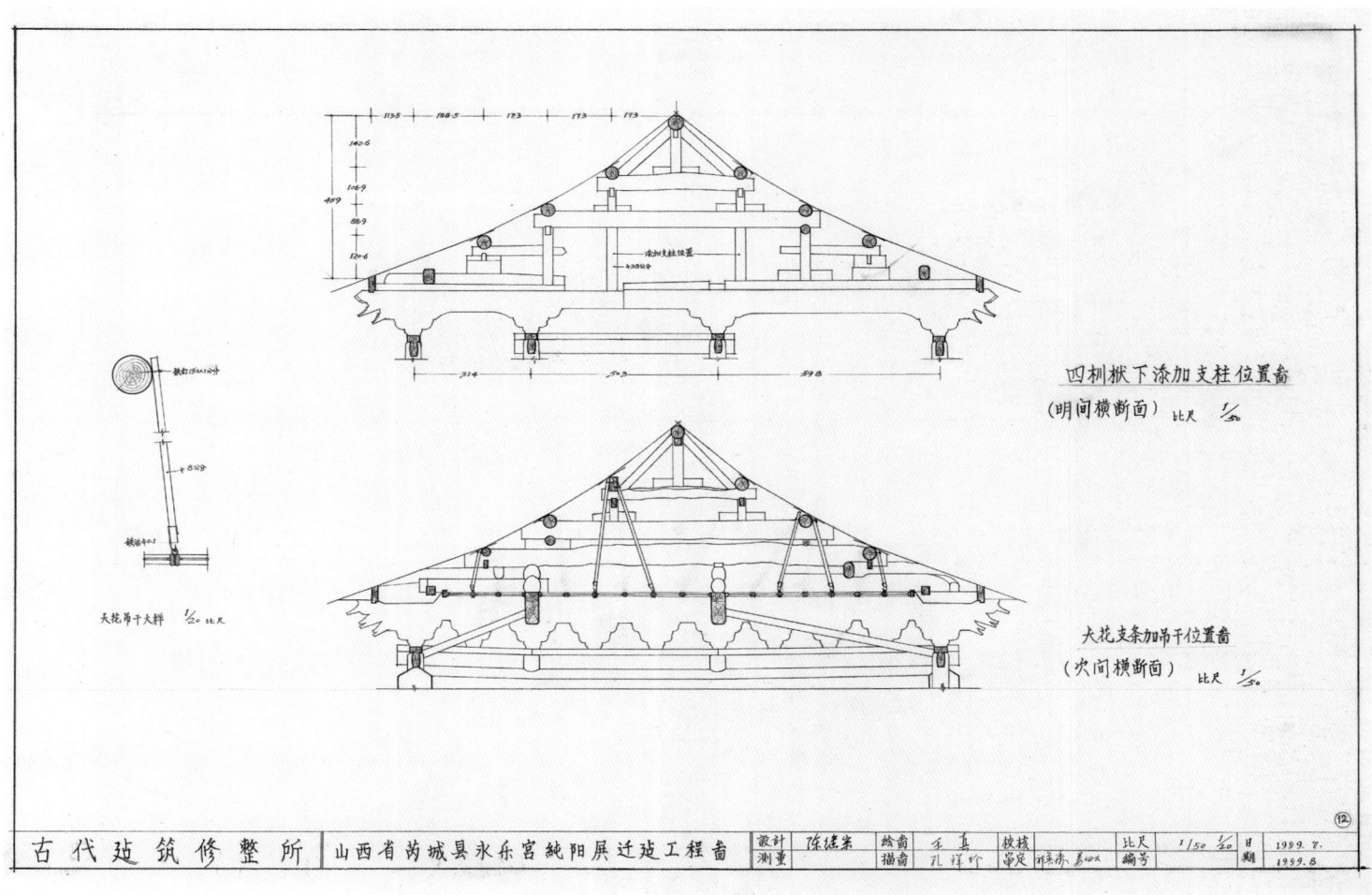

图版 T-114 纯阳殿四椽栿下添加支柱及天花支条加吊杆位置图

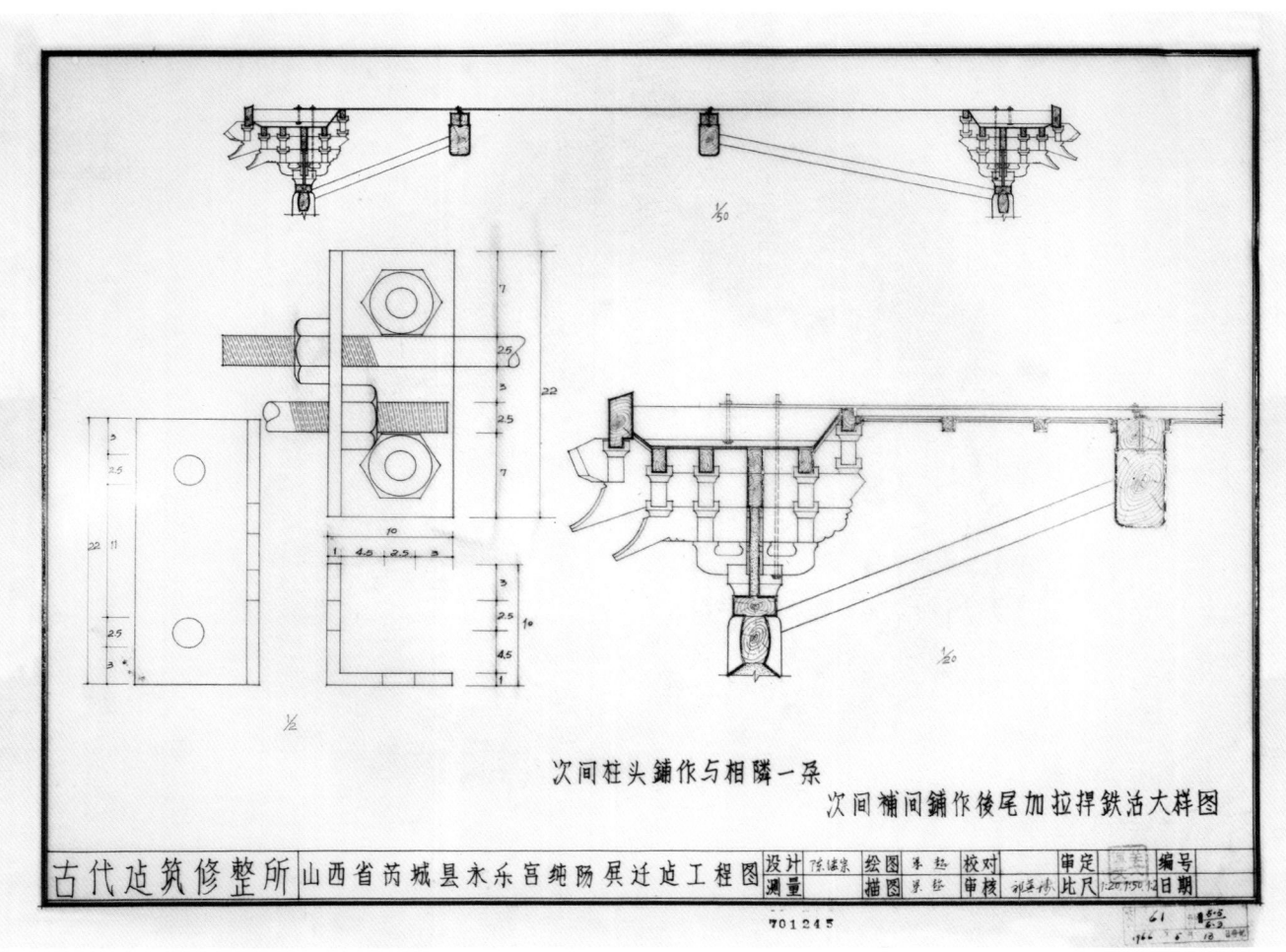

次间柱头铺作与相邻一架

次间补间铺作后尾加拉捍铁活大样图

古代建筑修整所　山西省芮城县永乐宫纯阳殿拆迁建工程图

701245

图版 T–115　　纯阳殿铺作加固大样图

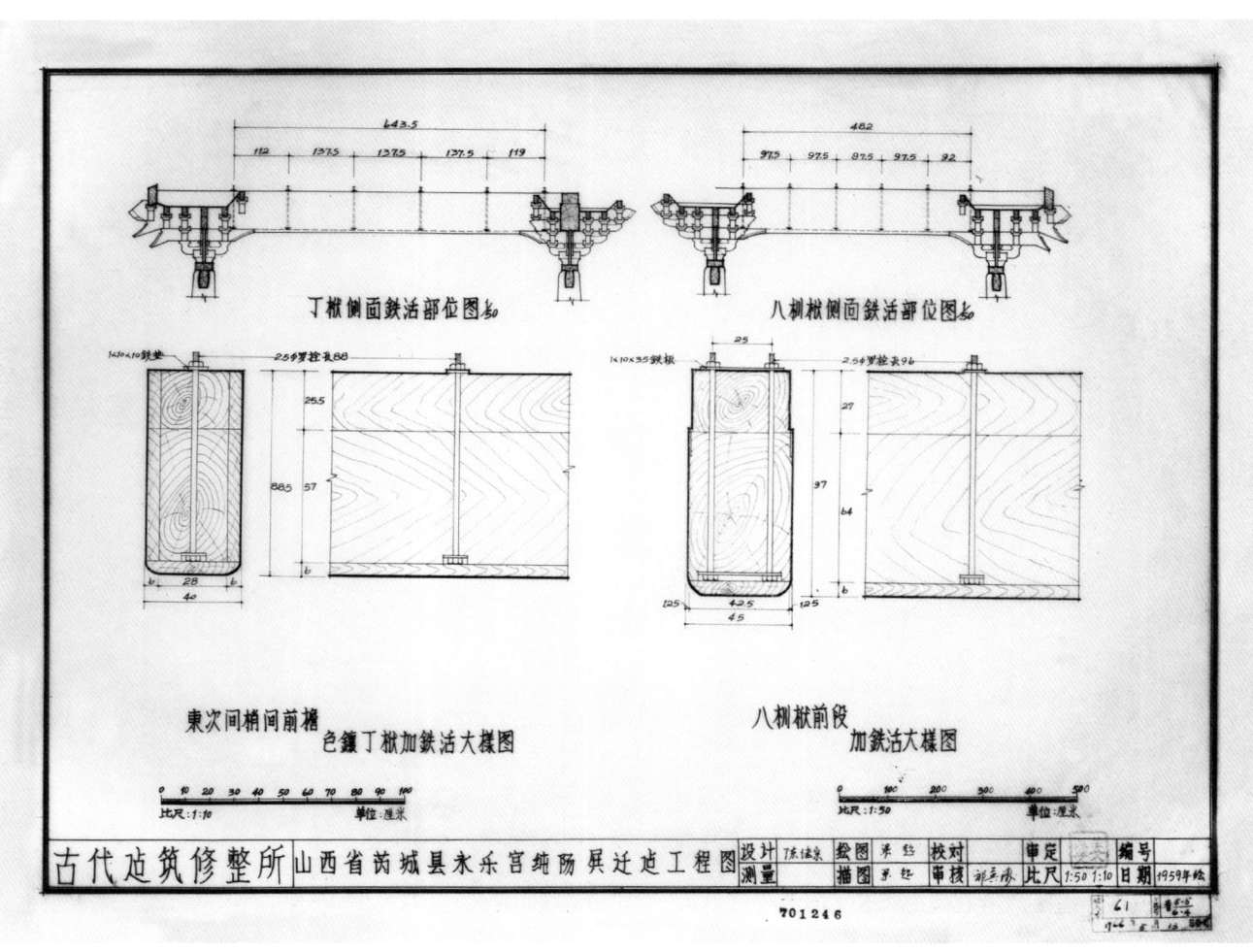

丁栿侧面铁活部位图

八椽栿侧面铁活部位图

東次间槫间前檐
色镶丁栿加铁活大样图

八椽栿前段
加铁活大样图

比尺1:10　　　　　单位:厘米

比尺1:50　　　　　单位:厘米

古代建筑修整所　山西省芮城县永乐宫纯阳殿拆迁建工程图

701246

图版 T–116　　纯阳殿梁栿加固大样图

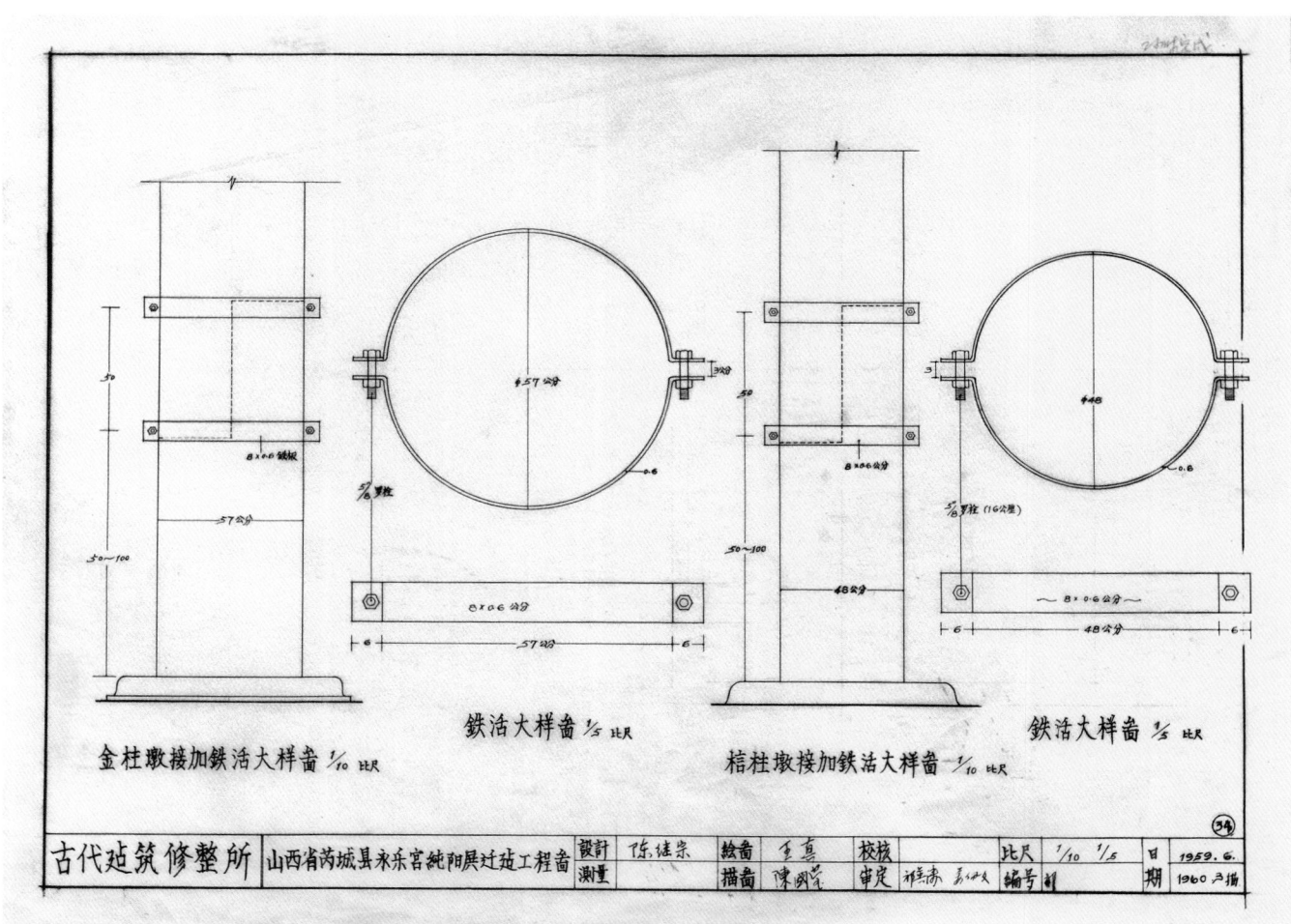

图版 T-117　纯阳殿立柱墩接大样图

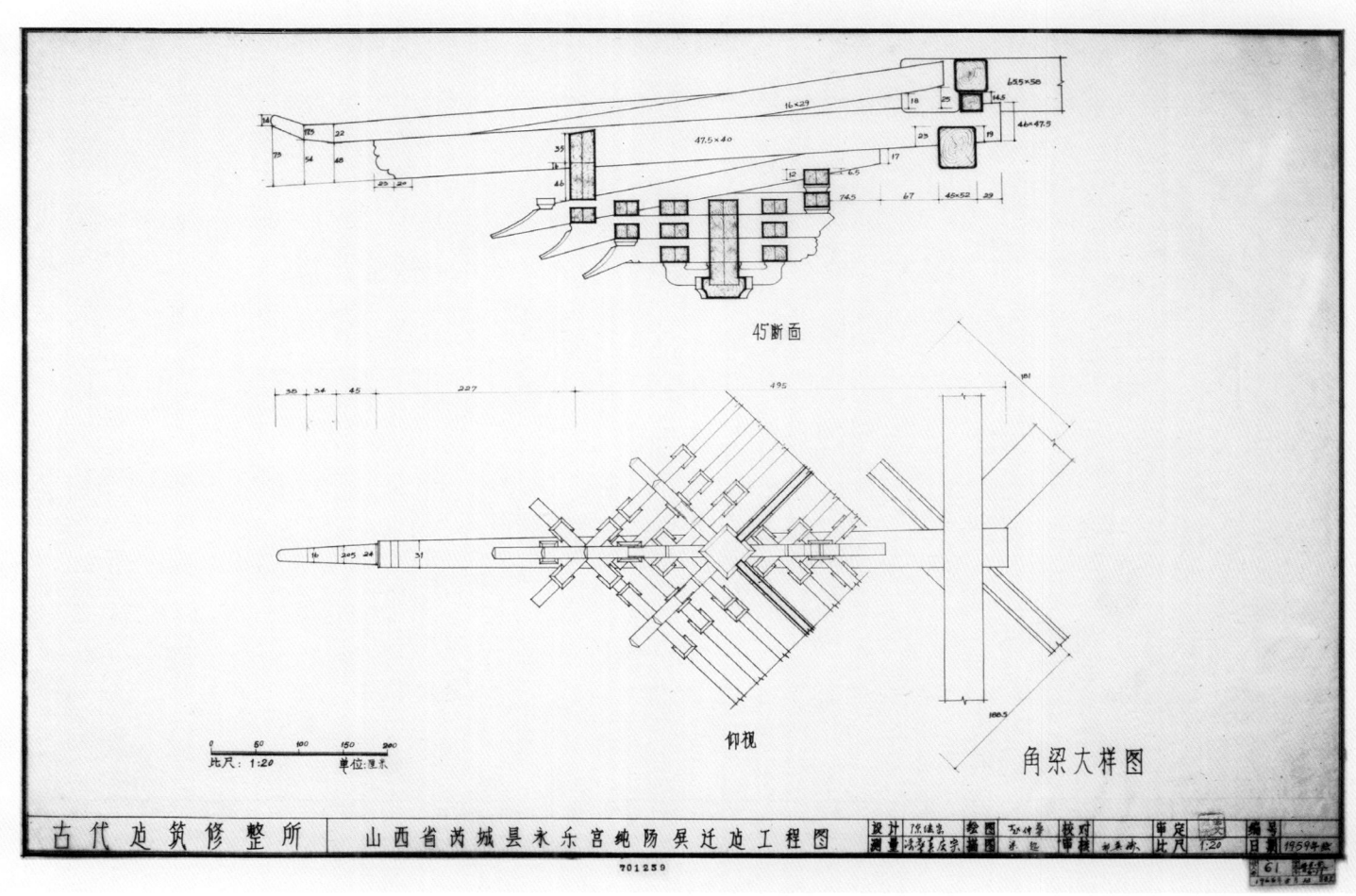

图版 T-118　纯阳殿角梁大样图

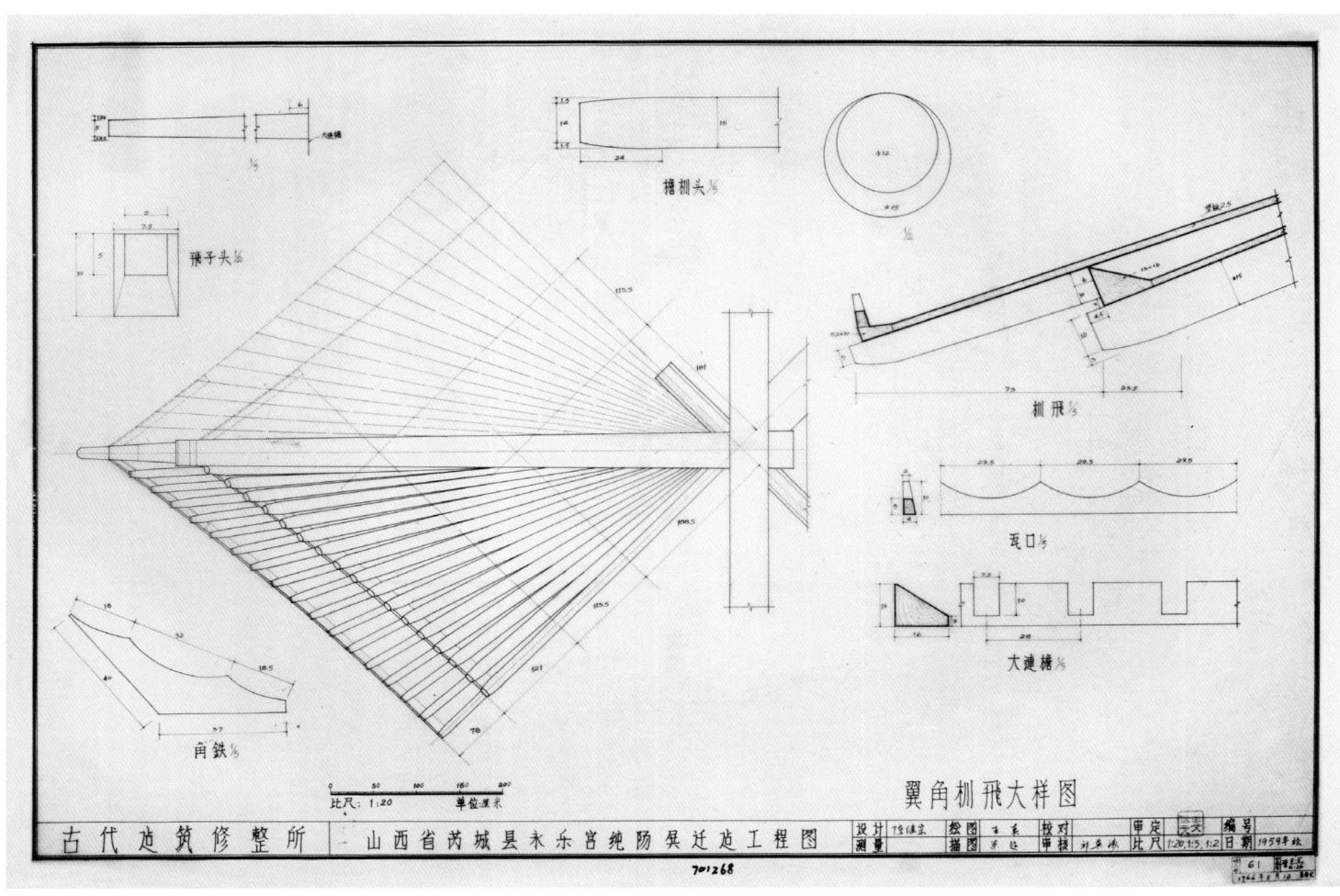

图版 T-119　纯阳殿翼角椽飞大样图

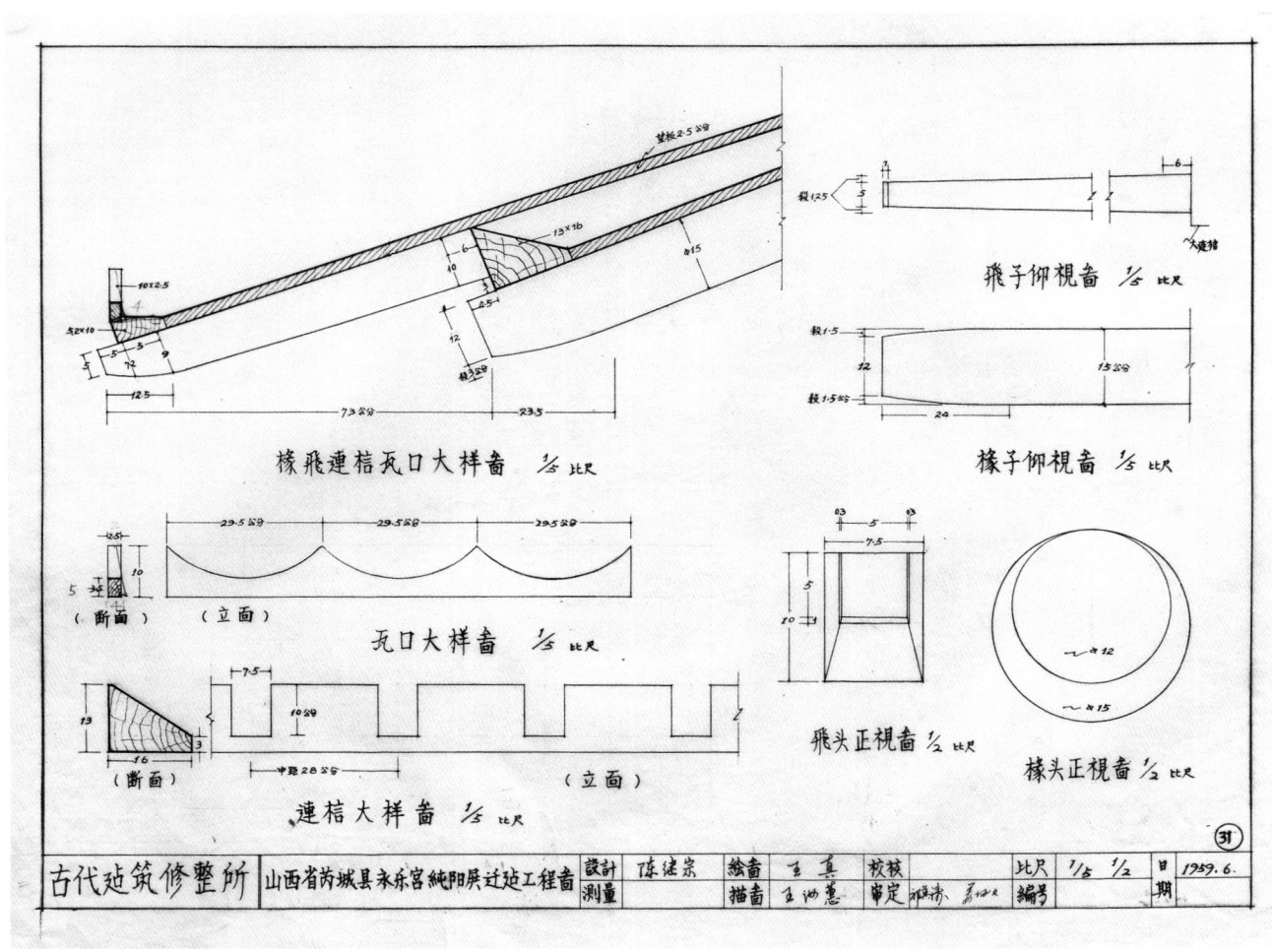

图版 T-120　纯阳殿椽飞连檐瓦口大样图

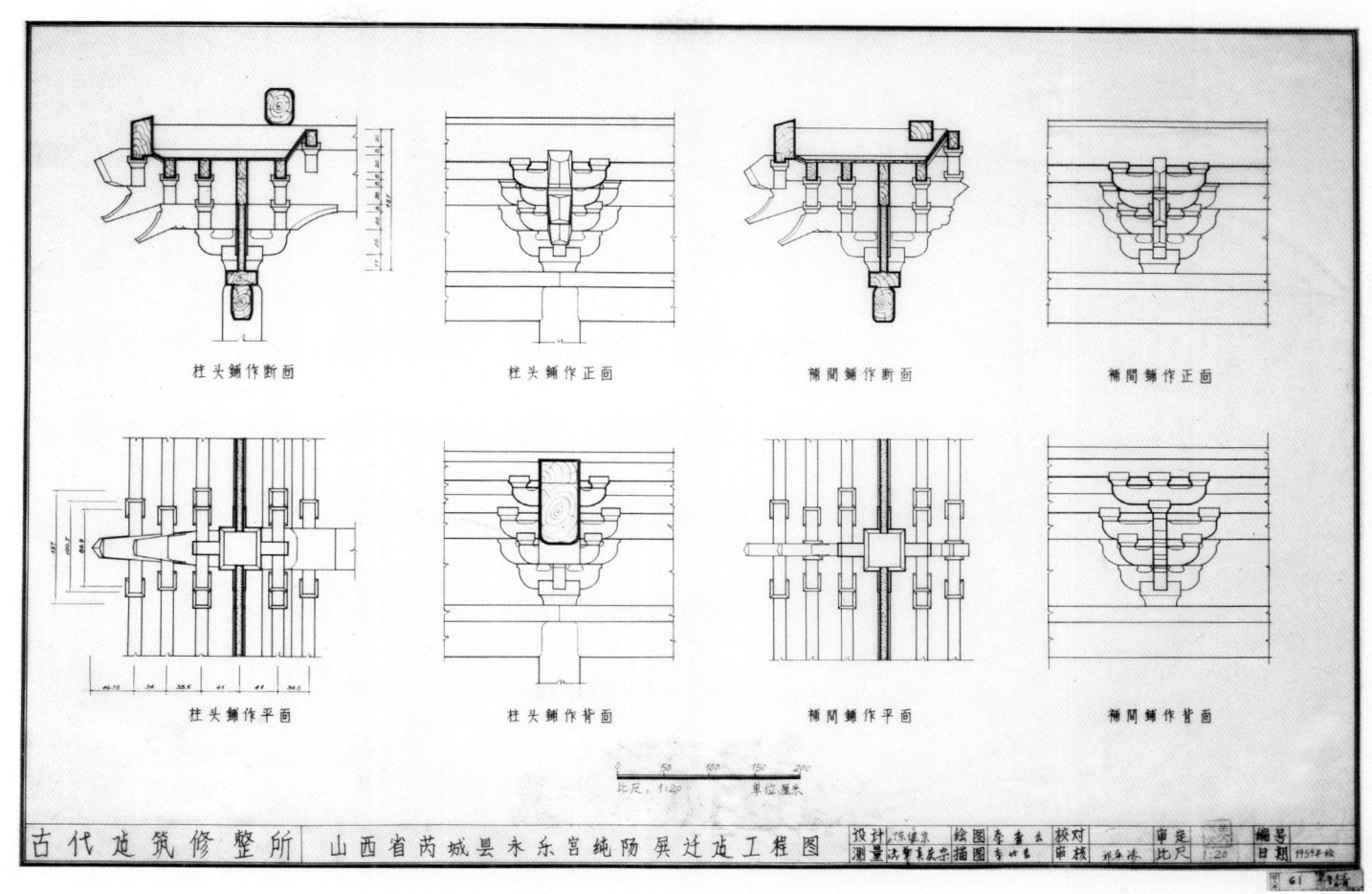

图版 T-121　纯阳殿外檐铺作图

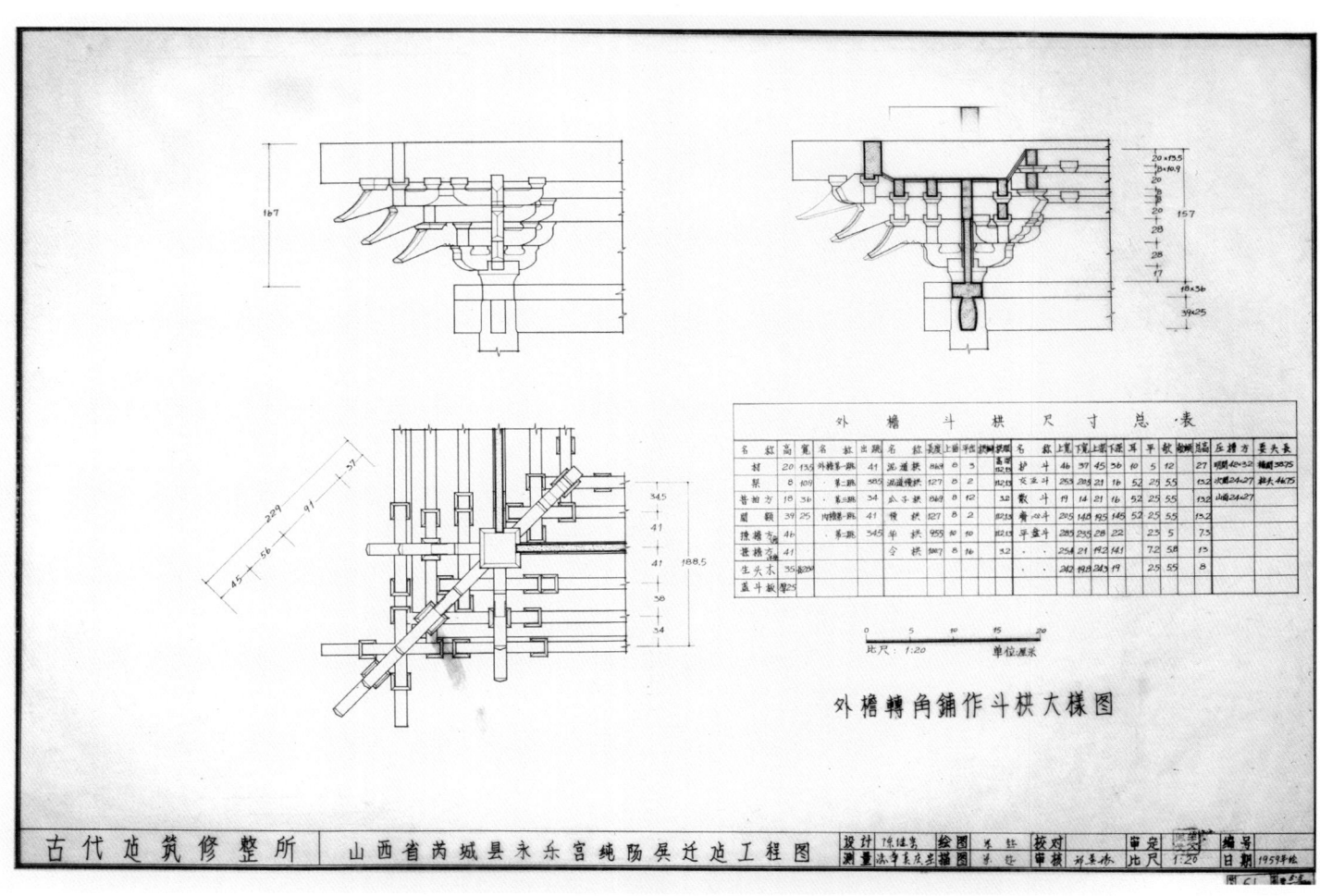

图版 T-122　纯阳殿外檐转角铺作斗栱大样图

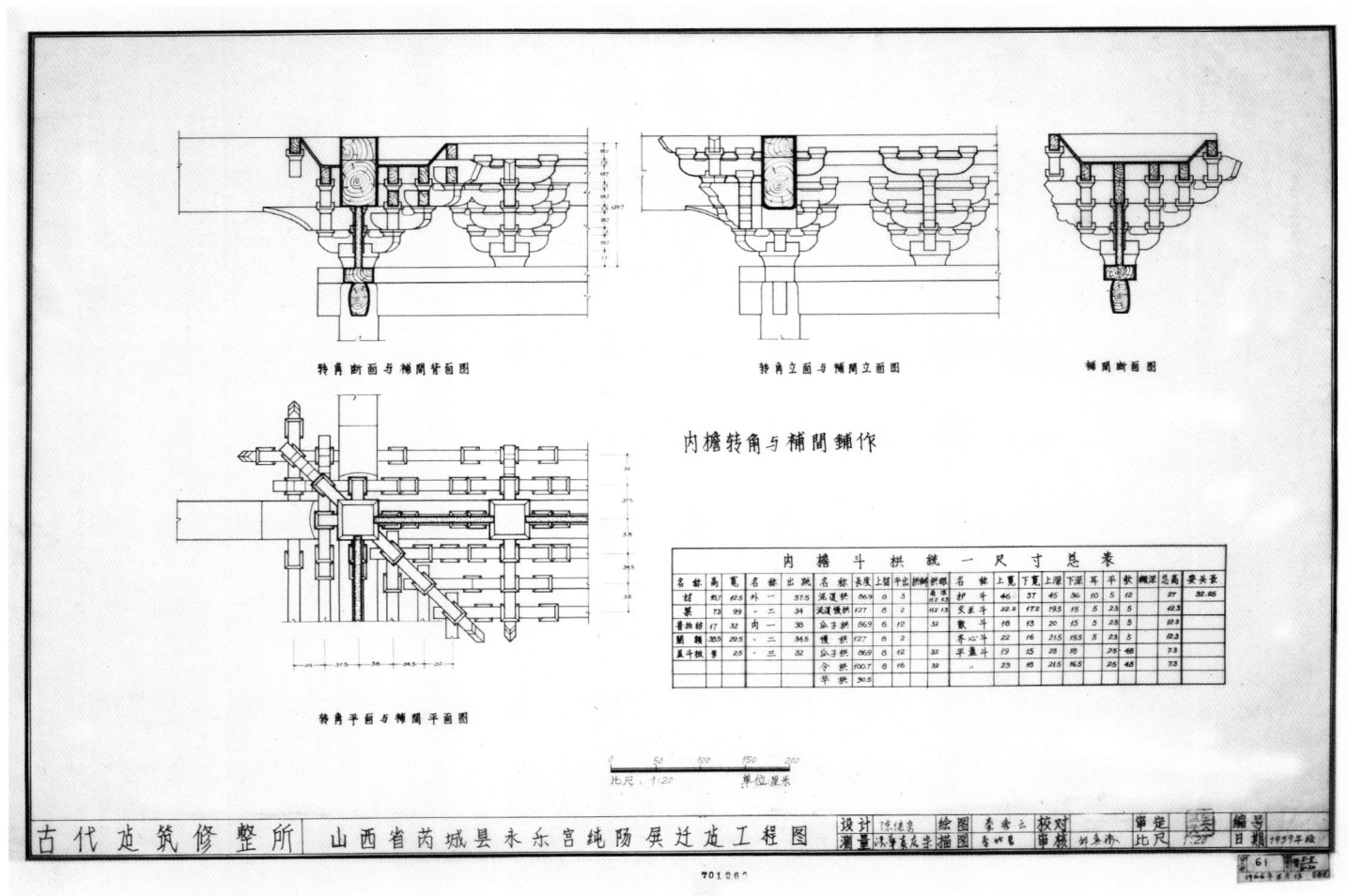

图版 T–123　纯阳殿内檐铺作图

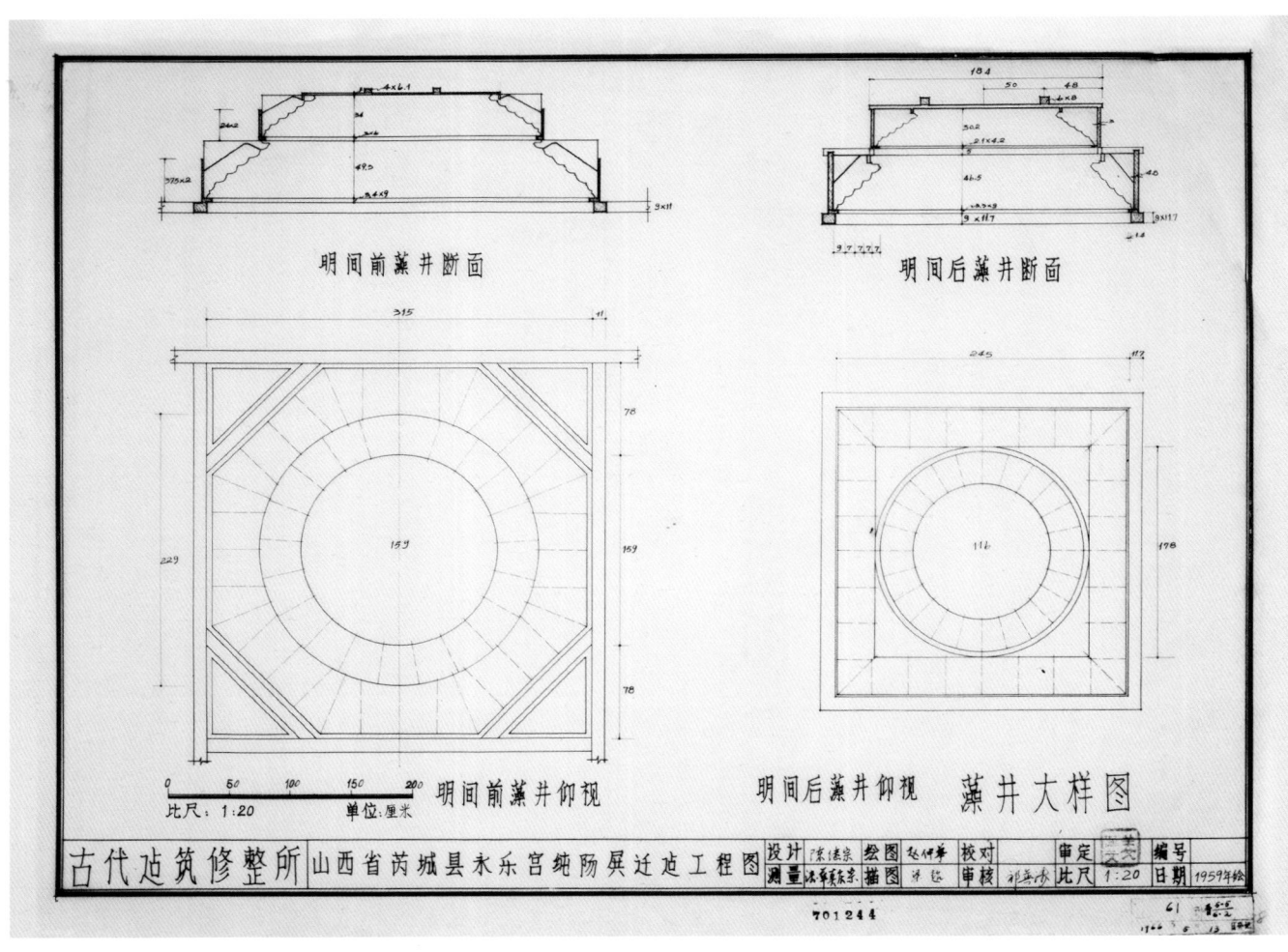

图版 T–124　纯阳殿明间藻井大样图

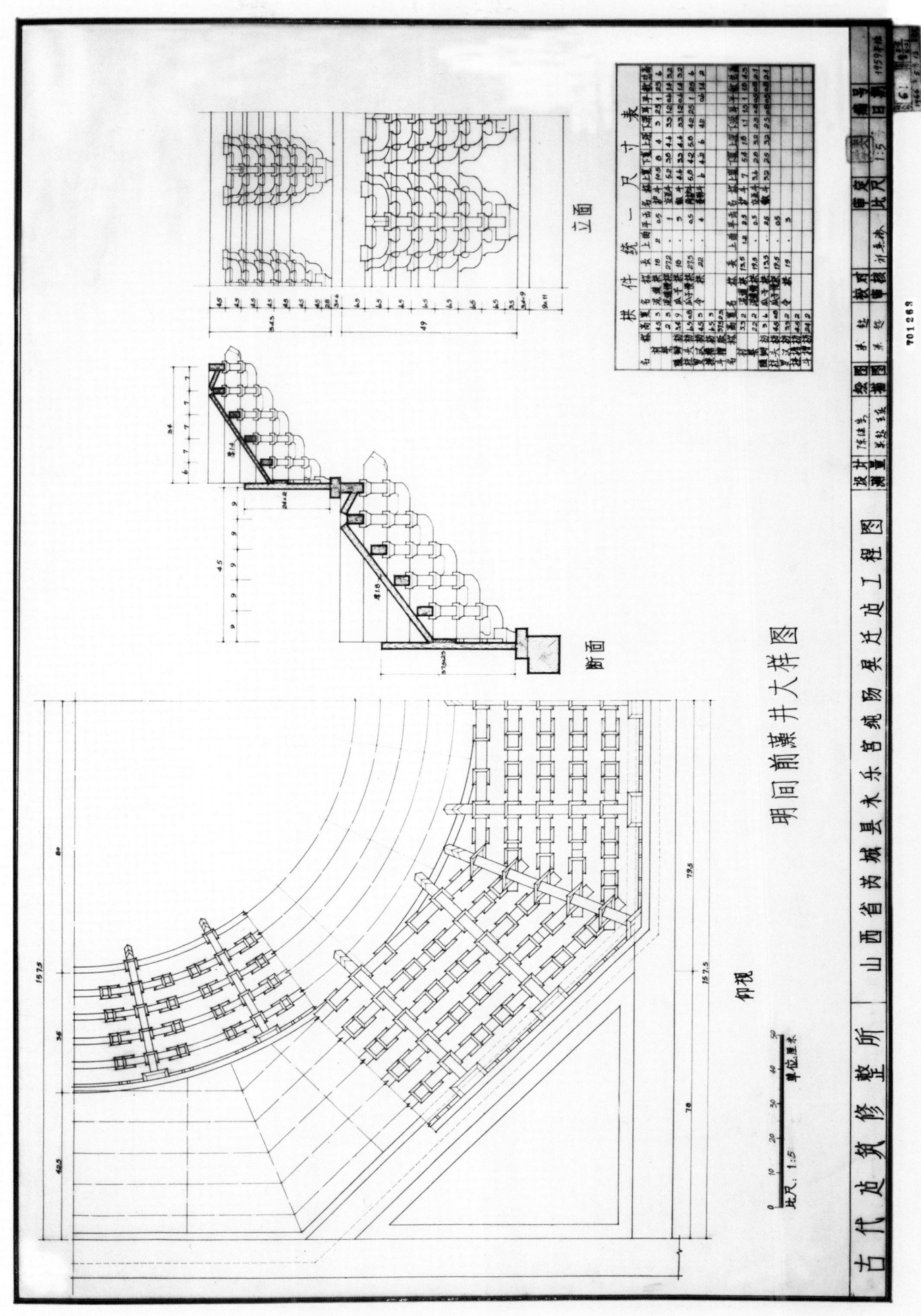

图版 T-125　纯阳殿明间前藻井大样图

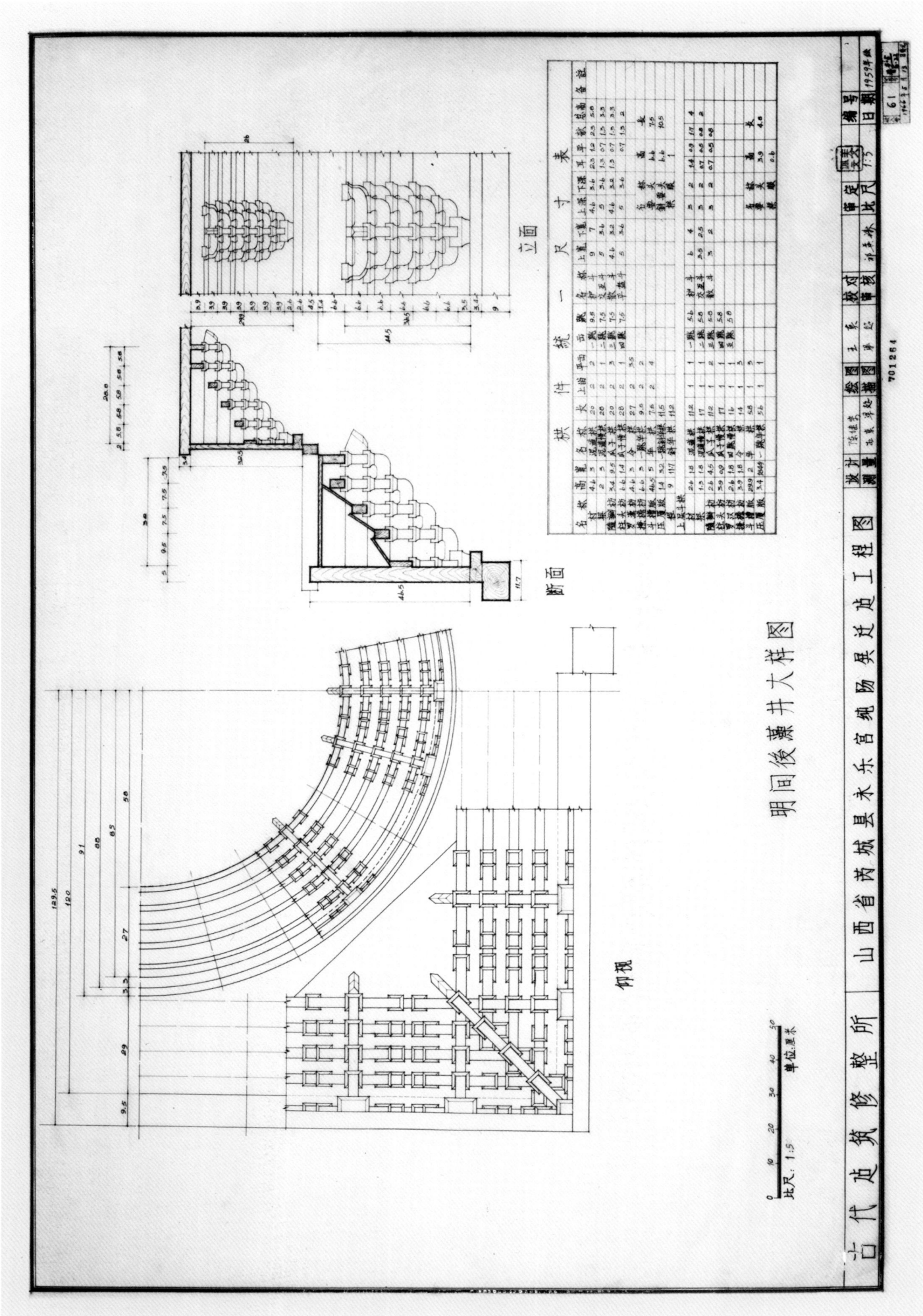

图版 T-126　纯阳殿明间后藻井大样图

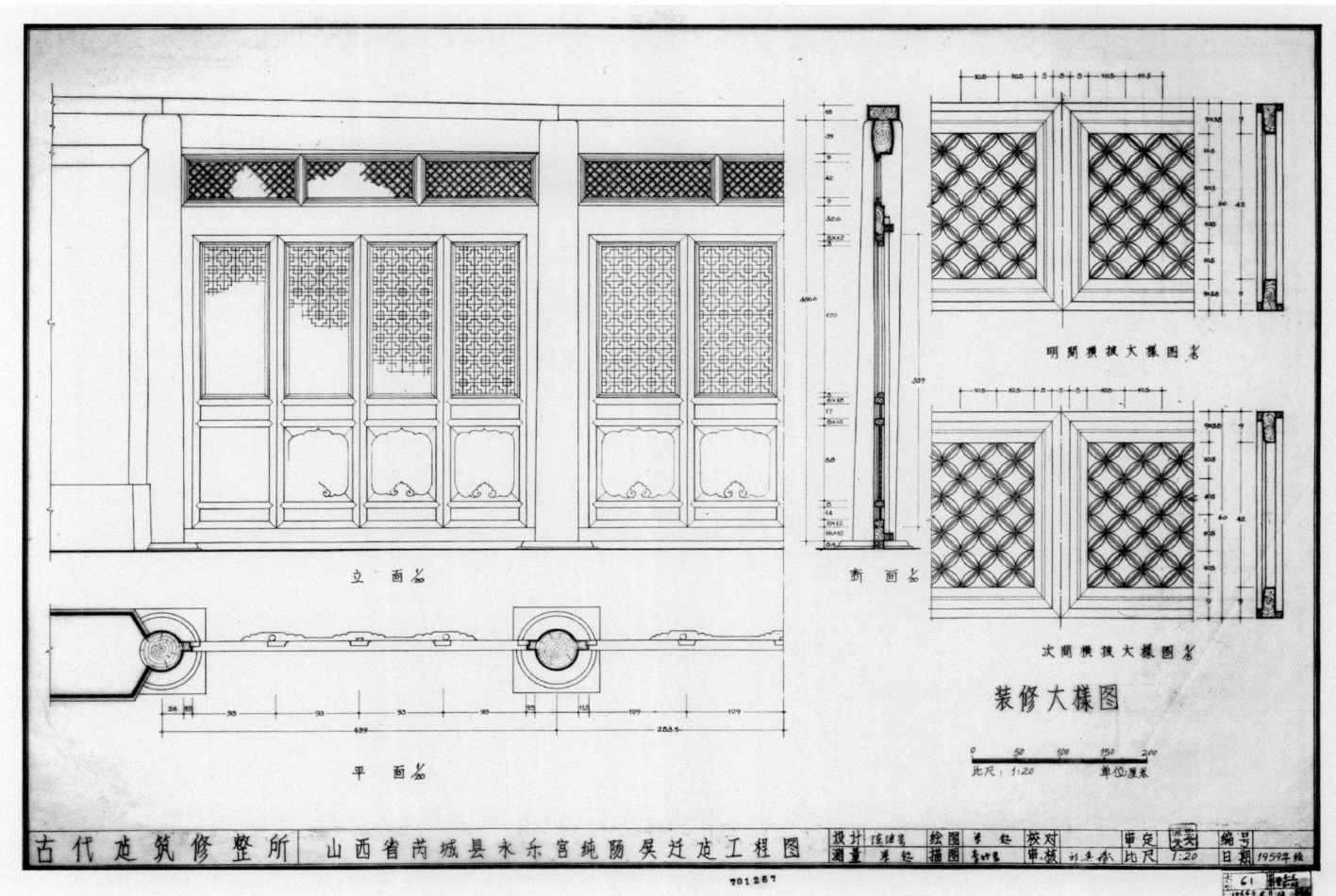

图版 T-127　纯阳殿前檐装修大样图

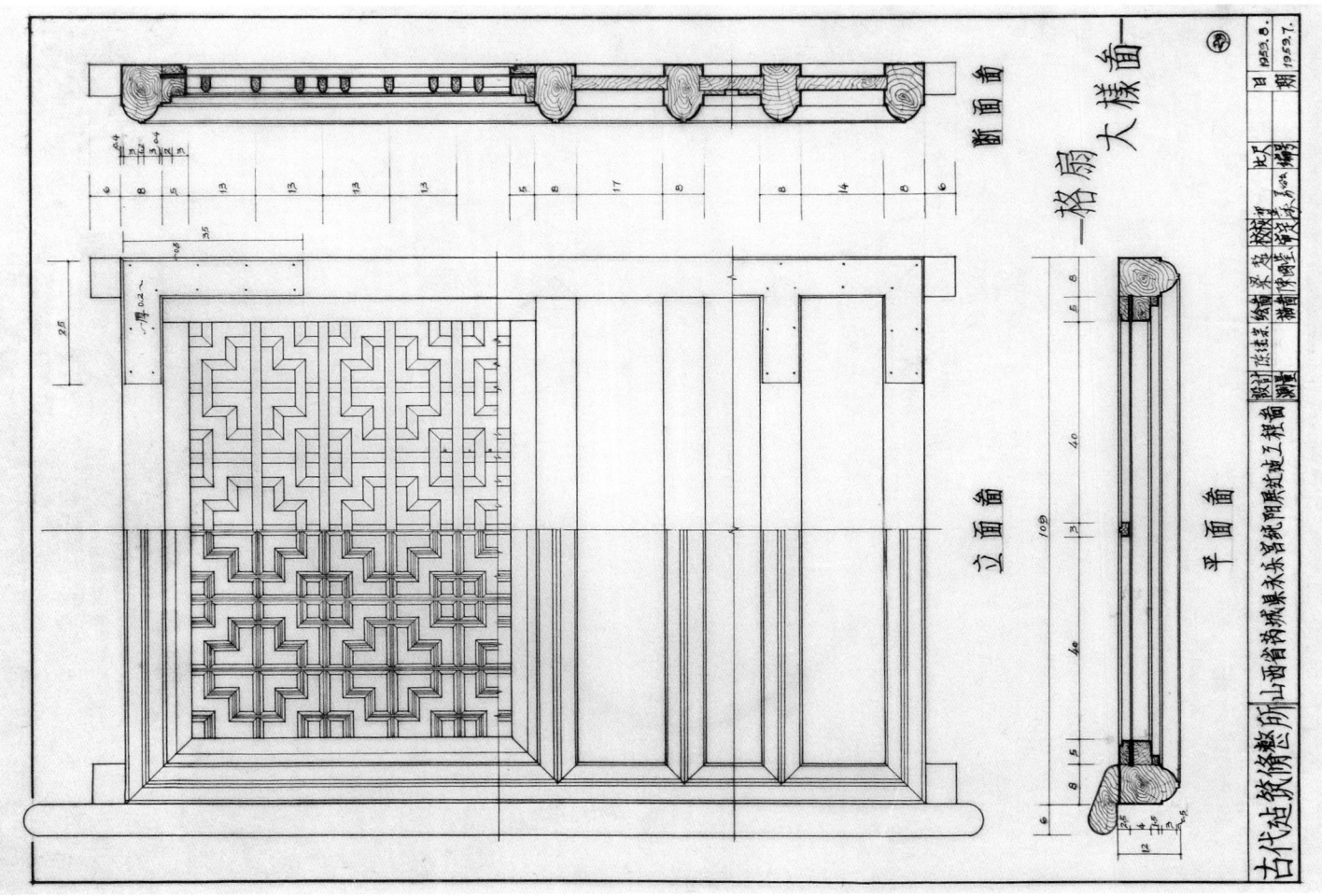

图版 T-128　纯阳殿前檐格扇大样图

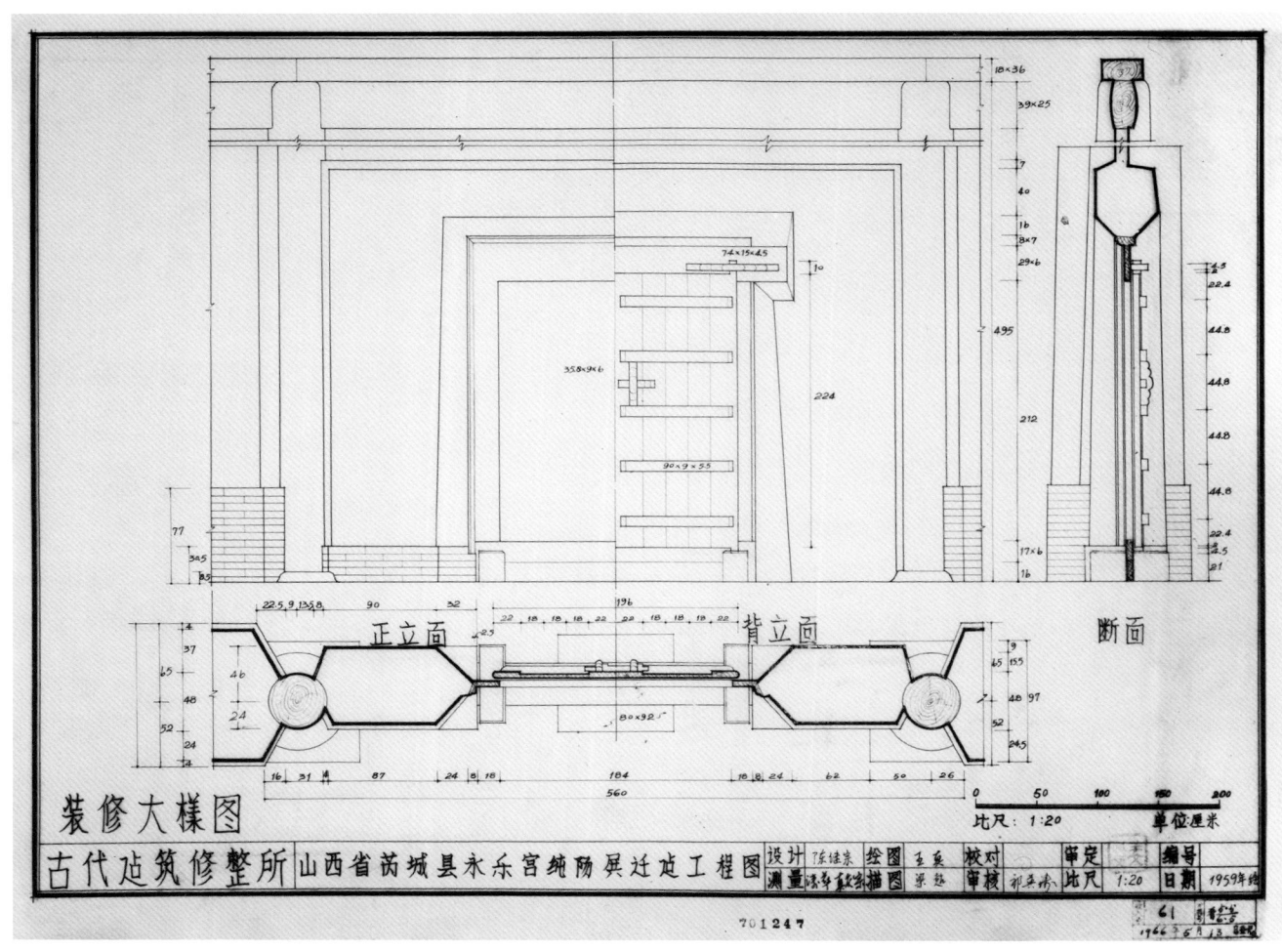

图版 T-129　纯阳殿后檐装修大样图

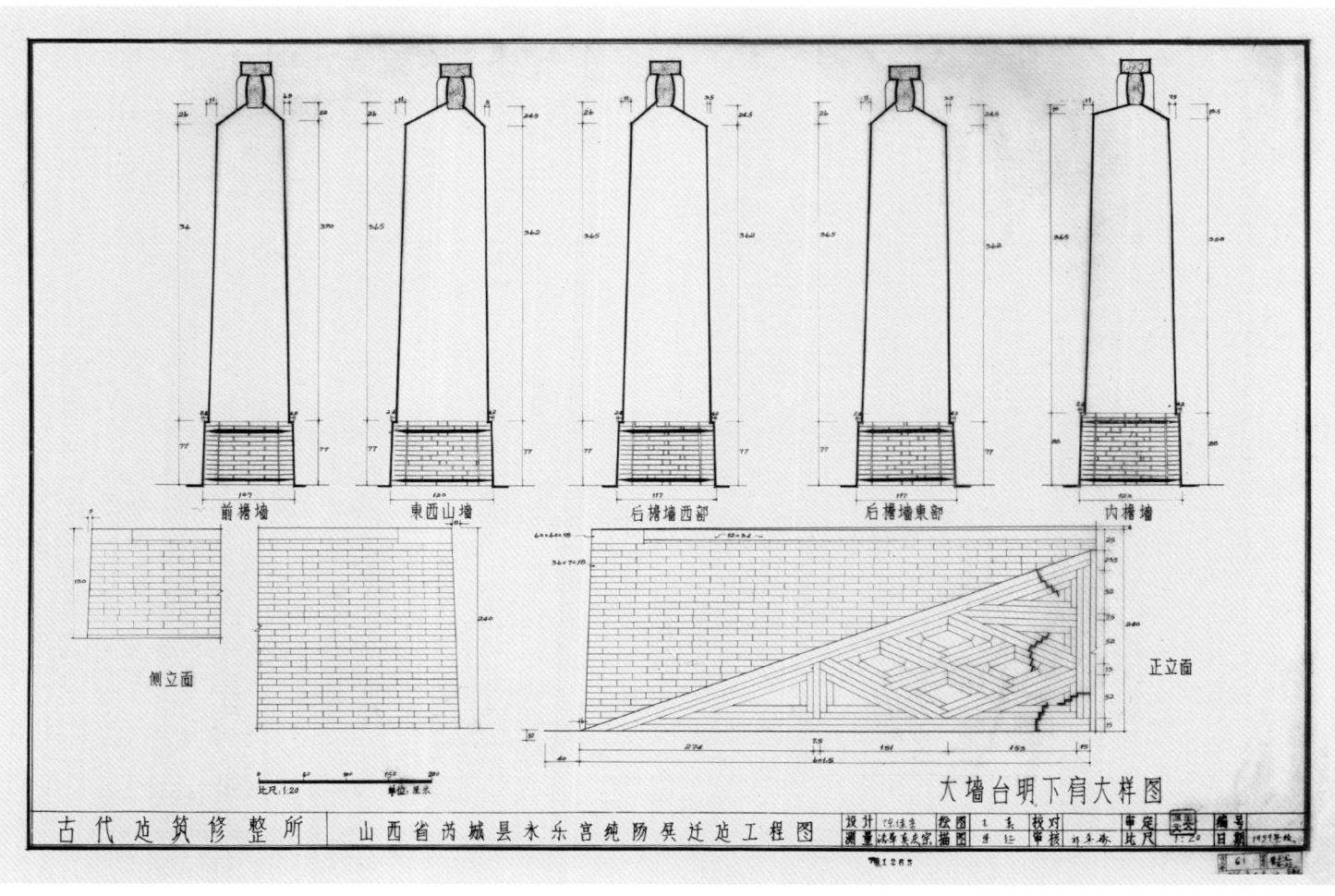

图版 T-130　纯阳殿大墙及台明下肩大样图

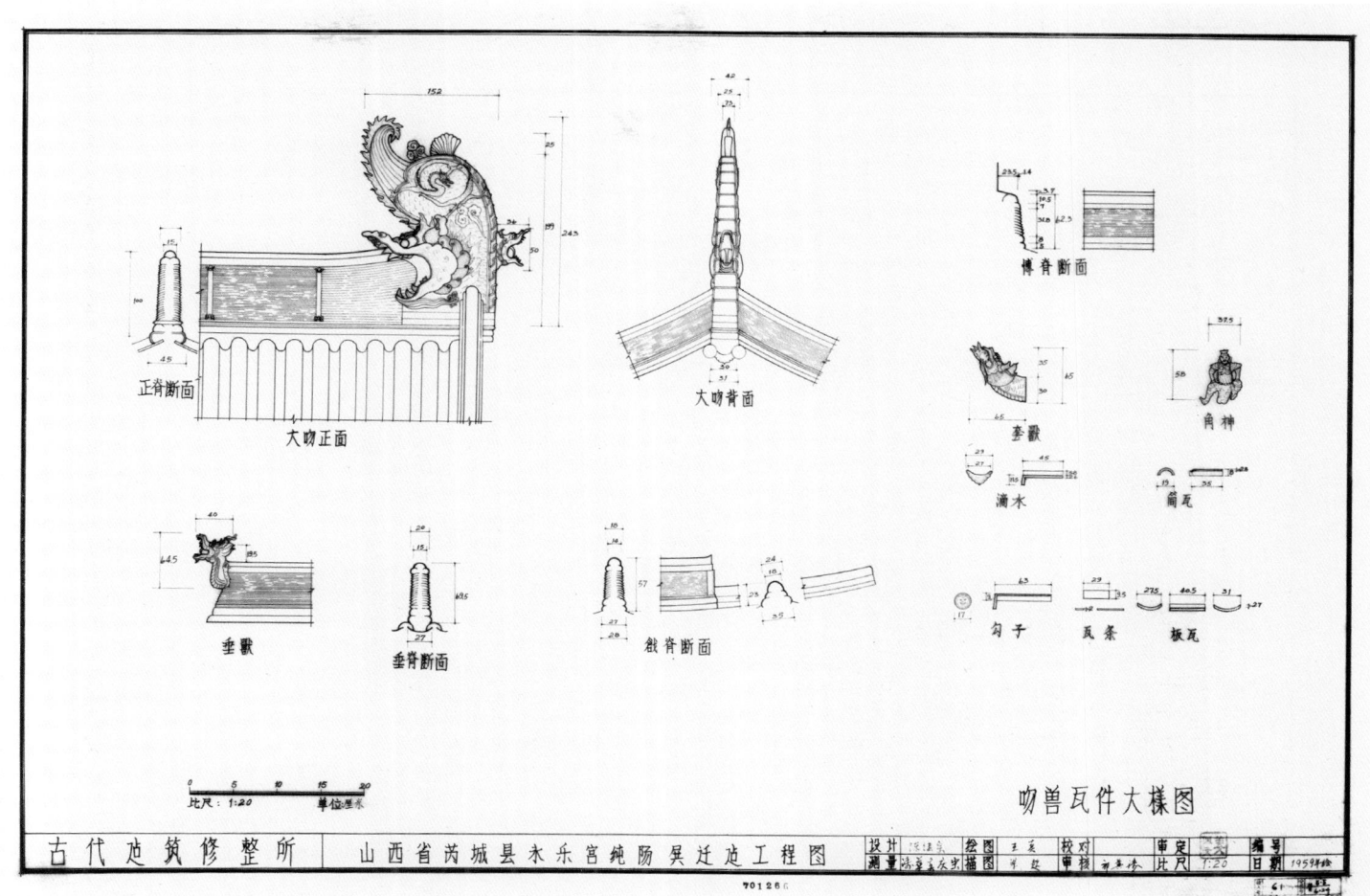

图版 T-131　纯阳殿吻兽瓦件大样图

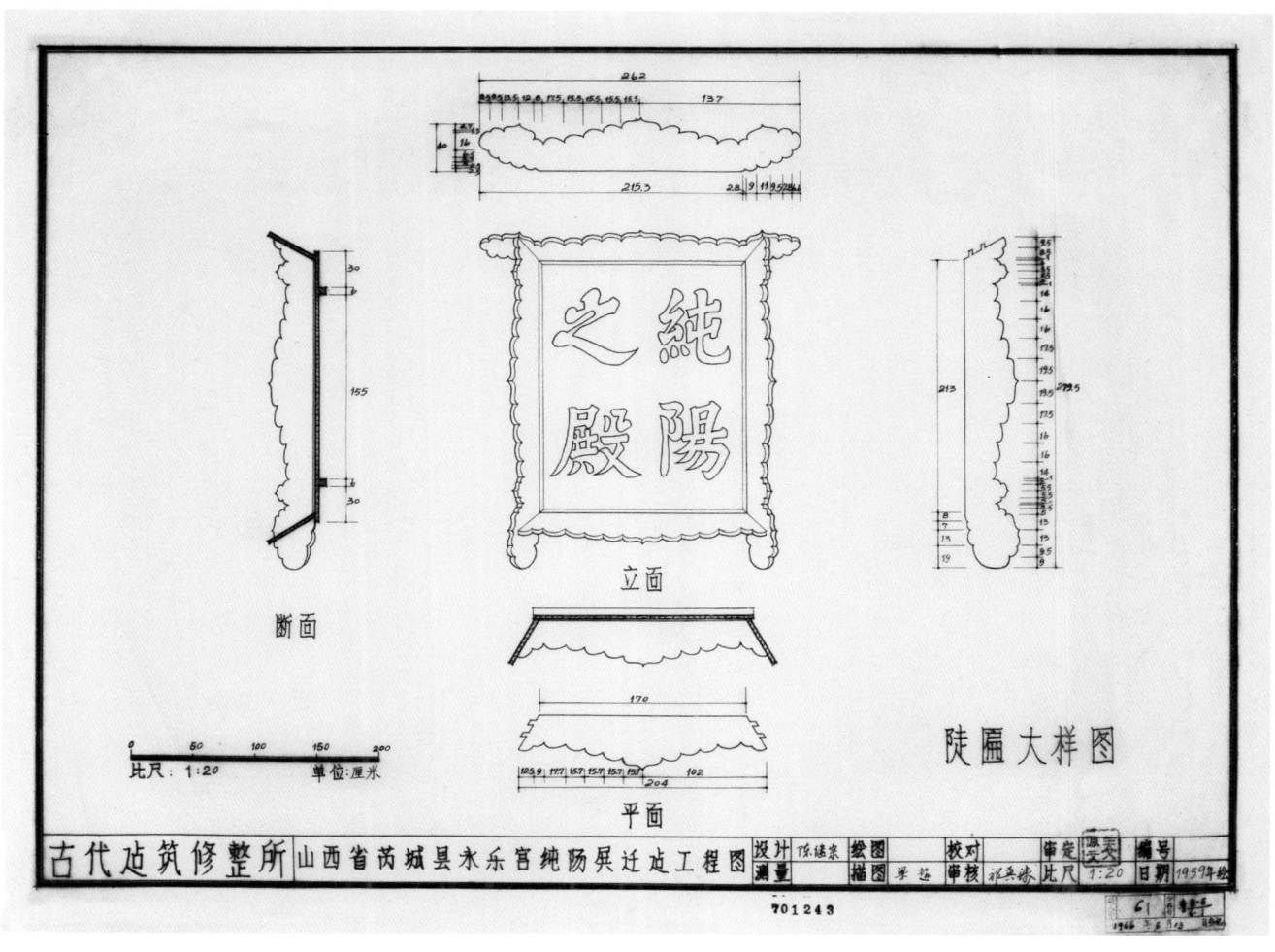

图版 T-132　纯阳殿陡匾大样图

2.5 重阳殿

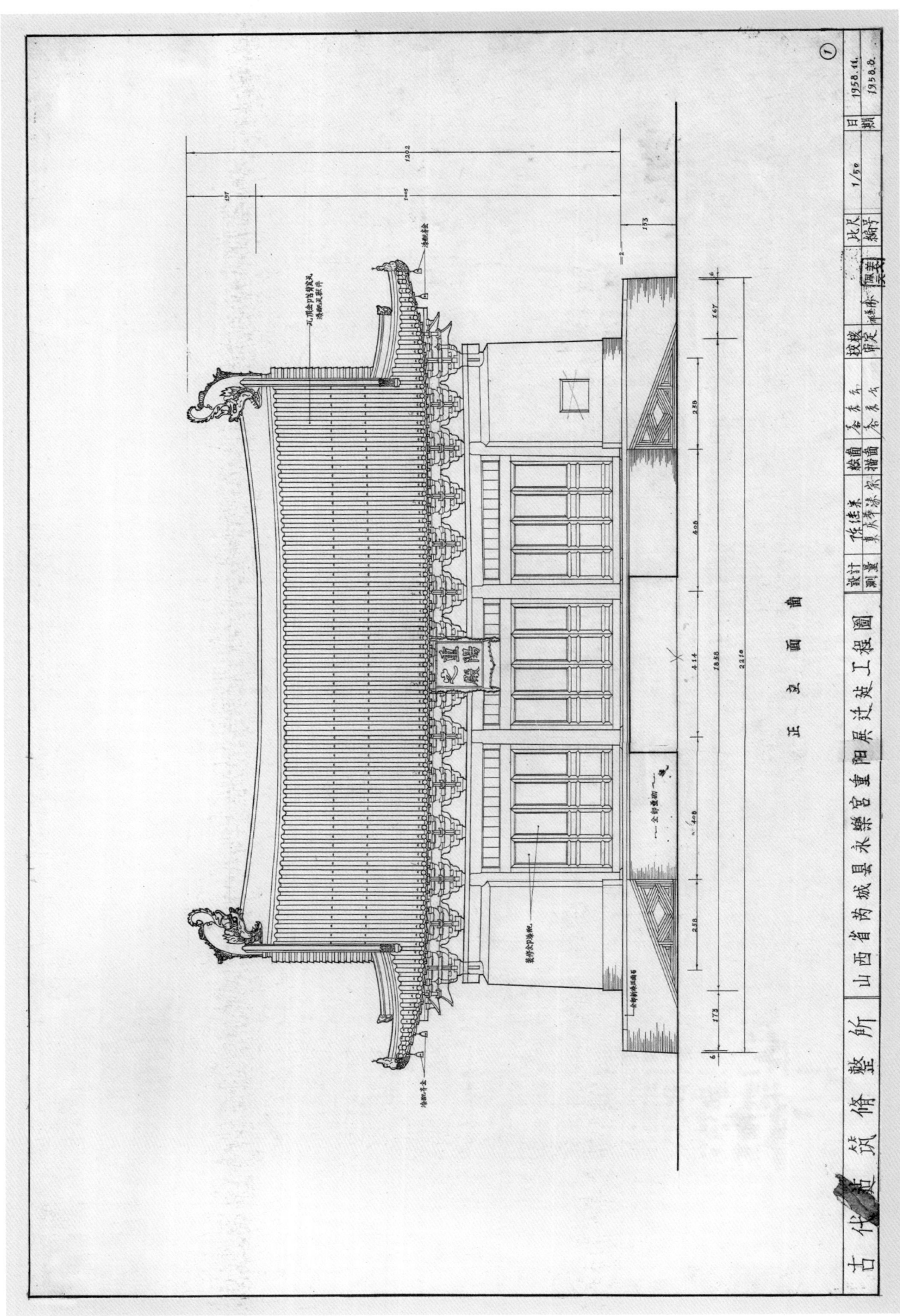

图版 T-133　重阳殿立面图

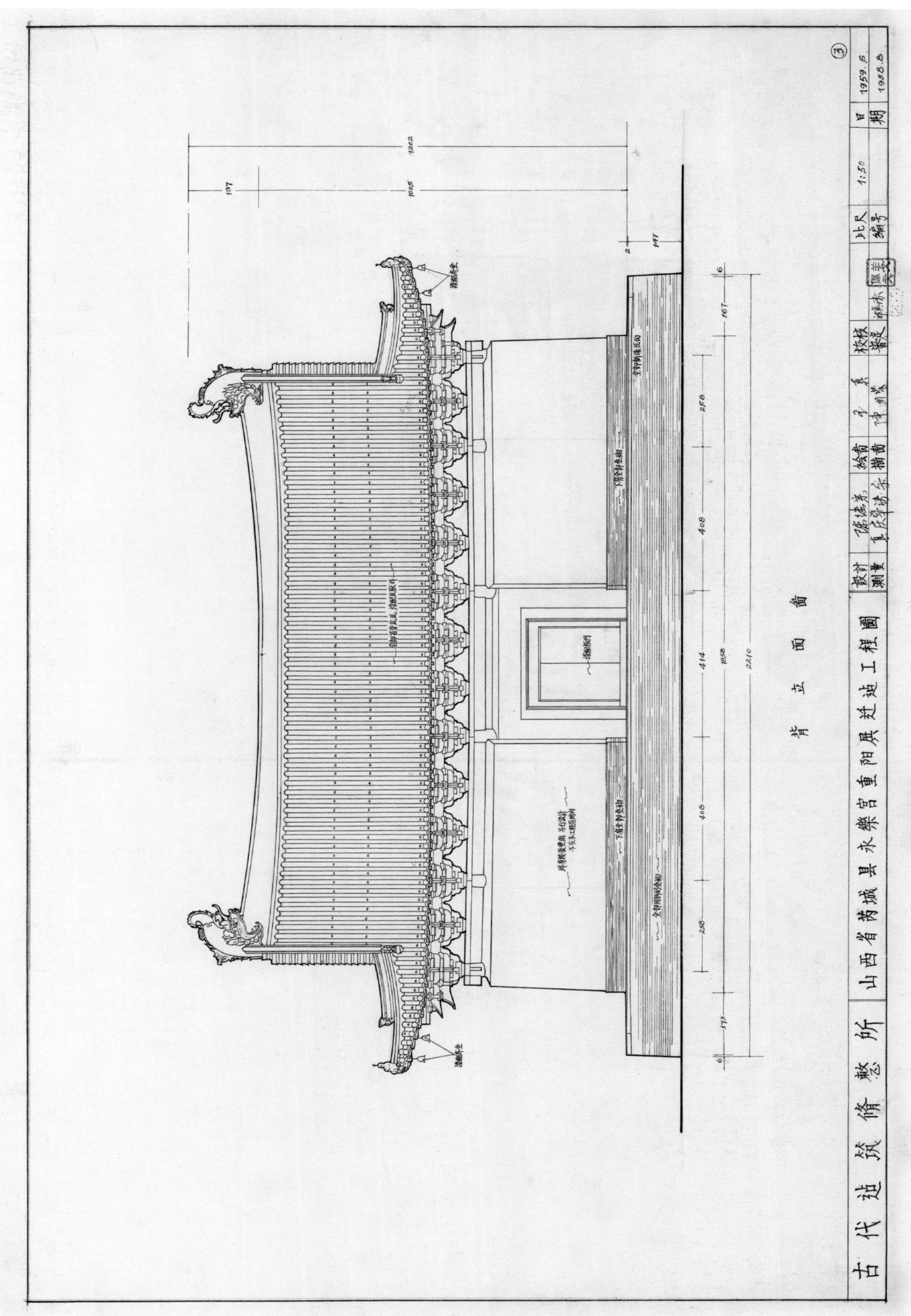

图版 T-134　重阳殿背立面图

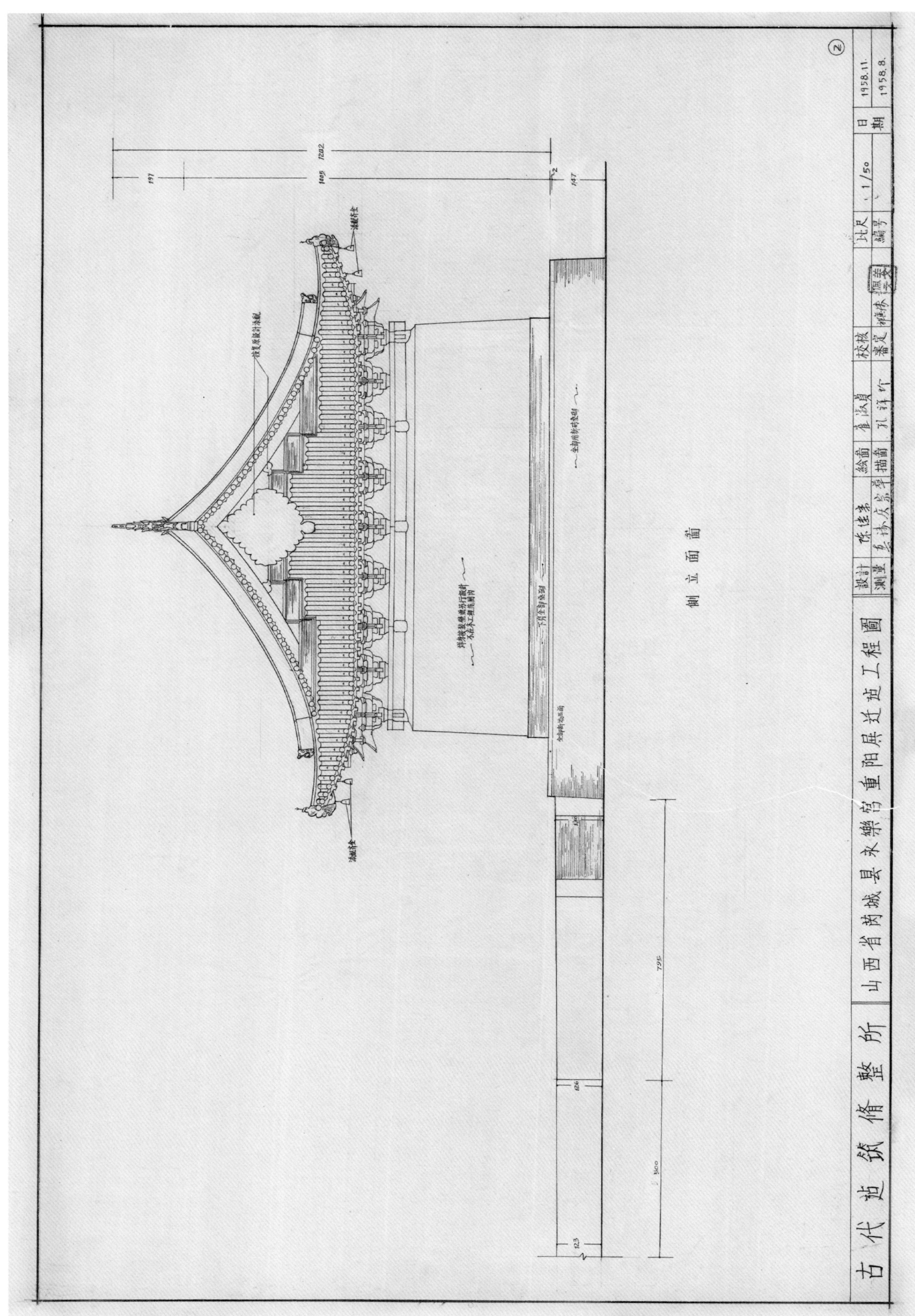

图版 T-135　重阳殿侧立面图

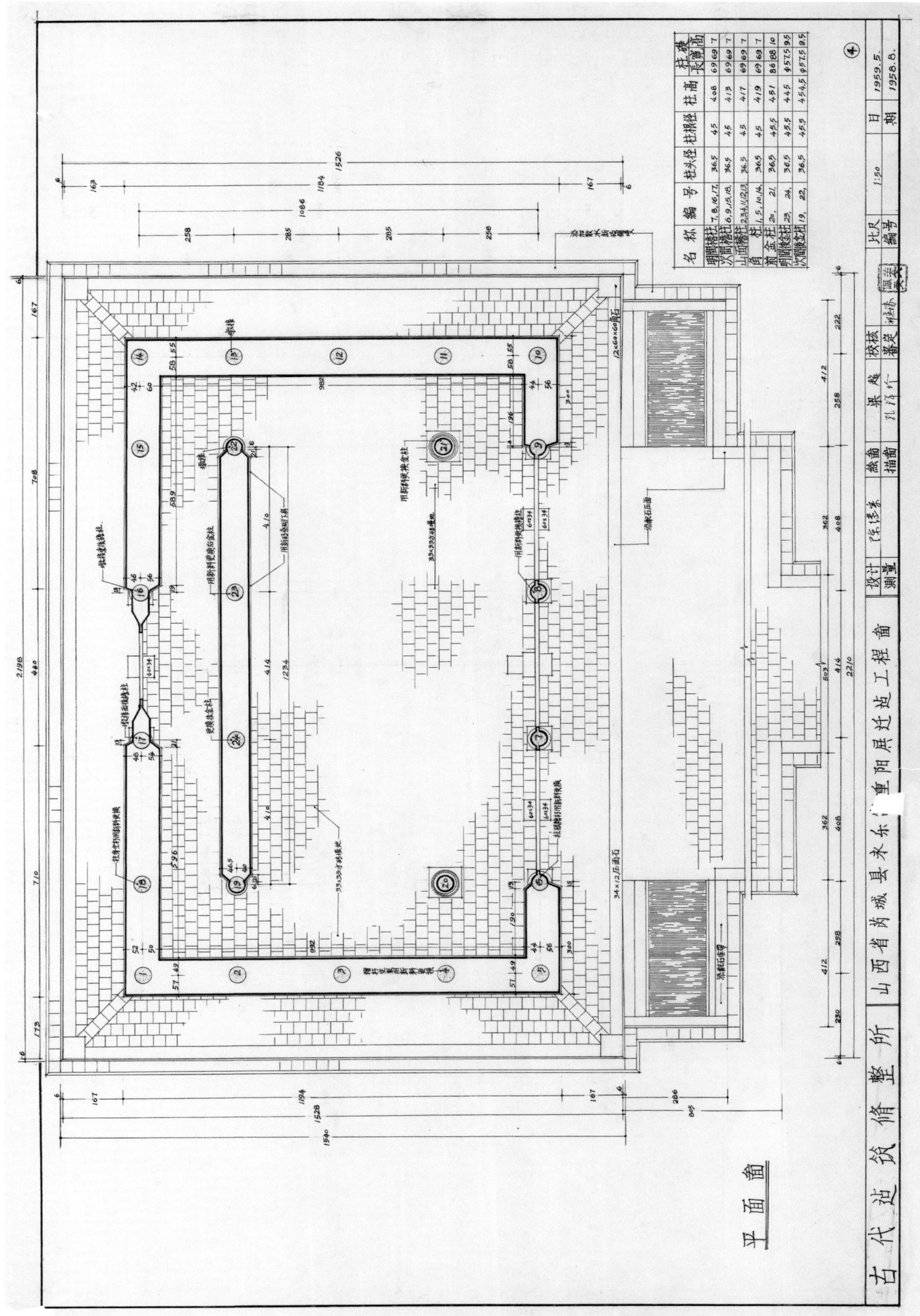

图版 T-136　重阳殿平面图

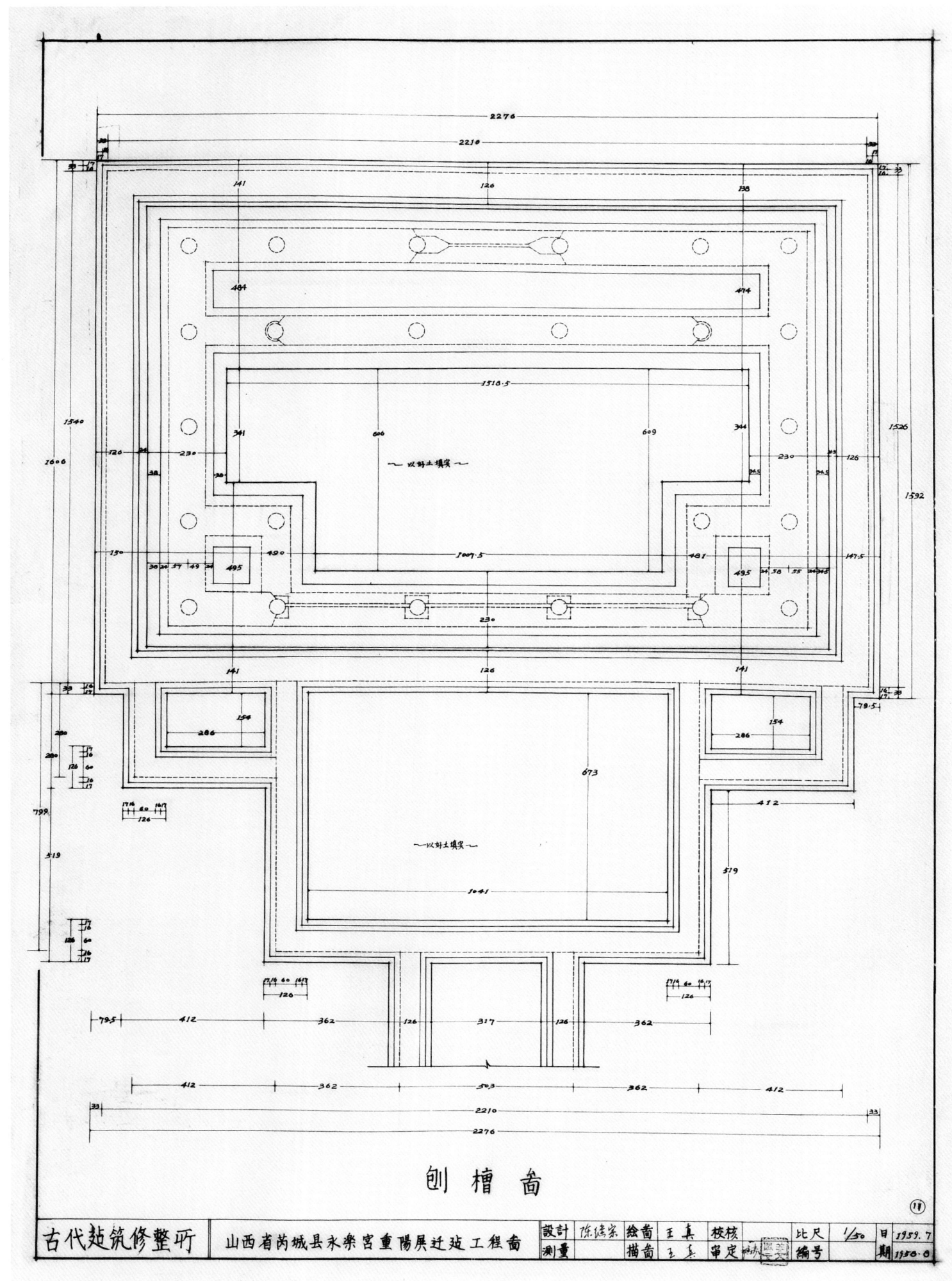

刨 槽 畜

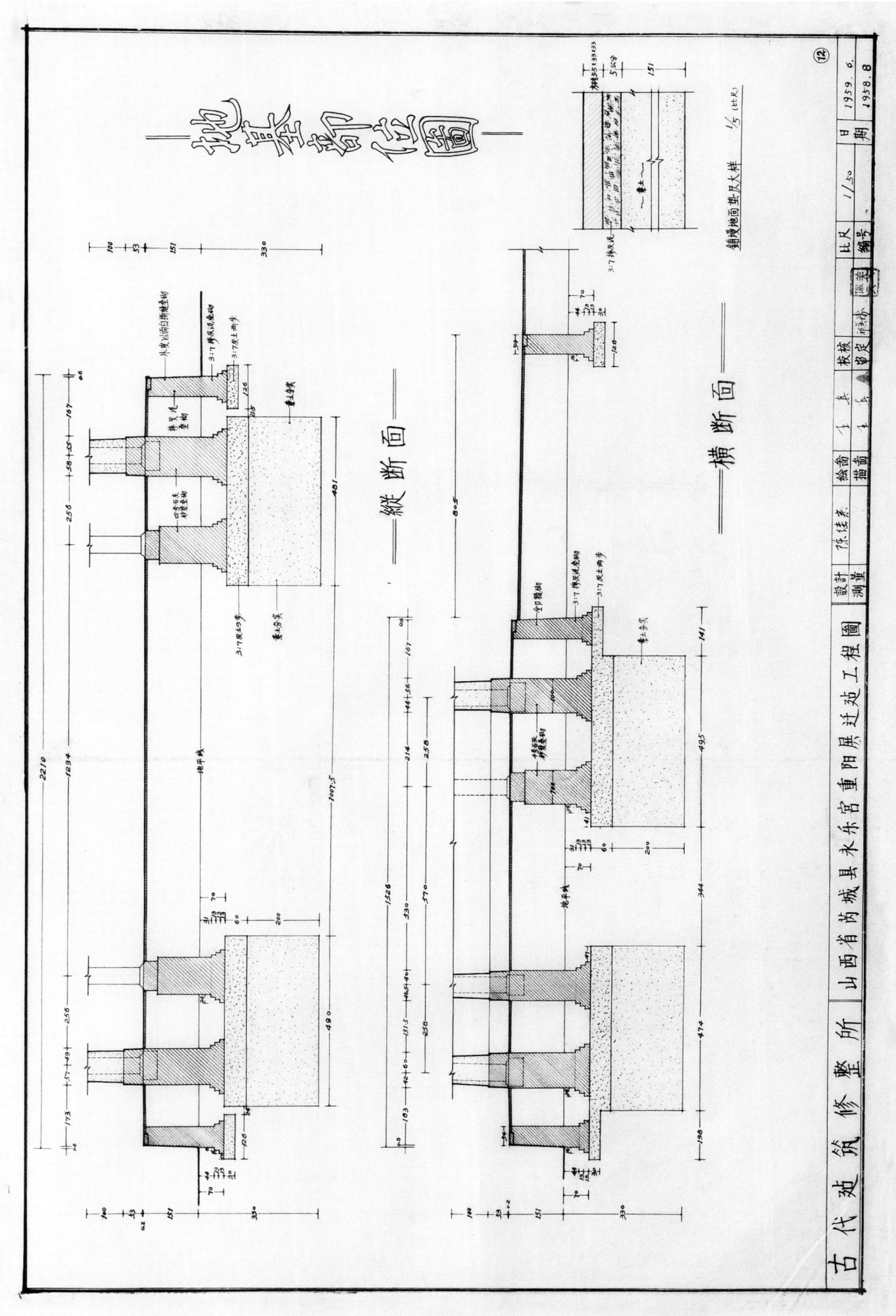

图版 T-138　重阳殿基础部位图

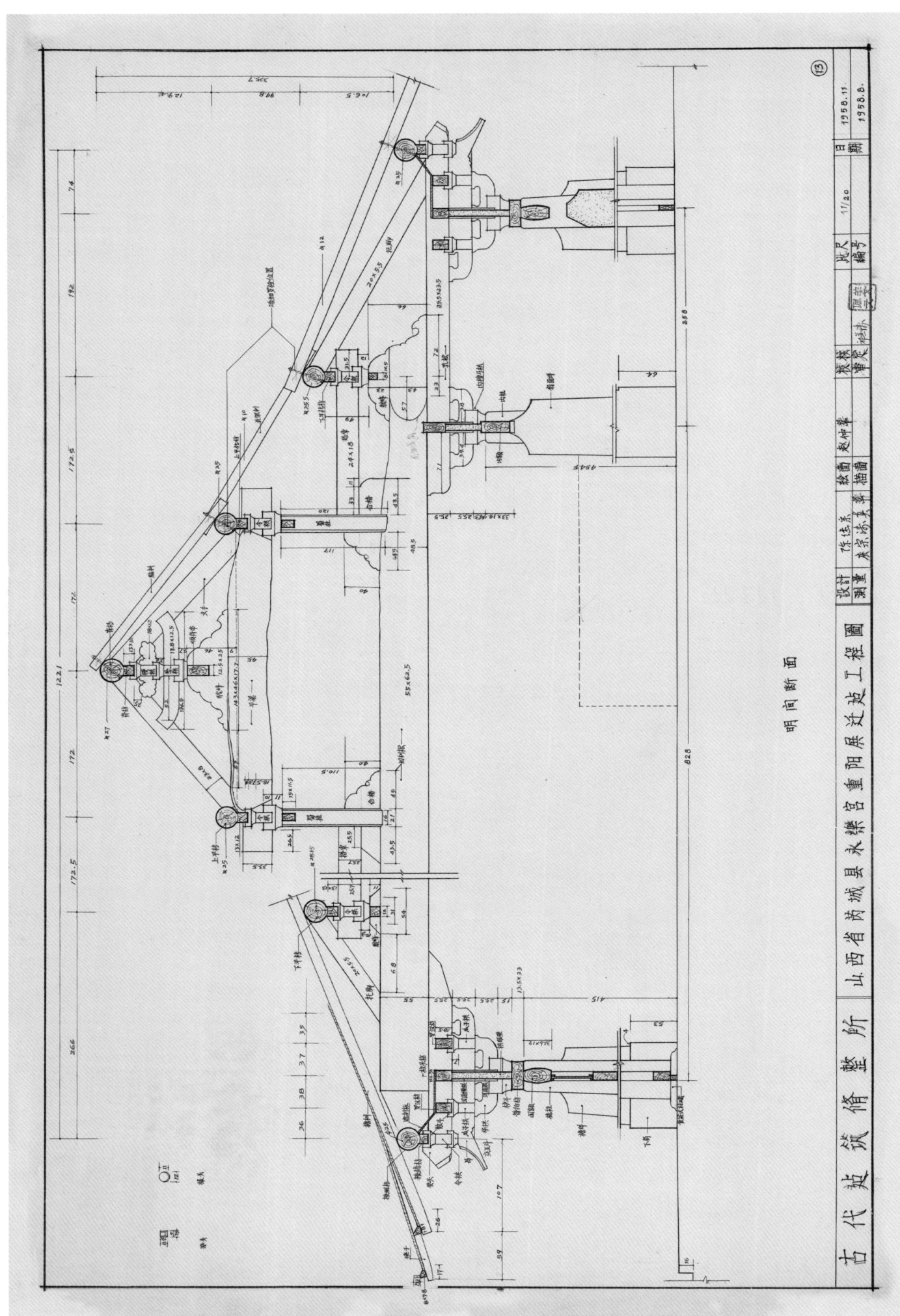

图版 T-139 重阳殿明间梁架横断面图

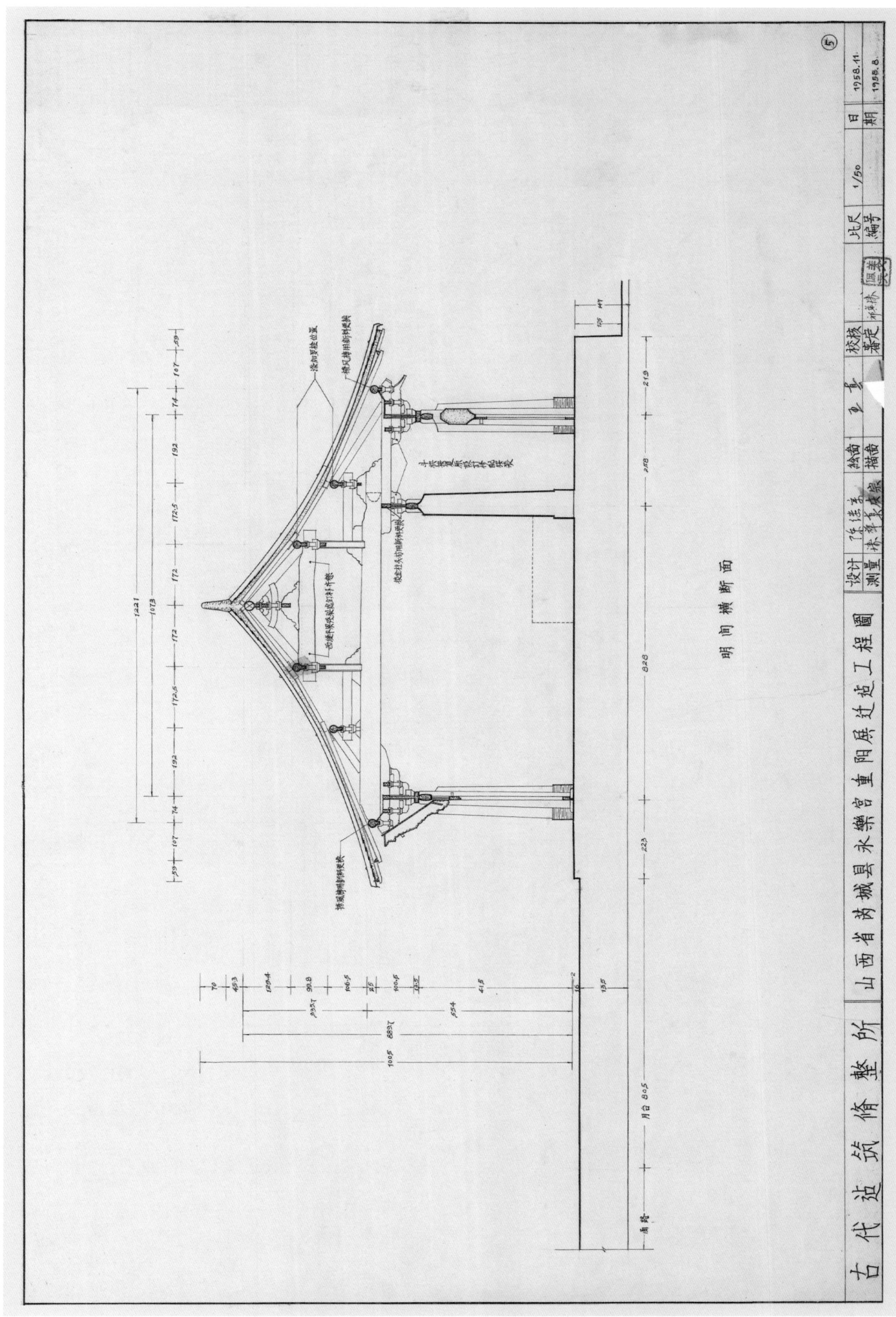

图版 T-140　重阳殿明间横断面图

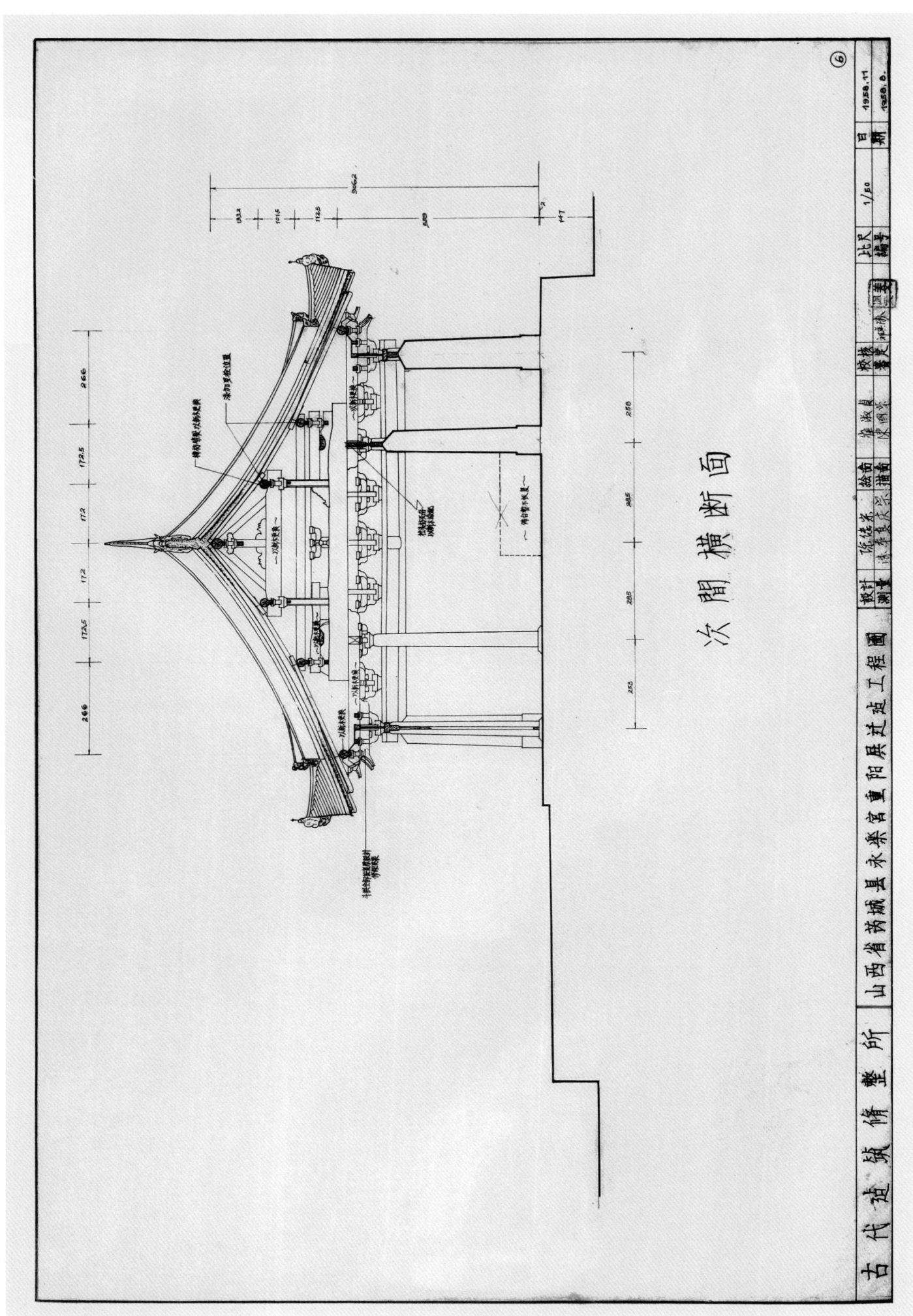

次間橫斷面

古代建築修整所 山西省芮城縣永樂宮宣陽殿遷建工程圖

图版 T-141　重阳殿次间横断面图

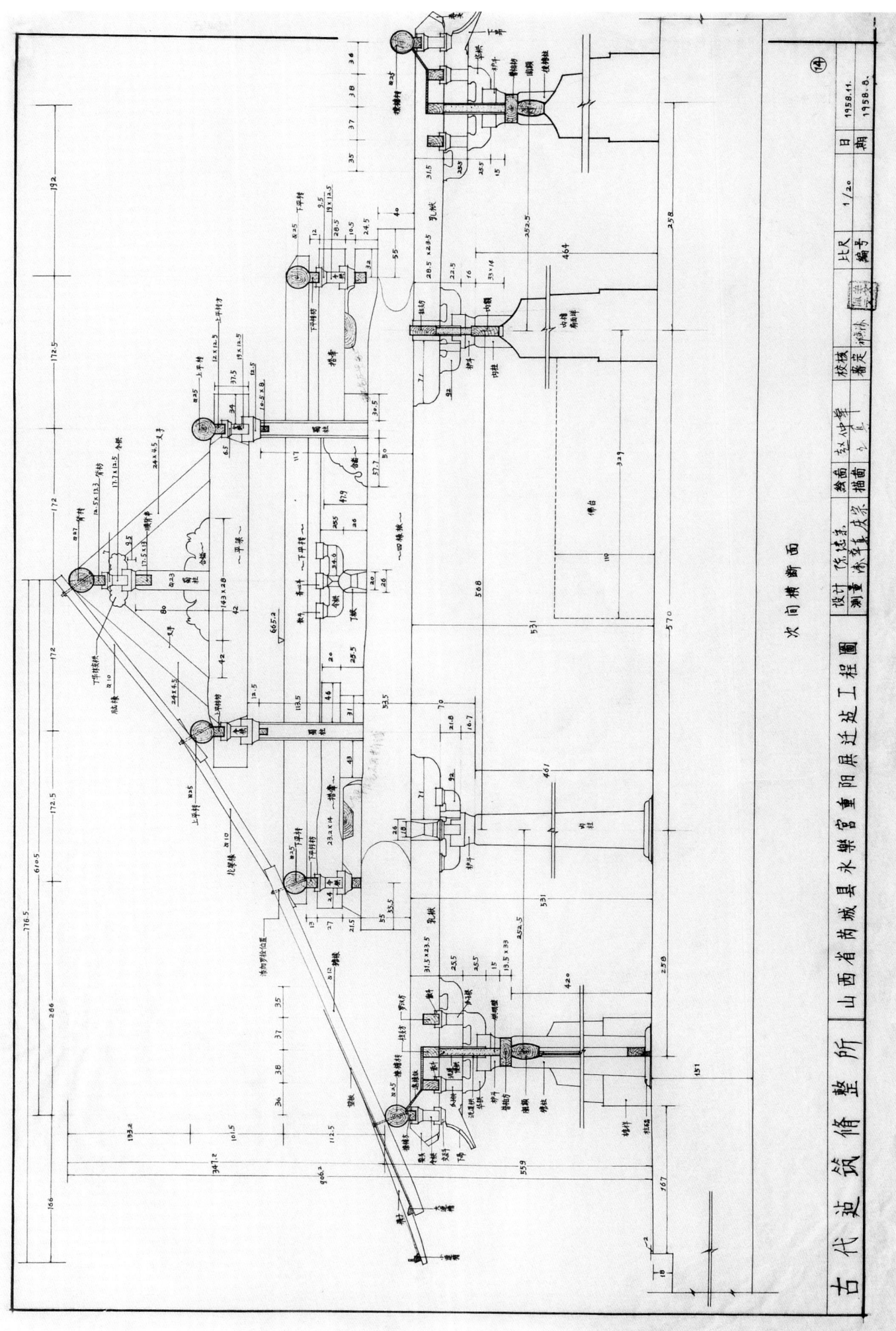

图版 T-142　重阳殿次间梁架横断面图

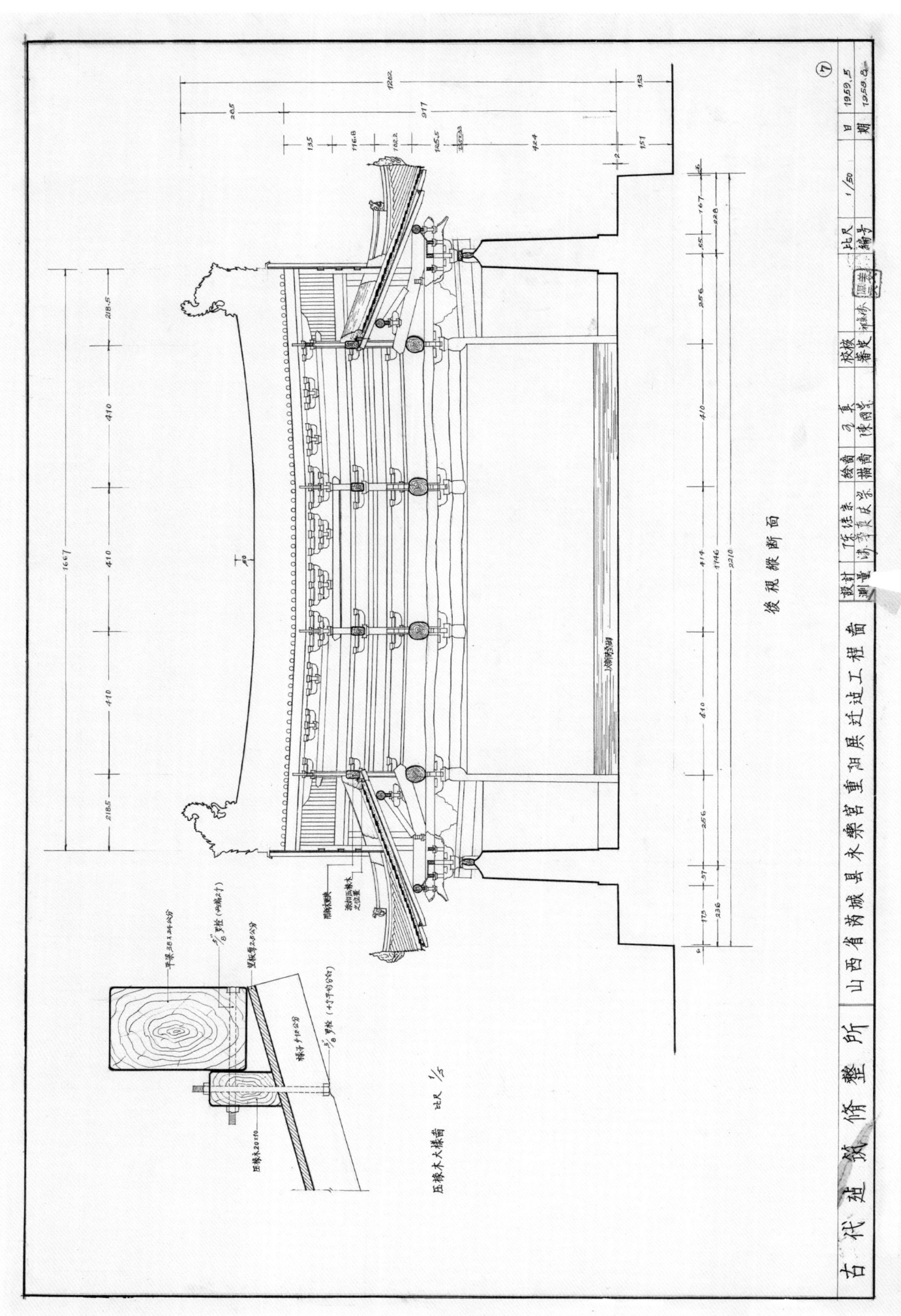

图版 T-143　重阳殿纵断面图

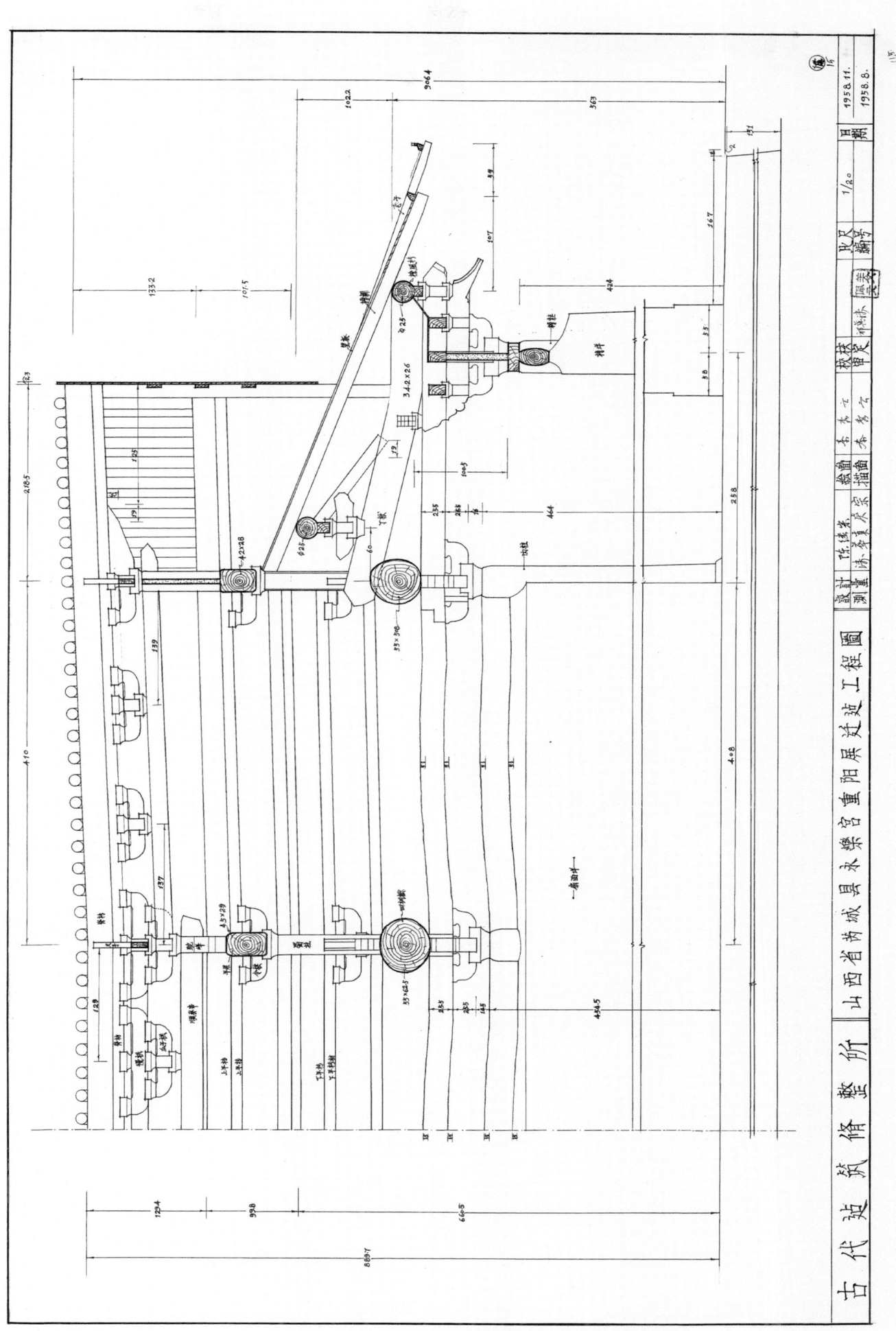

图版 T-144　重阳殿局部梁架纵断面图

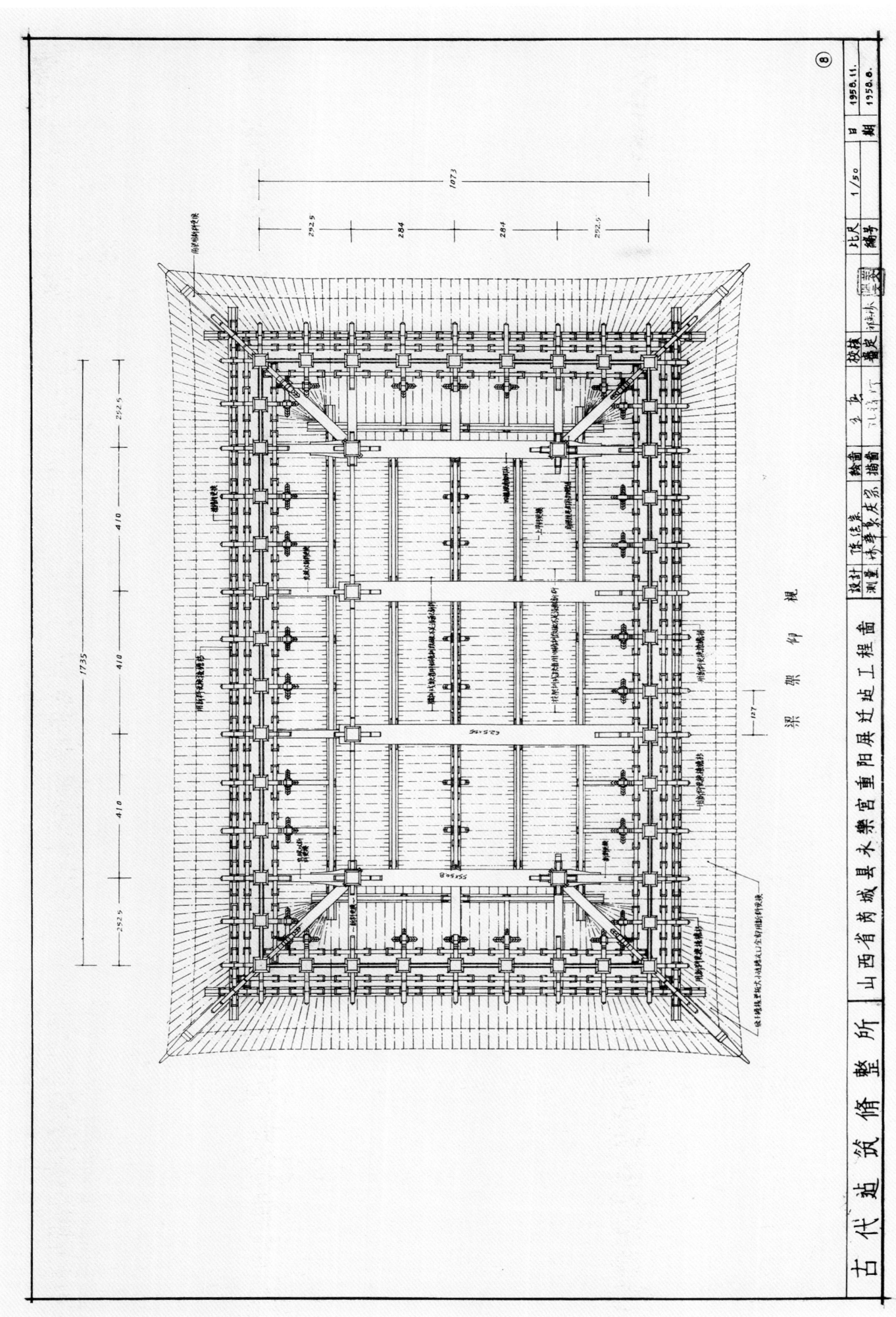

图版 T-145　重阳殿梁架仰视图

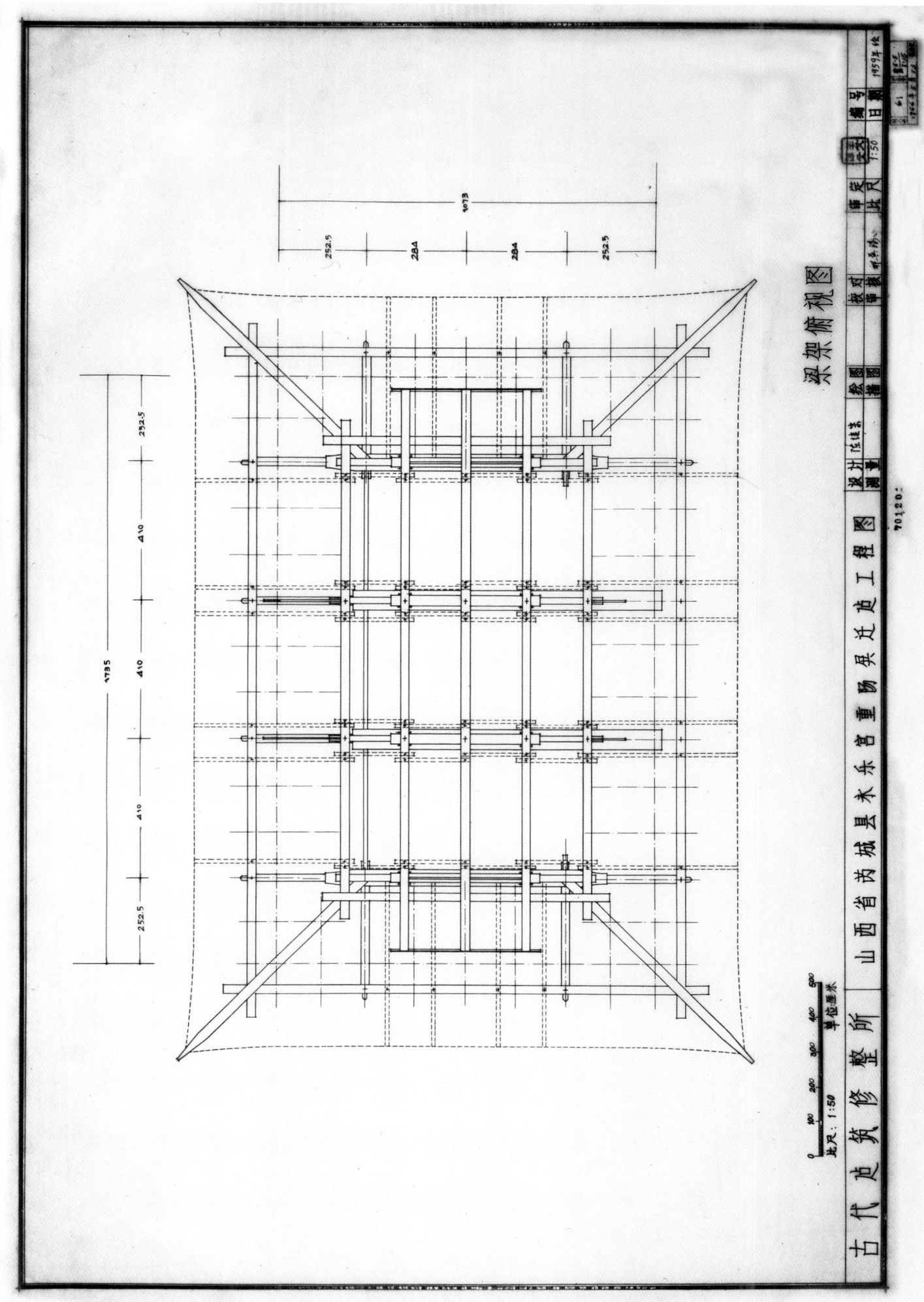

图版 T-146　重阳殿梁架俯视图

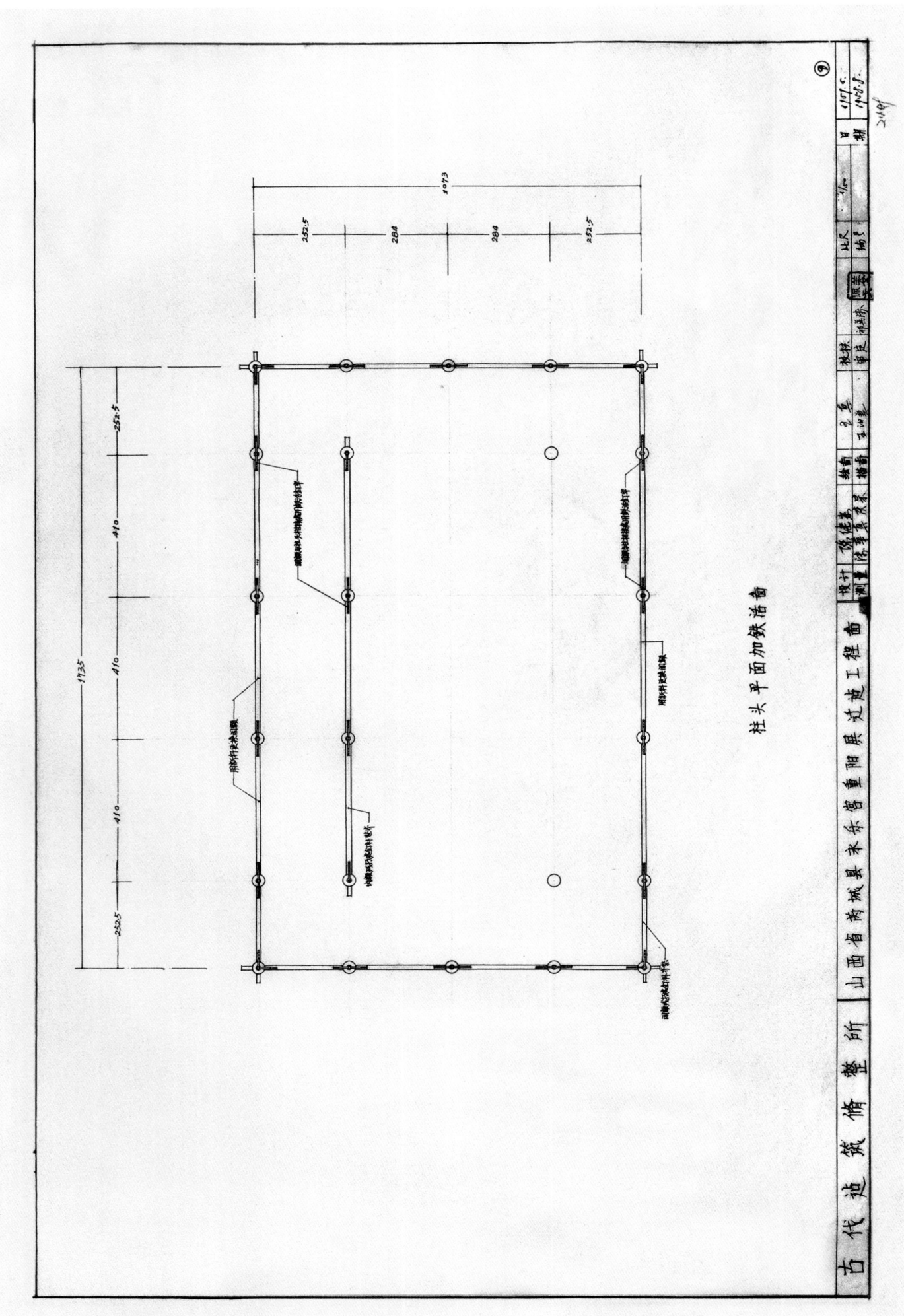

图版 T-147　重阳殿柱头与阑额接头处添加铁活位置图

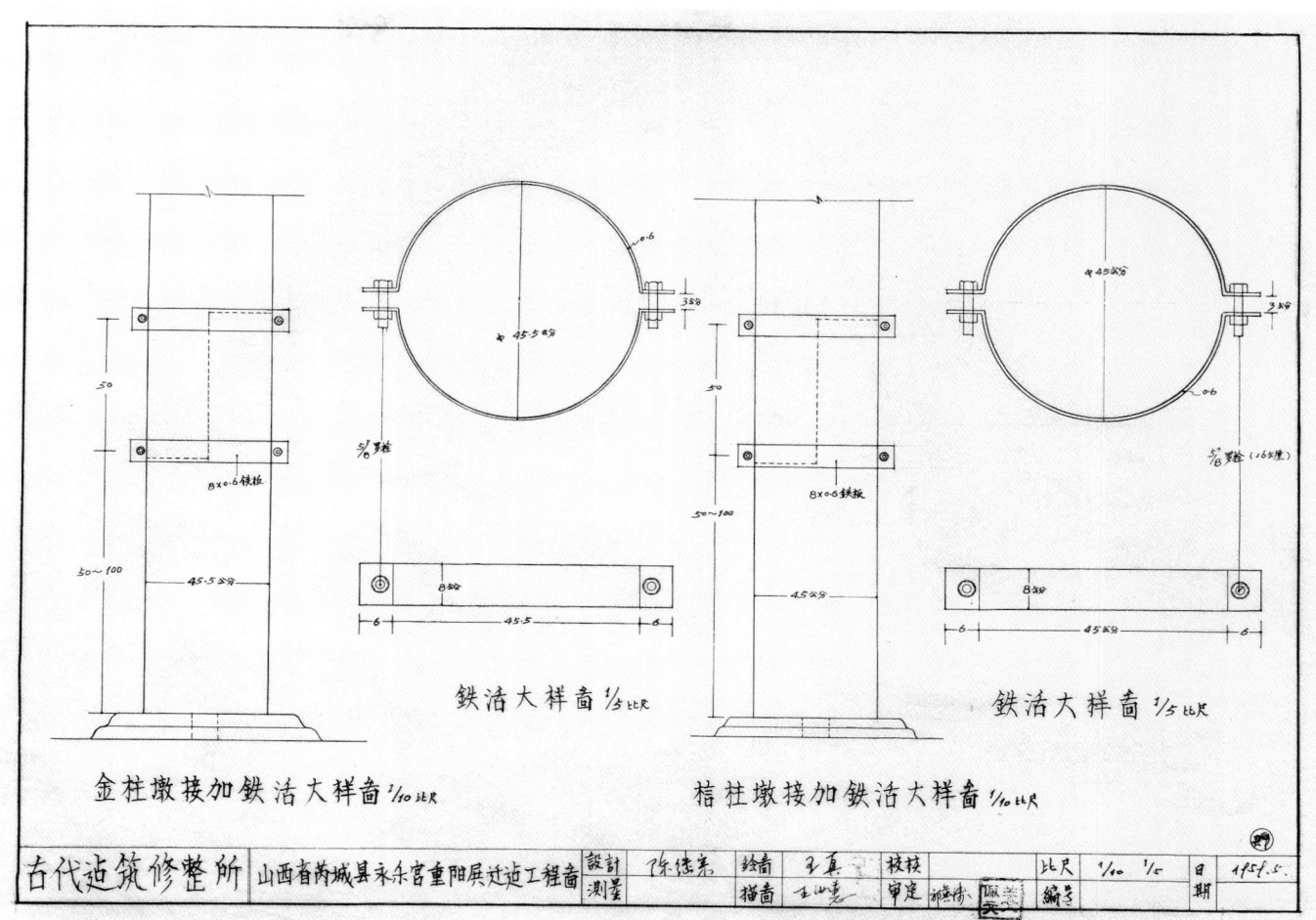

图版 T-148　重阳殿立柱墩接大样图

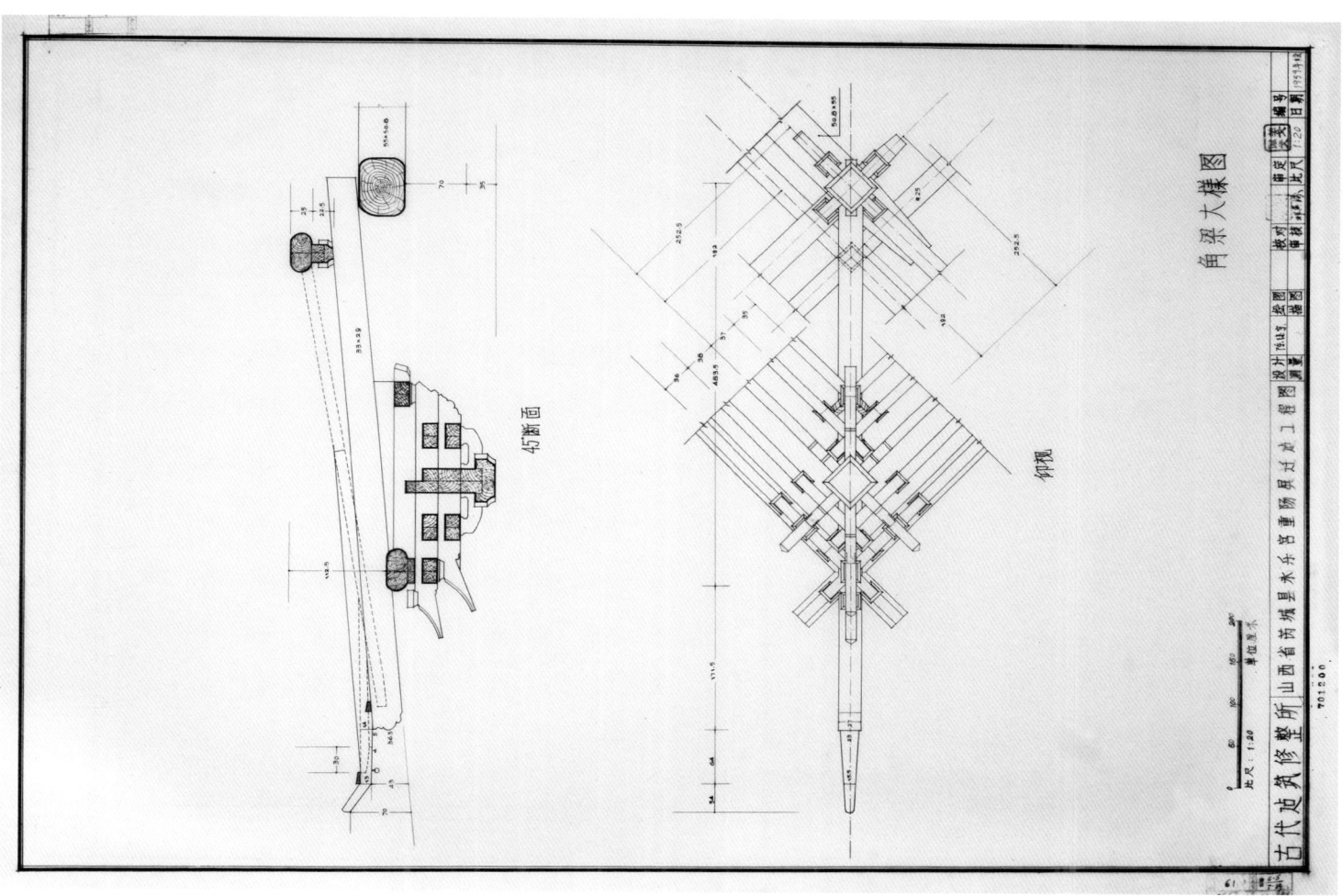

图版 T-149　重阳殿角梁大样图

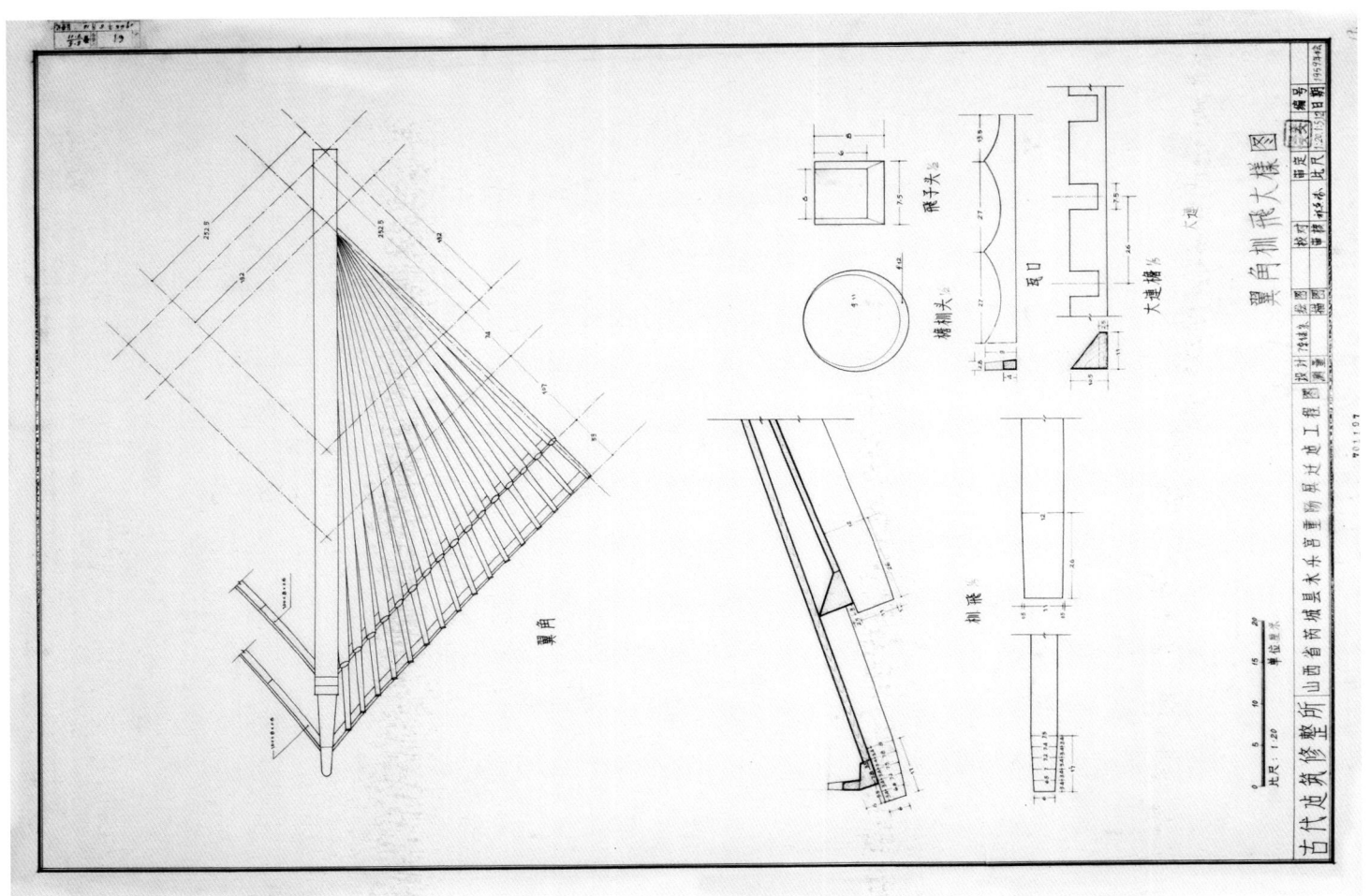

图版 T-150　重阳殿翼角椽飞大样图

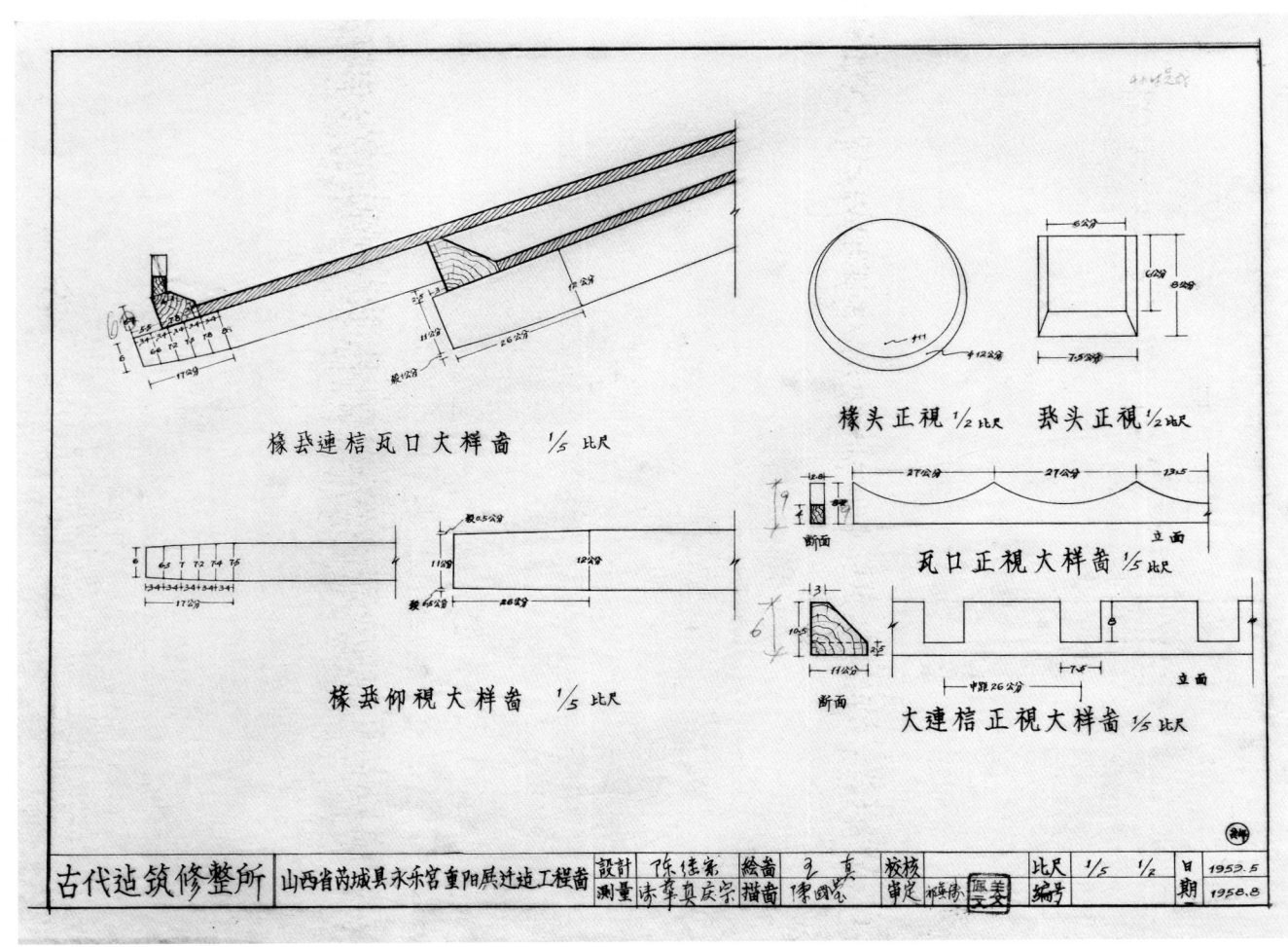

图版 T-151　重阳殿椽飞连檐瓦口大样图

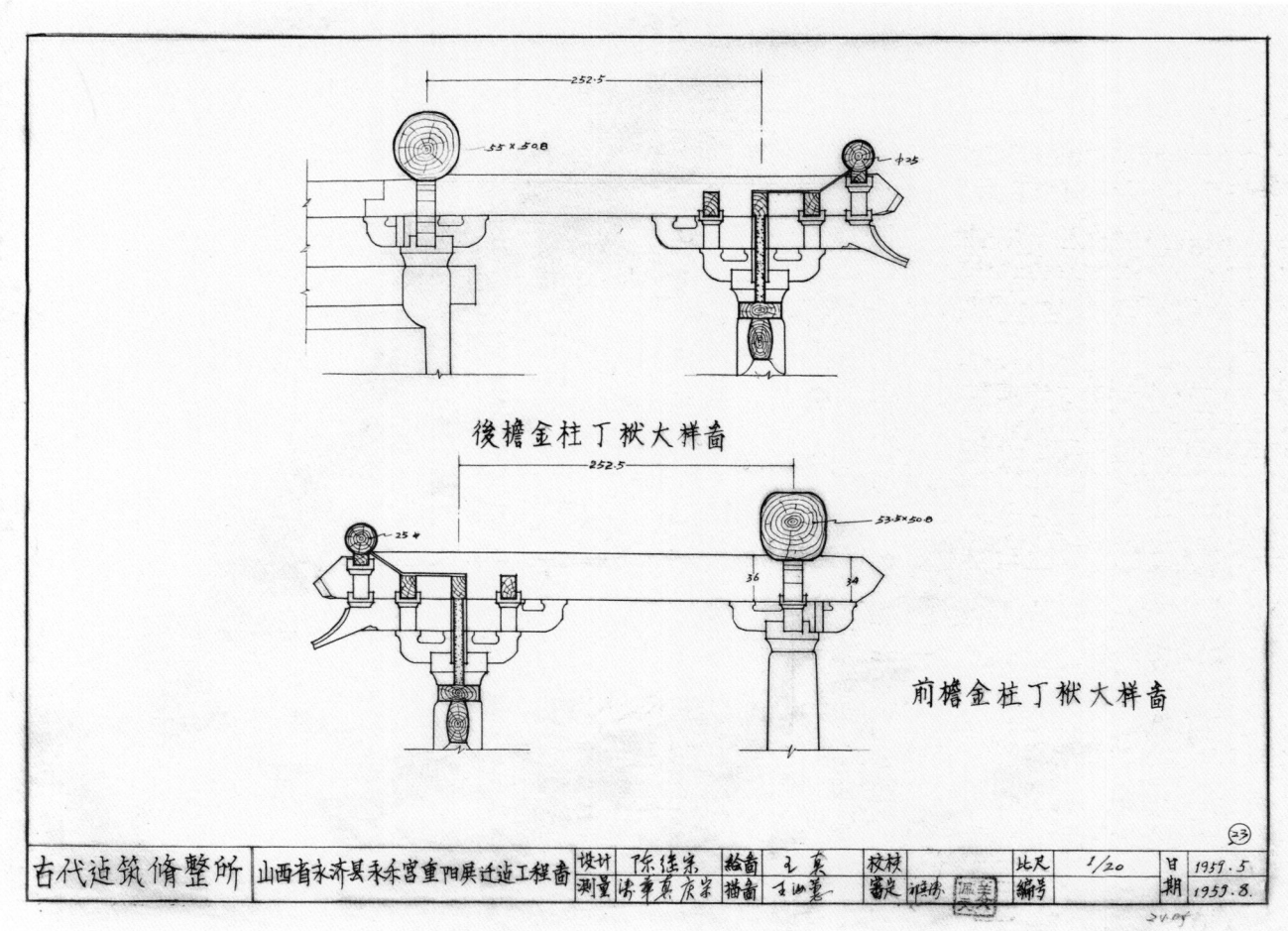

图版 T-152　重阳殿前檐金柱丁栿大样图

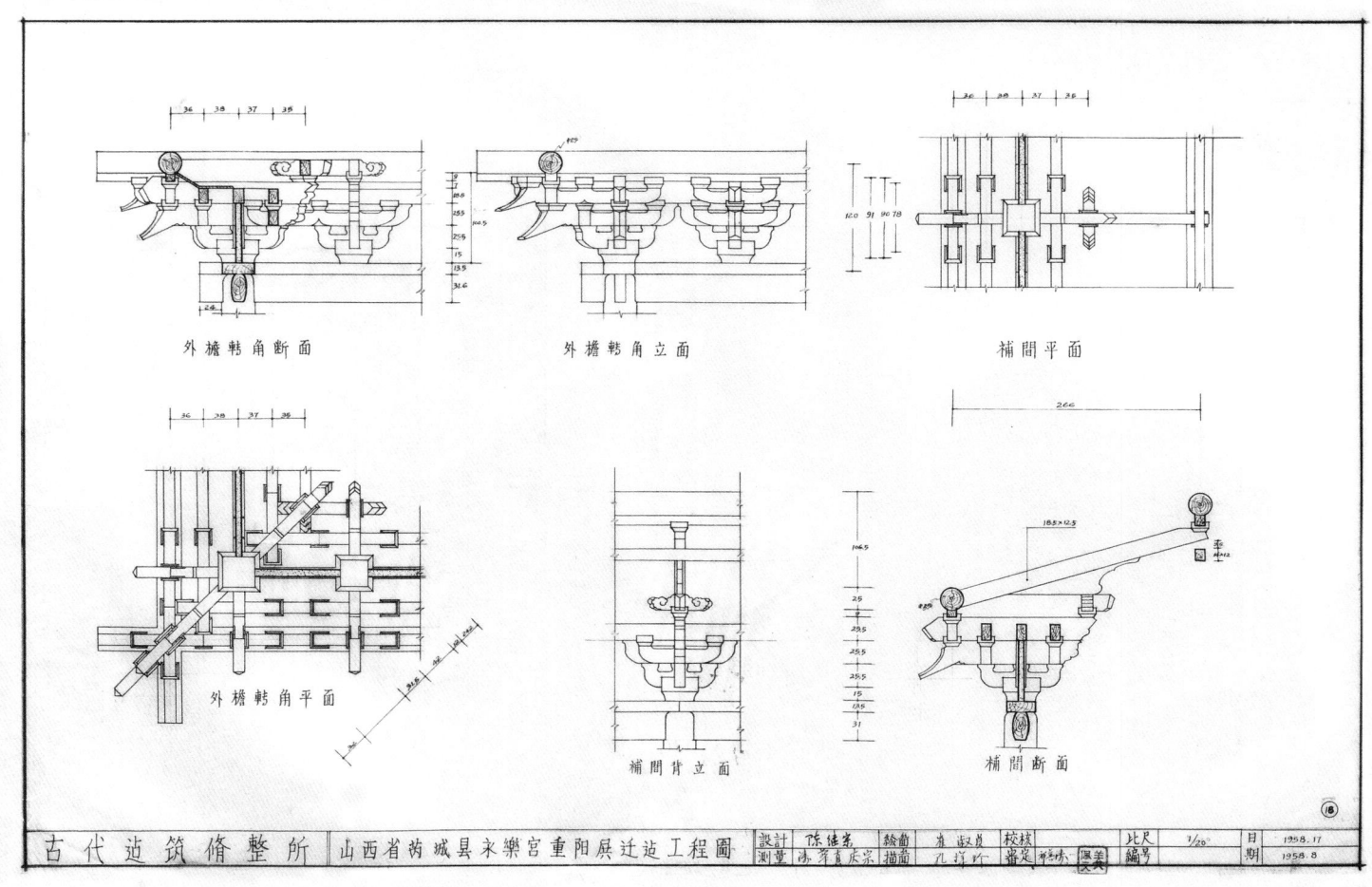

图版 T-153　重阳殿转角及补间铺作图

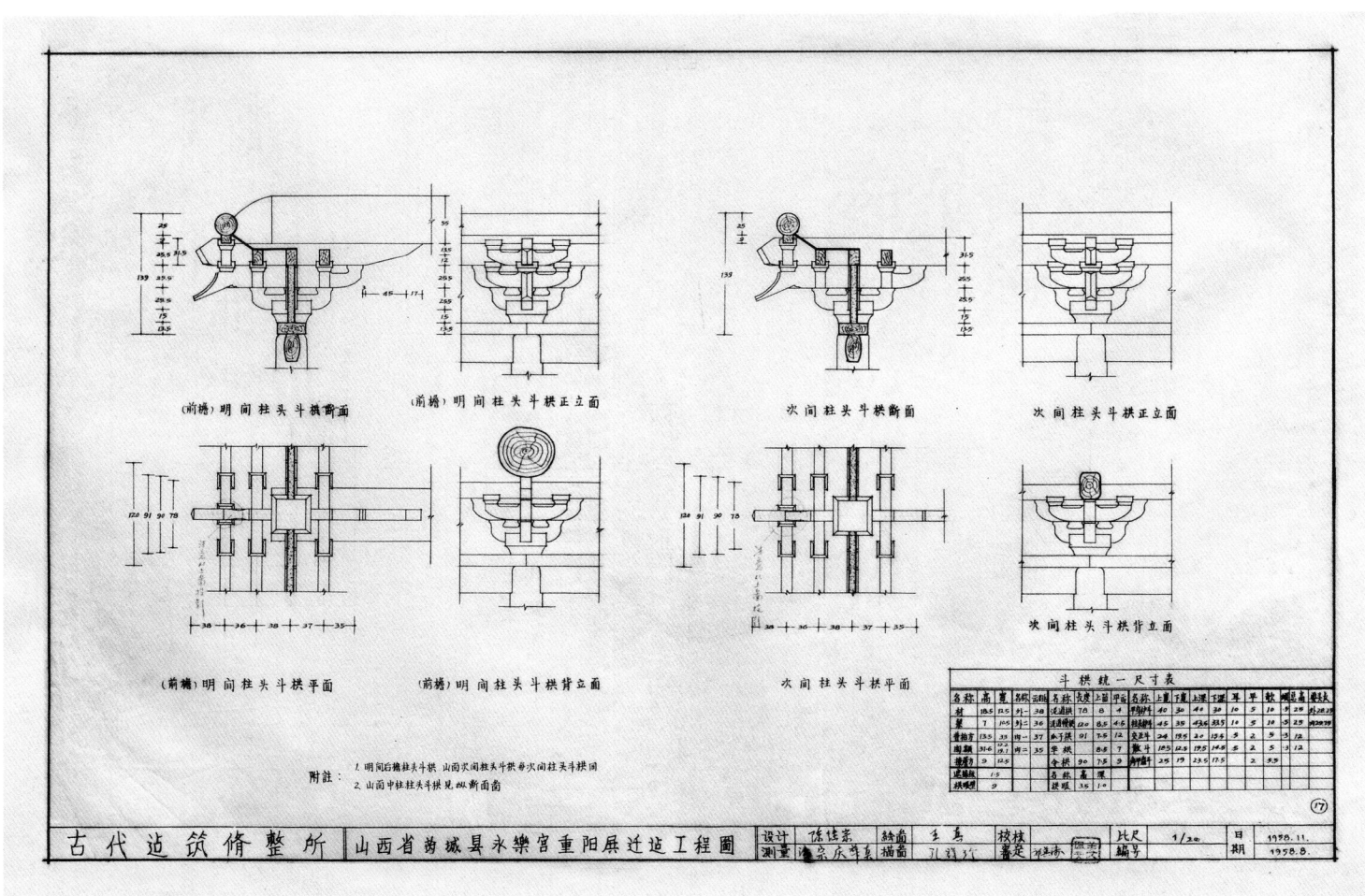

图版 T-154　重阳殿前檐柱头铺作图

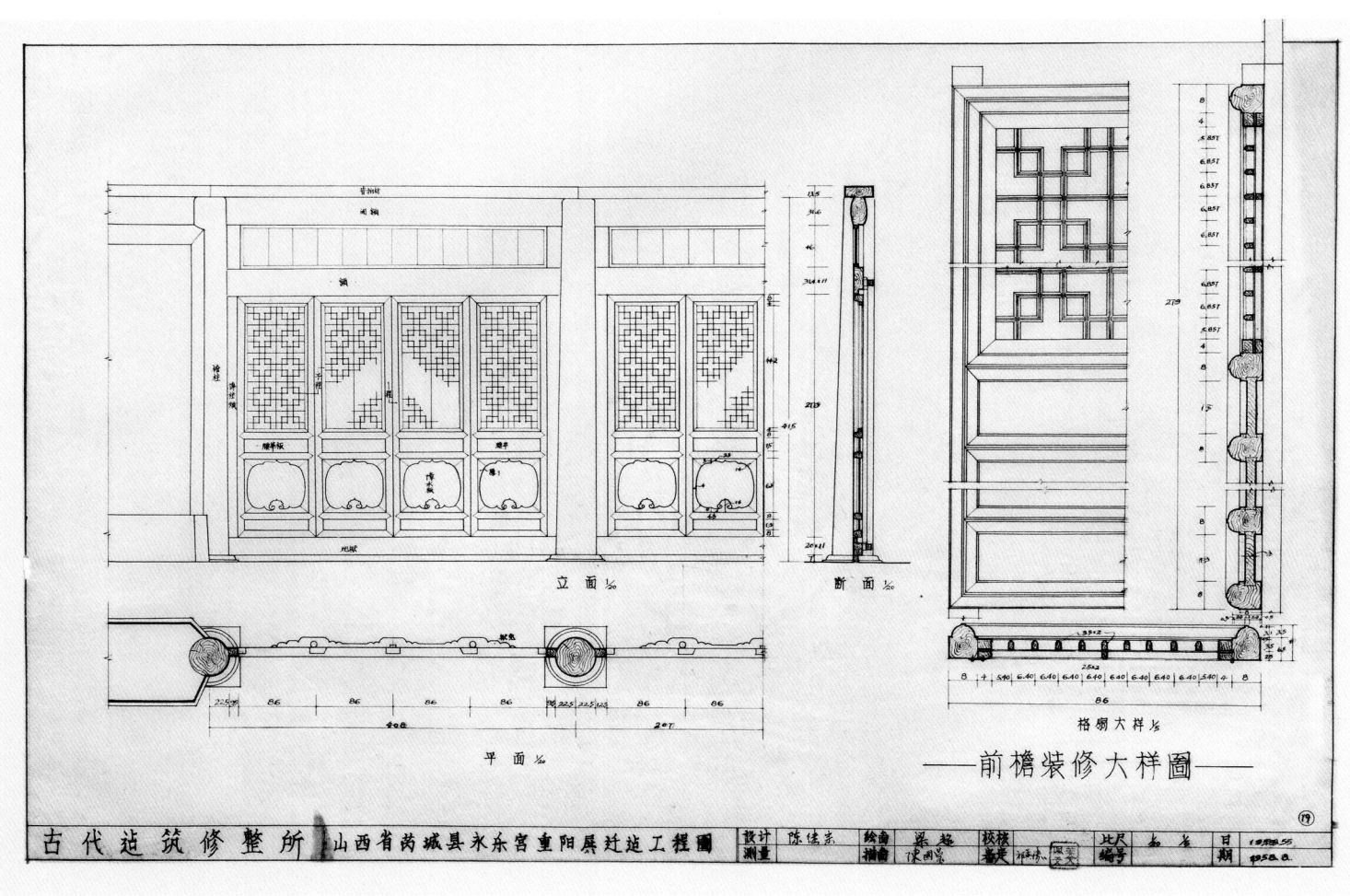

图版 T-155　重阳殿前檐装修大样图

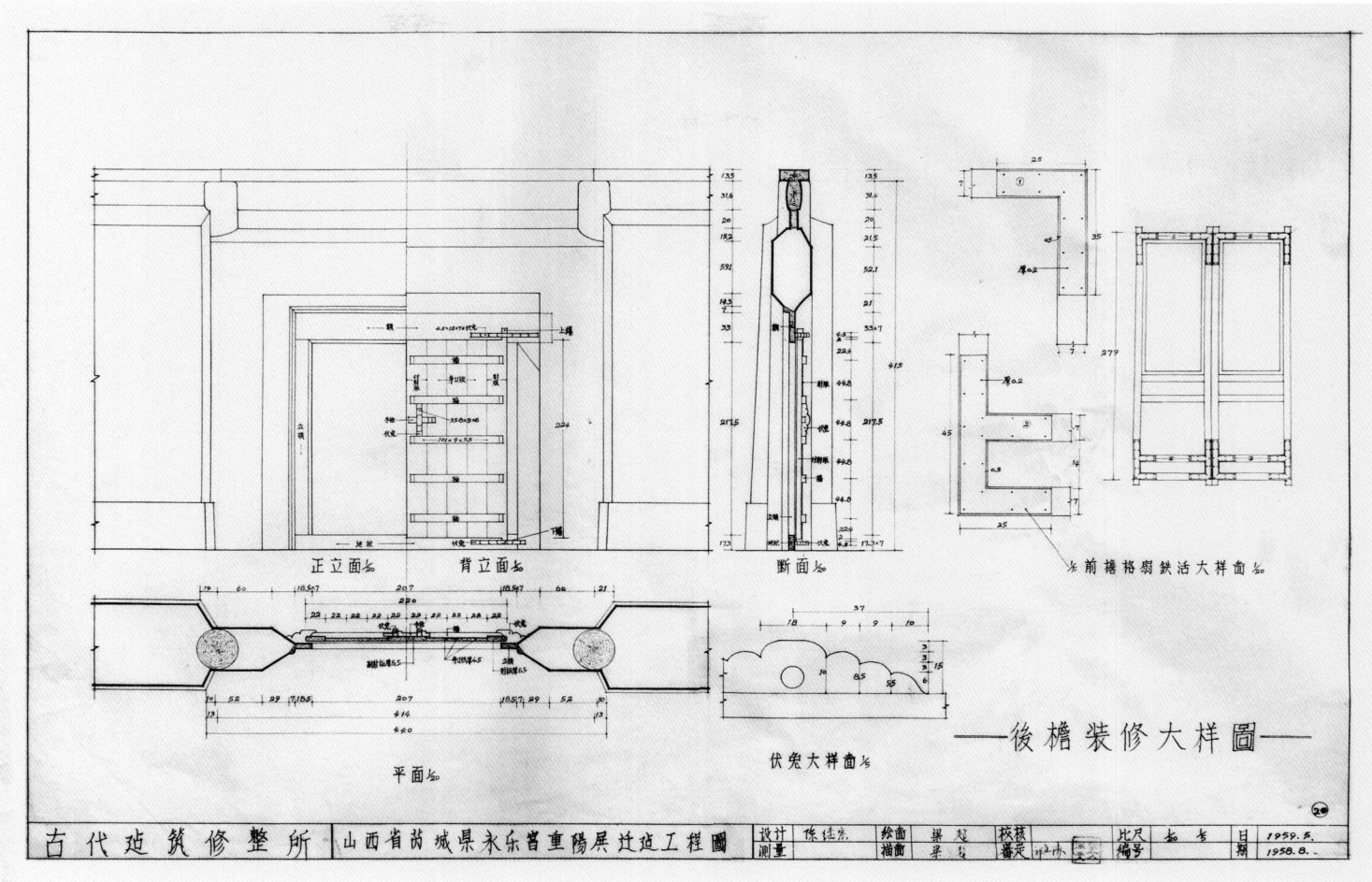

图版 T-156　重阳殿后檐装修大样图

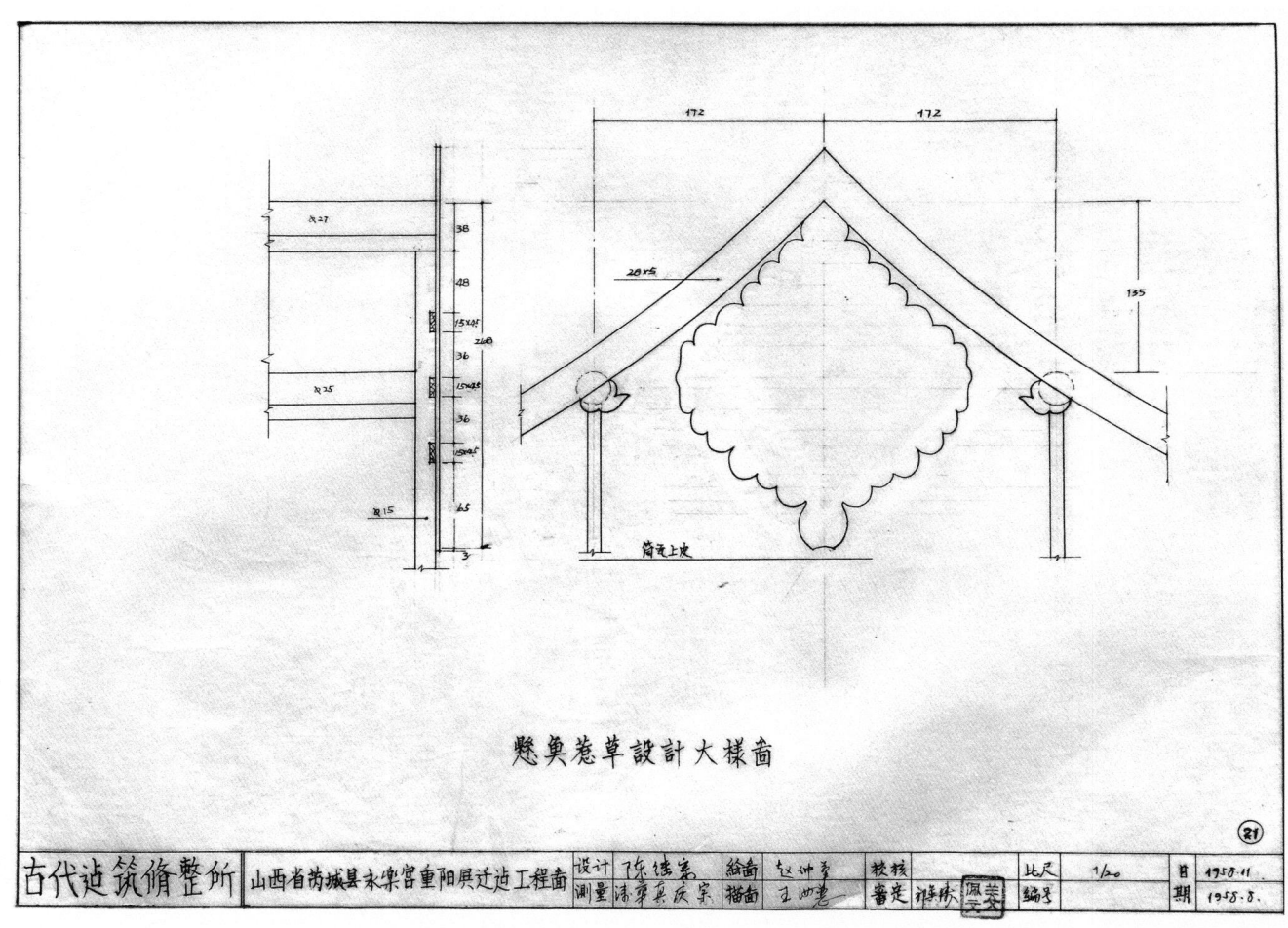

图版 T-157　重阳殿悬鱼大样图

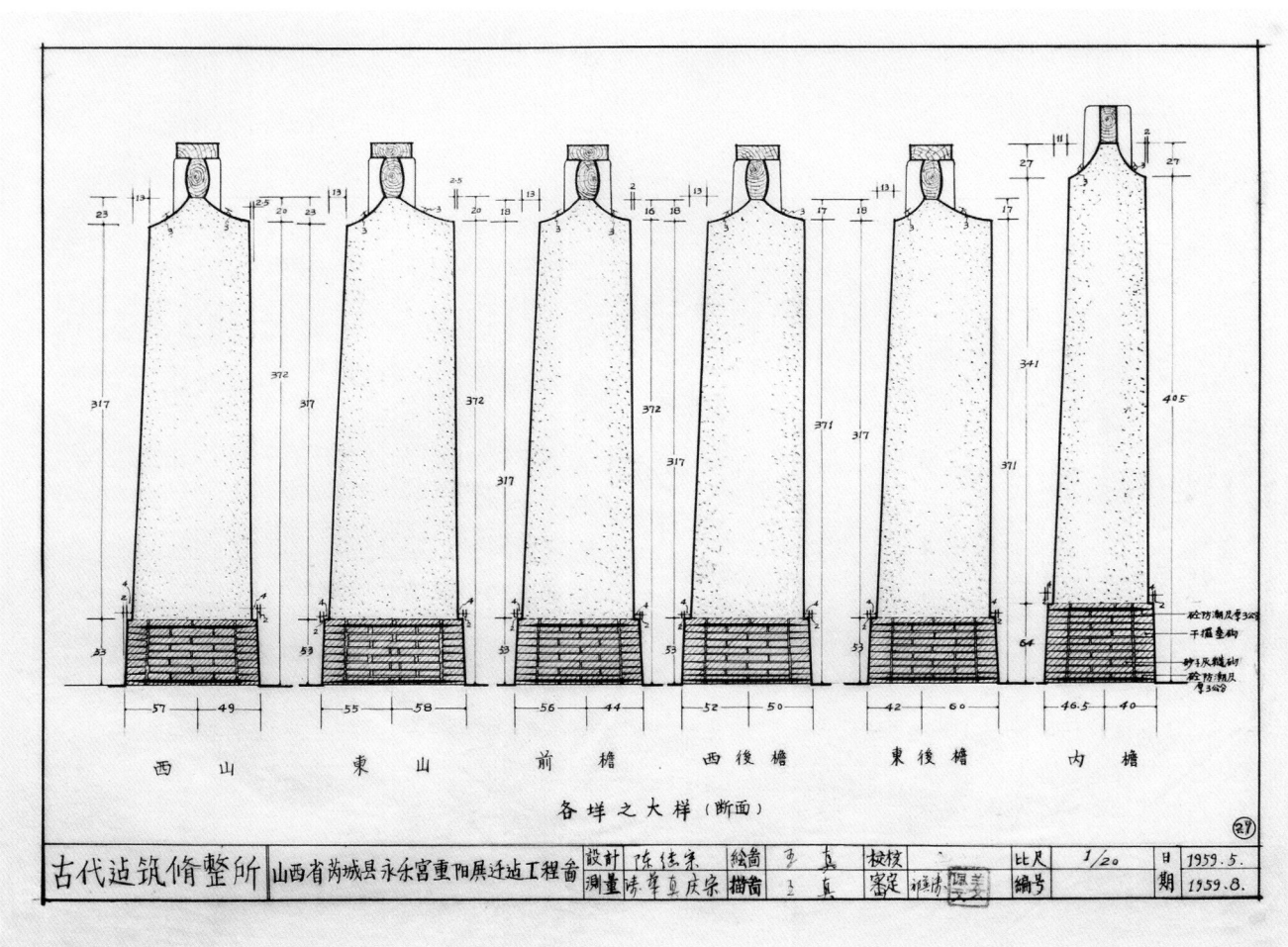

图版 T-158　重阳殿大墙大样图

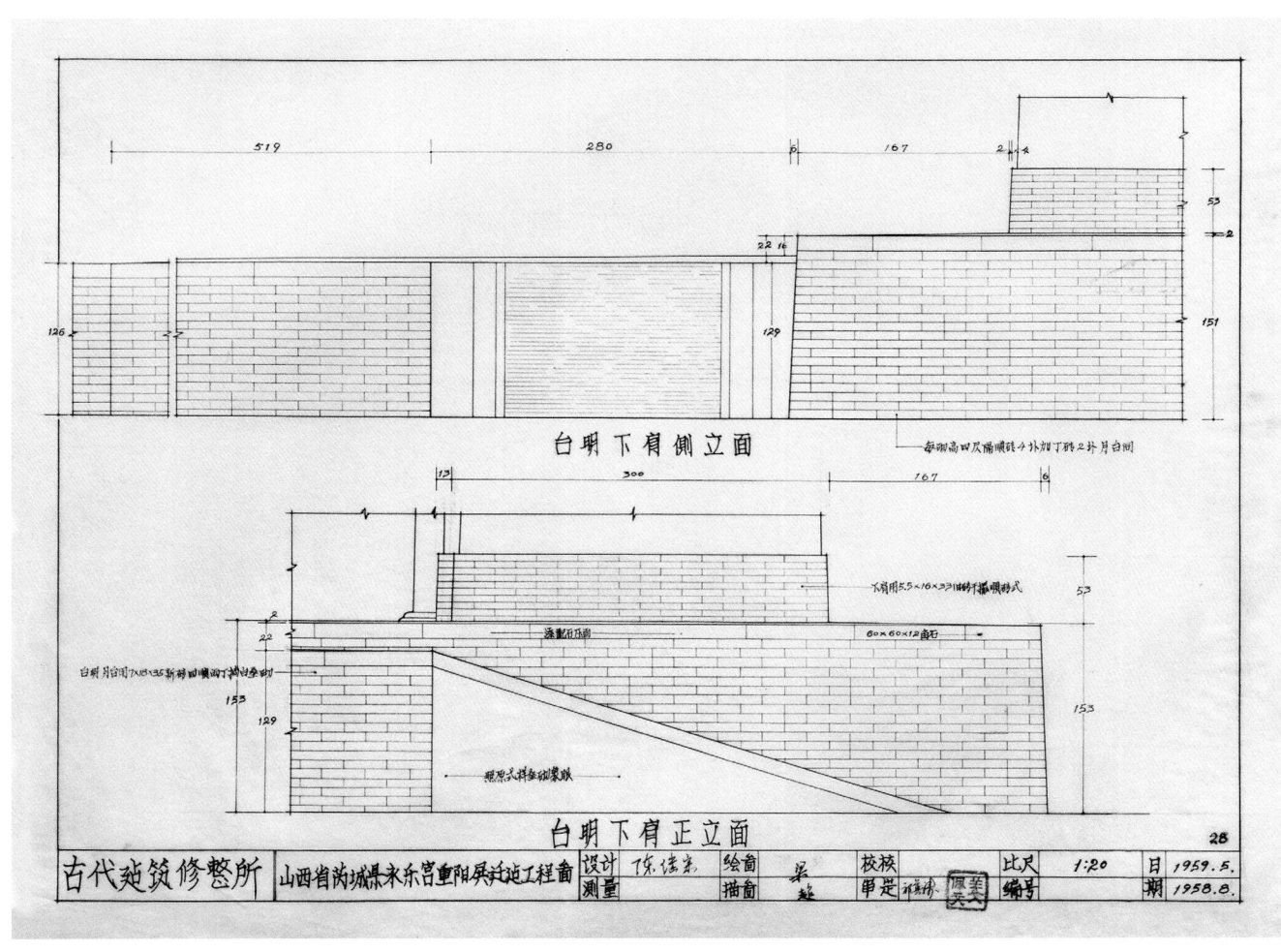

图版 T-159　重阳殿台明下肩大样图

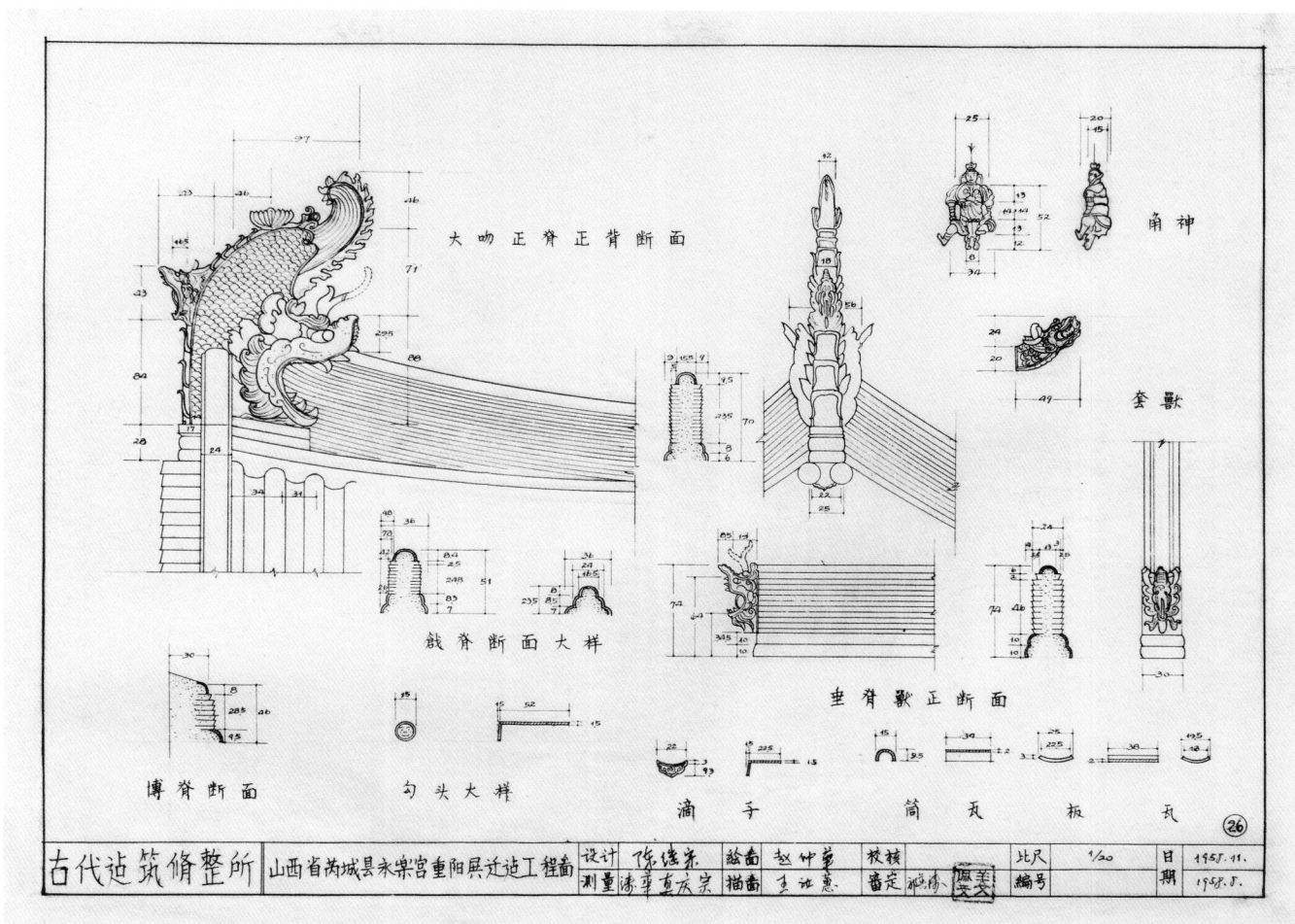

图版 T-160　重阳殿吻兽瓦件大样图

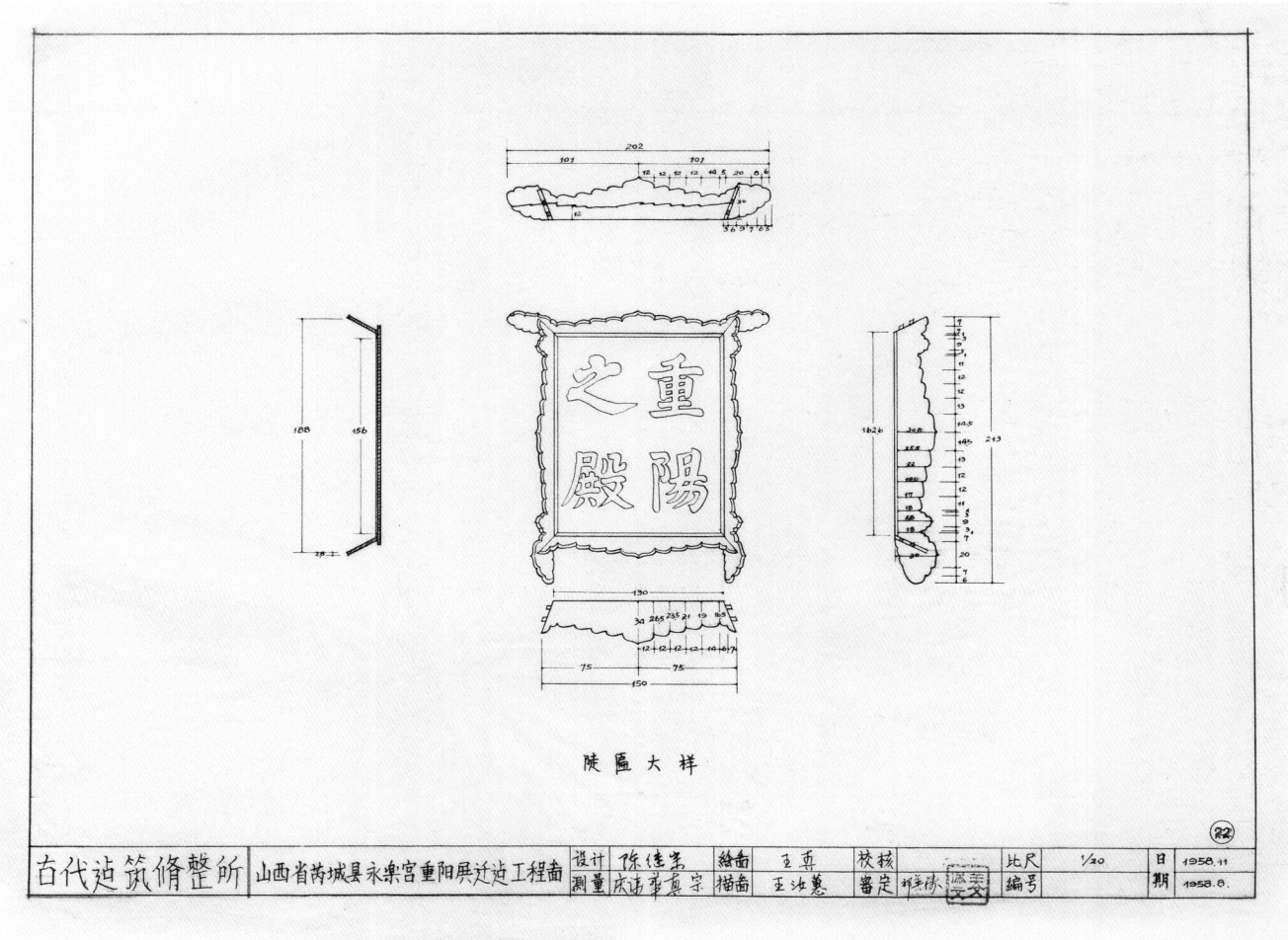

图版 T-161　重阳殿陡匾大样图

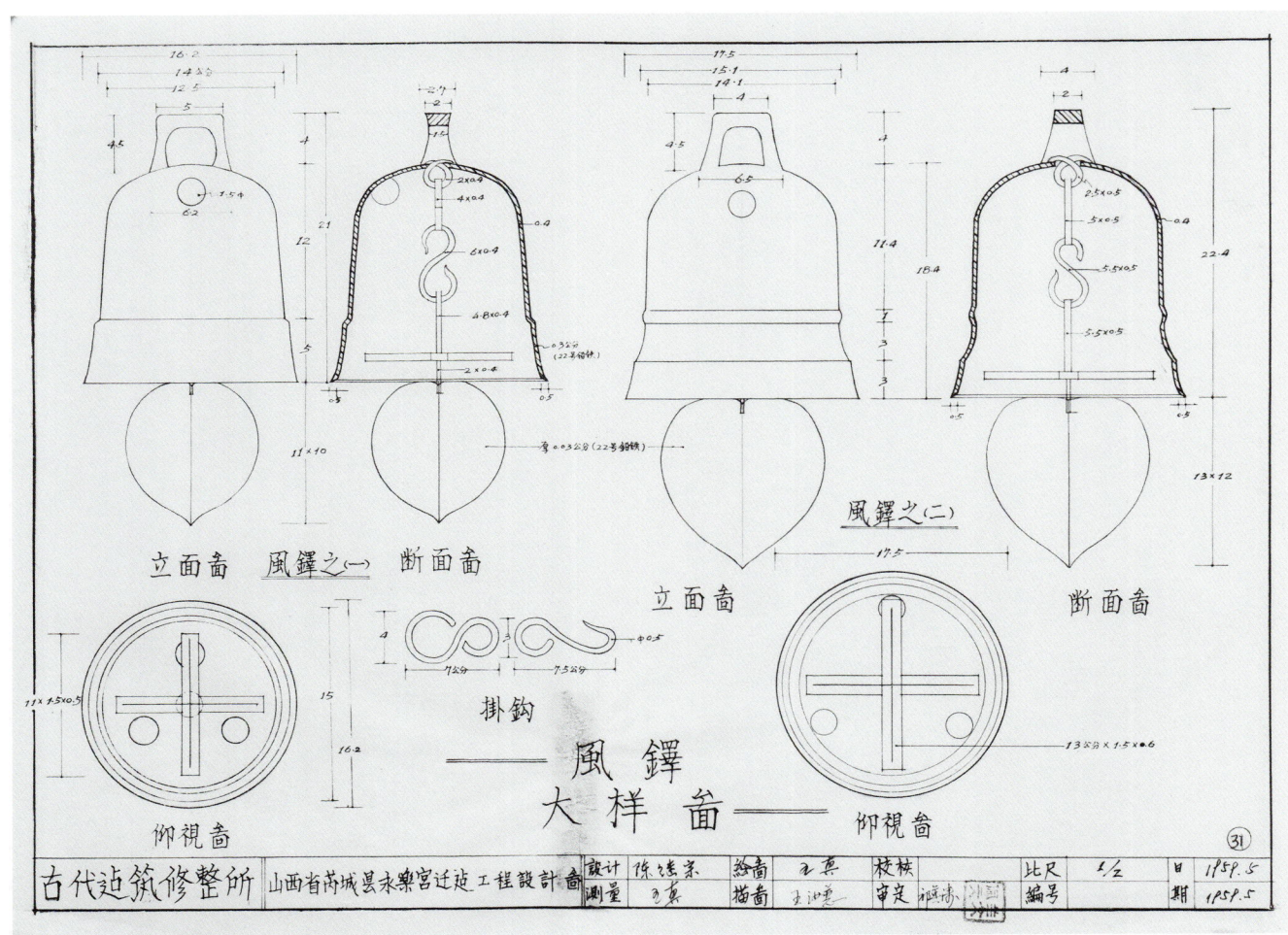

图版 T-162　风铎大样图

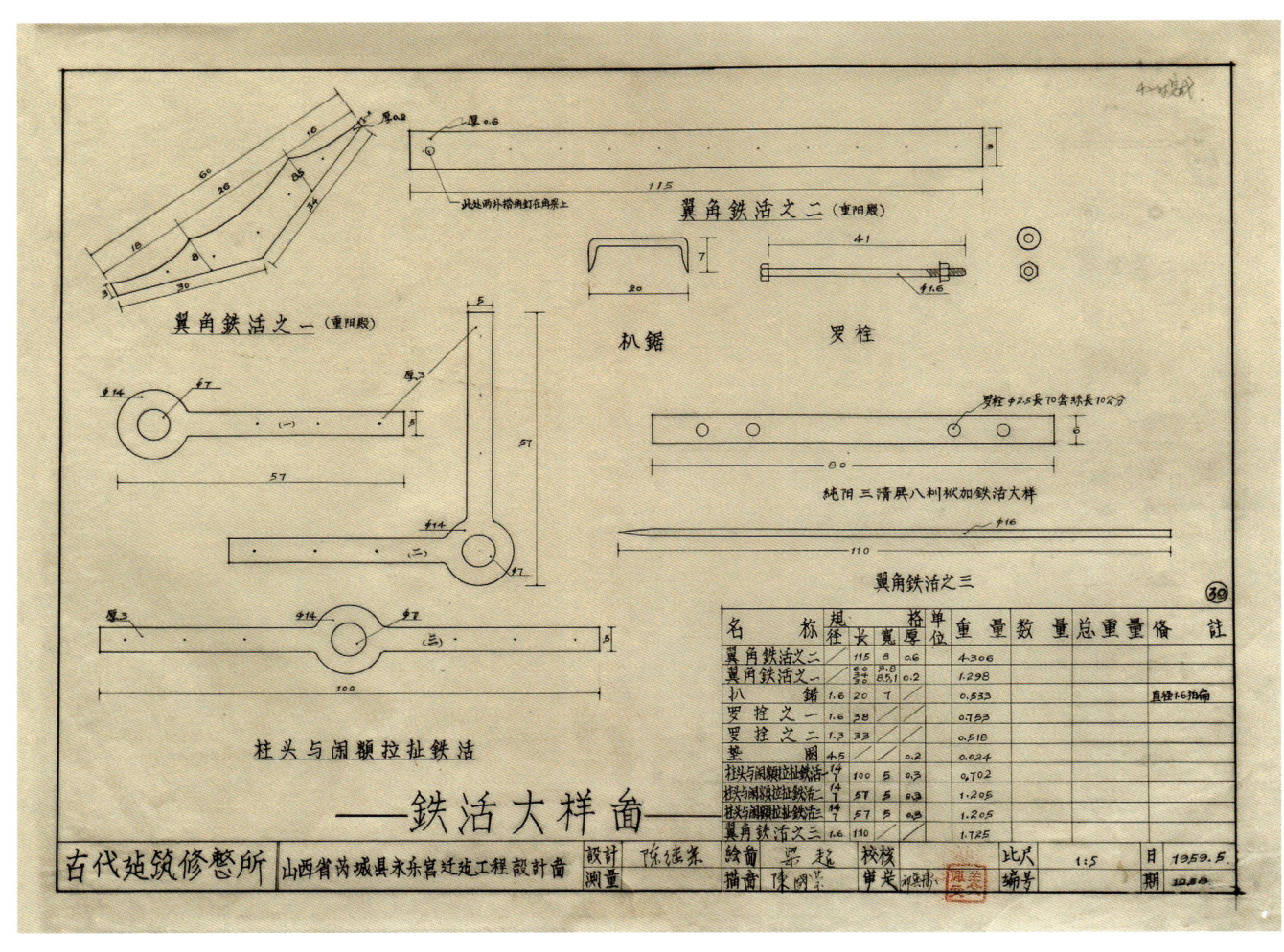

图版 T-163　铁活大样图

2.6　彩画和栱眼壁

2.6.1　彩画和栱眼壁临摹及小样

2.6.1.1　三清殿

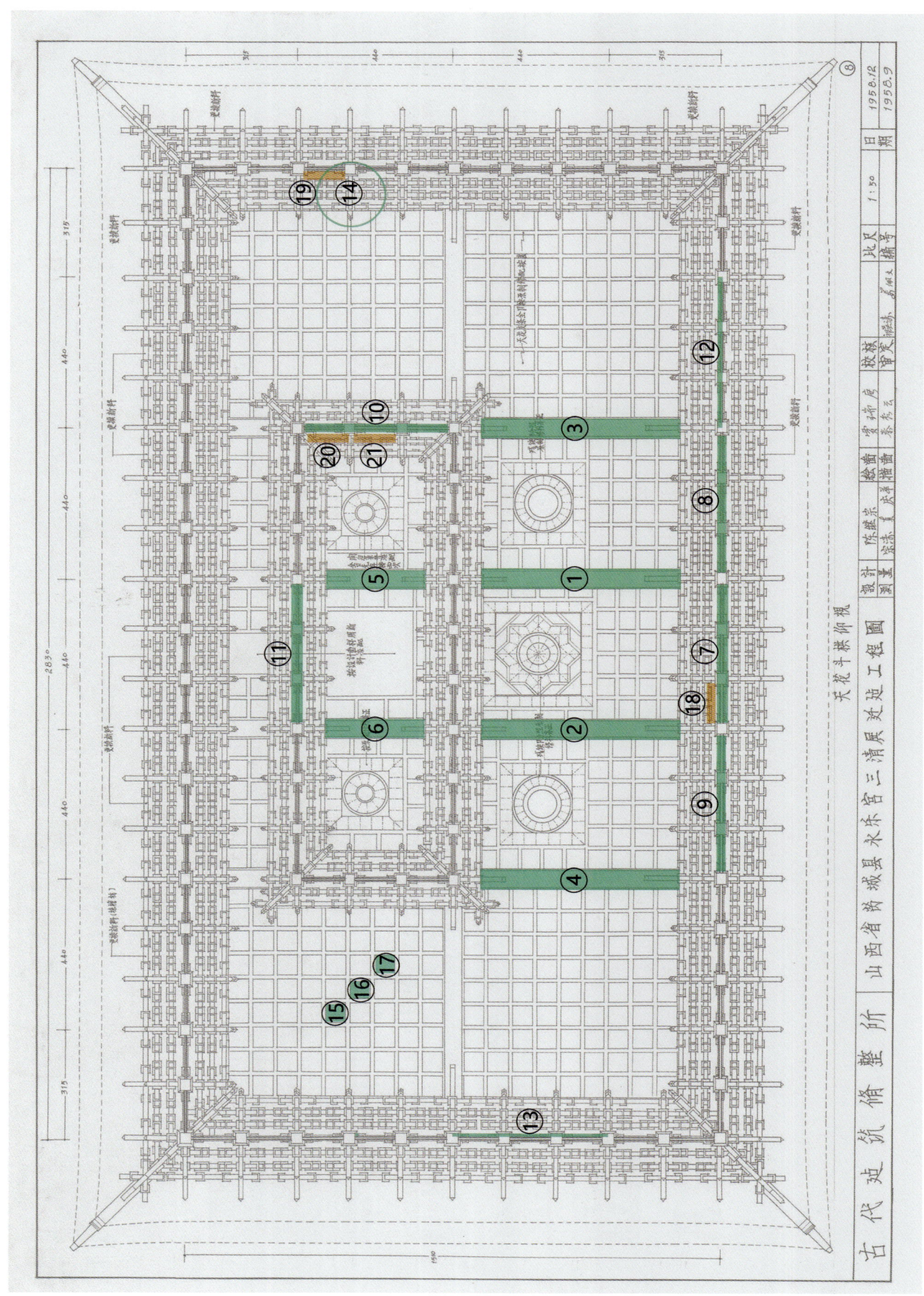

位置参考图（1）档案存三清殿临摹彩画位置图（黄色为栱眼壁）

一、梁枋彩画

（1）线描图
（1957~1958 年绘制）

（2）临摹图
（1957~1958 年绘制）

（3）彩画小样
（1957~1958 年绘制）

（4）搬迁前照片
（1957~1958 年拍摄）

（5）迁建后照片
（2019 年 9 月拍摄）

图版 T-164　三清殿明间东缝八椽栿前段彩画（位置参考图（1）中①）

（1）临摹图
（1957~1958 年绘制）

（2）彩画小样
（1957~1958 年绘制）

（3）搬迁前照片
（1957~1958 年拍摄）

（4）迁建后照片
（2019 年 9 月拍摄）

图版 T-165　三清殿明间西缝八椽栿前段彩画（位置参考图（1）中②）

（1）临摹图　　　　　　（2）搬迁前照片　　　　　　（3）迁建后照片
（1957~1958 年绘制）　　（1957~1958 年拍摄）　　　（2019 年 9 月拍摄）

图版 T-166　三清殿东次间八椽栿前段彩画（位置参考图（1）中③）

（1）线描图
（1957~1958 年绘制）　　（2）临摹图
（1957~1958 年绘制）　　（3）彩画小样
（1957~1958 年绘制）　　（4）搬迁前照片
（1957~1958 年拍摄）　　（5）迁建后照片
（2019 年 9 月拍摄）

图版 T–167　三清殿西次间八椽栿前段彩画（位置参考图（1）中④）

（1）临摹图（1957~1958 年绘制）

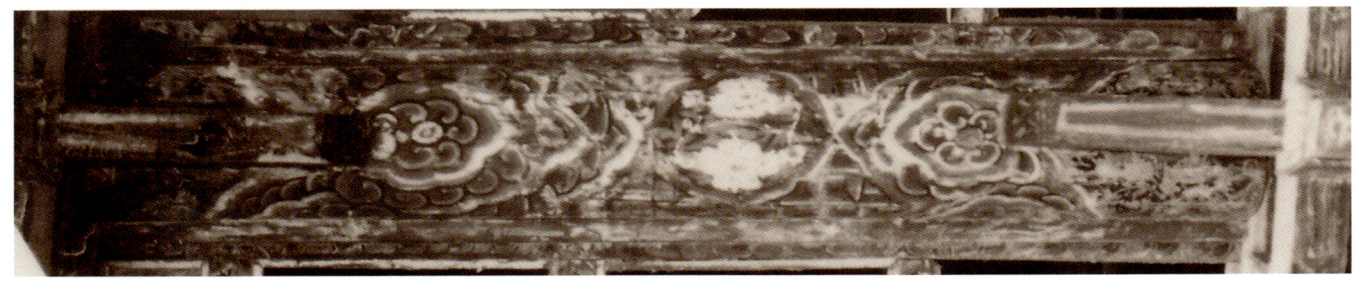

（2）搬迁前照片（1957~1958 年拍摄）

（3）迁建后照片（2019 年 9 月拍摄）

图版 T-168　三清殿东缝八椽栿中段（神龛顶部）彩画（位置参考图（1）中⑤）

（1）临摹图（1957~1958 年绘制）

（2）搬迁前照片（1957~1958 年拍摄）

（3）迁建后照片（2019 年 9 月拍摄）

图版 T-169　三清殿西缝八椽栿中段（神龛顶部）（位置参考图（1）中⑥）

二、阑额彩画

（1）临摹图　　　　　（2）迁建后现状照片
（1957~1958 年绘制）　（2019 年 9 月拍摄）

（1）临摹图　　　　　（2）迁建后照片
（1957~1958 年绘制）　（2019 年 9 月拍摄）

（1）临摹图　　　　　（2）迁建后照片
（1957~1958 年绘制）　（2019 年 9 月拍摄）

图版 T–170　三清殿外槽内檐南面明间
阑额彩画（位置参考图（1）中⑦）

图版 T–171　三清殿外槽内檐南面东次间
阑额彩画（位置参考图（1）中⑧）

图版 T–172　三清殿内檐南面西次间
阑额彩画（位置参考图（1）中⑨）

图版 T-173　三清殿内槽外檐东
山阑额彩画临摹图（1957~1958
年绘制）（位置参考图（1）中⑩）

图版 T-174　三清殿内槽外檐南
面西次间阑额彩画（1957~1958
年绘制）（位置参考图（1）中⑪）

图版 T-175　彩画小样
（1957~1958 年绘制）

三、普拍枋彩画

（1）临摹图　　　　　　（2）迁建后照片　　　　　　（1）临摹图　　　　　　（2）迁建后照片
（1957~1958 年绘制）　（2019 年 9 月拍摄）　　　（1957~1958 年绘制）　（2019 年 9 月拍摄）

　　图版 T-176　三清殿外槽内檐南面东梢间　　　　　　图版 T-177　三清殿外槽内檐西山明间
　　　　普拍枋彩画（位置参考图（1）中⑫）　　　　　　　　普拍枋彩画（位置参考图（1）中⑬）

四、斗栱彩画

（1）彩画小样（1957~1958 年绘制）

（2）迁建后照片（2019 年 9 月拍摄）

图版 T-178　三清殿外槽内檐东山南向北进深第三间补间铺作（位置参考图（1）中⑭）

图版 T-179　斗栱构件彩画小样（1957~1958 年绘制）

五、天花板彩画

（1）彩画小样（1957~1958年绘制）　　　　　　　　　　（2）迁建后照片（2019年9月拍摄）

图版 T-180　三清殿天花彩画 – 升龙（位置参考图（1）中⑮）

（1）临摹图（1957~1958年绘制）　　　　（2）彩画小样（1957~1958年绘制）　　　　（3）迁建后照片（2019年9月拍摄）

图版 T-181　三清殿天花彩画 – 六瓣云（位置参考图（1）中⑯）

（1）彩画小样（1957~1958 年绘制）　　　　　　　　　　（2）迁建后照片（2019 年 9 月拍摄）

图版 T-182　三清殿天花彩画 – 降龙（位置参考图（1）中⑰）

（1）线描图（1957~1958 年绘制）　　　（2）临摹图（1957~1958 年绘制）　　　（3）彩画小样（1957~1958 年绘制）

图版 T-183　三清殿天花彩画 – 网目纹

图版 T–184　三清殿天花彩画临摹图 – 网目纹（1957~1958 年绘制）

图版 T–185　疑似三清殿藻井切角彩画（1957~1958 年绘制）

六、栱眼壁

（1）线描图（1957~1958 年绘制）

（2）临摹图（1957~1958 年绘制）

（3）迁建后照片（2019 年 9 月拍摄）

图版 T-186　三清殿外槽内檐南侧明间西栱眼壁（位置参考图（1）中⑱）

（1）彩画小样（1957~1958 年绘制）

（2）迁建后照片（2019 年 9 月拍摄）

图版 T-187　三清殿外槽内檐东山进深第三间补间铺作北侧栱眼壁（位置参考图（1）中⑲）

（1）彩画小样（1957~1958 年绘制）

（2）迁建后照片（2019 年 9 月拍摄）

图版 T-188　三清殿龛内东侧北栱眼壁（位置参考图（1）中⑳）

（1）彩画小样（1957~1958 年绘制）　　　　　　　（2）迁建后照片（2019 年 9 月拍摄）

图版 T 189　三清殿龛内东侧栱眼壁（位置参考图（1）中㉑）

图版 T 190　三清殿其他栱眼壁彩画

2.6.1.2 纯阳殿

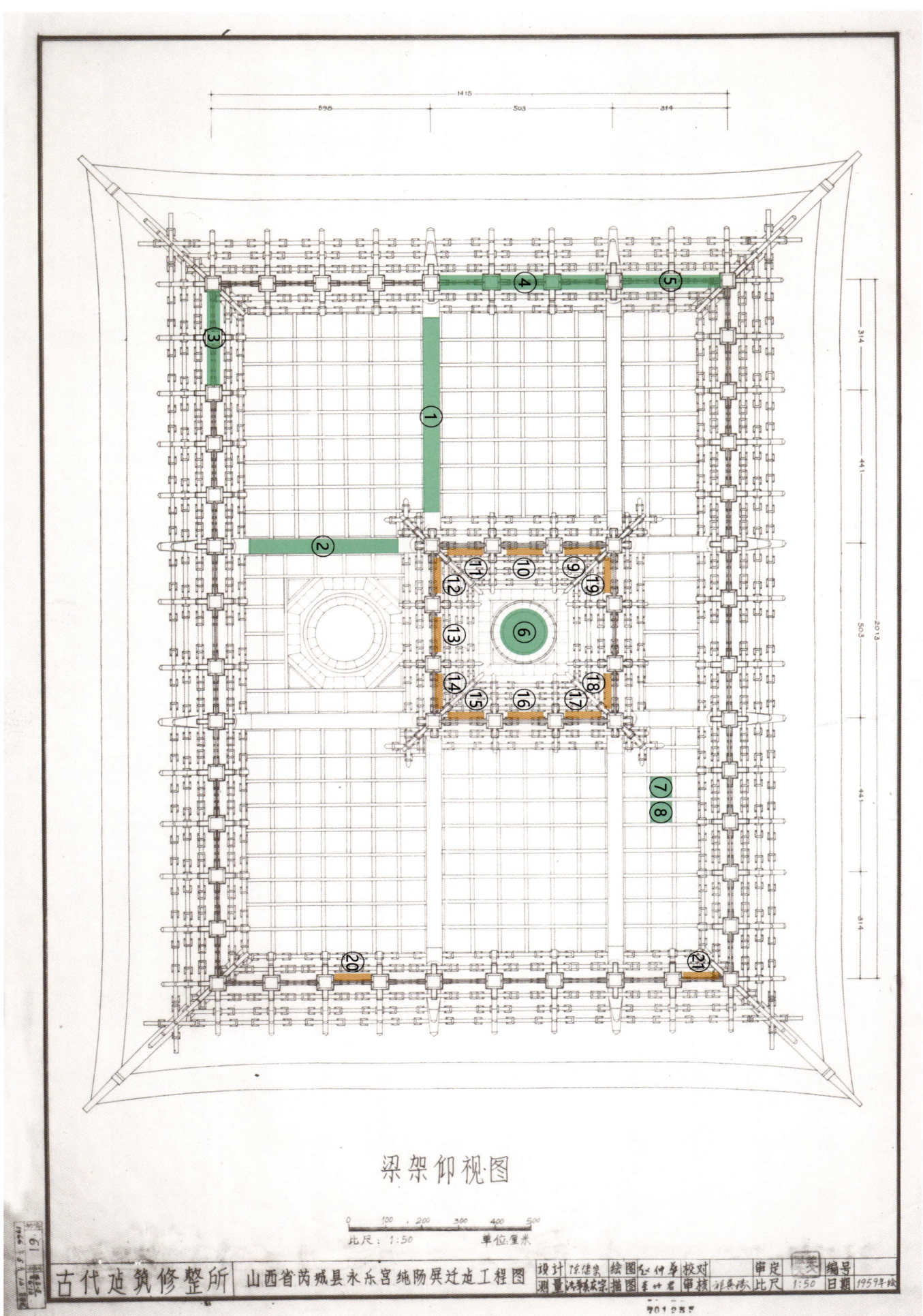

位置参考图（2）档案存纯阳殿临摹彩画位置图（黄色为栱眼壁）

图版 T-191　纯阳殿四面丁栿彩画分布图（1957~1958 年绘制）

一、梁枋彩画

（1）展视线描图　　　　　　　　　　　（2）展视临摹图（1957~1958 年绘制）

（3）展视彩画小样（1957~1958 年绘制）

（4）迁建前照片
（1957~1958 年拍摄）

（5）迁建后照片
（2019 年 9 月拍摄）

图版 T-192　纯阳殿西山前丁栿彩画（位置参考图（2）中①）

（1）展视线描图（1957~1958 年绘制）

（2）迁建后照片（2019 年 9 月拍摄）

图版 T-193　纯阳殿明间西侧八椽栿彩画（位置参考图（2）中②）

二、阑额彩画

（1）临摹图（1957~1958 年绘制）

（2）迁建后照片（2019 年 9 月拍摄）

图版 T-194　纯阳殿内檐南面西梢间阑额彩画－曲水纹（位置参考图（2）中③）

（1）临摹图
（1957~1958 年绘制）

（2）迁建后照片
（2019 年 9 月拍摄）

（1）临摹图
（1957~1958 年绘制）

（2）迁建后照片
（2019 年 9 月拍摄）

图版 T-195　纯阳殿内檐西山明间阑额彩画 - 锦文
（位置参考图（2）中④）

图版 T-196　纯阳殿内檐西山北次间阑额彩画 - 花卉
（位置参考图（2）中⑤）

图版 T-197　纯阳殿阑额彩画

三、普拍枋彩画

图版 T-198
纯阳殿普拍枋彩画

图版 1-199
纯阳殿普拍枋彩画

图版 1-200
纯阳殿普拍枋彩画

四、藻井彩画

（1）临摹图（1957~1958 年绘制）

（2）迁建前照片（1957~1958 年拍摄）

（3）迁建后照片（2019 年 9 月拍摄）

图版 T-201　纯阳殿藻井明镜彩画 – 六线水波纹（位置参考图（2）中⑥）

五、天花彩画

（1）临摹图（1957~1958 年绘制）

（2）迁建时照片（1957~1958 年拍摄）

（3）迁建后照片（2019 年 9 月拍摄）

图版 T-202　纯阳殿天花彩画（位置参考图（2）中⑦）

（1）临摹图（1957~1958 年绘制）　　　　　　　（2）迁建后照片（2019 年 9 月拍摄）

图版 T-203　纯阳殿天花彩画（位置参考图（2）中⑧）

六、栱壁

（1）纯阳殿龛内栱眼壁

纯阳殿龛内栱眼壁之伎乐 – 北侧

图版 T-204~205　纯阳殿龛内栱眼壁之伎乐－北侧（位置参考图（2）位置⑲、⑱）

图版 T-206~208　纯阳殿龛内栱眼壁之伎乐－东侧（位置参考图（2）位置⑰、⑯、⑮）

图版 T-209~211　纯阳殿龛内栱眼壁之伎乐－南侧（位置参考图（2）位置⑭、⑬、⑫）

图版 T-212~214　纯阳殿龛内栱眼壁之伎乐－西侧（位置参考图（2）位置⑪、⑩、⑨）

（2）纯阳殿栱眼壁

（1）彩画小样（1957~1958 年绘制）　　　　　（2）迁建后照片（2019 年 9 月拍摄）

图版 T-215　纯阳殿外槽内檐东山进深第一间栱眼壁（位置参考图（2）位置⑳）

图版 T-216　纯阳殿外槽内檐东山进深第三间栱眼壁（位置参考图（2）位置㉑）

图版 T-217~218　纯阳殿栱眼壁

2.6.1.3 重阳殿

（1）临摹图（1957~1958 年绘制） （2）迁建后照片（2019 年 9 月拍摄）

图版 T-219 重阳殿明间西缝四椽栿彩画

2.6.2 彩画复原设计（研究成果，未实施）

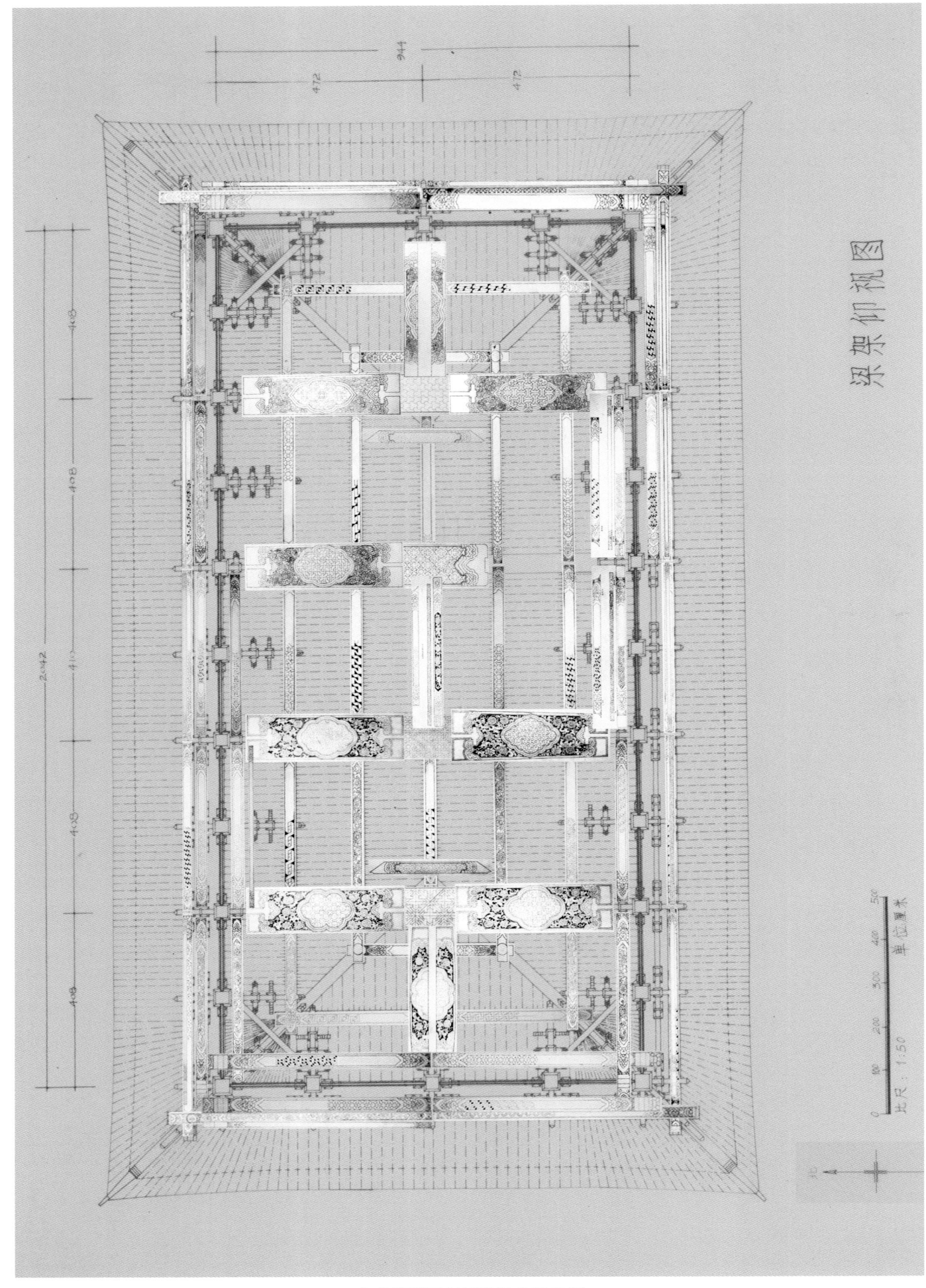

龙虎殿彩画复原设计位置总图

一、柱头、阑额、普拍枋、柱头枋彩画复原设计

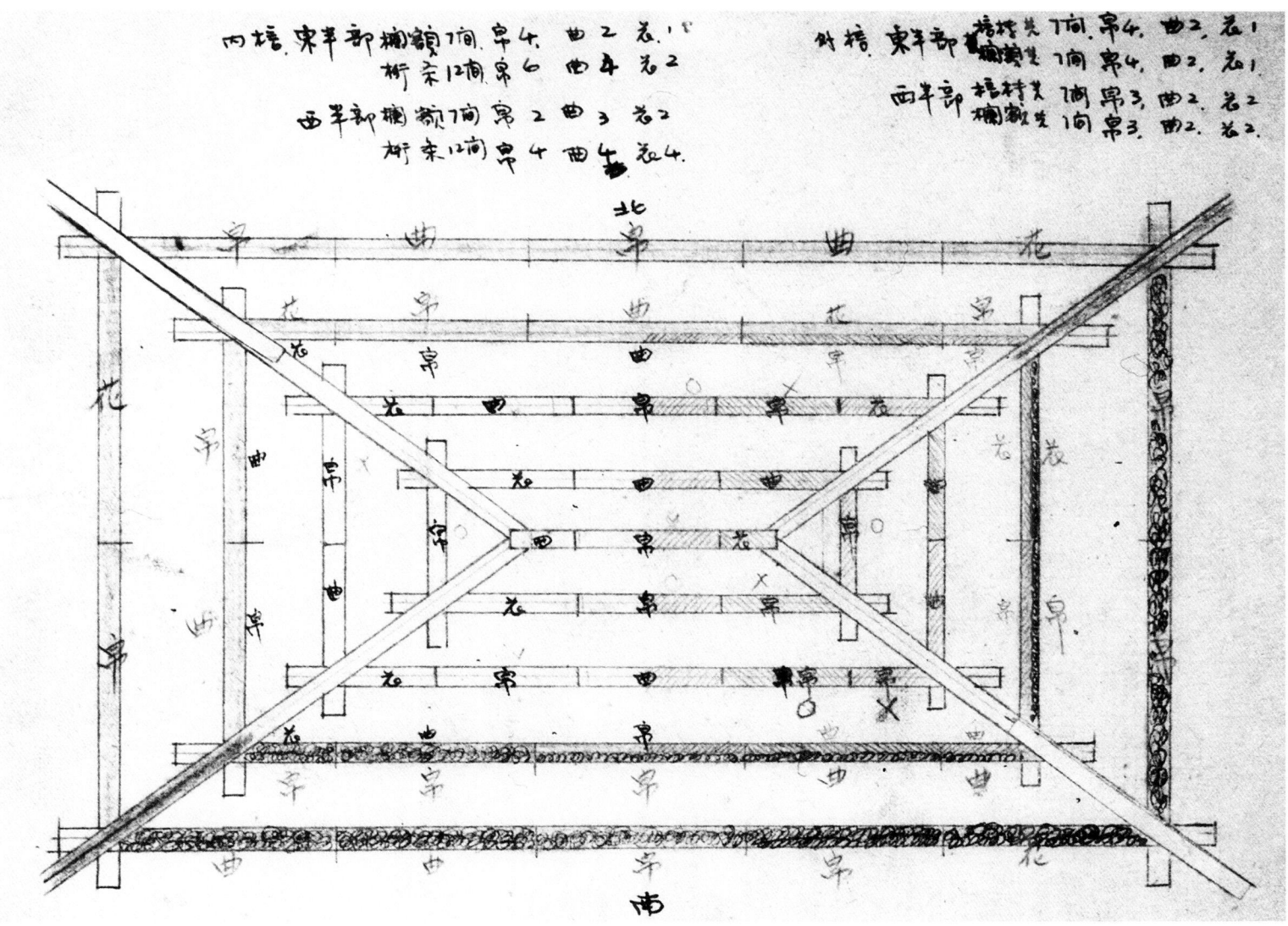

图版 T-220　龙虎殿内外檐阑额、普拍枋、柱头枋、桁彩画纹饰分布复原设计图（1961~1963 年绘制）

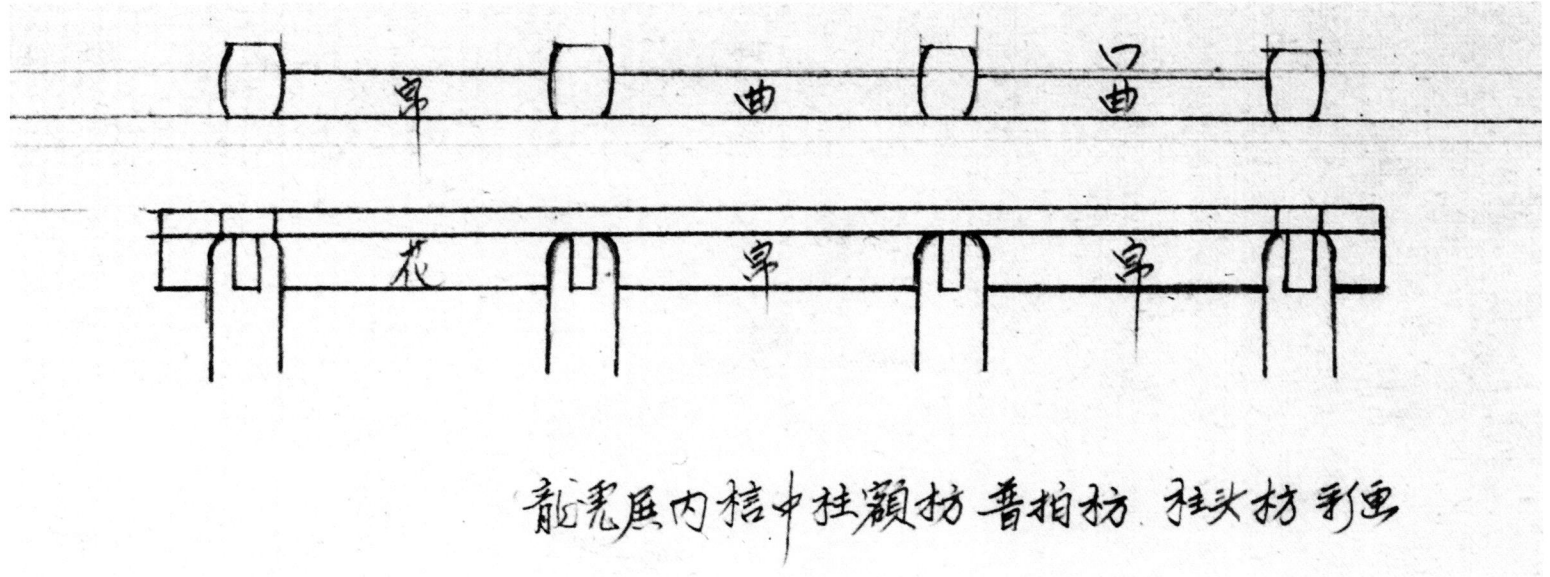

图版 T-221　龙虎殿内檐中柱阑额、普拍枋、柱头枋彩画纹饰分布复原设计图（1961~1963 年绘制）

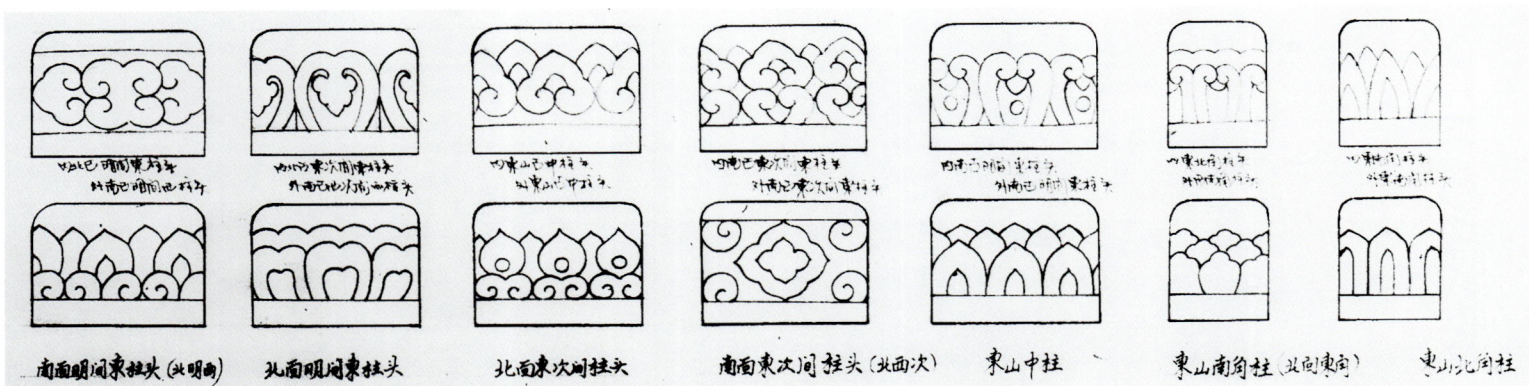

图版 T-222　龙虎殿柱头彩画复原设计图

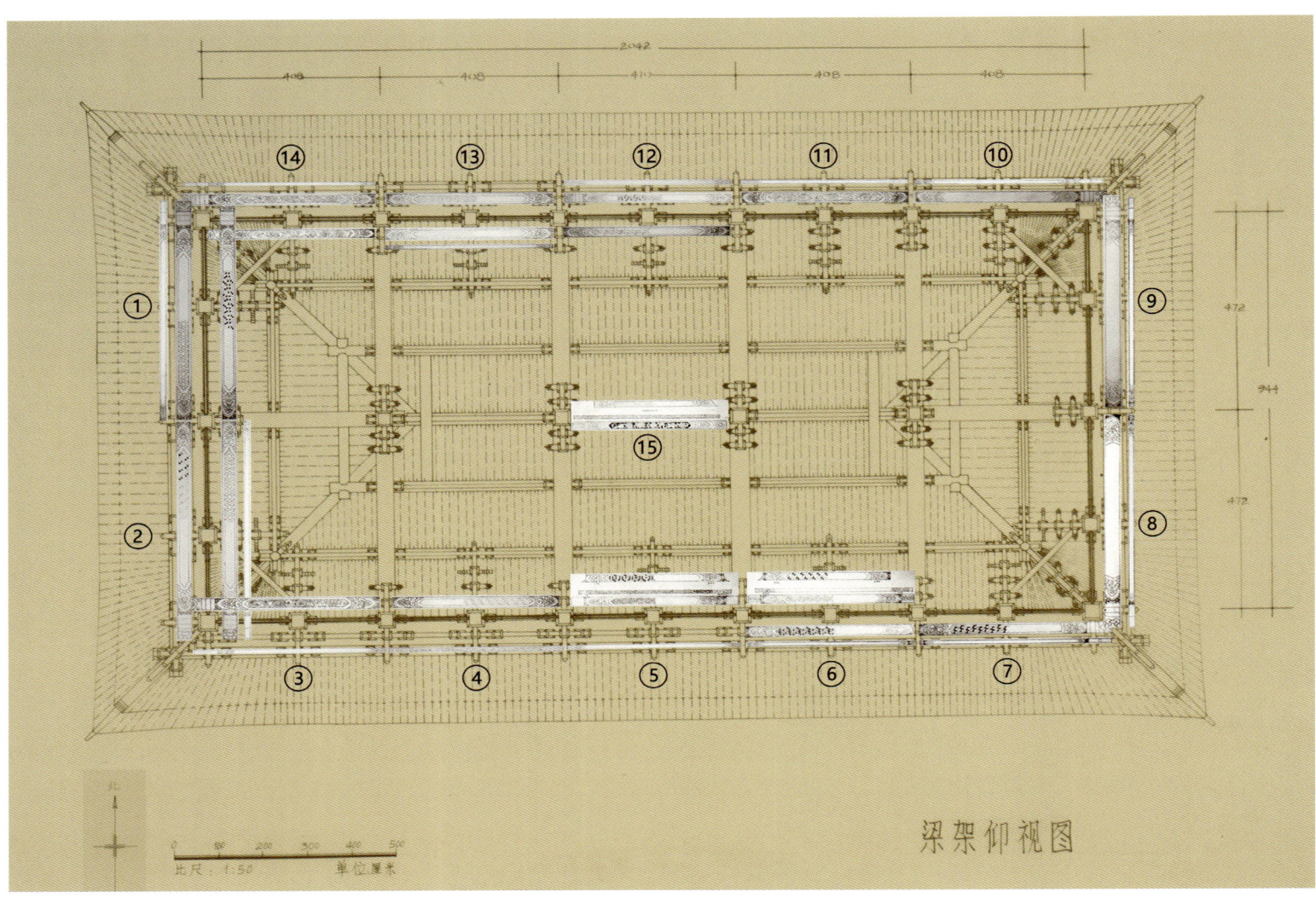

位置图参考图（3）龙虎殿内、外檐阑额、普拍枋、柱头枋彩画复原设计位置图
（缺失部分是因没有图纸档案，编号为位置编号）

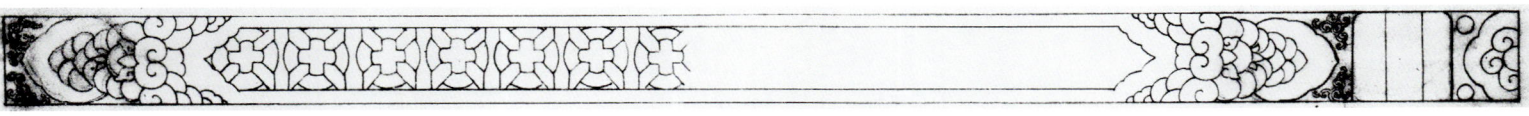

图版 T-223　西山北次间外檐普拍枋彩画复原设计图（位置参考图（3）中①）

图版 T-224　西山北次间外檐阑额彩画复原设计图（位置参考图（3）中①）

图版 T-225　西山北次间内檐阑额彩画复原设计图（位置参考图（3）中①）

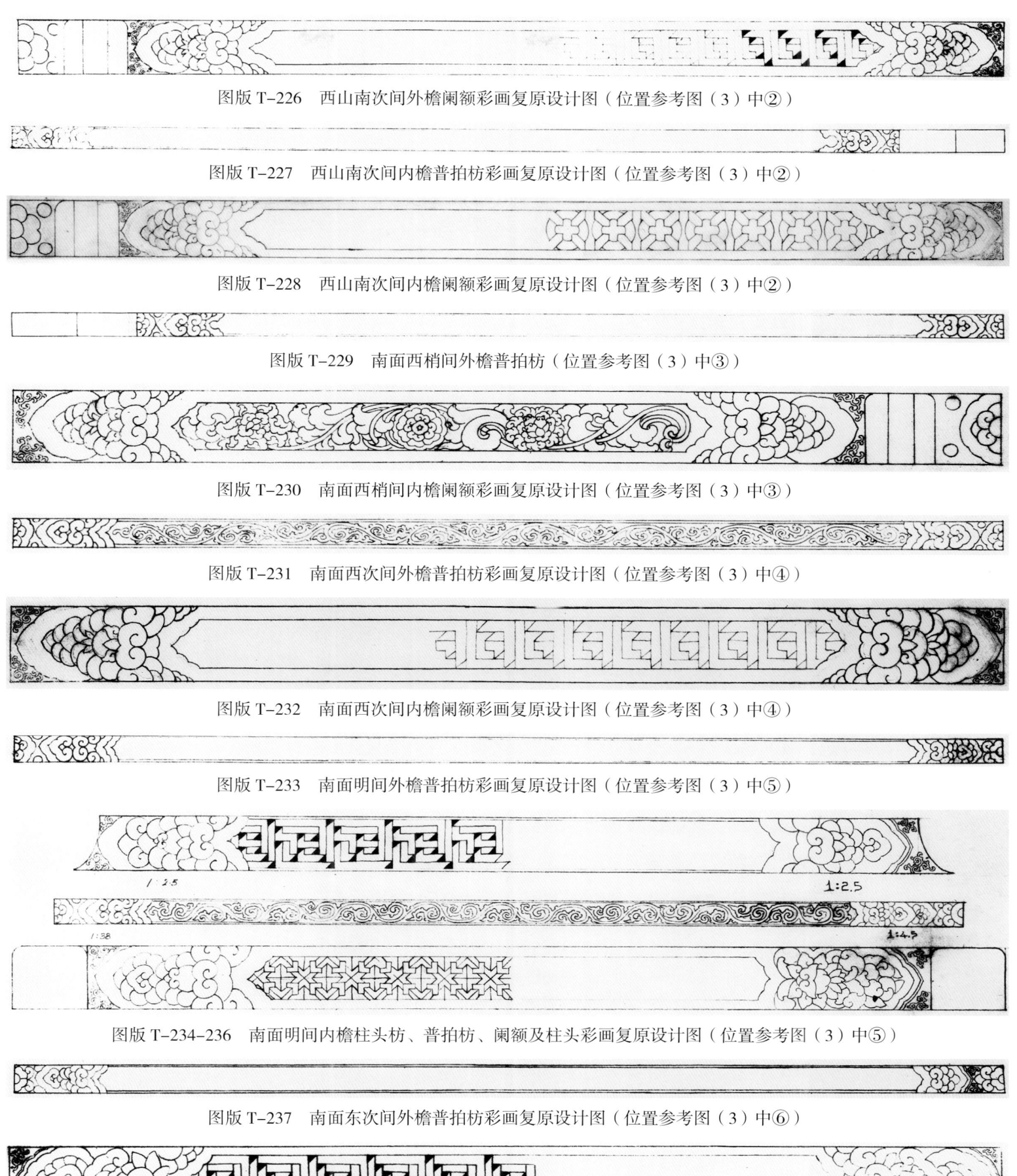

图版 T-226　西山南次间外檐阑额彩画复原设计图（位置参考图（3）中②）

图版 T-227　西山南次间内檐普拍枋彩画复原设计图（位置参考图（3）中②）

图版 T-228　西山南次间内檐阑额彩画复原设计图（位置参考图（3）中②）

图版 T-229　南面西梢间外檐普拍枋（位置参考图（3）中③）

图版 T-230　南面西梢间内檐阑额彩画复原设计图（位置参考图（3）中③）

图版 T-231　南面西次间外檐普拍枋彩画复原设计图（位置参考图（3）中④）

图版 T-232　南面西次间内檐阑额彩画复原设计图（位置参考图（3）中④）

图版 T-233　南面明间外檐普拍枋彩画复原设计图（位置参考图（3）中⑤）

图版 T-234-236　南面明间内檐柱头枋、普拍枋、阑额及柱头彩画复原设计图（位置参考图（3）中⑤）

图版 T-237　南面东次间外檐普拍枋彩画复原设计图（位置参考图（3）中⑥）

图版 T-238　南面东次间外檐阑额彩画复原设计图（位置参考图（3）中⑥）

图版 T-239~241　南面东次间内檐柱头枋、普拍枋、阑额及柱头彩画复原设计图（位置参考图（3）中⑥）

图版 T-242　南面东梢间外檐普拍枋（位置参考图（3）中⑦）

图版 T-243　南面东梢间外檐阑额彩画复原设计图（位置参考图（3）中⑦）

图版 T-244　东山南次间外檐普拍枋彩画复原设计图（位置参考图（3）中⑧）

图版 T-245　东山南次间外檐阑额彩画复原设计图（位置参考图（3）中⑧）

图版 T-246　东山北次间外檐普拍枋彩画复原设计图（位置参考图（3）中⑨）

图版 T-247　东山北次间外檐阑额彩画复原设计图（位置参考图（3）中⑨）

图版 T-248　北面东梢间外檐普拍枋彩画复原设计图（位置参考图（3）中⑩）

图版 T-249　北面东梢间外檐阑额彩画复原设计图（位置参考图（3）中⑩）

图版 T-250　北面东次间外檐普拍枋彩画复原设计图（位置参考图（3）中⑪）

图版 T-251　北面东次间外檐阑额彩画复原设计图（位置参考图（3）中⑪）

图版 T-252　北面明间外檐普拍枋彩画复原设计图（位置参考图（3）中⑫）

图版 T-253　北面明间外檐阑额彩画复原设计图（位置参考图（3）中⑫）

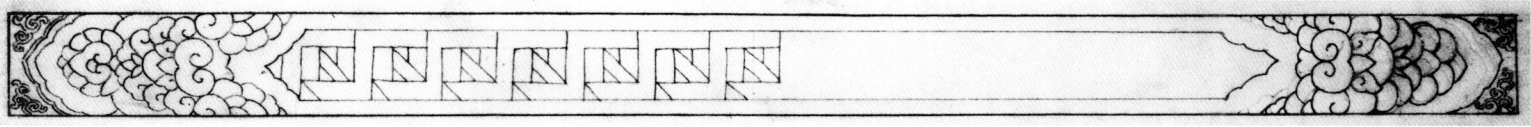

图版 T-254　北面明间内檐阑额彩画复原设计图（位置参考图（3）中⑫号）

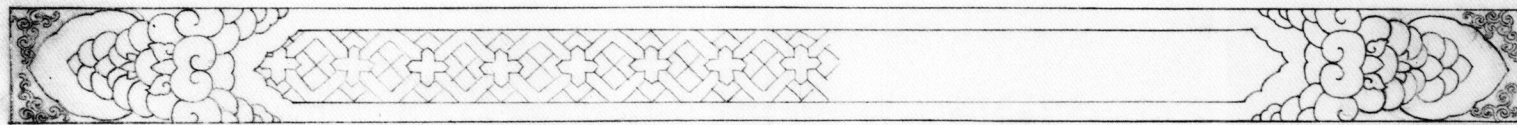

图版 T-255　北面西次间外檐阑额彩画复原设计图（位置参考图（3）中⑬）

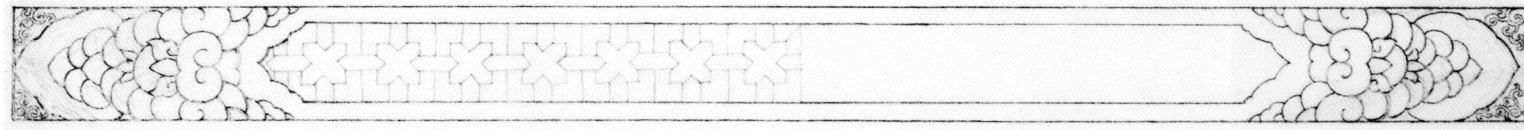

图版 T-256　北面西次间内檐普拍枋彩画复原设计图（位置参考图（3）中⑬）

图版 T-257　北面西次间内檐阑额彩画复原设计图（位置参考图（3）中⑬）

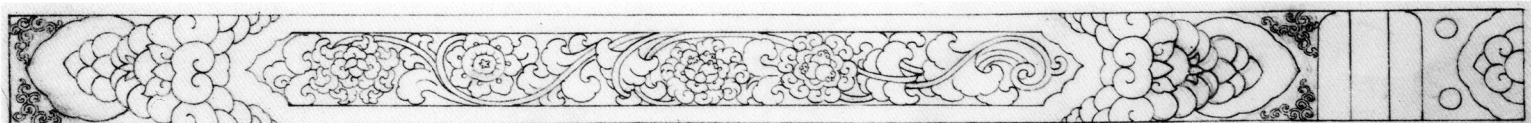

图版 T-258　北面西梢间外檐普拍枋彩画复原设计图（位置参考图（3）中⑭）

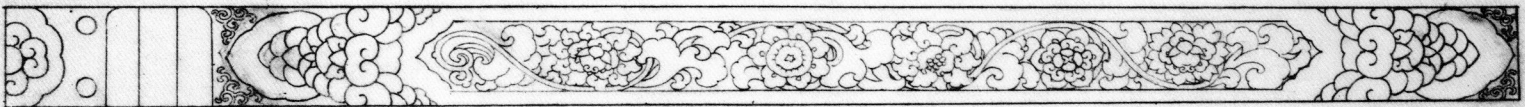

图版 T-259　北面西梢间外檐阑额彩画复原设计图（位置参考图（3）中⑭）

图版 T-260　北面西梢间内檐阑额彩画复原设计图（位置参考图（3）中⑭）

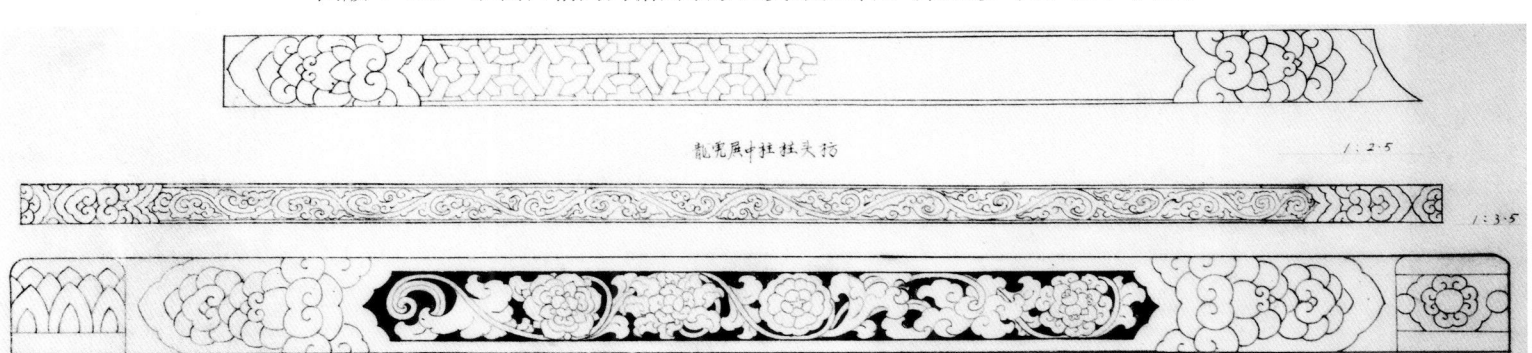

图版 T-261-263　中柱柱头枋、普拍枋、阑额彩画复原设计图（位置参考图（3）中⑮）

二、梁栿彩画复原设计

1. 六椽栿、丁栿

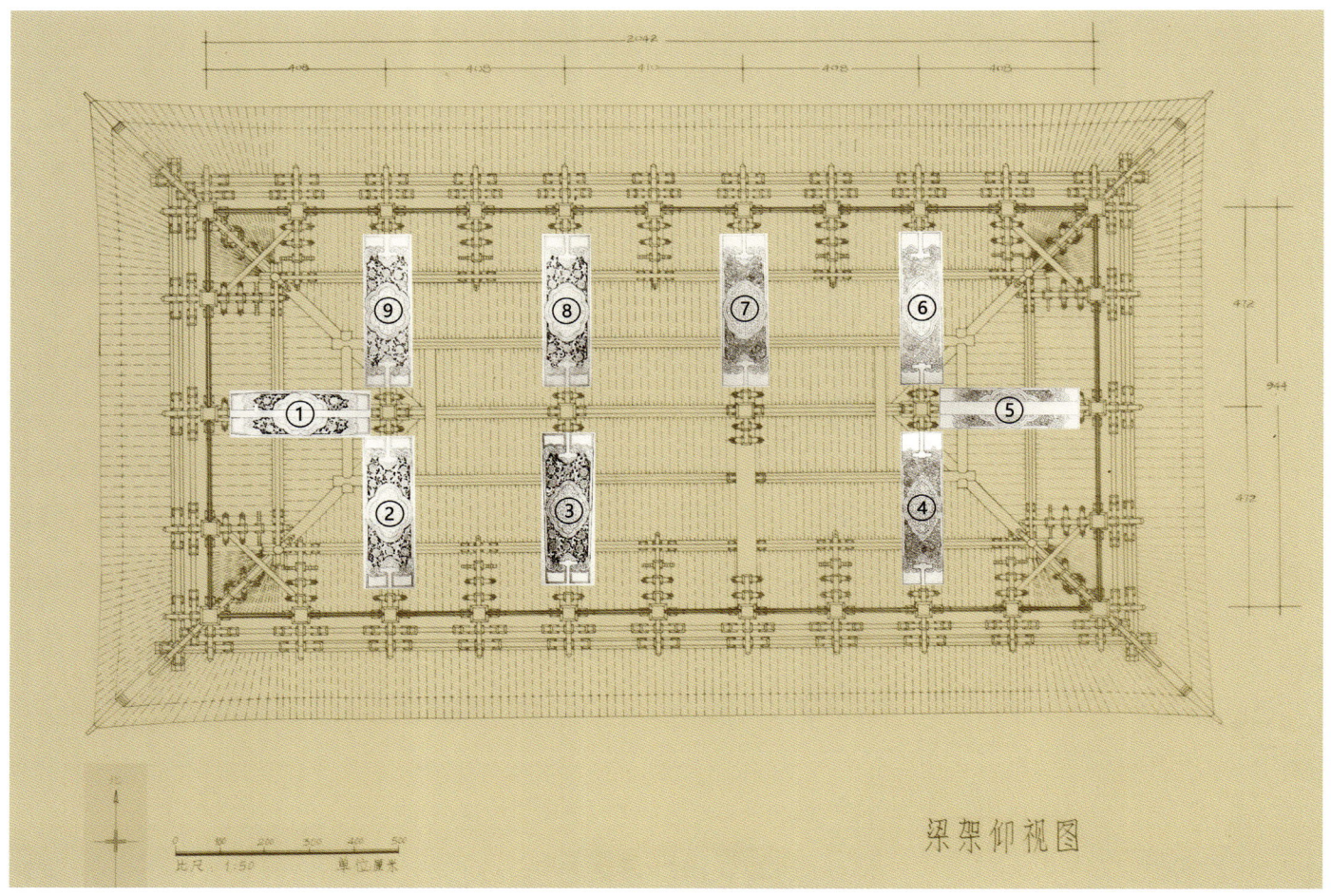

位置参考图（4）龙虎殿六椽栿、丁栿彩画复原设计位置图（缺失部分是因没有图纸档案，编号为位置编号）

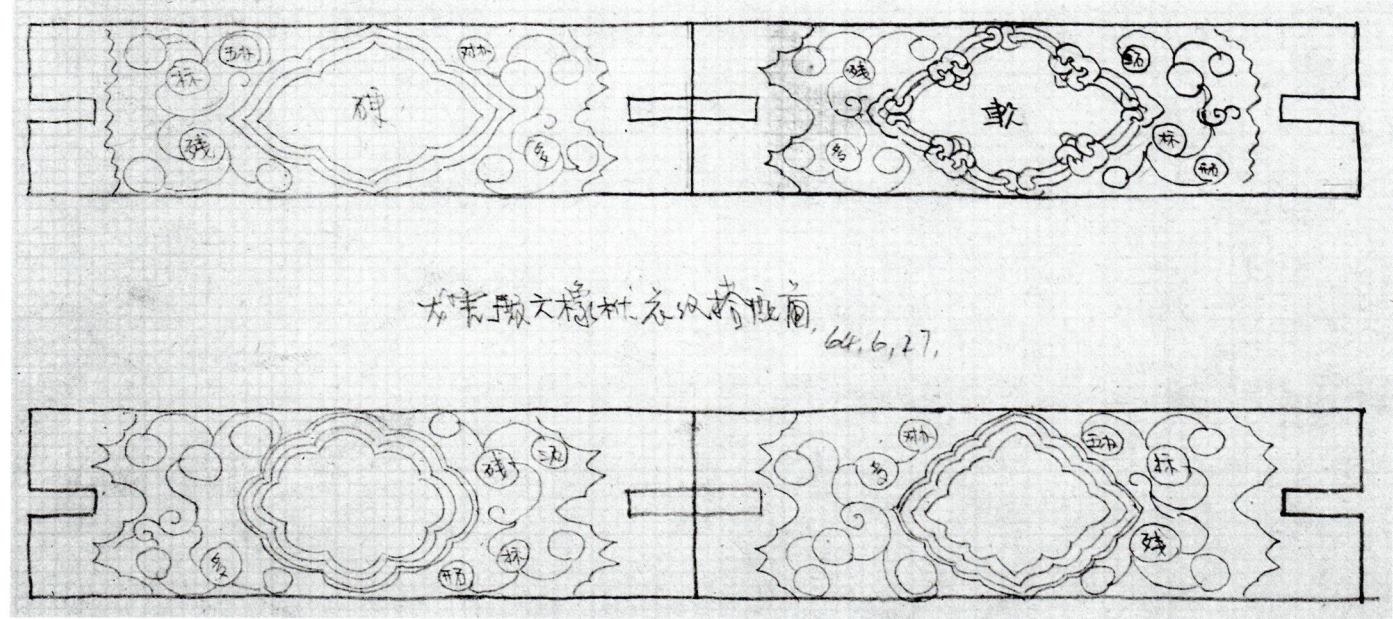

图版 T-264　六椽栿彩画纹饰搭配复原设计图

图版 T-265　西丁栿彩画复原设计图（位置参考图（4）中①）

图版 T-266　南面西次间西侧六椽栿彩画复原设计图（位置参考图（4）中②）

图版 T-267　南面明间西侧六椽栿彩画复原设计图（位置参考图（4）中③）

图版 T-268　南面东次间东侧六椽栿彩画复原设计图（位置参考图（4）中④）

图版 T-269　西丁栿彩画复原设计图（位置参考图（4）中⑤）

图版 T-270　北面东次间东侧六椽栿彩画复原设计图（位置参考图（4）中⑥）

图版 T-271　北面明间东侧六椽栿彩画复原设计图（位置参考图（4）中⑦）

图版 T-272　北面明间西侧六椽栿彩画复原设计图（位置参考图（4）中⑧）

图版 T-273　北面西次间西侧六椽栿彩画复原设计图（位置参考图（4）中⑨）

2. 平梁、浮梁

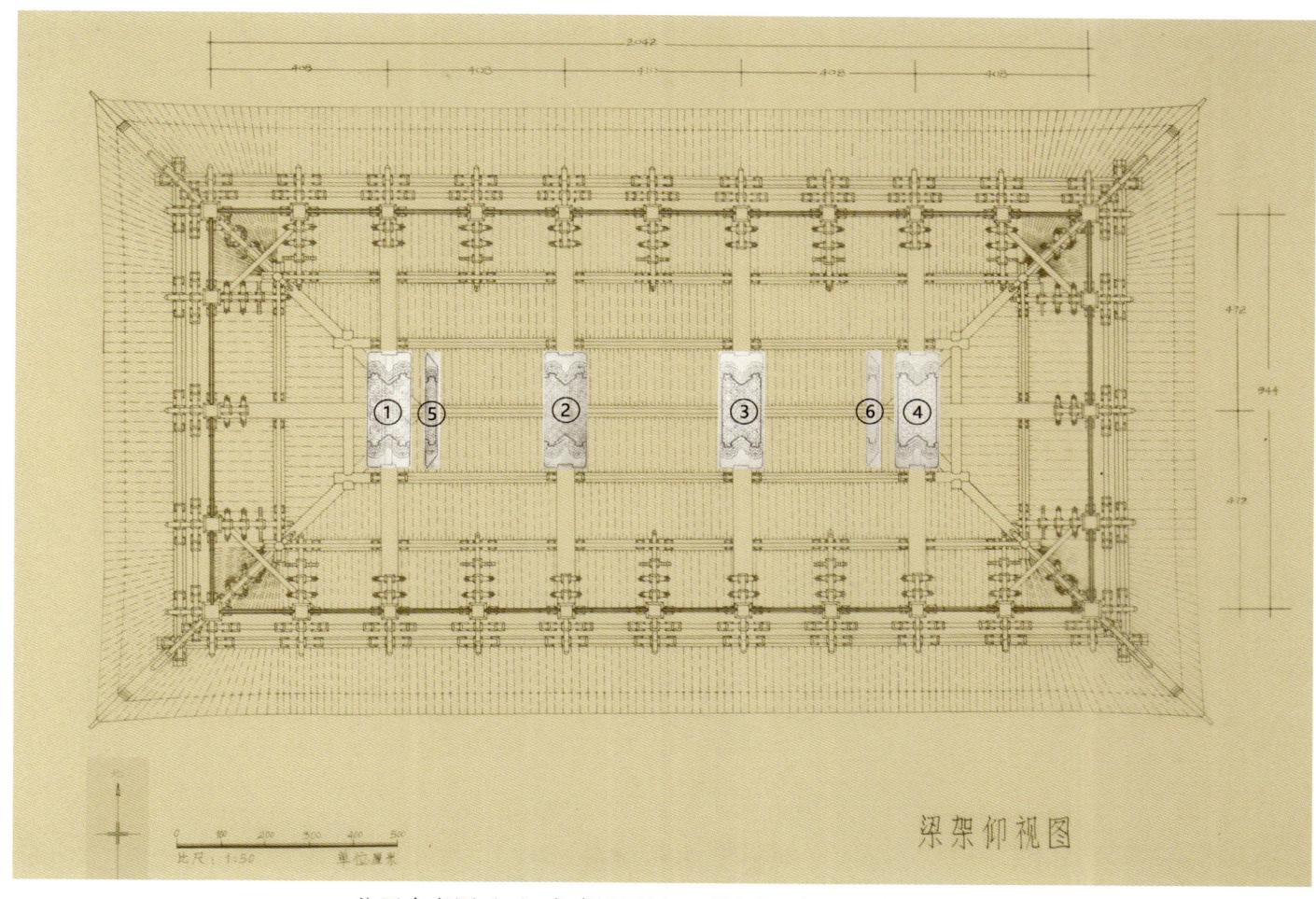

位置参考图（5）龙虎殿平梁、浮梁彩画复原设计位置图

（1）平梁

图版 T-274　龙虎殿西次间西侧平梁彩画复原设计图（位置参考图（5）中①）

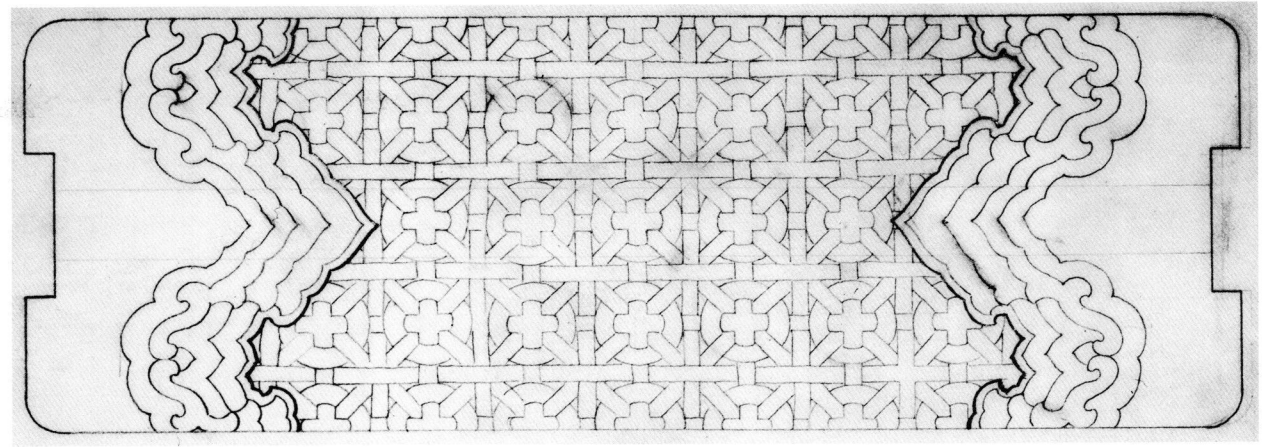

图版 T-275　龙虎殿明间西侧平梁彩画复原设计图（位置参考图（5）中②）

图版 T-276　龙虎殿明间东侧平梁彩画复原设计图（位置参考图（5）中③）

图版 T-277　龙虎殿东次间东侧平梁彩画复原设计图（位置参考图（5）中④）

（2）浮梁

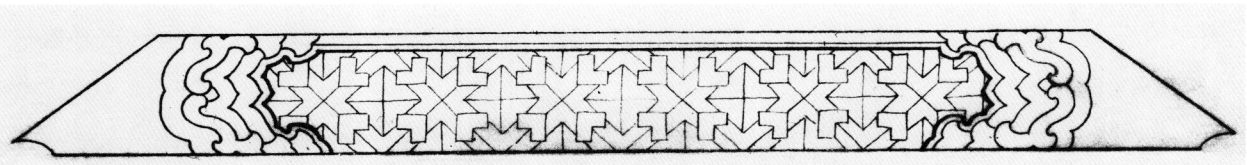

图版 T-278　龙虎殿西浮梁彩画复原设计图（位置参考图（5）中⑤）

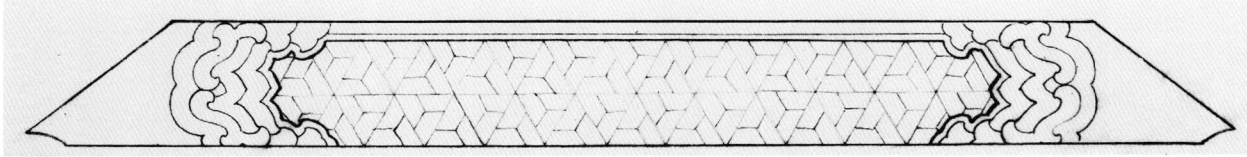

图版 T-279　龙虎殿东浮梁彩画复原设计图（位置参考图（5）中⑥）

三、桁彩画复原设计

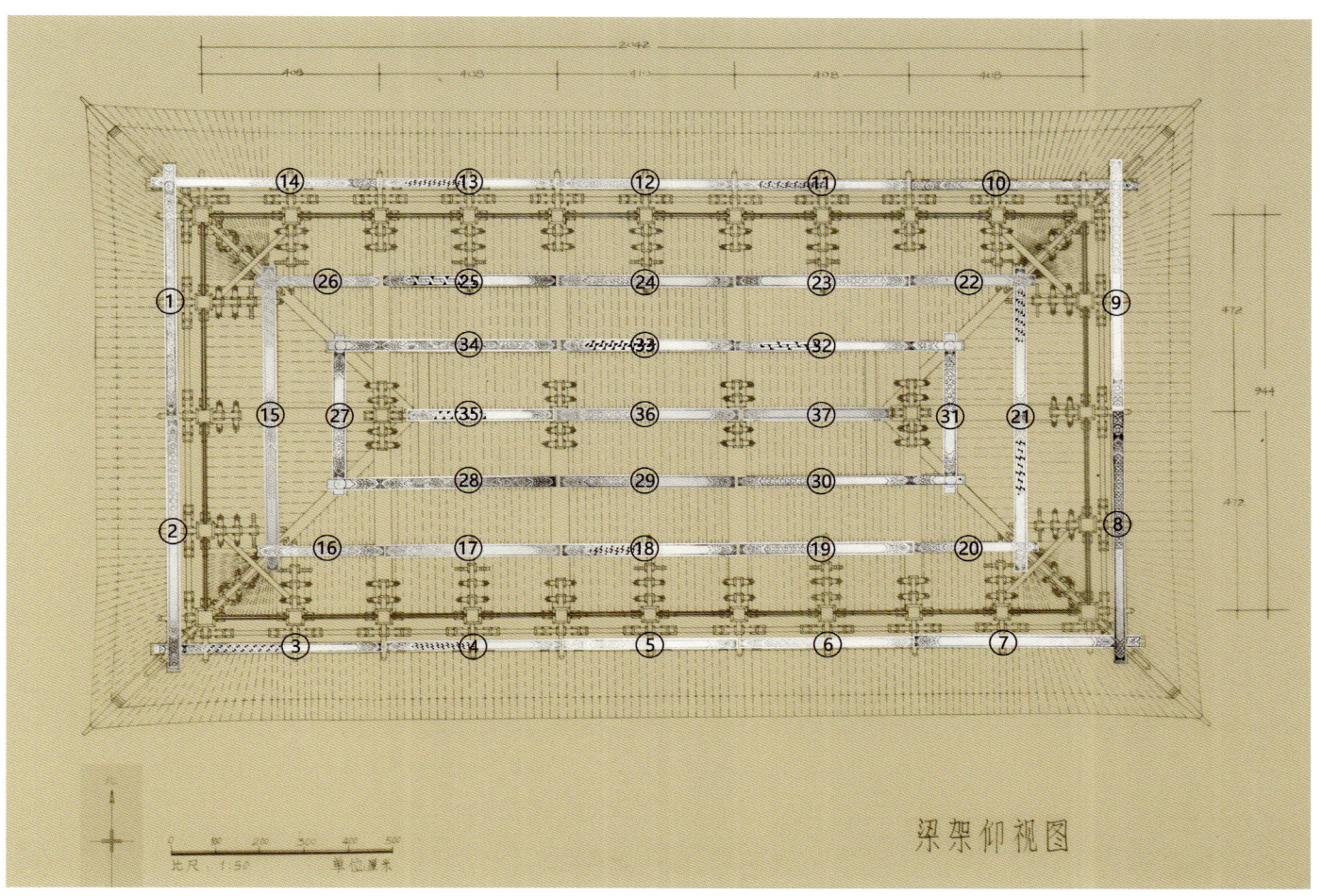

位置参考图（6）龙虎殿桁彩画复原设计位置图（橑檐榑、金桁、上金桁、脊桁）

1. 橑檐榑

图版 T-280　龙虎殿西山北次间橑檐榑彩画复原设计图（位置参考图（6）中①）

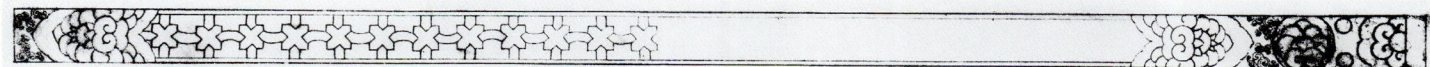

图版 T-281　龙虎殿西山南次间橑檐榑彩画复原设计图（位置参考图（6）中②）

图版 T-282　龙虎殿南面西梢间橑檐榑彩画复原设计图（位置参考图（6）中③）

图版 T-283　龙虎殿南面西次间橑檐榑彩画复原设计图（位置参考图（6）中④）

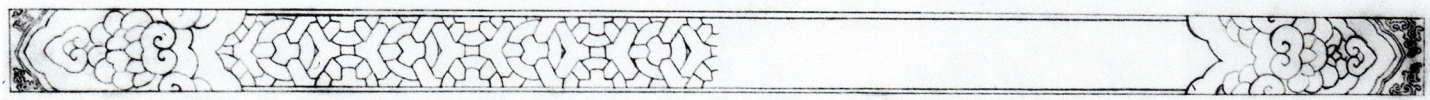

图版 T-284　龙虎殿南面明间橑檐榑彩画复原设计图（位置参考图（6）中⑤）

图版 T-285　龙虎殿南面东次间橑檐榑彩画复原设计图（位置参考图（6）中⑥）

图版 T-286　龙虎殿南面东梢间橑檐槫彩画复原设计图（位置参考图（6）中⑦）

图版 T-287　龙虎殿东山南次间橑檐槫彩画复原设计图（位置参考图（6）中⑧）

图版 T-288　龙虎殿东山北次间橑檐槫彩画复原设计图（位置参考图（6）中⑨）

图版 T-289　龙虎殿北面东梢间橑檐槫彩画复原设计图（位置参考图（6）中⑩）

图版 T-290　龙虎殿北面东次间橑檐槫彩画复原设计图（位置参考图（6）中⑪）

图版 T-291　龙虎殿北面明间橑檐槫彩画复原设计图（位置参考图（6）中⑫）

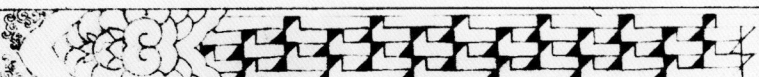

图版 T-292　龙虎殿北面西次间橑檐槫彩画复原设计图（位置参考图（6）中⑬）

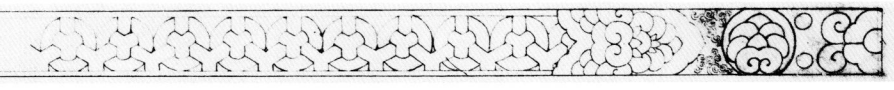

图版 T-293　龙虎殿北面西梢间橑檐槫彩画复原设计图（位置参考图（6）中⑭）

2. 金桁

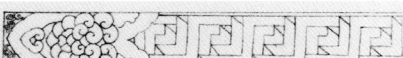
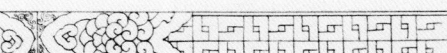

图版 T-294　龙虎殿西山南北金桁彩画复原设计图（位置参考图（6）中⑮）

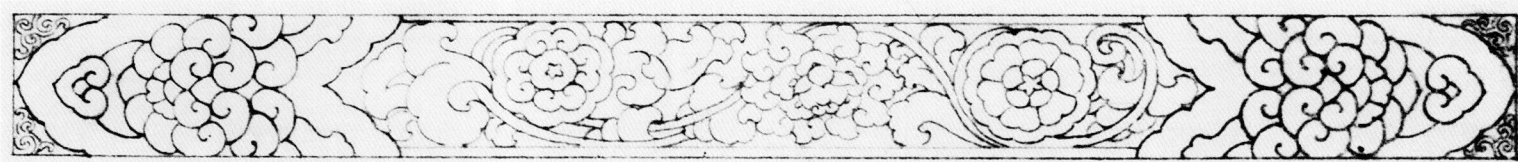

图版 T-295　龙虎殿南面西梢间金桁彩画复原设计图（位置参考图（6）中⑯）

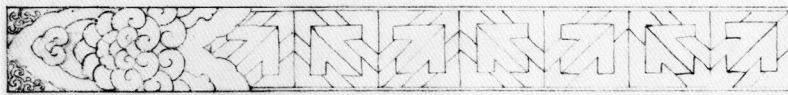

图版 T-296　龙虎殿南面西次间金桁彩画复原设计图（位置参考图（6）中⑰）

图版 T-297　龙虎殿南面明间金桁彩画复原设计图（位置参考图（6）中⑱）

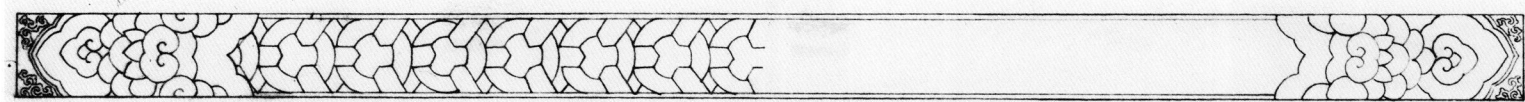

图版 T-298　龙虎殿南面东次间金桁彩画复原设计图（位置参考图（6）中⑲）

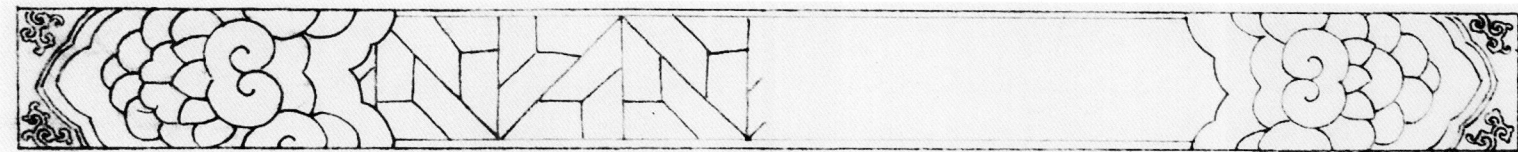

图版 T-299　龙虎殿南面东梢间金桁彩画复原设计图（位置参考图（6）中⑳）

图版 T-300　龙虎殿东山南北金桁彩画复原设计图（位置参考图（6）中㉑）

图版 T-301　龙虎殿北面东梢间金桁彩画复原设计图（位置参考图（6）中㉒）

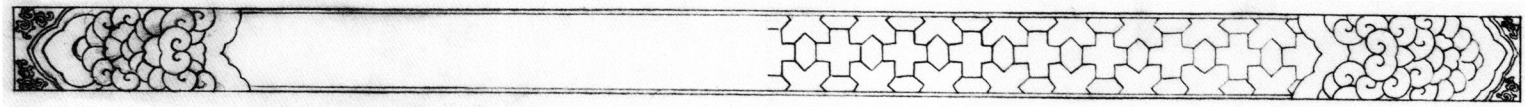

图版 T-302　龙虎殿北面东次间金桁彩画复原设计图（位置参考图（6）中㉓）

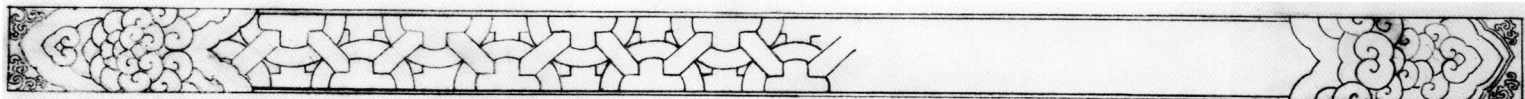

图版 T-303　龙虎殿北面明间金桁彩画复原设计图（位置参考图（6）中㉔）

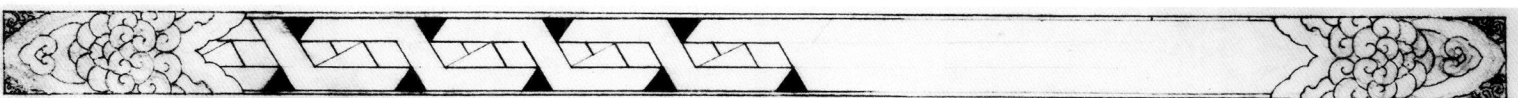

图版 T-304　龙虎殿北面西次间金桁彩画复原设计图（位置参考图（6）中㉕）

图版 T-305　龙虎殿北面西梢间金桁彩画复原设计图（位置参考图（6）中㉖）

3. 上金桁

图版 T-306　龙虎殿西山上金桁彩画复原设计图（位置参考图（6）中㉗）

图版 T-307　龙虎殿南面西次间上金桁彩画复原设计图（位置参考图（6）中㉘）

图版 T-308　龙虎殿南面明间上金桁彩画复原设计图（位置参考图（6）中㉙）

图版 T-309　龙虎殿南面东次间上金桁彩画复原设计图（位置参考图（6）中㉚）

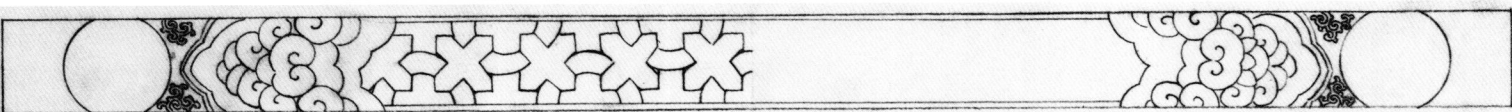

图版 T-310　龙虎殿东山上金桁彩画复原设计图（位置参考图（6）中㉛）

图版 T-311　龙虎殿北面东次间上金桁彩画复原设计图（位置参考图（6）中㉜）

图版 T-312 龙虎殿北面明间上金桁彩画复原设计图（位置参考图（6）中㉝）

图版 T-313　龙虎殿北面西次间上金桁彩画复原设计图（位置参考图（6）中㉞）

4. 脊桁

图版 T-314　龙虎殿西次间脊桁彩画复原设计图（位置参考图（6）中㉟）

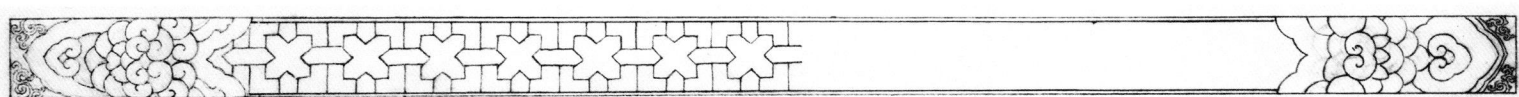

图版 T-315　龙虎殿明间脊桁彩画复原设计图（位置参考图（6）中㊱）

图版 T-316　龙虎殿东次间脊桁彩画复原设计图（位置参考图（6）中㊲）

四、其他彩画复原设计

1. 抹角梁

图版 T-317-318　西次间南北抹角梁彩画复原设计图

2. 瓜柱

图版 T-319　龙虎殿瓜柱彩画复原设计图

3. 蜀柱

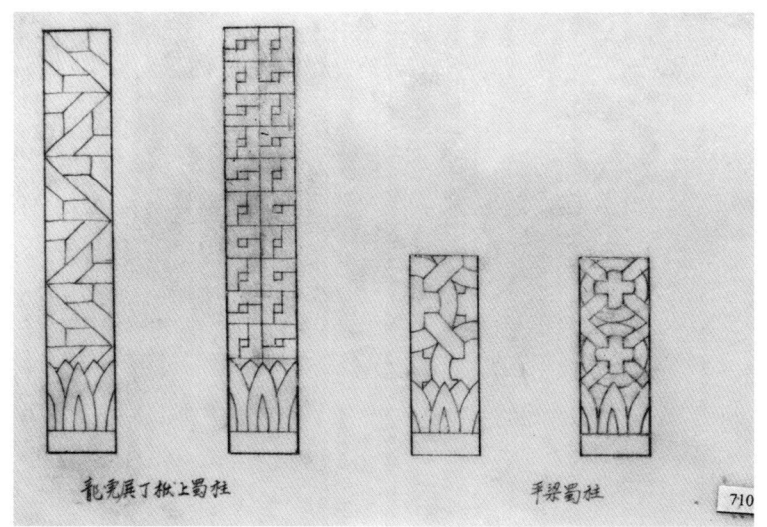

图版 T-320　龙虎殿蜀柱彩画复原设计图（丁栿蜀柱和平梁蜀柱）

4. 劄牵

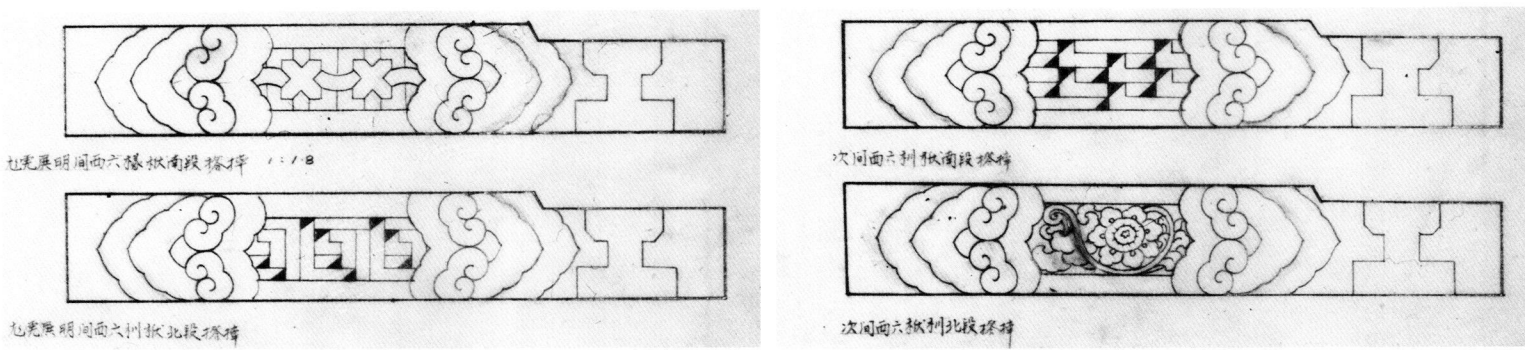

图版 T-321　龙虎殿六椽栿劄牵彩画复原设计图

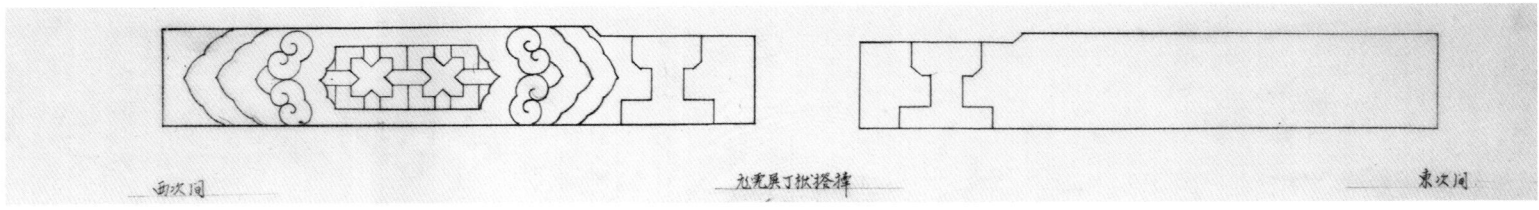

图版 T-322　龙虎殿丁栿劄牵彩画复原设计图

5. 托脚

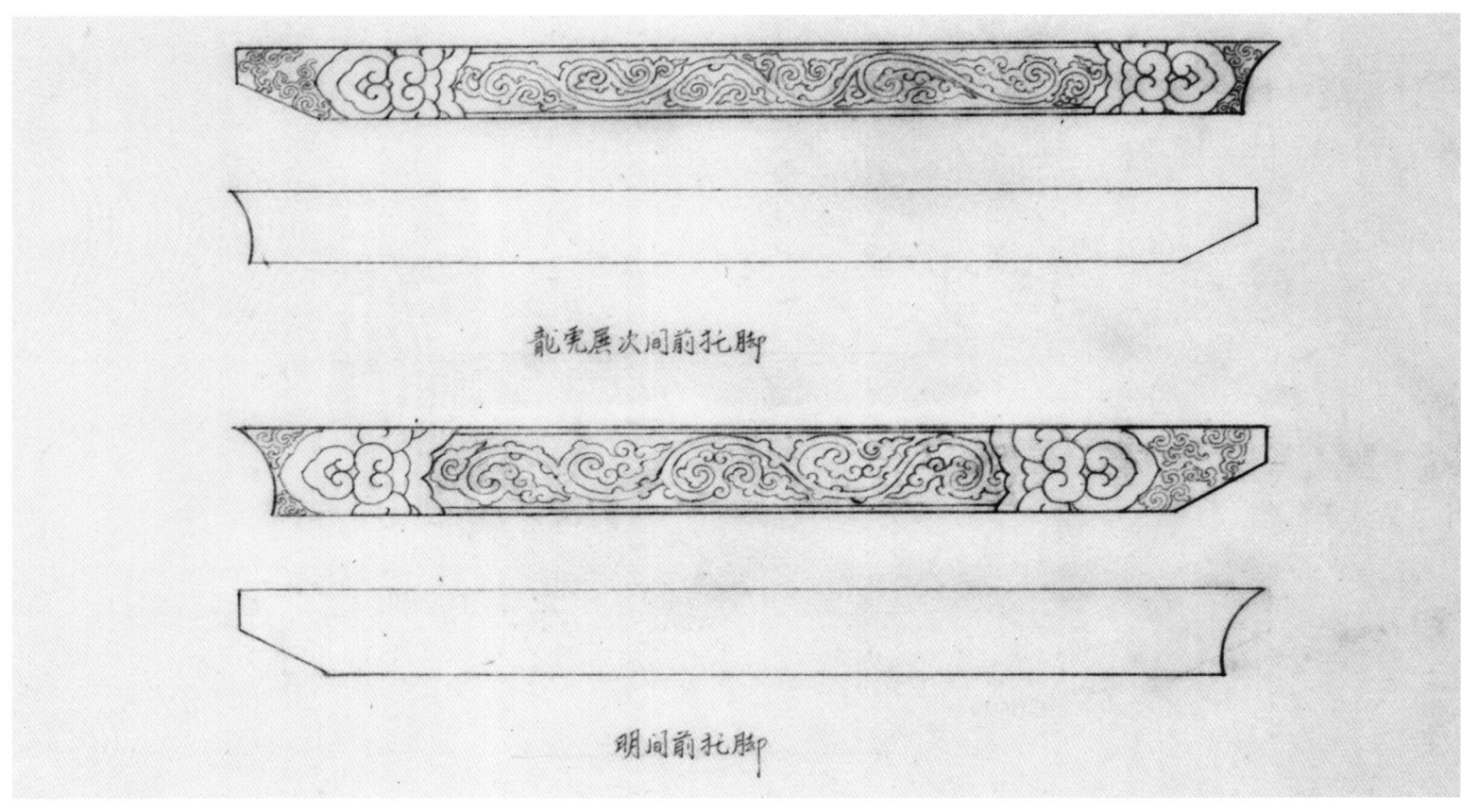

图版 T-323　龙虎殿托脚彩画复原设计图

6. 顺栿串

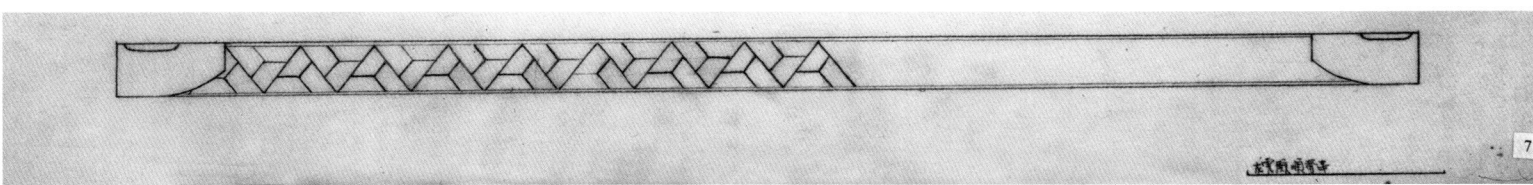

图版 T-324　龙虎殿顺栿串彩画复原设计图

2.6.2.1 三清殿外檐彩画复原设计

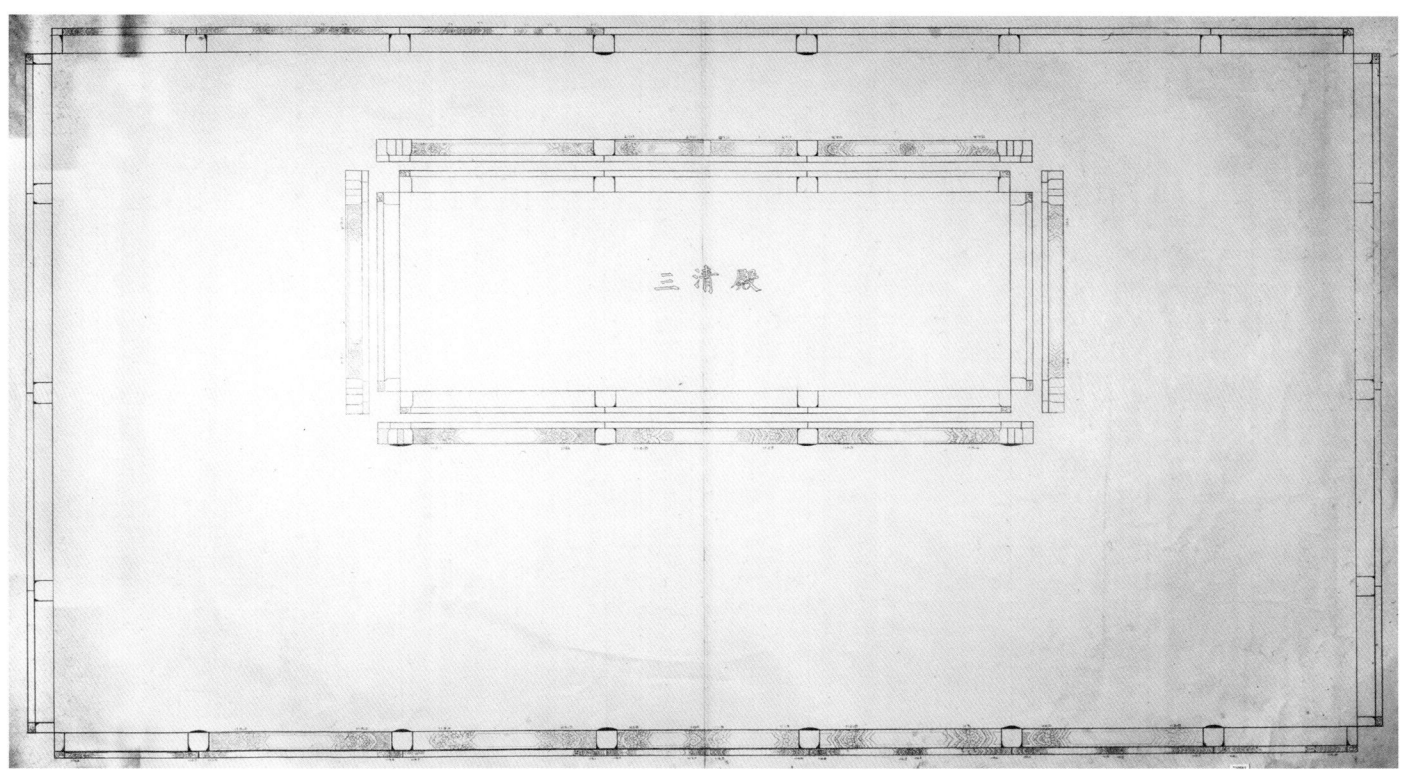

图版 T-325　三清殿彩画复原设计分布图

图版 T-326　三清殿内槽阑额彩画复原设计图
（自上而下依次为：外檐西山、外檐南面西次间、外檐南面明间、外檐南面东次间、外檐东山、
外檐北面东次间、外檐北面明间、外檐北面西次间）

图版 T-327　三清殿外槽南面阑额彩画复原设计
（自上而下依次为：内檐南面西梢间、内檐南面西次间、内檐南面明间、内檐南面东次间、内檐南面东梢间、内檐北面明间）

图版 T-328　三清殿外槽普拍枋彩画
（自上而下依次为：外槽内檐北面西尽间、外槽内檐北面西梢间、外槽内檐北面西次间、外槽内檐北面明间、
外槽内檐北面东次间、外槽内檐北面东梢间、外槽内檐北面东梢间）

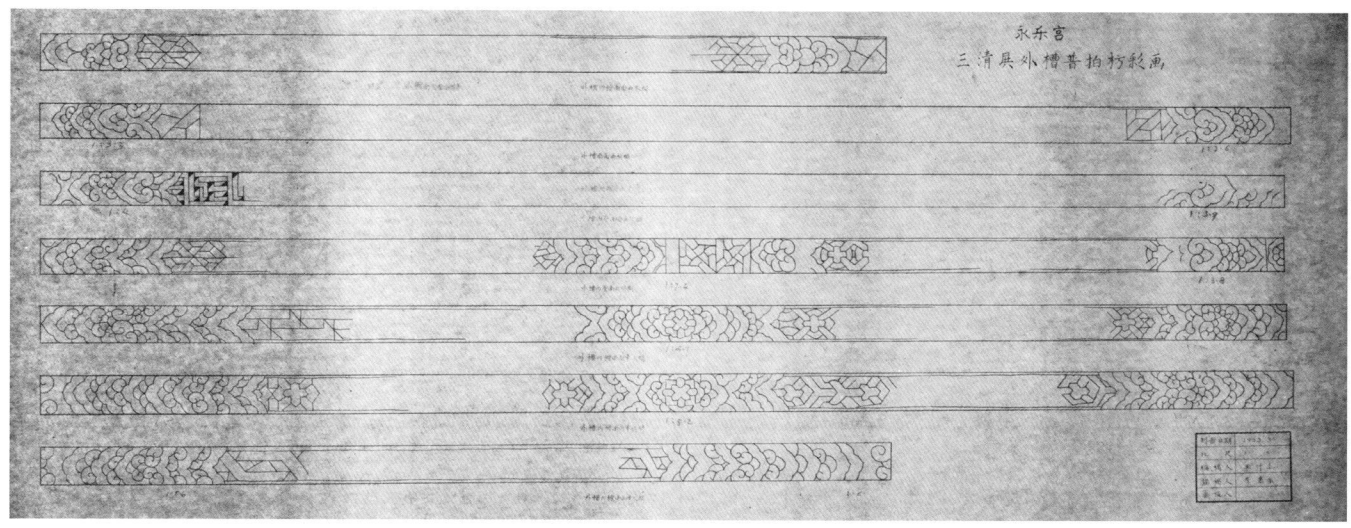

图版 T-329　三清殿外槽普拍枋彩画
（自上而下依次为：外槽内檐南面西尽间、外槽内檐南面西梢间、外槽内檐南面西次间、外槽内檐南面明间、外槽内檐南面东次间、外槽内檐南面东梢间、外槽内檐南面东尽间）

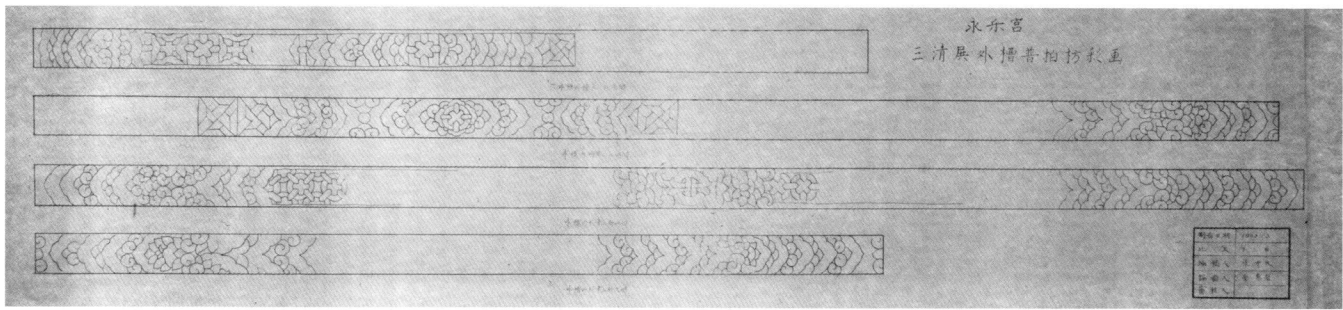

图版 T-330　三清殿外槽普拍枋彩画
（自上而下依次为：外槽内檐东山北次间、外槽内檐东山北明间、外槽内檐东山南明间、外槽内檐东山南次间）

图版 T-331　三清殿外槽普拍枋彩画
（自上而下依次为：外槽内檐西山北次间、外槽内檐西山北明间、外槽内檐西山南明间、外槽内檐西山南次间）

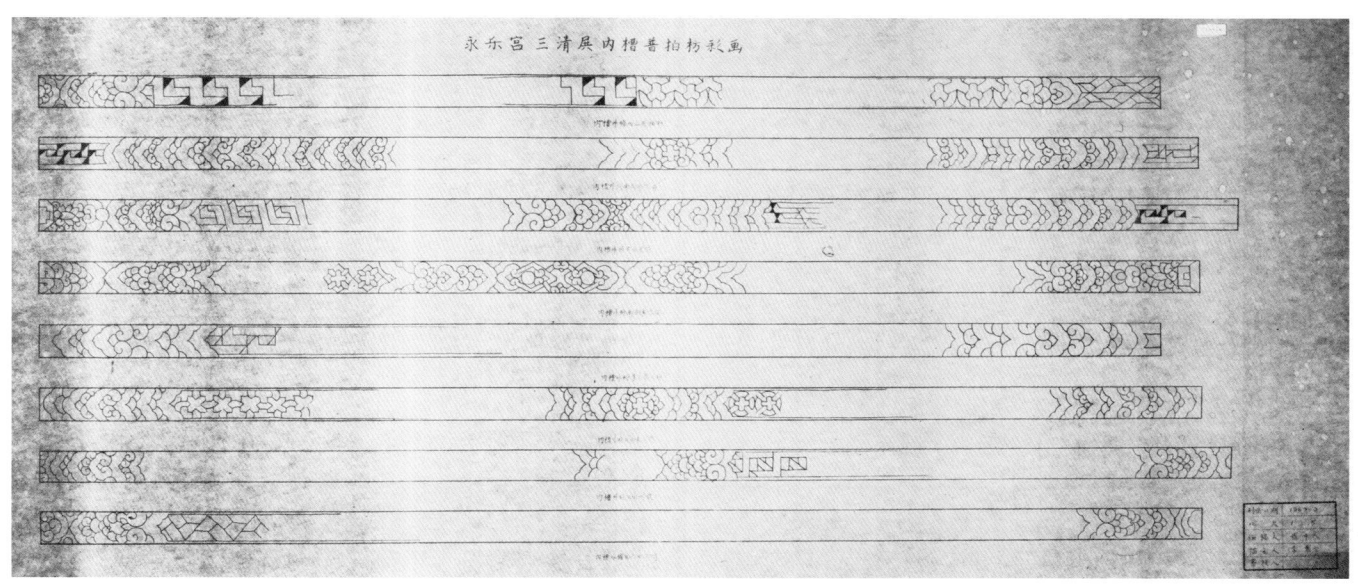

图版 T-332　三清殿内槽普拍枋彩画
（自上而下依次为：内槽外檐西山普拍枋、内槽外檐南面西次间、内槽外檐南面明间、内槽外檐南面东次间、内槽外檐东山普拍枋、内槽外檐北面东次间、内槽外檐北面明间、内槽外檐北面西次间）

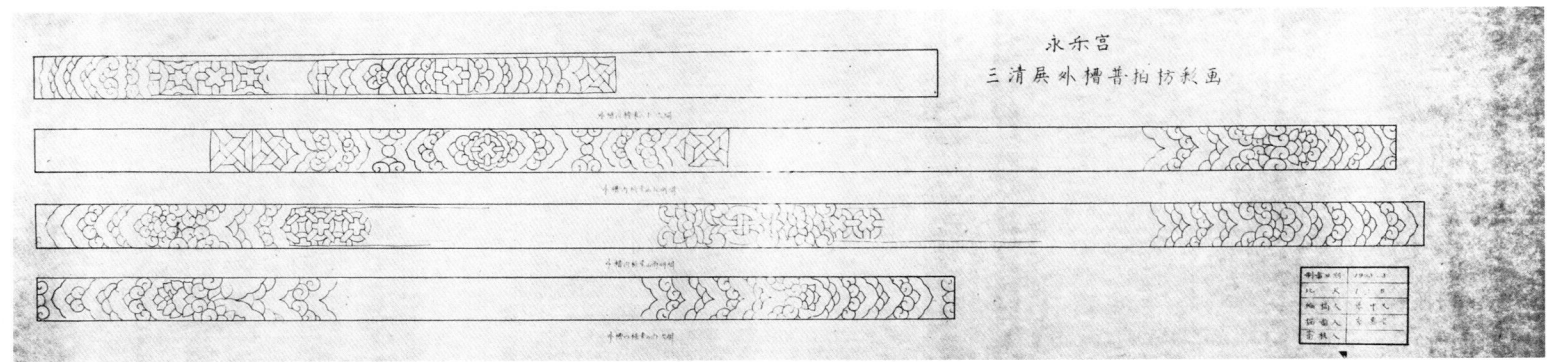

图版 T-333　三清殿外槽普拍枋彩画
（自上而下依次为：外槽内檐东山北次间、外槽内檐东山北明间、外槽内檐东山南明间、外槽内檐东山南次间）

2.6.2.2 纯阳殿外檐彩画复原设计

图版 T-334　纯阳殿彩画复原设计分布图

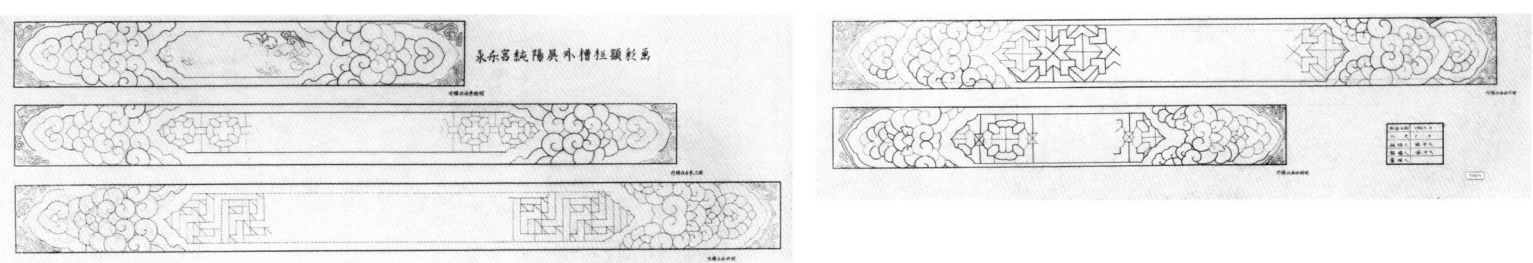

图版 T-335　纯阳殿外槽阑额彩画
（自上而下依次为：内檐北面东梢间、内檐北面东次间、内檐北面明间、内檐北面西次间、内檐北面西梢间）

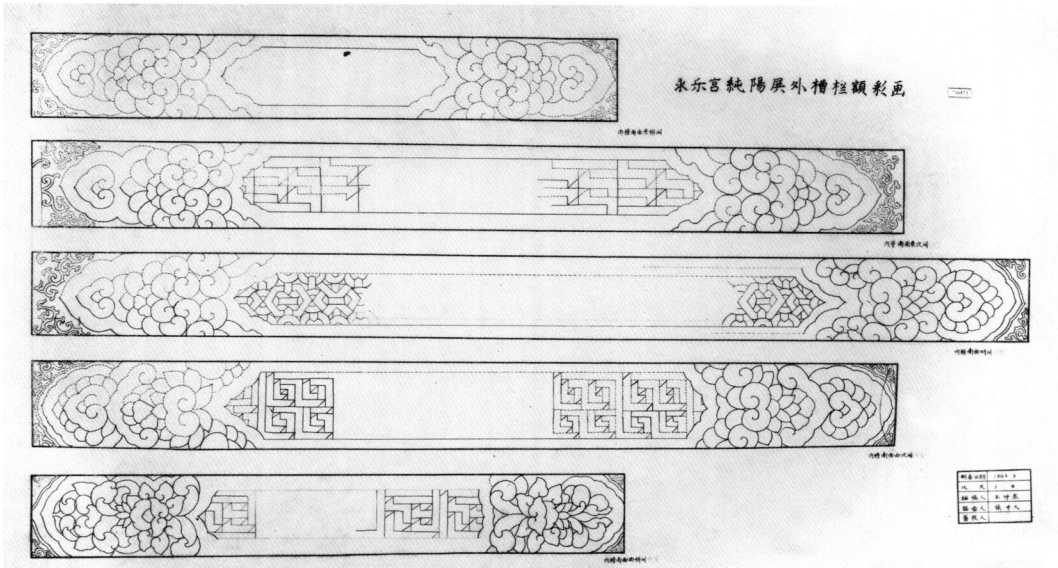

图版 T-336　纯阳殿外槽阑额彩画
（自上而下依次为：内檐南面东梢间、内檐南面东次间、内檐南面明间、内檐南面西次间、
内檐南面西梢间）

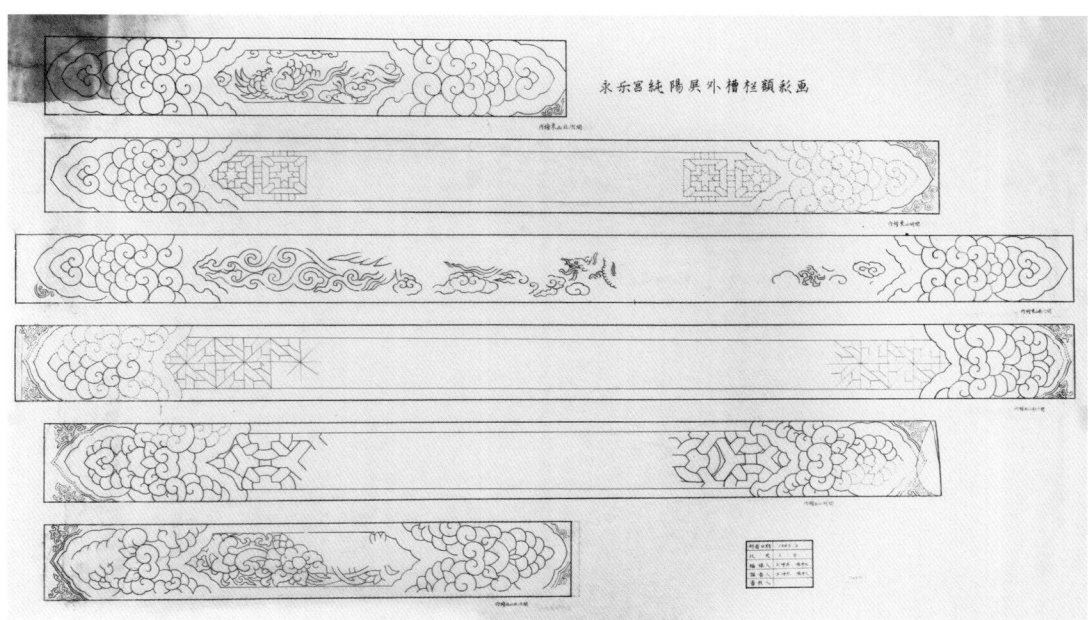

图版 T-337　纯阳殿外槽阑额彩画
（自上而下依次为：内檐东山北次间、内檐东山明间、内檐东山南次间、内檐西山南次间、
内檐西山明间、内檐西山北次间）

图版 T-338　纯阳殿普拍枋彩画
（自上而下依次为：第一行：内檐南面东梢间西头、内檐南面东次间东头、内檐南面明间西头、内檐南面西次间、内檐南面西梢间，
第二行：内檐北面明间西头、内檐北面西次间，第三行：内檐东山北次间、内檐东山明间、内檐东山南次间，
第四行：内檐西山北次间、内檐西山明间、内檐西山南次间）

2.6.2.3 重阳殿外檐彩画复原设计

图版 T-339

图版 T-340

图版 T-341

图版 T-342

3. 壁画迁移保护设计图

3.1 壁画分块及编号

3.1.1 龙虎殿

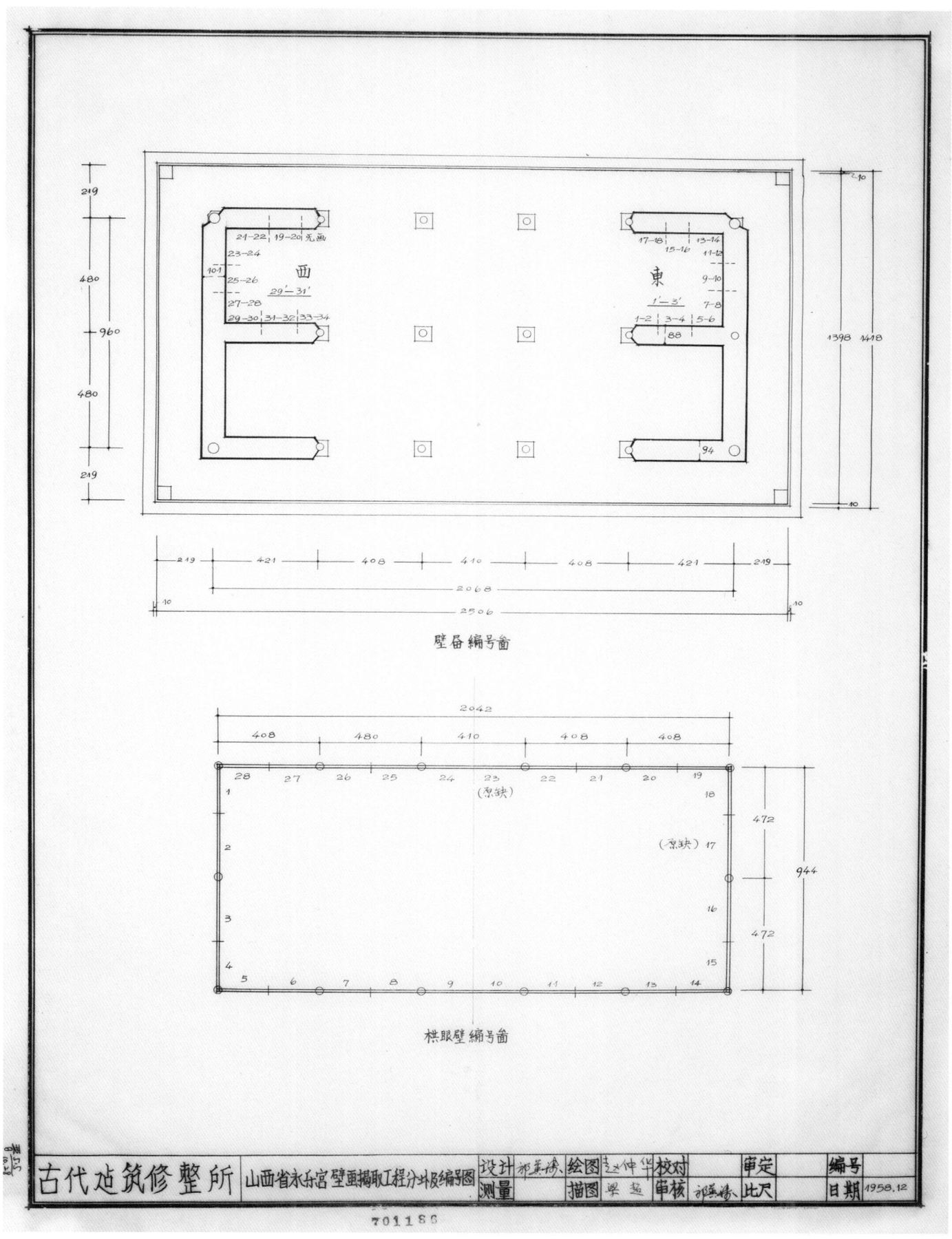

图版 T-343 龙虎殿壁画及栱眼壁揭取分块及编号总图

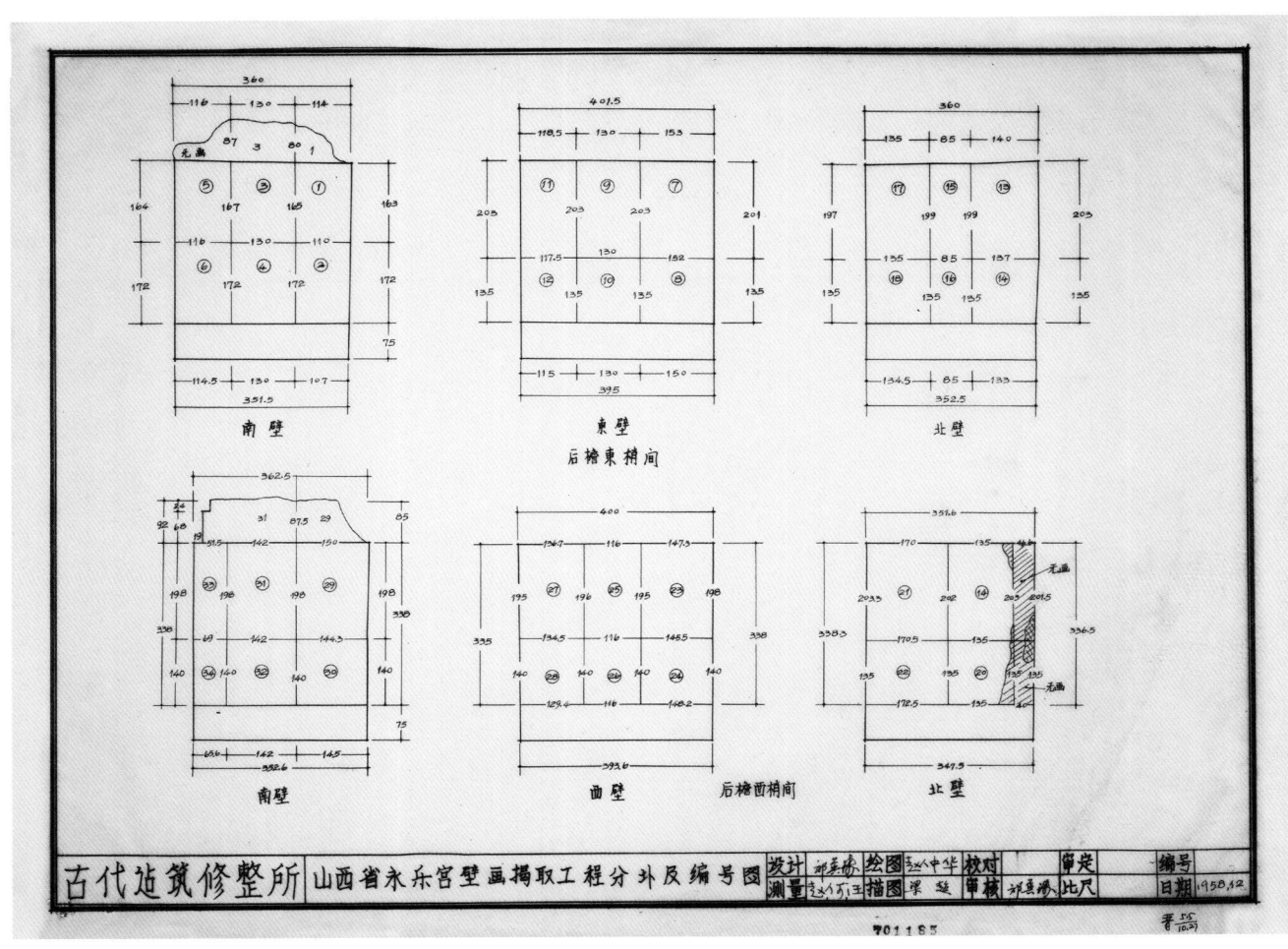

图版 T-344　龙虎殿壁画揭取分块及编号图

3.1.2 三清殿

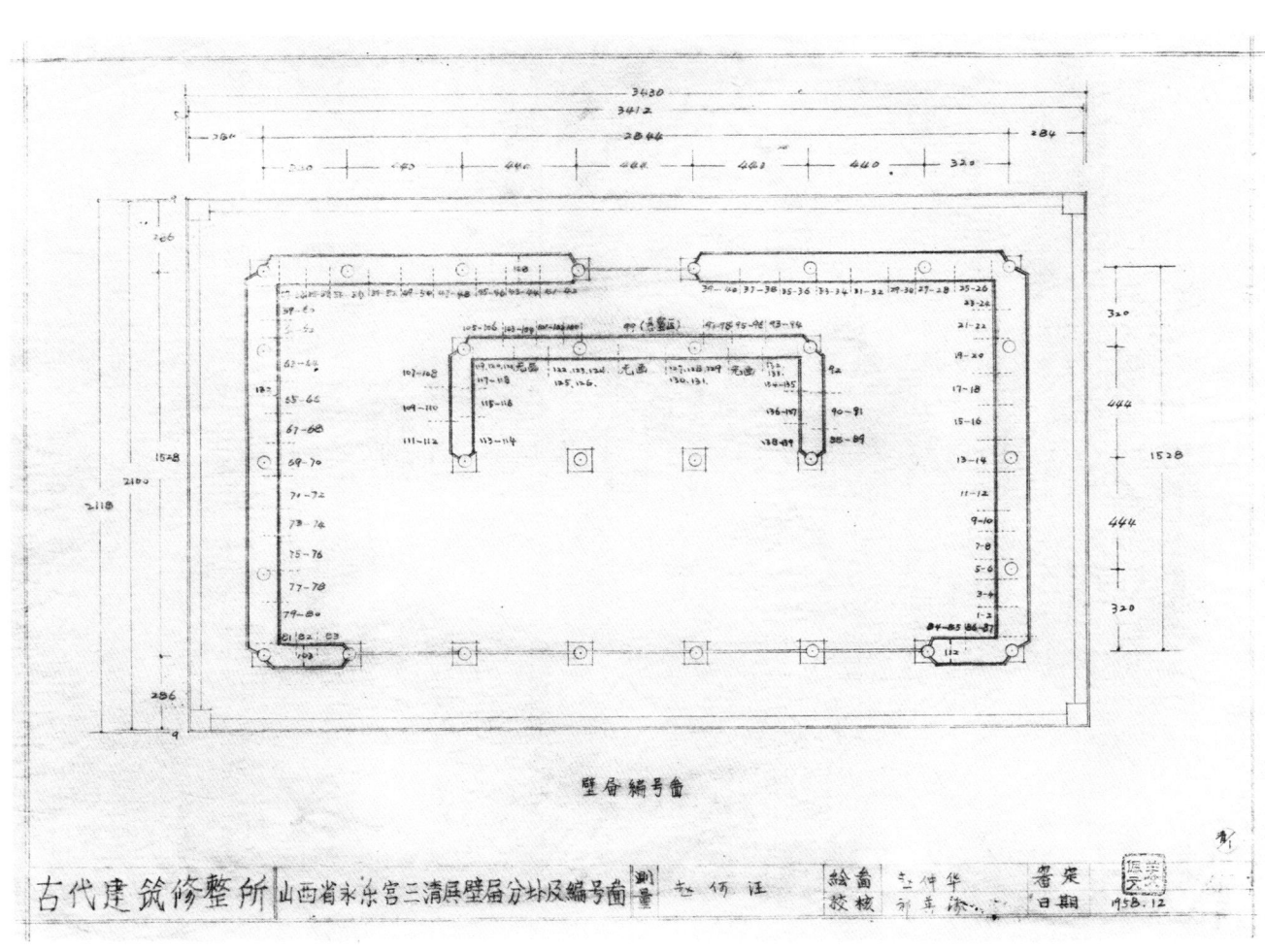

图版 T-345　三清殿壁画揭取分块及编号总图

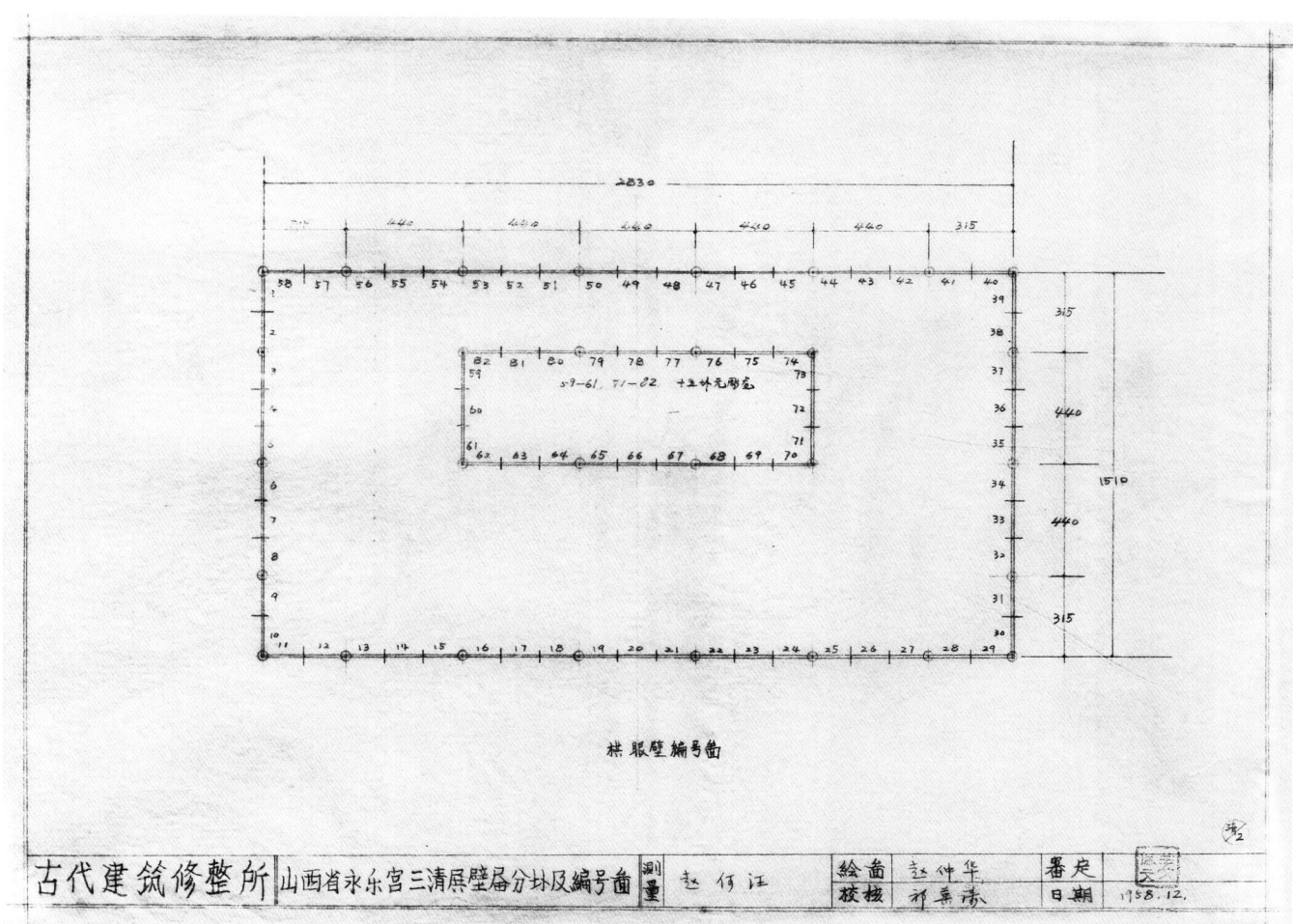

图版 T-346 三清殿栱眼壁揭取分块及编号图

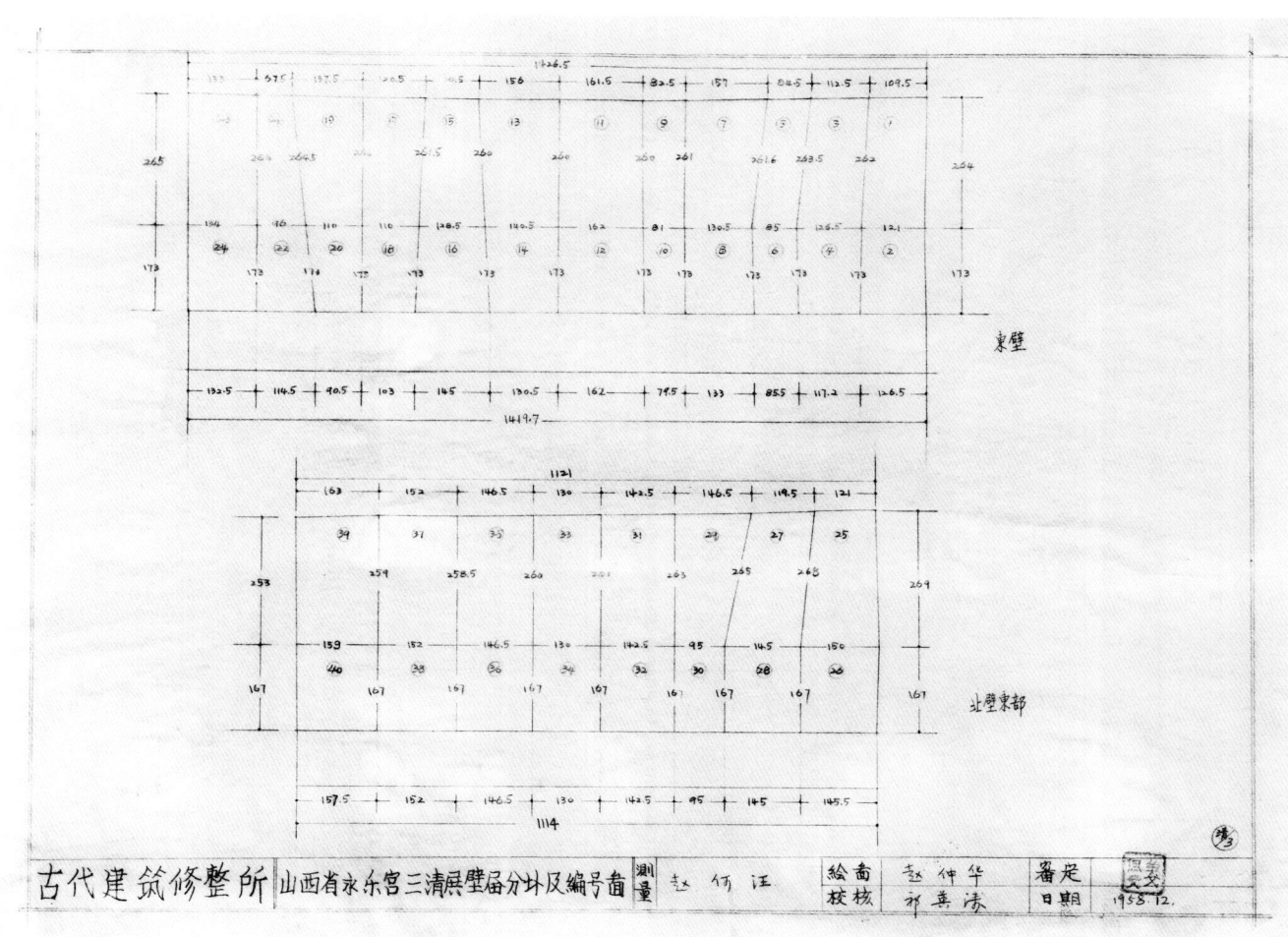

图版 T-347 三清殿东壁和北壁东部壁画分块及编号图

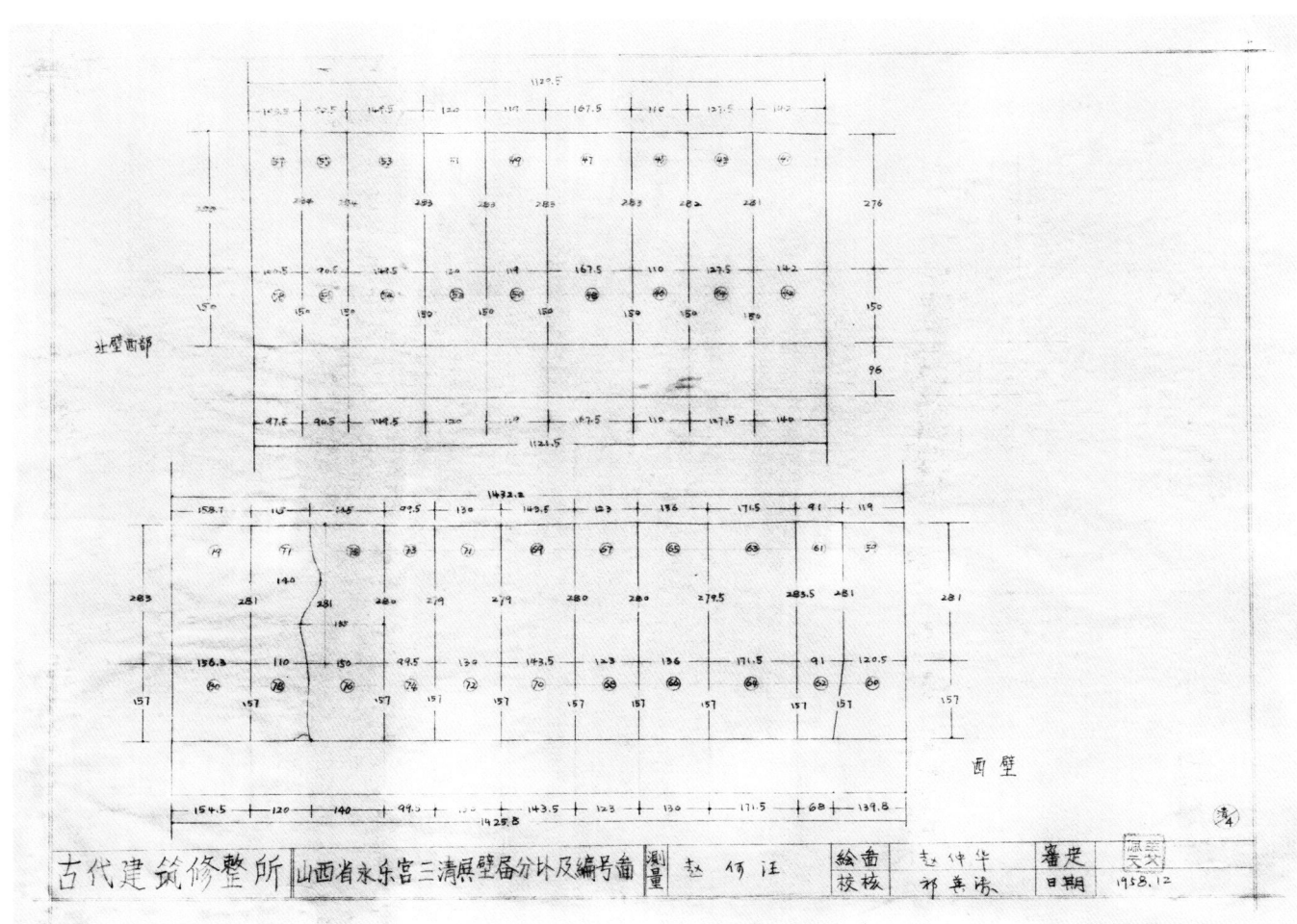

图版 T-348　三清殿西壁和北壁西部壁画揭取分块及编号图

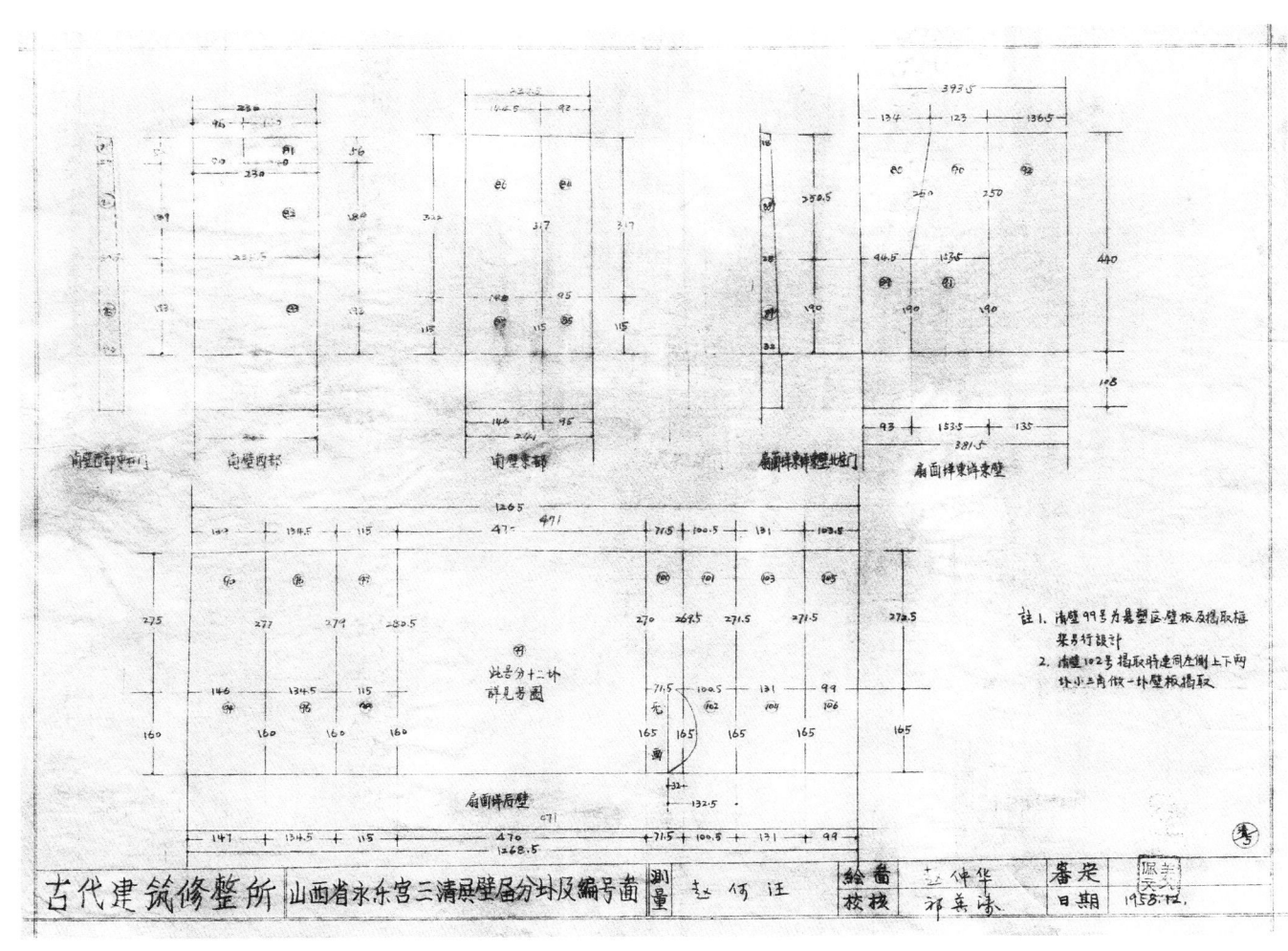

图版 T-349　三清殿南壁和扇面墙壁画揭取分块及编号图

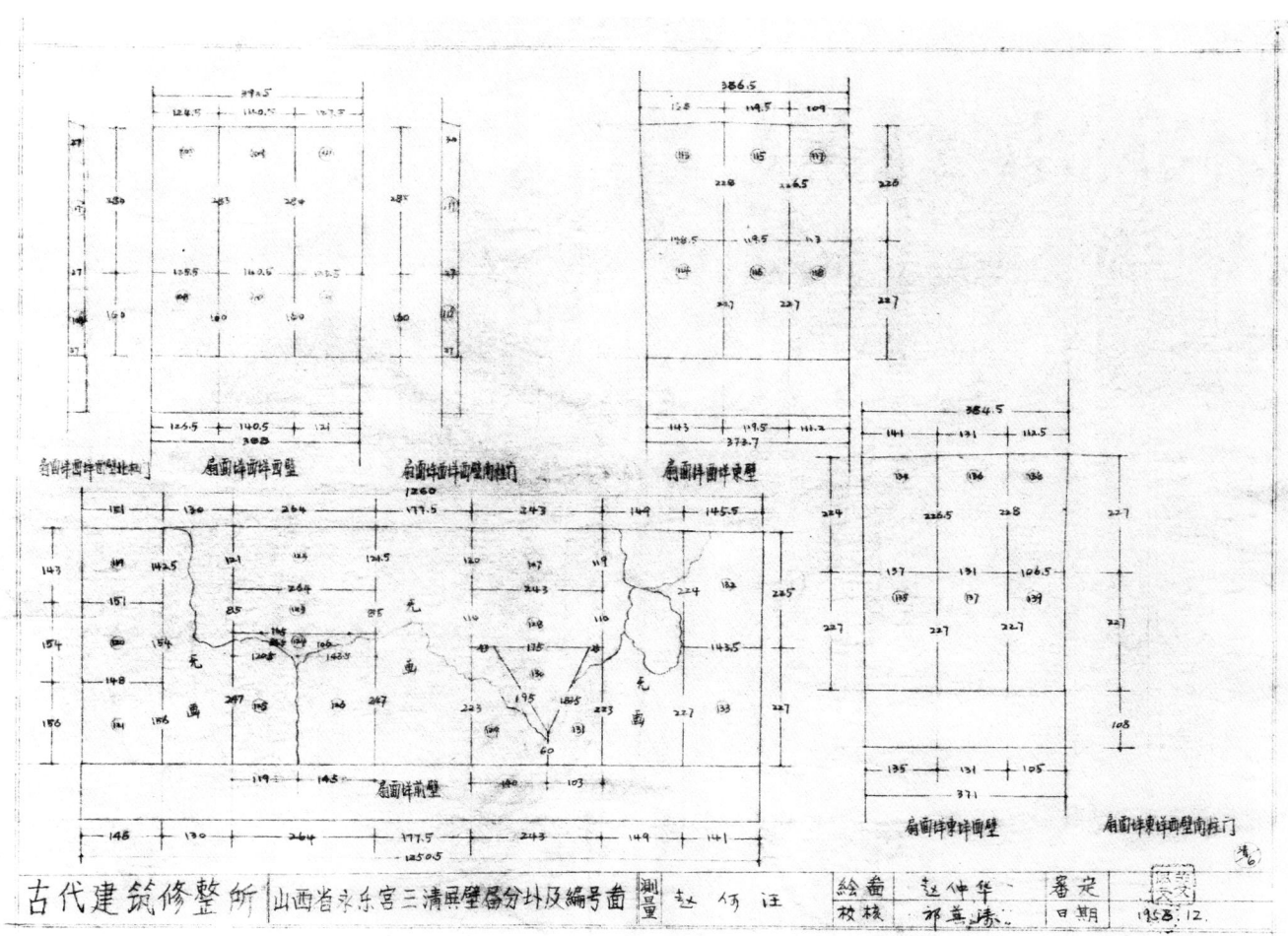

图版 T-350　三清殿扇面样壁画揭取分块及编号图

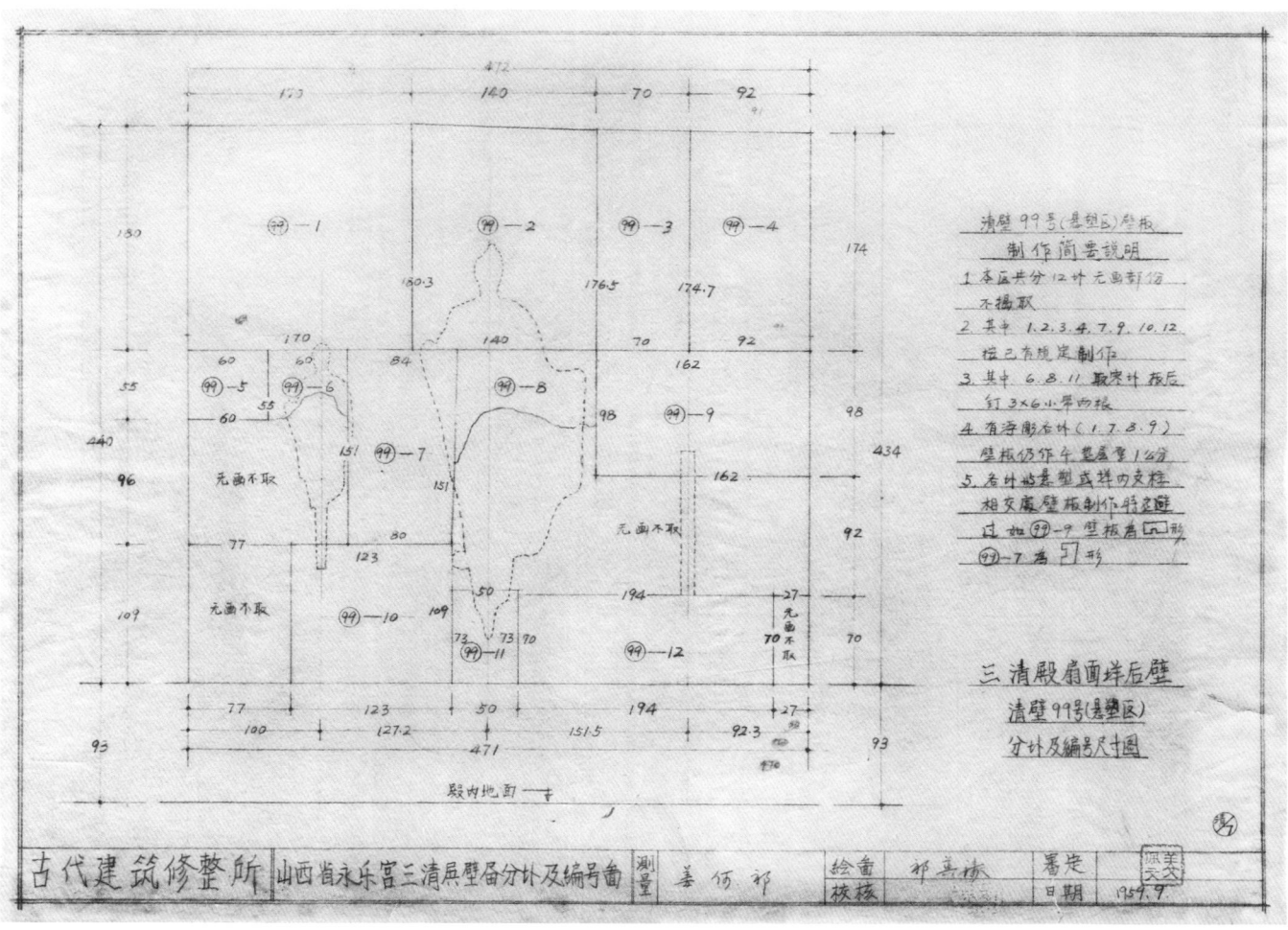

图版 T-351　三清殿悬塑分块及编号图

3.1.3 纯阳殿

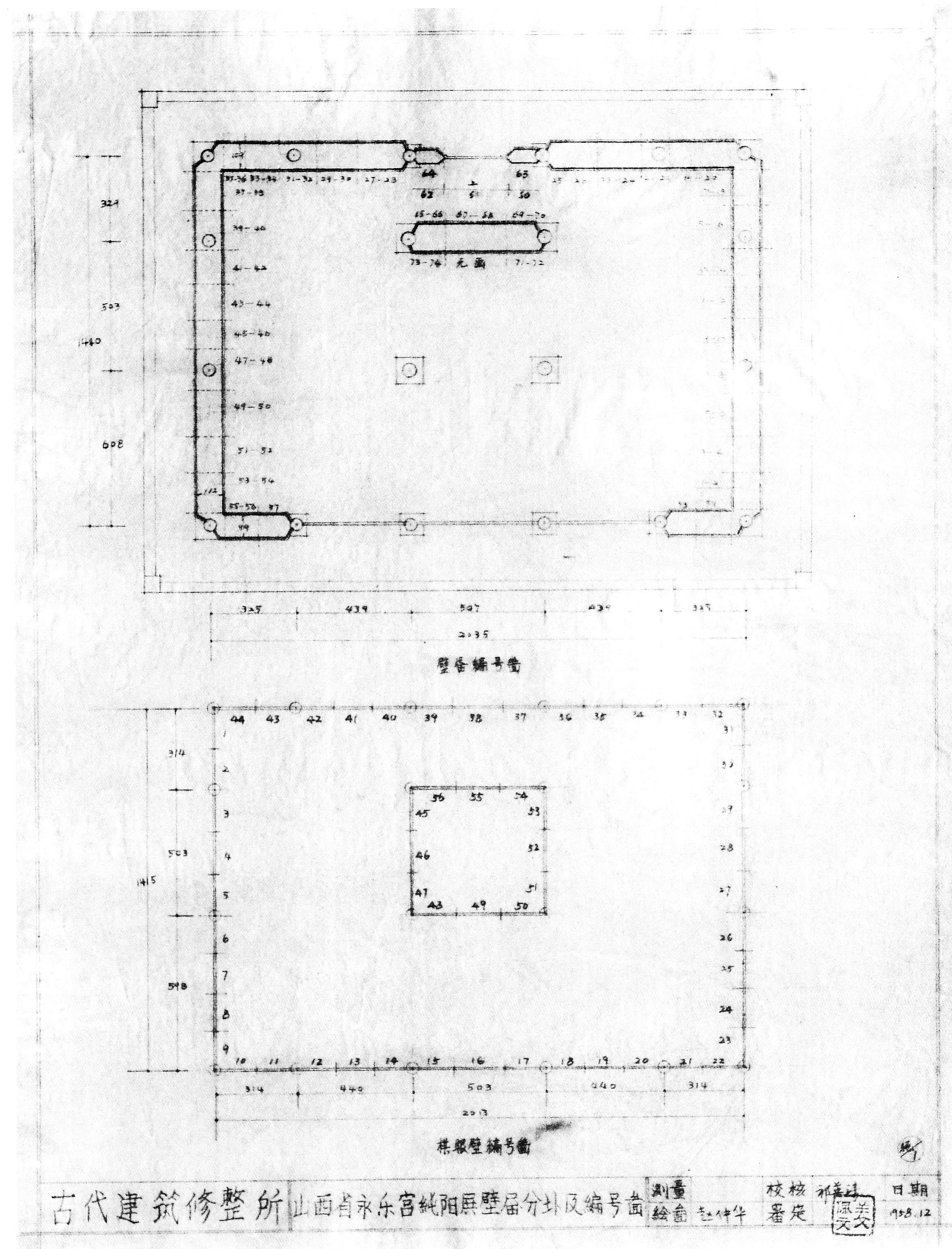

图版 T-352　三清殿壁画和栱眼壁揭取分块及编号总图

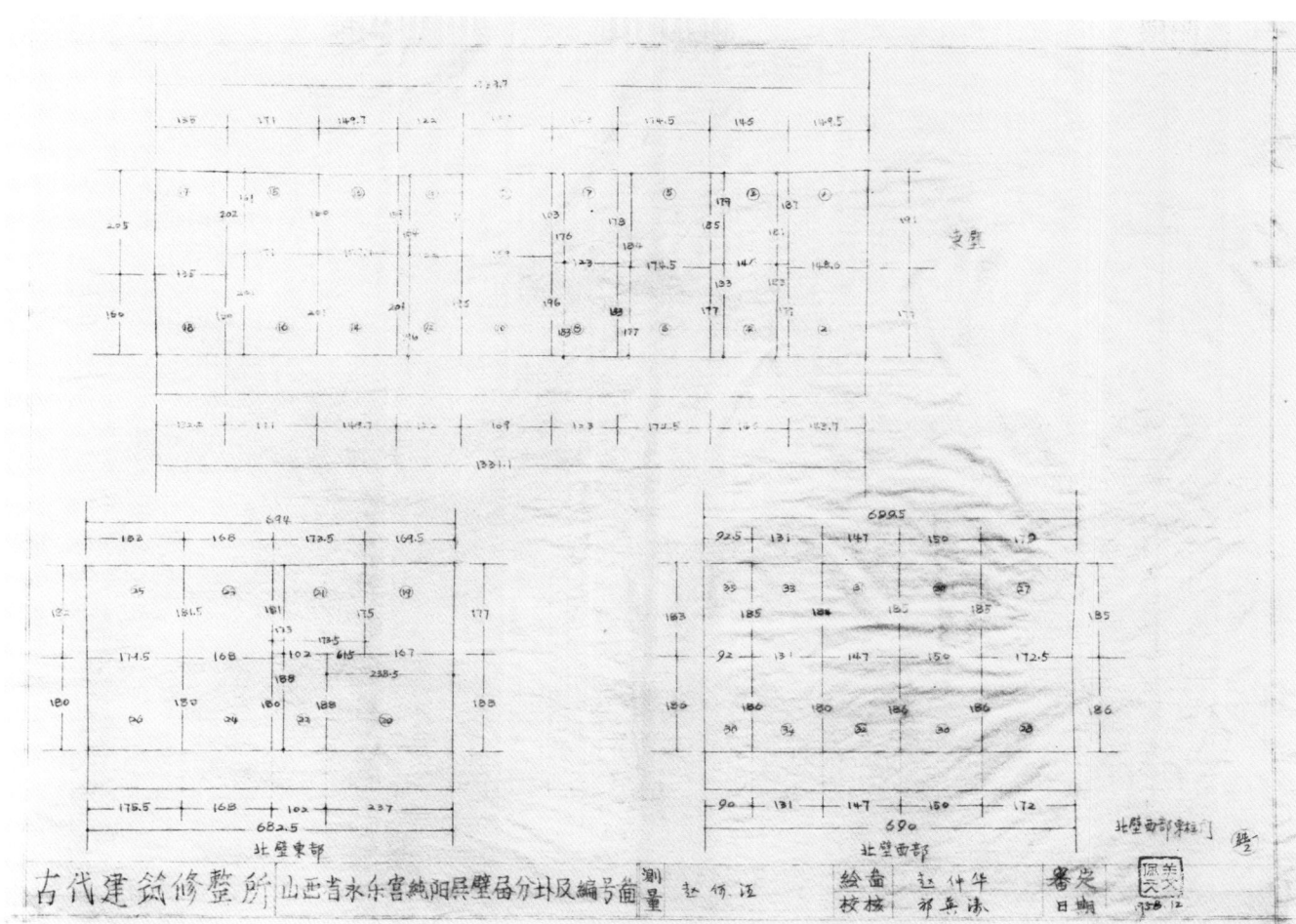

图版 T-353　纯阳殿东壁和北壁壁画揭取分块及编号图

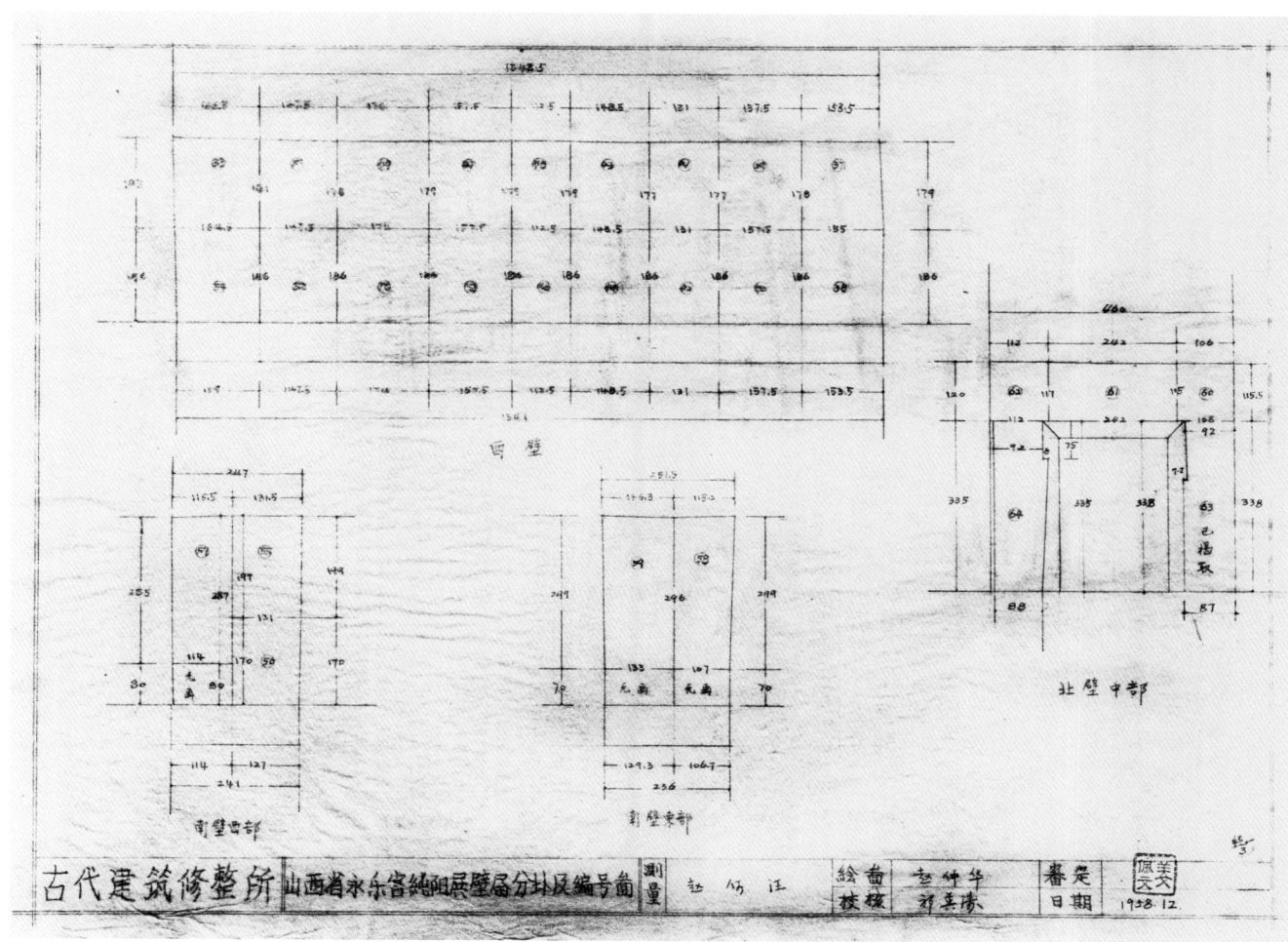

图版 T-354　纯阳殿西壁和西壁壁画揭取分块及编号图

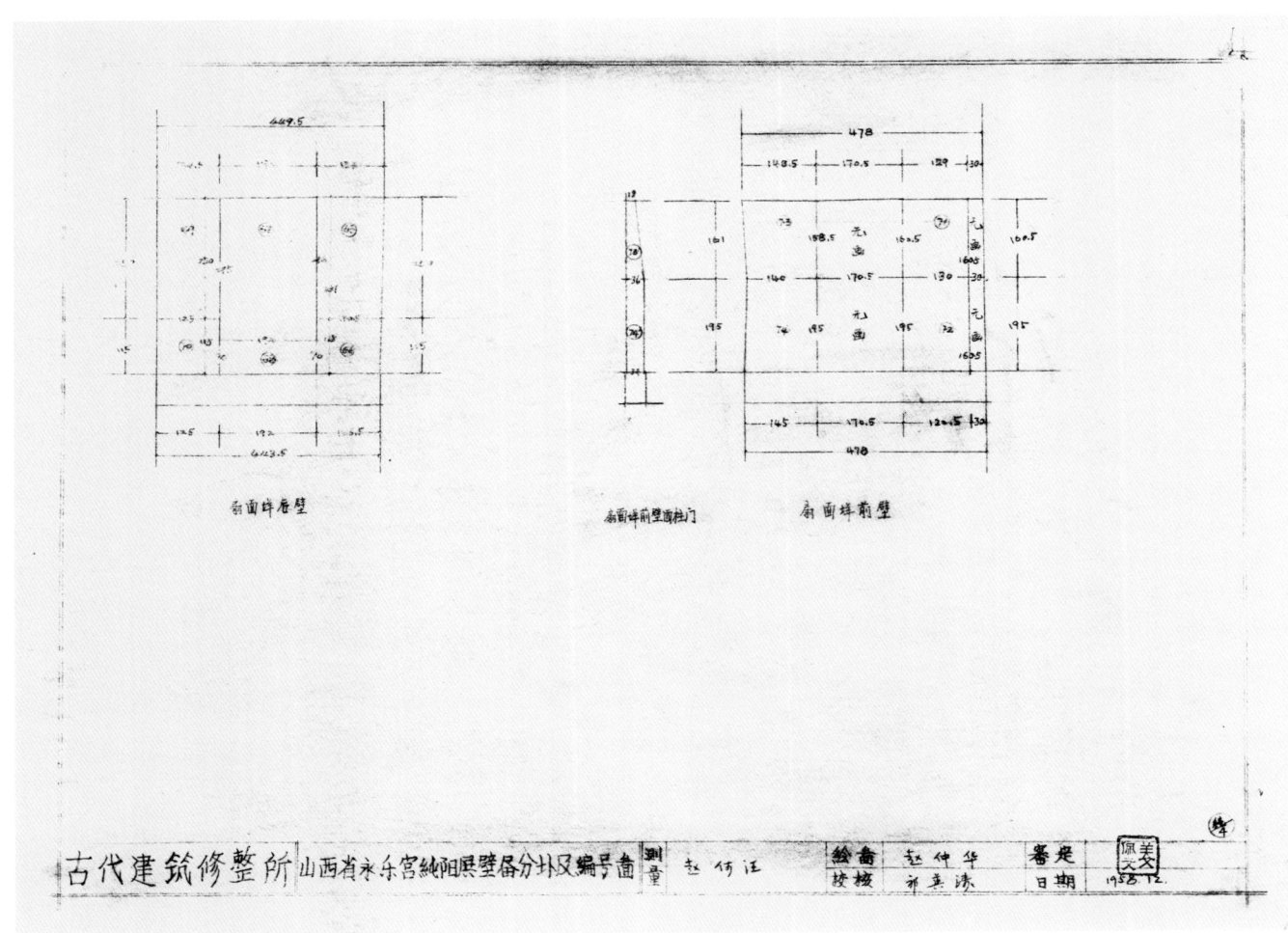

图版 T-355 纯阳殿扇面墙壁画揭取分块及编号图

3.1.4 重阳殿

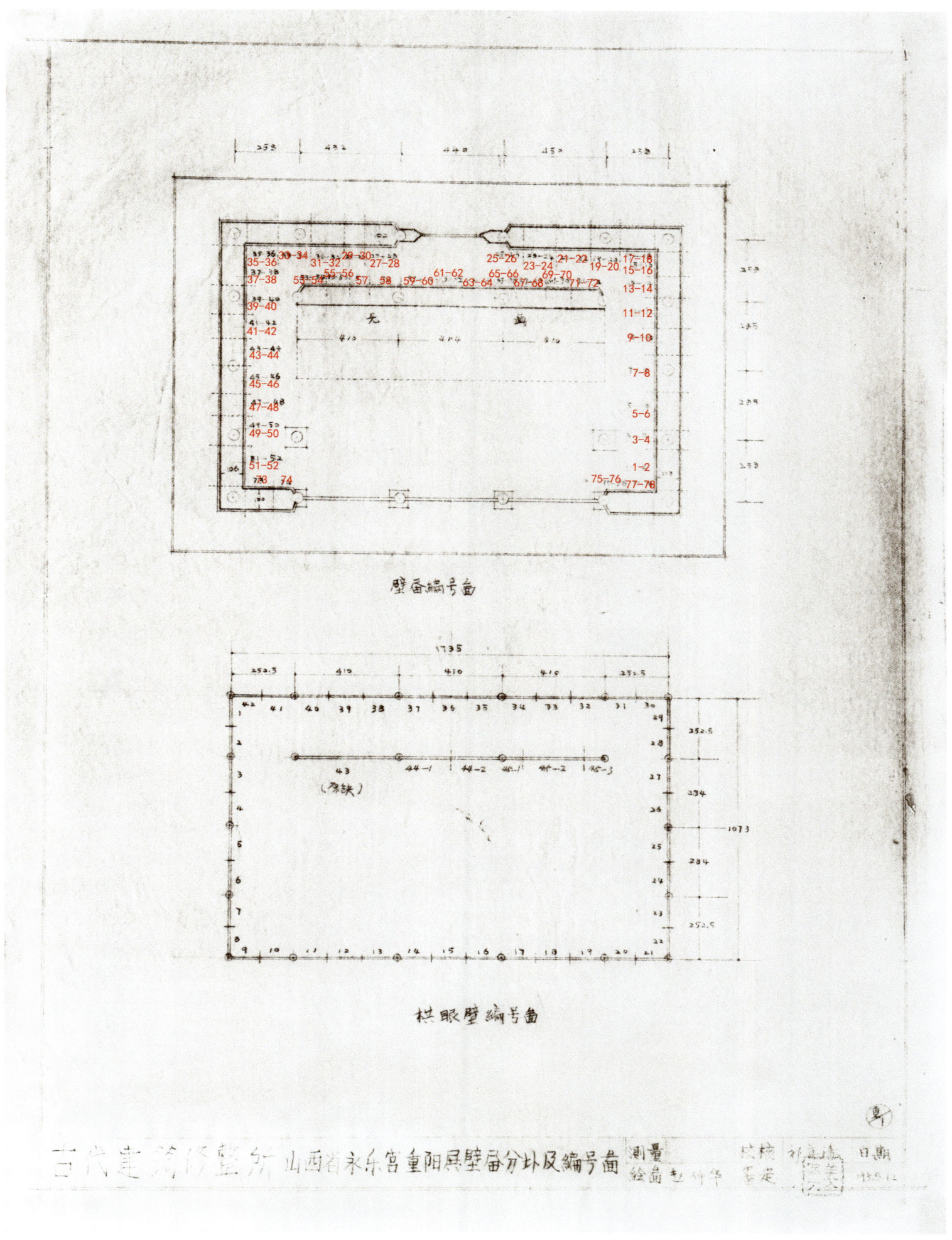

图版 T-356 重阳殿壁画和栱眼壁揭取分块及编号总图

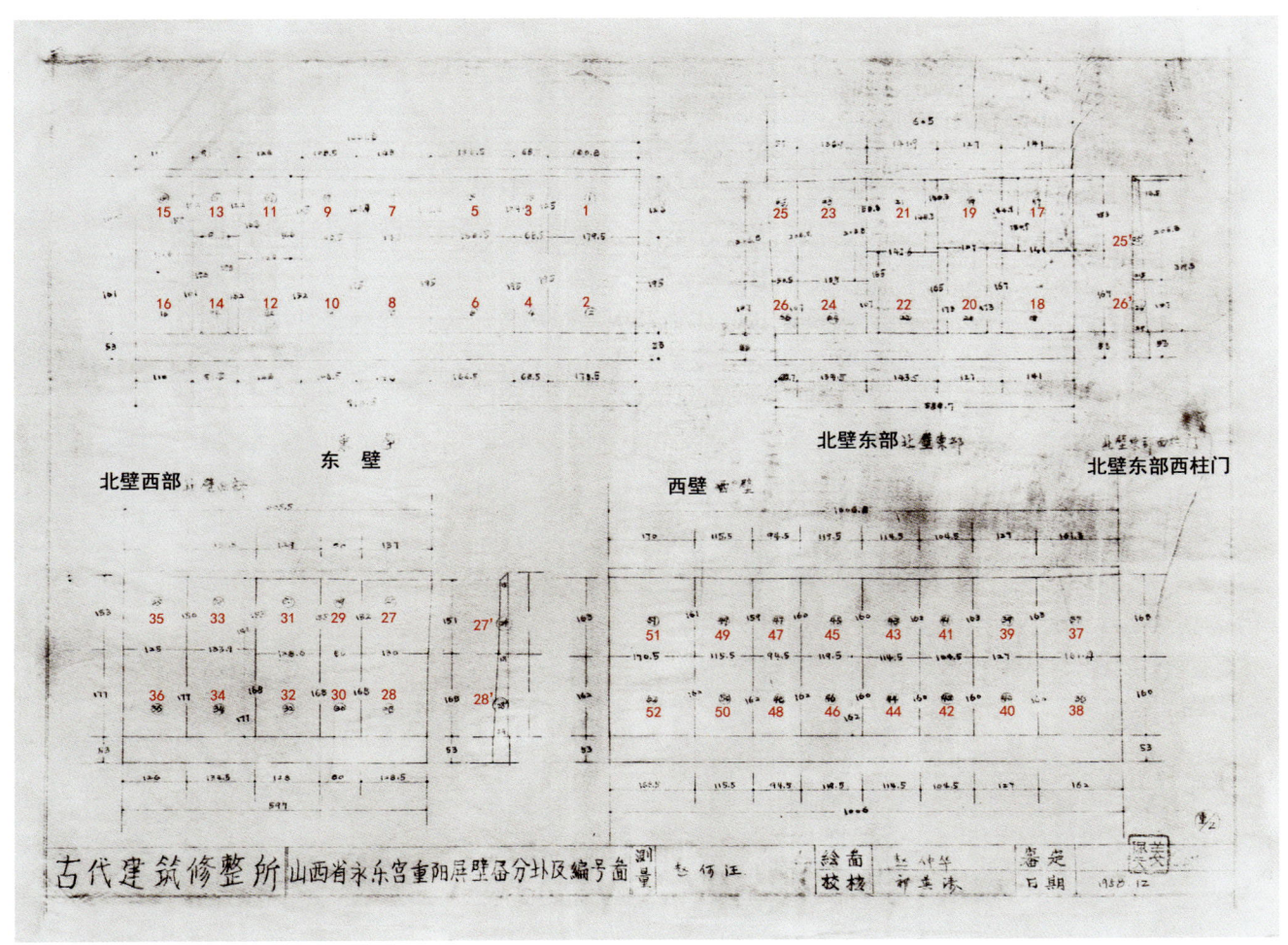

图版 T-357　重阳殿东、西、北壁壁画揭取分块及编号图

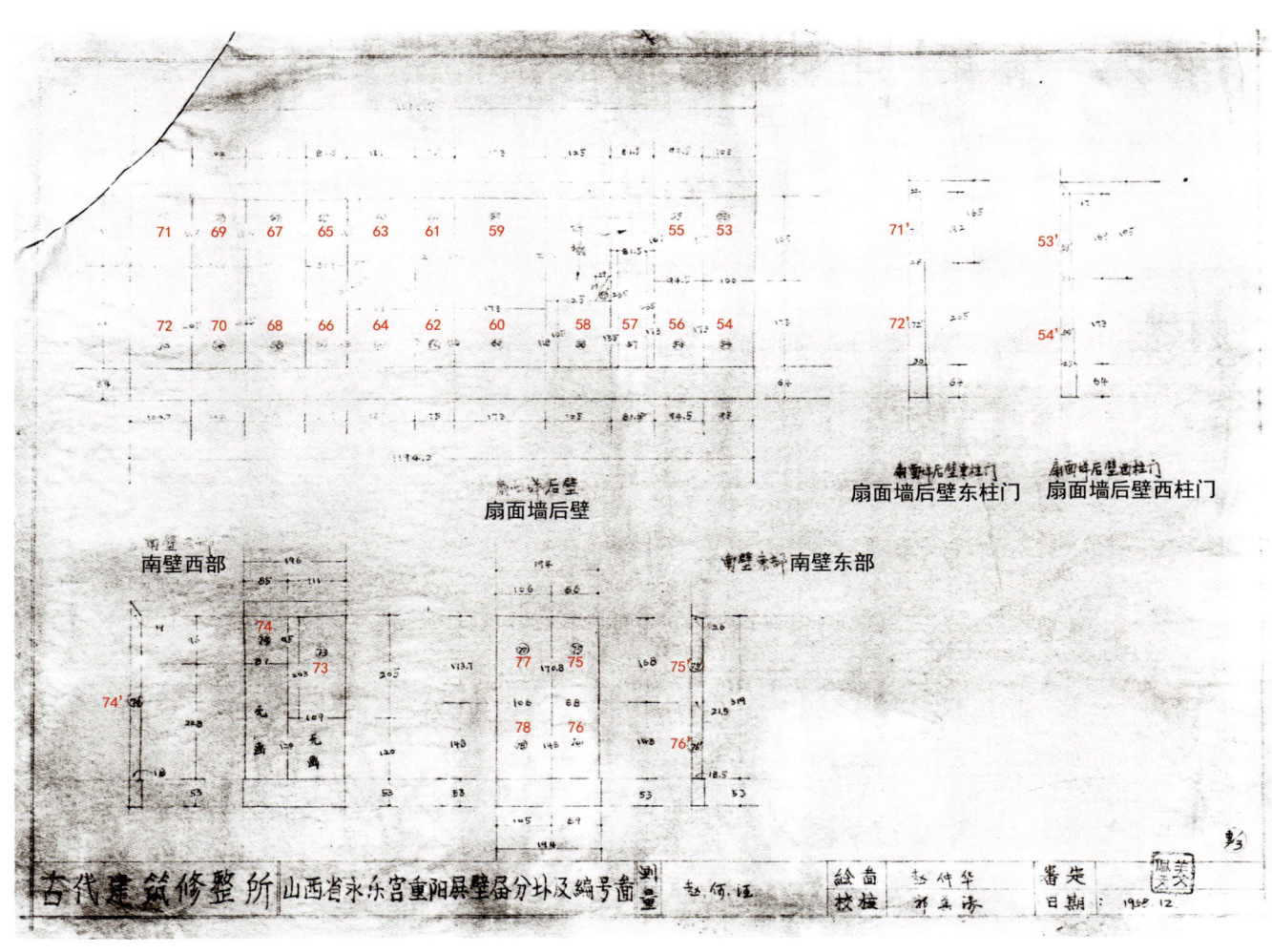

图版 T-358　重阳殿南壁和扇面墙壁画揭取分块及编号图

3.2 壁画迁移保护工具设计图及辅助设施

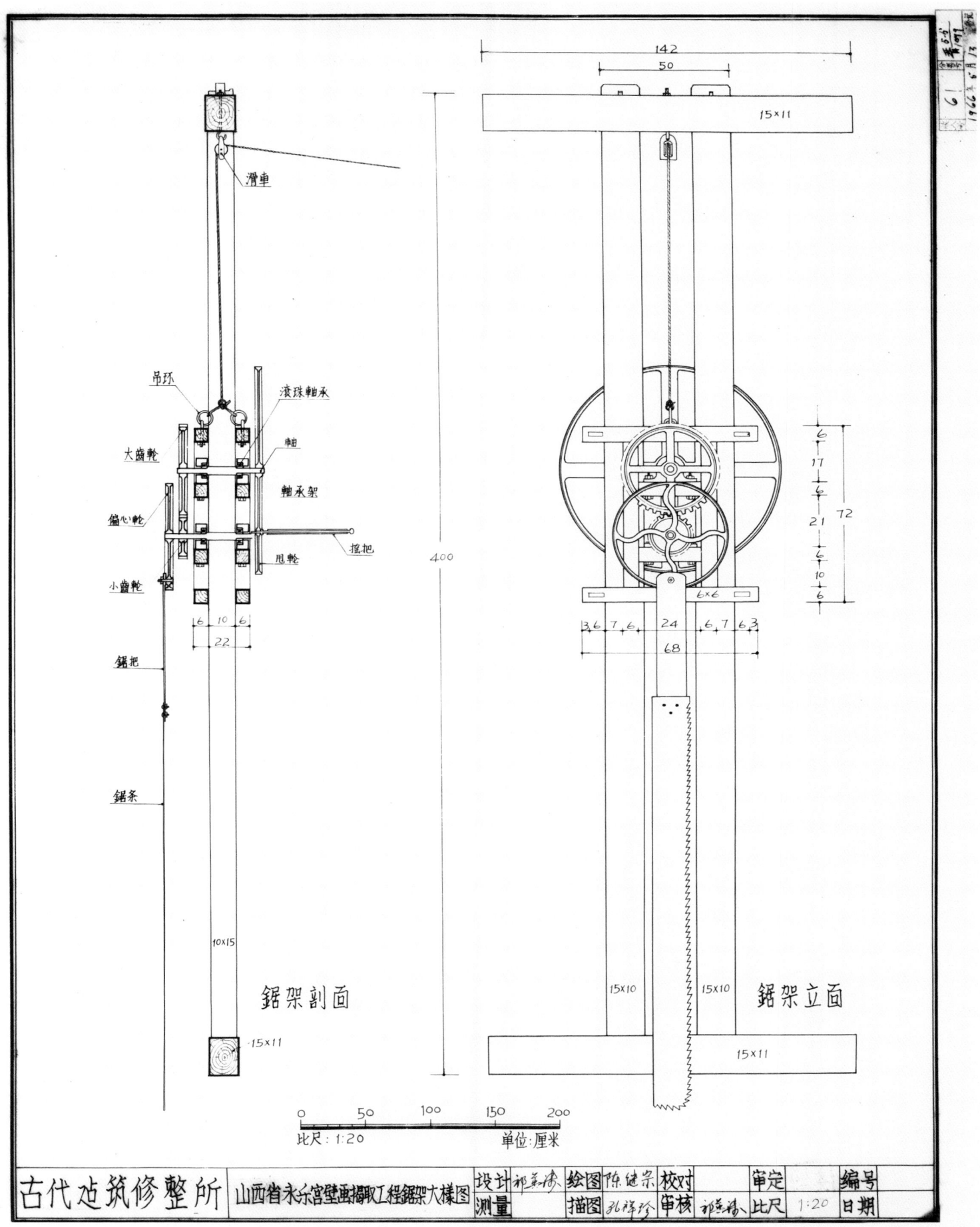

图版 T-359 手摇锯

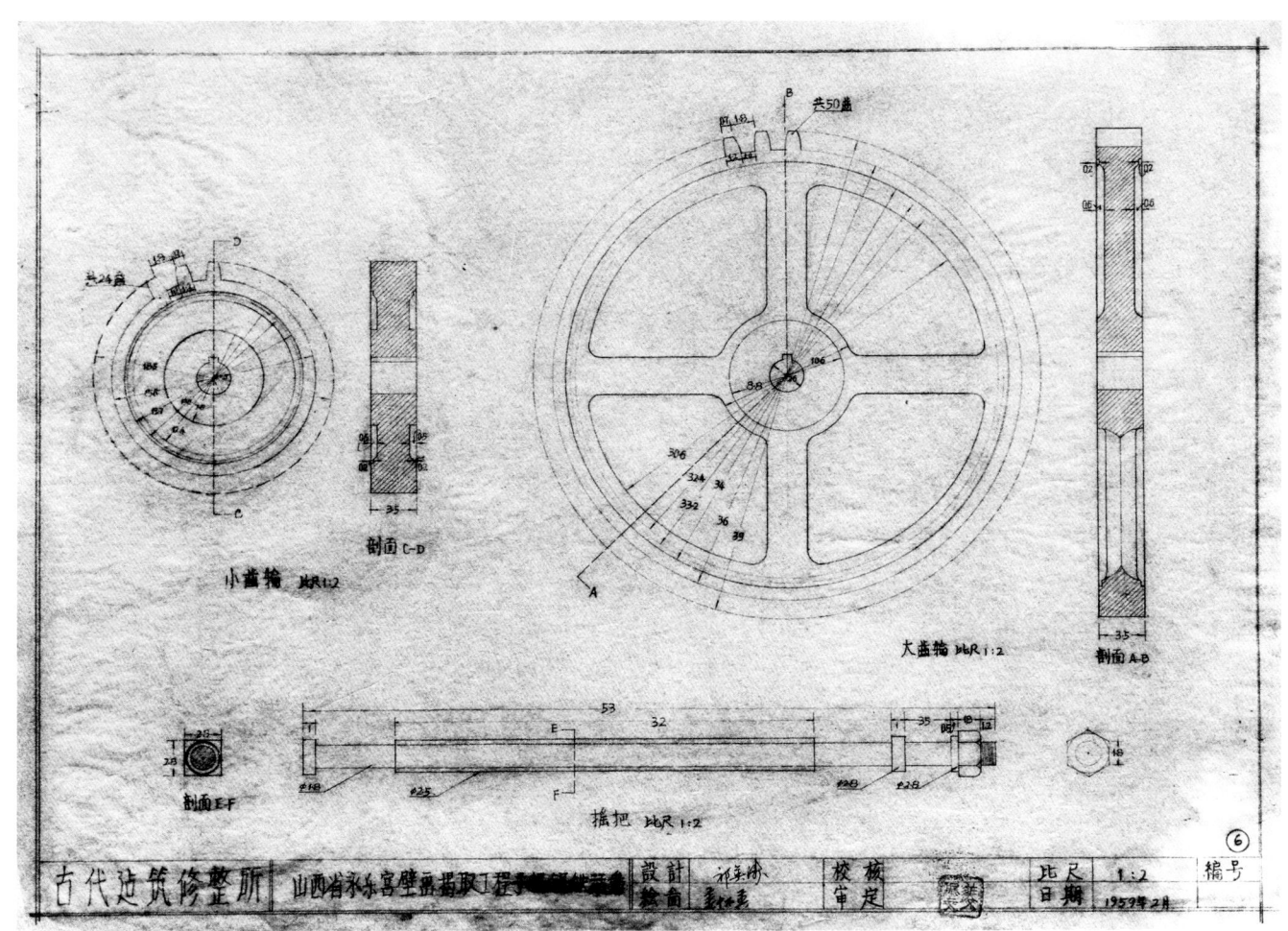

图版 T-360　手摇锯铁活设计图

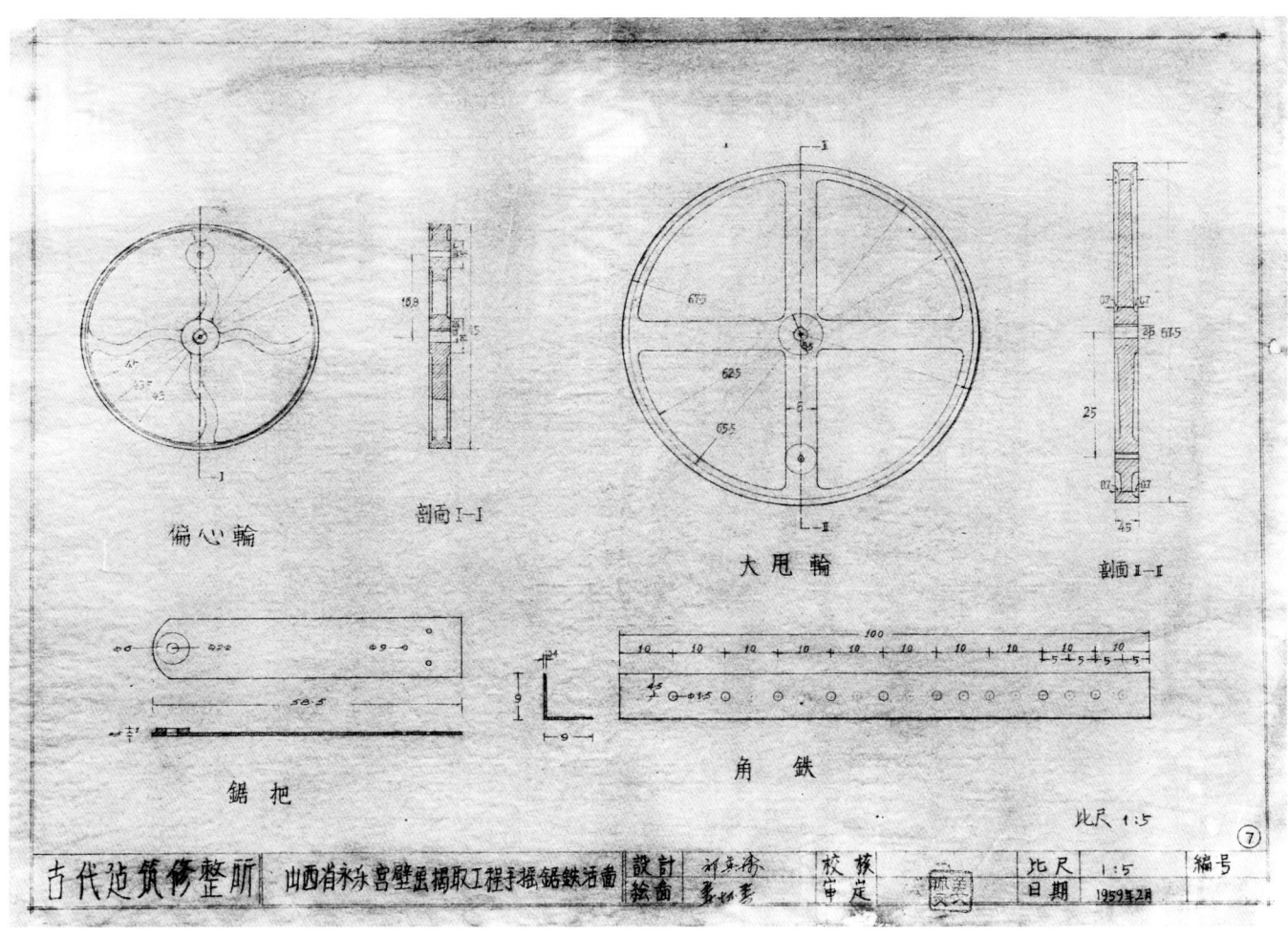

图版 T-361　手摇锯铁活

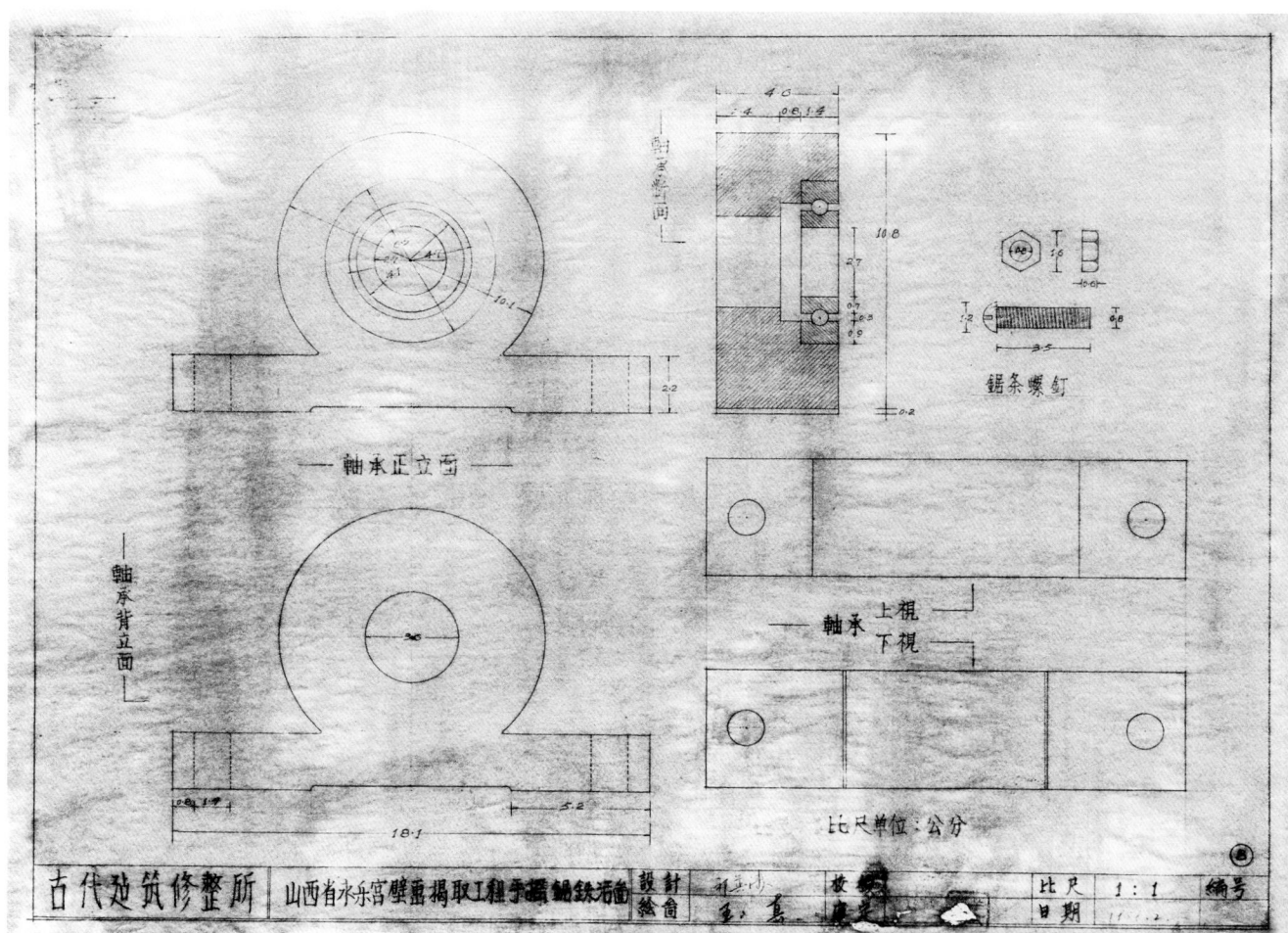

图版 T-362　手摇锯铁活

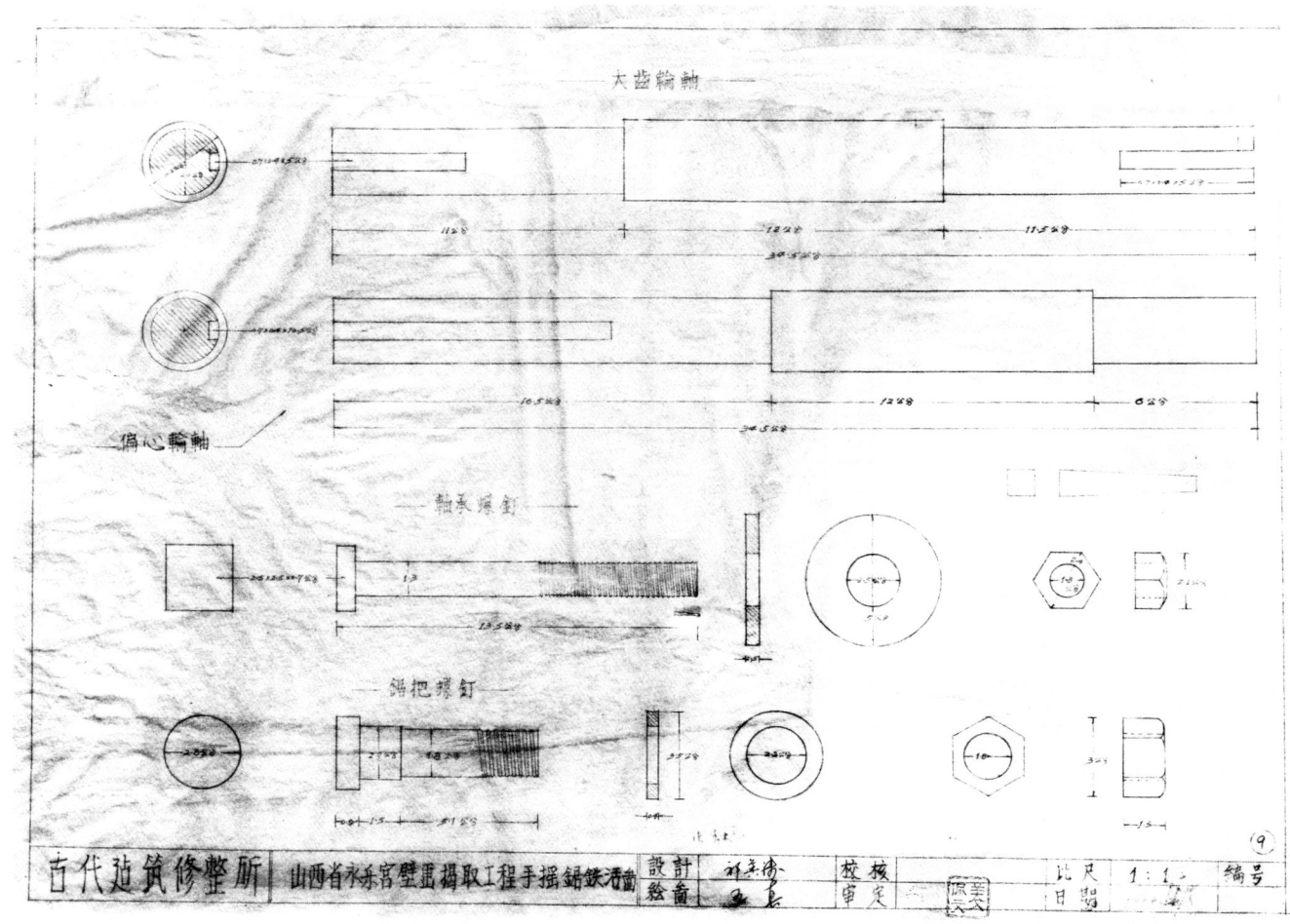

图版 T-363　手摇锯铁活

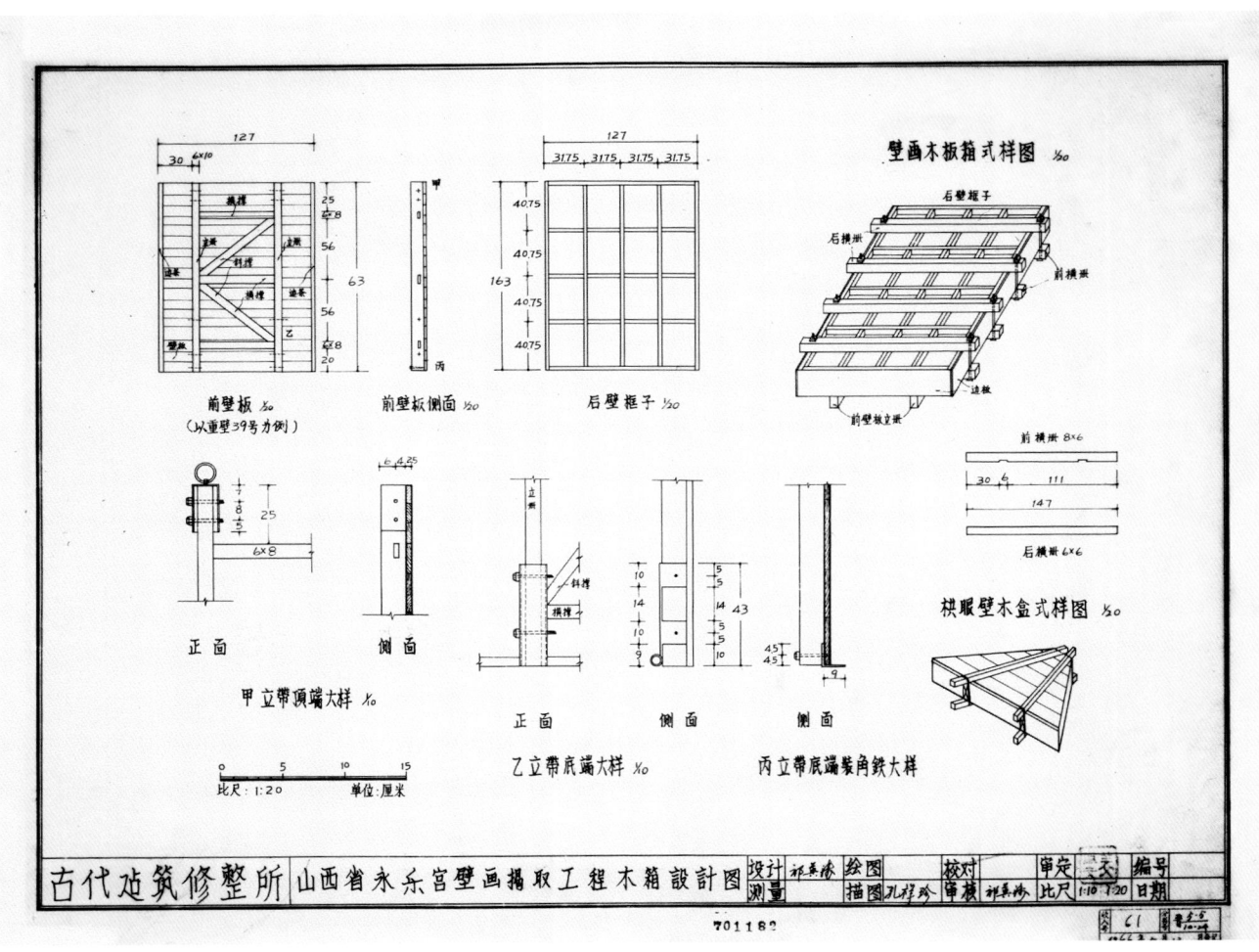

图版 T-364　壁板及木板箱

3.2.1 壁画揭取

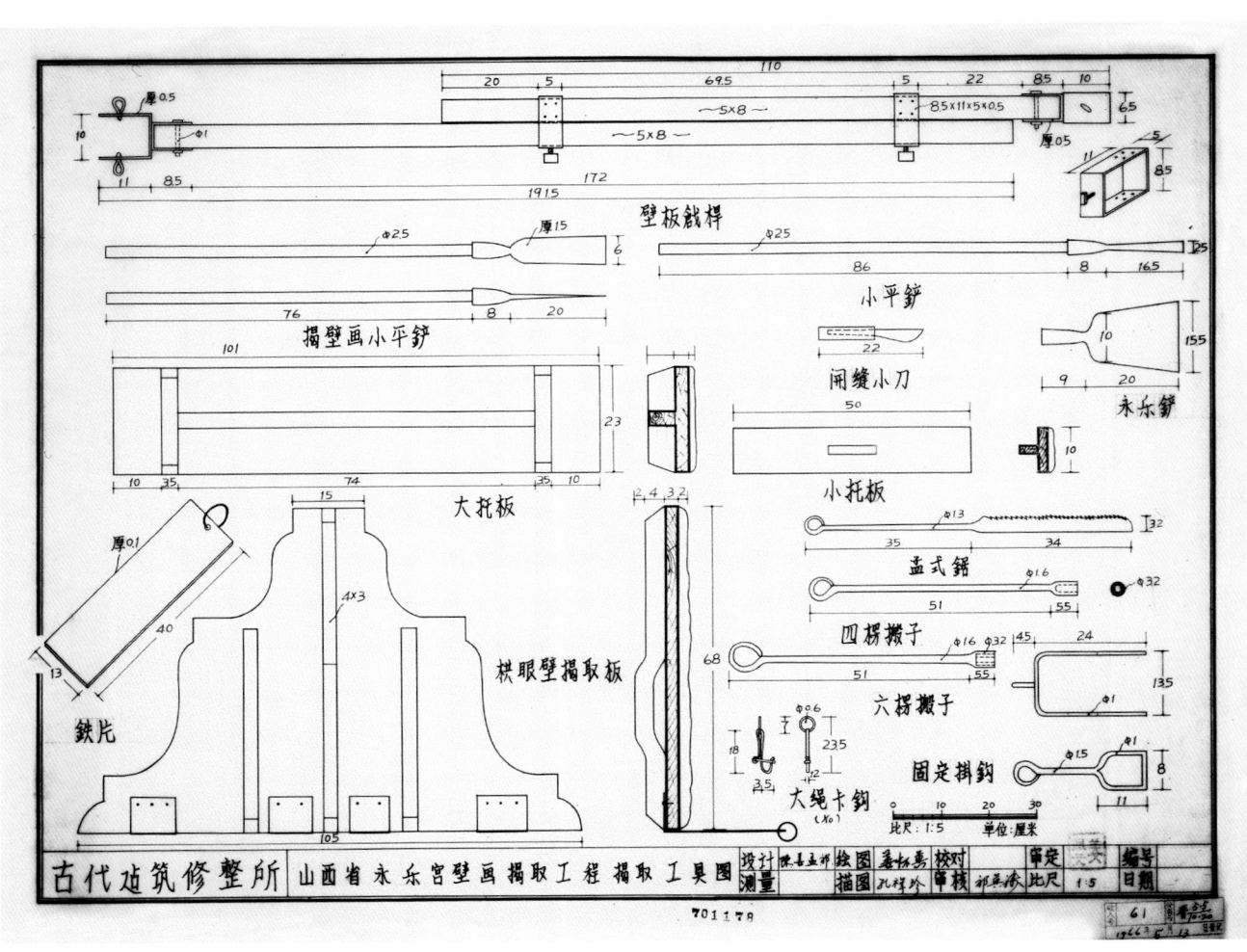

图版 T-365　栱眼壁板设计图

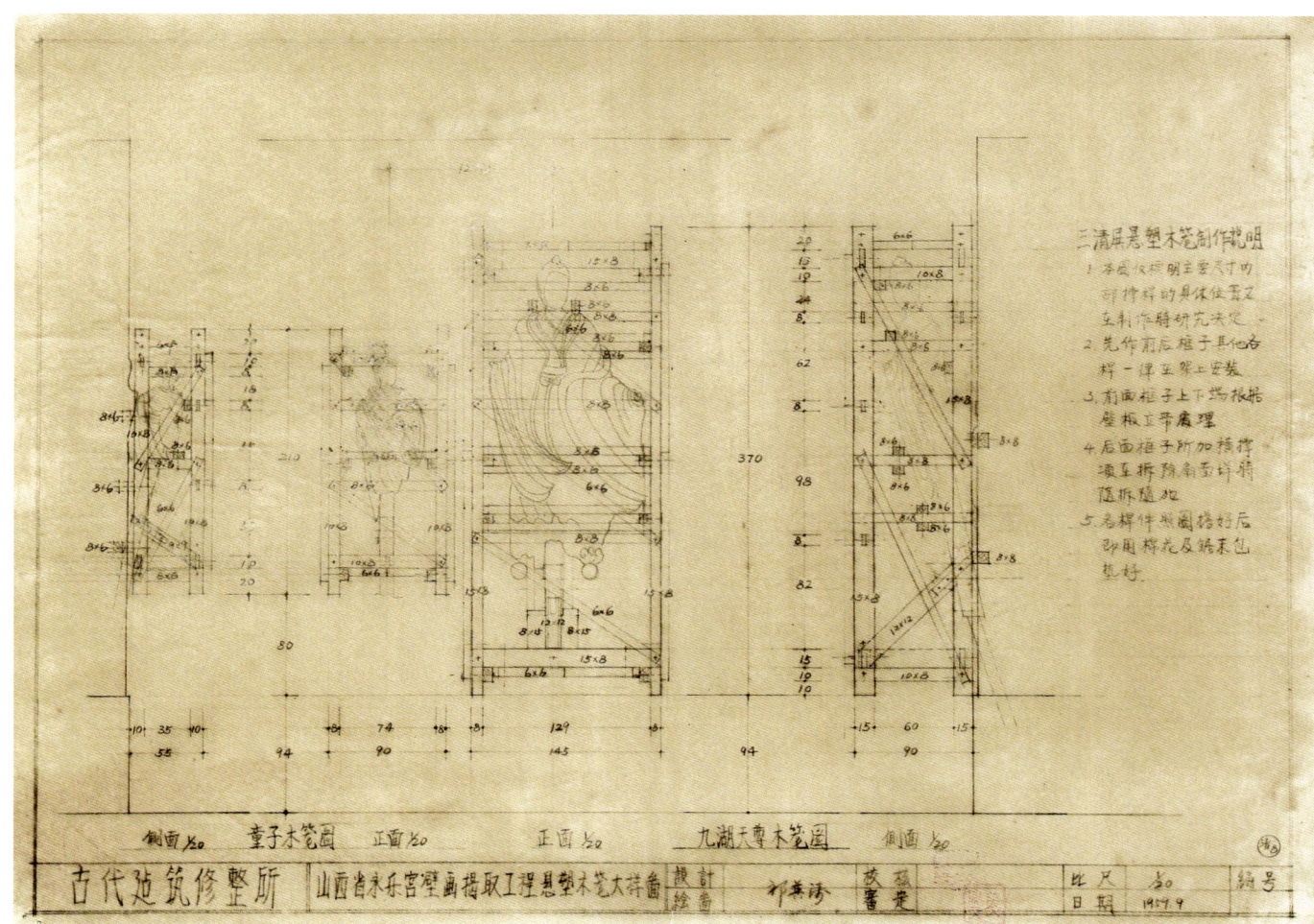

图版 T-366　木笼设计图

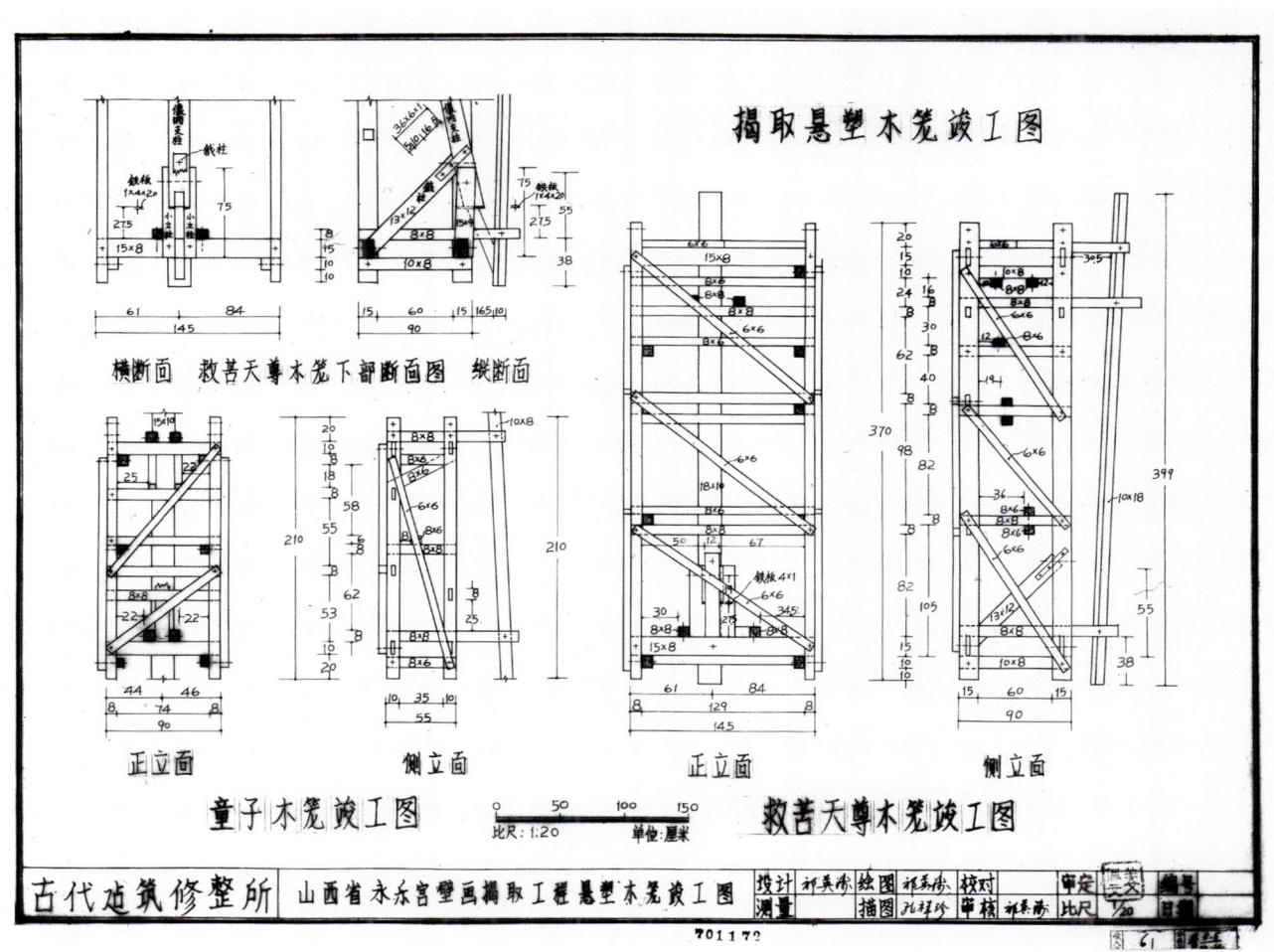

图版 T-367　木笼设计图

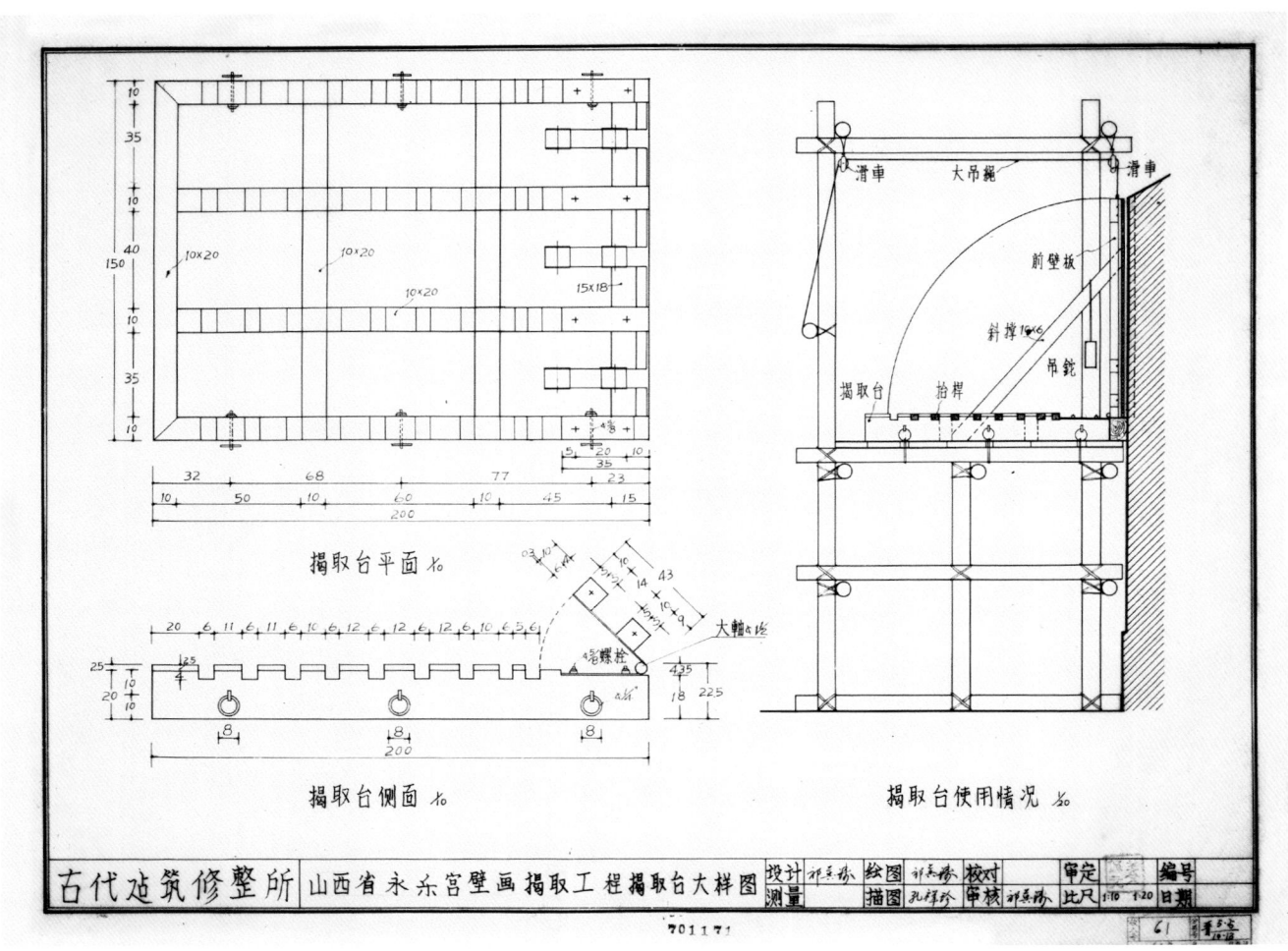

图版 T-368　揭取台

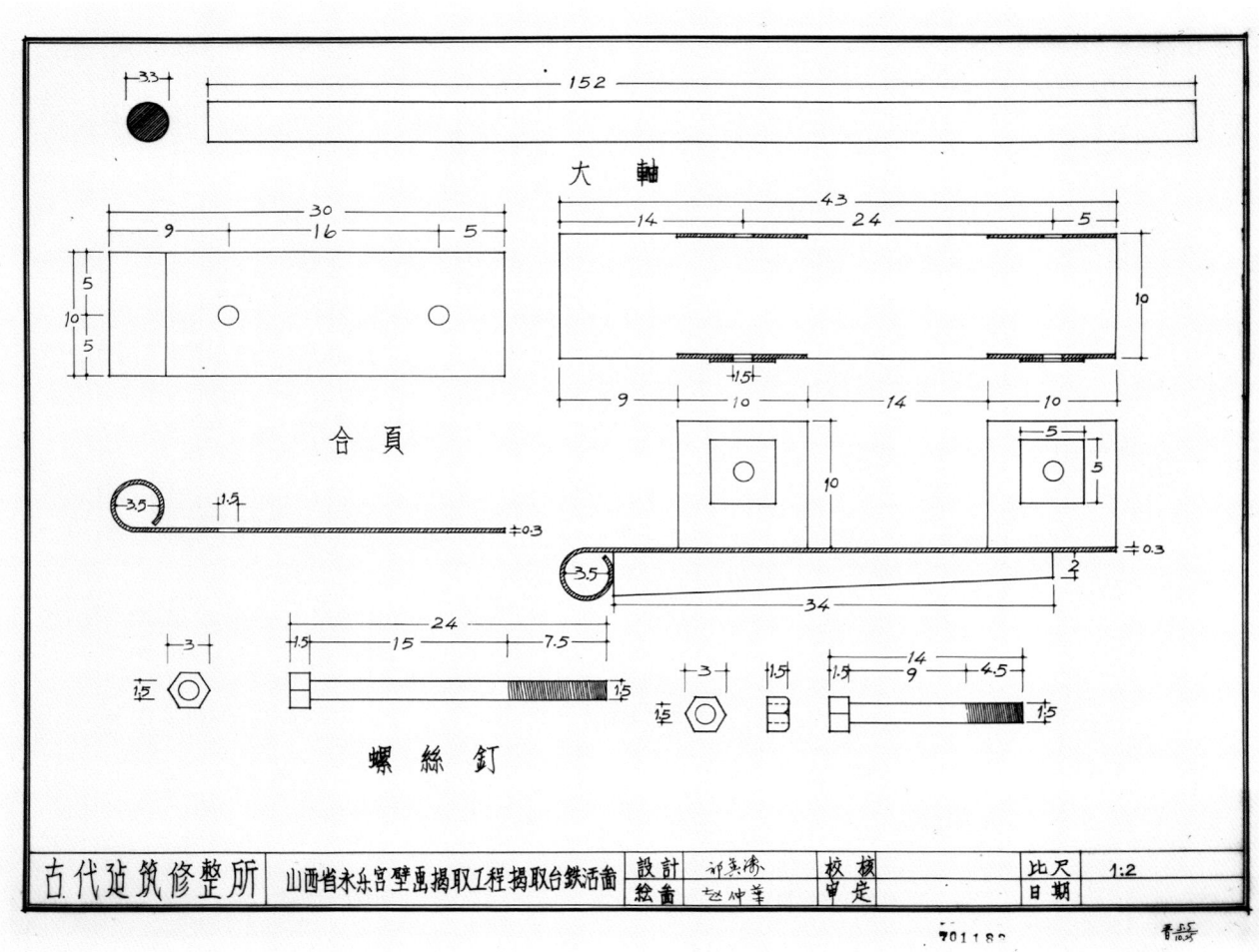

图版 T-369　揭取台铁活

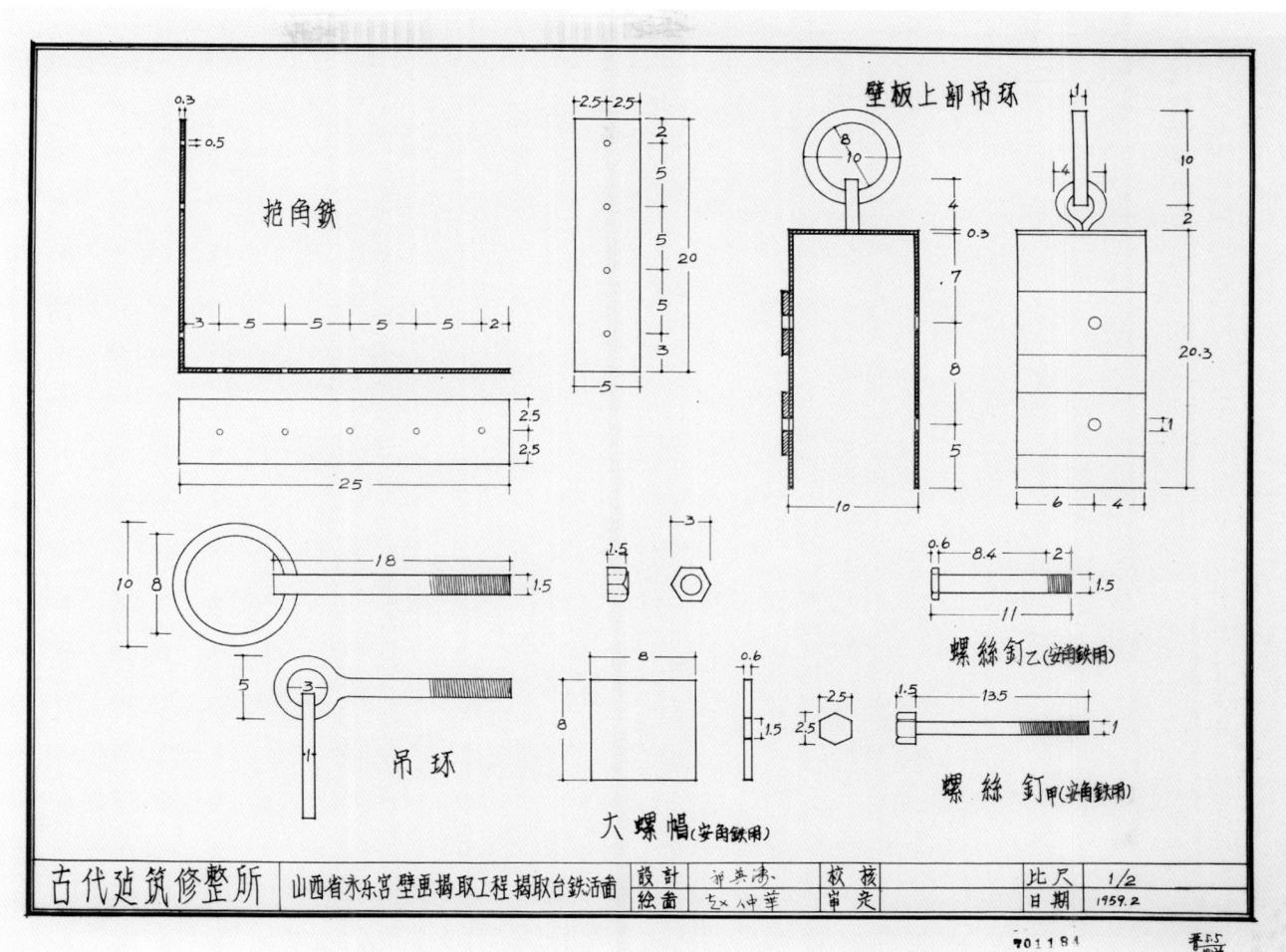

图版 T-370　揭取台铁活

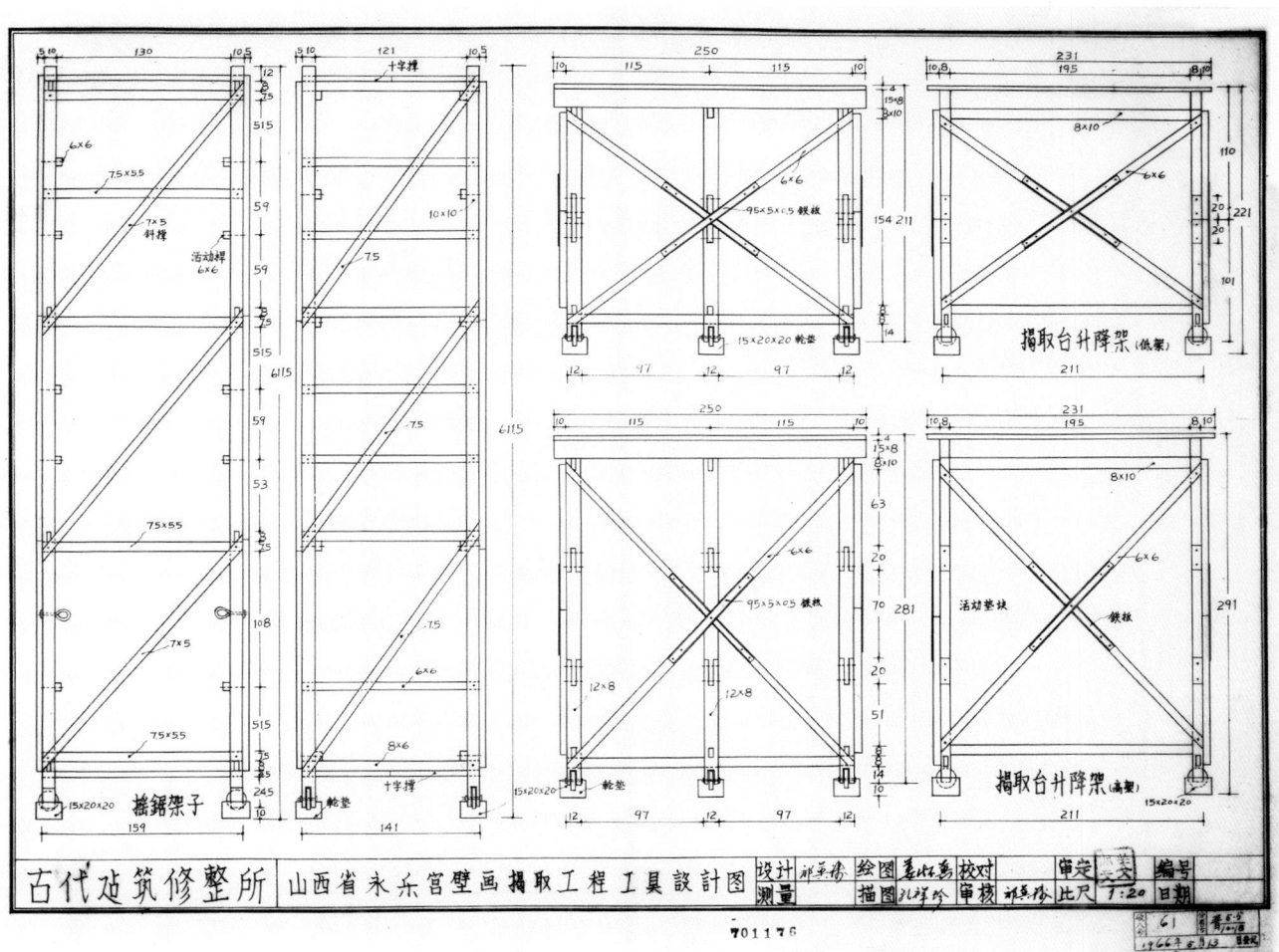

图版 T-371　揭取台升降架

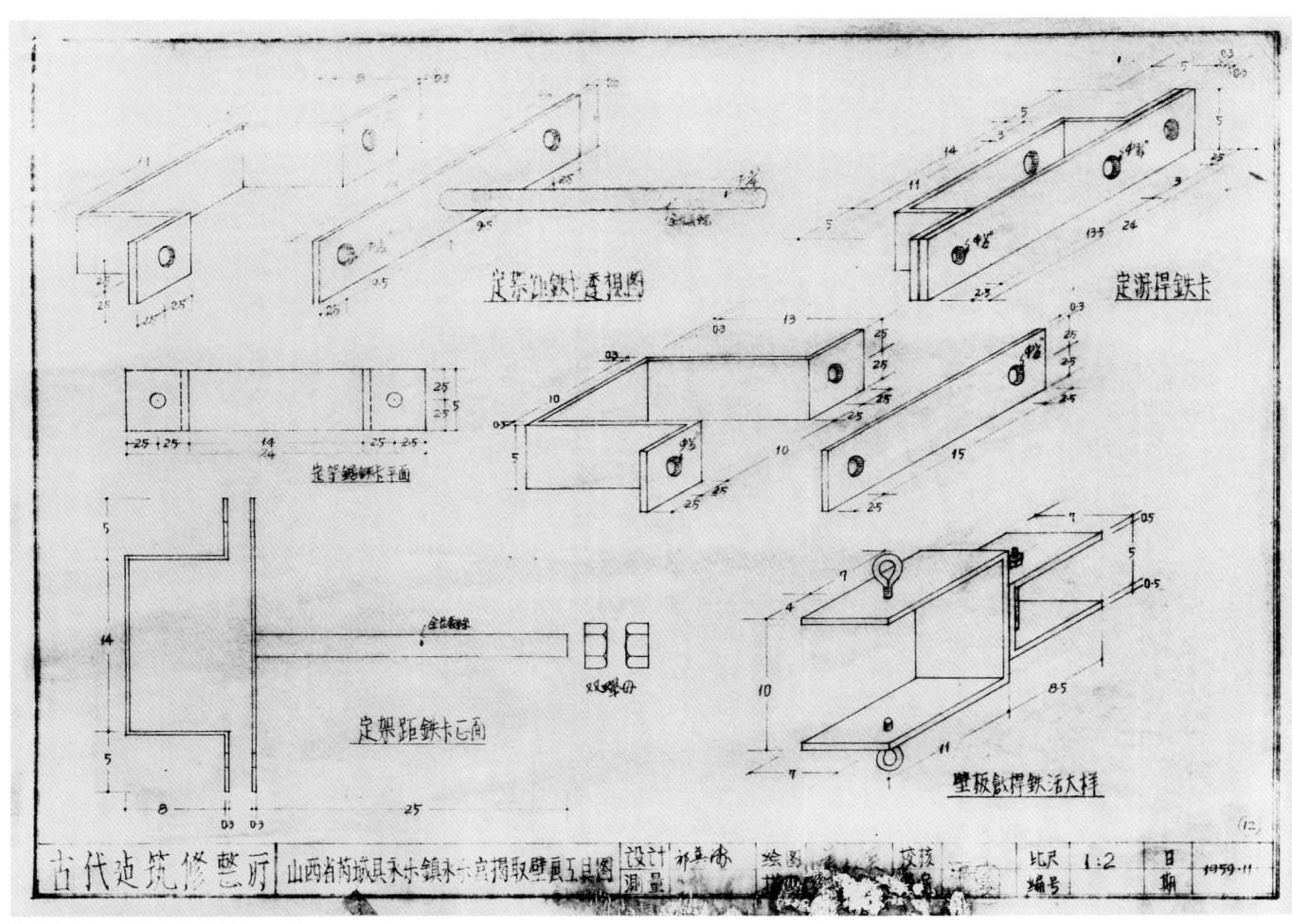

图版 T-372　揭取台铁活定架锯铁活

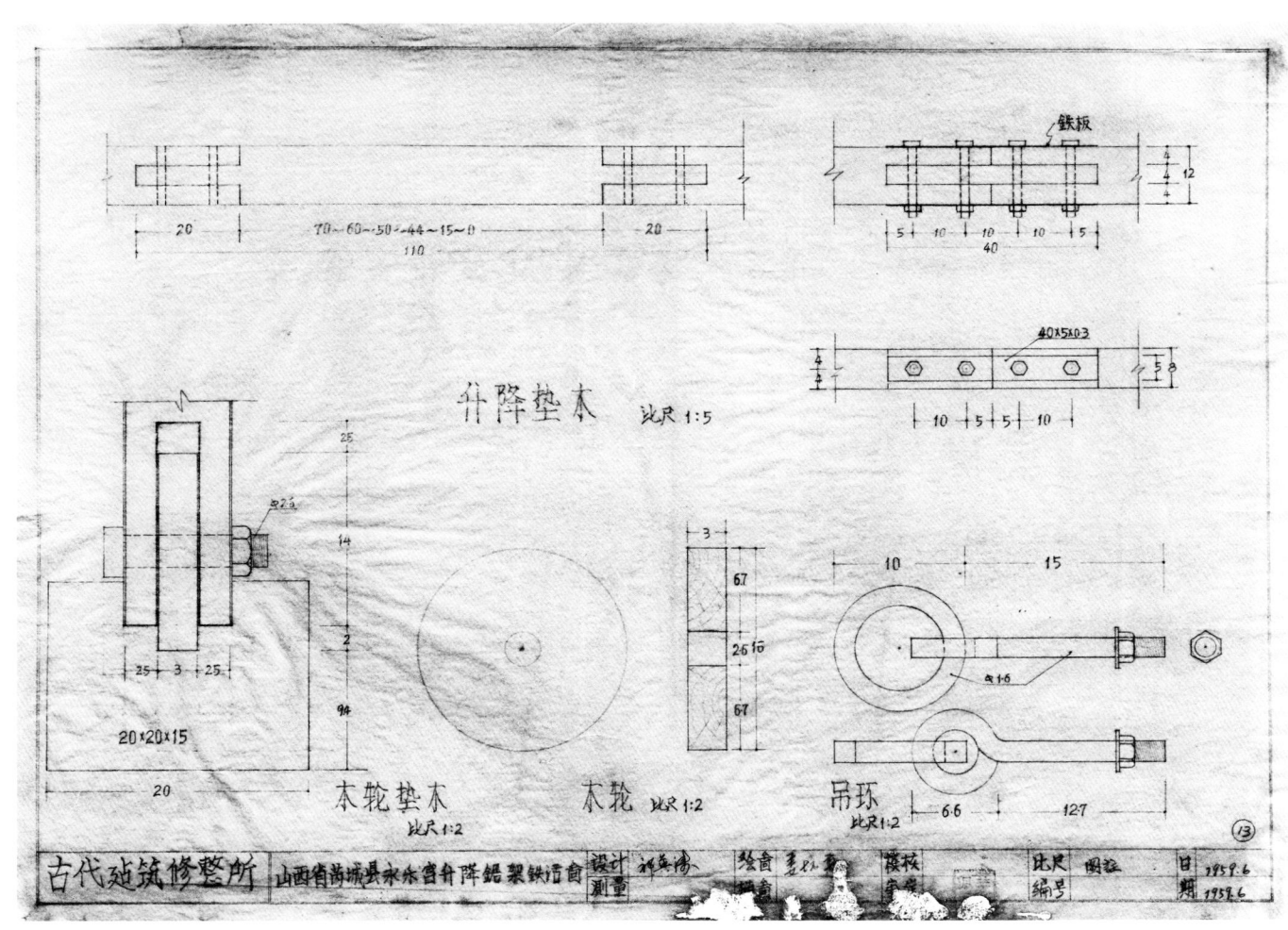

图版 T-373　揭取台铁活升降台铁活

3.2.2 壁画运输

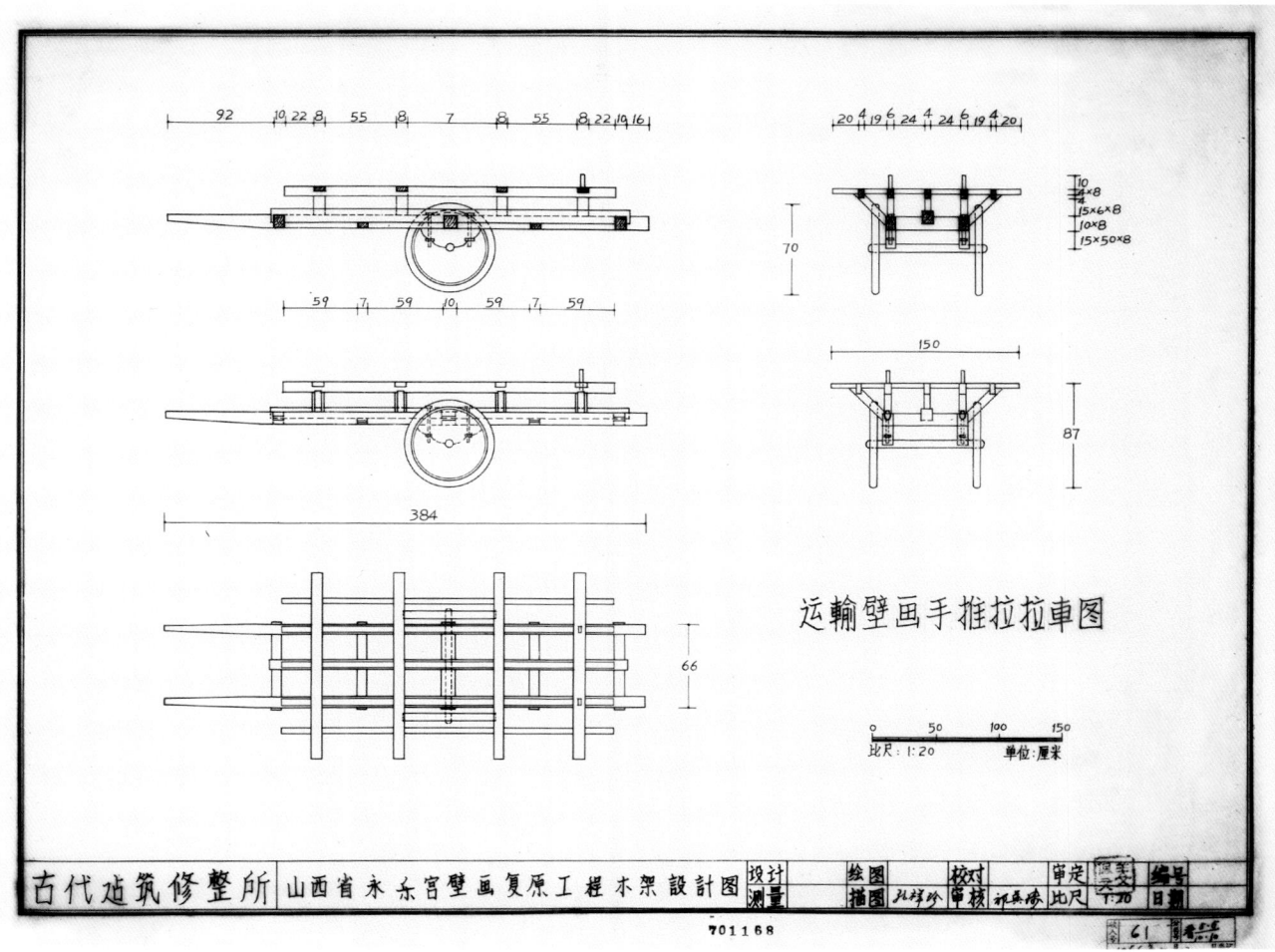

图版 T-374　手推车设计图

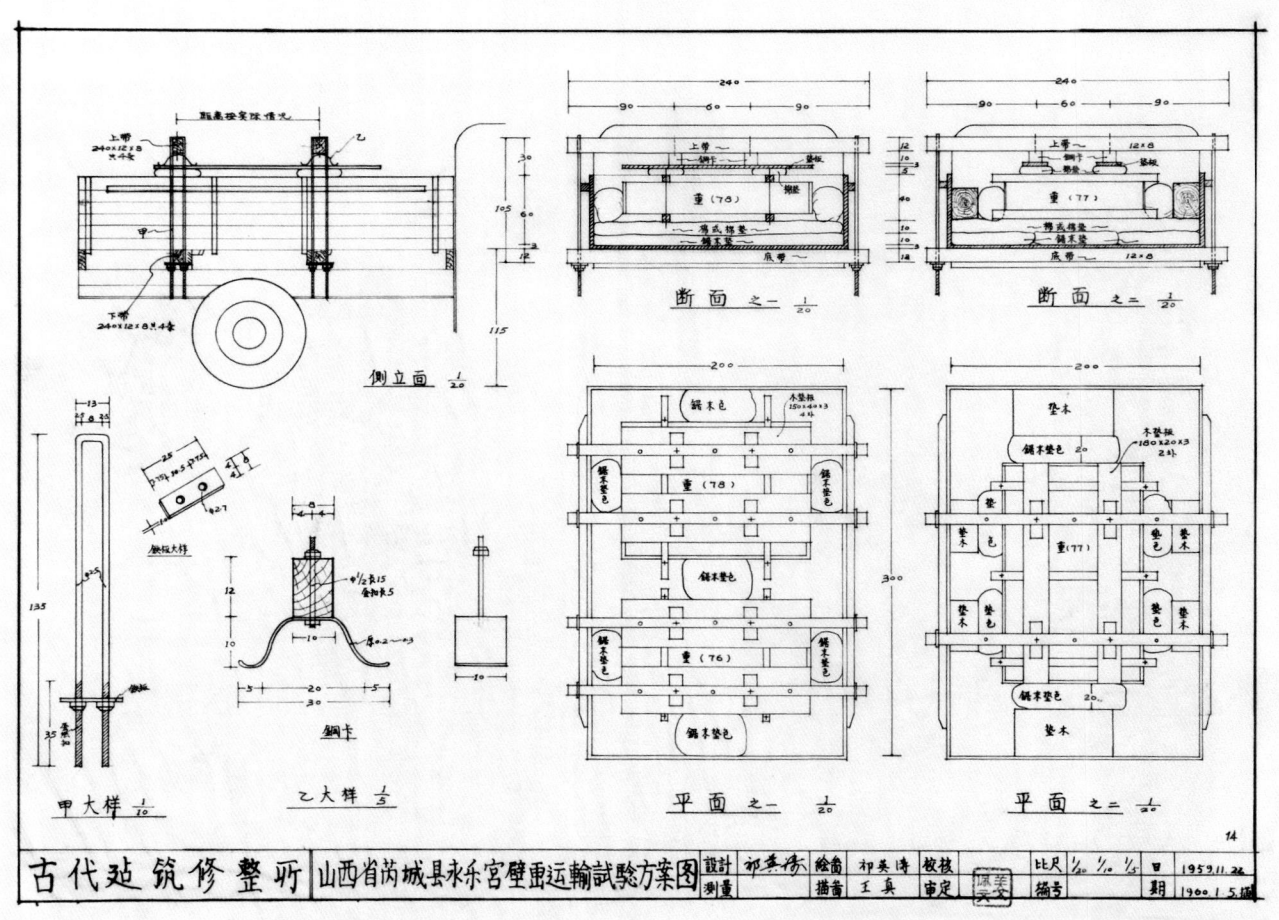

图版 T-375　揭取台铁活运输装车方案图

3.2.3 壁画修复

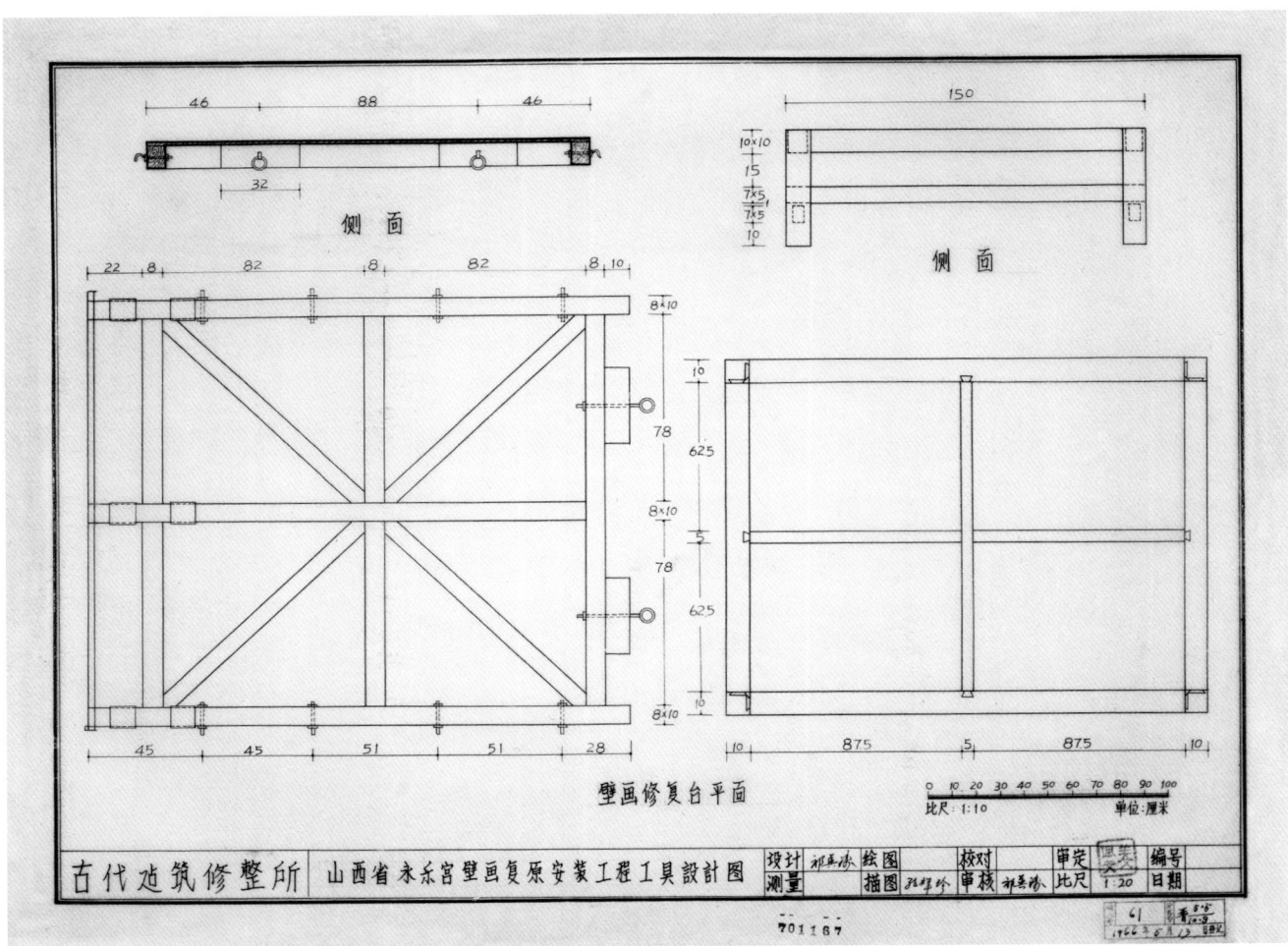

图版 T-376　修复台设计

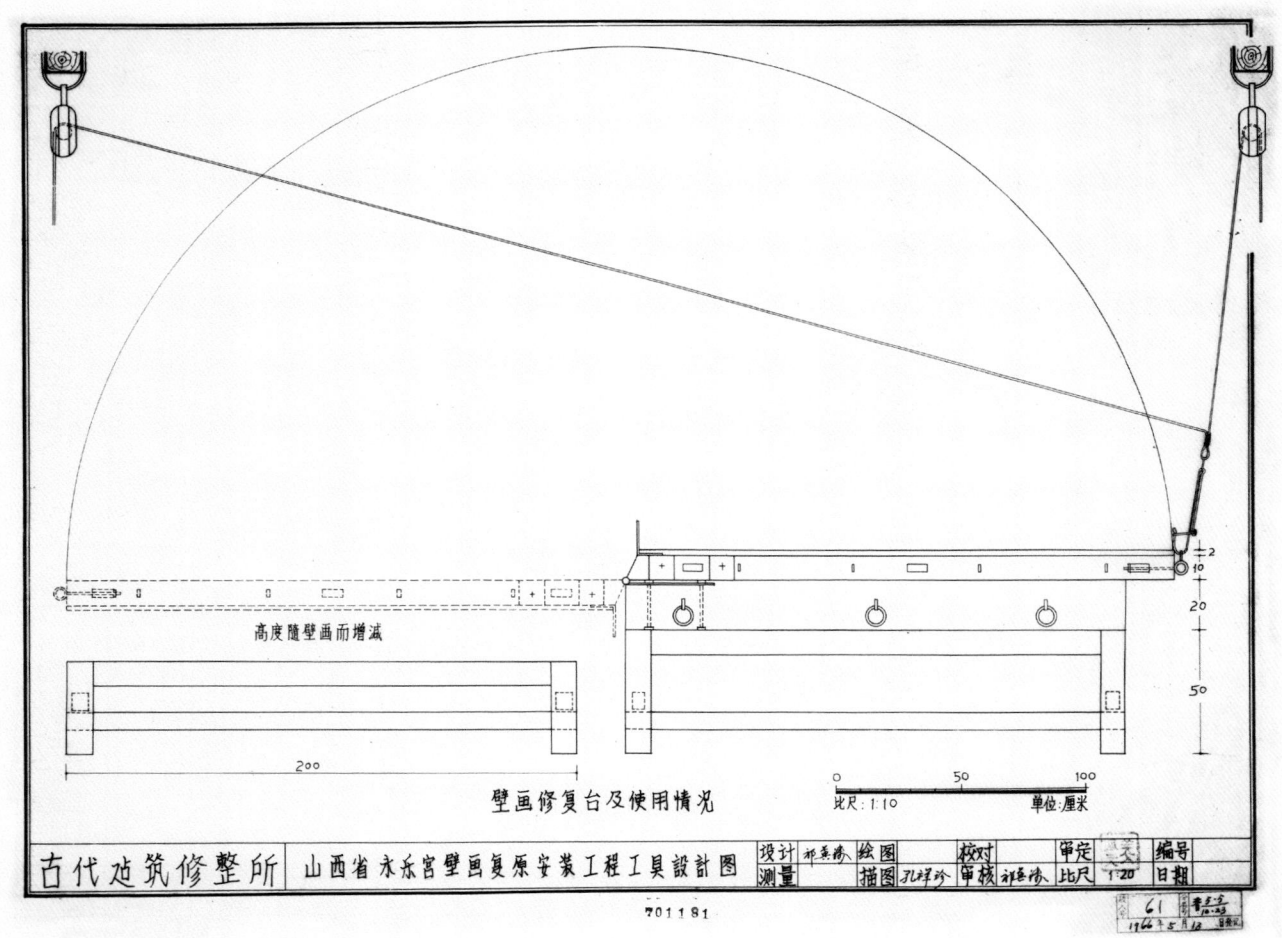

图版 T-377　修复台设计

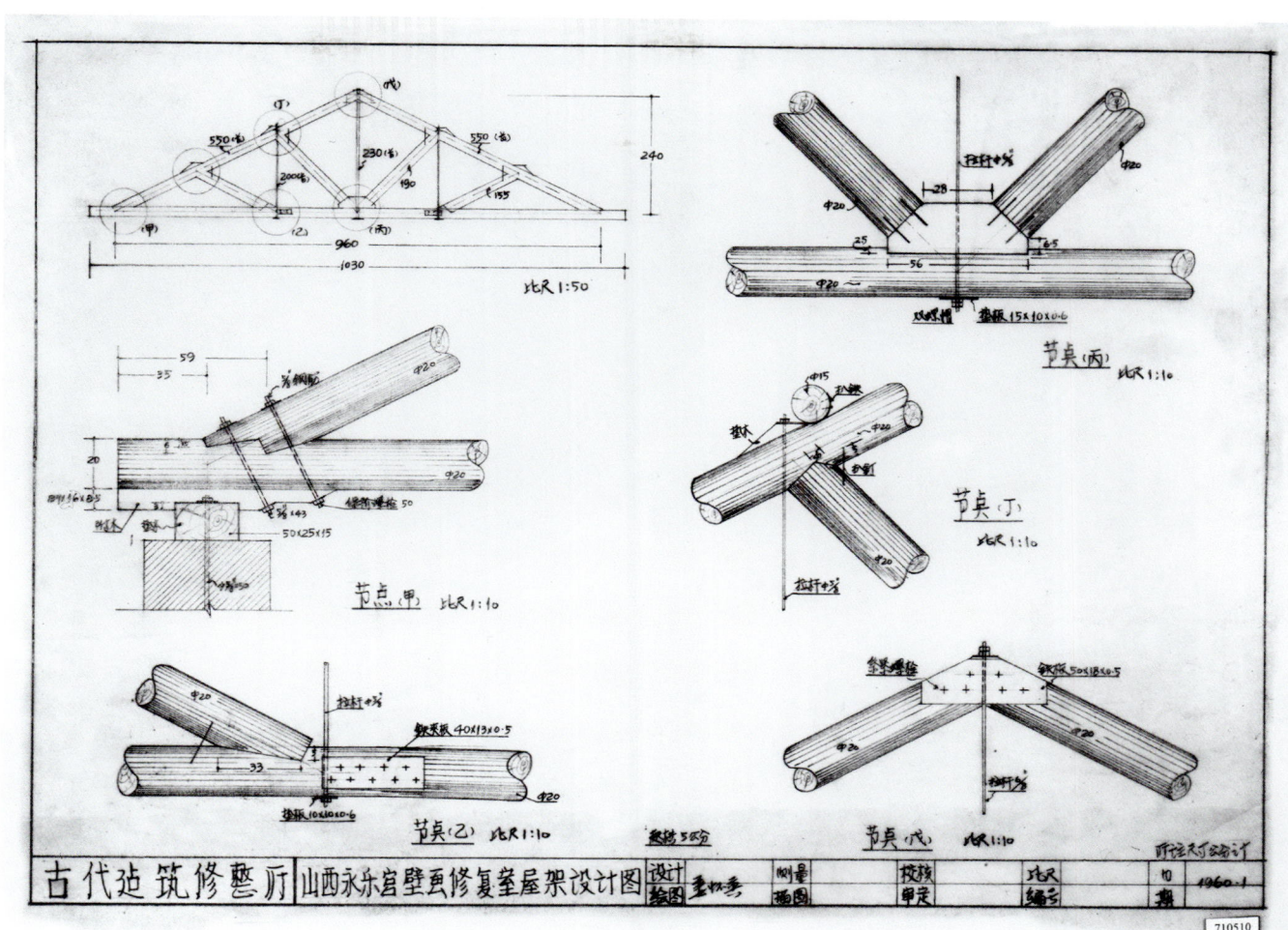

图版 T–378　壁画修复室屋架设计图

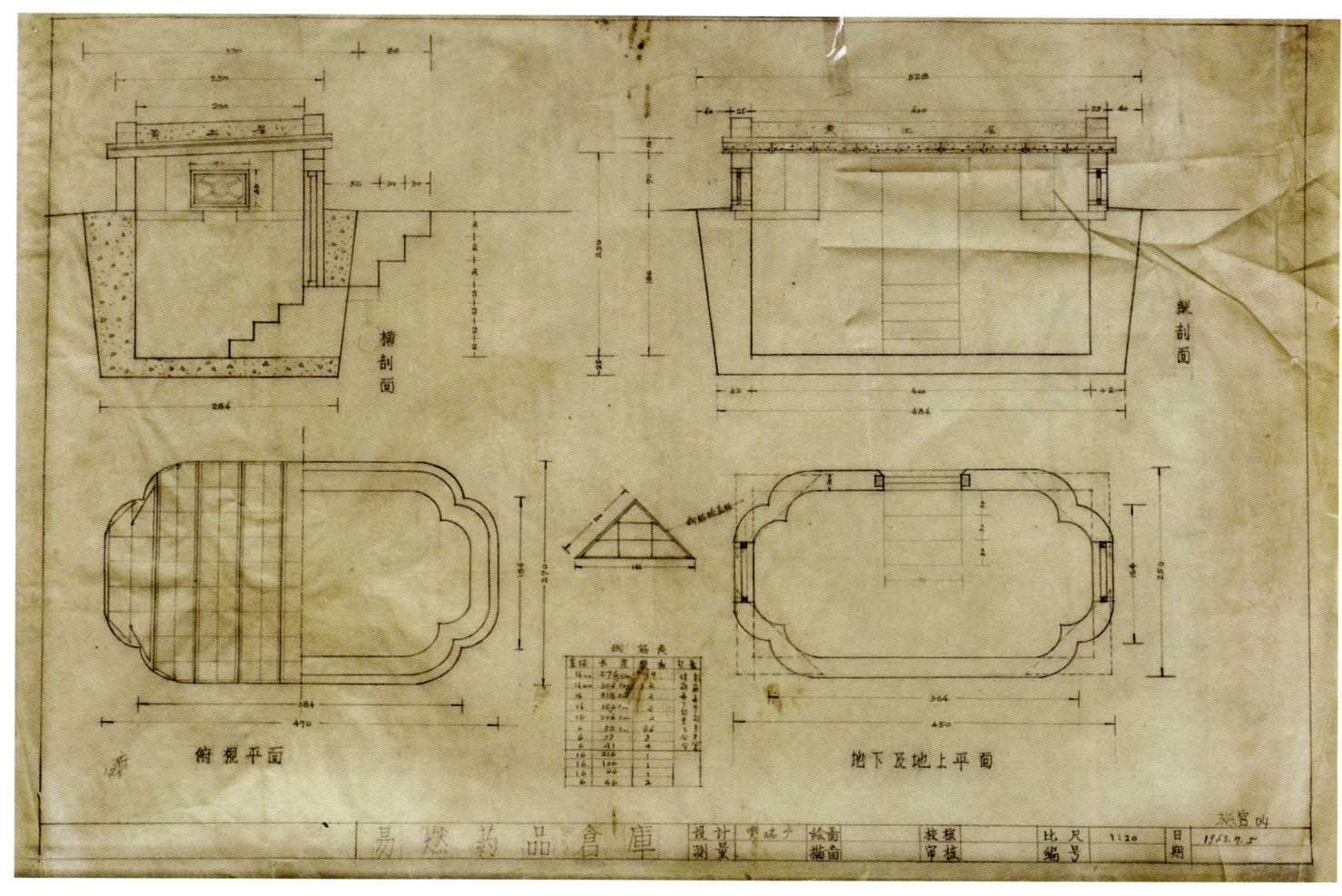

图版 T–379　易燃药品仓库设计

3.3 壁画安装

3.3.1 木架及木框设计图

（1）龙虎殿

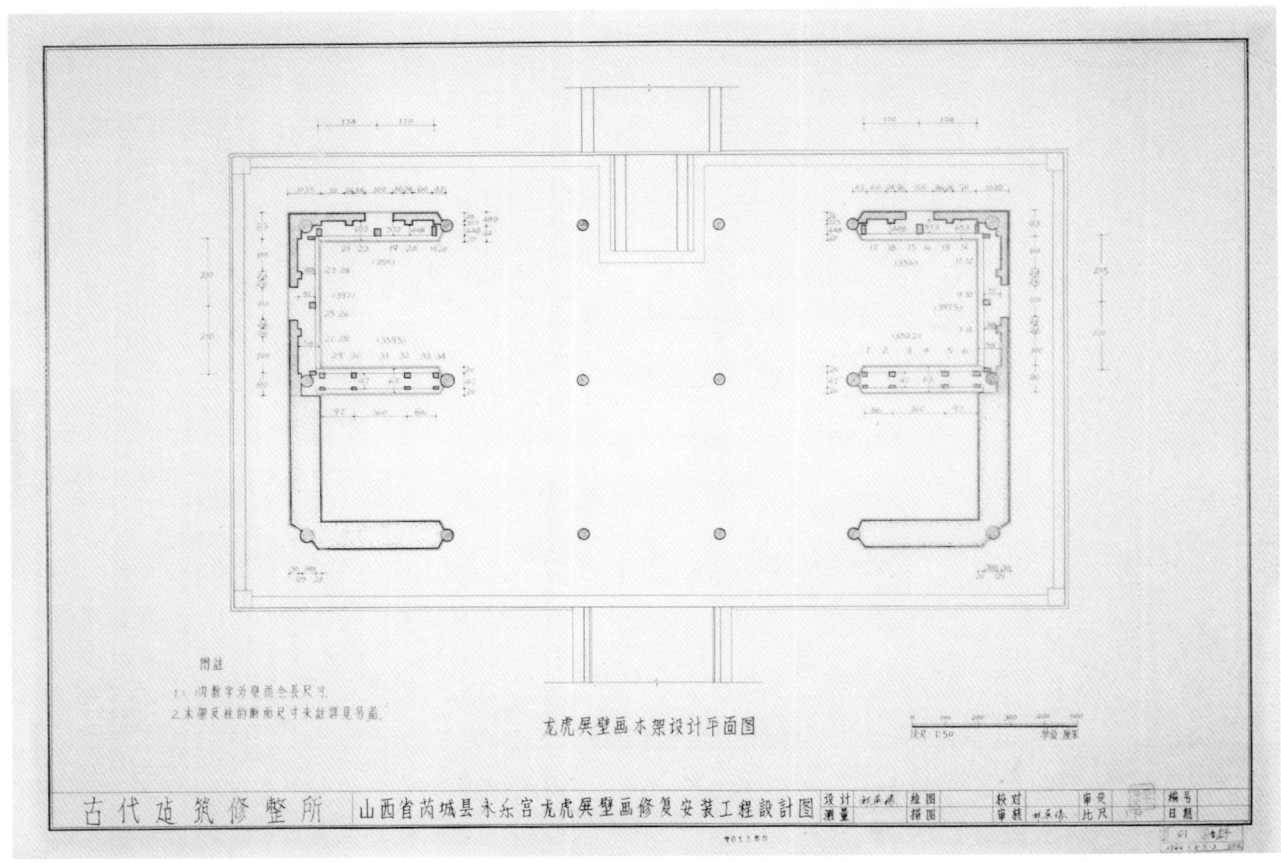

图版 T-380　龙虎殿壁画木架设计平面图

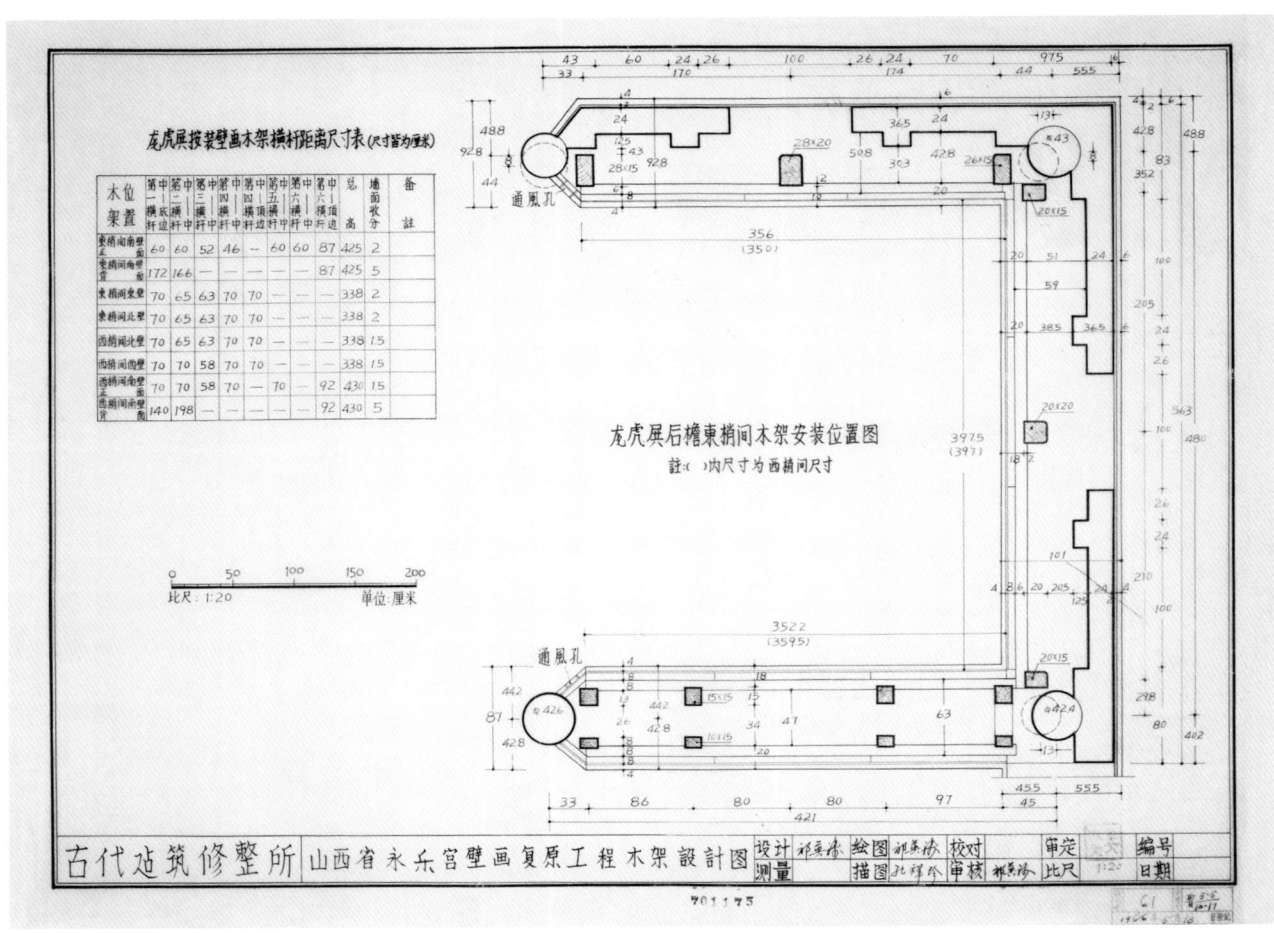

图版 T-381　龙虎殿东梢间木架安装图

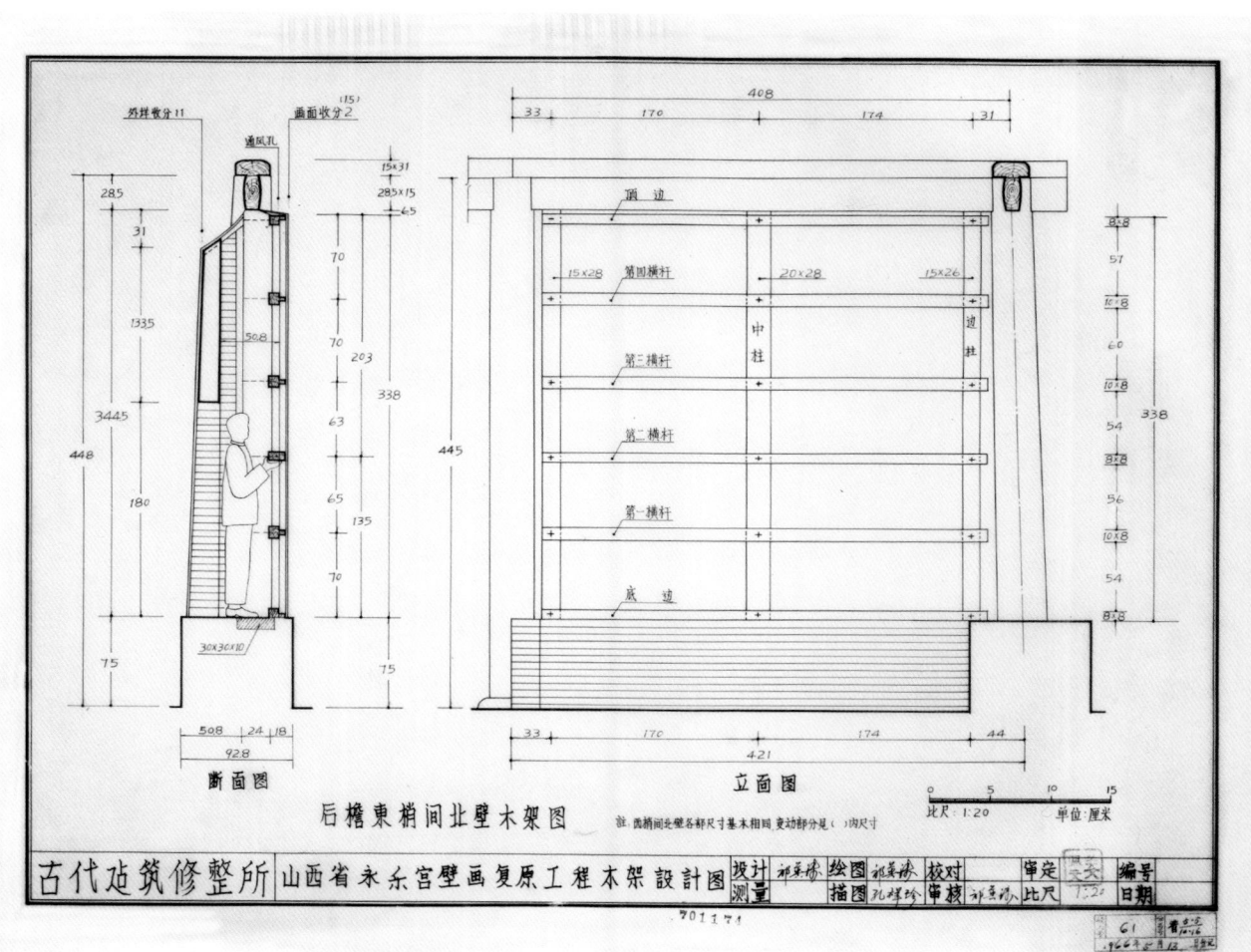

图版 T-382　龙虎殿后檐东梢间北壁

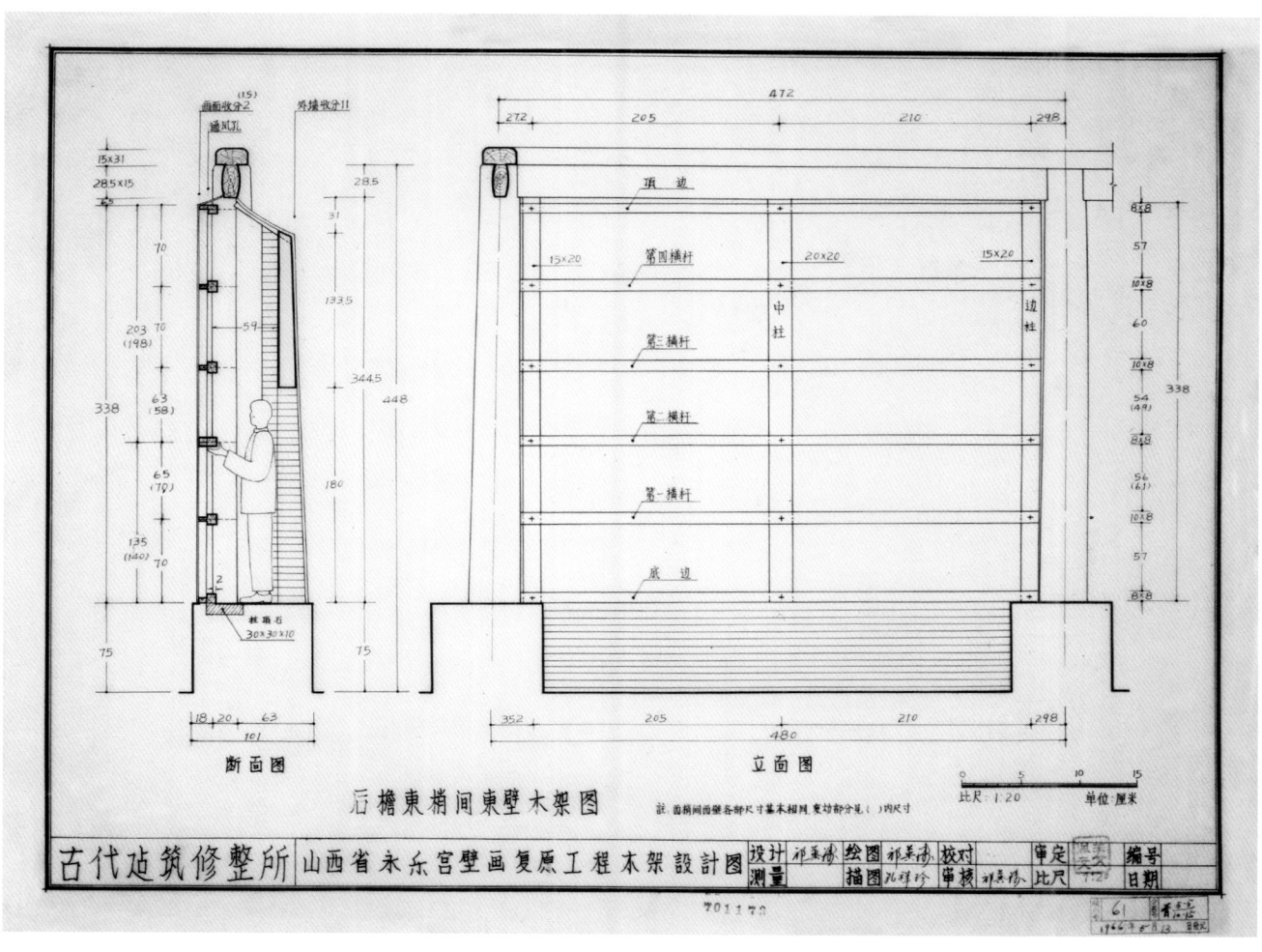

图版 T-383　龙虎殿后檐东梢间东壁

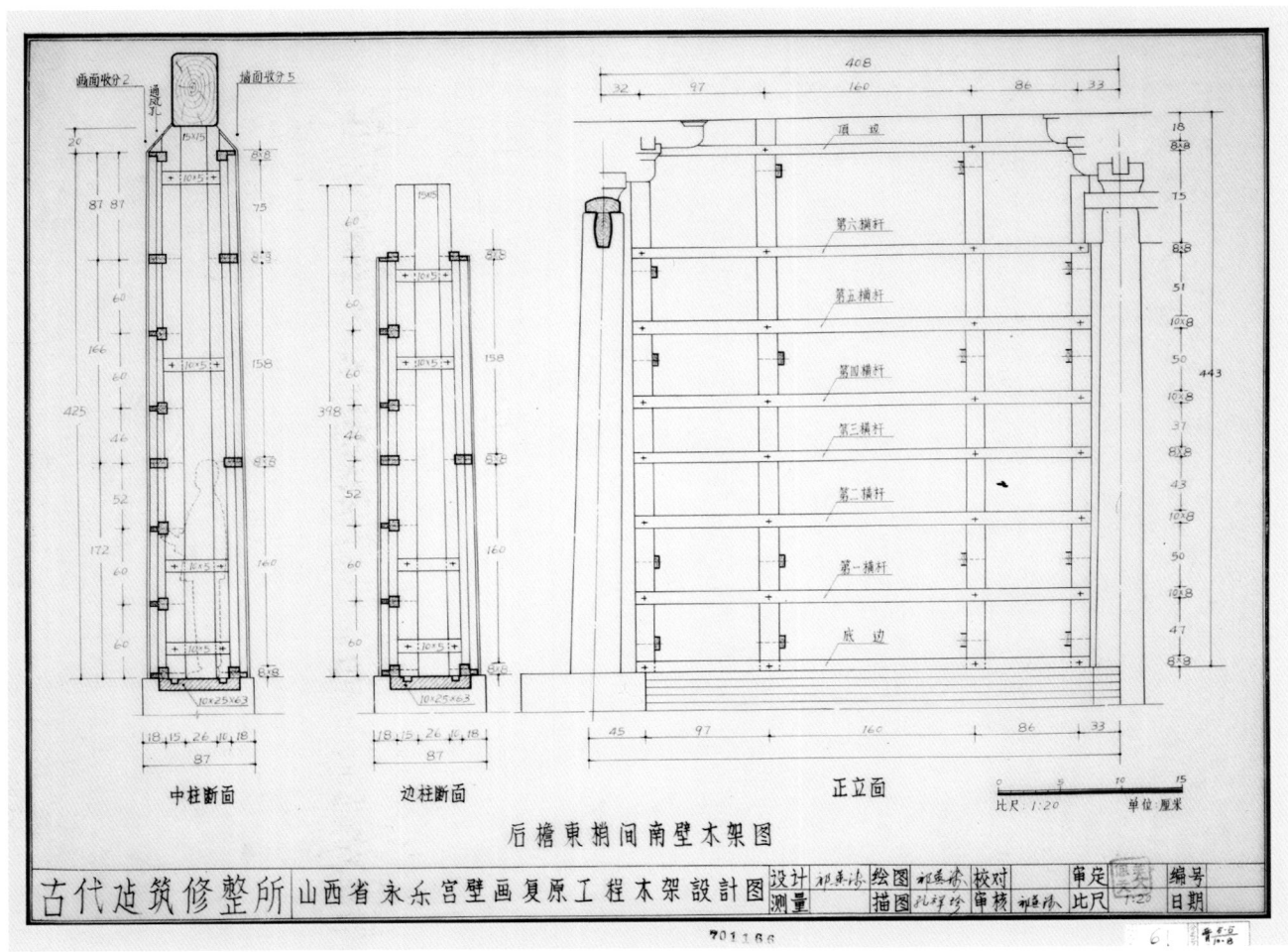

图版 T-384　龙虎殿后檐东梢间南壁

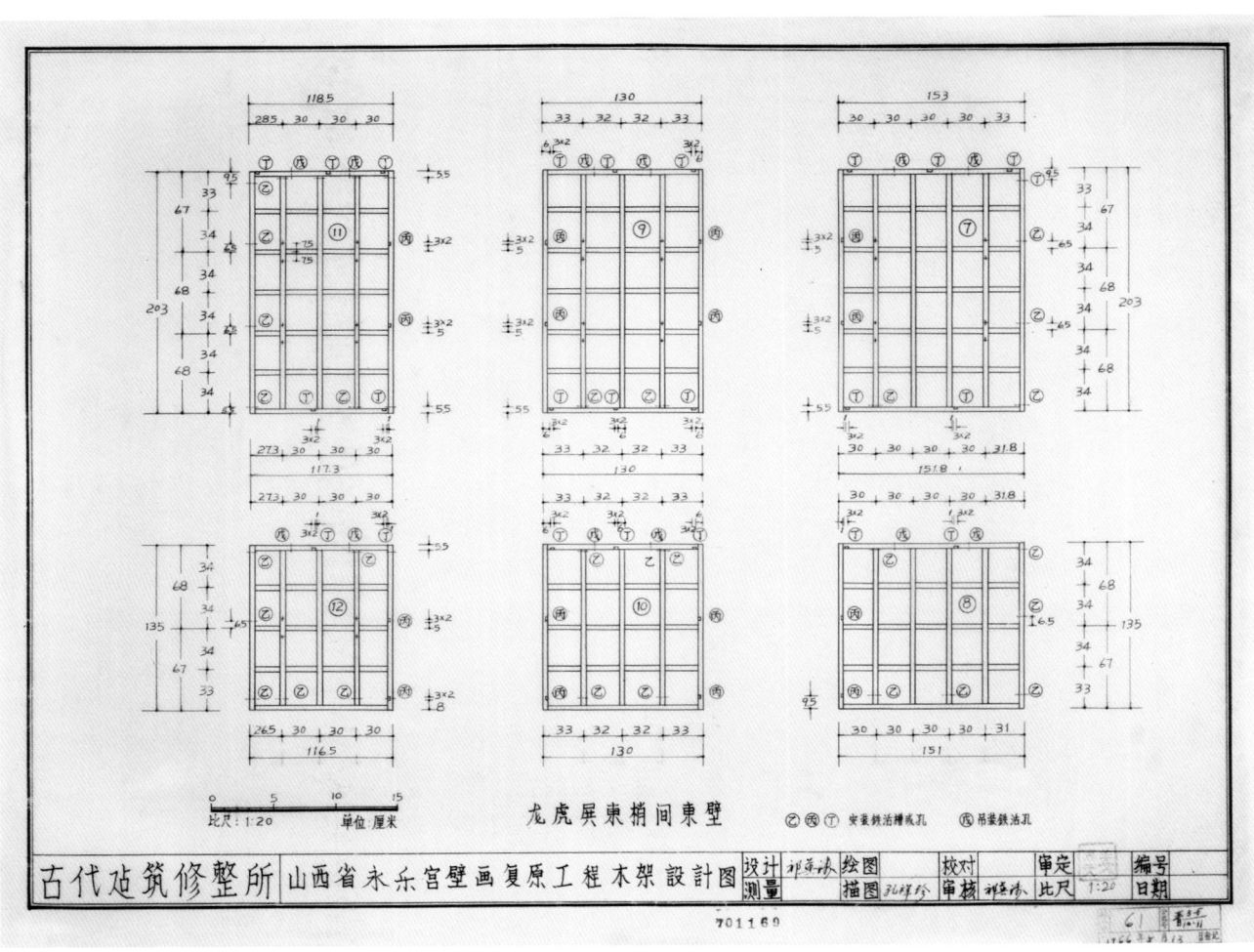

图版 T-385　龙虎殿后檐东梢间北壁

（2）三清殿

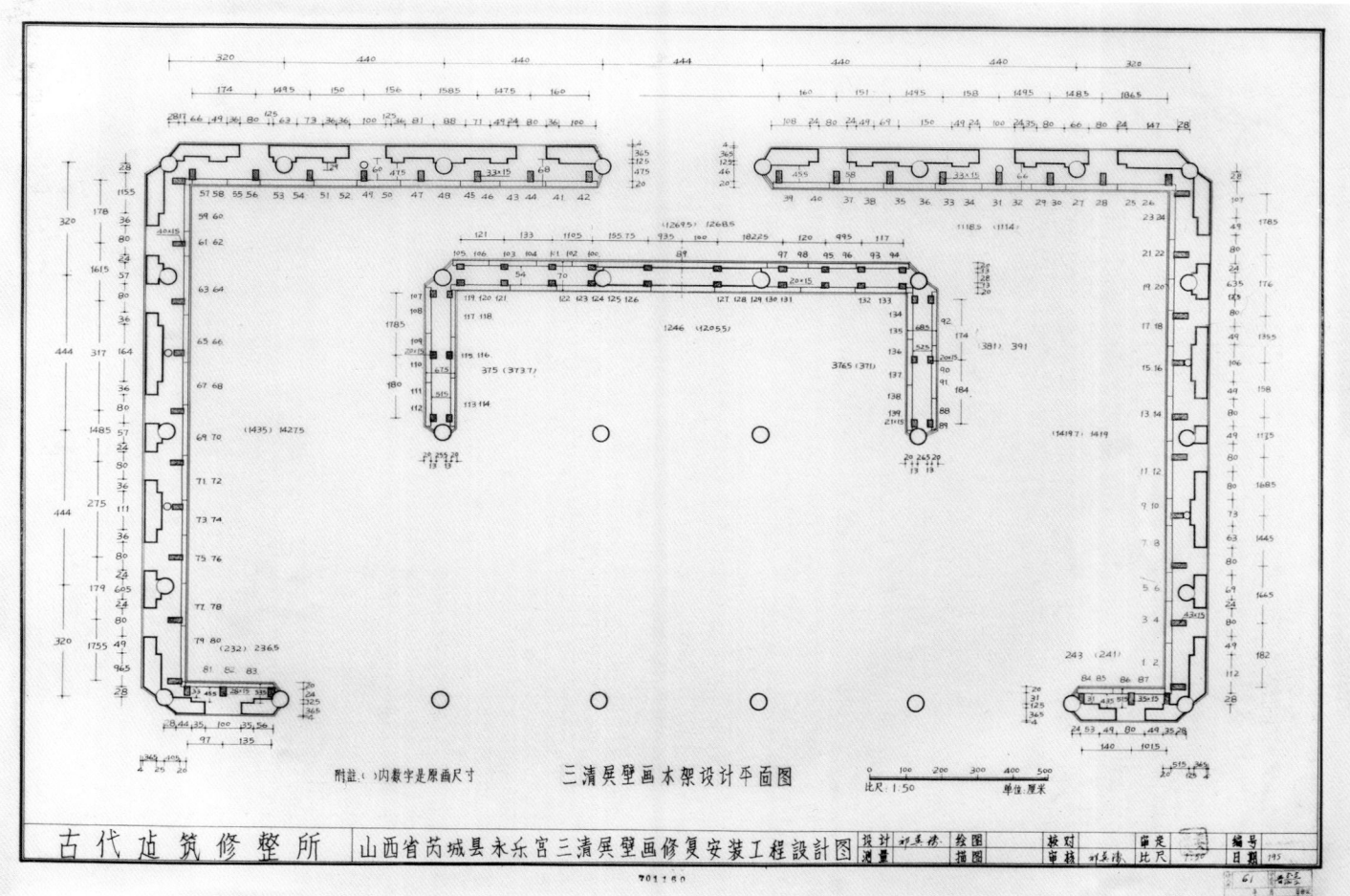

图版 T-386　三清殿木架设计图

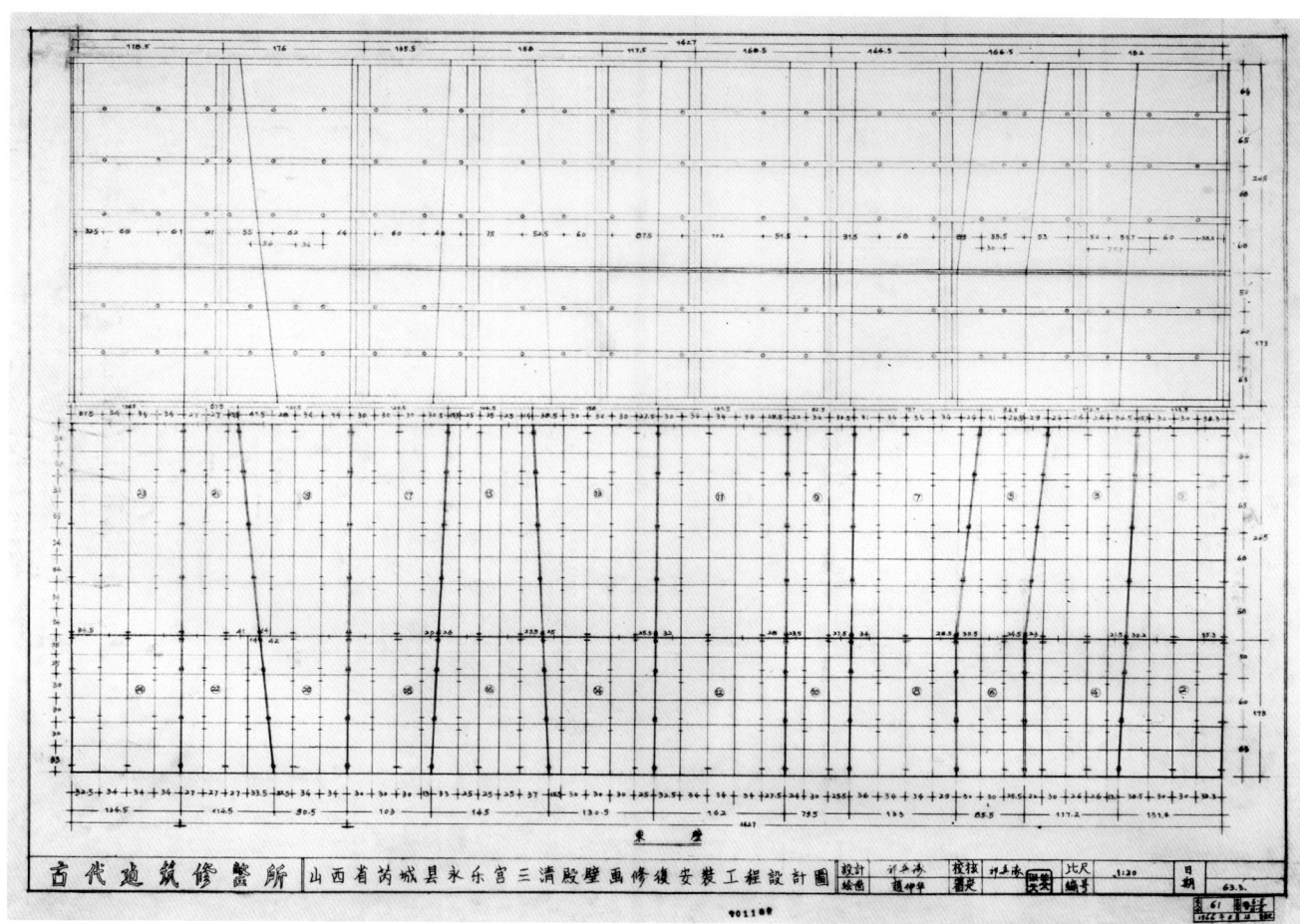

图版 T-387　三清殿东壁

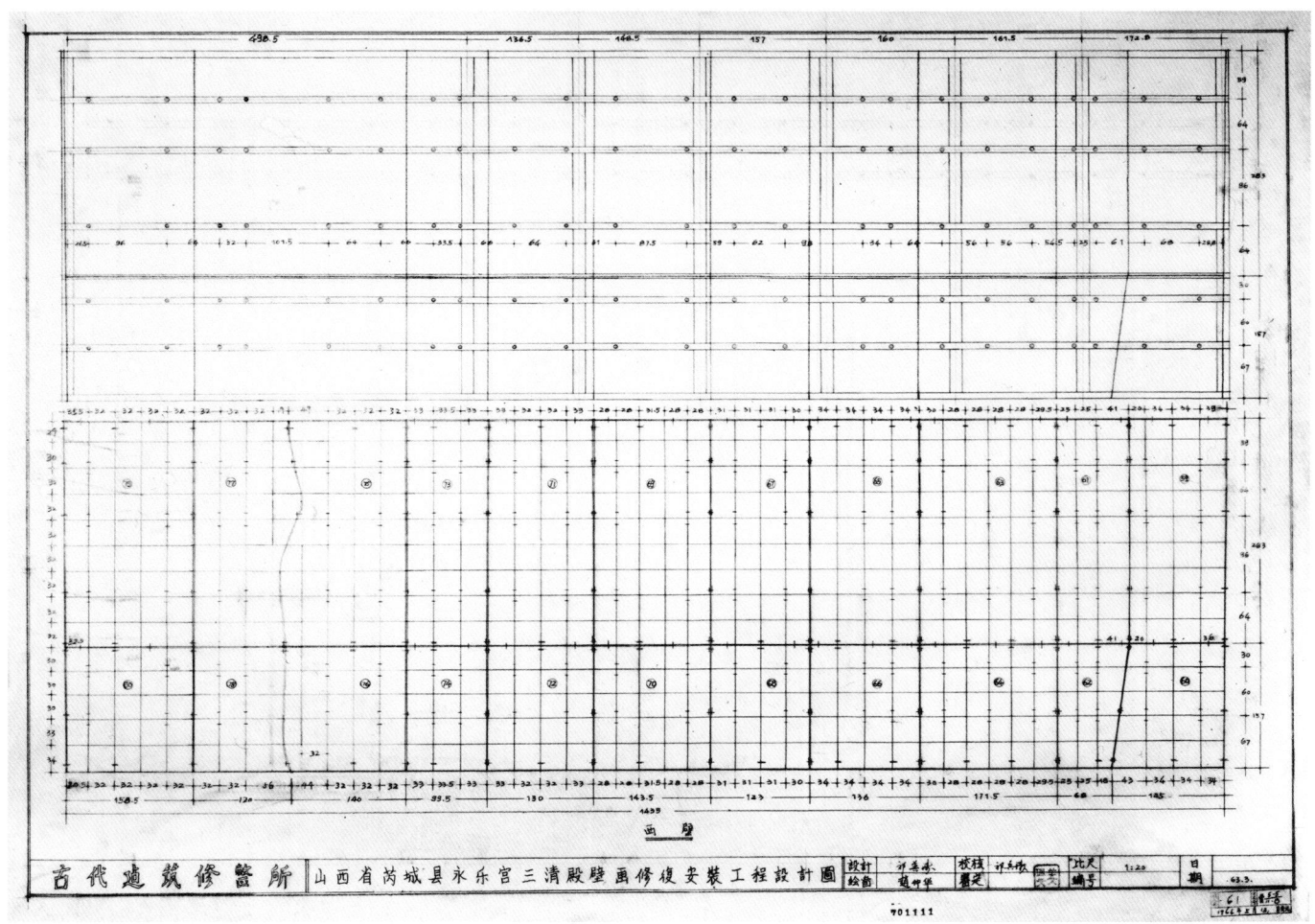

图版 T-388　三清殿西壁

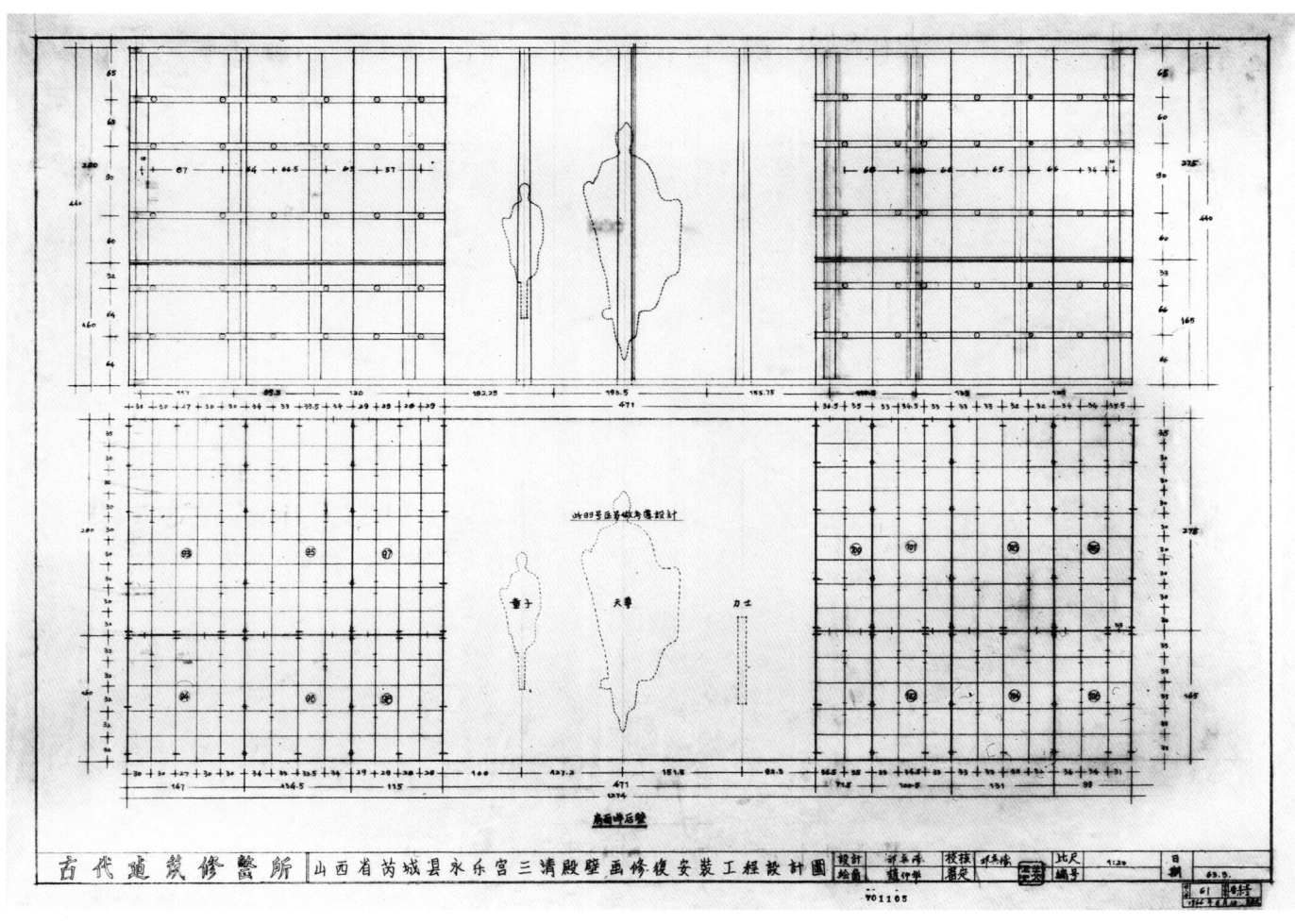

图版 T-389　三清殿扇面墙后壁

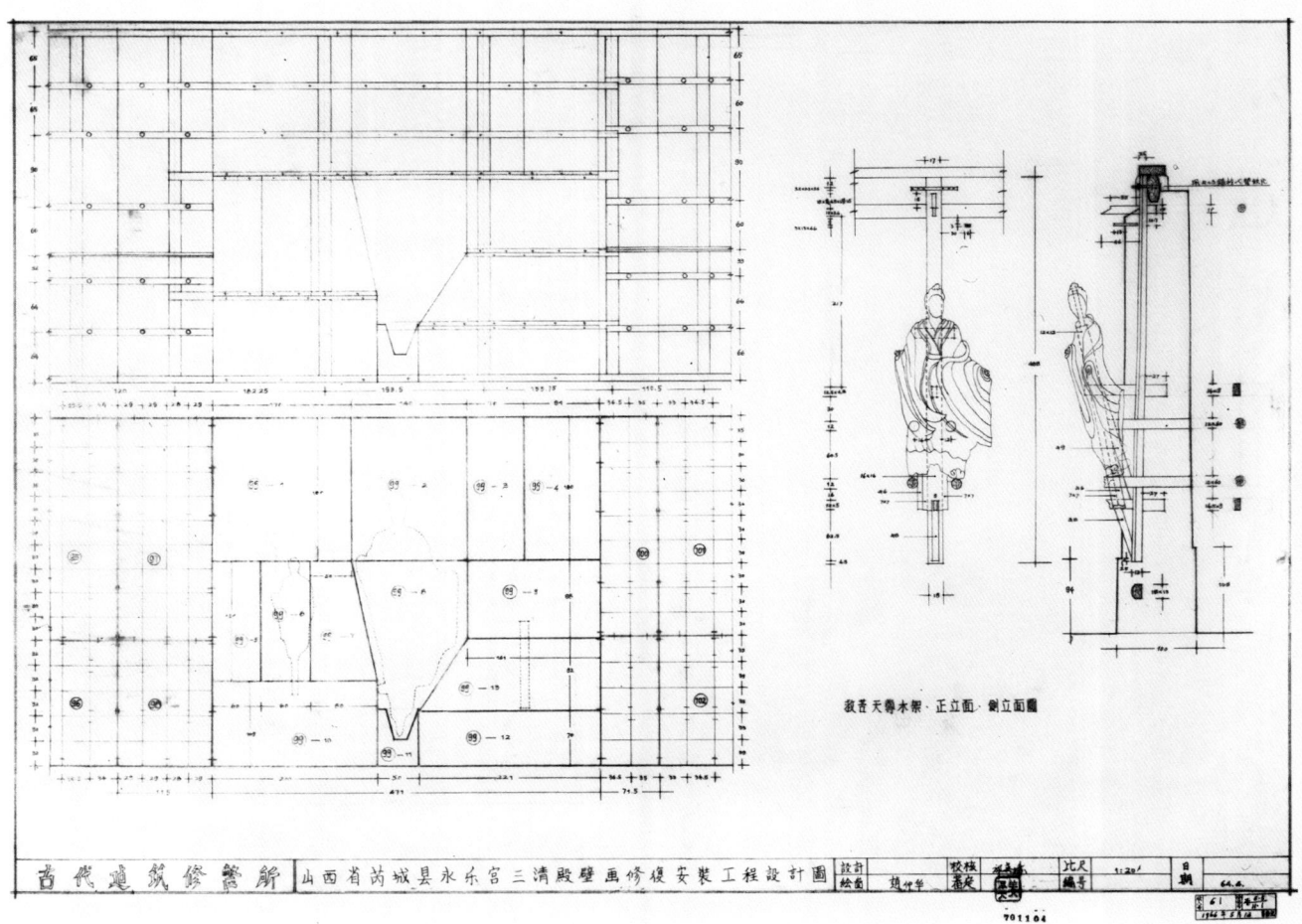

图版 T-390　三清殿救苦天尊木架图

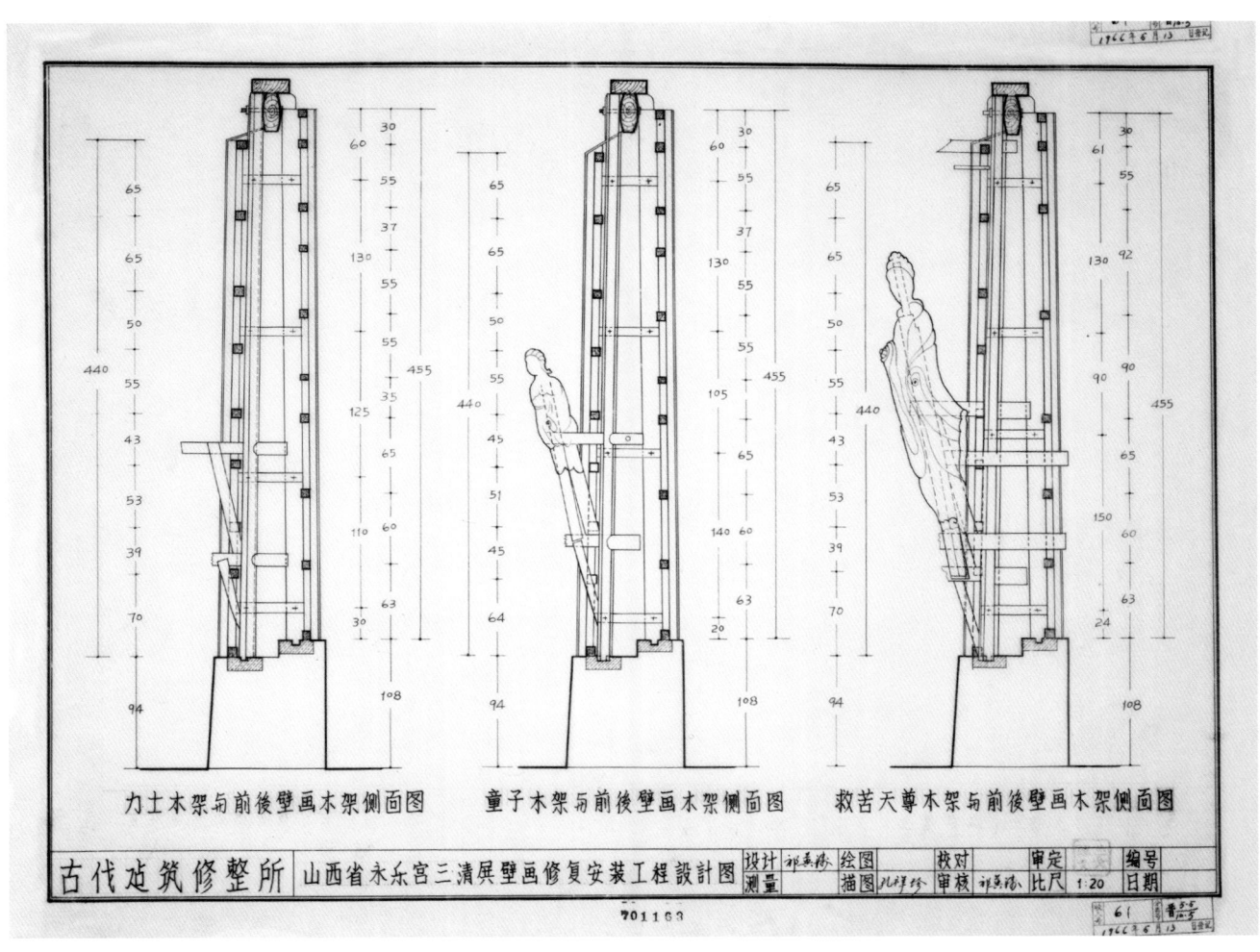

图版 T-391　三清殿悬塑木架

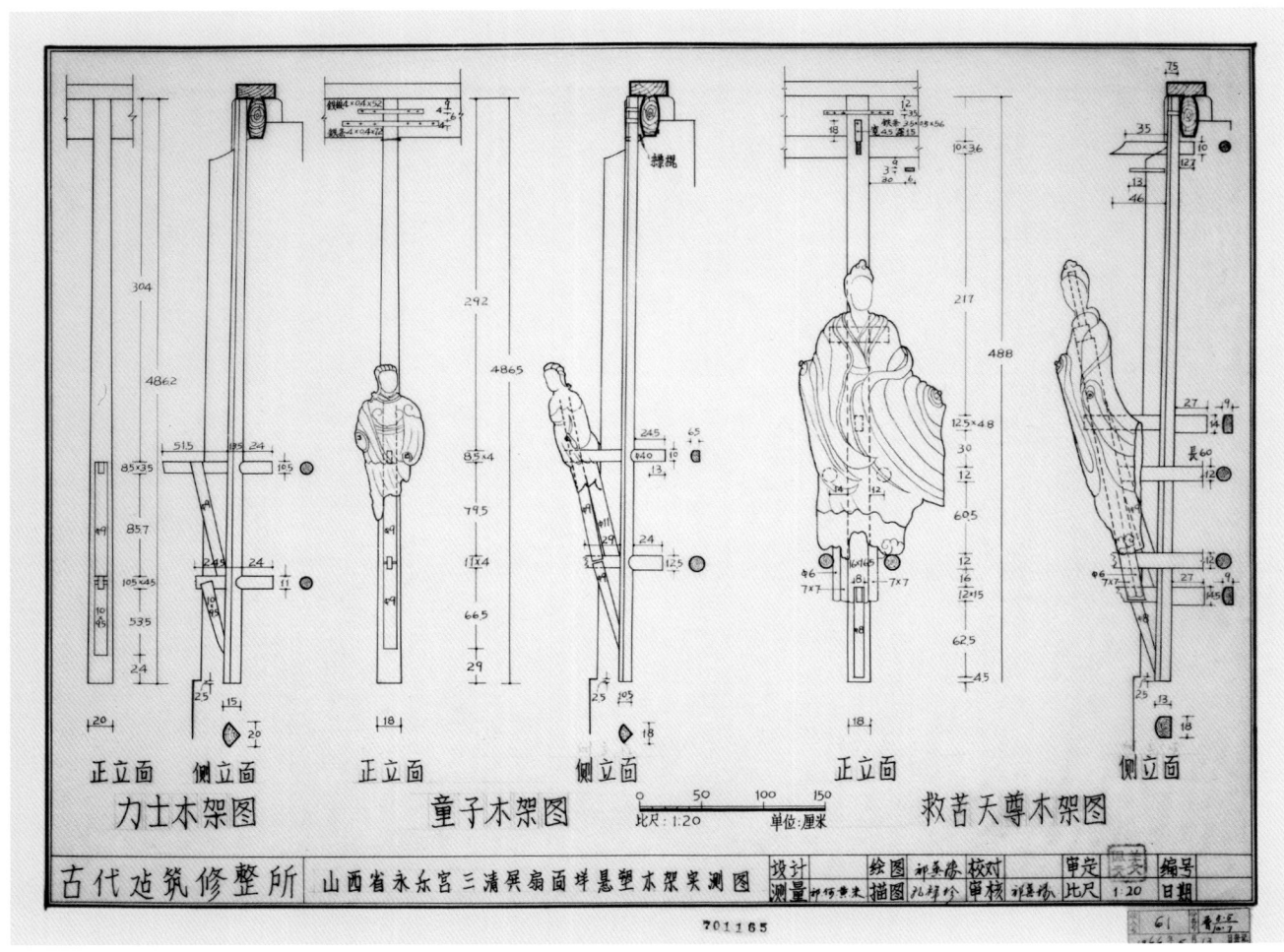

图版 T-392　三清殿悬塑木架

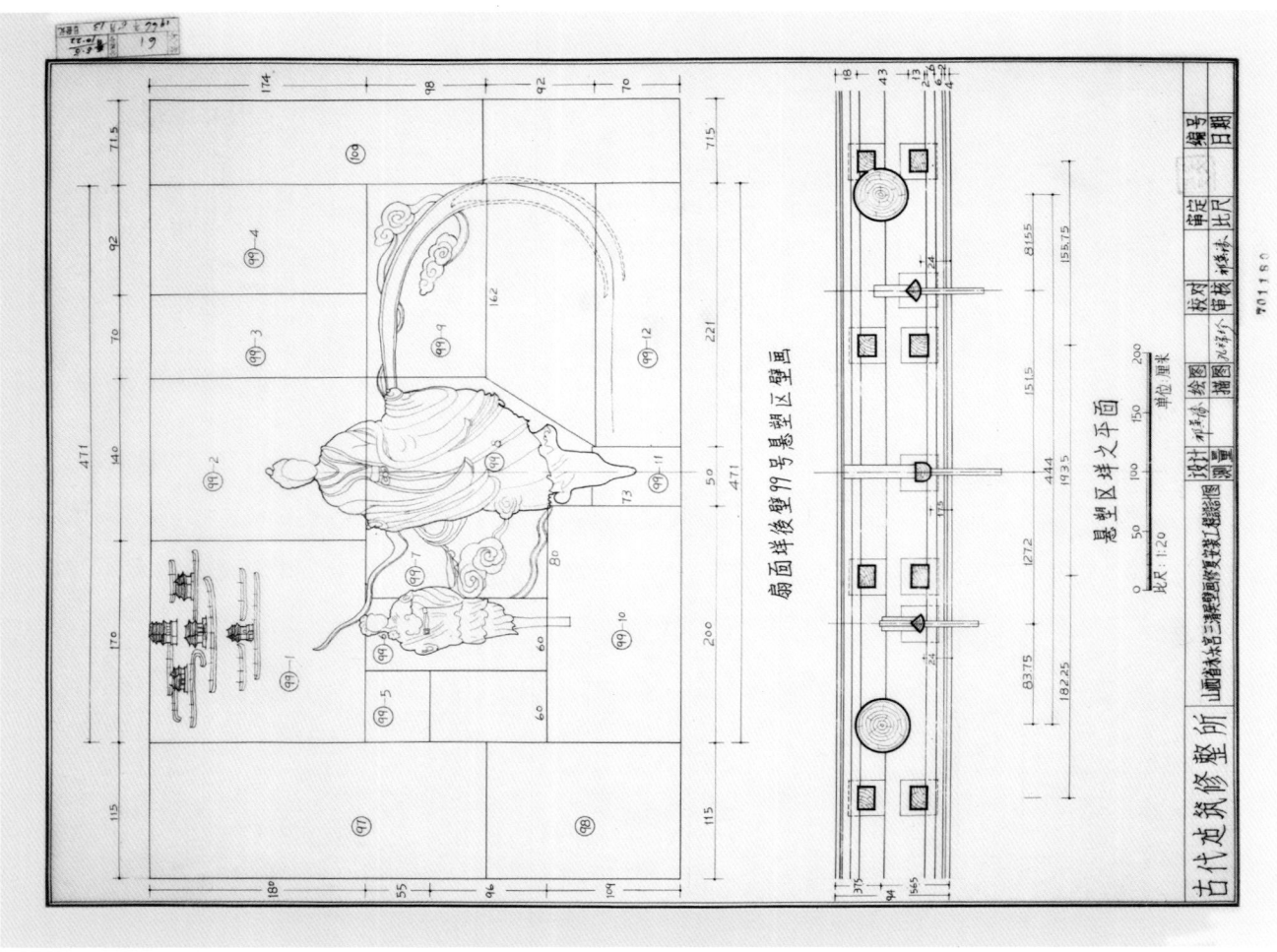

图版 T-393　三清殿悬塑木架

（3）纯阳殿

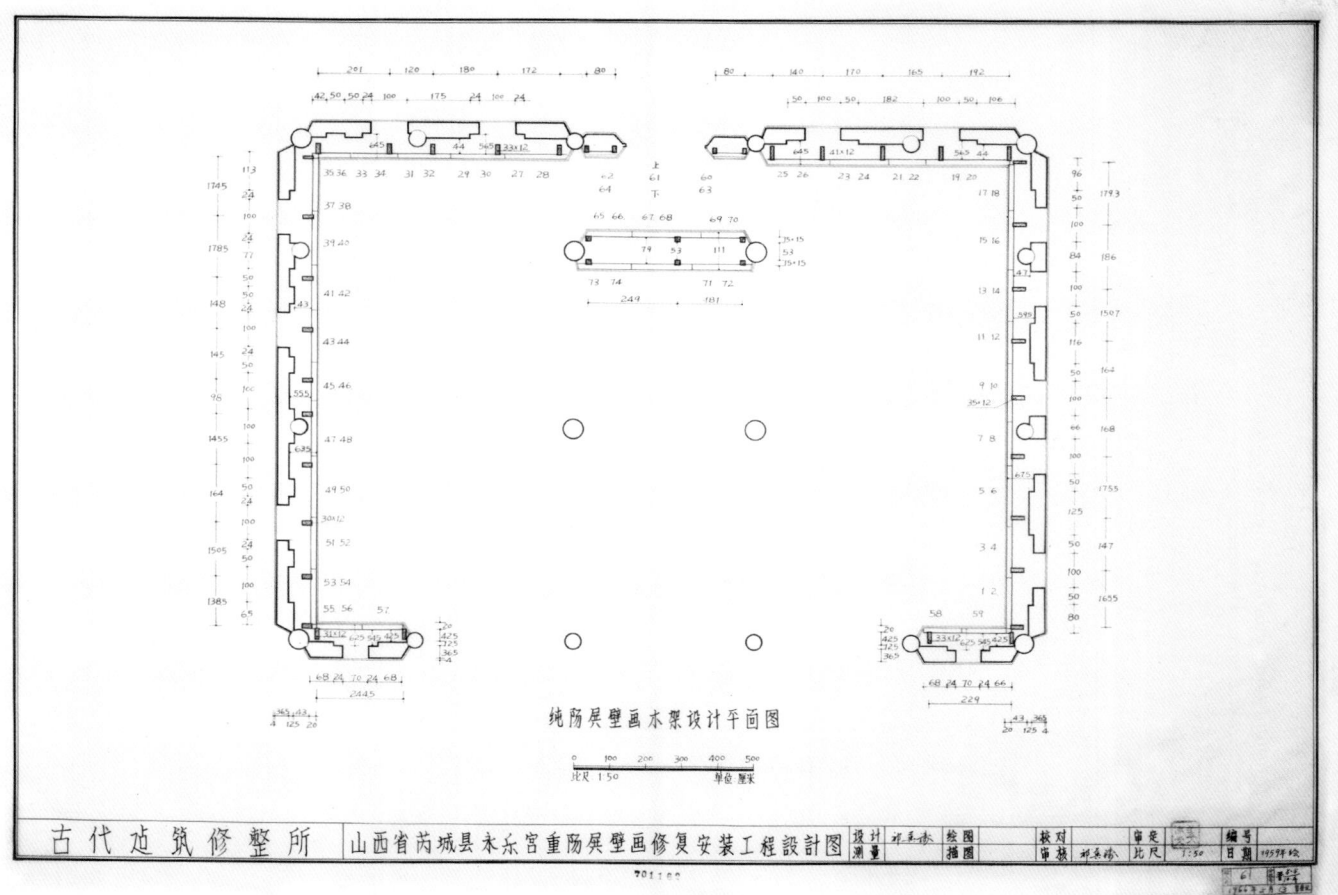

图版 T-394　纯阳殿木架设计平面图

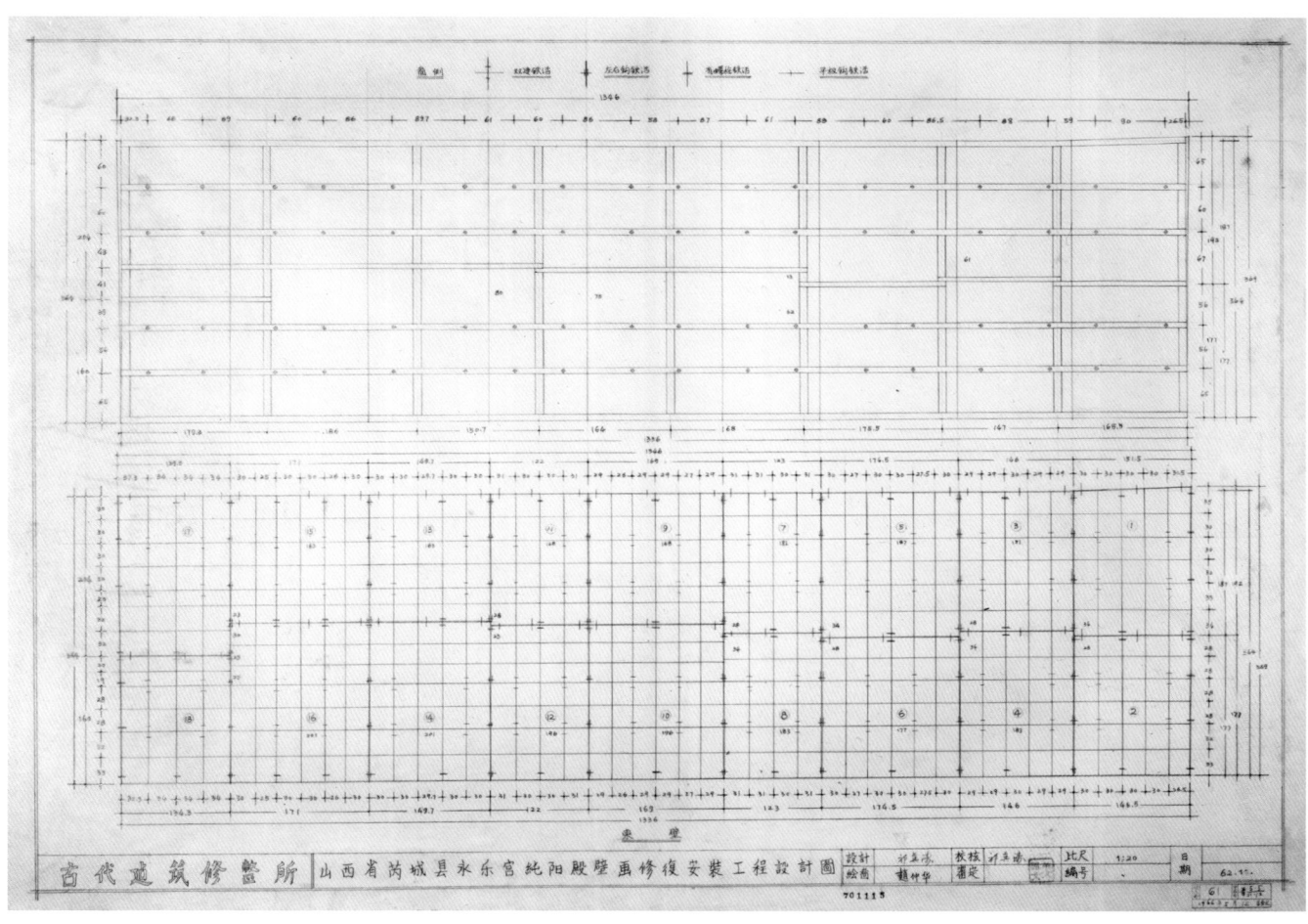

图版 T-395　纯阳殿东壁

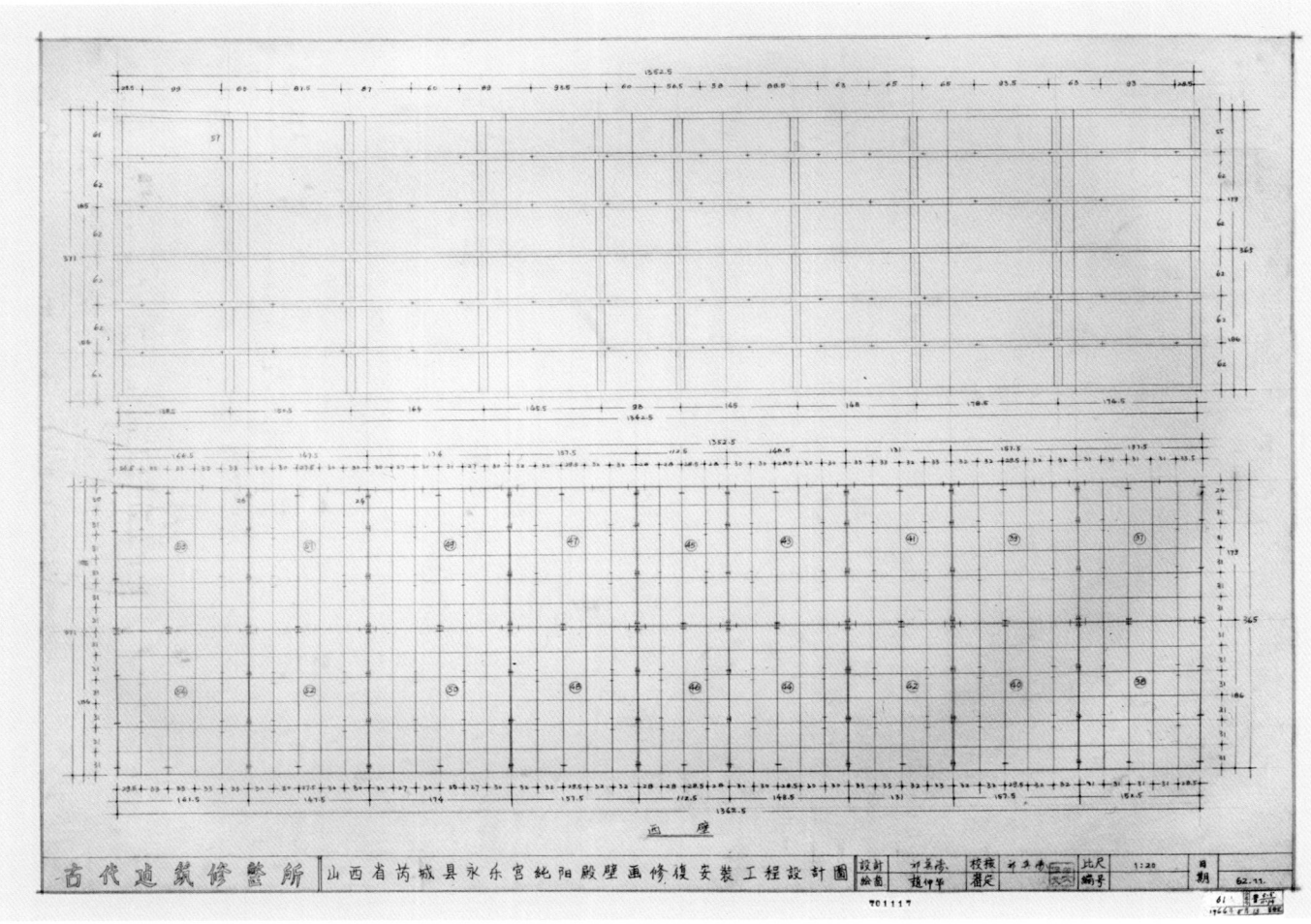

图版 T-396　纯阳殿西壁

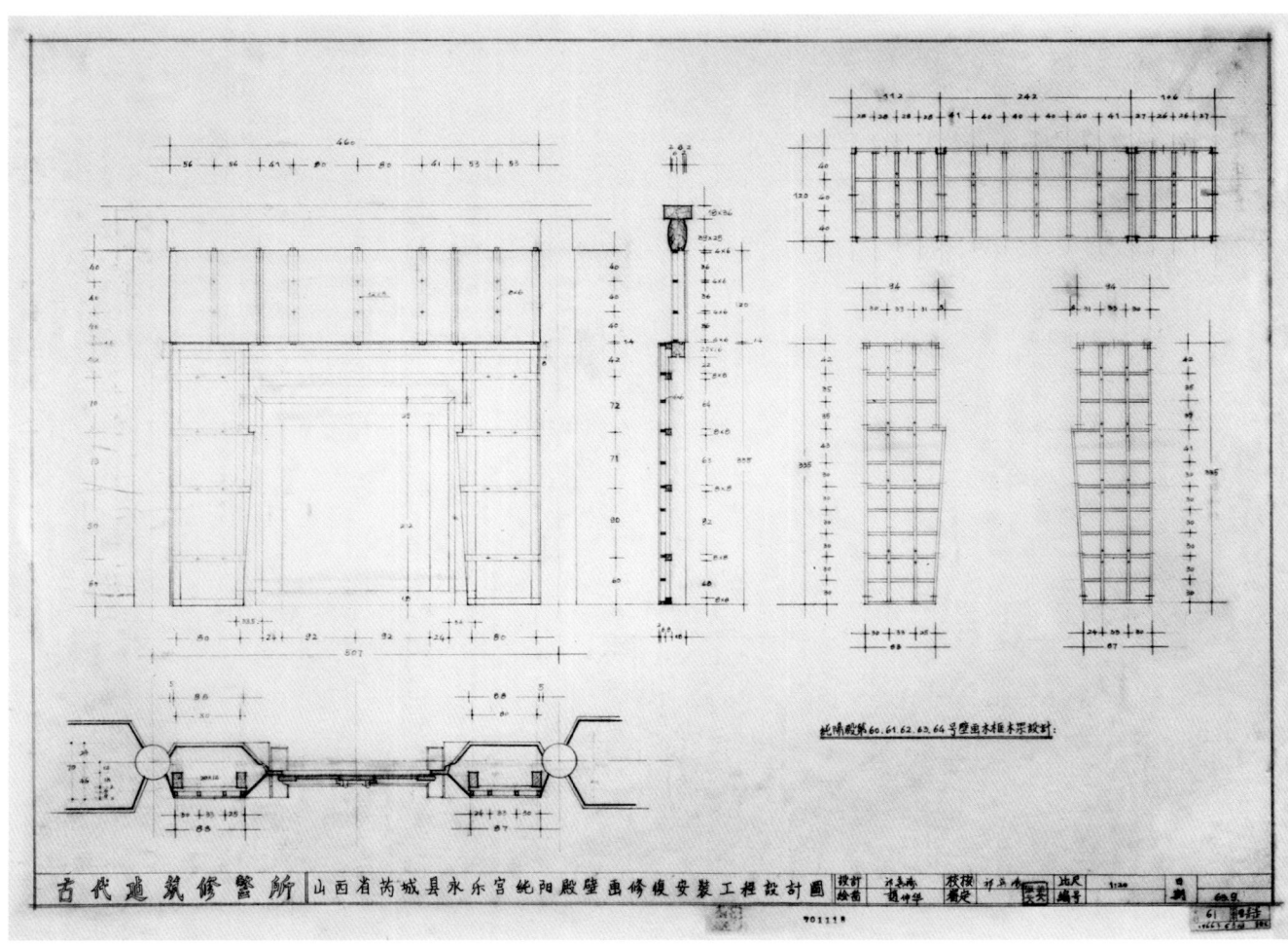

图版 T-397　纯阳殿北侧后门周边壁画木架及木框

（4）重阳殿

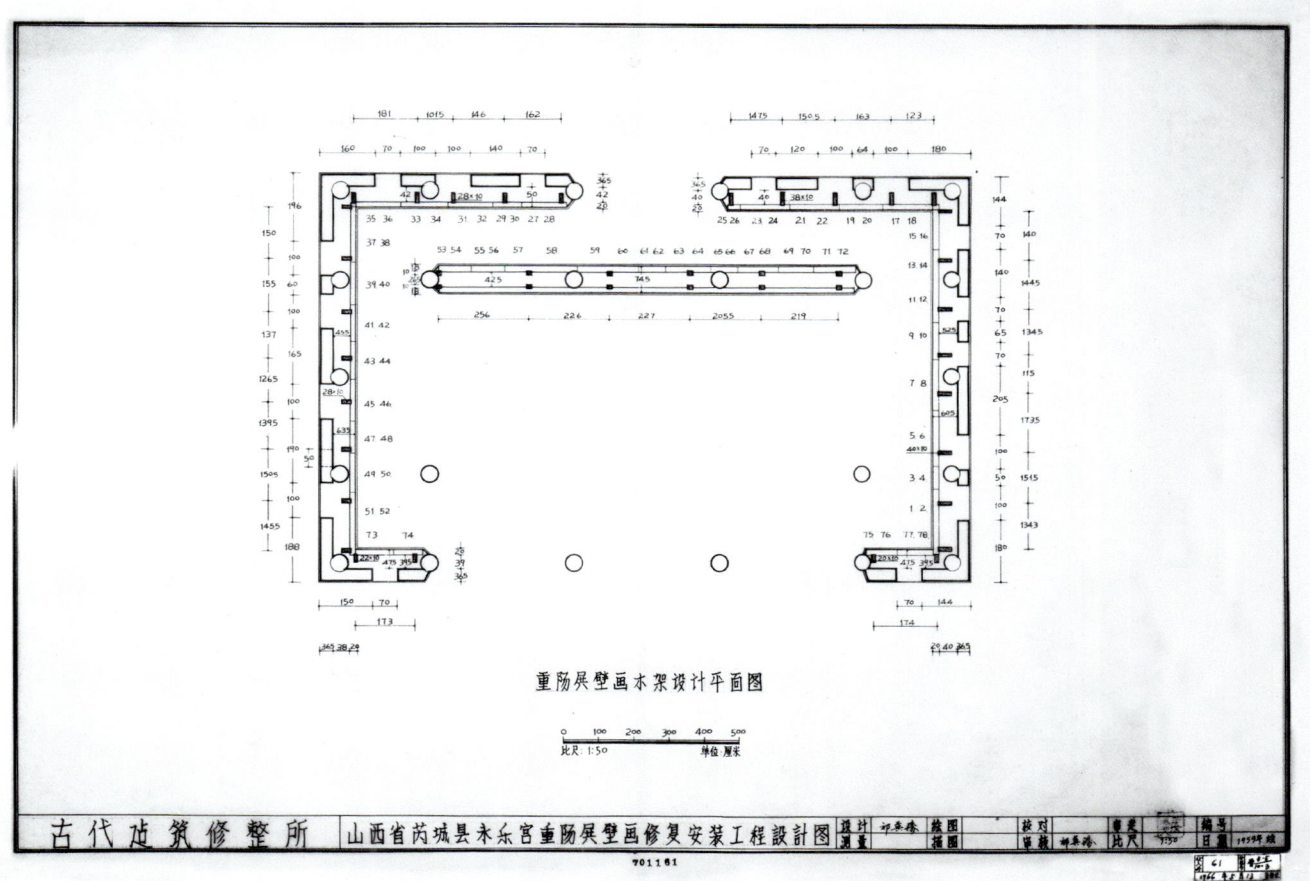

图版 T-398　重阳殿木架平面设计图

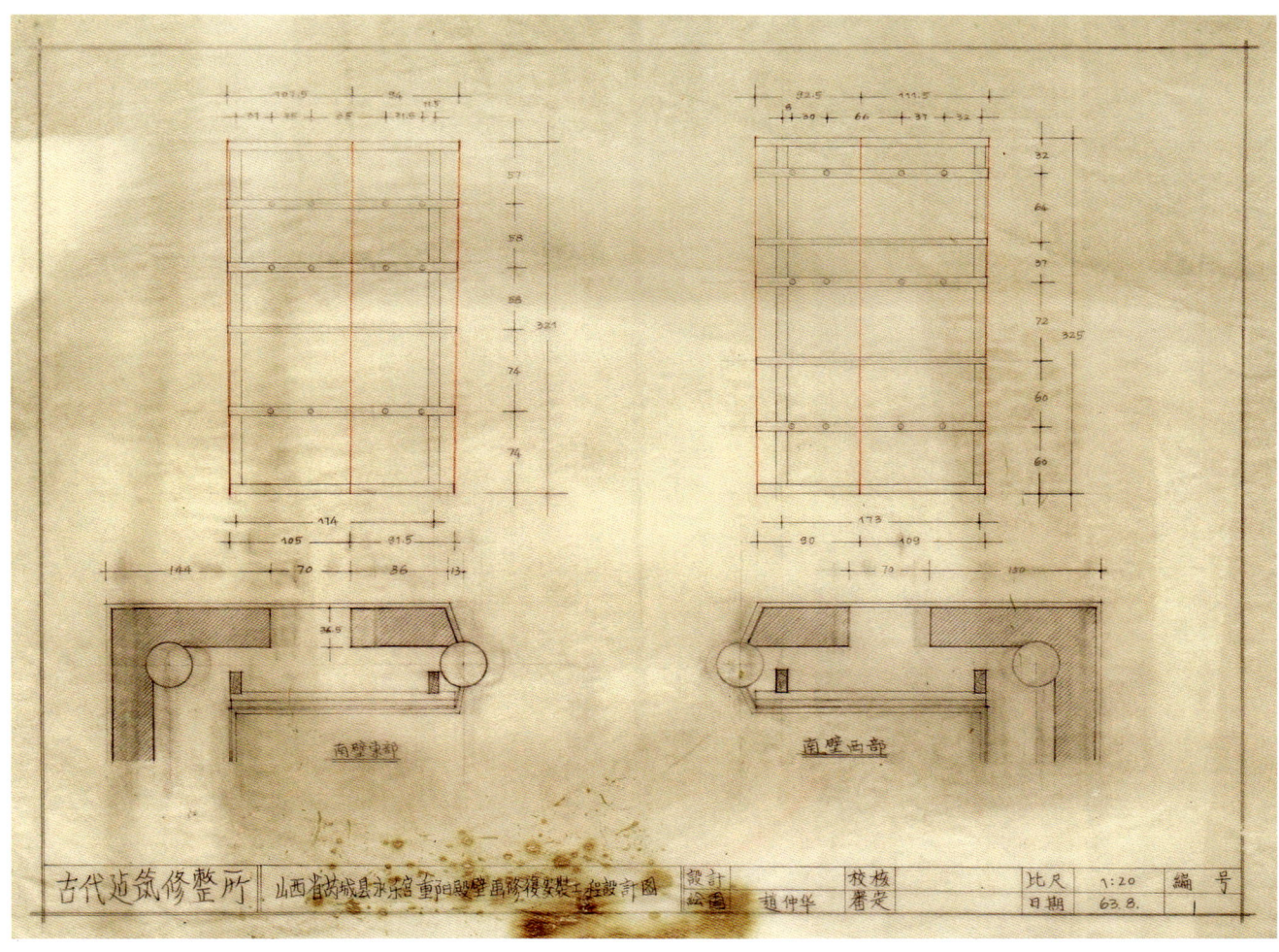

图版 T-399　重阳殿南壁东西木架

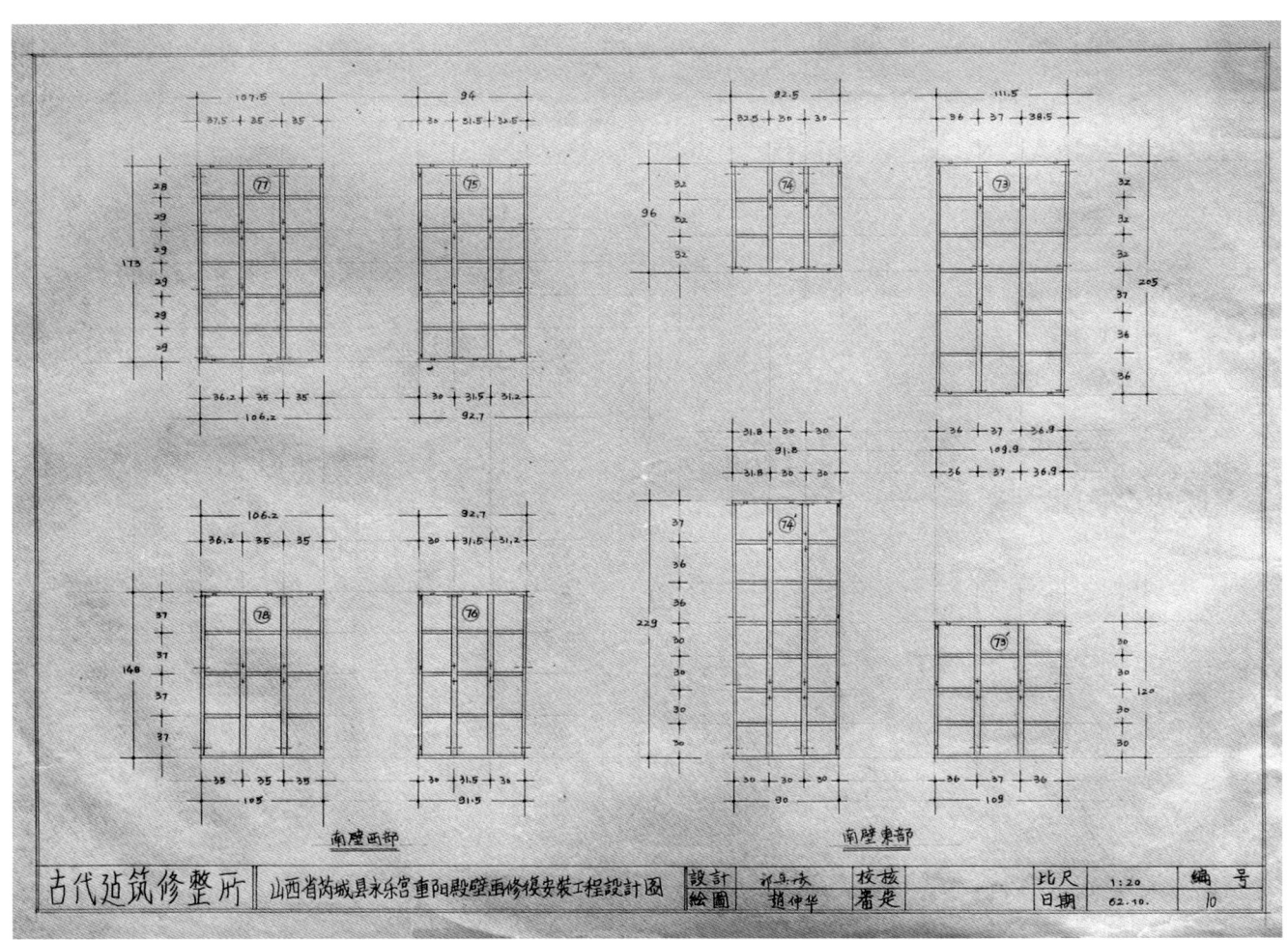

图版 T-400　重阳殿南壁东西木框

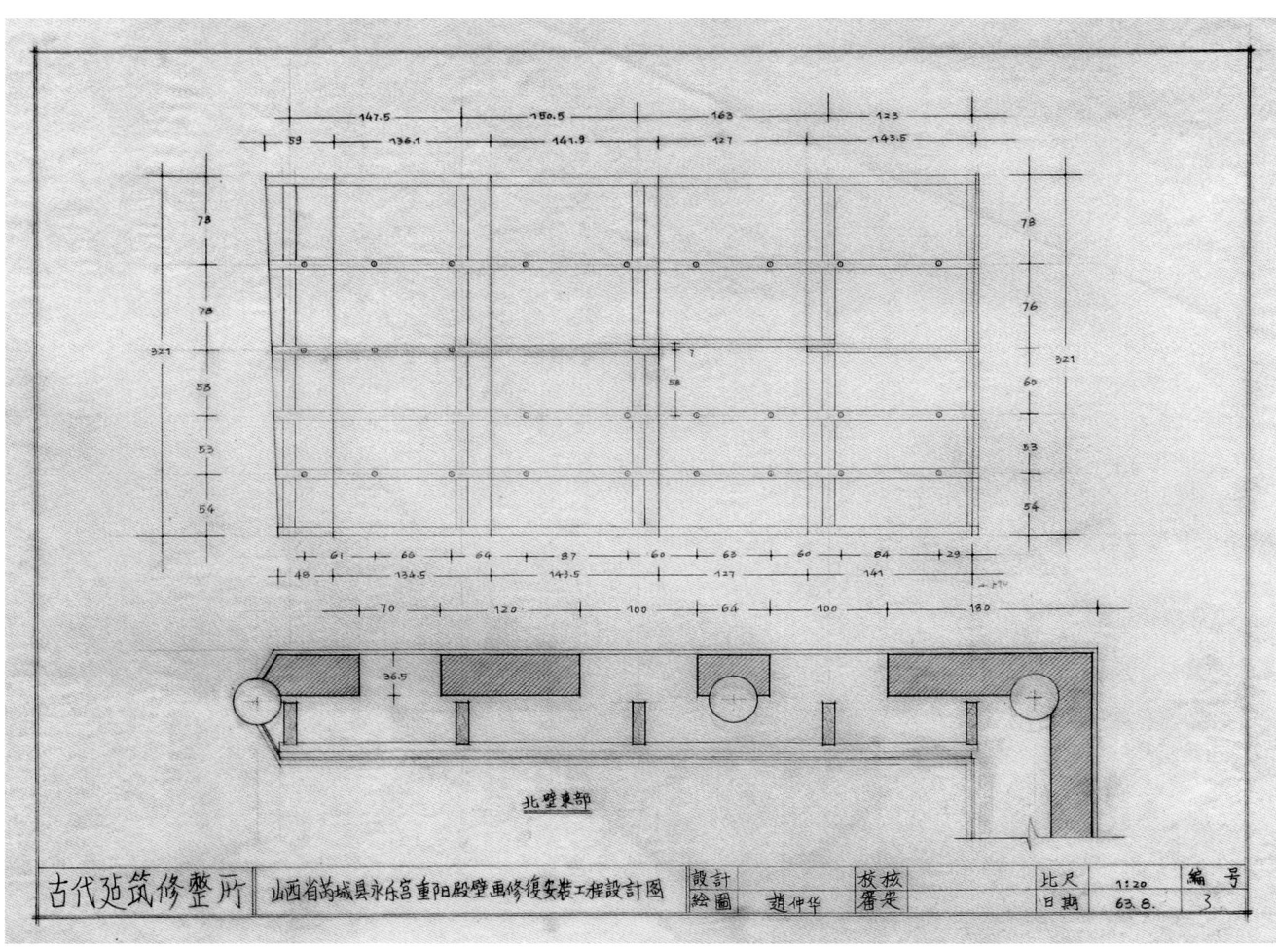

图版 T-401　重阳殿北壁东木架

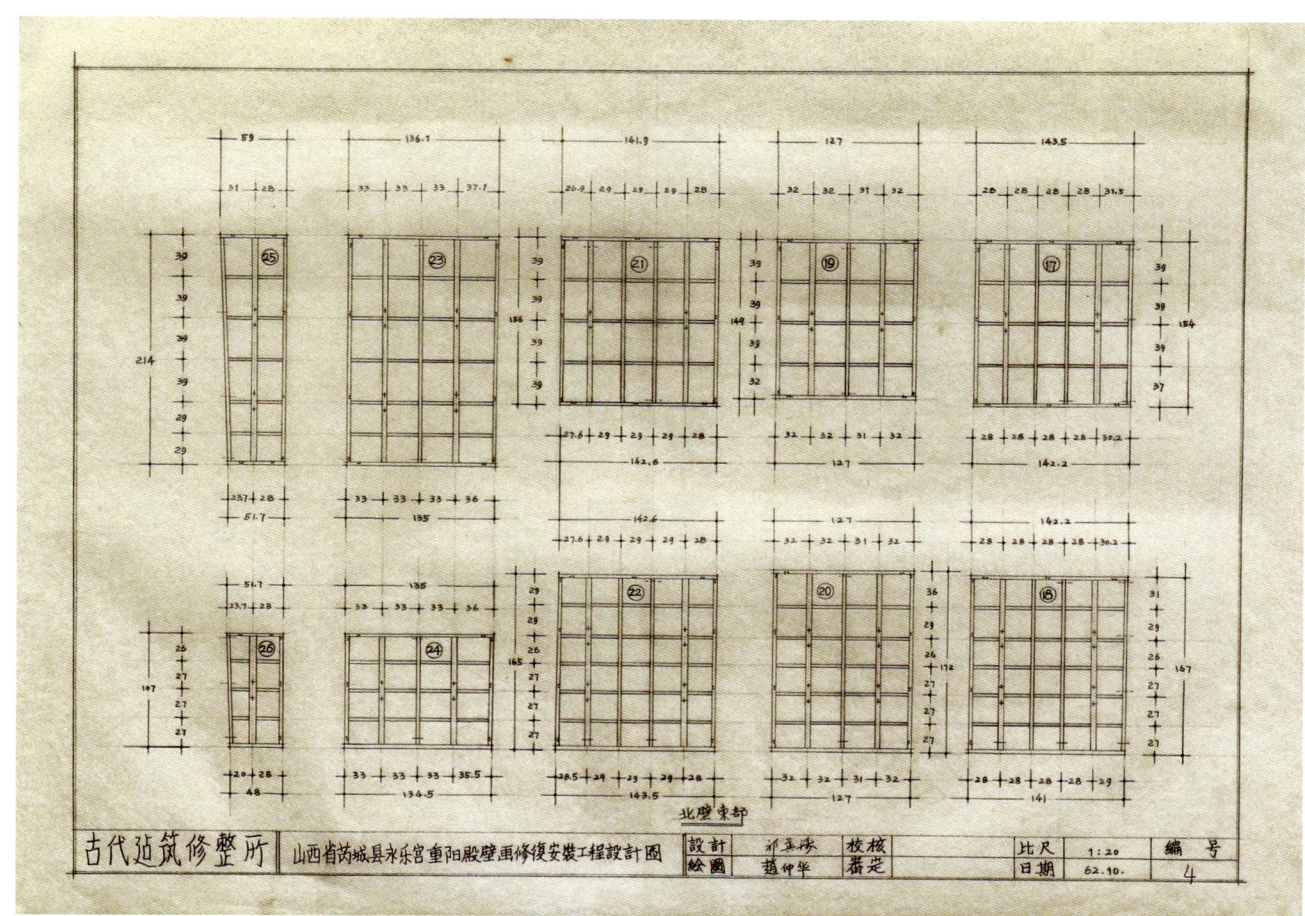

图版 T-402　重阳殿北壁东木框

3.3.2 木架铁活

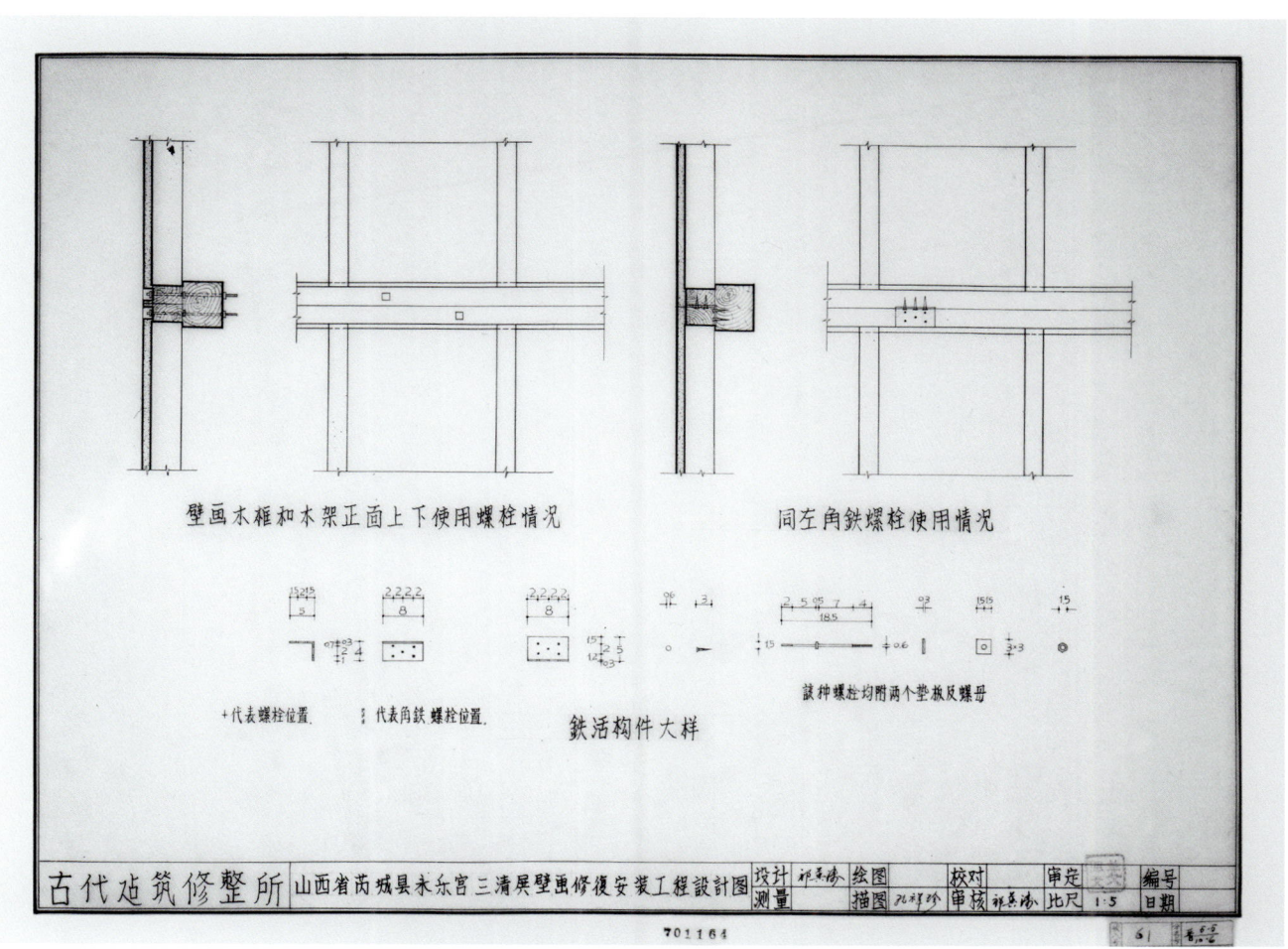

图版 T-403　木架及木框铁活

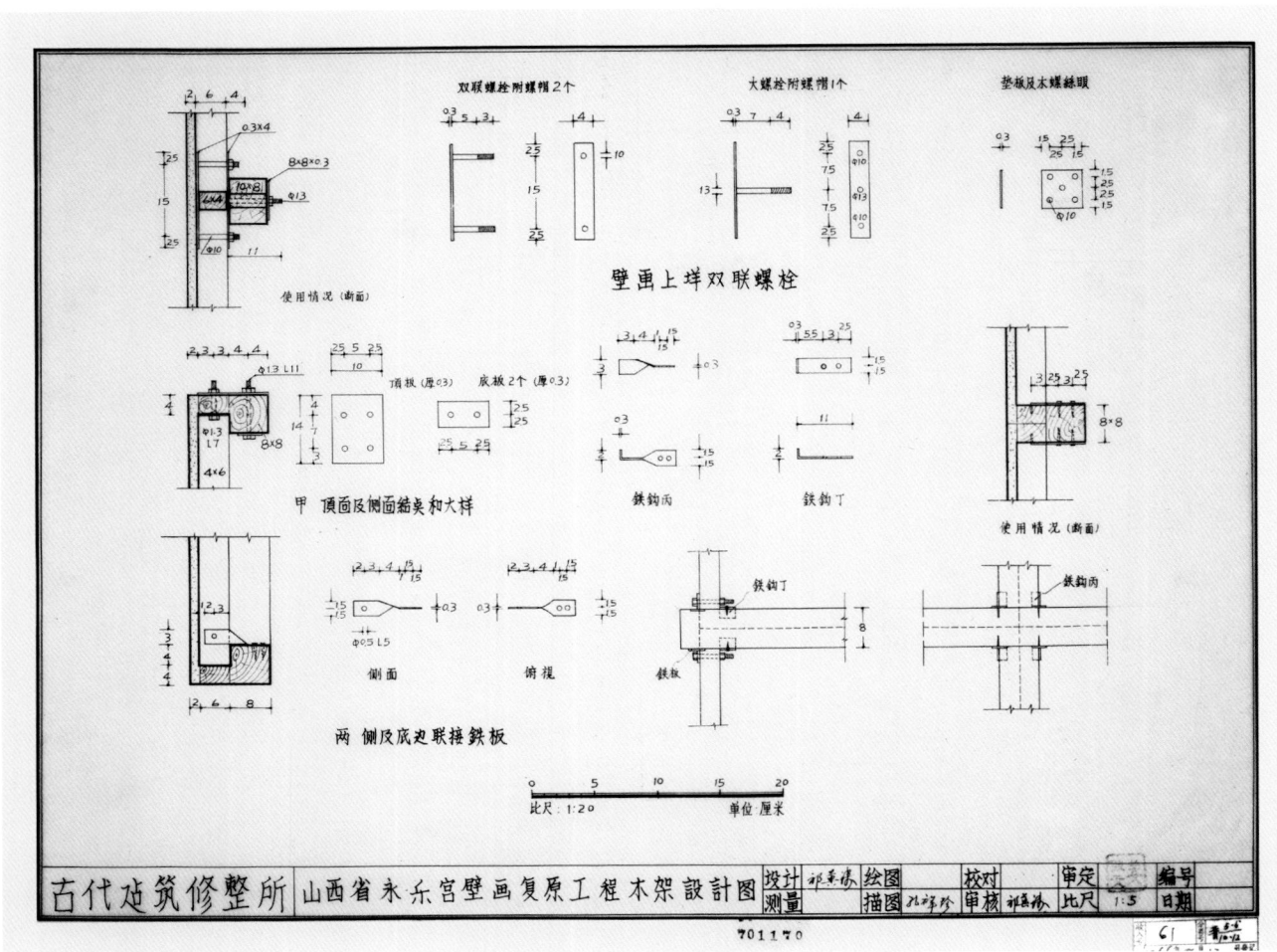

图版 T-404 壁画上墙铁活

4．附属工程图

4.1　重阳殿东西垛殿迁建设计图

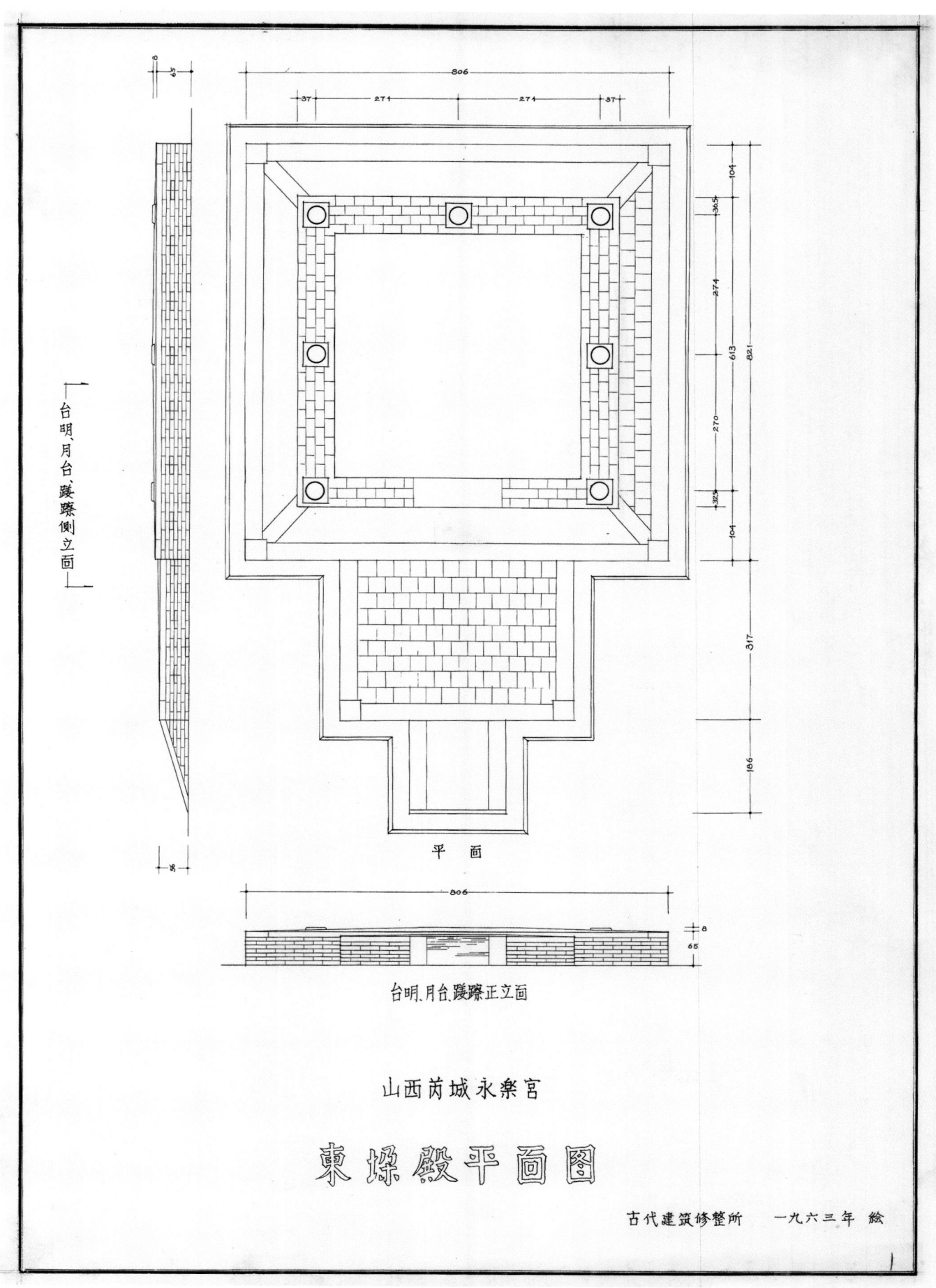

图版 T-405　东垛殿平面图

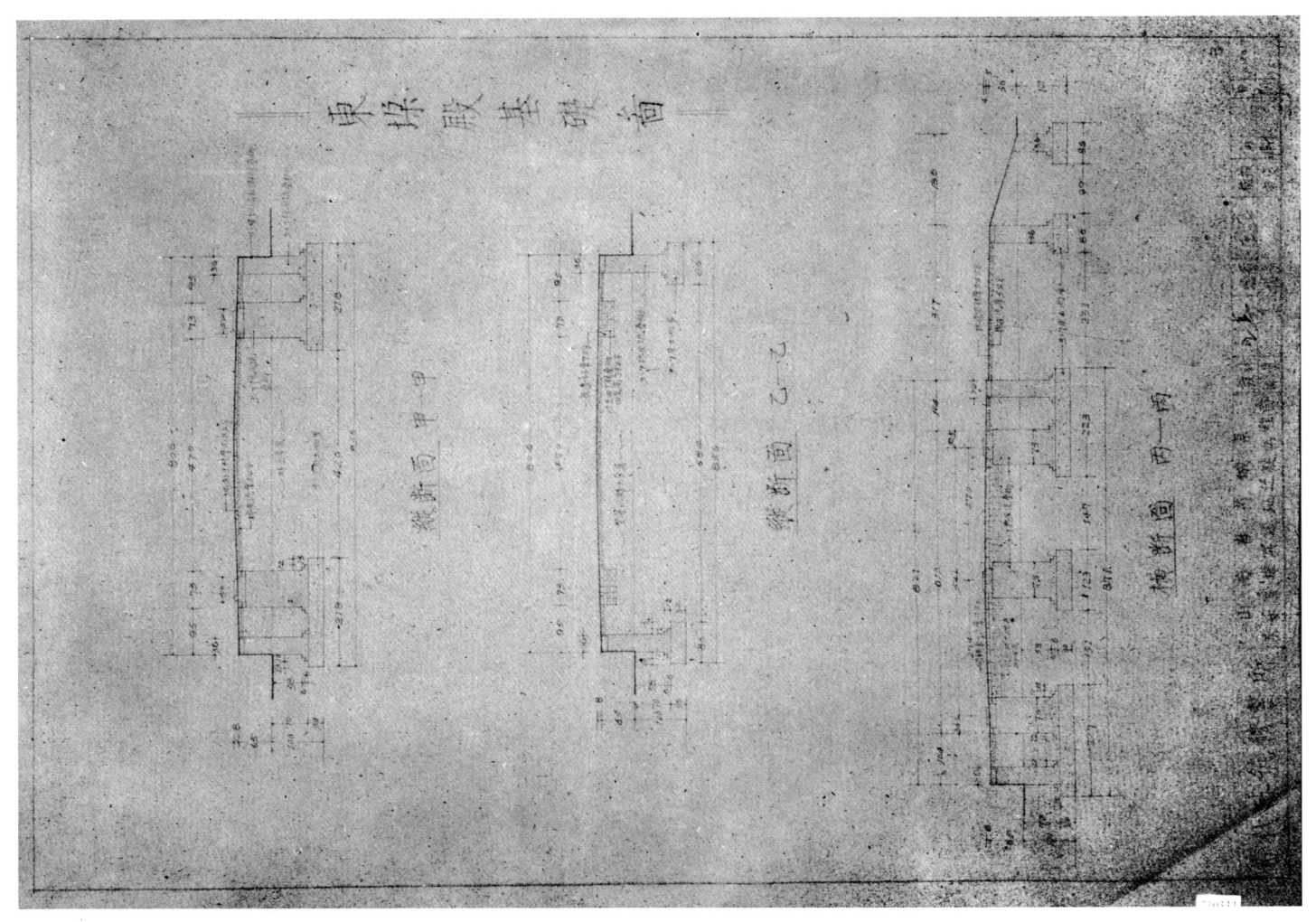

图版 T-406　东垛殿基础图

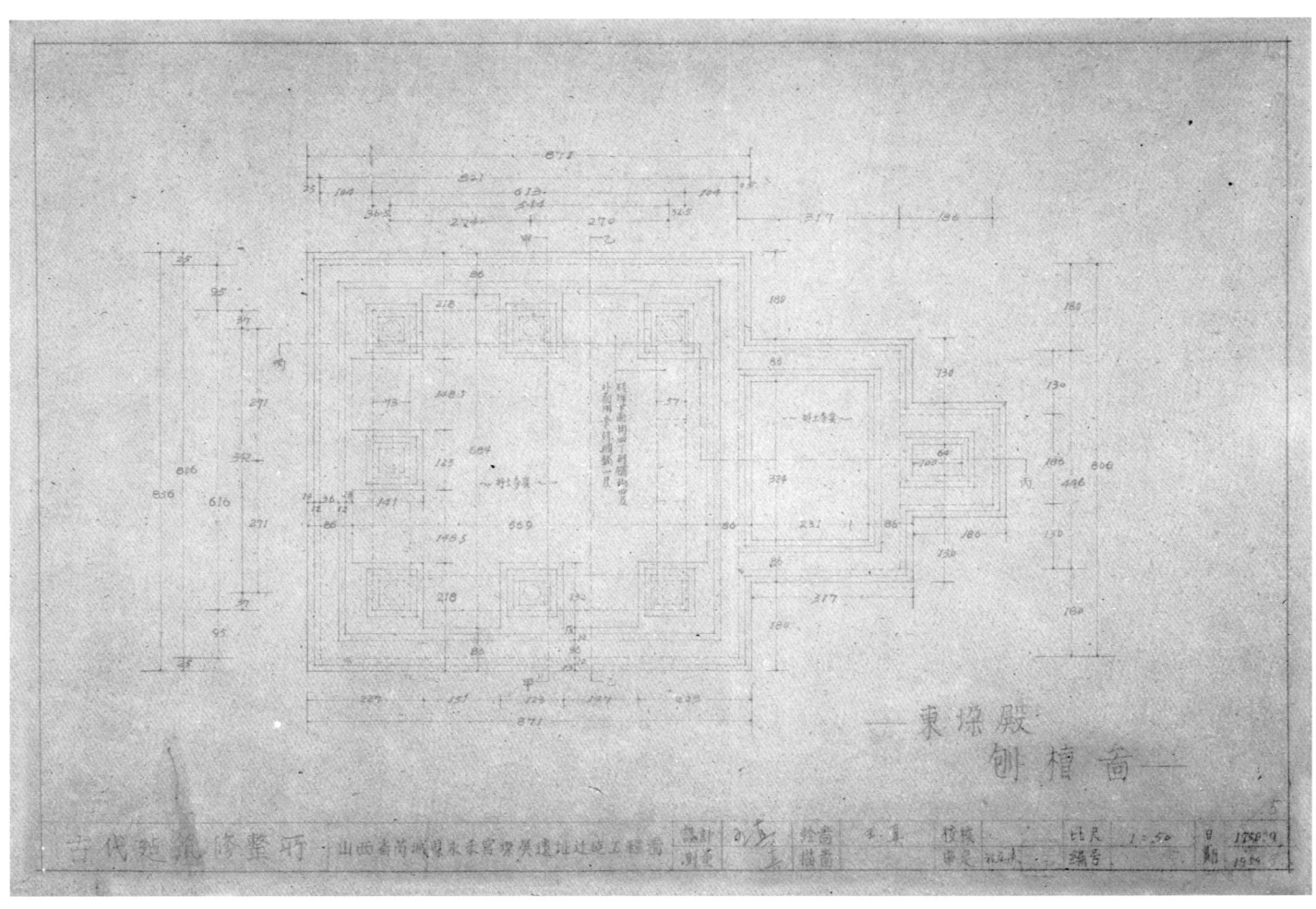

图版 T-407　东垛殿基础刨槽图

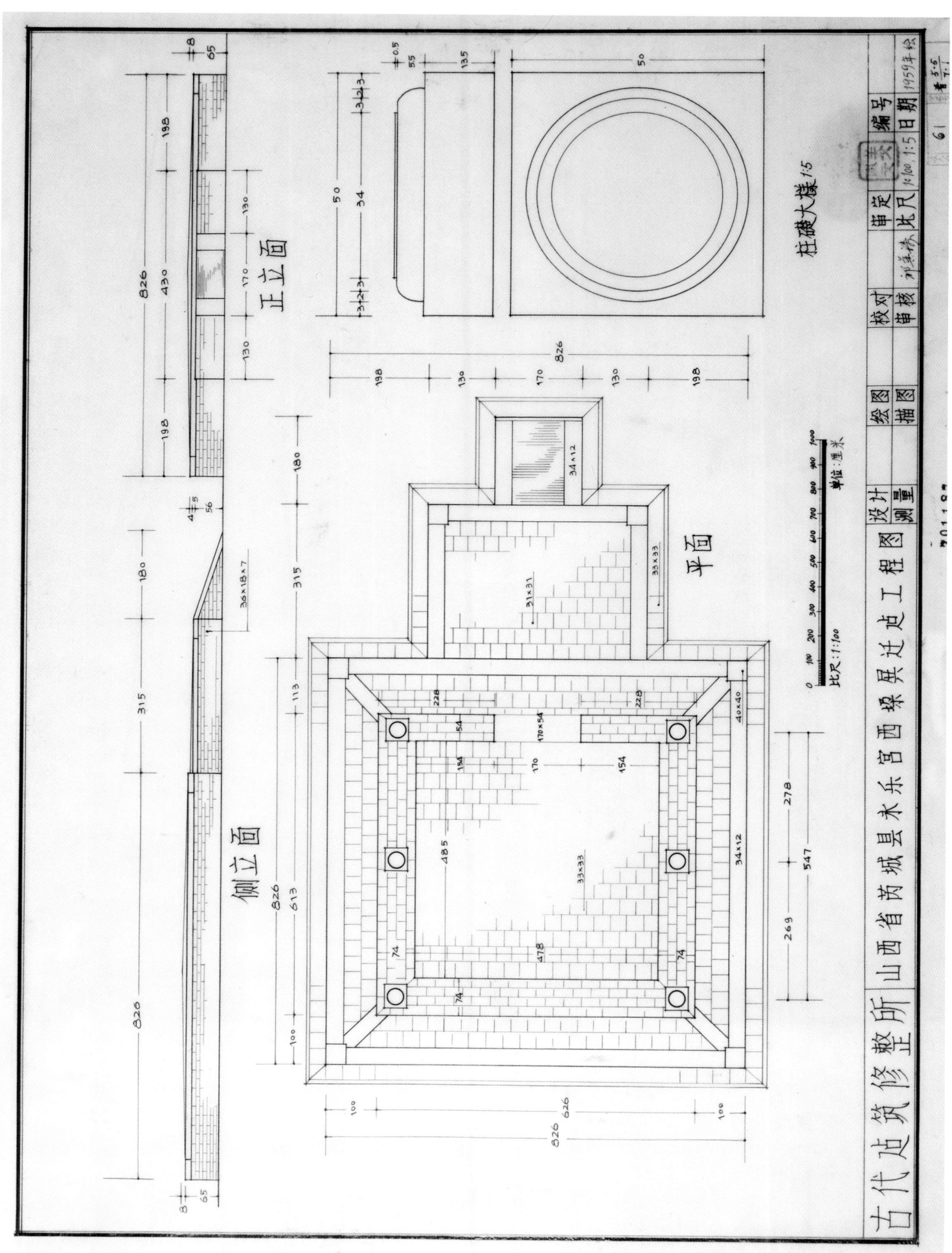

图版 T-408　西垛殿平面图

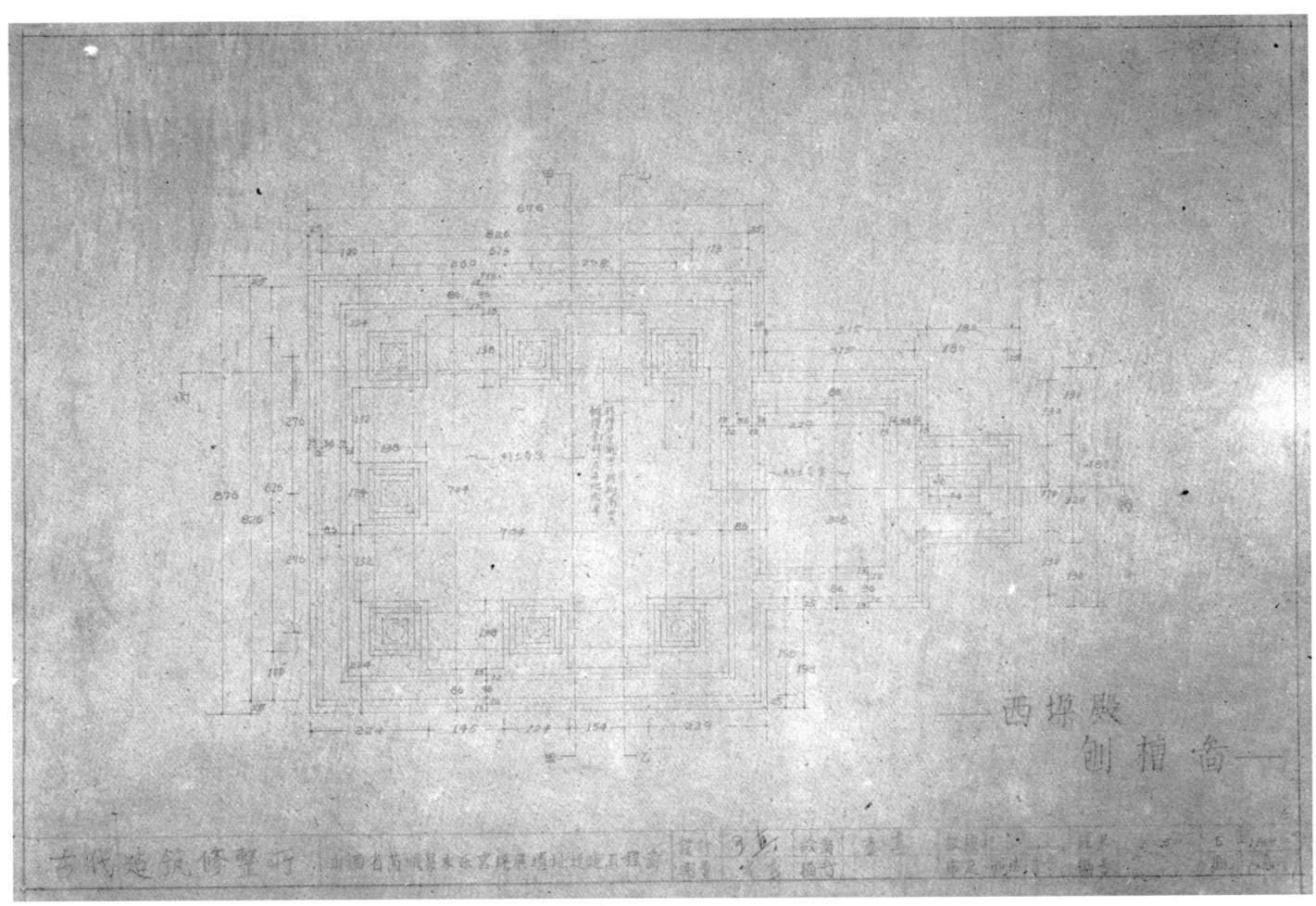

图版 T-409　西垛殿基础刨槽图

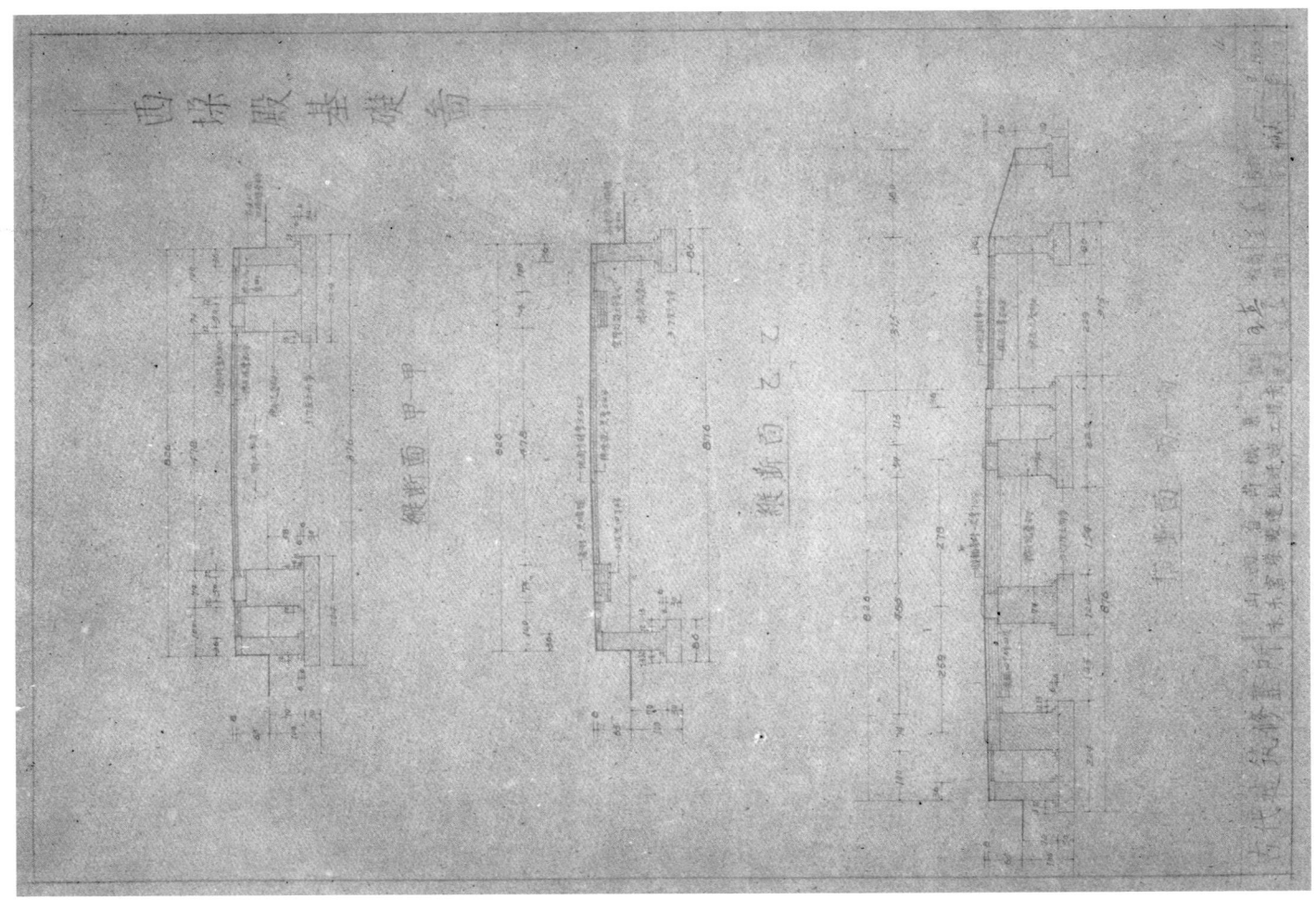

图版 T-410　西垛殿基础图

4.2　甬道大墙石狮子

4.2.1　甬道

4.2.1.1　甬道实测图

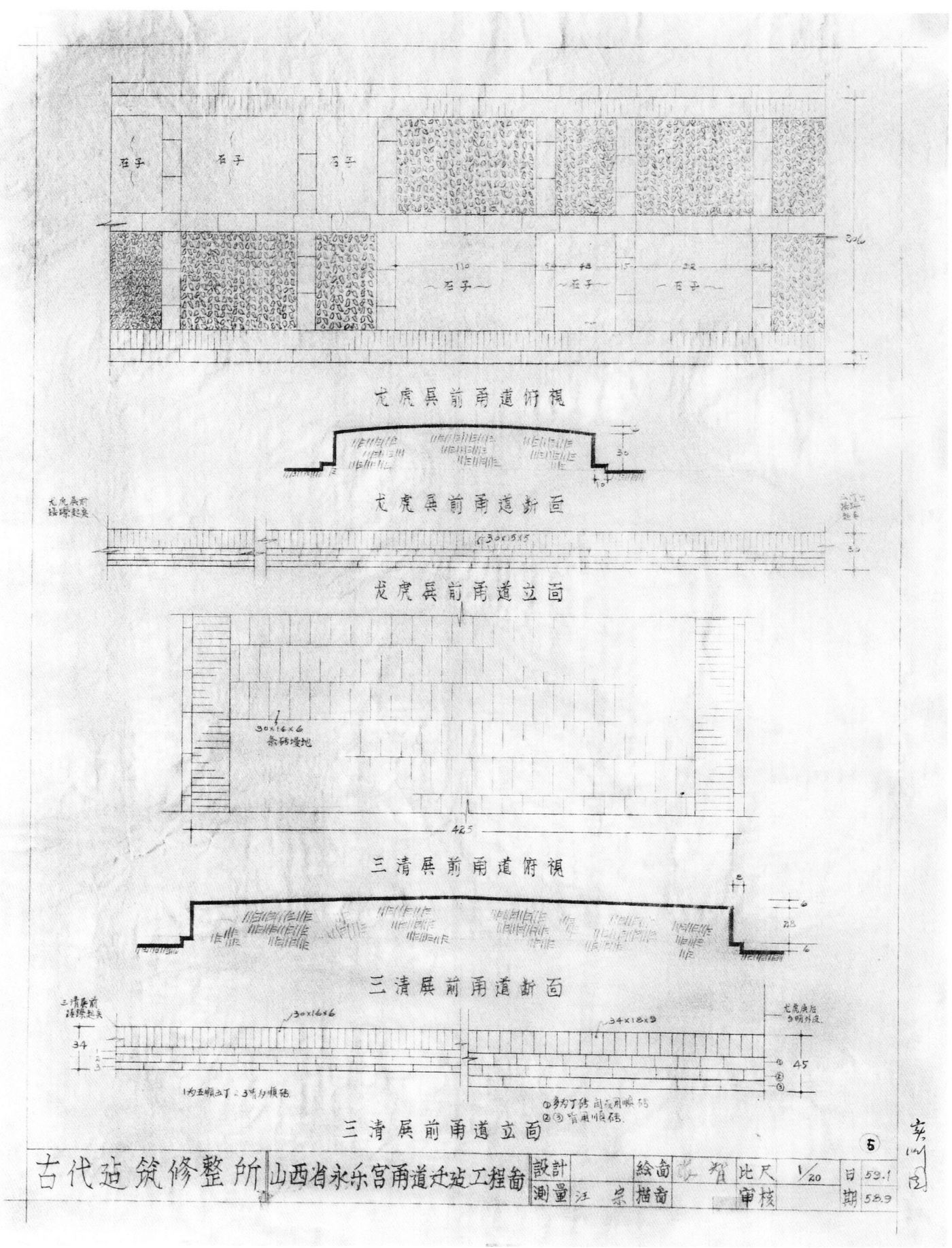

图版 T-411　甬道实测图

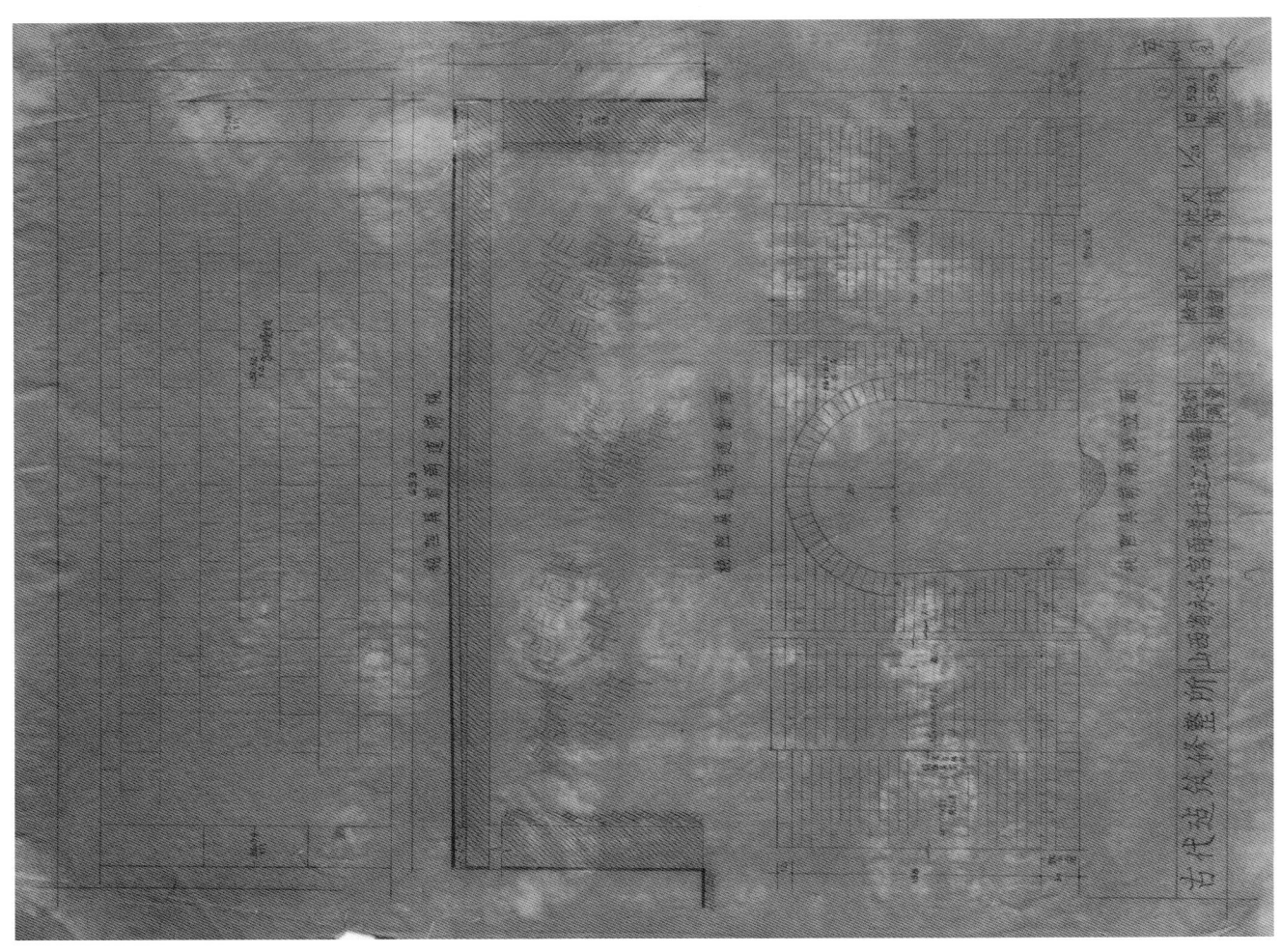

图版 T-412　纯阳殿前甬道实测图

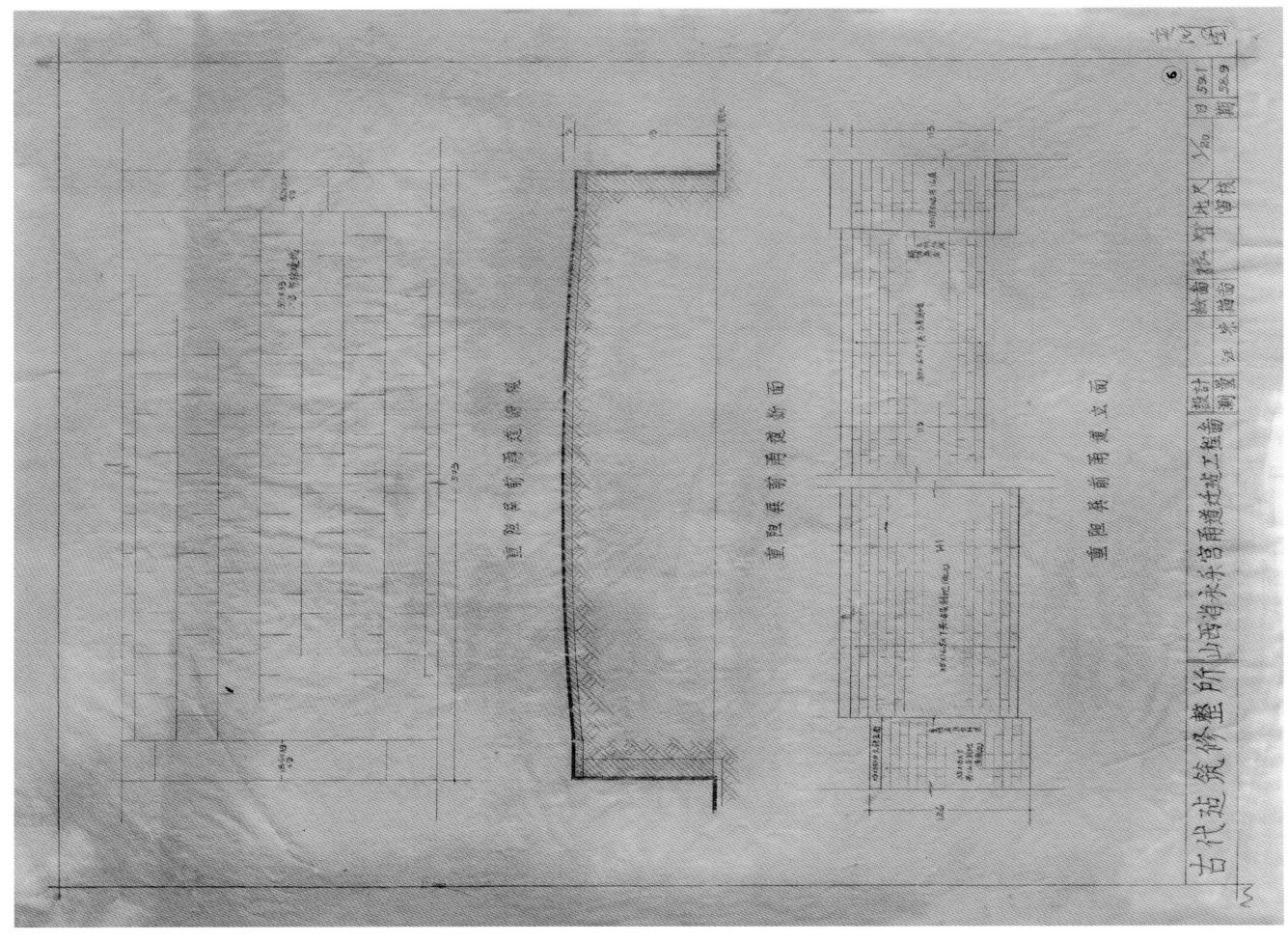

图版 T-413　重阳殿前甬道实测图

4.2.1.2 甬道设计图

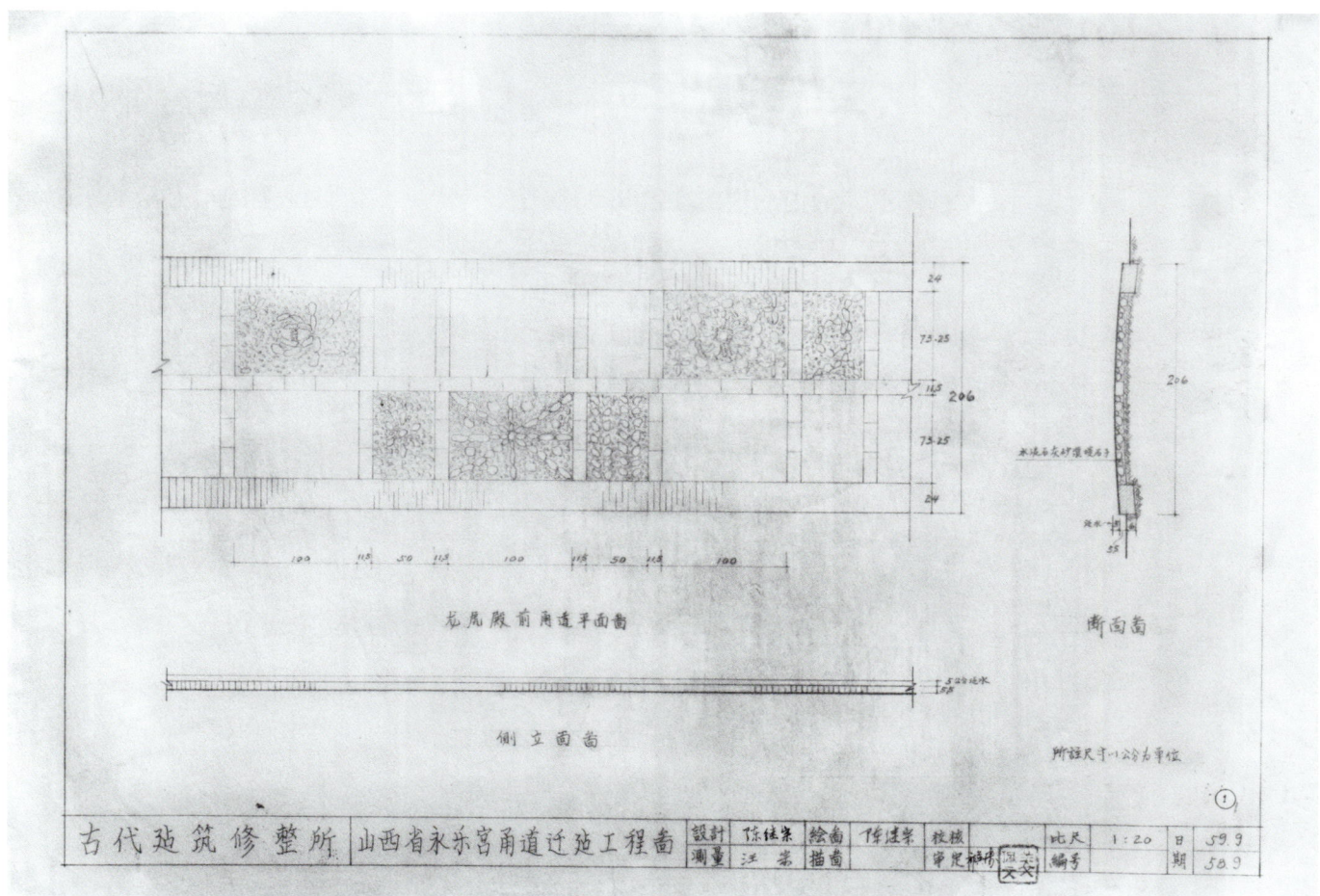

图版 T-414　龙虎殿前甬道设计图

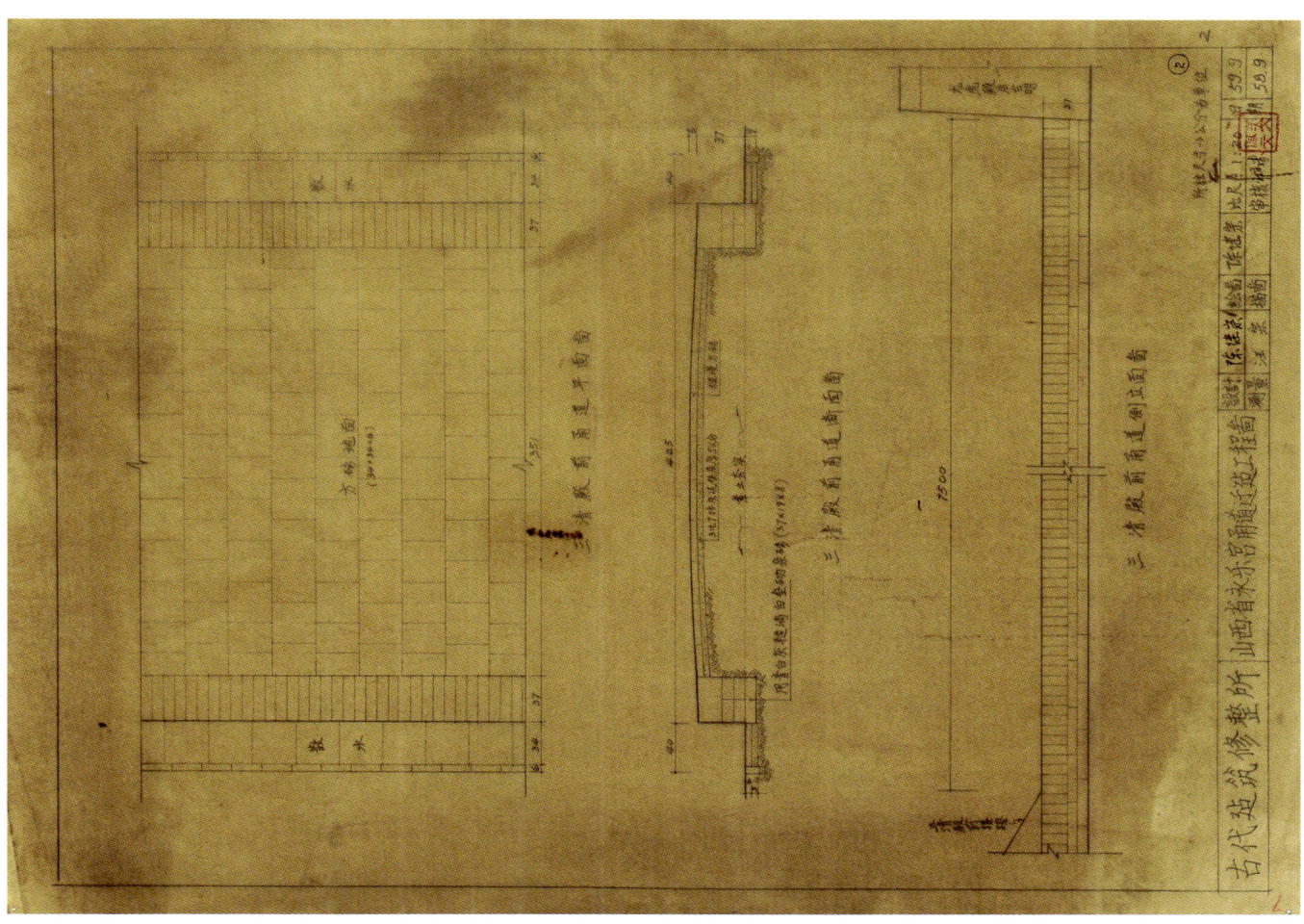

图版 T-415　三清殿前甬道设计图

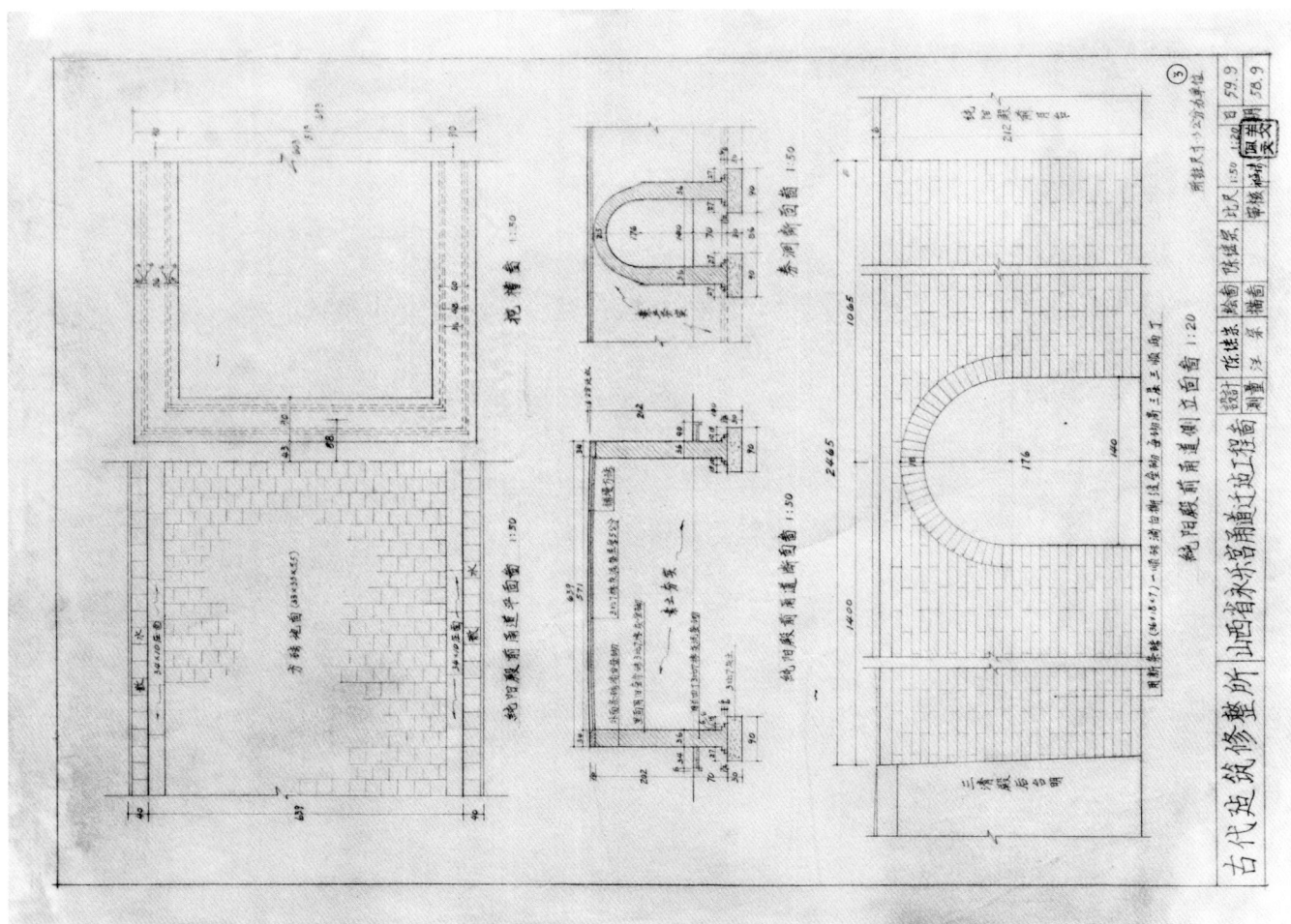

图版 T-416　纯阳殿前甬道设计图

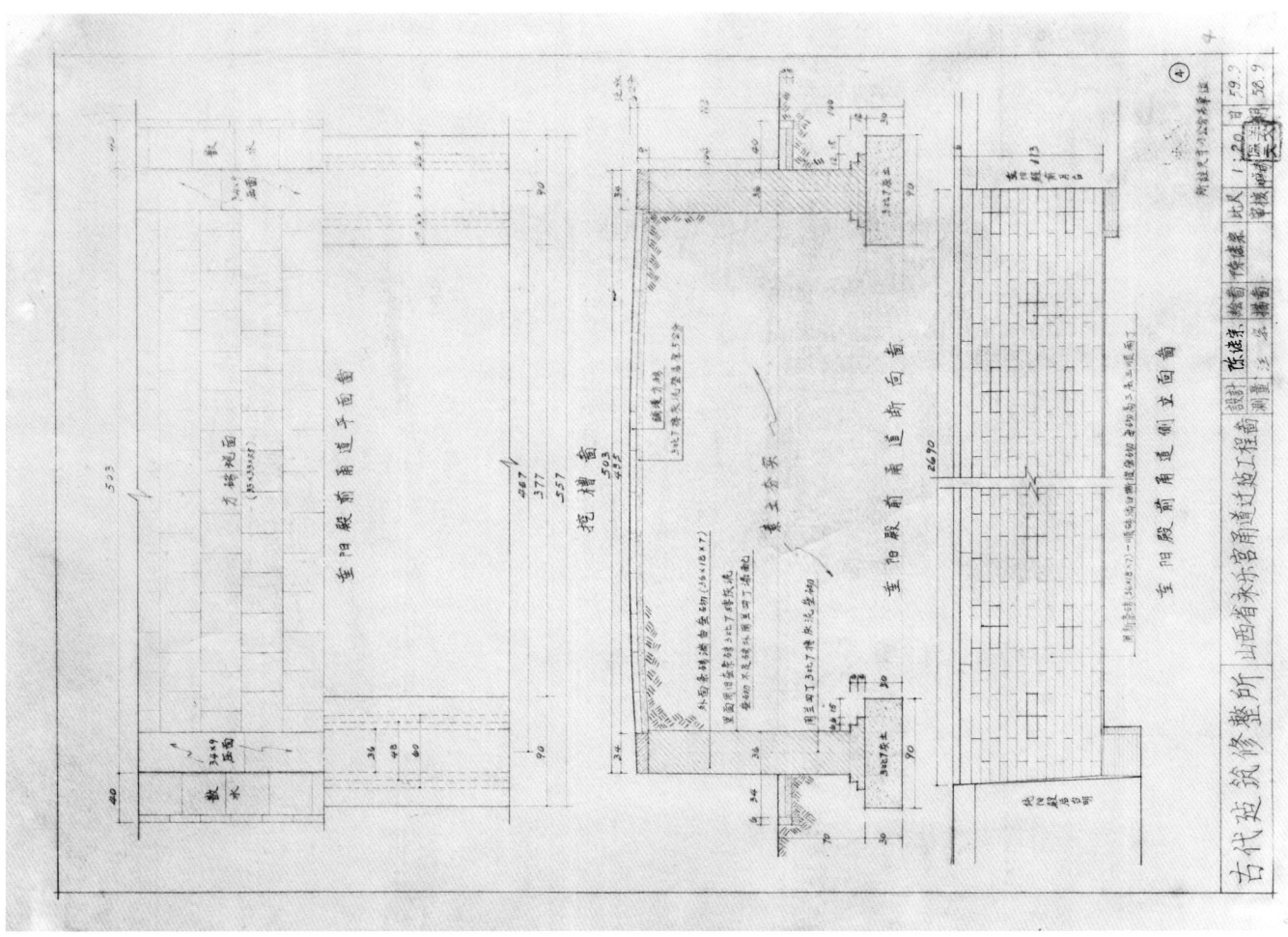

图版 T-417　重阳殿前甬道设计图

4.2.2 大墙

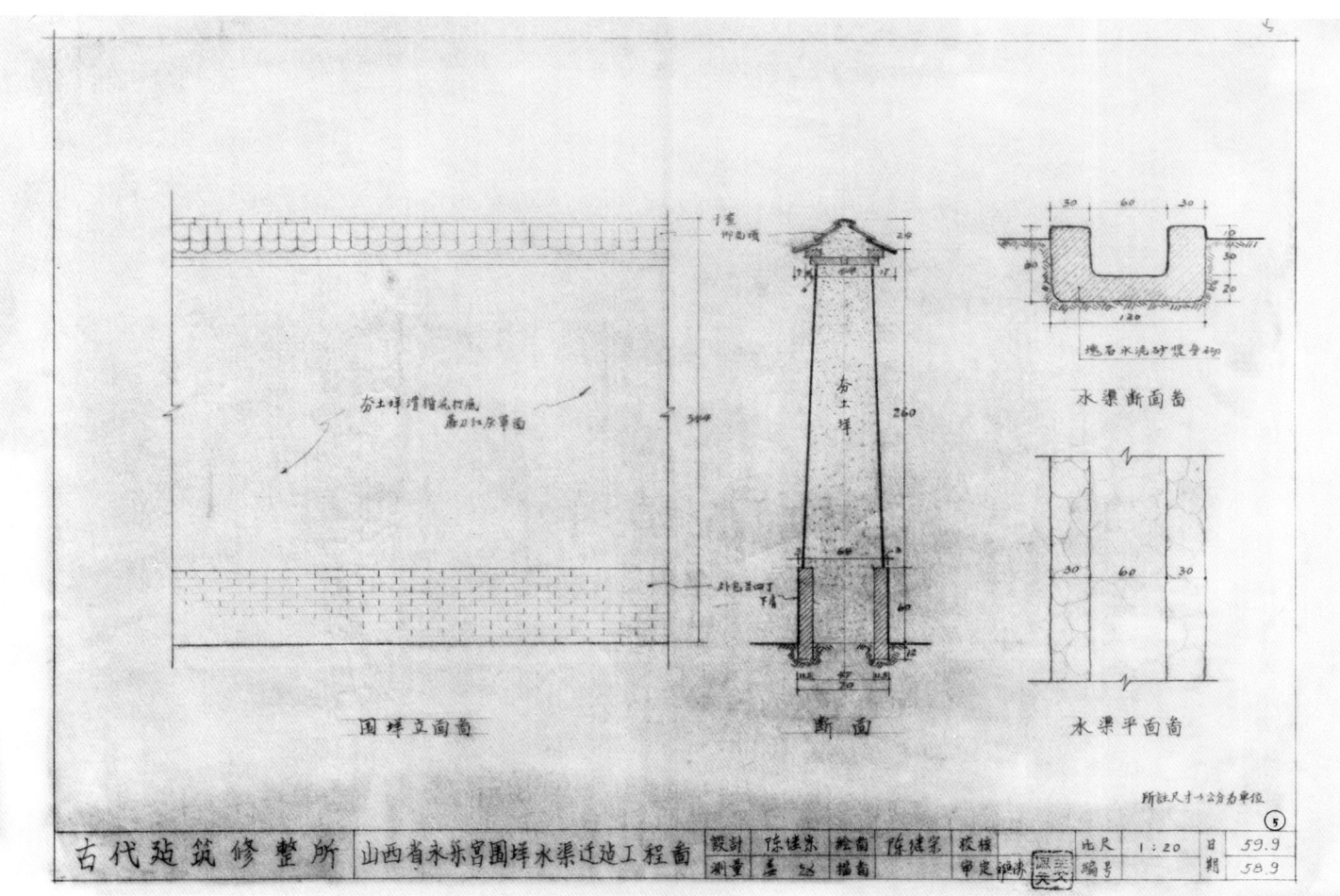

图版 T-418　围墙水渠设计图

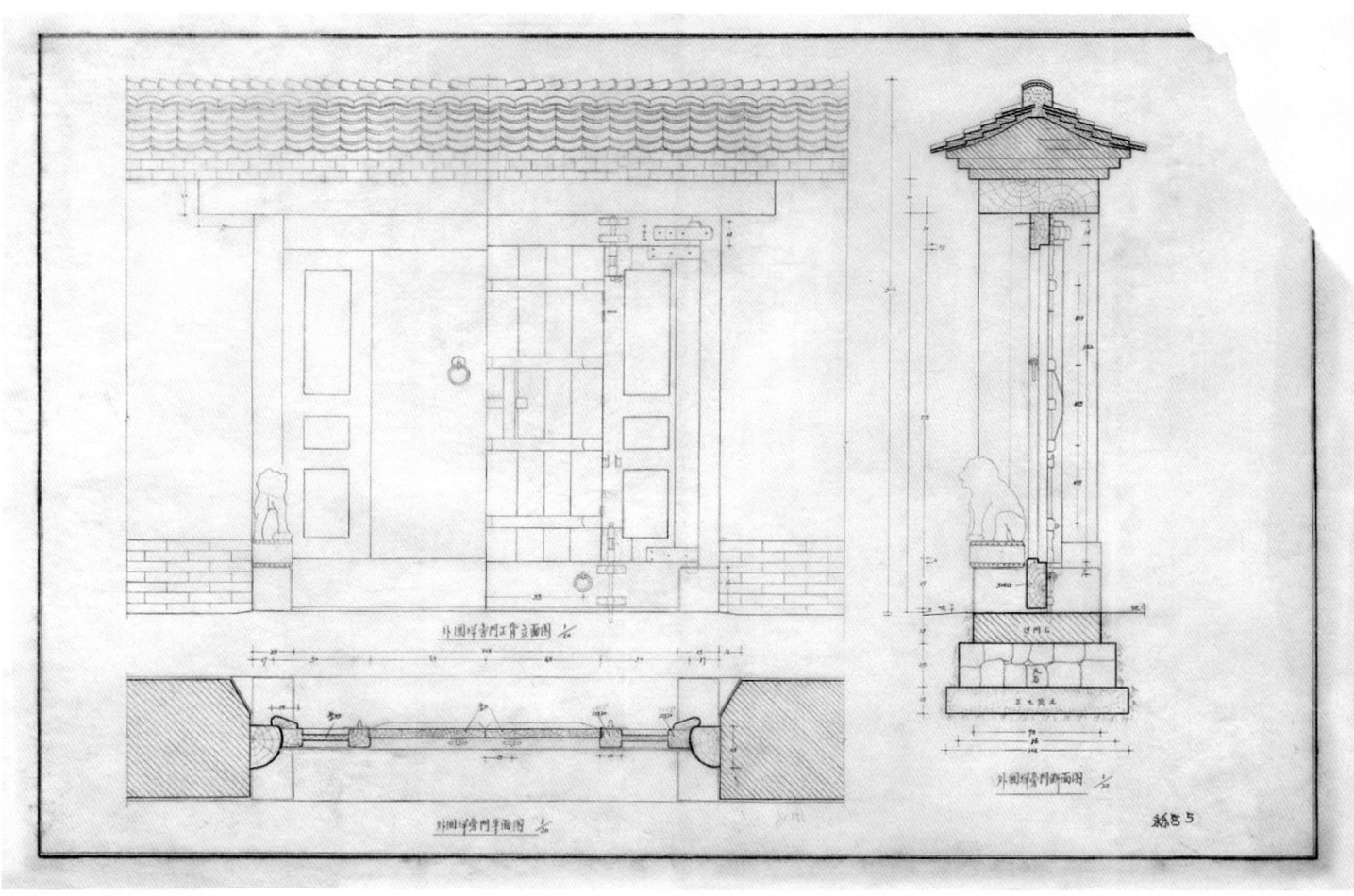

图版 T-419　外围墙旁设计图

4.2.3 石狮子

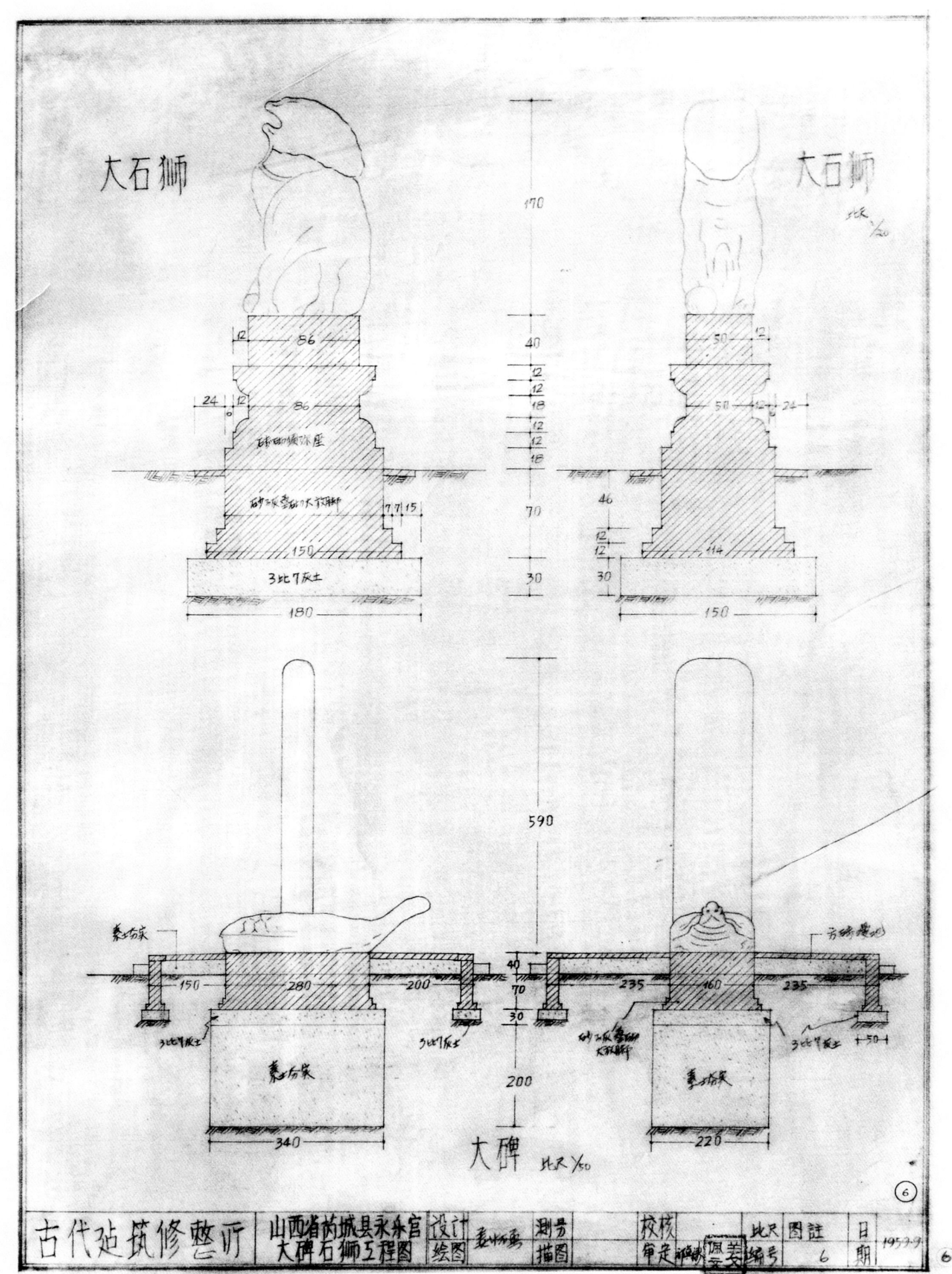

图版 T-420　石狮大碑设计图

4.3　碑廊设计图

图版 T-421　碑廊总平面图

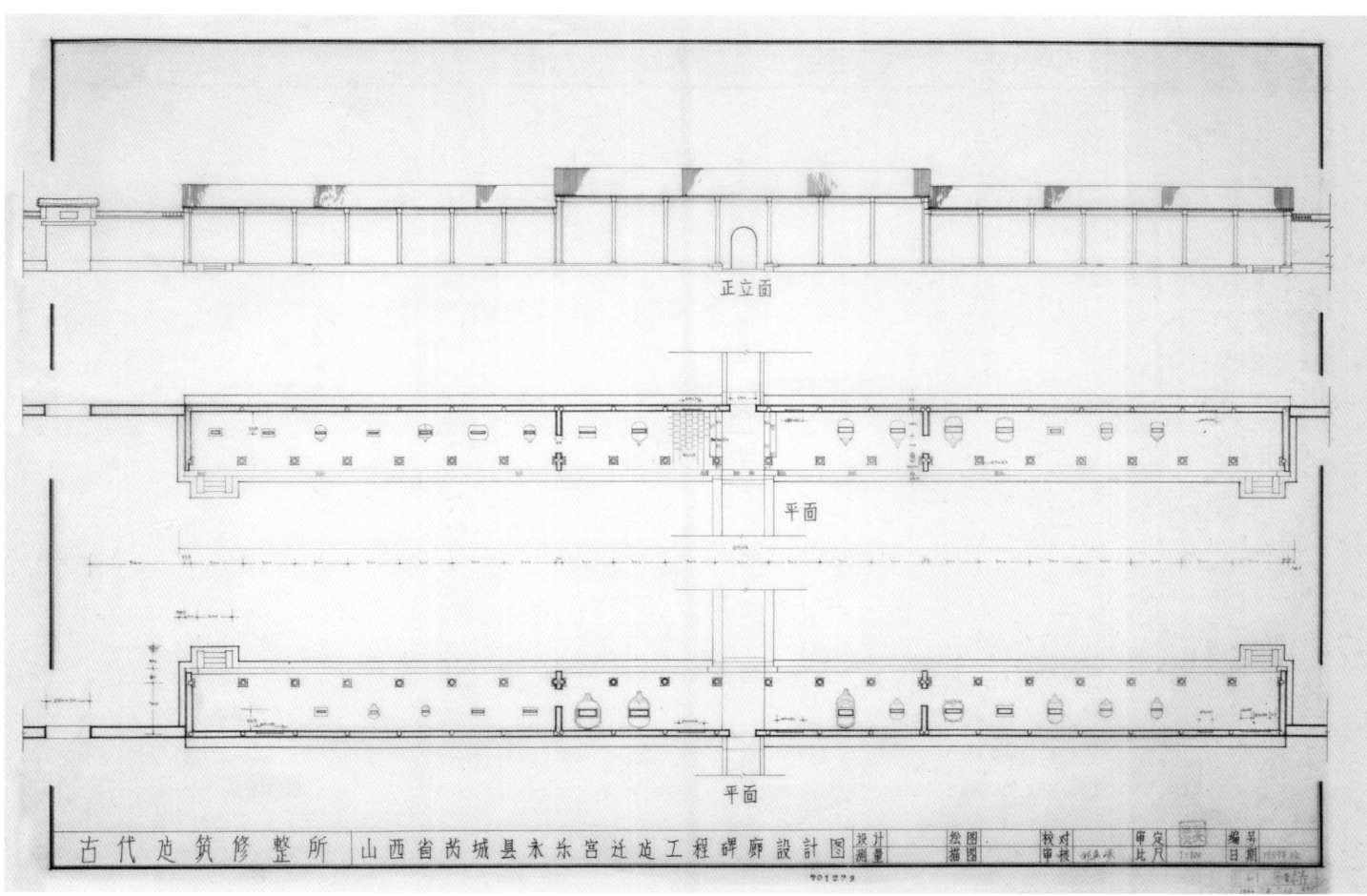

图版 T-422　碑廊设计图

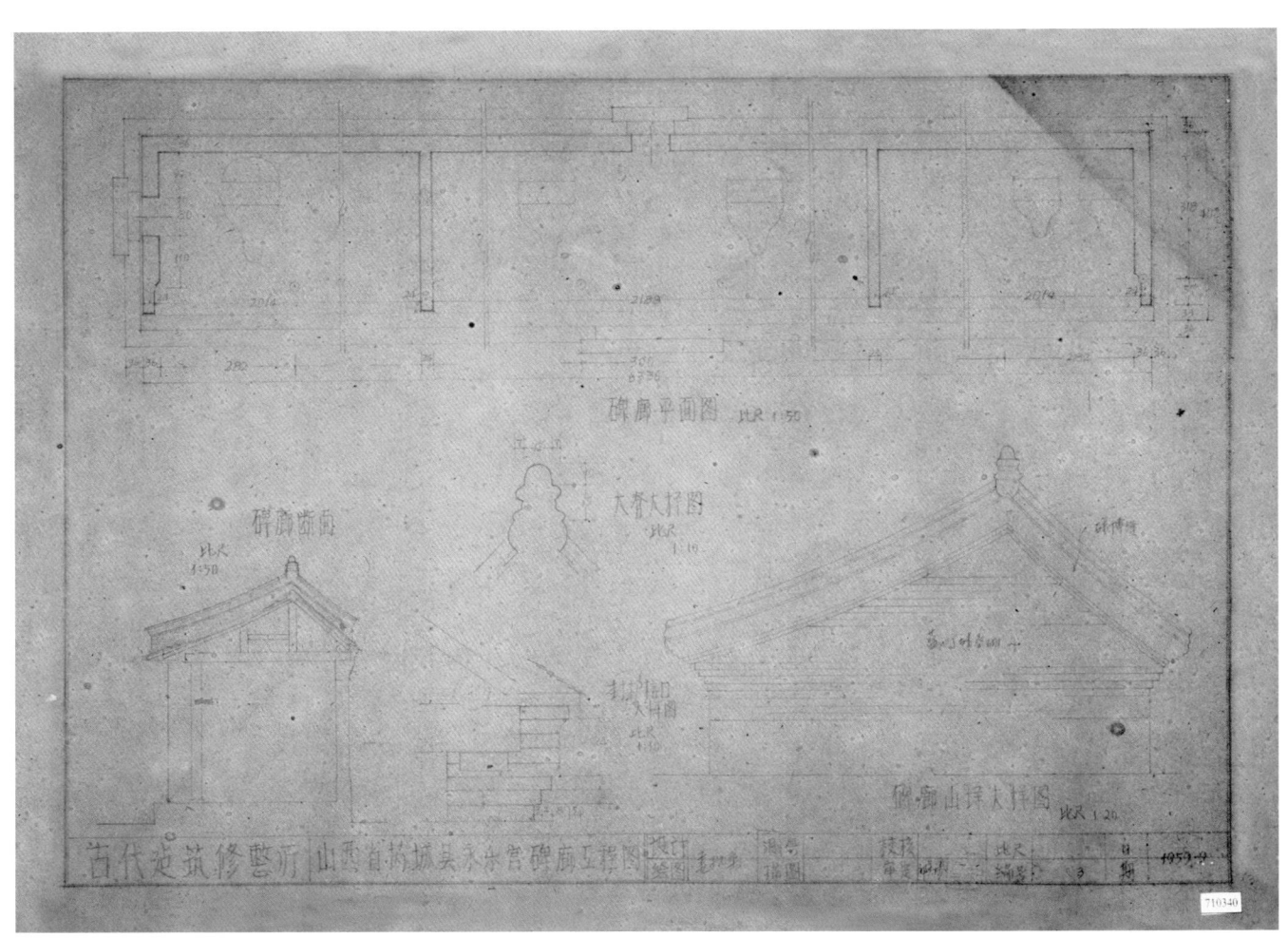

图版 T-423　碑廊平立剖面图

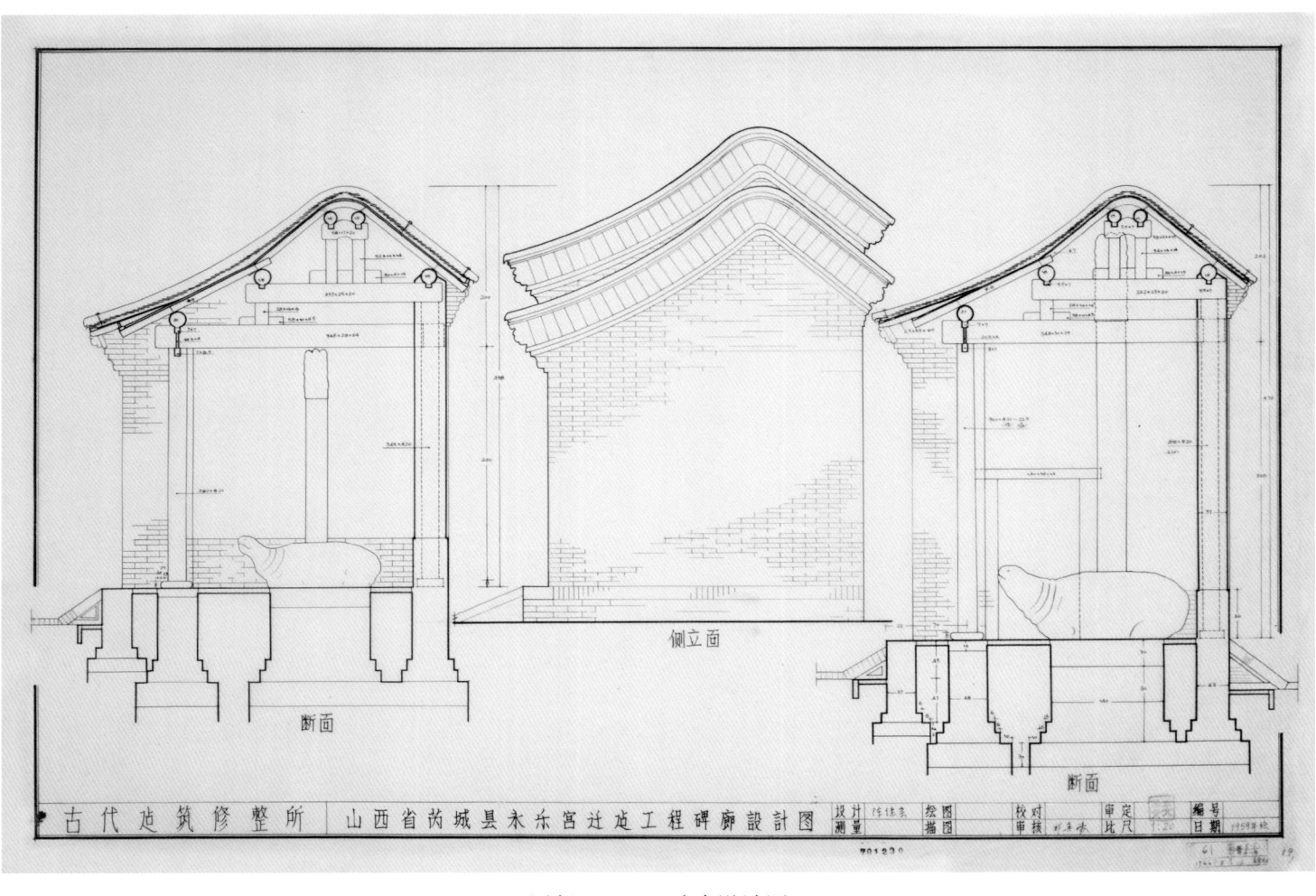

图版 T-424　碑廊设计图

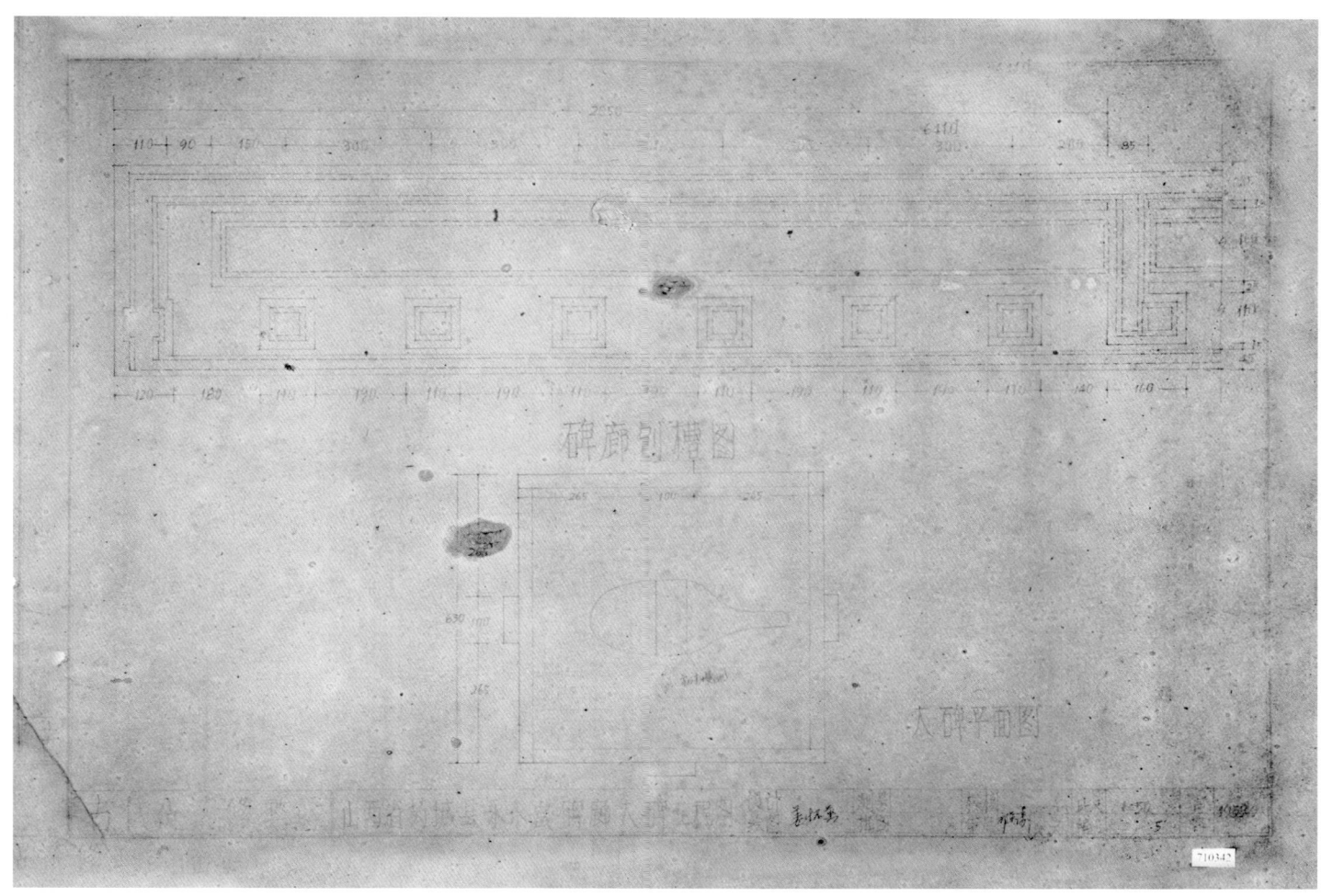

图版 T-42? 碑廊刨槽图

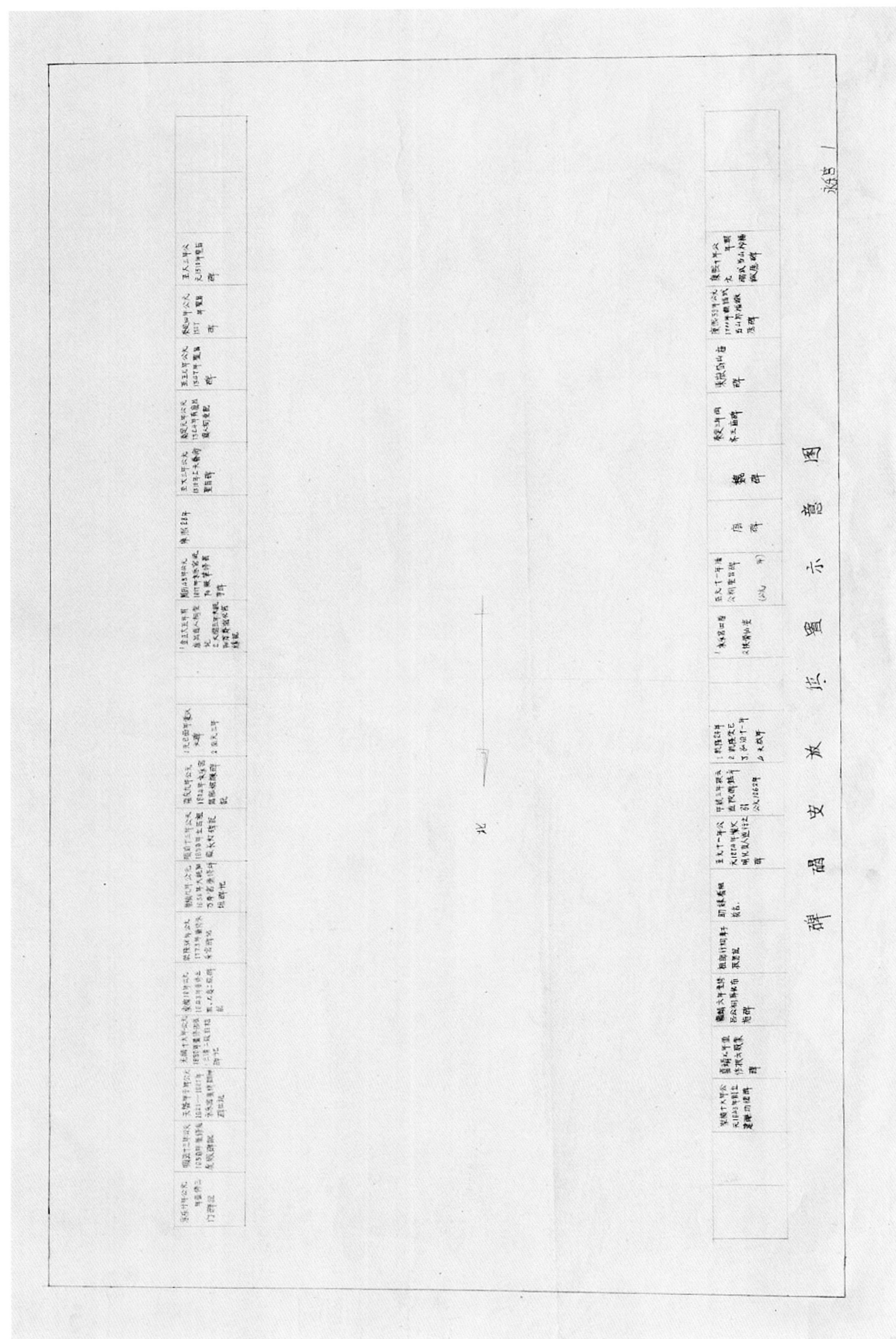

图版 T-426　碑碣安放位置示意图

5．附属建筑迁建设计图

5.1　吕公祠复建设计图

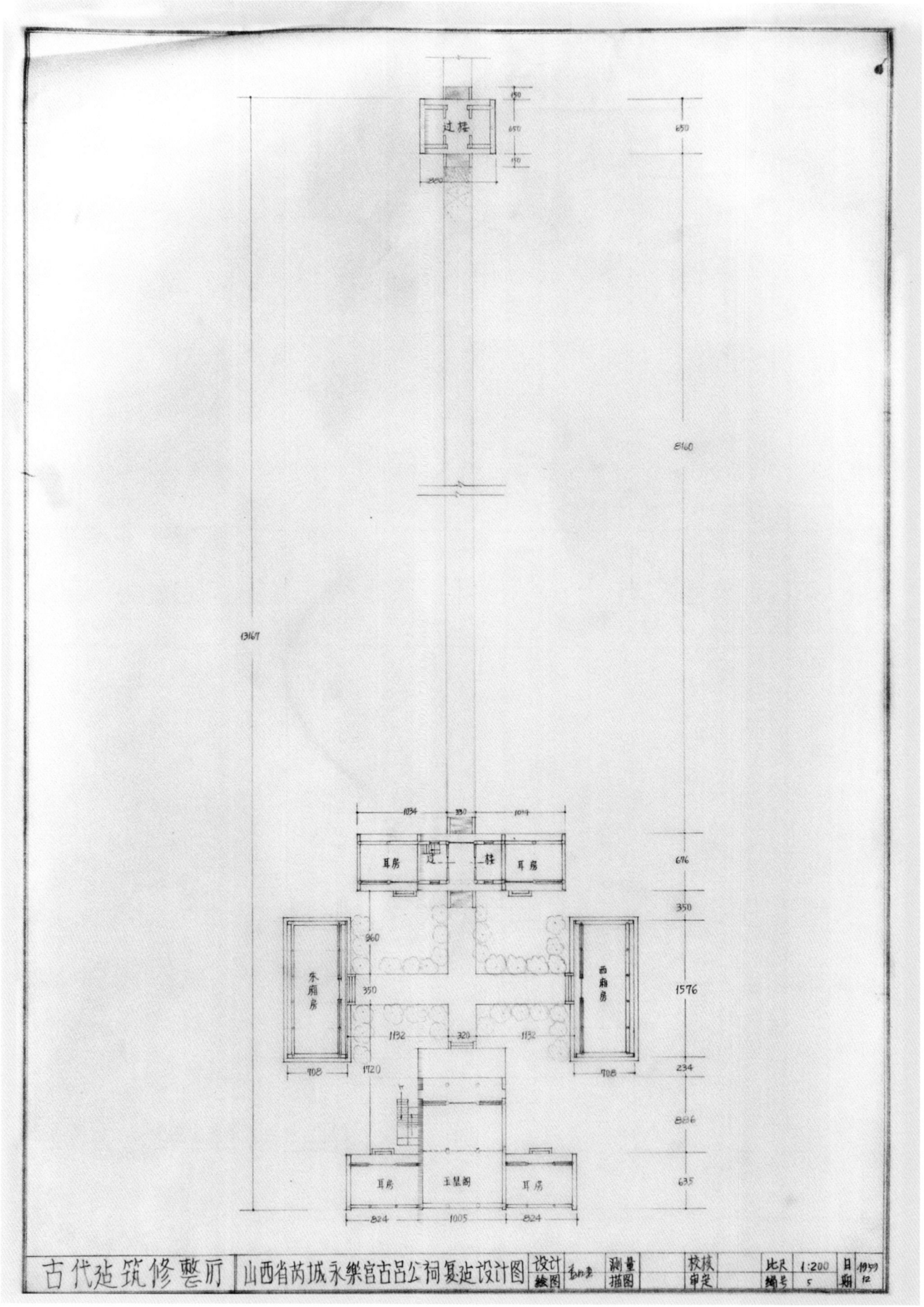

T–427　吕公祠总平面图

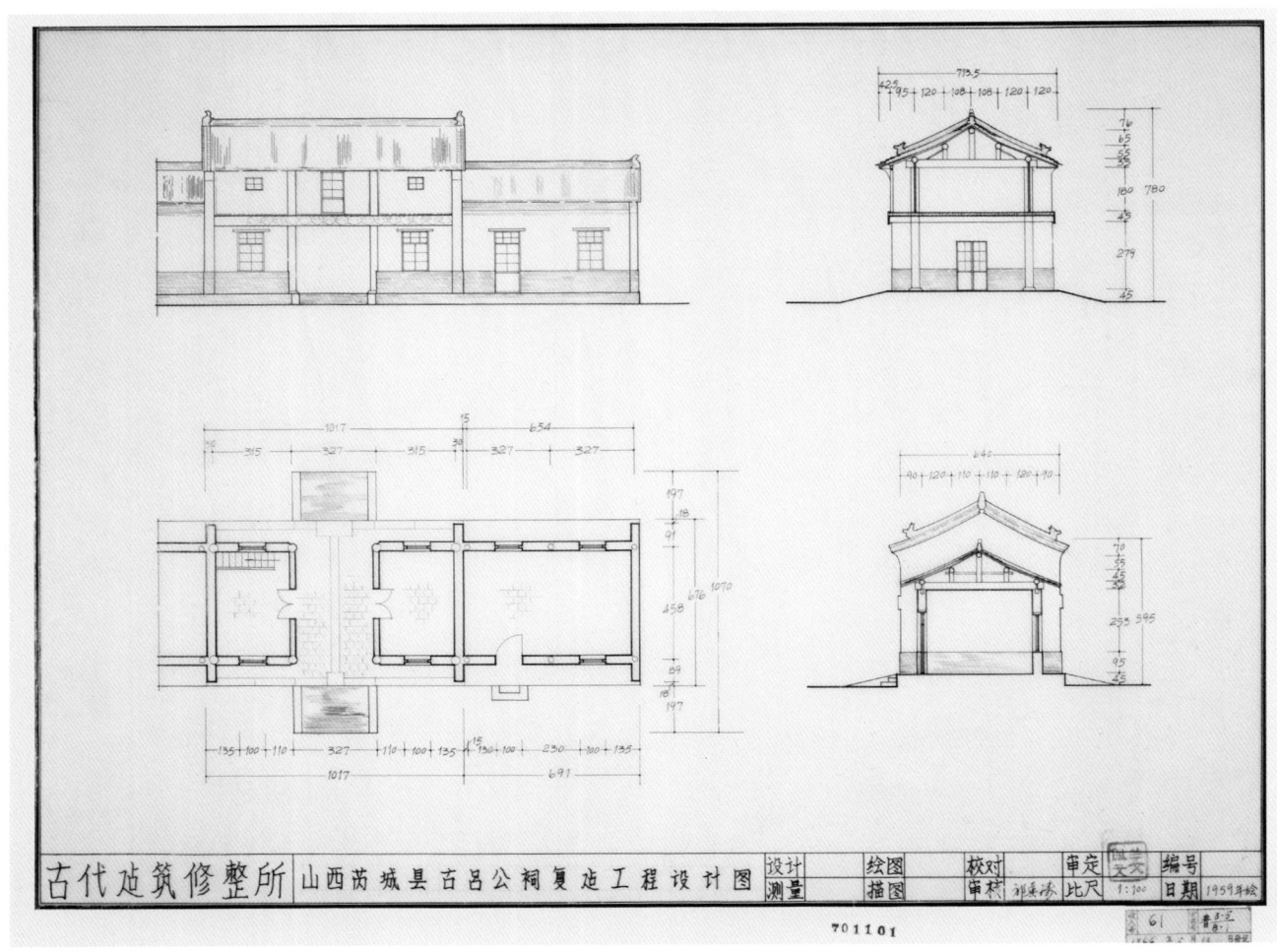

图版 T-428　吕公祠过楼

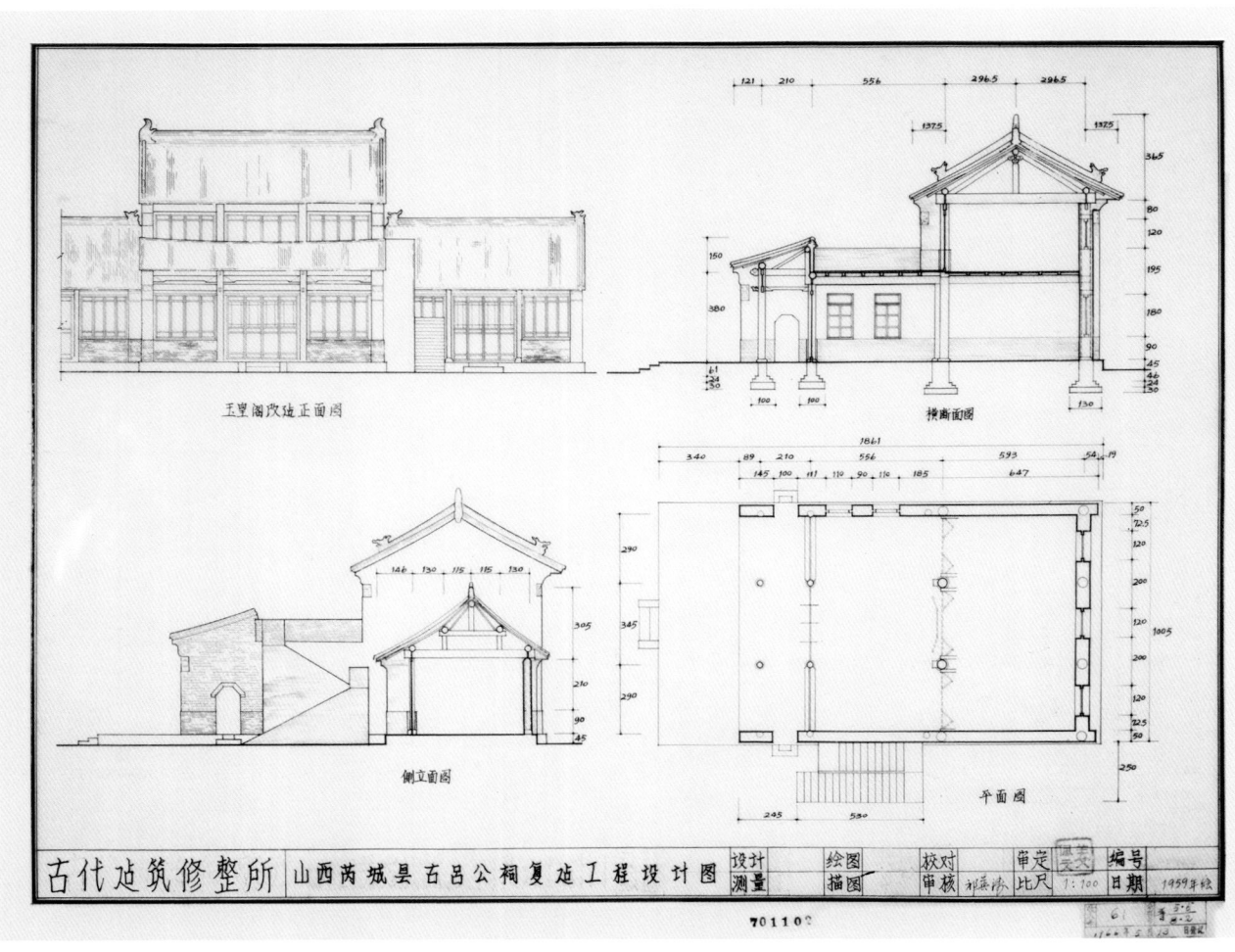

图版 T-429　吕公祠玉皇阁

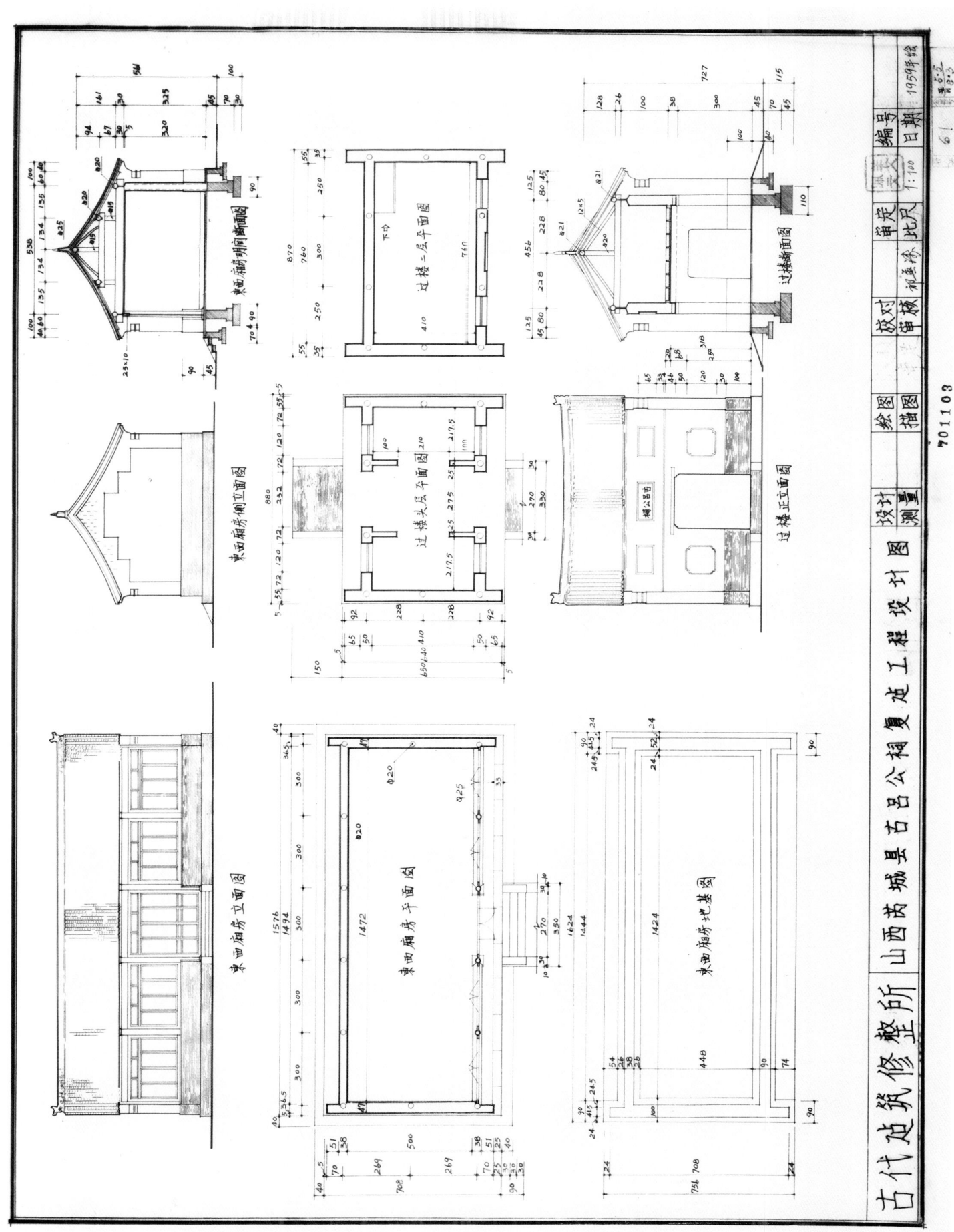

图版 T-430　吕公祠东西厢房

5.2 祖师行祠复建设计图

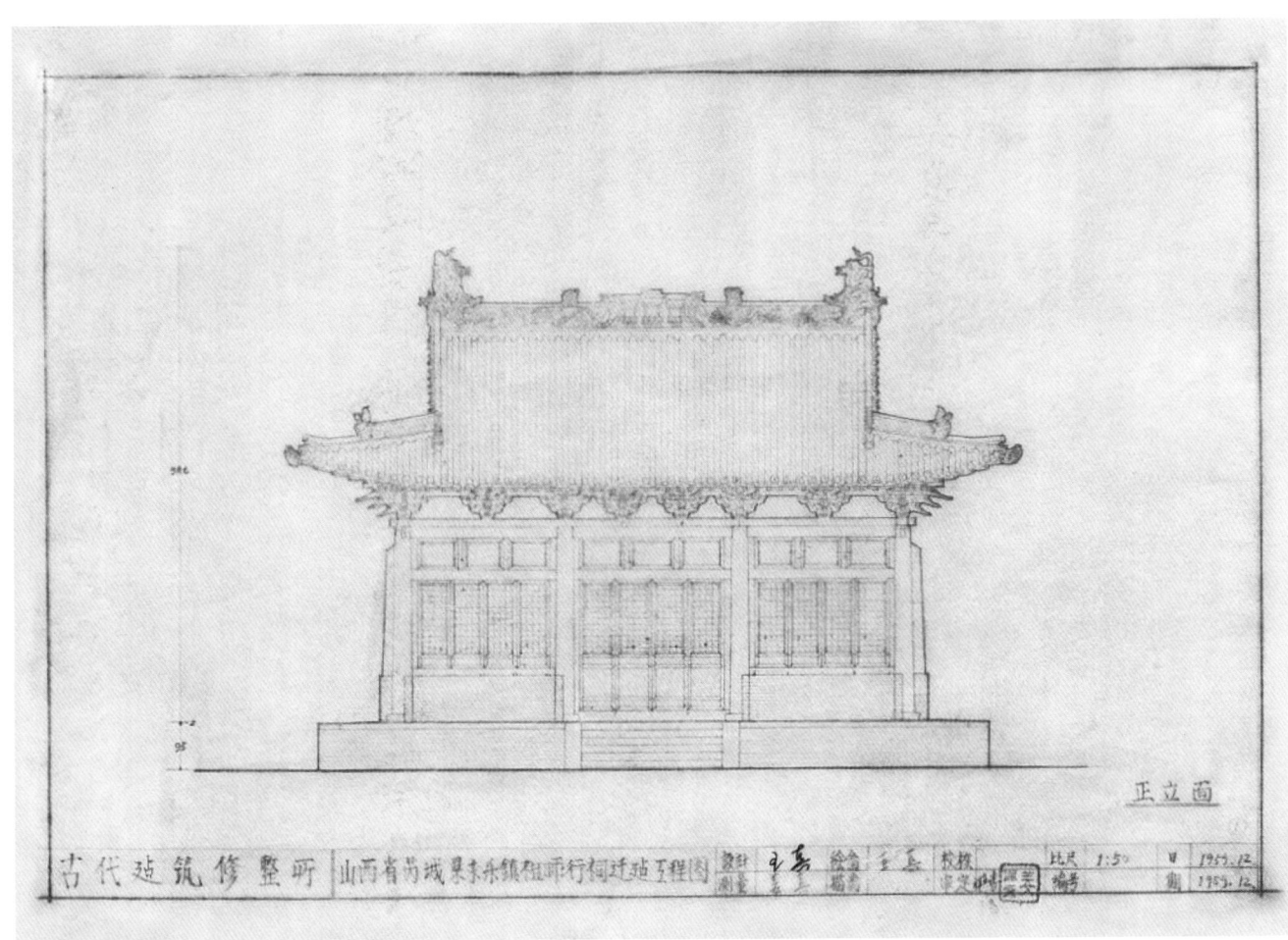

图版 T-431　祖师行祠正立面图

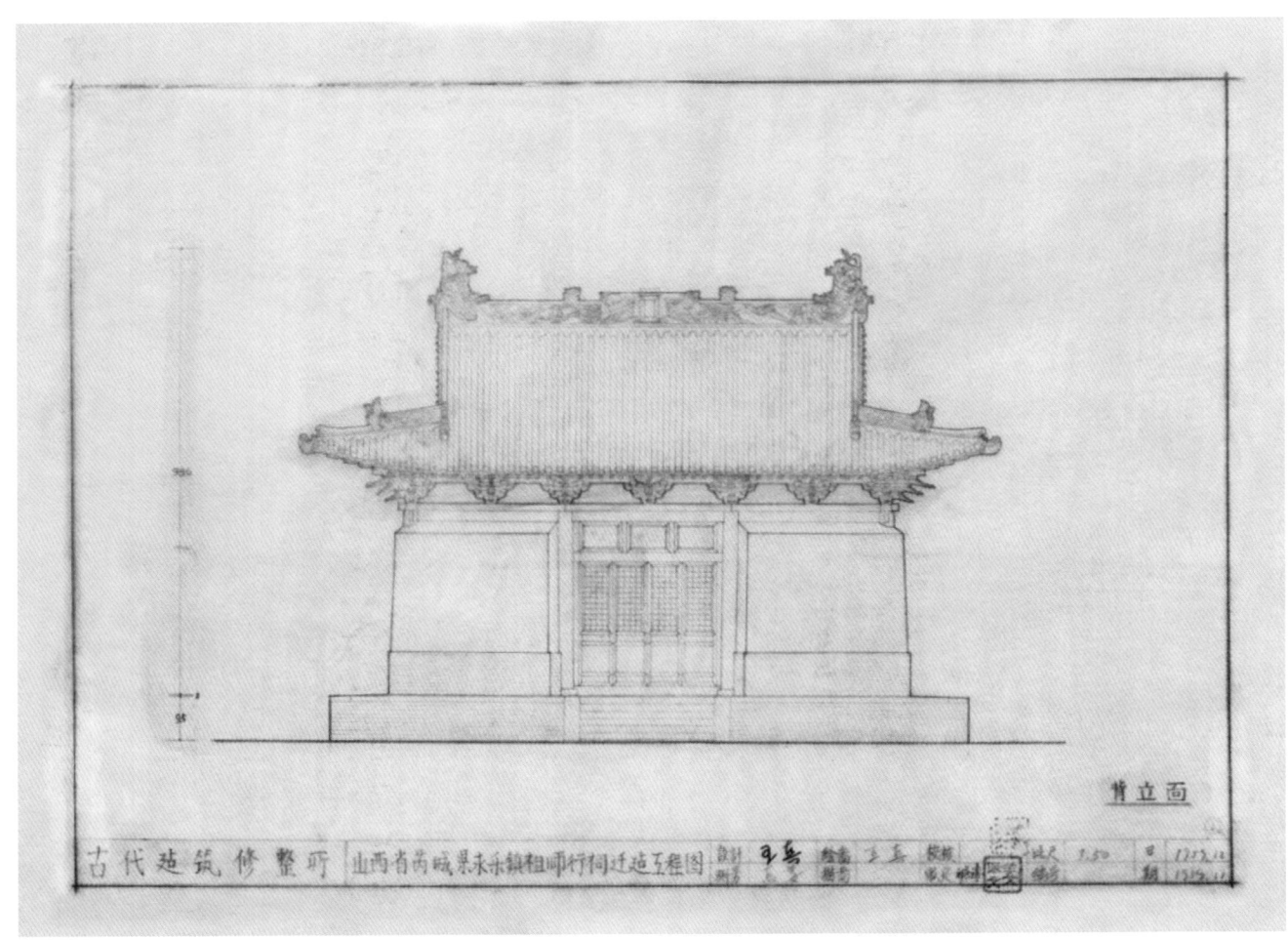

图版 T-432　祖师行祠背立面图

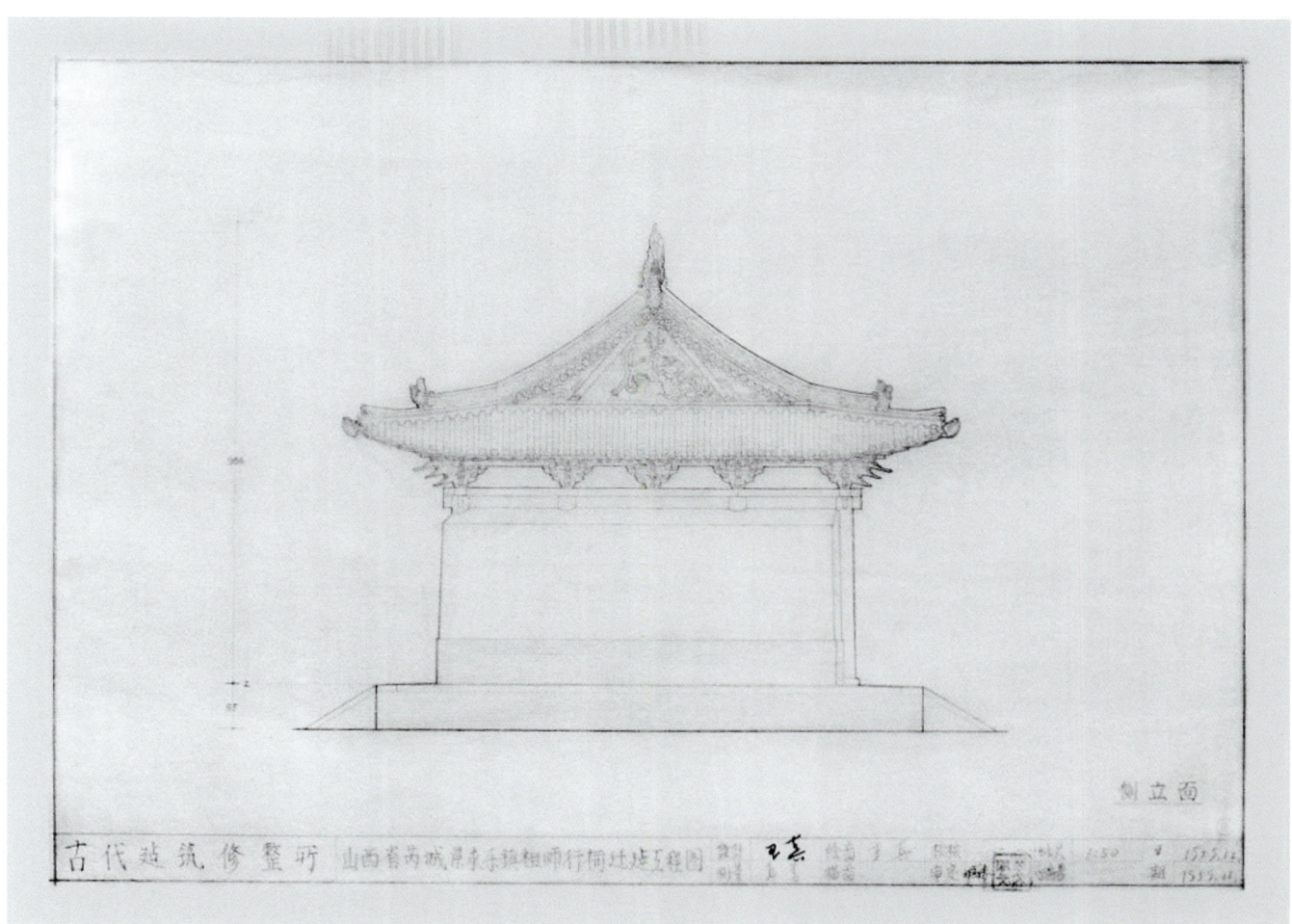

图版 T-433　祖师行祠侧立面图

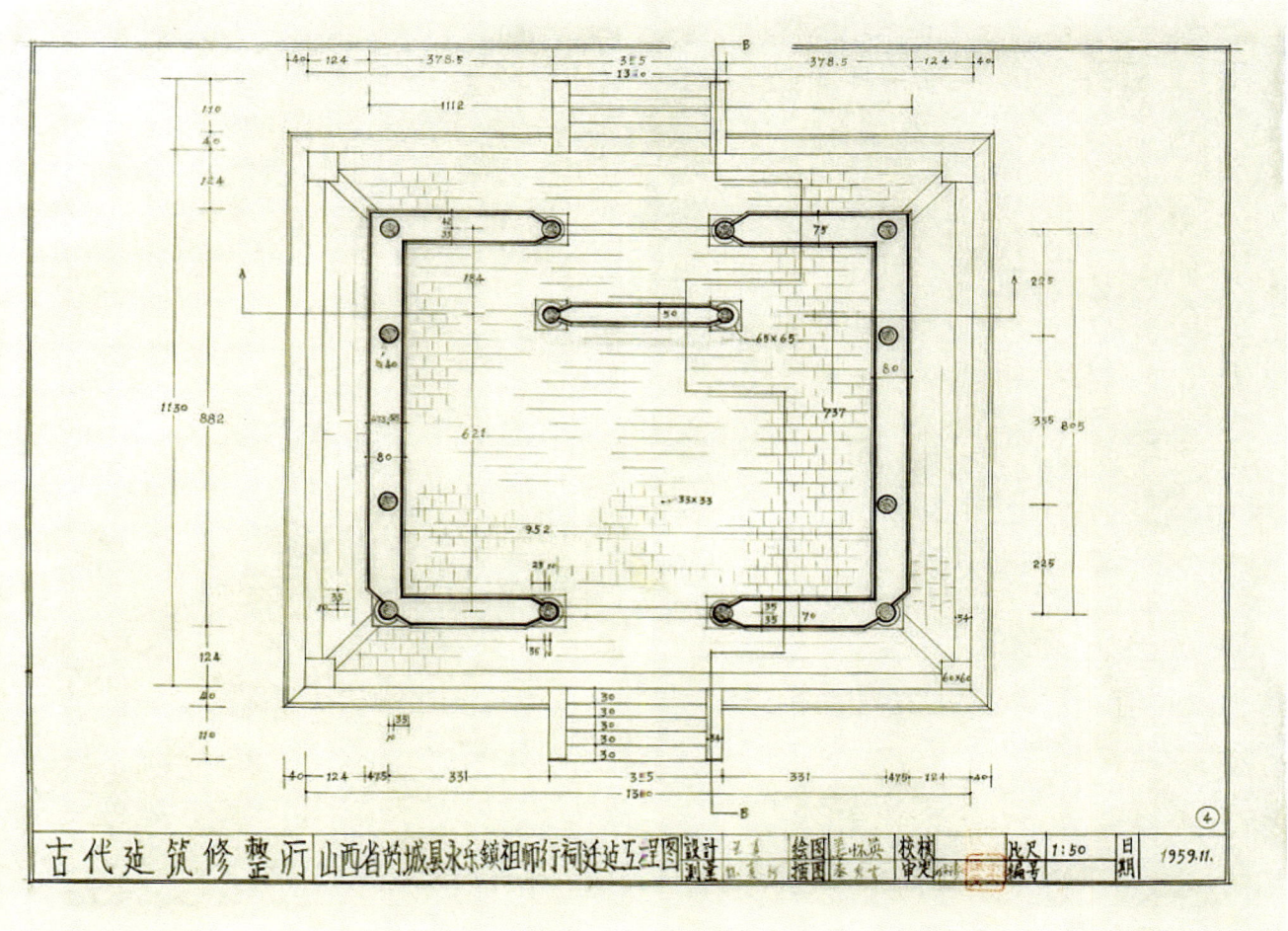

图版 T-434　祖师行祠平面图

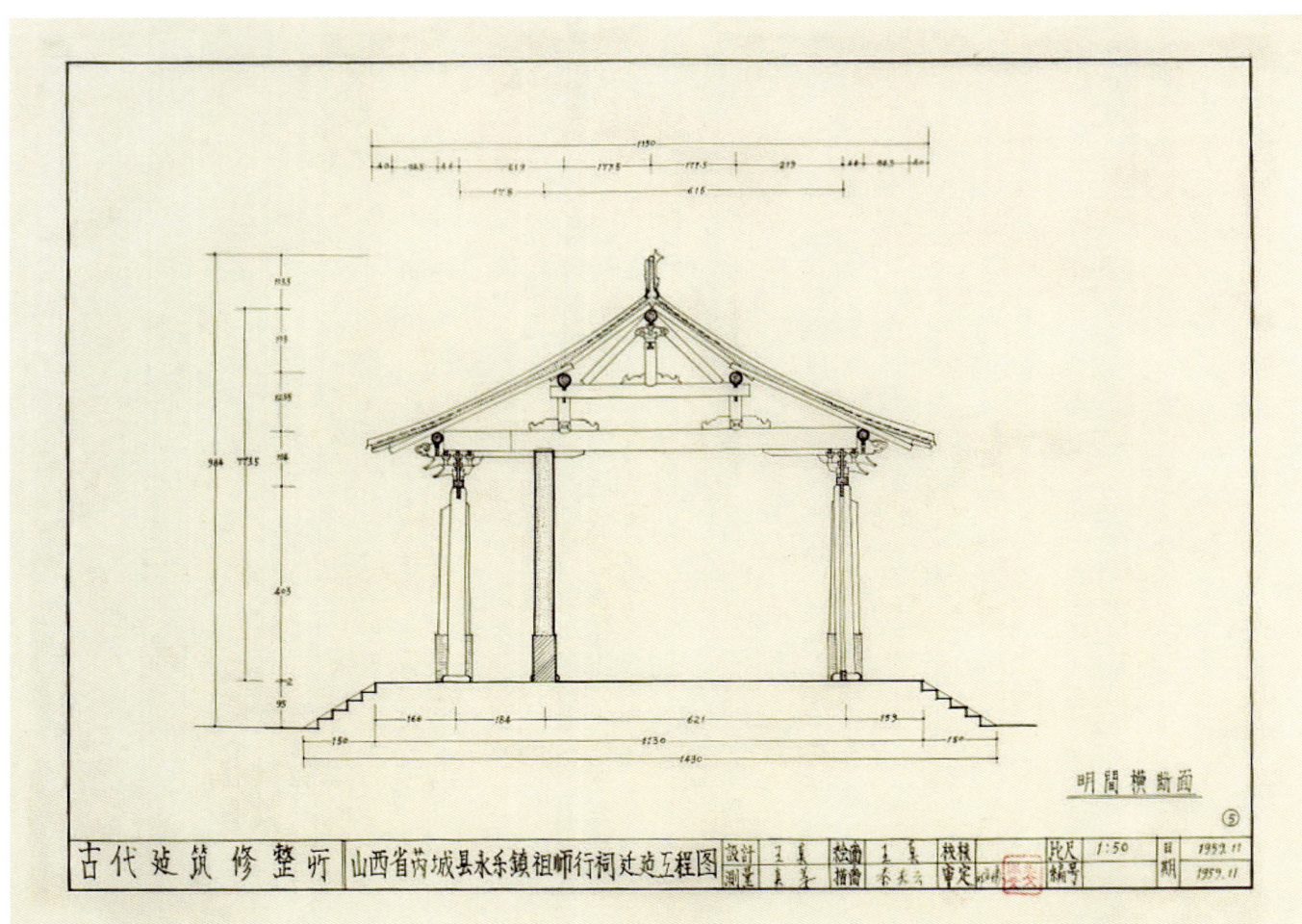

图版 T-435　祖师行祠明间横断面图

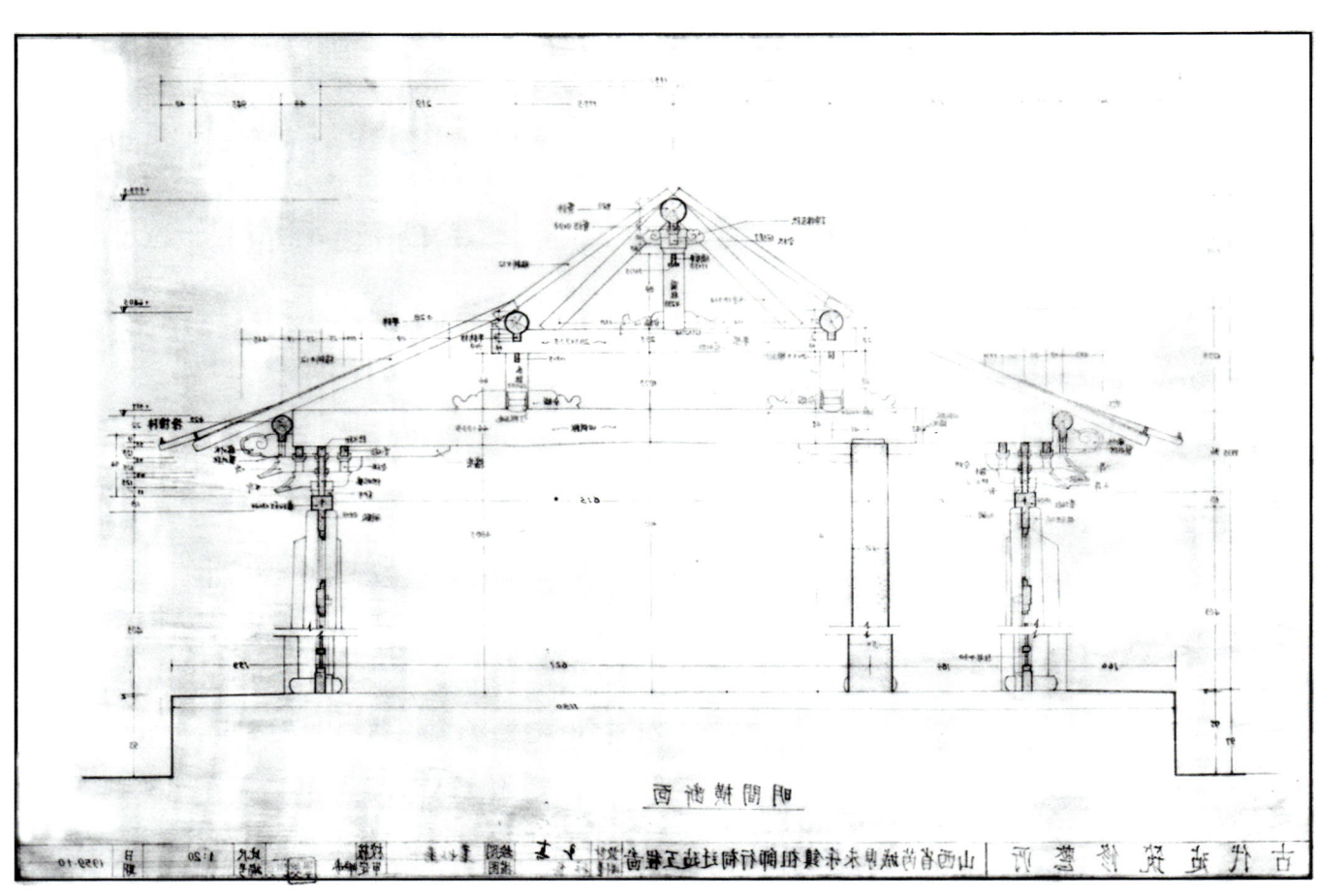

图版 T-436　祖师行祠明间横断面详图

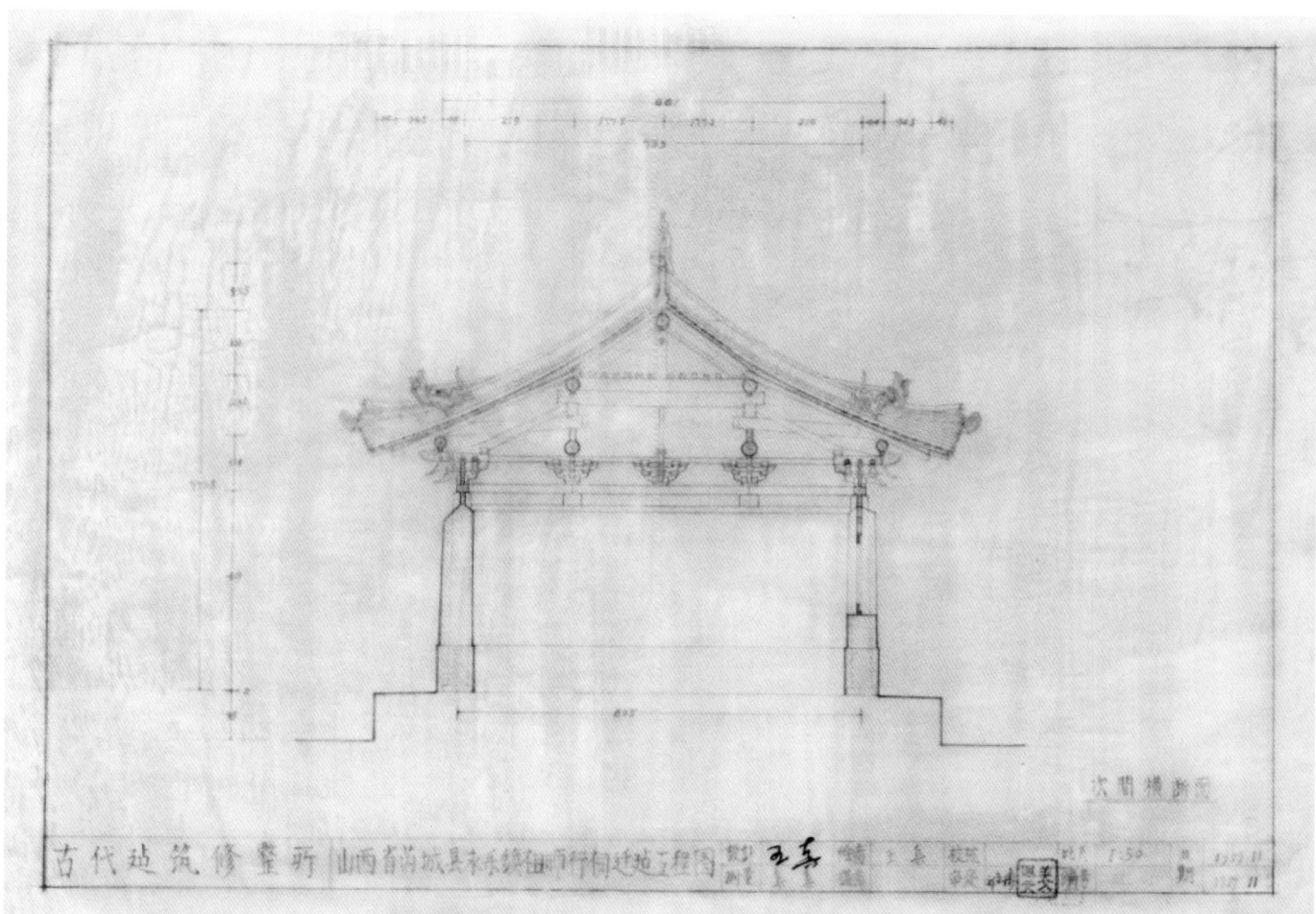

图版 T-437 祖师行祠次间横断面图

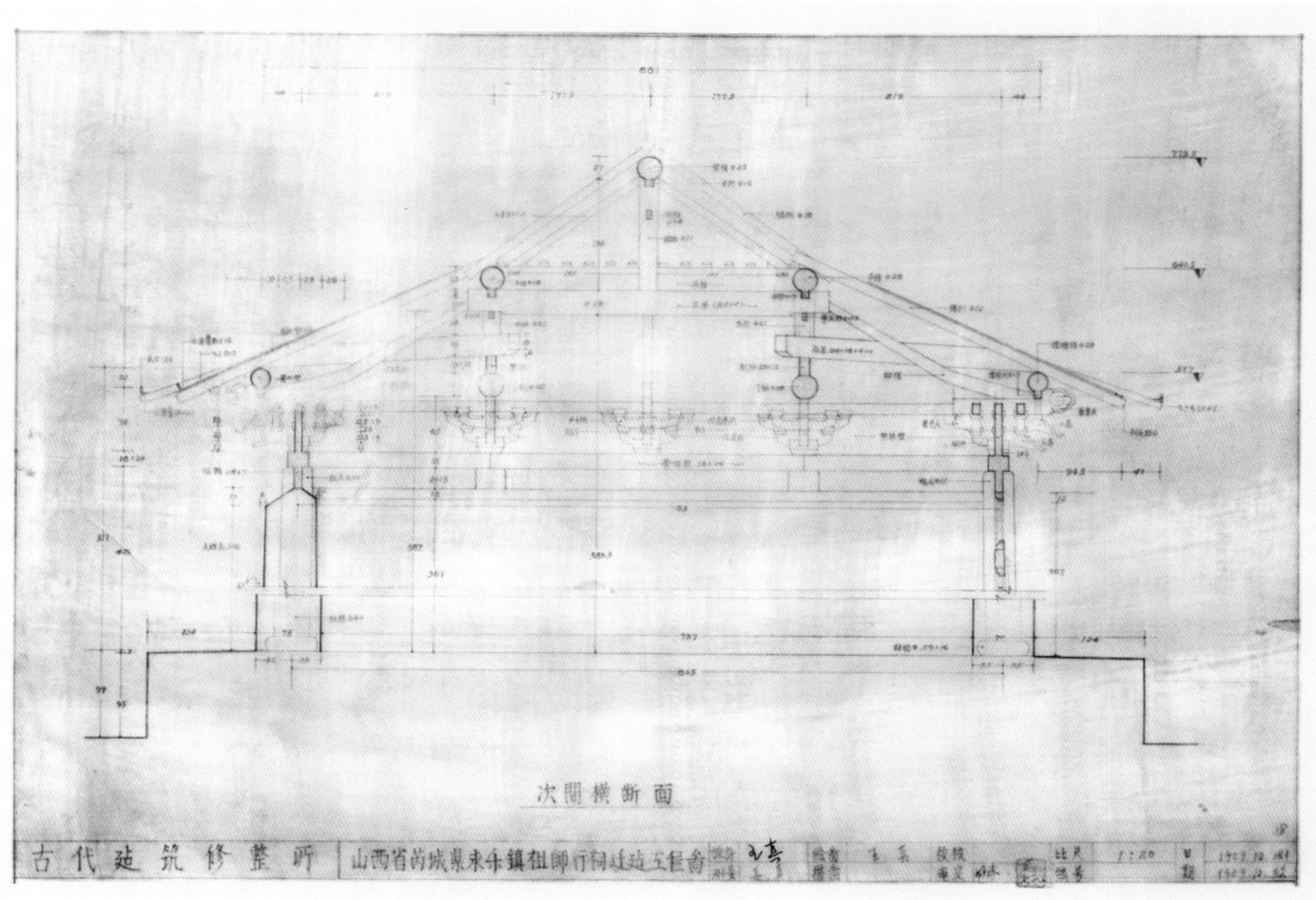

图版 T-438 祖师行祠次向横断面详图

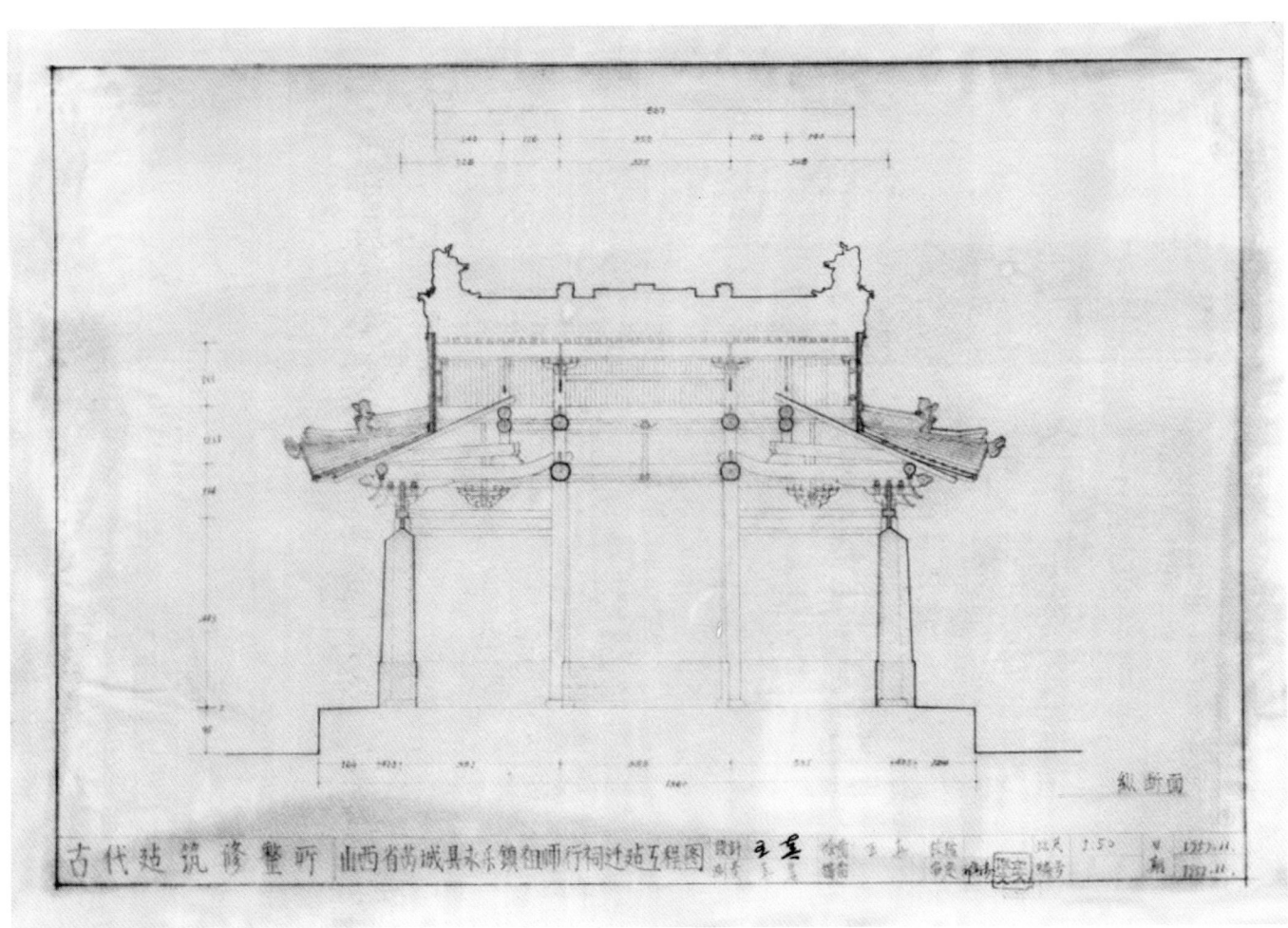

图版 T-439　祖师行祠纵断面图

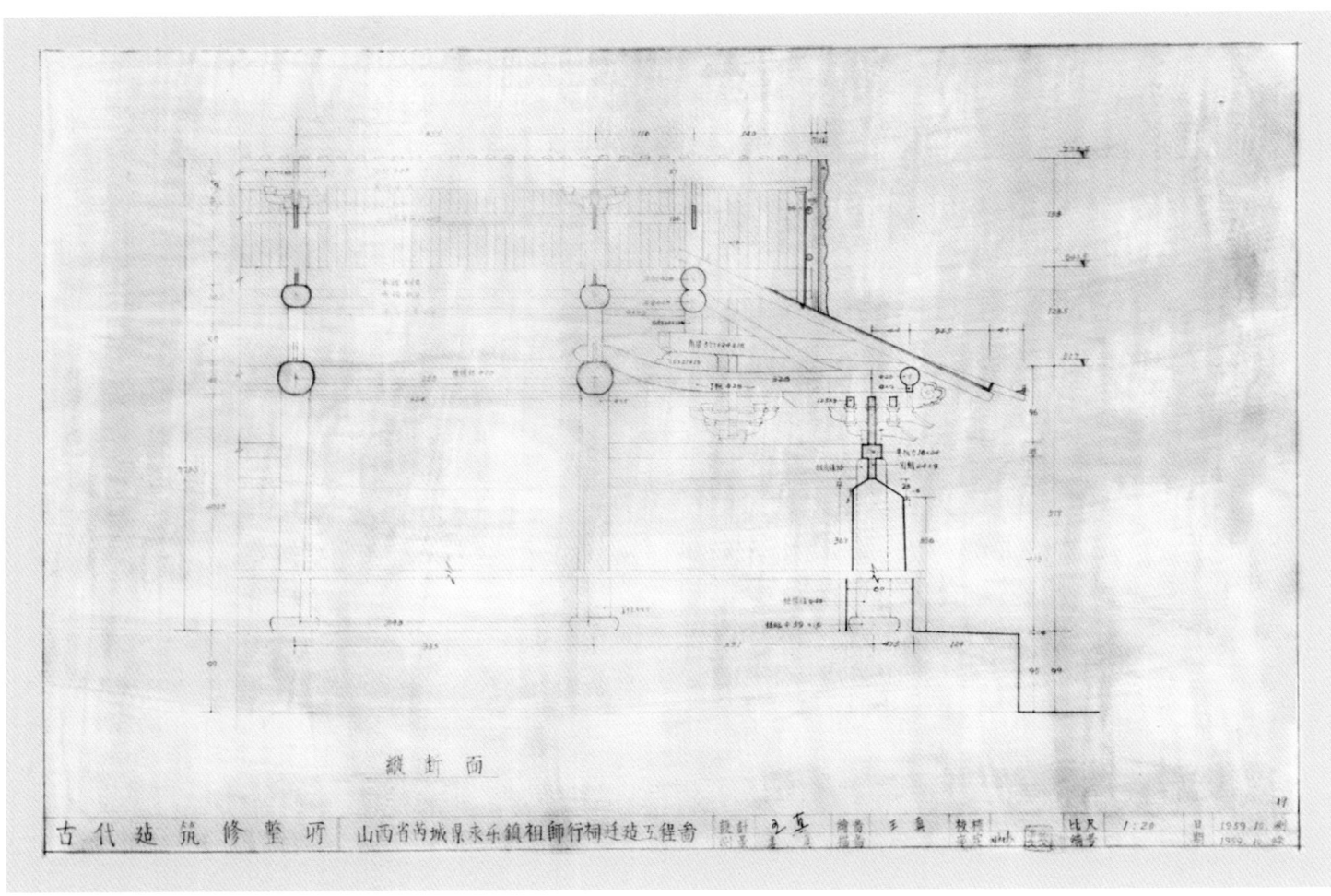

图版 T-440　祖师行祠纵断面详图

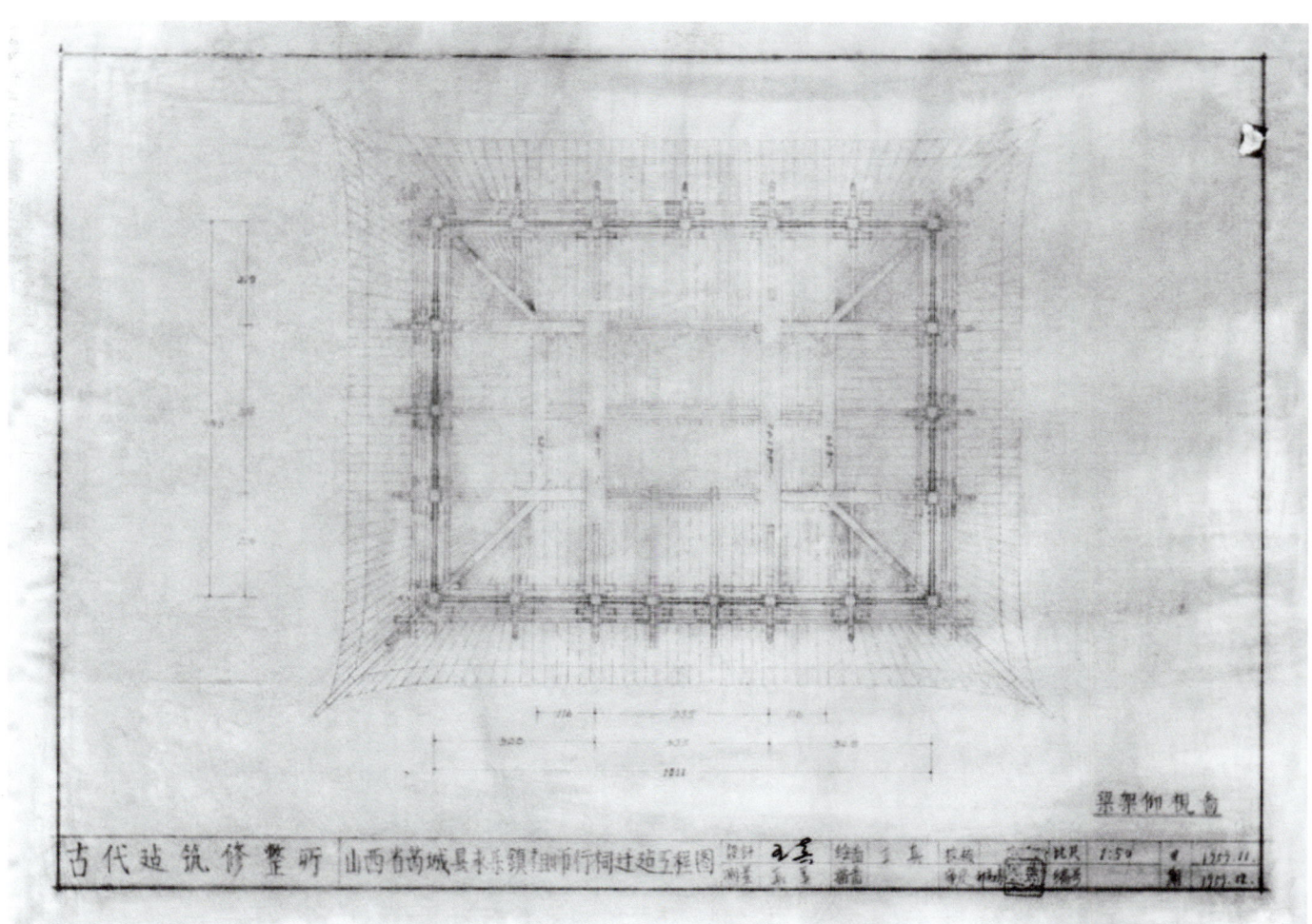

图版 T-441　祖师行祠梁架仰视图

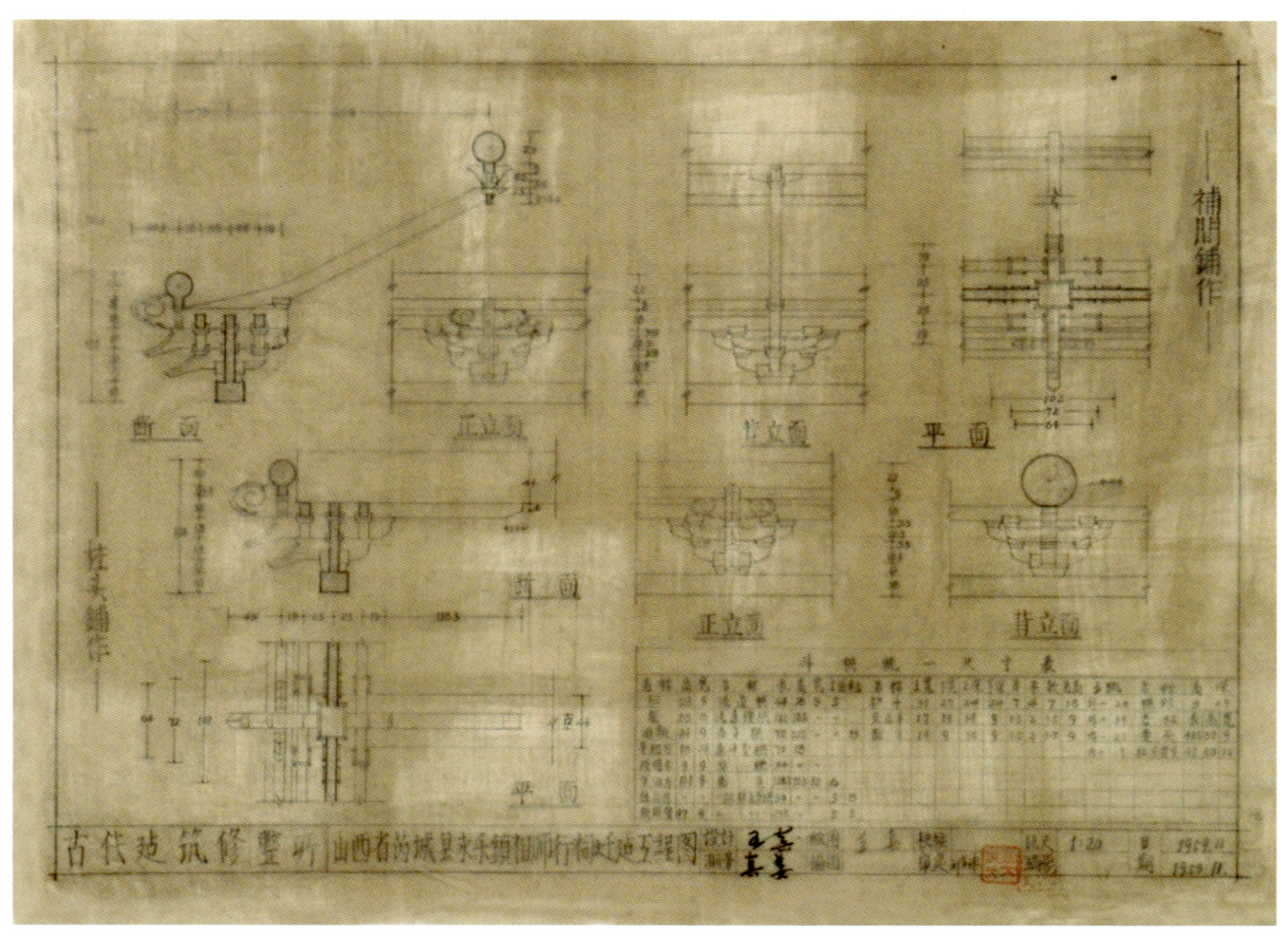

图版 T-442　祖师行祠斗栱详图

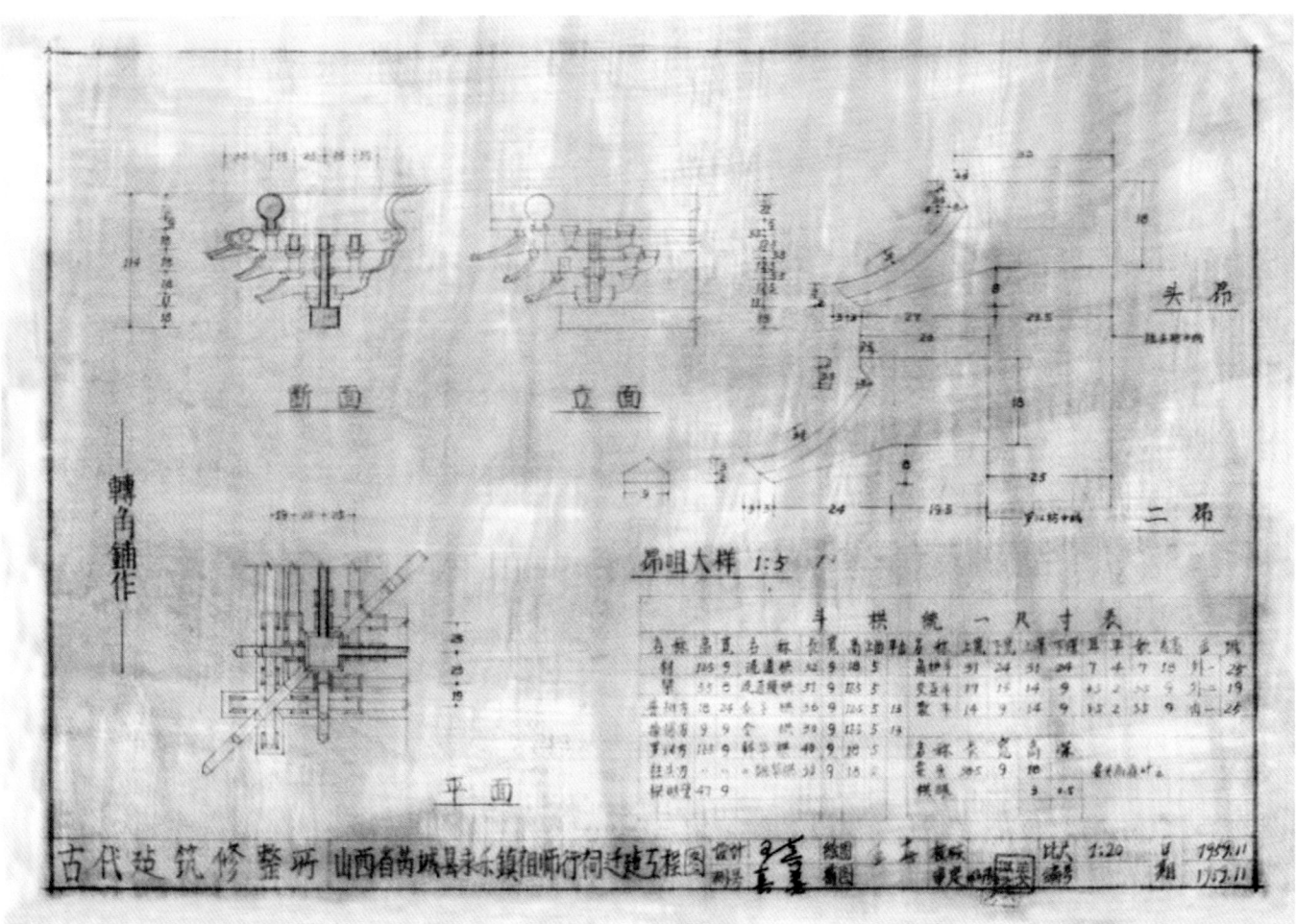

图版 T-443　祖师行祠斗栱详图

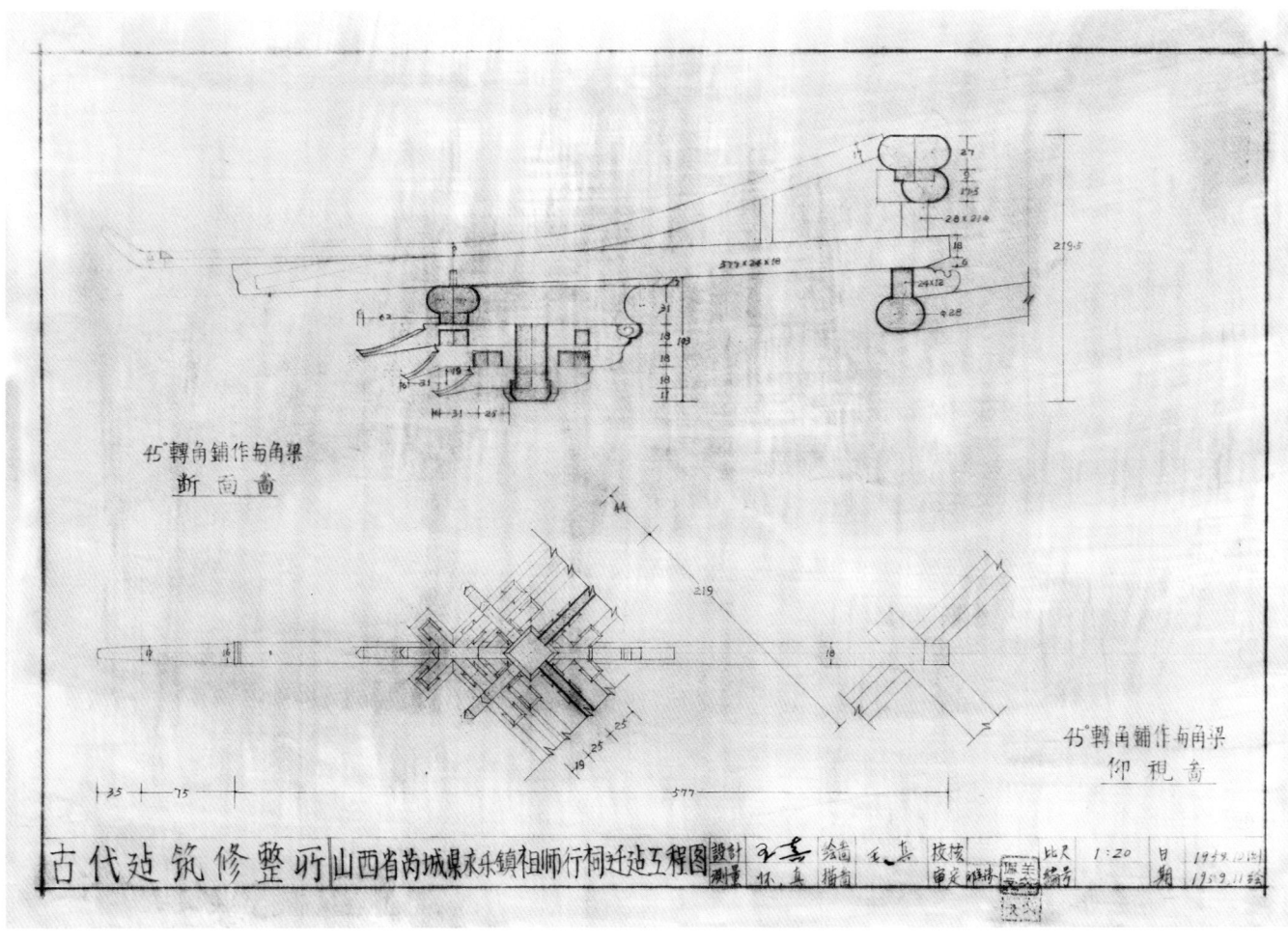

图版 T-444　祖师行祠角梁详图

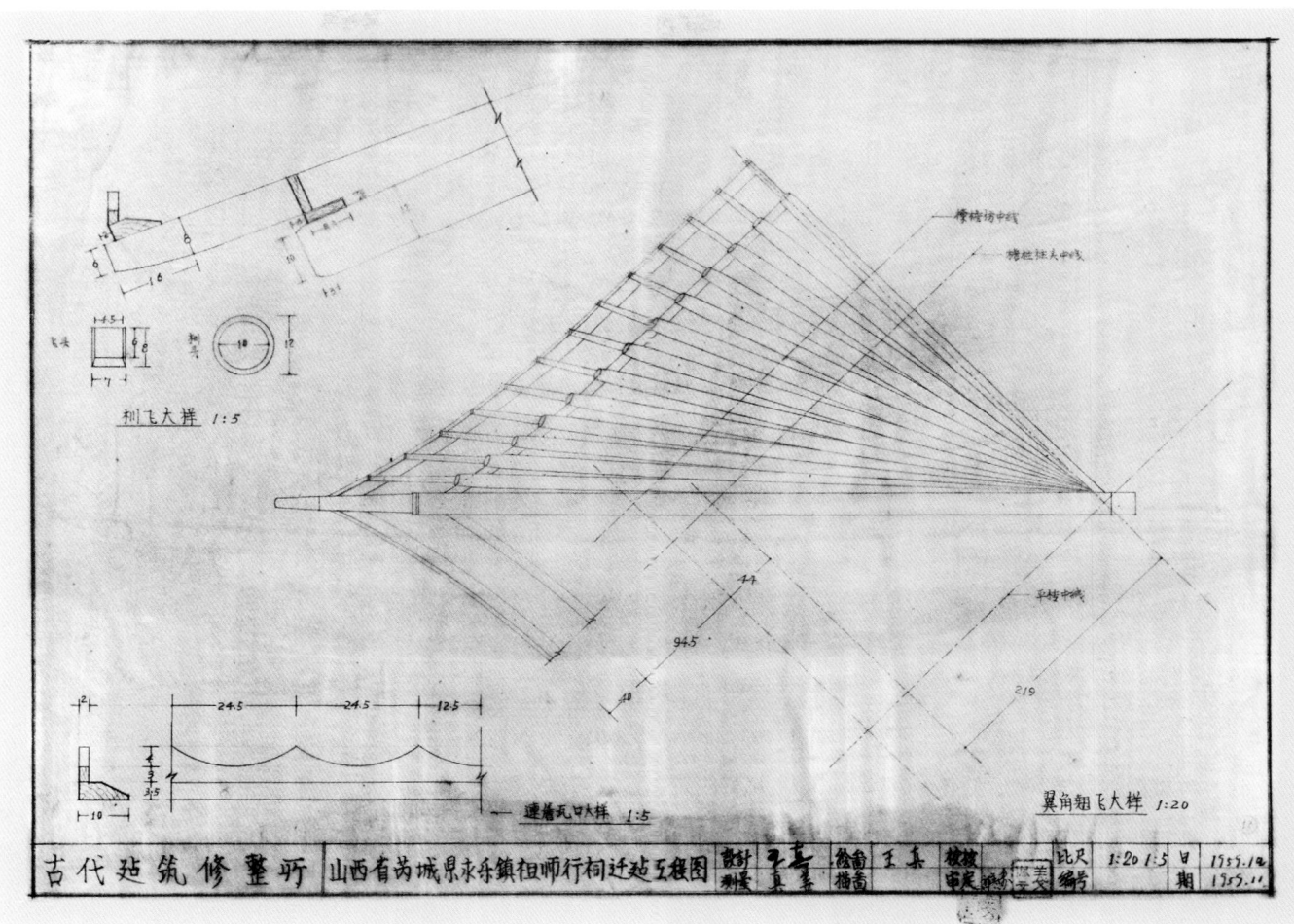

图版 T-445　祖师行祠翼角详图

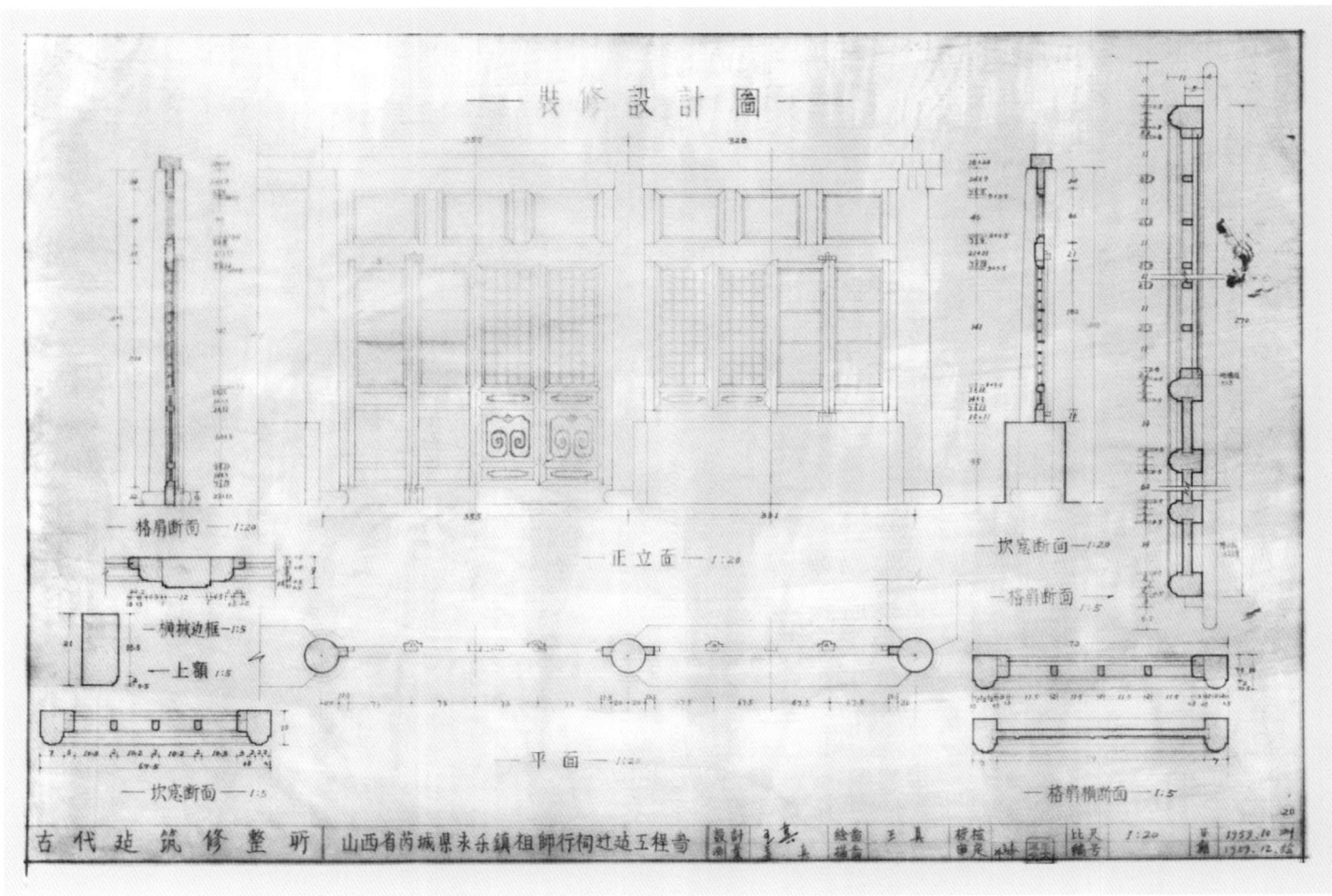

图版 T-446　祖师行祠装修图

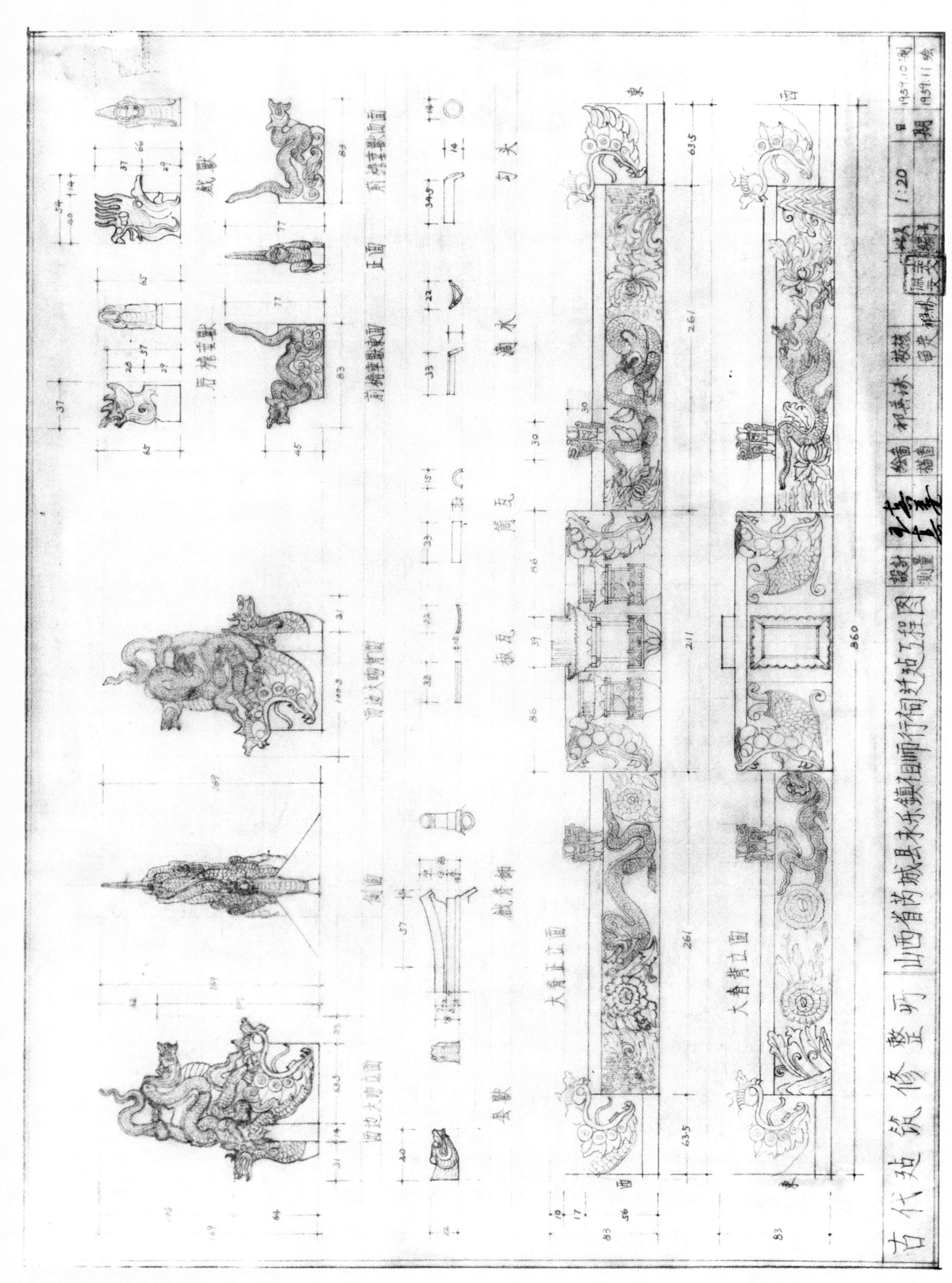

图版 T-447　祖师行祠屋脊瓦兽件

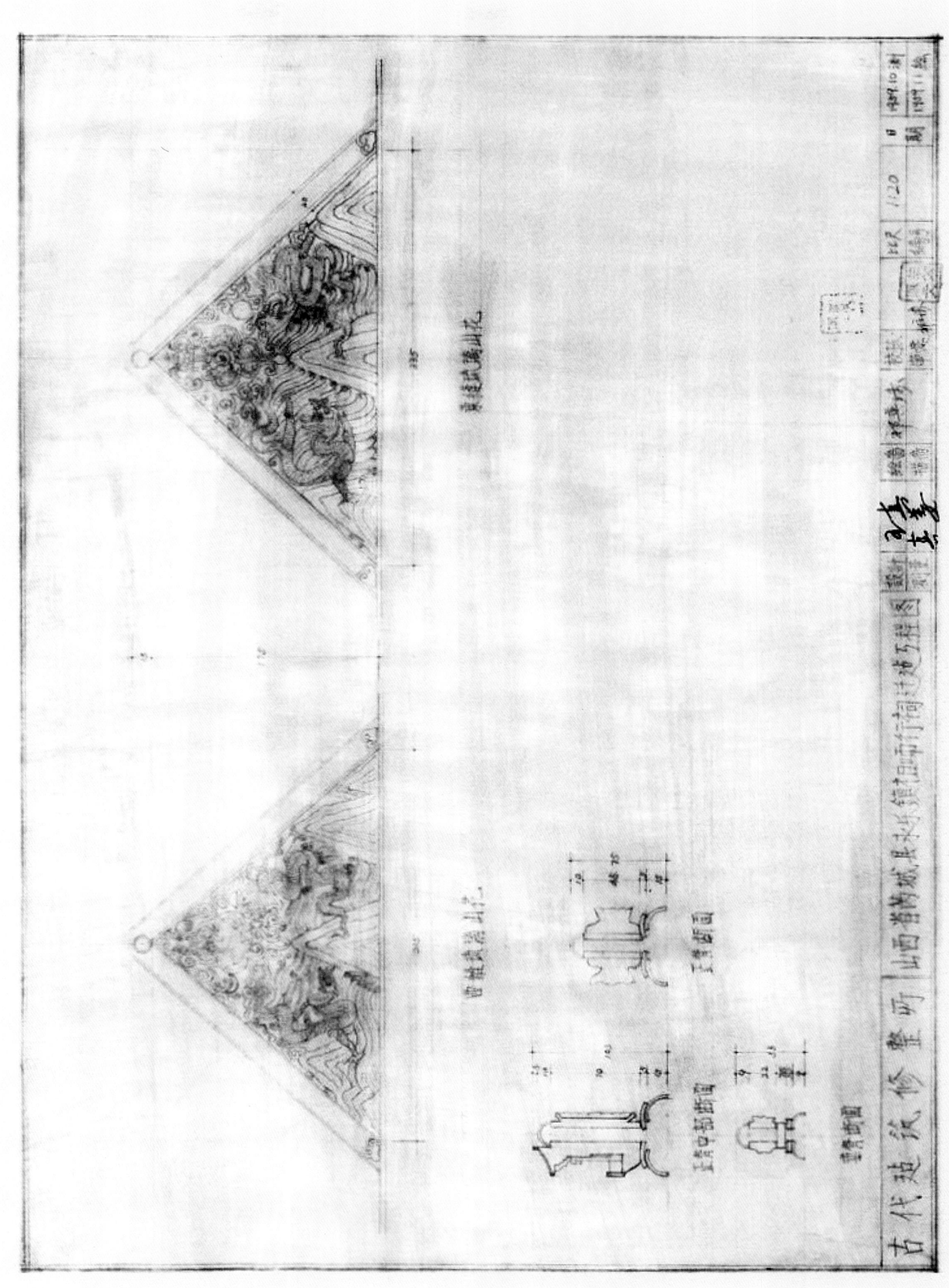

图版 T-448　祖师行祠琉璃山花

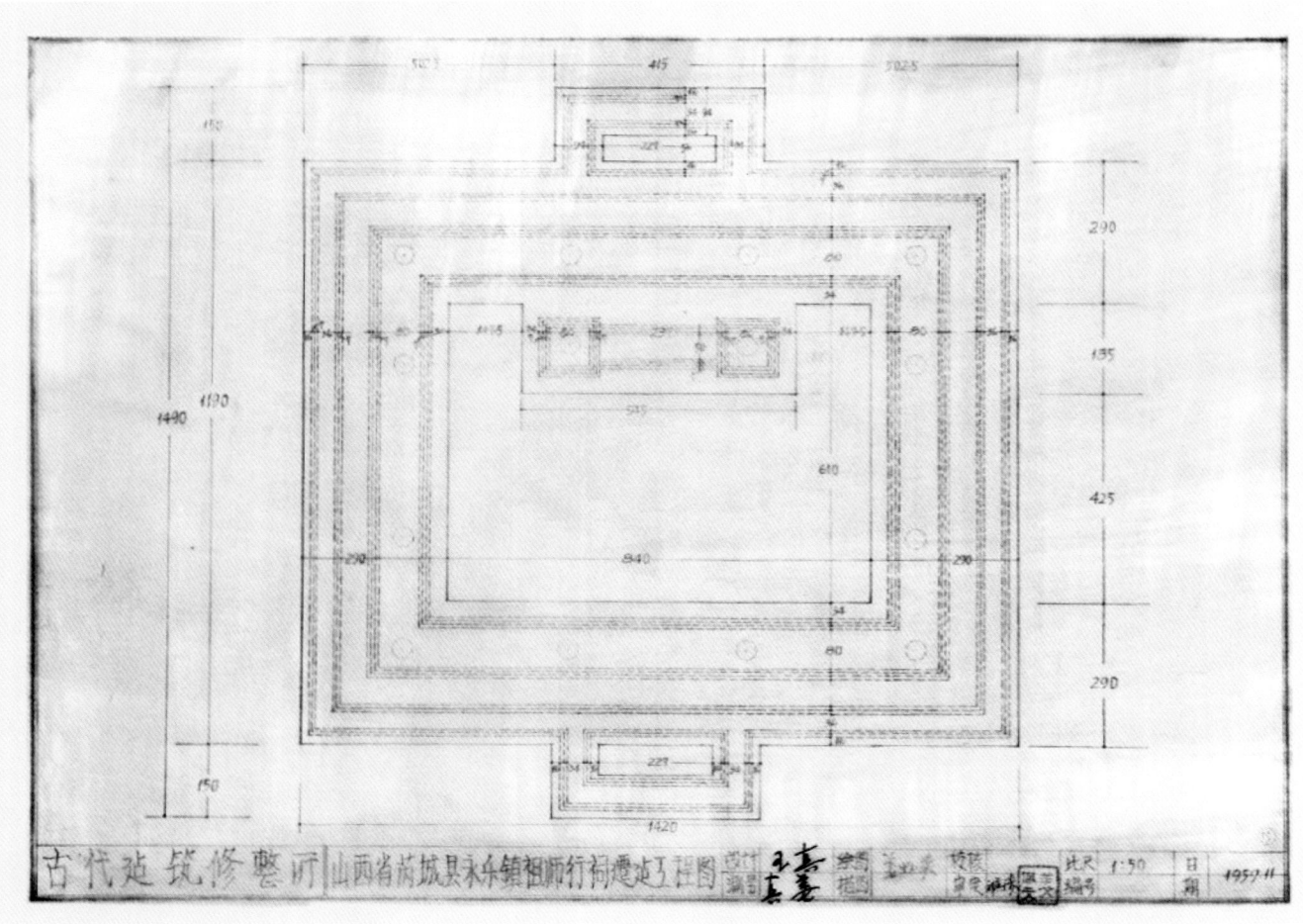

图版 T-449　祖师行祠基础刨槽图

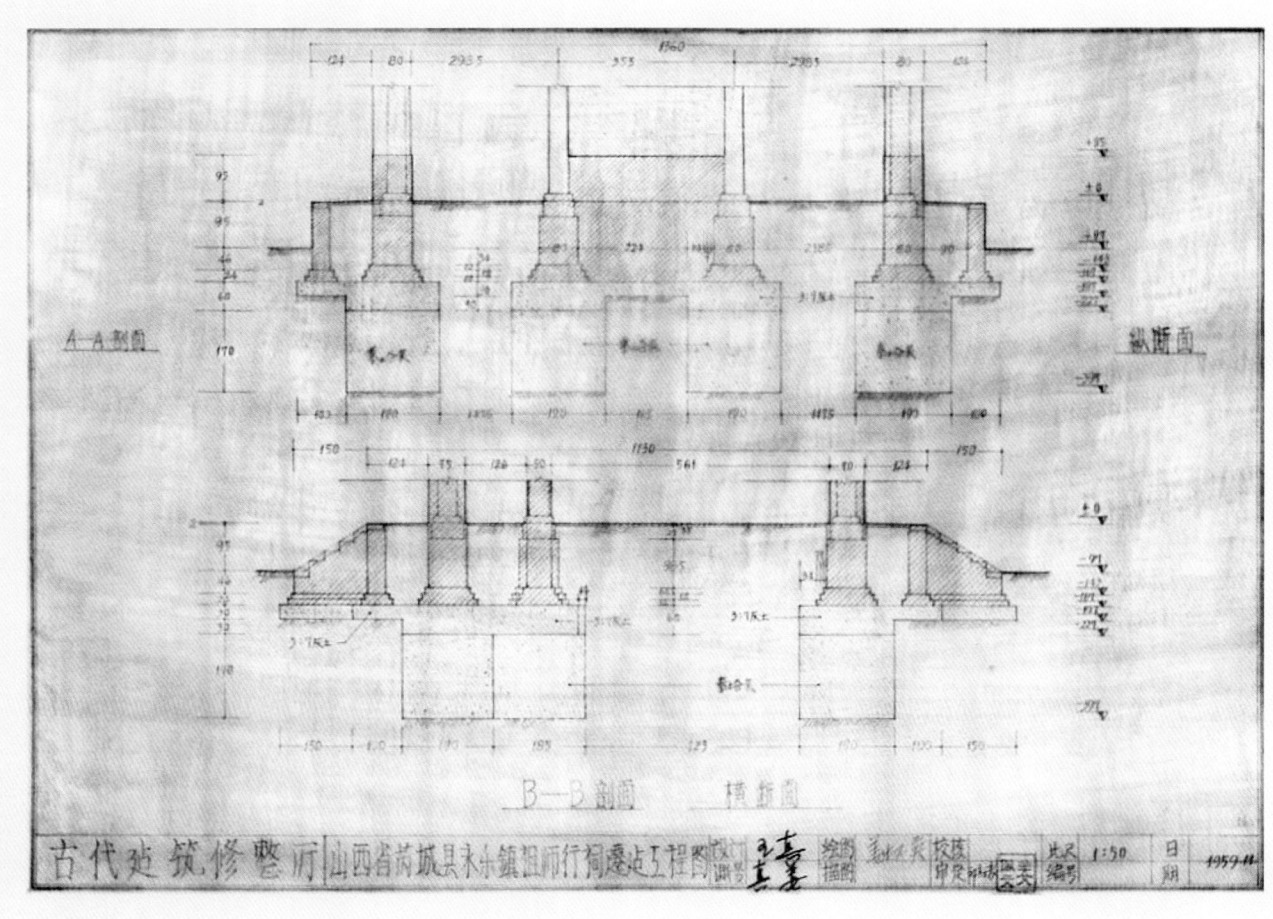

图版 T-450　祖师行祠基础图

5.3　礼教村石牌坊复建设计图

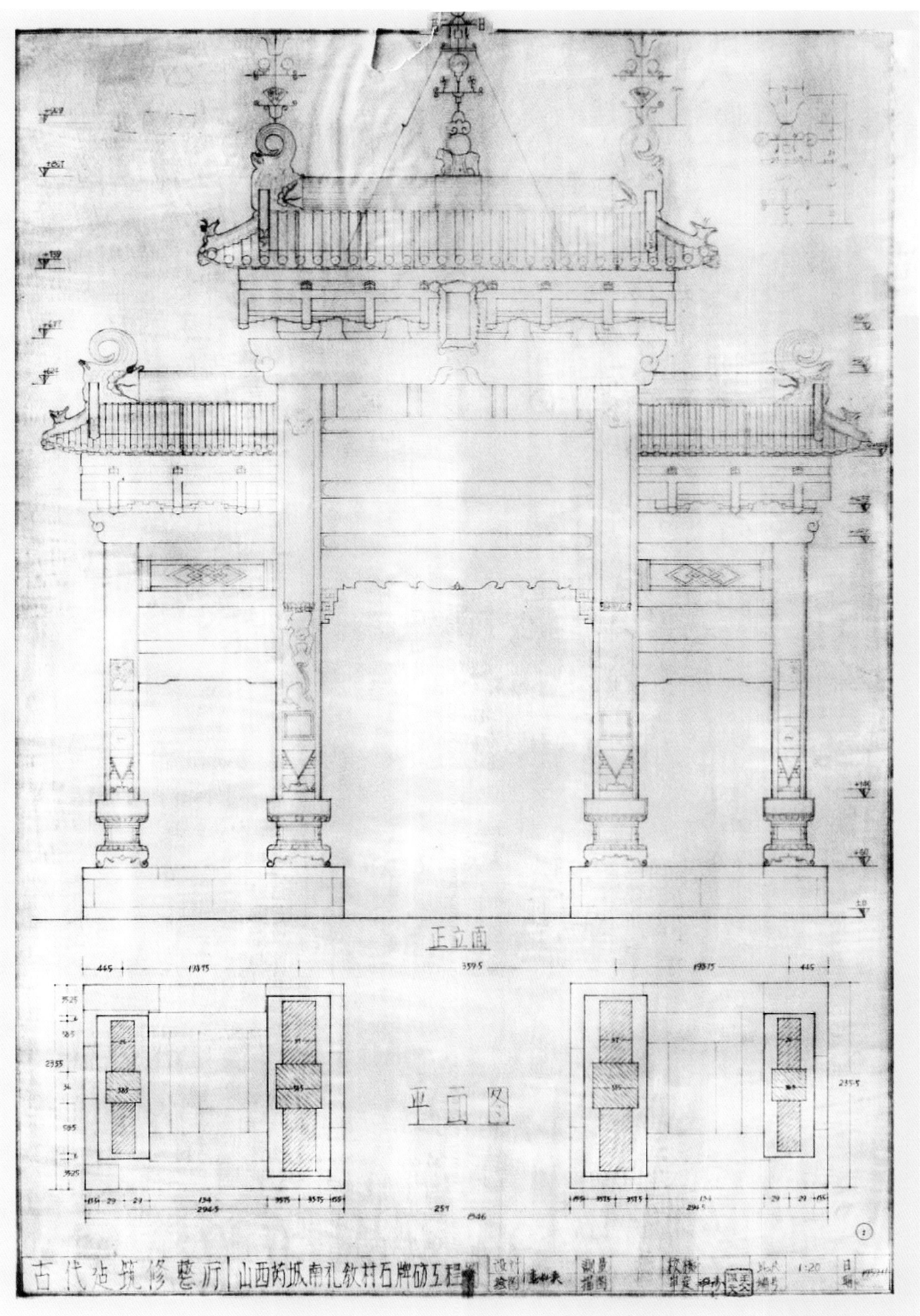

图版 T-451　礼教村石碑坊平立面图

图版 T-452　礼教村石碑坊侧立面及剖面图

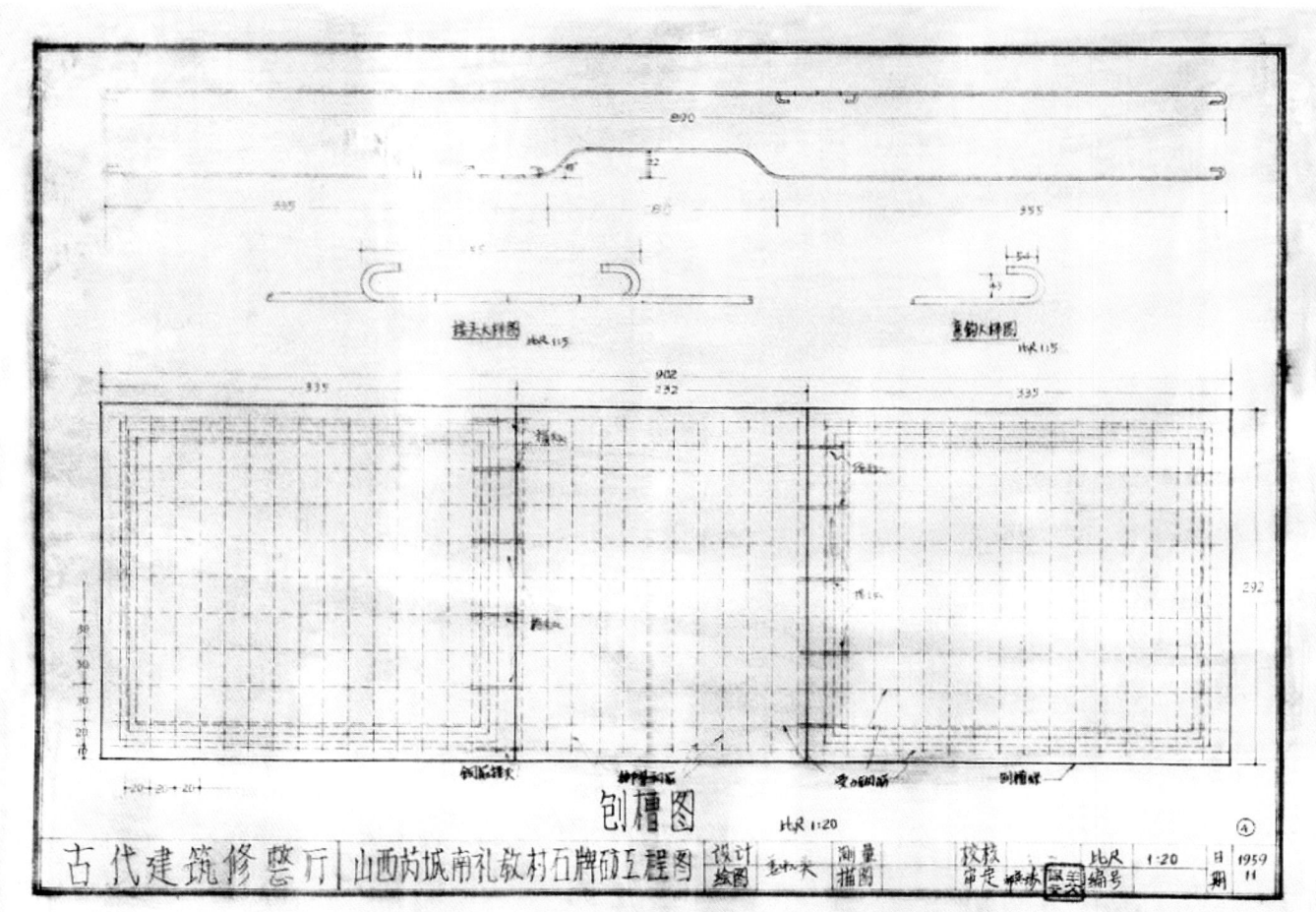

图版 T-453　礼教村石碑坊基础刨槽图

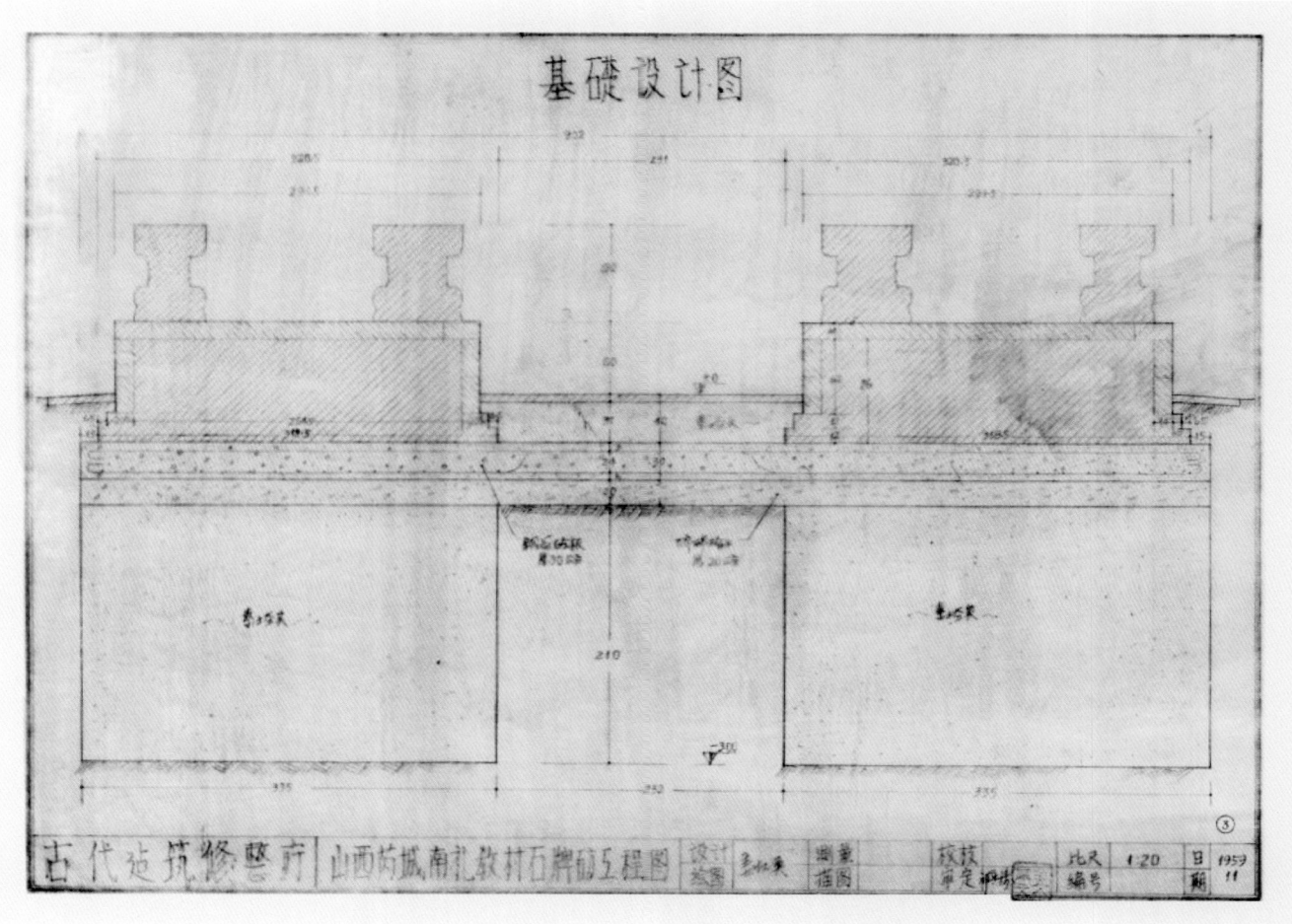

图版 T-454　礼教村石碑坊基础图

照　片

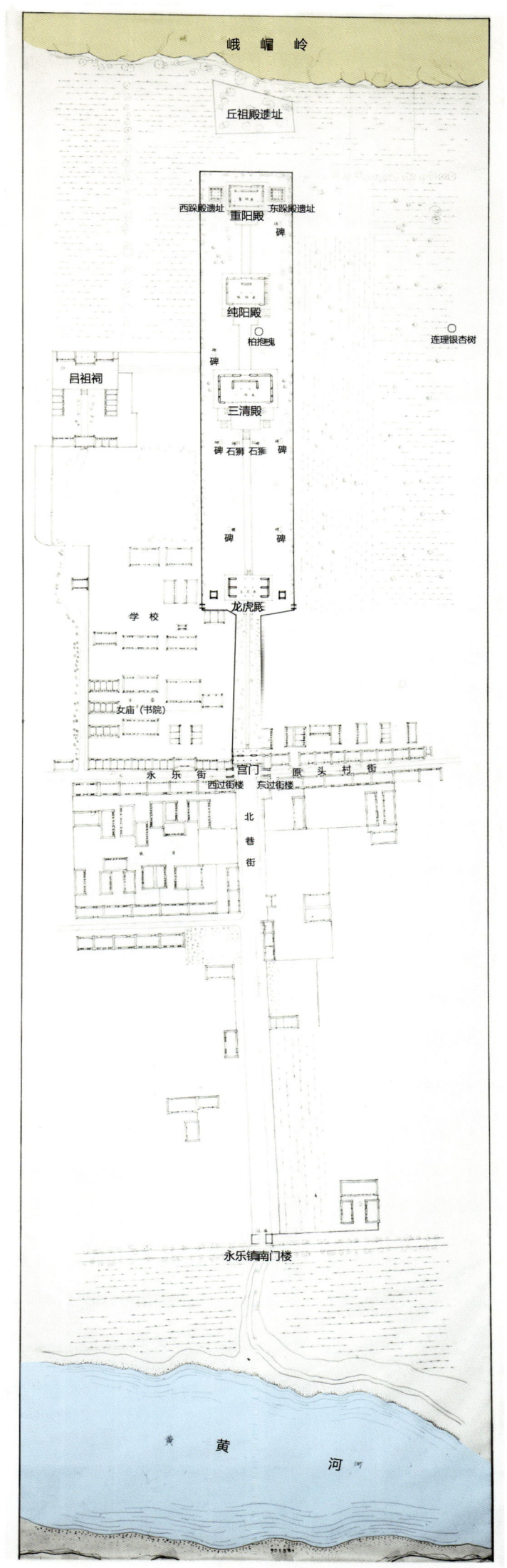

永乐宫原址照片拍摄位置参考图

1. 永乐镇

图版 Z-1　永乐宫前黄河堤岸景色

图版 Z-2　勘测人员 1957 年在黄河停渡

图版 Z-3　永乐镇南门楼南立面

图版 Z-4　永乐镇南门楼北立面

图版 Z-5　自西北向东南看永乐镇南门楼

图版 Z-6　北巷街上北看永乐宫宫门

图版 Z-7　宫门前南望北巷街

图版 Z-9　东过街楼东望原头村街　　　　　　　图版 Z-8　宫门前东望东过街楼

图版 Z-10　原头村街西望东过街楼及宫门东侧立面

图版 Z-12　西过街楼西望永乐街

图版 Z-11　宫门前西望西过街楼

图版 Z-13　永乐街东望西过街楼西立面

图版 Z-14　三清殿屋顶上向东南望永乐镇

图版 Z-15　三清殿屋顶上向西南望永乐镇

2. 永乐宫建筑迁建工程

2.1 永乐宫总体格局

2.1.1 搬迁前原址

图版 Z-16　峨嵋岭上看永乐宫全景

图版 Z-16　峨嵋岭上看永乐宫全景

图版 Z-17　峨嵋岭上向南望永乐宫

图版 Z-18　峨嵋岭上向东南望永乐宫

图版 Z-19　三清殿屋顶上北望峨嵋岭

2.1.2 建筑拆卸中

图版 Z-20　拆卸中的永乐宫全景（峨嵋岭上向西南望）

2.1.3 建筑拆卸后原址遗址

图版 Z-21　拆卸后的永乐宫遗址（峨嵋岭上向西南望）

图版 Z-22 拆卸后的永乐宫遗址（峨嵋岭上向南望）

2.1.4 迁建至新址的永乐宫

图版 Z-23 迁建至新址后的永乐宫（1963 年拍摄）

2.2 宫门

2.2.1 搬迁前原址宫门

图版 Z-24　宫门（山门）

图版 Z-25　宫门东侧

图版 Z-26　宫门鸱尾

图版 Z-27　宫门梁架

图版 Z-28　宫门外檐

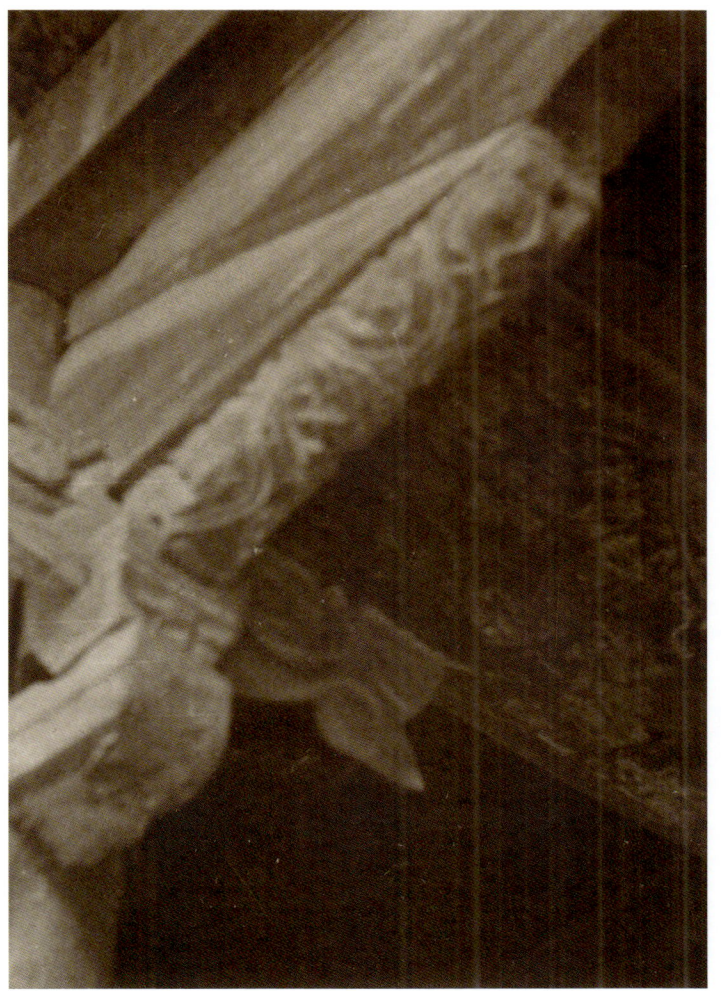

图版 Z-29　宫门柱头

图版 Z-30　宫门柱础

图版 Z-31　宫门隔墙锦纹

图版 Z-32　宫门前檐西山墙

2.2.2 迁建至新址宫门

图版 Z-33　迁建至新址的宫门

2.3 龙虎殿

2.3.1 搬迁前原址龙虎殿

图版 Z-34 龙虎殿正立面

图版 Z-35 龙虎殿背立面

图版 Z-36　龙虎殿大吻正脊和垂脊

图版 Z-37　龙虎殿外檐转角铺作

图版 Z-38　无极门补间铺作

图版 Z-39　龙虎殿补间铺作后尾

图版 Z-40　龙虎殿梁架

图版 Z-41　龙虎殿角梁后尾仰视

图版 Z-42　龙虎殿内柱上斗栱节点　　　　　图版 Z-43　龙虎殿斗栱　　　　　　图版 Z-44　无极门内景

2.3.2 迁建至新址的龙虎殿

图版 Z-45　迁建至新址的龙虎殿

2.4 三清殿

2.4.1 搬迁前原址三清殿

图版 Z-46　三清殿正面

图版 Z-47　三清殿东侧立面

图版 Z-48 旧址三清殿大吻

图版 Z-49 三清殿垂兽

图版 Z-50 三清殿前檐斗栱

图版 Z-51　旧址三清殿前檐斗栱

图版 Z-53　斗栱上的泥塑

图版 Z-52　旧址三清殿西南翼角铺作

图版 Z-54　三清殿内景

图版 Z-55　三清殿天花

图版 Z-56　三清殿西壁壁画

图版 Z-57　三清殿东壁壁画

图版 Z-58　三清殿藻井 – 龛外中

图版 Z-59　三清殿藻井 – 龛外西

图版 Z-60　三清殿藻井 – 龛外东

图版 Z-61　三清殿内龛铺作

图版 Z-62　旧址三清殿内槽转角铺作后尾

图版 Z-63　旧址三清殿内槽转角铺作

图版 Z-64　旧址三清殿各缝槫下之脊枋襻间枋

图版 Z-65　三清殿四椽栿头节点

图版 Z-66　旧址三清殿梁架推山之脊槫头

图版 Z-67　三清殿尽间上平槫北视

图版 Z-68　三清殿扇面墙北面"救苦天尊"悬塑

图版 Z-69　三清殿北侧明间大门

图版 Z-70　三清殿内方砖地面

图版 Z-71　三清殿柱础

图版 Z-72　三清殿前坡道

图版 Z-73　三清殿前西侧石狮

图版 Z-74　三清殿前东侧石狮

图版 Z-75 三清殿至龙虎殿甬道

图版 Z-76 三清殿后甬道墁砖

图版 Z-77 三清殿条砖背面

图版 Z-79 三清殿和连理银杏、柏抱槐

图版 Z-78 三清殿内铁鹤

2.4.2 三清殿拆卸

图版 Z-80 搭架拆卸瓦顶

图版 Z-81 拆卸三清殿全景

图版 Z-82　三清殿瓦顶落架后

图版 Z-83　拆落吻兽大脊

图版 Z-84　三清殿拆卸八栿串落架（先将八栿串吊起固定在杉槁脚手架上，待铺作层拆卸完毕、下部无障碍后再落下）

图版 Z-85　摘卸外檐泥雕龙（左侧站立者是姜怀英）

图版 Z-86　三清殿拆卸八桄串

图版 Z-87　包装大梁彩画

图版 Z-88　拆卸大吻

图版 Z-89　三清殿大吻拆落后

图版 Z-90　包装琉璃脊兽

图版 Z-91　包装泥塑

图版 Z-92　旧址三清殿藻井

图版 Z-93　拆落藻井

2.4.3 三清殿新址复建

图版 Z-94　复建三清殿工地现场

图版 Z-95　立柱

图版 Z-96　安装阑额普拍枋

图版 Z-97　安装斗栱

图版 Z-98　安装叉手

图版 Z-99　安装脊槫

图版 Z-100　安装仔角梁

图版 Z-101　铺椽子望板

图版 Z-102　钉垂脊脊桩苫背

图版 Z-103 宽瓦

图版 Z-104 修戗脊灌浆

图版 Z-105 扣大脊脊瓦

图版 Z-106　砌象眼礓礤

图版 Z-107　安装装修

2.4.4 搬迁后新址三清殿

图版 Z-108　迁建至新址尚未完工的三清殿

2.5　纯阳殿

2.5.1　搬迁前原址纯阳殿

图版 Z-109　纯阳殿

图版 Z-110　纯阳殿东山

图版 Z-111　纯阳殿西侧立面

图版 Z-112　纯阳殿北立面

图版 Z-113　纯阳殿鸱吻

图版 Z-114　纯阳殿垂脊吻

图版 Z-115　纯阳殿明间柱头铺作

图版 Z-116　纯阳殿转角铺作

图版 Z-117　纯阳殿东壁

图版 Z-118　纯阳殿神坛残迹

图版 Z-119　纯阳殿内檐

图版 Z-120　纯阳殿明间南侧藻井

图版 Z-121　纯阳殿明间北侧藻井

图版 Z-122　纯阳殿北侧藻井仰视

图版 Z-123　纯阳殿内毡斗栱

图版 Z-124　纯阳殿藻井和梁栿

图版 Z-125　纯阳殿藻井构造

图版 Z-126 纯阳殿梁架

图版 Z-127 纯阳殿梁架

图版 Z-128 纯阳殿柱础

图版 Z-129 纯阳殿前柏抱槐

2.5.2 搬迁后新址纯阳殿

图版 Z-130 迁建后纯阳殿

2.6 重阳殿

2.6.1 搬迁前重阳殿旧址

图版 Z-131　重阳殿南立面

图版 Z-132　重阳殿东山

图版 Z-133　重阳殿鸱吻

图版 Z-134　重阳殿垂脊吻

图版 Z-135　重阳殿转角铺作

图版 Z-136　重阳殿匾额

图版 Z-137　重阳殿内檐铺作

图版 Z-138 重阳殿梁架

图版 Z-139 重阳殿东壁

图版 Z-140　重阳殿内景

图版 Z-141　重阳殿神坛残迹

图版 Z-142　重阳殿柱础

2.6.2 重阳殿拆卸

图版 Z-143　拆卸重阳殿

2.6.3 搬迁后重阳殿新址

图版 Z-144　迁建至新址复建后的重阳殿

2.7　丘祖殿遗址

图版 Z-145　峨嵋岭上向南看丘祖殿遗址原址

图版 Z-146　重阳殿屋顶上向北看丘祖殿遗址原址

3. 部分壁画彩色照片

3.1 纯阳殿

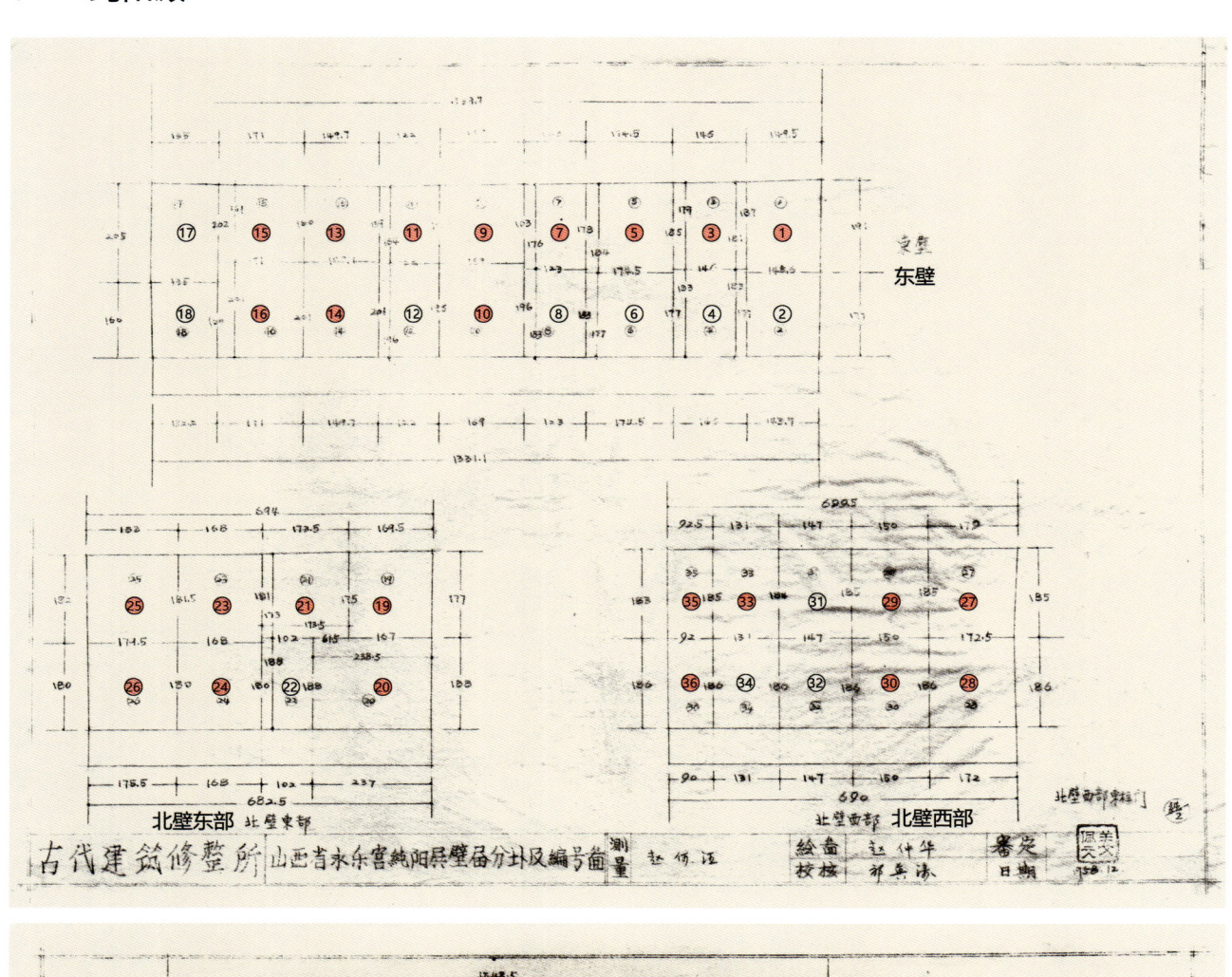

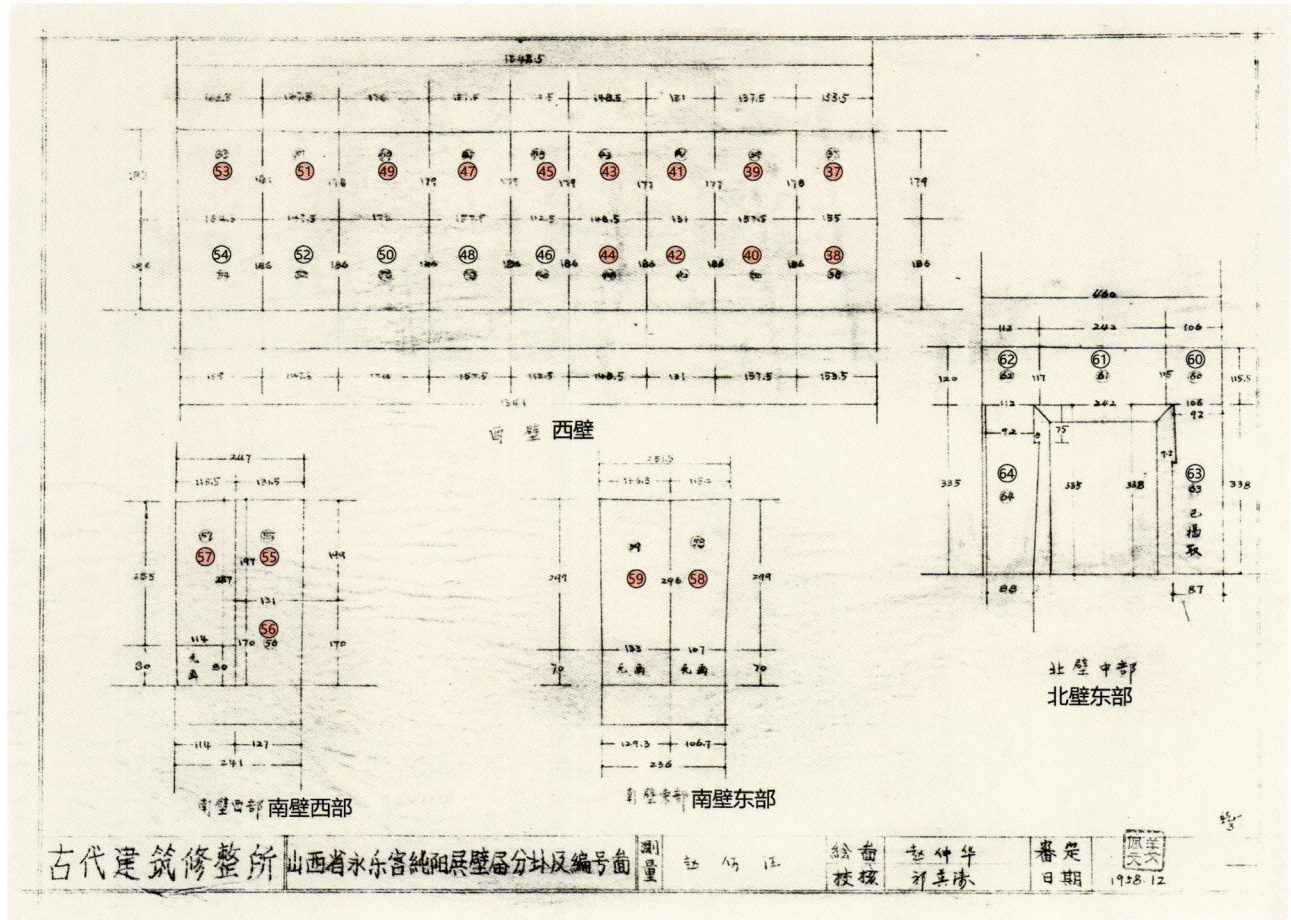

1960~1961 年拍摄的部分壁画彩色照片位置索引图 – 纯阳殿（涂红色为有彩色照片的壁画位置及编号）

东　壁

图版 Z-147　纯阳殿东壁 1 号壁画

图版 Z-148　纯阳殿东壁 3 号壁画

图版 Z-149　纯阳殿东壁 5 号壁画

图版 Z-150　纯阳殿东壁 7 号壁画

图版 Z-151　纯阳殿东壁 09 号壁画

图版 Z-152　纯阳殿东壁 10 号壁画

图版 Z-153　纯阳殿东壁 11 号壁画

图版 Z-154　纯阳殿东壁 13 号壁画

图版 Z-155　纯阳殿东壁 14 号壁画

图版 Z-156　纯阳殿东壁 15 号壁画

图版 Z-157　纯阳殿东壁 16 号壁画

北 壁

图版 Z-158 纯阳殿北壁东侧 19 号壁画

图版 Z-159 纯阳殿北壁东侧 20 号壁画

图版 Z-160 纯阳殿北壁东侧 21 号壁画

图版 Z-161 纯阳殿北壁东侧 23 号壁画

图版 Z-162 纯阳殿北壁东侧 24 号壁画

图版 Z-163　纯阳殿北壁东侧 25 号壁画

图版 Z-164　纯阳殿北壁东侧 26 号壁画

图版 Z-165　纯阳殿北壁西侧 27 号壁画局部

图版 Z-166　纯阳殿北壁西侧 28 号壁画

图版 Z-167　纯阳殿北壁西侧 29 号壁画

图版 Z-168　纯阳殿北壁西侧 30 号壁画局部

图版 Z-169 纯阳殿北壁西侧 33 号壁画

图版 Z-170　纯阳殿北壁西侧 35 号壁画局部

图版 Z-171　纯阳殿北壁西侧 36 号壁画

西 壁

图版 Z-172　纯阳殿西壁 37 号壁画

图版 Z-173　纯阳殿西壁 38 号壁画局部

图版 Z-174　纯阳殿西壁 39 号壁画

图版 Z-175　纯阳殿西壁 40 号壁画局部

图版 Z-176　纯阳殿西壁 41 号壁画

图版 Z-177　纯阳殿西壁 42 号壁画

图版 Z-178　纯阳殿西壁 43 号壁画

图版 Z-179　纯阳殿西壁 44 号壁画

图版 Z-180　纯阳殿西壁 45 号壁画局部

图版 Z-181　纯阳殿西壁 47 号壁画

图版 Z-182　纯阳殿西壁 49 号壁画

图版 Z-183 纯阳殿西壁 51 号壁画

图版 Z-184 纯阳殿西壁 53 号壁画

南 壁

图版 Z-185　纯阳殿南壁西侧 55 号壁画　　　　　　图版 Z-186　纯阳殿南壁西侧 56 号壁画

图版 Z-187　　　　　　图版 Z-188　　　　　图版 Z-189　纯阳殿南壁西侧 59 号壁画
纯阳殿南壁西侧 57 号壁画　　纯阳殿南壁西侧 58 号壁画

3.2 重阳殿

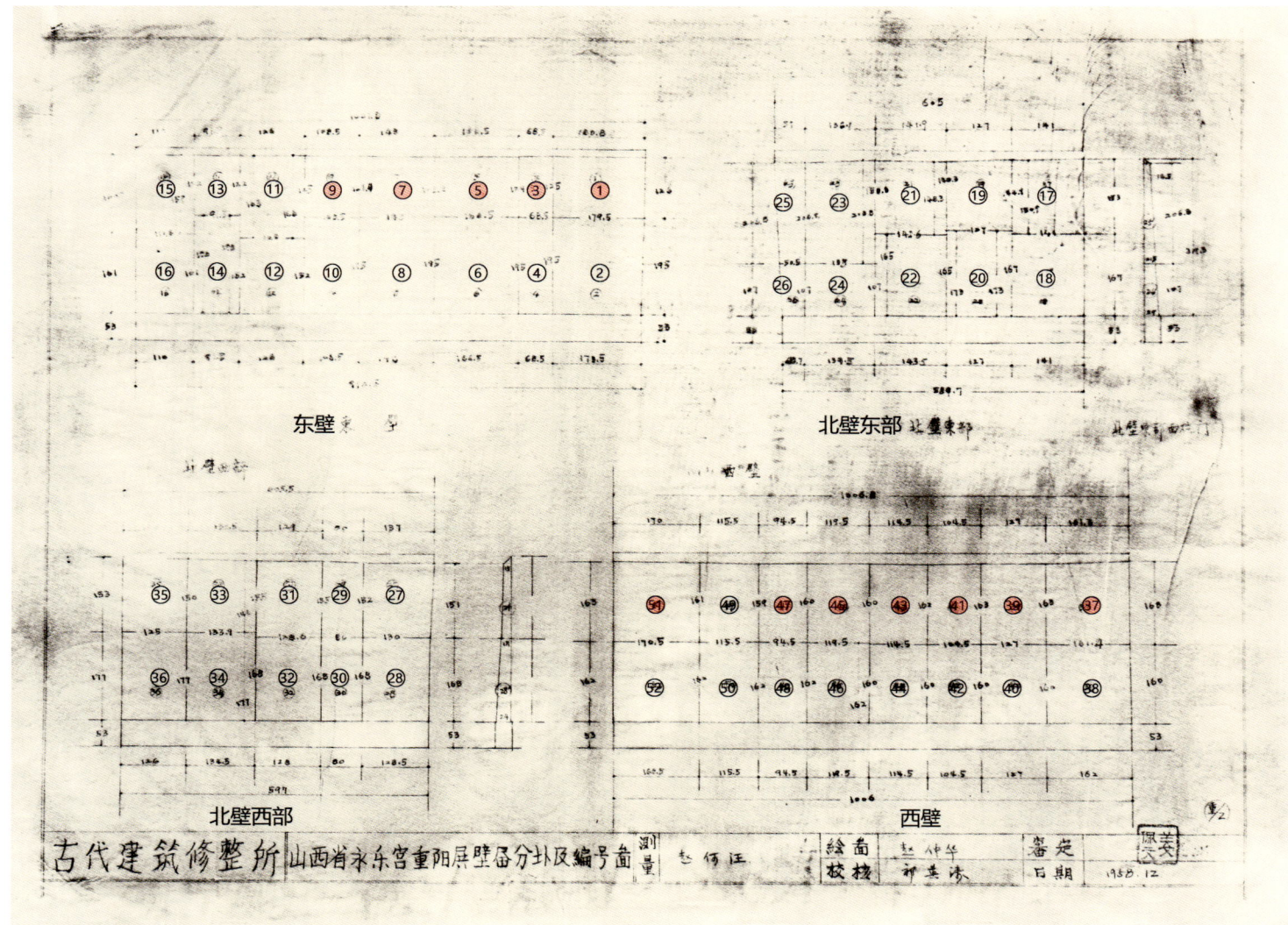

1960~1961 年拍摄的部分壁画彩色照片位置索引图 – 重阳殿（涂红色为有彩色照片的壁画位置及编号）

东 壁

图版 Z-190　重阳殿东壁 1 号壁画

图版 Z-191　重阳殿东壁 3 号壁画

图版 Z-192　重阳殿东壁 5 号壁画

图版 Z-193　重阳殿东壁 7 号壁画

图版 Z-194　重阳殿东壁 9 号壁画

北壁

图版 Z-195　重阳殿北壁东侧壁画

图版 Z-196　重阳殿北壁西侧壁画

图版 Z-197　重阳殿西壁 37 号壁画

图版 Z-198　重阳殿西壁 39 号壁画

图版 Z-199　重阳殿西壁 41 号壁画

图版 Z-200　重阳殿西壁 43 号壁画

图版 Z-201　重阳殿西壁 45 号壁画

图版 Z-202　重阳殿西壁 47 号壁画

图版 Z-203　重阳殿西壁 51 号壁画

4. 旧址拾遗

4.1 山西省芮城县西阳村清凉寺

图版 Z-204　清凉寺（1965 年 1 月拍摄，前排左起第二人陈继宗、付子安、祁英涛，
后排左起第一人：郎凤岐，第三人起：金荣、王仲杰、柴泽俊、孟繁兴、王孚，最右侧赵仲华）

图版 Z-205　清凉寺外檐

图版 Z-206　清凉寺内部梁架

图版 Z-207　清凉寺内部梁架

4.2 永济县万固寺

图版 Z-208 万固寺（1960 年左右拍摄）

图版 Z-209 万固寺（1960 年左右拍摄）

4.3　永济县东姚温村孟氏节孝坊

图版 Z-210　东姚温村孟氏节孝坊（1960 年左右拍摄）

图版 Z-211　东姚温村孟氏节孝坊细部（1960 年左右拍摄）

5. 新址名胜

5.1　五龙庙

图版 Z-212　五龙庙东南方向望五龙庙（1959 年拍摄）

图版 Z-213　五龙庙西北方向望五龙庙（1959 年拍摄）

图版 Z-214　五龙庙大殿（1959 年拍摄）

图版 Z-215　五龙庙大殿转角铺作（1959 年拍摄）　　　　图版 Z-216　五龙庙大殿内部梁架（1959 年拍摄）

5.2　宋塔

图版 Z-217　新址名胜——宋塔　　　　　　　图版 Z-218　新址名胜——宋塔细部

第五部分
永乐宫迁建工程人物志

永乐宫迁建工程人物志编写说明：

人物志是永乐宫迁建工程档案中有明确记载的相关人物简介（附"永乐宫迁建工程相关人物导图"）。

一、按照档案中的人物与永乐宫及迁建工程的关系，分为三种类型：

1、永乐宫迁建工程相关人物：包括工程技术人员、壁画临摹与补绘人员、工程管理人员和技术顾问等。

2、学术成果作者：1952~1966 年期间发表了与永乐宫发现、研究及迁建工程相关的学术成果的作者。

3、其他人物：在档案中出现、但又不能归类于以上两种类型的人物。

二、人物信息来源，主要有以下几个渠道：

1、人事档案：

中国文化遗产研究院人事档案（在本单位工作至退休的永乐宫迁建工程参与者）和故宫人事档案（1972 年从我院调至故宫博物院的 6 位先生均参加了永乐宫迁建工程。除了陈继宗先生外，其他 5 位先生均在故宫工作至退休）。

2、亲历者口述：参加永乐宫迁建工程壁画临摹工作的中央美术学院和华东分院的美术工作者，除了陆鸿年、王定理两位先生的名字在档案中有明确记载外，其他均来自于王仲杰和李惠岩两位先生的口述，这部分人员名单列入"永乐宫迁建工程相关人物导图"，未纳入人物简介。

3、出版物：《中国文物研究所七十周年》、《清式大木作操作工艺》等。

4、网络："1952~1966 年永乐宫研究及相关学术成果作者"，以及参加永乐宫迁建工程的其他单位的部分工作人员，则主要从网络平台获得。编入网络资料是为了让人物信息相对集中。

5、综合信息整理：有一些在永乐宫迁建工程中发挥了重要作用、但在之后不止一次调动工作以至于无法获得去向、网络平台又没有相关信息的人物，比如"陈继宗"、"金荣"、"王孚"等，则通过相关课题以及其他相关人物采访录时的片段信息，进行综合整理而成。这部分人物因无法获得准确而详细的人物信息，在简介中均标注了"生卒年不详"。

人物简介的顺序，基本按照"第二部分 永乐宫迁建工程始末"中人物出现的时间顺序排列，兼顾考虑人物在档案中出现的频率。

首次在工程报告中编入人物志，是为了记录并记住这些参加永乐宫迁建工程的功臣，因此，即便是没有找到本人线索，也坚持以"生卒年不详'列入，尽可能全的提供人员名单和线索，若有对此人物熟悉、又恰巧读到此书的读者，在之后可以通过相关渠道和方式得以补充和完善。

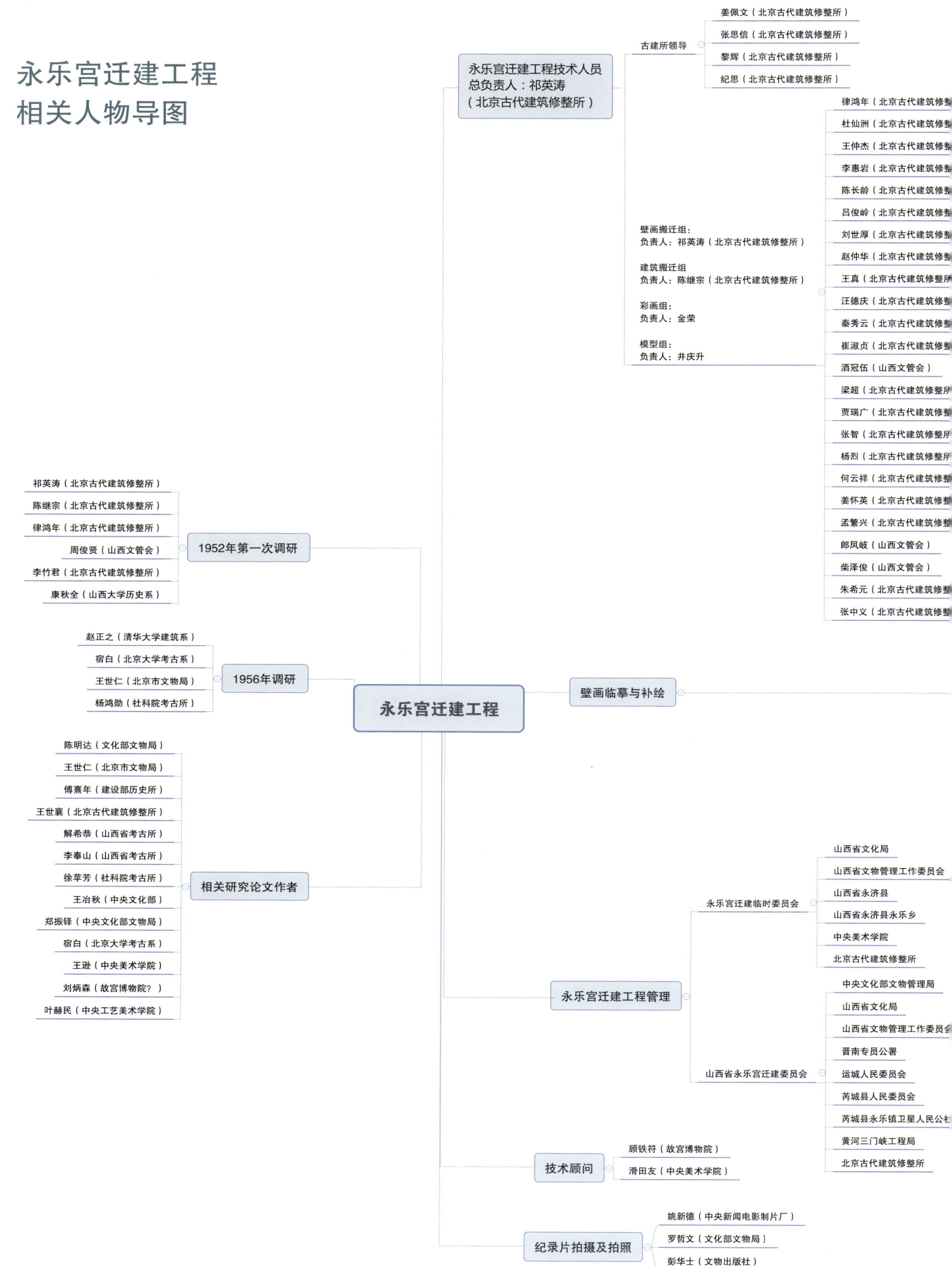

永乐宫迁建工程
相关人物导图

永乐宫迁建工程技术人员
总负责人：祁英涛
（北京古代建筑修整所）

古建所领导
姜佩文（北京古代建筑修整所）
张思信（北京古代建筑修整所）
黎辉（北京古代建筑修整所）
纪思（北京古代建筑修整所）

律鸿年（北京古代建筑修整所）
杜仙洲（北京古代建筑修整所）
王仲杰（北京古代建筑修整所）
李惠岩（北京古代建筑修整所）
陈长龄（北京古代建筑修整所）
吕俊岭（北京古代建筑修整所）
刘世厚（北京古代建筑修整所）
赵仲华（北京古代建筑修整所）
王真（北京古代建筑修整所）
汪德庆（北京古代建筑修整所）
秦秀云（北京古代建筑修整所）
崔淑贞（北京古代建筑修整所）
酒冠伍（山西文管会）
梁超（北京古代建筑修整所）
贾瑞广（北京古代建筑修整所）
张智（北京古代建筑修整所）
杨烈（北京古代建筑修整所）
何云祥（北京古代建筑修整所）
姜怀英（北京古代建筑修整所）
孟繁兴（北京古代建筑修整所）
郎凤岐（山西文管会）
柴泽俊（山西文管会）
朱希元（北京古代建筑修整所）
张中义（北京古代建筑修整所）

壁画搬迁组：
负责人：祁英涛（北京古代建筑修整所）
建筑搬迁组
负责人：陈继宗（北京古代建筑修整所）
彩画组：
负责人：金荣
模型组：
负责人：井庆升

1952年第一次调研
祁英涛（北京古代建筑修整所）
陈继宗（北京古代建筑修整所）
律鸿年（北京古代建筑修整所）
周俊贤（山西文管会）
李竹君（北京古代建筑修整所）
康秋全（山西大学历史系）

1956年调研
赵正之（清华大学建筑系）
宿白（北京大学考古系）
王世仁（北京市文物局）
杨鸿勋（社科院考古所）

永乐宫迁建工程

壁画临摹与补绘

相关研究论文作者
陈明达（文化部文物局）
王世仁（北京市文物局）
傅熹年（建设部历史所）
王世襄（北京古代建筑修整所）
解希恭（山西省考古所）
李奉山（山西省考古所）
徐苹芳（社科院考古所）
王冶秋（中央文化部）
郑振铎（中央文化部文物局）
宿白（北京大学考古系）
王逊（中央美术学院）
刘炳森（故宫博物院？）
叶赫民（中央工艺美术学院）

永乐宫迁建工程管理

永乐宫迁建临时委员会
山西省文化局
山西省文物管理工作委员会
山西省永济县
山西省永济县永乐乡
中央美术学院
北京古代建筑修整所
中央文化部文物管理局

山西省永乐宫迁建委员会
山西省文化局
山西省文物管理工作委员会
晋南专员公署
运城人民委员会
芮城县人民委员会
芮城县永乐镇卫星人民公社
黄河三门峡工程局
北京古代建筑修整所

技术顾问
顾铁符（故宫博物院）
滑田友（中央美术学院）

纪录片拍摄及拍照
姚新德（中央新闻电影制片厂）
罗哲文（文化部文物局）
彭华士（文物出版社）

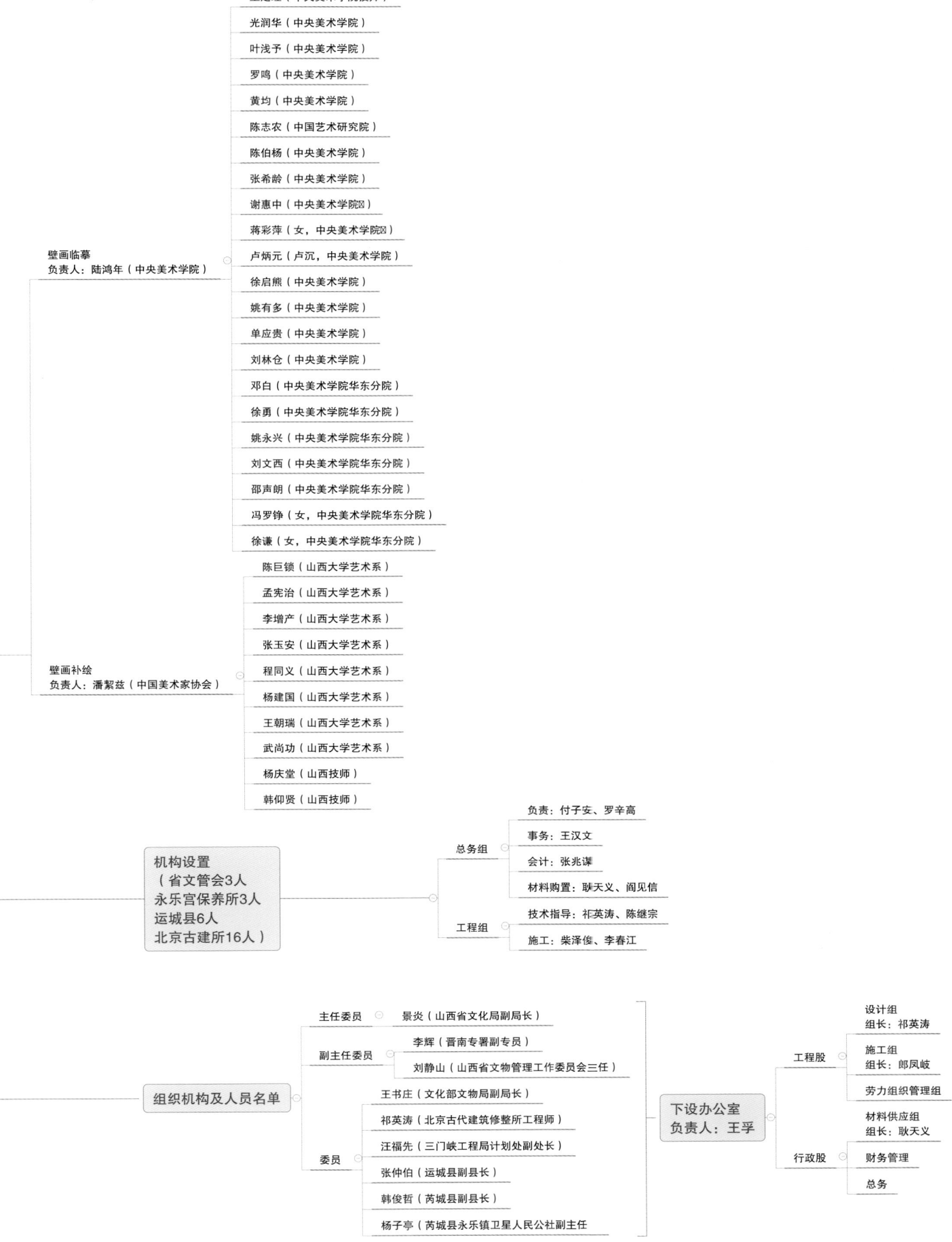

王定理（中央美术学院技师）

光润华（中央美术学院）

叶浅予（中央美术学院）

罗鸣（中央美术学院）

黄均（中央美术学院）

陈志农（中国艺术研究院）

陈伯杨（中央美术学院）

张希龄（中央美术学院）

谢惠中（中央美术学院）

蒋彩萍（女，中央美术学院）

壁画临摹
负责人：陆鸿年（中央美术学院）

卢炳元（卢沉，中央美术学院）

徐启熊（中央美术学院）

姚有多（中央美术学院）

单应贵（中央美术学院）

刘林仓（中央美术学院）

邓白（中央美术学院华东分院）

徐勇（中央美术学院华东分院）

姚永兴（中央美术学院华东分院）

刘文西（中央美术学院华东分院）

邵声朗（中央美术学院华东分院）

冯罗铮（女，中央美术学院华东分院）

徐谦（女，中央美术学院华东分院）

陈巨锁（山西大学艺术系）

孟宪治（山西大学艺术系）

李增产（山西大学艺术系）

张玉安（山西大学艺术系）

壁画补绘
负责人：潘絜兹（中国美术家协会）

程同义（山西大学艺术系）

杨建国（山西大学艺术系）

王朝瑞（山西大学艺术系）

武尚功（山西大学艺术系）

杨庆堂（山西技师）

韩仰贤（山西技师）

机构设置
（省文管会3人
永乐宫保养所3人
运城县6人
北京古建所16人）

总务组
负责：付子安、罗辛高
事务：王汉文
会计：张兆谋
材料购置：耿天义、阎见信

工程组
技术指导：祁英涛、陈继宗
施工：柴泽俊、李春江

组织机构及人员名单

主任委员　景炎（山西省文化局副局长）

副主任委员
李辉（晋南专署副专员）
刘静山（山西省文物管理工作委员会三任）

委员
王书庄（文化部文物局副局长）
祁英涛（北京古代建筑修整所工程师）
汪福先（三门峡工程局计划处副处长）
张仲伯（运城县副县长）
韩俊哲（芮城县副县长）
杨子亭（芮城县永乐镇卫星人民公社副主任

下设办公室
负责人：王孚

工程股
设计组
组长：祁英涛
施工组
组长：郎凤岐
劳力组织管理组
材料供应组
组长：耿天义

行政股
财务管理
总务

1. 永乐宫迁建工程相关人物

1.1　工程技术人员

1.1.1　祁英涛（1923.12.14~1988）

祁英涛

永乐宫迁建工程项目总负责人及壁画迁移保护专项负责人，永乐宫迁建临时委员会技术指导，永乐宫迁建委员会委员。时任古代建筑修整所工程组组长。

河北易县人，1947 年毕业于北洋大学工学院建筑工程系，1948 年 7 月起就职于北京文物整理委员会，曾任北平文物整理委员会工程处技士、技佐、工程师等职。1956 年后历任北京文物整理委员会、古代建筑修整所工程师，文化部文物保护科学技术研究所高级工程师，中国文物保护技术协会常务理事，长期从事中国古建筑的维修保护工作，成绩卓著。由于在山西永乐宫的搬迁项目尤其是壁画保护工作中做出突出贡献，获得 1959 年北京市文教先进工作者称号。

祁英涛先生主持的重要保护项目有：北海天王殿修缮（1952~1953 年）、北海云绘楼移建（1953 年）、山西晋祠献殿修缮（1954 年）、故宫端门午门武英殿修缮（1949~1955 年）、陕西唐永泰公主墓壁画保护（1963~1964 年）、山西五台山南禅寺大殿的复原（1954、1974~1975 年）、河北隆兴寺摩尼殿的修缮（1977~1978 年）等。

祁英涛先生著有《中国古代建筑的保养与维修》《中国古代壁画的揭取与修复》《怎样鉴定古建筑》等著作，发表的文章有：《河北省南部几处古建筑的现状介绍》《两年来山西省新发现的古建筑》《永乐宫壁画的揭取方法》《中国古代建筑年代的鉴定》《中国古代建筑的脊饰》《山西应县释迦塔题记的探讨》等。由华夏出版社出版的《祁英涛文集》中收录了大部分祁英涛先生的工作实践和学术成果。

祁英涛先生于 1988 年在赴西安为古建筑保护培训班授课时，因心脏病突发离世，享年 65 岁。

1.1.2　陈继宗 [1]（生卒年不详）

陈继宗

永乐宫迁建工程建筑迁建专项负责人，永乐宫迁建临时委员会技术指导。时为古代建筑修整所工程师。

---

[1]　因陈继宗先生在永乐宫迁建工程中的重要性，从故宫博物院得知其 1976 年 3 月关系转到崇文门革委会后，2020 年 5 月初、北京新冠疫情期间，分别电话联系东城区档案馆、崇文门外街道办事处、东城区政府办，均未查阅到陈继宗先生的人事档案信息。现有信息来源于中国文化遗产研究院藏工程档案，以及其他人物的人事档案。

陈继宗先生 1935 年就职于北京工务局 [1]，历任旧都文物整理委员会（1936~1938 年）、伪华北建设总署（1938~1945 年）、北平文物整理委员会暨文物整理工程处（1946~1948 年）技士，北京文物整理委员会（1949~1955 年）、古代建筑修整所（1956~1965 年）工程师，1972 年调至故宫博物院 [2]。

在中国早期文物保护实践（1935~1966 年）中，陈继宗先生先后参与过故宫隆宗门（1952 年）、端门（1955 年年）、东西雁翅楼（1954 年）、武英殿（1952 年），北京大慈延福宫（1952~1954 年）、北海天王殿（1952~1953 年）、天安门正阳门（1952~1953 年）、皇堂子（1952~1953 年）、安定门城箭楼（1951~1952 年）、北京国子监（1949 年），大同九龙壁迁移（1954 年）、永乐宫迁建工程（1956~1965 年）、河北正定隆兴寺慈氏阁（1956~1959 年）等多个重要项目的修缮工作。

1.1.3 律鸿年（生卒年不详）

参加 1952~1953 年永乐宫第一次调查工作，1958~1959 年参与了永乐宫迁建工程。时为古代建筑所助理工程师。

1949~1966 年，律鸿年先生作为北京文物整理委员会工程组成员，参加过故宫养心殿（1953 年）、午门东西雁翅楼（1953~1957 年）、武英殿（1952~1955 年），北海天王殿（1953 年）、阜成门等维修工作；河北赵县安济桥（1952~1959 年）、山东曲阜孔庙奎文阁（1957~1960 年）、山西净土寺（1961 年）、河南登封初祖庵（1964~1965 年）、天津蓟县独乐寺观音阁防雷（1960~1964 年）等处重要项目的维修工作。

律鸿年

1.1.4 杜仙洲 [3]（1915.11.16~2011.5.24）

1956 年 11 月"永乐宫迁建工程初步方案"的编写者，在 1963 年第 8 期《文物》上发表《永乐宫的建筑》。时任古代建筑修整所勘察研究组组长。

杜仙洲，河北省迁安人，1938 年考入北京大学工学院建筑系，1941 年考入华北伪建设总署都市局，历任华北伪建设总署技佐、技士、北平市工务局文物整理工程处技士，北平文物整理委员会技士等。1949 年后，历任北京文物整理委员会文献组编审员，北京古代建筑修整所、文物保护科学技术研究所工程师、高级工程师等。期间历兼中国建筑学会理事、中国长城学会理事、中国紫禁城学会理事、中国文物保护学会顾问等职，享受政府特殊津贴。在其近 40 年的工作经历中，主持了 1951 年、1953 年、1964 年、1980 年四期全国古建筑培训班的教学工作，并担任教务长，培训了大批古建筑保护专业人才。

杜仙洲

杜仙洲先生主要著作有《中国建筑明式彩画图集》《义县奉国寺研究报告》《山西永乐宫研究报告》《青海乐都瞿昙寺研究报告》《中国古建筑概论》《中国古建筑修缮技术》《中国古建筑技术史》《中国古代建筑》《中国建筑清式彩画图集》《中国建筑明式彩画图集》《杜仙洲谈中国古代建筑》等。

---

[1] 根据中国文化遗产研究院职工路鉴堂先生的档案记载，路先生 1935 年就职于"北京工务局"的工作证明人，就是陈继宗先生。证明陈继宗先生至少在 1935 年已经是"北京工务局"的职员了。

[2] 2019 年 6 月 1 日采访王仲杰先生记录："故宫的六个，张（张中义）、王（王仲杰）、李（李全庆）、赵（赵仲华）、陈（陈继宗）、崔（崔淑贞），一封调令到故宫报到。"后经查阅故宫博物院人事档案证实。根据故宫博物院档案，1976 年 3 月陈继宗先生从故宫博物院转到崇文门街道革委会，后来信息中断。

[3] 部分信息来源于网络。

1.1.5 金荣（生卒年不详）

金荣先生是永乐宫迁建工程彩画保护工作负责人。1957 年带领古建所彩画组进入永乐宫进行彩画临摹工作，1965 年不顾年事已高在永乐宫施工现场驻守 3 个月，担任永乐宫迁建工程油饰施工的技术指导工作。

永乐宫迁建工程期间，金荣先生是古代建筑修整所彩画组组长。

金荣

1.1.6 王仲杰[1]（1934~）

王仲杰先生是永乐宫迁建工程彩画组成员，1957~1958 年参与彩画临摹工作，1958~1960 年参加建筑及壁画搬迁工作，1961~1963 年主要任务是永乐宫彩画复原设计工作。时为古代建筑修整所彩画室成员。

王仲杰先生是官式建筑油饰、彩画、裱糊国宝级专家，出生于北京南锣鼓巷，祖父经营一家裱糊作坊，父亲是民国小有名气的彩画匠人。15 岁开始学习裱糊与彩画两项技艺，解放初经彩画界老艺人刘醒民先生介绍至北京文物整理委员会（中国文化遗产研究院前身）从事古建筑彩画工作，期间临摹过山西永乐宫、江苏苏州虎丘塔、南京南唐二陵、福建甘露庵彩画，奠定了之后彩画研究的坚实基础。1972 年调至故宫古建部后，继续从事油饰、彩画、裱糊工作，在古建实践工程与理论研究方面均做出了开拓性的贡献，曾主持故宫午门、建福宫花园、承乾宫及指导天坛、恭王府等数十项彩画复原与保护工程。他首次将历史考古学方法应用于古建筑彩画的年代断定，2014 年被授予"中国民族建筑事业终身成就奖"。

王仲杰

1.1.7 李惠岩（1938~）

1957~1959 年参与永乐宫彩画临摹和复原研究工作，1963 年为王逊先生发表在 1963 年第 8 期《文物》上的《永乐宫三清殿壁画题材试探》一文绘制插图。时为古代建筑修整所彩画室成员。

李惠岩 1957~1959 年北京古代建筑修整所彩画组成员，1972 年"五七干校"后分配至荣宝斋直至退休。

李惠岩

1.1.8 陈长龄（生卒年不详）

1957 年参加永乐宫彩画临摹工作。

北京古代建筑修整所研究人员。据王仲杰先生口述：陈长龄比他大十岁左右，是老艺专（国立北平艺术专科学校）徐悲鸿、庞薰琹的学生，有很高的艺术造诣。

1.1.9 吕俊岭（生卒年不详）

1957~1958 年参加永乐宫彩画临摹工作。时为北京古代建筑修整所专业人员。

陈长龄

---

[1]　资料来源于故宫博物院。

1.1.10 刘世厚（生卒年不详）

刘世厚先生1957~1958年参加永乐宫彩画临摹工作。时为北京古代建筑修整所专业人员。

1.1.11 张思信（生卒年不详）

1958年8月最早到永乐宫迁建工程现场的领导干部，参与永乐宫迁建项目组的壁画揭取工作。

从王真先生的档案得知，1949年张思信与王真同在北京军委四局，后转业至北京文物整理委员会担任文整会党支部书记。

1.1.12 黎辉（1917.4~？）

1958~1959年参加永乐宫迁建工程，时任古代建筑修整所办公室主任。

黎辉，陕西鄠县人，1936年西安事变前参加过学生运动，1937年12月到延安进入抗大学习，1938年入党，1939年延安女大学习，1941年工作。先后在延安边区政府财政所、陕北定边盐务局、陕北南泥湾炮校、陕北西野六军、新疆六军、志愿军工兵指挥部、志愿军工兵留守处工作，1954年转业至中央歌舞团任党总支副书记和办公室主任，1958年6月调入古代建筑修整所任办公室主任，1972年退休。

1.1.13 赵仲华[1]（1934.6.2~2008.5.11）

永乐宫迁建工程中跟随祁英涛先生参与壁画搬迁保护专项工作。

赵仲华，籍贯北京，1956~1969年在古代建筑修整所、文物博物馆研究所工作，1969~1971年到湖北咸宁"五七干校"，1971年调入故宫至退休。

1956~1969年在古代建筑修整所主要参加的项目有：1958年参加永乐宫迁建工程，1963年主持河北正定广惠寺花塔题记揭取工作，1963~1964年参加由祁英涛先生主持的永泰公主墓壁画加固工作。1971年调至故宫设计组后的主要项目有：1989年保和殿东西庑四门维修，畅音阁修缮工程，故宫5~7年地下管网铺设规划，1990~1992年为制作模型及存档而主持测绘了景福宫一区、翊坤宫、储秀宫、宁寿宫、皇极殿、箭亭、建福宫花园、畅音阁等近40处古建筑。

学术成果有《体仁阁与弘义阁》发表于1983年第3期《紫禁城》杂志、《紫禁城地下排水系统研究》发表于《中紫禁城学会论文集（第二辑）》、《乾清门广场的值房小院》发表于1983年第4期《紫禁城》杂志。

吕俊岭　　　　刘世厚　　　　张思信　　　　黎辉　　　　赵仲华

---

[1] 资料来源于故宫博物院。

1.1.14　王真（1926.4~2014.3.13）

1958 年 8 月跟随祁英涛先生进驻永乐迁建工程现场，至 1961 年完成三清殿复建现场技术指导工作。

王真，河北固安人，1949 年 3 月入伍，先后在石家庄华北军政大学、北京军委第四局（1950 年 10 月改为军事出版社）任职，1952 年 6 月转业至北京文物整理委员会工作，1985 年离休。

王真在文整会工程组工作期间，参加的主要项目有 1952 年故宫慈宁宫油饰彩画工程、1953~1955 年移建中南海云绘楼及清音阁的绘图、1954 年大同九龙壁迁移工程测量、上下华严寺和应县木塔的部分测量、1956~1965 年永乐宫迁建工程测绘及施工技术指导等工作。后调整至办公室、图书馆工作。

1.1.15　汪德庆（生卒年不详）

汪德庆是一位有着丰富施工管理经验的技术人员，在文整会及古代建筑修整所期间，除了永乐宫迁建工程外，参加的工程项目还有：1949 年故宫乾隆花园修缮、1949 年故宫畅音阁修缮、1952 年北京大慈延福宫修缮、1953 年故宫体仁阁修缮、1953 年故宫西河沿城隍庙修缮、1954 年故宫午门东西雁翅楼修缮等施工项目。

1.1.16　秦秀云（生卒年不详）

1958~1959 年参与永乐宫迁建工程，主要从事绘图工作。

1.1.17　崔淑贞[1]（1934~2018）

1958~1959 年参与永乐宫迁建工程。

崔淑贞，1934 年 11 月 25 日生于北京，1954 年参加工作，在古代建筑修整所任助理技术员、办公室人员、药品管理员、出纳，1971 年调入故宫博物院任售票员、计财处票务科人员，直至退休。

1.1.18　井庆升[2]（生卒年不详）

井庆升先生在永乐宫迁建工程中主要负责永乐宫模型制作，与迁建工程同期制作完成的龙虎殿、三清殿、纯阳殿、重阳殿四座元代建筑模型，至今珍藏于中国文化遗产研究院。与此同时，井庆升先生参与了永乐宫建筑、壁画、彩画各个专项的技术讨论。

井庆升先生 1956 年参加古代建筑修整所组织的古建筑技术研究小组，跟随老技师路鉴堂先生在古代建筑修整所模型组制作模型，之后（具体时间不详）调至历史博物馆。

井庆升学术成果有：文物出版社 1985 年 11 月出版的《清式大木作操作工艺》。

王真　　　　　　汪德庆　　　　　　秦秀云　　　　　　崔淑贞　　　　　　井庆升

---

[1]　资料来源于故宫博物院。

[2]　部分信息来源于井庆升著《清式大木作操作工艺》。

1.1.19 酒冠伍 (生卒年不详)

酒冠伍是山西派往北京文物整理委员会参加第一期古建实习班（1952年10月~1953年12月）的学员[1]，后返回山西工作。1958~1959年参与永乐宫迁建工程。

1.1.20 梁超 (1932.8.20~2009.11)

1958~1959年参与永乐宫迁建工程项目。

梁超，山西清徐县人，1950年毕业于山西太原女子师范学校，1950~1952年山西太谷一中任教师，1952年11月~1953年11月，全国第一届古代建筑训练班学习，1953年12月古代建筑修整所工作至退休。

主持的保护项目有：湖北武当山净乐宫石牌坊、儒学宫石牌坊及其他碑碣的拆迁工程勘测和落架等技术指导（1959年），河北遵化清东陵裕陵大碑楼修缮（1960~1962年），河南登封少林寺初祖庵大殿修缮设计及施工指导，清西陵行宫修缮复原总体规划、清西陵昌陵大碑楼修缮技术指导和施工组织（1981~1986年）等。

皇堂子瓦顶保养技术实验报告发表在1957年的内部杂志《古建通讯》上；与朱希元、刘炳森、叶喆民合著的《永乐宫壁画题记录文》发表于1963年第8期《文物》。

酒冠武

梁超

1.1.21 贾瑞广 (1934.3.4~)

1958年底至1959年参加永乐宫迁建工程。

贾瑞广，山东掖县人，1954年进入北京文物整理委员会从事古建筑和石窟寺的维修保护与研究，1981年任文物保护科学技术研究所（中国文化遗产研究院前身）石窟保护研究室副主任，1994年退休。

1954~1959年主要从事古建筑调查和测绘工作，1959~1960年被派往北京地质学院学习，之后开始从事石窟保护研究工作，参加和主持的主要保护项目有：云冈石窟保护、云南大理三塔维修、敦煌石窟铺地花砖抗磨抗冻性的研究

贾瑞广

和保护，重庆大足宝顶山、龙岗山两处石窟保护、江苏连云港孔望山摩崖石刻造像保护、山东蓬莱水城东炮台维修加固等，并参加"聚乙烯醇水泥压力灌浆法加固砖塔""石窟加固工程中检测新方法的研究""近景摄影测量技术在石窟测绘中的应用"等研究工作，多次获奖。

学术成果：1988年合著《近景摄影测量技术在石窟中的应用研究》发表于1988年《科研报告》，1990年合著《石窟寺的近景摄影测绘》发表于1990年出版的《中国石窟·云冈石窟》，1990年《中国石质文物的保护与研究》编入在日本召开的国际学术研讨会论文集，《石窟测绘的先进技术》发表于1991年5月12日《中国文物报》，《敦煌莫高窟花砖的渗透加固保护》编入1993年的《敦煌研究文集》。

---

[1] 资料来源于2005年11月文物出版社出版的《中国文物研究所七十年（1935~2005）》。

1.1.22 张智[1]（1937~2020.7.3）

1958~1959 年参加永乐宫迁建工程。

张智，河北邢台人，1956 年至古代建筑修整所工作，后调入古建所石窟组。1973 年调至中国盲人出版社，被评为高级工程师。参与或主持的科研项目，多次获得国家科技进步二等奖，部级科技进步一等奖、三等奖。

张智

1.1.23 杨烈（1929.11.15~2001.3.26）

1958~1959 年参加永乐宫迁建工程，1962~1963 年多次参加永乐宫迁建工程彩画复原设计研究的讨论。

杨烈，辽宁省大连市人，1951 年毕业于东北鲁迅文艺学院美术系，同年进入该校研究生班，1953 年参加第一届文化部古建培训班，1954 年在文化部古建所从事古建筑保护与研究，1960 年北京地质学院进修工程地质学，1973 年"五七干校"后分配至一机部北京机床研究所从事技术情报研究及翻译（期间三年多从事化工部引进 30 万吨高压聚乙烯技术翻译工作），1980~1981 年任文物出版社古建技术编辑；1981 年调文化部国家文物局文物处，兼古建筑修缮工程的设计与施工指导，期间修订了 1963 年颁布的《革命纪念建筑、历史纪念建筑、古建筑修缮管理暂行办法》，1986 年颁布。1993 年享受国务院颁发的政府特殊津贴。是中国建筑学会会员、中国长城学会会员、中国紫禁城学会理事、中国九三学社社员。

杨烈

在 1963 年永乐宫彩画复原设计方案讨论会上，杨烈先生就提出"彩画本身应被理解成为文物保护对象"；1959 年 11 期《文物》上发表《山西大同云冈石窟的修护规划》；1960 年初，作为石窟加固技术科研课题负责人，根据苏联顿巴斯矿井顶板锚定法的吊挂原理，首创"锚杆吊挂"技术作为加固石窟危岩和裂缝的主要工程手段，并在云冈石窟一、二窟试验工程中取得圆满效果；利用下降水位和切割水流方法，减缓岩石风化缺的显著实效；易壁画切割修复法为原地保护利用加固、最大限度保持文物原状、贯彻《文物法》做出贡献。20 世纪 50 年代中期，首先发现五代建筑采用普拍枋的新法式，被国内外专家重视，发现已定为近代建筑的正定花塔实际是唐初所建的多宝塔，引起广泛关注。20 世纪 80 年代，组织修订 1986 年颁布的《纪念建筑、古建筑、石窟寺等修缮工程管理办法"及实施细则》；1988 年就提出我国应该认真贯彻《威尼斯宪章》精神，坚决制止"建设性破坏"等观点。由此可见，在中华人民共和国成立后的文物保护事业中，杨烈先生一直站在文物保护理论和技术的前沿。

1954~1988 年，杨烈主持或参加古建筑、石窟寺的勘察研究及测绘工作约 30 项，其中规模较大的有 10 项，主持 8 项，多次获奖。发表论文 9 篇、译文 3 篇，内部刊行译文 20 余篇，主持编译技术规范及工程辞汇（内部刊行）一册，《现代日语讲义》（未发表）一册；主持修订政策性文件及技术管理细则 7 项；在东南大学进行"文物建筑修缮工程技术管理概论"专题讲座。

---

[1]　资料来源于 2005 年文物出版社出版的《中国文物研究所七十年（1935~2005）》。

1.1.24 何云祥（生卒年不详）

1958～1959 年参加永乐宫迁建工程现场工作。时为古代建筑修整所工作人员。

1.1.25 姜怀英（1936.10～）

1958～1959 年参与永乐宫迁建工程，除了建筑勘测、编号草图绘制，主要负责建筑结构分析和新址基础设计。

姜怀英，河北交河县人，1954 年进入北京文物整理委员会学习和工作，1956～1959 年北京土木工程学校学习，1959～1970 年古代建筑修整所工程师，1970～1971 年文化部"五七干校"，1971～1989 年文物保护科学技术研究所副总工程师，1990～1997 年中国文物研究所副总工程师，1997～2006 年中国文物研究所援柬队队长。国家专家组成员，曾任紫禁城学会常务理事、长城学会理事等。

何云祥

参加或主持的保护工程：洛阳龙门石窟奉先寺石刻造像修复工程（1971～1974 年）、云南大理三塔维修工程（1978～1981 年）、西藏布达拉宫第一期维修工程（1989～1994 年）、青海塔尔寺维修工程（1992～1995 年）、柬埔寨吴哥古迹周萨神庙维修工程（1998～2007 年，中国援柬专家组组长，项目负责人）。

姜怀英

作为课题负责人完成的"围岩裂隙化学灌浆"1978 年获全国科技大会奖；"聚乙烯醇水泥压力灌浆法加固砖塔"获 1982 年文化部科技成果三等奖；作为课题负责人完成的"用锚固法加固荆州古城墙的方法"获 1982 年文化部科技成果四等奖；作为课题负责人完成的"广州西汉南越王墓墓室加固工程"获 1991 年国家文物局科技进步三等奖。

主要论著：先后撰写 30 余篇学术论文，著有《西藏布达拉宫修缮工程报告》（1994 年）、《中国古代建筑——西藏布达拉宫》（1996 年）、《青海塔尔寺修缮工程报告》（1996 年）、《大理崇圣寺三塔》（1998 年）、《大理三塔史话》（1992 年）、《周萨神庙》（2007 年）等。《宁夏佛塔的形制与结构》发表于 1995 年文物出版社出版的《西夏佛塔》、《石窟寺摩崖岩画》发表于 2007 年科学出版社出版的《中国文物保护与修复》、《吴哥古迹保护技术的研究与探索》发表于 2006 年 11 月～12 月《中国文物报》。

1.1.26 孟繁兴[1]（1936～2016）

1958～1959 年参加永乐宫迁建工程，并针对于永乐宫栱眼壁的揭取工作，发明了"孟氏锯"。

孟繁兴，河北唐山人，1956 年文化部文物局古代建筑修整所工作，1961 年调到山西省古代建筑保护研究所工作任副所长，1985 年调到河北省古代建筑保护研究所任所长，直至退休。是河北省文物局古建专家组专家、中国文物学会专家委员会委员、中国文物保护技术协会专家指导委员会专家、中国建筑协会建筑史学分会理事、中国圆明园学会学术委员。

1956～1961 年，参加山东曲阜孔庙奎文阁及金代碑楼和孔庙的总平面测绘；参加山西永济永乐宫的迁建工程，期间为专门揭取栱眼壁壁画而发明了揭取工

孟繁兴

---

[1] 本人信息由孟繁兴之子孟琦提供。

具，被称为"孟氏锯"；参加云岗石窟修缮工程，期间进行了石窟寺的风化保护研究和实验，并撰写了《防止云岗石窟风化的化学分析》一文。1961~1985 年在山西古建所期间，主持山西洪洞广胜寺飞虹塔抢险加固工程，主持云岗石窟的抢险加固工程；主持了应县木塔及应县净土寺抢修加固工程；参加国家地震局和国家文物局组织的地震考古调查；参加建设部组织的《古建筑木结构工程规范》的编撰，并荣获国家科技进步奖。1985 年调到河北古建所之后，主持了河北省响堂山石窟寺的抢险加固工程；完善了河北省古建研究所建筑工程系列的职称体系，并取得了省建委颁发的工程设计资质证书和工程施工资质证书，为河北省古建研究所开拓业务打下基础。

学术成果：《地震考古》《古建筑保护与研究》等著作。历年来发表的主要论文有《略谈应县木塔的抗震性能》《承德殊像寺与五台山殊像寺》《慈相寺与太原盆地现代构造运动》《利用地质与考古学方法研究山西平遥活断层的现代构造运动》《山西洪洞郇堡村古地震遗迹及有关问题的讨论》《以临汾盆地为例论用考古学方法研究现代构造运动与地震的关系》《略谈利用古建筑及附属文物研究山西历史上两次大地震的一些问题》。

1.1.27　郎凤岐（生卒年不详）

1958 年 10 月成立的"永乐宫迁建临时委员会"成员，1959 年 3 月参加永乐宫壁画揭取第二期试验。

郎凤岐是山西派往北京文物整理委员会参加第二期古建实习班（1954 年 2 月~12 月）的学员[1]，之后返回山西工作。

1.1.28　白焕采（生卒年不详）

1959 年 3 月参加永乐宫壁画揭取第二期试验。时为山西省内工作人员。

1.1.29　柴泽俊[2]（1935.10~2017.1.5）

1958 年 10 月 21 日成立的"永乐宫迁建临时委员会"安排和刘春江一起负责施工，1959 年 3 月参加永乐宫壁画揭取第二期试验。柴泽俊作为施工管理人员，从 1958 年 8 月开始坚守在永乐宫迁建工程施工现场直至竣工。

柴泽俊先生以永乐宫迁建工程作为其从事古建筑保护生涯的起点，成长为全国著名的古建筑专家，曾任山西省文物局总工程师、山西古建筑保护研究所所长。

柴泽俊先生实地调查过山西 109 县 1000 多处主要古建筑、塑像、壁画等文物，为公布山西各级文物保护单位提供了资料和依据。主持和参与过五台山南禅寺、太原晋祠、朔州崇福寺等重要文物建筑的修缮；撰写论文 60 余篇，出版《山西壁画》《山西琉璃》《柴泽俊古建筑文集》《山西永乐宫迁建亲临纪实》等著作 10 余部；参与和主持的项目多次获奖。

1.1.30　姜佩文（1901~?）

1959 年 10 月调入北京古代建筑修整所任副所长，永乐宫迁建工程施工期间多次前往永乐宫现场视察及指导工作。

郎凤岐

柴泽俊

姜佩文

---

[1] 信息来源于 2005 年 11 月文物出版社出版的《中国文物研究所七十年（1935~2005）》。

[2] 信息来源于网络。

姜佩文，河北涞源县人，1937年参加抗日救国会，1938年边委会秘书处、总队部、县政府等处就职，1939年任察南雁北办事处秘书，1940年，雁北专区粮食支局局长，1941年晋察冀边委会实业处秘书，1944年晋察冀边区整风训练班学习，1945年晋察冀边区及华北禁烟总局总务秘书、总务科长，1949~1950年北京政法委员会行政处副处长，1950~1955年中央人事部行政科科长，1955年1月~1959年10月国务院人事局办公室主任，1959年10月调入古代建筑修整所与文物博物馆研究所（中国文化遗产研究院前身）任副所长直至离休。

1.1.31 余鸣谦（1922~）

余鸣谦

永乐宫迁建工程期间，是永乐宫现场和北京的联络人，1962~1963年多次参加永乐宫彩画复原设计研究的讨论。

余鸣谦，江苏镇江人，我国著名古建筑专家，1943年毕业于北京大学工学院建筑工程系。曾任北平市工务局文物整理工程处技术员、北平文物整理委员会技士。中华人民共和国成立后在北京文物整理委员会（现中国文化遗产研究院）工作，历任技术员、工程师、高级工程师、教授级高级工程师，文化部科技委员会委员、中国文物保护技术协会副理事长。享受政府特殊津贴。

余鸣谦长期从事古建筑和石窟寺的保护和维修，主持北京雍和宫瓦木油饰彩画工程和河北正定县隆兴寺转轮藏殿修复工程、赵县安济桥修复工程、蒙古国乌兰巴托市兴仁寺和夏宫修缮工程、山西大同云冈石窟中央区窟群加固工程以及天津蓟县独乐寺修缮工程等，尤其是天津蓟县独乐寺修缮工程，成为我国文物保护工程的典范。他善于在文物保护的实践中开展研究，总结经验，将现代工程技术手段运用于古建筑保护工程中，既尊重传统，又注重创新。他在完成文物保护工程项目的同时，撰写出版了《石窟保护三十年》《中国古建筑构造》等多部专著，翻译了多篇国外技术资料。

1.1.32 朱希元（1928~？）

1962~1963年多次参加永乐宫迁建工程彩画复原设计讨论，并在1963年第8期《文物》上发表了《永乐宫元代建筑彩画》一文。

朱希元

朱希元，河北昌黎县人，1947~1951年就读于辅仁大学美术系、中文系（1951年转系），1951年察哈尔省文联（期间参加中央文化部、中科院、北京大学合办的考古训练班学习），1953~1954年华北行政委员会文化局（期间参加中央文化部主办的古建训练班学习）、1954~1956年中央文化部文整会文献组编审员，工作至退休，期间1980年曾在国家文物局文物处工作。

学术成果：《晋南四县古建筑》1958年3、4期《文物参考资料》；《宁夏须弥山圆光寺石窟》1961年第2期《文物》；《历史建筑——碧落寺》；《永乐宫元代建筑彩画》1963年第8期《文物》；1977年与人合编《北京历史地震年表长编》。

张中义

1.1.33 张中义[1]（1918~1997）

1963~1965年参与永乐宫迁建工程彩画复原设计工作。

张中义，北京人（或河北深县），1952年进入北京文物整理委员会，

---

[1] 资料来源于故宫博物院。

1952 年任编审员助理，1953~1954 年绘制古建筑模型图兼资料整理员，1956 年推荐至北京大学建筑系旁听，1957~1960 年内部刊物《古建通讯》编辑，1960 年调入古建所彩画组，1971 年调入故宫设计组。

1957 年《祖国丰富的古建筑遗产》发表于《北京文艺》，1958~1965 年与彩画技师金荣合写《中国建筑的油漆彩画》（写成未出版），1960 年调入彩画组后，先后在苏州太平天国忠王府大厅、常熟翁同龢祠堂、苏州吴县洞庭东西山各大祠堂及宅第进行彩画临摹。并写出了《苏州地区彩画》初稿（未出版）。前往福建泰宁县甘露岩临摹了南安阁的南宋淳熙彩画十余幅，壁画飞天八幅，捧印仕女局部一幅，期间参加《中国的油漆彩画做法》一书编写工作，1963~1966 年参与永乐宫纯阳殿元代彩画复原设计。1971 年调入故宫设计组后，1977~1978 年绘制《清工部工程做法》插图、校核，1978 年参加《故宫建筑》编审、1979 年调查研究并勘测故宫外檐装修、1981 年为王璞子编写的《中国建筑技术史》绘制插图、1982 年为故宫出版的《紫禁城宫殿》绘制插图，写成《午门彩画》《奇异的金水河》《望柱头》等刊登在故宫院刊上，1983 年被聘为助理研究员。

1.1.34　胡继高（1931.3.27~）

1962 年参与讨论永乐宫迁建工程中壁画修复技术。

胡继高，江苏省宝应县人，1952 年参加文化部、北京大学、考古所联合举办的第一届考古人员训练班，1957~1962 年留学波兰，哥白尼大学文物保护专业并获硕士学位，1962 年始在文化部文物保护科学技术研究所（中国文化遗产研究院前身）工作至退休。1982 年起任文化部科技委员会委员，中国考古学会、中国文物保护技术协会、中国自然科学博物馆协会会员，1985 年加入九三学社。

在文物保护科学技术研究所工作期间，先后主持完成科研项目近 50 个，其中敦煌莫高窟龟裂起甲壁画修复、吉林集安高句丽长川一号墓内壁画的保护、湖南长沙马王堆汉墓出土漆器的脱水与修复 3 个攻关项目获 1978 年国家科学大会集体奖，12 个项目属于国内首创，5 个项目达到国际先进水平，发表学术论文 20 余篇。

胡继高

1.2　壁画临摹及补绘修复人员

1.2.1　壁画临摹

1.2.1.1　陆鸿年[1]（1919.9~1989.10）

永乐宫迁建工程壁画临摹专项负责人，1957~1962 年曾率队六次去永乐宫，带领中央美术学院和华东分院师生完成了永乐宫各殿八百多平方米壁画的临摹任务。

陆鸿年，江苏太仓人，1932 年考入辅仁大学美术系学国画、壁画。1936 年毕业于私立辅仁大学美术系并留校任美术系助教，兼辅仁附中美术教员。期间作品入选该校在美国、法国、印度等地举办的画展，1937 年兼任古物陈列所国画研究馆研究员，1938 年为北京西郊北安河普照寺绘制"伎乐天"壁画。1939 年师从黄宾虹攻山水，1949 年后历任中央美术学院中国画系讲师、副教授。发表了《法海神寺壁画》《永乐宫壁画艺术》《中国古代壁画的一些成就》等研究论文。

陆鸿年

---

[1]　信息来源于网络。

1.2.1.2 王定理[1]（1925.4~2009.6）

1957~1958 年参加永乐宫迁建工程的壁画临摹工作。

中国美术家协会会员，中央美术学院教授。作品为四川贡嘎、西藏拉萨、青海塔尔寺、中国佛学院、北京雍和宫，以及中国香港、中国台湾、日本、德国、韩国、泰国、新加坡等国家和地区的佛教机构收藏。

1957 年，借调入中央美术学院中国画系，与陆鸿年、黄均等人带中央美术学院、中央美术学院华东分院的学生赴山西省永济县临摹复制永乐宫壁画。参与永乐宫壁画的搬迁、保存、修复工作。据李惠岩老师介绍，王定理先生尤其擅长中国国画颜料研究及运用。

王定理

1.2.2 壁画补绘修复

1.2.1.3 潘絜兹[2]（1915.9~2002.8）

1965 年 9~11 月，带领山西大学艺术系毕业生一起完成永乐宫壁画上墙后的补绘修复工作，并编写了《永乐宫壁画修复工作总结》。

潘絜兹，当代著名工笔人物画家。原名昌邦，浙江宣平人。1932 年入北京京华美术学院，师事吴光宇、徐燕孙，专攻工笔重彩人物画。1937 年入伍，1945 年到国立敦煌艺术研究所从事古代壁画的临摹研究工作。曾任台湾台北民众教育馆艺术部主任，后得于右任先生资助，从事敦煌艺术研究。历任中国历史博物馆美术组组长，《美术》月刊编辑，《中国画》主编，北京画院专业画师及艺术委员会副主任，北京工笔画会会长，中国美术家协会北京分会副主席。代表作品《石窟艺术的创造者》《岳飞抗金图》《白居易场面炭翁诗意》等。

潘絜兹

1.3 工程管理人员（永乐宫迁建委员会）

1.3.1 景炎（生卒年不详）

1959 年 3 月当选永乐宫迁建委员会主任委员，时任山西省文化局副局长。

1.3.2 李辉（生卒年不详）

1959 年 3 月当选永乐宫迁建委员会副主任委员，时任晋南专属副专员。

第一、二届全国人大代表[3]，1954 年 9 月~1966 年 5 月担任山西省人民政府晋南区行政专员公署副专员。

1.3.3 刘静山[4]（1909~2007.6）

永乐宫迁建委员会副主任委员，时任山西省文物管理委员会主任。

刘静山（刘子镇），山西抗战模范人物刘菊初之子，1933 年考入北平师范大学地理系，1937 年 10 月大学毕业后到阳兴中学任地理老师，1939 年 6 月加入中国共产党。1949 年 3 月任山西省汾阳中学校长。1950 年，调至山西

刘静山

---

[1] 信息来源于网络及李惠岩口述。

[2] 信息来源于网络。

[3] 信息来源于网络。

[4] 参考网络信息 https://www.meipian.cn/1v68w8lq。

教育工会任副主任、主任，1953年受命担当独立建院的山西医学院副院长兼党支部书记。1957年，调至山西省文物工作委员会任主任，1966~1972年被迫停职，1972年复职后任山西省图书馆馆长。1978年，又调回省文物工作委员会，在他的主持下将山西省文物管理委员会、山西省博物馆和山西省考古研究所三个单位合并，组成山西省文物工作委员会，刘静山任主任，负责全省文物保护的行政管理工作。1980年成立山西省文物局，他担任首任局长、党组书记。在此前后，他曾多次深入各地、市、县考察古建筑和其他文物，足迹遍布全省。1982年2月，因病离休。

1.3.4　王书庄　(1904.2~1988.8)

永乐宫迁建委员会委员，时任中央文化部文物局副局长。

王书庄

直隶（今河北省）任丘人。1928年毕业于北京大学物理系。曾在河北保定第六中学、北京商业学校、北京第四中学任教，1930年到上海，任中央研究院物理研究所助理研究员、副研究员，1947~1950年山东大学物理系教授、教委会主任、工会副主席。

中华人民共和国成立后，历任文化部科学普及局副局长、社会文化事业管理局副局长，文化部办公厅副主任，文物事业管理局副局长，尤其是在担任文物局副局长的长时间里，为开创和发展我国文物、博物馆事业做出了卓越贡献：1955年主持中央自然博物馆的筹建工作；参加并领导了侯马晋国古城遗址的考古和出土文物保护工作；为抢救敦煌莫高窟壁画宝库，在当时交通条件极其落后的情况下，多次前往敦煌亲临现场指挥；他和王冶秋等同志一起，成功地组织和领导了永乐宫迁建工程；60年代初，为组织审定全国重点文物保护单位名单和制定《文物保护管理暂行条例》，王书庄同志不顾年事已高，对一百八十个全国重点文物保护单位实地考察了一百四十余处；他组织文物、考古、博物馆、古建筑等方面科技人员，先后制定了《1963~1972年文物保护技术发展规划草案》和《1978~2000年文物保护科学技术发展规划草案》。王书庄同志对发掘、保护和利用我国丰富的文物遗产，创建我国文物、博物馆事业、培养文物科技队伍都起到十分重要的作用。

1.3.5　祁英涛　(1923.12.14~1988)

永乐宫迁建委员会委员，人物简介详见本部分1.1.1。

1.3.6　汪福先　(生卒年不详)

永乐宫迁建委员会委员，时任三门峡工程局计划处副处长。

1.3.7　张仲伯　(生卒年不详)

永乐宫迁建临时委员会主任委员，永乐宫迁建委员会委员，时任山西省运城县副县长。

1.3.8　韩俊哲　(生卒年不详)

永乐宫迁建委员会委员，时任山西省芮城县副县长。

1.3.9　杨子亭　(生卒年不详)

永乐宫迁建委员会委员，时任芮城县永乐镇卫星人民公社副主任。

1.3.10　王孚　(生卒年不详)

永乐宫迁建委员会办公室主任。时任山西省文化局社文处副处长。

在1961年5月19日古建所给国家文物局副局长王书庄的信中写道："因

王孚

王孚主任的离开，工地缺乏有力的组织和管理，物资不到位、工人情绪不稳定等问题，导致迁建工程进展缓慢，甚至因工程尚未完成而对文物造成极大的安全隐患，建议请回王孚主任，扭转混乱局面。"可见王孚在永乐宫迁建工程施工现场的重要作用。

1.3.11 郎凤岐（生卒年不详）

永乐宫迁建委员会工程股股长。人物信息见本部分 1.1.27。

1.3.12 耿天义（生卒年不详）

永乐宫迁建委员会材料供应组组长。

1.4 技术顾问

1.4.1 顾铁符[1]（1908~1990）

1963 年 4 月被邀请到永乐宫现场，和潘絜兹、陆鸿年一起对壁画加固、修复、安装工作进行鉴定和指导。

著名考古学家。江苏无锡人。早年从事教育工作，先后执教中山大学、中正大学。中华人民共和国成立后，任文化部文物局业务秘书。1958 年调故宫博物院工作，曾任工艺美术史部副主任，后专事研究，为故宫博物院研究员。曾任考古学会常务理事、文化部文物委员会委员、国家文物咨询委员。

长期从事文物古迹的野外考察工作，参加了山西侯马东周墓葬群的发掘和考察。对华中地区古文化特别是楚国文化研究较深。学术成就突出，尤其以楚文化的研究最为著名。著有《夕阳刍稿》《楚国民族述略》两部文集。撰有《试论长沙汉墓保存条件》《隋国·曾侯的奥秘》等论文。1960 年、1961 年顾铁符先生曾先后两次将文物 3 件捐献故宫博物院。1992 年家属遵其遗嘱将所收藏文物 8 件捐献故宫博物院。

顾铁符

1.4.2 滑田友[2]（1901~1986）

1959 年前往永乐宫现场时曾表示愿意接受悬塑复原方案的任务。

滑田友，原名滑廷友，字舜卿，擅长雕塑。1901 年 5 月 8 日生于江苏淮阴渔沟，中央美术学院教授。

1924 年江苏省立第六师范美术系，后回家乡任教，后到上海新华艺术专科学校学习绘画。1930~1932 年参加江苏甪直唐塑罗汉修复工作。1933 年考入巴黎高等美术学校。曾任中央美术学院教授、雕塑系主任，全国城市雕塑艺术委员会委员，中国美术家协会理事。

滑田友

---

[1] 信息来源于网络。

[2] 信息来源于网络。

2.1952~1966 年永乐宫研究及相关学术成果作者

2.1　崔斗辰 [1]（1893~1960）

1951 年 8 月，山西成立了省文物管理委员会，时任山西省文教厅副厅长的崔斗辰先生，兼任文管会主任 [2]。1951 年下半年，崔斗辰带队普查山西各地文物时，发现了永乐宫。

山西很多重要的古建筑都是在 1952~1954 年山西文物普查时发现的，其中也包括南禅寺，作为文管会主任的崔斗辰先生功不可没。王冶秋先生曾在其发表在 1962 年第 2 期《文物》的《晋南访古记》中这样评价崔斗辰先生：“可惜这位老先生后来在五台普查文物时，坠马中风，养病多年，终于故去。他对山西的文物工作是有功绩的，令人永远怀念。”

崔斗辰先生在 20 世纪 50 年代对山西文物工作贡献很大，1952 年第 1 期《文物参考资料》发表《山西省各地文物古迹勘察报告》《临汾运城两专署七县的文物勘察》《离石县文物勘察》等均出自崔斗辰之手。

2.2　陈明达 [3]（1914~1997）

陈明达先生是第一位将永乐宫的基本情况公之于众的人。他根据北京文物整理委员会 1952 年 11 月至 1953 年 11 月的永乐宫调查笔记，以及作为 1954 年文物局派往山西古建筑考察组成员所收集的资料，执笔写成“永乐宫”发表在 1954 年第 11 期《文物参考资料》的《两年来山西发现的古建筑》一文中。

陈明达先生 1932 年经莫宗江介绍到中国营造学社工作，任刘敦桢先生的助手，1935 年提升为研究生。1940 年，跟随梁思成、刘敦桢两位先生考察西南地区 40 余县的古建筑。1942 年参加彭山崖墓发掘工作，1953 年到文化部文物局任工程师，1960 年调文物出版社任编审，1971 年调建筑科学研究院历史理论研究所任研究员至 1987 年离休。他的主要著作有《应县木塔》《营造法式大木作研究》《中国古代结构建筑技术》《陈明达建筑与雕塑史论》。

陈明达

2.3　王世仁 [4]（1934~）

王世仁先生 1956 年跟随赵正之和宿白两位先生调研永乐宫后，写成《永乐宫的建筑与壁画》发表在 1956 年第 9 期《文物参考资料》上。

王世仁，原籍山西省大同市，1955 年毕业于清华大学建筑系，从事建筑历史、建筑美学和文物建筑保护工作。曾任北京市古代建筑研究所所长，研究员，国家一级注册建筑师。

王世仁

[1] 信息来源于网络及已出版文献。

[2] 1952 年第一期《文物参考资料》，《山西省 1951 年文物古迹工作总结》。

[3] 部分信息来源于网络。

[4] 信息来源于网络。

2.4 王世襄[1]（1914.5.25~2009.11.28）

王世襄

王世襄先生发表在1957年第3期《文物参考资料》上的《记修复壁画的"脱胎换骨法"》对永乐宫壁画修复有很重要的参考作用。王世襄先生1962年调入文物博物馆研究所（中国文化遗产研究院前身）后，又在1963年第8期《文物》上发表了《纯阳殿、重阳殿的壁画》，并担任了发表在该期的《永乐宫壁画题记录文》的校对工作。

王世襄，字畅安，原籍福建福州，生于北京。

王世襄先生1938年获燕京大学文学院国文系学士学位，1941年获燕京大学文学院硕士学位，1943年11月至1945年8月任中国营造学社助理研究员，1945年10月至1946年10月担任伪教育部清理战时文物损失委员会平津区助理代表，1946年12月至1947年2月派往日本清理文物，1947年3月至1952年2月任故宫博物院古物馆科长，1948年6月至1949年7月被故宫派往美国加拿大参观博物馆，1953年9月至1962年9月中国音乐研究所副研究员，1962年10月任文物博物馆研究所、文物保护科学技术研究所副研究员，1980年11月任中国文物研究所研究员，1994年退休。

王世襄1994年7月被聘任为中央文史研究馆馆员，是国家文物鉴定委员会委员，九三学社成员，第六、七届全国政协委员。是著名文物专家、学者、文物鉴赏家、收藏家，享受国务院特殊津贴。

王世襄的著作颇多，主要有：《中国古代音乐书目》、《广陵散》（说明部分）、《画学汇编》、《清代匠作则例汇编·佛作·门神作》、《竹刻艺术》、《竹刻鉴赏》、《髹饰录解说》、《明式家具珍赏》（并有英、法、德文本）、《中国古代漆器》（并有英文本）、《中国美术全集·竹木牙角器》（与朱家溍合编）、《中国美术全集·漆器》、《明式家具研究》（并有英文本）、《北京鸽哨》、《竹刻》、《蟋蟀谱集成》、《说葫芦》（中英双文本）、《美国中国古典家具博物馆精品选》（中英文本。英文本，与Curtis Evarts合编）、《锦灰堆——王世襄自选集》（包括历年撰写的文章一百多篇，彩色、黑白图数百幅）、《明代鸽经清宫鸽谱》、《明式家具萃珍》（上海人民出版社出版，王世襄编著、袁荃猷绘图）等。

2.5 傅熹年[2]（1933.1~ ）

傅熹年

1957年第3期《文物参考资料》上发表了傅熹年先生撰写的《永乐宫壁画》一文。

傅熹年，祖籍四川省江安县，生于北京，中国工程院院士（1994年）、建筑历史学家、中国建筑技术研究院建筑历史研究所高级建筑师。

傅熹年1955年毕业于清华大学建筑系；1958~1970年在中华人民共和国建筑工程部建筑科学研究院建筑理论与历史研究室（北京）工作；1970年至1975年在中华人民共和国国家建设委员会第七工程局第五工程公司（甘肃天水）工作；1975年至1983年在中华人民共和国国家建设委员会建筑科学研究院建筑情报研究所建筑历史研究室工作，担任技术员；1983年至2000年在中华人民共和国城乡建设部中国建筑技术研究院建筑历史研究所工作，担任高级建筑师；1994年当选

---

[1] 资料大部分来源于中国文化遗产研究院，部分来源于网络。

[2] 信息来源于网络。

为中国工程院院士；2003 年被聘任为中央文史研究馆馆员。

傅熹年先生发表论文近 50 篇，编为《傅熹年建筑史论文集》，完成了五卷本《中国古代建筑史》的第二卷《三国两晋南北朝隋唐五代建筑史》《中国古代城市规划、建筑群布局和建筑设计方法研究》《中国科学技术史·建筑卷》《社会人文因素对中国古代建筑形成和发展的影响》《中国古代建筑工程管理和建筑等级制度研究》等专著，其中四项获建设部华夏科技特等奖。

2.6　郑振铎 [1]（ 1898.12.19~1958.10.17 ）

郑振铎

1958 年出版的《永乐宫壁画选集》中，郑振铎先生撰写了"序"，认定了永乐宫壁画的价值。

郑振铎，字西谛，出生于浙江温州，原籍福建长乐。中国现代杰出的爱国主义者和社会活动家、作家、诗人、学者、文学评论家、文学史家、翻译家、艺术史家，也是著名的收藏家、训诂学家。

1919 年参加五四运动并开始发表作品。1932 年，他的《插图本中国文学史》出版。1949 年任全国文联福利部部长，全国文协研究部长，人民政协文教组长，中央文化部文物局局长，民间文学研究室副主任，中国科学院考古研究所所长，文化部副部长。全国政协委员，全国文联全委、主席团委员，全国文协常委，中国作家协会理事。1952 年加入中国作家协会。1957 年，他编集出版了《中国文学研究》三册。

1958 年 10 月 17 日，因飞机突然失事遇难殉职，享年 60 岁。

2.7　解希恭（ 生卒年不详 ）

解希恭先生是发表在 1960 年第 8 期《考古》上的《山西芮城永乐宫新址墓葬清理简报》的执笔人，时为山西省考古所工作人员。

2.8　李奉山（ 生卒年不详 ）

李奉山先生是发表在 1960 年第 8 期《考古》上的《山西芮城永乐宫旧址宋德方、潘德冲和"吕祖"墓发掘简报》的执笔人，时为山西省考古所工作人员。

2.9　徐苹芳 [2]（ 1930.10.4~2011.5.22 ）

徐苹芳

徐苹芳先生是发表在 1960 年第 8 期《考古》上的《关于宋德方和潘德冲墓的问题》一文的作者。

徐苹芳，山东招远人，生于济南。1955 年北京大学历史系考古专业毕业后，任南开大学历史系助教，1956 年调中国科学院考古研究所。1985 年后，徐苹芳任中国社会科学院考古研究所研究员、副所长、所长。北京大学文博学院兼职教授、博士生导师，全国哲学社会科学规划组考古学组长，全国古籍整理出版规划小组成员，国家文物局考古专家组成员，全国历史文化名城保护专家委员会委员，北京市文物保护委员会委员，中国考古学会理事长，《燕京学报》副主编等职。曾任全国政协第七、八届委员。

---

[1] 信息来源于网络。

[2] 信息来源于网络。

2.10 王冶秋 [1]（1909.1.2~1987.10.5）

王冶秋

永乐宫迁建工程期间，时任中央文化部文物局局长，关于永乐宫的重要文件均有王冶秋先生的签批。1962 年第 2 期《文物》上，王冶秋先生发表的《晋南访古记》中有对永乐宫迁建至新址后的描述。

王冶秋，又名野秋。安徽霍邱人。1924 年加入中国社会主义青年团。曾任共青团北京市委秘书、霍邱县委书记。1932 年参加左联。1941 年加入中国共产党。后在冯玉祥处任教员兼秘书。1947 年后任北方大学、华北大学研究员。中华人民共和国成立后，历任文化部文物局副局长、局长，国家文物局局长、顾问。是中共十一大代表，第三至五届全国人大代表，第四、五届全国人大常委。著有《民元前的鲁迅先生》《琉璃厂史话》等。

王冶秋是中华人民共和国文物博物馆事业的主要开拓者和奠基人之一。20 世纪 60 年代任文化部文物局局长，主持研究和选定了第一批全国重点文物保护单位，筹建中国历史博物馆和中国革命博物馆，创办文物出版社，注重文物博物馆研究和人才培养，为建立中华人民共和国文物保护工作完整的科学体系，奠定了坚实基础。

2.11 宿白 [2]（1922.8.3~2018.2）

宿白

1953~1956 年，宿白先生是北京文物整理委员会顾问 [3]。1956 年和赵正之先生一起考察永乐宫，随后完成《永乐宫创建史料编年》和《永乐宫调查日记》，分别发表在 1962 年第 4、5 期和 1963 年第 8 期的《文物》上。1960 年 9 月，宿白先生向永乐宫迁建委员会提出"……据考证，原永乐宫故址现存的内围墙……不是原来面貌……"的建议，可见宿白先生在永乐宫迁建工程期间对永乐宫研究工作的持续跟进。

宿白，辽宁沈阳人，著名考古学家、北京大学教授，1944 年毕业于北京大学史学系，1948 年北京大学文科研究所研究生肄业，同年任职于该所考古学研究室，兼北京大学图书馆编目员。1952 年任北京大学历史系考古教研室副主任，1978 年任北京大学历史系教授，1981 年任博士生导师，1983 年任北京大学考古系主任。曾任北京大学学术委员、国务院学位委员会历史学科评议组成员、中国社会科学院考古研究所学术委员、中国考古学会名誉理事长、文化部国家文物委员会委员、全国历史文化名城保护专家委员会委员、首都规划建设委员会专家、获北京大学第三届蔡元培奖、首届中国考古大会终身成就奖。

宿白先生著有《白沙宋墓》《中国石窟寺研究》《藏传佛教寺院考古》《唐宋时期的雕版印刷》《魏晋南北朝唐宋考古文稿辑丛》等著作。其中《白沙宋墓》是中华人民共和国成立后最早出版的考古报告之一，被学界奉为圭臬。

---

[1] 信息来源于网络。

[2] 信息来源于网络及相关出版物。

[3] 信息来源于 2005 年 11 月文物出版社出版的《中国文物研究所七十年（1935~2005）》。

2.12 王逊 [1]（1915~1969）

王逊先生是发表在 1963 年第 8 期《文物》上的《永乐宫三清殿壁画题材试探》的作者，对永乐宫壁画绘制的内容、题材及人物研究颇深。

王逊，山东莱阳人，中国著名美术史、美术理论家，中国现代高等美术史教育的开拓者和奠基人。毕业于清华大学哲学系，历任云南大学、西南联大、南开大学、清华大学、中央美术学院教授，兼任《美术》《美术研究》执行编委。曾亲自主持和参与了国徽设计、景泰蓝设计、永乐宫三清殿壁画研究等重大课题。1957 年主持创建了中央美术学院美术史系，为美术史在中国发展成为独立学科做出了重要贡献。出版专著有《中国美术史》《北京皮影》等。

王逊

2.13 刘炳森 [2]（1937.8~2005.2.15）

刘炳森先生是 1963 年第 8 期《文物》上发表的《附录：永乐宫壁画题记》的记录者之一。

刘炳森，字树庵，号海村，幼年自号刘五先生。1962 年夏于北京艺术学院美术系中国画山水科本科毕业，同年秋至北京故宫博物院从事古代法书绘画的临摹复制和研究工作至今。曾任北京故宫博物院研究员、中国书法家协会副主席、中国文联副主席、中国佛教协会副会长、中国人民政治协商会议全国委员会常务委员、中国教育学会书法教育专业委员会理事长、中国书画函授大学特聘教授、日本白扇书道会顾问、日本书道研究会顾问、中日友好二十一世纪委员会委员等。其刘体隶书影响甚广。

刘炳森

2.14 叶喆民 [3]（1924~2018.1.2）

叶喆民先生是 1963 年第 8 期《文物》上发表的《附录：永乐宫壁画题记》的记录者之一。

叶喆民，字丹枫，1924 年生于北京，满族。北京大学文学院毕业，清华大学美术学院教授，北京文艺协会会员。曾受聘担任故宫博物院客座研究员、首都师范大学美术学院特聘教授、中国硅酸盐学会古陶瓷委员会顾问、中国古陶瓷学会顾问、北京中国书画研究社顾问等职务。

叶喆民

---

[1] 信息来源于网络。

[2] 信息来源于网络。

[3] 信息来源于网络。

3. 其他人物

3.1　赵正之 [1]（1906~1962）

1956 年，被中央文化部文物局邀请，和宿白先生赴永乐宫进行现场调研。

赵正之，字正之，祖籍河北乐亭，出生在辽宁黎树。1926~1929 年入东北大学化学系预备班，1929 年转入建筑系本科。"九一八"事变后逃亡北平。1931~1934 年在北平坛庙管理所任办事员，1932~1934 年参加反帝大同盟，加入中共地下党，被捕入狱，出狱后脱党。1934~1937 年到营造学社任绘图员，1935 年升研究生。1938~1939 年在大中工程公司工作，1939~1940 年任伪工务总署技士，1940~1945 年任北京大学工学院讲师，1945~1946 年兼任北平文物整理委员会试用技正，1946~1947 年任北洋大学北平部教授，1947~1952 年任北京大学工学院教授，1952~1962 年任清华大学建筑系教授。

赵正之

3.2　陈滋德 [2]（1917~1993）

陈滋德先生在永乐宫迁建工程期间，时任中央文化部文物管理局文物处处长，呈报文化部文物管理局的关于永乐宫迁建工程的文件几乎都是他签核的。

陈滋德同志，江苏省苏州市人，1937 年 4 月参加中华民族解放先锋队，1939 年 11 月加入中国共产党。陈滋德在抗日战争、解放战争期间，直到新中国成立时期，长期从事文化宣传教育工作。1954 年后，任中央文化部文物局、国家文物局文物处处长，对我国文物事业倾注了全部心血，做出了重要的贡献。

3.3　杨鸿勋 [3]（1931.12~2016.4.17）

1956 年，刚从清华建筑系毕业的杨鸿勋和王世仁作为调研助手被梁思成先生派给赵正之和宿白先生前往永乐宫参加现场调研和测绘。

杨鸿勋，河北蠡县人。1955 年毕业于清华大学建筑学系。毕业后组织分配到中国科学院，担任学部委员梁思成的助手及以梁思成为主任的建筑理论与历史研究室秘书；该室改属建筑工程部建筑科学研究院后，任园林研究组组长。是著名的建筑史学家、建筑考古学家、中国建筑学会建筑史学分会原理事长、俄罗斯建筑遗产科学院院士。

陈滋德

杨鸿勋先生著有《建筑考古学论文集》《中国园林艺术研究——江南园林论》*THE CLASSICAL GARDENS OF CHINA——HISTORY AND DESIGN TECHNIQUES*《宫殿考古通论》等。

杨鸿勋

---

[1] 资料来源于 2005 年 11 月文物出版社出版《中国文物研究所七十年 1935~2005》。

[2] 资料来源于 1993 年 2 月 28 日《中国文物报》。

[3] 信息来自网络。

3.4　李竹君（1930.12.3~2014.4.8）

李竹君

李竹君先生参加了 1952~1953 年永乐宫第一次调查的壁画题记记录工作，以及 1963 年之后的永乐宫彩画复原设计讨论。

李竹君，山西大同人，1952~1953 年参加北京市文物整理委员会第一届古建实习班学习，1953 年 6 月起在北京文物整理委员会工程组工作直至退休。

李竹君先生主要保护实践：浙江金华天宁寺大殿、湖北当阳玉泉寺、湖南岳阳楼、福建华林寺大殿等维修项目的方案设计；北京护国寺金刚殿、正定隆兴寺、蒙古人民共和国乌兰巴托夏宫和兴仁寺、宁波报国寺、当阳关陵、应县木塔等项目的施工指导。

学术成果：与杜仙洲等同志合写的《晋东南潞安、平顺、高平和晋城四县的古建筑》发表于 1958 年 3、4 期《文物》，《侗族人民的屋桥》《玉泉寺铁塔》《琉璃》发表于 1959 年《北京晚报》，《金殿》发表于 1959 年 7 期《文物》，《介绍蒙古人民共和国的几处历史建筑》《清水塘》发表于《古建通讯》（内部刊物）和《历史建筑》，《化学材料在木构古建筑维修工程中的应用》发表于 1985 年河南内刊《古代建筑保护》，参与 1986 年出版的张驭寰主编《中国古代建筑技术史》的第九节"木装修"的编写、参与 1984 年出版的《中国大百科全书》中的"玉泉寺铁塔""武当山金殿""芮城五龙庙大殿""平顺大云院大殿""平顺天台庵大殿"等词条编写。

3.5　周俊贤（生卒年不详）

周俊贤

周俊贤先生参加了 1952~1953 年永乐宫第一次调查工作。

周俊贤先生是山西省派往北京文物整理委员会第一期古建实习班（1952 年 10 月~1953 年 12 月）的学员。在文整会期间跟随祁英涛、陈继宗、律鸿年等先生参与了故宫隆宗门（1952 年）、养心殿（1953 年）、净土寺（1961 年）等古建筑修缮项目。

3.6　康秋全（生卒年不详）

康秋全先生参加了 1952~1953 年永乐宫第一次调查工作，主要负责永乐宫内碑刻内容的记录。时为山西大学历史系教师[1]。

---

[1] 在 1952~1953 年的调查笔记中显示，康秋全先生来自山西大学历史系。2019 年经挂职于山西大学副校长杭侃先生确认，康秋全是山西大学历史系教授，已去世。

第六部分
回忆录

梁超先生访谈录

时间：2009 年 8 月

记录者：付清远、杨新

永乐宫迁建工程第一主持人：祁英涛；第二主持人：陈继宗。

1957 年杜工（杜仙洲）带着彩画的人：王仲杰、金荣、陈长龄、吕俊岭，搞彩画（临摹）。

1958 年，祁英涛带队开始搞建筑了，主要参加人有：王真、崔淑珍、秦秀云、王仲杰、李惠岩（张智的夫人，干校回来就到了荣宝斋）、赵仲华（去世了）、秦秀云（后来不知去向）。

1958 年 11 月，下放到唐山劳动锻炼之后，我、张智、贾瑞广去山西换李惠岩、秦秀云、崔淑珍、王仲杰，我们到达永乐宫的时候，现场还有祁英涛、陈继宗、王真、汪德庆。

祁英涛主要是负责研究壁画揭取；陈继宗负责建筑，陈继宗草图勾画能力极强，极准。

我们都住在旁边的吕公祠，自己带行李，请了当地的老乡做饭，主要吃窝头。

后来何云祥（何凤兰的爸爸）去了永乐宫现场。他是搞施工的，但因为年龄大了，下工地少，但他会时常想办法给大家打打牙祭。

1958 年 11 月开始画图，一直画到 1959 年的国庆节，基本上是画了一年的图（去永乐宫前劳动了一年，回北京只待了 13 天，然后又去了永乐宫待了一年）。1958 年和 1959 年两个春节都是在永乐宫度过的。

画图时，角梁的后尾画的草图比较模糊，所以我到三清殿现场去补测，赵仲华跟我一起去，因为上面很黑，手电也不是很好使，我走在后面，差一点从天花上掉下来。距地面七八米时，骑在了井口梁上才没有掉下去。

那时候生活很艰苦，蝎子很多，有一天，我觉得褥子底下老响，不知道是什么，结果一打开，发现一堆蝎子。

1958 年冬天，姜怀英也去了永乐宫，他和赵仲华主要跟祁工搞壁画。

第二年，我和他们画完图，也跟着祁工一起搞壁画。比如，先把壁画除尘，实际上就是用折叠了几层的小毛巾来回蘸，把壁画上的灰尘蘸掉，然后开始糊墙缝，先罩上一层胶矾水，然后哪儿裂了，就用高丽纸贴上去，再贴上布，之后用裁缝用的粉块画线分块。

1959 年开始施工，首先在芮城新址建好了工棚，然后把揭取的壁画运过去放在工棚里，之后再搞建筑。

1959 年国庆节我和姜怀英回北京，但姜怀英不久又去了，并参加了建筑的拆迁工作，我回北京的时候，壁画已经揭取完毕，共揭取了四个殿座的壁画：龙虎殿、三清殿、纯阳殿、重阳殿。

1959 年冬天，开始实验揭取工作，祁工设计工具：铁活、木板、棉垫子等。这时李惠岩、黎辉（原古建所办公室）二进宫，也去了永乐宫。壁画揭取时，用了当地的工人，当地主要负责人是山西省文管会的处长，叫王孚。柴泽俊主要是管理工人。这时候因经费已到位，大家的伙食也改善一些了。

永乐宫建筑搬迁正式开始是在 1959 年 11 月，在旧宫正式落架，当时路也不好，有些路就是为了搬迁而新开的，加上复建，一直到 1964 年，主体建筑基本完成。

永乐宫迁建工程

王　真

　　1958年夏运动基本结束，全国掀起"大跃进"的形势，我所也不例外，业务扩大了增加了，我也从运动办公室回到了工程组，经大家讨论工程的分工，由工程师杜工（杜仙洲）带一批人去福建、广东各地搞勘察，余鸣谦工程师带杨烈等人去敦煌，律鸿年去曲阜孔庙，余下两个大工程——永乐宫搬迁及承德普宁寺维修，开始祁工叫我去承德，后来因工作需要派王汝惠去承德，让我去了永乐宫，我想只要搞工程到哪里都成，分配好工作都各自去做准备。

图6-1　1958年永乐宫搬迁前鸟瞰

　　永乐宫位于山西永济县，是一组元代重要的道教建筑群，共有五座建筑物——宫门、龙虎殿、三清殿、纯阳殿、重阳殿。除去宫门是清代的，其他均为元代建筑，在这四座殿内都有不同内容的元代精美壁画、彩画和泥塑等艺术品。因其位于黄河岸边的永乐镇是三门峡水库的淹没区，故政府决定将其整体搬迁，所以我所承担了这项既伟大又艰巨的任务，因此去的人也多，除去祁工、陈技师（陈继宗）、我和新调来的赵仲华、崔淑贞、秦秀云，还有彩画室的王仲杰、李惠岩。另外还有党支部书记张思信和两名管理事务和材料的同志一起坐火车到山西太原，再转车到晋南风陵渡下火车，面临黄河我们又坐摆渡到河北岸。大家沿着河边，边走边看郁郁葱葱的绿竹颇像江南景色，穿过竹林小溪，又是一片火红的石榴花，在北京只看到盆栽石榴，而这里的石榴都是大棵的树木，家里家外比比皆是，真是一景，此外就是柿树成行，绿油油的叶子挂着浅绿的果实，也很美。我们欣赏着景色不知不觉就到了永乐宫门前，祁工上前叫门，开门的是位老者，祁工说明来意，老者自我介绍说他是这里负责人姓付，大家随着他进了宫门，又是一片景色，窄长的一条卵石甬路两旁靠墙边是一排大杨树，杨树下面是翠竹、紫荆花，翠竹前面是一片片鲜花，有月季、蔷薇、西番莲、鸡冠花、凤仙花、万寿菊等各色花朵争芳斗艳，路边还有矮矮的松柏，大家都很惊讶，简直如入仙境，祁工称赞付老是花翁，我们都很佩服他。甬道尽头呈现出一座地基很高的大殿，前面是礓磋坡道面阔三间歇山（侧看上三角，下梯形）琉璃瓦顶，大家从坡道走进去，付老说：这座龙虎殿曾经做过戏台，所以前后装修都没有了，仅存墙上的壁画，我们看到两边画的有城隍土地爷等神像，栩栩如生。从大殿出来又是一段甬路，两旁长了很多荒草，甬路前端就是三清殿。这是最大的一座殿，可是付老却在甬路中段拐弯向西走去，其实宫墙是一个长方形的夯土墙，在西面开了一个小门，他带我们进了这小门又是一条小甬路，两边种了很多大丽花和月季，过了这条小夹道付老说这是吕公祠，荒了很多年了。这个长方形的院子也是坐北朝南的方向，正面是祠堂，旁边尚有一间北房，东西两面各有一排房间约三四间房，付老说这就是我们住的宿舍了，祁工说谢谢你，我们自己安排吧，回头和张思信商量安排住处和吃饭问题。我站在东面房檐下看到每间房都是两扇木板门，里边靠南北墙有两个用板凳搭的木板铺，靠东墙放着一个小木桌，这就是每间房的家当，这时祁工召集大家开会分了房间，由老张负责筹备锅碗瓢盆做饭问题，何云祥协助，汪德庆联系找杉篙搭各殿脚手架，大家把自己的行李安放好，再一起动手打扫院落，确实院中的蒿草有一人高，我说还是先打扫院子吧，祁工说也行，于是大家干起来，没用多少时间就整妤了院落，南边是祠堂大门，我们打开往外一看，原来外面是一个空旷的大院，可能是场院，院北头有一大间很简陋的房屋，是小学的一个教室又是学生的宿舍，寥寥无几的学生手里拿着自带的干粮，看起来这里的学生生活都很贫困，我们从这个门走出去，就是永乐镇的街道，这是唯一的一条不太长也不太宽的东西向的马路，永乐宫居中分为东街、西街，两边有几家铺户也有居住的人家，感到很萧条，我们这一去可沸腾了，都出来看啦。交头接耳，都说我们是吕祖派下来的天兵天将，帮他搬家来了，祁工说看来我们还有宣传保护文物古迹的任务，要叫这里的老乡们认识到永乐宫的史艺价值才行，不能有迷信色彩，王真你们抽时间要到老乡家里做宣传啊，你们女同志适合做这样的工作，我说好吧。大家走到一个饭铺卖沙子饼，把生面饼埋在热沙里一会儿就熟一张，我们感到很新鲜，就以饼代饭，大家吃得很香，饭后我们站在宫门前往南眺望，不远处就是横亘东南的黄河，祁工说以后有时间再去河边，现在回去休息，明天就开工。次日一早大家先出宫门顺着西边夯土的宫墙穿过麦地到宫后小山上，锻炼身体，看到山坡上有两棵古松相距不远，上面的树杈搭在一起，远看果然像一座门，难怪当地百姓称它是峨嵋山上的南天门（图6-3），我们爬的这座土山叫小峨嵋山，大家在山上伸伸胳膊踢踢腿，还可以看到永乐宫的整体，几座大殿矗立在松林之中，露着黄绿相间的琉璃瓦顶，在初升的太阳光照耀下显得既壮观又美丽，联想到这样美好的有史艺价值的建筑物如不搬迁就会被三门峡水库淹没太可惜了，真成了历史的罪人了。我默默地欣赏眼前的美景，忽然听到祁工招呼大家赶快回去，晚上收工再来。我们又沿宫墙往回走，不远处看到一棵很粗很壮的白果树（我们还在白果树前面的麦田里照了一张合影），这就是老百姓传说的吕洞宾出家前和妻子合栽的连理银杏树，我发现树后夯土墙有一裂缝，侧身可以进去，我招呼大家从这里进去可近多了，这裂缝正对着后面的重阳殿，我们走进殿里看到的壁画，就像连环画讲故事一样，从王重阳（中国道教全真派的创始人）出生到他出家的传奇故事，他看到死去的坏人在阴间受刀锯、油炸等刑罚，而使他悟道。祁工说真不简单，元代就有连环画了，咱们再到纯阳殿看看，于是大家又走进纯阳殿，看到的画面和重阳殿一样，这是吕洞宾从出生到成仙的连环画。除去他的神游显化图外尚有八仙过海图，最醒目的是后墙画的汉钟离和吕洞宾盘腿相对而坐，一个在说法 一个在聆听，这幅画很逼真，很神似，祁工说这是钟离权度吕洞宾图，珍贵，我们一定要截好，否则我们就是挨骂的千古罪人了，我真感到这个任务太重太难了，跟着祁工出了纯阳殿从外面看，它和重阳殿一样都是面阔五间，进深三间，歇山顶，前面明次间和后面明间都是隔扇门，其余都是土墙壁画，我们通过甬路来到三清殿，从后门进去看到这座大殿，是面阔七间，进深四间，前檐中央五间及后面明间均为隔扇门，其余为墙，北中三间神坛供奉着原始天尊、灵宝天尊、太上老君的三清塑像，墙上壁画是有名的众仙朝元图，有男有女大小神仙神情各异，大约也有百十来个神仙，所绘人物高于真人，整体壁画高达 4 米多、宽 90 多米，画工细腻，用色和谐描绘精美，气势磅礴，真是极为罕见，真可谓是中华艺术之瑰宝。我们从前门出来再看其殿外，飞檐凌空，斗栱重叠交错，瓦顶系单檐庑殿顶覆盖着黄绿黑三种颜色的琉璃瓦，奇异的吻兽闪着红黄各异的光彩，这是我首次见到的最精美的壁画和建筑群了。我们回到吕公祠吃完早点后，就开始分工操作了，我的第一项任务就是测量总平面，利用平板仪确定方向，以标杆水准仪定位，测绘地形。我们大都是边学边干，在实践中学习，一天下来感到很累，还不错有党支部书记老张给我们做饭，他是山西平遥人，会做面条，大家吃得很高兴，饭后我们又去小峨嵋山，有坐着的，有蹲着的，站着的，嘻嘻哈哈一起说笑，我坐在最高处，瞭望远景，北面一条山脉是太行山郁郁葱葱，再向西南看去，这时已夕阳西下一片红云，映照着南面的黄河，滚滚的金色波浪，小船扬帆，美丽无比，大家欣赏美景忘却疲劳，天色已晚，我们顺着麦田的小路回到宫里，自此为赶时间大家忙于工作，分头勾画草图，大殿的平、立、断面，以及斗栱的平、立、断面，有些不用上高的，就边画边测量，杉篙搭起脚手架以后我们就开始测量斗栱梁架，檐头角梁，最难测的是天花板内的梁架，百年的顶板是否糟朽这是我担心的问题，其实还有一些需要注意的，如祁工不提醒，我根本想不到的，当我正要打开天花板时，祁工说先用棍子或木板拍打拍打再开板，我问为什么？他说年数多了里面可能有鸽子长虫蝙蝠什么的，先把它们惊跑再进去，里面很黑，拿好手电筒，他又沉吟了一下说你和小赵都是头一次，还是叫老陈（技师）带你们进去吧。记住在里面一定要踩到井字枋，可不能踩天花板，要掉下来可不是玩的。我站在架子上对陈老师说让我先钻进去吧，我心里想我可不能示弱，胆小怕事就不是我王真了，于是拍拍天花板小心地把板移开，按着天花的井字木框往上窜，好像玩双杠一样先用两臂支撑身体窜上去再往里爬，用手电照着看看四周，里面空间很大，隐约地看见梁架，我和小赵测量好尺寸，陈老师叫我把梁架照下来，画图时可以参照，我拿出相机照相，那时相机简陋没有闪光灯，就是拉长时间，照完相才爬出来，回到宿舍把窗户挡好做个简陋暗室，再把照好的胶卷用显像液冲洗，晾干，次日早拿起来一看，糟糕，全卷都坏了，黑乎乎看不到梁架，只看到一些曲折的波纹，我叫陈老师看这奇怪的波纹，他问我是不是用手托着相机照的，我说是啊！他告诉我在没有三脚架的情况下时间长就要屏着呼吸或是把相机放在一个适当的地方拍照才行，这胶片上全是你的呼吸心跳了，哦，原来是这样啊，谢谢老师。我拿起相机装上胶卷跑到三清殿爬上架子，钻进天花板重新拍照，回来马上冲洗，看了一下还可以，不尽欣慰。

不久中央美术学院的几位教授带领高班同学来永乐宫临摹壁画，那就更热闹了，吕公祠住得满满的，大家研究吃饭问题，结果是由同学推选他们其中两位同学负责伙食，大家出钱和粮票请当地老乡做饭，这帮同学除去跟老师临摹壁画时显得老实，一离开老师就闹翻了天互相打闹，因此我们也不闷了，教授里有一位女的和我住在一起，她是很有名的水彩画家肖淑芳，休息时我们有时出去

图 6-2 中央新闻纪录电影制片厂《永乐宫》纪录片

图 6-3 1959 年 4 月古代建筑修整所永乐宫项目组成员拍摄于永乐宫西墙外麦田里，背景为峨嵋岭上"南天门"。后排左起：陈继宗、祁英涛、何云祥、王真、梁超、黎辉、李惠岩。前排左起：张智、赵仲华、贾瑞广、杨烈、王仲杰、姜怀英、金荣。

图 6-4 峨嵋岭上留影

图 6-5 连理银杏树前留影

图 6-6 峨嵋岭上留影

图 6-7 彩霞村边留影

图6-8 项目组里的女同志合影

图6-9 纪录片中王真（右）在测量翼角

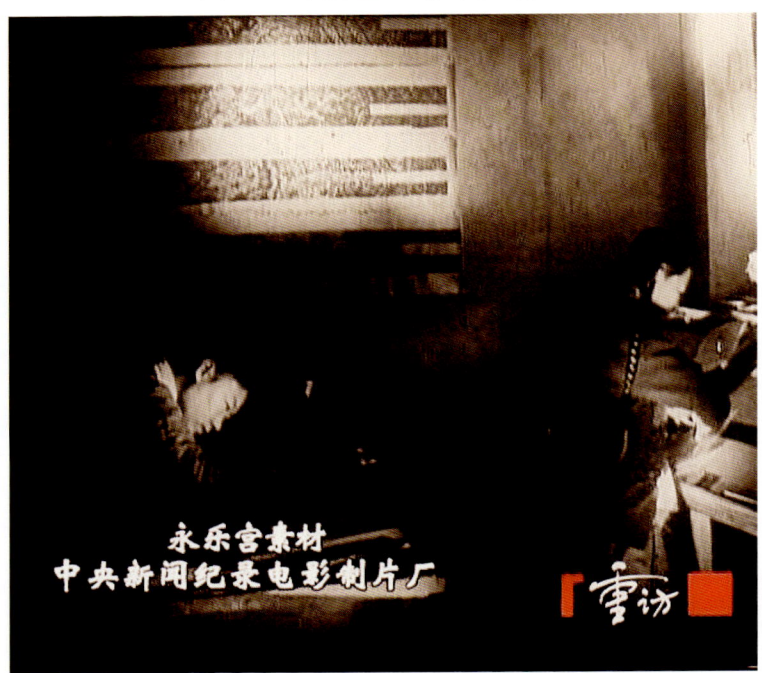

图6-10 纪录片中王真（左）和李惠岩（右）在画图

图6-11 王真（右二）和李惠岩（左二）与前来永乐宫演出的蒲剧演员合影

图6-12 拉钢丝绳的绞磨机（远处木梯旁站立者是王真）

图6-13 壁画除尘（桌前站立者是王真）

图 6-14　1961 年夏拍摄于永乐宫新址招待所　　图 6-15　1960 年拍摄于三门峡水库　　图 6-16　拍摄于永乐宫新址
放水时的永乐宫旧址

散步有时在室内聊天，她很佩服我的胆量，她看我测量瓦顶的大脊吻兽时，从简单的脚手架就爬上琉璃瓦顶，问我害怕不？一天爬上爬下真是又苦又累，我说胆量是练出来的，你们临摹也是要爬架子的，为了各自的工作都是很辛苦的。那时正是 1958 年 9 月大炼钢铁之际，我党号召为 1070 万吨钢铁奋斗大搞人海战术，个个行业都要停车让路，全国各地男女老幼齐上阵，不分昼夜都在烧炉炼钢，在永乐镇也不例外，农民都去炼钢，成熟的棉花都没人收，雪白的棉花团掉在地里看着真心疼，同学们提议白天工作黑天摘棉花，大家同意，那些教授也都参加夜战，有唱歌的有唱戏的，干到一两点钟谁也不觉累，一连干了几天才摘完。

那时已进入深秋季节，大家为了与三门峡水库工程争取时间，干劲十足，早上工晚收工甚至夜战，祁工带我们在后殿没有壁画且不显眼的土墙上进行截取壁画的试验，用片锯割下土墙，发现在拉锯时墙面不断发生裂纹和土块掉下，大家反复试验研究，结果是墙面必须加固，截取时还必须制作几种工具，这时祁工说要回京到实验室研究加固方法，再找模型室做出几种截取的工具模型，还要到其他有关单位取取经，叫赵仲华和他同行，其他同志要加速画图，年底必须要完成所有图纸。因此我们留下的同志昼夜画图，结构不清楚或量的尺寸不对的地方，白天爬架重新画图测量，晚饭后点起汽灯（那时还没有电灯）画图。

我们的工程惊动了中央新闻电影制片厂，派来新闻摄影师姚新德来宫里拍照，在办公室里给我们拍下绘图的情景，我正在脚手架上测量仔角梁时，他一面录像一面称赞我真大胆。我们那时很辛苦，工作紧张生活上还吃不上粮食，美院的学生吃得多且计划不周，不到月底粮票用完了，只好每天用白薯充饥。陈老师叫怀孕的崔、秦两位同志回北京，其余同志坚持工作。不到年底，美院的临摹壁画任务完成，在他们临别时几位有名的教授都为我画了几幅画，肖淑芳坐在我的床边一边和我说话一边把我桌上摆的花瓶画下来，所谓花瓶其实是我买的当地购醋的小黑葫芦，每天插上几朵鲜艳的大丽花，被她用水彩画得鲜艳夺目，这是给我的最珍贵的礼物，临别时还偷偷给我留下一把剪刀和暖水袋，这是她认为我需要的东西，我很感谢她，不久我们的绘图工作也完成了。

1959~1960 年，这是我们截取壁画阶段，需要大量的人力物力，山西省文管会来了一位柴泽俊年轻力壮，他负责组织工人和后勤，从农村找来了工人，大部分是木工和壮工，山西文化局来了个主任王孚坐镇。那时我单位又调来新所长姜佩文和室主任黎辉（女），我在宫里只是听说，没想到这位主任带着不少同志也来永乐宫参加劳动，她也和我住在一起，她虽是女的但她的作风像男的，白天嘻嘻哈哈抢着干脏活累活，晚上倒在床上拿起酒瓶先喝几口酒，倒头便睡，你想和她说说话，她却打起呼噜来了，她是个老革命从部队转业下来的，所以为人直爽干起活儿来也雷厉风行。那时木工正在做截壁画的板床（宽1米、长2米），上面必须絮棉花，厚度大约有三四厘米，而后在上面糊上一层很细的白色拷贝纸，这个活儿就由她负责了，不管祁工叫她干什么，她都欣然答应，她带领几个同志每天都是认认真真地做此工作，一些技术人员就在大殿用矾水糯糊，刷糊裂缝，架上架下 大家忙得不亦乐乎，截壁画都要听祁工的指挥，按步骤先刷矾胶水再糊裂缝，第一道是拷贝纸，第二道是用五福布把裂缝粘牢然后放线，壁画面积很大必须画线分块，每块都像床板一样大，但为了取得壁画的完整也有大小之分，我们把各殿的壁画一一做完，祁工着重看着木工做锯架，陈老师找铁匠做各种铁活，男同志都投入做截取壁画的木架、木箱、放大样、设计尺寸等工作，我们女同志组成包装组，往做好的木箱里面放软垫。那时国家一穷二白，什么都要靠自己想办法，所以我们只能用土办法絮棉垫，包锯末包（把农村糊窗户的毛头纸裁成16~18厘米见方的小块纸里面包上锯末），大大小小放在箩筐里备用，因为截下的壁画和栱眼壁（斗栱之间的泥壁上也有元代画的各种人物）都要放在木箱里，以确保它的完整，在运往他地时不受磕碰、不受损害，所以上面必须盖上厚棉垫，所有缝隙都要用锯末包填空，不能有一丝松动，然后再把絮好棉花的木板盖好用铁卡加固，再用草绳捆牢，这就是包装组的任务。当准备工作基本完成，带轴承的片锯 ，拉钢丝绳的绞磨，方木做的升降机，经过试验基本成功，工人的培训也基本完成，只待实际操作。这时黎辉带着一批人也回了北京，我仍留在宫里，除去绘图照相外，就是哪里需要就到哪里去。那时工作很多，拆卸瓦顶琉璃瓦件的保护装卸和编号，以及各殿梁架构件的名称编号等等，记得1959年末王孚主任召开大会，要争取满堂红，新址修路盖房做地基，找运输车辆及押运人选，宫里的东西尽量运走。会后我说可惜那两棵百年大树移不走，大家都为之叹息（一棵是白果树相传是吕洞宾所种，另一棵是三清殿前的柏抱槐，柏树里面有一棵槐树，传说是吕洞宾夫妇），如被水淹没，太可惜了。为了纪念，我们在树下照相留影。随后大家在即将拆完的大门前合影留念，我自己也照了一张，留做纪念。

整个永乐宫旧址迁完后，三门峡水库也陆续放水旧址被水淹没，陈技师给我拍照留念（图6-16）。

从永乐宫到芮城相距三十里，都说路面不平，是九沟十八涧，我不太相信，直到1960年冬天我也参加押运构件，那是大槽子汽车，上面放好构件人再上去用手扶牢，车开得很慢，一会爬坡一会下涧，工人叫喊慢着慢着，再开慢点，寒风吹得脸上真如刀割，手脚冻得发僵，我只想赶快到达目的地，可是这些工人为了保护珍贵文物，一丝不苟认真负责，不顾寒冷，要求车开得越慢，车上的东西越稳越好。我确实感到工人的伟大。旧址搬迁基本完成我也随着到了新址，新址在进门的两边有东、西跨院已基本建成，特别是西院是招待我们的，所以最先建成，一进院是一个圆形花坛种着一些花草，南面西面北面都是窑洞式三间砖房，棂花格扇雕工细致，西房是我的办公室又是宿舍，北房是祁、陈二工，对面是会议室和彩画室，那时几个殿座的基础已经完成，正在搭建重阳殿，我负责照相，每搭一层梁架就照一次相，如何立柱，上梁要做记录，并在架上指导工人安装，直到恢复三清殿梁架。当时正赶上自然灾害没有粮食，县长要求我们瓜菜代粮，大家在房后种了很多南瓜和西红柿，用南瓜为主食西红柿当菜，吃得也不错，我抽空晾了很多南瓜干，做了柿饼，又买了一些大枣准备带回家，1962年夏永乐宫迁建工程完成一大半，仅剩壁画安装恢复工程了，摄影师老姚给我在工地拍了一张

照片。正巧调我回北京我可高兴极了，那时的人们只是一心一意做革命工作，家庭观念很淡薄，只休息一天，领导找我说有个紧急任务，要去大同云冈搞大兵团作战，所有技术助理员都去，纪思带队，我第一次见到新所长姜佩文，他很和蔼一直微笑着和我谈话，还问我有没有困难，我摇摇头欣然接受这个任务。

心往一处想　劲儿往一处使
——回忆永乐宫迁建工程二三事

贾瑞广

1958 年 1 月初，文化部及所属单位的一批干部，被下放到河北省丰润县农村劳动锻炼，其中我们古代建筑修整所有 12 名干部被分配到塘坊乡，和那里的贫下中农同吃、同住、同劳动。在劳动中加强思想改造，争做"又红又专"的干部。到 9 月底我们 12 名干部全部回到北京原单位。领导当即分配我出差去山西省永济县永乐宫，参加那里因三门峡水库建设将被淹没的永乐宫易地迁建工程。这项工程由我们古代建筑修整所负责技术指导。祁英涛工程师已经带领我们所的陈继宗、赵仲华、王真、汪德庆、何云祥、崔淑贞、秦秀云等同志在工地进行工作了。

"十一"国庆节后，我即带上准备过冬的衣物和行李脸盆等，同陈明达、余鸣谦两位老师，从北京出发，先在洛阳龙门石窟，协助陈工程师工作了两三天，我即和余鸣谦工程师前往永乐宫。在风陵渡下了火车，乘坐小木船渡过黄河达北岸，再步行到了永乐宫。山西省文物管理委员会的郎凤岐同志带我看了宫内中轴线上的宫门、龙虎殿、三清殿、纯阳殿和重阳殿，并简要介绍了建筑情况。

郎凤岐同志是 1954 年在北京古建测绘培训班的学员，我们在北京早已相识，他是山西五台县人，家乡口语很重，我听起来虽然觉得有些吃力，但还是了解到许多情况。对这处国内目前保存最早而又较完整的元代道教建筑和四座殿中绘满精美壁画，要完成易地搬迁复原工程，看来任务繁重。

一、临摹和测量绘图

中央美术学院的老师和一批高年级学生们，前来临摹壁画的工作已近尾声。我们古代建筑修整所彩画室的金荣、王仲杰、李惠岩等同志仍在继续临摹古建筑彩画。我们所工程组的王真、赵仲华、崔淑贞、秦秀云等同志在忙于古建筑的测量绘图工作，祁工即让我在这个组里。我的主要任务是参加三清殿的测绘。不久梁超、张智同志也由北京来到永乐宫参加到我们这个组和我们一起测绘。绘图任务重、工作量大、时间紧迫，只有晚上加班，因为没有电，大家只能在烧煤油的汽灯下一直工作到深夜。记得我曾绘制过三清殿的断面图，天花仰视图及屋顶的脊饰和鸱吻、风铎等图样。三清殿的鸱吻高大雄伟、润泽美观，这是在他处罕见的。三清殿的风铎也很独特，我请工人师傅帮我取下在殿西南角仔角梁上的一只。在室内画起来也比较方便。不久姜怀英同志也由北京来到工地和我们一起工作，我回北京后他仍然继续留在那里工作。

二、揭取壁画

揭取和复原壁画，是永乐宫迁建工程的重中之重，到 1959 年春天，我们的工作重点逐步转向揭取壁画阶段。这项工作我们国内从未做过，也曾请外国专家到永乐宫看过，但根据他们提出的要求和条件在当时我们无法实现。这项任务落在了我们古代建筑修整所，由祁英涛工程师负责。

祁英涛工程师和赵仲华同志在北京做过壁画在揭取前的加固保护小型试验。并取得了用漆片酒精和胶矾水等几个配方。先加固壁画表面，防止揭取时画面脱落，对于如何把壁画揭取下来，这必须到现场进行试验。

现场揭取试验，是由小到大，由简到繁，在小型揭取试验的基础上，逐步进入到揭取大块壁画的试验。工地上杉篙脚手架不够，我们干部同工人一起去黄河岸上把杉篙扛到工地上，男同志每人一根，女同志两人一根。办公室主任黎辉同志、杨烈等同志刚到永乐宫的第二天也同我们一起把杉篙运到工地上。我们和工人同志一起搭好脚手架，揭取大块壁画的试验，由祁英涛工程师和陈继宗老师亲自带队，赵仲华、贾瑞广、杨烈、张智、姜怀英、王仲杰等同志亲自动手锯截大幅壁画的试验。我们主要用自制的偏心轮手摇锯和滑轮及各种刀具相配合进行揭取。因为壁画所在位置不同、大小和形状不同等，许多工具和方法，都是在揭取中产生和改进的。如把一根较细的钢筋做成锯齿，揭取棋眼壁上的画，用起来就比较顺手。大家把它称为"孟氏锯"，因为这是孟繁兴同志想出来的。揭取时我们分成小组，每组5~6个人，其中有两三名工人，由干部负责担任组长。工人同志也在揭取中提出好的建议。祁工指定我当小组长，我们那个小组的农民工秦师傅、肖师傅在揭取三清殿次间南壁和东山墙壁画时，都曾提出过好的建议。

揭取下的壁画重量很大，要用滑轮（倒链）移动，需要几个男同志抬到包装小组去。这个小组主要由年老体弱者和女同志组成，如金荣先生、黎辉主任、王真、梁超、李惠岩等同志，他们承担壁画的包装和安全加固，他们在工作中也想出不少好的办法。工作中领导干部、技术人员和工人心往一处想，劲儿往一处使，揭取壁画工作得以顺利进行。

三、揭取下的壁画转运

揭取下的壁画包装好后，要运到芮城县的新址。两地相距20余公里。用一辆大卡车把壁画固定在车上保证安全。汽车在高低不平的土路上运行，必须保证壁画的安全。记得一次我和梁超、姜怀英、赵仲华、张智亲自把一辆装好壁画的汽车押送到芮城县的新址。一路上我们不能坐在壁画上，又没有座位，只能站在车边处，双手扶住车帮。汽车上下颠簸、左右摇晃，转弯时三两个人一会儿挤到一起，东倒西歪，加上尘土飞扬、喊声不断，哭笑不得。大声喊叫司机，慢些开，再慢些！最终还是平安到达芮城县永乐宫新址。

永乐宫新址选在县城西北方向的龙泉村附近，新址离县城约3公里，这里有山有水，树林苍翠，有始建于唐代的龙泉寺遗址，环境优美风景宜人。

四、我们的生活

我们住在永乐宫的西院内，东侧的厢房，每间只能住两个人，木板床，大板门因年久失修，大裂缝漏风，冬天大风时常把门吹开。屋内有一个小煤炉和一个小桌子。我同何云祥住在同一间，他年龄比我大许多，晚上躺到床上即在鼾声中进入梦乡。杨烈同志到永乐宫后即同梁超夫妻俩住到宫门西侧的一间小平房中。我们吃饭和干部工人同志一个伙食团，没有饭厅，只能自己打饭找地方去吃。晋南人喜欢吃酸馒头，我们称它为"酸馍"。很少吃米饭，蔬菜也很少，主要是土豆、萝卜、白菜和当地的酸菜。偶尔多吃几块猪肉，就算是改善生活了。

揭取壁画期间，我们晚上很少再加班了。有时学校操场上放映电影，大家也可以去看。春节期间，地方剧团在镇上连续演唱了三四天地方戏，如山西梆子、蒲州梆子等，广场上有戏台，台下除观众以外，四周还有临时卖农产品及农民自制的手工产品，还有临时搭起的小饭铺。记得我和赵仲华、张智每人用 0.35 元买了一大盘肉丝炒饼和一碗酸辣汤，美餐了一顿，也算解解馋吧！休息时，我们经常去的地方在永乐宫后身之北的一座黄土高坡上。那里有两棵松柏树，自然形成一座拱券形"宫门"，也是当地的地标一景。我们站在黄土高坡上，俯瞰着面前即将拆迁走的永乐宫建筑群，另有一种心情。

永乐宫门前有一条东西长大街，和一条南去的土路相交成"丁"字形，是这里的主要交通要道。路两边多是民居。在街道两头路南高台阶上，有一个农业合作商店，我们有时去那里买点生活日用品。

五、永乐宫迁建委员会

祁英涛工程师是这个委员会的成员之一。山西省文化局的一位领导王孚是委员之一。他常到永乐宫来住几天。山西省文物管理委员会的郎凤岐同志，是长驻永乐宫的代表。后来李春江、柴泽俊同志也来到工地。芮城县有一位副县长姓韩，有时也来工地开会，过年时他还和我们一起在食堂用过一个欢乐的晚餐。另外有两三位是永济县的干部，一位姓傅（付），年龄大些，听说是位县政协委员，另一位叫冯三介，较年轻，他住工地，管理仓库。后来地方上来了一位姓耿的同志。我们单位的陈继宗老师他主要在芮城县永乐宫新址常驻。他施工上很有经验，由汪德庆同志协助他的工地工作。何云祥同志主要负责工地上需要的材料，如杉篙由外地转运到永济县等类似工作。工人中有一位木工段师傅，他个子不高，但非常精明能干，工人们要听他指挥。我们揭取壁画的工作和他有紧密关系。

回想起我在永乐宫虽然只工作了七个月时间，但收获是很大的。参加这项工作的同志们都积极努力，团结一心，领导带头，以革命干劲和科学态度相结合，取得良好效果。我们单位党支部书记张思信和办公室主任黎辉两位同志，他们都是抗日战争时期的老干部，如张思信同志亲自下伙房帮助做饭，他看到我们在工地劳动时的一身灰土，便在我们下工前就在我们宿舍门前摆好一盆盆洗脸水。大家下工回来时看到这一盆盆的洗脸水，十分感动，这就是一份革命情义和关怀。黎辉同志是延安的干部，她有哮喘病，夜里失眠，身体欠佳，但却和大家一起从黄河岸边把杉篙抬到工地上。他们在部队上的好思想、好作风时刻影响着我们，是我们学习的榜样。

非常遗憾的是我未能参加永乐宫新址的复原工程，就被调回北京。我想揭下来的壁画和拆散的古建构件运到新址后，那里的复原和修复工作将会更加复杂和艰难。但我相信他们同样会把这些困难克服和解决。实际上也证明了永乐宫的迁建复原工程是成功的。

很高兴的是 1976 年秋我有机会来到芮城县亲自在永乐宫新址用了半天时间看了一遍。宫院内已经绿树成荫，处处秀竹在秋风中摇曳着它婀娜的身影，阵阵秋风吹动着殿角上的风铎，发出悦耳的铃声，好像在欢迎离别十七年老友的到来。我看到重新复建的座座大殿，看到殿内墙上的壁画重新恢复到完整如初，心中有一种说不出的激动和亲切感。

永乐宫的大型易地迁建工程完满完成，为我国文物保护工作创出了一条新路，锻炼了干部，也为我国文物保护培养出一批新生力量。有的农民工，经过这次工程，他们在不断实践和学习中已经成为文物保护的工程师，这也实现了国家文物局王冶秋局长当初的设想。

贾瑞广
2018 年 5 月 16 日

文化遗产保护的成功范例
——永乐宫迁建工程中的几件事

姜怀英

宿白先生多次说过，永乐宫不搬迁又怎么样？事后都清楚，干了一件冤枉事，这或许就是交学费吧，但就文化遗产保护而言，永乐宫迁建工程确是成功的。查群同志约我写一点永乐宫迁建工程的小故事，义不容辞，半个多世纪弹指一挥间，当年风华正茂的老师、同事朋友相继驾鹤西去。查群同志将永乐宫迁建工程资料结集出版，功德无量。

壁画揭版、修复、安装复位是永乐宫迁建工程的关键技术。

永乐宫殿堂内壁画价值连城，面积巨大，是迁建工程的重中之重，房子可以拆了重建，壁画不能重绘。在迁建工程中原汁原味地保护这批壁画，无先例可循。西方人偷盗中国壁画，只是局部铲挖，是破坏。胶粘壁画也是破坏，永乐宫壁画的保护方法也曾请国外专家做过方案，据说不但价格不菲，也不适用。如此繁重的任务落在祁英涛先生身上，他虽然不是壁画保护专家，但凭着责任心和扎实的基本功，硬是设计出一套适合永乐宫特点的保护方案，还带领研究小组不顾大漆中毒的痛苦，解决了许多技术细节的问题。

永乐宫壁画保护工程有许多亮点，我只介绍亲力亲为的几件事：首先是对壁画分块切割截取的评估问题，有人说分块切割会伤及壁画这是事实。锯缝再细也是对壁画的破坏，分块揭取的理由很多，我想最重要的原因是解决不了长途运输中的安全问题。20世纪60年代芮城县的公路坑洼不平，从永乐镇到芮城县北关有几十公里，我曾随运送壁画的车队多次往返在这条公路上，尽管对壁画做了妥善的加固处理还严格限制车速，但仍然担心壁画因震动而遭破坏。如果不分块揭取，将整面墙上的壁画（约20~40平方米）整块取下来整体搬运新址，文物安全难以保证。

壁画揭取方法可以采用拆墙法和锯截法，亦可两者结合。永乐宫为土坯墙，拆、锯均可。采用锯截法必须寻求适用的工具，为此祁先生和他的团队，经过冥思苦想设计出手摇式壁画切割机，样子虽土但适用。永乐宫近千平方米的壁画，就是用这个机器切割下来的。我负责与芮城农机厂联系，与工人师傅切磋、修改完善，生产出这台机器也算尽了一点力。

把壁画成功地取下来并安全地运送到新址只是永乐宫壁画保护的第一步，还有壁画的修复、安装复位等更加繁重的工作不再赘述。有兴趣的读者可以参阅其他同志的文章。

永乐宫迁建工程，是根据三门峡水库行将淹没永乐宫的决策确定的，宫址原在芮城西面20公里的永乐镇上，元中统三年（1262年）建成主体建筑，元泰定二年（1325年）到至正十八年（1358年）绘完三清殿和纯阳殿的壁画。较完整地保存元代艺术宝藏。宫内主体建筑五座，即宫门、龙虎殿、三清殿、纯阳殿、重阳殿，垂直排列于中轴线上。1959年开始将全部建筑和壁画迁移到芮城县城北3公里的龙泉村东侧。

永乐宫主体建筑的搬迁，除精美的壁画外，还有保存在各个构建上的彩绘和雕塑以及镂刻精细的藻井等文物，还有殿顶巨龙盘绕、上施孔雀蓝釉色的大鸱吻及三彩琉璃瓦件等，这些构件的拆卸、搬运都是很细致的工作，稍有不慎就会造成无法弥补的损失。施工程序总的要求是先上后下，先揭瓦顶再拆卸大木构件。前期工作主要有吊装设备的安装、绘制精确的构件编号图和对主要构件的包装保护等。

木构件的修补加固是古建筑维修工程的主要环节，除柱、梁、檩等主要木构件采用墩接、挖补和铁活加固外，斗栱的修补给我留下深刻的印象：将拆卸下来的斗栱重新组合，除了以垛为单位的组合外，还要以柱头平面为准进行整体组合，解决因侧脚、升起而产生的尺寸变化，这是解体大修工程修复斗栱的重要程序。

永乐宫的搬迁工程，除主体建筑外还有附属建筑的清理搬运。有两件事情留下深刻印象：一件是石碑的搬运，另一件是基础的探查。永乐宫有许多巨大沉重的石碑等构件，在缺少现代起重设备情况下怎样拆卸搬运这些构件对我们来说是件难事。但从五台山请来的师傅轻而易举地就解决了问题。其实很简单，就是在石碑前或后面挖一个半坡状的坑，将汽车倒退至坑里，车厢尾部靠近碑身然后轻轻推动碑体即可安全地放置在车上，卸车也用同法，土办法解决了大问题。

读宋《营造法式》知道古建筑有碎砖瓦铺筑地基的做法，但实例见得不多，这次永乐宫迁建工程提供了一次难得的探查验证机会。我自告奋勇领受了这项任务，先后对三清殿和纯阳殿的地基进行了挖掘探查，编写了探查报告，这两座建筑的地基做法相同，均为碎砖瓦和三合土分层夯实的地基，沿柱网铺筑，呈带状。在碎砖瓦地基上面还发现若干件石碌，呈圆柱状，高 50 余厘米，位于柱顶石下面，起支撑柱础作用。石碌承托柱础石的做法，《营造法式》未见记载，是否孤例，尚待进一步研究，但用碎砖瓦块与三合土分层夯实的做法确实属于古建筑地基的特点之一。

姜怀英

2018 年 4 月 23 日

王仲杰先生访谈录

时间：2018 年 6 月 1 日

记录者：查群

永乐宫迁建工程在世的亲历者中，现在还剩 5 个人，王仲杰、贾瑞广、姜怀英、李惠岩、张智，我是这些在世的人里，在永乐宫时间最长的，从 1957 年至 1963 年，毛算 7 年。

从永乐宫迁建工程性质来说，永乐宫迁建工程应该是中央文化部组织的项目。

再说参与永乐宫的机构：第一大队伍是古代建筑修整所，第二个大单位是两个美术学院：中央美院和华东美院。

1957 年，古代建筑修整所一共有 70 人左右，永乐宫迁建工程几乎是倾巢而出，去了多少人呢？我排了下队：

杜仙洲、祁英涛、陈继宗、金荣、汪德庆、陈长龄、王仲杰、吕峻岭、刘世厚、李惠岩、孟繁兴、贾瑞广、何凤兰、律鸿年、赵仲华、姜怀英、杨烈、梁超、王真、孔祥珍、宋森才、张中义、何云祥、崔淑贞、秦秀云、张智、朱希元、姜佩文、黎辉、张思信。

这里有两个人没到现场，但他们都参与了永乐宫的工作，一位是孔祥珍，为了 1960 年故宫的展览，孔祥珍和王仲杰一起去永乐宫运文物，孔祥珍没去工地，到了潼关东面接文物。另一个是宋森才，宋森才做了个大事儿，文物出版社要出版永乐宫专辑，三清殿壁画 260 多人，要认定是什么神仙，这个工作是中央美院民族美术研究所的王逊做的，人家提出来要把壁画画上像，这图是李惠岩和宋森才一起画的。

永乐宫迁建工程的第二大单位是中央美院，中央美院去的人也很多，参与人员有陆鸿年、光润华、叶浅予、王定理、罗鸣、黄均、陈志农、陈伯杨、潘絜兹、蒋彩萍、姚有多、单应贵、王逊、刘林仓。

华东美院的人有邓白、徐勇、姚永兴、刘文西、邵声朗。

另外还有文物出版社，给彩画照相和壁画照相的人叫彭华士。

中央新闻电影制片厂也去了，负责摄像的是姚新德，他是解放军，打仗时失去一只眼，所以是一只眼。

还有国际专家，不是捷克就是匈牙利的，属社会主义阵营，去永乐宫调查，西洋做法，把壁画摘下来，最后做不了，放弃了。

文化部也去了很多人，王冶秋、王书庄、王毅、罗哲文、徐燕路。

山西省文物界也去了，主要有王孚、郎凤岐、酒冠伍、周俊贤，还有山西省文化厅副厅长韩声，到永乐宫感谢慰问大家。

如何看待永乐宫这个事儿？

永乐宫迁建工程是中央文化部牵头，倾全国之力，组织全国方方面面的力量完成的。

第一个观点：快乐的工程。

那时候白天干活，到了晚上，中央美院的陆鸿年经常组织开小型联欢会，其乐融融。

永乐宫工地刚开始没有厨师，古建所办公室主任张思信亲自给大家做面，陆鸿年随口说了上联："猛张飞（张思信）铁刀切细面"，我当时也一激动就对了下联："汪活委（汪德庆）网炖大鲤鱼"，工地劳动氛围格外快乐。

1957年左右王冶秋去永乐宫，发现粮食不足，晋南是个富庶的地方，大家就在永乐宫院子里种满倭瓜，以倭瓜补充粮食，他就给大家开玩笑："三清殿是倭瓜盖起来的。"

第二个观点：和谐的工程。

那时候，祁英涛、陈继宗、姜怀英、赵仲华都是一人住一间房，我是一人住两间房，因此，我那间房就成了临时人员的寄宿地，还成为彭华士冲印照片的地方，在八仙桌上蒙上棉被就当了暗室。

还有为了复制琉璃瓦，专门请到北京门头沟琉璃渠的少掌柜——朱师傅，朱师傅当即就拿出烧制琉璃瓦的秘方。

王逊先生是我很佩服的先生，他的任务主要是对三清殿、纯阳殿的壁画神像进行研究和定名，"钟离权说道图"就是他定的名，而且还从三清殿中发现有孔子的像，确定永乐宫是综合儒释道的全真派。

永乐宫壁画揭取技术是全自主创新技术，有句口号："大家动手、技术革新"，因此有了孟繁兴用火筷子上面凿上锯齿发明的"孟氏锯"，用来揭取栱眼壁；金荣建议用中国国画的传统工艺"胶矾水"来封护壁画表面，王仲杰建议用老北京入殓时加棉纸包锯末的锯末包垫在壁画与包装的木箱之间的空隙内，以防运输时颠簸等，都为永乐宫迁建工程尽了自己的一份力量，所以永乐宫保护是多方面智慧共同形成的，是一个和谐的工程。

第三个观点：公允、客观、全面地看待永乐宫迁建工程。

如何认识永乐宫？基本思路：浅层次和深层次。

浅层次：山西省永济县永乐宫。

深层次：文化层次，两个过街楼没有搬迁，证明永乐宫是建在镇的中心，镇的街道是"丁"字形，东西长，南北短，往南不远就到黄河渡口。

永乐宫镇东西街道毛算约长1公里。

永乐宫宫门内，碑廊不好，张中义对我帮助大，"达鲁花赤"蒙古语官员的称谓，原位在龙虎殿前檐的东梢间。

从建筑的角度，永乐宫砖上有手印，增加摩擦力，这些都应该好好研究。

永乐宫彩画没好好研究。

笼统地说三清殿是五彩遍装，纯阳殿就是辗玉装，太浅显了，应该好好研究。

对于永乐宫来说，各个方面都有其研究的价值。

如果要总结永乐宫迁建工程，首先永乐宫迁建工程是古建筑修缮的头号工程。其次，要对搬迁前的原貌进行客观、真实地描述。再次，用今天的观点回顾过去，不一定改，但要有认识。

永乐宫迁建工程的总负责人、设计人是祁英涛，拍板的人是古建所（北京古代建筑修整所），责任是古建所。

我去文整会的时候，文整会是个很有文化的单位，老文整会有胡适、鲁迅、马衡、俞同奎、于坚。

1972年，张（张中义）、王（王仲杰）、李（李全庆）、赵（赵仲华）、陈（陈继宗）、崔（崔淑贞）六人被调到故宫。李惠岩去了荣宝斋，张智调到印刷厂，佟泽泉调到光明日报，刘慕三、何良弼调到北京市图书馆，何凤兰调到人民文学出版社当校对，王汝蕙也调走了。最幸运的是我们到故宫的六个，还在做古建。

　　最后想说：戏剧行当有"梅兰芳的样，程砚秋的唱，尚小云的棒，荀慧生的浪"，期待彩画事业有"术业有专攻"的专业人员进行系统研究。

回忆在永乐宫一段时间的工作

李惠岩　张　智

1957 年去山西永乐宫工作了一段时间，主要是当时古代建筑修整所内还没有元代彩画资料（只有明清时期的），那时的目的还不太明确，当时由祁工领队，进行勘察、照相、勾描做草图。人员有金荣、陈长龄、王仲杰、吕俊岭和我，不到 20 岁的我第一次渡黄河，黄河水波涛滚滚，浪花此起彼伏，无比壮观，此景让我永生难忘。

到了永乐宫才知道中央美院和华东美院的师生已入驻，他们以临摹壁画为主，我们便开始进行三清殿上的彩画的测绘、照相、勾描等工作。当时所内派去的只有我一个小同志，就把我安排和美院的学生住在宫门左侧的同一房间内，房间不大是通铺，大家都自带行李。我们相处如同一家人，工作之余看着他们画画速写，给我讲解一些有关美术方面的知识，受益匪浅。到了周末主办方还组织大家去生产队参加拔麦子，在田间老教授们相互编词对诗，讲讲笑话，度过了一段快乐的时光，也充分体现出在共产党领导下 50 年代的人们互相帮助、相互信任的良好的社会风气。

这时在永乐宫的工作告一段落，大约在 9 月份，我们彩画室数人和测绘人员一同返京，即开始把从永乐宫现场带回的测绘数据、临摹与彩画稿件等资料进行整理，同时准备下一阶段工作上的用品如笔墨、纸、颜料等等。

1958 年约 4 月份，所里再一次组织多人继续参加永乐宫其他宫殿的测绘、临摹、彩画等工作。建筑部门组长祁英涛、陈继宗二位工程师及王真、赵仲华、何云祥、汪德庆等参与工作。我们彩画室因人员有所变动，只有金荣老师、王仲杰和我三人来了个"二进宫"。这次来，我仍和美院同学住在一起，白天努力认真地工作，晚上同姐姐们讲一些诗词与绘画之间的关系，讲讲笑话或几个同学一起去黄河边走走，边说边笑。既增加了革命同学之间的友谊，也忘却了一天工作的疲劳。时间过得很快，他们的任务完成就返回各校，我们仍要继续工作。

当年，为了把三清殿脚手架加高，又招了些临时工，由何、汪二位同志指导他们用杉篙和麻绳搭些架子，为建筑测绘、彩画和壁画的临摹提供了更多便利条件。

临摹时近距离地看到元代彩画、图案与清代、明代的不同。元代的彩画图案更加形象生动。例如飞龙它的形象多变，涵盖的内容丰富，如画内加有牡丹花，颜色非常漂亮，没有像清代时固定的模式与格局，我在三清殿勾描彩画时，总是先看看墙上的人物画，这使我对壁画产生了极大的兴趣。从人物的形象、座位的排列、服饰的华丽、面部的表情、流畅的线条，色彩丰富，手法运动得如此精确，这些都深深地烙印在我的脑海中，从中感到那个年代的画师们是多么的聪明睿智，我喜爱这些人物画，心想有机会我一定也要勾画一张。在 1963 年配合文物出版的文章中，我终于实现了这一愿望，画了一张"全面三清殿人物白描图"作为王逊先生写的《永乐宫三清殿壁画题材试探》里的图片，发表在 1963 年第 8 期的《文物》上。

1963 年初某月由王世襄先生带我到了王冶秋局长家谈了一些有关永乐宫壁画临摹的情况，局长当即表示文物博物馆研究所（中国文化遗产研究院前身）也应开展这方面的工作，我听后十分兴奋，因为这次去电影资料馆去借壁画资料（由局长开介绍信）才有幸听到，后来彩画组合并建筑组参加云冈大会战。又因干部下乡参加社会主义劳动，当时又要成立医务室派我去公安医院学习，1966 年又开始了"文化大革命"，这件事儿就搁置下来。

在三清殿，我的主要工作还是临摹勾图，在实践中又加强了色彩的制作还旧的手法，美院老师和金老师讲了很多技术知识，他们用色多为矿物的石青、石绿，此色要漂，层次分为浅、中、深，用在不同的位置上。赭石要上锅蒸，黑色也是用墨研制而成，使用多年不会变色。我们临摹时也借鉴了这些色彩的运用。但彩画中的金色和用纸在当地是无法解决的，当年 10 月我们又返京了。在渡黄河时，我们坐的船正好与劳动下放的同志不期而遇，由祁老师带队，有贾瑞广、梁超、张智等人前往永乐宫，一来一往相会在黄河中央，和张智也只能挥挥手，这也成为后来的笑谈。

返京后的工作同往常一样，整理资料及准备下次所用物品，在京时间没多久，1959 年春节刚过，所里来了个大动员，由办公室主任黎辉、张思信带队，我们彩画室三人及其他工作人员将再次踏上永乐宫的征程，这次前往永乐宫的搬迁工程是新中国成立以来第一个大的项目，前无古人，足见我们的任务是多么艰巨，并对今后有着伟大的示范意义。

我们彩画室三人这次是"三进宫"，人们笑称比著名的京剧《二进宫》还要多一次。到永乐宫后，每个人都要参加搭架工作，女同志也不例外，都要到黄河边扛手工杉篙，一根杉篙很重，扛着很累，但那时人心很齐，建筑组由祁老师和陈老师带领搭架研究揭取壁画方案，而后进行壁画的拆卸试验工程。彩画组由金老师、王仲杰和我白天在三清殿的架子上把勾好的彩画着色，晚上继续勾描，那年代没有电灯，点汽灯，一般在晚上 12 点收工，紧张时工作有了成果，建筑和彩画图已基本完成，壁画的拆卸也有了娴熟的手段，在艰苦的环境下，人们迎接新的任务。

1959 年 4 月我们再次返京，准备迎接新的任务。从 1957 年、1958 年、1959 年我三次来到永乐宫，对彩画、壁画有了新的认知，也丰富了这方面的知识，在摹绘技巧上也有了较大的提高，在那激情燃烧的青春岁月里，永乐宫给我留下了十分珍贵和万分美好的回忆。

2019 年 9 月

后　记

遇到永乐宫是缘。

1999 年，我从东南大学建筑历史与理论专业硕士毕业分配至中国文物研究所（2008 年更名为中国文化遗产研究院）时，所长吴加安先生曾经问我到所里来最想做什么？我说：写论文来单位查资料，发现所里藏有很多重要古建筑的维修工程资料，我想整理这些资料。吴所长说：你还有更重要的事情要做。后来这些吴所长所说的更重要的事情——文物保护实践工作，占据了我 1999 年至 2018 年最旺盛的职业生涯。但这段 20 年前的对话，似乎预示了后来与永乐宫的相遇。

进所之后的头几年，杜仙洲先生还会时不常地来单位，先生爱聊，我爱听，有时一聊就是好几个小时，讲永乐宫、讲赵州桥。记得 2004 年左右，先生生病住在位于西单的协和医院西院，我去看望他老人家，这次先生谈的是赵州桥，兴起时，支起病床前的小桌子，直接画起来，说 20 世纪 50 年代赵州桥维修时，在石桥板下增设了钢板梁，并画下了钢板梁的位置，可惜那张画有钢板梁位置的纸片我没好意思索要。2005 年七十年所庆之际，先生专门为我题了字。

2009 年 6 月，正在热火朝天地编制布达拉宫保护规划的我，突然接到顾玉才院长的电话，告知院领导研究决定设立永乐宫迁建工程档案整理研究课题，并由我来担任课题负责人。

说实话，当时的心情既惊喜、又忐忑。惊喜的是可以触摸到这个在中国文物保护史上不得不提的、里程碑式的保护工程，那个 10 年前的愿望悄悄地走近了；忐忑的是对自己能够做好这件事儿的信心不足，怕辜负。

但无论如何，于私于公，我都没有退路。于是，怀着忐忑不安又是无比期待的心情，我开始了永乐宫迁建工程档案整理工作。

2009 年开题之后的第一件事儿，就是去院资料室检索关于永乐宫档案。

资料室的王晓梅和鲁民给予了大力支持。那时资料室的档案还没有完全进入电子编目系统，鲁民是资料室的老同志，对资料存储和变迁非常熟悉，关于永乐宫的第一份调查笔记以及"永乐宫迁建工程技术总结"都不在电子编目系统内，是鲁民从在备战备荒期间打包入箱的箱底翻出来的，而这两份文件是永乐宫迁建工程一头一尾不可或缺的重要文件。

另一个惊喜来自于永乐宫彩画临摹图和壁画线描图，尤其是彩画临摹图，形象逼真、色彩惟妙惟肖，简直是精美绝伦，正如后来东南大学的诸葛净老师看到我电脑里的彩画临摹图时的感慨："完胜三维扫描！"

课题就这样在打开宝库时的眼前一亮中神话般地开始了。

于是，我的注意力完全被这些精美的彩画和壁画图吸引，为了这批珍品的安全，我们没有拿到院外去扫描，而是请院里摄影专家杨树森先生，用 4×5 的光学胶片给这些档案留取影像资料，再对正片进行扫描。

2010 年 6 月开始，我们断断续续用了 3 个月的时间，拍摄图纸正片上千张。

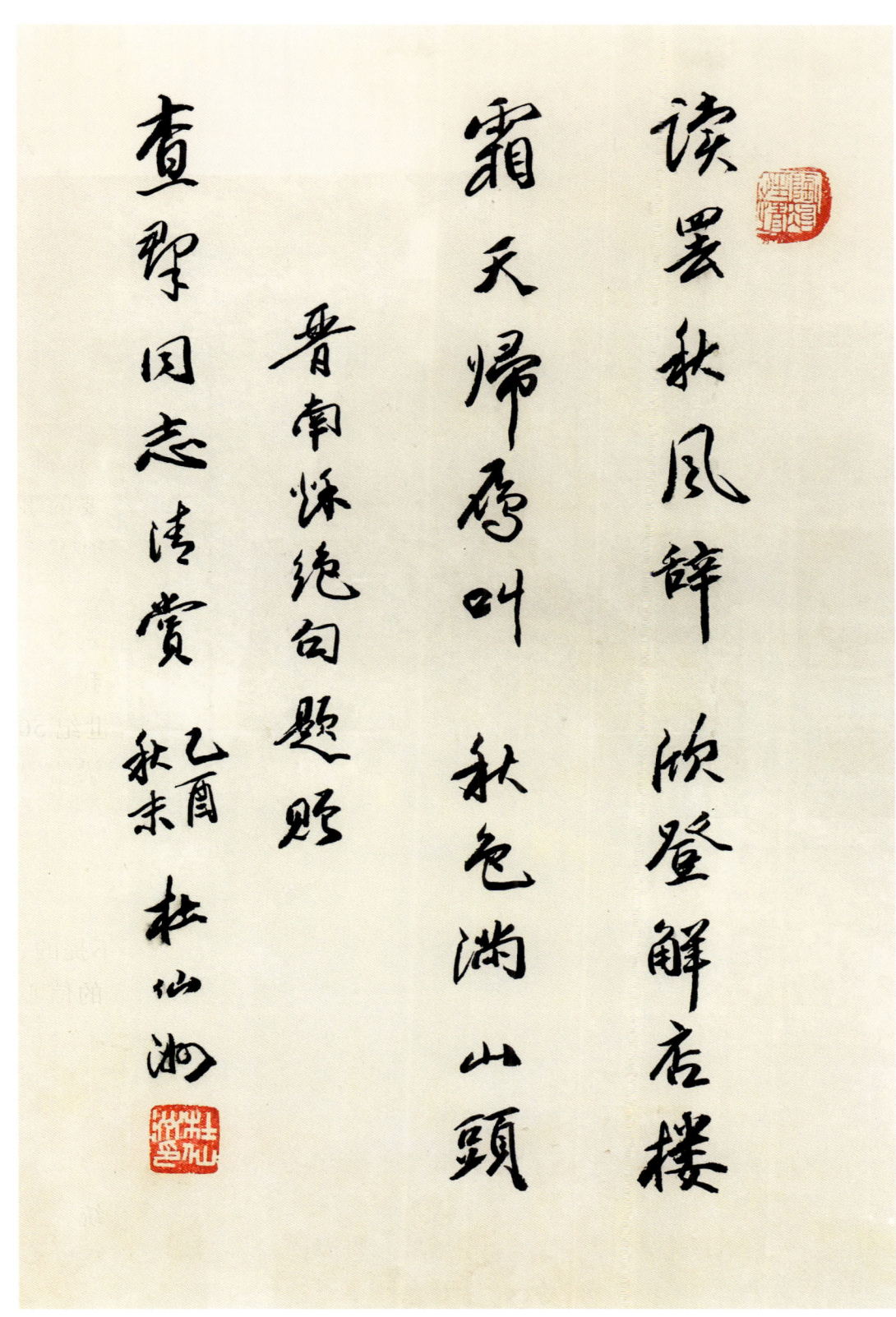

读罢秋风辞 欣登解店楼
霜天归雁叫 秋色满山头
晋南怀绝句题赠
查翠园同志清赏
乙酉秋末 杜仙洲

杜仙洲先生的题字

这期间，感谢付清远和杨新两位先生，于2009年8月专门采访了永乐宫的亲历者——当时已在病中的梁超先生，并整理出"梁超先生访谈记录"。

同时感谢鲁民先生，从2010年开始，多次陪我去拜访永乐宫亲历者——王真先生，获得了可贵的第一手资料。王真先生不仅提供了珍贵的照片，而且还贡献了当时她刚刚完成的"永乐宫迁建工程回忆录"。

2011年是课题结项之年，上半年，院机构改革轰轰烈烈，直到5月尘埃落定，在刘曙光院长的鼓励下，我竞争上岗，担任了文物保护工程与规划所副所长。

担任副所长后，存放在所里的保护工程资料移交给我，这又是一个惊喜，成为后来整理永乐宫迁建工程文字资料最大的便利。那段日子，拍摄和扫描这批文字档案占据了我上班之外的所有业余时间。即便如此，在课题结项之时，还是仅完成了所有已发现档案的数字化工作，并按工程报告体例填入相应内容，却没有来得及逐页仔细研读文字档案的全部内容。

2014年至2017年，我又承担了另一个工程档案整理的课题——《1949年至1966年期间院藏古建筑保护工程档案研究》，开启了永乐宫迁建工程那个时段的我院承担的所有古建筑工程资料整理和研究工作。这个课题促使我比较系统地梳理了一下新中国成立后的17年间我院承担的古建筑保护工程情况，对那个时段的保护理念、方法技术和工程管理等方面有了一个整体的认识，这些认识都对我后来对永乐宫迁建工程报告框架的调整有很大的启发。

2016 年，我作为徐光冀先生的"司机"陪同他去看望宿白先生，借机恳请宿先生给永乐宫迁建工程报告的出版题写书名，先生欣然答应，当时与时任我院院长刘曙光先生商议后，确定书名为《永乐宫迁建工程档案初编》。

2016 年 8 月 27 日宿白先生家中

2018 年初，《1949 年至 1966 年期间院藏古建筑保护工程档案研究》课题结项，永乐宫迁建工程报告的出版工作已经不能再拖，工作重心转回到永乐宫迁建工程报告的出版。

我对永乐宫迁建工程报告编写的定位是：通过这份档案的整理、编辑，能够真实、客观地还原永乐宫迁建工程原貌，既不带个人主观、又不仅仅是资料的堆砌，既能看到最真实的原始档案、又能把工程真实的过程和所运用的理念、原则和技术有逻辑地梳理清楚。这可能就是朱光亚老师后来在他给本书写的"序"里所说的"述而不作"吧。但对于一个非亲历者来说，当几千份档案扑面而来的时候，我还是被整懵了。为了尽快拿出一个靶子，我给自己设定了一个在 2018 年 6 月女儿高考前拿出第一稿的目标。这个目标在概述篇、研究篇、维修篇、实测图与维修图、图版、附录、回忆录、后记等几个部分组成的常规工程报告的框架下按时完成。但各部分都是资料的组合，显得比较生硬。

但这一稿在编辑中采用的按时序编辑的方法，使我在盘根错节的档案中，慢慢理顺了整个工程发展的脉络，认清了各个事件之间的关系。

这一稿通过对档案的逐页研读，也让我发现了一些隐藏在档案中并非一目了然就能发现的重要信息。比如迁建前龙虎殿的轴线向东偏出主轴线一米、迁建后西移至主轴线上；建筑搬迁工程中的以草稿形式留存的编号草图及编号说明；为了让基础更稳定，改变了方案中在新址上逐个复建建筑的做法，而是将建筑基础集中做好后有意留出沉降时间等这样一些虽然时间急迫、但依然以保证文物安全和工程质量为重的有条不紊的基础性工作；还有彩画保护及复原研究多次讨论的文字记录，题记记录和位置，以及迁建前后碑碣位置的变化等。包括"遗址也是文物"、"彩画也应该按文物对待"等重要的信息，也都是在详细研读后才发现的。

第二稿的正式修改是从 2019 年 1 月开始的，于 2019 年 5 月底基本完成。我开始有意地将有关联的信息编辑在一起，框架是：概述、迁建工程（缘起、迁建委员会、新址与格局、总设计说明、建筑、壁画、碑碣、附属、总结报告）、回忆录、后记、附录。

这一稿虽然在"迁建工程"部分内容显得有些臃肿，但逻辑上比较合理和顺畅。

恰在此时，2019 年 6 月，我应邀去南京参加由东南大学组织承办的文物预防性保护国际研讨会。回到母校，当面咨询一起参加会议的我的导师朱光亚先生，还有陈薇先生，黄滋、诸葛净、胡石、沈旸等诸位师友。这次交流很重要，因为有个靶子，问题也比较明确和具体，所以大家给出的意见都是有针对性、很实在的意见。在这次征求意见的基础上，进行了第三稿的调整和修改。

在形成第二稿之前，我的很大的精力用在录入档案上，因此第二稿的文字量达到了50万字以上。但在征求意见的过程中，听到更多的声音是对原始档案的期待，第一个给出这个信息的是天津大学的丁垚。因此，在第二稿的基础上，开始想办法如何既能充分真实地体现原始档案的分量、又能清晰的捋顺各部分之间的关系，这样就有了第三稿的框架：

第一部分 永乐宫迁建工程始末（大事记）

第二部分 永乐宫迁建工程解析

第三部分 永乐宫迁建工程重要档案整理

第四部分 参与人员回忆录

第五部分 附录（相关背景文献和档案）

这个框架较之前的框架是颠覆性的，脱离了传统的文物保护工程报告的编写顺序，把大事记按时序编辑成"永乐宫迁建工程始末"放在最前面，作为引子，扯出整个工程全貌。在"工程始末"中，跟随每个事件都有相应的原始档案或原始档案索引，以及在档案中出现的人物的照片，以加深对相关人物和事件的印象。这个引出了后面真实而完整、严谨而生动的永乐宫迁建工程全貌、图文并茂的"大事记"成为本书最大的突破和亮点。

当书稿调成第三稿的框架后，永乐宫迁建工程这件事儿基本已经比较系统的说清楚了，后来又将"历史沿革"、"搬迁前后概况"、"元代壁画"、"价值认定"等几部分不能不说的内容编成"概况"放在"工程始末"前面，图版和照片自成一章，这样就完成了初稿。

2019年11月12日提交初稿，朱光亚和刘曙光两位先生是评审专家。在反馈意见中，刘院长提出扩大档案查阅范围、以及为"如有可能，增加一个'人物记'，为参与永乐宫迁建工程的主要负责人和重要人员写一个偏于专业技术的小传，以利后人学习"的建议。扩大查阅范围时，在国家文物局档案室发现了永乐宫壁画复制品现存于故宫博物院、1978年山西省文物局申请经费修复栱眼壁和泥雕并于1984年原位复原、1979年永乐宫决算报告等重要信息。"人物志"的编写过程中，院内得到柴晓明等院领导的批准，允许查阅院藏永乐宫迁建工程参与者的档案，院外则是通过故宫博物院古建部赵鹏、纪立芳的努力，查阅了故宫博物院的相关档案，这些资料成为"人物志"的主要信息来源。

根据这次意见修改后，于2020年2月29日交付文物出版社进入出版程序。

2020年，新型冠状病毒肺炎肆虐全球，上半年起起伏伏，无法正常上班，但《永乐宫迁建工程档案初编》的出版校核工作却一刻也没有停止。这期间，朱光亚和刘曙光两位先生不仅完成了为本书写的"序"，而且在整个校核过程中，不厌其烦地忍受着我一次又一次地打扰，出谋划策，解决了很多过程中的困扰。编辑李睿也是忙前忙后，我们在微信中已是老熟人了，可谁能想到我们时至今日尚未谋面。当然，家人温暖的陪伴和支持，是促成本书能够于2020年即将结束之际得以呈现的强大力量。

......

感谢新中国第一代文物保护人的科学严谨、勇于创新、吃苦耐劳的工作精神，感谢他们事无巨细的现场记录、精益求精的编写和绘制工程资料，并对工程过程中所有来往文件、以及与工程相关的一张纸片都不放过的资料留存制度。

感谢中国文化遗产研究院的各届领导和同事们，在永乐宫迁建工程结束后的近60年中始终视这些工程资料为至宝、并基本完整完好地珍藏至今的这份责任。

感谢中国文化遗产研究院原总工付清远先生的推荐，原院长顾玉才先生（现任国家文物局副局长）等院领导们的认可。

感谢中国文化遗产研究院柴晓明院长、许言副院长在工作上的支持和关照。

感谢乔云飞副院长自 2013 年 1 月任工程所所长之后长期对我工作上的支持和帮助，以及对本书的编写和出版的讨论和督促。

感谢院图书馆的领导和同事们的大力支持和帮助。

感谢院科综处的领导和同事们的理解和包容，以及在疫情期间无微不至的关怀。

感谢我院的原总工侯卫东、原副总工杨新，东南大学的陈薇老师、诸葛净、胡石、沈旸，北京大学的徐怡涛，清华大学的李路珂，天津大学的丁垚，浙江古建筑设计研究院的黄滋等诸位师友在编写过程中的专业上的指导、探讨和中肯的建议。

感谢永乐宫壁画研究院席九龙院长、山西省古建筑保护研究所的任毅敏所长在本书编写的过程中给予的大力支持。

感谢北京大学的杭侃教授在百忙中帮我查询山西大学历史系康秋泉先生的档案线索。

感谢故宫博物院赵鹏、纪立芳帮助查阅故宫博物院档案。

感谢北蓉、永康带着无人机一起去永乐宫现场，拍下了大量的室内外对比照片。

感谢晓彤的督促以及所有真诚的鼓励、支持和无私的帮助……

最后，要特别感谢我的导师朱光亚和我的老院长刘曙光两位先生。朱老师伴随我走过自 1992 年师从后的所有人生重要事件和节点，传授、包容、无私的给予。刘院长在 2010 ~ 2016 年担任我院院长期间，推着我往前走，鼓励、支持、不言放弃。

从 2009 课题立项到今日出版成书，我伴随永乐宫迁建工程档案断断续续走过十年光阴，期如当年的迁建工程。过程中确有因信息量过于庞杂而难料终期，好在没有放弃。

现有成果还是有不尽如人意之处，比如在档案中出现的山西省内参加永乐宫迁建工程的人物，以及美术家们，尚缺乏人物照片和简介，虽然过程中努力联系过，但各种原因没有得到结果，还望今后继续补充。

这是一份迟到了半个多世纪的工程报告。

编者能力所限，但竭尽全力。

愿前不负前辈，后有所惠及。

2020 年 12 月 21 日冬至于北京博雅西园

查群：中国文化遗产研究院副总工程师。1999 年毕业于东南大学建筑历史与理论专业，师从朱光亚先生，获工学硕士学位。同年分配至中国文化遗产研究院（原中国文物研究所）工作至今。主持完成邺城遗址保护规划、布达拉宫文物保护规划、老司城遗址文物本体抢救性维修方案设计（第一期）、海龙屯海潮寺维修技术指导等文物保护项目 20 余项，其中三项获得全国优秀保护项目奖。出版译著一本，发表论文 20 余篇。期间，2011~2017 年任中国文化遗产研究院文物保护工程与规划所副所长；2001 年、2003 年、2016 年分别被派往日本奈良文化财研究所、意大利国际文化财产保护与修复研究中心（ICCROM）、法国遗产学院（INP）和法国古迹中心（CMN）培训和访学。